谨以此书献给

为黑龙江高速公路发展事业作出贡献的决策者、建设者、管理者

"十三五"国家重点图书出版规划项目

中 国 高 速 公 路 建 设 实 录

Record of Expressway Construction in
Heilongjiang

黑龙江高速公路建设实录

黑龙江省交通运输厅

内 容 提 要

本书是《中国高速公路建设实录》系列丛书之黑龙江卷,全书共八章,分别为:经济社会与综合交通运输、高速公路建设发展历程、高速公路建设实施和管理、高速公路建设科技新成果、高速公路运营管理、高速公路文化建设、高速公路地方性项目管理法规、高速公路建设项目。结尾附有黑龙江省高速公路建设项目基本信息表、高速公路建设大事记和高速公路建设规划示意图。

本书全面系统总结了黑龙江省高速公路建设发展成就,详细记述了高速公路建设过程中的管理经验、科技创新、文化传承以及项目建设实情,具有很强的史料价值,可供交通运输建设行业相关人员阅读、学习与查询参考。

图书在版编目(CIP)数据

黑龙江高速公路建设实录 / 黑龙江省交通运输厅组织编写. — 北京:人民交通出版社股份有限公司,2018.8

ISBN 978-7-114-14167-6

Ⅰ. ①黑⋯ Ⅱ. ①黑⋯ Ⅲ. ①高速公路—道路建设—黑龙江 Ⅳ. ①U412.36

中国版本图书馆 CIP 数据核字(2017)第 224700 号

"十三五"国家重点图书出版规划项目
中国高速公路建设实录

书 名:	黑龙江高速公路建设实录
著 作 者:	黑龙江省交通运输厅
责任编辑:	刘永超 黎小东 等
责任校对:	刘 芹
责任印制:	张 凯
出版发行:	人民交通出版社股份有限公司
地 址:	(100011)北京市朝阳区安定门外外馆斜街 3 号
网 址:	http://www.ccpress.com.cn
销售电话:	(010)59757973
总 经 销:	人民交通出版社股份有限公司发行部
经 销:	各地新华书店
印 刷:	北京雅昌艺术印刷有限公司
开 本:	787×1092 1/16
印 张:	48.25
字 数:	960 千
版 次:	2018 年 8 月 第 1 版
印 次:	2018 年 8 月 第 1 次印刷
书 号:	ISBN 978-7-114-14167-6
定 价:	330.00 元

(有印刷、装订质量问题的图书,由本公司负责调换)

《黑龙江高速公路建设实录》
编审委员会

主　任：于　飞

副主任：潘　杨　张延中　曹　光　孙　宇　张志权
　　　　　王立冬

委　员：赵　阳　赵勇刚　张　涛　李俊香　姜成福
　　　　　袁振友　孟凡松　李丽敏　赵喜芳　陈晓光
　　　　　范永德　段钢文　田　林　张维国　韩存玉
　　　　　付宏博　王守恒

《黑龙江高速公路建设实录》
编纂工作委员会

主　任：孙　宇

副主任：赵　阳　田　林

委　员：张　涛　袁振友　孟凡松　李丽敏　段钢文
　　　　陈晓光

编纂工作委员会办公室

主　任：赵　阳

副主任：田　林

成　员：高　伟(厅办公室)齐志刚　陆青云　唐林鹏
　　　　苏建华　姜久明　吕　克　杨大勇　王庆波
　　　　李鹏飞　张　旭　高　伟(省科研所)齐　琳
　　　　林　忠　王会春　杨　楠　张宿峰　柳冬梅
　　　　张玉娟

黑龙江省地处祖国东北边陲,地域辽阔、资源丰富,是祖国的大粮仓、大油田、大煤田、大湿地、大森林。这片广袤的黑土地,想加快融入国家经济大循环,必须依靠畅通的交通网络支撑。

今天,在46万平方公里的广袤黑土地上,纵横交错、四通八达的高速公路网络已经基本形成。高速公路连接着省内中心城市,打通了出省通道,辐射国家一类口岸,串起了旅游名镇、工业、农业、资源型城市,初步形成了以省会城市哈尔滨为中心的4小时交通圈。高速公路就是这片黑土地的主动脉,为黑龙江省经济社会发展注入了生机和活力。

回顾黑龙江省高速公路发展的历史,经历了从无到有,从落后到迅猛发展的历史。1993年,哈尔滨至阿城一级汽车专用公路建成通车;1997年黑龙江第一条真正意义的高速公路哈尔滨至大庆高速公路建成通车;2007年底全省高速公路达到1044公里;2008年以来,省委省政府进一步加快了高速公路建设步伐,到2016年年底,黑龙江省高速公路总里程达到4350公里,与普通国道、省级干线公路、农村公路共同架起覆盖全省、联结周边、畅通全国的现代化交通网络,打通龙江血脉,天堑变通途。

这些成绩的取得,得益于黑龙江省委省政府的坚强领导,交通运输部的大力支持,各地、各部门的齐心协力,得益于交通建设者栉风沐雨、昼夜奋战、勇往直前的责任担当。《黑龙江高速公路建设实录》正是记录了黑龙江省高速公路建设者从科学决策到具体施工,如何破解资金难题,全力战胜高寒地区有效施工期短的困难,努力破解多年冻土施工的世界性难题,取得令人瞩目的成绩;记录了黑龙江省高速公路建设、管理、养护、运营的体制机制、历史沿革;记录了黑龙江省高速公路建设诠释的交通行业精神内涵,以及逐步形成的高速公路文化……同时,用详尽的数据、图表真实记录了黑龙江省已建成高速公路项目的具体要素。

历史不会忘记,时代值得铭记。《黑龙江高速公路建设实录》作为《中国高速公路建设实录》的组成部分,经过编纂人员的共同努力,形成了八章41节100万字的重要历史资料,见证了龙江高速公路建设历程,积累了高速公路建设的宝贵经验,展现了龙江高速公路建设者风采,反映了公路建设在黑龙江省经济社会发展和沿边地区开发开放中发挥的巨大经济效益和社会效益。这些沉甸甸的文字为龙江公路运营管理提供真实的数据资料,必将成为龙江公路建设史浓重的一笔。

记录的是历史,传承的是精神。"十三五"黑龙江省高速公路建设又迎来新的历史机遇期。按照中央总体部署,"十三五"期黑龙江省将继续发挥区位、产业和后发优势,寻求在"一带一路"建设中的契合点,促进与东北亚地区全面合作,构筑全方位开放新格局。黑龙江省交通运输厅围绕服务保障"一带一路"建设和东北振兴,全面落实"五大规划"和新型城镇化战略,全面实施交通扶贫攻坚,形成了适度超前、先行发展的黑龙江省交通运输"十三五"规划,以优化网络、提升服务为两大主攻方向,加快完善交通基础设施网络。预计到2020年,黑龙江省公路基础设施网络更完善、结构更优化。高速公路总里程达到5000公里,覆盖所有城区人口20万以上城市和60%左右的县(市)。龙江高速公路建设者,将承前启后,继往开来,用聪明才智、优秀品格和担当精神,为龙江大地铺就新的答卷,为当好发展"先行官"作出新的更大贡献。

黑龙江省副省长 胡亚枫

2017 年 10 月

砥砺奋进写春秋，不忘初心再启航。在迈向新时代，开启新纪元的今天，历时三年有余，《黑龙江高速公路建设实录》（以下简称《黑龙江实录》）终于与大家见面了。

这是一部8章41节100万字的龙江高速公路建设史，作为《中国高速公路建设实录》的组成部分，这部书凝结了国家交通运输部领导和《中国高速公路建设实录》编委会的亲切关怀和大力支持，凝结了黑龙江省交通运输厅党组的高度重视和悉心指导，也凝结了全体编纂者的齐心协力和辛勤付出。

三年来编纂的过程历历在目、记忆犹新。

2014年11月29日，依据《交通运输部关于编纂〈中国高速公路建设实录〉的通知》，省交通运输厅派员参加了交通运输部在北京召开的《中国高速公路建设实录》编纂工作启动会议。为做好《黑龙江实录》编纂工作，2015年6月23日，省交通运输厅成立《黑龙江实录》编审委员会、编纂工作委员会及下设办公室。编审委员会主任由厅党组书记、厅长于飞担任；厅党组成员担任副主任；委员由厅机关各处室、厅直有关单位和部门主要负责人组成。编纂工作委员会主任先后由原厅总工程师王立冬、副厅长孙宇担任，委员由厅办公室、厅法规处、厅规划处、厅财务处、厅建管处、厅科教处、省公路局、省道路运输管理局、省收费公路管理局、省高速公路建设局、省交通科学研究所、省公路勘察设计院负责人组成；省高速公路建设局负责组织和协调各相关单位和部门以实施并完成编纂工作。

2015年6月25日，省交通运输厅下发《〈黑龙江省高速公路建设实录〉编纂工作实施方案》，在广泛调研基础上形成《黑龙江实录》编纂大纲，并于9月完成《黑龙江实录》初稿。

2015年9月22日，交通运输部原部长、《中国高速公路建设实录》编委会主任黄镇东一行3人来到哈尔滨调研《黑龙江实录》编纂工作，召开《黑龙江实录》编纂工作座谈会。肯定前期编纂工作并作出重要指示，按照部领导所作指示，《黑龙江实录》编委会在开始二次修订。

2016年8月22日，交通运输部编委会主任黄镇东一行5人来到哈尔滨，再次专程调研《黑龙江实录》编纂情况，并就《黑龙江实录》（修改稿）提出相关建议和意见。经《黑龙江实录》编委会研究决定对修改稿进行三次修改，后按省交通运输厅编审委员会意见进行全面修改和完善，形成《黑龙江实录》定稿，最终达到相关要求和出版标准。

三载寒暑、数次易稿。《黑龙江实录》时间跨度大、覆盖范围广、参编部门多、人员分工重，各个负责部门的编纂人员有的放矢、详尽论述，本着对历史负责、为未来服务的态度，"摸着石头过河"，统筹规划、通力合作，克服困难完成编纂工作。

《黑龙江实录》全面记录了1993—2015年黑龙江省高速公路建设发展历程、高速公路建设的实施和管理办法、高速公路建设的科技成果研发、高速公路的运营与管理制度、高速公路的文化建设业绩、各个国家级省级高速公路建设项目具体要素。回望了龙江高速公路历史面貌、探索了龙江交通事业发展前景、激励了龙江经济社会建设雄心，展示了黑龙江省经济社会与综合交通运输发展状况，强调了我省高速公路建设的特色与经验，反映了我省高速公路建设给全省交通事业带来的贡献与变化，彰显了龙江人民对我省高速公路建设决策与实施的拥护与支持。

党的十九大报告中指出要"建设交通强国"，交通运输部提出要深刻认识新时代全面建设社会主义现代化强国新目标，开启建设交通强国新征程。这部龙江高速公路建设史将承前启后，继往开来，激励龙江交通人将高速公路实现跨越式发展的精神力量传承下去，用责任担当推动公路建设，为龙江大地描绘新画卷。

三年心血，今朝交卷。在此，谨向《中国高速公路建设实录》编委会，人民交通出版社各位领导、编辑，向所有为《黑龙江实录》编纂、出版给与帮助的单位和个人致以深深的敬意！

由于黑龙江省早期高速公路建设项目资料缺乏等原因，同时出于编纂人员水平所限，本书不可避免地留下些许遗憾和不足之处，在此，恳请各位专家、学者和读者不吝赐教、建议指陈，以期《黑龙江实录》更趋完善、日臻完美。

《黑龙江省高速公路建设实录》编纂工作委员会
2017年12月

目录
Contents

第一章　经济社会与综合交通运输	1
第一节　黑龙江省情概况	1
第二节　经济社会发展情况	14
第三节　综合运输情况	30
第四节　公路建设与运输	35
第二章　高速公路建设发展历程	42
第一节　高速公路网规划历程和发展	42
第二节　公路建设对经济社会的影响	48
第三章　高速公路建设实施和管理	54
第一节　管理体制整体情况	54
第二节　高速公路建设管理与实施	57
第三节　保障措施	61
第四节　公路建设"三年决战"的宝贵经验	91
第四章　高速公路建设科技新成果	94
第一节　高速公路建设科技创新总体情况	94
第二节　重大科研课题及应用	105
第三节　主要科技成果及应用	149
第四节　公路建设"三年决战"科技成果	199
第五章　高速公路运营管理	224
第一节　黑龙江省高速公路运营管理体制沿革	224
第二节　高速公路收费管理	255
第三节　高速公路养护管理	273
第四节　高速公路路政管理	288
第五节　高速公路管理科技成果的应用	295

第六章　高速公路文化建设 ··· 311
第一节　高速公路建设诠释交通精神内涵 ··· 311
第二节　高速公路建设"决战路上党旗红" ··· 322
第三节　高速公路建设文明创建与新闻宣传 ··· 326
第四节　高速公路品牌文化 ··· 329

第七章　高速公路地方性项目管理法规 ··· 338
第一节　省级相关法规制度 ··· 338
第二节　建设市场管理相关法规 ··· 340
第三节　项目管理相关法规制度 ··· 343

第八章　高速公路建设项目 ··· 354
第一节　G1京哈高速公路黑龙江段、G1001绕城高速公路南段 ··· 354
第二节　G10绥满高速公路黑龙江省段 ··· 365
第三节　联络线G1001哈尔滨绕行线 ··· 441
第四节　G1011哈尔滨至同江高速公路 ··· 463
第五节　G1012建三江至抚远（黑瞎子岛）高速公路 ··· 508
第六节　G11鹤岗至大连高速公路黑龙江段 ··· 528
第七节　G1111鹤岗至哈尔滨高速公路 ··· 588
第八节　G12珲乌高速公路联络线G1211吉黑高速公路黑龙江段 ··· 610
第九节　G45大广高速公路黑龙江省段 ··· 624
第十节　S16依兰至兴凯湖高速公路 ··· 632
第十一节　S19嫩江至泰来高速公路 ··· 645
第十二节　S401绥化至北安高速公路 ··· 678
第十三节　S402建三江至鸡西段高速公路 ··· 692
第十四节　S403依兰至宝清公路 ··· 718
第十五节　S405伊齐高速公路伊春至北安段、S303北安至五大连池景区段 ··· 726

附录一　黑龙江省高速公路建设项目基本信息表 ··· 743
附录二　黑龙江省高速公路建设大事记 ··· 747

第一章
经济社会与综合交通运输

第一节 黑龙江省情概况

一、地理地貌

黑龙江省位于中国东北部,是中国位置最北、纬度最高的省份,西起121°11′,东至135°05′,南起43°26′,北至53°33′,东西跨14个经度,南北跨10个纬度。北部、东部与俄罗斯为界,西部与内蒙古自治区相邻,南部与吉林省接壤。黑龙江省处于东北亚区域腹地,区位条件独特,与俄罗斯最大、历史最悠久的口岸地带相接,与俄罗斯远东地区的赤塔州、阿穆尔州、犹太自治州、滨海边疆区和哈巴罗夫斯克边疆区隔江相望,边境线长2981.26km,是亚洲及太平洋地区陆路通往独联体国家和欧洲大陆的重要通道之一。

全省土地总面积47.3万km²(含加格达奇和松岭区),占全国土地总面积的4.9%,仅次于新疆、西藏、内蒙古、青海、四川,居全国第6位。地貌特征为"五山一水一草三分田"。地势大致是西北部、北部和东南部高,东北部、西南部低,主要由山地、台地、平原和水面构成。西北部为北东—南西走向的大兴安岭山地,北部为北西—南东走向的小兴安岭山地,东部为北东—南西走向的张广才岭、老爷岭、完达山脉。兴安山地与东部山地的山前为台地,东北部为三江平原(包括兴凯湖平原),西部是松嫩平原。黑龙江省山地海拔高度大多在300～1000m,面积约占全省总面积的58%;台地海拔高度在200～350m,面积约占全省总面积的14%;平原海拔高度在50～200m,面积约占全省总面积的28%。

黑龙江省属中温带、寒温带大陆性季风气候。全省从南向北,依温度指标可分为中温带和寒温带。从东向西,依干燥度指标可分为湿润区、半湿润区和半干旱区。全省气候的主要特征是春季低温干旱,夏季温热多雨,秋季易涝早霜,冬季寒冷漫长,无霜期短,气候地域性差异大。降水表现出明显的季风性特征。夏季受东南季风的影响,降水充沛,冬季在干冷西北风控制下,干燥少雨。

二、区划人口

黑龙江作为行政区域名称始于清代,而在之前的漫长岁月里,这片土地上生活的东胡、濊貊、肃慎等民族先民已经与中原民族产生了广泛交流,创造出辉煌灿烂的古代文明。中华民国成立后,黑龙江省名称和行政区划沿袭旧制不变。1931年"九一八"事变后,东北地区行政区划按照日本侵略者进行严密统治的需要,逐步把省划小。1949年4月21日,东北行政委员会发布《重划东北行政区划令》,决定黑龙江地区的合江、松江、黑龙江、嫩江4省和哈尔滨市合并为松江、黑龙江2省。1954年6月,中央人民政府颁布《关于撤销大区一级行政机构和合并若干省、市建制的决定》,撤销松江省建制,与黑龙江省合并,同时将哈尔滨市改为省辖市并入黑龙江省。同年8月,两省正式合并,省会设在哈尔滨市。

黑龙江省行政区划现辖哈尔滨市1个副省级城市,齐齐哈尔市、牡丹江市、佳木斯市、大庆市、鸡西市、鹤岗市、双鸭山市、伊春市、七台河市、黑河市、绥化市、大兴安岭地区12个地级市(含1个地区行署),共128个县(市、区)(含2个省直辖市),省会哈尔滨市。

（一）哈尔滨市

现辖/代管:道里区、南岗区、道外区、香坊区、平房区、呼兰区、松北区、阿城区、双城区、依兰县、方正县、宾县、巴彦县、木兰县、通河县、延寿县、尚志市、五常市。

（二）齐齐哈尔市

现辖:龙沙区、建华区、铁锋区、昂昂溪区、富拉尔基区、碾子山区、梅里斯达斡尔族区、龙江县、依安县、泰来县、甘南县、富裕县、克山县、克东县、拜泉县、讷河市。

（三）牡丹江市

现辖:东安区、阳明区、安民区、西安区、东宁市、林口县、绥芬河市、海林市、宁安市、穆棱市。

（四）佳木斯市

现辖:向阳区、前进区、东风区、郊区、桦南县、桦川县、汤原县、抚远市、同江市、富锦市。

（五）大庆市

现辖:萨尔图区、龙凤区、让胡路区、红岗区、大同区、肇州县、肇源县、林甸县、杜尔伯特蒙古族自治县。

（六）鸡西市

现辖:鸡冠区、恒山区、滴道区、梨树区、城子河区、麻山区、鸡东县、虎林市、密山市。

（七）双鸭山市

现辖：尖山区、岭东区、四方台区、宝山区、集贤县、友谊县、宝清县、饶河县

（八）伊春市

现辖：伊春区、南岔区、友好区、西林区、翠峦区、新青区、美溪区、金山屯区、五营区、乌马河区、汤旺河区、带岭区、乌伊岭区、红星区、上甘岭区、嘉荫县、铁力市。

（九）七台河市

现辖：新兴区、桃山区、茄子河区、勃利县。

（十）鹤岗市

现辖：向阳区、工农区、南山区、兴安区、东山区、兴山区、萝北县、绥滨县。

（十一）黑河市

现辖：爱辉区、嫩江县、逊克县、孙吴县、北安市、五大连池市。

（十二）绥化市

现辖：北林区、望奎县、兰西县、青冈县、庆安县、明水县、绥棱县、安达市、肇东市、海伦市。

（十三）大兴安岭行署地区

现辖：呼玛县、塔河县、漠河县。

2015年末，全省常住总人口为3812万人，人口密度（含加格达奇和松岭区）为81人/km²。全年出生人口22.87万人，出生率为6.0‰；死亡人口25.16万人，死亡率为6.6‰；自然增长率为-0.6‰。常住人口中，城镇人口为2241.5万人，占总人口比重为58.8%；乡村人口为1570.5万人，占总人口比重为41.2%。常住总人口中0~14岁的人口为423.1万人，占11.1%；15~64岁的人口为2973.4万人，占78.0%；65岁及以上的人口为415.5人，占10.9%。

汉族是黑龙江省的主体民族，人口约3600万，占全省总人口的94.74%。全省共有53个少数民族，人口近200万，占全省总人口的5.26%。世居本省的有满、朝鲜、蒙古、回、达斡尔、锡伯、赫哲、鄂伦春、鄂温克和柯尔克孜等10个少数民族。其中，满、朝鲜、蒙古、回4个民族人口超过10万，达斡尔族人口4.3万，其余5个民族人口不足万人。赫哲族有3910人，鄂伦春族有3871人，占全国鄂伦春族人口的52%。满族、回族普遍使用汉

语文;朝鲜族、蒙古族使用本民族语言、文字,大多数人通用汉语文;达斡尔、鄂伦春、鄂温克、赫哲族有本民族语言,没有文字,普遍使用汉语文;其他43个少数民族大部分是在黑龙江的开发和建设中,从外地调入、分配、转业、移居而来,大多通用汉语言文字。少数民族人口按城乡比例划分,人口居住在城市和县镇的占27.3%;居住在农村的占72.7%。按民族地区和散居比例划分,居住在自治地方、民族区、民族乡镇的占39.9%,散居人口占60.1%。省内建有1个自治县(杜尔伯特蒙古族自治县)、1个民族区(齐齐哈尔梅里斯达斡尔族区)、69个民族乡镇,其中,满族乡(镇)24个、朝鲜族乡(镇)19个、蒙古族乡(镇)6个、达斡尔族乡3个、鄂伦春族乡5个、鄂温克族乡1个、赫哲族乡3个、联合民族乡(镇)8个,认定少数民族聚居村680个。

黑龙江省少数民族和民族地区的经济和社会事业较快发展,综合经济实力显著增强,民族地区初步建立了多元经济结构,种植业、畜牧业已成为民族地区的基础产业。民族工作为富民、强省、兴边、睦邻,构建和谐龙江作出了积极贡献。全省少数民族和民族地区占有耕地3973万公顷❶,人均0.37公顷,高于全省农民平均水平。中央免收农业税政策,极大地调动了民族地区种粮积极性。少数民族和民族地区经济社会事业有了较快发展。2005年末,杜尔伯特蒙古族自治县和69个民族乡(镇)生产总值分别为23.5亿元和110亿元,比2000年分别增长135%和34%。自治县财政一般性预算收入1.34亿元,是2000年的4.4倍。680个民族村人均收入3297元,高于全省农村人均收入76元,是2000年的1.38倍。各级政府十分重视民族教育。鄂伦春族、赫哲族等少数民族的中小学大部分进入规范化学校行列,鄂伦春族、赫哲族、鄂温克族、柯尔克孜族完成了"普九"任务。普通高校对少数民族考生录取政策的深入落实,使一大批少数民族学生进入了高校学习。少数民族医疗卫生条件有较大改善,少数民族人口素质不断提高,群众文化生活丰富多彩,民族语文、出版、新闻、广播事业不断发展。

2015年底,全省共有研究生培养单位27所,招生21172人,在学研究生62044人,毕业生19151人。普通高校81所,招生20.6万人,在校生73.5万人,毕业生19.4万人。科学研究开发机构811个,全年科学研究与试验发展(R&D)经费支出154.0亿元。卫生机构9301个,其中医院、卫生院2011个,卫生机构床位数21.3万张,其中医院、卫生院床位数19.6万张。艺术表演团体39个、文化馆148个、公共图书馆107个、博物馆158个、档案馆158个,已开放各类档案380万卷。广播综合人口覆盖率98.6%,电视综合人口覆盖率98.8%。全年出版报纸67087万份,出版杂志4803万册,出版图书6797万册(张)。

三、自然资源

黑龙江省是全国生态示范省之一,有大森林、大草原、大湿地、大湖泊、大界江、大冰

---

❶ 1公顷(hm^2) = 10^4 平方米(m^2),1公顷≈15亩,余同。

雪,自然风光独特,生态环境一流,具有得天独厚的旅游资源。黑龙江省是新中国工业的摇篮,有闻名中外的大庆油田,有"第一重型""两大机床""三大动力""四大煤城""十大军工"等一大批国有大型企业,为我国建设作出了巨大贡献。新中国成立以来,黑龙江累计为国家提供了占全国1/2的原油、1/3的电站成套设备、1/7的商品粮、1/8的木材、1/10的煤炭,以及大量的重型装备和国防装备。

(一)土地资源

全省农用地面积3950.45万公顷,占全省土地总面积的83.53%;建设用地149.85万公顷,占全省土地总面积的3.17%;未利用地629.2万公顷,占全省土地总面积的13.30%。在建设用地中,居民点及工矿用地面积116.58万公顷,占建设用地面积的77.80%;交通运输用地面积12.12万公顷,占建设用地面积的8.08%;水利设施用地面积21.14万公顷,占建设用地面积的14.10%。(统计数据出自《黑龙江年鉴2014》)

全省耕地面积1594万公顷,占全省土地总面积的33.87%;园地面积4.5万公顷,占0.09%;林地面积2324万公顷,占49.39%;草地面积203万公顷,占4.32%;城镇村及工矿用地面积122万公顷,占2.59%;交通运输用地面积59万公顷,占1.26%;水域及水利设施用地面积218万公顷,占4.63%;其他土地面积181万公顷,占3.85%。全省森林覆盖率46.14%,森林面积2097.7万公顷,活立木总蓄积量18.29亿 m^3。

根据全国第二次土地调查数据,黑龙江省共有草地面积207.1万公顷(3106.6万亩),占全省土地总面积的4.4%。其中,天然草地107.1万公顷(1606.8万亩)、人工草地3.6万公顷(54.4万亩)、其他草地96.4万公顷(1445.4万亩),主要分布在松嫩平原,占全省草地总面积的49.2%。省内松嫩平原草地面积为102万公顷(1530万亩),草地类型以草甸类草地和干草地为主,草地植被覆盖度平均约70%,以羊草、星星草、野古草、针茅、冰草等为主要优势种。三江平原草地面积30.3万公顷(454万亩),草地类型以草甸类草地和沼泽类草地为主,草地植被覆盖度达到85%,以中生和湿生的小叶樟、狭叶甜茅、苔草等为主要优势种。区域内的虎林市月牙湖国家级草地类自然保护区是省内唯一的草地类自然保护区,保护区面积0.513万公顷(7.7万亩),是典型的沼泽类草地。北部、东部山区半山区草地面积74.8万公顷(1122万亩),主要分布在省内大小兴安岭林区,主要为林间草地。

全省天然湿地面积556万公顷,湿地面积居全国第四位,占全国天然湿地的七分之一,是丹顶鹤、东方白鹳等珍稀水禽的重要繁殖栖息地和迁徙停歇地。目前,全省已建成湿地类型自然保护区87处,其中国家级23处、省级64处,拥有扎龙、三江、洪河、兴凯湖、珍宝岛、七星河、南瓮河、东方红8处国际重要湿地;建立了58处国家湿地公园,其中国家级41处、省级17处。

(二)水资源

全省多年平均地表水资源量为 686.08 亿 m^3,多年平均地下水资源量为 286.87 亿 m^3,扣除两者之间重复计算量 162.62 亿 m^3,全省多年平均水资源总量为 810.33 亿 m^3。地下水资源 124 亿 m^3,人均水量 2160m^3。境内江河湖泊众多,有黑龙江、乌苏里江、松花江(含嫩江)、绥芬河四大水系,有兴凯湖、镜泊湖、五大连池等众多湖泊。现有流域面积 50km^2 及以上河流 2881 条,总长度为 9.21 万 km;现有常年水面面积 1km^2 及以上湖泊 253 个,其中,淡水湖 241 个,咸水湖 12 个,水面总面积 3037km^2(不含跨国界湖泊境外面积)。

(三)矿产能源

黑龙江省地域辽阔,矿产资源种类较全,且分布广泛又相对集中。截至 2014 年年底,全省共发现各类矿产 135 种(含亚矿种),已查明资源储量的矿产有 84 种(含亚矿种,下同),占全国 2013 年度已查明 229 种矿产(含亚矿种)资源储量的 36.68%。在 84 种矿产中,除石油、天然气、地热、铀矿、地下水、矿泉水外,其余 78 种矿产的资源储量均按《固体矿产资源/储量分类》标准编入《截至二〇一四年底黑龙江省矿产资源储量表》中。已查明资源储量的 84 种矿产按工业用途分为 9 大类,其中能源矿产 6 种;黑色金属矿产 3 种;有色金属矿产 11 种;贵金属矿产 6 种;稀有、稀散元素矿产 8 种;冶金辅助原料非金属矿产 7 种;化工原料非金属矿产 7 种;建材和其他非金属矿产 34 种;水气矿产 2 种。已发现尚无查明资源储量的各类矿产 51 种。

能源矿产在省内矿产中占有重要地位,已探明资源储量的矿种有石油、天然气、煤、油页岩、地热、铀矿 6 种矿产,其中,石油、天然气主要以大庆为主。省内石油、天然气主要集中在松辽盆地的大庆一带;煤炭则分布在东部的鹤岗、双鸭山、七台河和鸡西等地;有色、黑色金属矿产主要分布于嫩江、伊春和哈尔滨一带;贵金属矿产分布在大小兴安岭及伊春、佳木斯、牡丹江等地;非金属矿产主要分布在本省的东部和中部地区。

煤炭是省内重要优势矿产。全省煤炭从分布上看,主要集中于双鸭山、鸡西、鹤岗、七台河四大煤城,约占全省煤炭资源储量的 90% 以上,其余主要分布在黑河、大兴安岭、牡丹江、哈尔滨等地。

(四)贵金属矿产

全省查明矿产资源储量的贵金属矿产有金(包括岩金、沙金、伴生金)、银、铂族(铂、钯、铱、锇)共 6 种矿产,其中金矿开发利用程度较高。

金:金矿资源有岩金、沙金、伴生金。近几年岩金勘查开发很快,逐渐形成了团结沟、老柞山、大安河、东风山、争光、三道湾子、砂宝斯等中、大型岩金矿山,伴生金随主矿种的开采部分回收利用。

岩金:全省岩金主要分布在黑河、伊春、大兴安岭、鸡西、七台河、牡丹江、佳木斯等地,其中黑河最多,其次是伊春、大兴安岭、鸡西、七台河、牡丹江、佳木斯。主要矿山有嘉荫团结沟、黑河市争光、勃利至宝清老柞山、嘉荫平顶山、黑河市三道湾子、东宁县金厂矿区0号矿体、东宁县金厂矿区Ⅰ号矿体、大兴安岭砂宝斯岩金矿,上述矿山保有资源储量约占全省岩金资源储量的90%。

伴生金:主要分布在嫩江多宝山铜矿、铜山铜矿、三矿沟铜矿和黑河付地营子铜矿,金作为伴生矿产已回收利用。

(五)黑色、有色金属矿产

黑色金属矿产:铁矿资源储量主要分布在双鸭山、黑河、伊春等地,其中双鸭山铁矿和逊克翠宏山铁多金属居前两位。

有色金属矿产:铜资源集中于黑河地区,主要矿床有嫩江县多宝山铜矿、铜山铜钼矿、嫩江县三矿沟铜矿和黑河付地营子铜锌硫多金属矿,其余的则分布在哈尔滨、伊春、鸡西等地。省内铜矿品位较低,平均为0.47%,给开发利用带来一定难度。全省富铜矿(品位>1%)资源总量3.30万t,仅占全省铜保有资源总量的0.78%,分布在嫩江县三矿沟铜矿、黑河付地营子铜锌多金属矿、宾县弓棚子铜矿、阿城市秋皮沟铜矿。

铅锌:从资源总量看,伊春、黑河地区的资源占全省80%以上,黑河地区的资源主要分布在逊克翠宏山铁多金属矿床中。省内铅锌资源较多,但是品质不佳也是制约规模开发利用的一大障碍,目前全省铅+锌品位大于8%的矿床很少(一般认为这是现阶段铅锌矿床开采的经济品位),仅有伊春小西林铅锌矿(Pb+Zn9.32%)、伊春小西林铅锌矿V号矿体(Pb+Zn8.41%)、阿城苏家围子铁锌矿(Zn8.59%)、伊春五星铅锌矿(Pb+Zn9.20%)。

钼:主要分布在铁力、阿城、大兴安岭地区、逊克县等地。

(六)冶金辅助原料非金属矿产

现已查明矿产资源储量的矿产有矽线石、普通萤石、熔剂用灰岩、冶金用白云岩、铸型用砂、耐火黏土、菱镁矿等7种矿产。其中,矽线石为省内优势矿产,但开发利用程度较低,矽线石主要分布在鸡西和牡丹江两地。

(七)稀有、稀土分散元素矿产

现已查明资源储量矿产有钽、铍、镓、铟、铼、硒、镉、碲等8种,全省上表矿区25处。全省稀有、稀土分散元素矿产除铍矿是单一矿产外,其余都是伴生矿,主要分布在嫩江、逊克、铁力、萝北、阿城等地。

(八)化工原料非金属矿产

现已查明资源储量矿产种类不多,主要有硫铁矿、伴生硫、化肥用蛇纹岩、泥炭、砷矿、硼矿、磷矿等7种,主要分布在黑河、伊春、牡丹江、鸡西等地。泥炭资源储量较丰富(但开发利用极少),目前大都是以往查明储量,没有新的发现,主要分布在双鸭山、鸡西、佳木斯等地。

(九)建材及其他非金属矿产

全省查明资源储量矿产有34种,石墨、沸石、黄黏土、熔炼水晶、水泥用大理岩等是省内优势矿产,尤其以石墨最为突出,资源储量、质量居全国首位。其中,鸡西柳毛石墨矿质量好、资源储量大,国内外闻名。

石墨:省内的石墨资源在全球占有一定地位,主要集中在鸡西、鹤岗、七台河等地,著名的石墨矿区为鸡西柳毛、萝北云山、勃利佛岭。目前省内的主要石墨矿山多数已得到开发利用。

水泥用大理岩:省内水泥用大理岩在全国资源储量排序第一,主要集中分布在哈尔滨、鸡西、伊春、佳木斯、牡丹江、七台河、黑河等地区。

(十)水气矿产

全省地下水资源丰富,开采潜力大,但大多集中在大中城市开采,造成超采、局部水资源不足。省内矿泉水资源较为丰富,除中外闻名的五大连池矿泉水外,其他各市县均有分布。

四、生态环境

全省具有生物多样性保护功能的生态功能区为29个,分布在大小兴安岭、张广才岭地区,三江平原及松嫩平原的部分地区也有分布,面积共约29.83万km^2。具有水源涵养功能的生态功能区共有11个,分布在大兴安岭的大部分地区、小兴安岭的伊春地区以及张广才岭的南部地区,面积共约13.04万km^2。具有土壤保持功能的生态功能区有27个,分布在省内各较大河流的流域地区,面积共约29.59万km^2。具有沙漠化控制功能的生态功能区有6个,分布在松嫩平原的西部地区,面积共约4.73万km^2。具有防洪蓄洪功能的生态功能区有11个,其中洪泛功能区6个,分布在三江平原的北部地区和松嫩平原的西部地区,面积共约5.61万km^2;蓄滞洪功能区1个,为松嫩平原西南部沙化与盐渍化控制生态区,面积约1.42万km^2;防洪保护功能区有6个,为省内的各大城市及其周围地区,面积共约 3.94 万 km²。具有自然人文景观保护功能的生态功能区有 23 个,分布较为分散,大部分分布在小兴安岭及张广才岭的南部地区,三江平原及松嫩平原有零散分布,面积共约 20.94 万 km²。具有产品提供功能的生态功能区有 13 个,分布在三江平原及松嫩平原的大部分地区,面积共约 13.40 万 km²。

(一)生物多样性保护重要生态功能区(3 个)

1. 黑龙江至呼玛河源头水源涵养与生物多样性保护生态功能区

该区地处大兴安岭山脉的东北坡,总面积 27636km²,属寒温带大陆性季风气候。区内有中国唯一的寒温带森林生态系统及其生物种群,是国内生物多样性和生物基因库保护的重要地区。该区生态环境若遭到破坏,不但其生物多样性会明显下降,濒危物种受到威胁,其独特的寒温带森林景观也将不复存在,同时还将直接影响与其紧邻的松嫩平原的区域环境及气候,对该区的农业生产、生态环境保护以及人们的日常生活等各方面都会造成一定的影响。

2. 汤旺河水源涵养与生物多样性保护生态功能区

该区位于黑龙江省东北部,由伊春市和铁力市东南段的山地组成,总面积 22372km²。该区自然资源丰富、植被群落类型复杂多样,分布有大片较原始的红松针阔叶混交林,是国内目前保存下来最为典型和完整的原生红松阔叶混交林分布区之一,也是中国和亚洲东北部很具代表性的温带原始红松针阔叶混交林区。复杂的生境条件为野生动植物的生存和繁衍创造了十分有利的条件。该区是松嫩平原和三江平原的重要屏障,在地理位置上占据重要的位置。该区生态环境若遭到破坏,不但自身的生物多样性受到影响,对于西部地区的荒漠化、东部三江平原地区的农业生产以及区域的生态环境安全等方面也会造成重要的影响。

3. 松花江下游南部农、牧业与湿地保护生态功能区

该区位于黑龙江东部,总面积 12369km²。该区是省内湿地面积最大、最集中的分布区,也是国内湿地及其生物多样性最为丰富的关键地区之一。该区内湿地生物多样性十分丰富,是许多珍稀濒危动物,尤其是水禽的重要栖息地和繁殖地,是重要的湿地物种基因库和种群资源圃。该区生态环境若遭到破坏,则无异于对区内面积不断减少的湿地及其脆弱的生态系统雪上加霜,对于其周围居民的生产、生活产生不可估量的影响。

(二)水源涵养重要生态功能区(1 个)

大兴安岭嫩江源头水源涵养生态功能区

该区为加格达奇区和松岭区,土地面积 19008km²。嫩江是松花江的最大支流,是松花江水系的北源,嫩江流域面积达 26.78 万 km^2,其形成的松嫩平原更是省内乃至全国的粮食生产基地。该区的森林植被一旦遭到破坏,会直接影响到整个嫩江流域的生态安全和社会经济发展。因此,保护该区的生态环境和水源涵养能力,可以有效地保护嫩江的水生态环境,进而对改善松花江水质产生影响,也对流域内人们的生产生活有着巨大的推动作用。

(三)土壤保持重要生态功能区(3个)

1. 黑河地区东北部林、农业与界江国土保护生态功能区

该区地处小兴安岭的北麓,由黑河市的东部、孙吴县和逊克县的北部组成,总面积 $16502km^2$。该区与俄罗斯阿穆尔州隔黑龙江相望,经济、文化等各方面都比较发达。由于该区的国土流失较为严重,对该区生态环境进行保护,可以减少国土流失面积,间接等于全国每年增加了一定的国土面积,这对于国家生态安全具有重大的影响。

2. 挠力河下游林、农业与湿地及界江国土保护生态功能区

该区位于黑龙江东部的饶河县,总面积 $6765km^2$。该区内有界河乌苏里江,在国内的堤岸坍塌现象比较严重,导致了国土的大面积流失。若不对该区生态环境进行保护,国土流失将继续进行并且会逐渐加剧,最终威胁国家的领土安全,保护该区域生态环境刻不容缓。

3. 松嫩平原中部农业与土壤保持生态功能区

该区由黑龙江省中部的绥化市、望奎县、巴彦县、木兰县、依安县、明水县、青冈县、兰西县、克山县、克东县和拜泉县组成,总面积 $31460km^2$。该区的地形与气候等因素使得该区成为水土流失较重地区,区内的大面积有机土壤被雨水冲走,使得农业生产发展较慢。若不对该区生态环境进行有效保护,该区剩下的就只有盐碱地和没有肥力的土壤,这对于在该区劳作的农民是非常大的打击,不但影响到农民生活水平的提高,也将影响到该地区可持续发展,产生的后果极其严重并无法挽回。

(四)沙漠化控制重要生态功能区(1个)

嫩江下游湿地保护与沙化和盐渍化控制生态功能区

该区由省内西南部的肇源县、杜尔伯特蒙古自治县和泰来县组成,总面积 $14200km^2$。该区在历史上为牛、羊的放牧区,目前土壤裸露区域较多,加之降水较少、土壤干旱,使的土壤质量下降,土地沙化严重。该区的草原生态环境若继续遭到破坏,则沙漠化的趋势将进一步恶化,沙漠化面积也将不断扩大,不但影响到该区的农业生产和经济发展,也将影响到大庆市等周围地区的沙漠化和可持续发展,甚至影响到哈尔滨市的生态环境安全,因

此保护该地区生态环境意义十分重大。

(五) 重要洪泛功能区 (2个)

1. 松花江下游北部农业与沙化控制及土壤保持生态功能区

该区位于黑龙江东北部,由汤原县的东南部、鹤岗市的南部、萝北县的南部和绥滨县组成,总面积约6200km²。该区地势平坦,多低洼处,排水较为困难,且区内春、夏两季雨水较为密集、雨量大,易形成洪泛区。该区为产粮大区,若不对该区生态环境进行保护,会严重危害到区内农作物的生长,给人民的生产生活带来困难,阻碍地方经济的发展,也给其周围地区正常工作带来严重的威胁。

2. 抚平原农业与湿地及界江国土保护生态功能区

该区位于黑龙江东部,由同江市和抚远市组成,总面积11212km²。该区地处平原,排水不畅,且区内雨季降水量较大,多发暴雨,易在区内形成洪灾。该区土壤肥沃,适于农作物的种植,若该区生态环境遭到破坏,会给区内人民的正常生活带来巨大困难,从而也会影响到周围地区的可持续发展。

(六) 重要蓄滞洪功能区 (1个)

嫩江下游湿地保护与沙化和盐渍化控制生态功能区

该区由黑龙江省西南部的肇源县、杜尔伯特蒙古自治县和泰来县组成,总面积14200km²。该区内工业、农业等设施较少,其东部地区的胖头泡为水利部门指定的蓄滞洪区,它是黑龙江省境内松花江上游唯一的蓄滞洪区。若该区生态环境遭到破坏,则洪灾发生时,该区的蓄滞洪功能将不能充分发挥,无法有效地实现疏缓其周围地区洪水的目的,使洪水的危害程度加重、损失加大,这对该区和周围地区,特别是对哈尔滨市的威胁都是非常严重的。

(七) 重要防洪保护功能区 (2个)

1. 哈尔滨市区城市与城郊农业生态功能区

该区位于黑龙江省东南部的哈尔滨市,总面积4280km²。哈尔滨市为黑龙江省的第一大城市,是黑龙江省的政治、经济、文化中心。对该区防洪功能进行有效保护,可使该区不受洪水的影响,不仅可以安定民心、稳定社会秩序,更可以有效地组织人力、物力进行救灾工作,对全省可持续发展和建设小康社会有着重要的意义。

2. 大庆地区矿业与土壤保持生态功能区

该区位于黑龙江省西部的大庆市,总面积5170km²。该区为大庆油田的所在地,其出产的石油供往全国各地,为国家的经济发展提供了充足的物质基础。若不对该区的防洪功能进行有效保护,则会给区内的经济及社会带来巨大的危害,造成油田减产或停产,不仅对黑龙江省的经济发展造成影响,也会对全国的经济增长形成阻碍,甚至会影响到全社会的稳定。

(八)自然人文景观保护重要生态功能区(4个)

1. 兴凯湖农、牧、渔业与湿地及生物多样性保护生态功能区

该区位于黑龙江东南部的密山市,总面积7843 km^2。兴凯湖是古代火山爆发后,因地势陷落积水而形成的,为中俄界湖。兴凯湖由大、小两湖组成,小兴凯湖温柔恬静、鱼跃鸟飞,大兴凯湖烟波浩渺、气势磅礴。兴凯湖是一座集防洪蓄水排涝、灌溉及旅游等多功能的天然水体。该区生态环境若遭到破坏,不但其自然景观被毁坏、周围的生物失去栖息的环境,而且也会对中俄两国的关系产生巨大的影响。

2. 镜泊湖林、农业适度发展与生态旅游生态功能区

该区位于黑龙江东南部的宁安市,总面积7923 km^2。该区旅游资源丰富,自然景观和人文古迹较多,其中著名的镜泊湖是世界第二高山堰塞湖,是一座保持完整的火山博物馆,镜泊湖瀑布撼人心魄、蔚为壮观,自然风光美丽迷人,是一处人间仙境。该区生态环境若遭到破坏,其独特的景观将不复存在,人们从此会失去一个度假休闲的好去处,这将是子孙后代的遗憾。同时也将对周围的自然景观和人文古迹构成威胁,并且影响到该区域社会经济可持续发展。

3. 乌河上游水源涵养与地质遗迹保护生态功能区

该区由黑龙江省北部的北安市和五大连池市组成,总面积12000 km^2。该区保存有全国最典型、最完整的火山地质现象和景观,区内丰富的矿泉水资源,对许多疾病有良好的医疗作用,是一处旅游胜地。该区生态环境若因保护不利而被破坏,区内宝贵的地质遗迹将遭到灭顶之灾,并且无法恢复。周围植被的减少,也对水生态环境安全构成威胁,从而影响矿泉水的水质。该区的经济将遭受巨大打击,对于全国以及世界的地质研究工作也将是一个重大的损失。

4. 齐齐哈尔市城镇与湿地保护生态功能区

该区位于黑龙江省西部的齐齐哈尔市,总面积4365 km^2。该区有在全国乃至世界都占有重要地位的湿地,在这片湿地上物种丰富,各种珍禽异兽和睦相处,区内以鹤类居多,建有国家级丹顶鹤保护区——扎龙自然保护区。该区生态环境若遭到破坏,将导致湿地面积萎缩、湿地生态系统退化、野生动物数量减少,丹顶鹤等珍贵鸟类的生存环境将受到威胁,同时也将影响到周围生态环境和社会经济发展。

(九)产品提供重要生态功能区(1个)

阿河流域农业与土壤保持生态功能区

该区由黑龙江省南部的双城市、五常市西北部和阿城西北部组成,总面积6200km^2。该区是全国重要的粮食产区,该区粮食产量高、质量好,对省内的粮食生产贡献较大。对该区生态环境进行保护,可以改善区域的生态环境,提高粮食的产量和质量,对于加速经济的发展、保障社会稳定有着巨大的影响。

黑龙江省得天独厚的自然资源优势,为生态文明建设提供了重要保障。为全面实施可持续发展战略,推动省域内经济、社会、环境的协调和可持续发展,2001年,省委、省政府作出了生态省建设的重大战略决策。黑龙江省第九届人大常委会第25次会议审议通过了《黑龙江省生态省建设规划纲要》,省政府成立了"黑龙江省生态省建设领导小组"。省委、省政府始终把生态省建设作为生态文明建设的重要载体和抓手,从推进生态环境建设与保护工程、发展循环经济、促进节能减排、强化污染防治等个多方面,制定实施一系列重大举措,全省生态环境保护和建设取得积极成效。生态省建设规划实施以来,重点实施了平原绿化、湿地保护、水土流失治理、草原恢复、矿山环境治理和松花江水污染防治等重点工程。2014年4月1日起,省内森林工业、大兴安岭林区全面停止商业采伐,实行封禁,强化生态保护,森林资源实现了森林面积、林木蓄积量和森林覆盖率恢复性的"三增长",森林覆盖率达到45.73%;实施湿地保护工程。实施省级湿地保护补助项目,为湿地自然保护区投入项目资金近4亿元,开展退耕还湿和湿地恢复面积10000多公顷。利用中部引嫩等现有水利工程,为扎龙、连环湖等重要湿地补水,全省天然湿地面积达到556万公顷,占全国湿地总面积的1/7,38.8%的天然湿地纳入了保护范围。实施草原"三化"治理工程。治理"三化"草原570万亩,草原禁牧面积2880万亩。实施水土保持工程。"十一五"以来,全省共完成水土流失综合防治面积11598km^2。在沙区实施了百万亩治沙造林工程,全省沙区完成治沙造林138.6万亩,沙化土地治理331.97万亩。实施自然保护区建设工程。加强自然保护区创建和提档升级工作,全省自然保护区总数达248个,其中国家级36个,数量列全国第一,省级85个,面积达760万公顷。实施矿山生态保护工程。以"四大煤城"、沙金矿山过采区、"三线"、"两区"采矿生态环境破坏区为重点,对矿山地质环境进行综合治理。目前,创建国家矿山公园6处、地质公园21处。环境保护工作不断加强,全力实施流域水污染防治规划,松花江水质明显改善,兴凯湖、镜泊湖列入国家良好生态湖泊试点;省辖城市饮用水源地水质达标率100%。绿色(有机)食品产业不断发展壮大,寒地黑土的品牌效应逐渐显现;生态旅游产业呈现出持续、健康、快速发展的良好态势,成为省内区域经济发展新引擎;循环经济及生态工业园区建设工作进展顺利。这些重点生态环境工程的实施,对促进省内生态环境功能的改善和恢复发挥了积极作用。

目前,全省已经建成65个国家级生态乡(镇)、16个国家级生态村,1个省级生态市,49个省级生态县(市、区),703个省级生态乡镇和2650个省级生态村。这些重点生态环境工程的实施,对促进省内生态环境功能的改善和恢复发挥了积极作用,良好的生态环境正在转化为服务全省经济社会发展的优势,成为黑龙江的重要品牌。

第二节　经济社会发展情况

一、经济发展

2015年,全省实现地区生产总值15083.7亿元,按可比价格计算,比上年增长5.7%。其中,第一产业增加值2633.5亿元,增长5.2%;第二产业增加值4798.1亿元,增长1.4%;第三产业增加值7652.1亿元,增长10.4%。三次产业结构为17.5∶31.8∶50.7。全省人均生产总值实现39462元,比上年增长6.0%。非公有制经济增加值7934.9亿元,比上年增长7.3%,占全省生产总值的52.6%,稳居全省半壁江山。

(一)农业

2015年,全省实现农林牧渔业增加值2687.8亿元,按可比价格计算,比上年增长5.2%。其中,种植业增加值1852.8亿元,增长5.3%;林业增加值95.0亿元,增长6.7%;畜牧业增加值641.5亿元,增长4.0%;渔业增加值44.3亿元,增长10.2%;农林牧渔服务业增加值54.3亿元,增长8.8%。农林牧渔业增加值结构由上年的72.4∶3.4∶21.0∶1.4∶1.8变化为68.9∶3.5∶23.9∶1.6∶2.0。

2015年,全省农业机械总动力5442.7万kW·h,比上年增长5.6%;农用拖拉机157.5万台,增长1.6%;农用运输车15.8万辆,下降0.6%。农田有效灌溉面积553.1万hm^2,节水灌溉面积169.7万hm^2,综合治理水土流失面积383.4万hm^2。农村用电量72.6亿kW·h,增长4.3%;化肥施用量255.3万t,增长1.3%。

2015年,全省粮食产量6324.0万t,比上年增长1.3%,实现"十二连增",再创历史新高,连续5年位列全国第一。其中,水稻、小麦、玉米和大豆分别为2199.7万t、21.8万t、3544.1万t和428.4万t。全年蔬菜产量957.4万t,下降2.9%;瓜果类161.6万t,下降19.6%;甜菜7.3万t,下降82.2%;油料18.3万t,增长8.4%;烤烟6.9万t,下降18.8%;亚麻2.0万t,下降20.7%。

2015年,全省生猪存栏1314.1万头,出栏1863.4万头,猪肉产量138.4万t。牛、羊和家禽存栏量分别为510.7万头、895.7万只和1.5亿只,分别比上年增长1.7%、4.5%和4.4%;全年牛、羊和家禽出栏量分别为269.7万头、751.9万只和2.1亿只,分别增长

2.3%、3.2%和3.0%。牛肉和羊肉产量为41.6万t和12.3万t,分别增长2.4%和3.9%;禽肉、禽蛋和牛奶产量分别为34.4万t、99.9万t和570.5万t,分别增长3.7%、1.8%和2.5%。

2015年,全省绿色及有机食品种植面积7309万亩,比上年增长1.4%。其中,A级绿色食品种植面积7249.6万亩,增长1.3%;绿色食品认证个数1620个,比上年增加120个;绿色食品产业牵动农户15.7万户。绿色食品加工企业产品产量1350万t,增长4.7%;实现产值1380亿元,增长23.2%;实现利税101.4亿元,增长18.3%。

(二)工业

2015年,全省工业企业实现增加值4053.8亿元,按可比价格计算,比上年增长0.9%,增加值占地区生产总值的26.9%。其中,规模以上工业企业(年主营业务收入2000万元及以上的企业,下同)实现增加值3229.5亿元,增长0.4%。其中,国有及国有控股企业增加值1827.7亿元,下降0.7%;集体企业增加值13.8亿元,增长8.1%。从轻重工业看,轻工业增加值962.0亿元,增长5.1%;重工业增加值2267.5亿元,下降0.6%。从企业规模看,大中型企业增加值2261.6亿元,下降0.5%;小型企业增加值944.8亿元,增长6.5%。

2015年,规模以上工业企业主营业务收入11384.5亿元,比上年下降13.4%;实现利税1167.7亿元,比上年下降45.2%,其中利润409.9亿元,下降58.5%。其中,地方规模以上工业企业实现利税579.5亿元,下降6.0%;利润333.2亿元,下降6.1%。

2015年,全年装备、石化、能源、食品四大主导产业实现增加值2634.7亿元,比上年下降0.6%,占规模以上工业的81.6%。其中,食品工业增长8.5%;石化工业增长4.8%;装备工业下降1.1%;能源工业下降3.7%。

在规模以上工业企业249种工业产品中,全年产量比上年增长的有86种,占34.5%,其中有45种产品产量增幅超过20%。在重点监测的26种工业产品中,产量增长的5种,下降的21种。增长的有:化肥49.2万t,增长5.7%;化学药品原药1.1万t,增长5.0%;化学纤维8.0万t,增长3.8%;啤酒208.1万m^3,增长3.3%。降幅较大的有:微型电子计算机1.7万部,下降51.4%;金属切削机床505台,下降45.1%;工业锅炉蒸发量1.1万t,下降42.1%;成品糖3.8万t,下降30.6%;汽车8.0万辆,下降30.6%。

(三)投资

2015年,全省全年完成固定资产投资(不含农户)9884.3亿元,比上年增长3.1%。第一产业完成投资904.2亿元,增长32.6%;第二产业投资3878.3亿元,下降0.1%;第三产业投资5101.9亿元,增长1.6%。装备、石化、能源、食品四大主导产业完成投资2714.1亿元,增长0.6%,占工业投资的75.0%。全年施工项目16118个,增长25.3%;新开工项目 13357 个,增长 38.1%。

2015 年,建筑业企业实现增加值 850.1 亿元,按可比价格计算,比上年增长 1.9%。资质等级三级及以上的建筑业企业(指总承包及专业承包企业,不包括劳务分包企业)实现利润 46.6 亿元,下降 17.2%,完成房屋建筑施工面积 5617.1 万 m^3,下降 20.2%,其中实行投标承包的房屋建筑施工面积占 76.9%。

2015 年,完成房地产开发投资 992.1 亿元,比上年下降 25.1%。商品房销售面积 1996.6 万 m^3,下降 19.4%,其中住宅销售面积 1710.6 万 m^3,下降 19.7%;商品房销售额 1027.1 亿元,下降 15.0%,其中住宅销售额 824.2 亿元,下降 14.4%。

(四)消费、进出口、招商引资

2015 年,实现社会消费品零售总额 7640.2 亿元,比上年增长 8.9%。按地域分,城镇零售额 6685.9 亿元,增长 8.8%,其中城区 5564.1 亿元,增长 9.1%;农村(县以下)零售额 954.3 亿元,增长 9.4%。从行业看,批发业零售额 1150.7 亿元,增长 8.3%;零售业零售额 5577.4 亿元,增长 9.0%;住宿业零售额 91.2 亿元,增长 5.3%;餐饮业零售额 809.5 亿元,增长 9.9%。

2015 年,实现进出口总值 209.9 亿美元,比上年下降 46.1%。其中,出口 80.3 亿美元,下降 53.7%;进口 129.6 亿美元,下降 39.9%。从贸易方式看,一般贸易进出口 144.0 亿美元,下降 48.8%;边境贸易进出口 39.0 亿美元,下降 57.3%;加工贸易进出口 15.0 亿美元,增长 76.3%。从企业性质看,国有企业进出口 100.9 亿美元,下降 38.8%;民营企业进出口 96.1 亿美元,下降 54.4%;三资企业(中外合作企业、中外合资企业、外商独资企业)进出口 12.2 亿美元,下降 8.7%。黑龙江省与俄罗斯贸易往来仍为对外贸易主体,对俄实现进出口 108.5 亿美元,比上年下降 53.4%,占全省进出口的 51.7%。其中,对俄出口 23.5 亿美元,下降 73.9%;自俄进口 84.9 亿美元,下降 40.5%。对美国实现进出口总额 14.9 亿美元,下降 30.8%。对东盟、欧盟(28 国)和巴西进出口分别为 13.2 亿美元、11.8 亿美元和 7.8 亿美元,分别下降 44.3%、36.2% 和 17.1%。对沙特阿拉伯和土耳其进出口为 5.9 亿美元和 3.7 亿美元,分别增长 14.2% 和 1.7 倍。从商品类别看,机电产品出口 28.0 亿美元,下降 50.1%;原油和铁矿砂进口分别下降 47.4% 和 43.2%,农产品进口下降 30.4%。

2015 年,全省实际利用外资 55.5 亿美元,比上年增长 7.6%。分三次产业看,第二产业实际利用外资居主导地位,占全省实际利用外资总额的 66.3%,实现金额 36.1 亿美元,增长 27.9%;第一产业利用外资下降 12.9%;第三产业利用外资下降 19.1%。地方财政收入实现公共财政收入 1165.2 亿元,比上年下降 10.4%。其中,主体税种中,国内增值税 129.4 亿元,下降 23.3%;营业税 257.0 亿元,增长 2.6%;企业所得税 99.9 亿元,下降

3.1%；个人所得税35.6亿元，下降3.8%。公共财政支出完成4022.1亿元，比上年增长17.1%。从支出项目看，节能环保、农林水事务、医疗卫生与计划生育、社会保障和就业、文化体育与传媒增长较快，分别增长39.4%、39.8%、16.6%、20.8%和16.6%。

（五）金融市场、证券市场

截至2015年末，全省金融机构人民币存款余额21218.9亿元，比年初增加1655.4亿元，比上年增长8.4%。其中，住户存款12439.8亿元，比年初增加1193.8亿元，比上年增长10.6%；非金融机构存款4085.2亿元，比年初减少337.0亿元，比上年下降8.5%；政府存款3799.1亿元，比年初增加417.6亿元，比上年增长12.3%。金融机构人民币贷款余额16214.9亿元，比年初增加2817.7亿元，比上年增长21.0%。其中，住户贷款4036.7亿元，比年初增加316.0亿元，比上年增长8.4%；非金融机构及机关团体贷款12137.5亿元，比年初增加2471.1亿元，比上年增长25.6%。

全省共有境内上市公司35家，2015年新增3家。其中，沪市25家，深市10家。按照企业类型划分，国有企业18家，民营企业15家，外资企业1家。上市公司总股本337.5亿股，比上年增长12.1%；总市值4910.7亿元，比上年增长53.0%。

二、对外开放

黑龙江省已经与美国、俄罗斯、加拿大、英国、德国、日本、澳大利亚、韩国等30多个国家和地区建立友城关系80对，其中省级21对、地市级59对。黑龙江省与俄罗斯中国和平统一促进会、美国华人联合总会、英国华侨华人总会、法国法华工商联合会、韩国中国和平统一促进会、泰国中华总商会、马中经贸总商会、菲律宾中华总商会等100多个海外华侨华人社团建立密切联系。与俄罗斯滨海边区、哈巴罗夫斯克边区、犹太自治州、阿穆尔州和外贝加尔边区建立省州长定期会晤机制，在机制的框架内每年举行地方领导人定期会晤，就促进经贸投资合作、加强跨境基础设施建设、实现口岸通关便利化、加强友好交往和人文领域交流等进行深入探讨，推动了同江—下列宁斯阔耶铁路界河大桥建设、华宇经济贸易合作区、乌苏里斯克经贸合作园区等一批重点项目的合作。黑龙江优良的发展环境和雄厚的产业基础吸引了众多海外投资者，美国沃尔玛、可口可乐、约翰迪尔，英国联合食品公司，瑞士雀巢，日本伊藤忠商事等一大批世界500强跨国公司纷纷落户。

全省现有国家对外开放一类口岸25个，其中，水运口岸15个（哈尔滨、佳木斯、桦川、绥滨、富锦、同江、抚远、饶河、萝北、嘉荫、逊克、孙吴、黑河、呼玛、漠河），公路口岸4个（东宁、绥芬河、密山、虎林），航空口岸4个（哈尔滨、齐齐哈尔、牡丹江、佳木斯），铁路口岸2个（绥芬河火车站、哈尔滨内陆港）。上述获准开放口岸现已开通使用20个，其余5个（孙吴、呼玛、桦川水运口岸及齐齐哈尔、佳木斯航空口岸）仍在筹备建设或报请国家验收之中。这些口岸星罗棋布在省沿边14个市县和松花江、嫩江流域6个市县内,构成了水陆空俱全和客货运兼有的口岸群体,在全国口岸对外开放总体格局中独具优势。在已开通使用的20个口岸中,不仅具有铁路、公路、河运、航空等常规运输功能,而且为了充分有效地利用好口岸,还开辟了在全国边境口岸中独具特色的冰封期冰上汽车运输、明水期轮渡汽车运输、流冰期气垫船运输、季节性直升飞机运输及江海联运、陆海联运。几乎每个口岸在开辟货物运输业务的同时,都开辟了旅客运输业务。众多口岸的开通使用,对全省扩大对外开放,加快经济发展发挥了积极作用。特别是20世纪90年代以后,现有口岸利用状况和开放效益显著提高,口岸客货运量呈大幅度增长态势,为发展和促进全省对外经贸合作及友好往来作出了很大贡献。鉴于口岸在对外开放中的重要地位和作用,口岸所在市县政府和省有关主管部门,努力克服资金短缺的困难,不断加强口岸交通基础设施和查验配套设施建设,以充分发挥口岸对外开放功能。全省15个水运口岸,包括5个松花江内河水运口岸和10个黑龙江、乌苏里江界河水运口岸,建有码头泊位118个,码头岸线总长度约10000m,年货物通过能力达1000多万吨,旅客通过能力达250多万人次。10个边境水运口岸明水期可开展汽车轮渡运输,冰封期可开展冰上汽车运输。全面提高了国际道路运输通行能力,通往边境口岸的后方通道全部达到二级以上公路标准,先后建设了黑河口岸储运中心、绥芬河公路口岸枢纽站和国际客运站、东宁公路口岸货运中转站和国际客运站、同江口岸储运中心等客货运站场。省内唯一对俄边境铁路口岸绥芬河,经过近年来的集中扩能改造,现已建成南北2个站场,总共铺设宽轨、准轨线路84条,年设计综合运输能力达1000万t。全省口岸已建成查验配套设施20多万平方米,多数口岸因地制宜集报关、报检、货代、征税、结算于一体,开展"一条龙服务"和"一站式办公",加之计算机联网和电子口岸建设的推进,极大提高了口岸的工作效率和通关能力。目前,全省口岸正在努力争取进档达标和提档升级,继续加强口岸基础设施和经贸通道建设,大幅提高口岸过货能力和贸易规模,为扩大对外经贸科技合作、振兴东北老工业基地、发展县域经济服务。

(一)水运口岸

1.哈尔滨水运口岸

哈尔滨水运口岸是1987年7月经国务院批准对外开放,并经中国与原苏联两国政府确认开通使用的国家一类口岸,1992年10月又经国家批准开通了国际客运业务。该口岸地处松花江中游南岸,黑龙江省省会哈尔滨市区东北部,是东北内河最大的水陆换装枢纽港,年营运期210天左右,冰封期约为150天,是一个典型的季节性生产港口。由哈尔滨港经松花江、黑龙江水道与俄罗斯的哈巴罗夫斯克、共青城、尼古拉耶夫斯克和布拉戈维申斯克等7个大中城市港口相通。根据中俄两国协议,中方国际船舶可经俄罗斯阿穆尔河段由尼古拉耶夫斯克港出海,再经鞑靼海峡进入日本海,开展国际江海联运业务。该口岸现有人工直立码头1454延米,生产场区陆域面积53万m²,水域面积14万m²。设有14个千吨级泊位,其中木材泊位3个,库场面积13.6万m²,昼夜通过能力3500t;矿建泊位4个,库场面积2.4万m²,昼夜通过能力6500t;杂货、粮食泊位各2个,库场面积1.6万m²,昼夜通过能力1000t;外贸集装箱泊位1个,库场面积6万m²,昼夜通过能力约2000t,港口昼夜综合通过能力1.6万~2.1万t。现有各类装卸设备90台组,并有铁路专用线6股5870延米,水陆域作业条件较好,设计年通过能力365万t,核定年通过能力324万t。担负客运任务的哈尔滨航运大楼位于货运码头上游6km,建筑面积4200m²,有人工防汛梯式码头480延米,场区陆域面积1.3万m²,水域面积1.5万m²。设有轮船泊位3个,年旅客通过能力为10万人次。为适应对外开放需要,还建有查验单位办公楼5000m²,现场办公用房750m²。

2. 饶河水运口岸

饶河水运口岸是1989年4月经国务院批准对外开放的国家一类口岸,1993年9月正式开通使用,1994年1月经中俄两国政府确认为双边客货运输口岸。该口岸港口位于黑龙江省东北部边陲饶河县饶河镇南7.5km处,地处乌苏里江中段西岸,为目前中俄乌苏里江流域唯一水运口岸。与俄罗斯哈巴罗夫斯克边疆区比金区市波克罗夫卡口岸隔江对应,直线距离只有760m。俄方对应口岸波克罗夫卡地处哈巴罗夫斯克边疆区和滨海边疆区结合部,距两个边区首府哈巴罗夫斯克市和符拉迪沃斯托克市分别为263km和520km,距比金市也只有35km,是目前俄远东地区建设规模较大,基础设施较完备的口岸之一。明水期开展水上船舶运输,目前以汽车轮渡运输为主,冰封期开展冰上汽车运输。该口岸建有可停靠两艘千吨级货轮的码头和适应明水期轮渡运输、冰封期汽车运输的两用码头,还备有两艘大功率轮渡船,年吞吐能力在60万t以上。同时,建有口岸联检厅4000m²、海关监管库6000m²,查验配套设施完备。该口岸距离两个最近火车站东方红、换新天大约在137km和150km,口岸集疏运主要通过公路运输,经依饶公路和饶建公路可分别抵达双鸭山和佳木斯等中心城市。该口岸开通建设虽晚于周边其他口岸,但客货运输生产发展势头较好。

3. 佳木斯水运口岸

佳木斯水运口岸是1989年7月经国务院批准对外开放,并经中国与原苏联两国政府确认开通使用的国家一类口岸,1991年10月开通了国际客运航线。该港口位于黑龙江省东北部的佳木斯市市区,地处松花江中下游南岸,是该地区较大的水陆换装枢纽港。年航行期在210天左右,为季节性生产港口。港区现有陆域面积10万m²,立式码头岸线总长510多延米,拥有千吨级泊位5个,铁路专用线2条,全长740m,装卸设备43台(组),年吞吐能力为100万t。口岸建有办公业务用房5000m²,生活用房587m²,现场办公用房及附属设施2050m²。该口岸的国际航行船舶,沿松花江上行可达哈尔滨港,下行可达富锦、同江港。进入黑龙江后可直达俄罗斯的下列宁斯阔耶、哈巴罗夫斯克、共青城等开放港口。根据中俄两国协议,国际航行船舶可经俄罗斯的尼古拉耶夫斯克港出海,再通过鞑靼海峡进入日本海,开展国际江海联运业务。交通部❶已确定佳木斯港为江海联运港口,并于1992年7月12日进行了首航。随着上游大顶子山等航电枢纽工程建设的陆续到位,松花江通航条件将不断改善,该口岸将会得到充分利用。

4. 桦川水运口岸

桦川水运口岸是1994年6月经国务院批准对外开放的国家一类口岸,开展对外客货运输业务。该口岸位于黑龙江省佳木斯市东部,松花下游南岸的桦川县悦来镇。松花江桦川段水量丰实,河道顺直,水流平稳,上行可到佳木斯、哈尔滨港、下行可至绥滨、富锦、同江、抚远港。该口岸具有优良天然水域条件,港口深水区域近2km,建有粮食杂货码头1个,煤炭专用码头2个,石油专用码头1个,明水期码头可停泊千吨级江海联运船舶或内河船舶,天然船坞可停泊千吨驳船10艘,年货物吞吐能力50万t。港区内设有船站(含候船室)1处,县政府还将1处1200m²办公楼划为口岸查验部门办公用房。该口岸检查检验工作暂由佳木斯水运口岸检查检验单位承担,因货源和资金问题目前尚未正式开通使用。

5. 富锦水运口岸

富锦水运口岸是1989年7月经国务院批准对外开放,并经中国与原苏联两国政府确认开通使用的国家一类口岸,1993年10月又经国家批准开通了国际客运业务。该口岸位于松花江下游南岸,黑龙江省富锦市城区北部,为松花江干流中型港口。由此沿松花江上行可达佳木斯、哈尔滨等松花江沿岸各港口,下行距中俄界河黑龙江78km,从三江口入黑龙江(阿穆尔河)可直航俄罗斯的下列宁斯阔耶、哈巴罗夫斯克、共青城等口岸。继续下行可通过尼古拉耶夫斯克入海,进入鞑靼海峡及日本海,江海联运的货物可直达日本、韩国等太平洋沿岸国家和地区。国内交通十分便利,铁路、公路、水路畅通,福前铁路、哈同公路贯穿该市。该口岸基础及配套设施建设日趋完善,现有码头岸线长1000余米,设有简易趸台3处,可同时停靠千吨级驳船5艘装卸作业。港区面积近5万m²,拥有各类装卸设备近30台套,日装卸能力3000t以上,年货物吞吐量30万t。港区建有铁路专用线7.62km,已经形成水铁联运一条龙。该口岸建有查验单位办公、业务、生活及查验设施1万多平方米。

6. 同江水运口岸

同江水运口岸是黑龙江省水运第一大港,江海联运始发港,全省边境贸易第二大口岸,俄方对应口岸为下列宁斯阔耶。现由东、西两个作业区组成,港口年吞吐能力达460

---

❶ 交通部现已更名为交通运输部,后同。

万 t,日旅客查验能力达 2000 人次以上。西部作业区简称西港,即未扩大开放前的同江水运口岸,是 1986 年 3 月经国务院批准对外开放的国家一类口岸,同年 5 月正式开通使用,为改革开放以来黑龙江省最早获准开放和开通使用的口岸,1994 年 1 月经中俄两国政府确认为国际客货运输口岸。该港口位于黑龙江省东北边陲同江市境内松花江、黑龙江交汇处南岸,与俄罗斯犹太自治州对应口岸下列宁斯阔耶隔江相距 35km,与俄罗斯哈巴夫斯克边疆区哈巴罗夫斯克港口水上距离 272km。该港口江面宽阔,水深流缓,是松花江最末端港口,也是中外国际船舶进出松花江河运口岸的必经之路,为江海联运的始发港之一。现有深水泊位 5 个,可停靠 3000 吨级的船舶,通航期 6 个月。西港港区占地面积 17.7 万 m^2,建有货场及道路 2.1 万 m^2,仓储库房 1260m^2,联检办公用房 2300m^2,备有港口装卸设备 23 台套,港内铁路专用线 3 条 1.81km,港外铁路专用线 2.62km。东部作业区简称东港,为该口岸扩大开放港口,1988 年 12 月经国务院口岸领导小组批准进行冰封期临时汽车运输,1995 年经交通部批准开展明水期临时汽车轮渡运输。该港口位于同江市区东北 38km 的哈鱼岛西北端,距俄对应口岸下列宁斯阔耶港仅 3km,距俄哈巴罗夫斯克港 240km,有较强的地缘优势。港区占地面积 25 万 m^2,现有 3 个泊位和 460m^2 气垫船基地。备有 2 艘 600 吨级滚装船、2 艘 16 客位气垫船、4 艘 8 客位气垫船、3 艘大型客船、1 艘趸船。建有港口业务用房 1400m^2、联检楼及附属用房 6215m^2、硬化场地道路及查验通道 2 万 m^2。口岸的交通体系四通八达,有完善的水运、公路和铁路运输网络。浮箱固冰通道的建成使同江与下列宁斯阔耶之间的货物运输只需 5min,实现了同江口岸真正意义上的四季通关。同江中俄铁路大桥于 2014 年 2 月 26 日开工建设,大桥建成后将形成一条南连东三省,辐射全国,北接俄罗斯远东地区,辐射俄罗斯腹地的国际联运货物铁路大通道,同江口岸的年过货能力也可达到 2100 万 t。

7. 抚远水运口岸

抚远水运口岸是 1992 年 5 月经国务院批准对外开放的国家一类口岸,1993 年 2 月正式开通使用,1994 年 1 月经中俄两国政府确认为国际客货运输口岸。该口岸位于黑龙江省东北边陲抚远市抚远镇,为全国最东部的口岸。地处黑龙江、乌苏里江交汇的三角地带,距俄罗斯远东第一大城市哈巴罗夫斯克市航道距离仅 65km。为解决该口岸冬季冰上运输问题,1999 年 11 月又经国务院批准开通抚远口岸乌苏镇至俄罗斯卡杂科维茨沃之间国际客货运输通道。该通道横跨乌苏里江,相距只有 2.5km,明水期可开展水上船舶运输(含汽车轮渡),冰封期可开展冰上汽车运输。抚远港为天然深水良港,可停泊和运行千吨级甚至万吨级船舶。由抚远港出境,沿俄罗斯阿穆尔河经哈巴罗夫斯克、共青城、马戈港可驶入鞑靼海峡和日本海,不仅可以使国际航行船舶直接出江入海,还可以把抚远同内地及东北亚各国连接起来。抚远口岸基础及配套设施基本可以满足目前客货运量的需要。货运码头可同时停泊 3 艘 3000 吨级货船,货场条件优越,装卸能力较强,货物吞吐能力可达50万t。新建客运专用码头日平均接纳俄罗斯游客300余人次,高峰期可达700~800人次,甚至可达千人次。同时建有联检办公楼3280m²、海关办公楼2150m²、边检办公楼2460m²、其他附属设施1655m²、现场联检大厅2560m²(设4条旅检通道)。该口岸目前对外运输主要依靠水运,对内运输水运汽运兼有,有2条高等级公路通往佳木斯。该口岸由于距俄远东第一大城市哈巴罗夫斯克很近,对外旅游事业开展得十分活跃。

8. 绥滨水运口岸

绥滨水运口岸是1995年1月经国务院批准对外开放的国家一类口岸,开展国际客货运输,同年9月正式开通使用。该口岸位于黑龙江省东北边陲绥滨县城,地处松花江下游北岸。港口水深流缓、水面宽阔,明水期可停靠千吨级客货轮。上行可通佳木斯、哈尔滨等港口,下行可达富锦、同江等港口,与富锦港隔江相距15km。沿黑龙江继续下行经俄罗斯阿穆尔河,可通过尼古拉耶夫斯克入海,进入鞑靼海峡及日本海,江海联运的货物可直达日本、韩国等太平洋沿岸国家和地区。该口岸包括船站、摆渡、货运码头、仓储区4部分配套设施,占地3.8km²。货运码头为国家三级立式码头,占地面积32万m²,建有封闭仓库3000m²,露天货场5000m²,可停靠千吨以上货轮,年货物吞吐量50万t。

9. 萝北水运口岸

萝北水运口岸是1989年4月经国务院批准对外开放的国家一类口岸,1993年1月经中俄两国政府换文确认为国际客货运输口岸,同年5月正式对外开通使用,1994年1月经中俄两国政府再次确认为国际客货运输口岸。该口岸位于黑龙江省东北边陲萝北县名山镇,距县城凤翔镇20km,东北隔黑龙江与俄罗斯犹太自治州阿穆尔捷特口岸对应。该口岸区位优势独特,一是与俄方对应的阿穆尔捷特口岸隔江相距仅有1.5km,明水期乘船只需7min,冰封期乘车仅用5min。二是在省内各边境口岸中距省会哈尔滨最近,而且有高等级公路直通口岸现场,并开通了鹤岗市至俄罗斯犹太自治州首府比罗比詹的国际汽车直达客货运输。三是处于黑龙江中下游黄金水道有利位置,可以通过江海联运,沿黑龙江(阿穆尔河)出海,开展对第三国的外贸运输。该口岸基础及配套设施建设齐全,拥有现代化煤炭专用码头、木材专用码头和滚装式轮渡码头各1座,3000吨级船舶可全航期作业,年吞吐能力达50万t。其中,煤炭专用码头每小时可装运原煤400t,是黑龙江沿岸最大的煤炭输出港。口岸查验设施健全,建有口岸办公大楼3975m²,联检大楼2396m²。旅检大厅设8条旅检通道,为出入境旅客提供快捷服务;货场辟有1万m²作业区,可同时进行2艘千吨级轮装卸作业。大中型气垫船在此投放运营,为春秋两季黑龙江流冰期人员往来提供便利。目前,全国已有30多家对外经贸企业在此安家兴业,对俄经贸合作主体迅速壮大,口岸客货运输生产实现快速增长。

10. 嘉荫水运口岸

嘉荫水运口岸是1989年4月经国务院批准对外开放的国家一类口岸,1993年1月经中俄两国政府换文确认为国际客货运输口岸,同年5月正式对外开通使用,1994年1月经中俄两国政府再次确认为国际客货运输口岸。该口岸位于黑龙江省北部边陲嘉荫县城朝阳镇,距县城中心9.5km处的黑龙江南岸,与俄罗斯犹太自治州帕什科沃口岸隔江对应,航道距离14km。帕什科沃口岸距所属奥布卢奇耶市33km,距犹太自治州首府比罗比詹200km,距俄远东铁路干线17km。该口岸占地面积9万m²,建有立壁式码头1座,正常水位可停靠3000吨级驳船,枯水期也可停靠1000吨级驳船,并配备了各种装卸设备,修建了通港道路、输变电线路和通信线路,年吞吐量为20万t。口岸还建有查验单位办公、业务、生活用房及附属设施1万多平方米,以及万米海关监管货场、千米仓储库房,还有车检、地中衡、停车场等配套设施。明水期开展水上船舶运输,冰封期开展冰上汽车运输。船舶沿黑龙江上行可达黑河、漠河等港口,下行可达同江、抚远等港口。码头距汤旺河火车站105km,主要依靠公路集疏运,该县境内有通往伊春、黑河、鹤岗等地的公路贯穿。

11. 黑河水运口岸

黑河水运口岸是1982年1月经国务院批准对外恢复开放的国家一类口岸,1983年3月经中国与苏联两国政府换文确认为边境地方贸易口岸,1986年9月经中国与苏联两国政府补充换文确认为国家贸易口岸,当月正式对外恢复开通使用,1990年3月经中国与苏联两国政府换文确认为国际客货运输口岸,1994年1月经中俄两国政府再次确认为国际客货运输口岸。2004年4月经国务院批准开展口岸签证工作。该口岸位于黑龙江省北部边陲,中俄界河黑龙江上游末端南岸黑河市内,隔江与俄罗斯阿穆尔州首府布拉戈维申斯克口岸相对,双方货运码头相距3500m,客运码头相距750m,是中俄边境水运口岸中运输距离最近、城市规格最高、通过能力最强的对应口岸。由该口岸经布拉戈维申斯克可与俄罗斯西伯利亚大铁路和贝阿铁路连接,经其空中航线可与俄罗斯国内各大城市相通;由该口岸沿黑龙江水道下行,还可抵达俄罗斯远东各港口直至日本海沿岸各国港口。黑河水运口岸历史悠久,早在1858年即成为国内对俄贸易口岸,进行民间和官方贸易。新中国建立后,1957年恢复通商,进行边境小额贸易。现已成为国家贸易、地方贸易、边境小额贸易、边民互市贸易及为对外旅游、国际旅客服务的多功能口岸。口岸运输方式随着季节变换,明水期开展水上船舶运输和轮渡运输,冰封期开展冰上汽车运输,流冰期开展气垫船运输和航空运输,可谓运输方式多元,确保四季运行。黑河口岸货检现场改造扩建工程于2008年1月正式投入使用,联检大楼4000m²,2个千吨级泊位码头,口岸货运现场基础设施更加完善,缩短了进出境货车的通关时间,满足口岸进出口运量增长的需要,为口岸进一步发展奠定了坚实的基础。

12. 逊克水运口岸

逊克水运口岸是1989年12月经国务院批准对外开放的国家一类口岸,1990年3月经中国与苏联两国政府换文确认为国际客货运输口岸,同年5月正式开通使用,1994年1月经中俄两国政府再次确认为国际客货运输口岸。该口岸位于黑龙江省北部边陲,黑龙江中游南岸逊克县城边疆镇,与俄罗斯阿穆尔州对应口岸波亚尔科沃隔江相距15km。波亚尔科沃港口是俄罗斯阿穆尔河(黑龙江)沿岸三大港口之一,口岸设施完善,交通发达,通过铁路、公路与西伯利亚铁路相接,可达俄罗斯内地各大中城市。该港口被交通部批准为江海联运国际航运港口,建有客货运输立壁式码头3座,码头岸线120延米,设有机械化、半机械化装卸设备,可以停泊千吨以上货轮。口岸货物储运方便,建有海关监管仓库和大型货场,仓储面积达2万m^2。口岸查验配套设施日趋完善,建有查验单位办公楼2200m^2,货检场地1800m^2,旅检大楼1650m^2,现场封闭围栏、围墙1000延米,生活用房、战士营房及车库3000m^2。该口岸明水期开展水上船舶运输,冰封期开展冰上汽车运输,年货物吞吐能力达20万t以上。沿黑龙江上行可达黑河港及俄布拉戈维申斯克港,下行可达嘉荫、萝北、同江、抚远等港及俄对应开放港。口岸集疏运条件很好,有黑嘉公路贯通,距北黑铁路孙吴站85km,距省内北部中心城市黑河153km。

13. 孙吴水运口岸

孙吴水运口岸是1993年6月经国务院批准对外开放的国家一类口岸,1994年1月经中俄两国政府确认为国际客货运输口岸。该口岸位于黑龙江省北部边陲孙吴县四季镇,距孙吴县城54km,距俄方阿穆尔州对应口岸康斯坦丁诺夫卡27km。上行可达黑河及俄方布拉戈维申斯克港,下行可抵逊克及俄方波亚尔科沃港。该港口江面宽阔,为天然深水港,枯水期也可停靠千吨驳船。建有综合性客货栈桥式码头及粮食、石油、煤炭、木材专用码头,可同时停靠5个千吨级驳船作业,装卸及相关设备齐全,年吞吐量30万t。除明水期开展水上船舶运输外,冰封期可开展冰上汽车运输,流冰期还可开展气垫船运输。口岸集疏运条件较为方便,口岸至县城必需的黑嘉公路已建成水泥路面,黑大公路和北黑铁路通过县城。

14. 呼玛水运口岸

呼玛水运口岸是1993年5月经国务院批准对外开放的国家一类口岸,1994年1月经中俄两国政府确认为国际客货运输口岸。该口岸位于黑龙江省西北边陲呼玛县城呼玛镇,与俄罗斯阿穆尔州施马诺夫斯克区乌沙科沃口岸隔黑龙江相望,航道距离19km。这里有呼玛至黑河、呼玛至塔河2条干线公路贯通,距韩家园铁路车站百余公里。该口岸基础条件很好,港口码头岸线长4060m,砌有青石护坡,可同时停泊千吨货轮10艘,已实现机械化或半机械化换装,年货物吞吐能力可达50万t,年旅客通过能力可达20万人次。2200m^2联检楼已续建完工,货检楼、货检场、铁围栏基本建成。该口岸除明水期开展水上船舶运输外,冰封期还可开展冰上汽车运输。

15. 漠河水运口岸

漠河水运口岸是1989年4月经国务院批准对外开放的国家一类口岸,1990年3月经中俄两国政府换文确认为国际客货运输口岸,1993年9月正式开通使用,1994年1月经中俄两国政府再次确认为国际客货运输口岸。该口岸位于黑龙江省西北边陲漠河县,黑龙江的上游为全国最北端的口岸。同俄罗斯阿穆尔州斯科沃罗季诺区对应口岸加林达隔江相望,相距只有500m。加林达为连接西伯利亚大铁路和贝阿大铁路的小贝阿干线的终点站,距离阿穆尔州第二大城市腾达市300km。该处江段水流充沛,可停靠千吨级货轮。港口占地面积近10000m^2,建有900m^2联检楼、1104m^2综合楼、635m^2旅检厅、100m^2货检厅,还有1000m^2全封闭或半封闭仓库各1座,并备有100t地中衡、8t和20t汽车吊各1台,年设计通过能力10万t以上。明水期开展水上船舶运输,由此下行可达黑龙江沿岸中俄港口,冰封期开展冰上汽车运输,有三级公路同黑漠公路相接。口岸距漠河县城西林吉火车站183km,距最近的长缨火车站113km。

(二)铁路货运口岸

1.哈尔滨铁路货运口岸

哈尔滨铁路货运口岸即哈尔滨内陆港,是国务院1996年9月批准的全国第一个作为内陆铁路货运口岸的试点对外开放,办理国际集装箱运输业务,1997年8月正式对外开通使用。该口岸位于哈尔滨市道外区先锋路148号,场地宽阔、环境优美。场区占地面积35万m^2,其中国际集装箱作业区7万m^2,拥有6条铁路到发线,装卸作业便利,堆场能力充足,通关功能完善,可办理20英尺和40英尺国际集装箱运输业务,年吞吐能力10万标准箱。该口岸铁路专用线与滨洲、滨绥、滨大、拉滨、滨佳等铁路干线衔接,成为四通八达的铁路货运枢纽。距大连水运口岸约950km,距满洲里边境铁路口岸约943km,距绥芬河铁路口岸约555km。该口岸作为国家一类口岸,是沿海、沿边口岸在内陆城市的延伸,具有沿海、沿边口岸的功能,是外贸运输的目的口岸和起运口岸。现场建有2000多平方米报关报检大楼,进出口货物报关、报检、报验、结汇等手续均在这里一次进行,沿海、沿边进出境口岸不作重复检验,并为用户提供报关、报检、报验、代理、结汇、保险、签发单证、租船、订舱、中转、仓储、公路、海上运输等"一站式"全方位服务。1997年8月正式开通了至大连集装箱码头的集装箱"五定"班列,每周二、四、六上、下行对开一列,为海运集装箱直接进出内陆地区提供了可靠通道;1998年11月又延伸至满洲里、绥芬河边境铁路口岸,实现了国际集装箱直通过境运输,形成了南接沿海、北连边陲的多式网络,成为黑龙江及周围腹地最大集装箱和铁路货运集散地。

2.绥芬河铁路口岸

绥芬河铁路口岸建成于1899年6月,1900年绥芬河至俄乌苏里斯克区间开始通车,

1903年7月绥芬河至满洲里全线通车,距今已有百年多历史。1994年1月经中俄两国政府确认为国际铁路客货运输口岸,2003年5月经国务院批准开展口岸签证工作。该口岸在黑龙江省东南边陲重镇绥芬河市,位于滨绥铁路与俄罗斯远东铁路的接轨处,是黑龙江省唯一的对俄边境铁路口岸,也是国内对俄经贸的重要口岸之一。绥芬河站距俄滨海边疆区对应的波格拉尼奇内铁路口岸国境站格罗捷阔沃26km,距俄方铁路枢纽站乌苏里斯克123km,距俄方西伯利亚铁路终点、滨海边疆区首府符拉迪沃斯托克230km,距俄方远东最大的海运港口东方港(纳霍德卡)369km;距黑龙江省东部中心城市牡丹江193km,距国内北方重要水陆空交通枢纽、黑龙江省省会哈尔滨540km。该铁路口岸地处要道,陆海联运可到达日本的新潟、横滨,韩国的釜山,美国的西雅图等地区,处于东北亚经济区中心位置,被黑龙江省人民政府确定为对外经贸的主通道,地缘优势十分突出。该口岸现在是一等铁路车站,主要办理国际联运货物运输和国际、国内旅客运输,以及自站货物的到发、装卸等业务。设有南、北两个站场,管辖绥阳(二等站)、宽沟两个中间站,年设计综合运输能力为1000万t。南站场占地10万多平方米,建有线路40条,其中宽轨27条,准轨13条;建有国内、国际旅客候车室各1座,国内候车室为1899年兴建,是原中东铁路较有代表性历史建筑;国际客运联检大楼为2800m²,设有出入境通道16条(出入各8条);建有国内、国际旅客站台各1个,总面积为4451m²;还建有集查验、运输、货代于一体的6800m²联合报关报验大楼及铁路口岸电子监控系统,为加快通关速度,提高通过能力,打下坚实基础。北站场距南站场2.4km,占地17万多平方米,建有线路44条,其中宽轨14条,准轨30条;设有1组原油换装线、4组机械换装线、17台龙门吊、70余台汽车吊;建有人力站台2个,货物站台1170m²,货物仓库697m²。该口岸进出口货运量约占全省口岸进出口货运量的80%。2014年8月24日,粤(广东)—绥(绥芬河)—欧(欧洲)跨境铁路运输线路正式开通。目前绥芬河口岸已处于满负荷运行状态,为了满足不断扩大的对外贸易,绥芬河对铁路口岸进行了改造,全新的铁路口岸站正在建设当中。改造后,铁路口岸年货运能力将由现在的1200万t提升至3300万t,成为黑龙江省乃至全国铁路客货共线标准最高的铁路之一。

(三)公路口岸

1. 绥芬河公路口岸

绥芬河公路口岸1988年12月经国家主管部门批准进行汽车临时过货运输,1990年3月经中国与原苏联两国政府换文确认为汽车运输口岸,1993年1月经中俄两国政府再次换文确认为汽车过往口岸,1994年1月经中俄两国政府确认为国际公路客货运输口岸,2000年9月经国务院批准作为国家一类口岸对外开放,开展国际客货运输,2003年5月经国务院批准开展口岸签证工作。该口岸位于黑龙江省东南边陲重镇绥芬河市东部,是 301 国道(绥满公路)的起点,距黑龙江省东部中心城市牡丹江 153km,距省会城市哈尔滨 460km。与俄罗斯滨海边疆区波格拉尼奇内公路口岸相对应,距该口岸所在的波格拉尼奇内区 16km,距陆路交通枢纽乌苏里斯克 120km,距滨海边疆区首府符拉迪沃斯托克 210km,距纳霍德卡和东方港 270km。该口岸占地 15 万 m^2,建有国际联检厅 5450m^2,设旅检通道 8 条(出入境各 4 条)、货检通道 4 条(出入境各 2 条)。同时,建有 1.17km 过境道路和 3.5 万 m^2 出入境停车场、1920m^2 海关 H986 监管工程、5000m^2 海关监管仓库。口岸设计运能为年过货物 100 万 t,过客 50 万人次。为了提升运力,绥芬河市正在对口岸进行改造以提升运力,改造后公路口岸年货运能力和年客运能力将由现在的 100 万 t、50 万人次分别提升至 550 万 t 和 600 万人次。

2. 东宁公路口岸

东宁公路口岸是 1989 年 12 月经国务院批准对外开放的国家一类口岸,1990 年 3 月中国与原苏联两国政府换文确认为双边公路汽车运输口岸,同年 5 月正式开通使用。1992 年 11 月经中俄两国政府换文确认开展旅客运输,陆续开通了至俄邻近城市的旅游业务。1994 年 1 月经中俄两国政府再次确认为双边客货公路运输口岸。该口岸位于黑龙江省东南边陲东宁县三岔口朝鲜族镇,与对应的俄罗斯滨海边疆区波尔塔夫卡公路口岸隔瑚布图界河相望。瑚布图河架有永久性桥梁,连接双方口岸过境公路。这里距俄方十月区政府所在地波克罗夫卡 34km,距俄滨海边疆区首府、远东最大的海港城市符拉迪沃斯托克 154km,距滨绥铁路绥阳站 75km,距绥芬河站 45km。该口岸封闭监管区占地 62000m^2,建有旅检综合办公楼 4210m^2,内设出境旅检通道 6 条,入境旅检通道 3 条,车检通道 2 条。货检区设出入境检查通道各 2 条,同时配有查验部门现场办公用房及附属设施。口岸年货运通过能力达 120 万 t,年客运通过能力达 60 万人次。

3. 密山公路口岸

密山公路口岸是 1989 年 4 月经国务院批准对外开放的国家一类口岸,1992 年 10 月经中俄两国政府换文确认为双边公路客货运输口岸,1993 年 5 月正式开通使用。1994 年 1 月经中俄两国政府再次确认为双边客货运输口岸。该口岸位于黑龙江省东南边陲密山市档壁镇,中俄界湖兴凯湖的西北岸 1.5km 处,距密山市 38km,距内陆中心城市鸡西市约 100km。与俄罗斯滨海边疆区对应口岸图里洛格隔白棱河相望,相距仅有 1km,距俄最近城市卡缅雷博洛夫 64km,距俄远东地区重要交通枢纽和贸易中心乌苏里斯克 150km,距俄滨海边疆区首府符拉迪沃斯托克 260km。该口岸基础及配套设施日臻完善,功能齐全。市区建有 2.8 万 m^2 口岸办公楼及附属设施、2.4 万 m^2 海关监管仓库。口岸现场占地面积 1.4 万 m^2,建筑面积 5000m^2,其中锅炉房、餐厅、车库 577m^2,封闭仓储库 305m^2,简易库、门卫房 263m^2,封闭铁栅栏 588m。设有 4 条进出口货物检验通道、2 条出入境旅客查验通道。口岸东侧南北各设一处 2000m² 的停车场，东侧 200m 处建有 2 万 m² 的货物仓储区。中俄双方共同在白棱河界河上修建了一座长 33m、宽 12m 的永久性公路桥梁，可常年过客过货。该口岸年货运能力在 50 万 t 以上，年客运能力在 30 万人次以上。

4. 虎林公路口岸

虎林公路口岸是 1989 年 4 月经国务院批准对外开放的国家一类口岸，1992 年 10 月经中俄两国政府换文确认为双边公路客货运输口岸，1993 年 5 月正式开通使用，1994 年 1 月经中俄两国政府再次确认为双边客货运输口岸。该口岸位于黑龙江省东部边陲虎林市区东南 58km 处的吉祥，与俄罗斯滨海边疆区对应口岸马尔科沃隔松阿察河相望，相距仅有 1km，与其所在对应城市列索扎沃茨克市相距只有 8km。在黑龙江省东部沿边扇状开放口岸群中，该口岸位居中点位置。正当面是俄罗斯滨海边疆区和哈巴罗夫斯克边疆区的结合部，分布着 4 市 7 区。俄罗斯著名的西伯利亚复线大铁路和与之并行的远东干线公路贯穿 4 市，由此向北可深入俄罗斯腹地，向南可到达滨海边疆区首府符拉迪沃斯托克和纳霍德卡港，并可通向韩国、日本及东南亚。虎林市国内交通十分便利，既有省级公路贯穿全境，又有哈东铁路由此经过。该口岸基础及配套设施日趋完善，客货通过能力不断增强。目前建有 2600m² 口岸办公楼、1600m² 口岸现场办公楼、1000m² 旅检厅、250m² 双向车道货检厅，修建了 1640 延米二级水泥面口岸过境公路、5 万 m² 口岸现场仓储设施、近 8 万 m² 海关监管仓库基地、2 万 m² 硬化地面露天货场。中俄双方共同在松阿察河界河上修建了一座长 207.08m、宽 13.96m，桥下可通航的永久性公路桥梁，使口岸不受季节影响，可全天候过客过货。该口岸年货运能力可达 260 万 t，年客运能力可达 100 万人次。

(四) 航空口岸

1. 哈尔滨航空口岸

哈尔滨航空口岸即哈尔滨太平国际机场，是 1987 年 7 月经国务院批准对外开放的国家一类口岸，1989 年 9 月正式开通使用。该机场位于黑龙江省省会哈尔滨市西郊，距市中心 40km 处。1994 年开始投资 13 亿元进行了大规模扩建，并于 1997 年 8 月投入使用，成为目前东北地区最大、全国先进的国际机场，也是全国十大文明机场之一。该机场总占地面积 331.7 万 m²，其中储油区 125.5 万 m²。飞机跑道长 3200m，宽 45m，由主滑行道 1 条，滑行联络道 7 条。停机坪面积 33 万 m²，可满足 18 架宽体客机的停放和维修。扩建后的新候机楼面积 67192m²，其中国际候机厅 15800m²（含隔离厅 3600m²、迎送厅 2100m²、出境联检厅 5000m²、入境联检厅 3800m²、现场办公用房 1200m²），已设置 7 部登机桥，并将陆续增至 16 部。候机楼年设计旅客吞吐量为 666 万人次，高峰每小时接待 3000 人次，并可满足每日 180 架次飞机起落需要。机场净空状况良好，飞行等级高，有较完备的航行管制、通信导航和气象保障设施,装备了微波通信系统和双向仪表着陆系统,能为波音 757、747、737、707、图 154、麦道 82、空客 A300 等大型飞机提供正常系统服务,保证飞行安全。目前,该航空口岸已开通 8 条国际直达正班航线,2 条不定期国际直达航线,18 条虚拟国际联程航线,为发展对外友好往来和经贸科技合作,创造了方便快捷条件。

2. 齐齐哈尔航空口岸

齐齐哈尔航空口岸即齐齐哈尔三家子机场,是 1993 年 6 月经国务院批准对外开放的国家一类口岸。该机场位于黑龙江省齐齐哈尔市区东南 13km 处,是黑龙江省第二大航空港。该机场已达到国家二级标准,建有停机坪 3.23 万 m^2,候机楼 8000m^2(其中国际联检厅 4000m^2),储备油库 6000m^2,专用道路 1.7 万 m^2。机场跑道长 2600m,宽 45m,可起降麦道 82、波音 737、空客 A320 等较大型客机。机场设施先进,有Ⅰ类仪表着陆系统,能保证飞机全天候起降;有全向信标台、远近距导航台、跑道助行灯光系统;有气象自动观测、填图系统。机场现已开通北京、上海、广州、成都、武汉、大连、沈阳、长春、哈尔滨、黑河、海拉尔等国内航线及俄罗斯布拉戈维申斯克、克拉斯诺亚尔斯克国际临时飞行航线。

3. 牡丹江航空口岸

牡丹江航空口岸即牡丹江海浪机场,是 1996 年 6 月经国务院批准对外开放的国家一类口岸,1998 年 12 月正式对外开通使用。该机场位于黑龙江省牡丹江市区西南,距市中心约 9km。该机场为国家 4C 级机场,占地面积 5 万 m^2,跑道长 2600m,能够满足波音 737 以下中型客机的起降要求。候机楼面积 8200m^2(含国际联检厅 3644m^2),停机坪面积 2.21 万 m^2,油库设计储量为 3000m^2。配备了Ⅰ类精密进近灯光系统、仪表着陆系统、航班显示系统,可满足年旅客吞吐量 50 万人次的需要。1998 年 8 月成功试航牡丹江至俄罗斯符拉迪沃斯托克航线,2000 年 6 月正式开通牡丹江至符拉迪沃斯托克包机航线,2002 年 1 月转为定期国际航班,每周飞行 2 班,机型为图 154。2003 年 11 月开通了牡丹江至俄雅库茨克国际航线,每月飞行 2 班,机型为图 154;同时还开通了牡丹江至俄哈巴罗夫斯克的定期国际航班,每周 2 班,机型为图 154。2005 年 9 月开通了牡丹江至韩国首尔的国际航班,目前每周 4 班,机型为波音 737。

4. 佳木斯航空口岸

佳木斯航空口岸是 1992 年 12 月经国务院批准对外开放的国家一类口岸。该机场位于黑龙江省东北部的佳木斯市东郊 9km 处。机场占地面积为 4.8km^2,东西长约 3000m,南北宽约 1600m。新建 2500m 长、45m 宽的跑道,可以起降麦道 82、波音 737 等中型客机。停机坪 18000m^2,可同时停放 C 类飞机 2 架、B 类飞机 1 架。机场内有先进的通信导航雷达、助航灯光、供电供水、消防救援、储油供油等设备,并且净空条件良好。机场还新建候机楼一座,总面积 5728m^2,其中国旅检大厅 1500m^2,内设有出入境旅检场地、查验现场工作间等配套设施。为使该口岸尽快达到国家验收标准,该市新建查验办公用房2664m², 购置生活用房1630m²。目前,已开通佳木斯至北京、广州、烟台、青岛等多条国内航线及佳木斯至俄罗斯哈巴罗夫斯克临时包机航线。对国际旅客的查验任务,暂由佳木斯水运口岸查验单位承担。国家实施振兴东北老工业基地战略,给该市经济发展带来新的活力。

第三节 综合运输情况

一、各种运输方式发展情况

经过近年来的加快发展,黑龙江省内交通运输基础设施网络逐步完善,运输结构不断优化,服务能力和水平显著提升,已初步形成以高速公路、高铁、民航、内河以及界河港口为主骨架,国省干线和普通铁路为支撑,农村公路为依托的高效、便捷、安全、畅通的综合交通网络。各种运输方式优势互补,协调发展,有效支撑了全省经济社会快速发展。

（一）铁路

黑龙江省是国内铁路网较密的省份之一,境内分布有滨洲线、滨绥线、京哈线、绥佳线、滨北线、图佳线等27条铁路干线,铁路营业总里程6313km,在长距离货物运输中占有优势,在能源、矿产材料等大宗货物运输中的地位尤其突出。"十二五"以来,黑龙江省铁路建设推进迅速,先后建成哈尔滨至大连客运专线、哈尔滨至齐齐哈尔客运专线、前进至抚远铁路、牡丹江至绥芬河铁路扩能改造工程等新、改建工程,开工建设同江铁路大桥、哈尔滨至佳木斯快速铁路、哈尔滨至牡丹江客运专线等铁路项目。铁路旅客运输步入快速发展阶段。2016年,全省铁路完成客运量10422.4万人、旅客周转量264.7亿人公里、货运量9338.9万t、货物周转量606.3亿吨公里,分别占全省综合运输总量的25.2%、33.1%、15.9%和35.3%。

（二）公路

截至2016年年底,全省公路总里程16.5万km。其中,二级及以上公路里程1.8万km,铺装路面里程11.7万km。公路网规模持续扩大,各等级公路通达程度和服务水平明显改善,基本形成了以高速公路为主骨架、普通国省道为基础、农村公路广泛覆盖的公路网体系。2016年,全省公路完成客运量28550万人、旅客周转量200.1亿人公里、货运量42897万t、货物周转量904.8亿吨公里,分别占全省运输总量的69.3%、25.0%、73.2%和52.7%。公路运输已成为全省最主要的运输方式。

（三）水路

黑龙江省主要通航水域有黑龙江、松花江、乌苏里江、嫩江以及兴凯湖、镜泊湖等，通航总里程5495km。沿江港口主要分布在松花江与黑龙江干流，有哈尔滨、佳木斯、富锦、同江、黑河、抚远等。由于地处寒带，江河结冰期长达半年，因此航运受季节影响较大。水运在沿江沿河的能源、矿建材料、油品等大宗散货及外贸物资运输中具有比较优势。2016年，全省水运完成客运量355.4万人、旅客周转量0.4亿人公里、货运量1130.3万t、货物周转量7.3亿吨公里，分别占全省运输总量的0.8%、0.1%、1.9%和0.4%。

（四）民航

黑龙江省拥有哈尔滨、齐齐哈尔、牡丹江、大庆机场等民用机场11个，位列全国第四位，另有建三江、绥芬河、五大连池3个机场已得到国家批复将于近期启动建设。现有航空线路125条，基本形成以哈尔滨枢纽机场为核心，南联国内各省，北通俄罗斯，辐射省内各地的密织航空网络。2016年，全省民航完成客运量1894.9万人次、旅客周转量334.5亿人公里，分别占全省运输总量的4.6%、41.8%，货运量13.0万t、货物周转量2.7亿吨公里，在综合运输中所占比重较小。

（五）管道运输

黑龙江省管道运输基本属于企业专门运输，主要为输油（气）管道，是中国由俄罗斯进口石油最主要的运输方式。2016年，完成货运量5237.4万t。其中，经中俄原油管道进口的原油数量1560万t，完成货物周转量194.3亿吨公里，分别占综合运输总量的8.9%和11.3%。

黑龙江省各种运输方式客货运输量发展情况见表1-3-1。

黑龙江省各种运输方式客货运输量发展情况 表1-3-1

项目	单位	2006年		2010年		2016年	
		运输量	占比（%）	运输量	占比（%）	运输量	占比（%）
客运量	万人	60271	100	47611	100	41222.7	100
铁路	万人	8801.3	14.60	10467	22.00	10422.4	25.30
公路	万人	51023	84.70	36001	75.60	28550	69.30
水运	万人	253	0.40	285	0.60	355.4	0.80
民航	万人	194.1	0.30	739.3	1.80	1894.9	4.60
旅客周转量	亿人公里	504.6	100	627.8	100	799.7	100
铁路	亿人公里	192.5	38.10	252.3	40.20	264.7	33.10
公路	亿人公里	280.6	55.60	243.2	38.70	200.1	25.00

续上表

项目	单位	2006年		2010年		2016年	
		运输量	占比(%)	运输量	占比(%)	运输量	占比(%)
水运	亿人公里	0.3	0.10	0.35	0.10	0.4	0.10
民航	亿人公里	31.2	6.20	132	21.00	334.5	41.80
货运量	万t	68878	100	61950	100	58616.6	100
铁路	万t	15859	23.00	17463	28.20	9338.9	15.90
公路	万t	48389	70.30	40582	65.50	42897	73.20
水运	万t	1389	2.00	1015	1.60	1130.3	1.90
民航	万t	2.7	0.00	7.6	0.00	13	0.00
管道	万t	3238	4.70	2883	4.70	5274.3	8.90
货物周转量	亿吨公里	1228.3	100	1852.2	100	1715.3	100
铁路	亿吨公里	917.8	74.70	1032.9	55.80	606.3	35.30
公路	亿吨公里	252.1	20.50	762.4	41.20	904.8	52.70
水运	亿吨公里	21.2	1.70	7	0.40	7.3	0.40
民航	亿吨公里	0.6	0.10	1.4	0.10	2.7	0.10
管道	亿吨公里	36.5	3.00	48.4	2.60	194.3	11.30

二、综合运输通道布局情况

随着交通基础设施的发展,境内交通骨架网络已初步形成,对外运输通道日益完善。黑龙江已形成中部哈尔滨地区通道、西部齐齐哈尔、大庆地区通道,东部牡丹江地区通道等省际通道;形成了哈尔滨至大连、哈尔滨经绥芬河至符拉迪沃斯托克等陆海联运通道和哈尔滨至满洲里、黑河、同江等对俄运输通道。现已开通14条国际航线,跨境江海联运、陆海联运通道运行顺利,中俄跨境输油管道投入运行,基本满足多方位、多形式、具有特定功能国际和省际运输需求,初步建成内联外通的综合交通运输体系框架。

黑龙江省客货运输量主要分布于哈尔滨—大庆—齐齐哈尔—满洲里、哈尔滨—黑河、哈尔滨—绥化—伊春、哈尔滨—佳木斯—同江、哈尔滨—牡丹江—绥芬河、哈尔滨—吉辽、鹤岗—佳木斯—牡丹江、加格达奇—齐齐哈尔等主要运输走廊,这些运输走廊一般是由两种或两种以上运输方式线路组成,总体上形成了全省8条综合运输大通道。

(一)哈尔滨—大庆—齐齐哈尔—满洲里通道

这一通道东起哈尔滨,途经大庆、齐齐哈尔至满洲里,通道内主要交通干线包括滨洲线铁路干线、哈齐客运专线、G10 绥满高速公路和 G301 绥满国道等公路干线以及水运的松花江主通道和嫩江航道。该通道是黑龙江省东南部东西向主通道,贯穿哈大齐工业走廊带和哈大齐城市密集区,是全省最繁忙的运输通道。

（二）哈尔滨—黑河通道

这一通道南起哈尔滨、途经北安至边贸城市黑河,通道内主要交通干线包括滨北线和北黑线铁路干线,G1211 吉黑高速公路、G1111 鹤哈高速公路、S15 绥北高速公路以及 G202 黑大公路、G222 嘉临公路和 S101 哈尔滨至北安等重要公路干线。

（三）哈尔滨—绥化—伊春通道

这一通道南起哈尔滨,途经绥化市、铁力、伊春至边境口岸嘉荫,通道内主要交通干线包括滨北线、绥佳线和南乌线等铁路干线以及 G1111 鹤哈高速公路、G222 嘉临公路等公路干线,是黑龙江南部和中部地区与北部小兴安岭地区相互联系的主要通道。

（四）哈尔滨—佳木斯—同江（抚远）通道

这一通道南起省会哈尔滨,途经方正、依兰、佳木斯、双鸭山、富锦、同江至抚远,通道内主要交通干线包括部分滨北线、绥佳线、佳富线、前抚线等铁路干线,G1011 哈同高速公路、G1012 建黑高速公路以及 G221 同哈公路、G102 京抚公路和 G331 丹阿公路部分路段以及水运的松花江主通道。该通道是黑龙江南部地区与三江平原和东部煤炭能源基地联系的主要通道。随着黑瞎子岛保护与开放开发工作不断深入以及同江铁路跨江大桥的建设,该通道成为省内打造"中蒙俄经济走廊"陆海丝路带的重要组成部分。

（五）哈尔滨—牡丹江—绥芬河通道

这一通道西起哈尔滨,途经牡丹江、鸡西,连接绥芬河、东宁、虎林、密山等国家重要边境口岸,通道内主要交通干线包括滨绥线、城鸡线、密东线等铁路干线和 G10 绥满高速公路和 G301 绥满国道等公路干线。该通道是第一欧亚大陆桥的组成部分,是省内发展对俄贸易运输和陆海联运最重要的综合运输通道。

（六）哈尔滨—长春（沈阳）通道

这一通道北起哈尔滨、大庆等黑龙江南部地区,途经双城,向南延伸至长春、沈阳等地,通道内主要交通干线包括京哈线、通让线等铁路干线,G1 京哈高速公路、G1211 吉黑高速公路、G102 京抚公路、G202 黑大公路等公路干线以及松花江主通道。该通道是黑龙江与吉林、辽宁和京津冀地区的主要联系通道。

（七）鹤岗—佳木斯—牡丹江通道

这一通道北起鹤岗、佳木斯，途经七台河、鸡西、牡丹江，连接吉林省东部地区，通道内主要交通干线包括图佳线、牡佳线、牡图线等铁路干线，G11鹤大高速公路、G201鹤大公路等公路干线。该通道贯穿全省东部主要经济中心和煤炭基地，是黑龙江东部南北联系的主要通道和重要的煤炭能源运输通道。

（八）加格达奇—齐齐哈尔通道

这一通道北起大兴安岭地区，途经加格达奇、嫩江、齐齐哈尔、泰来，连接吉林省西部白城，通道内主要交通干线包括富西线、富嫩线、平齐线等铁路干线，G1213北漠高速公路、G4512双嫩高速公路以及G111京漠公路、G231嫩双公路、G232牙四公路等公路干线以及嫩江航道。该通道是黑龙江西部主要南北向运输通道，是黑龙江西北地区与内蒙古、齐齐哈尔、吉林联系的主要通道。

三、陆海丝路带通道建设情况

2015年，黑龙江省委、省政府联合下发的《"中蒙俄经济走廊"黑龙江陆海丝绸之路经济带建设规划》，确定加快打造以哈尔滨为中心，以大（连）哈佳同、绥满、哈黑、沿边铁路干线为主骨架，以周边公路、水运、航空、管道、电网、光缆为辅助，以相关车站、港口、机场为节点，建设连接亚欧的国际货物运输大通道。

为落实国家"一带一路"战略决策，按照省委、省政府的工作部署，进一步加强对外交通运输互联互通。预计到2020年，全省将形成以哈尔滨为轴心、以绥满高速公路为轴边、以连接边境口岸的高速公路为骨架、以沿边高等级公路为弧线边缘的扇形公路网，全力助推国家"一带一路"全方位开放大格局。

（一）对俄运输通道建设情况

省内对俄公路运输通道，是由以省会哈尔滨为中心辐射边境口岸的8条放射线和沿边弧线（丹东至阿勒泰公路）构成。目前，哈尔滨至绥芬河（东宁）、哈尔滨至黑河、哈尔滨至同江、哈尔滨至虎林（鸡西）、哈尔滨至抚远均已建成高速公路；哈尔滨至饶河、哈尔滨至逊克、哈尔滨至漠河目前为二级及以上公路连通。

国道G331丹东至阿勒泰公路黑龙江省境内路线起于东宁县老黑山黑吉省界，终于漠河县洛古河黑蒙省界，沿中俄边境走行，由原鸡图路、方虎路、虎饶路、饶抚路、同抚路、绥嘉路、黑嘉路、黑洛路等8条省道组成，连接省内16个边境县市，规划总里程2604km，到2016年底，二级及以上公路里程2140km，占82.2%，其中一级公路231km，二级公路1909km,三级及以下公路464km。

（二）跨境运输发展情况

省内开通了以哈尔滨为中心,以牡丹江、双鸭山、鹤岗、齐齐哈尔、黑河和各边境口岸为节点,连接俄罗斯滨海边区、哈巴罗夫斯克边区、犹太自治州、阿穆尔州、外贝加尔边区中心城市的五大运输通道,共开通国际道路客货运输线路65条,其中客运线路32条、货运线路33条,开通定期客运班车51对,年均货运量、客运量稳定在110万t和150万人次的水平。2007年以来,省内先后在同江、饶河、黑河等地黑龙江段,铺设了中俄界江浮箱固冰通道,解决了冬季过货量少、安全系数低的问题。

中蒙俄经济走廊——黑龙江陆海丝绸之路经济带（即"龙江丝路带"）在国家"一带一路"战略规划中具有明显的比较优势和竞争优势。黑龙江省处于东北亚核心区域,对俄边界占全国对俄边境线的74%,向北、向西可经俄罗斯通往欧洲抵达波罗的海沿岸,向东可通过俄方港口抵达日本和韩国。与国内其他通道相比,更可以节约时间和成本。"龙江丝路带"的总体设想,可以使黑龙江省主动融入"一带一路"的战略规划,搭上国家新一轮扩大开放这班车,打造向北开放的重要窗口,推动发展峰值向黑龙江省转移。"龙江丝路带"建设与"五大规划"相结合,相得益彰。"龙江丝路带"必将成为推动黑龙江省经济和社会发展的新引擎。

黑龙江省交通运输厅抢抓机遇、科学谋划、准确定位,主动对接省委、省政府"黑龙江陆海丝绸之路经济带"规划,全面启动和实施对接"龙江丝路带"建设工作,得到省委、省政府的充分肯定和大力支持。黑龙江省高速公路建设为"龙江丝路带"提供坚实的交通基础和公路支撑,将"龙江丝路带"建设推动成为黑龙江沿边开发开放的重要载体。

第四节　公路建设与运输

一、公路建设情况

2016年底,黑龙江省公路通车总里程达到16.45万km,公路网密度达到36.31km/100km^2。二级及以上公路里程达到18295km,占总里程的11%;国省道总里程达到27720km,占总里程的16.9%;有铺装路面11.72万km、简易铺装路面858km,路面铺装率达71.7%。全省公路网规模快速增长,各等级公路通达程度和服务水平得到了根本性改善,基本形成了以高速公路和普通国道为骨架、省级干线公路为基础、农村公路广泛覆盖的路网体系。2016年黑龙江省公路网构成情况见表1-4-1。

2016年黑龙江省公路网构成情况表　　表1-4-1

公路总里程(km):164502

公路网密度(km/100km²):36.31

按技术、行政等级及路面类型划分		里程(km)	比重(%)
按技术等级划分	高速	4349.6	2.64
	一级	2393	1.45
按技术等级划分	二级	11552.1	7.02
	三级	34320.8	20.86
	四级	85896.4	52.22
	等外	25990.3	15.80
	二级及以上	18294.7	11.10
按行政等级划分	国道	14752.5	8.97
	省道	12968.2	7.88
	农村公路、专用公路	136781.5	83.15
按路面类型划分	有铺装路面	117154.3	71.22
	简易铺装路面	858.3	0.52
	未铺装路面	46489.5	28.26

(一)高速公路建设实现跨越式发展

2016年底,全省高速公路总里程达到4350km,是"十一五"末的3.2倍,其中国家高速公路网建成3402km,建成率达到68%(原"7918"国高网建成2757km,建成率82%),地方高速公路里程达到948km。高速公路覆盖除加格达奇及以北地区外的13个市(地)和34个县(市),打通了与吉林和内蒙古的6条高速公路出口,连通了绥芬河、同江、黑河等国家一类口岸,衔接了五大连池、镜泊湖、兴凯湖等旅游名镇,基本形成除大兴安岭外以哈尔滨为中心的4小时经济圈,主要工业、资源型城市和口岸节点间的路网连通度显著提高。

(二)国省干线公路网络布局不断优化

全省普通国省道共78条23424km,其中,普通国道17条11366km,普通省道61条12058km。2016年底,普通国省道一级公路1961km、二级公路10113km,二级及以上公路比重达到51.5%,实现了全省所有县(市)通二级及以上公路,初步形成了与我省产业发展格局和城镇布局相匹配的普通干线公路网络。2016年黑龙江省普通国省道技术状况见表1-4-2。

2016年黑龙江省普通国省道技术状况表 表1-4-2

技术等级	普通国道		普通省道		国省道合计	
	里程(km)	比重(%)	里程(km)	比重(%)	里程(km)	比重(%)
一级	1556	14	405	3	1961	8
二级	6682	59	3431	28	10113	43
三级	2823	25	5925	49	8749	37
四级	274	2	2182	18	2456	10
等外	31	0	115	1	145	0
二级及以上	8238	72	3836	32	12074	52
合计	11366	100	12058	100	23424	100

（三）农村公路通畅水平进一步提升

2016年底，全省农村公路总里程达到13.7万km，按行政等级分，县道3332km，乡道49729km，村道65074km，专用公路18646km，等级公路比重达到81%，基本形成了广覆盖的农村路网体系。全省乡镇和建制村通畅率（通硬化路面）已经达到100%。2016年黑龙江省农村公路通达通畅情况见表1-4-3。

2016年黑龙江省农村公路通达通畅情况表 表1-4-3

统计对象	通达情况		通畅情况	
	乡镇已通达		乡镇已通畅	
乡镇个数	个数	通达率(%)	个数	通畅率(%)
	931	100	931	100
	建制村已通达		建制村已通畅	
建制村个数	个数	通达率(%)	个数	通畅率(%)
	9121	100	9121	100

二、公路运输情况

（一）发展政策

"十二五"以来，国务院、交通运输部相继制定了支持道路运输行业发展、支持公交优先发展、支持物流业发展等一系列政策措施，为促进道路运输业发展创造了良好的政策环境。主要包括：

2011年9月15日，国务院办公厅发布了《关于促进物流业健康发展政策措施的意见》（国办发〔2011〕38号）；

2011年12月26日，国务院办公厅发布了《关于进一步促进道路运输行业健康稳定发展的通知》（国办发〔2011〕63号）；

2012年12月29日,国务院发布了《关于城市优先发展公共交通的指导意见》(国发〔2012〕64号);

2013年6月6日,交通运输部发布了《关于交通运输推进物流业健康发展的指导意见》;

2013年6月18日,交通运输部发布《关于贯彻落实〈国务院关于城市优先发展公共交通的指导意见〉的实施意见》;

2015年1月15日,交通运输部发布了《关于全面深化交通运输改革的意见》。

上述系列促进道路运输发展相关政策的出台,为道路运输发展带来重大机遇,同时对加快发展现代道路运输业也提出了更高要求。

2016年6月17日,在省十二届人大常委会第六次会议第二十六次会议上,《黑龙江省道路运输条例》获得通过,自2016年10月1日起正式施行。《黑龙江省道路运输条例》的出台,对于进一步规范道路运输活动,维护道路运输市场秩序,保障道路运输安全,保护道路运输各方当事人的合法权益,促进道路运输业的健康发展,具有重要的意义,是全省道路运输经营、道路运输相关业务及道路运输管理活动基础性、纲领性的法规依据。

2016年12月30日,交通运输部下发了《关于深化改革加快推进道路客运转型升级的指导意见》(交运发〔2016〕240号),对客运班线许可审批流程,道路客运班线经营权配置机制,扩大客运企业经营自主权,道路旅客运输及客运站经营模式和农村班线运营模式提出具体的指导意见。

(二)基础设施

2010—2015年,道路运输基础设施建设紧密结合国家振兴东北老工业基地总体战略和黑龙江省"八大经济区""十大工程"发展战略。省道路运输行业管理部门加大了对公路运输站场的投资力度,加快了站场建设步伐,呈现出"客运站总数稳步增加、货运站总数增长较快"的总体态势。目前,全省已基本形成以国家公路运输枢纽为中心,地、市区域性枢纽为依托,县、乡、村三级站场为基础的点线相连、辐射到面的道路运输基础设施网络。道路客货运输总量持续攀升,运输服务能力和保障水平明显提高,初步实现"人便于行、货畅其流"的目标。

1. 客运站场

2016年底,黑龙江全省共有公路等级客运站925个,简易站及招呼站1494个。全省共有综合客运枢纽站5个,哈尔滨市3个,齐齐哈尔市1个;一般客运枢纽站16个;地级市客运站6个;县级客运站114个;乡镇客运站889个。

2. 货运站场

2010—2015年,全省建成国家枢纽货运站3个,分别是牡丹江交通枢纽国际物流中心、佳木斯新纪元物流有限公司物流园聚集功能区、佳木斯浦东货运枢纽,在建的有黑河公路货运站;建设了嘉荫口岸公路货运站等14个县级货运站项目。

总体来看,道路运输基础设施建设投资能力不断加大,据统计,2010—2016年期间共投入50亿元,是"十一五"期投资的3倍。其中,中央车购税投资4.67亿元,省转移支付投资25.26亿元。

(三)道路旅客运输

1. 道路客运量不断增长,道路客运在综合运输中的基础地位保持不变

随着黑龙江省经济社会发展水平的不断提高,公路建设有了稳步上升,特别是全省公路"三年决战"之后,全省干线骨架已经形成,运网规模不断扩大。公路的大建设大发展极大地改善了道路运输条件,增强了道路客运的竞争力,促进了国民经济的快速发展。2016年全省道路客运量达到2.9亿人,旅客周转量达到200.1亿人公路。

根据黑龙江省历年客运量统计数据来看,道路客运量占全社会总客运量的比重自2008年以来变化不大,始终保持在74%以上,道路旅客周转量占全社会旅客周转量的比重也变化不大。道路客运在黑龙江省综合运输体系中仍保持基础性地位。

2. 道路运力结构不断优化,供给质量不断提高

2010—2016年,黑龙江省营运载客汽车呈持续下降趋势,由2010年的21.6万辆调整到2016年的14.75万辆。客位数量在52万个左右有所波动。营运客车向高档化、舒适化方向快速发展,中高级客车所占比重从2010年的42.4%发展到2016年的66.1%。

3. 道路运输经营业户结构不断优化,供给质量不断提高

近年来,全省道路旅客运输组织结构显著优化,企业规模不断壮大,竞争实力不断增强,市场集中度有所提升,初步形成了以龙运集团和麒麟集团为主的龙头骨干运输企业。全省道路旅客运输经营业户数从2010年4571户下降到2016年的3827户,其中个体业户从全省的4271户下降到3504户,拥有10~49辆车的道路客运企业从112户增长到114户,道路客运班线公司化、股份制改造取得一定成效。

2016年底,班线客运业中,车辆在100辆以上的企业有29户,车辆在50辆至99辆之间的企业有55户,车辆在10辆至49辆之间的企业有100户,10辆以下的企业有44户,个体运输户有3500户。

4. 公交优先战略全面落实,公共交通得到大力发展

"十二五"期间,全省公交企业由128户达到2016年的250户,经营方式以线路集体承包和车辆个人承包为主。公交车辆由2010年的15155台达到2016年的19507台,合19406标台,其中清洁能源车4694台,占车辆总数26.2%。公交线网总长度由2010年的

14913km 达到 27367.2km,客运量由 617 万人次/日增长到 739 万人次/日。

地铁运营车数 78 辆,运营线路总长度 17.2km,完成客运量 0.7 亿人次。

5. 出租汽车管理政策法规体系形成、行业稳定发展

黑龙江省严格执行国家有关出租汽车管理文件精神和要求,出租汽车行业管理坚持以"先稳定,后规范,再提升"为指导思想,以"坚持总量控制,适度规范发展"为原则,"十二五"期间初步形成了出租汽车行业管理政策法规体系;在哈尔滨等中心城市建立了相应完备的服务标准体系,在全国率先实行了"五统一";中心城市实行了 GPS 定位监督,加大行业监管力度;在全省范围内开展出租汽车行业和谐劳动关系创建活动,促进了行业的稳定发展。

2016 年 11 月,黑龙江省交通运输厅代黑龙江省人民政府办公厅起草了《关于深化改革推进出租汽车行业健康发展的实施意见》,内容包括科学定位出租汽车服务,深化巡游车改革,规范网约车发展,规范私人小客车合乘,营造良好市场环境。

截至 2016 年年底,全省现有出租汽车企业 500 余家,出租汽车 105368 余辆,从经营模式上看,大体有承包经营、挂靠或委托经营和个体经营 3 种模式。

(四)道路货物运输

1. 货物运输量及周转量

2016 年,全省累计完成营业性道路运输货运量 4.3 亿 t,货物周转量 904.8 亿吨公里。道路运输业从业人员超过 89.1 万人,比 2010 年增长了 13.6%。预计到 2020 年,全省公路货运量达到 6.5 亿 t,2014—2020 年年均增长 5.5%;全省公路货运周转量达到 1500 亿吨公里,2014—2020 年年均增长 6.8%。全省道路货物运输经营业户数从 2010 年 22 万户发展到 2016 年的 31 万户,拥有 100 辆及以上的道路货运经营业户从 2010 年 205 户增长到 247 户。

2. 营业性货车数量

截至 2016 年年底,全省道路营运货车总规模达 49.66 万辆,其中:栏板货车 362420 辆,厢式车(其中:冷藏保温车 207 辆)73047 辆,集装箱车 1423 辆,罐车 11066 辆,牵引车 46344 辆。总吨位数 365.6 万 t,汽车平均吨位数 7.4t/车,比 2010 年分别增长了 31.3%、62.8%、25.4%,大型车辆数占营运载货汽车总数比例增长至 37.7%,车辆吨位数增长至 89%;中型车辆数占营运货车总数降低至 5.6%,车辆吨位数占比降低至 2.6%;小型车辆数占营运货车总数比例降低至 47.3%。营运货车重型车达 14.5 万台,厢式货车(含厢式挂车)达 7.3 万台,专用运输车辆(含专用运输挂车)达 1.5 万台,重、厢、专车辆占营运货车总数比例分别从 2010 年的 21.7%、4.7% 和 2.1% 增长到 2016 年的 29.2%、14.8% 和

2.9%。当前黑龙江营运载货汽车大型化、小型化发展趋势已经凸显,预计"十三五"期间营运载货汽车平均吨位提高到 8~9t 左右,车辆运用效率提高 10%~15%。

(五)国际道路运输

黑龙江省位于东北亚地区的中心地带,与俄罗斯远东地区、外贝加尔边区有长达 3000km 的边境线,相互开放的边境口岸有 15 对,与俄远东地区相对发达的边区、州相毗邻,地缘的优势使黑龙江省成为中俄贸易的桥头堡。随着中国对外开放的深入,迅速发展的中俄贸易及人员往来促使黑龙江省的国际道路运输应运而生、不断发展。

截至 2016 年年底,全省与俄罗斯相邻的 5 个边区(州)全部开通了国际道路客货运输,客货运输线路已达 67 条。其中,客运线路 32 条,货运线路 35 条。经批准开通了 51 对定期客运班车。从事国际道路运输的企业已达 70 家,客运车辆近 87 台,近 4000 多个座位,货运车辆近 1000 台,共 27900 多吨位。

经过 20 多年的发展,黑龙江省的国际道路运输已具备一定的规模,形成了以中心城市为依托,以边境口岸地为前沿的对外汽车运输网络。为了更快地发展国际道路运输事业,交通运输主管部门加大、加快了交通基础设施资金的投入,公路的技术状况和车辆的装备水平不断提升,与国际道路运输相配套的各口岸地的仓储设施、国际客运站等基础设施基本上满足了客货运输的需求,具备了国际道路运输中转换装(乘)的条件,提高了综合服务能力。为进一步提高冬季冰上汽车运输效率,在黑河、萝北、同江、饶河口岸,铺设使用了 4 座浮箱固冰通道。同时进一步开放了国际道路运输市场,加大了国际道路运输企业重组力度,中方承运比重逐年增长。

(六)2016 年全省交通运输从业人员

全省道路运输从业人员共计 89.1 万人,其中,道路运输从业人员 69.6 万人,公共汽电车从业人员 3.8 万人,出租汽车从业人员 15.5 万人,轨道交通及客运轮渡 0.2 万人。

第二章
高速公路建设发展历程

黑龙江省第一条高速公路始建于1997年，二十年来全省高速公路建设规划和发展经历了建设起步、稳步发展、历史跨越和持续发展四个阶段，至2020年全省高速公路行车里程将突破5000km。

第一节 高速公路网规划历程和发展

一、建设起步阶段（1992—1997年）

时值国民经济和社会发展"八五"规划时期，为加快公路交通事业建设与发展，黑龙江省编制了《黑龙江省三十年公路网规划（1991—2020）》，提出了以省会城市哈尔滨通往三城（齐齐哈尔、牡丹江、佳木斯三个区域中心城市）、四岸（绥芬河、黑河、同江、东宁四个国家级对外开放口岸），并连接其他区域中心城市（绥化、伊春、鹤岗、双鸭山、七台河市、鸡西市）的"OK"形主骨架路网，为全省后来两次进行高速公路网规划奠定了基础。

20世纪90年代初，为提高公路运输效率，黑龙江省开始启动高速公路建设。1992年，开工建设了哈尔滨至阿城全封闭、全立交四车道一级汽车专用公路（里程23km），具备了高速公路主要功能，成为省内高速公路的雏形，为日后的高速公路建设积累了经验。随后陆续建成了哈尔滨至大庆二级汽车专用公路（里程133km）、哈尔滨至佳木斯二级汽车专用公路（里程324km）。

1997年，哈尔滨至大庆二级汽车专用公路扩建成高速公路，设计速度100km/h，路基宽24.5m，行车道宽2×7.5m，成为黑龙江省境内的第一条高速公路。自此开始，全省高速公路建设正式起步。

二、稳步发展阶段（1998—2007年）

在1997年哈尔滨至大庆高速公路建成后，黑龙江省交通厅根据经济社会发展的需求，相继开工建设了哈尔滨至拉林河（黑吉省界）、哈尔滨至绥化、鹤岗至佳木斯、哈尔滨

至佳木斯、哈尔滨至牡丹江等高速公路,正式拉开了高速公路建设的序幕。

自1998年开始,在国民经济与社会发展"十五"规划时期国家扩大内需、实施积极财政政策的推动下,黑龙江省高速公路建设进入了稳步发展阶段:哈尔滨至拉林河(黑吉省界)段(里程70km)、哈尔滨至绥化段(里程89km)、鹤岗至佳木斯段(里程35km)、哈尔滨绕城高速公路西段(里程37km)和南段(里程29km)、哈尔滨至牡丹江段(里程299km)、哈尔滨至佳木斯段(里程328km)、哈尔滨机场高速公路(里程25km)等多条高速公路相继建成通车。

为适应我国全面建设小康社会和实现现代化的需求,促进国内经济社会全面、协调、可持续发展,增强国际竞争力。交通部组织编制了《国家高速公路网规划》,2004年12月国务院审议并通过,以指导和协调全国高速公路建设。《国家高速公路网》划定了"7918"国家高速公路网,将省内哈同、绥满、京哈、大广、鹤大、吉黑、鹤哈7条路线划定为国家高速公路,规划里程3402km。

2006年,全省根据发展需要,综合考虑路线功能、沿线城镇和人口密度、经济发展水平、交通需求以及地形地质条件等各方面因素,在国家高速公路网的基础上,增加了嫩江至泰来、依兰至七台河、方正至五常、绥化至大庆和哈尔滨经济圈环线等1230km地方高速公路,构建了总里程4632km的"两环、七射、六联"高速公路网,简称"276"网。规划实现了省会与相邻省会、省会与地级市、相邻地级市之间高速通达,连接目前城镇人口超过10万人的城市,连接所有的公路枢纽、机场、铁路枢纽及重要的港口和开放口岸,连接所有国家AAA级以上的旅游区,连接六大产业基地,支撑对俄运输通道、陆海联运国际贸易通道规划,为黑龙江省全面建设小康社会提供强有力的交通支撑。

至2007年底,全省高速公路里程达到1044km,全省13个市(地)中哈尔滨、大庆、绥化、佳木斯、鹤岗、牡丹江6个市通高速公路,连通率为46%;高速公路里程在全国排名第22位。

黑龙江省高速公路网规划方案具体路线见表2-1-1。

黑龙江省高速公路网规划方案　　　　表2-1-1

序　号	起　终　点	里程(km)
射线		
1	哈尔滨—甘南(省界)	388
2	哈尔滨—黑河	566
3	哈尔滨—伊春	297
4	哈尔滨—同江	578
5	哈尔滨—绥芬河(东宁)	509
6	哈尔滨—五常(省界)	148
7	哈尔滨—双城(省界)	70

续上表

序　号	起　终　点	里程(km)
环线		
1	哈尔滨绕城公路	92
2	哈尔滨经济圈环线	370
联络线		
1	伊春—杏山	617
2	依兰—七台河	125
3	方正—五常	188
4	绥化—大庆	160
5	大庆—肇源	151
6	嫩江—泰来	373

1. 两环

（1）哈尔滨绕城公路，里程92km；

（2）哈尔滨经济圈环线，里程370km，即双城—肇东—兰西—巴彦—宾西—阿城—双城。

2. 七射

（1）哈尔滨—甘南，里程388km，即哈尔滨—肇东—大庆—林甸—齐齐哈尔—甘南—（阿荣旗）。

（2）哈尔滨—黑河，里程566km，即哈尔滨—兰西—明水—拜泉—克东—北安—孙吴—黑河。

（3）哈尔滨—伊春，里程297km，即哈尔滨—绥化—庆安—铁力—伊春。

（4）哈尔滨—同江，里程578km，即哈尔滨—宾县—依兰—佳木斯—双鸭山（集贤）—富锦—同江。

（5）哈尔滨—绥芬河（东宁），里程509km，即哈尔滨—阿城—尚志—海林—牡丹江—绥芬河（东宁）。

（6）哈尔滨—五常，里程148km，即哈尔滨—五常—（吉林）。

（7）哈尔滨—双城，里程70km，即哈尔滨—双城—（长春）。

3. 六联

（1）伊春—杏山，里程617km，即伊春—鹤岗—佳木斯—七台河—牡丹江—杏山—（敦化）。

（2）依兰—七台河，里程125km，即依兰—勃利—七台河。

（3）方正—五常，里程188km，即方正—延寿—尚志—五常。

(4)绥化—大庆,里程160km,即绥化—望奎—青冈—安达—大庆。

(5)大庆—肇源,里程151km,即大庆—红岗—大同—肇源—(松原)。

(6)嫩江—泰来,里程373km,即嫩江—讷河—富裕—齐齐哈尔—泰来—(白城)。

三、历史跨越阶段(2008—2011年)

2008年,黑龙江省委、省政府着眼于全省经济社会发展需求,作出了公路建设"三年决战"的重大战略部署,决定用三年多时间,投资1100亿元,建设高速公路3042km,自此,全省高速公路建设进入跨越式发展阶段。

在省委、省政府的正确领导下,全省广大交通干部、职工经过三年多的奋力拼搏,公路建设"三年决战"取得全面胜利。到2011年底,累计完成投资1100亿元,相当于新中国成立以来省内公路建设投资的总和;全省高速公路(含高速化公路)总里程达到4300km;国省干线路面铺装率达到89%;乡镇和行政村通畅率分别达100%和99.5%。全省公路总里程达到15.5万km,横贯东西、纵穿南北、覆盖全省、连接周边的现代公路骨架网络基本形成。

(一)公路建设"三年决战"规划

为彻底改变交通基础设施落后面貌,打通经济社会发展命脉,2008年5月,黑龙江省委、省政府从推动全省经济社会发展大局出发,做出举全省之力、决战三年,推进全省公路建设实现跨越式发展的战略决策。省交通厅在原有骨架公路网基础上,围绕全省经济社会发展总体布局,制定了2008年至2011年加快公路建设规划,经省委、省政府审议通过后,下发了《黑龙江省人民政府关于进一步加快公路建设的意见》(黑政发〔2008〕39号),正式启动公路建设"三年决战"。国家出台扩大内需政策和取消二级公路收费后,经过两次调整,总投资达到1100亿元,规划建设高速公路里程3042km,一级公路里程420km,二级公路里程2935km,农村公路里程60799km。其中,高速公路项目21项(里程3042km),总投资727亿元,占规划总投资的66%,包括国家高速公路项目14项(里程1749km),投资400亿元;地方高速公路项目7项(里程1293km),投资327亿元。

规划项目全部建成后,将在全省范围内构建比较完善的三大路网。一是打造高速公路网:高速公路连接13个市(地)和34个县(市),打通与吉林省和内蒙古自治区的6个高速公路出口,打通绥芬河、东宁、同江、黑河、抚远等国家一类口岸,服务五大连池、亚布力、镜泊湖、兴凯湖等旅游名镇,基本形成除加格达奇外、以哈尔滨为中心的4小时经济圈。二是完善国省干线公路网:二级以上高等级公路遍布全省64个县(市),连接省内重点旅游区、矿产资源重点开发区、沿边开放口岸、边境互市贸易区。三是形成农村公路网:实现了乡镇和具备条件的行政村通水泥(沥青)路面。横贯东西、纵穿南北,覆盖全省、连接周边的现代化公路网络基本形成,公路交通在综合运输体系中的地位大幅提升,并通过与铁路、民航、水运、管道等运输方式有效衔接,以及与邻省及俄罗斯远东地区全面对接,形成了对内大循环、对外大开放的现代化大交通格局。

(二)"三年决战"取得的成就

公路建设规模和里程实现了历史性突破,完成与邻省以及俄罗斯远东地区的全面对接,改变了省内交通基础设施落后面貌,构建了横贯东西、纵穿南北,覆盖全省、连接周边的现代化公路网络。截至2011年年底,公路建设"三年决战"完成投资1044亿元,相当于新中国成立以来全省公路建设投资总和,全省公路总里程达到15.5万km,其中交工高速公路里程2767km,高速公路是过去20年建设总量的2.7倍。全省高速公路通车总里程达到3811km,在建高速公路里程487km。

"三年决战"完善了国省干线公路网,累计交工一级公路里程215km、二级公路里程2335km,全省二级以上高等级公路里程达到13879km,国省干线路面铺装率达到89%。"三年决战"累计交工农村公路里程62800km,乡镇和行政村通畅率分别达100%和99.5%,分别比决战前提高18个、47个百分点,实现了乡镇和具备条件的行政村通硬化路面的目标。

四、持续发展阶段(2012—2015年)

2013年6月,国家发改委和交通运输部联合印发《国家公路网规划》,对国家高速公路布局做出了重大调整,黑龙江省内新增了嫩双、铁科、北漠、建黑4条国家高速公路,国家高速公路由原有的7条3402km调整为11条4980km,增加1600km(表2-1-2)。在此基础上,结合全省"三年决战"建设成果,根据发展需要,在省道网规划中又补充了伊春至齐齐哈尔、建三江至鸡西、绥化至北安等2276km的地方高速公路,构建了总里程7256km的"两环、八射、六横、六纵"的省域高速公路网(简称"2866"网)(表2-1-3),为今后一段时期全省高速公路建设奠定了网络基础。

黑龙江省国家高速公路规划布局方案　　　　表2-1-2

序号	路线编号	路线名称	规划里程(km)	主要控制点
	规划路线		4980	
1	G1	北京—哈尔滨	70	双城、哈尔滨
2	G10	绥芬河—满洲里	928	绥芬河、牡丹江、哈尔滨、大庆、齐齐哈尔、甘南
3	G1011	哈尔滨—同江	572	哈尔滨、宾县、方正、依兰、佳木斯、集贤、富锦、同江
4	G1211	吉林—黑河	686	五常、哈尔滨、兰西、明水、拜泉、克东、北安、孙吴、黑河
5	G11	鹤岗—大连	500	鹤岗、佳木斯、桦南、七台河、鸡西、林口、牡丹江、宁安

第二章 高速公路建设发展历程

续上表

序号	路线编号	路线名称	规划里程(km)	主要控制点
6	G1111	鹤岗—哈尔滨	468	鹤岗、伊春、铁力、庆安、绥化、哈尔滨
7	G45	大庆—广州	148	大庆、肇源
8	G4512	双辽—嫩江	376	嫩江、讷河、富裕、齐齐哈尔、泰来
9	G1213	北安—漠河	632	北安、嫩江、加格达奇、塔河、漠河
10	G1015	铁力—科右中旗	365	铁力、通河、方正、延寿、尚志、五常
11	G1012	建三江—黑瞎子岛	235	建三江、前进农场、前哨农场、黑瞎子岛

"2866"高速公路主骨架网　　　　表2-1-3

序号	项目名称	规划里程(km)	主要控制点
	合计	7256	
一	环线	431	
1	哈尔滨绕城公路	91	
2	哈尔滨都市圈环线	340	肇东、兰西、宾县、阿城、双城
二	射线	2794	
1	哈尔滨—甘南(黑蒙界)	381	哈尔滨、大庆、齐齐哈尔、甘南
2	哈尔滨—黑河	557	哈尔滨、兰西、青冈、明水、拜泉、克东、北安、孙吴、黑河
3	哈尔滨—嘉荫	529	哈尔滨、绥化、庆安、铁力、伊春、嘉荫
4	哈尔滨—同江	572	哈尔滨、宾县、方正、依兰、佳木斯、集贤、富锦、同江
5	哈尔滨—绥芬河	456	哈尔滨、尚志、海林、牡丹江、绥芬河
6	哈尔滨—五常(黑吉界)	129	哈尔滨、五常
7	哈尔滨—双城(黑吉界)	70	哈尔滨、双城
8	哈尔滨—肇源	100	哈尔滨、肇源
三	横线	1420	
1	建三江—黑瞎子岛	235	建三江、黑瞎子岛
2	鹤岗—齐齐哈尔	484	鹤岗、伊春、北安、克山、依安富裕、齐齐哈尔
3	双鸭山—饶河	233	双鸭山、宝清、八五二、饶河
4	依兰—兴凯湖	248	依兰、勃利、七台河、密山、兴凯湖
5	绥化—大庆	190	绥化、青冈、安达、大庆
6	宁安(杏山)—延吉	30	杏山、黑吉界
四	纵线	2611	
1	建三江—鸡西	367	建三江、虎林、密山、鸡西
2	鹤岗—大连(黑吉界)	500	鹤岗、佳木斯、七台河、鸡西、牡丹江、宁安、杏山、黑吉界
3	铁力—科右中旗(黑吉界)	365	铁力、通河、方正、延寿、尚志、五常
4	嫩江—绥化	355	嫩江、五大连池、北安、绥化
5	大庆—广州(黑吉界)	148	大庆、肇源
6	漠河—双辽(黑吉界)	876	漠河、加格达奇、嫩江、讷河、富裕、齐齐哈尔、泰来

高速公路省道由1条环线、3条纵线和6条横线共10条路线组成,规划里程2276km。

(1)环线1条340km:哈尔滨都市圈环线。

(2)纵线3条810km:建三江—鸡西、伊春—嘉荫、绥化—北安。

(3)横线6条1126km:伊春—齐齐哈尔、双鸭山—饶河、依兰—兴凯湖、绥化—大庆、宁安(杏山)—延吉、哈尔滨—肇源。

规划既构筑了连接大、中城市,提供高效服务的"2866"高速公路网,高速公路连接全部市(地)和80%的县(市),其余县市可以在1小时内上高速公路。对俄通道得到加强,高速公路由省会向沿边地区辐射,连接10个重要的边境口岸,形成对俄运输快速网络架构。省际之间快速通道得到加强,与周边省区的交通联系更为顺畅,与吉林、内蒙古高速公路省际通道达到10条,大大增强了我省对外交流的能力,有利于加快区域一体化进程,促进老工业基地振兴。构建了安全、便捷的旅游公路网络,形成了哈尔滨—牡丹江—佳木斯—伊春—齐齐哈尔—大庆—哈尔滨高速公路旅游环路,为打造精品旅游区、提升特色旅游线路品质、开发旅游产品创造了良好的交通基础条件。

经过全省高速公路"三年决战"的快速发展,全省高速公路主骨架基本形成,省内公路建设重点转向普通国道和省道建设,高速公路建设逐步进入持续发展阶段。全省这一阶段重点实施了建三江至黑瞎子岛、密山至兴凯湖和北安至富裕等高速公路建设项目。截至2015年年底,全省高速公路里程达到4346km,是"十一五"末时的3倍。其中,国家高速公路3397km,建成率达68%(原"7918"网建成率达82%),地方高速公路949km。

第二节 公路建设对经济社会的影响

改革开放以来,黑龙江省高速公路建设,特别是"三年决战"的决胜,向全社会交出了一条条经得起实践检验、经得起人民评点、经得起历史推敲的"发展路、利民路、致富路、勤政路、廉政路、环保路、观光路、风景路",既锻炼了一支钢铁的交通建设队伍,又凝缩了一种新时期黑龙江交通精神。

一、发展命脉贯通,加速黑龙江经济隆起

公路建设的第一成果就是建成了助推黑龙江振兴的发展路。

(一)对经济拉动效应凸现

公路建设庞大投资规模支撑和拉动了黑龙江省经济发展,对有效应对国际金融危机、扩大内需保增长起到巨大促进作用。据测算,"三年决战"直接拉动黑龙江省生产总值增

长1260亿元,直接贡献率为3.37%,拉动产出累计4140亿元,直接、间接提供就业岗位400余万个,其中建设施工消费需求净增3000亿元以上,直接刺激农副产品销售和第三产业快速增长。金融机构暂存的工程款在发挥货币乘数效应的同时,对缓解地方经济建设资金紧缺、促进金融业发展起到积极作用。修建了加格达奇至漠河、抚远至黑瞎子岛、亚布力至雪乡、北安至黑河等重点旅游区公路,大大增强了黑龙江旅游业吸引力和竞争力。

(二)高速公路网络支撑作用极大增强

围绕"八大经济区"和"十大工程""十个新兴产业"建设,以交通先行服务全省更好更快发展,高速公路建设项目中服务哈大齐工业走廊建设区6个843km,服务东部煤电化基地建设区8个964km,服务东北亚经济贸易开发区5个855km,服务大小兴安岭生态功能保护区4个895km,服务两大平原农业综合开发实验区9个1341km,服务哈牡绥东对俄贸易加工区高速公路156km,服务高新科技产业集中开发区的4个高速公路项目537km,服务AAAA级以上景区的高速公路项目9个1347km。

(三)经济发展保障作用显著提高

形成了省内大庆、绥化到哈尔滨的1小时经济圈,齐齐哈尔、牡丹江、佳木斯、鸡西、双鸭山、伊春、七台河、鹤岗到哈尔滨的3小时经济圈,黑河、大兴安岭到哈尔滨的5小时经济圈;产业发展助推力提升,穿越三江平原腹地的建虎高速公路项目对建设三江平原农业综合开发试验区、建设千亿斤粮食产能工程发挥了重要作用,被北大荒人亲切地称为垦区的1号工程;12个旅游名镇和扎龙旅游公路建设项目为游客提供了高效便捷的旅游条件,提高了抵达能力,提升了旅游价值,扩大了黑龙江旅游知名度,促进了全省旅游业的进一步发展;投资硬环境明显优化,对外来投资和项目引进的吸引力和吸附效应明显加大;大量使用水泥、沙石、钢筋等工地产品,采购总额近200亿元,带动了地方企业发展。

(四)打造了潜力巨大的沿路经济走廊

高速公路沿线地区、路网汇集区域,以及每个公路互通口的资源要素汇聚能力不断增强,公路沿线商业化、产业化步伐加快,逐步形成密集的经济开发带和沿路经济走廊,北安、肇东等一批区域性中心城市经济运行质量进一步提高,城市枢纽地位进一步巩固,肇州、安达、依安等一批县级沿路工业园区逐步发展壮大。

二、利民空间拓展,推动社会管理加强

公路建设的民生成果就是建设了造福黑龙江人民的利民路、致富路。

（一）打造了造福百姓的利民工程

高速公路建设施工中，为方便当地农民的生产活动，在建设过程中不计成本，因需而宜，增加桥涵数量，增加辅路里程，必要的地方还在高速公路建成后恢复了辅路。通县、乡、村公路建设中，既考虑县与县、乡与乡、村与村间的道路连接，还加大了便民路、便道和二级路、三级路、辅路的建设力度，加速了城镇化进程，推动了城乡一体化，很多农民感叹"水泥路修到家门口，我们也有了整洁的道路，方便的交通，是公路建设让村里大变了样，让我们过上了城里一样的生活"。

（二）打造了利企、富民的典范工程

齐甘高速公路建设项目一次增加投资1600多万元，为中国一拖集团有限公司齐齐哈尔投资项目专门建设一座跨线桥，营造了企业优良发展环境；深入做好各类杆线、征地、房屋拆迁等补偿工作，补偿范围就大不就小，补偿价格就高不就低，补偿资金及时发放，绝不因道路建设伤民误民。群众增收渠道进一步拓宽，随着城乡公路网的不断建设和完善，公路运输成本大幅下降，农副产品产地收购市场沿公路应运而生，产品价格大幅上扬；前嫩公路富绥大桥动工之后，富锦的房地产均价一下上涨近1000元，人均收入年增长超过800元；黑龙江省"三年决战"约有40万人（次）当地农民工参加公路建设，支付工资约80亿元，农民工人均劳务收入达2万余元。

（三）打造了交通顺畅的便民工程

路和桥改变了人民的生活，群众出行更加便捷，高速公路通车后，城市间通行时间缩减40%甚至一半以上。通过实施"通达工程"和"通畅工程"，通县、通乡、通村公路建设进展迅速，随着路况的改善，客运通到最末梢，村屯通车率接近100%。齐齐哈尔与泰来县之间隔着嫩江，两岸人民长期依靠摆渡、浮桥维持交通，赶上雨季洪水就会几天甚至十几天交通断绝，造成严重的出行困难，泰来嫩江特大桥建设使天堑变通途。

（四）打造了民族团结和边疆稳定道路

公路交通的便利通达，使各民族之间经济文化交流更为密切，保护了少数民族历史文化，有力促进黑龙江大地各民族团结进步、共同繁荣，同时也改善了国防战备条件、维护了社会稳定局面，对全面建设小康社会、促进和谐社会有着重要的意义。

三、人与自然和谐，强化生态文明建设

要发展，要建公路，更要保护环境，黑龙江省公路建设以生态文明为底线，真正落实了"对环境最小程度的破坏、最大程度的恢复"的原则，交出了确保生态安全的环保路。

（一）坚持生态优先，注重维护生态平衡

坚持"不破坏就是最大保护"的环保理念，实现公路建设与大森林、大湿地、大湖泊的有机结合。为保护齐齐哈尔明月岛风景区和景区周边湿地生态环境，绥满高速公路齐甘段嫩江特大桥由穿越明月岛风景区大坝，变更为经明月岛大坝上游400m处跨越嫩江，调整后大桥全长由2620m增加到3975m，增加造价1.3亿元。前嫩公路伊春至五大连池景区段原设计方案路线穿越努敏河省级自然保护区、北安省级自然保护区和五大连池世界地质公园，为保护生态环境均采取了改线措施。

（二）坚持环保前置，绿色思想贯彻建设始终

将环保放在突出位置，强化环保监控，注重合理选线，节约土地，少伐林木，尽量避免人为造成的资源浪费和环境破坏。漠北高速公路建设项目位于大兴安岭生态功能区，项目指挥部特别注重生态环境保护，首先，在树木砍伐过程中创造性实行"一次打通、二次补充、三次成型"的三步砍伐法，最大可能减少伐木数量。其次，该项目原设计中设定取土场14座，施工期间综合考虑环保和水土保持需要，取消其中2座，并把原定6个拌和站中的4个迁到取土场，做到一块场地两次利用，减少开挖地面积。据统计，仅此一项就节约占地32万 m^2，保护了林区长远生态利益。

（三）坚持人与自然和谐，把科学、先进的理念融入建设之中

为更好保持旅游景区的原生态景观，申报并获准将漠北高速公路临近北极村3km路段由一级公路变更为二级公路，路面宽度有效缩减，比原设计少砍伐国家珍贵树种樟子松581棵，保护了原始森林生态；多条高速公路还根据动物分布特征，增设了"动物通道"，最大程度维持沿线野生动物原有生存环境，构筑了公路"生态长廊"。

四、铸就交通精神，丰富黑龙江文化建设

伟大的事业塑造伟大的精神，伟大的精神成就伟大的事业。公路建设"三年决战"中，"特别能承重，特别能吃苦，特别能战斗，特别能奉献"成为黑龙江交通人高扬的旗帜，为黑龙江政治文化建设平添浓墨重彩。

（一）揭示了交通精神的深刻内涵

"历尽千难成伟业，人间万事出艰辛。"在全省新一轮大发展的历史机遇期，在黑龙江公路建设"三年决战"中，交通人以使命为荣，以事业为重，全心投入，全力以赴，以实际行动凝缩了新时期黑龙江交通精神——特别能承重，反映了勇担使命、自我加压、负重奋进的坚强意志；特别能吃苦，反映了以苦为荣、不怕疲劳、连续作战的优良作风；特别能战斗，

反映了科学谋划、攻坚克难、勇于创新的能力和智慧;特别能奉献,反映了顾全大局、忠于职守、甘于奉献的敬业精神。黑龙江交通精神是黑龙江交通人的精神,也是黑龙江人的精神,是"三年决战"的实践中形成的一种合力,是大庆精神、铁人精神、北大荒精神的传承和发扬,是黑龙江精神宝库新的巨大财富。

(二)体现了交通精神时代特征

"困难面前有我们,我们面前没困难",交通人勇担使命,自觉承重,一往无前投入史无前例的公路建设大决战。"中午饭下午吃,晚上饭半夜吃",顶烈日、卧冰雪,漠北公路勘测在零下40℃的林海雪原中进行,富绥大桥、齐甘特大桥冬季低温施工春汛前桥墩抢出水面,从指挥员到战斗员,无不战艰难斗困苦,连续作战;大战面前无常规,只能苦干实干加巧干,创建"战时体制",拉开"夏季攻势",数十万大军齐入战场,46个项目同时展开,突破场场硬仗,工程建设全线告捷;人人忠于职守,个个甘于奉献,交通人顾全大局,舍小家顾大业,甚至为公路建设献出了生命,黑龙江交通精神是黑龙江人优秀品质和崇高精神的再现,是新时期黑龙江创业建业精神的时代体现。

(三)形成了交通精神的深远影响

历史证明,伟大的事业需要伟大的精神作动力和支撑,在实践中锻造出来的精神又不断地指导实践。黑龙江交通精神与大庆精神、铁人精神和北大荒精神一样,凝缩成为黑龙江人民宝贵的精神财富,成为全省人民干事创业的强大精神动力,并将在前进中不断深化、丰富,激励全省人民战胜前进道路上的各种困难,推动着全省经济社会更好更快发展,再铸黑龙江新的辉煌。

五、改善出行感受,注重沿路景观建设

黑龙江省是旅游资源大省,黑龙江大地遍地景观,公路建设过程中充分重视融入自然风光、生态环境、人文景观要素,将公路建成了风景路、观光路,助力了大美黑龙江建设,提高了百姓出行幸福指数。

(一)适当进行景观设置,建设风景公路

针对地域特点,使公路的线形美、建筑美与自然景观相融合成为景观路。根据高速公路沿线景致、地形、地物等造型,发掘地方历史、文化、经济、民俗风情等人文底蕴,以森林、山川、湿地、原野、火山、油田等自然资源和鄂伦春、达斡尔等民族文化元素为依托,进行了"林都风情""农业风光""油田新貌""别亚映天"等主题设计,打造了具有北国特色风光的风景路。

(二)建造特色附属设施,建设风格公路

受独特的对外开放和历史交流背景影响,黑龙江的建筑风格洋味十足,在全国独树一帜。交通设计和建设者着眼于此,在公路附属设施,特别是服务区和跨线桥的规划设计上,紧密结合所临近城市文化定位,使每个服务区和跨线桥一区一景,一桥一格,形成了个性化的风格公路。北黑高速公路黑河服务区主建筑采用拜占庭风格,跨线桥则采用仿古典折中主义风格,主建筑物和外壁的浮雕装饰、米黄色的墙体彰显出浓厚的俄罗斯文化印迹,给人以耳目一新的欧陆风格,与黑河远东开放"桥头堡"的地位相呼应相衬托,既强化了出行视觉享受,又体现了公路别具特色的风格。

(三)注重人文关怀,建设观光公路

从美学的观点确定设计观念,结合植树、种草、结构防护等措施,在风光地貌丰富路段适当采用景观通透技术,促进路景交融,保持了生态与视觉景观,保证了乘客、驾驶员出行的赏心悦目。充分注重提供细致入微的人文关怀,科学设置了观景平台、文化标志点缀等设施,为驾乘人员带来人性化服务。

第三章
高速公路建设实施和管理

1993—2015年,黑龙江省为加快高速公路基础设施建设,发挥各级交通部门职能作用,加强了对高速公路全行业的管理工作。

第一节　管理体制整体情况

一、基本管理模式

对于厅管公路重点工程项目实行的是省交通厅、省高速公路建设局(公路局)、指挥部(项目法人)三级管理体制。省厅内设建设管理处,负责项目设计委托、设计文件审查报批、指挥部组建、项目实施阶段的监控、组织项目验收及建设市场的监管。

公路建设的具体实施按公路的等级和规模分为两条主线。一是由省高建局负责国道及省道主干线公路的建设;二是由公路局负责省道、公路网化工程建设以及通县、乡公路的建设。

指挥部负责项目招投标工作,主抓施工现场,控制工程质量、进度和资金拨付,对工程质量负终身责任。

对于市、县组织建设的公路项目,省厅实行定额补贴和政策扶持,由省公路局进行监管和验收,地方交通主管部门负责组织建设。

由于公路投资主体不同,公路管理主体和管理体制也有所不同。一是由省厅投资建设的公路重点工程,由省高速公路建设局负责具体管理,指挥部组织实施。工程竣工验收后,高速公路或一级公路交由高速公路管理局管养运营。二是地方政府投资建设的公路重点工程,由地方政府自行组织工程施工,省高速公路建设局进行监管,工程竣工验收后交地方公路收费处管养运营。三是经营性收费公路(如BOT项目),由业主按照有关规定自行建设,省高速公路建设局进行行业管理,建成后在一定期限内自主经营。

省交通运输厅出台了《公路工程建设指挥部机构设置和干部管理的暂行办法》,按公路建设里程及等级配备指挥部工作人员。二级公路,建设里程200km以内或独立特大桥梁的,配备工作人员20~30人;建设里程200~400km的30~40人。高速公路、一级公路,相应建设里程达到上述二级公路建设里程二分之一的,同级配备人员。

指挥部一般内设5个部门,即工程计划部、质量监督部、综合协调部、财务审计部和办公室,同时设立党组织和派驻廉政监督机构。指挥部领导班子配备1名指挥、2~4名副指挥、1名总工程师。

二、高速公路管理条块关系

黑龙江省高速公路建设管理体制的基本模式,是以黑龙江省交通运输厅为领导,省高速公路建设局、省公路勘察设计院、省质量监督站、省造价站、省监理公司等专业管理机构为主线,以科学合理的条块关系为联系的省级管理模式。

黑龙江省高速公路建设局组建于2000年1月,为正处级事业单位,承担全省高速公路建设、协调、管理,代表省交通厅行使高速公路建设的行政管理职能。

黑龙江省公路勘察设计院成立于1958年,是全国十个首批获得交通部颁发的公路工程勘察与公路工程设计"双甲级"勘察设计单位之一,主要承担各等级公路桥梁的勘察设计,负责工程咨询、交通工程、工程监理、工程地质勘探以及土工试验、旧桥加固与检测等项目工作。

黑龙江省公路工程质量监督站组建于1987年,为处级参公单位,负责对全省公路重点工程派驻监理工程师和监理人员;对重点工程进行质量监测、监督并协调做好工程管理;参与工程交竣工验收;协助指导各市(地)工程监理工作;负责对省优质工程的评选、检测和复查工作。

黑龙江省公路工程造价管理总站前身为1988年组建的省公路定额站,1996年更名为省公路工程造价管理总站,主要承担全省所有省级以上审批的公路建设项目投资估算、初步设计概算、施工图预算的造价审查核定工作,负责省重点公路建设项目工程招标控制价的审查工作,发布材料价格信息,测查编制补充"四新"定额和养护定额等计价依据,组织和管理全省工程造价人员的执业培训和考试工作。

黑龙江省公路工程监理咨询公司成立于1994年,1997年从黑龙江省公路工程质量监督站分离,是黑龙江省交通运输厅直属单位中唯——家具有独立法人资格的国有企业,主要承担高等级公路、特殊独立大桥、特殊独立隧道、机电工程等公路工程监理业务和工程咨询业务。

三、"三年决战"战时管理模式

黑龙江省公路"三年决战"规模之大、任务之重、资金之多、时间之紧,在龙江公路建设史上前所未有。面对艰巨任务,省委、省政府召开全省加快公路建设工作会议,主要领导亲自动员部署。省政府成立由分管副省长为组长,中直、省直33个部门单位为成员的公路建设领导小组。领导小组办公室设在省交通运输厅,负责具体组织协调和推进落实。全省各市(地)、县政府也都成立了由主要领导挂帅的公路建设领导小组,积极落实市、县任务。为适应"三年决战"的需要,黑龙江省交通厅从黑龙江省公路建设"三年决战"的实际情况出发,厅领导组成两套班子,一套深入一线推进重点工程,一套在厅机关负责日常工作。以落实责任制为核心,整合了全系统的力量,打破部门间的界限,构建了厅重点工程建设领导小组为总指挥部,全面负责管理公路建设"三年决战"。实行总指挥、战区指挥、项目工程指挥三级首长负责制,明确指挥部机构和办事机构的职责权利,赋予各级指挥临时处置权。总指挥部下设报批、资金、技术、建设、附属工程五个专项工作推进组,各推进组整合几个部门的职能,组长和副组长均由正处级领导担任,实行"处长管处长"。

将省管 33 个重点项目指挥部,划分为东部、中部、西部三个"战区"进行管理,选派 3 名有经验、能力强的处级干部任"战区"指挥,设计、质监、造价、财务等部门人员进驻"战区"现场办公,强化一线服务,形成了责任明晰、运转高效的指挥管理体系,最大限度减少了工作层次,提高了工作效能,为"三年决战"顺利实施提供了坚强的组织保证。

33 个项目指挥部是项目的建设法人,直接负责公路工程建设的组织领导,确保工程建设的顺利进行。指挥部根据工程建设需要,下设工程部、质量监督部、计划部、财务部、协调部、安全部、办公室、后勤部。指挥部各部门负责对全线工程进行组织、指导、监督、检查、协调、服务。33 个项目指挥部根据省交通厅的授权履行项目法人的职责,承担工程项目管理总控职能,及时解决建设过程中出现的重大问题。上述职能概括为:"三总控",工程安全质量、进度和投资总控;"十六管",计划管理、技术管理、设计管理、合同管理、监理管理、征地拆迁管理、业主供材管理、项目开工及交(竣)工验收管理、安全管理、信息管理、范围管理、风险管理、招标管理、沟通管理、咨询管理和宣传管理;"三协调",协调项目与工程建设行政主管部门的关系,协调项目与地方的关系,协调参建单位间的关系。为保证指挥部议事行为民主化、规范化、科学化,进一步规范权力运行程序,严格议事制度,实现"资金安全、工程优质、干部廉洁"的目标,省交通厅依据《黑龙江省交通厅重大决策规则》,制定了《指挥部指挥办公会议议事规则》,在强化管理的同时加强了科学化管理,确保了公路建设"三年决战"的顺利运行。

全省各级交通部门、厅机关各处(室、办)、厅直各单位主动找准位置,自觉服从和服务于"三年决战",全系统形成了一个责任明晰、运转高效的指挥管理体系,为各项措施的落实提供了有力保障。各市(地)、县(市)及农垦、森工系统交通部门也都围绕强化工程建设管理,层层实行责任制,为抓好工程建设提供了可靠的组织保障。

通过建立总指挥部,三个战区指挥部、33 个项目指挥部垂直管理的"战时"体制,高度强化和集中了指挥,充分体现了公路建设"三年决战"龙江模式的管理特色。

四、后"三年决战"时期转型转段模式

"三年决战"决胜后,黑龙江省交通运输系统开始"转型、转段",全省高等级公路及旅游公路的建设管理任务全部下放,由省高速公路建设局承担。在具体管理过程中,省高速公路建设局突出人本思想,施行层级管理思路,实现指挥部机构、监理人员、试验室层级全面精简。进一步加强对指挥部、协调推进组的人员选调、项目招投标、质量、进度、安全、资金支付、验收、决算等方面的规范管理和主动服务,尤其是加强对地方监管项目的管理和服务,明确省高建局和建设指挥部的职责,建立建设管理定期汇报、检查机制,实现监管和服务常态化,为今后地方投资公路建设项目的实施构建了新的建设模式。工程建设取得显著成果,得到了各级管理部门和地方政府的认可和好评。

2013—2015 年,省高速公路建设局管理项目共 23 项,概算投资 319.56 亿元,其中交工项目 11 项,概算投资 138.96 亿元,其中直管项目 8 项,概算投资 63.64 亿元,分别是乌苏大桥引道延长线(黑瞎子岛内主干道)、前哨农场至抚远(黑瞎子岛)高速公路、嫩泰高速公路齐齐哈尔至嫩江段(嫩江互通)、伊牡公路海林至牡丹江段、省道联兴至阿城公路克山至拜泉段、国道三莫公路双峰至亚布力段、嫩泰高速公路街基至省界段及齐杜路互通项目、密山至兴凯湖高速公路;其中监管项目 3 项,概算投资 75.32 亿元,分别是绥满高速公路东宁口岸连接线、建抚高速公路建三江至前哨段、省道海林至亚布力公路海林至长汀段。

第二节 高速公路建设管理与实施

纵观黑龙江高速公路建设的发展历程,"三年决战"无疑是气势恢宏的发展转折,它使公路建设规模和里程实现了历史性突破,构建了横贯东西、纵穿南北、覆盖全省、连接周边的现代化公路网络。项目投资相当于新中国成立以来全省公路建设投资总和。三年期间,全省交通运输系统发扬优秀管理经验,超常规推进项目建设,大规模集中人力、物力、财力,交付了满意的交通产品,打造了龙江交通精神,凝聚了公路建设一线干部职工的辛劳和智慧。

因"三年决战"具有特殊代表性,本节将以"三年决战"为例,阐述黑龙江省高速公路建设实施与管理的具体举措。

一、项目报批

在工程前期的项目报批上,初期有 28 个重点工程项目同步推进前期报批工作,交叉的工作内容很多,协调落实任务量很大。在实际工作中,省交通厅深入落实了"统筹摆

布"的工作要求,通过整合人力资源、优化工作流程,不仅避免了"打乱仗"局面,而且充分发挥了前期报批组的整体战斗力。"三年决战"期间28个推进前期报批的公路重点项目,共计完成1643个环节的报批任务,组织近百家相关单位,取得发改委、交通、财政、国土、环保、开行、水利、农业、林业、文物等10个国家部委、45个司局、近百个处室以及省直单位各类批复文件350多份;成功组织地质灾害评估、用地初审、环评报告评估、工可评估、水保评估、初设评估、林业用地初审、草原用地初审、用地组卷审查、施工图初审、招标初审等10余个方面专家评审会议400多次,完成各类文件评审近百件次;组织各市(地)、县(市)召开协调会议50多次,圆满完成了前期各个方面的协调推进任务。无论是工作总量还是推进速度,黑龙江省公路建设"三年决战"前期报批工作都创造了全省乃至全国的新纪录。

  工程前期的项目报批工作能够取得如此优异的成果,主要得益于以下举措。一是建立高效的组织领导机构。省政府成立全省公路建设领导小组,统一负责公路建设"三年决战"的组织领导,厅成立重点工程领导小组,下设前期报批组,统一安排28个重点建设项目的前期报批。为提高工作效能,前期报批组根据实际需要,进一步细分报批组成员单位工作目标。项目报批工作由厅综合规划处和建设管理处联合办公,在省公路建设领导小组的领导和支持下,带领各工程建设指挥部全力推进落实,形成了垂直高效、组织严密的前期报批战时工作体制,为加快前期报批提供了重要组织保障。二是筑牢加快报批的思想基础。在"三年决战"各项工作中,前期工作最先启动。面对纷繁复杂的工作任务,前期报批组先后多次召开工作推进会议,分析形势,研究政策,部署落实相关工作。特别是2008年二、三季度召开的6次推进会议,通过反复分析当前工作形势和国家政策,充分强调前期报批工作在争取和落实中央资金方面的保障作用,进一步强化了加快推进前期报批工作的责任感和紧迫感,打破了习惯思维的束缚,形成了大跨越、超常规推进前期报批工作的良好氛围,为最短时间内完成前期报批工作任务奠定了牢固的思想基础。三是科学统筹安排前期报批环节。为避免项目同步推进前期报批形成"打乱仗"的不利局面,前期报批组按照国家基本建设程序梳理绘制了"公路建设'三年决战'前期报批流程图",进一步明确了省直各单位、厅各工作部门、市县政府以及项目法人前期报批的工作责任分工,把每一个前期工作项目的进度安排细化到每个阶段和每个关键节点,按照最终目标,倒排进度,逐年、逐月、逐周提出工作计划,以周保月、以月保年,确保按期完成各项前期工作任务。在此基础上,统筹排出了28个项目共1643个报批环节的工作序列,同一审批主体的文件争取同时上报,同一时间段的工作争取一并处理,极大地提高了工作效率,节省了大量时间和精力。四是从严掌控前期要件质量深度。前期工作深度是影响项目审批和实施的重要因素,只有按程序把基础工作做深、做细、做实,才能加快审批进度,才能争取到更多的资金支持,才能全面实现"三年决战"预期目标。在实际工作中,严格要求设计单位按照国家规定内容编制相关报告,做到资料齐全、数据可靠、内容完整、论证充分。

二、勘察设计

按照交通运输部规定,"平原区高速公路,设计周期不少于24个月,山岭区高速公路和特大桥不少于36个月"。然而,"三年决战"3042km高速公路留给设计的时间仅仅一年。厅设计院组织500名勘察设计专业人员、1000名地形测绘、地质勘探、旧路旧桥检测工作人员,超常规开展勘察设计工作。2008年4月至2009年4月,累计完成地形图测绘4050km^2,地质钻孔8230个,总进尺21万延米,物探排列16763m,土工试验55360个,旧桥检测608座,旧路检测2000km。同时完成比较方案设计1614km、辅道设计1523km,出版图纸270万张,于2009年4月20日各项目开工之前,完成了全部3042km的勘察设计任务。工程前期勘察设计工作,主要采取了下列措施推进。一是建立了严密的奖励与惩罚机制,激发潜能;采取责任到人、进度到日为主要内容的约束机制,明确责任;实行以分片区管理、现场管理、动态管理、跟踪管理为主要内容的协调管理机制,环环相扣;各专业横向联动,生产、协调、管理、审核无缝连接;工程可行性、初步设计同步开展交叉进行,既保证工程可行性研究深度,又争取了初步设计的完成时间,整体推进;同时聘请十几位代部审查的国内知名专家坐镇把关,把问题解决在前面,缩短审查周期,严控质量。二是自研发的桥梁下部综合计算程序、桥位设计计算系统、涵洞工厂等设计软件,引进的一系列最新设计软件,集中绘制的全省桥梁上部标准图,在生产中得到了很好应用,减少了重复性工作;在伊绥、横二、绥满等山岭区高速公路项目上,采用航空地形图测绘,创建三维数字化地面模型,利用国际先进的路线设计软件,进行三维动态路线方案比选,保证线位的合理性和经济性;全面应用全球卫星定位系统进行路线测量;应用地质雷达及自行研制的小型人工钻具探明多年冻土;通过计算机模拟水文分析,确定特大桥梁的长度。三是针对寒冷地区公路建设难题,将20多项重点科研成果同步应用于设计中。为解决岛状冻土的世界性难题,使用冻土桥梁6000m;为增强寒冷地区路面耐久性,采用了沥青玛蹄脂、抗车辙等新型路面结构;为了解决质量通病,在1014座桥梁的设计上,采取复合地基预防桥头跳车;为增加新旧路面之间的连接,防止水泥混凝土旧路上加铺路面出现反射裂缝,在240km的路面结构中设置了应力吸收层;为解决寒冷地区桥梁施工周期短的技术难题,建设了2座美国装配式波纹钢板桥;为解决东北环隧道冻胀病害,采用了隧道低温排水技术。这些技术的应用破解了黑龙江省公路建设的技术难题,保证了设计的先进性。四是勘察设计人员发扬龙江交通精神,敢于决战决胜,勇于乐业敬业也成为了决战决胜的重要推动力量。在巨大挑战面前,全院上下承起压力,冒严寒,斗酷暑,攀山越岭,穿河过涧,风餐露宿,奋战在广袤的龙江大地上。一天完成以往两到三天的工作量,一年365天,只休了大年三十和初一两天。设计任务按照"一天一部署,一天一进度,一天一成效"的设计要求,各项目勘察设计倒排工期,把项目的设计要求、设计时间、设计标准、设计任务、设计质量、设计理念量化到每个人,制成任务分解表,扎实有序、精细有效地推进设计进程。推进领导小组对照已经明确的可研、初设、施工图完成时间、项目前期相关程序和手续,一一对照推进,强化跟踪督办。

黑龙江省公路建设"三年决战",由于在工程前期的勘察设计和项目报批工作上领先一步,不但争取了全局的主动,而且在中央资金争取方面抢占了有利位置。"三年决战"期间总投资1100亿元,原计划争取中央资金192亿元,实际落实290亿元,这为项目建设提供了有力的资金保障。

三、征地拆迁

征地拆迁,是公路建设开工前难度最大、矛盾最多的"老大难"问题,上至市县政府和各方面企业,下至广大老百姓,涉及方方面面的经济利益。省交通厅总指挥部抓住主要矛盾,争取到的"三年决战"最重要的优惠政策就是最大限度落实了地方征地拆迁主体责任。重点工程需占地1.69万hm^2,采伐林木2990hm^2,拆迁房屋19.6万m^2,迁坟1.6万多座,迁移电力铁塔1005座,线杆1.03万座,光缆5043km。面对巨大的征地拆迁量创造性实施了"双业主制",即省厅作为重点工程建设责任主体,各级地方政府和农垦、森工作为征地拆迁责任主体,承担本行政区域内征地拆迁、提供土料场和税金即征即投任务,仅用4个月时间就基本完成了征地拆迁任务。一是各级党政领导亲自抓。省委、省政府主要和分管领导召开专题会议部署,省政府与各市(地)签订责任状,严格落实责任。省委对各市(地)经济责任目标考核的100分值中,公路建设征地拆迁占5%,由交通部门负责打分。全省13个市(地)、沿线44个县(市)党政领导亲临一线,召开市、县、乡、村长四级会议,与3.9万农户全面对接,采取财政投入、税费即征即投、土地置换、压缩行政支出等方式落实征地拆迁资金。二是相关单位合力攻坚。按照"谁的职责谁承担"的要求,国土、林业、畜牧等部门全力支持,急事急办、特事特办;财政、水务、环保、文物、建设、信访、公安等部门积极配合;中直的电力、电信、铁路利用行业垂直管理优势自上而下部署落实拆迁工作,铁塔、线杆、光缆迁移只收取材料成本费,对电量损失费、光缆割接费等取费予以减免;部队积极帮助推进国防军用光缆拆迁,并多方提供便利条件。三是沿线群众大力支持。在土地征用前召开村民代表大会,由村民集体讨论通过。征地拆迁补偿情况张榜公示,并以存折形式直接发放到农民手中。认真做好群众思想工作,保持社会稳定。四是坚持把抓好宣传工作作为硬任务,全方位开展舆论宣传,营造公路建设良好氛围。以公路建设沿线和施工现场为主阵地,设置6000余处宣传标语,在全社会叫响了"三年决战"。在中央和省级新闻媒体刊发各类报道1500多篇,全面宣传决战规划目标、重大意义、建设成果和先进事迹,公路建设得到了各方面的真心欢迎,全省支持公路建设的热情空前高涨,实现了由"要我修路"向"我要修路"的巨大转变。

2011年,对最后的134个老大难"碉堡",省交通运输厅下更大的气力切实解决好存在的这些问题,并提出解决这些问题的四条基本原则。首先,落实责任主体。按照"双业主制",紧紧依靠地方政府。县政府,县长是第一责任人;交通系统,市县交通局局长是第一责任人。其次,项目指挥必须负起第一责任人的责任。衡量一个指挥是否合格,是否优秀,征地拆迁任务完成得如何是重要标志。第三,厅直有关部门特别是战区指挥具有重大责任,要带头为指挥部解决难题。第四,厅主要领导和分管领导承包最大最集中的难题,并按照指挥部提出的时限按时完成任务。"四个一批"措施是,以市地交通局长为联络员,厅领导现场办公,当场解决一批问题,形成会议纪要;由战区指挥负责,厅直有关部门参加,限时办结一批;由厅建管处、重点工程推进组负责,根据施工进度制订方案,加快推进,督促战区和项目指挥部有序解决一批;项目指挥负责,自己办成一批。通过上述举措,134个老大难"碉堡"按期解决,为全年工程顺利开工创造了条件。

四、项目招投标

为解决省内企业不足问题,"三年决战"启动之初,黑龙江省交通厅组织5个工作组,到全国十几个省广泛宣传,鼓励并吸引十几家大型企业参与投标。组织召开大型施工监理企业座谈会,围绕推进公路建设"三年决战",充分听取大型监理、施工企业对龙江公路重点工程建设市场环境的评价、意见及建议,为吸引大企业参与决战破除地方保护壁垒、创造优惠条件。制定了《公路工程施工招标投标管理暂行办法》,全面规范招投标行为。坚持公开透明原则,成立招投标大厅,实施全过程电子监控、全过程封闭管理。省交通运输厅与省重点工程监督检查组共同成立省公路重点工程招标工作联合领导小组,建立"五级监督"模式,有效杜绝了人为因素干扰。"三年决战"所有工程项目的招投标均采取电脑随机抽选评标专家、当场抽取分值小球确定复合标价、"合理低价"法评标的方式,累计完成866个标段的招标工作,其中外省企业占70%;中铁、中交及中水集团等具有世界水准的"中字头"大型企业占50%。国内一流队伍第一次群集龙江,真正做到了"公开、公正、公平",并实现了招投标工作零投诉。

第三节　保 障 措 施

一、进度保障

公路建设"三年决战"最宝贵的是时间,由于黑龙江省特殊的气候条件,三年有效施工期仅540天,对于公路建设者而言,分分秒秒都是宝贵的。2009年4月末全省公路重点工程建设全面开工后,全省交通系统抢抓有效施工期,发扬不怕疲劳、连续作战的精神,以抓质量、抓安全、抓进度为核心,积极应对雨季对施工的不利影响,全面展开"2009夏季攻势",紧紧抓住夏季施工的黄金季节,最大限度地利用有效施工时间,以桥涵控制性工程、路基土方施工和交工项目路面施工为重点,集中全力打歼灭战。在实施过程中,全体参加决战的建设者,把施工现场当成"战场",采取一切手段,破除一切障碍,综合考虑天气、环境、物料、人机等因素,科学安排调度,加大建设投入,加密施工队伍,开展劳动竞赛,采取人海、机海战术,抢晴天,战雨天,昼夜奋战,全力以赴加快工作进度,确保工程质量,全力推进。通过2009年"夏季攻势",在公路建设"三年决战"的关键之年,取得了决定性胜利,得到了省委、省政府充分肯定和高度赞扬。截至2009年7月15日,全省公路重点工程所有开工项目累计完成投资170.8亿元,占概算投资总额23%;路基土石方工程完成8236万m^3,占总量的36%;特大桥、分离立交及互通、中小桥、涵洞工程混凝土分别完成总量的53%、31%、40%和38%;路面基层、面层分别完成总量的21%和12%;施工队伍、技术人员、设备进场率分别达到93%、93%和90%,土场落实82%。本年度累计完成投资66.2亿元,占年度计划投资28%。交工项目累计完成投资97.4亿元,占概算投资总额60%;路基土石方工程完成4203万m^3,占总量的83%;特大桥、分离立交及互通、中小桥、涵洞工程混凝土分别完成总量的98%、74%、99%、100%;路面基层、面层分别完成总量的81%和44%;本年度累计完成投资22.5亿元,占年度计划投资38%。其中,哈大路大修工程于7月全线交工通车。

2010年是全省公路水路交通工程量最大、投资最多的一年,是公路"三年决战"具有决定性意义的一年。全年全省公路水路交通计划总投资411.5亿元。公路重点工程项目35项4659km,年度投资287.7亿元。其中,交工和主体交工10项745km;续建20项3093km,新开工3项642km,争取开工2项179km。这些项目建成后,12个地级市全部通高速公路。省交通运输厅总指挥部在1月、3月和5月,分别召开推进会议,建立检查考核机制,完善和细化工作方案,要求抢抓机遇,一鼓作气,坚定不移地夺取决定性胜利。明确提出"夺取今年决定性胜利,是全体交通人的奋斗目标和不懈追求""一切为了决战决胜,公路建设大如天"。要有"泰山压顶不弯腰的底气,能承重顶住压力和越是困难越向前的大无畏勇气"。7月,省交通运输厅厅长高志杰在施工现场要求,当前要集中抓住有利天气,昼夜兼程,发扬"5+2、白+黑、吃三睡五干十六"的拼搏和奉献精神,夺取今年公路建设的决定性胜利。由于全年推进有力,施工组织高效运行,11月11~12日,省交通运输厅在召开2010年第7次全省公路重点工程推进会议上指出,2010年全面完成年度计划,成为黑龙江省历史上公路重点工程投资最多的一年,全省公路建设累计完成投资838亿元,占总投资的76%。各项工作进展顺利,标志着"三年决战"已经取得决定性胜利。特别值得指出的是,2010年全省二级公路建设超额完成年度目标,主体交工项目9项

713.31km,完成年度目标的162.9%;建设质量稳步提升,达到历史最好水平,项目交工验收合格率100%。各项指标检测一次合格率均达到97%,成为当年公路建设的一个"亮点"。

2011年是公路建设"三年决战"的收官之年、决胜之年,要完成1800km高速公路的建设任务,任务艰巨,时间紧迫,没有余地,没有退路。省交通运输厅总指挥部于2月23～25日召开公路重点工程建设第一次推进会暨施工组织方案评审会。利用三天时间,集中听取交工、续建和新开工项目汇报,集中对21个重点工程项目"作战计划"分析、评审,整理指挥部提出的176个问题,分析对接,提出解决措施,形成21套周密翔实的"作战方案"。2011年6月10日,厅党组召开2011年度公路重点工程第三次推进会议,以"最高作战会议"的形式对决战进程进行再部署、再安排,鼓励全体建设者向着决胜强力推进。要求全体建设管理人员要耐住性子、沉住心气、头脑不热、思路清晰、咬紧牙关、一鼓作气。着力在抓精细、抓环节、抓薄弱、抓闭合、抓稳定上下功夫,求实效。至9月底,全省交工高速公路项目13项,交工里程1818km。这些项目分别是:国家高速公路网绥芬河至满洲里高速公路绥芬河至牡丹江段、齐齐哈尔至甘南省界段、鹤岗至哈尔滨高速公路伊春至绥化段、鹤岗至大连高速公路七台河至鸡西段、杏山至复兴省界段、吉林至黑河高速公路北安至黑河段、哈尔滨至同江高速公路集贤至同江段、大庆至广州高速公路大庆至肇源省界段;地方高速公路网绥化至北安高速公路、依兰至七台河高速公路、建三江至鸡西高速公路建三江至虎林段、前锋农场至嫩江公路北安至五大连池景区段。省道加漠公路漠河机场至北极村段按一级公路设计,被称为"天然封闭高速公路",也是"北极高速"。交工富锦至绥滨松花江大桥长3478延米,是目前松花江上最长、单孔跨径最大的公路大桥。交工二级公路6项522km,分别是:省道依兰至饶河公路桦南双鸭山界至双鸭山段、省道哈尔滨至肇兴公路通河至汤原段、省道铁力至通榆公路尚志至五常段、省道加格达奇至黑河公路罕达气至黑河段、省道虎林至饶河公路五林洞至饶河段、省道方正至虎林公路林口段。交工农村公路4000km。此外,还交工"三年决战"规划外项目哈尔滨平房至拉林段一级公路51km,省道庆安至双峰公路亚布力至双峰段83km。这些项目在10月1日前后相继交工通车,标志着"三年决战"取得全面胜利。

三年来,公路建设强力推进,攻坚克难,完成了每年上千公里的高速公路和等级公路、上万公里的农村公路建设任务。创造了高纬度寒区公路建设的新速度。"三年决战"期间,46个重点项目全面开工,遍布全省,同一需求的人、机、料在同一时间段集中使用。由于黑龙江省特殊的气候条件,三年有效施工期仅540天,平均每天要完成2亿元的工作量,是以往的5倍。项目沿线地质条件复杂,经过岛状冻土、滑坡、沼泽湿地、煤矿采空区以及无砂石地区等,给施工带来巨大挑战。全省交通战线广大职工战胜了重重困难,所有项目全部按规划工期交工。累计完成路基土石方6.3亿m^3、桥涵混凝土580万m^3、路面

3.4亿 m²。重点工程建设各类桥梁2743座,全长230km,其中特大桥11座。高速公路新建服务区、收费站、加油站共326个,建设辅道1830km,建设分离立交桥、人行天桥、通道涵共1637座,大型互通区12座,完成两侧2541个平交道口封闭,实现3530km的联网收费。决战决胜,强力推进,创造了令人惊叹的交通工程,创造了令人瞩目的龙江速度。

二、队伍保障

队伍建设,是公路建设"三年决战"的基础。三年来,省交通运输厅在广大参战人员的管理上,突出抓好人才、廉政、培训和思想几个方面的建设,打造了一支招之能来、战之能胜、富有战斗力和奉献精神的公路建设队伍,这是取得公路建设"三年决战"最重要的保障。

(一)领导班子建设

1."五型"领导班子建设

2008年公路建设"三年决战"之初,省交通厅领导明确提出要建设五种类型的领导班子。一是建设学习型领导班子。要狠抓政策法规和业务知识学习,用灌输的办法,提高各级领导班子实践科学发展观,推动黑龙江交通加快发展的能力,打牢思想理论基础。二是建设创新型领导班子。要切实加强调查研究,结合实际深入思考,认识事物要有新理念,解决问题要有新思路,落实工作要有新举措,各项工作要有新成效。三是建设实干型领导班子。要坚决贯彻省委"在发展中看干部、用干部"的指示,优先安排使用想干事、能干事、干实事、干成事,尤其是既任劳又任怨的干部,树立和坚持正确的用人导向。四是建设和谐型领导班子。各级领导班子要始终坚持民主集中制原则,调动班子每一个成员的积极性,发挥班子的整体合力,重大决策要通过集体讨论决定。主要负责人要有凝聚人心、团结力量、化解矛盾的能力,善于小中见大,见微知著,防患于未然,切实维护安定团结的良好局面。五是建设廉洁型领导班子。每名班子成员在各种考验和诱惑面前,要不迷眼、不动心、不伸手,始终站稳脚跟,保持浩然正气,始终保持和维护班子的良好形象。

2.能力和作风建设

三年公路建设决战决胜,省交通厅清醒地认识到,要靠省委、省政府的领导,要靠各个部门的支持和配合,而最重要的是要靠自身较强的能力和良好的作风,一定要把加强领导干部的能力和作风建设摆在更加突出的位置,这是实现决战决胜最重要的保证。

(1)能力建设

在提高五个能力上下功夫,进一步提升领导干部综合素质,切实转变领导干部作风。一是提升驾驭全局的能力。要不断提高谋划全局、服务全局、统筹全局的能力,通过谋全局来谋一域。二是提高科学发展的能力。要在决策过程中深刻理解和领会科学发展观的要求和内涵,增强科学发展的意识,实施科学决策。三是提高开拓创新的能力。敢于突破思想障碍、体制障碍、机制障碍;敢于超越前人,超越过去;敢于突破旧格局,闯出新路子,打开新局面。四是提高执行落实的能力。要有一种坚韧不拔、咬定目标不放松、锲而不舍抓到底的精神,务求其成。要善于探索,研究新情况,探索新办法,解决新问题,使执行更有质量,更富有实效。五是提高沟通协调的能力。核心是增强沟通协调的主动性和自觉性,关键是提高沟通协调的有效性,特别是对一些影响全局、影响决战决胜、影响稳定的工作要早沟通,早协调。

各工程项目建设指挥部领导必须做到"八能",确保完成公路建设"三年决战"任务。一是能承重。要不怕压力,在任何压力面前不低头、不退缩、不动摇、不让步。二是能克难。要有不断解决难题的能力,善于找到解决难题的办法。三是能创造。过去没有的,别人没干过的,相应的规范尚没有明确的,要根据当地实际,找到新途径,拿出新方法。四是能预见。要审时度势,科学判断形势变化,善于发现可能出现的问题和已经出现的苗头性问题,见微知著,小中见大。五是能协调。在一定条件下,协调决定一切。六是能管理。核心是抓规范、抓标准、抓精细。七是能用人。要唯才是举,用人最重要的不是数量是质量,要发现人才,推荐人才,用好人才。八是能总结。一条好的经验要总结,一个阶段要总结,发现了问题更要总结,要形成一种善于总结的工作风格,通过不断总结经验教训来提高工作水平。

(2)作风建设

必须克服忽视班子建设、忽视自身建设的各种倾向,必须下决心解决少数领导干部在作风上存在的10个突出问题,即:不和谐、不严格、不规范、不学习、不创新、不碰硬、不开放、不落实、不敏感、不勤奋。强调作风是形象,作风是战斗力,是实现决战决胜最重要的保证,必须从5个方面抓好领导干部的作风培养,更好地推进各项工作。一要刻苦学习。要做到思路宽、眼界宽、胸襟宽,重要途径在于学习。只有学习才能更新知识,优化知识结构,丰富知识储备,不断提高能力,适应"三年决战"的新要求。二要勇创一流。要始终保持一种奋发向上的朝气,奋发有为的锐气,奋勇争先的志气,以干事业、干大事业的气势,进一步提升标准,敢和强的比,敢向高的攀,敢同快的赛,追求卓越。三要求真务实。要明实情、讲实话、办实事、求实效,坚持科学发展,尊重客观规律,善于创新创造,干出实实在在的业绩。四要尊重基层、服务基层。从基层中来,到基层中去,向基层学习,尊重基层的首创经验,从中汲取智慧和力量;面向基层,服务基层,帮助他们解决实际困难。

(3)廉政监督

"三年决战"以来,省委、省政府和省纪委始终高度重视公路建设领域的党风廉政工作,省重点工程监督检查组始终围绕"三年之内不出事,三年之后不怕查"的要求,坚持监督和服务并重,积极与沿线政府对接,帮助指挥部协调解决实际问题,与交通运输厅党组共同建立并形成一套围绕工程抓廉政的工作体系。厅党组始终把工程建设与廉政建设同步考虑、同步运作、同步实施,做到了两手抓、两不误、两促进、两创优。每年年初都组织召开重点工程建设廉政工作座谈会,针对"三年决战"项目建设集中、资金流量大、各指挥部相对分散的实际,创新思路,制定出台了《资金拨付管理办法》《设计变更管理办法》等适应战时体制的一系列规章制度,成立5个纪检监督组,深入一线巡回监督检查。各级检察机关在项目建设指挥部设立预防职务犯罪办公室,共同开展教育、监督和预防。大力推行"一状五制"党建机制,发挥基层党组织监督职能,将支部建在标段上,把党风廉政建设目标任务分解落实到总指挥部、各推进组、各战区、各指挥部、各标段等管理层面,建立了一套科学完善的战时廉政工作体系。与此同时,厅党组坚持把选好人、用好人作为确保"工程优质、干部优秀"的关键因素,出台了《指挥部指挥选任办法》,实行指挥任前廉政谈话制和承诺制,建立了指挥部绩效考核机制和《指挥部指挥办公会议议事规则》,大力推动政务公开,坚持重大事项集体决策,有效避免了腐败问题的发生,经受住了党风廉政建设的考验。

(二)业务培训

1. 管理业务培训

2008年公路建设"三年决战"全面部署后,为了做好2009年重点工程全面开工的准备工作,进入冬闲季节以来,全省公路建设相关部门和单位认真贯彻落实省委、省政府领导对公路建设的重要批示精神,以及省交通厅做出的全面开工安排部署,抓紧今冬明春的有利时机,组织各类人员进行相关业务培训,全面做好各项开工准备工作。12月1~5日,省公路局组织全省134名站(段)长举办了岗位培训,探讨分析公路建设"三年决战"期间公路管理养护面临的形势和任务,研究解决存在的难点问题,进一步增强学习意识,提高建设管理业务能力和素质,并统一颁发了岗位培训证书,收到了预期效果。

在新成立的各级指挥部里,省公路重点工程建设项目鹤大高速公路建设指挥部,举办了项目前期工作程序流程知识讲座,针对人员新、业务素质急需提高的实际情况,利用多媒体向指挥部人员讲解工程前期主要工作流程,从公路立项、初步设计、行业审批意见、土地预审、林地征占、土地报批、土地组卷、工程招标等程序,分层次、分阶段、分流程进行了深入浅出讲解,使学员对高速公路建设流程认识得到了深化,体现了较强的工作指导性和操作性。

2009年底和2010年初,按照《全省公路重点工程2009年度冬季培训方案》的总体安排,省交通运输厅举办了2010年度工程管理人员培训班,组织了14个公路建设项目指挥部、198名工程技术人员接受素质培训,着力提高黑龙江省公路工程建设管理水平,培养高素质管理人才。为切实保证培训质量和效果,省交通运输厅聘请了水利部水利水电建设与管理总站、河北省质量监督站、黑龙江省安全生产管理协会和哈尔滨工业大学的专家、学者进行专题授课,就公路工程建设施工常见问题与控制、项目合同管理及有关安全分析、工程内业填写及档案归档、施工安全管理及有关法律、法规知识等组织了培训,以利于实际施工过程中把握好关键技术的应用,把握好关键方案的优选。培训过程中,省交通运输厅本着使参建人员整体素质与黑龙江省公路建设发展总体要求相适应的宗旨,结合公路建设"三年决战"要求,按需施教、注重实效,并采取了封闭式集中上课的方式,达到了"学习、交流、提高"的培训目的,为黑龙江省公路建设决战决胜提供了有力的技术支持。

2011年是公路建设"三年决战"的决胜之年,为了做好关键节点的培训工作,按照公路建设"三年决战"规划统一部署,省交通运输厅于冬春之际组织各项目建管人员开展冬季培训工作,为2011年公路建设"三年决战"夺取全面胜利奠定基础。组织这次培训的目的主要是提升各项目指挥部管理水平,提高各级管理、监理、施工人员技术创新能力,制定和总结出适应工程建设的管理方法、操作规程及标准化流程,培养出一批重点工程建设方面的专业化管理人员和技术团队,达到提高工程质量、提升试验检测水平、打造文明团队形象、加快工程建设效率的目标。同时要进一步强化各级管理人员和现场技术人员质量意识、安全意识、大局意识、决战意识,实现重点工程管理标准化、精细化、规范化。培训计划按公路建设管理和操作两个层次安排,分别利用冬闲时间在2~4月期间组织实施。厅领导高度重视这次培训工作,强调要突出实用性、专业性、指导性,解决最需要解决的问题,关注最关键的环节,规范最常规的流程,理清管理者思路,纠正习以为常的错误做法。厅领导就抓好培训工作落实提出了6项要求:一是实战为主,讲座为辅。要突出如何解决施工中遇到的问题,如何克服管理通病,怎样发挥好设备的优良使用性能等实际操作能力和应对问题的能力。二是座谈交流,集思广益。要通过座谈、交流等方式,总结梳理解决问题的最佳方式和办法,系统发掘重点工程建设管理的优点,总结建设中的不足,为进一步规范管理提供第一手资料。三是总结提高,完善制度。要更系统地总结完善重点工程建设管理成功经验和做法,指导工程建设各层次工作的实施。四是制定标准,宣贯推广。制定一些适合黑龙江省的工程技术标准和实施规范,具体指导工程施工管理。开工后通过实施进行推广应用。五是广泛培训,严格考核。培训要覆盖建设指挥部、监理单位、施工单位,包含各级管理层人员、各专业监理试验检测人员、各主要工种技术人员,要通过考试检验培训效果,将学习成效同信用评价和履约情况相结合,杜绝"走过场"现象。六是资格认证,严格准入。对参加第二阶段培训人员,要进行资质认证,考核合格后发资格证书,才能从事具体工作。要通过严格的准入制度改善人员结构素质,提高工作质量和效率。2月28日,为确保公路建设春季开工如期顺利进行,确保完成年度公路建设目标任务,确保坚决夺取决战全胜,由省交通运输厅组织,为期一周的全省公路重点工程建设冬季培训工作正式启动实施。培训主要是面向全省公路重点工程建设指挥部相关人员,围绕公路建设、管理、质量、安全、监理、财务管理等重点工作和重点环节进行相关业务授课与疑难问题讲解,目的是通过务实培训来提升各项目指挥部管理水平,提高施工现场各级管理、监理、施工人员的技术创新能力,制定和总结出适应工程建设的管理方法、操作规程及标准化流程,培养出一批重点工程建设方面的专业化管理人员和技术团队,达到提高工程质量、提升试验检测水平、打造文明团队形象、加快工程建设效率的目标。厅领导在开班仪式上作了动员讲话,代表厅党组就抓好培训工作提出了要求,特别强调要学有所成,把培训成果在工程建设中应用好:一是要注重向提高理性思维层次转化。要求大家在消化理解的同时,不仅要学习工程建设具体的管理、规范、技术、要求、标准等方面内容,而且还要学习如何找准问题、分析问题、解决问题,进一步提高能力水平的思维方法,概括出适应新任务、新形势、新要求的方法。二是要注重向理清工作思路转化。要求学员要对照本项目、本标段、本岗位的实际,对培训内容进行整理,找出需要加强、需要改进、需要提高的薄弱环节,切实形成自己抓工作的思路和措施,把握工作的主动权。三是要注重向提高实际工作能力转化。要结合岗位和工作实际,在切实学懂弄通的基础上,努力把成果转变成自己抓工作的方法,转化为实际工作的能力。

2. 专业技术培训

2008年12月5日,省公路学会举办了高等级公路建设技术培训班,邀请中交公路规划设计院和交通运输部公路科学研究院专家为学员授课,采取互动方式分别就"现代桥梁设计理念与技术创新"和"黑色路面前沿技术"专题讲解培训,对学员提出的问题进行了详细解答,受到了广泛欢迎和肯定。

2010年3月9~13日,为了适应省公路建设"三年决战"需要,提升公路工程品质,省交通运输厅与哈尔滨工业大学联合举办了两期公路施工关键技术与质量控制方法培训班,为即将全面展开的公路重点工程建设做好准备工作。为确保培训工作取得实效,厅科教部门与哈尔滨工业大学交通科学与工程学院共同确定培训方案,精心筛选讲座题目,选派该院知名专家学者就沥青路面施工常见问题与控制、改性沥青与SMA技术要求、路用碎石加工与质量控制方法、沥青与沥青混合料试验分析、水泥稳定碎石的配合比设计与性能试验、水泥混凝土路面滑模摊铺技术与质量控制、高性能水泥混凝土配合比设计与试验、路桥水泥混凝土常见病害与处理、桥梁施工关键技术与质量控制等题目做了专题讲座。省交通运输厅利用工程开工前的有利时机对工程急需专业技术开展培训,使参加培训的人员对公路施工关键技术和质量控制方法有了更深刻的理解和掌握。由于培训内容紧贴工程施工实际,各参建单位人员踊跃参加,管理、设计、施工、监理、科研单位技术人员共计381人参加了培训,取得了良好效果。

三年来,省交通运输厅有关部门和公路建设"三年决战"各级指挥部,也从公路建设施工的实际需要出发,有的放矢地开展了各类专业培训,积极推进公路建设"三年决战"各项任务的圆满完成。厅科教处启动了科技支撑三年公路建设专项培训计划,通过视频教育网络举办了全省交通系统"半刚性基层和沥青混凝土路面施工质量控制"专项技术讲座。省交通科学研究所杨福琪主讲了"黑龙江省沥青路面病害及施工质量控制"的课题内容,江苏交通科学研究院道路所所长于新在授课中,提出了能够有效提高半刚性基层的强度和抗裂性的抗裂型水稳基层新概念,提高了工程管理人员和技术人员的业务水平,为保证公路建设"三年决战"的工程质量提供可靠的支撑。省高建局根据年度全省公路重点工程项目全面开工实施方案的安排部署,在交通干校举办了省公路重点工程建设管理培训班。立足于提高参建单位工程技术人员的业务水平,推进加快公路建设任务的目标要求。培训涉及中小桥梁质量控制、公路质量通病控制、公路工程信息化和征地拆迁工作等内容,接受培训人员近100人,达到了预期目的和任务。为提高黑龙江省公路沥青混凝土路面质量,保证"三年决战"项目保质保量按期完成,省公路学会组织召开了省公路重点工程沥青混凝土路面设计方案研讨会,邀请省内外著名路面专家,结合黑龙江省公路重点工程项目特点,确定适合的路面结构。经与会专家咨询论证,对13个在建及拟建重点公路工程项目,基本确定了路面设计和建设方案,为黑龙江省公路建设"三年决战"项目顺利实施提供有力保障。省质监站举办监理人员业务培训班。该站根据公路建设"三年决战"要求,结合黑龙江省实际情况,陆续举办了监理人员业务培训班,由具有丰富实践经验和理论知识的东北林业大学教授集中授课,并对考试合格者发放了省监理员资质证书,有效提高了一线管理人员业务水平和监理人员业务素质。省交通干部学校与依七指挥部联合在施工现场举办了路基路面、桥梁施工技术培训班,由厅总工和东北林业大学教授为来自依七公路建设指挥部、各项目部经理部的管理人员、技术人员、监理人员等127人,就交通工程技术标准、工程技术工作所应注意的问题、公路监理程序等内容进行了专题讲解。这是省交通干校作为培训基地,积极适应"三年决战"需要,主动服务公路建设的创新办学、送培训上门的一次成功尝试,收效显著,受到了各方一致好评。北黑项目指挥部举办了石料生产技术培训班。该项目路面基层和面层石料用量大、规格多、要求高,石料对路面工程质量有很大影响。为确保项目所用石料的生产质量和产量,培训班邀请了哈尔滨工业大学冯德成教授和杨福祺教授讲课,讲解了料源和料场的选择、原材料生产规格、预计备料比例以及原材料质量控制等方面的知识,对沿线碎石厂家进行了碎石生产工艺、质量控制、级配对碎石强度的影响等相关知识的培训。大齐项目指挥部为加强项目内业资料管理,确保工程内业达到"规范化、标准化、统一化",使内业能够真正为施工生产服务,如实地反映工程建设情况,指挥部组织开展了内业培训工作,提高内业人员的思想认识和业务水平,通过培训在工作中做到了执行规范不走样,掌握标准不出错,熟悉图纸不漏项。

(三)农民工管理

2008年是公路建设"三年决战"的开局之年,省交通厅总指挥部为了加快工作进程,确保施工,采取了多项措施。在人员保障方面,由指挥部和监理共同审核中标单位进场关键人员资质是否达到招标文件要求,是否按投标文件配备;省厅工程建设推进组与指挥部成立考核小组,对项目经理、总工程师、监理人员采取考试和面试相结合的方式,严格把关;优先安排当地被征用土地农民作为农民工。

当地公路管养部门职工作为临时工,设立工资账户,由指挥部监管工资发放,鼓励参与建设工人积极性,避免生产力流失,加强岗前培训。

2009年4月9日,全省召开扩大内需项目哈尔滨农村劳务对接会。省交通运输厅党组成员、省公路局局长朱金玉代表承办单位讲话。此次对接会由省交通运输厅、省农委等单位共同举办,目的是在全省各地新上拉动内需的项目即将开工之际,组织农村劳动力与交通、建设等基础设施和民生工程大项目对接,推进农村劳动力向基础性大项目建设转移,再掀农村劳动力转移新高潮。全省37个项目在2009年将提供用工岗位27890个,涉及力工、木工、电焊工、钢筋工、模板工、司机等10余个工种。为加快项目建设进程,保证充足的劳动力资源,更好地为施工企业服务,此次大齐扩建指挥部参会,与农民工进行面对面洽谈、签约,当天共有300多人咨询。有130多名农民工与大齐扩建项目达成初步用工意向。此后,各项目指挥部按照用人要求提前落实人员,通过各种方式先后雇用农民工30万人。

全线的农民工来自全国各地,流动性大、成分比较复杂。他们作为龙江"三年决战"战役中的一支"多国部队"、中坚力量,在决战攻坚的战场上功不可没。指挥部坚持"以人为本"的管理理念,在做到平等对待、规范管理、关心爱护、保障权益的同时,还主动开展农民工培训活动,既提高了农民工的施工技能,保证了生产安全和工程质量,又给农民工提高了修路技术和水平,增强了市场就业的竞争力。

北黑高速公路开办农民工学堂,在第一线把好质量关。在培训中,为了不影响工程进度,同时确保培训质量,北黑指挥部采取见缝插针的学习办法,采用分小班上课、送教上工地,利用晚上空闲或下雨天组织农民工进行技能培训和职业教育。培训将改变过去"一锅烩"的方式,制订年度培训计划,进行实用技术分类培训,为农民工购买工具书和配套教材,让更多的农民工掌握钢筋加工焊接、路基封层、模板安装、混凝土振捣、施工安全等基础知识和操作要点,同时进一步突出培训的针对性和实用性,围绕质量通病等薄弱环节和安全生产中的突出问题,开展重点培训,在提高农民工各项技能和综合素质的同时,减少工程施工安全风险和质量问题。3年共举办培训班10余期,培训对象为砌筑工、混凝土工、钢筋工、模板工等农民工骨干,培训人数达100人次。通过在全线推广实施"农民工学堂"活动,切实提高了一线施工人员的职业技能,打造出知识型的农民工队伍,真正筑牢了质量控制的第一道防线。

绥牡高速公路项目龙建六公司与民工联队亲如一家,在施工中项目部对农民工关爱有加。每年开工进场时,他们都与民工联队签订好劳务合同,并先后拿出20多万元,为农民工办理意外伤害险和医疗保险。进场后首先对农民工进行技术交底和安全培训,同时针对农民工受教育程度普遍较低的特点,组织安全员经常到农民工的工棚对他们采取面对面讲解案例的办法,用活的现实进行深入浅出的安全教育。

G111指挥部加强农民工培训,规范用工程序。针对绝大多数农民工外出打工,普遍存在被雇佣思想,认为有活干、尽力干、多挣钱就心满意足了,缺少上进心、荣誉感,各项目部在日常管理中,对表现突出、有潜质的农民工大胆使用,选拔到各技术管理岗位任职,使他们在行动上积极肯干,在感情上热爱齐嫩高速公路。龙建四公司承建的KB2合同段项目部面对农民工多、语言杂、管理困难等现状,挑选了几名素质较好的农民工参与管理,收到事半功倍的效果。指挥部不定期对各施工单位民工队伍的劳务合同、工资发放等情况进行检查,针对检查情况提出了"三必须"的原则,对没有签订劳务合同的农民工必须及时补签,对农民工工资没有及时发放的责令民工联队负责人必须在限定日期内足额发放到位,对农民工生活环境、饮食卫生较差的必须进行整改。

三、设备保障

在施工设备保障方面,专门成立了材料设备组,负责材料选购储备、设备管理业务。为了保证路面工程质量和进度,保证工作计划,保障材料物资,提前进行各种施工设备调查。通过细致的工作,摸清了保证路面工程质量和进度的关键是拌和站的生产能力和摊铺机摊铺质量和速度,路面工程需要2台铣刨机、3套3000型沥青混凝土拌和站、13台沥青混凝土摊铺机。桥梁工程控制工期的关键是钻孔桩的施工,为加快钻孔桩施工进度,全线需配备6台旋挖钻机、18台回旋钻机、15辆混凝土罐车。路基工程主要是大型压实设备和运输车辆,全线需配备78台大型压路机、42台大型推土机、300辆自卸汽车。对施工需求的上述设备,材料设备组询价比质,货比三家后确定料源,指挥部派专人开展此项工作,提前做好了物资设备储备。2009年8月,齐泰项目引入先进设备确保桥面铺装质量。齐泰项目为解决桥梁水泥混凝土铺装层与箱梁顶板及沥青混凝土面层的层间黏结难题,经多方考察和研究论证,引进气动凿毛机对桥面水泥混凝土铺装层进行凿毛。该型气动凿毛机具有小巧灵活、操作方便的特点,与以往人工凿毛、风镐凿毛等传统施工方法比较,在水泥混凝土铺装层表面粗糙度、凿毛深度、覆盖面积等能够得到有效保证,同时施工效率提高5倍以上。2009年11月,富绥大桥建设项目受当年汛期洪水影响,年度计划滞后。为确保富绥大桥建设项目合龙目标实现,指挥部投入主要设备驳船推(拖)船8艘、旋挖钻机3合、搅拌站4套、搅拌机等设施100余套、锅炉6台、设置保温储水池4个、热风炉等其他加温设备56台,搭建保温大棚9个,添置保温物资棉帐篷和棉被、棉苫布22100m^2。截至2011年5月10日,三年公路建设路面施工需要的主要设备1529台套,已落实计划的99%。三年来,各指挥部结合项目实际情况,提前向材料设备组申报大型设备统购计划,由材料设备组统一协调安排,统一招标采购大型筑路设备、特种机械设备,有力地保障了施工进度。

四、材料保障

在省交通运输厅总指挥部材料设备组和各项目指挥部精心安排下,三年公路建设的材料采购储备和公路备料工作每年都是提前部署,提前到位,为开工做好充分准备。2008年,省交通厅材料采购小组根据2009年重点工程建设对施工材料的需求,组织5个省公路重点工程监督组及指挥部共同考察大宗材料生产厂家。重点对沥青的储存及改性沥青加工生产厂家进行考察。同时对水泥钢材的采购打破以往通过经销商供应的做法,钢材直接采购市场信誉好、质量与产量都能有保证的伊春西林钢铁集团公司及双鸭山建龙钢铁有限公司;高强度等级水泥指定省内五家大型水泥生产厂家生产。至2008年底,2009年需求量为20万t的沥青,采购了15万t,其余部分在2009年5月份储存完毕;钢材需求量为30万t,签订供货合同24万t;高强度等级水泥需求量76万t,签订供货合同46万t。其他材料物资各项目指挥部则根据施工计划分项落实。大规模的交通公路工程材料采购,有力地保证了公路建设的需要。各项目指挥部也把备料工作作为完成工程项目的重要环节抓紧落实。农垦宝泉岭分局2009年列入省农村公路改造计划项目53个,建设里程290.2km,全部项目于2008年2月16日完成招标工作。根据分局农村公路办的统一部署,非上市农场第一批完成招标的22个项目,于2008年底开展了冬季备料工作。截至2009年3月,宝泉岭分局第一批建设项目备料工作中,中砂进场3.1万m^3,完成计划的72%;沙砾进场9.6万m^3,完成计划的75%;碎石进场7.8万m^3,完成计划的80%;水泥签订了采购合同,所有建设项目的原材料采备工作于2009年4月30日前全部完成。伊绥公路项目沿线冬季备料从2009年2月15日~4月15日的两个月的时间完成钢材、碎石、中粗砂、沥青等材料计划用量的60%的储备。截至2009年3月,省农垦北安分局2009年农村公路建设项目备料工作完成碎石进场105206m^3,完成计划的65.32%;沙砾进场199251m^3,完成计划的79.24%;中粗砂进场68680m^3,完成计划的74.13%。农垦红兴隆管理局2009年农村公路冬季备料工作进行了全面部署,截至2009年3月5日,宝山农场完成中粗砂、沙砾100%进场。2009年3月,鹤大公路项目指挥部大宗材料及时到位。G111指挥部空心板预制在冬季里正式生产,此项空心板梁浇筑的技术含量之高、工艺要求之精、生产规模之大、浇灌方式之难,在我国北方寒区极为少见。为切实攻破低温难题,指挥部采取了骨料加热、水加热、覆盖蓄热养护等特殊的冬季施工技术措施。同时,KB7合同段预制场先后投入混凝土运输车、洗石机、蒸汽锅炉、电焊机、龙门吊等机械设备,并配有20名现场管理人员和120名工人,确保了空心板梁浇筑工程在异常艰难的情况下顺利开工,为施工需求和进度提供了保障。为了保证施工的用土来源,G111线指挥部与沿线齐齐哈尔市、富裕县、讷河市、农垦九三分局、嫩江县交通、土地、林业、畜牧等部门进行了对接,共同调查土场。本着"保护环境、少占耕地、缩短运距、就近取土、综合利用、互利双赢"的原则,有效破解了取土场落实难的问题,全线41个取土场全部落实。

2010年,为了全面做好冬季备料工作,确保2010年公路建设顺利启动实施,省交通运输厅物料采购领导小组在2009年底按照冬季备料工作的总体部署要求,结合各项目总体控制工期和2010年年度施工生产任务,组织各重点工程建设指挥部采取积极措施,全面开展冬季备料工作。根据工程进度计划安排,全省各重点工程项目预计材料用量为:沥青28.8万t,钢材17.4万t,水泥258.4万t,碎石2005万m^3,沙砾2252万m^3,计划冬季各种材料计划储备量均占全年用量的50%以上。为实现安全责任零事故、材料检测指标合格率100%、备料数量完成100%的冬季备料工作目标,面对材料成本增加,价格上涨,2011年施工后期路面材料供应紧张,存储能力不足,大部分地区气候寒冷、冬季备料效率低下等困难,采取6项措施,全面加强冬季备料工作组织领导,确保顺利推进。2009年11月,在齐嫩高速公路讷河至嫩江段,沥青路面用的碎石备料全面展开,所有施工合同段按照"提前部署、提前安排、提前备料"的思路,早在10月份就与各料场签订了冬季供料合同,抓住冬季材料价格回落的有利时机进行反季节采购。入冬以来,他们严格按照省交通运输厅、推进组和省高速公路建设局关于冬季备料的各项要求,"变冬闲为冬忙,变冬慢为冬抢",确保全省公路建设力度不减,做到"高标准、高质量、高要求、高速度"为"三年决战"的决胜之年顺利开工奠定基础。北黑公路项目指挥部为确保优质高效地完成冬季备料工作,精心组织,超前谋划,采取了一系列有效措施。首先,严把进度控制关。在2009年7月份提前对沿线各砂石料场的储量、生产能力和质量情况进行了详细的调查。针对碎石料源稀缺的情况,指挥部在黑河、北安电视台发布了碎石用量的广告,调动了地方筹建新石场的积极性,最终遴选确定了8家石场作为北黑项目施工碎石生产厂家,保证了石料供应,并有效降低了工程造价。指挥部有关人员还深入各石场实地踏勘,落实供料计划,保证冬季备料按计划实施。其次,严把组织实施关。制定下发了《冬季备料管理办法》《冬季备料检查验收制度》《冬季备料试验检测管理办法》等相关文件制度,明确了冬季备料的数量、进度、质量控制程序、试验检测频率等。伊绥公路项目指挥部鉴于沿线石场产量不足、价格偏高的现状,鼓励施工标段通过购买矿资源和采矿设备自己开办石场加工石料。指挥部协调部分具备办石场条件的施工标段及相关政府主管部门,先后投入资金3000余万元新开了5处石场。2009年底新开的石场已全部投产,日均产量1万多立方米,保证了施工需要。为确保打赢 2010 年的高速公路建设决战,绥北项目指挥部成立了冬季备料领导小组,主要领导亲自挂帅,对全线范围内可利用的砂场、石场进行了全面的踏查。在检验材料质量的同时,协调各砂场、石场的生产能力与质量保证体系;在完成料场建设的同时,与经过权威部门检验合格的砂场、石场签订了供货合同。2010 年 1 月末,在砂石材料供应十分紧张的情况下,全线进场沙砾 1307.35 万 m^3、碎石 27.82 万 m^3,为绥北公路项目 2010 年决胜年建设打下了良好的基础。鹤大公路项目、建虎高速项目等指挥部,也都全力抓好 2010 年工程备料工作,保证了全年施工所需用料。

2011 年是三年公路建设决战之年,按照省交通运输厅的部署,重点工程推进组和各项目指挥部提早谋划物资准备。在龙嫩公路项目现场,冬季的寒冷没有挡住公路建设者备料热潮。全线 6 个标段的备料工作如火如荼地进行,上百辆大型运输车穿梭往来拉运沙石料,负责卸料码方的铲车、挖掘机也在来回倒运不停地忙碌着。截至 2011 年 1 月,完成基层碎石 $82316m^3$,占年计划量的 67%,沙砾 $554154m^3$,占年计划量的 60%,保证 2011 年施工所需碎石、沙砾、中砂等在施工会战开展前全部完成。绥牡公路项目提前完成 2011 年备料工作,指挥部采取了前瞻性应对措施。2010 年 8 月 5 日,绥牡指挥部召开项目备料工作会议,重点分析了当前原材料上涨且供应紧张的趋势,着重指出应对措施,确定备料工作分为三个方面:第一是抢抓地平材料储备。自 2010 年 8 月份开始采取"随出随进"的进料方式,力争年内完成所需地平材料的储备。第二是抢抓沥青材料储备。于 2010 年 11 月 30 日前完成所有基质沥青储备,2010 年 12 月 30 日前完成所有改性沥青储备。第三是紧密依托厅推进组、材料组。在 2010 年 4 月 30 日前完成钢材和水泥的储备。要求项目各备料单位均成立相应备料工作小组,做到机构健全,措施得当,责任明晰,落实到位。截至 2011 年 1 月,沙砾、碎石、机制砂等地平材料及沥青全部储备完毕,有效地化解了当前原材料上涨及供应紧张的局面,保证了 2011 年的施工生产能够正常进行。建虎高速公路项目指挥部为保证冬季备料工作,多次召开冬季备料会议,制定了冬季备料方案,明确岗位职责、备料计划、质量目标及安全生产目标,将各项任务层层分解落实到个人。做到"人人有事做,事事有人抓,事事有人管"。同时加强检查考评力度,确保各项目标任务落到实处。指挥部还采取定期检查和不定期检查相结合的办法,组织相关人员对备料进度、备料质量、安全生产等工作进行检查考核并将考核结果纳入月考核,直接与经济挂钩,促进备料各项工作科学有序开展。2011 年农历大年初八即开工,至 2 月 22 日,建虎高速完成中粗砂、沙砾 $56625m^3$,占备料计划的 56%;底基层碎石完成 $36096m^3$,占备料计划的 70%;基层碎石完成 $815725m^3$,占备料计划的 49%;面层碎石完成 $1334.74m^3$,占备料计划的 27%;机制砂完成 $18397m^3$,占备料计划的 10%。农垦齐齐哈尔分局通村公路抗严寒抓紧备料,2011 年农垦齐齐哈尔分局通村公路建设里程 145.9km,是分局有史以来公路建设任务最重、建设里程最长的一年。2011 年 2 月,农垦齐齐哈尔分局通村公路建设项目水泥预定储备8.1万t,是计划总量的100%;碎石完成50000m³,沙砾完成16200m³,占计划总量的70%;中砂完成131000m³,占计划总量的85%,超额完成了当前备料计划。由于厅重点工程推进组和各项目指挥部提早谋划冬季备料工作,至2011年5月,按要求达到了人、机、料同步,全年需要的45万t沥青已基本落实,已运到省内32万t,占总需求的71%;钢材已储备20.7万t,占总需求的75%;水泥已储备89.6万t,占总需求的74%;人员进场总人数达84800人,占计划的95%。路面施工需要的主要设备1529台套,已落实计划的99%,有力地保障了三年公路建设决战之年的物资需求。

黑龙江省三年公路建设决战,共使用沥青142万t、钢材124万t、水泥3040万t、碎石9900万m³,各类机械设备10万台套,雇用农民工30万人,各项需求得到强有力的保障。

五、资金保障

公路建设"三年决战"资金投入1100亿元,是黑龙江省历史上规模最大的工程投资。为了做好资金保障,省交通运输厅积极筹措资金,克服种种困难,全部落实了公路建设"三年决战"的1100亿元资金。其中:经努力争取国家补贴290亿元,省投资100亿元,地方投资239亿元,企业投资31亿元,省交通运输厅贷款440亿元。

(一)资金筹集

首先,在资金筹集过程中,黑龙江省抓住国家拉动内需的难得机遇,全面落实了项目贷款。邀请开发银行总行相关局领导4次来哈尔滨市,与省分行保持密切沟通,国家开发银行一次承诺8个项目212亿元贷款,对落实决战建设资金起到了决定性作用。2009年12月9日,中国进出口银行与省交通运输厅、鸡西市政府在哈尔滨举行《建鸡高速公路虎林至鸡西段建设项目贷款承诺协议》签约仪式,提供了该项目的第一笔贷款24亿元。此外,省交通运输厅还多次与中、工、建、中信等银行沟通,争取贷款支持。"三年决战"省交通运输厅筹集建设贷款467亿元,帮助地市落实四个高速公路项目贷款126亿元。同时,巩固大银行,开辟小银行,积极协调各商业银行"保存量、求增量",通过落实短贷解决了还贷资金和利息缺口,保证了决战需要。

其次,向国家积极申请燃油税返还增量,并将小拖养路费和农垦、油田养路费4.76亿元纳入返还基数;统一收费标准,规范计重收费,严格控制预算支出。通过增收节支,减少了还贷缺口,提高了贷款能力,巩固了省交通运输厅AA+信用等级。三年累计筹集还贷资金417亿元。虽然还贷缺口很大,但从未逾期还款,始终保持了良好信誉。

第三,紧紧依靠省委、省政府的领导和支持。省政府积极筹集资本金并出台相关支持政策,省领导亲自出面协调,得到了省直有关部门的大力支持,落实资金有了重要支撑。三年来,省直有关部门全力支持公路"三年决战",省财政克服资金紧张困难,筹集66亿元(重点项目49亿元、农村公路17亿元)投资公路建设;省政府办、财政、物价、地税、交通5个部门14个处室经20多次的沟通,通过开征交通建设费等解决资本金缺口27亿元。

第四,密切关注货币政策,认真研究,抢抓机遇,千方百计确保资金链安全。经济发展起起落落,正是黑龙江省在"落"的时候做了充分准备,才在"起"的时候赢得先机,才能抓住金融危机国家拉动内需的难得机遇,全面落实了项目贷款。即使当时市场资金严重不足,但项目贷款没有受到大的影响。这方面首先是超前运作,使公路建设"三年决战"赢得落实资金的先机。在"双紧"政策条件下,解决了近百亿元资本金缺口、300多亿元的授信额度不足和还款覆盖率过低等一系列难题。2010年以后国家实行从紧的货币政策,利率屡创金融危机以来新高,贷款成本不断增加,半年内6次上调存款准备金率,明令禁止银行发放搭桥贷款,致使银行已承诺贷款到位缓慢,省交通运输厅原有300亿元到期短贷偿还成了"无米之炊"。为建立金融信誉,化解近期还款压力,省交通运输厅密切关注国家货币政策,积极研究对策,千方百计确保资金链安全:一是以国家取消二级公路收费政策为契机,通过二级路债务重组将短贷变为长贷,解决近期还贷压力和债务风险;二是针对紧缩的信贷政策,及时调整对策,按照"抢前抓早,能放则放"的原则,提前储备项目贷款60多亿元,保证建设资金需求。

第五,科学测算,坚定了金融机构信心,奠定了落实资金的基础。经过分析,未来20年里,黑龙江省有年均18%的车辆增长速度、1200亿元的车辆通行费和1400亿元燃油税收入、成倍增长的国家财政和车购税补贴、"三年决战"500亿元贷款换来的1500多亿元的优质资产等。通过上述科学测算和分析论证,看到了黑龙江省公路事业发展的前景和优势,进一步坚定了银行的信心,从长期看公路贷款回报稳定,风险较低,得到银行的普遍认可。据此积极协调各商业银行"保存量、求增量",积极争取省内多家银行提供贷款支持,并与哈埠以外多家银行建立合作关系,且始终保持了良好信誉。

第六,科学运作,严细工作。公路建设"三年决战"设计的融资平台是既能满足当前需要,又考虑了今后10年还贷和发展需要的融资架构,涉及的上千个数据要无一差错。项目贷款涉及支行、分行、总行的信贷、评审、稽核、资金等多个部门,工作量和协调难度都很大。针对项目贷款存在的复杂情况和多种困难,省交通运输厅坚持运筹在前、沟通在前、协调在前、问题解决在前,在力量分布、时间衔接、轻重缓急、沟通协调上统筹摆布,保证了各项工作顺利推进。

第七,加强征费管理,为"三年决战"提供保障。省高速公路管理局以"三年决战"为统领,以养路费征收为中心,狠抓目标责任落实,加强征费管理。把握征费形势,及时调整工作思路,确保养路费征收沿着有序规范的轨道向前推进,为"三年决战"提供资金保障,圆满完成了25亿元的工作目标。在征费工作中,一是确定"一个方向"。"三年决战"是全省公路建设的总纲领,决战决胜是公路建设的总要求,用决战必胜思想统领征稽工作的方向,用实际工作和业绩参与主战场,支持主战场,服务于主战场。二是提升"四个水平"。以提高实征率、降低漏征率为重点,提升征收能力水平;以严格执行政策、夯实基础为重点,努力提高征收管理水平;以规范执法、文明执法为重点,努力提升征收执法水平;规范执法行为,提高征稽人员学法、懂法、用法的自觉性和水平。三是在抓好"六个强化"方面下功夫。即强化自身建设,增进团结,提高班子凝聚力;强化培训,多渠道、多元化提高干部职工的自身素质和业务能力;强化征稽宣传,建立局、处、所三级宣传体系,以宣传交通规费征收法律、法规、政策为宣传重点,做到报纸有字、电台有声、电视有影;强化落实反腐倡廉责任,加大预防惩处力度,树立正确的权力观、政绩观,正确使用手中权力,干净干事,为广大车主群众尽心竭力办好事,诚心诚意办实事;强化征稽文化建设步伐,提炼征稽精神,培育征稽职工对于征稽事业的认同感和归属感。激发干部职工的工作热情和创新能力;强化安全意识,树立"安全稳定工作和征收工作同等重要"的思想,认真抓好安全稳定工作。

第八,各市、县和各部门不等不靠,积极主动想办法解决资金的"燃眉之急"。公路建设"三年决战"的过程中,面临着巨大的资金供应压力,为了保证工程进度,很多市、县和部门积极主动地想办法,千方百计地保障施工正常进行。2008—2011年,牡丹江市将建设高速公路348km,建设一、二级公路140km,农村公路2977km。其中,建设高速公路5项,建设一、二级公路2项。为有效化解征地拆迁资金难题,市政府适时出台"七个利用"筹措公路建设资金。一是利用资源置换资金。地方政府宏观调控公路沿线山头、河道,平价提供工程建设所需的碎石、沙砾等材料。牡绥高速公路项目全线计价土石方790万 m^3,理论上利用沙砾、片石、碎石、块石等资源可置换资金约为0.6亿元。二是利用旧路置换资金。根据原201国道林口段穿越众多乡镇、村屯的实际情况,拟利用旧路进行辅道建设,减少征地拆迁费用约3000万元。地方政府通过合并村屯等行政手段,解决因高速公路封闭造成的出行难问题。三是利用政策化解资金。出台优化工程建设环境政策、征地拆迁政策、收费减免政策、税收政策和集资五个方面的优惠政策,通过收费减免、税收返还等方式化解资金。高速公路扩建,利用政策化解资金约2.5亿元。四是利用财政补贴资金。对于地方财力好、筹措资金能力强的县(市),可以通过财政投入的方式解决征地拆迁资金。五是利用银行贷款落实资金。对于不能全额筹集征地拆迁资金的县(市),通过申请地方商业银行贷款,省交通厅担保的方式,进一步落实征地拆迁资金。六是利用征收公路建设费落实资金。公路建设费的征收对象是全市拥有机动车辆的单位和个人,征收标准为汽车每车500元,农用车和摩托车每车250元。市政府根据2007年底的机动车辆数将任务分配到各县(市),由县(市)公安交通管理部门负责具体落实,落实资金约3300万元。七是利用增加车购税和客票费筹集资金。新购机动车按购车额在原车购税标准上增加5%(2007年新购10491台。其中,汽车9459台,约5000万元),客票每人每公里增加 0.05 元(约 500 万元),筹集资金约 5500 万元。2008 年 6 月,双鸭山市为保证完成 2008 年农村公路建设任务,在财力紧张的情况下,市政府拿出 4500 多万元资金借付给各县支持农村公路建设。此次借款,各县按计划里程每公里借付 8 万元,总额为 4508 万元。其中,集贤县 1481.6 万元,友谊县 649.6 万元,宝清县 1659.2 万元,饶河县 734.4 万元。这笔款项双鸭山市财政局直接拨付到各县财政局,全部用于农村公路建设。富锦市在农村公路建设中,为了让施工单位早进场,市政府于 2008 年底先期垫付 1000 万元,交通运输局采取融资自筹 300 多万元用于冬储水泥 5 万 t,保证了工程按期开工建设。2009 年,省公路局积极探索新的筹融资渠道和资金管理模式,协调各商业银行,争取金融部门对省沿边公路改造项目的支持,与哈尔滨银行于 7 月 25 日签订协议,由哈尔滨银行对省公路局结算中心贷款 2 亿元,用于沿边公路建设的启动资金,保证了沿边公路改造工程的顺利进行,促进"三年决战"公路建设的快速发展。

(二)资金管理

1. 完善财务资金管理制度

"三年决战"以来,省交通运输厅根据"三年决战"的实际情况,先后制定了《黑龙江省公路重点工程建设资金拨付管理暂行办法》《黑龙江省交通厅资金内控制度》,优化省交通运输厅资金拨付程序;制定了一系列 CBS 资金管理系统的《操作规程》和指挥部《财务管理制度》,加强项目单位资金拨付和资产管理,规范会计核算,提升财务管理水平;起草了《项目建设后期加强财务管理的通知》《项目建设后期财务集中管理的实施方案》,有序推进项目财务收尾工作。这些制度的建立,规范了资金管理,严密了审批程序,完备了拨款手续,确保了资金安全,提高了使用效益。

2. 严格建设资金监管和使用

一是整合监管力量,充实监管人员,完善监管机构和分工负责制,建立了财务管理、审计监督、纪检监察和计量支付四位一体的资金综合监管体系,确立了"安全、高效、规范、服务"的财务管理工作目标,检查中发现的问题均得到完善和整改。二是利用网上银行和 CBS 跨银行现金管理平台,对省交通运输厅、项目指挥部及施工单位建设资金流向和结余情况进行全过程实时监控。三是举一反三,防微杜渐,及时通报项目历次检查、审计中存在的问题,积极防范类似问题重复发生。通过强化监管,项目存在的个性问题基本上得到纠正,倾向性问题得到有效预防,共性问题得以集中统一解决,财务管理更加规范,没有发现大的问题。

3. 抓好资金使用管理

一是超前谋划、多方筹措、合理调度,既要确保满足工程建设的资金需求,又要防止资金闲置造成浪费。二是切实加强资金安全的监管,严密资金拨付的程序和手续,严格按照计量支付,加强合同管理。发挥财务管理、审计监督和纪检监察的作用,加大对违法违纪问题的处理力度。三是严格控制费用支出,制定定额标准,严格控制经费预算支出,加强公路养护和大修管理,加强基建项目造价管理,努力降低工程造价。整合监管力量,改进监管方法,提高工作效率,为重点工程建设服务,为指挥部服务,为施工企业服务,做到监管与服务两不误、两促进。四是加强造价核查,造价站要对工程造价进行动态管理,在满足公路功能和质量的前提下,科学、合理降低投资,力争单项不超概预算,确保总体不超概预算。

4. 寓服务于管理之中

财务部门树立一切为了"三年决战",一切围绕"三年决战",一切服从、服务于"三年决战"的理念,转变工作作风,准确把握监管和服务的切入点,为重点工程建设服务,为指挥部服务,为施工企业服务,将服务寓于管理之中,切实为项目指挥部和施工单位解决各种困难。积极协调贷款银行缩短资金审批周期,提高资金使用效率。通过协调开发银行安装柜台前移系统和岗位,设立 A、B 角提高了拨款速度,两年累计下拨建设资金331亿元,保证了按工程计量及时足额到位,得到施工企业的广泛赞誉。深入项目指挥部,共同梳理项目财务管理存在的困难和问题,分析原因,研究对策,解答疑问,对项目单位财务工作给予指导和帮助。召集项目参建单位座谈,听取对省交通运输厅和项目指挥部财务管理的意见和建议,督促项目指挥部改进工作,提高服务水平。

5. 科学监管资金

2009年8月,省交通运输厅资金组联合国家开发银行黑龙江省分行客户一处,将开行研发的柜台前移系统率先安装到北黑项目。该系统的使用,不仅使项目指挥部支付资金更加快捷和节约成本,也可查询资金支付的全过程,使资金支付更加透明。省交通运输厅资金组在科学监管资金工作中,认真履行计量支付程序,利用网上银行和跨银行现金管理平台,对建设资金流向和沉淀情况进行全过程、实时监控,对公路重点项目每月进行一次巡查。

6. 强化内部审计

通过跟踪审计,促进项目规范管理,造价管理在项目前期阶段实行限额控制,工程招标阶段实行成本控制,施工阶段推行工程决算制度,造价处于可控范围,保证了建设资金安全。另一方面,使特定条件下产生的共性问题、施工管理普遍存在的问题和一些具有苗头性的问题,得以及时发现、纠正,有效地促进了行业管理与审计监督的有机结合,为规范公路重点工程管理,确保建设资金和干部队伍安全,实现公路建设决战决胜目标发挥了积极作用。农垦系统九三交通局还针对建设项目多、资金流量大的实际情况,连续几年请专家唱主角把牢资金关,采取聘请外部具有审计权威部门的专家和工作人员提前介入的办法,对公路建设资金运作项目进行全面审计,保证了公路建设项目无一起合同外变更,无一个标段存在追加计划的问题发生,保证了资金的安全运行。

7. 落实资金使用管理制度

G111指挥部在三年重点工程建设中,按照"坚持原则,不乱花一分钱;控制造价,不多花一分钱;管好资金,用好每一分钱"的工作方针,明确拨款程序,保证了工程建设资金安全运行和有效利用。建立资金管理"四化"体系:一是资金账户统一化,不允许项目经理部多开户头,保证资金在单一的渠道里流通,加强了资金的安全性和高效性。二是监控管理科技化,安装使用了网上拨付管理系统、资金查询和监察系统,及时掌握和监控各单位资金流向和账户余额。三是资金拨付规范化,5万元以上款项支付,必须通过网上申报和支付,经财务确认方可划款。20万元以上的款项支付,需书面申请,由常务指挥批准后,银行方可划拨。各单位账户余额不得超过20万元,提高了资金使用率。四是监督检查经常化,发现问题及时整改,严格控制和杜绝与工程无关的支出。2010年4月,为建设资金合理、合法、有效的使用,加嫩指挥部制定出台并完善了财务制度和资金拨付程序,从4个方面有效使用项目建设资金。一是规范财务管理。在财务支出拨付时,实行财务审核、副指挥签批、指挥签批的流程,厉行节约,注重资金使用效率。二是认真执行《基本建设财务管理规定》。加强财务内控管理、财务凭证及财务账表管理,完善各种手续,实行会计电算化。三是加强资金拨付与监督管理。出台《施工单位财务管理及资金拨付使用监管办法》,施工单位在指定银行开立工程款结算账户,并将开户许可证复印件、开户行名、账号等资料加盖公章后报指挥部财务部备案,指挥部通过网上银行对施工单位建设资金的使用进行审批和监管,定期对施工单位财务状况进行检查。四是加强固定资产管理。对已购置的固定资产采取设立卡片、台账方式加强管理,明确监管责任人,半年一盘点,确保固定资产不流失。

8. 开展重点工程项目财务人员培训

2008年12月17~23日,省交通运输厅财务处举办全省公路重点工程建设项目财务人员培训班。55名学员经过考试全部达到合格水平。培训内容有招商银行CBS管理软件、吉联会计软件使用培训、国有建设单位会计制度、基本建设财务管理办法、项目建设单位会计核算及科目设置培训。同时,邀请财政部驻黑龙江专员办、国家开发银行、省审计厅专业人员分别对车购税交通专项资金申请审批程序、国家开发银行贷款审批拨付程序和审计相关知识进行讲解,学员与老师座谈,进行现场沟通。通过为期7天的培训,全面贯彻了省交通运输厅对资金管理的目标,提高了公路重点工程建设项目财务人员的理论及业务水平,规范了建设项目财务核算标准及工作流程,为确保公路建设"三年决战"决胜打下了坚定的基础。2009年齐嫩项目指挥部在全系统建立资金管理"四化"体系之后,组织开展了讷河至嫩江段工程项目财务人员网上银行培训,向全体参建单位财务管理人员传达了指挥部有关财务管理的规定和要求,学习了网上银行的操作规范和业务流程,保障了资金有效地进行监管和使用。

(三)工程造价管理

1. 科学造价,严格检查、落实和管理

2008年"三年决战"工程启动后,造价工作随即开始编制工作,在最快时间里完成了《黑龙江省公路工程概算、预算编制资料汇编》等定额管理工作,为全省公路建设"三年决战"把好造价关奠定了扎实的基础。而后,公路建设各级指挥部在施工中严格监管和落实,把造价管理工作贯穿于施工全过程。3年来,造价管理在保证质量的同时,实行目标责任管理,加强实施阶段的过程控制,突出抓好施工项目现场造价核查,确保工程造价合规合理。严格执行专家审查制,从严把关。在实际操作中,围绕工程造价,不断加大监理力度,要求严格按照合同规定,认真履行计量支付程序,把好资金拨付关口。严格变更审批程序,严控变更理由、变更方案、变更数量、变更造价等每个环节,实事求是,客观公正地把好变更审批关口,保证工程造价合理可控。

2. 做好公路工程定额管理和公路工程造价核查工作

"三年决战"项目的270万张图纸的出炉,每一张都要经过造价管理人员的核查,从投资估算审查到初步设计审查,再到施工图预算审查,"三年决战"项目的造价文件审查量前所未有,按常规工作量标准统计,省公路工程造价管理总站3年干了20年的工作量。2008—2011年,省交通运输厅在造价文件审查工作中,完成投资估算审查76项,合计里程6253km,核定估算920.2亿元;完成初步设计概算70项,合计里程591.9km,核定概算为844.3亿元;完成施工图预算66项,合计里程5016km,核定预算为176.2亿元。在招标上限编制、审查工作中,完成了绥满公路亚布力至尚志段、绥芬河至牡丹江段等项目的主体及附属工程156个项次,共计1035个标段、合计564.1亿元的招标上限的编审工作。在公路工程造价核查、核定工作中,累计完成绥满公路尚阿段等21个项目,完成相应的补充合同清单、设计变更单价的审查核定及批复工作。同时,参加了由省公路局牵头负责的二级公路和农村公路的造价监管工作。在工作中,对各项目实行动态造价管理,通过严格把关,科学管控,全省公路造价控制成效明显。3年来,所有项目初步设计概算均控制在批复估算允许范围内,诱导市场所有项目施工招标控制价制定公平、合理,实现了造价方面零投诉。

3. 做好服务工作

2008年,造价总站为保障重点建设项目沿线筑路材料供应,及时开展了重点建设项目沿线料场调查工作。两个小组分头推进。在时间紧、任务重、困难多的情况下,各小组在近两个月的时间里,对建设项目沿线筑路材料品质、储量、生产能力及采运条件等进行全面调查。截至2008年6月26日,完成了16条路线、3206km料场的外业调查工作,共调查料场206个,经整理后出版了《黑龙江省2008—2011年拟建重点公路工程项目沿线料场分布示意图集》,为项目决策和建设提供了依据,为各级指挥部采集施工原料提供了第一手信息。与此同时,省造价总站制定了《2008—2011年部分拟建重点建设项目沿线料场调查工作方案》,明确了工作目标、任务、时间安排、责任分工及工作要求等,结合建设任务、路线,颁布走向情况,为黑龙江省公路建设"三年决战"把好造价关奠定了基础。在信息服务方面,公路建设"三年决战"开始后,及时发布了黑龙江省各个时期的公路工程主要建筑材料价格信息,将《黑龙江省公路工程主要建筑材料价格》由每半年发布改为每月发布,累计发布30期,组织建立了黑龙江省公路工程造价信息网站,及时发布各类有关造价信息,每季一期,切实满足了全省公路建设"三年决战"的需要。

4. 做好造价定额工作

"三年决战"项目中,大量应用"四新"技术(新技术、新材料、新设备、新工艺),公路工程补充"四新"定额的编制工作,满足了黑龙江省公路工程"三年决战"建设的计价需要。"三年决战"期间,"四新"定额的编制工作,达22项66个子目,需要做大量细致复杂的工作。"四新"定额的编制测查,为"三年决战"期间公路建设新技术的应用提供了强有力的支持与保障,也填补了多项国内"四新"定额空白。"四新"定额的编制要经过详细的测查写实,按照严谨的编制原则与方法,根据国家的相关法律法规、征求意见等一系列技术手段整理编制完成。3年来,省公路工程造价管理总站人员为了做好"四新"定额的编制,一直与项目施工人员共同奋战在一线。盲沟排水一直都是公路工程建设中的难点,此项工程的成败直接关系路基工程的稳定,对公路建设保质保量地完成起着至关重要的作用。2008年,省公路工程造价管理总站人员和齐齐哈尔至泰来高速公路指挥部的人员一道并肩作战,完成了齐泰高速公路中带有渗水盲管的路基盲沟"四新"定额测查项目,为项目提供了科学依据。2009年6~7月,省公路工程造价管理总站组织有关造价管理技术人员,对齐齐哈尔至泰来高速公路建设中的石油沥青同步碎石封层工艺、双鸭山市至佳木斯市高速公路建设中的石油沥青同步碎石封层、沥青混合料路面机制砂加工两项"四新"项目进行了现场测查写实,填补了这几项国内"四新"定额的空白。

公路建设"三年决战"造价工作,在高寒高纬度地区冻土施工中遇到了新的课题。加漠公路漠河机场至北极村段位于我国的最北部,属于岛状多年冻土区。特殊的地理气候,决定了桥梁基础和路基结构的设计与施工管理的复杂性和特殊性,现行有关冻土计价依据是针对季节性冻土而编制的,不适应于黑龙江省多年冻土的气候地理环境和工程实际。因此,多年冻土施工技术和造价工作,是黑龙江省乃至全国的难点。省公路工程造价管理总站的专业人员针对该地区特别状况对本项目进行了现场定额考核与补充编制。在站领导的带领下,定额科全体人员共赴漠北,克服了施工现场条件恶劣、温差较大等不利条件,深入施工现场,写实了工地第一手定额原始资料,针对该项目的特殊性,在现场进行了认真的分析和论证,开展创新服务。他们利用补充定额的编制原则和办法,完成了高寒地区机械开炸清运冻土等9项共计32个子目的补充定额,创新了全省造价工作,填补了黑龙江省乃至全国高寒高纬地区冻土施工无计价依据的空白。

5. 做好造价管理工作

公路建设"三年决战"中,工程建设需要大量各种道路石油改性沥青。为此,造价总站的技术人员对安达沥青加工厂进行改性沥青加工生产的现场考察,掌握了生产设备、厂房、实验室等生产设施及工艺流程,分别对生产车间、实验室和厂房设备进行了现场写实,调查了大量企业财务数据,收集并考核了生产加工改性沥青的各类添加剂的配合比,从而全面掌握了与改性沥青加工有关的各项费用组成。在此基础上,查看了原材料进场价格的原始凭证,进行了改性沥青加工定额成本的现场考核,公布了PG70-28改性沥青、SBS改性乳化沥青、高渗透乳化沥青等5种改性沥青加工的单价,使这项原材料的价格合规合理。

六、质量保障

(一)强化质量意识

2008年6月,公路建设"三年决战"开局之始,为了夺取3年公路决战的全面胜利,省交通运输厅领导班子严谨审慎地制订方案,研究措施,从加强管理入手,全面提高公路建设质量。要求各级指挥管理者坚持"细节决定成败,质量决定品牌"的理念,不断强化质量责任意识,切实加强工程质量监管,全面推行精细化管理,强化全过程质量控制。主要从提高设计质量、优选施工队伍、强化用料源头管理、优化施工工艺、健全质保体系入手,实施质量监控,对各级管理部门、项目法人、参建各方检查、提出的质量问题,按时序排入清单目录,落实质量整改措施。2008年8月,省交通运输厅出台了《黑龙江省公路建设"三年决战"实施纲要》,对3年公路建设涉及的各方面工作做出规范,提出要求。《纲要》第二部分"建设原则"的第十条中,明确要求"质量优先。质量是生命,是公路建设永恒的主题。一切工作要以质量为中心,各单位、各项目要建立健全质量保证体系,制定严密的工作流程,层层把好质量关,在追求质量最优的同时,提高工作效率"。

2009年初召开的全省交通工作会议,重点要求严格抓好公路建设"三年决战"的质量管理工作。会议从牢固树立"质量第一"意识、健全质量管理体系、加强质量监督、强化现场精细化管理4个方面提出明确要求。

2010年,经过1年多的经验总结,在年初提出保证工程质量必须出狠招、出实招,加强全方位巡视、全过程旁站、全环节检查,在源头上管住管好,绝不能"死后验尸"。在质量管理上要宁当"恶人"不当"罪人",对不合格的监理检测人员必须清退,不合格的原料必须清除出场,不合格的工程必须推倒重来,不合格的项目管理人员必须调整,相关方面都要大胆监管,决不能放过任何质量问题。地方负责项目要严格落实当地政府主体责任,组织开展异地交叉监督。哪个环节出问题,就严肃追究相关人员的责任。7月30日上午,省交通运输厅专门召开全省交通建设质量推进工作电视电话会议。会议提出:以落实各方责任为重点,以强化精细化管理为主线,以加大科技含量为支撑,以创新质量监管方式为保障,以"十年路面百年桥"为追求,以高度的责任感和使命感,狠抓严管,重治严防。做到思想认识到位、保障措施到位、监督检查到位、纪律惩处到位、组织领导到位,全力推动工程质量再上新台阶,切实打造放心工程、优质工程、精品工程和经得起历史检验的丰碑工程,确保"三年决战"取得全面胜利,实现全省公路水运建设又好又快发展。会议对进一步强化交通建设质量管理体系,促进工程质量稳步提升,保证交通运输事业健康发展提出明确要求。会议号召全体公路建设者要把质量、安全作为工程建设的生命线,放在心上,抓在手上,全力以赴抓紧、抓实、抓细、抓好,抓出成效。为公路建设"三年决战"决胜,加快推进全省交通运输事业又好又快发展作出更大的贡献。

2011年1月,在全省交通工作会议上,省交通运输厅强调指出要确保质量创历史最好水平。要坚持严字当头,狠抓现场管理,加强试验检测,强化科技支撑,对不合格的工程立即整改,决不允许留下隐患。以市县为主体建设的二级公路,要严格落实每个环节的责任制。为了确保决胜之年公路建设的质量,2011年5月17日,省交通运输厅制定了《关于加强公路重点工程施工管理的若干意见》,详细规定了99条施工管理要点和质量控制点。5月19日,省交通运输厅再次召开公路工程质量安全监管工作座谈会,专题听取公路建设质监一线人员工作情况汇报,研究进一步加强质量安全监管工作的措施与途径,对下步工作作出部署并提出要求。厅党组书记、厅长高志杰针对今后的质监工作提出三点希望:认识要深化。把质量是天、质量是生命、质量决定成败的思想扎根于头脑中,坚决把住质量关。管理要创新。体制要顺,机制要好,制度要管用,普遍问题、特殊问题要采取不同的对策,各级监管部门要环环相扣落实要到底。监管工作要落实到操作者,落实到细节,落实到具体,要解决问题,解决突出问题,解决难题,解决未解决的难题。

(二)制定保障措施

1. 建立质量责任体系

以战时体系为依托,构建三级指挥部质量管理体系。"三年决战"总指挥部、3个战区指挥部、33个重点项目建设指挥部里,每一级指挥部均成立质量安全监督管理部门,实行分片、分组、分项目垂直管理。如总指挥部成立4个推进组,3个战区成立16个监督组,除对主体工程监督外,还对房建、机电工程进行定点、定人监督,填补了监督工作的空白。对全省二级公路、农村公路、迎国检项目进行督导,实现了"三年决战"项目全方位、全过程、全覆盖监督。与此同时,还认真抓好建设单位管理人员的质量责任体系,制定了《质量安全责任体系手册》,对306名建设单位管理人员,143名设计人员,7638名施工单位项目经理、副经理、总工、工长、班组长,3159名监理工程师、监理员,1092名检测工程师、检测员进行岗位登记,把质量责任落实到工程项目实施过程中的各个部门、各个岗位、各个环节,对发现的质量问题,严格按照登记的人名层层追究责任。开工前对拟进场人员进行业务考核,对不符合要求的人员进行调换;施工中加强监管,对能力差、素质低的人进行清退。

2. 严格监督检查

以"全过程、无缝隙、零容忍"的质量管理理念,以落实质量、安全责任为切入点,以完善质量安全监管机制为保障,以强化施工现场监督为主线,以提高质量安全意识、规范市场行为为核心,以日常监督、专项督查、综合督查为手段,全面加强质量、安全监管工作力度。"三年决战"期间,省公路质量监督站累计监督抽检278.47万点(组),一次合格率97.47%。其中,2009年抽检27.99万点(组),一次合格率95.41%;2010年抽检38.65万点(组),一次合格率95.80%;2011年抽检211.82万余点(组),一次合格率98.05%。全省公路重点工程质量稳步提升,混凝土路面强度、路面厚度、桥梁混凝土强度、路基弯沉等涉及安全性、耐久性的主要检测指标超过历史最好水平,在2009年、2010年交通运输部质量安全综合督查活动中,黑龙江省综合得分名列前茅。特别是2011年,公路重点工程一次抽检合格率高于全国上半年高速公路平均合格率1.65个百分点,重点工程质量提升幅度为历年之最。

路基工程:三年监督抽检35.57万点(组),一次合格率97.49%。其中,2009年、2010年、2011年一次抽检合格率分别为96%、98.2%、98.82%。路基工程各项抽检指标一次合格率始终保持较高水平,路基弯沉、路基压实度、小桥混凝土强度及主要结构尺寸等一次合格率均大于95%,确保了路基稳定。

路面工程:三年监督抽检226.49万点(组),一次合格率97.88%。其中,2009年、2010年、2011年一次抽检合格率分别为95.75%、95.78%、98.12%。路面面层、基层的质量总体较好,各项抽检指标一次合格率均大于90%。路面平整度、沥青路面压实度等指标一次抽检合格率逐年上升,实现了路面平整。

桥梁工程:三年监督抽检12.61万点(组),一次合格率90.42%。2009年、2010年、2011年一次抽检合格率分别为90.04%、90.33%、91.1%。桥梁工程上部混凝土强度、墩台混凝土强度一次抽检合格率达到或接近100%,桥梁工程质量保持基本稳定,做到了桥梁稳固。

3. 加大责任追究和违规查处

建设初期,公路建设即加大工程质量管控力度,农村公路建设实行"黑名单制"。为全面完成24439km农村公路的建设任务,全省从2008年7月1日开始,在开展的农村公路建设"百日会战"活动中,严格实施"黑名单制",严肃处理出现问题的施工、监理行为。对出现问题,造成恶劣影响的施工、监理企业进行严肃处理,对出现问题的各级地方农村公路管理机构也将按照有关规定进行严厉处罚。2010年,各级指挥部加大惩处力度,共查处企业67家,处理不合格监理和管理人员24人。三年来,省质监站狠抓质量问题,确定了"分片负责、靠前监督、重点重查、细节细查、预防为主、跟踪整改"的工作方针,共组织1600余次日常巡查和87次专项督查,处理较大质量隐患272起,一般隐患1629起,返工不合格工程265处;处罚现场监理机构54家,处理监理人员128人;处罚施工标段97家,处理施工管理人员161人。

4. 坚持质量检查通报

在《黑龙江交通》报刊上公开公示,充分发挥新闻媒体的宣传督导作用。每周质量检查通报的公开发布,对各级指挥部和广大施工企业,在质量保障上起到了极大的震慑和推进作用,让质量问题暴露于大庭广众和全社会的目光之下,打击和防范了施工中各种偷工减料的侥幸心理,保证了质量标准。每周质量检查通报的主要内容:一是监督工作开展情况,二是工程质量监督情况,三是处理意见。

(三)抓好具体落实

1. 各级指挥部严格控制材料关口

在做好重点工程大宗材料采购的同时,严格控制进料渠道,加大抽检频率,桥梁支座、伸缩缝、锚具、钢绞线等成品、半成品材料实行市场动态准入制度,从源头上管控质量。农垦系统全力抓好2009年公路建设各种材料的质量把关,北安分局3月备料期间,分局试验检测中心同时对各种材料进行批次化验,不合格材料坚决清理出场。建三江农村公路建设里程为350km,投资金额达3.5亿元。为保证农村公路建设顺利进行,该局从2月初就着手备料工作,做到早调查、早动手、早配备、早招标。进场材料的堆放、码方都制定了统一标准,提高了备料管理规范化水平。通村办公室协调人员经常性重点检查石料、水泥、中砂等备料质量,强化料场管理。对不合格的原料坚决清除出场。质监站检测中心为了确保2010年重点工程项目顺利实施,本着质量关口前移的原则,进一步加强质量源头控制,严把材料进场关,加大各项目冬季备料试验检测力度,于2010年1月16~25日按片区分3组,对全省14个在建重点工程项目(漠北、加嫩、G111、齐甘、大广、鹤大、绥牡、集同、建虎、富锦大桥、前嫩、绥北、伊绥、依七)冬季备料情况进行了检查。检查主要内容:一是进场材料的外观质量情况;二是内业保证资料是否齐全,原制料试验检测项目、频率是含满足要求,有无自检、抽检数据雷同或编造数据现象;三是各项目各级试验室冬季备料阶段人员配备、试验环境条件、仪器设备数量及运转情况,是否满足当前工作要求。同时按照同一建设项目、相同产地、相同规格及用途的材料抽检频率为100%的原则,对各项目所备材料进行现场取样。本次检查历时10天,抽检施工、监理单位、检测中心内业资料共128家,查看备料现场68个,按料源抽样111家,分别为碎石62家、沙砾36家、中砂9家、水泥2家、矿粉2家。总计抽取不同料源、不同品种、不同规格材料267组。检测中心将此次备料检测结果及时发布,有力地促进和保障了公路建设"三年决战"材料的供应质量。

2. 配置全套、先进公路工程检测设备

在现场检测和验收环节中,为真正提高试验检测能力,哈阿大修项目配置了全套、先进的公路工程检测设备,每台使用仪器均持有效的计量检定合格证,而且都建立了操作规程、台账和档案。为配合本项目引入国际先进的美国Superpave沥青混合料设计方法与热拌抗裂应力吸收层技术。国内技术实力雄厚的中咨集团组建的中心试验室还专门配备了美国进口的旋转压实仪、沥青含量测定仪、布氏黏度测定仪等先进仪器。同时,配备了专用车辙试验设备,以实现对沥青混合料抗车辙能力的现场控制。在设备具体的运行过程中,试验人员对仪器设备精心维护、严格管理、正确使用,使其处于完善的状态,出具合格的数据,更好地为工程服务。3年来,指挥部试验检测人员一丝不苟、爱岗敬业、用心做事的精神赢得了各参建单位一致好评,成为工程质量的"保护神"。公路建设"三年决战"中,省质检部门设置驻地监理办公室178个,工地试验室428个,投入检测设备12450台(套)。其中质监站先后购置国内外最先进的多功能激光路面测试仪、短脉冲雷达、桥梁检测平台等自动检测设备330台(套),总价值2767万元。2011年7、8、9月三个月平均每天需检测2.2万点,为确保项目顺利交工,检测人员做到人停设备不停,昼夜奋战,圆满完成了1800km高速公路200多万点的交工验收检测任务。

3. 积极推进标准化、精细化施工

为规范公路施工管理,省交通运输厅与"三年决战"同步启动了公路施工标准化活动,先后制定《施工驻地建设标准化指南》《路基施工标准化指南》《路面施工标准化指南》《桥涵施工标准化指南》《文明施工标准化指南》等指导性文件,对工程施工各个环节坚持"标准提前到位,管理提前介入,质检提前把关"的原则,强化现场管理。在桥涵施工上,要求现场设置统一规格的标志牌,并标注结构物桩号、结构形式、施工和监理责任人等内容,主动接受社会监督;在路基填筑过程中,设置"填土区""碾压区""找平区"等标志牌,便于业主、监理监督,有效掌控每道工序机械数量的配置;对隐蔽工程、混凝土构造物施工、低填浅挖段施工、路基清表、填筑每层施工中发生的变更,监理和施工单位留存影像资料,为日后查验提供依据。对于标准化工地建设,每个标段驻地均建起了统一整齐的活动板房,工人宿舍由过去的简易工棚变成了"标间";材料堆放地盖起了遮雨棚,建立了混凝土拌和厂、钢筋加工厂等,实现了混凝土集中拌和、钢筋集中加工、梁片集中预制"三集中"。施工操作实现了"流水化",每一道工序均按照相关施工技术规范施工,完成标准化作业,严格控制了工程施工质量。同时,还先后将齐齐哈尔至甘南项目的沥青混凝土施工、漠河至北极村项目的冻土施工、哈尔滨至拉林项目的施工现场管理、富锦松花江大桥项目梁板预制、绥芬河至牡丹江项目风景路建设、伊春至绥化项目环境保护等作为样板工程,通过组织现场观摩交流会,深入学习交流标准化管理与施工经验,促进标准化成果的扩大和转化。推行施工标准化后,省内以往在道路防护工程、结构物表面粗糙、软土地基超限沉陷、路面早期破坏、桥梁渗漏水等方面易发生的质量通病得到有效遏制。

在开展规范化、标准化施工的同时,加强施工组织和控制,抓住每道工序、每个环节和每个要素,提高工艺水平,通过科学施工保证工程质量。北安至黑河高速公路建设项目属于"白+黑"路面,施工难度大,质量要求高。2011年8月,指挥部高度重视黑色路面施工的精细化管理,按照省交通运输厅《关于加强公路重点工程施工管理的若干意见》要求,与厅沥青技术指导服务组联合开展技术攻关,制定下发了《沥青混凝土路面施工标准化、规范化手册》,围绕配合比设计、混合料拌和、运输、摊铺、碾压等关键环节,重点从设备配备、原材料、温度、压实度、厚度、层间污染、离析防治等方面,加强质量控制。如采用中大1600型摊铺机全幅摊铺,防止混合料摊铺过程中离析病害出现;提高摊铺后路面初始压实度,保证路面平整度效果;结合黑河地区温度低的特点,混合料出料温度提高5~10℃,保证压实成型在较高温度下完成,确保压实度;采用强力清扫车及消防水车配合,彻底清扫路面,避免层间污染,保证层间连接效果;在长陡坡路段沥青面层施工中采用调整配合比,上面层沥青混合料中掺加玄武岩纤维等方法,进一步提高了路面的抗车辙能力。经过全体参建者精心组织、精细施工,A7标段比施工组织计划规定的时间节点提前15天完成路面施工,各项指标经检测显示质量优良。

4. 强化科技支撑

在全国创造性地开展实施部省联合科技支撑行动,下达科研项目57个。积极引进国内外一流技术,大范围推广应用新技术、新材料、新设备、新工艺76项,其中12项达到国际先进水平,25项达到国内领先水平。在冻土施工方面,总结提炼了高寒区、高纬度季冻区公路设计、施工、安全、环保等成套技术。如针对岛状冻土施工难题,确定了"浅层换填沙砾、中层复合地基、深层以桥带路"的设计原则,研究探索了冻土钻孔施工工艺。在旧路处理方面,针对旧路帮宽采取路基强夯、土工格栅、冲击打裂、设置应力吸收层等技术,有效解决了不均匀沉降,减轻路面反射裂缝等质量隐患。在路面施工方面,引进 Superpave 美国高性能沥青路面设计配合比理论和施工措施,提高了沥青路面抗车辙能力,同时兼顾低温抗裂性能。在沥青路面结构总厚度和材料选择上进行了重点调整,结构厚度由原 15cm 增加至 17~18cm,是我省历史上采用的最厚沥青面层结构;由常规上面层单层改性,改为上、中面层双层改性;将原来的乳化沥青黏层油调整为改性乳化沥青黏层油,原乳化沥青封层调整为热沥青同步碎石封层;路面基层由传统的水泥稳定沙砾或沙砾掺碎石,改为水泥稳定级配碎石,提高了整体强度和承载力。在设备配置方面,选择具有世界水平的一流设备,落实大型设备 1529 台(套),其中具有世界领先水平的 85 台(套),比如美国沃尔沃 8820 型摊铺机、德国维特根 800 型摊铺机、日本酒井 SW900 型振荡压路机、LB-6000 型拌和站。各项目拌和、摊铺、碾压等机械均为一流水准,沥青路面全部实现 12m 全幅一次摊铺。

七、安全保障

2008 年 6 月,全省公路建设"三年决战"任务部署之后,省交通运输厅规定各项目建设指挥部必须尽快建立起以"八有"为主要内容的安全管理长效机制,通过制度机制建设,提高安全生产工作效率。一有强有力的组织领导保证;二有明确的安全管理职责;三有科学的安全评价标准;四有固定的应急反应预案;五有先进的科技信息手段;六有到位的安全投入保障;七有严格的安全生产事故责任追究规则;八有管用的考核激励制度。要求各指挥部要以创建安全文明为目标,加强公路工程的施工现场管理,加大对安全事故易发环节的监督管理力度,特别要加强对高边坡开挖爆破、隧道掘进、高桥墩浇筑、梁板架设等施工安全的管理,确保工程安全顺利实施。

G111 指挥部以省交通运输厅提出的"把安全隐患当作事故来处理"的要求为原则,紧紧围绕项目实际情况,强化安全生产主体责任,着力构建安全管理长效机制,营造安全稳定的施工环境,取得明显成果。一是参加项目建设的"三类人员"全部取得安全生产考核合格证,125 名特种设备作业人员全部持证上岗,并组织两次集中培训,参加人员 108 人次,全部通过考核。二是各标段在施工现场设置了安全标志、宣传牌,指示、绕行标志和标语等。二是开展"综治宣传月""安全生产宣传月"等活动。北黑指挥部从实际情况出发,安全管理工作先行一步。针对北黑公路地理位置特殊,线长面广,互通区、分离桥及中小桥涵构造物繁多,沿线高填、深挖等地质结构复杂,工期紧迫等特点,对公路主线、周边路网、中小桥涵、互通区、服务区、取土场、拌和场、预制场、施工便道及保通点的交通组织与安全措施进行调查研究,科学分析了项目施工期间存在的道路安全隐患,编制了《北安至黑河高速公路施工期交通安全设施设计与交通组织方案》,制订了交通安全总体实施计划,为项目"三年决战"取得胜利夯实安全工作基础。

2010年，鹤大项目路基、桥涵尾留工程和新开工的路面交通，面临着房建工程交叉施工点多面广，施工和交通安全困难多的双重压力，是项目建设期内工程量最大、施工组织最复杂的一年，安全形势非常严峻。为了给黑龙江人民交工一条满意放心路，他们科学组织施工生产，质量、进度、安全齐抓共管。安全工作无小事，项目指挥部严格按照"谁主抓、谁负责，谁出事故、处理谁"的原则，狠抓生产责任制，进一步落实了监理办、项目经理部安全生产主体责任，将责任制层层分解落实到每一个岗位、每一个环节、每一个施工人员，严格事故责任追究，发生重大责任事故实行"一票否决"。

抓好安全长效机制的建设，指挥部、参建单位建立了"预案、预控、预报、预警"的安全管理长效机制，加大了重点部位、警示警告标志的检查力度。树立"隐患就是事故""没有隐患就是最大的隐患"的理念，每月对各施工、监理、检测单位进行一次工程质量、安全、管理等项内容的大检查。对检查出的安全施工方面的问题，下达整改通知单，明确整改时限。对整改不彻底，或者拖着不办的，指挥部对项目经理进行严肃处理和处罚。与此同时，指挥部加大了安全宣传的力度，印制了10万份安全教育宣传单，在全线提醒广大车主安全行车。在绥牡、北黑项目建设现场，开展"平安工地"建设。绥牡高速公路建设指挥部提出了"生产必须安全，不安全不生产""施工进度要为生产安全让步，确保施工生产和道路运营安全"的管理理念，制定了安全管理制度措施七大类，专项方案、预案20余项。梳理总结出可能导致事故发生的"五种诱因"，治理消除事故隐患的"七种方法"，通过确定"全体参与者、全过程、全方位、全天候"四个体系的管理，对工程建设领域危险源进行一一辨识和评价。通过确定一般和重大危险因素，针对不同的危险因素和风险，制定相应的预防和控制措施，做到安全工作"无缝管理"，有效地为项目建设提供了安全保障，自项目开工建设以来没有发生一起安全责任事故。北黑项目工地，农民工安全学习丰富多彩。为切实增强农民工安全意识，指挥部采取见缝插针的学习方法，采用小班上课、送教到工地，利用晚上空闲或下雨天组织培训，让安全生产知识深入人心。A7项目部开办了农民工学堂，安全管理人员为农民工讲述安全生产基本常识，进行事故案例分析，讲解安全生产事故中的一些逃生技巧等，让农民工掌握各种救助设施的操作方法，增强了全员应急防护、自救、互救的防范要领，达到安全教育的效果。

2010年底，省高速公路建设管理局对G111、林泉、明沈、哈五、大齐扩建、哈大大修6个工程建设项目进行了安全工作专项检查，并就年底前安全工作提出了具体要求：一是克服松懈思想，保持警钟长鸣，切实做好当前安全生产工作；二是加强监管监察，防止突击生产，有效遏制事故发生；三是坚持常抓不懈，巩固安全生产百日督查成果，深入开展隐患排查治理工作；四是加强应急管理，做到有备无患。

2011年初，省公路管理部门召开安全工作会议，传达了上级安全生产工作会议精神，部署2011年安全生产工作任务，并签订了2011年度安全生产责任状，就抓好2011年安全生产工作落实问题及如何做好春节期间安全工作提出了具体要求。与此同时,各级指挥部认真开展安全生产执法行动、治理行动和宣传行动,进一步抓好各项措施的落实,带着对农民工兄弟深厚的感情来抓安全工作,切实保证安全设施投入,高度重视隐患的排查治理,强化现场监督检查。2010年通过狠抓安全生产,开展各类安全检查125次,发现和整改安全隐患460处,安全形势总体平稳。2011年事故发生次数、死亡人员逐年递减,实现了安全生产责任事故"零死亡"目标。公路建设"三年决战"中,安全管理工作共查出一般安全隐患1300处,较大安全隐患210处。清除不称职安全管理人员75人,通报批评110人;对排查出的安全隐患采取限期整改、跟踪检查的处理方式,使安全隐患整改率达到100%。

第四节　公路建设"三年决战"的宝贵经验

公路建设"三年决战",为黑龙江交通运输事业发展积累了十分宝贵的经验。

一、抓发展搞建设,必须着眼实际科学决策,抢抓机遇、奋力拼搏

公路建设"三年决战"立足于果断决策、科学部署。2007年末,全省仅有高速公路1044km,在全国排名第21位,13个市(地)有7个不通高速公路;国省干线路面铺装率71.7%,在全国排名第29位;全省有167个乡镇、4299个行政村道路为砂石路或无路面公路。面对公路建设落后现状,省委、省政府通过深入调研论证,作出"决战三年加快公路建设、彻底打破交通瓶颈"的战略决策。这场前所未有的特殊战役,在全省史无前例。这么浩大的工程,钱从哪里来、任务能否完成、质量如何保证,都是摆在面前的突出问题。

机遇总是惠顾于勇于创业的人。正是因为省委、省政府果断决策,全体参建者奋力拼搏,使黑龙江公路建设跟上了国家应对国际金融危机、增大投资、扩大内需的好政策,修出了大批发展路、致富路,为黑龙江腾飞提供了支撑。抓住机遇就是科学决策、精心部署,就能创造机遇、再抓住机遇。反之,犹豫不决、畏惧困难,有了机遇也会丧失。实践证明,只要从黑龙江发展大局出发作决策、干事情,坚定不移地走符合实际的科学发展道路,就一定能够利用好各种机遇来加快发展。

二、抓发展搞建设,必须总揽全局协调各方,集中力量攻坚克难

公路建设"三年决战"立足于聚力干事、共克时艰。公路建设"三年决战",集全省之力,上下齐心协力,合力攻坚,心往一处想,劲往一处使,充分显示了社会主义制度集中力量办大事的政治优势。国家各部委大力支持,国家发改委以及交通运输、国土、财政、环保、林业、水利、电力、文化和国家开发银行等各相关部门给予巨大帮助,使全省公路建设

"三年决战"得以顺利推进。黑龙江省成立了中省直33个部门和单位为成员的公路建设领导小组,省发改委、国土、环保、农委、林业、水利、地税、金融、电力、通信等各相关部门积极主动、全力配合,采取了许多超常规措施,保证了公路建设的顺利进行。大庆石油、龙煤集团等国有大型企业都为公路建设作出了突出贡献。地方各级党委政府和农垦、森工部门全力支持交通建设,积极承担本行政区域内公路建设征地拆迁、提供土料场等艰巨任务,大庆、农垦、七台河、鸡西自修高速公路,开创了地方建设高速公路的先河,大庆油田、鹤岗、东宁等自修一级公路,为"三年决战"作出了杰出贡献。

省交通运输厅注重调动一切积极因素,及时表彰奖励有突出贡献的单位和人员,使干事创业者政治上有位、社会上有名。各级新闻宣传部门充分发挥正确舆论导向的作用,为三年公路决战营造了十分有利的舆论氛围,凝聚了力量,鼓舞了士气。实践证明,众人同心、其利断金、风雨同舟、众志成城,只要围绕大局,团结一心,形成推动建设发展的强大合力,就一定能够战胜困难,取得胜利。

三、抓发展搞建设,必须发动群众依靠群众,勇于开拓创造创新

公路建设"三年决战"立足于以人为本、创新发展。大力推进体制创新,组织动员广大干部群众一切为了"三年决战"、一切服从"三年决战"、一切服务"三年决战",形成了垂直高效、全面覆盖的领导体制。大力推进制度创新,坚持用制度管事、靠制度管钱,制定和完善《招投标管理暂行办法》《材料物资管理暂行办法》《设计变更管理暂行办法》和《资金拨付管理暂行办法》等30多项制度措施,形成了一整套务实管用的制度规范。大力推进管理创新,推广精细化管理经验,狠抓春季开工、夏季攻势、秋季会战,控制性工程冬季施工,努力延长有效施工期。坚持并完善"政府监督、法人管理、社会监理、企业自检"的质量保证体系,实行质量责任终身制,确保各项工程质量安全可靠。大力推进科技创新,在实践中探索,在建设中磨炼,取得8项重大创新成果、6项重大技术突破,填补了省内交通运输行业地方标准的空白和我国区域公路建设专项技术指南的空白。全省路面总体使用寿命可增加25%,全寿命周期成本可降低20%,桥梁主体工程使用寿命可增加20%。正是因为充分相信群众、依靠群众,让蕴藏在群众之中的创造活力充分释放,才创造了一个又一个奇迹。实践证明,人民群众始终是推动先进生产力发展和社会全面进步的决定力量,只要坚持发展为了人民、发展依靠人民、发展成果由人民共享,充分发挥广大群众的积极性、主动性、创造性,依靠群众改革创新,从群众中汲取巨大力量和无穷智慧,就一定能够使黑龙江交通运输发展始终保持勃勃生机和旺盛活力。

四、抓发展搞建设,必须咬定青山毫不放松,坚持不懈狠抓落实

公路建设"三年决战"立足于一以贯之、务求实效。把公路建设作为省内"八大经济

区"建设的基础工程,作为扩内需、促增长、保稳定的重要措施,召开省委全会、省委经济工作会、省委常委会、省政府常务会、交通建设专项会等 50 多次会议进行专题部署,全省上下全力推进。黑龙江省委、省人大、省政府、省政协领导同志多次深入公路建设一线调研指导,激励慰问,现场办公,聚力鼓劲。省委成立重点工程监督检查组,对公路建设实施全过程、全方位监督,及时发现和整改问题,实现服务大局与严明纪律有机结合、高度统一。纪检监察、审计、检察等部门与交通部门密切配合,寓服务于监督之中,联合开展专项检查,全过程实施有效监督,确保了工程建设安全顺利进行。

广大高速公路建设者,不论是领导干部,还是普通工人,都以"三年决战"为号令,以强烈的政治意识、大局意识和责任意识,齐心协力,奋发有为,全身心地投入到修路筑桥的艰苦战斗之中,尽心尽责地组织实施好每一个工程,干好每一件事情,漂漂亮亮地打好打赢每一个战役,取得了一个又一个建设工程的全面胜利。实践证明,狠抓工作落实是事业成功的根本途径,好的规划要变成现实,就必须要持之以恒地干下去。只要坚持认准了的路子走下去,对定下来的事情不动摇、不懈怠,狠抓落实,务求实效,就一定能够取得最后的胜利。

第四章
高速公路建设科技新成果

第一节 高速公路建设科技创新总体情况

从1997年黑龙江省建设第一条高速公路开始,科技攻关、科技创新始终围绕在高速公路建设的全过程。科技人员为推进高速公路建设技术提档升级、提高生产效率、降低全寿命周期成本、提高耐久性和安全性不断试验、攻关,引进、研发的新工艺、新技术、新材料和新设备为工程建设顺利开展提供了助力,为黑龙江高速公路建设起到了保驾护航的重要作用。

一、高速公路建设技术解决工程难题

(一)公路建设技术创新取得重大成果

通过公路建设与养护关键技术的持续研发,取得了一批具有自主知识产权的先进科研成果,极大地支撑了交通基础设施建设和运营公路的养护维修。

黑龙江省气候条件下沥青路面结构设计、材料性能优化、施工质量监控等方面的研究,提出了沥青路面高、低温综合稳定关键技术及"层间处治"技术,减轻了沥青路面车辙病害,显著提升了黑龙江省沥青路面整体施工质量和使用耐久性,对于改善深季冻区沥青路面抗冻融性能、节约维修养护费用具有重要的实用价值;寒区公路水泥路面结构性损坏原因及预防技术的研究,对板下"多功能层"、缩缝传力杆的优化设置、冷轧带肋钢筋网的使用,以及减少寒冷潮湿地区公路水泥混凝土路面结构性病害具有重要意义;公路路基冻胀置换深度与计算方法的研究,首次提出了路基土质、冻胀性以及地形坡向标准冻深的修正系数和冻深计算方法,并提出了以路面容许冻胀变形推算路基置换深度的方法,填补了国内外空白,为规范的修订提供了重要依据;黑龙江季冻区路基干湿类型及路床含水率变化规律研究,明确了深季冻区公路路基含水率的4种分布形态,对改善寒冷潮湿地区公路路基耐久性具有重要意义;多年冻土区桥涵工程技术研究,首次提出了多年冻土桩基冻前承载力和回冻时间的计算方法,首次提出了多年冻土地区灌注桩混凝土可不考虑早期抗冻性、抗冻耐久性的影响,以及多年冻土地区公路桥涵基础混凝土的防护体系等,在工程

中得以应用,社会综合效益显著;基于部分科研成果编制的施工技术指南有效指导了工程建设。

(二)资源节约和环境保护技术取得显著进步

按照资源节约、环境友好的建设目标,加大了地产材料、新材料和环保技术的研发力度。对粉沙土、高含水率黏性土、煤矸石、砾石等非路用适宜材料进行技术研发,确定路用性能和相应的技术处理措施,以充分利用地产资源。分区域确定了路域适宜植被和公路绿化方案,并采用寒区高等级公路生态恢复技术和马蔺、五叶地锦、紫穗槐等新的边坡防护植物,减轻或避免了对湿地、森林等自然环境的破坏及水土流失,最大限度地保持了原有的自然状态。优选的适宜物种对取土场、路基边坡植被进行了有效的恢复,使公路与周边环境相融合,有效降低了公路建设对周边环境的不利影响。

(三)交通决策支持技术研究迈上新的台阶

加强软科学研究,为政府职能部门的管理决策、技术决策提供科学依据。通过对黑龙江省交通科技项目评价体系的研究,建立了科学的项目评价指标体系和完整的评价程序,为规范交通科技项目评价制度提供了依据。通过构建县域和城郊区域公路运输量统计调查指标体系,提出分车型和分货类的公路运输量统计调查方案以及构建区域公路运输量统计调查信息技术管理平台,为黑龙江省公路运输量统计提供了实用关键技术。

二、高速公路建设带动科技人才成长

(一)加大人才工作力度,高层次人才培养工程初见成效

根据"科教兴交"和"人才强交"发展战略的需要,继续实施《黑龙江省交通运输厅关于加快培养交通专业技术人才的实施意见》《黑龙江省交通运输厅关于硕士及以上学位研究生培养工作的规定》等政策,为开展继续教育和培养高层次拔尖人才提供了政策支持,有力地调动了全系统专业技术人员和管理干部学习专业技术,以及提高管理水平的积极性。近年来共推荐厅机关和厅直属单位近300人报考博士、硕士学位研究生,有7人考取博士学位研究生,有135人考取硕士学位研究生;同时选派100余人到国内知名高校和科研院所学习、考察,数十人次赴国外学习、进修,这些人员在工程技术和科技创新领域承担了越来越多的任务。围绕全省公路建设的重点研究方向,整合科技人才资源,依据年龄、学历、专业结构合理的原则,加强科研梯队建设,力求年龄结构合理、职称结构合理、学历结构合理、专业方向合理。已培育交通运输部青年科技英才5人,中国公路学会百名优秀工程师7人,省级领军人才梯队带头人3人、后备带头人4人。挂靠在黑龙江省交通科

学研究所的"道路工程""公路标志·信号与监控工程""公路运输管理"3个重点学科(专业)被省人社厅批准为"黑龙江省省级领军人才梯队"。一批优秀的创新团队相继形成,高层次人才梯队建设成效显著。

1. 道路工程创新团队(黑龙江省交通科学研究所)

2001年,经省人力资源和社会保障厅批准,黑龙江省交通科学研究所成立了"道路与桥梁工程"(2008年更名为"道路工程")省级领军人才梯队,主要从事道路与桥梁工程技术的研究与开发。

"道路工程"梯队坚持"以人为本"的科学发展理念,高度重视人才队伍的建设和培养工作,坚持引进与培养相结合的人才战略,已逐步形成一支具有一定研究能力和社会服务能力的学科梯队。梯队现有人员21名,含研究员级高级工程师8人、高级工程师6人,其中博士2人、硕士12人。包括国务院政府特殊津贴专家1人、省政府特殊津贴专家2人、交通运输部青年科技英才3人、中国公路百名优秀工程师3人;省级领军人才梯队带头人1人、后备带头人1人;高校兼职教授、硕士研究生导师3人。

该团队立足公路建设和发展需求,适时拓展研究领域。基于国内寒区公路路基稳定性差、路面与桥隧工程耐久性不足的工程实际和技术需求,在保持原有寒区公路交通研究特色,不断加强寒区农村公路建设技术、寒区路桥维修养护技术以及寒区公路建设技术地方标准等方面研究工作的同时,又在寒区道路工程长期性能研究领域取得了成功拓展。实践表明,研究方向定位正确,研究领域得到适时合理拓宽,研究工作适度超前且有技术储备,使得有关方面总体上步入了全国交通行业先进行列。

团队致力于寒区公路工程特殊技术问题的研究,为国内寒区公路建设提供技术支持和服务的同时,科技创新工作取得丰硕成果。完成了"季冻区公路路基使用状况评定系统""黑龙江省高等级公路路基边坡稳定与防护技术指南研究"等交通运输部西部交通建设科技项目、交通运输部行业联合攻关项目、省专项资金科研项目、部省联合科技支撑项目、省厅重点科技项目、重大工程科技项目等29项,在研项目37项,荣获各级科技进步奖17项;在路基抗冻、路面材料和结构、养护维修材料和工艺、路基边坡防护等方面取得了突出的科技成果,解决了工程实际问题,提高了工程质量,为新技术、新材料、新工艺在黑龙江省的推广应用打下了良好的基础;在技术标准(规范)修订中,为路基稠度指标、桥涵基础埋置深度、路面抗冻厚度、混凝土耐久性设计、沥青混合料配合比设计、路基下处理深度、边坡防护新植物和冻融滑塌稳定性验算等提供了地区性技术支撑。

2. 公路标志、信号、监控工程创新团队(黑龙江省交通科学研究所)

"公路标志、信号、监控工程"省级领军人才梯队2001年由省人力资源和社会保障厅批准成立,主要从事道路安全设施、通信、监控及收费系统的研究,以及道路设施安全与环保工程技术、公路通信、监控及计算机系统工程技术,交通信息与监控工程系统规划、设计及应用软件开发。

梯队现有人员18人,其中研究员级高级工程师6人,高级工程师9人,工程师1人,助理工程师2人。高级及以上职称占总数的83%。硕士学位10人,硕士以上学位占总人数的56%。

近年来,创新团队一直致力于寒区公路交通特殊技术问题和收费公路监控问题的研究,为国内寒区公路建设提供技术支持和服务的同时,科技创新工作取得长足进展和丰硕成果。3年来,承担重大科研项目18项,鉴定5项,在研13项;获省级科学技术二等奖1项、省级科学技术三等奖2项;发表学术论文21篇。研发的"收费公路收费系统数据的分析与挖掘技术""黑龙江省公路除冰雪组织系统及配套技术"等成果具有较好的应用推广价值,开发的"公路路面使用性能评价管理系统"获国家版权局计算机软件著作权登记认证。

3. 公路运输管理创新团队(黑龙江省交通科学研究所)

"公路运输管理"省级领军人才梯队于2008年由省人力资源和社会保障厅批准成立,主要从事交通运输规划与管理、智能运输、交通环境监测与环保等相关方向的研究。梯队现有人员15人,其中研究员级高工4人,高级工程师6人,工程师3人,助理工程师2人,硕士以上学位占总人数的60%。梯队紧紧围绕实现客运快速化和货运物流化的发展目标,通过系统的科学研究工作,为全省公路运输市场最终建立起科学高效的智能型与物流型紧密结合的运输网络体系提供技术保障。

团队现有学科带头人1人、后备带头人1人、梯队成员11人。其中,研究员级高级工程师2人、高级工程师5人、工程师5人、助理工程师1人。

团队充分发挥人才培养、科学研究和社会服务三大重要基础功能,不断攻关创新,整体科研实力明显提高。完成了"西部公路运输量统计实用关键技术及示范应用研究"等交通运输部西部交通建设科技项目,"基于现代物流业发展需求的黑龙江省综合运输体系研究""黑龙江省汽车维修救援网络开发应用研究""公路水运重点工程建设安全知识教育内容研究及演示系统开发""黑龙江省公路、水路联运实施战略及其发展技术的研究"等多项省交通运输厅科技项目,荣获省公路学会科学技术三等奖2项。

4. 道路与铁道工程团队(哈尔滨工业大学)

哈尔滨工业大学的道路与铁道工程专业是省部级重点学科,依托哈尔滨工业大学工科的综合优势,紧密结合国家科技重大需求,坚持寒区特色,注重基础研究与工程应用相结合,在寒冷地区高速公路建设中发挥着积极的作用。

本学科现有教授7人、副教授14人,其中博士生导师5人;副高职以上人员占42%,

博士后3人,教师的博士比率已达到82%。学科拥有4位国内同行业知名的学术带头人,团队年龄结构合理,青年学术骨干较多,拥有较好的科研基础和较强的科研业务能力,科研水平及影响力在国内外同行业中具有较高的认可度。近五年科研项目经费达到年均1000万元以上,承担国家、省部级项目百余项,荣获国家科技进步奖2项,省部级科技进步奖20余项,发表SCI、EI收录等高水平文章200余篇,授权发明专利30余项。

学科经过多年的积淀,已逐渐形成了4个特色突出、优势明显的学术团队:

(1)以谭忆秋教授为学术带头人的学术团队,主要从事沥青路面应用基础与工程技术方面的研究,主要包括沥青低温流变理论、沥青改性机理和改性技术、新材料开发、冰雪路面交通安全,以及特殊环境下沥青路面结构服役安全性等方向的科学研究。先后承担国家杰出青年基金项目、国家科技支撑计划项目、国家自然科学基金、教育部跨世纪优秀人才基金、教育部博士点基金等省部级以上重大科技项目。

(2)以冯德成教授为学术带头人的学术团队,主要以路面结构力学行为特征、路基路面结构设计理论和设计方法、寒区路面结构抗冻与材料一体化、功能性路面新材料等为主要研究方向。该团队在半刚性基层抗冻抗裂、柔性基层合理结构等方面的理论和工程技术研究处于国内领先水平,承担过《公路沥青路面设计规范》《公路工程抗冻设计与施工指南》《公路路面半刚性基层施工规范》等多项国家行业规范的主要研究任务。

(3)以侯相琛教授为学术带头人的学术团队,主要开展交通及道路基本信息获取技术开发与应用、路面结构与路面表面特性评价、道路工程及附属设施改造加固与路面养护决策和养护技术、高速公路的经济学分析等方面的科学研究。该团队研究开发的道路综合监测车及配套的系列软硬件技术已在多个省份的高速及一级公路的大中修养护工程中得到应用。

(4)以葛勇教授为学术带头人的学术团队,主要研究方向为水泥基复合材料的高性能化与功能化混凝土、高性能轻集料混凝土、混凝土耐久性、防水材料等及其在建筑、道路与桥梁等土木工程中的应用研究,以及北方地区混凝土结构的抗冻性研究。

哈尔滨工业大学道路与铁道工程团队学科实力雄厚,研究特色突出,研究领域也在不断拓宽。多年来结合国民经济发展,承担完成了大量的科学研究项目,参与了大量的国家交通基础设施重大工程项目的实践。学科还将不断深化国际合作,扩大青年教师的国际交流与合作平台,力争形成一支创新能力强、能解决国家重大需求的高层次的研究团体。

5.交通组织及交通安全创新团队(哈尔滨工业大学)

该团队由3名教授、5名副教授、1名讲师组成。该团队多年来主要针对高速公路交通特性、通行能力、事故预测、事故多发点鉴别、交通安全防控技术和交通安全评价等开展研究。主持"高速公路施工建设中的交通控制与安全保障技术研究""绥北高速公路施工期交通分流与封闭施工方案"和"北安至黑河高速公路施工期交通安全设施设计与交通组织方案"等与高速公路建设相关的科研项目 10 余项,并取得了较为突出的成就。20 世纪 90 年代完成的"沈大高速公路交通事故规律的研究"是交通运输部第一个道路交通安全类获奖项目。近年来结合高速公路建设,先后培养博士研究生 3 名、硕士研究生 10 余名,发表了多篇具有一定影响力的学术论文。该团队除了参与高速公路建设项目之外,还致力于解决寒冷地区道路设计技术、交通组织与控制技术、冰雪条件下的交通运行特性和通行能力等关键科学问题的研究。曾承担过 973、交通运输部西部交通建设科技项目以及多项省部级科研课题,获得中国公路学会科学技术奖(寒冷地区公路平纵线形及横断面设计指标研究)、辽宁省科学技术奖(寒冷地区交通运行特性和道路通行能力分析研究)、吉林省高校优秀科研成果奖(冰雪路面对城市交通运行影响及行车保障技术研究)、黑龙江省高校科技进步奖(寒冷地区城市道路交通信号控制与保障技术研究)。

6. 交通管控及应急保障创新团队(哈尔滨工业大学)

该团队由 2 名教授、4 名副教授、2 名讲师组成。多年来主要针对公路工程建设质量管控技术、公路建设社会经济影响评价、高速公路应急保障技术等方面开展研究。该团队主持及参与高速公路建设相关的科研项目 10 余项。近年来结合高速公路建设,先后培养博士研究生 2 名、硕士研究生 10 余名。该团队曾承担过 863 项目、国家自然科学基金重大项目和多项自然科学基金面上项目,出版多部专著,在交通应急疏散网络优化、资源配置等方面发表多篇有影响力的论文。曾获住建部华夏建设科学技术奖和广东省科学技术奖。

7. 寒区道路材料改性与道路病害防治科技创新团队(黑龙江工程学院)

"寒区道路材料改性与道路病害防治科技创新团队"依托黑龙江工程学院土木与建筑工程学院交通运输工程省级重点建设学科、寒区道路工程技术省高校重点实验室以及寒区公路养护技术省级工程中心等科研平台,针对黑龙江省寒区气候对道路工程影响的特殊性,整合各种资源和力量,凝聚了一批跨学科、跨专业的优秀科技人才和学术带头人,开展科学研究和科技创新。

团队成立于 2011 年,现有团队成员 18 人。其中,高级专业技术职务人数 13 人、中级专业技术职务人数 5 人;博士学位人数 6 人、硕士学位人数 12 人,硕士学位以上人员占 100%,有国外学习经历的 8 人。同时拥有校级教学名师 1 人、校学科带头人 2 人、校学术骨干 2 人。创新团队带头人和团队骨干均独立主持过厅局级以上科研项目,有多人在国家、省各相关行业协会、学会担任理事、常务理事等重要学术职务,基本形成了一支老中青相结合、高中初技术职称相匹配、学术研究力量强和有一定影响力的优秀科技创新队伍。近年来,团队选派 2 名教师进行为期 1 年的国外访问,另有 1 名教师(武鹤)获交通运输部"优秀工程师"荣誉称号,逐步提升团队科技创新的整体实力和核心竞争力。

团队本着"重点突破、整体提升"的原则,以服务地方经济和公路工程技术升级改造为宗旨,注重应用基础理论和应用技术的探索创新,切实提升整体创新能力和科技人才培养质量,形成了稳定的研究方向。

(1)寒区道路材料改性技术研究方向

主要研究:寒区沥青及沥青混凝土材料、水泥及水泥混凝土材料、无机结合料及其稳定材料(半刚性材料)、道路工程岩土材料、土工合成材料,以及道路养护材料的改性和新材料的研发。

(2)寒区路面病害防治与旧路面再生技术研究方向

主要研究:寒区沥青路面、水泥路面、半刚性路面、路面各结构层及其合理组合结构的力学分析;特殊气候、地质与水文地质和大交通流量等条件下,各种路面病害的成因机理、破坏模型、防治技术、再生技术等。

(3)寒区路基稳定与病害防治技术

主要研究:寒区路基边坡稳定与病害防治技术、季节冻土区路基稳定技术、道路冻胀翻浆防治技术、软土地基处治加固技术、寒区路基排水与防护技术、公路涎流冰防治技术、公路风吹雪灾害防治技术。

近年来,创新团队承担省级以上科研项目9项、厅局级科研项目12项、企事业合作项目5项,科研经费385万元,获得省级以上科技奖励8项。团队成员在省级以上学术期刊发表论文54篇,其中国家核心期刊21篇,被EI、SCI、ISTP检索12篇;获授权专利28项;参与完成工程设计、监理、试验检测、社会及企业培训等对外社会服务多项,产值100多万元,取得了一批标志性的科技成果,部分研究成果得到了推广和应用,取得了较好的经济效益和社会效益。

8.寒区桥梁结构耐久性及修复技术科技创新团队(黑龙江工程学院)

"寒区桥梁结构耐久性及修复技术科技创新团队"依托黑龙江工程学院土木与建筑工程学院桥梁与隧道工程校级重点建设学科,成立于2012年。创新团队现有人员15人,其中教授3人,副教授4人,高级职称人员占比为47%;具有博士学位9人(含博士后和在读博士),占60%;硕士及以上学位15人,占100%;兼职硕士导师3人,占20%;有国外学习经历的9人,占60%。创新团队全体成员平均年龄为41岁,带头人和团队骨干均独立主持过厅局级以上的科研项目。团队拥有校级教学名师1人、校学科带头人1人、校学术骨干2人,多人在国家、省各相关行业协会、学会担任理事、常务理事等学术职务,基本形成了一支老中青相结合,高中初技术职称相匹配,学术研究力量强和有一定影响力的优秀科技创新队伍。

创新团队针对省内寒冷地区公路工程实际环境、施工工艺、养护水平及技术现状,结合国内外现有研究技术经验,开展寒区桥梁结构耐久性及修复技术方面的研究,凝炼出寒区桥梁结构耐久性、寒区桥梁结构修复技术2个稳定的研究方向。

（1）寒区桥梁结构耐久性研究方向

主要研究：温度、湿度、工业污染等外界环境对桥梁结构耐久性的影响；影响桥梁结构耐久性的设计因素及评估标准；寒区桥梁基础冻胀机理研究。

（2）寒区桥梁结构修复技术研究方向

主要研究：桥梁结构外观修复技术及材料的研究；提高桥梁结构承载力的技术研究。

近年来，创新团队成员承担省级以上科研项目7项、厅局级科研项目18项、企事业合作项目1项，科研经费182万元，获得省级以上科技奖励12项。其中"基于弯矩曲率非线性分析的无黏结预应力结构理论研究"获省科学技术二等奖；团队成员在省级以上学术期刊发表论文52篇，其中全国核心期刊33篇，被EI、SCI、ISTP检索17篇；获授权专利18项；参与完成工程设计、监理、试验检测、社会及企业培训等对外社会服务多项，产值100多万元，取得了一批具有标志性的成果，部分研究成果得到了推广和应用，取得了较好的经济效益和社会效益。

创新团队为加速高层次创新人才的跨越式发展，结合骨干成员的培养计划，建设过程中吸收了学校相近学科的1名骨干博士教师进入创新团队，并选派2名教师出国做访问学者，逐步提升团队科技创新的整体实力和核心竞争力。

（二）积极推进人才管理体制改革，教育培训平台建设基本形成

根据公路基础设施建设和交通运输事业转型发展的需要，黑龙江省确定以交通运输骨干专业高层次人才培养、一线从业人员岗位培训和关键岗位管理人员培训为重点，积极开展符合省情实际的交通运输教育培训工作，并逐步完善交通运输职业教育培训体系，拓宽专业人才培养渠道。在此基础上，不断完善交通运输教育培训平台，近年来，重点支持省交通干部学校建设为重点教育培训基地，积极推进厅相关部门和省公路局、省道路运输管理局和省高速公路管理局等单位开展教育培训活动，同时对哈尔滨航运学校、省公路职工学校和哈尔滨、牡丹江等地的交通职工教育培训基地给予必要的支持，既强化了基层教育培训管理的力度，又保证了全行业年均40000余人次的教育培训工作量，交通运输行业从业人员队伍的整体素质得到有效提高。

三、高速公路建设科技成果推动创新平台建设

建立科技创新服务平台是推动技术创新的重要途径之一。在交通运输部、省交通运输厅、省科技厅以及各高校、科研院所的共同努力下，全省构建了"季节性冻土区公路建设与养护技术交通行业重点实验室""交通安全特种材料与智能化监控技术交通行业重点实验室""寒区公路养护技术工程研究中心"等3个省、部级重点实验室，为提升科技攻

关能力、培养科技创新人才、推动科技持续发展提供了重要支撑。

(一)高速公路建设科技成果创新平台

1.季节性冻土区公路建设与养护技术交通行业重点实验室、寒区公路工程技术重点实验室(黑龙江省交通科学研究所)

黑龙江省交通运输厅积极推动依托于黑龙江省交通科学研究所的交通运输部行业重点实验室、黑龙江省重点实验室的建设工作。"季节性冻土区公路建设与养护技术交通行业重点实验室"于2013年通过了相关部门的复评检查。"十二五"初期,交通运输部与省交通运输厅集中投入1800万元(各900万元),用于仪器设备的购置、改造和升级;2014年、2015年、2016年省交通运输厅分别配套40万元用于重点实验室的运行维护。购置的试验研究仪器设备,如GDS高精度伺服电机控制冻土三轴试验系统、快速冻融试验机、小型加速加载试验机、路况快速检测系统等陆续通过验收调试并投入使用,在原有路基、路面、桥涵和养护试验平台的基础上,初步构建了冻土区道路工程长期性能试验研究平台,进一步完善了实验室的系统功能,实验室的硬件条件得到进一步的增强。

"十二五"期间,重点实验室以提升科技创新条件为目的,紧紧围绕季节性冻土区公路建设与养护技术领域的重大问题,开展应用基础研究与应用技术研究、重大关键技术攻关、前瞻性技术探索以及相关公益性技术研究工作。在深季冻区公路路基技术、路面技术、维修养护技术以及桥梁与隧道抗冻技术4个方向上共承担科研任务50余项,成果获省部级奖励8项。实验室的人才梯队得到了锻炼,研究水平达到国内领先,科研能力不断迈上新台阶。

2.交通安全特种材料与智能化监控技术交通行业重点实验室(哈尔滨工业大学)

哈尔滨工业大学道路与铁道工程学科自2007年以来先后获批了"交通安全特种材料与智能化监控技术交通行业重点实验室""黑龙江省寒冷地区先进交通技术工程实验室",拥有实验场地5000余平方米,现拥有仪器设备价值逾8000万元。实验室构建了材料微观性能、结构内部损伤评价、材料路用性能及安全评价等试验平台,室内有大型直道试验场、各种路面材料成型设备、电子扫描电镜、工业CT、疲劳试验机、材料试验系统(MTS)等大型设备,具备开展寒冷地区道路工程建设养护及安全技术研究和开发的基本条件。

实验室10多年的建设发展为学科的科研工作和教学活动提供了极大的支撑,承担了多项863、交通运输部、国家自然科学基金及省部级科研项目。培养了一支高水平的科研、技术咨询与技术服务队伍,并形成了严谨踏实的学术风气,研究规模及研究力量均达到国内一流水平,为开展高水平的教学和科研工作提供了保障。同时,该科技平台也成为国家培养交通和城市建设高级工程技术与管理人才的重要基地,在国家和地方的公路建设、养护及交通安全等方面作出了重要贡献。

尤其在2009—2011年黑龙江省公路建设"三年决战"的过程中,先后为林泉高速公路、齐泰高速公路、黑北高速公路、鹤大高速公路、绥满高速公路、绥北高速公路、伊绥高速公路、建虎高速公路、漠北高速公路等9个重点工程建立了中心实验室和技术服务团队,有力地保障了高速公路建设任务的顺利完成。同时,重点实验室还承担了大量的黑龙江省高速公路技术状况评定任务,累计里程已达到1.5万车道公里。强大的技术保障极大地提升了黑龙江省道路交通系统的整体质量和运行效率。

3. 寒区公路养护技术工程研究中心(黑龙江工程学院)

寒区公路养护技术工程研究中心(以下简称工程中心)是2011年9月经黑龙江省发展和改革委员会批准设立的省级工程技术研究中心。工程中心依托黑龙江工程学院土木与建筑工程学院,与黑龙江省交通科学研究所、黑龙江省高速公路管理局和龙建路桥股份有限公司合作共建。

工程中心遵循产学研用相结合,创立协同战略联盟机制,促进资源开放、共享与优化整合,实现校企优势互补和互利共赢。黑龙江工程学院土木与建筑工程学院拥有"交通运输工程"省级重点学科、"寒区道路工程技术"省高校重点实验室、"寒区公路施工及养护新技术新材料"省高校校企共建工程技术研发中心、隆盛达工程质量检测有限公司等平台。合作单位黑龙江省交通科学研究所是黑龙江省交通行业唯一的专业科研机构,主要面向黑龙江省交通行业和北方寒冷地区公路建设,从事公路、桥梁、交通工程、交通信息化等具有寒区地域性特点的应用基础与应用技术研究。黑龙江省高速公路管理局下辖哈同、哈双等10个公路管理处,主要负责省内高等级公路的养护及管理等工作。龙建路桥股份有限公司具有公路工程施工总承包特级资质和对外经营资质,权属11个子公司,年施工生产能力达100亿元,拥有各类机械设备2000多台(套),是黑龙江省公路建设的龙头企业。

工程中心总面积1500m^2,仪器设备总值达1600万元,其中10万元以上设备20余台(套),拥有探地雷达、激光挠度仪、约束冻断仪等一批国内一流的先进仪器设备。工程中心现拥有专兼职人员50余人,其中高级职称41人,博士18人,是一支年龄、职称、学历、学缘结构合理,学术水平较高,科研能力较强的科技创新队伍。

工程中心结合国内寒区公路工程特点,特别是黑龙江省公路冻害多、成因复杂、养护难度大的现状,积极开展区域性公路养护新技术、新工艺、新材料等方面的技术研发工作,工程中心研发方向为寒区公路无损快速检测、寒区公路病害诊断分析、寒区公路养护方案设计、寒区公路预防性养护技术、寒区公路快速修补材料,以及寒区公路养护信息化等技术研发方向,为提高公路使用品质、延长公路使用寿命、服务经济社会发展提供科技支撑和保障。

近年来,工程中心承担国家级、省级、市厅级纵向项目和各类横向项目21项,累计科研经费及对外服务575.3万元,学术论文被SCI、EI和ISTP收录32篇,出版专著2部,申请及授权国家专利36项,获得各类成果奖6项。

工程中心力争通过5~10年建设,基本建成集养护技术研发、成果体系配套、特色鲜明、市场化产业化工程化比较发达、具有寒区公路养护技术特色的工程研究中心,成为面向养护企业、服务地方和辐射全国的科技研发、技术创新和成果转化的重要基地。同时,建成一支专业素质高、研发能力强,在国内具有重要影响力的科技创新队伍,掌握一批具有自主知识产权的中高端养护核心或关键技术,为打造"畅、平、洁、绿、美、安"的公路交通环境和"环保、节约、可持续发展"的公路养护技术体系贡献力量。

(二)高速公路建设科技成果创新平台取得的效果

1. 高速公路建设促进科技管理体制机制创新

有效的科技管理体制机制保证了高速公路科技工作的顺利开展,同时高速公路科技工作的进一步发展也促进了科技管理体制机制的不断创新。黑龙江省交通运输厅的科技主管部门——科技教育处,在交通科技管理工作上始终围绕创新能力建设与科技项目研发两类重点任务,进一步建立健全交通科技管理制度与管理机制,保障交通科技重点任务的实施。除了认真执行交通运输部下发的《关于进一步加强交通运输科研项目经费管理的通知》《交通运输部科技项目招标投标管理(暂行)办法》《关于加强交通运输部科技计划项目负责人管理的有关要求》等一系列加强交通科技项目管理的文件、办法,省厅还针对省内交通科技项目全过程管理的各个环节,结合实际,制定了《黑龙江省交通运输厅科技项目管理办法》,以此作为科研项目管理的出发点和依据。同时有针对性地加强项目立项、中期、结题等重点阶段监管,严把鉴定验收关,确保项目的进度和质量。实行科研成果绩效评估和后评价机制,提升成果应用价值,促进成果的后期推广应用。对科技教育和信息化项目采取合同制管理,严格经费拨付程序,保证经费的使用效果。

2. 扩大对外科技合作与交流,技术引进消化和吸收不断加强

本着"开放、流动、联合、竞争"的原则,在开展高速公路关键技术攻关、推进科技成果转化的同时,黑龙江省交通科技系统广泛开展了国内外学术交流与科研合作,实现了优势互补、资源共享。与国内多个地区和城市的科研院所、大专院校、科技企业展开了产学研合作、联合攻关,产学研合作项目超过70%。通过与日本等国家进行项目合作,建立顺畅的交流途径,充分吸收国外的先进技术成果和经验。"十二五"期间中日两国互访技术人员达20余人次,组织赴日研修生4人,中日合作"桥梁维修养护管理技术协力事业"等取得良好效果。

第二节　重大科研课题及应用

黑龙江省高速公路建设科技成果对于全省高速公路的建设发挥了巨大的科技引领和推动作用,黑龙江高速公路科技研究人员近年承担重大科研课题99项(详见本章附表4A),形成重大科研课题示例23项。

一、季冻地区路面结构排水系统的研究

(一)立项背景

路面结构及其下部基础材料受水浸泡将导致强度的降低和路面弯沉的增加,加速产生许多路面病害,如水泥混凝土路面的唧泥、错台和断裂以及沥青路面的松散、龟裂、唧泥和坑槽,并使沥青混凝土集料剥落、加速沥青胶结料的氧化等。在潮湿多雨或雨季集中的寒冷地区,这一现象尤其突出。设置路面结构排水系统是解决这一问题的关键。

(二)主要研究内容

(1)总结国内外路面结构排水类型和方法,分析、借鉴适用于季冻区实际的经验。
(2)季冻区路面结构排水层材料组成及性能研究。
(3)依据季冻区路面结构排水层材料组成设计,确定适合的排水层层位,组成路面结构排水系统。
(4)通过试验路的修筑和试验、观测,对季冻区设置排水层的路面结构进行分析,积累路面结构排水层的施工工艺和施工质量控制经验,补充季冻区公路路面结构排水中的一些指标,供规范修订参考。

(三)主要研究成果

1. 针对水泥稳定碎石基层

针对水泥稳定碎石基层,首先确定混合料设计标准:空隙率20%,7d无侧限抗压强度不小于3MPa。采用正交试验设计方法,优选出抗压强度高、抗折强度高和流动度好的水泥胶浆。在骨架设计部分,通过CBR试验和动载压入试验确定了力学性能好、抗变形能力强的两种级配。分析了材料的几种室内成型方法,最终确定采用上置式振动器成型。采用体积设计法确定了胶浆用量,并对体积设计法空隙率的预测进行了验证,确定胶浆用量为15%。

设计了水泥胶浆的析漏试验,并以此为胶浆合理稠度的评价方法。采用空隙差来表

征空隙分部的均匀性,试件经析漏之后的强度作为强度评价标准。分析了施工工艺(振动时间)对胶浆稠度的影响,得出了要在考虑施工工艺的条件下确定胶浆的合理稠度。建立了不同时间的析漏质量与各个空隙差和析漏之后强度之间的关系,并根据空隙差不大于5%,抗压强度不小于3MPa,得出了合理稠度所对应的析漏质量,取两者交集,确定出合理稠度所对应的析漏质量。

2. 针对沥青稳定碎石基层

(1)沥青稳定排水层沥青路面结构层设计中,主要考虑沥青稳定排水层的层位设置、沥青稳定排水层的模量取值和半刚性基层的模量与厚度。

(2)通过对路表弯沉和各结构层底应力的分析表明,当以模量为800MPa(15℃值约为1100MPa)的沥青稳定排水层替代模量为1000MPa的部分结构层(下面层)或替代部分基层时,对整个路面结构的刚度影响不大,因而路表弯沉值和层底拉应力差别都很小,同时用沥青稳定排水层替代部分结构层(下面层)的方案比较合理。

(3)通过对沥青稳定排水层模量取值的分析得出,当沥青稳定排水层的抗压回弹模量取1100MPa(20℃值约为800MPa)时,设沥青稳定排水层的沥青路面比未设沥青稳定排水层的原路面在弯沉方面仅相差3.7%,而面层又处于受压状态。这说明当沥青稳定排水层模量取1100MPa时,排水沥青路面有足够的结构强度,同时又有良好的排水性能。

(4)在设置沥青稳定排水层的半刚性基层沥青路面中,应使半刚性基层的模量不小于1500MPa;同时由于沥青稳定排水层良好的排水能力,在水泥稳定风化沙砾加碎石基层底面拉应力不超过容许拉应力的条件下,半刚性基层的厚度可以减薄3cm。

(四)创新点

(1)根据路面结构的渗透系数,可以确定路面结构的排水性能。通过路面结构的排水性能,可以大致计算路面结构处于水饱和状态时间所占的百分比,并确定了季冻地区路面结构处于正常水饱和时间的评价标准。

(2)提出了模量增减系数,并可以根据路面结构处于水饱和状态时间所占的百分比计算出道路使用期内的粒料基层和下基层、土路基的模量增减系数。同时根据试件的测试结果,建立了沥青处治类基层的抗压回弹模量和抗压强度关于沥青用量、空隙率和浸水天数的线性回归公式。

(3)建立了考虑水影响因素下季冻区沥青路面结构设计的新方法。

(五)社会经济效益

在鹤大高速公路鸡牡段柴河支线上修筑了两段共500m沥青混凝土面层下的水泥稳

定排水层试验路；在嫩泰高速公路支线上修筑了两段水泥混凝土面层下的水泥稳定排水层试验路，其中500m进行全宽式排水，另外500m采用组合式排水，取得良好效果；在绥满高速公路尚志至亚布力段辅道上修筑了2000m的试验路；在明沈高速公路修筑了400m的沥青稳定排水层试验段，排水效果良好。设置路面内部排水系统，有利于改善路面的使用性能，并大大提高其使用寿命。美国加利福尼亚州运输局认为排水刚性路面寿命至少比不排水刚性路面长50%，排水柔性路面平均寿命至少要比不排水柔性路面长33%。其社会经济效益十分显著，获黑龙江省公路学会科学技术一等奖和黑龙江省科技进步三等奖。

二、西部基于抗冻融破坏的季冻区沥青路面结构与材料研究

半刚性基层沥青路面是国内高等级公路常用的结构类型，受经济条件的制约，中国的沥青层多数较薄，所谓"强基薄面"，沥青面层厚度一般小于20cm，这类路面结构从设计理论上讲，抵抗行车荷载的强度没有问题，但在抵抗季冻区恶劣的自然因素方面就存在较大的问题。季冻区沥青路面要抵抗行车荷载与恶劣自然因素的共同作用，不仅在材料上需加以研究，而且要在半刚性基层沥青路面的结构上进行探讨和研究。

项目针对季冻区特殊的自然条件及其对沥青路面结构与材料的特殊要求，在对季冻区沥青路面的冻融破坏及其破坏机理进行调查分析的基础上，以温度、水分及其综合形成的冻融作用为主线，从结构与材料、路基路面相互作用等方面，深入系统地开展基于抗冻融破坏的季冻区沥青路面结构与材料研究。

专题一：季冻区沥青路面冻融破坏及其原因研究；

专题二：抗冻融破坏的沥青路面结构组合研究；

专题三：基于抗冻融破坏的沥青路面材料要求与组成研究；

专题四：基层材料抗冻融性能要求与设计标准的研究。

项目依托黑龙江、吉林、辽宁3省的高速公路进行了试验路修筑，充分验证了项目成果。其中，黑龙江省试验路段为G111二期工程老莱至嫩江段，四种结构，每种结构500m；在吉林省长余高速公路、长珲高速公路、辽宁省滨海公路葫芦岛段与营口段，修筑的试验路均效果良好。

创新点：提出了季冻区沥青路面冻融典型破坏类型及其破坏机理，根据气候特征和冻害程度进行了冻区划分；提出了沥青路面结构融沉附加应力计算公式、抗冻融沥青路面合理结构组合和控制参数；揭示了半刚性基层材料和沥青混合料冻融衰变规律，提出了沥青混合料冻融试验方法和技术指标。

项目成果对于改善季冻区沥青路面抗冻融性能、节约维修养护费用具有重要的实用价值，社会经济效益显著，总体达到国际先进水平。

三、寒区公路水泥路面结构性损坏原因及预防技术研究

(一)立项背景

黑龙江省为低海拔、高纬度寒冷地区,公路水泥混凝土路面的广泛应用起始于1989年竣工通车的原哈尔滨至阿城一级公路,长29.9km(另有4.1km的二级公路)。早期的规模化应用至今已有20余年,恰好接近一个设计基准周期。目前,黑龙江省的公路水泥路面里程已经超过13150km,发展迅速。但普遍出现了结构性裂缝、沉陷错台等病害,同时平整度、舒适性衰减迅速,实际使用年限普遍不足设计基准期的1/2。其中结构性病害长期存在,不仅给维修养护带来很大困难,而且严重影响路面的使用功能和使用寿命,已成为制约公路水泥路面发展应用的技术难点。

(二)主要研究内容

1. 寒区公路水泥路面结构性病害的构造原因研究

结合重点路段的调查及观测试验,研究黑龙江省公路水泥路面的受力特征和构造细节,分析探讨寒冷地区水泥路面结构性病害的构造原因。通过以上工作提出:

(1)黑龙江省公路水泥路面结构性损坏的主导类型、发展趋势和所占比重。

(2)目前的典型路面结构下,由于车辆轮迹横向分布、接缝传荷作用的衰减和路肩的约束,路面临界荷位发生变化的可能性。

(3)寒区公路水泥路面结构性损坏的路面构造原因。

2. 半刚性基层防冻、抗冲刷技术措施的试验研究

在保证基层整体强度和稳定性的同时,需要采取一定的措施加强接缝附近基层的抗冻融、耐冲刷能力。借鉴国外的做法,结合依托工程,研究利用土工材料(或乳化沥青)等提高接缝附近基层的抗冻融、耐冲刷能力,并通过室内模拟试验和现场观测进行验证。

3. 寒区公路水泥路面接缝传荷体系优化研究

(1)研究在黑龙江寒区环境条件下,路面缩缝传荷作用的变化规律,通过现场观测,明确预切缩缝宽度的变化范围及缩缝传荷能力的衰减过程,分析缩缝传荷体系对路面结构性损坏影响的具体表现。

(2)研究并优化缩缝传荷体系,利用力学分析模型,对缩缝传力杆的几何尺寸、设置间距等进行优化,并在此基础上分析、总结适合于寒区公路水泥路面的,增强缩缝传荷体系以防止路面结构性损坏的技术对策和有关参数指标。

4. 半刚性基层抗冲刷、路面接缝传荷体系优化措施的施工工艺研究

提出半刚性基层抗冲刷技术措施和传力杆施工工艺要求,编制施工技术指南。

(三)主要研究成果

(1)揭示季冻区公路水泥路面结构性损坏机理。
①确认了黑龙江省季冻区公路水泥路面结构性损坏的主要形式及其比重;
②分析了路面结构性损坏的面层构造因素;
③提出黑龙江省季冻区公路水泥路面疲劳开裂的主要表现形式及其发展规律;
④路面正、负温度梯度及基层刚度变化对路面弯拉应力的影响规律。
(2)提出缩缝传力杆的优化参数、指标及基层抗冲刷技术与施工工艺,形成相应的技术指南供设计和施工参考应用。
①确认黑龙江省公路水泥路面结构性病害程度与缩缝传荷密切相关;
②提出当缩缝传荷系数在0.65~1.0之间时,提高缩缝传荷能力能有效降低路面最大弯拉应力;
③确认了缩缝传力杆对减少路面纵向开裂的重要作用;
④提出适当降低基层刚度对减小水泥路面最大弯拉应力的积极作用;
⑤提出了对应不同路面板厚度的推荐传力杆最大间距;
⑥提出了传力杆的优化参数"长度与直径之比";
⑦提出了基于车辙试验原理的半刚性基层材料的模拟轮碾冲刷试验方法;
⑧提出了半刚性基层材料的防冲刷技术措施和主要施工工艺。

(四)创新点

(1)提出在不利荷载位置外,尚需要关注横向缩缝位置的荷载疲劳累积效应。
(2)分析"板中横断面"和"缩缝边缘横断面"的疲劳累积分布,确认黑龙江省公路水泥路面产生纵裂的可能性大于出现横裂的可能性;并指出采用缩缝传力杆能够有效降低或延缓纵向裂缝出现的概率和出现时间,为控制纵向裂缝的发生提供了新的思路。
(3)提出了缩缝传力杆优化参数:传力杆长度与直径之比(18.0),以及路面板厚度不大于24cm时的推荐传力杆最大间距30cm,路面板厚度大于24cm时的推荐传力杆最大间距40cm。
(4)提出了模拟轮碾冲刷的试验方法与半刚性基层表面抗冲刷技术措施。

(五)社会经济效益

公路水泥混凝土路面的设计基准期一般为20~30年,根据目前工程经验,一般第

2~3年就开始出现路面结构性损坏,需要逐年维修。项目成果能够综合提高水泥混凝土路面的使用耐久性,将面层的中修周期延长3~6年,从而节约养护维修费用,具有良好的间接经济效益,并且在对应的使用期内,路面性能得到了更好的维持与改善。如黑龙江省6.78万km的未铺装公路有1/5进行路面铺装,其中的12%采用水泥路面,则每年可节省养护维修费用约0.98亿~1.3亿元。

项目先后在前嫩公路嫩江支线、绥满公路二期扩建工程、吉黑高速公路北安至黑河段铺筑了试验路和应用工程,形成的技术指南供设计和施工参考应用,社会经济效益显著。获中国公路学会科学技术三等奖及授权实用新型专利1项。

四、软沥青混合料的路用性能及其应用研究

(一)立项背景

目前我省交通建设在发展高等级公路的同时,正致力于大力发展交通量相对较小的地方网化公路、通县乡公路工程。中小交通量公路在使用性能及承载力等方面的要求不是很高,如果采用高等级公路路面材料和结构形式,势必造成资金的浪费,因此目前急需为网化公路工程确定出适宜的路面材料和结构,适应工程的实际需要。

由于黑龙江省地域广阔、材料来源广泛,因此网化工程路面基层材料可以按照因地制宜、就地取材的原则进行选用。如对于产煤地区,可采用稳定煤矸石作为基层材料;具有粉煤灰来源的地区,可采用二灰稳定土或二灰碎石材料;类似地还有稳定钢渣(炼钢厂)、稳定碎石土(山区)、贫灰混凝土材料等。由于网化公路工程必须考虑将来改建、升级的问题,因此可选用易于施工和回收的沥青混合料做面层,如冷拌沥青混合料。从结构角度来讲,网化公路对于承载力的要求相对较低,可考虑适当降低路面结构的厚度,进一步节省建设资金。

(二)主要研究内容

(1)在部分地区开展了黑龙江省路用材料储量调查,尤其是对具有普遍性的天然砾石材料的调查。

(2)对黑龙江省部分地区旧路基的承载能力进行了调查,通过现场试验,对这些路段进行了承载力评价。

(3)从柔性路面和刚性路面结构两个方面,结合黑龙江省的材料、气候特点,对多种结构形式进行了试验和研究,并对不同路面结构的路用效果、经济性进行了分析和评价。

（三）主要研究成果

（1）软沥青磨耗层能够与半刚性基层（如白灰稳定砾石）材料相适应，两者能够很好地结合，形成稳定的路面结构类型。

（2）软沥青磨耗层具有良好的抗低温开裂性能，冬季平均开裂间距为26m，最大间距可达45m。

（3）软沥青磨耗层具有良好的冰冻稳定性，当路基冻胀值达到1.4cm时，路面未发生严重开裂，能够保持正常的使用状态。

（4）软沥青磨耗层的施工能够与传统的设备和工艺相适应，包括常规的热拌站、压实机具等。若能配合使用轮胎压路机，碾压效果更佳。当采用半刚性基层时，宜喷洒透层油改善基层、面层之间的黏结效果。

（5）软沥青磨耗层能够有效提高路面强度，具有良好的抗滑性，确保行车安全和舒适。

（6）软沥青磨耗层可以充分利用地产丰富的砾石材料资源，在黑龙江省境内具有普遍意义，可以大幅降低工程造价。同时，其开裂程度的降低，能够使路面养护及维修费用也大幅度降低。

（四）创新点

（1）对于软沥青磨耗层，当采用控制黏度为10000mm^2/s的软沥青结合料时，在黑龙江省季冻区进行应用，取得了良好的效果，能够满足2000辆以下轻交通量公路的使用要求。

（2）根据软沥青结合料的运动黏度指标，确定软沥青混合料的加热、拌和、摊铺、压实温度，可以有效地控制软沥青磨耗层的施工工艺。

（五）社会经济效益

通乡公路实施的软沥青试验路，既为当地的公路建设提供了技术支持，又节约了大量的投资。首先，软沥青路面材料采用的是半热拌，结合料加热温度为110℃，而且结合料用量也少（4.2%），同热拌沥青混凝土材料相比（结合料用量5.0%左右），既可节省加热用的燃料费用，又可降低沥青等结合料费用。其次，碎石（或破碎砾石）均可用作面层集料，提高材料的易得性，有利于减少材料运距。此外，软沥青路面基层采用白灰稳定天然砾石或直接采用地产天然砾石材料，与水泥稳定沙砾等半刚性基层相比，可节省大量的结合料费用。综合地讲，采用软沥青路面结构，与热拌沥青混凝土或水泥混凝土路面相比较，面层及基层可降低造价10%以上，这一成果对于今后黑龙江省县乡公路和农村公路建设是十分有益的。

五、寒区高等级公路路基、路堑边坡稳定性及对应措施的研究

(一)立项背景

由于气候等原因,黑龙江省公路路基边坡经常出现坡面冲蚀、浅层滑塌、防护工程损坏、滑落等病害,不仅直接影响公路的整体使用功能和环境协调,而且大大增加后期养护、维修的难度与费用。因地域和经济发展条件的局限,同国内其他地区一样,相关研究总体上比较匮乏。因此,根据地区的气候特点,对土质路基边坡病害机理和稳定技术进行有针对性的分析探讨,具有重要意义。

(二)主要研究内容

(1)影响黑龙江省土质路基边坡坡面稳定性的具体原因,并确认目前的主要影响因素。

(2)现有植物防护和工程防护方法的适应性分析研究、边坡合理坡度的观测与试验分析认证。

(3)适合黑龙江省土质、气候和材料等情况的土质路基边坡坡面稳定与防护技术措施。

(三)主要研究成果

(1)提出了冻融滑塌稳定性验算公式,可用于季冻区土质路基边坡冻融滑塌稳定性的分析评价,也可用于各影响因素的定量分析。

(2)寒区公路路基边坡浅层滑塌具有特殊性,坡度不是唯一的决定性因素。对于存在"渗水线"(层间水)的季冻区土质路堑边坡,不宜采用大幅度降低坡度的方法来保证边坡的稳定性,也不宜单纯采用砌石骨架或混凝土预制块植草护坡的办法,最关键的是要排除边坡土体中蓄积的水分;填方路基边坡冻融滑塌现象较少,但也需要及时封堵可能渗水的路面及路肩的接缝或裂缝,防止水分冻融积聚使边坡土体抗剪强度大幅度下降引起滑塌。

(3)坡面附加荷载对季冻区路基边坡冻融滑塌稳定性有明显影响。采用较轻的防护结构对提高边坡的稳定性更为有利。推荐优先选用自重较小的土工合成材料配合植物防护的方法,并选用根系较深、抗逆性强的植物。

(4)黑龙江省土质路基边坡的冲刷临界坡度为 $1:0.8 \sim 1:1.1$,应予避开或加强坡面冲刷防护。

(5)排水材料埋置深度可根据稳定性验算公式推算滑塌深度进行判断,也可以综合坡面含水率分布和滑塌调查分析确定。马蔺草耐贫瘠、耐干旱、根系坚韧发达、喜阳不喜荫、管理粗放,适合种植在其他草本植物不易成活的朝阳坡面。对于少日照边坡,应通过验算或调查适当加深排水材料的埋置深度,配合无芒雀麦、紫羊茅和黑麦草等进行坡面防护绿化,亦可种植紫穗槐等木本植物或五叶地锦等藤本植物。

(6)季冻区路基边坡设计时要充分注意冰冻地区的特点,在综合考虑土质、水文和地质条件后,再确定边坡稳定措施,并应考虑后期可能发生的变化采用动态设计方法。

(四)创新点

(1)针对冻融滑塌建立了路基边坡冻融滑塌稳定性分析模型。确认在常用路基坡度范围内(1∶1~1∶2),边坡冻融滑塌的关键影响因素不是坡度而是抗剪强度。与减缓坡度相比,在可能的路基坡度范围内,减缓坡度不能避免冻融滑塌的发生。同时分析结果表明,坡面圬工附加荷载对边坡滑塌稳定性有明显影响。

(2)对黑龙江省不同自然区划的降雨强度进行了划分,利用力学法对边坡冲刷临界坡度进行了分析,对应的临界坡度为1∶0.8~1∶1.1,确认此坡度范围受雨水冲刷的影响最为严重,应予避开或加强冲刷防护设计。

(3)通过公路路基边坡防护试验,提出了新的浅层排水防护形式及施工工艺。

(五)社会经济效益

黑龙江省气候条件特殊,G1011哈同高速公路哈尔滨至佳木斯段、G10绥满高速公路哈尔滨至尚志段、依宝公路茄子河至七宝界段、哈肇公路(S101)等都出现过相关病害,其中G1011哈同高速公路哈尔滨至佳木斯段通车多年间,每年的5~6月都有一定数量的边坡滑塌出现,使维修工作量和维修投入大大增加。

G1011哈同高速公路哈尔滨至佳木斯段应用项目成果对路基边坡进行防护处理,采用土工格室配合土工滤排水材料、马蔺草、五叶地锦等边坡防护技术,实施边坡防护3处约300m长;G10绥满高速公路哈尔滨至尚志段采用五叶地锦配合混凝土空心六棱块进行边坡防护约2000m^2;齐齐哈尔地区参考项目成果进行边坡防护绿化,施工路段共22处,累计延长约达4000m;克东县利用本项成果进行边坡防护施工,实施边坡坡长约200m(平均坡高10m),均取得了较好的效果。项目成果能够有效解决春融期公路边坡浅层失稳、冻融滑塌和冲刷剥蚀等问题,提高了边坡的绿化覆盖率,维护了沿线良好的自然景观,改善了公路运营环境,同时减少了水土流失与环境污染,社会效益十分显著。项目成果达到国际先进水平,获中国公路学会科学技术三等奖和黑龙江省科技进步三等奖。

六、抗辙路面材料设计与施工工艺控制研究

(一)立项背景

虽然目前对沥青路面的材料、结构进行了较为深入的研究,但沥青路面仍面临着较为严重的车辙损坏现象。分析原因,有交通量大、重载多的问题,也存在沥青混合料高、低温性能评价方法不足的问题。如何准确评估重载作用下沥青混合料抵抗永久变形的能力,研究适用于重载交通的路面设计方法,对沥青混合料的设计和沥青路面损坏防治具有重要意义。

(二)主要研究内容

(1)沥青混合料高温抗变形能力评价方法的研究。
(2)嵌挤骨架类沥青混合料成型方法的研究。
(3)抗辙路面沥青混合料组成结构的研究。
(4)沥青混合料施工工艺的研究。
(5)实体工程试验。

(三)主要研究成果

(1)在分析现有规范沥青混合料高温稳定性评价指标存在不足的基础上,对嵌挤骨架类沥青混合料,提出了有侧限、能反映材料三向受力状态的动载压入法作为沥青混合料高温稳定性的评价方法。该方法可将永久变形分为压密、变形累积和剪切流动三阶段,并确定累积永久变形作为沥青混合料高温抗变形能力的评价指标。

(2)碾压成型是形成沥青混合料强度、保证使用性能的一个关键。抗辙路面压实度均大于100%的现象说明,对于嵌挤骨架—密实型沥青混合料,马歇尔击实标准偏低。因此根据碾压设备的发展、HMA类型的发展及工地现有工艺水平等方面要求,提出重点研究振动成型法。并以嵌挤骨架类沥青混合料AC-13V为例,通过振动三参数对评价指标的影响显著性分析,确定了嵌挤骨架类沥青混合料的最佳振动成型工艺。

(3)通过沈山高速公路车辙损坏严重路段及使用性能良好路段的沥青混合料级配组成分析,明确具有良好抗辙性能沥青混合料的组成结构特点,在此基础上进行了抗辙路面沥青混合料的组成结构设计。分别从级配粗集料类型、细集料类型、填充系数三方面入手,研究组成结构类型对车辙性能的变化规律,从而提出了抗辙路面沥青混合料级配的建议范围,并对抗辙沥青混合料和规范级配混合料进行了路用性能对比分析,进一步验证了抗辙路面沥青混合料的使用性能。

（4）现场试验路不同工艺组合试验研究表明,通过调整碾压工艺,能够获得理想的压实效果,现场最佳振动压实工艺与室内结论一致,现场试验结论与《公路沥青路面施工技术规范》(JTG F40—2004)中推荐的振动压实工艺一致,即振动频率为 30～50Hz,振幅为高幅。由此通过4种不同压实工艺组合下沥青路面使用性能的对比分析,推荐出"嵌挤骨架-密实"型沥青混合料的现场压实工艺组合。

（5）根据室内推荐的抗辙路面沥青混合料级配范围及最佳碾压工艺组合,铺筑了250m试验段,并采用道路压实质量过程监测与控制系统对沥青面层进行了沥青混合料施工压实均匀性检测与控制。根据动态采集系统,直观观察压实状态,从而有针对性地进行压实质量控制。并通过结构层整体车辙试验及现场检测,证明抗辙路面结构在保证路面平整度、弯沉等指标基础上,可以明显提高沥青路面抵抗永久变形能力、抗滑能力,进一步验证了抗辙路面沥青混合料组成结构及最佳碾压工艺的合理性。

（四）创新点

（1）利用材料与碾压工艺相互作用原理,提出了抗辙路面沥青混合料的最佳振动压实工艺、混合料体积设计方法以及施工压实均匀性检测与控制,并推荐了抗辙路面沥青混合料的级配范围。

（2）对强度主要来源于内摩阻力的嵌挤骨架类沥青混合料,提出采用具有侧限、能反映材料三向受力状态的动载压入法评价其高温稳定性,并以动载压入试验中累积永久变形指标来表征沥青混合料的高温抗变形能力。

（五）社会经济效益

项目从理论和实际两方面分析了沥青路面重载车辆车辙产生的原因以及对路面的破坏,有针对性地提出了解决方案。项目的推广应用将对黑龙江省以及寒冷地区的公路建设提供新的建设思维方式。

（1）研究成果有助于缓解重载作用下沥青路面的早期车辙损坏,延长沥青路面的使用寿命,从而节省大量的维修费用,由此产生的经济效益巨大。

（2）研究成果可缓解沥青路面的早期车辙损坏,为安全、通畅的行车环境提供了条件,由此产生的社会效益十分巨大。

项目获中国公路学会科学技术三等奖。

七、伊春至绥化生态旅游高速公路设计新理念研究

（一）立项背景

鹤岗至哈尔滨高速公路为《国家高速公路网规划》中鹤岗至大连高速公路的联络线1,

简称鹤哈高速公路,编号 G1111。伊春至绥化段为鹤哈高速公路的中间路段,长约 232km。路线起点位于伊春市区,经翠峦区、日月峡旅游区、铁力市、庆安县,终点位于绥化市南,与哈尔滨至绥化高速公路相接。

伊春至绥化高速公路全长 232km,其中伊春境内 142km,主要位于小兴安岭林区。伊春林区目前正在进行产业结构调整,木材深加工、旅游业等非资源消耗型产业将逐步走向主导地位。与国内发达旅游省份相比,由于地域宽广、基础设施落后,黑龙江省旅游存在着路远景稀的问题。"十一五"期间,黑龙江省交通运输厅将伊春至绥化高速公路和伊春至北安公路(省道)纳入建设规划。这两条公路的建设将形成"哈尔滨—伊春—五大连池—哈尔滨"的北部精品旅游环线,为发展世界级的旅游产品奠定基础,这也相应对公路的建设提出了极高的要求。把伊春至绥化高速公路建设成为"中国林都生态旅游公路"是调整小兴安岭广大林区产业结构,走可持续发展之路的具体实践。一条环境优美、设施完善、景观别致的林区旅游高速公路将大大增加该地区的旅游知名度,伊春适宜的气候、独特的森林景观,加上快捷的交通条件,将吸引更多的游客到伊春旅游,从而带动林区经济的可持续发展。

伊春至绥化高速公路已被交通运输部列为公路建设典型示范工程。交通运输部提出的勘察设计典型示范工程,其重点在于坚持以人为本,坚持全面、协调、可持续的新发展观,按照"安全、环保、舒适、和谐"的设计理念,依据安全性、服务社会、尊重地区特性、整体协调性、自然性原则进行总体设计。做到地形选线、地质选线、安全选线、环保选线,灵活运用技术标准、指标,充分重视公路自身线形协调设计、公路线形与结构物协调设计和公路线形与环境协调设计,使线形走向与山川、河流、大地的走势相吻合,体现"不破坏就是最大的保护"思想,因地制宜设计路基横断面形式,使之与周围的地形地貌相适应。高度重视环保景观设计,针对项目沿线自然及人文环境特点,依据自然性、协调性原则,合理选择路基防护形式,进行边坡生态防护和沿线服务设施区的景观绿化设计,尽量减少人工痕迹,营造优美的自然环境。交通工程及沿线设施设计应体现以人为本思想,确保安全,提倡人性化服务。

本课题根据交通运输部设计新理念的总体要求,以伊春至绥化高速公路示范工程为载体,结合黑龙江省的自然条件及气候特点,系统研究适合黑龙江省的公路设计新理念、新思路,积累经验,为黑龙江省以后的公路设计提供参考。

(二)主要研究内容

(1)路线安全性检验研究。

(2)分离式路基设计细节、交通安全的研究。

(3)排水工程研究。

(4)寒区生态防护技术研究。

(5)取弃土场的生态恢复措施研究。

(6)特殊路段交通工程设施研究。

(7)景观方案研究。

(三)主要研究成果

(1)系统性开展了高速公路行车安全评价。
①对路线设计安全性的检验及评价;
②对路基路面安全性的检验及评价;
③对桥梁线形及运行速度安全性的检验及评价;
④对沿线互通式立体交叉主线出口位置安全性的检验及评价;
⑤对交通安全设施的评价。

(2)提出分离断面安全设施设计要点。
①提出了对黑龙江省旧路改扩建分离式路基使用的详细意见;
②提出了改扩建分离式路基平、纵面线形配合的技术要求;
③提出了改扩建分离式路基横向联络线设置意见及中间区排水方案;
④提出了改扩建分离式路基桥梁、涵洞设置位置的意见;
⑤提出了改扩建分离式路基分离立交和天桥设置的意见;
⑥提出了改扩建分离式路基排水系统设计意见;
⑦提出了改扩建分离式路基交通安全标志、标牌的设计意见。

(3)提出排水方案
①提出了适合黑龙江省改扩建生态公路排水边沟的设计方案;
②提出了针对黑龙江省山区路基的截水沟、急流槽等辅助排水设施设计方案。

(4)提出边坡防护及取弃土场植被恢复方案。

(5)提出了左进左出匝道设计关键技术。

(6)开展了系统的景观规划,指导景观设计与建筑设计。

(四)创新点

(1)黑龙江省公路工程中首次应用三维动态技术模拟运营速度检验。

(2)首次对林区分离式路基的设计细节进行系统、全面的研究,就分离式断面的间距、路线设计、横向连接、构造物布设、安全设施等设计细节提出了设计要点及注意事项。

(3)在黑龙江省首次应用浅碟形隐形浆砌片石边沟,并提出了采用中间带凹槽形式的边沟盖板,边沟顶面高程应比路肩再适当降低一些等优化设计的建议。

（4）首次提出了在林区填方路基采用外包边的生态防护新思路。首次将草毯防护应用到寒冷地区。首次提出要十分注意边坡防护与排水系统的相互配合的设计理念。首次提出有规划取土，工程结束后用于地方企业生产用地的取土场恢复新方案。

（5）提出了左进、左出匝道的关键设计指标取值，制订了一套符合我国国情的左进左出匝道安全保障措施，提高了其运行安全性。

（6）在黑龙江省首次对高速公路开展了系统的景观规划与景观设计，提出景观节段划分、心里愉悦曲线、空间围合度等公路景观设计新理念。

（五）社会经济效益

通过对伊绥高速公路的研究，将创新的设计理念结合实际工程应用，进行了多项对比分析及研究，形成了一套系统的针对环保、绿色、高效的高速公路设计"新理念"。对多项设计内容提出了先进的设计方法和优化措施，对黑龙江省林区公路的建设有重要的指导意义。同时课题中强调的多设计专业结合，对实际问题进行综合分析治理的思想是公路设计将来发展的必然趋势。

八、高等级公路特殊路段路面增摩阻彩色薄层应用研究

（一）立项背景

彩色抗滑薄层是以提高道路行车安全及美化路面环境为目的而开发的一种辅助性薄层结构，主要是以树脂类材料为结合料，以耐磨性能极强的彩色硬质粒料为集料，铺在现有的沥青路面或水泥路面的表面（事故易发路段），形成一个高抗滑性的厚度仅数毫米的坚固彩色薄层，适用于道路交通事故易发地或路面磨光严重的路段。

彩色抗滑薄层技术在寒冷地区的研究应用相对滞后，相关研究比较匮乏，彩色抗滑薄层骨料和黏结材料尚无统一的技术标准，施工工艺和铺设方案还不规范，在寒冷地区的适用性等问题亟待解决。

（二）主要研究内容

（1）适合黑龙江省气候特点的彩色抗滑薄层用集料及黏结材料、适合寒冷地区使用的材料技术性能指标。

（2）彩色抗滑薄层材料的试验评价方法。

（3）彩色抗滑薄层的基础铺设形式，并对事故多发路段进行分类，针对不同路段推荐相应的铺设方案和辅助处治措施。

（4）彩色抗滑薄层的施工工艺。

(三)主要研究成果

(1)提出了黏结强度、抗剪强度、撕裂强度、疲劳性能和集料磨光值等评价指标与试验方法,并结合黑龙江省高寒地区的气候特点,首次考虑了冻融循环和除冰盐对彩色抗滑薄层的影响,为寒冷地区公路路面应用彩色抗滑薄层材料提供了技术依据。

(2)冻融循环对彩色抗滑薄层材料强度和抵抗变形的能力有较大影响。冻融循环后,材料的黏结强度、抗剪强度和抗撕裂强度衰减10%以上,材料破坏时产生的位移与常温条件相比下降12%以上。以推荐指标控制的彩色抗滑薄层材料在破坏时具有足够的残余强度和残余变形,同时受除冰盐的侵蚀作用影响较小。

(3)疲劳性能和骨料磨光值是彩色抗滑薄层材料的重要评价指标,通过系统分析研究并结合试验路的使用情况,推荐彩色抗滑薄层材料的使用寿命能够达到3~5年,集料的PSV值应达到70以上。

(4)彩色抗滑薄层需要与其他交通安全设施相配合,并且其表观颜色的选择要合理利用色彩对人的心理效应。彩色抗滑薄层铺设方案设计,建议以项目推荐的几种铺设形式为基础,并考虑道路线形和交通事故情况等因素,结合事故多发路段的实际情况具体设计。另外,存在多种不良情况组合的路段,则需要两种或多种铺设方案配合设计。

(5)现场检测采用构造深度法、摆式仪抗滑值法和制动距离法。推荐寒区彩色抗滑薄层的构造深度在1.2mm以上,抗滑值75以上。

(6)施工过程中要注意树脂黏结材料用量计算的准确性以及施工时间的合理性,并且要保证树脂黏结材料涂布的均匀性,做好施工组织设计。建议采用流水作业的施工方式,严格控制养生时间。同时须采取必要的交通疏导措施,并加强施工时的安全保障工作。

(四)创新点

(1)提出了适合寒冷地区的彩色抗滑薄层材料技术性能指标。
(2)面向黑龙江省气候条件的彩色抗滑薄层材料试验评价方法。
(3)适合黑龙江省气候条件的彩色抗滑薄层的铺设方案及施工工艺。

(五)社会经济效益

彩色抗滑薄层适用于汇流、交叉、急弯、陡坡、视距不良以及长直线路段事故易发点或路面磨光严重的路段。这些路段的长度虽然只占公路总长度的1%~2%,但发生的交通事故数量却占事故总数的70%以上。另外,还可用于收费站及隧道路段。

彩色抗滑薄层兼备耐磨耗、抗滑移和交通警示等作用,同时还具有抗路面开裂的特点,所体现的效益是综合性的,由耐磨耗、抗开裂而延长路面使用寿命是一方面。另外,由于其能够有效预防并降低交通事故的发生率,并能明显改善路面颜色的单调感来协调环境,从而减轻驾驶人员和乘客的视觉疲劳,在经济效益和社会效益方面都有重要的意义。

本项目在 G10 绥满高速公路哈尔滨至大庆段肇东出口修筑了长约 300m 的试验段,经过 3 年多的跟踪观测,该路段路面抗滑值达到 80 以上,路面构造深度达到 1.5mm 以上,并且未出现大面积的剥落情况,总体应用效果良好;之后在 G1111 绥北高速公路部分路段试验应用,取得了良好的效果。项目获中国公路学会科学技术三等奖。

九、公路路基冻胀置换深度计算方法的研究

（一）立项背景

季冻区公路,尤其是深季冻区的公路,路面在路基土冻胀作用下常发生一些不同程度的冻害现象,"冻裂"与"翻浆"是其典型特征,已严重影响正常交通。

为防治路基土冻胀对路面的破坏,有关国家相应采用了一些方法与措施,归纳起来主要有:置换法、保温隔温法、排水隔水降水位法和物理化学法。其中,置换法由于具有取材方便、施工简单、造价低、效果好等优点,被国内外广泛应用。但因其缺少路基置换深度设计与计算方法而不能科学应用。

为解决路基置换深度的计算问题,黑龙江省交通科学研究所以"黑交研法"为基础,按其原理与思路对公路路基冻胀置换深度计算方法进行了研究。

（二）主要研究内容

(1)路基土冻胀与冻胀分类。
(2)水泥混凝土路面与沥青混凝土路面容许冻胀变形。
(3)路基土冻胀沿冻深分布及容许冻层厚度。
(4)路基冻深。
(5)路基置换深度。

（三）主要研究成果

项目根据庆安冻土科学试验场做的公路路基试验、水泥混凝土路面与沥青混凝土路面试验,根据对重点工程现场调查,根据典型路段的定点观测,根据冻土工程实验室做的模拟试验等取得的大量数据,以及对数据的科学分析,提出了以下成果:

(1)路基土季节性冻胀四级分类及其分类依据。
(2)水泥混凝土路面与沥青混凝土路面容许冻胀变形值。

(3)路面容许冻胀变形下的路基容许冻层厚度。

(4)路基冻深计算方法与参数。

(5)以路面容许冻胀变形计算路基置换深度的方法(黑交研法)。

(四)创新点

(1)确定了以土的冻胀率作为划分路基土冻胀分类的依据;提出了路基土季节性冻胀四级分类,并给出冻胀率界限值;建立了考虑路基土质、含水率、地下水影响的冻胀模型,并推荐了路基土冻胀分类判定条件。

(2)首次提出了水泥混凝土路面与沥青混凝土路面容许冻胀变形值,为以路面容许冻胀变形计算路基置换深度提供了科学依据。

(3)揭示了路基土冻胀沿冻深分布规律,首次提出了以路面容许冻胀变形确定路基容许冻层厚度的方法。该成果改变了路基置换深度要达到最大冻深的理念,具有工程应用价值和重大经济效益。

(4)首次提出了路基土质、路基土冻胀性以及地形坡向对标准冻深的修正系数和科学简便的路基冻深计算方法,并提出了以路面容许冻胀变形计算路基置换深度的方法(黑交研法)。

上述研究成果具有重要的理论意义和工程实用价值,填补了国内外空白,为相关规范修订提供了重要科学依据,总体达到国际领先水平。

十、季冻区水泥路面缩缝传荷体系与结构性损坏关系研究

(一)立项背景

接缝是水泥混凝土路面结构的重要组成部分。若将纵缝视作连续接缝,则缩缝占接缝总量的97%以上。缩缝耐久性和传荷能力不足,将直接或间接导致水泥路面的结构性损坏。

目前,国内对水泥路面结构性病害的研究多集中于超载、抗冻耐久性、材料强度、板底脱空和路基稳定性等方面,较少涉及面层结构本身的问题。因此,本项研究对重新认识和评价水泥路面的结构耐久性与工作状态具有重要意义,能够有效减少水泥路面的结构性损坏,降低公路全寿命周期成本。

(二)主要研究内容

(1)国内外"普通水泥混凝土路面"结构上的差异,黑龙江省公路水泥路面存在的不足及其影响。

(2)黑龙江省深季冻区环境条件下,路面缩缝传荷作用的变化规律及其对路面结构性损坏的影响。

(3)黑龙江省现有典型路面结构下,缩缝传荷体系与温度应力、荷载应力及结构性破坏的关系。

(4)适合黑龙江省深季冻区公路水泥混凝土路面的,优化缩缝传荷体系以防止结构性损坏的技术对策、施工工艺和有关参数指标。

(三)主要研究成果

(1)黑龙江省季冻区公路水泥路面的结构性损坏中,横向裂缝、纵向裂缝是出现较早、普遍存在的主要损坏形式。虽然导致结构性裂缝的原因比较复杂,但其共同之处是与路面的接缝(主要是横向缩缝)的传荷状况有关。横向接缝传荷较弱、板边弯沉值较大的路段,路面的结构性裂缝发生率(或板块结构性损坏率)较高。根据调查,水泥路面完好板块的横向接缝中,接缝传荷能力不足的仅占6.6%,接缝传荷状况良好的占93.4%。另外,路面的结构性裂缝损坏位置、发生时间与最大冻胀位置和最大冻胀时间不完全一致。

(2)目前普遍采用的"集料嵌锁型预切缩缝",其传荷能力会在通车后因接缝宽度的变化、基层强度的衰减以及缩缝侧面摩擦力的减弱而逐渐降低,将导致路面受力条件的改变并产生结构性损坏的隐患。加设缩缝传力杆后,缩缝宽度的变化对传荷能力及其耐久性的影响大大降低,传荷系数能够相对稳定地维持在较高的水平,对降低板底最大弯拉应力效果显著。

(3)黑龙江省公路水泥路面的纵向开裂存在着"冻胀""路基不均匀沉陷"以外的影响因素,并有主导结构性裂缝的趋势。缩缝传力杆可以降低水泥路面缩缝边缘附近的荷载疲劳度,疲劳度峰值降低幅度在15.3%~25.0%之间。缩缝有无传力杆对路面(纵缝边缘)中部横断面处的荷载疲劳度影响较小,说明传力杆体系能有效地降低或延缓纵向疲劳裂缝出现的概率及出现时间。

(4)当路面板厚度≤24cm时,传力杆间距宜取30cm;当面层板厚度>24cm时,应适当增加传力杆的间距,建议传力杆最大间距取40cm,由此可减少约27%的缩缝传力杆钢筋用量。

(5)传力杆的"长度与直径"之比建议取18.0,对应的缩缝传荷体系状态相对较优。施工工艺包括前置支架法(人工配合机械施工)、DBI(传力杆自动打入装置)施工。DBI方法可减少支架用筋量,效率高、质量可靠,但设备成本比较高,适合大规模施工。

(6)路面结构方面的研究对于正确认识和评价水泥路面的结构耐久性及工作状态、减少水泥路面的结构性损坏具有积极作用,符合降低公路建设和交通运输周期成本以及可持续发展的要求,对更加合理、有效地选用不同类型的水泥混凝土路面具有重要意义。

(四)创新点

首次提出季冻区高等级公路水泥路面应关注横向缩缝位置的荷载疲劳累积效应。首次提出黑龙江省深季冻区现有公路水泥路面的纵向开裂存在着"冻胀""路基不均匀沉陷"之外的影响因素,并有主导结构性裂缝发展的趋势;确认采用传力杆缩缝传荷体系能够降低或延缓水泥路面纵向疲劳裂缝出现的概率及时间,为防治公路水泥路面结构性病害提供了新的思路 传力杆的参考优化指标与推荐参数为国内外首次提出。

(五)社会经济效益

项目成果对分析和评价水泥路面的结构耐久性与工作状态具有重要意义,有利于减少水泥路面的结构性损坏,降低公路建设周期成本。推荐的传力杆直径、长度、间距等优化设置参数,当间距从30cm调整为40cm,缩缝传力杆钢筋用量可减少27%,直径减小1级(2~3mm),钢筋用量可再减少12%~15%。推荐优化参数为国内外首次提出,可提高水泥路面的结构耐久性,降低公路建设和交通运输的周期成本。在G10绥满高速公路亚布力至尚志段修筑的500m全缩缝传力杆试验路,为北黑高速公路水泥混凝土路面的修筑提供了重要依据,获黑龙江省科技进步三等奖。

十一、一级公路高速化后线形适应性评价及改善措施研究

(一)立项背景

一级公路改扩建是近年来我国高速公路建设的一种重要方式。据统计,在"国家高速公路网"建设过程中约有1479km的一级公路将改扩建为高速公路,约占高速公路建设总里程的3.0%。目前,我国已完成或正在建设的一级公路升级改造项目有江苏的南京至连云港一级公路、南京至南通一级公路,陕西的西安至三原一级公路,山西的运城至风陵渡一级公路,广东的清远至连州一级公路,黑龙江的鹤大高速公路等。

为了减少占用宝贵的耕地资源和节省造价,改造的高速公路绝大多数路段充分利用了原一级公路的线位和道路空间,并为此直接沿用了原公路的平面、纵断面甚至横断面指标。这就出现了为迁就原一级公路而造成升级后的高速公路线形指标偏低、线形不匹配、线形不连续等一系列突出问题。

仅就公路平面线形而言,原一级公路中半径相对较大的、不设缓和曲线的平曲线,按照高速公路标准可能是一个需设缓和曲线亦应设超高的平曲线,而为了迁就该曲线建成的高速公路没有加设缓和曲线或只加设了缓和曲线但却没有设置超高(即出现反超高)。

原一级公路中半径适当、同时设置了缓和曲线和超高的平曲线,改造成高速公路后也

需设缓和曲线和超高,但相对于高速公路提高了的车速,会出现原有超高横坡度不够的问题,即超高不足。原一级公路中半径较小的平曲线,改造成高速公路后可能成为接近极限最小半径的平曲线,从而严重降低线形质量。另外,从圆曲线长度、缓和曲线长度、平面线形的组合方面亦存在诸多的匹配性、连续性差等问题。纵断面线形、横断面线形以及线形组合上存在的问题更多,此处不再赘述。

一级公路改造成高速公路,行车速度得到了较明显的提高,但直接沿用的原一级公路的线形指标能否适应高速化的交通运行状况,能否满足安全、舒适、经济、快速的交通运行要求,是一个值得深入研究和探讨的问题。

(二)主要研究内容

1. 一级公路高速化前后线形指标对比分析

通过分析一级公路和高速公路线形指标上的差异、相互对应关系,探讨一级公路高速化前后平、纵、横等线形指标的演变特征。

2. 一级公路高速化前后交通运行特性分析

主要包括一级公路和高速公路条件下的速度特性、安全特性、经济与舒适特性等。

3. 线形适应性评价指标及评价方法研究

从运行效率、安全特征、舒适与经济性能等方面多角度、多方位选取线形适应性评价指标,并对指标的内涵和量化方法进行研究,从而构建一个完善的线形适应性评价指标体系。结合评价指标体系的结构和特征,研究确定科学、合理的线形适应性评价方法。

4. 线形适应性改善措施与对策研究

应用线形适应性综合评价方法,评估课题依托项目中各路段的线形适应性,分析线形适应性不良路段的内在机理,并有针对性地提出为适应高速行车条件应采取的综合管理对策和措施。

(三)主要研究成果

(1)建立了基于实测速度的一级公路高速化前后线形适应性评价体系,发现在相同设计速度下一级公路改扩建为高速公路后线形连续性不一定得到明显改善,且大部分路段的线形一致性在高速化后变得更差。

(2)建立了基于实测加速度和运行速度的平竖曲线力学适应性方法,发现在相同设计速度下将一级公路改造为高速公路完全可直接使用一级公路的竖曲线设计指标,但平曲线超高需要根据其半径进行调整。

(3) 基于 IHSDM 软件对依托项目进行高速化前后的交通安全性分析发现,高速化后整条道路的事故水平明显降低,亿车公里事故率降幅达 60.9%;但事故严重程度略有增加,伤亡事故占总事故的比例增加了 7.09%。

(4) 提出了基于连续性、一致性和力学性能指标的线形适应性评价指标体系并识别出线形适应性不良路段,对适应性不良路段从工程和安全保障两个方面提出改善建议。

(5) 编写了《一级公路高速化后线形适应性不良路段改善措施指南》。

(四)创新点

(1) 建立了基于实测运行速度的一级公路高速化前后的平、纵、横线形连续性和一致性评价方法。

(2) 通过进行车载三轴加速度仪试验分析驾驶员行车舒适性,建立了基于实测加速度平竖曲线力学适应性方法。

(3) 提出基于连续性、一致性和力学性能指标的线形适应性评价指标体系,适用于一级公路改扩建为高速公路后的交通适应性评价。

(五)社会经济效益

根据研究结论,对比分析了全线在高速化前后的安全状况,加强了依托项目全线尤其是潜在危险路段的安全保障设施的布设,效果明显,未发生严重交通事故。在一级公路改造为高速公路之后,部分研究成果正在监测中,通过实施交通安全保障措施,预计事故率可降低 10%,每年可平均减少交通事故 4 起左右,社会效益明显。在国内外期刊和会议上发表相关论文 4 篇。

项目研究成果为相关单位(如黑龙江省公路勘察设计院)工作的开展提供了新的方法和思路,取得了较为理想的成果,具体包括:

(1) 在实施黑龙江省高速公路网限速时,借鉴本课题的车速控制建议,实施"分路段、分车型"的限速方案,在几何受限路段和非几何受限路段,对小型车、中型车和大型车采取相应的限速标准。

(2) 在公路线形设计时,充分考虑本课题中建立的线形适应性评价体系,通过优化平纵组合线形设计、增加平曲线超高等,对潜在的线形适应性不良路段进行了改进和优化,达到道路线形安全设计目标。

(3) 在对高速公路进行安全评价时,对照本课题中线形指标适应性评价指标及平竖曲线力学适应性评价方法,对线形适应性进行评价,鉴别出线形适应性不良路段并提出改善措施。

十二、寒冷地区沥青路面典型结构研究

(一)立项背景

黑龙江省沥青路面早期损坏现象严重,为提高路面的耐久性,进行寒冷地区沥青路面典型结构与材料设计的研究尤为必要。多年来,尽管研究人员对沥青路面的结构与材料进行了大量的研究探索,取得了一定的成果,但现有气候影响评价指标不能满足实践需求,路面结构分区系统对黑龙江省特殊的寒区气候缺乏针对性;加之传统路面监测手段无法获取路面在荷载与车辆复杂耦合作用下的真实受力状况,使得基于寒冷地区的沥青路面筑路技术体系尚不完善。

(二)主要研究内容

(1)寒冷地区路面结构使用性能调研与耐久性分析。
(2)寒冷地区气候分区与道路分级研究。
(3)寒冷地区传统半刚性基层沥青路面结构完善技术。
(4)基于长寿命的寒区高速公路路面设计策略与方法。
(5)寒冷地区沥青路面典型结构适用性及安全性分析。

(三)主要研究成果

(1)分析气候和水文地质等条件,完成了对季冻地区进行道路气候分区,将原重冻区划分为特重冻区和重冻区,即 $F \geq 2800℃·d$ 为特重冻区,$2800℃·d > F \geq 2000℃·d$ 为重冻区,$2000℃·d > F \geq 800℃·d$ 为中冻区,完善了寒冷地区道路冻区划分。

(2)根据寒冷地区沥青路面结构病害调查与分析结果,将寒冷地区沥青路面结构主要破坏形式分为高温稳定类、低温开裂类、强度或耐久性不足三大类,并得出相应的破坏成因。

(3)通过对大齐公路、哈同公路以及齐泰公路进行了路面调研,得出黑龙江省沥青路面的主要病害为高温车辙以及路面开裂,很少有水损害病害。

(4)通过对几条典型公路车辙病害调研,得出集料级配偏细、骨架结构形成的不完善导致沥青混合料的承载力不足,这是车辙产生的原因之一。

(5)通过对几条典型公路路面开裂病害调研,得出开裂程度由南向北随着温度的降低会越来越严重,横缝间距越来越密。沥青层厚度、基层的性质(刚度、厚度)、层间连接,甚至路基情况等都对横向裂缝的开裂程度(或间距)有一定的影响,其中沥青层厚度的影响最为明显。

（6）对调研公路水损害、冻胀、冻融破坏分析，得出沥青路面的冻融损坏一般表现为承载能力的下降和耐久性的下降。在冻融循环作用下，半刚性基层材料的损伤与结构损伤密切相关。路面结构刚度的衰减一方面受土基湿度变化的影响，同时也包含了基层在冻融作用后其回弹模量的衰减。因此，在进行半刚性基层材料设计时，也应考虑其抗冻性。

（7）通过对黑龙江省沥青路面耐久性进行分析，得出影响寒冷地区路面耐久性的内部因素（沥青质量、矿料质量、配合比）及外部因素（温度、湿度、重复荷载作用、沥青老化），并提出了相应的提高耐久性的措施。

（8）针对影响沥青路面耐久性的因素，结合黑龙江省的气候特点，以及路面各层位的功能使用要求，提出了建议的路面结构。

（9）通过典型结构设计理论，依据交通荷载、土基、气候、结构可靠度等设计指标，针对路基、基层、沥青面层等各层材料性能特征，提出合理的结构组合设计方法，并基于有限元和示范工程实现3种典型结构的理论及实际验证。

（四）创新点

（1）层间连接改善技术的提出。通过对层间接触状态对路面结构力学响应的影响分析，分析透层材料关键性能、连接状态评价方法及指标研究，并对两者进行相关分析和技术标准的分析，提出针对关键性能指标的标准界定范围。

（2）建模分析了应力吸收层防治反射裂缝效果，分析级配对应力吸收层材料性能的影响，确定了沥青结合料关键参数及评价标准，将孔隙率与应力吸收层材料性能作为混合料设计控制参数。

（五）社会经济效益

成果成功应用于绥芬河至牡丹江段公路的建设，以提高沥青路面使用年限为目的，进行寒冷地区长寿命沥青路面典型结构的研究。根据不同的地域分区，提出寒冷地区沥青路面典型结构的使用条件及范围。

针对黑龙江省特殊的寒区气候，完善路面结构分区系统；基于光纤光栅检测手段获取路面在荷载与车辆复杂耦合作用下的真实受力状况，完善寒冷地区的沥青路面筑路技术体系；为提高路面耐久性要求，对沥青路面按各层功能进行设计，优化沥青路面面层、基层模量组合，建立寒区长寿命沥青路面典型结构形式；结合光纤光栅传感技术对试验路进行信息监测，提出修正方案；最后，根据不同的地域分区，提出寒冷地区沥青路面典型结构的使用条件及范围，社会效益显著。

十三、大温差地区气候条件下重载沥青路面结构及材料技术研究

(一)立项背景

车辙等沥青路面的流动变形是国际上最常见和最主要的沥青路面损坏现象之一。同时,由于重载车、超载车的作用,相当数量的沥青路面早期破损现象严重,导致"先修后补"现象频繁,大大降低了公路运营的服务水平和经济效益。

现行路面设计方法均是以常规荷载为依据,将现行方法用于超载路面设计,存在一定的盲目性;同时,现有的检测方法无法真实反映沥青路面的实际工作状况,且现有的路面材料参数取自于室内试验结果,不能准确地反映车辙损坏机理。

因此,有必要研究适用于超重载道路的路面设计方法与抗车辙技术。通过本课题的研究,对于减小重载、超载对路面结构的影响,避免路面结构的早期损坏,改善路面的技术品质和使用性能,延长使用寿命,以适应"重交通、大流量"的交通特点,以及未来公路建设的需要,具有十分重要的意义。

(二)主要研究内容

(1)复杂接地压力分布形式下重载沥青路面永久变形机理研究:荷载接地压力分布实测;典型路面材料参数测试;重载条件下沥青路面永久变形机理。

(2)重载沥青路面材料与结构优化组合设计:重载路面结构层功能设计方法;基于结构层功能的材料设计;结构、材料组合设计室内试验验证。

(3)大温差地区气候条件下重载路面示范工程的建立及沥青路面性能检测:重载条件下沥青路面示范工程的建立;大温差地区重载沥青路面性能检测;大温差地区重载沥青路面技术报告的编制。

(三)主要研究成果

1.揭示重载沥青路面永久变形机理

在现场接地压力测试结果的基础上,建立了有限元数值模型,建立了移动荷载数学模型,对典型的3种沥青路面材料、结构组合以及不同的基层条件等因素进行了数值模拟。结果表明:

随着重载车辆轴重和重载车辆比例的大幅增长,95.4%保证率的实测接地压力为1.007MPa。这也表明传统的设计荷载0.7MPa严重低估了轮胎对地面的作用力。

基于ABAQUS软件开发了非均匀竖向移动荷载子程序;系统研究了非均匀竖向移动荷载作用下沥青路面动力响应规律;提出结构-材料优化组合设计解决重载沥青抗车辙问

题;发现中面层模量的提高有益于改善路面整体受力情况,提高路面的抗车辙性能。

上、中面层高模量材料的采用有利于荷载向下传导,促进路面结构共同受力,避免在局部层位因出现应变集中现象而导致车辙病害。

采用标准轴载和超载时的应力分析中,最大剪应力出现在中面层,说明中面层是路面抗车辙的关键;且采用 1.0MPa 的超载条件,剪应力提高很多,极易造成车辙病害。

基层状况的好坏严重影响着整个沥青路面抵抗车辙的能力。基层较差时,路面结构内部的剪应力较大。

2. 重载条件抗车辙沥青材料与路面合理组合结构

(1)重载沥青路面结构与材料设计

基于重载交通条件,采用 ABQUAS 软件进行了模量优化设计和试验结构的材料设计;基于室内试验对设计的沥青混合料进行了路用性能验证。结果表明:

沥青路面结构内部的剪应力与沥青材料的抗剪强度决定了路面结构内部剪应变的大小,进而决定车辙的产生,但结构内部剪应力没有剪应变敏感。

基于 ABAQUS 数值模拟,进行了沥青路面层的模量组合设计,上面层在 20℃时较佳的模量取值范围为 1100~1500MPa;在 45℃时较佳的模量取值范围为 500~700MPa。中面层在 20℃时较佳的模量取值范围为 2000~2400MPa;在 45℃时较佳的模量取值范围为 600~800MPa。

(2)重载沥青路面材料与结构抗车辙性能评价

采用动态蠕变试验和双层结构车辙试验对 3 种路面结构的抗车辙性能进行评价,基于试验结果,进行了重载沥青路面的数值模拟,并对模拟结果进行了对比。结果表明:

由动态蠕变试验的结果可知,采用抗车辙级配的沥青混合料抗永久变形能力得到改善,掺加了 KTL 抗车辙剂会使其抗变形能力明显提高,下面层材料中,ATB-25 比 AC-25 和 KAC-25 的抗变形性能略好。

在结构车辙试验中,试验结构组合比路面结构组合动稳定度提高很多,不同类型的下面层对结构的抗车辙性能也会产生明显的影响,最后试验结构二优于试验结构一优于路面结构。

基于动态模量试验结果,建立了沥青路面动力响应仿真模型,获取了 ABQUAS 有限元分析的参数。

数值模拟中发现,与原路面结构相比,试验结构一、二中路面材料模量的提高减小了中面层的应变,有利于提高路面结构的抗车辙性能。同时,试验结构一和试验结构二相比,后者应变更小,更适合作为抗车辙路面应用。另外,高模量材料对改善路面结构的应力分布作用不大。

3. 大温差地区重载沥青路面性能信息监测

实现了试验路段的铺筑和传感器的埋设,针对传感器的受力情况进行了室内标定,进而采用传感器准确测定不同路面结构的动力响应,最后对各个路面结构进行了路用性能的初步评价,结论如下:

相同轴重不同速度下,路面结构的动力响应不同,速度越大,引起的应变越小;相同速度不同轴重下,轴重越大引起的动力响应越大。经统计,实测应力应变值和轴重成线性关系,车辆轴载的增加会引起路面结构内部变形和应力的线性增加,极易导致车辙的产生。

(四)创新点

(1)考虑路面设计荷载的非线性时程变化、非均匀分布特性及移动特性,在现场接地压力实测的基础上,建立了非均布荷载有限元模型,通过 ABAQUS 软件平台进行 DLOAD 及 UTRACLOAD 子程序二次开发,编写了实现荷载移动的子程序。

(2)采用有限元数值模拟技术,针对不同模量组合、典型轴载及不同基层状况,分析了重载沥青路面车辙的产生机理,明确不同面层功能,基于荷载和温度耦合条件,提出优化面层模量组合设计方法和控制指标,建立了有效抗重载的典型路面结构形式。

(3)基于传感器不同受力模式的标定试验及能较好保证传感器成活率的布设工艺基础上,将室内试验、数值模拟及光纤光栅智能测试技术综合用来评价设计的抗重载沥青路面结构的抗车辙性能,结合试验路段的路用性能初步评价,总结完善了大温差地区抗重载沥青路面筑路技术。

(五)社会经济效益

从中国南部到北部的绝大多数沥青路面会产生车辙病害,每年需要投入巨大的养护资金进行维修处理,采用科学合理的抗车辙沥青路面材料与结构组合,对沥青路面进行时时健康监测,可以实现车辙病害严重地区公路建设又好又快发展,全面提升沥青路面的服务水平。

项目研究成果,对于大温差地区重载沥青路面结构和材料的选择与设计有着十分重要的指导意义,按照项目的研究成果进行大温差地区重载沥青路面结构和材料设计,不仅可以有效减少这一地区沥青路面的车辙病害,提高道路的使用品质和使用寿命,而且,可以有效减少路面的养护成本和工作量,其经济和社会效益十分巨大。

十四、寒区大粒径沥青路面基层混合料组成设计与路用性能的研究

(一)立项背景

大粒径沥青混合料基层作为一类柔性结构层,具有很强的柔性和变形能力,作为应力

消散层,可明显提高路面抗反射裂缝的能力。另外,大粒径沥青碎石基层可以与沥青混凝土面层牢固黏结,并且由于其模量接近,路面结构受力更加均匀。高模量抗车辙的大粒径沥青混合料也是永久性路面结构(全厚式沥青路面)的中间层或联结层的首选。

(二)主要研究内容

1. 大粒径沥青基层混合料的强度机理研究

通过大粒径沥青基层混合料的三轴试验,测定大粒径沥青基层混合料的抗剪参数(内摩擦角和黏聚力),研究其强度组成和强度形成机理,并与常规沥青混合料三轴试验结果进行对比,分析各自强度特点。

2. 大粒径沥青基层混合料的组成设计方法研究

通过大粒径沥青基层混合料的大型马歇尔试验、旋转压实试验以及体积设计方法,研究大粒径沥青基层混合料组成设计方法。

3. 大粒径沥青基层混合料设计的控制指标

通过对几种不同级配的对比研究,可得出大粒径沥青基层混合料设计稳定度、空隙率、饱和度、矿料间隙率等控制指标。

4. 大粒径沥青基层混合料的路用性能

通过MTS动载压入试验(评价高温稳定性)、低温弯曲试验(评价低温稳定性)、浸水马歇尔试验(评价水稳定性)、疲劳试验等验证大粒径沥青基层混合料的各种性能。

5. 大粒径沥青基层混合料的施工工艺

通过室内试验研究,结合绥满公路工程,研究大粒径沥青基层混合料的施工工艺及施工控制指标。

(三)主要研究成果

(1)剖析了大粒径沥青混合料组成结构特点及强度形成机理,通过三轴试验结果,进一步明确了粗集料间的嵌挤作用是保证LSAM沥青混合料强度和稳定性的前提,嵌挤、稳定的粗骨架结构是LSAM沥青混合料组成设计的关键。

(2)通过对不同骨架类型沥青混合料3种成型方法(大型马歇尔击实、振动压实和旋转压实)的对比试验,确定出可保证粗骨架稳定结构的最佳成型方法,即振动成型:激振力为7kN,振动频率为30Hz,振幅为0.957mm,振时2.5min。

(3)基于大粒径沥青混合料结构层位的功能要求,确定了LSAM沥青混合料的设计原则和设计指标,并按照体积设计法的特点,分别从材料的粗骨架类型、细集料分布及最佳填充系数三方面综合分析,确定了LSAM沥青混合料的设计方法,并设计出满足功能要求的不同最大粒径尺寸的LSAM沥青混合料。

（4）对设计出来的3种不同最大粒径尺寸的LSAM沥青混合料确定了相应的最佳沥青用量,在此基础上对最大粒径为31.5mm沥青混合料进行了振动成型和大型马歇尔击实成型下的力学性能对比。结果表明,两者成型方法对物理指标影响不大,但力学指标差别较大。振动成型可明显提高LSAM的使用性能。与大型马歇尔击实对比,振动成型对抗压强度提高14%,回弹模量提高51%,冻融强度比提高17.3%,高温永久变形可降低30%,低温抗裂性相当。

（5）对设计出来的最大粒径分别为37.5mm和26.5mm的LSAM混合料与国外使用性能良好的级配进行了对比试验研究。研究结果表明,体积法设计出来的LSAM混合料的性能与国外经过实体工程验证级配的性能相当。

（6）对AM-30级配范围内的5种级配走向LSAM沥青混合料进行了对比试验。研究成果表明,不同级配走向对沥青混合料的密度影响不大,但对其他物理指标（空隙率、矿料间隙率、沥青饱和度）和抗压强度影响较大,其中尤以级配走向由粗到细的LSAM性能最好。

（7）采用体积设计法设计出具有不同孔隙结构的多孔LSAM沥青混合料,并重点测试了普通道路石油沥青与高黏度改性沥青对LSAM沥青混合料的抗压强度、回弹模量、动稳定度以及冰冻稳定性的变化规律,以及不同空隙结构LSAM沥青混合料对上述路用性能的影响。通过试验数据分析,明确了满足路用性能要求的LSAM沥青混合料空隙范围。对普通重交通道路石油沥青而言,空隙率应≤20%;对高黏度改性沥青而言,空隙率可放宽至≤25%。并通过动载压入试验得到的不同空隙结构LSAM沥青混合料在不同动应力下永久变形、累积永久变形变化规律,得出空隙结构为15%和20%的LSAM沥青混合料具有良好的空隙结构稳定性,在重载作用下,具有良好的抵抗永久变形的能力。

（8）对LSAM沥青混合料修筑了实体工程,对配合比设计、生产配合比设计、施工工艺以及质量检测等方面进行了较为全面的研究。研究成果表明,LSAM能够明显提高沥青路面的抗车辙能力。

（四）创新点

利用有侧限、能反映材料三向受力状态的动态压入法的永久变形评价指标体系,确定了寒区大粒径沥青混合料的最佳振动成型工艺,并采用体积设计法设计出满足寒区层位功能要求的不同最大粒径尺寸的"骨架-密实型"LSAM沥青混合料和"骨架-空隙型"LSAM沥青混合料。明确了满足寒区路用性能要求的多孔LSAM适宜的空隙范围,进一步明确了寒区LSAM的抗车辙能力和路用性能。

（五）社会效益

项目成果建立了完善的寒区大粒径沥青碎石混合料基层设计理论和方法。它的推广应用能减少公路过早损害，并能确保公路交通的畅通和安全。

十五、高纬度岛状多年冻土区高速公路路基设计与施工技术研究

（一）项目背景

我国东北地区多年冻土分布面积仅次于青藏高原地区，分布于北纬47°以北，主要集中在大兴安岭北部，在大兴安岭中、南部和其他地区则分布较少。在大片连续、融区岛状冻土地区，公路工程（如黑北公路等）均出现了一系列的问题：

(1) 最主要的病害是冻土融化导致的路基不均匀沉降，使路面出现局部沉陷、破碎板等病害。

(2) 道路等级低，交通量增长迅速，逐渐不能满足要求，超载现象十分严重。

(3) 混合交通严重、通行能力差的问题日益突出，交通事故增多等。

这些问题使得区域内现有的这些公路已逐渐不能满足日益增长的交通发展需求。由于岛状多年冻土对道路的破坏仍是一个世界性的技术难题，缺乏可借鉴的成功经验，因此在东北地区修筑高等级公路，仍有不少问题尚待进一步解决。这些亟待解决的问题总结起来主要表现在以下三个方面：

(1) 东北高纬度地区公路沿线岛状多年冻土的分布特征与退化规律。

(2) 东北高纬度岛状多年冻土区高速公路路基设计与施工技术。

(3) 东北高纬度岛状多年冻土区冻土路基的稳定性分析及路面类型对冻土路基稳定性的影响等。

（二）主要研究内容

(1) 高纬度岛状多年冻土的分布特征与退化规律。

(2) 高纬度岛状多年冻土区高速公路路基设计与施工技术。

(3) 路面类型对岛状多年冻土稳定性的影响。

（三）主要研究成果

(1) 揭示了高纬度岛状多年冻土的分布与退化规律。

(2) 提出了适合于高纬度岛状冻土区高速公路路基工程主要技术方案，以及设计与施工的原则、方法等。

(3)撰写论文5篇,举办技术讲座2次。

(四)创新点

(1)首次将CFG筏板桩、碎石桩、沙砾桩等复合地基类工程措施应用于高纬度岛状多年冻土地区高速公路路基处理中,并开展了冻土复合地基承载力和沉降方面的现场试验和有限元模拟分析,给出了相应计算方法。

(2)首次对CFG筏板桩、碎石桩、沙砾桩等冻土复合地基的现场温度场变化情况展开了持续观测工作,通过对试验数据的分析及有限元模拟分析,得出了高纬度岛状多年冻土地区复合地基及筏板的温度场分布规律及特点。

(五)社会经济效益

一般公路的设计使用寿命为30年,但目前从黑龙江省岛状多年冻土区以前修建的公路看,从竣工后就开始出现冻土融沉等病害,而且长期发展,年年补年年沉,甚至很多路段已无法补平,只能勉强维持车辆低速通行。无论是维修费用,还是运输成本都很昂贵,而且存在严重的安全隐患。

本项目研究成果,将对我国甚至国外低海拔、高纬度岛状多年冻土区今后建设高等级公路,甚至铁路提供设计、施工技术支持,其潜在的经济社会效益巨大。

以本课题依托工程之一伊绥高速公路为例,通过近3年的运营,已经确认全线根治了冻土病害,其经济和社会效益十分显著。

十六、路基连续压实动态控制与检验应用技术研究

(一)立项背景

目前我国公路有关规范中主要采用压实度和弯沉指标进行路基压实质量的检验控制,这对于细粒土来讲是可行的,但是对于诸如填石和土石混填等粗颗粒材料构成的路基结构而言,如何有效地控制压实质量,仍然是一个难点。主要原因在于,随着填料颗粒粒径的增大,压实度检测遇到较大困难,需要挖较大的试坑才能进行,比较费时费力,精度也较低。即使能检测压实度,但压实标准(标准干密度)的确定也存在问题,主要受填料均匀性的影响,压实标准随取样位置而发生变化。因此目前公路路基有关规范中规定以18t以上振动压路机碾压至无轮迹(轮迹法)作为结束压实的标志。这是一种经验法,受人为因素影响较大。此外,由于常规检验是基于统计学原理,采用抽样方法进行的"点的检验控制",抽样点是否具有足够的代表性仍然是一个问题。

（二）主要研究内容

1. 在路基压实质量验收检验中的应用研究

根据规范规定的抽样检验方法的特点，研究利用连续压实控制技术进行路基薄弱点的识别，指导常规检验点位的选取；结合常规检验方法，研究连续压实检验的薄弱点控制检验方法。

2. 在路基质量过程控制中的应用研究

根据施工碾压过程特点，研究碾压过程中的压实程度与压实稳定性的连续控制技术，优化压实工序，形成可操作的压实程度与压实稳定性的控制方法以及评定与控制准则；研究取代"轮迹法"的连续压实控制法。

3. 路基压实质量控制与管理技术研究

通过对压实质量存在的各种问题的原因分析，研究所采取的相应控制措施，以保证路基达到应有的性能；采用质量过程控制有关理论，研究整个路段的压实质量控制图及相应的数据管理系统，便于有关单位进行跟踪管理。

4. 路基连续压实控制检验技术应用指南研究

通过压实连续检验控制技术特征的研究，建立具有地方特色的路基压实质量连续检验控制技术应用指南。

（三）主要研究成果

（1）提出了采用路基结构抗力的变化率控制土石混填路基压实稳定性的动态定量方法。

（2）根据连续压实控制技术提出了判定压实薄弱区检控方法，使常规抽样检验更具有针对性。

（3）编写了《路基连续压实动态控制与检验应用技术指南》。

（四）创新点

（1）路基压实质量的薄弱点检验控制法，指导常规压实质量的检验选点。

（2）粗粒土压实质量的动态定量方法，以定量方法取代经验控制法。

（五）社会经济效益

路基压实连续控制检验技术的推广应用，将改变依靠观察碾压轮迹的深浅作为粗粒土压实控制标准的现状，以定量的方法替代经验的方法。通过连续检测技术，能够实现全方位的质量管理和信息化施工,无疑对提高路基,特别是粗粒土路基的压实质量会起到重要作用。由于提高压实质量而减少路面早期损害所带来了经济效益将是巨大的。同时研究成果的推广使用,将打破国外对这项技术的垄断,必将产生很大的社会效益。国外厂商出于商业目的,大都将这项技术绑定在特定的压路机上出售,其价格昂贵(据调查,德国带有这种测试装置、具有自动调频调幅功能的压路机售价高达270多万人民币),限制了在国内的应用,而本项目的推广应用将打破这种局面。

十七、黑瞎子岛乌苏大桥大挑臂钢箱结合梁力学性能试验研究

(一)立项背景

乌苏大桥主桥为(140+140)m独塔单索面结合梁斜拉桥,主梁为带大挑臂钢箱结合梁,主塔为独柱塔,独柱桥塔高92m,主墩高24m。乌苏大桥主梁为大挑臂钢箱结合梁,这种组合结构的横断面采用小箱梁与大悬臂相连接的组合式断面,以等截面闭口薄壁钢箱梁为主梁,在钢箱梁两边沿纵向每隔一定间距对称伸出一对钢腹板大悬臂变截面挑梁,通过剪力连接件与混凝土板连接形成组合结构。

乌苏大桥结构形式新颖、受力复杂。针对该种新型结构力学特性的研究,成为了保证该种结构安全可靠的关键。将其研究成果应用于设计和施工中,可有效提高桥梁建设技术水平。

(二)主要研究内容

1. 大挑臂钢箱结合梁剪力滞效应试验研究

乌苏大桥主梁为大挑臂钢箱结合梁,宽26.5m,作为主要承载构件的中间钢箱梁宽5m,最大高度3.3m,大挑臂宽10.75m。其特殊的构造形式,使得纵、横向受力状况均不同于一般箱形组合梁结构。

钢-混凝土大挑臂钢箱结合梁的横截面总体上是一个由小箱梁和大悬臂所组成的混合截面,其宽跨比较大,结构受力时具有明显的剪力滞现象,混凝土翼缘板多大范围内参与钢箱梁的受力对结构设计来说至关重要,因此很有必要对大挑臂钢箱结合梁的剪力滞效应进行深入研究。

选取有代表性的大挑臂钢箱结合梁节段进行大比例模型试验,来研究该结合梁的剪力滞效应。由于乌苏大桥的主梁宽26.5m,节段长度为9m,在模型尺寸和加载吨位上都难以满足进行足尺试验的条件。根据试验场地和加载等条件,进行了1:4的大挑臂钢箱结合梁节段模型试验。

为了解乌苏大桥大挑臂钢箱结合梁的剪力滞效应,将三维有限元仿真分析方法与大

比例模型试验相结合,研究大挑臂钢箱结合梁的剪力滞效应。

2. 大挑臂钢箱结合梁扭转特性试验研究

乌苏大桥桥面全宽26.5m,而中间的钢箱梁仅宽5m,两侧大挑臂占整个桥面宽度的81.1%,其扭转刚度是又一个被广泛关注的问题。根据大挑臂钢箱结合梁的受力特性,通过大比例节段模型试验研究了最不利偏载作用下结构的扭转特性。

在大比例节段模型试验的基础上,采用三维有限元分析方法进行大挑臂钢箱结合梁扭转特性分析,并与模型实测结果进行对比,评价了该种新型主梁结构的扭转特性。

采用大比例模型试验与有限元分析相结合的方法,进行了大挑臂钢箱结合梁在偏载作用下的扭转特性研究,深入了解了大挑臂钢箱结合梁的弯扭特性。

3. 大挑臂钢箱结合梁挑臂荷载分配系数试验研究

通过大比例模型试验与有限元分析相结合的方法,进行挑臂荷载分配系数研究,明确了单个车轴荷载在桥面板、大挑臂以及钢箱梁主梁之间的传力规律,并得出了挑臂的荷载分配系数,可为设计提供参考。

(三)主要研究成果

(1)针对宽桥面剪力滞效应问题,研究得到各种加载工况下桥面板顶板、钢箱梁顶板、钢箱梁底板的剪力滞系数分布。

(2)针对主梁扭转特性问题,研究得到:最不利偏载作用下,钢箱梁最大实测扭转角位移为0.099%,理论计算值为0.107%,实测值和理论计算值均远小于结构的横向变坡2%;最不利偏载作用下,钢箱梁的最大实测剪应力为14.74MPa,理论计算值为9.80MPa,实测值和理论计算值均远小于规范允许的125MPa。因此,无论是实测结果还是有限元计算结果都表明:在最不利偏载作用下乌苏大桥主桥的抗扭刚度是满足要求的,且有较大的富余量。

(3)针对挑臂荷载分配系数问题,研究得到:单线加载时,加载位置大挑臂的荷载分配系数实测值最大为0.71,理论计算值为0.66;双线加载时,加载位置大挑臂的荷载分配系数实测值最大为0.55,理论计算值为0.59;三线加载时,加载位置大挑臂的荷载分配系数实测值最大为0.52,理论计算值为0.55,建议在进行该种新型主梁结构设计时,大挑臂在单个车轴荷载作用下的荷载分配系数取0.71。

(四)创新点

(1)通过模型试验和理论分析,得到了该大挑臂钢箱结合梁独塔单索面斜拉桥在复杂受力状态下的剪力滞系数分布。针对该种复杂结构在复杂受力状态下的剪力滞效应大比例模型试验研究在国内外尚属首次。

（2）通过模型试验和理论分析,验证了该种带大挑臂的新型主梁结构在复杂受力状态下的扭转性能。针对大挑臂钢箱结合梁斜拉桥在该种复杂受力状态下的扭转特性大比例模型试验研究在国内外尚属首次。

（3）通过模型试验和理论分析,得到了挑臂在单轴集中荷载作用下的荷载分配系数。针对该种大挑臂的荷载分配系数大比例模型试验研究在国内外尚属首次。

（五）社会经济效益

乌苏大桥为国家重点工程,本项研究成果对于保证乌苏大桥的建设质量可以产生直接的推动作用,具体表现在通过本项目的研究成果可以验证设计、指导施工和服务管养。通过对大挑臂钢箱结合梁的研究,其研究成果对本桥的设计具有指导和借鉴作用,并可为类似桥梁的设计提供理论依据和参考,节约重复研究的成本,并缩短设计周期,节约工程造价。项目成果的社会经济效益十分显著。

十八、寒区水泥混凝土路面专用标线涂料及界面结合剂的研究

（一）立项背景

近年来黑龙江省各等级公路建设里程迅速增加,其中二级及二级以下公路主要采用水泥混凝土路面。通过实际竣工验收及养护管理发现,黑龙江省的水泥混凝土路面上热熔标线一般在1~3年内大量脱落,基本没有达到设计寿命,有必要从原材料到施划全过程入手,分析研究水泥混凝土路面标线涂料耐久性不足的原因,以解决这一难题。

（二）主要研究内容

(1)寒区水泥混凝土路面标线涂料耐久性不足的原因分析。
(2)寒区水泥混凝土路面专用标线涂料界面结合剂的研究。
(3)寒区水泥混凝土路面标线涂料施工工艺优化研究。
(4)水泥混凝土路面标线涂料施划及界面结合剂施工工艺指南。

（三）主要研究成果

项目在寒区水泥混凝土路面标线耐久性调查及病害原因分析的基础上,开展原材料分析、配方设计试验,以及生产与施工工艺研究。主要成果包括:
(1)分析了寒区水泥混凝土路面标线早期病害的主要影响因素,并提出了解决方案。
(2)对普通热熔标线涂料的原材料优缺点进行分析,提出专用型涂料的原材料选择原则,并进行了试验验证,得出了各组分对涂料性能的影响趋势。
(3)设计了水泥混凝土路面专用标线涂料及界面结合剂的配方,并进行了技术性能

指标试验验证。试验结果表明,各项技术指标达到规范要求。

(4)提出了专用涂料及界面结合剂的生产工艺及施工工艺,进行了实体工程施工。现场检测数据表明,达到了质量验收标准的要求,后期观测数据证明相比普通型标线涂料,具有更好的耐久性。

(四)创新点

(1)优化了热熔标线涂料配方。
(2)重新设计界面结合剂,加强渗透性及挥发性,加速固化时间。
(3)强调施划前的清扫工艺。

(五)推广应用

在龙镇至嫩江公路应用$1000m^2$,在北安至黑河高速公路应用$1000m^2$。提高了热熔标线与水泥混凝土路面的胶结力,延长了热熔标线的使用寿命;提高了界面结合剂的渗透率及固化时间,提高了施工效率;延长了标线重新施划周期,节约养护费用。

成果可以解决黑龙江省水泥混凝土路面标线早期脱落现象严重、重新施划周期短、养护成本高等问题,一方面降低了养护费用;另一方面可保持标线的视线诱导作用,增加行车安全。

(六)社会经济效益

通过综合分析可以看出,采用专用标线涂料及界面结合剂后,施工成本增加了7.22%,主要增幅在原材料成本及清扫工艺上,而这两点是决定标线耐久性的最重要影响因素。

通过本项目的研究,采用专用型的水泥混凝土路面标线涂料及界面结合剂,可以有效延长标线的存留时间,即使在最不利情况下,仍然能在路面部分存留标线。一方面能够延长标线的养护时间,减少养护资金压力;另一方面可以继续发挥标线的视线诱导及警示作用,提高安全驾驶系数,降低交通事故发生率,为行车安全提供保证,具有较高的经济、社会效益。

十九、高速公路施工建设中的交通控制与安全保障技术研究

(一)立项背景

为了提高在建高速公路施工作业区以及高速公路养护作业区(统称为施工控制区)的施工安全性和正常通行道路使用者的运输效率,基于交通调查、模拟仿真研究并依托试验路段,应用交通流理论、交通冲突技术、交通控制原理及优化论等,对施工控制区的交通运行特征、通行能力、通行效率、安全特性、道路施工安全设施的优化配置等开展研究。

(二)主要研究内容

(1)高速公路施工控制区交通特性与通行能力分析。
(2)施工控制区的优化设置及限速标准研究。
(3)施工区交通控制与安全保障技术研究。
(4)施工控制区交通设施的优化配置及ITS技术的应用。

(三)主要研究成果

(1)揭示了施工控制区交通运行特征及交通流参数分布规律。
(2)确定了施工控制区车辆安全通行速度及限速标准。
(3)给出了施工控制区各组成部分的合理长度及布设方式。
(4)提出了施工区交通控制与交通安全保障技术措施和对策。
(5)确定了施工控制区各区段应包括的设施设置要求。

(四)创新点

(1)构建了高速公路施工作业区安全保障体系框架。
(2)结合交通仿真模型提出了施工区交通设施优化方案。
(3)提出了基于运行速度及方差分析的施工区各区段限速方法,并给出了限速值建议。
(4)建立了施工区"速度-流量"模型,提出了基于运行速度及道路交通条件修正的施工区通行能力确定方法。
(5)提出了基于事故替代技术的施工作业区安全评价方法,建立了基于碰撞时间的交通冲突预测模型。

(五)社会经济效益

研究成果将推广应用于利用旧路帮宽建设的高速公路,以及高速公路大修、养护工程,作为施工期安保工程、保通工程的重要依据和施工操作规程。

课题研究成果可推广应用到交通行业中两个主要领域,具有良好的应用前景:

1. 高速公路施工建设领域

包括各高速公路工程建设指挥部及其行业主管部门、各地市交通主管部门等,作为高速公路施工建设期安保工程、保通工程的重要依据。

2. 高等级公路大修及养护领域

涉及各高速公路公司、高速公路大修指挥部及行业直接主管部门等,作为养护和大修作业时可供参考的施工操作规程。

项目成果对黑龙江省高速公路建设以及"三年决战"后高速公路的养护管理具有重要作用,社会经济效益显著。

二十、严寒地区浅埋高含水率黏土公路隧道支护结构试验研究

(一)立项背景

本项目以哈尔滨绕城高速公路天恒山隧道为依托,采用现场试验和理论计算的方法,对取消系统锚杆情况下的围岩稳定性和支护结构安全性进行分析,并对隧道斜交横通道开挖和支护过程中主隧道衬砌结构的变形规律和受力特性进行研究。

(二)主要研究成果

(1)首次在高含水率土质隧道中开展严寒地区浅埋高含水率黏土公路隧道支护结构的现场试验研究。

(2)首次提出高含水率土质隧道初期支护采用"钢架+喷射混凝土+钢筋网+锁脚锚管+纵向连接筋"组合结构,即取消系统锚杆,增设锁脚锚管。优化了初期支护结构,保证了施工安全,降低了工程造价,加快了工程进度。

(3)在高含水率黏性土质隧道施工过程中,拱部沉降值大于净空收敛值。对于留核心土三台阶环形开挖法来说,施工过程中上台阶开挖引起的变形比例较大,中台阶、仰拱开挖及封闭后引起变形比例较小,封闭时的变形比例约为稳定后总变形的80%。

(4)开展隧道斜交横通道施工对主隧道衬砌结构产生影响的研究。研究结果表明:横通道施工导致交叉口附近一定范围内的主隧道衬砌产生变形和应力集中,其影响范围在交叉口锐角一侧为1.82D(D为主隧道洞跨),在交叉口钝角一侧为1.32D;衬砌变形以拱部下沉为主,在边墙部位产生外扩现象;交叉口锐角一侧的变形和应力集中程度大于钝角一侧,而安全系数小于钝角一侧。隧道二次衬砌施作采用仰拱超前、边墙基础紧跟,对稳定工作面位移作用较大。在位移稳定后进行隧道二次衬砌施作,确保了衬砌不渗不裂。

(5)针对各种衬砌类型进行了大量的现场监测,分析评价了隧道围岩稳定性和支护效果。实践证明,取消系统锚杆后,减少了对土体的扰动,确保了隧道围岩的稳定,建成的隧道结构安全可靠。

(6)在施工阶段,采用及时量测、留核心土两台阶开挖法施工、及时闭合初期支护、增设锁脚锚管、考虑时空效应等控制隧道沉降技术措施,有效解决了隧道拱部整体沉降的技术难题。

(三)社会经济效益

研究成果有力支持了工程顺利建成,具有非常重要的工程应用价值,对隧道工程学科的发展和技术进步具有推动作用。项目成果创新性突出,工程应用性强,社会经济效益显著,总体上达到国际先进水平,其中高含水率黏土公路隧道初期支护采用"喷射混凝土 + 钢筋网 + 钢架 + 锁脚锚管"的组合结构体系达到国际领先水平。

二十一、沥青路面就地热再生技术在黑龙江省的应用研究

(一)立项背景

沥青路面再生利用,能够节约大量的沥青和砂石材料,节省工程投资,同时,有利于处治废料,节约能源,保护环境,因而具有显著的经济效益和社会效益。其中,能够充分利用旧料、有效节约工程投资、迅速恢复路面使用功能的沥青路面就地热再生技术越来越多地受到人们的关注。

沥青路面就地热再生已经在我国多个省份进行了成功的应用。在这些工程中,基质沥青路面再生技术已经日趋成熟,高质量的再生剂种类繁多,但在寒冷地区类似黑龙江省特殊气候条件下的应用还缺乏实践经验。

(二)主要研究内容

(1)对寒冷地区基质沥青的老化及再生机理进行研究,提出适合于基质沥青与改性乳化沥青再生的技术方法。

(2)就地热再生技术在黑龙江省的适用条件研究。

(3)旧路面沥青混合料室内回收沥青技术研究。

(4)与基质沥青最佳配伍性的再生剂选择及性能试验研究。

(5)再生沥青性能评价。

(6)再生沥青混合料组成设计研究。

(7)现场热再生施工工艺研究。

(8)再生后路面综合性能的评价。

(9)节能环保、经济及社会效益分析。

(三)主要研究成果

(1)通过对黑龙江省高等级沥青路面的综合评价,结合黑龙江省沥青路面类型与各种材料情况,制定出适合黑龙江省沥青混凝土路面就地热再生施工技术指南。

(2)通过对寒冷地区基质沥青的老化及再生机理的研究,经对比试验分析,推荐使用

适合黑龙江省基质沥青与改性乳化沥青再生的 RA-1 型再生剂。

（3）改进了离心法抽提沥青和阿布森法回收沥青的试验方法，减少矿粉和三氯乙烯对回收沥青性能的影响。

（4）提出再生混合料的配合比组成设计方法，形成了计算再生沥青混合料中新集料、新沥青、再生剂添加量的计算程序。

（5）根据依托工程实施及后期观测，在旧路技术状况合适的情况下，就地热再生技术可以适用于高等级沥青路面上面层或中面层的再生利用。

（6）通过节能环保、经济及社会效益分析，采用就地热再生施工工艺时，与传统的铣刨加铺工艺对比，综合成本降低 30% 以上，主要有害气体污染物排放降低 50% 以上，封闭交通时间减少 80% 以上。

（四）创新点

沥青混凝土就地热再生在黑龙江省夏凉、风大、施工期短、冻融破坏严重等不利情况下首次实施，开创了省内先河。这项新工艺的实施，为黑龙江省高等级公路的维修养护提供了一项新技术及新工艺。

（五）社会经济效益

热再生施工有利于路面的快速维修保养，减少封闭交通时间；使用沥青路面热再生技术铺筑再生路面充分利用了旧沥青混合料，解决了沥青路面翻修产生大量废料污染环境的问题，符合可持续发展战略中废物资源化的要求；节约了沥青和砂石材料，减少了对材料的需求量，有助于自然环境及资源的保护，缓和沥青材料供求的紧张状态，并降低了工程造价。该技术尤其适合高等级公路沥青路面的预防性养护或中修以下的维修养护，社会效益显著。

二十二、寒区大跨径连续箱梁温度场分布及温度裂缝控制措施的研究

（一）立项背景

混凝土桥梁长期处于室外环境中，除了承受本身自重及车辆、人群等荷载外，还要经受自然界温度变化、日照辐射以及有害气体等环境因素的作用。分析和计算表明，在混凝土箱形梁桥中，非线性温差产生的拉应力可以达到 3MPa 以上，超过混凝土的抗拉强度，有时甚至超过活载应力。一些研究指出，温度应力是混凝土桥梁，特别是超静定结构混凝土桥梁产生裂缝的主要原因之一。黑龙江省绥芬河至满洲里高速公路三股线高架桥为主跨 90m 的预应力混凝土连续刚构桥，在通车后不久发现梁体产生多处裂缝。经过分析，

这些裂缝很大部分是由于温度作用直接或间接导致。

有关混凝土箱梁温度场和温度效应的研究,国内、外学者已做了大量的工作,也取得了丰硕的成果。但是,由于温度场及其效应与箱梁所处的外部环境和自身材料等因素有关,其他地区的研究成果并不一定完全适用于本地区。

寒冷地区混凝土箱梁温度场的分布有别于其他地区,箱梁温度裂缝的出现对桥梁结构安全性和耐久性将产生更大的危害。因此,加强寒区大跨径箱梁桥温度场分布及温度效应的研究,确定更加符合寒冷地区实际情况的温度分布模式,掌握寒区大跨径箱梁桥温度应力分布的特点,对控制大跨径混凝土箱梁温度裂缝的出现,保证桥梁的安全性和耐久性,具有非常重要的理论和现实意义。

(二)主要研究内容

桥梁结构始终暴露在自然环境中,因此温度作用对其影响从结构施工一开始就存在,并将永久存在。大跨径混凝土箱梁在施工阶段及运营状态,其所受温度作用及边界条件不同,因此有必要分施工阶段和运营阶段两种状态研究温度场及温度效应。

以大跨径混凝土箱梁普遍采用的单箱单室截面,系统分析阐述箱梁温度场和温度应力的数值计算理论,并通过有限元程序对箱梁的日照温度场、骤然降温温度场和温度应力进行分析研究。主要研究内容如下:

1.大跨径混凝土箱梁温度场的观测

依托背景工程,对施工阶段和运营阶段的大跨径混凝土箱梁进行温度场观测。详细观测在太阳辐射、降温以及春秋季平稳的自然环境下混凝土箱梁各个板件的温度场随时间变化的规律。

2.大跨径混凝土箱梁温度场的数值分析

采用通用的有限元程序对背景工程混凝土箱梁的温度场进行计算,并和实测数据对比,验证在混凝土箱梁温度场计算理论的正确性以及施加的边界条件的正确性。

3.大跨径混凝土箱梁温度场影响参数分析

采用通用有限元程序进行混凝土箱梁空间温度场的参数分析,考虑的参数包括气候、混凝土热物理性质和箱梁截面性质等,分析混凝土箱梁的空间温度场与各参数之间的关系。

4.大跨径混凝土箱梁温度梯度研究

分析混凝土箱梁的温度梯度曲线的影响因素,确定黑龙江省大跨混凝土箱梁的温度梯度;并根据计算结果定量确定各影响因素与温度梯度曲线的关系,分析在降温作用下混凝土箱梁的负温度梯度。

5. 大跨径混凝土箱梁温度作用效应分析

采用通用有限元程序建立实体三维模型,计算背景工程混凝土箱梁温度应力。根据计算结果分析在温度作用下混凝土箱梁的最不利截面位置及温度应力大小、方向,采取措施防止温度裂缝的出现。另外,研究底板温差对箱梁温度应力影响程度。

6. 不同温度梯度分布模式对大跨径混凝土连续梁桥影响的对比分析

世界各国对桥梁设计中考虑的温度梯度分布模式有所差异,但其共同特点就是温差荷载均为非线性形式。本项目以绥满高速公路齐齐哈尔至甘南(黑蒙界)段嫩江大桥为例,进行不同温度梯度分布模式对大跨径混凝土连续梁桥影响的对比分析。

(三)主要研究成果

(1)在大量混凝土箱梁温度场实测数据的基础上,对太阳辐射升温、骤然降温以及冬季寒冷的自然环境下混凝土箱梁的温度场随时间变化的规律进行研究。分析表明,箱梁外表面与大气直接接触,其温度随外界气温呈周期性变化,日波动幅度较大,随着距外表面距离的增加,梁体内温度日波动幅度减小。箱梁竖向温差主要发生在箱梁上部0.7m范围内及箱梁下部0.5m范围内。横向温差主要体现在腹板内。全桥合龙后,箱内日温度基本保持恒定状态,日变幅在2℃左右。

(2)采用ANSYS有限元分析程序对依托工程箱梁温度场进行了分析。结果表明,理论计算值和现场实测值吻合较好。因此利用气象资料采用ANSYS软件进行箱梁日照温度场分析,施加的边界条件及所做的简化是适当的,可以得到工程上足够精确的结果。

(3)对影响混凝土箱梁日照温度场的若干因素进行了分析。结果表明,太阳辐射强度及桥面铺装对箱梁温度差影响较大,其他气象条件参数(大气温度、箱内温度及箱外风速)及截面形状参数(梁高、板件厚度及翼缘板长度)、混凝土的热物理性质对箱梁温度差影响较小。制定混凝土箱梁温度梯度的规定时,不需要考虑这些参数。

(4)除沥青混凝土桥面铺装厚度要求在50mm以上外,其他桥面铺装都可以削弱混凝土箱梁上缘竖向温差。例如,对10cm混凝土铺装来说,可使箱梁截面上缘正温差减少7℃,负温差减少3.1℃。

(5)施工桥面铺装前,箱梁顶板横向、纵向应力均较大,施工桥面铺装后,箱梁顶板横向、纵向应力有较大幅度减小。

(6)在大量实测数据的基础上,确定了齐齐哈尔地区无铺装层条件下混凝土箱梁温度梯度。结合箱梁日照温度场影响因素及箱梁温度效应研究结论,提出了考虑桥梁所处地理纬度、桥梁方位角及桥面铺装修正的箱梁竖向温度梯度模式。在所提出的箱梁竖向温度梯度模式中,考虑了箱梁下缘温差。

(7)根据实测数据,结合理论分析,提出箱梁顶板、底板及腹板沿板厚方向温度梯度模式。

(8)实测箱梁下缘负温差较大,可以达到 -7℃,有时超过箱梁上缘负温差。截面下缘负温差在截面下缘产生拉应力,且数值较大,不考虑截面下缘负温差对结构安全不利,计算中应予以考虑。

(四)创新点

1. 箱梁温度场影响因素研究方面

《公路钢筋混凝土及预应力混凝土桥涵设计规范》(JTG D62—2004)仅考虑沥青混凝土桥面铺装对箱梁上缘温差有削弱作用;并且认为,具有 50mm 沥青铺装层的箱梁和无铺装层的箱梁相比,可以有效减少箱梁上缘正温度梯度。

项目对多种桥面铺装对箱梁温度场的影响进行研究,包括沥青混凝土铺装、水泥混凝土铺装、轻集料混凝土桥面铺装及复合铺装。研究发现,沥青混凝土铺装具有"临界厚度",只有超过"临界厚度",才能对箱梁上缘温差有削弱作用。综合来看,除沥青混凝土桥面铺装厚度要求在 50mm 以上外,其他桥面铺装都可以削弱混凝土箱梁上缘竖向温差。

2. 混凝土箱梁温度梯度

《公路钢筋混凝土及预应力混凝土桥涵设计规范》(JTG D62—2004)仅规定一种温度梯度,没有考虑地域的影响;另外,温度梯度没有考虑箱梁下缘负温差。

本项目提出了考虑桥梁所处地理纬度及桥面铺装修正的箱梁温度梯度模式。在箱梁负温度梯度模式中,考虑了箱梁下缘负温差。

3. 横向温度应力计算方面

《公路钢筋混凝土及预应力混凝土桥涵设计规范》(JTG D62—2004)对箱梁横向温度应力计算时温度荷载取值没有明确规定,实际设计中,对温度荷载取值较为随意。项目研究得出结论,实用计算箱梁横向应力时,箱外、内温差可按如下取值,无铺装时:箱外、内温差为 +13.7℃、-9.2℃;有铺装时:箱外、内温差为 +8.7℃、-9.2℃。

(五)社会经济效益

本课题的研究成果可以指导黑龙江省桥梁设计及施工,使大跨径连续桥梁设计安全、经济、合理,避免在桥梁施工、运营过程中出现因温度而开裂的现象,提高桥梁耐久性、提高公路运输效益。同时,本课题的研究成果,能够为寒区桥梁设计中非线性温度效应的计算及结构细部尺寸的优化提供理论指导,为寒区桥梁施工控制、施工合龙提供计算依据,为规范寒区施工过程中对温度裂缝的控制等措施提供依据。

目前本成果已经在黑龙江省公路勘察设计院和黑龙江省公路桥梁勘测设计院有限公司推广应用,应用于多座特大桥、大桥的设计工作中。研究成果可以满足设计单位的需要,符合设计单位的设计要求。

项目成果获黑龙江省科技进步三等奖。

二十三、黑龙江省高速公路交通安全保障关键技术研究

（一）立项背景

高速公路系统是由人、车、路、交通环境四大要素构成的一个复杂系统,其各组成要素又自成系统,相互影响和相互作用。不同的道路线形组合、各种不利天气和驾驶员个体因素与交通安全之间存在着较大的影响,日益严重的高速公路交通安全事故造成了人民生命安全与财产的巨大损失。长期以来,交通管理者在分析和认定交通事故的原因时倾向于人为因素,特别是对道路线性因素、天气因素在交通安全中的作用认识不够。黑龙江省地处中国的东北部,年平均气温较低,无霜期短,冬季寒冷漫长,降雪量大并伴有大风,积雪长期不化,路面容易形成冰雪层。黑龙江省的复杂、恶劣气候条件对高速公路基础设施、交通安全管理与畅通控制造成了严峻的挑战。如何根据高速公路系统中线形组合、天气因素、驾驶员行为变化对交通安全的影响,制定出合理、有效的交通安全保障措施,是每位管理和预防高速公路交通安全事故的人员必须认真思考的课题,研究黑龙江省高速公路交通安全保障关键技术势在必行。

（二）主要研究内容

本课题通过数据搜集及现场调研,完成其交通安全运营等级评估及安全技术提升。主要研究内容包括：

1. 黑龙江省高速公路交通安全事故机理

以黑龙江省高速公路线形现状和交通安全事故记录为主要调研对象,通过资料收集、调研等方法收集数据,综合分析黑龙江省高速公路交通安全事故特性及其影响因素,剖析黑龙江省高速公路交通事故发生机理。

2. 黑龙江省道路线形和交通事故关系

统计回归黑龙江省道路线形与交通事故的关系,重点研究冰雪路面类型的影响因素及其划分指标与方法,收集黑龙江省哈牡高速公路的相关数据,通过理论分析和实例验证为寒冷地区道路线形指标的确定提供支持。

3.高速公路交通流特性分析

基于采集的视频数据,利用视频数据挖掘和处理技术,分析不同天气状况及移动执法设备(警车)对高速公路交通流的影响,为制定科学、有效的高速公路安全管理方法提供理论参考。

4.黑龙江省高速公路安全评价技术

本课题从网络脆弱性角度,基于博弈论相关理论,识别高速公路网络中的关键路段,并根据关键路段排序结果,对黑龙江省高速公路网络脆弱性进行评价;并以哈牡高速公路为例,采用质量控制法对其进行进一步事故多发点鉴别和相应治理措施研究。

5.黑龙江高速公路交通安全提升技术

主要研究寒冷地区的高速公路交通安全保障提升技术,从道路几何设计、安全设施、交通管理、交通执法等方面开展交通安全保障提升技术的研究,并结合信息技术的发展和应用开发黑龙江省高速公路交通安全决策系统及重大突发事件快速响应与决策支持平台。

(三)主要研究成果

1.攻克的关键技术成果

(1)分析了黑龙江省高速公路交通事故统计特征及主要影响因素。
(2)研究了黑龙江省高速公路道路线形与交通事故的关系。
(3)分析了基于视频采集数据的黑龙江省高速公路交通流特性。
(4)对黑龙江省高速公路网络脆弱性进行了评估。
(5)构建了黑龙江省高速公路交通安全决策系统和重大突发事件快速响应与决策支持平台。
(6)示范工程的应用。

2.取得的学术成果

(1)发表学术论文8篇,翻译专著1部。
(2)授权专利1项,软件著作权3项。

(四)创新点

1.基于视频采集技术分析不同条件下黑龙江省高速公路交通流特性

基于视频采集技术,分析了不同天气条件下,移动检测设备对高速公路交通流对于不同天气和移动执法设备的敏感性,实现了高速公路车辆运行速度、加速度和侧向净空等指标自动计算。

2. 高速公路网络脆弱性评估

基于网络脆弱性的角度,构建高速公路网络的攻防博弈模型,识别网络中的关键路段,并根据关键路段排序结果,评估黑龙江省高速公路网络脆弱性。从交通安全和网络可靠性两个角度对黑龙江省高速公路网络进行了整体的评价,丰富了交通安全的理论研究成果。

3. 构建并开发黑龙江省高速公路交通安全决策系统

在对黑龙江省高速公路网安全性能评估过程中,基于收费数据,构建了高速公路网的流量和速度计算模型,并开发了黑龙江省高速公路网流量分析软件,取得了软件著作权。

从道路设计、道路管理及道路标志标线设计等各个方面分析事故多发点事故发生原因,并提出相应对策,建立了事故成因—对策集,构建并开发了黑龙江省高速公路交通安全决策系统。该系统具有寒冷地区高速公路事故多发点鉴别、交通安全性能评估、交通安全提升整治建议、决策支持等功能。

(五)社会经济效益

本课题研发的寒冷地区高速公路交通安全保障关键技术能够在高速公路运营管理、交通事故预防和应急管理等领域,每年节省上亿元的财政支出,提高恶劣气候下的基础设施耐用水平近20%。同时交通安全管理技术研究成果的应用,能够降低寒冷地区恶劣天气下的交通事故率30%以上,尤其是恶性重大事故50%以上,降低不利天气下公路出行交通拥堵水平至以往的60%左右。

项目成果集成于两套软件系统,即"黑龙江省高速公路交通安全决策系统"和"重大突发事件快速响应与决策支持平台"。两套系统为高速公路管理部门及交警部门的信息化、科学化工作提供了强大支持,经济和社会效益显著。

第三节 主要科技成果及应用

黑龙江省交通科研人员结合黑龙江高速公路建设实际,深入研究,取得丰硕科技成果。完成地方技术规范3部(表4-3-1);学术论文430余篇,形成重要学术论文示例46篇;获得主要专利94项,形成重要专利示例29项;龙建路桥股份有限公司通过的施工工法120项,形成重要施工工法25项。

主要科技成果及应用——地方技术规范　　　表 4-3-1

序号	地方规范名称	文　号	颁发单位	编制单位	颁发时间
1	《环保型水溶性道路标线涂料》	DB23/T 986—2005	黑龙江省质量技术监督局	黑龙江省交通科学研究所	2005年
2	《黑龙江省次高级路面技术规范》	DB23/T 744—2006	黑龙江省质量技术监督局	黑龙江省交通科学研究所	2006年
3	《引气混凝土路面施工规程》	DB23/T 510.1—2006	黑龙江省质量技术监督局	黑龙江省交通科学研究所	2006年

一、地方规范

（一）《环保型水溶性道路标线涂料》（DB23/T 986—2005）

以黑龙江省交通运输厅科技项目"环保型水溶性道路标线涂料地方产品标准的制定"的研究为基础，对水溶性道路标线涂料的生产工艺、使用特征、技术性能进行试验研究。一方面对水溶性道路标线涂料提出了环境保护的要求；另一方面，对水溶性道路标线涂料提出了涂料的耐冻融性和高固含量的要求。以此成果为基础编制了《环保型水溶性道路标线涂料》（DB23/T 986—2005）。在满足实际应用要求的同时，结合地方特点，充分考虑了产品的施工技术和工程质量，对水溶性道路标线涂料在黑龙江省进一步研究和推广使用提供了必要条件。

（二）《黑龙江省次高级路面技术规范》（DB23/T 744—2006）

以黑龙江省交通运输厅科技项目"黑龙江省次高级路面技术规范的制定"的研究为基础，对以往各项研究和应用成果的调查、咨询、引进和深化为主，提出油砾石、热拌沥青表处、乳化沥青表处、乳化沥青稀浆封层4种结构形式的施工各项技术标准，制定了《黑龙江省次高级路面技术规范》（DB23/T 744—2006），可为全省修筑次高级沥青路面和路面维修养护使用。

（三）《引气混凝土路面施工规程》（DB23/T 510.1—2006）

以黑龙江省交通运输厅科技项目"引气混凝土路面施工技术"的研究为基础，重点对高性能和高耐久性引气混凝土的基本性能及应用技术进行试验研究，制定了《引气混凝土路面施工规程》（DB 23/T 510.1—2006），提出了适合于黑龙江省地产原材料的引气混凝土集料最佳级配范围及适合于黑龙江省气候条件的引气混凝土主要技术指标。从原材料选择到混合料组成设计，再到规范施工过程，最终至质量验收，全过程全方位地规范了引气混凝土路面的修筑。

二、重要学术论文及应用

伴随着黑龙江省高速公路建设不断深入和公路科研成果的不断成熟,黑龙江省科技人员积极发掘"四新"技术,撰写相关科技论文进行交流和学习。1999年以来依托黑龙江省高速公路科研成果,科技人员相继在《公路》《低温建筑技术》《桥梁建设》《路基工程》《世界地震工程》《土木建筑与环境工程》《工程力学》《中外公路》《Advanced Materials Research》《Cold Regions Science and Technology》等国内外专业期刊和"国际寒地工程技术研讨会""全国公路科技创新高层论坛""国际冻土工程会议""ICCTP 2010""CONSTRUCTION AND BUILDING MATERIALS"等国内外学术会议上发表科技论文430余篇,涵盖了公路建设、养护、管理等多方面的内容,代表了黑龙江省甚至是我国寒冷地区公路建设的最高科技水平。

（一）"Quality Control of Asphalt Pavement Compaction Using Fibre Bragg Grating"

1. 主要内容

针对传统沥青路面压实度质量控制的缺陷,本文提出了一种新的压实度质量控制方法。即将FBG(光纤光栅传感器)技术应用到沥青路面压实度质量控制中。首先,在试验室里利用光纤光栅传感器对AC-16和AC-20两种不同的沥青混合料车辙板进行标定;然后再在施工现场布设光纤光栅传感器,通过检测压路机不同压实次数时光纤光栅传感器监测数据的变化得到:

(1)路面压实质量实时控制的方法。

(2)提出了一种更为有效的压实质量控制参数SDI。

(3)通过试验得出,压实控制的最佳距离为±90m(距离测试点)。

2. 主要观点

(1)FBG可以很好地运用在沥青路面压实质量控制中,SDI可以较好地表征沥青路面的压实状态,从而可以有效地避免压实过疏或压实过密的情况。

(2)可以通过FBG反馈值的不同,了解到沥青路面的薄弱处,从而可以采取有针对性的应对措施。

(3)两个不同的压路机的应力波谷值随时间具有相同变化趋势,利用SDI来控制压实质量可以很好地满足压实要求。

(4)利用FBG技术得到的最佳压实控制距离为±90m(距离测试点)。

(5)可以从动荷载作用下的变形曲线上明显地看出材料的弹性恢复过程,FBG技术还可以运用在长期的路面结构行为检测中。

(二)"Analysis of the Evaluation Indices from TSRST"

1. 主要内容

为了证明在约束试件温度应力试验(TSRT)中采用断裂温度来评价沥青混合料低温抗裂性能的可靠性,对6种沥青混合料进行TSRT试验,通过对断裂温度、断裂强度、转变温度和应力曲线斜率等4种评价指标进行变异系数分析得到小变异性指标,并通过主因素分析和波士顿咨询集团矩阵分析等方法得到最相关指标,同时采用对TSRT评价指标和弯曲应变能密度之间进行灰色关联度分析进行结论验证。

2. 主要观点

(1)TSRT结果表明,当评价沥青混合料的低温性能时,断裂温度、断裂强度、转变温度和应力曲线斜率等指标不具有一致性。

(2)通过主因素分析获得综合评价指标,温度裂缝评价结果的顺序与综合评价指标的结果是一致的。这表明用断裂温度来评价沥青混合料的低温性能是合理的。

(3)通过采用波士顿咨询集团矩阵方法,证明可以通过断裂温度和转化温度评价沥青混合料的低温性能。

(4)对TSRT的4个评价指标与弯曲应变能密度之间进行灰色关联度的分析结果表明,断裂温度具有最大灰色关联系数。这表明采用断裂温度评价沥青混合料的低温抗裂性能是可行的。

(三)"Laboratory Performance of Warm Mix Asphalt Containing Recycled Asphalt Mixtures"

1. 主要内容

为评价温拌再生沥青混合料的试验室性能,对回收沥青混合料掺量为0和40%的温拌沥青混合料均使用Evotherm-DAT和S-I两种再生剂进行再生,并对上述4种沥青混合料进行车辙、弯曲、冻融劈裂、浸水马歇尔、冻融循环劈裂、老化和疲劳等试验,进而评价温拌再生沥青混合料的试验室性能。

2. 主要观点

(1)再生剂的掺加降低了再生沥青混合料的拌和和压实温度,S-I较Evotherm-DAT更为显著。

(2)掺加旧路回收沥青混合料的温拌沥青混合料较未掺加的有较强的抵抗车辙能力。使用S-I再生剂的温拌再生沥青混合料动稳定度略高于使用Evotherm-DAT再生剂的温拌再生沥青混合料。

(3)对于未掺加旧路回收沥青混合料的温拌再生沥青混合料,使用Evotherm-DAT再生的较使用 S-I 的具有更好的低温抗裂性,而再生剂的种类对掺加旧路回收沥青混合料的温拌再生沥青混合料的低温抗裂性能影响并不显著。

(4)旧路回收沥青混合料的掺入会降低再生沥青混合料的水稳定性,使用 Evotherm-DAT 再生的比未掺加旧路回收沥青混合料的温拌沥青混合料水稳定性最好。

(5)经过短期老化后的温拌沥青混合料的冻融劈裂抗拉强度 TSR 略有提高,然而经过长期老化以后 TSR 有较大程度的下降。经过长期老化以后,掺加回收沥青混合料的温拌再生沥青混合料 TSR 水稳定性较未掺加回收沥青混合料的温拌再沥青混合料略高。老化后的温拌沥青混合料比未老化的有更大的最大弯拉应变。使用 Evotherm-DAT 再生的温拌再生沥青混合料较使用 S-I 再生的有更好的抗老化能力。

(6)掺加旧路回收沥青混合料后的温拌沥青混合料的抵抗疲劳破坏能力显著降低,使用 Evotherm-DAT 再生的沥青混合料的疲劳寿命比使用 S-I 的沥青混合料更长,使用不同再生剂的温拌沥青混合料的疲劳寿命对应力比有相似的敏感性,而与旧路回收沥青混合料的掺量无关。

(四)"Studying the Strain Field Distribution of Asphalt Mixture with the Digital Speckle Correlation Method"

1. 主要内容

本文主要介绍了利用数字散斑技术确定由劈裂试验所产生的全场应变,并讨论了全场应变场、裂缝位置和横向应变分布,还讨论了数字散斑技术与弹性解决方法、LVDT 技术的区别。

2. 主要观点

(1)由数字散斑技术得到的疲劳时刻的应变不同于弹性方法计算得到的应变,且裂缝发生于集料和胶浆的界面处,最大应变的轮廓线与裂缝路径相一致。

(2)集料和沥青胶浆的分布影响横向应变。

(3)强度试验和蠕变试验表明,利用数字散斑技术计算由劈裂试验得到的应变和标准差,与弹性解决方法、LVDT 技术所得到的不同。试验的不确定因素和不同的规范长度,可能会导致应变和标准差的差异。

(五)"Multiscale Test Research on Interfacial Adhesion Property of Cold Mix Asphalt"

1. 主要内容

本研究以表面自由能理论和机械拉力试验为基础,研究了沥青与集料之间的黏结性能,并分析了不同尺度下的黏结性能之间的关系。这有助于建立冷拌沥青的评价方法和指标。

2. 主要观点

（1）稀释剂和外加剂可增加纯沥青的表面自由能，影响 SFE 的因素中，影响程序排序：稀释剂类型＞添加剂含量＞稀释剂含量＞添加剂类型。

（2）在干燥的条件下，与玄武岩和花岗岩相比，石灰石和沥青之间的黏附性最大，而在潮湿的环境下，其黏附性则变得最小。

（3）拉拔试验表明，通常内聚破坏发生在干燥的条件下，而黏附破坏通常发生在潮湿的条件下。

（4）CMA 的抗拉强度随冻融循环次数的增加而降低，且与花岗岩和玄武岩相比，石灰石通常有更好的抗水损害能力。

（六）"Starch as a Modifier for Asphalt Paving Materials"

1. 主要内容

探讨了淀粉作为一种新的改性剂用于沥青筑路材料的可行性。通过对比 90 号沥青在不掺加淀粉和掺加沥青质量的 2.5%、5%、7.5% 的淀粉时沥青及沥青混凝土的各项基本技术指标，来判断淀粉改性剂对提高沥青混凝土路用性能的效果以及确定淀粉的最佳掺量。

2. 主要观点

（1）淀粉改性沥青混合料的性能优于常规改性沥青混合料和 SBS 改性沥青混合料。

（2）在沥青中加入淀粉改性剂可以有效防止车辙的发生，降低沥青混合料的湿度敏感性和温度敏感性。

（3）淀粉改性剂还可用作抗剥离剂改善沥青混合料的性能。

（4）在使用淀粉改性剂改善沥青的路用性能时推荐的淀粉掺量为沥青质量的 5%。

（七）"Effect of Styrene-butadiene-styrene on the Properties of Asphalt and Stone-matrix-asphalt Mixture"

1. 主要内容

探究了 SBS 改性剂对普通沥青和沥青玛蹄脂碎石混合料性能的影响。在试验中采用 90 号沥青和 5% 的 SBS 改性剂掺量。将未改性和改性沥青进行了物理和路用性能的测试，包括马歇尔稳定度、静态间接拉伸强度、静态抗压强度、拉压强度比、抗车辙性能、低温开裂强度、弹性模量等。

2. 主要观点

（1）SBS 改性剂可以降低沥青混凝土的温度敏感性。

(2)使用 SBS 改性 SMA 混合料可以减少建筑材料的用量。

(3)在 SMA 中加入 5% SBS 改性剂后,可提高混合料的抗拉强度(22.4%~42.4%)、稳定度(4.8%)、回弹模量(39.4%,25℃测试)、车辙率(79.8%),并且在低温条件下有更高的劲度模量。

(八)《基于体积法的水泥稳定级配碎石配合比设计方法》

1. 主要内容

为了有效控制水泥稳定级配碎石的结构组成和内部材料分布,并使其具备更好的路用性能,利用体积法对间断级配水泥稳定碎石进行配合比设计,并提出控制指标。以粗集料的间隙率为评价指标判断混合料是否为骨架嵌挤结构;以混合料的空隙率为评价指标控制混合料的密实度,确保所设计的混合料为骨架密实结构。通过试验,将利用此方法设计的混合料与利用传统级配设计方法设计的混合料在力学性能和干缩性能方面进行了对比。结果表明,利用此方法设计的混合料具备更高的抗压强度和更好的干缩性能。此外,由于该方法通过具体试验确定混合料级配,因此能够兼顾不同石料的堆积特性、集料形状、表面纹理等物理性质,更加有针对性、灵活性。

2. 主要观点

基于体积法的水泥稳定碎石设计方法可以获得力学性能和收缩性能更优的水泥稳定碎石。

(九)"Impact of Salt and Freeze-thaw Cycles on the Performance of Asphalt Mixtures in Coastal Frozen Region of China"

1. 主要内容

The impact of salt on asphalt binders was first studied through basal experiments of binders. The complex influence of freeze-thaw cycles and salt on strength, volume and weight of three types of asphalt mixtures was then investigated through freeze-thaw tests. Test results indicate that salt has a significant effect on the low temperature performance of asphalt binders; Freeze-thaw is a main influencing factor when the percentage of salt is less than 3%, and the erosion effect of salt accelerates the failure of asphalt mixtures when the percentage of salt is more than 3%. The damage of asphalt mixtures is initially by ice expansion load and accelerated by the interfacial damage between asphalt and aggregate or fracture of asphalt mortar. It can therefore be concluded that different types of asphalt mixtures have fixed residual lives after a number of freeze-thaw cycles. Freeze-thaw cycles, salinity, percent air void, asphalt property and 4.75mm percent passing are main factors having an influence on freeze-thaw strength.

2. 主要观点

Freeze-thaw cycles, salinity, percent air void, asphalt property and 4.75mm percent passing are main factors having an influence on freeze-thaw strength.

(十)《超声波测试方法在沥青混合料冻融试验中的应用》

1. 主要内容

基于超声波传播原理,将超声波测试方法引入到沥青混合料的冻融试验中。通过对试验结果的分析,讨论了试验数据离散性较大的原因,提出了影响超声波测试方法精度的多重因素;进而基于微观结构分析对试验数据提出了合理的修正方法,并推荐了超声波测试方法在沥青混合料冻融试验中应用的经验公式;最后通过对比试验验证了经验公式形式的正确性。结果表明,修正后的超声波传播速度能表征沥青混合料冻融后的劈裂强度,两者之间有着很好的指数关系。

2. 主要观点

超声波方法可以用来评价沥青混合料冻融后的力学性能衰减。

(十一)《基于灰色系统理论的沥青路面使用性能预测》

1. 主要内容

采用灰色系统理论方法,分别对路面强度指数、路面状况指数和路面平整度指标进行了建模和预测。利用实际路面检测数据进行模型的检验和修正,并与传统的回归分析模型进行对比。结果表明,对于公路路面这种比较离散的技术状况评价指标值,采用灰色预测方法,预测精度有较大的提高,能够满足路面使用性能预测的要求。

2. 主要观点

灰色系统理论是在数据处理上提出"生成"的方法(累加或累减生成),通过生成使杂乱无章的数据列随机性弱化,从而转化为较有规律的数据列,便于建模并进行预测。

在任何一个灰色系统的发展过程中,随着时间的推移,将会不断地有一些随机扰动或驱动因素进入系统,使系统的发展相继受到影响,路面系统也不例外。因此需要随时将每一个新得到的数据置入其中,建立新信息模型。另一方面,随着系统的发展,老数据的信息意义将逐步降低,在不断补充新信息的同时,及时地去掉老数据,建立新陈代谢模型更能反映系统目前的特征。置入最新信息,去掉最老信息,即为 GM(1,1)模型(即灰色新陈代谢模型)。

目前路面使用性能预测模型大多采用统计回归模型,存在误差较大和模型形式不一的问题。因此,采用灰色理论建立了路面使用性能预测模型,并通过实际数据经过预测及对比分析,证明灰色预测方法通过提炼隐含在离散的原始检测数据中的规律性,能够有效降低因路面原始检测数据的离散而造成预测值与实测值的差异,预测精度优于传统的回归分析预测方法,适用于路面使用性能预测。

(十二)《基于芯样的沥青路面抗剪性能评价指标》

1. 主要内容

以沥青路面的取芯芯样为研究对象,采用动载单轴贯入试验方法,通过有限元理论分析和对比试验确定了试验条件和参数,以一定作用次数下的贯入深度作为指标,能够较好地评价沥青路面的抗剪切性能。

2. 主要观点

从抗剪切的角度出发,采用动载单轴贯入试验,利用芯样评价沥青路面的抗剪切性能。芯样作为实际路面结构的一部分,其整体性能受层间结合状态等因素影响,需要结合其他评价结果综合分析。由于实际取芯原因,芯样数量和种类有限,初步得到下述结论:芯样代表路面内部的真实结构状态,通过对一定样本数量的芯样评价可以实现对整个路面性能的评价,是一种简单、直观、有效的评价方法。动载单轴贯入试验方法可行,确定了动载单轴贯入试验参数,提出以重复荷载作用 1000 次的贯入深度作为评价指标。某高速公路通车运行 10 年,以路况依然良好路段的指标值作为标准,重复荷载作用次数 1000 次,贯入深度小于 3mm,则能够提供良好的抗剪能力。

(十三)《行车舒适性路面平整度评价标准》

1. 主要内容

为了从舒适性的角度对路面平整度进行重新分级,以十自由度整车模型为分析基础,以《人体承受全身振动的评价标准》(ISO 2631-1:1997)(E)为依据,建立了行车舒适性评价系统。评价了在 A、B、C 三种等级的路面平整度下,丹东黄海 DD-680 大客车的行车舒适性情况。计算数据表明:路面平整度、车速和车辆自身性能对行车舒适性影响显著。通过已经建立的路面平整度与行车舒适性的关系,以人体全身振动的舒适性界限为基准,反算出路面平整度的界限值。初步地从行车舒适性的角度探讨了路面平整度的分级,克服了原路面分级与人体舒适性分级不一致的缺陷。

2. 主要观点

(1)用行车舒适性界限对路面平整度进行分级,克服了原路面分级与人体舒适性分级不一致的缺陷。

(2)由于车辆参数获取途径的限制,本文仅对两种车型(DD-680 大客车和福特车)进行了对比分析,而要想建立全面的、统一的路面平整度分级标准,应对多种车型进行计算分析,通过比较最终确定路面平整度的分级。

将两辆车的计算结果进行对比,显然 DD-680 对平整度的等级要求更高,并且福特车的结果与原路面平整度分级表格相比,对路面平整度的要求过于宽松。因此,这里选用 DD-680 大客车的计算结果作为用行车舒适性界限对路面平整度进行分级的结果。

另外,从两辆车的分级结果还可以看出,车辆本身也是影响路面平整度分级的重要因素。改善车辆本身的性能,对路面行驶条件的要求就可以相对放宽些。

(十四)《轴载与温度作用下水泥路面板的变形与应力分析》

1. 主要内容

水泥路面板沿厚度存在温度梯度时,水泥路面板将出现翘曲变形(板角翘曲或板中翘曲),由于自重和约束的作用板内将存在温度翘曲应力。目前中国水泥路面设计中主要考虑温度应力和荷载应力的叠加造成的水泥路面板底至板顶产生的横向开裂,计算中并未考虑轴载和温度共同作用下水泥路面的应力和变形。通过有限元方法建立模型,对单自由板在轴载和温度共同作用下的变形和应力进行了计算,计算中考虑了正向和负向温度梯度和轴载作用板不同位置时的工况。计算结果表明,不同工况下水泥路面板最大应力将发生变化,将造成板不同的开裂方式。

2. 主要观点

通过有限元方法对弹性地基上单自由水泥路面板在轴载和温度梯度共同作用下产生的温度翘曲变形和翘曲应力进行了分析,考虑了不同的工况组合,主要得到了以下几点结论:

(1)建立了轴载和温度荷载共同作用下的有限元模型,验证了该模型计算结果的准确性。

(2)板内存在负温度梯度时,水泥路面板最大拉应力出现在板顶,荷载作用于不同位置时,水泥路面板产生纵向裂缝的拉应力较大,因此水泥板易出现板顶至板底的纵向开裂。

(3)板内存在正温度梯度时,水泥路面板最大拉应力出现在板底,荷载作用于板边时,水泥板易出现由板底至板顶的纵向开裂,荷载作用于板中时,水泥板易出现板底至板顶的横向开裂。

模型仅考虑了单自由板下的计算结果,而在实际的水泥路面中,水泥路面板边存在着约束作用,轴载的作用形式也多种多样,因此有待于今后对复杂状态下水泥路面板受温度与荷载耦合作用时的力学状态进行分析。

(十五)《东北农耕区路基高度问题分析》

1. 主要内容

中国公路建设与占用土地资源的矛盾越来越突出,特别是东北农耕区,地势平坦,绝大多数公路路堤为两侧取土填筑,占用了大量基本农田。降低路基高度是减少占地的重要手段之一。通过分析路基高度偏高的历史和技术等原因,分析路基高度与路基土方数量及横向占地面积之间的关系,论述了降低路基高度的技术可行性,并给出了经济合理性分析的基本思路。

2. 主要观点

通过文章的分析,根据中国目前的经济发展和公路建设技术水平,在路基设计中转变设计理念,针对不同的路基设计高度对路面结构采取适当的技术对策,进行技术、经济分析,降低路基高度是完全可能的。

(十六)"Mechanism Analysis of Rutting at Urban Intersections Based on Numerical Simulation under Moving Vehicle Loads"

1. 主要内容

通过车辆荷载的沥青路面动态响应进行车辙机理分析。首先,介绍了车辆荷载在城市交叉口处的垂直和水平移动压力的变化,并建立了基于实际路面结构的三维有限元模型;其次对动载荷、边界条件和材料参数进行了简要的介绍;然后,通过加速、减速以及匀速运动时的时程分布情况,根据有限元仿真对其规律进行分析,说明了沥青路面车辙产生的机制。

2. 主要观点

与匀速运动的情况相比,车辆在城市交叉口处的频繁起动和制动,明显改变了路面结构内的应力分布。在加载过程中,观察到了最大剪应力和水平剪切应力的分布和幅度,这将导致剪切变形。

(十七)《重载沥青路面结构组合的抗车辙性能分析》

1. 主要内容

为研究结构组合对沥青混合料抗车辙性能的影响,首先对所设计的7种沥青混合料进行动态模量及单层车辙试验,得到基本材料参数及抗车辙性能;其次对3种路面结构在重载条件下进行双层结构车辙试验,并与单层车辙试验结果进行对比;然后,应用光纤光栅智能测试技术对实际路面进行现场应变测试,评价实际重载沥青路面结构的抗车辙性能。

2. 主要观点

单层车辙试验难以准确反映路面结构的抗车辙性能,而双层车辙试验效果良好。在设计抗车辙路面时要考虑不同面层的模量组合,才能最大限度地发挥各层混合料的抗车辙性能。

(十八)《基于减少路表径流污染的多孔沥青混合料设计》

1. 主要内容

主要从基于减少路表径流污染的角度进行多孔沥青混合料的组成设计的研究,明确多孔沥青混合料不同孔隙结构对其路用性能及径流污染控制效能的影响规律,从而为多功能透水路面材料设计提供依据。

2. 主要观点

从基于减少路表径流污染的角度出发,多孔沥青混合料适宜的空隙率为20%左右。研究发现,多孔沥青混合料渗透和控制径流污染的有效寿命为3年。

从满足承载能力、高温抗变形能力、水稳定性等角度出发,多孔沥青混合料的空隙率应不大于20%。

沥青对其控制径流污染性能影响不大,而对力学性能影响较大。

(十九)《透水性路面过滤层材料的去污效果评价》

1. 主要内容

在确定路面径流污染物指标的基础上,通过人工配置道路径流水样,利用自制的室内试验设备,对6种透水性铺装过滤层材料的净化性能进行了测试和评价,根据过滤层材料的去污效能,推荐出适用不同污染状况公路的过滤层材料组合结构形式。

2. 主要观点

细砂、炉渣、陶粒等材料适宜于道路过滤层铺装。

不同种材料的组合将提高整个滤层去除污染物的效果和去除污染物的持久性。

推荐基于控制路面径流污染的透水性沥青路面的典型结构:20cm炉渣和20cm细砂作为过滤层结构适合于重金属含量高、SS污染较低的道路;20cm炉渣和20cm陶粒铺装结构适合于SS污染含量高、重金属污染较低的道路。

(二十)《成型方法对半刚性基层配合比设计的影响》

1. 主要内容

研究振动成型方法和击实成型方法对水泥稳定碎石基层材料配合比设计的影响,并分析差别产生的原因。试验中应用振动成型仪对水泥稳定碎石进行振动成型,养生后测定物理力学指标,并与击实成型试件的性能进行比较。试验结果表明,振动成型的水稳碎石混合料的最佳含水率和最大干密度与击实成型具有线性关系,振动成型试件的最大干密度与击实成型相比平均提高 0.04g/cm³,增加的幅度在 1.8% 左右;静压成型试件高度的控制精度低于振动成型,且离散性较大;振动成型总体强度比静压成型提高 70%,其中 60% 的强度增加量源在于骨架的嵌挤作用。根据试验结果可知,级配结构性效应无法发挥和试样高度控制不精确使抗压强度代表值偏高是导致静压法配合比设计水泥剂量偏高的主要因素。

2. 主要观点

(1)两种成型方法的物理指标有线性关系;振动成型最佳含水率与击实成型最佳含水率的关系随着材料可压实性而变化;振动成型下的最大干密度大于击实成型,平均提高 0.04g/cm³,增加幅度在 1.8% 左右。

(2)在保持压实度相同的条件下,振动成型 7d 无侧限抗压强度比静压成型平均提高 80%;基于强度等效原则,水泥稳定碎石振动成型可较静压成型节约水泥 2%~3%。

(3)在保持物理指标相同的条件下,振动成型 7d 无侧限抗压强度比静压成型平均提高 60%,其来源在于骨架的嵌挤作用;基于强度等效原则,水泥稳定碎石振动成型可较静压成型节约水泥 2%。

(4)静压成型试件高度的控制精度低于振动成型,其离散性较大,偏差系数的增大使强度的代表值偏高,只能通过增加水泥剂量来弥补。

(5)振动成型方法配合比设计能发挥级配的结构效应和精确控制试样的压实度,而级配结构性效应无法发挥和试样高度控制不精确导致抗压强度离散是引发静压法配合比设计水泥剂量偏高的主要因素。

(二十一)《桥面铺面防水黏结层胶结材料洒布量的确定方法》

1. 主要内容

为确定桥面铺面防水黏结层胶结材料洒布量,采用橡胶沥青和两种典型的沥青混合料,通过设计直向剪切试验和斜向剪切试验研究桥面防水黏结层的力学性能,分析不同因素对于防水黏结层剪切性能的影响。试验结果表明,随着加载速率的提高,黏结层最大剪切应力有呈线性增大的趋势;采用不同温度的对比试验,同样发现随温度的升高,其抗剪切能力显著衰减。可以通过剪切试验的剪应力和变形能两个指标评价其剪切性能。

2. 主要观点

洒布量对抗剪能力影响较大,随着橡胶沥青用量的增加,防水黏结层的抗剪强度先增加后减小,可通过剪切试验确定最佳沥青洒布量。剪切速率对剪切试验结果影响较大,在选定的剪切速率范围内,剪切应力随着剪切速率的增加呈线性增加的关系,20℃时可以采用1mm/min的剪切速率。随着温度的增加,防水黏结层的抗剪强度明显降低。在50℃时,洒布量对最大剪应力的影响已不是很明显,不同洒布量下的最大剪应力比较接近。20℃橡胶沥青的洒布量对抗剪切能力响较大,随着橡胶沥青用量的增加,防水黏结层的抗剪强度先增加后减小,可以通过剪切试验的最大剪应力、变形能确定最佳沥青洒布量。

(二十二)《沥青混合料中矿粉用量、细度和密度指标的控制》

1. 主要内容

在沥青混合料的组成材料中,矿粉的品质及其变异性对于混合材料性能和组成材料的交互作用能力极其重要。通过试验研究分析,说明了矿粉对混合料性能的影响。分析粉胶比、细度、用量及密度对混合料性能和组成的影响,提出了基于沥青混合料性能保证的矿粉品质参数的控制标准;提出粉胶比的控制范围,以及矿粉用量的容许控制范围;明确了矿粉0.075mm通过率需要设立控制上限和下限,以往的单边控制存在一定的缺陷;提出了矿粉密度的容许变化范围。

2. 主要观点

矿粉是沥青混合料的重要组成部分,其细度、用量和密度对沥青混合料性能有较大影响,施工中应加以控制。矿粉的0.075mm通过率和粉胶比与混合料性能关系显著。在具体工程中,运用对比分析的方法可确定不同的通过率、粉胶比与性能的关系,确定矿粉的允许波动范围及粉胶比范围。细集料中小于0.075mm颗粒含量及矿粉细度的变化造成矿粉用量的波动,应该在施工中予以掌握和控制。矿粉细度对沥青混合料的高温稳定性影响非常大。对于高温炎热地区,控制矿粉0.075mm通过率对于保证沥青路面的抗车辙性能是很必要的。建议矿粉的0.075mm通过率应该控制在目标配合比设计时测定值+5%的范围内;建议矿粉的密度容许波动范围为+0.1g/cm^3,而对于超过该范围的矿粉应分别存放和使用。

(二十三)《季冻区道路结构温度场分布特性研究》

1. 主要内容

以试验测点近3年的路面温度跟踪观测数据为基础,开展了季冻区道路结构温度场分布特性的研究。研究结果表明,路面温度峰值出现在路表附近,随着深度的增加,温度波动幅度逐渐减小,道路结构内存在与气温变化相一致的日恒温点;气温骤变时温度梯度变化主要发生在沥青层内;在冰冻时期会有冰冻夹层存在,哈尔滨地区的最大冻结深度为180cm左右。

2. 主要观点

路面温度变化要滞后于气温;随着深度的增加,滞后性越明显,路面温度波动幅度逐渐减小,存在日恒温点及年恒温点,且日恒温点的变化规律与外界气温呈现良好的一致性。当气温骤升或骤降时,较大的温度梯度变化主要发生在沥青层内,且面层材料对升温的敏感性要大于对降温的敏感性。冰冻线的变化过程可分为4个阶段,冰冻时期会有冰冻夹层存在;哈尔滨冬季最大冻深为180cm左右,且季节性冰冻地区春季初期会出现含水率骤然升高的现象。

(二十四)《级配对密级配沥青混合料体积指标的影响》

1. 主要内容

沥青混合料的体积指标在评价沥青混合料性能时是必不可少的。尤其是对密级配沥青混合料而言,体积指标和路用性能紧密相关,特别是在抗车辙和水损害方面。笔者分析研究了6种体积指标。研究表明,任意两个体积指标之间都有良好的线性关系。体积指标的变化主要是由级配的变化引起的。试验结果表明,体积指标对级配的变化敏感。结果同样显示随着级配的变化,空隙率的变化率最大。基于以上研究,选择空隙率的变化率作为评价密级配沥青混合料级配变化的典型指标。

2. 主要观点

分析了6种体积指标,并评估了它们两两之间的关系及它们对级配变化的敏感性。基于以上研究,可以得出以下结论:任意两个体积指标间近似满足线性关系,其他由于级配变化而变化的因素(如理论最大相对密度、合成毛体积相对密度)对体积指标的变化影响小。

试验中级配变化是造成体积指标变化的主导因素,非级配因素如仪器精度影响、试验人员操作水平等对体积指标并无明显的影响。毛体积相对密度、空隙率、矿料间隙率、沥青饱和度、有效沥青的体积百分率、矿料的体积百分率对于级配的变化是敏感的。各体积指标对级配变化的敏感程度不同,空隙率敏感程度最大。综合以上研究,选取空隙率VV相对基准级配的变化率作为评价密级配沥青混合料级配变化程度的指标。

(二十五)"Research on the Effect of the Common Flame Retardant in Reducing the Flammability of the Bitumen"

1. 主要内容

The bituminous defect that the binder is flammable will bring road safety risk. Once it catches fires, large quantities of heat smoke and poisonous gas are produced, released and spread quickly, which seriously hinder escape and rescue and harms heavily traffic safety. The common flame retardant system is used to modify the asphalt. Cone Calorimeter is adopted to evaluate the burning property of asphalt. The performance of the flame retardant is evaluated by limiting Oxygen index and orthogonal design method. The paper analyzes the synergism of the asphalt and flame-retardant and analyzes the effect of the flame on preventing the smoke to spread and demonstrates that the use of common flame retardants which is added into binder is good at reducing the flammability of the binder. This way can increase the safety of asphalt pavement when fire occurs in the tunnel. The study suggests that flame retardant of asphalt can be evaluated by Limit Oxygen Index (LOI) and the flame retardant property of asphalt has marked change according to the content of flame retardant. SB has perfect flame retardancy property and ATH is better than MH in the effect of flame retardant.

2. 主要观点

It can be concluded that LOI can be used as the index of flame retardancy of asphalt in this paper. We find that with the increase of the amount of flame retardant, the property of asphalt flame retardant changes a lot. Different flame retarded has different the flame retarded effect on asphalt, and SB shows excellent flame retardancy, and the flame retarded effect of ATH is better than the flame retarded effect of MH. The research shows that ATH has obvious effect on heat absorption and smoke suppression. By analyzing the test data the reasonable adding amount of ATH is 20%.

Analyzing from the viewpoint of flame retardant smoke suppression effect and economy, it can be seen that A-2 can be as a flame retarded plan. In this article, the flame retardant system of Halogen-Antimony-Boron does not show synergistic action.

(二十六)《公路隧道路面用沥青的阻燃技术研究》

1. 主要内容

针对隧道沥青路面火灾的危害,通过大量的试验和研究,明确了安全阻燃改性的技术途径,分析了方案的阻燃性能、阻燃机理及安全性,论证了该类安全环保型阻燃技术对于提高隧道沥青混凝土路面火灾安全的可行性。研究证实,该种阻燃方案可以实现沥青的阻燃、无毒、抑烟以及降低放热和发烟速率的作用,为火灾发生时的救援和逃生创造条件并争取时间,可极大地改善和提高公路隧道的运行安全,降低火灾损失。

2. 主要观点

采用 AT 阻燃体系,通过添加方式可以实现沥青的阻燃,达到材料的自熄指标。通过

DSC 差式扫描分析试验,研究并论证了 AT 阻燃体系具有吸热、覆盖、稀释多重阻燃机理。材料的闪、燃点及毒性满足施工安全环保要求。AT 阻燃体系的放热及发烟特性均优于基质沥青,可有力地限制火灾发展和蔓延,保证了火灾发生时逃生和救援的时间和条件。AT 阻燃体系的路用性能满足规范要求,AT 阻燃技术可为交通隧道的运行安全提供有力的保证。

(二十七)《沥青燃烧特性的试验研究》

1. 主要内容

由于沥青具有易燃缺陷,一旦引燃,会在短时间内释放出大量的热、烟和毒气,并快速蔓延,为逃生和救援带来困难。针对隧道沥青路面火灾的危害,研究两种形式存在的沥青,结合对比样,通过试验和分析,明确了沥青材料的燃烧特性、燃烧机理,论证了沥青及沥青混凝土火灾过程的危害因素。研究证实,沥青材料在火灾过程中放热及发烟剧烈,放热量及发烟量大,释放的烟尘会造成可见度低;而以混合料形式存在的沥青虽然一定程度上难以燃烧,但其燃烧依然剧烈并伴有大量烟尘和热量。该研究可为进一步研制无毒、抑烟以及低放热、低发烟速率的沥青阻燃材料,从而为火灾发生时的救援和逃生创造条件并争取时间,为降低火灾损失提供理论依据,可改善和提高公路隧道沥青混凝土路面的运行安全性。

2. 主要观点

研究认为,普通沥青材料均属易燃材料,其极限氧指数指标与材料产地标号等因素有关。随着 SBS 掺量的增加,改性沥青的极限氧指数降低,材料更易燃烧。研究发现,沥青的燃烧要经历受热升温、分解、引燃、燃烧以及火焰传播阶段。沥青的点燃时间稍晚于阻燃的木质纤维板,说明沥青燃烧需要吸收较多的热量。以混合料形式存在的沥青其放热速率减小,但放热量没有减少,而发烟量更大。沥青一旦被火源引燃,燃烧剧烈,会持续释放出大量的热和烟雾,加剧燃烧发展,具有极大的火灾危险性。

(二十八)《高速公路半幅封闭施工区交通特性与交通冲突特性研究》

1. 主要内容

针对双向四车道高速公路半幅封闭施工区的交通特性和交通冲突特性开展研究,以交通流参数调查和交通冲突调查为基础,应用统计分析方法,研究了施工区上游过渡段车辆的排队特征,标定了描述车头时距分布的爱尔朗模型;分析了施工区各组成区段的速度分布特征,确定了基于统计分布原理的各区段限速范围;总结了施工区交通冲突的种类,给出了基于距离碰撞时间(Time-to-collision,TTC)的追尾冲突严重程度判别方法,建立了基于负二项分布的追尾冲突预测模型。最后,应用 Vissim 软件开展了施工区交通仿真试验。

2. 主要观点

研究结果表明,基于车辆排队特征所确定的施工区上游过渡段合理长度应在 45～70m 之间;施工区各区段的限速值应根据交通量设定;在交通量水平一致且限速值高于 30km/h 时,交通冲突数量会随着限速值提高而显著增加。

(二十九)《基于几何线形指标的山区高速公路安全性评价》

1. 主要内容

通过分析几何线形与交通事故的相关关系,提出了基于几何线形条件的山区高速公路路段交通安全评价方法。首先,应用统计分析原理,建立了平、纵线形指标与事故率的关系模型,从而可用来确定具有不同线形条件的各类路段的基础事故率。其次,利用各类路段的基础事故率,提出了单一线形的事故率系数及组合线形的综合事故率系数概念,并给出了系数计算公式和取值方法。然后,利用综合事故率系数并基于统计分布原理,提出了基于几何线形条件的路段交通安全评价方法。案例分析结果表明,该方法可从几何线形的角度评估山区高速公路各路段的交通安全状况。

2. 主要观点

(1)通过对山区高速公路平纵线形指标与事故率关系的研究,得到了以下规律性的认识:

①单一线形与事故率关系

两曲线间的直线段存在最佳长度,对山区高速公路而言最佳长度宜采用 1.5km(上坡)和 0.8km(下坡);事故率与平曲线半径成反比关系,事故急缓变化的拐点出现在半径为 1km 处;确实存在事故率最低(最安全)的平曲线偏角值,左偏为 13°,右偏为 18°;事故率随坡度的增大而增加,下坡比上坡具有更大的行车危险性;事故率随竖曲线半径减小而增加,凸形竖曲线比凹形竖曲线具有相对较高的行车安全性。

②组合线形与事故率关系

直线接平曲线的线形组合路段,事故率随直线长度的增加、平曲线半径的减小而增大;上坡与平曲线组合路段的行车安全程度普遍高于下坡与平曲线组合的路段,此时上坡坡度越大安全性越高;竖曲线半径为平曲线半径的 8～10 倍时,事故率最低,而该比值为 25～30 时,事故率最高;多重线形组合路段的事故率均略高于线形组合较少的路段,且桥、隧等构造物的出现会增加行车危险性。

(2)提出的基于线形条件的交通安全评价方法,不仅能从几何线形条件对运营中的山区高速公路路段进行安全性评估,也在一定程度上可对设计中的山区高速公路进行潜在危险路段识别。

(3)虽分析得到了山区高速公路线形指标与事故率之间的定量关系,但对有些统计规律需深入分析其发生机理;对于基于线形指标的交通安全评价方法,若能引入驾驶员的行为因素,则鉴别结果将会更加客观、准确,并可应用于工程实践。

(三十)《不完全信息和有限理性下研发投资优劣势研究》

1. 主要内容

在建立竞争条件下基于不完全信息和有限理性的不对称企业古诺博弈模型的过程中,提出了企业结合竞争对手的产量来调整竞争对手边际成本估计值的学习方式,推导了企业在产量调整阶段的产量和边际利润的表达式。

2. 主要观点

当产品市场达到均衡状态时,研发投资存在先发优势还是存在先发劣势主要受企业间技术溢出水平的影响,技术溢出水平的高低会影响到企业的投资时机。

(三十一)《基于频繁闭图的图包含查询算法》

1. 主要内容

提出一种基于频繁闭图的图包含查询算法。算法首先通过选择比消除频繁闭图之间的冗余,然后将具有强选择性的频繁闭图通过树的结构组织起来建立索引,并在此索引基础上实现图包含查询。

2. 主要观点

利用频繁闭图集的子集作为索引,并采用树状索引结构,使得在索引模式过滤阶段增量进行子图同构,降低了子图同构的复杂性。

(三十二)《基于 SP 调查的寒冷地区高等级公路运行速度特征分析》

1. 主要内容

针对寒冷地区高等级公路,在实地交通量调查和车速调查的基础上,结合运行速度意向性调查资料,分析了寒冷地区高等级公路运行速度的影响因素和特征,为寒冷地区高等级公路合理限速、提高道路的安全性和通行能力提供理论依据。

2. 主要观点

影响车辆运行速度的因素主要包括道路线形、路侧环境、天气、其他机动车和速度限制等,寒冷地区在冬季气候的影响下,道路的平纵横线形均会对车辆的运行速度造成影响,从而诱发道路交通事故。

(三十三)《基于库兹涅茨曲线的城市经济增长与交通发展相关性分析》

1. 主要内容

通过对中国城市人均 GDP 与每万人拥有公共汽车和人均道路面积的回归分析,运用库兹涅茨曲线对其中的规律和城市交通发展的趋势进行预测,对城市经济增长和交通的协同性进行诠释。

2. 主要观点

现阶段中国大部分城市在经济快速发展的同时,汽车保有量猛增,城市居民交通出行方式结构也在产生变化,城市交通问题日益恶化。各城市地方政府应该采取合理正确的交通发展政策和措施来引导城市空间布局和居民出行行为,使中国城市发展进入科学、集约、可持续发展的轨道。

(三十四)《ITS 与社会经济发展协调性评价研究》

1. 主要内容

选择数据包络分析方法评价 ITS 与社会经济发展的协调性。

2. 主要观点

按文中所提出的 ITS 与社会经济发展的协调度评价,不仅可以评价现有状况,还可以根据未来规划数据对未来年的 ITS 投资效益进行评价。

(三十五)《基于旅游资源可达性的公路网络优化方法研究》

在考虑旅游资源可达性的公路网络布局优化基础上,引入公路网优化的多目标双层规划模型,整合了公路网络与旅游资源开发利用,以公路建设费用最省、公路网系统交通阻抗最小、旅游需求最大、旅游路网可达性最优和用户出行最优为优化目标,使公路网络整体运行效率达到最优。应用线性加权法将多目标转化为单目标模型,引入遗传算法进行区域公路网优化求解。最后以黑龙江省为例进行了应用分析,获得了公路网布局优化方案,验证了公路网优化模型的合理性,为黑龙江省今后的公路建设发展提供理论及决策依据。

(三十六)《高速公路网络建设对旅游景点可达性影响实证分析》

介绍了黑龙江省高等级公路网"三年决战"路网规划以及旅游景点概况,给出旅游景点可达性的概念和计算方法,在选取黑龙江省范围内主要旅游源地及旅游景点的基础上,利用GIS软件,对黑龙江省旅游景点可达性进行实例分析。通过比较2008年和2011年黑龙江省"三年决战"前后的旅游景点可达性以及服务区的变化情况,可知"三年决战"后:①所有旅游景点的可达性均有10%以上的提升,其中五营国家森林公园、碾子山、桃山狩猎场可达性提升最大;②各旅游景区的影响覆盖范围大幅度提高,尤其是黑龙江省中部,其中以五大连池和五营国家森林公园的覆盖面积增加程度最大。

(三十七)"Unrecorded Accidents Detection on Highways Based on Temporal Data Mining"

1. 主要内容

建立交通流状态时间序列;提取事故交通流状态时间序列特征值;利用数据相似度挖掘检测未被记录的事故;案例分析。

2. 主要观点

交通事故数据自动检测,尤其是没被记录的事故数据,对于事故黑点鉴别和交通安全是至关重要的。基于时序数据挖掘,提出了一种新的事故数据检测方法,能够检测未能被交警知道和记录的事故。基于元胞传输模型,利用三元数据建立交通流时间序列模型以反映交通流状态。为了解决时间序列之间线性漂移的影响,降低数据处理复杂度,对时间序列做傅里叶变换使其从时域变换到频域。发生事故的交通流时间序列特征可由历史事故数据得到。以欧氏距离为相似性评价函数,对频域化的时间序列数据进行数据相似度挖掘,如果结果小于一个给定的阈值,那么该交通流时间序列数据具有事故交通流时间序列特征,即可认为事故可能发生。对模型进行了算例分析并验证了该方法的有效性。

(三十八)"Traffic Incident Situation Evaluation Analysis Based on Road Network Invulnerability"

1. 主要内容

基于路网抗毁性的网络异常事件模型(路网抗毁性模型,路网抗毁性的特征值);交通异常事件的指标系统(建立指标体系以及判断标准,确定每一个指标的权重)。

2. 主要观点

为了解和评估交通异常的严重程度,必须采取非常规的交通管理策略和计算异常状况的严重程度。引入复杂网络理论抗毁性概念,感知交通异常状态下的路网拓扑结构,建立高速路网交通异常状况评价模型。以某一地区为研究案例,研究该地区部分高速路网和全部路网的抗毁性。该模型从网络结构角度提供了一套交通异常情况评估的方案。

（三十九）《寒区公路土质路堑边坡滑塌原因及其防治》

1. 主要内容

路基边坡滑塌是路基常见病害之一。在路基设计时必须对引起滑塌的原因进行正确的分析，并采取相应的有效措施，才能够避免路基滑塌，尤其对寒区土质路堑边坡滑塌现象更是如此。哈同公路路堑边坡在竣工后的第二年春融期间大面积滑塌，虽经多次整治，每年仍存在不同程度的滑塌，给公路养护带来困难，造成大量不必要的损失，更重要的是影响公路建设的声誉。因此，正确分析、判断边坡滑塌的内在因素，并拟定出有效的防治方案十分重要。

2. 主要观点

通过对寒区路堑土质边坡滑塌现象的调查研究，提出了寒区路堑边坡滑塌的主要原因及影响因素，尤其对"水线"的概念、成因、分布特征以及对边坡稳定性的影响，进行了详细阐述。在此基础上，构建了寒区路堑土质边坡稳定性的力学模型。通过对春融期处于饱和状态的不同坡度（1∶1、1∶1.5、1∶1.75）土质路堑边坡土体稳定性进行验算，提出了宜排水固坡不宜削坡稳定的寒区路堑土质边坡稳定措施，即在边坡上挖设树形排水渗沟，采用自身具备反滤层功能的土工材料做下层排水，再利用网状土工格室上层固土并种植喜水根深的马莲草的综合边坡稳定防治技术，并在哈同公路路堑边坡滑塌地段进行了工程应用和实践，经过两个冻融循环，取得了较为理想的防治效果。

（四十）《多目标优化在路面养护决策中的应用》

研究的内容是如何确定路网在整个分析期内的养护资金需求。采用的方法是以路网中的某一个路段为研究对象，先确定此路段在分析期内的养护资金需求，然后按此方法求出路网中其他各路段的养护资金需求，最后将所确定的各路段的资金求和，便可得到路网的总资金需求。

传统上对养护资金需求预测建立在单一的寿命周期费用分析的基础上，需要将效益换算为费用。但是像平整度（代表行驶舒适性）、抗滑能力（表征行车安全）、时间损失等换算为货币单位的费用极难测算，计算上显示出很强的主观随意性。所以，在研究如何确定路网中某一路段的养护资金需求时，建立了一个能够使得此路段在整个分析期内所需投入资金最小和所获的效益最大的两个目标的多目标优化模型。目的是避免单目标优化时将效益转换成费用的不准确所带来优化结果的偏差，以及试图从投入与收益的均衡中找到最优的资金需求。

在求多目标优化模型的解时，引用了多目标优化理论中的非支配解（Pareto 解）的概念。在求解方法上，利用遗传算法来直接求得多目标优化模型的非支配解（Pareto 解）。

通过实例计算,验证了结果的有效性,并对结果进行了分析。

(四十一)《黑龙江省公路风吹雪灾害形成机理与分布特征》

依托黑龙江省交通运输厅科技项目和黑龙江省自然科学基金项目以及与日本新潟大学共同合作项目,立足从黑龙江省各地公路交通管理部门和黑龙江省气象厅采集的大量调研数据,现场实地勘察的黑龙江省主要干线公路的观测数据,以及必要的风洞模拟试验数据入手,依据黑龙江省高纬度、低海拔所特有的寒区气候特点和规律,着力开展针对公路风吹雪灾害的基础理论与应用研究。

项目主要就黑龙江省公路风吹雪灾害的类型及其形成条件和主要机制进行了研究。依据地表风速流场的时空变化和分布,建立数学模型分析了风雪流的运动形态和运动规律。重点就黑龙江省公路风吹雪及其灾害的时空分布和变化规律进行了研究。统计分析了黑龙江省近30年来气象因素及较大降雪时空分布的主要特征和形成条件;同时还就风雪流的竖向和平面分布进行了分析探究,给出了风雪流贴地运行的基本规律和主要结论。另外,还系统分析了雪的物理性质、气候状况、地形地貌、地表植被等自然环境因素,公路路线位置与走向、路基横断面形式、路基填挖高度、路基边坡坡度等公路几何条件对公路风吹雪灾害产生的影响。并依据研究结果明确给出了其中的主导作用因素,并具体划分了黑龙江省公路风吹雪灾害的典型类别。

(四十二)《基于DEMATEL-ISM的高速公路作业区交通安全影响因素辨识》

施工区交通事故的发生是人、车、路和环境等多因素相互作用的产物,各个因素对施工区行车风险的影响程度不同。要降低施工区的风险水平和改善施工区交通环境,必须对高速公路施工区行车风险的主要影响因素特征进行系统分析。集成DEMATEL-ISM方法对其影响因素进行辨识和分析,以提高高速公路作业区交通安全水平。基于交通安全工程和人-车-路及环境系统理论,建立了高速公路施工区行车风险因素指标体系;采用Delphi法确定了施工区行车风险因素的逻辑关系;以集成DEMATEL-ISM方法构建了高速公路施工区交通安全影响因素辨识模型;根据多级递阶结构模型的分析结果,确定了影响高速公路施工区交通安全的最直接因素为驾驶员动态判断能力、超速行驶、速度限制、作业区交通量和安全设施布置,为养护施区的交通安全评价、交通组织与管理提供了依据。研究结果表明,该方法切实可行,能够对高速公路施工区交通安全影响因素进行定量分析。

(四十三)"ISM Model of Factors Influencing Traffic Safety at Expressway Work Zone"

高速公路施工区的交通问题日益突出,如通行能力下降、交通延误加剧、车辆油耗和尾气排放量增加以及交通事故率上升等。高速公路养护作业过程通常并不中断交通,养护施工人员、施工机械、交通标志、安全设施和施工区内的通行车辆构成了一个危险的交通环境,施工区已成为常发性交通拥挤以及诱发各类交通事故的主要空间区域之一,是高速公路上的瓶颈路段。围绕高速公路施工区行车安全这一关键问题,基于交通安全工程和人—车—路及环境系统理论,从驾驶员、车辆、道路及交通环境4个方面筛选出影响高速公路施工区行车安全的23个因素;采用0-1标度对施工区行车安全影响因素间的直接影响关系进行Delphi调查、咨询;以关联矩阵判别高速公路施工区行车安全影响因素之间的二元逻辑关系;基于ISM法构建了高速公路施工区行车安全影响因素的解释结构模型;根据该分级模型的结果,确定了影响高速公路施工区交通安全的主要因素,提出相应建议,为高速公路施工区的施工组织、交通管理和交通环境改善提供了科学的方法和依据。

(四十四)《高速公路作业区行车风险仿真评价模型》

由于养护施工作业的影响,施工区路段通行车道数减少,通行能力下降,存在着车辆合流、车辆跟驰、车辆分流等复杂的车辆运行工况,施工区通过车辆存在变换车道风险和跟驰风险。行车风险与交通流状态关系紧密,可采用特定的交通流参数表征高速公路施工区行车风险。针对高速公路作业区车辆运行的特殊性,集成单车风险模型和宏观交通流参数,构建高速公路作业区行车风险评估模型,提出施工区行车风险的度量方法。基于车辆跟驰理论、交通心理学原理和微观安全评价方法,选取减速度作为高速公路施工区行车风险的度量指标,界定了基于减速度的施工区行车风险的度量标准,确定了表征施工区行车风险的交通流平均速度、平均车道占有率和速度变异系数等宏观交通流参数。应用交通仿真技术模拟高速公路作业区交通流运行状况,采集交通仿真试验数据计算作业区平均风险水平及表征行车风险的交通流平均速度、平均车流密度、速度变异系数等宏观交通流参数,构建了高速公路作业区平均风险水平和宏观交通流参数的多元线性回归模型。结果表明,交通流平均速度、平均车道占有率和速度变异系数对施工区平均行车风险水平都存在影响,其中速度变异系数对施工区平均风险水平影响显著。

(四十五)"Study on Risk Value in Merging Area of Freeway Work Zone"

高速公路施工区因车道封闭通行车道数减少,驾驶员为完成正常行驶目的而在施工区合流区域(提前警告区、上游过渡区)变换车道与强制合流,造成驾驶员判断操作失误,引起交通冲突,影响行车安全。中国施工区交通事故档案内容不全,有记录的交通事故样本量少,实际工作中难以采用基于交通事故历史数据统计的宏观评价指标和分析方法对其进行安全评价。因此,基于事故数据替代方法开展施工区行车风险评价研究,是降低施工区行车风险的有益探索与尝试。针对高速公路施工区车辆合流行为特性,基于交通冲突替代交通事故的方法开展了高速公路施工区合流冲突风险研究。提出以行车速度和合流角度作为施工区合流区域交通冲突的度量指标,建立了施工区合流区域行车风险阈值的计算模型。采用车辆运行速度的垂向分量表明高速公路施工区合流区域行车风险阈值。基于交通冲突严重程度判别标准和大量试验数据,确定了施工区合流区域交通冲突等级。研究结果表明,不同安全状态下的高速公路施工区合流区域行车风险阈值:危险、中等、安全分别为$(\infty,5)$km/h、$(3.55,5]$km/h 和$(0,3.55]$km/h。

(四十六)《边坡动力破坏机理的振动台试验研究》

在土木工程和水利工程中,有众多的自然边坡、人工边坡如堤坝、路基路堑等边坡工程。边坡动力破坏机理是岩土地震工程领域中重要的研究课题之一。有关边坡地震的原型观测资料很少,所以室内振动台试验就成为研究地震作用下边坡动力问题的重要手段之一。

在土工模型试验中,由于应变测量计算的复杂性,很难获得符合精度要求的应变场。但同时在土工模型试验中,应变特别是剪应变是非常重要的物理量,可以直接用来确定土工建筑物的剪切带及进行破坏机理分析。因此,在土工模型试验中发展一种稳定可靠的应变测量计算方法非常必要。开发了数字图像应变测量方法,成功解决了土石料等散粒体材料位移应变不易量测的难题。同时将该方法应用到边坡模型的振动台试验中,得到了整个振动过程的位移场和应变场,探讨了土质边坡的动力破坏模式和破坏机理。主要规律及动力破坏机理如下:土质边坡的变形是渐进式的,坡体中部到坡脚是剪切破坏,坡顶一定深度是拉剪破坏,破坏时有深层的圆弧状滑动面,用位移时程曲线的广义曲率作为判断边坡动力破坏的物理量是可行的。该成果对于正确进行边坡抗震设计有着重要的理论意义和工程应用价值。

三、重要专利及应用

黑龙江省科技人员在科技项目的研发过程中,集中智慧,开发出了许多新型的试验装置、试验方法、工程设备、施工工艺,甚至直接研发出了耐久性更强、更为经济合理、具有良好市场推广前景的公路新产品(见本章附表4B)。科技人员通过申请发明专利或实用新型的方式,在充分利用其为公路建设服务的同时,有效地保护、传递了这些独创性的研发成果,为黑龙江省高速公路科技知识产权建设做出了贡献。

(一)《沥青混合料低温冻断试验装置》

1. 主要内容

本发明涉及一种沥青混合料试验装置。本发明解决了现有沥青混合料试验装置的机架易变形和齿轮传动精度不高的问题。两个试件夹具分别装在第一竖向燕尾槽和第二竖向燕尾槽内,第一滑板和第二滑板套装在四根导轨上,螺母一端通过连接件与第二滑板连接,第一固定座和第二固定座分别固装在四根导轨的两端,连接杆的一端与第一滑板的端面固接,另一端穿过第一固定座上的第一中心孔与测力传感器连接,两个支柱的一端分别与第二固定座固接,另一端与第一法兰固接,电机固装在第一法兰上,电机的输出端与连接滚珠丝杠连接。本发明能够对试件的变形进行实时位移补偿,消除了测量系统随温度降低试件发生变形对试验结果的影响。

2. 应用情况

应用所研发的设备,为绥牡高速公路沥青混合料低温抗裂性能进行评价。经本方法选择出的材料,具有良好的低温抗裂性能,降低了沥青路面的裂缝率。

(二)《一种沥青混合料质量的控制方法》

1. 主要内容

本发明涉及一种基于沥青膜厚度参数的施工过程中沥青混合料质量预测、监测、调整和优化的质量控制方法。本发明是要解决现有沥青混合料生产过程中,材料变异性对沥青混合料影响无恰当控制方法而提出的一种沥青混合料质量的控制方法。一是建立数据库;二是对现场混合料质量进行预测和监测,其中所述现场混合料是由沥青、集料与矿粉混合而成;三是对现场混合料质量进行冷料和热料比例的调整,根据调整后的生产配合比进行拌和,控制沥青混合料级配组成,即完成了沥青混合料质量的控制。本发明应用于质量控制领域。

2. 应用情况

应用上述方法,对绥满高速公路卧林段沥青混合料进行了质量控制,保证了沥青路面的施工质量,效果显著。

(三)《开放式沥青混合料水和温度耦合试验装置及方法》

1. 主要内容

本发明涉及一种沥青混合料试验装置及方法。本发明为了解决沥青混合料试验装置无法施加静水正负压及动水正负循环压力的问题,及沥青混合料试验方法中模拟沥青路面受到的水作用不够全面和效果差等问题。装置:沥青混合料试件置于水压力桶内,活塞与沥青混合料试件之间设置有弹簧,输水孔和排气孔处安装有阀门,压力检测孔处安装有压力表,输水管将第二阀门和水浴箱连通。方法:试件放入水压力桶内,向水压力桶内满注水;活塞没入水中;活塞做上下简谐运动;将活塞再次没入水中;将活塞下降或提升,产生正或负静水压;将第二阀门开启,活塞做简谐运动,产生动水压力。本发明用于沥青混合料试验中。

2. 应用情况

应用上述设备,为同集高速公路沥青混合料抗水损害能力进行评价和选择,有效降低了沥青路面因水稳定不足而引发的病害。

(四)《测定稳定土中结合料剂量的方法》

1. 主要内容

测定稳定土中结合料剂量的方法,它涉及一种结合料剂量的测定方法。本发明解决了现有的测定稳定土中结合料剂量的方法存在的操作复杂,影响因素多,容易出错,测定时间长的问题。方法:①配制不同剂量的稳定土;②用数码相机拍摄稳定土;③记录稳定土的图片中图像参数的数值;④制作标准曲线;⑤用数码相机拍摄待测定的稳定土,记录测定的稳定土图片中图像参数的数值;⑥将待测定稳定土图片中图像参数的数值与标准曲线进行对照即得到待测定的稳定土中结合料的剂量。本发明方法影响因素少,测定时间短,操作简单,不容易出错,可及时检查施工中材料的结合料的剂量,指导施工,方便易学,利于推广。

2. 应用情况

应用上述方法,对同集高速公路半刚性基层进行质量控制,保证了基层的施工质量,确保了沥青路面具有足够的承载能力。

(五)《车辙检测仪器及其检测方法》

1. 主要内容

本发明提供了一种车辙检测仪器及其检测方法,它包括距离传感器部分、信号调理电路部分、模拟信号数字化电路部分、主控电路部分、速度匹配电路部分、通信电路部分和计算机部分,所述的距离传感器部分由至少一个测量距离的传感器组成;所述的信号调理电路由信号切换电路和前置增益放大电路组成;所述的模拟信号数字化电路部分由模拟-数字转换器组成;所述的主控电路部分由微处理器电路部分组成;所述的通信电路部分由通信器件组成;所述的速度匹配电路部分由速度检测电路和距离触发电路组成;所述的计算机部分是由含有处理器和存储器的具有显示、运算和存储功能的计算机组成。本发明提高了检测车辙的速度和精度。

2. 应用情况

该项专利已成功地集成到"国畅"多功能道路检测车上,在黑龙江省、吉林省、辽宁省和天津市等省市应用于公路网高速公路和国省干线公路技术状况评定,总计应用里程超过10万车道公里。

（六）《道路灌缝材料低温性能测定仪》

1. 主要内容

本发明提供了一种道路灌缝材料低温性能测定仪。它主要包括支架部分、卡具部分、滑板部分、拉伸距离测量部分、电机传动部分和温控部分。支架部分不仅有支撑作用,还可以作为滑板滑动滑道;卡具部分可根据试验需要拆卸,比较方便;滑板部分利用4个直动轴承与4根支柱导轨连接,可以自由地在滑道上滑动,摩擦极小;拉伸距离测量部分可以自动测量材料的拉伸长度;电机传动部分结构简单,经久耐用,利用电能,无噪声和污染;温控部分的温度连续可调,控温精确。本发明可以简便有效地测定道路灌缝材料的低温延伸性能。本发明设备组成简单,操作容易,试验方法快捷,不易损坏,无须特别养护,能很好地评价路面灌缝材料的低温性能,并给出量化的数据。

2. 应用情况

该项专利产品已成功地应用在黑龙江省、吉林省等地的高速公路灌缝材料的品种选择和技术性能评价上,有效地解决了工程实际问题。

（七）《公路路面状况自动采集设备及其采集方法》

1. 主要内容

本发明提供了一种公路路面状况自动采集设备及其采集方法。采集设备包括:CCD相机、图像采集卡、计算机、采集匹配控制电路、车速检测电路和里程桩号,设备安装在车辆上。车速检测电路检测车辆行驶的速度,采集匹配控制电路根据车速检测电路提供的车速信息,动态调整触发脉冲,控制CCD相机拍摄动作,实现一定比率的路面状况信息的采集,由CCD相机采集的路面图像由图像采集卡接收并转换为数字图像存储格式。图像文件按标注的车辆行驶的里程桩号信息存储到计算机硬盘。本发明能够克服现有人工调查的缺点,使用快速、可靠,设备成本低。采用采集匹配控制电路,根据车速不同,动态调节CCD相机的拍摄频率,能够实现对路面表面无重叠、无遗漏连续图像采集。

2. 应用情况

该项专利已成功地集成到"国畅"多功能道路检测车上,在黑龙江省、吉林省、辽宁省和天津市等省市应用于公路网高速公路和国省干线公路技术状况评定,总计应用里程超过10万车道公里。

（八）《沥青路面纵向裂缝深度灌缝施工方法》

1. 主要内容

沥青路面纵向裂缝深度灌缝施工方法，目的在于解决目前对于沥青路面纵向裂缝采用灌缝材料进行灌缝，难以有效封堵裂缝以及采用挖补罩面、路基补强和地基灌浆等方式存在资金投入较大、封闭交通时间较长、对道路的服务能力影响较大的问题。本发明的施工方法是：纵向裂缝的预处理，布孔并安装固定预制套筒，制备具有一定流动度和强度的水泥砂浆，按一定压力进行灌浆，清理施工现场并对施工路段进行养生，满足强度要求后开放交通。本发明有效地解决了路面纵向裂缝深度灌缝的技术与工艺问题，具有灌缝效率高、灌缝效果好、能同时修复基层和面层的纵向裂缝、防止水分下渗、提高路面整体力学性能、延长路面的使用寿命，且材料成本低廉、安全环保、施工周期短、交通干扰小等优点。

2. 应用情况

已在哈尔滨绕城高速公路瓦盆窑至成高子段完成了月500m的试验段施工，使用效果良好。

（九）《沥青混合料室内小尺寸加载试验方法》

涉及沥青混合料的加载试验方法，目的是为解决现有车辙试验不能准确地模拟实际沥青路面受力状态的问题。本发明制成试验所需的长300mm×宽300mm×厚140mm的车辙试件，以规定的700N荷载，用试验轮静压复写纸，即可得出轮压面积，并求得接地压强。开动车辙变形自动记录仪进行试验。试验时，记录仪自动记录变形曲线及试件温度。此项发明使得车辙试验更符合实际路面的受力状况，更真实地模拟实际车轮荷载作用下的沥青路面的受力状态，能更为准确地评价沥青混合料的高温稳定性。

（十）《室内小尺寸环形沥青路面结构车辙试验装置》

涉及环形路面结构加载试验装置。内、外套筒套装在一起，环形底板设置在内、外套筒之间，环形底板与内、外套筒的底端面固接，由环形底板和内、外套筒之间围成的区域构成环槽，电动机设置在内套筒的内腔中，电动机的输出轴与旋转接头传动连接，旋转接头的导向滑槽内装有与其滚动连接的深度调节装置，两个试验车设置在环槽内，连接框架的一端与试验车固接，另一端与深度调节装置固接，两个位移计设置在环槽内。此项发明具有尺寸小、结构简单、成本低和操作简单的优点，适于对各种沥青混凝土路面结构加载试验。

（十一）《齿轮泵式高黏度液体搅拌器》

本实用新型的目的是为解决现有高黏度液体搅拌器为开放式结构，被搅拌物料不能承受较高压力,有毒、有害气体对环境造成污染;高速搅拌时,物料在离心力的作用下容易附壁,工作效率较低以及各周期的产品质量的一致性较难控制的问题,提供一种齿轮泵式高黏度液体搅拌器。本实用新型的创新点:由于本实用新型采用密闭管道循环搅拌系统,不存在搅拌物质飞溅、喷射、挥发、蒸发等现象,有效防止有毒、有害气体对环境造成污染,并能承受较高的工作压力;本实用新型利用齿轮泵中的轮齿间的挤压、碾磨和旋转作用使得介质得以充分的搅拌和混合。另外,本实用新型在生产过程中填料、加热、搅拌、出料始终是连续的过程,不需要中断停顿,加热温度、搅拌速度、出料量都是无级连续可控,因此生产效率极高。

(十二)《砂浆搅拌机》

本实用新型所采用的技术方案如下:砂浆搅拌机,包括安全网、电机、减速器、输送单元、搅拌单元、搅拌轴和出料单元。电机与减速器连接,减速器与搅拌轴连接,输送单元和搅拌单元通过法兰连接,输送单元开有进料口和第一排污口,安全网套在进料口上,搅拌单元开有进水口,出料单元通过法兰与搅拌单元连接,出料单元开有第二排污口,所述的搅拌轴为三段式结构,第一段上安装有第一螺旋叶片,第二段上安装有多个搅拌臂,第三段安装有第二螺旋叶片,所述的搅拌臂为十字形结构,所述的搅拌单元的内腔为大圆角过渡的正方形,搅拌轴的第一段位于输送单元内部,第二段位于搅拌单元内部,第三段位于出料单元内部。

本实用新型的创新点在于提供一种连续式砂浆搅拌机,该砂浆搅拌机能准确地根据砂浆需求量控制水泥、砂、水的投入搅拌量,减少浪费,生产砂浆的速度快,有利于清洁、环保,生产出来砂浆的水灰比恒定、准确,体积小巧,使用方便。

(十三)《沥青混凝土试验块压力测试仪》

沥青混凝土是经人工选配具有一定级配组成的矿料(碎石或轧碎砾石、石屑或砂、矿粉等)与一定比例的路用沥青材料,在严格控制条件下拌制而成的混合料。在铺设公路路面时需要一种简单的测试仪来测试沥青混凝土的强度,现有的试验仪造价太高,只适合于试验室使用,不适合于在工地施工时进行沥青混凝土试验块压力测试。本实用新型专利的研发目的在于克服上述缺点而提供一种沥青混凝土试验块压力测试仪。该装置使用方便、造价低、检测结果准确。沥青混凝土试验块压力测试仪,包括底座、托盘、两个导向杆、导向梁、上梁、液压缸、电机、液压油桶、控制单元、位移传感器和第一压力传感器。两个导向杆分别安装在底座的两端,底座上安装有托盘,导向梁套在两个导向杆上,上梁安装在两个导向杆的顶端通过螺栓固定,液压缸的两端分别与导向梁和上梁连接,导向梁上安装有位移传感器和第一压力传感器,托盘上安装有第二压力传感器,电机与液压油桶上端连接,液压油桶通过液压油管与液压缸连接,控制单元与液压油桶下端连接,控制单元分别与位移传感器、两个压力传感器通过电气连接,控制单元通过继电器与电机电气连接,液压油桶上还装有泄压阀,控制单元安装有触摸屏。

该装置使用方便、造价低、检测结果准确,经久耐用,适合于现场测试时使用。

(十四)《道路沥青混合料搅拌装置》

在公路、道路建设中,需要使用大量的道路沥青混合料。在现有技术中,在制备沥青混合料时,由于改性剂和沥青需要在一定的高温下才能混合相容,所以通常先对沥青进行升温后,将沥青和改性剂注入搅拌罐体,使沥青和改性剂迅速均匀混合相容。由于在搅拌过程中沥青为熔融状态,带有一定的黏稠性,用普通的搅拌装置,无法使沥青和改性剂混合均匀,两者不能充分发生物理和化学反应,影响成品的质量。现有搅拌设备将搅拌叶片固定安装在转动轴上,且搅拌叶片的自由端处于搅拌叶片上方,导致搅拌叶片位置不可调整,搅拌叶片上还容易残留沥青混合料。

道路沥青混合料搅拌装置,它涉及一种沥青混合料搅拌装置。本实用新型解决了现有的搅拌器的搅拌叶片位置不可调整,搅拌叶片容易残留沥青混合料的问题。搅拌轴竖直设置在罐体上,搅拌轴的上端与减速器连接,多个固定套由上至下等间距固定在搅拌轴上,搅拌轴上螺纹连接有多个紧固螺母,且每个固定套的下方设置有一个紧固螺母,每个固定套与螺母之间设置有一个定位垫环,每个搅拌桨通过一个U字形固定座连接在安装台肩上,搅拌桨连接端位于搅拌桨自由端的上方,多个调整套螺纹连接在搅拌轴上,且每个调整套位于相应的U字形固定座的下方。本实用新型用于搅拌道路沥青混合料。

(十五)《道路施工专用洒水碾压车》

为了保证施工现场的路面清洁,需要对工地路面进行洒水。传统道路施工过程中没有专业的洒喷装置,通常是专人采用自制的喷洒桶。这种自制的洒水桶由铁桶、带有多个小孔的钢管及阀门焊接而成。使用喷洒桶存在洒水不均匀的弊端,造成了人工成本的增加和水资源的浪费。

道路施工专用洒水碾压车,属于土建工程技术范畴。本实用新型专利解决了目前道路施工中使用的洒水车存在喷洒面积小和功能单一的问题。施工车的车厢设置为加压水箱,施工车的后轮设置为碾压辊,加压水箱的下方设置有多个出水口,多个出水口沿加压水箱的宽度方向依次排开,每个喷洒器的主干管沿施工车的长度方向设置,主干管的一端与相应的出水口连接,主干管的另一端封堵,支管通过三通间隔连接于主干管上,控制阀门连接于主干管的进水口端,三通的两个水平接口与主干管连接,三通的竖直接口与支管上端连接,支管的下端与弯管的一端连接,弯管向施工车的车尾弯曲,弯管的另一端安装有喷头。

本实用新型专利用于道路施工中。道路施工专用洒水碾压车在洒水同时进行道路的碾压,增加了碾压功能,缩短了施工周期;并且洒水面积大,洒水均匀度高,还具有便于操作、便于推广应用的优点。

(十六)《道桥维修用电动钻孔机》

1. 主要内容

道桥维修的过程中都要使用钻孔机,但是目前使用的钻孔机钻孔的力度较差,结构复杂,易损坏,工作效率低。本专利组成包括:夹具体,所述的夹具体与卡紧把手连接,把夹具体和卡紧把手安装在前板上,前板与导向杠连接,导线杠与丝杆连接,且导线杠安装在机架上,各机架上安装有电动机,电动机与齿轮减速器连接,齿轮减速器与主轴连接,主轴与麻花钻头连接。前板在主轴的一侧安装有进水嘴,前板在所述的夹具体的一侧安装有定位块。

本实用新型的电动机将动力经过齿轮减速器传递给主轴,主轴带动麻花钻头旋转,用棘轮扳手转动进给丝杠,使主轴进行进给钻削,达到钻孔的目的。使用方便,结构简单,钻孔力度强,提高工作效率。

2. 应用情况

在鹤大高速公路宁安大桥、镜泊湖互通立交桥,哈尔滨市二道河桥、亮珠河大桥等8座桥梁加固维修工程中应用,取得了良好的效果。

(十七)《道路微波除冰机用微波抑制器及包含该抑制器的除冰机》

道路微波除冰作为一种新型环保除冰方法,受到广泛关注。采用微波辐射除冰雪时,道路微波除冰机主要用于冬季结冰路面的路表面冰层的清理工作。沥青或水泥路面吸收微波的能力要比冰强得多,微波就能够透过冰层加热路面,使结合处的冰层升温融化,冰层与路面的黏结力降低,从而实现道路快速除冰的目的。但是,由于冰雪路面结冰厚度与道路平整度的情况是随机的,传统的微波抑制器不能够完全与地面贴和,因此容易造成微波泄漏,引发微波污染。

本实用新型为了解决这一问题,所提供的道路微波除冰机用微波抑制器及包含该抑制器的除冰机,由固定框、吸波框和吸波软边组成。固定框的外框周长等于吸波框内框的周长,固定框固定在吸波框内框顶部,吸波软边沿吸波框的外框底部缠绕在吸波框的周围。通过在微波抑制器的底部增加吸波软边,吸波软边沿吸波框的外框底部缠绕在吸波框的周围,由于吸波软边的柔性特质,能够使除冰机在不同冰层厚度及不同路表状态下,吸收剩余泄漏的微波,并防止微波泄漏,且微波抑制效果满足国家 $5mW/cm^2$ 的标准。

(十八)《土工材料体积变化测试方法》

本发明为解决现有试验仪器不能测定较高精度下各种土工材料在不同温度下体积变化情况的问题,而提供一种土工材料体积变化测试仪及测试方法。本发明的土工材料体积变化测试仪包括底座、密封橡胶圈、上盖、密封螺丝、塑料管、刻度玻璃管、探针温度计和固定架,底座由凸台和底板组成,凸台设置在底板上端面的中心处,凸台与底板制成一体,上盖的下端面中心孔边缘设有环形凹槽,密封橡胶圈设置在环形凹槽中,上盖扣合在底座上,上盖的顶端设有进排气孔,密封螺丝与进排气孔螺纹连接,探针温度计的一端设置在上盖与底座之间的腔体内,探针温度计的另一端设置在上盖外面,塑料管位于上盖的上端且与腔体连通,刻度玻璃管与塑料管连通,刻度玻璃管固定在支架上,支架固定在上盖上。本发明土工材料体积变化测试仪为各种土工材料的体积膨胀系数的测定提供了一种可行办法,且该方法对体积变化量的测定精度相比于目前常用的测试方法精度提高1倍以上,人为因素对试验误差的影响明显降低。此外对于体积膨胀系数为非恒定值的材料,以土工材料体积变化测试仪为基础,提出了体积随温度变化曲线试验方法。通过对体积随温度变化曲线的分析,进一步分析材料体随温度变化的规律。

应用所研发的设备及试验方法,为黑龙江高寒地区路基含水土的冻胀量提供一个基础数据。经本方法的试验及预测,有利于进一步对路基冻胀病害起到预防作用。

(十九)《一种适用于路基深层取样测密度的装置及方法》

1. 主要内容

本发明用于路基深层取样测密度,是一种适用于路基深层取样测密度的装置及方法。本发明为了解决现有道路取芯测路基土密度方法缩短道路使用寿命,工作效率低,且容易阻塞交通的问题。本发明包括环刀、洛阳铲铲杆和锤子,环刀安装在洛阳铲铲杆的前端,锤子用于敲击洛阳铲铲杆的后端。可通过如下步骤实现:

(1)用洛阳铲在待测公路路基边坡进行横向钻孔作业,使钻孔深度达到指定取样深度。

(2)将环刀安装在洛阳铲铲杆的前端。

(3)将环刀放置在步骤1中钻孔处,用锤子用力敲击洛阳铲铲杆(2)的后端,使环刀进入钻孔内并达到指定取样深度。

(4)将洛阳铲铲杆向环刀与铲杆拧紧方向的反方向轻微旋转、摆动,使连接在洛阳铲杆上的环刀脱离钻孔。

(5)将环刀从洛阳铲铲杆上取下,编号并记录下取样点,密封装袋。

(6)重复(1)~(5),直到完成所有取样点取样深度处的土样的密度测试工作为止。

(7)回填边坡土,整理工具,将所有编好号的含有土样的环刀汇总装袋带回室内,完成室外取样工作。

(8)在室内轻旋取下环刀上的刀座和刀口,保证刀体中土样的完整,并用修土刀削去两端余土,使土样与刀体两端齐平。

(9)擦净刀体外壁,称取刀体和刀体中土样的总质量 m_1,并利用刀体中土样,按照《公路土工试验规程》中的环刀法测量土的含水率 w。

(10)抠除刀体中剩余土,擦净其外壁和内壁,称取刀体质量 m_2,并利用千分尺测量得到刀体内径 D 和高度 h,然后按照规范给定的公式计算得到路基土密度和路基土干密度。

2. 应用情况

已在黑龙江省哈双、哈同、哈伊、哈大、哈牡高速公路等路基土密度调查中得到成功应用。

(二十)《一种高速公路设计方案安全性评价方法》

1. 主要内容

本发明适用于高速公路设计方案安全性的评价。本发明针对现有的评价方法评价参数固定、评价指标数量有限、输出结果单一等问题,提出了一种高速公路设计方案安全性评价方法,从设计方案的一致性、连续性,符合规范性,事故次数预测等多方面综合地评价高速公路的安全性。建立适合我国道路现状的评价模型,针对道路设计方面对道路的安全性进行评价,以期有效指导我国道路工作者的相关工作,同时降低道路安全隐患并提升道路项目整体安全性。

主要包括以下步骤:

(1)以相关的规范指南为依据,对高速公路设计方案进行合规性评价,评价范围包括平面线形设计参数的评价、纵断面线形设计参数的评价以及视距评价。

(2)设计一致性的评价,包括数据提取、划分路段类型、运行速度评价、设计指标一致性与协调性评价等。

(3)交通事故的预测,采取事故次数预测和伤亡人数预测两种方法综合评价,包括对山岭区、重丘区和平原区等不同地形条件下高速公路交通事故发生数量和死伤人数进行预测。

(4)根据给定的评判标准,采用质量控制法等综合判定交通事故多发点或路段。

（5）对事故多发点或路段的路线设计指标进行综合评价,提出完善设计或修改设计的建议。

2. 应用情况

已在黑龙江省的哈同、哈牡高速公路,广东省的潮惠、肇花高速公路,辽宁省的沈丹、沈大高速公路等10余条高速公路上得到成功应用。

（二十一）《一种确定CRTS Ⅰ型CA砂浆沥青膜厚度的试验方法》

本发明为一种确定CA砂浆沥青膜厚度的试验方法,采用试验结合理论计算的方法,确定CA砂浆的沥青膜厚度。CA砂浆固化体从体积组成上包括沥青、水泥水化颗粒、砂及孔隙的体积。根据CA砂浆固化体的体积组成关系,首先确定固化体系中水泥水化产物的颗粒的平均直径、砂的平均粒径及孔隙的大小和孔隙率。本发明在计算沥青膜厚度时充气考虑了CA砂浆的体积组成关系:通过筛分得到砂的粒径组成;通过激光粒度分析得到水泥水化产物的粒径组成;通过压汞试验得到CA砂浆固化体的孔隙率。在此基础上可以准确计算出CA砂浆中沥青膜的厚度。本试验方法在进行CA砂浆的材料配比设计时,为乳化沥青材料用量的确定提供了重要的参考作用。

（二十二）《一种基于多种传感器信息的车辆检测装置》

本发明涉及交通检测技术。本发明为解决现有车辆检测技术存在检测精度不高,易受环境影响等问题。本发明装置包含加速度检测单元、光敏信号检测单元、地磁检测单元及无线传输单元。该装置安装于道路表面。当有车辆行驶经过检测装置时,加速度检测单元可检测车辆经过所产生的路面震动信号;光敏信号检测单元可检测车辆经过所产生的光照变化信号;地磁检测单元则检测车辆经过时的磁场强度变化情况;检测装置通过内部微处理器对这三类信号进行综合判别分析从而得到经过车辆的参数信息并通过无线传输单元发送给接收终端。本发明综合多种传感信号,受环境影响及车辆尺寸外形影响小,同时安装不破坏道路,不易损坏,可有效提高检测可靠性与寿命。应用所研发的检测装置,开展道路车流量检测分析试验研究。经本装置得到车流量等交通参数与真实交通调查数据相符,证明该装置具有较好的检测准确度。

（二十三）《基于VANET的高速公路行车安全信息查询系统及查询方法》

涉及一种高速公路行车安全信息查询系统及查询方法。它是为了实现运行中的车辆实时有效地获取高速公路上的信息。本发明是基于车辆自组网获取一定范围内的车辆信息,并通过显示屏为驾驶员提供直观提示的辅助驾驶系统。系统组成包括:信息采集子系统、车辆自组网模块和显示模块。信息采集模块的功能主要是采集和车辆当前运行状态相关的数据;车辆自组网模块是与一定范围内的车辆建立移动自组网,通过发起查询,实时获取周边车辆的信息。显示模块是将采集到的本车相关信息与通过 VANET 获得的周边车辆的信息通过电子地图匹配,直观地显示给驾驶员。本发明适用于高速公路行车过程中的安全信息查询。

(二十四)《沥青胶浆水蒸气渗透试验装置》

1. 主要内容

本发明涉及一种评价加压条件下的沥青胶浆水蒸气渗透试验装置。本发明为解决现有沥青混合料渗水试验中仅实现了液态水通过沥青混合料孔隙的过程,未表现加压气态水通过沥青胶浆的过程。主体为圆柱空腔本体,侧壁上下各设一个气嘴,利用气嘴测量、实现装置内部高压状态,上端固定密封安装一个变直径圆环托盘,通过托盘可将沥青胶浆试件牢固地卡装起来,并通过盖板密封安装。本发明可以测量水蒸气在沥青胶浆中的渗透系数,也能进一步研究水作用下集料沥青界面黏结性能、损伤特征和细观测试分析,得到界面间黏结失效模型。

2. 应用情况

主要应用在建黑高速公路建三江至黑瞎子岛段小尺寸加速加载的冻融试验路段。经本方法测定的沥青混合料渗水系数更为客观,具有良好的抗渗能力,有效控制了沥青路面的水损害。

(二十五)《基于压电材料的便携式动态车辆超载检测器及超载检测方法》

1. 主要内容

本方法属于道路交通领域,本发明为解决现有车辆承重检测存在的问题。本发明包括钢型承载台、稳态复合板、多个 PZT 陶瓷薄片和控制单元。所述控制单元包括整流电路、单片机、显示器、信息输入部和数据库;钢型承载台由弧形板和底板构成,在中空部分设置与弧形板的弧度贴合的稳态复合板,留有变形空间;在稳态复合板的表面设置多个 PZT 陶瓷薄片;多个 PZT 陶瓷薄片采集车辆前后轮胎压力信号,经整流电路与单片机的输入端相连;并由显示器显示;信息输入部的输出端与单片机的信息输入端相连;单片机的数据传输端与数据库的数据传输端相连。

2. 应用情况

该检测器主要应用于交通领域,用于预检车辆是否处于超重状态。但目前该发明还处于优化调试阶段,并未尝试用于其他领域。

(二十六)《一种桥梁防流冰撞击装置》

1. 主要内容

本发明涉及一种防流冰撞击装置,具体涉及一种桥梁防流冰撞击装置。为解决目前还没有专门的防流冰撞击装置的问题,进而提出一种桥梁防流冰撞击装置。

采取的技术方案是:本发明包括底座、若干个防撞单元和若干个复位组件,底座通过多个膨胀螺栓套装在桥墩的外侧壁上,相邻两个所述防撞单元通过一个复位组件连接,若干个所述防撞单元和若干个复位组件组成封闭框体,所述封闭框体套装在底座。

有益效果是:本发明的波纹折形钢板既能有效地隔开冰排与桥墩的直接碰撞接触,又具有较好的变形能力以耗散碰撞能量;本发明的多孔橡胶减震块可以吸收决大部分的碰撞能量,减低对桥梁的碰撞力,降低了桥梁振动;本发明的复位弹簧可以使波纹折形钢板、耗能减震橡胶块的变形得到恢复,保证了整个防撞装置的循环使用。

2. 工作原理

当流动的冰排飘向桥墩时,其首先与最外侧的波纹折形钢板接触,冰排挤压波纹折形钢板致使其发生压缩变形,从而带动耗能减震橡胶块和复位弹簧受到挤压。在连续变形过程中,波纹折形钢板以及橡胶块挤压变形来耗散冰排的碰撞功能,同时一部分碰撞动能转化成复位弹簧的弹性势能,该势能通过复位弹簧释放。这样,绝大部分的碰撞能量在这个过程中被消耗掉,从而大大降低了对桥墩的撞击力。另外,由于冰排与桥梁不是直接接触,避免了桥墩的损伤。复位弹簧保证了防撞装置的自动复位功能,从而使防撞装置可以循环使用,而不需人工干预。

3. 应用情况

所研发的装置在哈尔滨松花江公路大桥的桥梁防冰撞击设施中得到应用,极大地降低了流冰对桥墩的撞击损伤效应,对于保证流冰期桥梁运营安全起到了重要的作用。

(二十七)《一种沥青混合料的集料比表面积的测试方法》

1. 主要内容

一种集料比表面积的测试方法,涉及一种集料比表面积的测试方法。该方法是要解决目前没有现场快速准确测试集料比表面积的方法,现有技术只停留在多种假设条件下的理论近似计算的问题。

测试方法包括以下步骤:①选取代表性试件确定镀膜厚度与镀膜机工作参数关系,即集料比表面积测试方法的标定过程;②根据所得的镀膜厚度与镀膜机工作参数关系,对待测集料进行比表面积的测定,即集料比表面积测试方法的试验过程。

本发明可以准确地测试集料的比表面积,特别是具备不规则形状和表面纹理复杂的集料的比表面积也可应用此方法进行测试。该方法可为沥青混合料施工质量控制提供技术支持,从而提高沥青路面施工质量;可应用于建筑材料领域以及不规则颗粒的物理和微观性质的研究。

2. 应用情况

大广高速公路(大庆段)和哈同高速公路应用该方法,提高了沥青混合料性能,有效地控制了施工质量。经本方法分析、选择出的材料,具有良好的施工操控性,保证和提高了沥青混合料品质。

(二十八)《一种道路工程黏结层胶结材料洒布量的确定方法》

1. 主要内容

沥青路面或桥面铺装结构的层间联结层的质量和性能,对于整个结构的使用耐久性和使用性能至关重要。保证层间在各种温度条件下具备良好的抗剪切性能,是保证结构整体性,提高结构联合受力能力,加强结构层间的协调变形能力的根本要素。即使胶结料本身的性能优良,而更重要的技术关键是胶结材料的洒布数量。如何测试、分析、评价和确定这一指标状况,就变得十分重要。

本发明涉及一种道路工程黏结层胶结材料洒布量的确定方法。该方法是要解决目前没有快速准确确定道路工程黏结层胶结材料洒布量的方法,以及现有技术仅停留于简单试验的问题。

黏结层胶结材料洒布量的确定方法按以下步骤实现:①试件制作;②斜向剪力试验;③数据分析;④确定胶结材料的最佳洒布量 OAC。

该方法可以快速准确地确定道路工程黏结层胶结材料洒布量,对于沥青混凝土和水泥混凝土路面、桥面铺装结构的设计以及质量保证十分重要。

2. 应用情况

在鹤大高速公路(宁复段)应用该方法,提高了桥面铺装的性能,保证了铺装质量。经本方法设计、分析的材料洒布数量合理,有效提高层间连接效果、铺装层耐久性。

(二十九)《一种基于加速度传感器和光敏元件的车辆检测装置》

本发明涉及一种基于加速度传感器单元和光敏元件单元的车辆检测装置。该装置安装于道路表面,并能够实现对于车辆自动检测,利用行驶中的车辆通过轮胎对路面产生连续激励及在路面产生阴影的客观事实,利用加速度传感器和光敏元件实现对车辆的检测,得到车辆计数数据。该装置包括加速度检测单元、光敏检测单元、加速度信号调理电路、光敏检测信号调理电路、数据采集电路、微处理器、存储单元、无线发射模块,加速度检测单元与加速度信号调理电路电信号连接,光敏检测单元与光敏检测信号调理电路电信号连接,数据采集电路分别与加速度信号调理电路、光敏检测信号调理电路电信号连接,数据采集电路与微处理器电信号连接,微处理器分别与存储单元、无线发射模块电信号连接。加速度检测单元、光敏检测单元安装在车道中央或车道一侧的道路表面,车辆行驶经过检测装置时,加速度检测单元采集路面震动信号并将信号通过加速度信号调理电路进行处理;同时,光敏检测单元感应光照变化产生光电信号并将信号通过光敏检测信号调理电路处理;数据采集单元将经过加速度信号调理电路和光敏检测信号调理电路处理的信号输入微处理器,由微处理器对数据进行分析计算。应用所研发的设备,为道路交通流量进行精准检测。本设备体积小、成本低、功耗小、安装维护简单,对道路破坏小,提高了检测精度、可靠性和使用寿命。

四、重要施工工法及应用

(一)盖梁整体托架施工工法

河源1号高架桥、河源2号高架桥为绥满国道主干线海林至亚布力段高速公路改扩建工程。该桥位于张广才岭主峰延伸地带,地形为沟谷交错,起伏连绵,相对高差较大,最高墩达47.69m。针对墩身高、工期紧、采用常规方法施工难度大、成本高等问题,经现场勘察、试验、研究,决定采用整体托架法进行盖梁施工。该工法是将两根45号工字钢,用4根方钢连接成一个整体托架,用槽钢将方钢加固,在工字钢外侧焊接上三角桁架,在三角桁架上铺设跳板,作为工作平台,并在桁架外侧用钢管制作安全防护围栏。

施工时,将所有施工用机具材料放置在工作平台上,与托架一起一次吊装到位。吊装就位后将钢棒插入墩柱的预留孔中,把托架落在钢棒上进行固定,然后进行盖梁的绑筋、支立模板、混凝土浇筑等工作。待盖梁施工完成模板拆除后,将模板同拖架一起落下,移至另一个墩柱下。重复上述过程,进行下一个盖梁的施工。该工法适用于高架桥梁盖梁施工,特别是大型机械设备无法进入的山区。利用盖梁整体托架施工,可以有效缩短施工工期,提高施工安全性,减少对环境的破坏,经济效益以及社会效益十分突出。

(二)高寒地区聚酯纤维加强改性沥青混凝土桥面铺装施工工法

桥面铺装层直接承受行车荷载,既是桥面保护层又是桥面结构的共同受力层,应具有足够的强度、良好的整体性,及抗裂、抗冲击、耐磨性能。松花江四方台斜拉桥地处哈尔滨,全年最低温度可达-38℃,冬夏温差超过70℃。为了保证该桥面沥青铺装层夏季具有足够的抗车辙性能,冬季具有足够的抗裂能力,以杜绝车辙和裂缝的出现,施工中采用了高寒地区聚酯纤维加强改性沥青混凝土桥面铺装施工工法。

该工法使用掺入博尼维聚酯纤维加强改性沥青混凝土进行桥面摊铺施工,通过纤维与周围基体、纤维与纤维之间存在的相互作用,不但对沥青具有改性的效果,同时还会对沥青混合料起到加筋和桥联作用,大大提高沥青混凝土的抗拉能力,以提升抗车辙能力和抗低温裂缝能力,延缓疲劳寿命。该桥自2004年10月通车至今,经过多年的通车运营,全桥1268m桥面铺装未发现一处裂缝、脱皮现象。该工法提高了桥梁使用性能,且更加安全,并大大降低了维修次数和费用,综合效益十分显著。

(三)高寒地区大体积混凝土冬季施工工法

大体积混凝土水化热大、温升高、散热慢、内外温差大,容易引起温度裂缝,高寒地区大体积混凝土冬季施工内外温差、温度裂缝控制难度更大。哈尔滨绕城高速公路松花江四方台斜拉桥,主跨336m,主塔承台表观尺寸为54.5m×15.0m×5.0m,哑铃形结构,混凝土量为3674.5m^3,强度等级C30,2001年10～11月之间施工,施工时日平均气温介于-22～-8℃之间,属于典型的大体积混凝土冬季施工。通过大量的研究和试验,进行了试验室试验和现场模拟试验,确定采用高寒地区大体积混凝土冬季施工工法。

该工法技术要点是:选择使用中低热水泥,减少单方水泥用量,掺优质粉煤灰降低水化热;掺缓凝减水剂,推迟最高温升出现的时间;降低混凝土入模温度,搭设保温大棚,内通暖气,覆盖裸露的混凝土表面,分层浇筑混凝土,混凝土内部布置蛇形管道内通循环水降低混凝土温度,控制局部温差过大;采用热电偶测温技术,对混凝土进行全方位跟踪测温,内外温差过大时及时提高大棚内环境温度,减小内外温差。施工后经检测,承台混凝土没有出现一处裂缝,达到了预期目的。该工法对温度裂缝控制技术进行了积极的尝试和探索,并取得了成功。全部工程缩短了6个月工期,极大地方便了哈尔滨市松花江两岸的交通,缓解了市区交通拥堵状况,经济社会效益显著。

(四)寒冷地区路基高边坡锚索防护施工工法

长珲公路敦化至延吉段12合同段位于吉林省延边地区,沿线多为山岭区,地质情况复杂,其中K111+300～K111+750和K115+530～K116+176两段边坡为弱岩层等不良地段。经现场工程地质调查与大量物化及力学试验表明:该垭口岩土体是一种强风化、强膨胀特性的软岩,易发生滑坡地质灾害。考虑到采用预应力锚索可以针对边坡岩体破碎情况、位置进行局部加固,也能对边坡的整体稳定性进行系统加固,容易满足工程要求,确定采用锚管桩+锚索+框架梁复合支护方案对开挖边坡进行加固。在施工中进行了大量的研究试验和监测数据分析,经总结形成寒冷地区路基高边坡锚索防护施工工法。

该工法的关键技术有:预加固高压注浆锚管桩技术、预应力高压注浆锚索技术、分期多次高压注浆技术、预防底鼓锚管桩技术四项关键性技术等。该工法可紧随土石方施工，可边施工边加固边坡，不仅施工安全，而且节约工期；另外，预应力边坡锚索可有效利用岩体的自身的强度，在因地制宜合理的采用锚索结构条件下，可以采用相对较陡的边坡坡度，减少土石方开挖方量，加上预应力边坡锚索在结构上所占空间很小，可减小开挖宽度，从而可以较大幅度地减少开挖工程量，大大降低工程造价，且减少了对生态环境的破坏。经济效益和社会效益均十分显著，具有广阔的推广应用前景。

（五）高寒地区钻孔平台冬季施工工法

哈尔滨市三环路西线跨松花江大桥主桥为主跨248m自锚式悬索桥，位于松花江中的南塔主墩共有桩长79m、桩径2.0m的灌注桩28根。桩基工程于2009年12月5日开工，合同工期为2010年4月15日。为保证整个钻孔灌注桩的工期，钻孔平台必须在松花江冰冻期完成。根据施工期的寒冷气候的特点，南塔主墩钻孔平台采用推轮清冰结合人工清冰作业方式，当冰层厚度在15cm以下时，采用300kW的拖轮对冰层进行破除、清理；当冰层厚度大于15cm时，采用人工配合小型机具的方式对冰层破除、清理，然后用推轮移动驳船至施工位置，进行钢管桩及护筒的插打作业，经总结形成高寒地区钻孔平台冬季施工工法。

采用该工法进行平台施工，保证了钻孔平台施工的连续性，为后续整个钻孔桩按期竣工奠定了坚实的基础；此外利用河流冻深的冰层产生的水平支撑力，可以适量减少钢管桩之间钢支撑的用量；再者利用河流冰冻期时的低水位可以适量减少钢管桩及护筒外露河床的高度。实际工期比合同工期提前39天，并且降低了工程成本。

（六）高寒地区高塔柱冬季施工工法

在中国东北高寒地区施工期短，冬季长达6个月，为了按期完工通车，常常进行冬季施工。哈尔滨道外二十道街松浦大桥主塔为钻石型桥塔，高160.221m，分下塔柱、中塔柱和上塔柱三个部分，共分32个施工节段，施工中采用了液压爬模技术。该桥于2008年5月开工，2010年10月竣工，为了加快建设速度，在2009年冬季对主塔上塔柱进行冬季施工，采用了高寒地区高塔柱冬季施工工法。

该工法是利用预埋于已完塔柱上的附墙挂座设置爬升轨道，实现液压爬模整体爬升，带动暖棚整体向下一个节段提升，大大缩短了重新搭建暖棚时间；在外模板外侧、暖棚上盖及内模下端均采用保温阻燃材料进行保温，确保暖棚温度不损失；通过蒸汽排管、热风幕为暖棚提供可调节温度热源，以满足混凝土对暖棚内温度要求。采用循环热水管为接茬混凝土进行预热，达到新旧混凝土强度很好地结合。采用该工法进行塔柱冬季施工，混凝土强度及外观质量等各项指标均控制在规范允许的范围内，能够保证混凝土冬季施工质量,且大大缩短工期,经济效益和社会效益非常显著。

(七)季节性冻土地区冰湖地基路基施工工法

中国东北及西北等寒冷地区修建公路,常常在路线通过的段落或路线上缘因泉涌水形成冰湖,使地基软弱化、承载力降低、稳定性差,引起路基边坡坍塌、基身沉陷或滑动,严重时泉涌水漫过路面,使路面结冰或形成冰丘,影响道路的使用。为解决这一难题,在绥满公路扩建工程亚布力至海林段冰湖地基路基工程施工中进行研究和试验,形成季节性冻土地区冰湖地基路基施工工法。即通过在路基底部或上缘泉涌水的出水点处、冻胀线以下设置集水沟(纵向盲沟)、横向盲沟来汇集泉涌水,拦截流向路基的层间水,汇集于盲沟内的地下水经保温出水口排到路基范围以外;通过设置一定厚度的砂砾垫层,在路基底与盲沟之间形成一定的排水面,来疏导地下水,阻隔毛细水,促进土层固结,提高地基承载力,从而保证路基整体稳定性,解决了冰湖地基路基施工问题。该工法在施工中不断进行改进和创新,并得到广泛应用,能够解决中国东北、西北等寒冷地区冰湖地基路基施工的难题,且使工程安全、质量、工期均得到有效保证,盲沟及砂砾垫层的应用既节能又环保,该工法经济效益、社会效益明显。

(八)高寒地区多年冻土路基施工工法

在高寒地区多年冻土上进行公路修建,改变了原有永冻土地质的水热状况,引起水热的重分布,导致路基的融沉、塌陷、路面裂缝等病害,交通无法正常行驶或中断交通,影响公路使用寿命。黑龙江省漠河机场至北极村段第 A1 合同段,位于中国最北方的县城漠河县,其年平均气温 -4.4℃,冬季最低极端气温达 -51℃,属于岛状多年冻土地区。路基施工中针对路堤、路堑以及填挖过渡段三种路基断面形式,采用了高寒地区多年冻土路基施工工法。该工法主要内容是:①多年冻土区路堑堑顶加设挡水埝、U 形防渗截水沟;基底及边坡采用换填保温材料;根据永冻土的地段工程地质、气候条件和施工力量等情况合理安排各道施工工序,最大可能减少多年冻土的暴露时间,减少对冻土的人为扰动。②多年冻土区路堤采用路基不同层间分别填筑不同粒径级配填料,使同一粒径水平的颗粒填筑在同一层,并把粗颗粒填料放置于表层,保证路基结构稳定基础上,尽量增加粗颗粒层的孔隙度。同时在细粒填土中铺设水平排水板;并在路堤边坡外采用清表土及弃土设置大于 4m 宽的护坡道。③多年冻土区填挖过渡段采用保温防渗结构,在整个过渡段铺设保温材料,并在路肩线以下设置了复合土工膜防渗层。应用该工法后,由于基本未扰动多年冻土,并采取隔热措施,保证了路基基底的稳定,在施工同步观测与通车后观测中,未见因路基沉陷引起的病害,说明该工法有效解决了高寒地区冻土上修建路基的质量保证问题。

(九)高寒地区桥梁非结构裂缝贴钢板维修加固施工工法

高寒地区温差较大,桥涵易产生温差收缩的非结构裂缝。这类非结构裂缝影响结构的外观和耐久性,当它处在结构内力因素的作用下,使混凝土的碳化、风化和钢筋锈蚀加快,很有可能在该类裂缝处引起应力集中而使结构内力发生变化、结构抗力减弱而最终导致结构破坏。粘贴钢板法是一种行之有效的高寒地区桥梁非结构裂缝维修加固方法,能够延长桥梁使用寿命,提高桥梁承载力。具有施工快捷,几乎不增大原结构物尺寸,对温度变化影响小及经济的特点,这对结构混凝土长期使用的安全性、耐久性和适应性有着十分重要的意义。

该技术经过反复试验研究,并先后在国道京加公路讷河至嫩江段工程建设项目、齐白公路齐齐哈尔至泰来段工程建设项目和绥满公路绥芬河至牡丹江段桥梁非结构裂缝维修加固施工中应用,效果良好,取得了较好经济效益和社会效益,经总结形成了高寒地区桥梁非结构裂缝贴钢板维修加固施工工法。该工法是采用环氧树脂系列黏结剂(黏结剂的黏结强度应该大于或等于被黏结材料本身的强度,能与被黏合构件成为整体)。将钢板粘贴在钢筋混凝土结构物的受拉缘或薄弱部位,使之与结构物形成共同受力的物体,以提高其刚度,改善原结构钢筋混凝土的受力状态,提高结构的承载能力,达到补强效果的一种加固方法。

(十)高寒地区中承式钢管拱桥冬季拆除施工工法

哈同公路依兰钢管拱桥于1995年开始动工,1997年8月建成通车,是东北地区第一座钢管拱桥。此桥建成后车流量猛增,货车及挂车载重量严重超载,此桥长期处于超负荷工作状态,2009年检测出存在诸多严重病害,要消除桥梁的各种病害必须从根本上改变结构体系、提高其动力工作性能,使桥梁结构处于安全振动工作状态。最终确定拆除新建的方案:拆除原钢管拱桥的桥面系、栏杆、小T梁、吊杆横梁、拱肋横梁、拱上立柱、盖梁、风构等部分。在拆除施工过程中,两孔钢管拱结构拆除依次应用高寒地区中承式钢管拱桥冬季拆除施工工法进行施工,即第一孔钢管拱结构拆除后,总结经验然后进行第二孔钢管拱结构的拆除。为提高拆除施工的安全性,保证拆除施工中原结构(拱座、拱肋)受力体系均衡,保证施工质量,整体拆除施工采取"对称拆除""逆向施工顺序拆除"、关键部位"边拆边配重"技术,即吊车稳在冰面(岛面)上采取"边拆边配重"技术拆除拱座处墩上立柱及盖梁;人工配合机械拆除桥面系、栏杆;将吊车稳在冰面(岛面)上采取"对称拆除"技术拆除小T梁,采取"逆向施工顺序"技术拆除吊杆横梁、拱上立柱及横梁、风构;破碎锤拆除拱肋横梁。

本工法的应用有效解决了钢管拱桥拆除难度大、拆除过程中安全隐患高的问题,使拆除钢管拱桥安全性得到大幅度的提高,保证了工程质量,缩短了整体施工工期,节约了施工成本,取得了很好的经济效益和社会效益。

(十一)高寒地区小半径、大横坡、斜交桥预制梁冬季安装施工工法

黑龙江省加嫩项目 B3 标段 K121+311.3 乌尔其嫩林铁路分离式立交桥位于 $R=500m$ 的右偏圆曲线上,桥面横坡为单向 5%,纵断面位于 $R=1200m$ 的竖曲线上,斜交角度 60°。传统施工工艺使用架桥机进行预制梁的架设,需克服小半径、大横坡及斜交情况,并需要解决施工质量安全进度等一系列技术难题。施工中,结合传统工艺,研究出高寒地区小半径、大横坡、斜交桥预制梁冬季安装施工工法。

该工法是精确计算模拟安装现场机位、角度、轨道路线,制订架桥机行驶方案及行驶轨迹,使架桥机行走至精确位置;利用混凝土及钢构件,对前支腿、后支腿轨道基础进行找平;在过孔过程中,架桥机主梁以带转盘的中托轮箱为支点平面顺时针转动 3.396°,使其前支腿准确坐落至前横移轨道上;喂梁时,调整梁底钢板至与支座平面平行;先安装中梁,再依次安装至边梁,架桥机横向安梁时,调整后支腿轨道与前支腿轨道平行,使其边梁精确就位;对于两幅桥台盖梁不在同一条轴线上的情况,采取搭设临时墩基础,并在其上铺设架桥机横移轨道,使得架桥机可以横跨左右幅进行安装预制梁的施工。

该工法解决了小半径桥梁情况下架桥机无法行走至精确位置的技术难题;解决了架桥机在大横坡情况下吊、运、架梁的技术难题;解决了斜交情况下架桥机需要在左右幅盖梁间横移的技术难题。

本工法的应用节约大量施工成本,缩短铁路封闭时间,及时恢复铁路通车,具有显著的经济效益和社会效益。

(十二)斜拉桥无索区落地支架安装主梁冬季施工工法

钢-混凝土混合梁斜拉桥无索区段的主梁安装工艺比较复杂,尤其是主塔位于岸边的浅水区,大型的吊装设备很难发挥有效作用。哈尔滨市绕城高速公路四方台大桥和哈尔滨市道外二十道街松浦大桥的主塔都位于浅水区,大型的吊机无法靠近。另外,哈尔滨市位于高寒地区,按常规施工,有效工期每年只有 6~7 个月。为解决斜拉桥无索区主梁在落地支架上安装的吊装问题,同时也为了加快施工进度,缩短总工期,决定进行冬季施工,因此研究开发了本工法。本工法是用龙门吊分别将无索区边跨侧纵梁、横梁先后从岸上运到落地支架上并安装就位,再进行焊接或栓接。再将混凝土桥面板安装就位。然后在已安装完的桥面上组装桥面吊机,再进行 0 号梁段和主跨侧梁段的安装。采用本工法的冬季施工,大大地缩短了工期,充分利用机械设备和周转材料,变冬闲为冬忙,大大降低了工程的管理成本,为企业创造了良好的经济效益。

(十三)梁式桥现浇悬臂连续箱梁合龙段施工工法

通河松花江大桥、哈尔滨松浦大桥、富锦松花江公路大桥是位于黑龙江省境内松花江上的3座特大型桥梁,其主桥及引桥均采用悬臂浇筑的连续梁桥。采用传统的合龙工艺施工缺陷较多,存在着合龙施工时约束力不够、施工温度控制难和多年使用后沉降量过大等问题。经研究,采用梁式桥现浇悬臂连续箱梁合龙段施工工法。该工法采用温度控制方法,使合龙段在合龙时有一个相对稳定的温度环境。既合龙温度应控制在 5~15℃ 之间,解除纵向约束时环境温度变化不能超过升温 3.0℃、降温 0.7℃。这时在刚性连接处采用焊接的形式进行锁定,用探伤仪对锁定焊缝进行质量的检查,同时采用高强大尺寸的型钢作为支撑材料,用 2 根槽钢间距为 86mm,上下连接钢板尺寸为 220mm×10mm×200mm,侧面连接钢板尺寸为 230mm×10mm×200mm。同时在次中跨合龙段中,顶板与底板内各设 2 道钢管支撑,在中跨合龙段中顶板与底板内各设 4 道钢管支撑,每道采用 ϕ127mm×14mm 的 Q345 热轧无缝钢管,抗拉强度为 490MPa,屈服点强度为 325MPa。在跨中的合龙段横隔板里,还增加竖向预应力,减少合龙段横隔板产生的裂缝。实施后,承重富余量大大增加,为桥梁稳定性和增加承载力提供了安全储备,提高了合龙段的连接性。最后合龙段选用微膨胀早强混凝土,掺入熟石膏($CaSO_4$)作为膨胀剂,主要是控制两段之间混凝土能够更好地连接,整体性能更好。该工法加强刚性连接和控制合龙温度、早强微膨胀高的混凝土等先进的施工工艺。经检验,与传统工艺相比较施工整体性能更好,桥梁使用寿命更长。

(十四)高寒地区沥青玛蹄脂碎石路面面层施工工法

黑龙江省冬季气温很低,极端最低温度可达到 -40℃,处于东北高寒地区,寒冷冰冻期每年在 5 个月左右。昼夜温差较大,导致沥青混凝土路面遭受频繁的冻融循环,温度骤降和温度反复升降现象经常发生,易使路面产生温缩裂缝,随着公路使用年限的增加和沥青老化加剧,路面裂缝数量不断增加。水分从裂缝进入路基导致路基软化承载力下降,致使路面产生唧浆、台阶、网裂等破坏,大大降低了路面的使用性能和使用寿命。为了较好地解决寒冷地区沥青路面低温裂缝严重的病害,在哈尔滨至双城高速公路工程项目路面工程 B4 合同段施工中,采用高寒地区沥青玛蹄脂碎石路面施工工法。该工法是通过增加改性沥青用量、纤维稳定剂、矿粉改善混合料配合比,针对寒冷地区施工期平均气温较低特点,对施工温度采用高限控制,沥青加热温度、集料加热温度采用高值,混合料运输严密覆盖,减少热量损失,使混合料摊铺时处于高温状态,压路机紧跟摊铺机碾压,使混合料在高温条件下快速成型,有效地提高路面的使用性能和使用寿命。

（十五）富冰冻土碎石桩复合路基施工工法

中国具有广大的季节冻土区和多年冻土区，随着国家西部交通建设的大力开发，冻土区的工程建设任务日益增多。而多年冻土地区公路工程施工，由于地基的冻融作用及其他不良冻土现象的影响，往往会产生各种工程病害，从而影响工程的质量。伊春至嘉荫公路，地处多年冻土区，并且多为富冰冻土，为避免工程产生各种冻害隐患，富冰冻土段采用了富冰冻土碎石桩复合路基施工工法。即采用重锤等能量、等变形夯扩挤密方法施工，是采用专用施工机械，首先利用重锤夯击（冲击）成孔，使桩身周围土体得到第一次挤密，其次在孔中分层填入碎石并夯实，使桩周围土体得到第二次挤密，依次填入碎石，夯击碎石，直至夯填至设计高程。通过碎石桩及桩间土（包括即将融化的多年冻土）的共同作用形成承载力较高的复合地基，达到改善土的物理力学指标，从而提高地基土的承载力，减少地基土的压缩变形，消除路基下多年冻土的融沉和不均沉降目的。冻土地区碎石桩施工与路槽大面积开挖换填施工相比，既解决了多年冻土开挖困难的问题，为机械化施工创造了条件，加快了施工进度，又减少了对原有冻土层地质条件改变。应用此工艺施工后，多年冻土地段经过多年通车运营未发生任何冻融、沉陷病害，效果良好。

（十六）高寒地区粉煤灰水泥混凝土在桥梁中的应用施工工法

黑龙江省位于北方高寒地区，冬夏温差最高达 70℃ 以上，施工期较短，为保证工期，尽快通车，增加社会效益，有些桥梁混凝土工程常常进行冬季施工或低温施工，尤其是桥梁基础等大体积混凝土工程施工，降低水化热，减少温度裂缝，提高混凝土性能等问题需要解决。在哈尔滨绕城高速公路松花江四方台斜拉桥项目施工过程中，通过大量的研究和试验，通过掺加Ⅰ级高效增钙粉煤灰的工艺，改善了混凝土拌合物的和易性，减少了泌水性和干缩性，提高了混凝土强度，满足高空和远距离的可泵性，特别是解决了高寒地区高性能混凝土在桥梁中应用抗冻性的问题。不论在承台混凝土还是塔柱混凝土的施工中，混凝土的施工性能、强度、耐久性诸方面都明显优于普通混凝土的指标，工程质量完好，表面光滑、气泡少、外观颜色一致、无蜂窝、麻面、外观极佳，完全满足设计要求及施工需要。经总结，形成高寒地区粉煤灰水泥混凝土在桥梁中的应用施工工法，该工法先后又在绥满公路海林至亚布力段 B9 标三股线高架桥、齐白公路齐齐哈尔至泰来（省界）段工程 B2 标段嫩江大桥中应用，不断更新改进施工工艺，不仅保证了工程质量，而且充分利用电厂粉煤灰废料，减少了环境污染，工程成本大大降低，带来显著的经济效益和社会效益。

（十七）高寒地区潜水型涎流冰路基施工工法

在高寒地区高速公路，因纵断设计需要，挖方路堑部分开挖造成层间潜流外露，因内外水压力的差异,造成潜水外流,冬季气温下降,地下潜水扇形溢出,漫流到路面上,从下而上逐层冻结,形成涎流冰。因层间潜流出水量的不同,形成体积不等的涎流冰冰体,对路基路面浸泡,严重影响路面的使用寿命,对冬季车辆通行构成严重安全威胁。通过对涎流冰病害形成原因的分析,层间潜水涎流冰病害的形成是因为路堑开挖后,切断潜水层,导致层间水外露,破坏原有自然疏水状况造成的,结合实际情况,制订导、蓄相结合的处理措施,完善地表排水系统,采用设置深层砂砾盲沟、蓄冰坑,使地表水、层间潜水远离到路基,避免形成涎流冰,导致路基破坏,保证冬季行车安全,确保道路畅通,经总结形成高寒地区潜水型涎流冰路基施工工法。该工法先后在国道202线黑河至北安段第Ⅲ标段、吉黑高速公路北安至黑河段A7标段工程施工中应用,经过多年使用,路堑涎流冰得到有效治理,未出现冬季涎流冰上路,造成交通中断,路基路面因涎流冰病害影响进行修护情况出现,路面使用性能良好,养护费用大大降低,得到社会的高度评价。

(十八)高寒地区隧道保温防排水施工工法

寒冷地区的隧道常出现冻涨渗漏问题,威胁结构稳定和安全。目前国内外常采用"保温门""双层衬砌隔热"等隧道保温方法解决该问题,但在高速公路应用中,通行不方便,施工难度大,运营成本高。2005年3月,在绥满国道主干线海林至亚布力公路改扩建工程雾凇岭隧道项目施工中,采用高寒地区隧道保温防排水施工工法进行施工。该工法是:采用现场发泡的聚氨酯保温层,使衬砌背后的裂隙水不冻结;采用背后自带凹凸沟槽的防水板,有效收集裂隙水;将防水板、横向排水管、纵向排水管、深埋排水管、保温出水口科学合理连接,形成排水系统;包含着防水板、保温层和排水系统的保温防排水结构,将隧道内的流水通畅流出洞外。该工法适用于高寒、冰冻期较长,围岩裂隙水系较为发育的隧道工程,可推广应用于高海拔地区。该工法施工简便、操作性强,在确保工期的前提下,能够保证质量。通过几年的运营,衬砌结构没有受到冻胀破坏,减少维修次数,节约了运营成本。

(十九)富冰冻土路基CFG桩加固施工工法

在中国北方寒冷地区,公路路基施工中经常会遇到多年冻土路段,尤其是富冰冻土地基成为施工中较难攻克的问题。为保护多年冻土层不被破坏,保证路基的整体稳定性,从而保证道路的使用功能。在绥北高速公路联络线合同段施工中,坚持保护多年冻土、控制融化的原则,采用了长螺旋钻孔CFG桩施工技术。该技术是在富冰冻土路段内使用长螺旋钻机钻孔,孔内填筑由砂、碎石、水泥、粉煤灰、外加剂和水等按比例配制而成的低强度等级混凝土,在桩间即路基之下铺设一定厚度的褥垫层,在其上填筑土石方碾压形成路基。该技术经不断研究、试验、总结,形成了富冰冻土路基CFG桩加固施工工法,该工法很好地解决了富冰冻土地基冻融、施工后沉降及不均匀沉降的问题,为路面结构层提供足够的强度、刚度,减少路面反射裂缝,有效地提高了路面的使用性能和使用寿命,取得了较好的经济效果和社会效果。

(二十)级配不良细砂土路基填筑施工工法

在公路工程建设中,沿线材料复杂多变,经常会遇到沿线土质为级配不良细砂土丰富,碎石土、黏土等填筑材料短缺的情况。采用碎石土、黏土等填筑材料填筑路基,存在远距离运输工程造价大幅度增加的问题,特别对于高速公路等建设项目,工程量很大,就地取材会大幅度降低造价,但级配不良细砂土作为路基填筑材料,存在表面水分散失快、失水后易松散、不易压实、干稳定性差的缺陷。针对级配不良细砂土的上述特点,经过反复试验,通过掺灰黏土包边、含水率控制、调整压实设备配备(采用配重装载机、胶轮压路机替换常规路基填筑采用的光轮压路机)的方法,确保级配不良细砂土路基填筑质量,达到了降低工程造价的目标。采用本工法施工的项目,经过多年使用,整体质量良好。实体工程质量证明,采用级配不良细砂土进行路基填筑,通过改进施工工艺,可以达到工程质量要求。

(二十一)高速公路收费站超强水泥混凝土薄层罩面施工工法

收费站一直是所在高速公路承担交通压力最大的节点,因为车辆的急停急起,柔性路面并不能满足要求,故收费站路面多为钢筋水泥混凝土。因钢筋水泥混凝土面层强度大,同时内设钢筋网增加混凝土底面拉应力,增强了路面的使用寿命。但也随之带来了一些问题,因水泥混凝土采用振捣棒提浆促进表面平整,一般提浆厚度为 3～4mm,在往来车辆的作用下,虽然水泥混凝土整体强度还能满足要求,但提浆面却已经被破坏,集料外露,导致车辆行驶的舒适性降低,也降低了水泥混凝土路面使用时限。以"恢复收费站使用功能,减少大拆大修造成浪费"为理念,引入高强水泥混凝土,采用快拌快铺的方式对收费站重新罩面解决上述问题。

绥满高速公路哈尔滨至阿城亚沟段大修工程中,采用此工法,施工工艺为:根据收费站水泥混凝土路面破损情况确定薄层罩面厚度,旧路面凿毛,高压水枪进行冲洗,以聚合物为媒介增强水泥混凝土的强度,按聚合物:水泥:石英砂:水 =1:2:4:1 的比例,进行快拌配制超强水泥混凝土。以超强水泥混凝土初凝时间为上限,快铺快抹超强水泥混凝土,并进行 2h 的养生,开放交通。

该工法很好地解决了收费站水泥混凝土路面提浆面脱落、集料外露、行驶舒适性下降,因局部损坏或使用功能下降维修困难的问题,避免大拆大修的繁杂、误时,真正意义上提高了水泥混凝土的使用期限,取得了较好的经济效果和社会效果。

(二十二)高寒地区冻土沉降路面铺设加筋混凝土预制块施工工法

省道加漠公路漠河机场至北极村段建设项目路线起点位于漠河县城西向北沿小北沟翻越老爷岭,路线终点为漠河乡北极村景区大门处,路线长度77.524km。全线冻土路段总长度16.85km,占路线全长21.7%。在冻土地区为防止路面沉降,采取加筋混凝土预制块,施工工艺为:预制,首先按配合比进行配料;其次钢筋绑扎,钢筋绑扎结束放入模具;浇筑混凝土,强度达到50%时方可脱模,拆模后需要继续养护,混凝土块的保温、洒水养护时间为28d。铺装时,先用天然砂砾进行初平,铺筑完毕后,采用轻型压路机略加碾压。铺设防渗土工布,为避免褶皱,必要时可根据技术说明对防渗土工布进行重新铺放或者切割和修补。防渗土工布重叠搭接,完全覆盖在砂砾垫层上,做到没有空隙。天然砂砾过渡层终平,复核路面高程进行均匀铺设。混凝土预制块铺装:先确定铺装边线,用已完成的预制块边沿挂线做边,做到横平竖直一条线,待混凝土预制块铺筑完成后,用橡胶锤对预制块进行捶打压实找平。最后采用中砂进行勾缝,确保混凝土预制块挤压密实。该工艺的使用极大地节约了人力、物力,同时缩短了工期,预制块可反复使用,降低二次维修成本,具有显著的经济效益和社会效益。

(二十三)高速公路大跨径钢箱梁安装施工工法

伊牡公路海林至牡丹江段海浪河特大桥工程,全长1277.6m,跨径布置为预应力混凝土简支箱梁+变截面钢箱梁+预应力混凝土简支箱梁结构,其中钢箱梁段跨越绥满高速公路,单件超长、超大、超宽构件,给运输及吊装工作带来极大难度。施工工艺为设置临时支墩反力基础,采用钢管架设临时支墩。在临时支墩上方设置工字钢及砂箱。分节段钢箱梁分别落于临时支墩上方,利用砂箱调整高度,具体吊装顺序为1~4号,7~10号节段。吊装方法为:运梁车顺停在绥满高速公路与新桥交汇处右侧,2台200t汽车吊立于桥下,将钢梁节段吊放在桥下的倒运梁车上,倒运梁车将钢梁运送至相应孔位,再由汽车吊将钢梁吊装就位。5号、6号节段的吊装方法为:运梁车斜停在绥满高速公路与新桥交汇处,其中一端与其临时支墩尽量接近,接近端布置1台200t吊车,另一远端布置2台200t吊车,远端2台吊车通过接力传递加上近端的1台吊车,将钢梁直接吊装就位于临时支墩上。依次吊装直至全桥合龙,满足设计要求后完成现场焊接,并完成焊缝探伤。在钢箱梁焊接施工完成后进行临时支墩的拆卸,降低临时支墩投入。

海浪河特大桥跨高速公路钢箱梁段采用临时支墩进行钢箱梁安装,通过科学节段分解,吊装工作合理减少临时支墩及大型吊装设备的投入,既满足高速公路大件运输通行及运输过程的安全,又将临时占道、封闭交通等时间缩至最短,社会效益和经济效益显著。

(二十四)黏土挤淤围堰施工工法

淤泥主要特点是含水率较高,孔隙比大于1.5,呈现塑状的饱和黏性土。淤泥不仅孔隙比大、含水率高且压缩性高、渗透性差,强度低,具有明显触变和流变性。一旦受到扰动,淤泥结构从絮凝状态变成分散结构,强度也会急剧降低,造成开挖清除淤泥的困难。

丹阿公路虎林至虎头段改扩建工程建设项目A1合同段,路线起讫桩号为K0+000~K68+525,二级公路68.5km。该工程施工时正处于雨季,路基下处理地下水位较高,为保证路基质量,采用了"路基黏土挤淤围堰施工工法"。施工中发现对淤泥厚度小于3m的区域,在水中沿着土和淤泥层之间利用挖掘机破坏淤泥和土的黏结,快速抛填黏土置换淤泥,利用黏土自重且高于水面,将淤泥挤出围堰范围内,挤淤深度最大可以达到2.0m。通过对围堰的检测结果发现,围堰施工方法对挤淤效果有重要的影响,对于淤泥层厚度不大的静水区域利用水中的抛填黏土在自重挤淤情况下可以加快围堰稳定,从而提高围堰的抗滑稳定。

在丹阿公路虎林至虎头段改扩建项目施工中,采用黏土挤淤围堰施工工法,缩短了工期,充分利用机械设备,大大降低了工程的管理成本,具有显著的经济效益和社会效益。

(二十五)配筋率较高墩身混凝土多点导入式振捣施工工法

扎兰屯市绿林街大桥开工日期为2011年9月20日,完工日期为2013年10月30日。大桥全长为344.05m,桥跨布置引桥为2×(3×25m)现浇连续箱梁。下部结构引桥为双柱式桥墩,肋板式桥台,钻孔桩基础;主桥为实体墩身。

对于墩身钢筋顶部钢筋网间距为10cm×10cm,钢筋布置比较密集,在混凝土振捣过程中,振捣棒不便从钢筋网中下入待振位置进行振捣这个问题,采用钢管法进行墩身混凝土振捣。施工中采用直径为9cm钢管分节制作。每节长度为1m,2节钢管间采用管箍连接。在墩身混凝土浇筑前,先将钢管按振捣半径不大于50cm预先埋置在墩身内部,在浇筑混凝土过程中通过钢管对墩身混凝土进行振捣,在振捣棒上按30m间距制作刻度,以确定振捣棒插入深度。随着混凝土浇筑高度的增加,振捣钢管跟随提升,钢管每提升1m拆除一节振捣钢管,以便于振捣工操作。

墩身钢筋按照设计图纸进行预制,严格按照图纸进行墩身钢筋的绑扎,预埋钢管保证尺寸要求。在钢管埋设中出现钢管与墩身主筋发生冲突时,应适当调节钢管位置,保证预埋钢管顺直、管箍安装牢固。安装完成经技术人员验收合格后,方可投入使用。

该技术通过在扎兰屯市绿林街大桥主塔墩身工程成功应用,经回弹仪回弹检验混凝土强度与密实度符合设计及规范要求,减少了混凝土振捣过程中出现的漏振、过振、振捣不均匀等现象,提高了施工中的混凝土振捣质量。工程质量得到保证,导入式钢管振捣可以在施工过程中回收利用,节约了大量工程成本。

第四节 公路建设"三年决战"科技成果

2008年4月,黑龙江省委、省政府作出"三年公路决战,突破龙江交通瓶颈"的重大决策。三年公路决战中,建设高速公路3042km,一级公路420km,二级公路2935km,农村公路60799km。

一、科技成果应用于"三年决战"的背景

交通建设面临着建设里程前所未有、投资规模前所未有等巨大的压力,特别是黑龙江省地处高寒地区,有效施工期短,三年实际有效施工期仅有540余天,季节性冻土和高纬度岛状多年冻土特征显著,冻融循环对公路破坏大,技术难点多,公路建设条件苛刻。不依靠交通运输部的强大科技支撑力量,很难完成这样的任务。

黑龙江省交通运输厅主动寻求交通运输部帮助,在部科技司、西部项目管理中心及部公路科学研究院的大力支持下,在全国首次创造性地实施"部省联合科技支撑黑龙江省公路建设行动计划"。在2009年的全国交通工作会议上,李盛霖部长明确提出行动计划的实施。2009年3月,高宏峰副部长签批了行动计划——《关于同意组织实施部省联合科技支撑黑龙江省公路建设行动计划的函》(交函科技〔2009〕91号),组织全行业科技资源为黑龙江省公路建设"三年决战"提供全过程、全方位的技术支持与技术服务。行动计划从2009年1月开始实施,主要包括科研成果的凝炼集成与转化应用、技术瓶颈突破与技术创新、总结提升与规范形成、技术普及与科技人才梯队建设以及科研管理模式探索与体制创新等5个方面内容。行动计划的全面启动之时,正值黑龙江省重点工程项目全面实施的关键之年,不仅为"三年决战"注入了强大的科技支撑力量,也坚定了省厅党组夺取"三年决战"全面胜利的信心。

三年中,在部省联合科技支撑黑龙江省公路建设行动计划实施过程中,结合"三年决战"工程进展,紧密服务施工图设计,推进行业科技成果转化应用22项;以"三年决战"技术需求为重点,推进科研项目实施75项,其中路基13项、路面24项、桥梁15项、安全环保17项、工程管理6项;积极引进应用行业四新技术76项,其中新技术31项、新工艺26项、新材料6种、新设备13种;创新技术服务模式,开展工程现场技术咨询与服务活动;依托行动计划技术推广项目和省内沥青路面多年积累的研究成果,编制并下发《黑龙江省高速公路沥青路面结构及混合料推荐技术标准和施工指导意见(暂行)》14册;在工程设计、工程施工、农村公路建设与管理、公路养护技术、工程监理、检测技术和交通信息化等

专业方向举办各级各类培训班100多个;培养博士、硕士研究生100多人;组织编写了"三年决战"技术普及系列教材,面向基层技工和农民工印发了6万余份。

三年多的实践证明,科技支撑特别是"部省联合科技支撑黑龙江省公路建设行动计划"在保障工程质量、缩短施工工期、节约工程造价、降低公路建设对环境的破坏,以及地方标准和技术指南的编制等方面,发挥了巨大的作用,成为"三年决战"夺取全面胜利的重要支撑力量。

二、科技成果应用于"三年决战"的表现

1. 通过实施行动计划为公路建设"三年决战"提供技术支持和技术服务

行动计划进一步完善和优化了施工图设计,论证确定了重大技术方案,有效防止了质量通病,提高了公路桥梁的耐久性,使工程质量得到有效保障,全面提升了工程建设品质。

(1)在岛状多年冻土区病害处理上,确定"重视地质选线,浅层换填砂砾,中层复合地基,深层以桥带路"等技术措施,研究探索出"旋挖钻前导钻透冻土层,钢护筒跟进支护,更换冲击钻钻进岩层"的施工工艺,为漠河至北极村、北安至黑河、伊春至绥化等高速公路项目解决了冻土钻孔技术难题。

(2)在古滑坡体处理上,首次采用了抗滑桩设计,用以抵抗滑坡体,达到山体稳定、控制变形的目的,主要应用在北安至黑河、绥芬河至牡丹江高速公路项目上。

(3)在省内沼泽地区路基加固技术获得突破。建三江至虎林高速公路近百公里水田沼泽湿地,采用了水泥搅拌、碎石桩、砂桩等复合地基技术,控制了沉降量和不均匀沉降。

(4)在东北严寒地区长大浅埋大跨土质隧道技术上取得突破,哈尔滨绕城公路天恒山隧道通过"土质隧道中不设系统锚杆的试验研究"项目,取消了系统锚杆,采用"型钢拱架+喷射混凝土+锁脚锚管+纵向连接筋"组成的初期支护系统,保障了施工安全和结构稳定,缩短了施工工期,节省工程造价9%左右,项目成果经中国工程院王梦恕院士等专家鉴定,达到了国际先进水平。

(5)旧路加宽成套技术在300余公里高速公路扩建中得到了应用,采用帮宽路基强夯技术、加铺土工格栅、配置钢筋网、旧水泥混凝土面板冲击打裂、旧沥青路面设置应力吸收层等技术,有效解决不均匀沉降,减轻路面反射裂缝问题。

(6)乌苏大桥、富绥大桥、嫩江大桥等大型、特大型桥梁施工中,采用了预应力管道真空压浆来保障预应力梁的耐久性,采取预应力优化配束、优化混凝土配合比、增加构造配筋和现浇支架增设滑动装置、降低水泥大体积混凝土水化热等技术措施,以控制大跨径连续箱梁收缩裂缝及温度变形。在桥梁易冻胀部位调整配合比设计,并应用引气技术提高水泥混凝土的抗冻性。

(7)通过行动计划推广项目在设计中的转化应用,对沥青路面结构总厚度和材料选

择进行了重点调整。结构厚度由原 15cm 增加至 17~18cm,同时将原来的乳化沥青调整为改性乳化沥青有效防止路面的早期车辙。在沥青混合料设计中,细集料由常规的中粗砂改为机制砂,提高路面的抗车辙和抗变形能力。

2. 行动计划通过推荐引进应用行业四新技术、改变传统工艺

行动计划应用现代信息网络技术加强过程管控,选择具有世界水平的一流先进设备,极大地提高了生产效率,保障和缩短了施工工期。

(1)富绥大桥项目采用连续梁温度裂缝控制技术、低温钢筋机械连接技术、优化配合比提高早期强度等技术措施,在保障质量的前提下,大大提高了施工进度,主桥连续梁实现提前一年成功合龙。

(2)绥化至北安高速公路路基材料主要为黏性土,施工期间受雨水较多的影响,进度严重滞后。为保障工期,沥青路面施工中应用"沥青路面施工质量控制技术",使现代信息技术与公路建设相结合,在保障质量的前提下,进一步加快了施工进度,实现了如期完工。

(3)引进具有世界水平的一流大型设备 1529 台(套),具有世界领先水平的 85 台(套),拌和、摊铺、碾压等机械设备均为一流水准,极大地提高了生产效率,为提升工程品质提供了保障。如美国沃尔沃 8820 型摊铺机 12m 全幅一次摊铺,提升了铺装整体质量;无锡路虹集团 LB-6000 型沥青路面拌和站,可同时供应两台摊铺机作业;维特根水泥混凝土路面摊铺机带有 DBI 传力杆自动打入装置,既解决了传力杆打入的难题,也加快了施工进度。

3. 行动计划的实施有效缓解和解决了公路建设的技术难题

行动计划保障了施工质量,同时大幅度降低了工程造价,降低了公路建设对周边环境的破坏,经济效益显著。

(1)通过利用旧路资源、降低路基高度、反复优化设计方案等一系列技术手段,降低全省高速公路总体造价水平,每公里高速公路造价在 3000 万元以内。

(2)伊春至绥化、绥化至北安、双鸭山至同江高速公路等项目充分利用旧路加宽成套技术,与开辟新线方案的比较,仅 3 个公路项目利用旧路扩建就节约占地 5560 亩,节约工程造价 2.4 亿元。

(3)伊春至绥化、绥化至北安、鸡西至虎林、建三江至虎林等高速公路应用"寒冷地区低路基稳定技术研究",通过降低路基高度,减少高填深挖,节省土方量 250 万 m^3,节省资金 5000 万元。

(4)通过推广沥青路面再生利用、旧水泥混凝土路面破碎再利用、工业废渣综合利用等技术,在缓解传统筑路材料短缺的同时,也节省了大量建设资金,合计节约资金约 2.6

亿元。同时，废旧材料的利用促进了节能减排，有效保护了公路周边环境。

（5）齐齐哈尔至泰来、齐齐哈尔至甘南高速公路项目采用砂性土填筑路基及封层的施工技术，有效缓解了由于齐齐哈尔地区筑路材料严重匮乏而导致的对公路建设的制约，大幅降低了工程造价。

（6）伊春至绥化高速公路途经多处旅游风景区，通过"寒区高等级公路生态恢复与监测系统应用的研究"项目的实施与应用，避免了对湿地、森林等自然环境的破坏，保持原有的自然状态，优选适宜物种对取土场、路基边坡进行植被恢复，使公路与周边环境相融合，降低了公路建设对周边环境的破坏。

三、科技成果应用于"三年决战"的效应

通过行动计划的实施，全省路面的总体使用寿命预计可增加25%、全寿命周期成本可降低20%、桥梁主体工程使用寿命可增加20%。使用寿命的增加会节约车辆油耗、减少维修费用、节约行车时间、减少交通事故等，这些价值大多难以量化。其中节约油耗一项可以采用交通运输部公路科研院"PPK"报告中对不同车型、平整度等影响因素的修正公式计算，仅此一项，三年全省车辆由于道路质量的提高节油14.4万升，节约资金11亿元。

富绥大桥提前一年交工通车，直接带动了地方经济的增长。富锦县与绥滨县直线距离不足5km，走公路需绕行400km，大桥建成极大地缩短了两县之间的通行时间，使绥滨县与哈尔滨、佳木斯等省内重要城市之间的交通更加便利，将三江平原连成一体，使得绥滨县粮食、蔬菜等物资流通更快捷，更有利于未来边境战略发展。

行动计划的实施推进了龙江交通科技事业全面进步，在多项关键技术上取得了重要突破，一批科技创新人才脱颖而出，高质量、长寿命的公路基础设施提高了公路运输在整个综合运输体系的地位，逐步实现公路交通增长方式从要素驱动向科技驱动的根本性转变，走集约化、内涵式发展道路，促进龙江交通发展方式的科学转变，社会效益显著。同时，行动计划的实施对于今后全省4000余公里高速公路养护也提供了强有力的技术支撑，对保护"三年决战"建设成果具有重要意义。

科技支撑的效果得到了时任黑龙江省委书记吉炳轩同志的充分肯定。在一线调研时，他指出："公路建设特别在技术攻关上，更是硕果累累。工程技术人员立志改革创新，着力解决了寒带施工、冻土施工、道路翻浆、桥头跳车等一系列技术难题，有些是全省、全国乃至世界性的技术难题，大大提高了工程科技含量。"

时任副部长冯正霖在检查黑龙江省公路"三年决战"项目建设时指出："行动计划在季节性冻土路基填筑、寒区涎流冰防治、提升路面低温抗裂性能等方面已取得了积极进展，要进一步加强现有成果的观测、检测力度，达到真正值得推广，甚至进入国家技术规

范,来指导国内类似地区公路建设。"

展望未来,龙江交通建设将逐步向建设、养护、管理、运营等综合发展迈进。部省科技行动计划还将继续深化,一批长期困扰深季冻区公路建设的技术难关即将被攻破,一条促进科技成果转化应用、产学研相结合的有效途径即将铺开,一支充满活力、结构科学合理的科技创新团队逐步培育形成。更为关键的是,通过行动计划的实施,总结提炼研究成果,将形成深季冻区公路建设的地方性技术指南和规范,不仅能够长期指导黑龙江省公路的未来建设、管理、养护,而且对于全国季冻区公路的长远发展和国家技术标准体系的完善也具有深远意义。面对建设和谐社会、交通又好又快发展的新形势、新要求,黑龙江交通人将继续发扬龙江交通精神,通过部省联合行动搭建的平台,借鉴部省联合行动成功模式,一如既往地用交通科技支撑龙江交通运输事业未来的发展,共同描绘黑龙江交通运输事业更好更快的明天。

本章附表

黑龙江省交通重大科研课题统计表

附表 4A

序号	项目名称	项目来源	依托工程	研究单位	起止时间	投资（万元）	成果水平	获奖情况	项目负责人
1	哈大公路水泥混凝土路面纵向开裂成因与预警的研究应用	交通部	G10 绥满高速公路哈尔滨至大庆段部分应用	黑龙江省交通科学研究所	1999—2003 年	8.3	国内领先	2003 年黑龙江省交通运输厅科技进步一等奖	高伟 杨猛
2	公路风吹雪雪害成因与预警的研究	交通部	依勃公路300m试验路段，内蒙古国道303锡林浩特至经棚段，国道207线锡林浩特至宝昌段设置试验路段	黑龙江省交通科学研究所,内蒙古锡林郭勒交通科学研究所,吉林大学	2002—2005 年	500	国际先进	2006 年中国公路学会科学技术一等奖	朱光耀 赵书成
3	季冻区公路路面厚度设计	交通部	庆安冻土试验场	黑龙江省交通科学研究所	2002—2005 年	—	验收	—	王兴隆 戴惠民
4	季冻区公路桥涵基础埋置深度计算	交通部	庆安冻土试验场	黑龙江省交通科学研究所	2002—2005 年	—	验收	—	张玉富 戴惠民
5	多年冻土地区桥涵工程技术研究	交通部	G214 国道姜路岭至清水河段和大兴安岭塔河至呼玛公路进行桩基稳定性等试验应用	黑龙江省交通科学研究所,中交第一公路勘察设计研究院,青海省公路科研勘测设计院,东北林业大学	2002—2006 年	600	国际领先	2008 年黑龙江省科技进步二等奖	蔡万奎
6	光催化降解材料在公路工程中的应用研究——复合型光催化材料固化技术的研究	交通部	与东北林业大学合作项目（齐齐哈尔至讷河高速公路富裕收费站）	哈尔滨工业大学	2006—2008 年	120	国际先进	—	葛勇

第四章 高速公路建设科技新成果

续上表

序号	项目名称	项目来源	依托工程	研究单位	起止时间	投资（万元）	成果水平	获奖情况	项目负责人
7	季冻地区路面结构排水系统的研究	交通部	绥满公路尚志至亚布力公路2000m试验路段；明沈公路任民至安达段修筑400m试验路段；G111线500m试验路	黑龙江省交通科学研究所，哈尔滨工业大学，黑龙江省公路勘察设计院，明沈公路指挥部，G111线工程建设指挥部	2006—2011年	120	国际先进	2016年黑龙江省科技进步三等奖	唐英 解晓光 高伟
8	西部基于抗冻融破坏的季冻区沥青路面结构与材料研究	交通部	G111线2期工程讷河至嫩江段2000m试验路	黑龙江省交通科学研究所，吉林省交通科学研究所，辽宁省交通勘测设计院，哈尔滨工业大学，长安大学	2007—2010年	500	国际先进	—	杨福祺
9	西部地区流冰荷载撞击力计算及桥梁防撞措施的研究	交通部西部项目	鸡讷高速公路	黑龙江省公路勘察设计院，东北林业大学	2007—2011年	190	国际领先	2013年中国公路学会科学技术三等奖、2014年黑龙江省公路学会科学技术一等奖	黄美兰 刘国峰
10	寒冷地区公路平纵线形及横断面设计指标研究	交通部西部项目	绥满高速公路绥芬河至牡丹江段，国道111线齐齐哈尔至白城段	黑龙江省公路勘察设计院，哈尔滨工业大学，黑龙江省交通科研所	2007—2011年	150	国际先进	2012年中国公路学会科学技术三等奖、2014年黑龙江省科学技术三等奖	王守恒
11	寒区公路水泥路面结构性损坏原因及预防技术研究	交通运输部	前嫩公路嫩江支线修筑1.6km试验路	黑龙江省交通科学研究所	2009—2013年	180	国际先进	2014年中国公路学会科学技术三等奖	高伟 武鹤 王旭 姜利

续上表

序号	项目名称	项目来源	依托工程	研究单位	起止时间	投资(万元)	成果水平	获奖情况	项目负责人
12	多年冻土地区桥涵工程技术研究推广示范	交通运输部	国道214线姜洛岭至清水河段共和至玉树(结古)公路项目	黑龙江省交通科学研究所、东北林业大学	2008—2014年	100	验收	—	王旭
13	寒区公路路基双隔离层技术研究	交通运输部	绥北高速公路部分路段	黑龙江省交通科学研究所	2009—2014年	150	验收	—	王兴隆
14	季冻区公路路基使用状况评定系统的研究	交通运输部	高速公路部分路段	黑龙江省交通科学研究所、东北林业大学	2011—2014年	80	验收	—	王兴隆
15	水泥混凝土路面施工工艺流程与质量控制系统	黑龙江省交通厅	同三公路哈尔滨至佳木斯段修筑550m试验段	黑龙江省交通科学研究所	1995—1997年	15	国内先进	2000年黑龙江省科委三等奖	蔡万奎
16	高等级公路潮湿路段常用路面结构抗冻厚度的研究	黑龙江省交通厅	庆安冻土试验场	黑龙江省交通科学研究所	1997—1999年	41.5	国内领先部分成果国际先进	2001年黑龙江省科技进步三等奖	王兴隆 高伟 戴惠民
17	寒区加热溶剂型道路标线涂料的研究	黑龙江省交通厅	哈同公路修筑部分试验段	黑龙江省交通科学研究所	1997—1999年	15	国内领先	2001年黑龙江省科委三等	毛欣
18	高等级公路沥青路面抗裂结构措施的研究	黑龙江省交通厅	齐齐哈尔至林甸公路修筑部分试验段	黑龙江省交通科学研究所	1997—1999年	35	国内领先	—	王端宜
19	寒冷地区高等级公路水泥混凝土路面不均匀变形指标与测定方法的研究	黑龙江省交通厅	G10绥满高速公路哈尔滨至大庆段试验观测段2.45km	黑龙江省交通科学研究所	1999—2001年	40.4	国内领先	2003年黑龙江省交通运输厅科技进步二等奖	高伟

第四章 高速公路建设科技新成果

续上表

序号	项目名称	项目来源	依托工程	研究单位	起止时间	投资（万元）	成果水平	获奖情况	项目负责人
20	地震波在多年冻土中传播规律的研究及可能解决问题的探讨	黑龙江省交通厅	哈伊公路铁力至伊春段，伊嘉公路，黑大公路黑河至北安段	黑龙江省公路勘察设计院	2000—2001年	14	国内先进	2009年黑龙江省公路学会科学技术三等奖	张旭东
21	水溶性环保道路标线涂料的开发研究	黑龙江省交通厅	公滨路、滨州收费站进行路试	黑龙江省交通科学研究所	2000—2002年	27	国际先进	—	张晶
22	降低高路堤及高路堤稳定性相关技术的研究	黑龙江省交通厅	G1011哈同高速公路佳木斯至方正段公路扩建工程 大顶子山航电枢纽引道工程部分应用	黑龙江省交通科学研究所，黑龙江省公路勘察设计院	2000—2005年	52.5	国内先进	2006年黑龙江省科技进步三等奖	高伟 温和哲 陈少平 辛德仁
23	寒区改性沥青路面设计和施工工艺的研究	黑龙江省交通厅	在鸡牡公路柴河支线修筑1.6km试验路	黑龙江省高速公路建设局，黑龙江省交通科学研究所	2001—2003年	72	国内领先	—	杨福祺
24	弹塑体改性沥青桥梁伸缩缝在寒冷地区的推广应用	黑龙江省交通厅	哈同公路K540+280及K557+330	黑龙江省公路局，东北林业大学	2002—2003年	20	国际先进	2004年省科技进步二等奖	王佳梅 于天来
25	寒区SEAM粒料沥青混凝土适用性能的研究	黑龙江省交通厅	鸡牡公路牡丹江互通桥引道200m试验路	黑龙江省高速公路建设局，黑龙江省交通科学研究所	2002—2003年	45	国内领先	—	杨福祺
26	寒区高等级公路路基路堑边坡稳定性及对应技术措施的研究	黑龙江省交通厅	G1011哈同高速公路哈尔滨至佳木斯段，G10绥满高速公路哈尔滨至尚志段试验应用	黑龙江省交通科学研究所，黑龙江工程学院	2002—2007年	65	国际先进	2009年黑龙江省科技进步三等奖，2008年中国公路学会科学技术三等奖	高伟 苏群 武鹤

续上表

序号	项目名称	项目来源	依托工程	研究单位	起止时间	投资（万元）	成果水平	获奖情况	项目负责人
27	环保型水溶性道路标线涂料地方标准的制定	黑龙江省交通厅	—	黑龙江省交通科学研究所	2003—2004年	15	国内领先	—	王立强
28	季冻区排水路面及水泥混凝土路面铺装技术研究——路面结构排水研究	黑龙江省交通厅	绥满高速尚志亚布力段辅道修筑2000m试验路	黑龙江省交通科学研究所、绥满公路建设指挥部、黑龙江省公路勘察设计院	2003—2006年	167.3	国际先进		唐英 高伟
29	季冻区排水路面及水泥混凝土路面铺装技术研究——水泥混凝土路面铺装技术研究	黑龙江省交通厅	G10绥满高速公路亚布力至尚志段500m试验路；G1211吉黑高速公路北安至黑河段、前嫩公路五大连池至嫩江段部分应用	黑龙江省交通科学研究所、黑龙江省高速公路建设局	2003—2006年	20.5	国内领先	2011年中国公路学会科学技术三等奖	高伟
30	黑龙江省西北部及大兴安岭地区河流冰压力试验研究	黑龙江省交通厅	—	黑龙江省公路勘察设计院、东北林业大学、哈尔滨工业大学	2004—2008年	40	国内领先	2011年黑龙江省公路学会科学技术二等奖	黄美兰
31	黑龙江省地方标准DB23/T 510—2000《引气混凝土路面施工规程》的修订	黑龙江省交通厅	哈尔滨至肇兴公路、五常至双峰林场公路各200m试验路	黑龙江省交通科学研究所	2005—2006年	15	国内领先	2008年黑龙江省科技进步三等奖	杨洪生
32	高等级沥青路面抗重载车辙损坏的研究	黑龙江省交通厅	G111线500m试验路段	黑龙江省高速公路建设局、黑龙江省交通科学研究所	2005—2008年	40	国内领先	2011年黑龙江省公路学会科学技术三等奖	唐英

第四章 高速公路建设科技新成果

续上表

序号	项目名称	项目来源	依托工程	研究单位	起止时间	投资（万元）	成果水平	获奖情况	项目负责人
33	黑龙江季冻区路基干湿类型及路床含水率变化规律研究	黑龙江省交通厅	G10绥满高速公路哈尔滨至大庆段，G1011哈同高速公路佳木斯至哈尔滨段、松花江大顶子山航电枢纽接线公路等试验观测段	黑龙江省交通科学研究所	2005—2011年	50	国内先进	—	高伟
34	热熔喷涂型反光标线涂料及其施工机械的研究	黑龙江省交通厅	在哈尔滨至肇兴公路（长青收费站至绥满高速公路（二期）修筑1000m²试验段	黑龙江省交通科学研究所	2006—2008年	22	国内领先	2009年省科技进步三等奖	王力强
35	寒区白色路面常温施工填缝料技术标准的制定	黑龙江省交通厅	哈大公路哈尔滨至肇东200m	黑龙江省交通科学研究所	2006—2008	30	国内领先	2012年黑龙江省公路学会科学技术二等奖	孙巍
36	抗辙路面材料设计与施工工艺控制的研究	黑龙江省交通厅	G111线公路工程500m试验路段	黑龙江省交通科学研究所	2006—2009年	45.3	国际先进	2011年中国公路学会科学技术三等奖	唐英
37	沥青混合料离析检测手段与施工控制的研究	黑龙江省交通厅	G111公路齐齐哈尔至讷河路段应用	黑龙江省高速公路建设局，黑龙江省交通科学研究所	2006—2009年	35	国内领先	—	于立泽
38	高等级公路特殊路段路面增摩阻彩色薄层应用研究	黑龙江省交通厅	G10绥满高速公路哈尔滨至大庆段肇东出口修筑300m试验路；G111绥北高速公路部分应用	黑龙江省交通科学研究所	2006—2009年	26	国内领先	2010年中国公路学会科学技术三等奖	高伟 徐剑锋 刘剑锋

续上表

序号	项目名称	项目来源	依托工程	研究单位	起止时间	投资（万元）	成果水平	获奖情况	项目负责人
39	寒冷地区隧道保温排水的合理结构	黑龙江省交通厅	绥满公路,哈尔滨环城高速公路	黑龙江省公路勘察设计院	2006—2009年	45	国内领先	2011年黑龙江省公路学会科学技术二等奖	聂玉东
40	G111公路特殊路基冰冻稳定性的研究	黑龙江省交通厅	G111公路齐齐哈尔至讷河路段500m试验路	黑龙江省高速公路建设局,黑龙江省交通科学研究所	2006—2009年	42	国内先进	2011年黑龙江省公路学会科学技术三等奖	孙巍
41	软沥青混合料的路用性能及其应用研究	黑龙江省交通厅	大兴安岭加漠公路修筑了试验路,试验路为四级公路,全长700m	黑龙江省交通科学研究所	2004—2007年	34.5	国内领先	2013年黑龙江省科技进步二等奖	张玉富 黄玉杰 高伟 王兴隆
42	高性能轻集料混凝土在桥面铺装工程中的应用	黑龙江省交通厅	前讷公路	黑龙江省公路勘察设计院,哈尔滨工业大学	2007—2009年	40	国内先进	2012年黑龙江省公路学会科学技术二等奖	聂玉东
43	公路路基冻胀置换深度计算方法的研究	黑龙江省交通厅	哈大高速公路,鸡讷高速公路设观测点	黑龙江省交通科学研究所	2007—2010年	40	国际领先	2011年中国公路学会科学技术一等奖	戴惠民 王兴隆 张玉富
44	季冻区水泥路面缩缝传荷体系与结构性损坏关系研究	黑龙江省交通厅	G10绥满高速公路亚布力至尚志段500m试验路	黑龙江省交通科学研究所	2008—2010年	30	国际先进	2013年黑龙江省科技进步三等奖	高伟 贾艳敏 毛泉滨
45	沥青混合料质量变异性的过程控制研究	黑龙江省交通厅	林泉高速公路	东北林业大学	2008—2010年	51	—	—	徐文远

第四章 高速公路建设科技新成果

续上表

序号	项目名称	项目来源	依托工程	研究单位	起止时间	投资（万元）	成果水平	获奖情况	项目负责人
46	应用纳米材料提高SBS改性沥青及其混合料路用性能的研究	黑龙江省交通厅	哈大高速公路	长安大学	2008—2010年	50	—	—	马骉
47	Superpave混合料设计与施工技术在寒冷地区的应用研究	黑龙江省交通厅	哈大高速公路	长安大学	2008—2010年	50	—	—	马骉
48	旧路利用综合处治技术的研究	黑龙江省交通厅	哈尔滨绕城高速公路	黑龙江省高速公路建设局，长安大学，中铁十三局四公司	2008—2011年	120	国内领先	黑龙江省科学技术三等奖	王大庆
49	水泥混凝土路面打裂压稳过程的强度分析	黑龙江省交通厅	哈大高速公路	黑龙江省公路勘察设计院，哈尔滨工业大学	2008—2011年	70	国内先进	—	王林
50	水泥碎砾石混凝土抗折强度与劈裂强度关系的研究	黑龙江省交通运输厅	鹤大高速公路汤原段修筑800m试验路	黑龙江工程学院，佳木斯市公路工程质量监督站	2009—2010年	15	国际领先	—	李金库 宋艳艳 王丽艳
51	玄武岩纤维制品在黑龙江省公路工程中的应用	黑龙江省科学技术厅	大齐高速公路1km试验路段	哈尔滨工业大学，四川航天拓鑫玄武岩实业有限公司	2009—2011年	10	国内领先	—	谭忆秋
52	沥青路面橡胶颗粒除冰雪应用技术研究	黑龙江省交通运输厅	机场公路200m试验段	黑龙江省交通科学研究所，哈尔滨工业大学	2009—2011年	25	国内先进	—	孙巍

续上表

序号	项目名称	项目来源	依托工程	研究单位	起止时间	投资（万元）	成果水平	获奖情况	项目负责人
53	单箱双室截面连续箱梁桥抗剪设计方法研究	黑龙江省交通运输厅	—	黑龙江省公路勘察设计院	2009—2012年	50	国内领先	—	聂玉东
54	寒冷地区速流冰防治技术应用	黑龙江省交通运输厅	绥满高速公路绥芬河至牡丹江段	黑龙江省公路勘察设计院	2009—2012年	40	国内领先	2013年黑龙江省科学技术二等奖	秦岭
55	寒区在用预应力连续梁、连续刚构桥箱梁开裂成因及加固研究	黑龙江省交通运输厅	—	黑龙江省高速公路管理局	2009—2014年	35	国内领先	—	徐庆军
56	高纬度岛状多年冻土区高速公路路基设计与施工技术应用	黑龙江省交通运输厅	前嫩高速公路嫩江至北安段，伊绥高速公路伊春至铁力段	黑龙江省公路勘察设计院，中交第一公路勘察设计研究院有限公司，黑龙江省交通科学研究所，东北林业大学，前嫩公路工程建设指挥部、伊绥公路工程建设指挥部	2009—2013年	120	国内领先部分技术国际先进	2015年黑龙江省科技进步二等奖	辛德仁 贾艳敏 姜利 谢时房 赵振国
57	伊春至绥化生态旅游高速公路设计新理念研究	黑龙江省交通运输厅	伊春至绥化高速公路	黑龙江省公路勘察设计院	2009—2011年	40	国内领先	—	谢雄
58	季冻区柔性基层沥青路面结构组合研究	黑龙江省交通运输厅	伊绥高速公路部分路段	黑龙江省交通科学研究所	2009—2012年	40	国内领先	—	赵满仓

第四章 高速公路建设科技新成果

续上表

序号	项目名称	项目来源	依托工程	研究单位	起止时间	投资（万元）	成果水平	获奖情况	项目负责人
59	高纬度岛状多年冻土区高速公路路基性能与填筑技术	黑龙江省交通运输厅	前嫩高速公路、伊绥高速公路	黑龙江省公路勘察设计院、东北林业大学、黑龙江省前嫩高速公路工程建设指挥部、黑龙江省依绥高速公路建设指挥部、黑龙江省交通科研所、中交第一公路勘察设计研究院有限公司	2010—2011年	120	国际领先	2013年黑龙江省公路学会科学技术一等奖，2014年中国公路学会科学技术一等奖	辛德仁 贾艳敏 姜利 谢时房 赵振国 才洪滨 李中伟 王浩 谢雄
60	季冻区高含水率黏性土路基的长期性能与填筑技术	黑龙江省交通运输厅	绥化至北安高速公路	黑龙江省交通科学研究所、交通运输部公路科学研究所、黑龙江省绥北高速建设指挥部	2010—2011年	30	国内先进	—	张迪
61	聚氨酯复合材料在公路旧桥维修加固工程中的应用研究	黑龙江省交通运输厅	G221国道中兴桥原哈同公路建国至桦川段铃铛麦河桥	黑龙江省公路局	2010—2012年	40	国际先进	2015年黑龙江省科技进步三等奖，2014年中国公路学会科学技术三等奖	于文 刘贵位 张连振 王德军 宋建华
62	鹤大公路面道区土壤-植被系统恢复与景观建设研究	黑龙江省交通运输厅	鹤大高速公路（佳木段）匝道区	黑龙江省鹤大高速公路工程建设指挥部、东北林业大学	2010—2012年	25	国际先进	2013年黑龙江省科技进步二等奖	徐文远 何淼
63	高纬度季冻区沥青路面柔性基层设计与施工关键技术研究	黑龙江省交通运输厅	伊绥高速公路修筑4.9km试验段	伊绥高速公路建设工程指挥部、黑龙江省交通科学研究所、交通运输部公路科学研究所、黑龙江省公路勘察设计院	2010—2012年	35	国内领先	—	董乃宝

续上表

序号	项目名称	项目来源	依托工程	研究单位	起止时间	投资(万元)	成果水平	获奖情况	项目负责人
64	机制砂在沥青路面的应用技术	黑龙江省交通运输厅	前嫩高速公路	黑龙江省公路勘察设计院、哈尔滨工业大学	2010—2012年	40	国内领先	2013年黑龙江省科学技术二等奖	毕万本 王东升
65	黑龙江省沥青混合料推荐技术标准	黑龙江省交通运输厅	鹤哈高速公路伊春至绥化段	黑龙江省公路勘察设计院、哈尔滨工业大学、黑龙江省交通科学研究所、黑龙江省绥化高速公路建设指挥部	2010—2012年	78	国内领先	—	王刚 郝晓冬 杨福棋
66	寒温区大跨径连续箱梁温度场分布及温度裂缝控制措施的研究	黑龙江省交通运输厅	前嫩高速公路	黑龙江省公路勘察设计院	2010—2012年	45	国内领先	2013年黑龙江省科学技术二等奖	聂玉东
67	季冻区湿地软土路基修筑技术	黑龙江省交通运输厅	建三江至虎林高速公路	黑龙江省公路勘察设计院、哈尔滨工业大学	2010—2012年	40	国内领先	2014年黑龙江省科学技术二等奖	张松涛 王彩霞
68	粉砂土路基边坡生态防护技术研究	黑龙江省交通运输厅	齐泰高速公路嫩泰段K28+600~K28+1300	齐泰高速公路工程建设指挥部、东北林业大学	2010—2012年	30	国内领先	2013年黑龙江省科技进步二等奖	杨旭东 徐文远 穆立蔷
69	寒冷地区长寿命沥青路面典型结构研究	黑龙江省交通运输厅	绥牡高速公路修筑1km试验段	哈尔滨高速公路建设指挥部、交通运输部公路科学研究院	2010—2012年	45	国内领先	—	谭忆秋 董含三 王旭东
70	大温差地区气候条件下重载沥青路面结构及材料科技研究	黑龙江省交通运输厅	依兰至七台河高速公路七台河收费站筑500m试验段	哈尔滨工业大学、依七高速公路建设指挥部、黑龙江省高速公路建设局	2010—2012年	45	国内领先	—	李树泉 王大庆 董泽蛟

续上表

序号	项目名称	项目来源	依托工程	研究单位	起止时间	投资（万元）	成果水平	获奖情况	项目负责人
71	季冻区高等级公路沥青面层高、低温综合稳定关键技术	黑龙江省交通运输厅	伊绥高速公路修筑2000m试验段	黑龙江省交通科学研究所、黑龙江省高速公路工程建设指挥部、交通运输部公路科学研究所	2010—2012年	30	国内先进	—	邢洪涛 于立泽
72	鹤大公路重载长大上坡路段沥青路面抗车辙技术研究	黑龙江省公路学会	鹤大高速公路工程修筑6.035km	鹤大公路建设指挥部、黑龙江省公路学会、哈尔滨工业大学	2010—2012年	45	国内先进	—	张喜军 姜作志 杨福祺
73	寒区沥青混凝土路面铺装技术	黑龙江省交通运输厅	同江至集贤高速公路 A 七标段面试验应用	同集高速公路工程建设指挥部、黑龙江省交通科学研究所	2010—2012年	45	国内先进	2013年黑龙江省公路学会科学技术三等奖	黄哲
74	玄武岩纤维筋在水泥混凝土路面中的应用研究	黑龙江省交通运输厅	鹤大高速公路宁复段	大连海事大学、黑龙江省高速公路建设局	2010—2012年	43	—	—	张树和 周纯秀 侯继文
75	基于气候与结构响应特性的混凝土桥面铺装技术研究	黑龙江省交通运输厅	鹤大高速公路宁复段	哈尔滨工业大学、龙建六处	2010—2012年	49	—	—	张树和 纪伦 金毅
76	寒区大粒径沥青路面基层混合料组成设计与路用性能的研究	黑龙江省交通运输厅	哈尔滨至绥芬河高速公路修筑20km的试验段	黑龙江省交通科学研究所、黑龙江省公路勘察设计院、绥牡高速公路工程建设指挥部	2010—2013年	80	国内领先	—	唐英

续上表

序号	项目名称	项目来源	依托工程	研究单位	起止时间	投资（万元）	成果水平	获奖情况	项目负责人
77	寒区大粒径沥青碎石混合料基层应用研究	黑龙江省交通运输厅	哈尔滨至绥芬河高速公路修筑20km的试验段	黑龙江省交通科学研究所，黑龙江省公路勘察设计院，黑龙江高速公路工程建设指挥部，哈尔滨工业大学	2010—2013年	80	国内领先	2014年黑龙江省公路学会科学技术二等奖	唐英董含三
78	预制混凝土梁反拱度设置理论和控制技术的研究	黑龙江省交通运输厅	伊绥高速公路	黑龙江省公路勘察设计院	2010—2013年	60	国内领先	2014年黑龙江省科学技术二等奖	信岩
79	寒区大跨径连续箱梁温度场分布及温度裂缝控制措施的研究	黑龙江省交通运输厅	富绥松花江大桥及引道工程松花江大桥，绥满高速齐齐哈尔至甘南（黑蒙界）段嫩江大桥	黑龙江省公路勘察设计院，黑龙江高速公路工程建设指挥部，黑龙江省前嫩公路工程建设指挥部	2010—2012年	45	国内领先	2016年黑龙江省科技进步二等奖	聂玉东
80	路基连续压实动态控制与检验应用技术研究	黑龙江省交通运输厅	黑龙江省前嫩高速公路，黑龙江省绥北高速公路	黑龙江省公路勘察设计院，哈尔滨工业大学	2010—2012年	40	国内领先	—	秦培新
81	黑龙江省高等级公路路基边坡稳定与防护技术指南研究	黑龙江省交通运输厅	同三公路佳哈段部分路段，绥满高速部分路段	黑龙江省交通科学研究所	2010—2014年	30	国内领先	—	高伟
82	预应力混凝土组合小箱梁的整体结构性能研究	黑龙江省交通运输厅	哈尔滨阳明滩大桥	黑龙江省公路勘察设计院	2011—2012年	27	国内领先	—	聂玉东

第四章
高速公路建设科技新成果

续上表

序号	项目名称	项目来源	依托工程	研究单位	起止时间	投资（万元）	成果水平	获奖情况	项目负责人
83	黑瞎子岛乌苏大桥索梁锚固静力、疲劳性能研究	黑龙江省交通运输厅	乌苏大桥	黑龙江省公路勘察设计院,成都西南交大科技园管理有限责任公司,哈尔滨工业大学	2011—2012年	131	—	—	张大力 李小珍 信岩
84	黑瞎子岛乌苏大桥大挑臂钢箱结合梁力学性能试验研究	黑龙江省交通运输厅	乌苏大桥	公路勘察设计院,成都西南交大科技园管理有限责任公司,哈尔滨工业大学	2011—2012年	110	—	—	张大力 李小珍 信岩
85	沥青混合料在施工过程中均匀性控制的研究	黑龙江省交通运输厅	龙嫩公路工程指挥部B8标段应用	黑龙江省交通科学研究所,前嫩公路工程建设指挥部,哈尔滨华通道桥技术开发有限责任公司	2011—2013年	40	国内领先	—	于立泽
86	寒区高等级公路纤维水泥稳定碎石基层的研究	黑龙江省交通运输厅	绥满高速公路部分路段	黑龙江省高速公路建设局,绥满高速哈尔滨段大修工程建设指挥部,哈尔滨亿维通科技发展有限公司	2012—2013年	47	国内领先	—	李鹏飞 王军
87	寒区水泥混凝土路面专用标线涂料及界面结合剂的研究	黑龙江省交通运输厅	龙嫩公路A11标2000m试验路段	黑龙江省交通科学研究所	2011—2014年	35	国内领先	—	杨洪生
88	玄武岩纤维在寒区沥青混凝土路面中的应用技术研究	黑龙江省交通运输厅	查哈阳至扎赉旗公路查哈阳至甘界甘南段工程	黑龙江省交通科学研究所	2011—2014年	35	国内先进	—	任少辉

续上表

序号	项目名称	项目来源	依托工程	研究单位	起止时间	投资（万元）	成果水平	获奖情况	项目负责人
89	一级公路高速化后线形适应性评价及改善措施研究	黑龙江省交通运输厅	鹤大高速公路宁安至复兴（黑吉界）段	鹤大高速公路宁复公路工程建设指挥部，哈尔滨工业大学	2011—2012年	30	国内领先	—	张树和 孟祥海
90	PG等级技术在寒区沥青混合料中的应用研究	黑龙江省交通运输厅	高速公路部分路段	黑龙江省交通科学研究所，东北林业大学	2011—2015年	23	国内先进	—	刘轶平
91	高速公路施工建设中的交通控制与安全保障技术研究	黑龙江省交通运输厅	绥满高速公路部分路段	黑龙江省高速公路建设局，绥满高速公路牡丹江至哈尔滨段大修工程建设指挥部，交通运输部公路科学研究所	2012—2014年	76	国内领先	2014年中国公路学会科学技术三等奖	张宿峰 宿健
92	严寒地区浅埋高含水率黏土公路隧道支护结构试验研究	黑龙江省交通运输厅	黑大公路平房至拉林段扩建工程建设指挥部A1标、A3标各1km试验路铺筑	东北林业大学，黑龙江省公路勘察设计院	2012—2014年	45	国内先进	—	徐永丽 杨大勇 雷明臣
93	寒区高等级公路沥青稳定碎石柔性基层路面结构的研究	黑龙江省交通运输厅	平林高速公路	东北林业大学，黑龙江省公路勘察设计院	2012—2014年	45	—	—	徐永丽 杨大勇 雷明臣
94	低温环境运梁桥梁无线智能监测系统研究	黑龙江省交通运输厅	牡哈公路大修	黑龙江省高速公路建设局，交通运输部公路科学研究院	2012—2014年	76	—	—	宿健

第四章 高速公路建设科技新成果

续上表

序号	项目名称	项目来源	依托工程	研究单位	起止时间	投资（万元）	成果水平	获奖情况	项目负责人
95	高等级公路沥青路面车辙成因分析及维修养护成套技术研究	黑龙江省交通运输厅	鹤大高速公路、呼绥高速公路、哈同高速公路部分路段	黑龙江省交通科学研究所	2012—2015年	32	国内领先	—	于立群
96	橡胶沥青混凝土在季冻区路面养护中的应用研究	黑龙江省交通运输厅	伊绥高速公路部分路段	黑龙江省交通科学研究所、东北林业大学	2012—2015年	28	国内先进	—	于立泽
97	高速公路联网收费路径识别技术研究	黑龙江省交通运输厅	依托于黑龙江省高速公路联网收费系统	黑龙江省交通科学研究所、中咨泰克交通工程有限公司	2012—2015年	30	国内先进	—	孙立明
98	沥青路面就地热再生技术在我省的应用研究	黑龙江省交通运输厅	鹤大公路迎宾门至南风井段大修工程项目办	黑龙江省高速公路建设局、黑龙江省公路勘察设计院、东北林业大学	2013—2014年	49.5	—	—	尚云龙 黄云涌 杨云生
99	高等级公路沥青路面抗重载车辙损坏研究	黑龙江省交通运输厅	鹤大高速公路、呼绥高速公路、哈同高速公路部分路段	黑龙江省交通科学研究所	2014—2015年	26	国内先进	—	杨洪生

黑龙江省公路交通主要专利成果

附表 4B

序号	专利名称	专利号	专利第一发明人	授权单位	授权时间
1	经济防盗型交通标志板	ZL.201310058027.1	杨洪生	黑龙江省交通科学研究所	2015
2	水基道路标线反光涂料及其制备方法	ZL.02132651.7	王力强	黑龙江省交通科学研究所	2004
3	一种轮碾式基层材料冲刷试验装置	ZL.201320052486.4	高伟	黑龙江省交通科学研究所	2013
4	桥梁伸缩缝装置	ZL.201220691295.8	王雪梅	黑龙江省交通科学研究所	2013
5	热熔标线用界面结合剂及其生产工艺	201410286771.1	杨洪生	黑龙江省交通科学研究所	2016
6	SX-1型水泥混凝土表面修复材料及修复方法	201410641343.6	王旭	黑龙江省交通科学研究所	2015
7	一种遥控型汽车机油预热装置	201420402265.X	王雪梅	黑龙江省交通科学研究所	2014
8	桥梁伸缩缝安装施工工艺	20120541823.6	王雪梅	黑龙江省交通科学研究所	2013
9	一种道路养护用沥青桶	201521082960.3	高伟	黑龙江省交通科学研究所	2016
10	一种路面施工用安全警示装置	201521047466.3	曾明鸣	黑龙江省交通科学研究所	2016
11	一种路面施工用滚压装置	201521024535.9	曾明鸣	黑龙江省交通科学研究所	2016
12	一种汽车底盘保护加强板	201520920768.0	朱威	黑龙江省交通科学研究所	2016
13	一种汽车吸能装置	201520921061.1	朱威	黑龙江省交通科学研究所	2016
14	沥青混合料低温冻断试验装置	ZL.200810137366.8	谭忆秋	哈尔滨工业大学	2011
15	一种沥青混合料质量的控制方法	ZL.201310469551.8	纪伦	哈尔滨工业大学	2013
16	开放式沥青混合料水和温度耦合试验装置及方法	ZL.201110096996.7	谭忆秋	哈尔滨工业大学	2014
17	测定稳定土中结合料剂量的方法	ZL.200910072097.6	纪伦	哈尔滨工业大学	2012
18	车辙检测仪器及其检测方法	ZL.200810064863.X	王华	哈尔滨工业大学	2011
19	道路灌缝材料低温性能测定仪	ZL.200910072201.1	曹丽萍	哈尔滨工业大学	2011
20	公路路面状况自动采集设备及采集方法	ZL.200810209872.3	王华	哈尔滨工业大学	2010
21	沥青路面纵向裂缝灌缝深度灌缝施工方法	ZL.200910310485.3	曹丽萍	哈尔滨工业大学	2011
22	沥青混合料室内小尺寸加载试验方法	ZL.200910072292.9	董泽蛟	哈尔滨工业大学	2011
23	室内小尺寸环形沥青路面结构车辙试验装置	ZL.200910308474.4	董泽蛟	哈尔滨工业大学	2011

第四章
高速公路建设科技新成果

续上表

序号	专利名称	专利号	专利第一发明人	授权单位	授权时间
24	沥青路面冻融损坏现场快速无损检测设备	ZL 200910305079.8	谭忆秋	哈尔滨工业大学	2010
25	一种沥青路面抗凝冰损伤防护材料及其制备方法	ZL 201210215453.7	单丽岩	哈尔滨工业大学	2013
26	一种测量冰与沥青路面黏结力试验设备及方法	ZL 201010563360.4	谭忆秋	哈尔滨工业大学	2011
27	橡胶颗粒沥青混凝土路面的施工方法	ZL 200710144448.0	谭忆秋	哈尔滨工业大学	2009
28	贯入式路面浅层强度探测仪	ZL 201110234705.6	赵茂才	哈尔滨工业大学	2012
29	沥青路面松散程度现场评价装置	ZL 200810137289.6	谭忆秋	哈尔滨工业大学	2012
30	用于测试新材料降解尾气性能的试验装置	ZL 200710144672.X	谭忆秋	哈尔滨工业大学	2011
31	沥青紫外老化程度的检测方法	ZL 200910072307.1	谭忆秋	哈尔滨工业大学	2011
32	一种压电陶瓷-沥青路面复合压电材料及其制备方法	ZL 201210583562.4	董泽蛟	哈尔滨工业大学	2014
33	小型足尺沥青路面加速加载试验装置	ZL 201210110803.3	董泽蛟	哈尔滨工业大学	2013
34	测量实际路面温度的光纤光栅传感器的标定方法	ZL 201310184262.3	董泽蛟	哈尔滨工业大学	2014
35	基于光纤光栅传感技术的车辆荷载作用位置识别方法	ZL 200910307854.3	谭忆秋	哈尔滨工业大学	2010
36	土工材料体积变化层变化测试方法	ZL 201410264737.4	许动	哈尔滨工业大学	2016
37	一种适用于路基深层取样测密度的装置及方法	ZL201510016916.0	侯相深	哈尔滨工业大学	2016
38	一种高速公路设计方案安全性评价方法	ZL201410503501.1	侯相深	哈尔滨工业大学	2016
39	一种确定CRTS-I型CA砂浆沥青膜厚度的试验方法	ZL201410152982.6	李云良	哈尔滨工业大学	2016
40	一种基于多种传感器信息的车辆检测装置	ZL201410173173.3	刘昕	哈尔滨工业大学	2016
41	基于VANET的高速公路行车信息查询系统及查询方法	ZL 201410897534	崔建勋	中华人民共和国国家知识产权局	2016
42	一种评价加压条件下沥青胶浆水蒸气渗透实验装置	ZL 201410060014	董泽蛟	哈尔滨工业大学	2016
43	基于压电材料的便携式动态车辆超载检测器及超载检测方法	ZL 201410863253	王健	哈尔滨工业大学交通学院	2016
44	一种桥梁冰撞击试验装置	ZL 201410981298	张连振	哈尔滨工业大学	2015
45	一种沥青混合料的集料比表面积的测试方法	ZL201310459575.5	纪伦	哈尔滨工业大学	2016
46	一种道路工程黏结层胶结材料撒布量的确定方法	ZL201310459574.0	纪伦	哈尔滨工业大学	2016

续上表

序号	专利名称	专利号	专利第一发明人	授权单位	授权时间
47	一种基于加速度传感器和光敏元件的车辆检测装置	ZL201410173171.4	王华	黑龙江省交通科学研究所	2016
48	一种基于多个震动检测传感器的车辆检测装置	ZL201410173172.9	王华	黑龙江省交通科学研究所	2016
49	寒区路基土固化剂	ZL.200710144471.X	苏群	黑龙江工程学院	2010
50	公路路线CAD辅助设计系统	ZL.200810137195.9	赵永平	黑龙江工程学院	2011
51	交通可视化动态发布系统2.0	2011SR071155（软件著作）	王延亮	黑龙江工程学院	2011
52	多轴联动仿形镂铣机	ZL200520020174.0	齐晓杰	黑龙江工程学院	2006
53	组合式振动柔性除雪机	ZL200620021243.4	齐晓杰	黑龙江工程学院	2007
54	齿轮泵式高黏度液体搅拌器	ZL201020548339.2	孙凌	黑龙江工程学院	2011
55	电动车载交通信息采集升降台	ZL201120057889.9	王强	黑龙江工程学院	2011
56	一种桥梁振动检测装置	ZL201120169127.8	徐建成	黑龙江工程学院	2012
57	用于野外施工作业的反光锥	ZL201220302341.0	徐建成	黑龙江工程学院	2012
58	砂浆搅拌机	ZL201220006103.5	盛可鉴	黑龙江工程学院	2012
59	沥青混凝土试验块压力测试仪	ZL201220006117.7	盛可鉴	黑龙江工程学院	2012
60	应用于沥青融合实验的烘箱	ZL201220032059.2	王国峰	黑龙江工程学院	2013
61	一种SBS改性剂磨碎装置	ZL201220413512.7	于文勇	黑龙江工程学院	2013
62	易排水的路基排水槽	ZL201220556840.2	王慧颖	黑龙江工程学院	2013
63	安全防滑防撞路基	ZL201220556842.1	吴辰龙	黑龙江工程学院	2013
64	路基沉降检测系统	ZL201220566514.1	郭雷	黑龙江工程学院	2013
65	高速公路监控系统	ZL201220726599.3	于继承	黑龙江工程学院	2013
66	基于GSM通信的远程防盗报警装置	ZL201220722813.8	李艳苹	黑龙江工程学院	2013
67	胶砂搅拌机	ZL201220744012.1	李全艳	黑龙江工程学院	2013
68	组合式中空注浆锚杆	ZL201320033373.9	王颖	黑龙江工程学院	2013
69	路面施工中使用的养生洒水车	ZL201320129669.1	刘海苹	黑龙江工程学院	2013
70	道路沥青混合料搅拌装置	ZL201320129662.X	刘海苹	黑龙江工程学院	2013

第四章 高速公路建设科技新成果

续上表

序号	专利名称	专利号	专利第一发明人	授权单位	授权时间
71	碾压机带轮式动力传输机构	ZL201320129649.4	杨杨	黑龙江工程学院	2013
72	道路施工专用洒水碾压车	ZL201320129666.8	杨杨	黑龙江工程学院	2013
73	高防锈性能的边坡防护网	ZL201320038383.2	王颖	黑龙江工程学院	2013
74	桥梁预应力锚具	ZL201320244686.X	姜华	黑龙江工程学院	2013
75	道桥维修用电动钻孔机	ZL201320244574.4	王世杰	黑龙江工程学院	2013
76	混凝土温度测控装置	ZL201320346678.6	刘海霞	黑龙江工程学院	2013
77	沥青道路施工的热碾压装置	ZL201320409306.3	王剑英	黑龙江工程学院	2013
78	沥青混合料搅拌机的搅拌装置	ZL201320409307.8	王剑英	黑龙江工程学院	2013
79	一种滚筒式避障破冰装置	ZL201320608475.X	段成燕	黑龙江工程学院	2014
80	一种敲击式避障破冰装置	ZL201320608542.8	段成燕	黑龙江工程学院	2014
81	一种螺旋式滚筒扫雪装置	ZL201320613134.1	段成燕	黑龙江工程学院	2014
82	道路工程测量仪器检校装置	ZL201320815729.5	董胜利	黑龙江工程学院	2014
83	简易木桩打人护套	ZL201320823257.8	董胜利	黑龙江工程学院	2014
84	一种新型桥梁伸缩缝结构	ZL201420001641.4	邢妓秀	黑龙江工程学院	2014
85	一种带有旋转探头的土样采集装置	ZL201420001644.8	李德海	黑龙江工程学院	2014
86	玄武岩纤维筋与钢筋连接的装置	ZL201420029803.5	王丽荣	黑龙江工程学院	2014
87	道路微波微波除冰机用微波抑制器及包含该抑制器的除冰机	ZL201420342800.7	孙凌	黑龙江工程学院	2014
88	岩土承载力测试装置	ZL201420454201.4	杨晓丰	黑龙江工程学院	2014
89	防渗墙样品渗透性检测夹持器械	ZL201420454205.2	宫旭黎	黑龙江工程学院	2014
90	预应力锚具	ZL201220210878.4	孙全胜	黑龙江工程学院	2011
91	基于应变测量的复合材料轴重称荷载识别方法	ZL200910072637			2009
92	高速公路超限预检系统	ZL200910072659			2009
93	隧道钢拱架脚锁锚杆网喷组合结构	ZL200820028260.X			2008
94	隧道通风孔冲击钻	ZL200820089612.2			2008

第五章
高速公路运营管理

第一节　黑龙江省高速公路运营管理体制沿革

多年来,黑龙江省高速公路行业,始终把为经济建设、为公众出行提供高品质服务作为己任、作为最大的理想和追求,付出了不懈的努力。从管养规模的扩大到服务功能的增强,从组织构架的完善、队伍素质的提高、业务管理的规范,到通行环境、精神面貌、服务水平的提档升级,在高效收费、科学养护、文明执法、经营交通、优质服务等各领域实现了一个又一个历史性的突破,正在构筑着继全省公路"三年决战"之后,推动管理和服务实现跨越发展的又一座丰碑。

经过龙江交通人的不懈努力,黑龙江省高速公路运营管理工作各个方面都实现了长足发展,现代化的高速公路网络逐步成为黑龙江经济社会发展的重要支撑和保障。依托高速公路的高效运营和优质服务,全省各地市大项目开发建设取得长足进步,经济区、旅游区蓬勃发展,两小时经济圈、一小时经济圈不断重新划定,范围在扩展、距离在延伸、时间却在缩短,路畅人和为经济社会发展抢占了先机,为人民实现梦想铺就了通途。

一、黑龙江省高速公路管理的体制沿革

(一)高等级公路形成初期(1986年)

1986年10月5日,哈尔滨松花江公路大桥通车收费,全省收费公路经营管理由此开始。此桥设两个收费站,收费及管理人员116人。

(二)黑龙江省高等级公路管理局管理时期(1991—2000年)

1991年9月2日,经省编委黑编〔1991〕188号文件批准,黑龙江省高等级公路管理局正式成立,为省交通厅直属机构,按处级事业单位管理,负责管理哈大公路管理处、哈大公路收费处和哈阿汽车专用公路管理处,内设14个科室,即办公室、计财科、劳资科、养护管理科、收费科、工程科、审计科、通讯信息室、政治部、组织科、宣教科、工会、公安处,纪检委和监察合署办公,对外挂两块牌子。黑龙江省高等级公路管理局成立后,担负起对规划建

设的、已经建成的、正在建设的高等级公路,独立的特大型桥梁实行建设、管理、养护、收费的任务,实行高度集中、统一管理的体制,保证了高等级公路快速、安全、畅通。

1991年12月9日,根据省交通厅第四十八次厅长办公会议精神,哈阿汽车专用公路管理处、哈阿汽车专用公路交通征费所由省高等级公路管理局管理,京哈公路黑龙江段交通征费稽查所业务和机构归省高等级公路管理局、公路养护仍归松花江行署交通局管理,业务由省公路局管理。哈尔滨松花江大桥管理处、佳木斯松花江大桥管理处收费及各项管理划归省高等级公路管理局统一管理,其行政隶属关系暂不变动。

1992年1月4日,根据省编委黑编〔1991〕88号文件,哈大公路管理处组建完成,内设办公室、计财科、养护科、征稽科、政工科、服务经营科6个科室,设纪检委。下属安达、肇东、大耿家3个管理所,分别管理下属卧里屯、安达、承平、肇东、大耿家收费站、派出所。

1992年2月14日,根据省编委黑编〔1991〕188号文件,哈阿汽车专用公路管理处划归省高等级公路管理局管辖,内设办公室、养护科、计财科、征稽科、政工科5个科室。下属单位:哈阿路收费所、京哈路收费所。

1994年12月25日,根据省交通厅、省财政厅、省物价局联合文件要求,对绥满公路绥芬河至绥阳段、虎峰至横道河子段收取车辆通行费,并设置绥芬河所、横道河子所,隶属黑龙江省高等级公路管理局。

1995年9月25日,根据黑编〔1995〕120号文件,同意成立哈绥公路牡丹江管理处,隶属于省高等级公路管理局领导,按副处级事业单位管理,核定事业编制370名,副处级职称数为2职。

1997年3月,省交通厅、省财政厅、省物价局和省委、省政府治理公路"三乱"办公室制定了《黑龙江省贷款及有偿集资修建的高等级公路桥梁养护和车辆通行费征收管理办法》。内容包括:总则,机构、人员、编制、主要职责,车辆通行费的使用管理,票证管理与处罚,附则,共5章25条。其中第三章《车辆通行费的使用与管理》规定:省管征收部门征收的车辆通行费全额上缴省交通厅。征收单位的养护、管理、经费支出由省交通厅按省财政厅、省交通厅联合制定的预算拨付,剩余部分由省交通厅偿还贷款。市(地)管征收部门征收的车辆通行费全额上缴市(地)交通局,市(地)交通局按省在全部投资中比例足额上缴交通厅。剩余部分由市(地)交通局按批准计划和预算拨付养管单位养护、管理、经费支出及征收部门超收分成等支出。再剩余部分用于偿还地方集资、贷款。同年5月,省交通厅召开了全省车辆通行费征收管理工作会议,明确了网化公路车辆通行费征收实行省、地两级管理,省由省公路局管理,市(地)由交通局委托公路处负责,下设的公路收费管理所,隶属于市(地)公路处领导。

1999年7月11日,省人大重新修订的《黑龙江省公路条例》开始实施。新增添的第六章收费公路部分规定:符合国家规定的公路,经省人民政府批准,可以设置车辆通行费收费站;公路收费站应公开审批部门、主管部门、收费年限、收费标准、收费单位和监督电话;收费公路使用的车辆通行费票据,由省财政部门统一印制,省交通主管部门统一领取和管理,收费站不适用统一票据的,车主可拒交和举报。至此,收费公路经营管理法规渐趋完善。在全省收费公路中施行,发挥了较好的作用。

2000年,黑龙江省高等级公路管理局撤销,编制并入黑龙江省公路局,2001年9月成立哈绥高速公路管理处,管理原黑龙江省高等级公路管理局所管养的路段。哈绥高速公路管理处隶属于黑龙江省交通厅。

(三)省交通厅直管各管理处时期(2000—2006年)

黑龙江省收费公路收费按投资渠道不同分为三类:省交通厅投资部分,车辆通行费由省交通厅直属高等级公路管理处征收;省地合建部分,通行费由地方交通部门征收;企业投资建设部分,通行费由建设单位征收。同时对政府还贷公路(前二类)和经营性公路(第三类)实行分类管理。

2000年年底,全省收费路桥总里程为3683.89km,收费站131个,收费及管理人员5578人。其中,省交通厅直管收费公路里程1410.04km,收费站44个,收费及管理人员1980人。征收计划由省交通厅下达,征费额全额上缴,人员及管理经费由省交通厅拨付。其余为省地合管,地方公路通行费由市(地)交通部门管理,省公路局实行行业管理。省公路局设车辆通行费征稽处,市(地)设公路收费管理机构,县(市)设公路收费管理站(所)。通行费管理为收支两条线,实行市地级统收统支。

2001年12月,省政府发布《关于加强公路车辆通行费征收管理工作的通告》。通告包括严格控制公路车辆通行费免征范围、整顿公路车辆通行费征收秩序、严格公路车辆通行费的征收管理等项内容。当年,全省撤销11个、迁移3个设站间距不符合国家规定的收费站。

2003年5月,省财政厅、省物价局、省交通厅制定了《黑龙江省公路桥梁收费站(点)审批管理暂行办法》。共7条。规定了公路收费站(点)审批管理权限、程序;已批准的收费站(点)必须实行集中公示制度,收费人员实行持证上岗和加强对收费站(点)的监督管理等。

2004年10月1日,黑龙江省首批10万张高速公路联网收费IC卡交付使用。以哈尔滨为中心,以绕城高速公路为枢纽,连接绥满公路哈尔滨至大庆、哈伊公路呼兰至绥化、绥满公路哈尔滨至尚志、同三公路哈尔滨至拉林河省界五段共476.881km高速公路开始同步实行联网收费。收费方式由人工收费改为入口发卡、出口验卡,计算机管理,闭路电视监控的半自动化收费方式。同时撤销了中间东风、柳树林等8个收费站,行驶车辆只需上路领卡、下路交费,实行了高速公路无障碍通行,提高了车辆通行能力,降低了运营成本。

这5条高速公路联网收费工作由省交通信息通信中心统一管理,集中结算。

2004年11月1日,国务院颁布的《收费公路管理条例》开始实施。内容含总则、收费公路建设和收费站的设置、收费公路权益的转让、收费公路的经营管理、法律责任和附则,共6章60条。条例的指导思想是:公路发展坚持非收费公路为主,适当发展收费公路。明确限定了收费公路的技术等级和规模、收费站的设置、收费标准、收费权限、权益的转让、车辆通行费的征收范围和使用管理等。其中,第四章收费公路经营管理规定:收费公路建成后须经验收合格,方可收取车辆通行费,不得边建设边收费;收费公路经营管理者要对公路进行检查和维护,保证公路处于良好的技术状态,为通行车辆及人员提供优质服务;设置公告牌,公布收费的有关事项,接受社会监督;收费站工作人员的配备须与道口数量、车流量相适应,不得随意增加人员;设置保证行车安全的设施;向使用者出具合法票据;收费期限届满或届满前已还清贷款和集资款的,必须终止收费,并由政府进行公布等。当年,全省国省干线公路和经济繁忙路段收费站170个匝道实行了24小时全天开通,允许运送鲜活农产品的货车优先通过。同时在439处易发、多发事故路段,设立了487块规范的警告标志牌。条例的实施,进一步规范了黑龙江省收费公路经营管理行为,改善了公路服务状况。

截至2005年年底,全省收费公路总里程6674.33km。按经营性质分,偿还贷款里程6351.04km,其中:省交通厅直管2818.53km,省地合管3532.51km;经营性里程323.29km。按技术等级分,高速公路721.73km,一级公路678.17km,二级公路5131.01km,三级公路93.30km,收费桥梁路段50.13km。全省有收费站225个,收费人员10322人,其中省交通厅直管收费站90个,收费人员4595人;省地合管收费站113个,收费人员4870人;经营性收费站22个,收费人员857人。

(四)黑龙江省收费公路管理局管理时期(2006—2013年)

根据黑编〔2006〕23号文件批准,黑龙江省收费公路管理局(以下简称收费局)正式挂牌成立,全省收费公路实行统一管理,结束了一路一处的管理格局,走上了整合力量规范管理的道路,为全面提升快速发展奠定了基础。历任领导班子致力于体制机制的理顺,管理水平的提升,业务建设的进步,取得了良好成效,为全省交通发展作出了重要贡献。

2011年末,"三年决战"全面胜利,高速公路建设成果陆续交工通车,全局高速公路管养里程从1000km增加到4000km,收费站从91个增加到149个,队伍规模从7000多人增加到13000人。在管理任务大幅增加的同时,人们的期望、社会的需求也在普遍提高。省收费局领导班子深刻认识到高速公路在交通运输行业中特殊重要的地位和作用,管理部门作为交通系统对外服务的形象代表,肩负着重要的职责和艰巨的使命。如何有效地管理好高速公路,充分发挥高速公路服务社会的职能,创造更好的社会和经济效益,创造美好的社会生活和经济环境,成为发展进程中的重要课题。

2012年,是黑龙江交通事业"转段转型"发展的起步之年,也是高速公路行业全面规范提高的关键一年。省收费局领导班子审时度势、精心谋划,以"制度管理年"为载体,从完善体制制度、强化落实执行入手,着力提升服务加强管理,带领全系统广大职工弘扬交通精神,打造服务品牌,构建服务文化,凝聚发展合力,扎实推进各项目标任务有效落实,全面推进各项事业实现跨越式发展,全系统发生了深刻的变化,行业管理规范有序,职工面貌焕然一新,全系统呈现勃勃生机。全战线干部职工创新管理、并肩作战,连续开展打逃治超专项行动,内外兼修、标本兼治,收费秩序持续好转,在规范收费管理上实现了新的突破。贯彻实施科技战略,完善养护工区和应急救援体系,养护质量实现了历史性突破。加强路政执法,打造业务尖兵,依法治路的能力实现了突破。建立了现代化经营管理模式,经营工作取得突破进展。统一行业服务标准,打造"文明示范窗口",评选"十佳品牌收费站",文明创建工作成果丰硕。龙江高速服务、温暖千家万户的形象理念深入人心,群众性文化活动蓬勃开展,行业文化体系得到完善。

(五)黑龙江省高速公路管理局管理时期(2013年至今)

2013年4月2日,根据黑龙江省机构编制委员会《关于调整收费公路管理机构编制事项的通知》(黑编〔2013〕13号)文件精神,黑龙江省收费公路管理局正式更名为黑龙江省高速公路管理局(以下简称高管局)。随着省编委对省高管局机构和名称的正式批复,区域化管理改革全面完成,全系统名称机构、队伍编制、管理制度、规范体系高度完善。面对新的起点、新的征程,省高管局将按照全面提升管理的一系列新战略、新部署、新要求,继续坚持解放思想、大胆创新,脚踏实地、锐意进取,统筹摆布、渐次推进,突出重点、破解难点,以"管理争第一、服务创一流"为总目标,以建设"服务至上"的核心价值体系为落脚点,以"行业品牌文化建设年"为载体,突出理念统一思想行动、文化引领行业发展的思路,用现代化的高速公路管理、打造现代化的高速公路服务,加快推进龙江高速公路向着全国一流的管理目标健步前行。

二、黑龙江省高速公路管理局各直属单位体制沿革

(一)哈尔滨高速公路管理处

1. 单位名称及机构沿革

1997年6月22日,经省机构编制委员会批准,成立了黑龙江哈双高速公路建设工程处,对外挂哈双高速公路建设工程公司牌子,隶属省高等级公路管理局领导,核定事业编制30名,经费从工程管理费中列支,按财政批复预算执行。黑龙江哈双高速公路建设工

程处主要承担京哈高速公路及哈尔滨绕城高速公路的建设任务。

2003年4月15日,经省编委批准,黑龙江哈双高速公路建设工程处更名为黑龙江省哈双高速公路管理处,隶属黑龙江省交通厅领导,按处级事业单位管理,原核定的30名事业编制不变,其中管理人员8名,专业技术人员20名,工勤人员2人,经费由车辆通行费中列支,核定处级领导职数3职(1正2副)。管理处的职责任务是:负责哈双高速公路的管理、收费、养护及相关社会服务。

2013年2月28日,经省编委批准,黑龙江省哈双高速公路管理处更名为黑龙江省哈尔滨高速公路管理处,隶属省高速公路管理局领导。管理职责任务与更名前相同。目前,管理处处机关设15个职能科室,下设12个收费站、1个隧道管理站和3个养护工区,全处职工1274人,大专及以上学历660人,是一支能打硬仗的高素质团队。

2. 管理职能情况

哈尔滨高速公路管理处自运营以来,在厅党组、局党委的正确领导下,坚持以科学发展观统领工作全局,认真贯彻落实党的各项方针、政策及上级主管部门的工作部署,不断建立健全规章制度,创新管理机制,实现了管理体制由粗放型向标准化、规范化、集约化、人本化的转变过程。

(1)强化内部管理,严格工作机制。一是通过对厅、局下达的各项工作指标,按职责分工,层层分解,责任到人,形成了规范完善的责任目标管理体系。二是严格机制。严格财务管理机制,认真执行国家有关财务法规,合理控制经费支出;严格教育培训机制,定期开展收费技能培训、路政执法培训、机电人员知识更新培训、党支部书记培训等,职工的综合素质、职业技能明显提高。三是强化监督。采取有效措施强化对各项工作执行情况的监督检查,公开监督举报电话,加大监督检查力度。

(2)规范管理,通行费征收不断取得新突破。通行费征收由2002年的1.29亿元增至2015年的7.7亿元,15年累计征收57亿元。尤其是2011年以来,管理处163km的管养里程虽只占全省联网收费公路4300km的4%,通行费征收却占到全局的20%左右,收费额连续多年在全局系统名列第一。

(3)科学养护,高质高效完成保洁、维修任务。管理处自通车运营以来,累计投入养护资金4.3亿元,维修桥面10.59万m²、维修路面107.73万m²、路面灌缝219.64m。公路保洁做到了责任到人、定期检查;冬季除雪做到即下即清,保障了公路安全畅通。

(4)一职多能,路政治超、打逃成绩卓著。15年累计查处案件2135件,结案率98%,路产索赔金额1487万元,有效维护了路产路权。路政部门在认真开展日常巡查、治理超限超载、实施车辆救援等工作外,同时积极配合收费部门开展打逃工作,为维护良好收费秩序保驾护航。

(5)文明服务实现品牌化、特色化、精细化。不断拓宽文明服务的内涵与外延,大力发展行业品牌建设。文明创建工作点面结合,整体推进,实现了跨越式发展。2013年,哈尔滨管理处晋级为省级文明单位标兵,继瓦盆窑收费站获得国家级青年文明号及工人先锋号之后,拉林河站和长江路站也分别获得国家级"工人先锋号"荣誉称号。

(6)强化管理,产业经营效益逐年提高。哈尔滨处通过对服务区进行严格督查,实现了规范经营;通过催缴广告欠款等,实现了效益最大化。

(二)方正高速公路管理处

1. 组织机构沿革

1997年9月,哈同公路竣工后,由于职能转变,省交通厅决定,为增强对哈同公路的经营管理职能,在原哈同公路公司基础上重新组建新的哈同公路公司。公司机关内设11个职能部门,下设5个管理所,公司员工实行全员合同制,人员实行竞争上岗机制,共有职工2644人。

1999年6月,经省编委批准成立黑龙江省哈同高等级公路管理处,对外挂哈同公路公司牌子,隶属省交通厅领导,按处级事业单位管理,所需编制从省公路职工医院筹备处划拨4名,经费从过路过桥费中列支。2013年2月,经省编委同意,将黑龙江省哈同高等级公路管理处更名为黑龙江省方正高速公路管理处,隶属黑龙江省高速公路管理局领导,规格为正处级,编制20人,经费形式为自收自支。2015年1月,哈同公路公司完成成立之初的工作任务,在黑龙江省工商行政管理局注销。

2. 职能部门及直属单位沿革

1997年,哈同公路公司机关内设11个职能部门,分别为行政部、政工部、人劳部、财务部、计审部、养护部、路政部、征稽部、纪检监察室、工会、经营部。哈同公司下设5个管理所,分别为:金家管理所、宾州管理所、方正管理所、依兰管理所、佳木斯管理所。管理所机关设征稽办、路政办、养护办、财务室、办公室。金家管理所下设金家收费站、东风收费站,宾州管理所下设宾州收费站,方正管理所下设会发收费站、方正收费站、高楞收费站,依兰管理所下设依兰收费站、达连河收费站,佳木斯管理所下设佳西收费站。

1999年,宾州管理所增建二龙山收费站,佳木斯管理所增建安庆收费站、集贤收费站。

2002年,哈同公路公司增加公路警务管理,警务人员归航运公安局和哈同公路公司双重管理,公司机关增设治安警察大队;佳木斯管理所接管忠胜收费站、大榆树收费站、同江收费站,新建万兴收费站。

2004年,宾州管理所新建宾西收费站、常安收费站、摆渡收费站。

2005年,哈同公路公司机关增设信息中心。

2006年,哈同处机关财务部更名为财务审计部,计划审计部更名为计划统计部,撤销路政部,组建公路路政管理支队,撤销经营部;各管理所路政办更名为公路路政管理大队;依兰管理所新建宏克力收费站,宾西收费站划归金家管理所。

2007年,哈同处机关成立社会治安综合治理办公室,具体工作由治安警察大队负责,成立审计部。

2009年,哈同处领导班子会议研究决定,成立路政管理支队直属大队、东风治超检测站、二龙山治超检测站;根据取消政府还贷二级公路收费有关要求,东风收费站、二龙山收费站、忠胜收费站、大榆树收费站、同江收费站停止收费。

2010年,哈同处机关成立产业经营办公室,征费稽查部更名为收费部,成立稽查大队,路政职能移交省路政局,取消处机关公路路政管理支队和直属大队、东风治超检测站、二龙山治超检测站;方正管理所新建方通收费站。

2011年,哈同处机关成立路政大队,各管理所成立路政中队,佳木斯管理所所辖万兴、安庆、集贤3个收费站移交给佳木斯管理处,取消二级路收费后的忠胜、大榆树、同江3个收费站人员移交给佳木斯管理处。

2012年,哈同处机关成立资产减排办公室。

2015年9月,方正处由三级管理模式改为二级管理模式,撤销金家、宾州、方正、依兰4个管理所,成立金家、宾州、方正、高楞、依兰、宏克力6个养护工区。信息中心和养护中心、得莫利服务区管理办公室列为直属单位管理。处机关增设团委,部分职能部门更名:行政部更名为办公室,政工部更名为党委办公室,人事劳资部更名为人事劳资科,财务部更名为财务科,审计部更名为审计科,计划统计部更名为计划统计科,收费部更名为收费科,稽查大队更名为稽查科,工程养护部更名为工程养护科,产业经营办公室更名为产业经营科。

2016年4月,方正处机关内设办公室、党委办公室、团委、人事劳资科、财务科、审计科、计划统计科、纪检监察室、征费科、稽查科、路政大队、工程养护科、治安警察大队、工会、产业经营科、资产减排办16个科室;管理处下设哈尔滨东站、宾西站、宾州站、常安站、摆渡站、会发站、方通站、方正站、高楞站、达连河站、依兰站、宏克力站、佳西站、金家养护工区、宾州养护工区、方正养护工区、高楞养护工区、依兰养护工区,信息中心、养护中心、得莫利服务区管理办公室,共计21个直属单位。

(三)尚志高速公路管理处

尚志管理处组建于1989年10月,原名哈阿汽车专用公路管理处,是省内最早的收费公路(事业编制、副处级)。

1995年,更名为黑龙江省高等级公路管理局哈尔滨管理处(编制、规格不变)。

2001年,更名为黑龙江省哈绥高速公路管理处哈尔滨管理所(编制、规格不变)。

2009年3月,实行企业化运营,更名为黑龙江东绥高速公路有限责任公司。

2010年12月底,恢复事业单位管理模式。

2012年10月,由三级管理模式转变为二级管理模式。

2013年2月28日,更名为黑龙江省尚志高速公路管理处,机构规格由副处级升格为正处级。

(四)五常高等级公路管理处

2001年5月17日,筹建黑龙江省哈五高等级公路管理处。

2001年10月18日,黎明收费站、周家收费站正式收费。

2001年10月19日,成立黑龙江省哈五高等级公路管理处(黑编发〔2001〕198号文件)。

2003年4月1日,周家收费站停止收费,拉林收费站正式收费。

2003年9月25日,成立黑北五站(黑河站、曹集屯站、孙吴站、小兴安站、讷谟尔站)、牛头山大桥收费站(黑财综〔2003〕148号文件)。

2003年12月9日,更名为黑龙江省黑大高等级公路管理处(黑编发〔2001〕132号文件)。

2004年6月14日,黎明收费站停止收费。

2006年12月19日,山河收费站正式收费。

2009年4月30日,拉林收费站、牛头山大桥收费站、山河收费站停止收费。

2009年9月18日,九三、沿河收费站正式收费。

2011年11月9日,周家收费站正式收费。

2013年2月28日,更名为黑龙江省五常高等级公路管理处(黑编发〔2013〕13号文件)。

(五)齐齐哈尔高速公路管理处

黑龙江省齐齐哈尔高速公路管理处组建于2001年10月,原名为黑龙江省齐北公路公司。

2003年4月,省编委(黑编〔2003〕43号)文件批准成立黑龙江省齐北高等级公路管理处,按处级事业单位管理,职责任务是:负责齐北公路的管理、养护、收费及相关社会服务,隶属于黑龙江省交通厅。

2006年2月,省收费公路管理局成立后,齐北高等级公路管理处列入管理局直属单位,下设碾子山收费站、龙江收费站、梅里斯收费站、冯屯收费站、富路收费站、富裕收费站、依安收费站、克山收费站、金城收费站、北安收费站（碾北公路）、建华收费站、共和收费站、甘南收费站（齐甘公路）、中和收费站、拉哈收费站（嫩泰公路），共15个收费站。

2009年5月1日，按国家政策调整取消二级公路收费，齐齐哈尔处所辖除中和、拉哈2个一级公路收费站正常收费外，其余13个收费站取消收费，全部人员转岗开展交通量调查和路政治超工作。

2010年3月5日，嫩泰高速公路正式通车收费，一年后齐齐哈尔处与局系统西部地区其他处顺利实现高速公路联网收费。至此，不但结束了齐齐哈尔地区没有高速公路的历史，也为齐齐哈尔处进入高速公路管理时代掀开了崭新的一页。嫩泰高速公路正式通车收费后，齐齐哈尔处管理高速公路主线320.2km，下设街基收费站、泰来收费站、塔子城收费站、江桥收费站、大兴收费站、昂昂溪收费站（齐泰高速）、冯屯收费站、富裕收费站、拉哈收费站、讷河收费站、老莱收费站（齐讷高速）共11个收费站；设街基养护工区、江桥养护工区、昂昂溪养护工区、中和养护工区、拉哈养护工区、讷河养护工区共6个养护工区；设老莱服务区、太和服务区、富裕服务区、昂昂溪服务区、江桥服务区、泰来服务区共6个服务区，形成了收费、养护、路政、经营、服务全面覆盖的工作格局。

2011年4月1日，根据工作需要，经原省收费局和省公路局协商，齐齐哈尔处原管辖的二级公路碾子山收费站、龙江收费站、梅里斯收费站、富路收费站、富裕收费站、依安收费站、克山收费站、金城收费站、北安收费站（碾北公路）等共9个二级公路收费站及其附属房产、车辆等设备设施，移交给黑龙江省公路局通河养路段碾北养路分段管理。

2011年11月8日，按原省收费局区域化管理的要求，齐齐哈尔处所辖的老莱、讷河收费站，讷河养护工区，老莱服务区划归到嫩江高等级公路管理处管理。

2011年11月15日，齐甘高速公路正式通车收费，建华收费站、奈门沁收费站、共和收费站、长山收费站、甘南收费站，齐齐哈尔服务区、甘南服务区、梅里斯养护工区、甘南养护工区共9个单位交由齐齐哈尔处管理，使其基层单位达到了27个。

2012年11月1日，齐甘高速公路黑蒙界收费站正式通车收费并交由齐齐哈尔处管理。

2013年2月，省编委（黑编〔2013〕13号）文件批准黑龙江省收费公路管理局更名为黑龙江省高速公路管理局，批准黑龙江省齐北高等级公路管理处更名为黑龙江省齐齐哈尔高速公路管理处。现下设办公室、收费科、养护科、路政科、经营科、党办、人劳科、财务科、审计科、监控中心、稽查大队、安全办、纪检监察室、工会、ETC等共15个职能部门和直属单位。

2015年5月18日，齐甘高速公路卜奎收费站正式通车收费并交由齐齐哈尔处管理。

2015年12月1日，齐泰高速公路水师营收费站正式通车收费并交由齐齐哈尔处管理。全处共设冯屯收费站、富裕收费站、拉哈收费站（齐讷高速公路）、水师营收费站、昂昂溪收费站、大兴收费站、江桥收费站、塔子城收费站、泰来收费站、街基收费站(齐泰高速公路)、卜奎收费站、建华收费站、奈门沁收费站、共和收费站、长山收费站、甘南收费站、黑蒙界收费站(齐甘高速公路),共17个收费站;设拉哈养护工区、富裕养护工区、昂昂溪养护工区、泰来养护工区、梅里斯养护工区、甘南养护工区,共6个养护工区;设太和服务区、富裕服务区、昂昂溪服务区、江桥服务区、泰来服务区、齐齐哈尔服务区、甘南服务区,共7对服务区。全处共有干部职工1172人,平均年龄36岁,共有党支部25个,党员271人、团员261人,大专以上文化程度766人。

(六)牡丹江高速公路管理处

1994年12月25日,根据省交通厅、省财政厅、省物价局联合文件要求,对绥满公路绥芬河至绥阳段、虎峰至横道河子段收取车辆通行费,并设置有绥芬河所、横道河子所,隶属于黑龙江省高等级公路管理局。

1995年10月,哈绥公路牡丹江管理处成立,属自收自支的副处级事业单位,处机关下设收费稽查科、路政科、养护科、财务科、办公室、政工科、劳服公司、工会,下辖三所一队(即绥芬河所、下城子养护维修队、磨刀石所、横道所),虎峰至横道河子段、绥芬河到磨刀石段为二级汽车专用公路,划归牡丹江管理处管理,实施二级公路断面收费,核定事业编制370名。

1996年,为迎接冬季亚运会,尽快改善省内公路状况,改道新建了绥满公路绥芬河至绥阳段、虎峰至横道河子段高等级汽车专用公路。

1997年8月,牡丹江至横道河子段改扩建完工,并于8月15日剪彩通车,开始收取车辆通行费,该段为全封闭高等级公路,实行断面收费,增设海林所,下辖海林收费站、牡丹江收费站。

2003年9月,为建设鹤大公路鸡西至牡丹江段及绕行牡丹江线的需要,在牡丹江辖区新设置了小莫所。

2004年4月,省政府批准牡丹江管理处设立1处(磨刀石)治超检测站,负责绥芬河至磨刀石段公路车辆超限超载检测。

2006年,根据黑龙江省哈绥公路管理处(现省高管局)的指示要求,11月把已联网的黑龙江省东北高速东绥公司所属的亚布力所(下辖亚布力收费站、苇河收费站、一面坡收费站)划归牡丹江管理处管理。

2007年,省交通厅、省财政厅、省物价局联合文件规定要求,将已建完工的亚布力至横道河子段至牡丹江段统一并入高速公路联网收费,亚布力至横道河子段中间新设置了明新收费站,归属亚布力所。

2008年11月28日,开始对载货类机动车超限部分加收车辆通行费工作。

2009年,根据国家有关撤销全国二级公路收费的规定,按照省政府要求,牡丹江管理处在5月1日零时停止二级公路收费,撤销了绥芬河所、磨刀石所、海林所、小莫所、横道所、下城子养护维修队。同时利用原有的绥芬河收费站和磨刀石收费站设立2处公路治超检测站,负责绥芬河至磨刀石段公路车辆超限超载检测工作,起到了保护公路路产、维护公路路权,延长公路使用寿命的作用。另外,根据工作需要处机关增设党委办公室、人事劳资科、宣传教育科、安全办、纪检监察室。

2011年10月,根据省交通运输厅、省财政厅、省物价局(黑交发〔2011〕79号483号、484号联合文件)规定,牡丹江管理处实行处、站两级管理,除在用联网收费的牡丹江站、海林站、横道站外,新增了G10牡丹江至绥芬河段,新增绥芬河站、绥阳站、永安站、下城子站、兴源站、穆棱站、磨刀石站7个收费站。G11牡丹江至复兴段,新增牡丹江南站、温春站、宁安站、东京城站、杏山站、镜泊站、复兴站,共计新增14个收费站全部并入全省高速公路网。在并入全省联网收费同时撤销牡丹江绕行线小莫收费站。根据省交通厅、省财政厅、省物价局(黑交发〔2011〕482号联合文件)规定,所有联网收费的收费站全部实行计重收费。

2010年12月,根据省交通运输厅文件指示精神,路政职能统一划转,由省路政局负责,辖区路政职能及路政人员统一划转到牡丹江公路路政管理处。

2011年11月,牡丹江管理处管辖的一面坡站、苇河站、亚布力站、明新站4个收费站,由于实行区域化管理,划归回哈尔滨处管理(现在的尚志高速公路管理处)。同时,路政职能及路政人员统一由牡丹江路政管理处转回牡丹江管理处。管理处设路政科,路政科下设7个路政中队(绥芬河路政中队、兴源路政中队、磨刀石路政中队、小莫路政中队、横道路政中队、东京城路政中队、镜泊路政中队)及5个Ⅰ类治超检测站(绥芬河治超检测站、牡丹江治超检测站、海林治超检测站、牡丹江南治超检测站、复兴治超检测站)。负责牡丹江地区383.6km的高速公路路政治超工作。包括主线总里程336.96km(绥满高速公路G10绥芬河至横道段219.54km、鹤大高速公路G11牡丹江至复兴段117.42km)及互通里程46.64km。接手沿线6个服务区(即雾凇岭服务区、横道服务区、磨刀石服务区、兴源服务区、渤海服务区、镜泊服务区)的运营管理,并通过招标的方式,逐一实现了对外承租。另外,处机关撤销了党委办公室。

2013年2月,正式更名为黑龙江省牡丹江高速公路管理处,正处级事业单位,负责G10公路绥芬河至横道河子虎峰岭段(K13+470~K229+000)和G11公路牡丹江至复兴省界段(K449+329~K556+749)共计336.96km高速公路及46.64km匝道的收费、养护、路政、经营、服务等管理工作,隶属省高速公路管理局领导,职工总数1155人。

2015年9月,辖区沿线ETC系统正式运行。

(七)佳木斯高速公路管理处

1989年10月,佳木斯松花江公路大桥竣工通车,组建了佳木斯松花江公路大桥管理处,隶属于佳木斯市交通局,为副处级事业单位(编制64人)。

1994年7月,佳木斯松花江公路大桥管理处更名为鹤佳汽车专用公路管理处[《关于成立鹤佳汽车专用公路管理处的通知》(黑编〔1994〕88号)],划归原黑龙江省高等级公路管理局,按副处级事业单位管理,核定事业编制217人。

1994年10月,鹤佳高等级公路竣工通车(一级半幅)。管理处实行处、所、站三级管理。管理处职能为负责佳木斯松花江公路大桥,佳木斯至鹤岗段二级汽车专用公路的收费、养护、路政管理工作。处机关内设8个科室,分别是:办公室、政工科、计财科、养护科、征费稽查科、路政治安科、工会、团委。管理处下设佳木斯和鹤岗两个管理所。佳木斯管理所下设两个收费站:江口收费站、佳桥收费站;鹤岗管理所下设两个收费站:鹤岗收费站、鹤立收费站。所机关内设5个股室,分别是政工股、办公室、计财股、养护股、民警队,每个管理所下设两个收费站。1995年更名为黑龙江省高等级公路管理局佳木斯管理处[《关于省高等级公路管理局所属部分单位调整更改名称的通知》)(黑编〔1995〕175号)]。

2001年3月20日,随着原省高等级公路管理局撤销,管理处隶属关系更改为黑龙江省公路局,更名为黑龙江省公路局佳木斯管理处[《关于黑龙江省高等级公路管理局哈尔滨管理处等单位更改名称的通知》(黑编〔2001〕44号)]。

2003年1月,根据省交通厅与鹤岗矿务局签订的合资经营协议(《合资经营国道鹤大公路鹤岗至佳木斯段高速公路协议书》《国道鹤大公路鹤岗至佳木斯段实行股份制经营补充协议》),佳木斯管理处与鹤岗矿务局公路建设指挥部组建了鹤佳高速公路有限责任公司(鹤佳公司)。对外管理形式不变,单位名称仍为黑龙江省公路局佳木斯管理处,上级单位为鹤大高等级公路管理处[《黑龙江省交通厅关于调整部分收费公路管理机构体制的通知》)(黑交发〔2001〕238号)]。对内实行董事会下的经理负责制,按公司化运作,设董事长1名,总经理1名(矿方),副总经理3名(矿方1名),监事2名(矿方1名)。管理机制由处、所、站三级管理改为处、站二级管理。处机关内设7个科室,分别是:办公室、政工科、征费稽查科、路政治安科、养护科、技术科、计财科。下设4个收费站。站机关内设2个室办,分别是综合办、征稽办,每个收费站有3个收费班组。主要职责为佳木斯至鹤岗段高速公路的收费、养护、路政管理工作。

2006年10月,根据省交通厅厅长办公会议决定,管理处隶属关系更改为省收费公路管理局,为副处级事业单位,但单位名称仍沿用原名,未进行变更,即黑龙江省公路局佳木斯管理处。

2011年9月,按照省交通运输厅实行区域化管理的总体部署,佳木斯区域高速公路实行区域化管理[《黑龙江省交通运输厅关于对收费公路管理局所属收费公路实行区域化管理的通知》(黑交发[2010]282号)],成立了佳木斯区域协调衔接工作组。

2013年2月28日,正式更名为黑龙江省佳木斯高速公路管理处[《黑龙江省机构编制委员会关于调整收费公路管理机构编制事项的通知》(黑编[2013]13号)],机构规格由副处级升格为正处级,隶属于省高速公路管理局。处机关内设17个科室,分别是:办公室、收费科、养护科、路政科、稽查科、监控科、财务科、审计科、人事劳资科、党委办公室、工会、纪检监察室、宣传办、团委、安全科、经营科、总工办。下设基层单位共37个,其中收费站16个,治超站1个,养护工区6个,路政中队6个,服务区8处。主要负责佳木斯至同江段、佳木斯至曙光段、佳木斯至鹤岗段高速公路以及富锦至绥滨松花江公路大桥的收费、养护、路政和经营管理工作。

(八)大庆高速公路管理处

1. 基本概况

2003年8月,黑龙江省大齐高等级公路管理处成立,隶属于黑龙江省交通厅。2006年10月,黑龙江省收费公路管理局成立后,划归收费局管理。2013年2月,更名为黑龙江省大庆高速公路管理处,隶属于黑龙江省高速公路管理局。其主要负责大庆至齐齐哈尔高速公路和让胡路至杜尔伯特一级公路的收费、养护、路政、经营等管理工作,总管养里程为188.168km。大庆至齐齐哈尔高速公路从2000年开始,经历两次一级公路建设和两次高速公路建设,2011年3月5日全线正式联网收费运营,工程建设累计总投资37.3亿元。管理处设置收费科等13个职能科室,下设10个收费站,4个养护工区,4个路政中队,监控、机电、机械设备3个分中心,红湖、扎龙2处服务区,全处现有职工716人。

大齐高速公路是国道绥满公路G10的重要组成部分,是连接油城大庆与鹤城齐齐哈尔的交通要道,是建设省内"哈大齐工业走廊建设区"的重要交通支撑,是横贯松嫩平原的西部大通道,对推动全省经济社会更好更快发展具有十分重要的现实意义。

2. 管理职能范围

(1)贯彻执行国家有关高速公路工作的各项方针、政策和法规。

(2)负责所辖高速公路的养护管理工作。

(3)负责高速公路的路政管理工作,维护高速公路的路产路权。

(4)负责高速公路内保工作并协助公安部门做好高速公路的治安管理工作。

(5)负责本单位财务会计、国有资产管理和统计工作。

(6)依法收取高速公路车辆通行费,负责票据管理工作。

(7)开展高速公路的科研工作,负责通信、监控、收费系统及服务设施的维护、管理和工程质量监督工作。

（8）负责本部门人员的政纪、法纪、职业道德教育和岗位培训工作，加强精神文明建设。

（9）承办省交通运输厅、高速公路管理局交办的其他工作。

3. 内控制度体系

2002年9月，大庆处正式运营前，对省内处收费公路制度建设情况进行了学习考察，借鉴其他单位的管理制度，于2002年12月编制了《管理规范（试行稿）》。试行稿是在借鉴吸收省内其他几家单位的基础上形成的，在当时起到了很好的管理指导作用。

大庆处根据形势的发展和管理工作的需要，2005年初在试行稿的基础上，全面总结管理处组建以来各项管理工作，专门成立工作小组，对试行稿进行了全面修订、完善，并于2005年8月正式发布了目前正在执行的新版《管理规范》。规范分上、下两部分。第一部分为通用手册，具体分为工作职能、岗位责任、规章制度及管理办法、工作流程、专项工作考评细则五项内容，对管理处的全面工作所需求的制度、办法进行了规定。第二部分为管理站专用手册，分为工作职能、岗位责任、规章制度及管理办法三项内容。全书约12万字，另外吸纳了《国家干线公路养护与管理稽查方案及评分标准》。2009年9月管理处正式发布第三版《管理规范》。再版的《管理规范》分别在管理职能、岗位职责、制度办法、考评细则、程序流程等5个方面进行了细化，对不再适用的规章制度予以废止，对不适应现阶段工作的规章制度进行了修改完善，及时弥补了制度调整上的缺失，进一步强化了各职能部门的职责权限及分工配合，具有较强的规范性、实用性和可操作性。该文件的颁布实施，对大庆处进入科学化、系统化、规范化管理轨道，保障各项目标的实现，必将起到很好的推动作用。

4. 管理体制沿革

大庆处主要领导高度重视制度建设及管理，针对公路运营管理认识的不断提高和上级在各个阶段的新要求，不断充实修订内容，特别是交通管理年活动中大庆处更加重视制度建设，从强化管理、建设行业文化的高度审视和加强制度建设与管理，严肃认真地贯彻执行规章制度。

根据近十年的不断实践，逐渐地改变了管理体制和模式，管理主体逐步从二级管理过渡为垂直管理；征费系统实行了稽查垂直管理，收费稽查科设稽查队及监控指挥中心，对各收费站实行派驻制；并对系统进行升级改造，安装并使用了车牌自动识别系统，实行站级监控，由监控中心统一管理；根据变化情况及时集中管理，采取现代科技手段与例行稽查的方式加大稽查力度，稽查、审带等工作都由处统一实施，统一处理，这在制度执行上更直接、更快捷、更严格。

大庆处对地路政管理体制进行了探讨实践,撤消了各站路政办,路政人员统一管理,2012年7月1日取消了治超检测站,改为源头治超,并成立了3个路政分队。另外为了方便办公执法,各中队分段划分,使路政案件处理更快捷。

养护方面,为了强化管理,保证除雪效果,冬季抽调养护人员适当集中,实行统一调度,并按标准化工区统一完善软硬件设施、设备,进一步完善了养护标准化制度建设。

在经营方面,在组织建设上,管理处成立了产业经营科,任命市场工作经验丰富、沟通协调能力突出的干部为主任,同时配齐工作人员。健全的机构为做好产业经营提供了人力保障。在制度建设上,制订了《服务区管理制度》《服务区服务规范》《服务区安全管理办法》等规章制度,强化了服务区的基础管理、发展目标、规划实施等方面的管理力度。健全的制度为服务区管理标准化提供了依据。

在队伍的管理上,大庆处班子成员认识统一,始终坚持"看好自己的门、管好自己的人"思路,采取及时的预防性措施,对违反制度的人和事决不姑息迁就,从快处理。

5. 内控制度建设及管理经验

1) 内控制度及时补充完善

(1) 路政赔补项目不全及时以管理处文件予以补充。

(2) 以"发改委"公告为准,对难以确认的特型车征费标准依据"两厅一局"文件和计量手册,予以补充完善。

(3) 车牌自动识别系统的升级,完善了《特殊车辆录入及通行程序规定》《黑名单车辆处理程序规定》等管理办法。

(4) 制定完善恶意闯关车辆的处理办法及程序,加大打击力度,路政、治安、征费三案合一,实行首问负责制,从重从快处理,效果明显。

2) 用科技手段来保证制度的完善和执行

大庆处对征费系统进行了升级改造,安装使用了车牌自动识别系统,该系统不仅能够准确记录每一台车辆的通行情况,并能及时提供车流量、车型及费额等实时数字信息,特别是加大对逃费车辆的打击力度,逃费车辆一经发生将即时录入系统内黑名单数据库,逃费车辆再次通行时,收费亭内计算机便会自动弹出该车逃费的时间、地点、车牌、车型等信息,并给予实时监控录像的支持,为处罚提供依据,自系统运行以来,逃费车辆明显下降,使征费管理更快捷、更具实效。另外针对前几年免费车管理的情况,该系统对免费车管理实行逐级确认的方式运行,并将每天的通行量全部记录,方便掌握每一台免费车的通行情况。

3) 体制和机制决定制度建设的内容和方向

目前各管理处管养里程长短不一,公路等级不尽相同,机构设置不相一致,各方面有很大差别。这就给制度建设带来了一定难度,从管理处实际情况看,在例行制度建设上相对完善,特点是项目多、内容全、易执行,但辅助工作系统则存在制度不多、内容不全、执行困难的问题。如法制工作方面存在明显的不足,没有形成制约机制,对干部违纪、执法人员违纪的问题处理相对滞后,监管机制明显落后于管理需求。

4)采取措施强力推进

为了保证年度工作目标实现和制度落实,大庆处在2013年制定出台了《管理处机关效能考核办法》《黑龙江省大庆高速公路管理处目标考评实施方案》《各基层目标考核奖惩办法》,以年度工作任务及各科室的工作职责为依据,以队伍建设为基础,围绕提供优质高效的服务和目标管理,突出重点,兼顾公平,努力体现考核工作科学、客观、公正、公平的原则。进一步提高了工作效率和质量,促进干部认真履行工作职责,改进工作作风,规范行政行为,强化服务意识,提高工作效能,建立勤政、务实、高效的行政机关。

(九)鸡西高速公路管理处

鸡西高速公路管理处于1999年9月正式收费运营,现主要承担G11国道牡丹江段至桦南段,共263.076km的收费、养护、路政、经营工作。

1. 基本情况

鸡西处现有正式职工769人,管理处下设机关科室18个,直属单位12个。机关科室有:党委办公室、纪检监察室、工会、团委、行政办公室、人事劳资科、财务科、审计科、计划科、征费科、稽查科、监控中心、养护科、设备科、经营科、科教信息科、安全办、考核办。直属单位:收费站(8个):铁岭河收费站、柴河收费站、柳树收费站、林口收费站、麻山收费站、兴农收费站、西长发收费站、桦南收费站;养护工区(4个):牡丹江养护工区、林口养护工区、鸡西养护工区、七台河养护工区。干部全部实行聘任制,职工实行合同制。

建处以来,处党委先后荣获省交通(运输)厅直机关标准化党委、省交通(运输)厅先进党委,管理处荣获省交通(运输)厅、省直文明单位标兵称号。计有1个基层单位晋升为省级文明单位标兵,3个基层单位晋升为省级文明单位,1个基层单位晋升为厅级文明单位标兵,2个基层单位晋升为厅级文明单位。有一人获交通部劳模称号,有两人获省劳模称号,有200多人分获省交通(运输)厅和各级先进工作者称号。

2. 单位名称及职责的沿革

1999年4月29日,省机编委批准(黑编〔1999〕36号)成立了黑龙江省依勃公路建设工程处,对外挂黑龙江省依勃公路公司牌子,隶属省交通厅领导,按处级事业单位管理,所需编制从省公路职工医院筹备处划拨4名,经费从依勃公路工程管理费中解决。

1999年8月27日,省编委批准(黑编〔1999〕87号)将黑龙江省依勃公路建设工程处更名为黑龙江省依勃公路管理处,人员经费从过路过桥费中解决。处机关下设三个收费所,即:勃利收费所、永顺收费所、依兰收费所。主要工作任务是路政管理、养护生产、征收过路过桥费、偿还贷款等。单位性质属于事业单位企业化管理,人员实行劳动合同制。

2002年9月29日,省编委批准(黑编〔2002〕127号)将黑龙江省依勃公路管理处更名为黑龙江省鹤大高等级公路管理处,更名后机构规格、编制数、经费渠道均不变。

2013年2月28日,省编委批准将黑龙江省鹤大高速公路管理处更名为黑龙江省鸡西高速公路管理处,事业编制增加到20名,其中,管理人员15名,专业技术人员5名,隶属于黑龙江省高速公路管理局。管理职责任务与更名前相同。

3. 管理体制沿革

建处以来,鸡西处始终按照上级领导要求,对党务、行政、业务等各领域、涵盖人、财、物、事全方位的工作程序标准、管理制度不断修改完善,规范行业流程、统一行业窗口形象,切实加大管理体制的改革,着力转变职能、理顺关系、优化结构、提高效能,形成权责一致、分工合理、决策科学、执行顺畅、监督有力的管理体制,不断向科学化、规范化、精细化转变,从而建立了一套适合鸡西处的管理模式。

(1)完善机制措施、收费管理进一步加强

对收费工作进行严管严查,堵塞各种漏洞,加大稽查力度,进一步挖潜增收,千方百计完成省高管局下达的收费任务。一是强化责任目标,推进收费工作。合理确定年度计划目标,按照计划严格执行收费例会制度,分析收费形势,制定不同时期的收费重点工作任务;二是采取有力措施,抓实收费工作。继续深入开展偷逃费专项整治行动,严厉打击偷逃费行为。严控免费车审批程序,力争政策外减免数量大幅下降。抓住有利时机开展收费会战,提高收费额;三是加强机电设备管理,保障收费工作。除做好机电设备的维护保养工作外,进一步完善收费基础设施和服务设施,保证收费系统良好运行;四是强化内部管理,规范收费工作。建立处、站两级联动稽查体系,组织开展定期的稽查会战与不定期稽查相结合的方式,严格稽查处理程序和流程,确保收费秩序。同时,试点开展监控员稽查以及监控员和收费员轮岗措施。五是抓好优质服务,提升收费形象。开展形式多样的业务培训及劳动竞赛活动,提升职工业务和自身素质。总结星级收费站、星级收费员活动经验,认真开展收费站考核工作,严格奖惩,确保树立良好的收费"窗口"形象。

(2)实施科学养护、公路管养水平进一步提高

几年来,经过省交通运输厅、局验收,好路率始终保持在99.7%以上,综合值96.3,设施完好率达到95%,绿化生物成活率95%、保存率为92%。加大养护投入力度,继续以预防性养护为重点,大力推进科学养护、机械化养护,建设"畅、安、舒、美"科学标准路。一是进一步加强招投标管理。严格落实《公路养护及专项工程施工招标投标管理办法》,按照厅、局部署,推进电子招投标工作,强化社会公众监督。二是抓好日常养护。不断提升养护信息化水平,加强路基、路面、桥涵等病害的监控处理及安全防护设施的维修和保养,

做到即损即补。同时,结合鸡西处目标考核工作,把日常考核作为重点,将考核分值提至总分的80%,加强对日常养护管理工作的监督、检查、考核,以此促进工作提高。三是强化养护工区职责落实。省高管局研究出台养护工区考核办法,加强检查与考评。各养护工区要加强对省高管局相关规定的学习,同时在实践中对养护管理人员掌握养护管理办法、技术规范的情况、预防性养护有关技术的应用情况、小修工程实施过程中的技术应用能力进行考核,及时纠正对相关规定理解上的偏差和应用上的错误。

(3)坚持依法行政、路政管理进一步强化

实行处、站二级管理制度,处设路政大队,以收费站为单位共设8个路政中队。主要是依照《中华人民共和国公路法》《黑龙江省高速公路管理条例》和《黑龙江省公路条例》等法律、法规和规章,负责全处范围内的路产管理、路权维护、道路巡查、维护公路安全畅通、超限治理等工作和依法行使路政执法权,履行路政管理等职能。路政工作本着"依法治路、依法行政"的方针,更加注重管理水平全面提升。一是加强路政执法人员理论学习和业务技能培训。采取集中培训和日常学习等多种方式,有计划地开展以控制执法现场和应对突发事件的业务培训,切实提高路政队伍的整体水平。二是整章建制,制定完善各项规章制度。严格落实路政案件"谁受理、谁负责"和大型载货车辆检测"谁放行、谁负责"的原则,从而确保错案、假案追究制度的顺利实施。三是加强路政巡查力度,确保巡查质量。开展有针对性的路政巡查工作,确保及时发现、制止和处理各类涉路案件,同时重点加强路网巡查,发现路网开口及时封堵。四是开展联合执法,进一步强化超限治理力度。加强与地方政府、交通、公安、交警等部门联合执法,积极争取各方支持,协同开展联合治超,保证重点区域、重点目标治超不反弹。

(4)实行精细化管理、经营服务进一步完善

鸡西处严格落实厅、局服务区管理办法及考核细则,以"管理标准化、经营效益化、服务精细化、形象统一化、场区景观化"的管理理念进行经营,坚持"保达标、创优秀、争示范",深入推进服务区公共服务设施、环境卫生、秩序维护、综合经营的标准化。以千分考核标准为基础,加大公共服务方面的考核分数权重,把服务区各个岗位人员的职责完成情况量化到具体分数,设定服务区管理办公室主任的末位淘汰基准线,如进入末位淘汰范围,则进行岗位调整或降职。在广告及产业经营上,因受周边经济发展影响,广告资源受限,鸡西处遵循市场经济规律和服务区自身特点,按照省运通总公司要求,建立公开招标竞价、租金底价评估等措施,力争做到资产经营效益最大化。

(十)伊春高速公路管理处

2000年6月,根据《关于撤销省公路职工医院筹备处成立黑龙江省鹤伊公路管理处的通知》(黑编〔2000〕72号)要求,成立黑龙江省鹤伊公路管理处,隶属省交通厅领导,按

处级事业单位管理,使用原省公路职工医院筹备处7名编制,经费从收取的过路过桥费中解决,设有处级领导职数2名。

2000年8月,管理处正式挂牌运营;2000—2010年,管理处承担着鹤伊公路(鹤嫩公路伊春至鹤岗段)、伊五公路(伊嘉公路伊春至五营段)、汤嘉公路(伊嘉公路汤旺河至嘉荫段)的收费、养护、路政等管理工作。管养总里程310km,共设7个收费站。处机关下设行政办公室、征管科、养护科、路政科、财审科、人劳科、党委办公室、工会、安技办、综治办、养护中心等。

2000年8月,鹤伊公路通车收费,起点为鹤岗市,终点为伊春市,全程140.863km,下设松鹤、金山、红旗3个收费站。

2002年12月,伊五公路通车收费,起点为伊春区,终点为五营区,全程72.695km,均为二级公路,下设花果山、五营2个收费站;2008年2月,汤嘉公路通车收费,起点为汤旺河区,终点为嘉荫县,公路全长96.212km,均为二级公路,下设守虎山、朝阳2个收费站。

2006年2月,管理处隶属省收费公路管理局领导。

2009年5月1日,按照国家燃油税费改革取消政府还贷二级公路的要求,管理处原有7个收费站全部取消收费。

2010年12月,按照省交通运输厅要求,将管养的330km二级公路(包含支线公路)交由省公路局管理。

2011年12月,按照全省高速公路区域化管理方案实施要求,管理处接管鹤哈高速公路伊春至绥化交界处段,下设伊春、翠峦、日月峡、铁力、双丰5个收费站,翠峦、铁力2个养护工区,伊春、日月峡2对服务区,伊春、日月峡、铁力3个路政中队。2012年10月,接管前嫩公路伊春至北安段,下设建兴、前进、红星3个收费站,昆仑气、前进、红星3个养护工区,昆仑气、建兴、红星3对服务区,建兴、前进、红星3个路政中队。

2013年2月,经省编委文件(黑编〔2013〕13号)批复,黑龙江省鹤伊公路管理处正式更名为黑龙江省伊春高速公路管理处。

管理处现管养鹤哈高速公路伊春至绥化交界处段149.04km(主线137.04km,互通匝道12km),前嫩公路伊春至北安段180.52km(主线163.42km,互通匝道17.1km),管养高速公路总里程329.55km,主线全长300.45km,负责高速公路的收费、养护、路政、经营、服务等管理工作。管理处现共有8个收费站、5个养护工区、4对服务区、6个路政中队和1个监控中心。处机关下设办公室、收费科、养护科、路政科、财务科、人劳科、党委办公室、纪检监察室、工会、安全办和经营科11个业务科室。全处共有干部职工619人,平均年龄37岁,其中党员124人,大专以上文化程度312人,分别占职工总数的20%和50%。

(十一)北安高速公路管理处

黑龙江省北安高速公路管理处经省交通运输厅批准,于2010年初开始筹备,2012年

7月经省编委批准正式成立,正处级事业单位,为黑龙江省高速公路管理局直属单位。主要职能是负责所辖公路及所属设施的收费、养护、路政、经营和服务。处机关现设办公室、收费科、养护科、路政科、监控科、财务科、审计科、人劳科、政工科、纪检监察室、工会、稽查科、运通公司、安全科14个职能科室,下设13个收费站、7个养护工区、7个路政中队、6对服务区。现有职工918人,党员189人,平均年龄32岁。

北安处于2010年7月筹备,筹备组借用原碾北二级公路北安收费站临时办公,与"三年决战"的绥北指挥部、北黑指挥部、前嫩指挥部进行工作对接,完善房建、机电等附属工程设施。

2011年10月,通过面向社会考试招用合同制人员217人,接收二级公路取消收费转岗人员418人,北安处职工队伍不断壮大。

2011年12月3日,随着"三年决战"正式联网收费,北安处所辖的13个收费站、7个养护工区、7个路政中队、6对服务区全部投入运营管理。

2011年12月26日,管理处正式搬入新址办公楼办公,办公环境得到全面改善。

2012年7月19日,省编委以《关于成立黑龙江省北安高速公路管理处和黑龙江省嫩江高等级公路管理处的通知》(黑编〔2012〕63号)正式批复成立黑龙江省北安高速公路管理处。

(十二)嫩江高等级公路管理处

黑龙江省嫩江高等级公路管理处经省交通运输厅批准于2010年7月开始筹备,2012年7月经省编委批准正式成立,正处级事业单位,为黑龙江省高速公路管理局直属单位。主要职能是负责所辖公路及所属设施的收费、养护、路政、经营和服务。处机关现设办公室、党委办公室、收费科、养护计划科、路政稽查科、经营管理科、财务审计科、人事劳资科、安全办、纪检监察室、工会11个职能科室,下设7个收费站、6个养护工区、7个路政中队、4个服务区和1个监控指挥中心。现有职工513人,党员58人,平均年龄30.6岁。

嫩江处2010年筹备初期,仅设嫩江收费站(位于嫩泰高速公路K9+900m处,距嫩江县城约7km)和农垦九三收费站(位于嫩江高速公路K33+500处,嫩江县双山镇境内),管养里程54.5km。2010年年底,通过面向社会考试招用合同制人员91人,讷河市二级公路取消收费转岗人员45人,嫩江处职工队伍不断壮大。

2011年3月实施联网收费,在局党委和局直各单位的积极帮助下,在嫩江县委、县政府及有关部门的大力支持下,筹备组建工作取得显著成效,成立了嫩江养护工区(管养里程54.5km,起点位于嫩江县良种场K0+000,终点位于齐齐哈尔市与黑河市交界处K54+500)、嫩江服务区(位于嫩泰高速公路K16+150km处),各项工作陆续开展,进展顺利。

2011年11月9日,加漠公路漠河机场至北极村段一级公路正式通车,收费里程

第五章　高速公路运营管理

81.77km。由于地理位置原因,此路段车流量较小,按照2012年2月黑龙江省收费公路管理局、大兴安岭国林旅游有限责任公司、漠河县人民政府、黑龙江省嫩江高等级公路管理处四方签订的合同书规定,该路段收取的车辆通行费从北极村景区的门票收入分成中取得,门票收入分成的期限为:自2012年4月1日起至还清该路段贷款本息为止。

2011年11月17日,嫩江路政中队正式成立,管辖路段为嫩泰高速公路K0+000~K54+500。

2012年初,嫩江处从齐北管理处接管了讷河收费站(位于嫩泰高速公路K89+624处)、老莱收费站(位于嫩泰高速公路K68+134处,距讷河市老莱镇2.5km)、讷河养护工区(管养里程为45.5km,起始桩号为K54+500~K100+000)、老莱服务区(位于嫩泰高速公路K66+133处),高速公路收费里程由原有的54.5km增至100km。至此,嫩江处共有4个收费站,2个养护工区,2个路政中队和2个服务区。

2012年9月20日,通过面向社会考试招用合同制人员163人,为即将开通的一级公路广纳贤才。

2012年10月18日,京加公路嫩江至白桦段一级公路正式通车收费,主线全长180km。设立额尔和收费站(位于加嫩公路K155+000处)、大杨树收费站(坐落于K99+500处,地处内蒙古呼伦贝尔市鄂伦春自治旗大杨树镇)、嫩江北服务区(位于加嫩公路K172+800处)、大杨树服务区(位于加嫩高速公路K95+800处)。

2012年10月,讷河路政中队(负责嫩泰高速公路K54+500~K100+000的道路巡查)正式成立,从嫩江路政中队辖区接管高速公路46.5km。

2012年11月,成立漠北养护工区(位于漠河支线ZK00+050处,管养一级公路全长81.765km,共计3段路:其中漠河机场至北极村段为:K00+000~K77+534,漠河支线:ZK00+00~ZK02+858,金钩支线:LK00+00~LK01+373)、大杨树养护工区(管养路段起于K60+000~K120+000,管养里程60km)、大杨树路政中队(管理G111国道K124~K60以及漠北S207机场路至北极乡,全程85km)。

2012年11月27日,京加公路嫩江至白桦段一级公路白桦收费站(坐落于大兴安岭地区加格达奇区至白桦乡23.3km处)正式通车收费。

2012年12月,成立额尔和路政中队(管理加嫩公路K180+000~K124+000,全程56km)。

2013年5月28日,成立白桦养护工区(位于大兴安岭加格达奇白桦乡加嫩公路K23+100处),管养路段为加嫩公路K0+000~K60+000,全线长60km。

2013年6月,成立白桦路政中队(管理G111国道加嫩段K0+000~K60+000,全程60km)。

2013年10月,成立额尔和养护工区(位于加嫩公路155km处),此段跨越黑龙江与内蒙古两省,管养里程为60余公里。

经向省高管局、省交通厅请示,位于漠北路段的前哨收费站将取消与北极村景区门票分成的方式,于2016年下半年重新投入使用。目前,嫩江处负责嫩泰、加嫩、漠北三个路段362km的管理任务。

(十三)绥化高速公路管理处

黑龙江省绥化高速公路管理处2000年9月28日正式通车运营,原隶属于黑龙江省交通厅。

2006年2月,黑龙江省收费公路管理局成立后列入管理局直属单位。全处现管养里程为310.288km,其中哈尔滨至绥化段长88.301km,绥化至庆安段长81.487km,绥化至海北段长140.5km。

管理处下设:办公室、政工科、人劳科、财审科、计划科、收费科、养护科、路政科、稽查科、经营科、安全办、工会共12个职能部门,赵家、呼兰、康金、兴隆、绥化、绥化西、东富、庆安、望奎、绥棱、海伦、海北共12个收费站,康金、绥化、望奎、绥棱、庆安共5个养护工区;康金、绥化、庆安、海伦、望奎共5个服务区,3个路政大队,6个路政中队。共有正式职工839人,大专以上学历672人。

建处以来,在省交通(运输)厅和省收费公路管理局的正确领导下,绥化处四任领导班子带领全处干部职工紧紧围绕加快发展这一主题,大力推行通行费征收、公路养护、路政执法、经营管理和文明服务等工作,保持了良好的发展态势。收费额持续健康增长,窗口形象不断提升;科学养护水平全面提高,养护工作在全省国省干线养护管理评比中分别取得过第一名、第二名的好名次;路政管理手段日臻完善,多次荣获省交通厅评比第一名的好成绩;行业文明建设硕果累累,管理处被授予省级文明单位标兵,省安全创建先进单位,省综合治理达标单位,国家总工会和国家安全生产监督管理总局"安康杯"竞赛优胜单位,7个收费站被授予厅级文明单位标兵称号,绥化站被授予国家级青年文明号、国家级职工示范书屋、国家级工人先锋号称号。

(十四)黑龙江省高速公路应急处置救援中心

1991年9月,经省编委批准成立哈大公路管理处(黑编〔1991〕188号),核定事业编制132人;成立哈大公路收费处,核定事业编制192人。两个单位同为副处级事业单位,经费从收取的过路费中解决,隶属同时成立的黑龙江省高等级公路管理局。

1995年11月,经省编委批准将哈大公路管理处与哈大公路收费处合并(黑编〔1995〕175号),成立黑龙江高等级公路管理局肇东管理处,更名后机构隶属关系、规格、编制等均不变。

2000年,省交通厅决定将黑龙江高等级公路管理局肇东管理处划归省公路局管理。

2001年9月,经省编委批准,省公路局哈尔滨管理处、肇东管理处、牡丹江管理处合并组建黑龙江省哈绥高速公路管理处(黑编〔2001〕180号),肇东管理处更名为黑龙江省哈绥高速公路管理处肇东管理所,隶属黑龙江省哈绥高速公路管理处,更名后原机构规格、编制数、经费渠道均不变。

2001年11月,省高速公路公司下发更换牌匾文件(黑高路发〔2001〕50号),确认原黑龙江省公路局肇东管理处更名为黑龙江省哈绥高速公路管理处肇东管理所,同时,对更名后的管理所所属单位的名称进行了统一。

2006年2月,经省编委批准,黑龙江省哈绥高速公路管理处更名为黑龙江省收费公路管理局(黑编〔2006〕23号),自此,肇东管理所上级单位变为黑龙江省收费公路管理局。

2013年2月,经省编委批准,同意将黑龙江省收费管理局更名为黑龙江省高速公路管理局;将黑龙江省哈绥高速公路管理处肇东管理所更名为黑龙江省高速公路应急处置救援中心,核定事业编制为169人(黑编〔2013〕13号)。

三、全省高速公路现行管理机制及管理路段

(一)黑龙江省高速公路现行管理机制

黑龙江省收费公路管理局隶属于黑龙江省交通厅,于2006年2月经省编委批准成立,于2013年2月更名为黑龙江省高速公路管理局。主要负责全省高速公路和一级公路的养护、收费、经营、服务四项管理工作。省高管局下设13个直属管理处(方正管理处、哈尔滨管理处、尚志管理处、五常管理处、齐齐哈尔管理处、牡丹江管理处、佳木斯管理处、大庆管理处、鸡西管理处、伊春管理处、北安管理处、嫩江管理处、绥化管理处)和1个收费公路应急处置救援中心。截至2014年1月,负责管养里程4300km,有收费站149个、服务区68对、养护工区60个、职工1万多人。

自成立以来,在省交通(运输)厅党组正确领导下,省高速公路管理局坚持以人为本、实事求是的原则,克服困难、真抓实干,使各项管理工作基本步入了规范化管理轨道。省高管局将继续强化管理,强化服务,实施科技兴局,实现依法治路,提高高速公路的现代化管理水平,努力发挥全省高速公路的社会效益和经济效益,更好地为实现全省国民经济跨越式发展的战略目标服务。

(二)具体职责

(1)贯彻执行国家有关高等级公路工作的各项方针、政策和法规。

(2)负责所辖高等级公路的养护管理工作。

（3）负责高等级公路的路政管理工作，维护高等级公路的路产路权。

（4）负责高等级公路内保工作并协助公安部门做好高等级公路的治安管理工作。

（5）负责本单位财务会计、国有资产管理和统计工作。

（6）依法收取高等级公路车辆通行费，负责票据管理工作。

（7）开展高等级公路的科研工作，负责通信、监控、收费系统及服务设施的维护、管理和工程质量监督工作。

（8）负责本部门人员的政纪、法纪、职业道德教育和岗位培训工作，加强精神文明建设。

（9）承办省交通运输厅交办的其他工作。

（三）内设机构

1. 办公室

负责会议组织、文秘、档案、办公自动化、信访等机关日常政务及机关财务、资产管理、联络接待、保密等行政事务工作；负责机关综合协调、督办工作。

2. 收费部

负责收费管理工作；负责收费系统的维护工作；负责通行费票证的管理工作；负责收费标准的拟定、调整，协助申报、办理设站、收费等相关审批手续。

3. 路政部

负责公路路政管理工作；制定路政管理规章、制度、办法；及时查处重特大路政案件；查处公路两侧的违章建筑；负责赔（补）偿案件的复核和行政案件的审核工作。

4. 养护部

负责公路养护生产管理工作；负责对大中修及专项工程的审核、批复、申报及养护工程的验收工作；负责养护机械设备的招标和专用设备的集中选型工作；参与省交通运输厅移交给收费局管理的公路工程交工、竣工验收工作。

5. 指挥监控中心

负责收集对行车安全有影响的各类公路信息和公路突发事件相关信息，并对其进行分类、应急处理，按照授权行使指挥调度职能；负责机电设备的管理工作。

6. 计划统计部

负责编报通行费收支等各项计划并监督实施；负责各类统计资料的汇总、分析、上报和检查工作；参与各类经济合同的签订以及工程招标、评算和预、决算审查工作；参与公路大中修、基建等工程验收、工程效益评价及违约经济制裁工作。

7. 财务部

负责财务管理工作;负责资产管理工作;负责路产损失、公路占用费用及清障费用管理工作;负责办理财务结算及预算、决算业务;负责申报、合理安排并有效使用各项资金。

8. 审计部

负责对各单位资金收入、支出情况进行检查和审计;指导局直属单位开展内部审计工作;协助上级和局有关部门依法查处有关经济违规违纪行为;负责有关经济责任的审计工作。

9. 人事劳资部

负责机构编制、人事管理、劳动工资、合同管理和干部的管理工作;负责人才交流和智力引进工作;负责退休人员的管理工作。

10. 科技教育部

负责拟定科技教育发展规划并组织实施;负责科学研究与技术推广工作;负责科技信息的收集和科技资料的管理工作;负责信息化建设工作;负责学历教育和职工业务培训工作。

11. 安全办

负责管理局系统安全、社会治安综合治理工作。

12. 党委办公室

负责党群工作;负责宣传报道工作;负责精神文明建设和共青团工作;负责党员干部的培训工作;负责政策研究工作。

13. 纪检监察室

负责监督党员、干部贯彻执行党的路线、方针、政策情况;负责行风建设;负责党风、廉政教育;查处违反党纪、政纪的重大案件。

14. 工会

履行工会义务,维护职工的合法权益;参与本单位的民主决策、民主管理和民主监督;组织职工开展各种活动,负责计划生育工作。

15. 宣传办

负责对外宣传和内部宣传载体的制作。

(四)局直单位

1. 哈尔滨高速公路管理处

哈尔滨处管养路段分为哈尔滨至拉林河高速公路(简称京哈高速公路)、哈尔滨绕城高速公路两部分。

哈尔滨至拉林河高速公路是国道主干线京哈高速公路在黑龙江省境内的重要路段，路线起自黑龙江、吉林两省省界拉林河 K1137+000，止于哈尔滨市瓦盆窑 K1208+662，全长 71.662km，是黑龙江省重要的出省通道，设有收费站 5 个，互通 4 个，服务区 3 个，养护工区为双城养护工区 K1137+000（省界）~ K1208+662（哈市瓦盆窑），里程为 71.662km。

哈尔滨绕城高速公路全长 91.242km，路线起止于绥满互通（K0+000~K91+242），设有收费站 7 个，互通 11 个，服务区 2 个，养护工 2 个，养护工区分别为：隧道工区（K25+000~K71+000），里程为 46km；柳树林工区［K71+000~K91+242（K0+000）~K25+000］，里程为 45.242km。该高速公路是全省"一环五射"公路网的重要组成部分，也是连接牡丹江、佳木斯和大庆等主要城市的重要通道。

2. 方正高速公路管理处

方正处管养路段为哈尔滨至同江高速公路（简称哈同高速公路）哈尔滨至佳木斯西段。路线起自哈尔滨东收费站，止于佳木斯西收费站，主线全长 328.911km，连接京哈高速公路、绥满高速公路、鹤大高速公路，是全省"一环五射"公路网的重要组成部分，也是黑龙江省连接东部地区的重要通道。

方正管理处哈同高速公路哈尔滨至佳木斯西段，设有收费站 13 个，互通区 13 个，服务区 11 个，养护工 6 个。养护工区分别为：金家养护工区（哈东收费站~K0+000、K0+000~K52+375），里程 53.786km；宾州养护工区（K52+375~K118+729），里程 66.354km；方正养护工区（K118+729~K180+270），里程 61.541km；高楞养护工区（K180+270~K224+421），里程 44.151km；依兰养护工区（K224+421~K273+500），里程 49.079km；宏克力养护工区（K273+100~K327+500），里程 54.000km。

3. 尚志高速公路管理处

尚志处管养路段为绥满高速公路哈尔滨至牡丹江虎峰岭段。路线起自哈尔滨收费站（K463+400），止于亚布力，管养里程 235.782km。设有收费站 15 个，互通 15 个，服务区 7 个，养护工区 4 个。养护工区分别为：亚布力养护工区（K229+000~K289+000）、尚志养护工区（K289+000~K349+000）、玉泉养护工区（K349+000~K415+000）、哈尔滨养护工区（K415+000~K464+782）。

4. 五常高等级公路管理处

五常处负责 G1211 线吉黑公路哈尔滨市平房区至吉林省界段的收费、养护和路政管理等工作，管养里程 129.78km，全线属一级开放式公路，实行断面收费。

下设周家、九三、沿河 3 个收费站，周家、拉林、沿河 3 个养护工区，以及 3 个路政中队和 1 个治超中队。

5. 齐齐哈尔高速公路管理处

齐齐哈尔处管养绥满高速公路齐齐哈尔至甘南段、嫩泰高速公路齐齐哈尔至讷河段、嫩泰高速公路齐齐哈尔至泰来段。主线全长 372.4km,互通全长 47km,管养总里程 419.4km。下设 16 个收费站,7 对服务区,6 个养护工区。

嫩泰高速公路齐齐哈尔至讷河段路线起自嫩泰高速公路 K100+000,止于 K230+700,主线全长 130.7km,为双向四车道沥青混凝土路面。该段共设 3 个收费站,3 个互通区,2 个服务区,2 个养护工区。

嫩泰高速公路齐齐哈尔至泰来段路线起自嫩泰高速公路 K235+500,止于黑龙江、吉林两省交界 K373+800,主线全长 138.3km。设计速度 100km/h,为双向四车道沥青混凝土路面。该段共设 6 个收费站,5 个互通区,3 个服务区,2 个养护工区。

绥满高速公路齐齐哈尔至甘南段路线起自绥满高速公路 K770+800,止于黑龙江、内蒙古两地交界 K874+200,主线全长 103.4km,为双向四车道沥青混凝土路面。该段共设 7 个收费站,7 个互通区,2 对服务区,2 个养护工区。

6. 牡丹江高速公路管理处

牡丹江处管养路段为绥满公路(编号 G10)绥芬河至虎峰段(K13+470~K229+000)。

路段起自绥芬河收费站,止于横道河子镇虎峰岭。管理处下设有牡丹江、绥芬河、绥阳、永安、下城子、兴源、穆棱、磨刀石、海林、横道河子等共 10 个收费站,绥芬河、兴源、磨刀石、小莫(管养路段包括 G10 与 G11)、横道河子共 5 个养护工区,服务区 4 个。养护工区分别为:绥芬河养护工区(K13+470~K65+500)、兴源养护工区(K65+000~K111+600)、磨刀石养护工区(K111+600~K159+300)、小莫养护工区(K159+300~K180+000)、横道河子养护工区(K180+000~K229+000),绥满高速公路对当地经济的发展起到重大的作用。

牡丹江处管养路段为鹤大公路(编号 G11)牡丹江至复兴段(K449+329~K566+749),全长 117.42km。

路段起自牡丹江南收费站止于黑龙江、吉林两省复兴交界处,管理处下设有牡丹江南、温春、宁安、东京城、杏山、镜泊、复兴等共 7 个收费站,服务区 2 个,养护工区 3 个。养护工区分别为:小莫(管养路段包括 G10 与 G11)养护工区(K449+329~K465+500)、东京城养护工区(K465+500~K515+000)、镜泊养护工区(K515+000~K566+749)。

7. 佳木斯高速公路管理处

佳木斯处管养公路总里程 403.838km,包括主线里程 371.331km,互通里程

32.507km。管养路段共有桥梁242座,其中特大桥3座(佳木斯松花江公路大桥、富绥大桥、四丰山大桥)、大桥29座、中桥149座、小桥63座,涵洞418道。设有收费站15个、互通区12个、养护工区6个、服务区(停车区)8个,治超站1个。

哈同高速公路佳木斯至同江段路线起于佳木斯以西,止于同江市哈鱼岛疏港公路,全长244.3km。其中佳木斯至双鸭山(集贤)段路基宽度26m,桥涵设计荷载采用公路—Ⅰ级;双鸭山(集贤)至同江段采用双向四车道高速公路标准建设,路基全宽24.5m,桥涵设计荷载为公路—Ⅰ级。

富绥大桥于富锦市、绥滨县间跨越松花江,是前锋农场至嫩江公路(横二线)上的控制性工程。路线建设起点位于现同三公路上,终于吉连村南侧300m绥嘉公路上,路线全长14.444km。富绥松花江大桥及其引道采用公路—Ⅰ级标准,路基宽度23m,桥涵设计荷载为公路—Ⅰ级。

佳木斯处管养公路总里程403.838km,包括主线里程371.331km,互通里程32.507km。管养路段共有桥梁242座,其中特大桥3座(佳木斯松花江公路大桥、富绥大桥、四丰山大桥)、大桥29座、中桥149座、小桥63座,涵洞418道。设有收费站15个、互通区12个、养护工区6个、服务区(停车区)8个,治超站1个。

G11鹤大公路鹤岗至佳木斯段主线里程39.642km:其中高速公路34.891km、匝道1.95km、一级公路4.751km。

佳木斯至桦南段起于鹤大公路K99+355,止于鹤大公路K172+300,其中一级公路6.018km,高速公路66.927km,路基宽度20m,路面类型为水泥混凝土路面,汽车荷载等级为公路—Ⅰ级。

8. 大庆高速公路管理处

大庆处管养路段为大庆(卧里屯)至齐齐哈尔(宛屯)段。

绥满高速公路大庆管理处路段,路线起自大庆市卧里屯(K623+968),止于齐齐哈尔市宛屯(K771+330),养护里程148.168km(含大庆交通局5.61km)。设有收费站8个、互通5个、服务区2个、养护工区3个。养护工区分别为:外环养护工区(K623+968~K670+483)、花园养护工区(K670+483~K726+500)、三合养护工区(K726+500~K771+330)。

大庆市让胡路区至杜尔伯特蒙古族自治县公路,为半封闭一级公路,路基宽25.5m,行车道宽15m,桥涵设计荷载为汽车—超20级,挂车—120。

路线起自大庆市让胡路区庆虹桥(K0+000),止于杜尔伯特蒙古族自治县思格腾路与让杜路交叉处(K40+000),养护里程40km,设有收费站2个,养护工区1个。

9. 鸡西高速公路管理处

鸡西处管养路段为桦南至牡丹江段,管养里程为263.076km,其中:水泥混凝土路面

62.63km，沥青混凝土路面200.446km，匝道19.278km。桥梁共181座，其中大桥32座，中桥113座，小桥36座。涵洞450道。路基宽20m，行车道宽2×7.5m，桥涵设计荷载为公路—Ⅰ级。

路线起自桦南县K172+300，止于牡丹江K435+376。设有收费站8个，服务区4个，停车区1个，养护工区4个。养护工区分别为：七台河养护工区（K172+300~K234+930）、鸡西养护工区（K234+930~K302+000）、林口养护工区（K302+000~K370+000）、牡丹江养护工区（K370+000~K435+376）。

10. 伊春高速公路管理处

伊春处管养路段为鹤哈高速公路伊春至伊春与绥化交界处，全程137.035km，其中包括了4段分离式路段。

伊绥高速公路起于鹤哈高速公路K154+466，止于鹤哈高速公路K291+501，有收费站5个，互通5个，服务区2个，养护工区划分为翠峦养护工区和铁力养护工区。其中，翠峦养护工区管养里程67.034km，铁力养护工区管养里程70.001km。

伊春处管养路段为前嫩公路伊春至北安段，全程163.417km。伊春处管养的前嫩公路起于昆仑气K0+000，经跃进林场、腰店、红星农场，止于北安市赵光农场K163+417。有收费站3个，互通5个，服务区3个，养护工区划分为昆仑气养护工区、建兴养护工区、红星养护工区。其中，昆仑气养护工区管养里程56.560km，建兴养护工区管养里程56.492km，红星养护工区管养里程50.365km。

11. 北安高速公路管理处

北安处管养路段为吉黑高速公路北安至黑河段，全程245km。共有桥梁140座，其中大桥25座、中桥75座、小桥40座；下设有沾河、龙门、辰清、孙吴、西岗子、爱辉、黑河等7个收费站，建华、沾河、龙门、辰清、孙吴、西岗子、爱辉等7个互通，服务区4个、养护工区4个。养护工区分别为：讷谟尔养护工区（K661+000~K724+000）、小兴安养护工区（K724+000~K785+000）、孙吴养护工区（K785+000~K846+000）、黑河养护工区（K846+000~K906+000）。

北安处管养路段为绥北高速公路通北通垦河至北安段，前嫩高速公路北安至五大连池段，全程124km。共有桥梁98座，其中大桥8座、中桥74座、小桥16座；下设有通北、赵光、北安东、北安北、五大连池、五大连池风景区6个收费站；通北、赵光、北安东、北安北、五大连池、永丰6个互通；2个服务区，3个养护工区。养护工区分别为：赵光养护工区（K140+500~K183+000）、北安养护工区（K183+000~K221+000）、五大连池养护工区（K191+000~K234+500）。

12. 嫩江高等级公路管理处

嫩江处管养嫩泰高速公路嫩江至讷河段、加嫩公路加格达奇至嫩江段、漠北公路漠河机场至北极村段。管养总里程为362km。下设7个收费站、6个养护工区、4对服务区。

嫩泰高速公路嫩江至讷河段。路线起自嫩泰高速公路K0+000(嫩江县),止于K100+000(讷河市),主线全长100km,为双向四车道沥青混凝土路。该段共设4个收费站、2个养护工区、2对服务区、5个互通。嫩泰高速公路嫩江至讷河段是"三年决战"期间唯一的在建工程改建高速公路的项目。

加格达奇至嫩江一级公路。路线起自K0+000(加格达奇),止于嫩江县良种场与嫩泰高速公路K0+000处相连,主线全长180km。设计速度80km/h,为水泥混凝土路面和沥青混凝土路面。该段共设3个收费站、3个养护工区、2对服务区、1个停车区,是黑龙江省在内蒙古区域内投资建设的一条高等级公路,有140多公里位于内蒙古境内。其中:加格达奇至白桦段长24.8km,为水泥混凝土路面;白桦至嫩江段长155.2km,为沥青混凝土路面。

漠河机场至北极村一级公路。路线起自漠河机场K0+000,止于北极村K77+534,全长81.765km。其中主线长77.534km,金钩服务区连接线长1.373km,漠河支线长2.858km。该段为水泥混凝土路面。设1个养护工区。

13. 绥化高速公路管理处

绥化处鹤哈高速公路管养路段为呼兰区秦家至庆安铁力安邦河段,管养里程为180.788km。

路线起自庆安收费站(K313+340),经绥化东、绥化南、兴隆、康金、呼兰、赵家等7个收费管理站;管理处还下设有庆安、绥化、康金等3个服务区,3个养护工区,养护工区划分为庆安养护工区(K291+501~K354+300)、绥化养护工区(K352+960~K384+000)、康金养护工区(K456+390~K384+000)。

绥化处绥北高速公路管养路段为绥化至北安界通垦河段,管养里程为128.5km。

路线起自绥化西收费站(K10+628),经望奎、绥棱、海伦、海北等5个收费管理站;管理处还下设有海伦、望奎2个服务区,2个养护工区,养护工区为望奎养护工区(K11+000~K81+000)、绥棱养护工区(K81+000~K140+500)。

14. 高速公路应急处置救援中心

黑龙江省高速公路应急处置救援中心主要负责全省高速公路应急体系协调、重大公路灾害事件抢险救援、指挥调度及相关安全保障和应急服务工作。中心内设应急救援科、工程技术科、物资设备科、信息服务科、安全监督科、经营科、办公室、财务科、人事劳资科、党委办公室、纪检监察室等共11个职能科室。按照"区域覆盖、就近服务、整合资源、专业实施"的原则,以180km为辐射半径分别在哈尔滨、鸡西、佳木斯、北安、齐齐哈尔设立5个区域应急救援分中心,在全省范围内形成了平急结合、联动有序、反应迅捷、运转高效的公路应急救援体系。

黑龙江省高速公路应急处置救援中心自成立以来,全面落实交通部《国家区域性公路交通应急装备物资储备中心布局方案》要求,积极应对交通发展新形势、新任务,抢抓机遇、乘势而上,以推进"四个交通"发展、服务人民、奉献社会为己任,发扬"拼搏、高效、创新、求实"的工作作风,攻坚克难,锐意进取,努力开创龙江高速应急救援事业发展新局面。

第二节　高速公路收费管理

黑龙江省高速公路收费管理工作结合省情形成了独特的工作经验,出台的收费管理规定行之有效、收费保障措施实施得力。

一、黑龙江省高速公路收费管理工作经验

1. 抢前抓早：及时完成新交工通车公路收费手续的报批工作

2011年,全省公路建设13个项目交工通车,为方便审批工作,省高管局和省物价部门协调将新建项目归类成11条高速公路,共设置66个收费站;其中10个高速公路项目合计里程为1744.788km,设置63个收费站;平林、漠北和富绥大桥3个一级公路项目合计里程为163.5km,设置3个收费站。

为做好新交工公路收费手续的审批工作,确保如期收费,省高管局收费处于2011年4月中旬开始与省物价监督管理局对接,按照要求准备成本监审资料、报送相关文件,并会同省物价监督管理局成本调查队对绥北、北黑、前嫩、同集、伊绥、富绥大桥等6个项目进行实地核查。各管理处和佳木斯推进组对此项工作给予大力支持,积极与指挥部对接,查找相关资料,认真核对,协调省公路设计院对各路段车流量进行预测。经过协调沟通,按照就近合并的原则,物价部门决定在佳木斯、七台河、牡丹江、双城、绥化、齐齐哈尔、北安等9个地(市)召开11条新建高速公路、8条原有高速公路和载货车辆计重收费听证会;组织相关对接管理处陪同属地的物价部门进行了现场核查,并代物价局部门整理了听证相关文件。审批文件已于2011年11月1日开始执行,新建高速公路66个收费站和省高管局收费许可证全部申领完成。

2. 及时规范：顺利实现新交工高速公路收费

(1)组织收费业务培训。自2011年初开始组织相关管理处对新招录的收费人员,以及从呼兰养路总段、大庆市交通局转岗的600余名收费人员进行培训。

(2)协调联网测试。确定收费日期以后,省信息中心和科研所有关人员给予了大力

支持,立即进驻齐齐哈尔分中心,用近半个月的时间完成了收费机电设备调试和联网收费费率测试。

（3）现场协调部署。2011年3月3日协调省信息中心、科研所和有关建设单位在齐北管理处召开收费准备联合会议,研究部署收费的具体工作。

（4）督导封闭道口。大庆外环交工以后,出现了40余处可以逃费的道口,经省交通厅协调,确定先由肇东管理处进行封闭。肇东管理处连夜雇用4台大型挖掘设备,采取临时措施全部封闭了逃费道口,省路政局大庆处给予了大力配合。

3. 统一费率:收费方式更加科学合理

2011年11月15日,全省在用高速公路一次成功更换新费率,并按照交通运输部指导意见,在高速公路范围内全面实施计重收费。为加快收费公路管理信息化步伐,提高车辆通行能力,及时启动了电子不停车收费系统建设项目,已完成了10个收费站20条ETC车道的建设。

哈同等8条原有高速公路统一收费标准的成本监审、价格听证会议。全省高速公路的收费标准在全国范围内处于较低的水平,而且各路段标准不一,以3型车为例,每公里收费标准在0.85～0.97元之间。省交通运输厅决定参照吉林省的收费标准进行统一,一至五型车分别调整为每公里0.45元、0.80元、1.10元、1.45元和1.65元,除1型车略有降低外,其他各型车有15%～36%的增幅。同时还调整超限加收通行费政策,实施规范的计重收费,基本费率由0.09元/(t·km)调整为0.07元/(t·km)。

顺利完成全省高速公路费率统一及货运车辆实施计重收费工作。根据省交通运输厅、省财政厅、省物价监督管理局有关批复文件,全省在用高速公路和新建高速公路实施统一的费率标准,客运车辆按车型、货运车辆按计重收取车辆通行费。费率统一后,不仅方便车主计算出行成本,而且对空载货运车辆和小型车辆,运输集装箱的车辆给予一定幅度的优惠。

4. 制定对策:复式收费解决车辆拥堵问题

由于车辆保有量持续增加,导致了绕城高速公路群力站、瓦盆窑站、成高子站、哈同高速公路哈东站、哈牡高速公路海林站等出现不同程度的车辆拥堵现象。按照省交通运输厅的指示精神,组织召开专题会议进行研究,迅速制订解决方案。通过采取高峰期开启所有收费车道进行复式收费,利用便携机收费,制定收费车队集中交费管理办法,加快站区改造力度,施工中要求形成简单的通行能力,增加提示性标志等得力措施,使车辆通行压力得到有效缓解,较好地解决了车辆拥堵问题。

5. 应收不漏:集中开展打逃专项治理

全省高速公路行驶的大货车利用倒卡、垫秤、冲秤、闯岗等形式逃缴通行费现象呈多发态势,并有逐步蔓延的趋势。省高管局决定在全省收费公路开展多次专项打击逃费行动,有效遏制倒卡、闯岗等逃费势头,严肃法纪,净化收费环境。为此,成立了高速公路打击逃费行为领导小组,并按区域成立4个督导组,全面开展工作,使治理打击逃费行动形成常态。做到以法律为依据、以制度为保障、以科技为手段、以宣传造声势,建立多方联动机制,达到高速公路收费应收不漏的效果。为使打逃专项行动取得预期效果,时任高管局局长王刚多次亲临一线坐镇指挥。针对各收费站地域特点详细研究对逃费、超限现象的治理措施。

为加大治理逃费力度,省收费局成立专门职能部门,会同路政、航运公安以及地方公安机关,联合作战、集中打击,对车辆倒卡逃费以及冲称、垫称、跳称、扭秤、夜间闯关逃费行为进行全面治理,联动机制和常态治理的机制逐步形成,治理逃费的效果将日益显现。

6."绿色通道":真正建成普惠民生的快车道

为保证"绿色通道"畅通便捷,省高管局采取了设置专用通道、强化路面养护、冬季快速除雪、紧急救援清障、专人指挥疏通等多项措施,取得了良好效果。

为更好地贯彻落实国家三部委《关于进一步完善鲜活农产品运输绿色通道政策的紧急通知》,自2010年12月1日零点起,全省将境内所有收费公路全部纳入鲜活农产品运输"绿色通道"范围之内,对整车合法装载运输鲜活农产品的车辆一律免收车辆通行费,并将马铃薯、甘薯、鲜玉米、鲜花生等新增列入"绿色通道"品种目录。为使鲜活农产品运输车辆高效、快捷的通行,省高管局要求各收费站,做到"一准,三快",即:准确把握鲜活农产品种类,快速验货,快速确认,快速放行。在开设"绿色通道"专用车道的同时,采取"一看、二问、三查、四确认"的工作流程,形成了一套行之有效的鲜活农产品免费放行工作程序。

二、省内高速公路收费管理规定

《黑龙江省高速公路管理条例》已由黑龙江省第十二届人民代表大会常务委员会第六次会议于2013年10月18日通过并公布,自2014年1月1日起施行。

(1)高速公路管理机构、高速公路经营企业应当在收费站的显著位置,设置载有收费站名称、收费单位、收费标准、收费起止年限、审批机关和监督电话等内容的公示牌,接受社会监督。

(2)高速公路应当实行计算机联网收费。对驶入高速公路的货运车辆,按照计重方式收费,对客运车辆,按照车型方式收费。具体办法由省交通运输行政主管部门会同省财政、价格主管部门制定。

(3)通行高速公路的车辆应当按照设定的交费方式交纳车辆通行费。收费人员需要识别车辆收费类型时,车辆驾驶人应当出示相应的有效证件。

(4)高速公路管理机构、高速公路经营企业应当制定计划,建设高速公路联网电子不停车等智能收费系统,提高高速公路通行效率。

已建高速公路收费道口数量不能满足车辆安全、快速通行的,应当采取措施增设收费车道或者采取调整进出收费车道、启用便携式收费机等应急措施对车辆进行疏导。

(5)车辆通过高速公路收费站时,不得有下列妨碍高速公路交费通行秩序的行为:

①逃交、少交、拒交车辆通行费;

②调换或者使用伪造的高速公路通行凭证;

③强行冲闯高速公路收费站;

④故意堵塞高速公路收费道口;

⑤侮辱、威胁、殴打高速公路收费人员;

⑥以各种非法方式妨碍计量器具正常计重或者干扰联网收费系统正常运行;

⑦其他妨碍高速公路交费通行秩序的行为。

(6)高速公路、高速公路用地、高速公路建筑控制区广告经营权归高速公路管理机构、高速公路经营企业。

高速公路广告设置不得影响安全视距,具体办法由省交通运输行政主管部门依据国家规定和标准制定。

三、高速公路收费保障措施

近年,收费工作面临前所未有的困难和压力。面对严峻的形势,省高管局主要采取了7项硬性措施,确保全年收费任务的完成。

1. 开展专项行动,整顿收费秩序,优化收费环境

通过开展收费稽查专项行动、"零点夜查"行动、打击倒卡、闯岗专项整治行动,全面打赢收费攻坚战等整治行动,以及建立打击偷逃通行费联席会议制度,联合交通系统其他执法部门重拳出击,形成保收费"组合拳",各种违法逃费行为得到了有效的遏制。

2. 完善各项管理,引入竞争机制

省高管局相继出台《收费人员考评管理制度(试行)》《收费站考核评比管理办法》等8个管理办法,通过推进星级收费站、星级收费员、季度收费能手考核和评比,建立奖惩机制,极大地激发了收费员工的工作积极性,促进了收费工作的开展。

3. 落实责任制,深入基层

在连续的专项整治行动中,省交通运输厅领导高度重视、局处领导都带领机关人员分段包片、包站蹲点奋战在一线。分管收费工作的局领导,深入收费第一线,调查研究,分析形势综合数据,为主要领导当好参谋。

4. 加强路网收费稽查和收费检查工作

为强化路网管控和稽查,省高管局组织开展全省高速公路联网范围内的联合稽查、日常稽查、专项稽查,指导、监督和考评全省高速公路联网稽查工作。加强对局直单位和行管单位开展互检互查,联合稽查。规范了通行费征收管理,通过检查明确了责任并建立了长效机制,严格通行费减免,建立良好的收费秩序。

5. 强化行业管理职能,行业监管工作迈上新台阶

抓住地方高速公路并入全省路网的契机,按照省交通运输厅党组提出的对全省收费公路实行统一行业管理的要求,切实履行行业管理职责。

6. 确保新交工路段收费手续报批及收费前各项准备工作如期完成

克服机电安装未完毕、人员服装未到位、新招录人员培训时间短、收费软件调试急等各种困难,就是要力争新路早日收费,进一步开拓费源。同时积极协调省财政、物价部门做好"让杜公路"收费手续主体变更工作。

7. 完成了"星级收费站""星级收费人员"考核工作,提升了全系统收费工作管理水平和服务水平

通过每季度收费能手竞赛活动的奖惩兑现,年度星级收费站、星级收费人员评比考核,充分调动广大一线职工的工作积极性,提升了全系统收费工作人员的工作热情。

四、高速公路收费情况

高速公路收费情况分为计重收费前全省收费公路收费标准、规范高速公路车辆通行费收费标准两大类。

(一)计重收费前全省收费公路收费标准

1. 哈尔滨高速公路管理处

哈尔滨处所管养公路自2001年正式通车运行以来,管养里程由最初的100.4km增长至目前的163km,收费管理的规范化、制度化、科学化水平也日益提升,收费方式也伴随着社会经济形势的变化、高科技的应用等,经历了不断改进、升级的历程。

(1)断面收费情况

①省交通厅于2001年9月将原102国道黑龙江段公路的管养任务及人员一并移交哈尔滨管理处。102国道黑龙江段属二级路,其收费方式为断面收费。该路段设有兰陵、平房两个收费站。

②102国道黑龙江段于1991年5月通车运营,是黑龙江省公路通往北京,连接外省市的交通要道。20世纪90年代,黑龙江省根据交通部统一部署,先后对102国道黑龙江段

进行了三次重点建设,重建后公路昼夜交通量为 7500 台次,平均行车速度达 80km/h 以上,以公路标志、标线齐全鲜明,公路绿化点线结合、乔灌结合、花草结合等,构建了一条景物交织、畅洁绿美的窗口公路,成为 20 世纪 90 年代黑龙江重点建设的文明样板路。

③按照国家取消二级公路收费的有关文件精神,102 国道黑龙江段在运营收费 18 年之后,于 2008 年 12 月停止收费。停止收费后其人员全部归属哈尔滨管理处。

(2)支线收费情况

哈尔滨处所管养的京哈高速公路及哈尔滨绕城高速公路全线有 12 个收费站,除了瓦盆窑收费站位于公路起点、拉林河收费站位于省界之外,其余 10 个收费站均位于互通区内,属于支线收费。

①收费方式的变化。2001 年 9 月,京哈高速公路及哈尔滨绕城高速公路通车运营之初,因主干线拉林河站未开通及收费系统未联网等原因,各站采用通行票据的方式开展收费工作。既入口收费,微机打印通行费票据;出口收费员审核通行费票据并放行车辆。2002 年 9 月 10 日,公路 IC 卡系统在全线已开通的收费站中正式启用。收费方式改为入口发放含有车号、车型、入口站、入口时间等信息的通行卡,出口收费。

②收费站点的变化。京哈高速公路及绕城高速公路在 2001 年 9 月通车运营之初,设有东风收费站、哈成收费站、绥满收费站、黑大收费站、瓦盆窑收费站、双城收费站、兰棱收费站、拉林河收费站等 8 个收费站;2002 年 9 月拉林河站开通,标志着京哈高速公路全线通车;2004 年 10 月,开通西环群力收费站、秦家收费站(临时),取消柳树林收费站;2009 年 9 月,哈尔滨绕城高速公路秦家至东风路段建成,根据黑交发〔2009〕306 号文件规定,于 10 月份增设了松北、哈肇、五星 3 个收费站和 1 个隧道管理站,哈尔滨绕城高速公路至此全线贯通。另外,根据黑交发〔2002〕248 号文件要求,2002 年 7 月东风收费站更名为团结收费站,兰陵收费站更名为石家收费站,黑大收费站更名为朝阳收费站,哈成收费站更名为成高子收费站,绥满收费站更名为柳树林收费站;2008 年 4 月,秦家收费站停止收费;2010 年 12 月,团结收费站由 K74+800 处迁址至 K75+350 处,更名为长江路收费站。

③由于 2009 年 10 月哈尔滨绕城高速公路实现全线贯通、2011 年全省联网公路里程的增加及计重收费等原因,长距离的大型货运车辆的通行费大幅增加,偷逃费车辆日渐猖獗。为此,管理处于 2009 年开始展开整治、打击车辆逃费工作,此后每年都会开展大规模的打逃专项行动。并于 2013 年成立行政执法稽查大队,专项从事打逃及整治各类违法逃费行为。根据统计,2011 年至 2015 年 6 月,合计查处逃费车辆 293 台次,补交通行费 335062 元,罚款金额 2410813 元,对各类违法逃费车辆予以了严厉打击。

(3)计重收费情况

①为有效遏制超限运输对公路设施造成的损害,规范道路货物运输秩序,切实保障公路交通安全畅通,哈尔滨管理处根据收费管理局下发的《黑龙江省公路载货类机动车超

限部分加收车辆通行费实施工作方案》的指示精神,于2009年1月1日,对载货类车辆实施超限加收。当年处罚超限车次610657台,加收金额4640万元。

②2011年11月,哈尔滨管理处根据《黑龙江省高速公路联网收费管理办法》《黑龙江省高速公路计重收费实施办法(试行)》《关于制定全省新建高速公路车辆通行费标准的通知》和《规范全省在用高速公路车辆通行费标准的通知》等文件精神,并按照省高管局有关工作的安排部署,对载货类机动车实施计重收费。计重收费标志着黑龙江省高速公路收费结束了标准不一的局面。

③以计重收费取代之前按车型收费的收费方式,规范了货运市场经济秩序,保护了公路桥梁,保障了交通安全畅通,有效杜绝了货运车辆因"大吨小标"而导致的偷逃费行为。同时,按照实际测量的车货总质量收取车辆通行费,使车辆的通行费支出与其对公路的磨损程度成正比关系,真正体现了"多用路者多交钱、少用路者少交钱"要求,确保了车辆在交纳通行费上的公平合理。

(4)绿通车辆免费放行情况

①2006年9月,根据省交通厅《关于对我省鲜活农产品运输车辆减免通行费的意见的复函》(黑交函〔2006〕55号)文件要求,哈尔滨管理处各收费站为运输鲜活农产品的车辆开设了"绿色通道",以确保鲜活农产品运输车辆优先快速通过,但不予免费放行。

②2008年1月,根据交通部下发的《关于鲜活农产品运输"绿色通道"政策调整工作的通知》、省交通厅下发的《关于做好春节前鲜活农产品运输绿色通道有关工作的紧急通知》(黑交发〔2008〕25号)以及《关于延长鲜活农产品运输绿色通道应急机制时限的紧急通知》(黑交发〔2008〕42号)文件要求,依据交通部关于鲜活农产品界定的范围,哈尔滨管理处各收费站对通行的整车合法装载的鲜活农产品运输车辆,经收费人员核验确认后,一律免缴车辆通行费。

③为确保"鲜活农产品绿色通道减免车辆通行费"政策得到有效落实和执行,哈尔滨管理处于2008制定下发了《鲜活农产品绿色通道减免车辆通行费放行细则》,于2010年制定下发了《鲜活农产品绿色通道减免车辆通行费放行制度》。同时,为打击假冒"绿通"车辆,管理处在全线各站安排了专职"绿通"查验员,并由行政执法稽查大队及路政人员在"绿通"车辆较多的瓦盆窑及拉林河等收费站24h全程协助验货,严厉查处假冒及不符合规定的绿通车辆。

(5)联网收费情况

①2004年9月,省交通厅印发《黑龙江省高速公路联网收费系统管理准则(试行)等管理办法》。该《办法》对路网内通行的机动车辆实行一卡通联网收费,并将车辆车型重新分类,调整车辆通行费征收标准。哈尔滨管理处严格落实并执行有关规定。

②2011年10月,根据省交通运输厅、省财政厅、省物价监督管理局下发的《关于印发

黑龙江省高速公路联网收费管理办法的通知》(黑交发〔2011〕479号)文件、《关于印发黑龙江省高速公路计重实施办法(试行)的通知》(黑交发〔2011〕482号)文件以及《关于继续执行全省高速公路车辆通行费收费标准的通知》(黑交发〔2011〕484号)规定,哈尔滨管理处按照省高管局统一安排部署,于11月15日零时执行新的全省高速公路联网收费管理办法、计重收费实施办法、高速公路车辆通行费标准等新的标准和规定。

③2015年10月1日,哈尔滨管理处建成并投入使用ETC不停车收费设备,该系统与全省、全国联网。

2. 方正高速公路管理处

(1)1997年9月1日,哈同公路哈尔滨至佳木斯段二级汽车专用公路开通收费。共9个收费站:金家站、宾州站、会发站、方正站、高楞站、达连河站、依兰站、佳西站(其中金家站、佳西站采用断面收费),另有宾哈辅线东风收费站(断面收费)。审批文件为《关于印发102国道哈同公路哈尔滨至佳木斯段车辆通行费征收管理办法的通知》(黑交发〔1997〕136号、黑财综字〔1997〕102号、黑所联字〔1997〕53号)。

(2)1999年9月1日,哈同公路佳木斯至集贤段开通收费,增设安庆收费站、集贤收费站,佳西收费站迁址至匝道收费,集贤收费站为断面收费;9月28日,宾哈辅线改造升级开通收费,增设二龙山收费站(断面收费);审批文件为《关于印发同三公路宾哈辅线、佳木斯至集贤段及依宝公路依兰至勃利段公路收费标准的通知》(黑财综字〔1999〕101号、黑交发〔1999〕164号)。

(3)2002年7月1日,根据省交通厅指示接收大榆树收费站、忠胜收费站、同江收费站。2002年10月1日,鹤大公路通车,哈同公路增设万兴收费站;审批文件为《关于哈同公司设立万兴收费站的批复》(黑财综〔2002〕102号)。

(4)2004年11月16日,哈同高速公路哈尔滨至方正段竣工,增设宾西收费站、常安收费站、摆渡收费站;审批文件为《关于调整哈同公路哈尔滨至方正段车辆通行费征收标准和增设收费站的批复》(黑价联字〔2004〕91号)。

(5)2005年10月1日,哈同高速公路方正至佳木斯段竣工,增设宏克力收费站;2006年1月13日,哈同高速公路区域联网实行卡式收费;审批文件为《关于哈同公路哈尔滨至集贤段车辆通行费有关问题的批复》(黑财综〔2006〕5号)。

(6)2009年1月1日,哈同高速公路开始实行货运车辆计重收费。审批文件为《关于印发黑龙江省公路载货类机动车超限部分加收车辆通行费实施办法(试行)的通知》《黑龙江省公路载货类机动车超限部分加收车辆通行费宣传工作方案》《黑龙江省公路载货类机动车超限部分加收车辆通行费紧急情况处置预案》(黑交发〔2008〕412号)。

(7)2009年4月30日,根据上级指示,宾哈辅线(东风收费站、二龙山收费站)、哈同公路(忠胜收费站、大榆树收费站、同江收费站)二级公路收费站停止收费。审批文件为

《黑龙江省交通厅办公室关于转发黑龙江省人民政府第十一次专题会议纪要和交通运输部关于做好取消政府还贷二级公路收费宣传工作的通知》（黑交发〔2009〕31号）。

（8）2010年7月1日哈同高速公路增设方通收费站。审批文件为《关于增设哈同公路方通收费站（匝道）的批复》（黑交发〔2009〕268号）。

（9）2010年11月30日，哈同高速公路哈尔滨至集贤段与省内其他高速公路实行联网收费。同日，原金家站搬迁更名为哈尔滨东收费站。审批文件为《关于同意金家收费站团结收费站迁址更名及撤销隧道收费站的批复》（黑交发〔2010〕384号）。

（10）2011年12月27日，省高管局实行区域化管理，原佳木斯管理所（万兴收费站、安庆收费站、集贤收费站）划归佳木斯管理处。

目前，方正处管辖的收费站有哈尔滨东收费站、宾西收费站、宾州收费站、常安收费站、摆渡收费站、会发收费站、方通收费站、方正收费站、高楞收费站、达连河收费站、依兰收费站、宏克力收费站、佳西收费站，其中哈尔滨东收费站为断面收费站，其他收费站均为匝道收费站。

3. 尚志高速公路管理处

（1）收费方式的改进历程

①1989年10月至2004年9月，小岭、尚志收费站为断面收费。

②2004年9月至今，小岭、尚志收费站改为支线收费。

③2005年10月至今，实行全省联网收费。

④2011年11月至今，实行货车计重收费。

（2）创新管理模式、实行散卡管理

2012年12月以平山站为试点开始全处推行散卡管理，截至目前也是全省唯一实行散卡管理的单位。实行散卡管理以来，尚志处从根本上解决了由于卡机、卡夹故障率高导致的站区堵车现象。节省了收费亭内操作空间。通过软件查询核对有效杜绝了通行卡的流失，由原年亏卡上万张变为年通行卡内部调配后基本平衡。

（3）全局范围内首先安装闯岗逃费阻车器

2012年2月起从货车流量较大、闯岗逃费较多的亚沟站、阿城站开始全处陆续加装出口阻车器。运行效果理想，有效震慑了不法逃费，有效打击当地闯岗逃费车辆。

4. 五常高速公路管理处

断面收费由二级公路转为一级公路。

（1）二级公路阶段收费情况

五常处于2001年10月19日成立，主要负责国道202线黑河至大连公路黑河至北安段，及吉黑公路拉林至五常至省界段收费工作。收费里程308.79km，其中一级公路

43.21km,二级公路265.58km,均为开放式公路,采取断面半自动收费方式。五常处实行处、站二级管理模式。下设黑河、曹集屯、孙吴、小兴安、讷谟尔、拉林、牛头山大桥7个收费站。

2009年4月30日24时(即5月1日零时),按照取消政府还贷二级公路收费的规定,已全部取消收费。

(2)一级公路阶段收费情况

五常处负责G1211吉黑公路平房至拉林至五常至省界段的收费工作,收费里程129.78km,为一级开放式公路。下设3个收费站,采取断面半自动收费方式。

①吉黑公路拉林至五常至省界段,全长78.58km。本着收费还贷的原则,设立九三、沿河两个收费站,经过成本监审、召开定价听证会等法定程序,于2009年9月17日在《黑龙江日报》刊登公示,经省政府批准,由省交通运输厅、省财政厅、省物价监督管理局联合发文(黑交发〔2009〕266号),正式收费运营。

②吉黑公路平房至拉林段,全长51.2km。设立周家收费站,经过法定程序,于2011年12月15日在《黑龙江日报》刊登公示,经省政府批准,由省交通运输厅、省财政厅、省物价监督管理局联合发文(黑交发〔2011〕531号),正式收费运营。

5. 齐齐哈尔高速公路管理处

齐齐哈尔处成立后于2001年10月15日开通收费。除富裕收费站为碾北支线外,其他收费站都是断面收费[省财政厅、省物价监督管理局、省交通厅《关于印发哈尔滨至拉林河高速公路、碾子山至北安公路、齐齐哈尔至甘南公路车辆通行费征收管理办法的通知》(黑财综〔2001〕76号)]。

根据黑财综〔2001〕76号文件规定,收费标准暂定一年,一年后根据省物价局、省财政厅、省交通厅《关于齐甘公路、碾北公路征费标准的批复》(黑价联〔2003〕6号)文件,公司继续执行省物价监督管理局、省交通厅、省财政厅黑财综〔2001〕76号文件所规定征费标准至2005年末,并同意将克东收费站更名为金城收费站。

2007年新增京加公路齐齐哈尔至讷河段,主线全长124.79km,采用一级公路技术标准,即中和收费站和拉哈收费站[省交通厅、省财政厅、省物价监督管理局《关于印发京加公路齐齐哈尔至讷河段车辆通行费征收管理办法的通知》(黑交发〔2007〕362号)]。

自2009年1月1日起对载货机动车超限部分加收车辆通行费,试行期一年。收费方式和收费标准依据[省交通厅、省财政厅、省物价监督管理局《关于印发黑龙江省公路载货类机动车超限部分加收车辆通行费实施办法(试行)的通知》(黑交综〔2008〕412号)]执行。

2009年5月1日黑龙江取消政府还贷二级公路收费,齐齐哈尔管理处共取消13个收费站,只剩中和收费站、拉哈收费站两个一级路收费站。

齐齐哈尔处中和收费站和拉哈收费站两个站继续执行载货类机动车超限部分加收车辆通行费[省物价监督管理局、省财政厅、省交通运输厅《关于继续执行黑龙江省公路载货类机动车超限部分加收车辆通行费的函》黑价联函字(〔2010〕1号)]。

2010年3月5日齐齐哈尔至嫩江段开始征收车辆通行费,共设冯屯收费站、富裕收费站、拉哈收费站、讷河收费站、老莱收费站5个匝道收费站[省交通运输厅、省财政厅、省物价监督管理局《关于嫩泰公路齐齐哈尔至嫩江段征收车辆通行费的批复》(黑交发〔2010〕290号)]。

齐齐哈尔处对齐齐哈尔至泰来段征收车辆通行费,共设昂昂溪收费站、大兴收费站、江桥收费站、塔子城收费站、泰来收费站5个匝道收费站及街基收费站[(省界断面)(省交通运输厅、省财政厅、省物价监督管理局《关于嫩泰公路齐齐哈尔至泰来段征收车辆通行费的批复》(黑交发〔2010〕291号)]。

以上11个收费站于2011年3月5日并入省内高速公路网实行联网收费,对载货类机动车超限部分加收车辆通行费。

2011年11月15日,绥满公路齐齐哈尔至甘南段正式通车收费,共设建华收费站、奈门沁收费站、共和收费站、长山收费站、甘南收费站5个匝收费站及黑蒙界收费站[(省界断面)(于2012年11月1日通车收费)(省交通运输厅、省财政厅、省物价监督管理局《关于制定全省新建高速公路车辆通行费标准的通知》(黑交发〔2011〕483号)]。

依据省交通运输厅、省财政厅、省物价监督管理局《关于印发黑龙江省高速公路计重收费实施办法(试行)的通知》(黑交发〔2011〕482号)文件,对载货类机动车按计重收取车辆通行费。

在绥满高速公路齐齐哈尔段增设卜奎收费站(匝道),卜奎收费站于2015年5月18日通车收费[省交通运输厅、省财政厅、省物价监督管理局《关于增设绥满高速公路卜奎收费站并收取车辆通行费的批复》(黑交发〔2015〕77号)]。

在嫩泰高速公路齐齐哈尔齐杜路互通区增设水师营收费站(匝道),水师营收费站于2015年12月1日通车收费[省交通运输厅、省财政厅、省物价监督管理局《关于设立嫩泰高速公路齐齐哈尔水师营收费站并收取车辆通行费的批复》(黑交发〔2015〕360号)]。

目前齐齐哈尔处共管辖17个收费站,其中主线收费站2个,匝道收费站15个。

6. 牡丹江高速公路管理处

牡丹江管理处自1995年10月建立以来,从建立初期的二级公路断面收费到至今的高速公路联网收费,经过了断面收费、部分封闭式收费、部分二级公路停止收费、改扩建为高速公路联网收费、货车超限加收通行费及联网计重收费等历程。

(1)断面收费

①为迎接1996年冬季亚运会,尽快改善我省公路状况,发展我省公路交通事业,改道

新建了绥满公路绥芬河至绥阳段、虎峰至横道河子段高等级汽车专用公路。1994年12月25日根据省交通厅、省财政厅、省物价局联合文件要求,对绥满公路绥芬河至绥阳段、虎峰至横道河子段收取车辆通行费,并设置有绥芬河收费站、横道河子收费站,隶属于黑龙江省高等级公路管理局直接管理。

②绥满公路绥芬河至磨刀石段原有一条道路由于等级低、路况差,早已不适应我省经济发展的需要,为尽快改善我省公路路况,创造良好的交通环境,促进我省公路交通事业和经济的发展,1993年到1995年10月将原有的普通公路改建为二级公路。设有绥芬河收费站、磨刀石收费站。

③1995年10月牡丹江管理处成立,将绥芬河至绥阳段、虎峰至横道河子段高等级汽车专用公路,绥芬河到磨刀石二级公路划归牡丹江管理处管理。

(2)封闭式收费

1997年8月牡丹江至横道河子段改扩建完工,按省交通厅、省财政厅、省物价局联合文件要求,于8月15日剪彩通车收取车辆通行费,该段为全封闭高等级公路,实行断面收费,设置有横道河子收费站、海林收费站、牡丹江收费站,隶属于牡丹江管理处管理。

(3)撤销二级公路收费

根据国家有关撤销全国二级公路收费的规定,按照省政府要求,牡丹江管理处在2009年5月1日零时停止二级公路绥芬河收费站、磨刀石收费站的收费工作,并及时拆除两收费站。

(4)联网收费

①2003年9月为建设鹤大公路鸡西至牡丹江段及绕行牡丹江线的需要,在牡丹江辖区新设置了小莫收费站,并由牡丹江管理处负责管理。

②根据厅党组会议决定,2006年10月把已联网的原东绥公司下辖的一面坡收费站、苇河收费站、亚布力收费站划归牡丹江管理处管理。

③由于亚布力至牡丹江段是国道主干线,是绥满公路的重要组成部分。根据2007年9月29日省交通厅、省财政厅、省物价局联合文件规定要求,将已建完工的亚布力至横道河子段至牡丹江段统一并入高速公路联网收费,亚布力至横道河子段中间新设置了明新收费站。

④2011年11月牡丹江管理处管辖的四个收费站:一面坡站、苇河站、亚布力站、明新站由于实行区域化管理,划归回哈尔滨处管理(现在的尚志处)。

(5)货车超限加收通行费

为有效遏制超限运输对公路设施造成的损害,规范道路货物运输秩序,确实保障公路交通安全畅通。根据省交通厅、省财政厅、省物价局黑交发〔2008〕412号联合文件规定要求,2008年11月28日开始对载货类机动车超限部分加收车辆通行费工作。

(6)新建、在用联网收费、计重收费

①为加快全省高速公路建设步伐,经省委省政府批准自2009年至2011年12月对新建高速公路建设进行"三年决战"。2011年10月根据省交通运输厅、省财政厅、省物价局黑交发〔2011〕479号、483号、484号联合文件规定,牡丹江管理处除在用联网收费的牡丹江站、海林站、横道站外,新增了G10牡丹江至绥芬河段,新增收费站:绥芬河站、绥阳站、永安站、下城子站、兴源站、穆棱站、磨刀石站7个收费站。G11牡丹江至复兴段,新增收费站:牡丹江南站、温春站、宁安站、东京城站、杏山站、镜泊站、复兴站。共计新增14个收费站全部并入全省高速公路网,在并入全省联网收费同时撤销牡丹江绕行线小莫收费站。

②根据省交通运输厅、省财政厅、省物价局黑交发〔2011〕482号联合文件规定,所有联网收费的收费站全部实行计重收费。

7. 佳木斯高速公路管理处

鹤佳汽车专用公路于1994年10月建成通车并收取通行费。管理处所属4个收费站即鹤岗收费站、鹤立收费站、江口收费站、佳木斯松花江公路大桥收费站(简称佳桥站)。

鹤岗、鹤立、江口三个收费站的收费方式为入口售定额手工票据,出口人工验票。佳桥站实行双向收费和人工验票。

1998年鹤岗、鹤立、江口、佳桥4个收费站实行微机收费。

2001年10月,鹤佳公路扩建工程竣工,鹤佳汽车专用公路升级为高速公路。鹤岗、鹤立、江口随之采用卡式收费,入口领卡,出口收费。

2004年12月31日,佳桥站收费期满,停止收费。

2009年鹤佳高速公路所属鹤岗、鹤立、江口3个收费站实行计重收费。

2011年全省高速公路实行区域化管理后,组建了省佳木斯高速公路管理处,管理处管辖收费站扩至17个。其中,佳木斯至同江段、佳木斯至曙光段12个收费站采用的是微机联网收费,富绥大桥收费站采用的是断面收费(未联网);鹤佳高速公路鹤岗、鹤立、江口3个收费站仍采用卡式收费(未联网)。

2015年9月,ETC万兴自营网点开通。

8. 大庆高速公路管理处

黑龙江省大庆高速公路管理处,隶属于黑龙江省高速公路管理局,2002年9月20日成立,主要负责大庆至齐齐哈尔高速公路和让胡路至杜尔伯特一级公路的收费、养护、路政、经营等管理工作,总管养里程为188.17km。

(1)大齐公路于2002年9月一级公路开始通车运营,2011年3月实现高速公路联网收费。大庆高速公路管理处运营14年来,累计完成车辆通行费征收18.66亿元,通行车流量8000万台次,通行费征收、通行车流量实现年均34%、50%的双位数增长。

2011年通行费首次突破亿元大关,达到1.28亿元,同比增长37.9%,2013年通行费突破2亿元,三年实现两大步,同时实现收费员人均百公里收费120万元的目标,创历史新高。

(2)大齐公路收费方式由2002年按车型收费,逐步升级为客车按车型收费、货运车辆计重收费。收费标准客车基准价为0.45元/km,货车基准价为0.09元/(t·km)。实行此标准对空载货车及不超载车辆给予一定的价格优惠。对于超载30%以下的货车实行3倍线性增长费率,对于超载30%以上的车辆实行6倍线性增长的惩罚性费率。

(3)2011年10月,根据省交通运输厅、省财政厅、省物价监督管理局下发的《关于印发黑龙江省高速公路联网收费管理办法的通知》(黑交发〔2011〕479号)文件、《关于印发黑龙江省高速公路计重实施办法(试行)的通知》(黑交发〔2011〕482号)文件以及《关于继续执行全省高速公路车辆通行费收费标准的通知》(黑交发〔2011〕484号)文件规定,大庆管理处按照省高管局统一安排部署,于11月15日零时执行新的全省高速公路联网收费管理办法、计重收费实施办法、高速公路车辆通行费标准等新的标准和规定。

(4)2015年10月1日,大庆管理处建成并投入使用ETC不停车收费设备,该系统与全省、全国联网。

9. 鸡西高速公路管理处

鸡西处收费方式从最开始的断面收费不断改进发展,升级到现在的计重联网收费。

(1)断面收费情况

①依勃管理处成立于1999年,同年9月依宝公路(S308)依兰至勃利段开始开通运营,公路等级为二级。依勃管理处管养里程共计108.6km。收费方式为断面收费,实行人工半自动化收费。该路段共设3个收费站,分别是古城站、永顺站、勃利站。

②2002年9月鹤大公路(G201)佳木斯至七台河段开通运营,公路等级为一级。根据(黑编〔2002〕127号)文件,依勃公路管理处更名为鹤大高等级公路管理处,同时负责依宝公路(S308)依兰至勃利段、鹤大公路(G201)佳木斯至七台河段的车辆通行费征收管理工作。该路段设有西格木站、明义站、七虎力站和西长发站共4个收费站。收费方式为断面收费,采取人工微机售票,按车型收费,管理模式为处、站两级管理模式。

③2003年10月鹤大公路(G201)鸡西至牡丹江段开通收费,公路等级为一级,该路段共设4个收费站,分别是鸡西站、林口站、柳树站和青梅站。收费方式为断面收费,入口收费员按车型收费。收费方式仍为断面收费,采取人工微机售票,入口按车型收费,管理模式为处、站两级管理模式。

④2004年鹤大公路(G201)七鸡段原鸡西交通局所属东风站和兴农站归属鹤大处管理。其中,滴道至兴农为一级公路,兴农至东风为二级公路,收费方式为断面收费,仍为入口收费员按车型计费,出售微机票。

⑤按照国家取消二级公路收费的有关文件精神,2009年5月1日起依宝公路(S308)依兰至勃利段和鹤大公路(G201)七鸡段停止收费,停止收费后撤销了古城站、永顺站、勃利站、东风站和兴农站。鹤大处按照《黑龙江省收费公路管理局关于印发取消政府还贷二级公路收费工作实施方案的通知》(黑收路发〔2009〕31号)要求对取消的收费站点收费设施进行了拆除和路面恢复工作,并对固定资产进行了清查。取消收费后各站人员仍归鹤大处管理。

⑥鹤大公路管理处自1999年至2011年收费方式一直为断面收费,其间鹤大处通过采取科学的管理方式,不断深化管理体制改革,在不断探索改进中形成一套完整的收费管理体系,先后制定了《鹤大公路管理处收费人员管理制度》和《鹤大公路管理处收费人员收费操作规程》,使收费管理不断朝着规范化、制度化、科学化迈进。同时,鹤大公路管理处一直坚持优质服务是生命线的服务原则,不断加强职工队伍素质建设和窗口形象建设,每年定期开展收费会战活动和优质服务竞赛活动,达到了"双提双效"的目的,实现了收费额连年增长的目标。鹤大处1999年至2011年收费总额为12.5亿元。

(2)超载超限收费情况

为有效遏制超限运输对公路设施造成的损害,规范道路货物运输秩序,切实保障公路交通安全畅通,鹤大管理处根据省交通厅、省物价监督管理局、省财政厅联合下发的《关于印发黑龙江省公路载货类机动车超限部分加收车辆通行费实施办法的通知》(黑交发〔2008〕412号)要求,于2009年1月1日开始对载货类车辆实施超限加收政策。将收费人员和治超人员进行综合排班,实行三班倒,全面开展治理超载超限工作。

(3)"绿色通道"车辆免费放行情况

①2006年9月,根据省交通厅《关于对我省鲜活农产品运输车辆减免通行费的意见的复函》(黑交函〔2006〕55号)文件要求,鹤大公路管理处各收费站为运输鲜活农产品的车辆开设了"绿色通道",以确保鲜活农产品运输车辆优先快速通过,但不予免费放行。

②从2008年1月起,根据交通部下发的《关于鲜活农产品运输"绿色通道"政策调整工作的通知》、省交通厅下发的《关于做好春节前鲜活农产品运输绿色通道有关工作的紧急通知》(黑交发〔2008〕25号)以及《关于延长鲜活农产品运输绿色通道应急机制时限的紧急通知》(黑交发〔2008〕42号)文件要求,依据交通部关于鲜活农产品界定的范围,鹤大公路管理处各收费站对通行的整车合法装载的鲜活农产品运输车辆,经收费人员核验确认后,免缴车辆通行费。

③为确保绿色通道政策的正确执行,鹤大公路管理处组织收费人员学习了"绿色通道"相关政策和管理规定,使收费人员熟练掌握"绿色通道"车辆范围、类型、鲜活农产品目录等。对绿色通道车辆严把查验关,收费人员对绿色通道车辆做到"一问二看三查验",通过车辆外观、货物重量、货物品种、查验货物情况、驾驶人问答情况甚至货物气味

等辅助检查来做综合判断,不漏掉一辆假冒绿色通道车辆。并对每台绿色通道车辆都做好查验记录和放行记录,同时拍照存档。对于经常行驶绿色通道车辆和假冒绿色通道车辆及时与网内各站沟通,减少查验过程,提高工作效率。2008年至2015年鹤大公路管理处绿色通道车辆减免金额共计17010637元。

(4)联网收费情况

①2011年按省高管局区域性划分后,鹤大高等级公路管理处管养路段为鹤大公路(G201)K172+300~K453+376,管养里程为263.076km,主要担负鹤大公路桦南至牡丹江段高速公路车辆通行费征收、养护、路政、产业经营等工作。鹤大公路(G201)实行封闭式管理,鹤大公路桦南至牡丹江段高速公路共设有9个匝道收费站,分别是桦南站、西长发站、兴农站、团结站、麻山站、林口站、柳树站、柴河站和铁岭河站。其中团结站为代管,代管至2012年10月,后团结站归鸡西市交通局管理。同时实行区域性划分后,2013年鹤大高等级公路管理处正式更名为鸡西高速公路管理处。

②2011年12月1日,根据省交通运输厅、省财政厅、省物价监督管理局下发的《关于印发黑龙江省高速公路联网收费管理办法的通知》(黑交发〔2011〕479号)文件、《关于印发黑龙江省高速公路计重实施办法(试行)的通知》(黑交发〔2011〕482号)文件以及《关于继续执行全省高速公路车辆通行费收费标准的通知》(黑交发〔2011〕484号)规定,鹤大管理处按照省高管局统一部署,于12月1日零时执行新的全省高速公路联网收费管理办法、计重收费实施办法、高速公路车辆通行费标准等新的标准和规定,实现联网计重,成功与全省并网,同时完成了由断面式收费、计重收费到联网收费的转变。

③多年来,鸡西处大力推进收费基础设施建设完善维护工作,提高优质服务水平,提升服务质量,加快信息化建设,提高收费管理水平,努力打造平安绿色交通,把"建一流队伍,创一流服务,出一流效益"作为工作目标,通过内抓管理,外塑形象,营造了"路至同畅,心至同行"的优质服务环境。为净化收费环境,维护正常收费秩序,达到挖潜增收目的,鸡西处每年都要有计划地开展收费会战活动、稽查整治行动,严厉打击非法冲闯站卡偷逃漏通行费行为。并以"品牌文化建设"为主题,以"星级收费站"建设和"星级收费员"评比为活动载体,开展与优质服务相关的活动、"准军事化训练演练"活动、争优创先活动等,充分发挥先进的典型模范作用,全面提升收费人员综合素质,树立高速公路窗口服务的品牌形象。目前,铁岭河站被授予五星级收费站,柴河站和麻山站被授予四星级收费站,桦南站被授予三星级收费站光荣称号。

④鸡西管理处于9月20日正式投入使用ETC不停车收费设备,并与全省、全国联网。鸡西处现有车道44条,其中铁岭河站设有一进一出ETC专用车道,其余42条车道均为MTC车道。

10. 伊春高速公路管理处

（1）二级公路收费情况

2000年8月，鹤伊公路（S303）开始通车收费，下设红旗、金山、松鹤3个收费站，实行断面不联网收费，开通收费至2009年4月30日，收费额178146154元。

2002年12月，伊五公路（S204伊春至五营段）开始通车收费，下设花果山、五营2个收费站，实行断面不联网收费，开通收费至2009年4月30日，收费额96387018元。

2008年2月，汤嘉公路（S204汤旺河至嘉荫段）开始通车收费，下设守虎山、朝阳2个收费站，实行断面不联网收费形式，开通收费至2009年4月30日，收费额5625088元。

2000年8月30日至2009年4月30日（二级公路取消收费日），伊春处所辖7个收费站共计收费280158260元。

（2）高速公路收费详情

2011年12月，鹤哈高速公路伊春至绥化交界处段通车收费，下设5个收费站，实行联网计重收费形式。鹤哈高速公路伊春至绥化交界处段从开通至2016年3月25日，收费额共计308985019元，收费额每年平均按3.56%递增。

2012年10月，前嫩公路伊春至北安段通车收费，下设3个收费站，实行联网计重收费形式。前嫩公路伊春至北安段从开通至2016年3月25日，收费额共计32097641元，收费额每年平均按25.35%递增。

11. 北安高速公路管理处

2011年12月3日，北安处所辖的绥北高速公路通北至北安段、北黑高速公路、前嫩公路北安至五大连池段正式联网收费，收费里程为369km。

按照省交通运输厅、省财政厅、省物价监督管理局联合发布的《关于规范全省在用高速公路车辆通行费标准的通知》（黑交发〔2011〕484号）文件批复，成立13个收费站，主线收费站2个，分别为：黑河收费站、五大连池风景区收费站；匝首收费站11个，分别为：爱辉收费站、西岗子收费站、孙吴收费站、辰清收费站、龙门收费站、沾河收费站、通北收费站、赵光收费站、北安东收费站、北安北收费站、五大连池收费站。

管理处组织各收费站深入学习"三项制度"，开展品牌形象收费站、星级收费站创建工作。开展收费站主题创建活动，开展"文明手势操""旅游服务窗口礼仪"等活动，其中五大连池风景区收费站成为首批"十佳收费站"。

2011年收取通行费529万元，通行车辆为20万台次。

2012年收取车辆通行费11162万元，通行车辆为318万台次。

2013年收取车辆通行费13503万元，通行车辆为432万台次。

2014年收取车辆通行费15270万元，通行车辆为450万台次。

2015 年收取车辆通行费 17683 万元,通行车辆为 521 万台次。

12. 嫩江高速公路管理处

2011 年 3 月 5 日,嫩泰高速公路正式通车收费,嫩江处共管辖嫩江收费站、农垦九三收费站,收费里程为 54.5km。

2011 年 11 月 9 日,加漠公路漠河机场至北极村段一级公路正式通车,收费里程 81.77km。

2012 年初,嫩江处从齐齐哈尔处接管老莱收费站、讷河收费站,高速公路收费里程由原有的 54.5km 增至 100km。

2012 年 10 月 18 日,京加公路嫩江至白桦段一级公路正式通车收费,设立额尔和收费站、大杨树收费站。

2012 年 11 月 27 日,京加公路嫩江至白桦段一级公路白桦收费站正式通车收费。

至此,全处共管辖 7 个收费站,高速公路共设 4 个收费站,分别为:讷河收费站、老莱收费站、农垦九三收费站、嫩江收费站。一级公路共设 3 个收费站,分别为:额尔和收费站、大杨树收费站、白桦收费站。

2011 年收取通行费 1591 万元,通行车辆为 38 万台次。

2012 年收取车辆通行费 3730 万元,通行车辆为 114 万台次。

2013 年收取车辆通行费 7372 万元,通行车辆为 202 万台次。

2014 年收取车辆通行费 8492 万元,通行车辆为 235 万台次。

2015 年收取车辆通行费 8551 万元,通行车辆为 266 万台次。

13. 绥化高速公路管理处

绥化处于 2000 年 9 月 28 日组建并开始收费。根据 2000 年 9 月 7 日《哈尔滨至庆安铁力界公路车辆通行费征收办法的通知》(黑财规〔2000〕15 号)精神,绥化处绥化至赵家 5 个高速公路收费站开始收费。2009 年末绥化至庆铁交界三个二级路收费站也相应收费,均实行断面收费。

2004 年 9 月 23 日,根据《关于印发〈黑龙江省高速公路一卡通联网收费管理办法〉的通知》(黑财综〔2004〕125 号)要求,绥化至赵家 5 个收费站实现联网收费。

2009 年 5 月 1 日,绥庆铁 3 个二级路收费站取消收费。

2011 年 10 月 27 日,根据《关于印发〈黑龙江省高速公路计重收费实施办法(试行)〉的通知》(黑交发〔2011〕482 号)要求,绥化处所辖各站均对所有货运车辆试行计重收费。

建处 16 年来,绥化处的收费工作在省高管局的精心指导下,在全处员工的共同努力下,取得了较好成绩,共征收通行费约 23.5 亿元,每年都以 9% 以上的速度递增。

（二）规范高速公路车辆通行费收费标准

（1）车辆通行费计征方式。高速公路车辆通行费实行按车型收费和计重收费两种计征方式，对客运车辆按车型计征车辆通行费；对货运和客货两用车辆按计重计征车辆通行费，当计重系统发生故障时按车型计征车辆通行费。

（2）车型收费标准

①全省高速公路车辆通行费车型收费标准如表5-2-1所示。

车辆通行费车型收费标准　　　　　　表5-2-1

类　　别	车型及规格		收费标准（元/车公里）
	客车	货车	
第一类	≤7座	≤2t	0.45
第二类	8座~19座	2~5t（含5t）	0.80
第三类	20座~39座	5~10t（含10t）	1.10
第四类	≥40座	10~15t（含15t） 20英尺集装箱车	1.45
第五类	—	>15t 40英尺集装箱车	1.65

②车型收费取整办法。为简化操作，提高效率，通行费收取以元为单位。具体办法是：费额尾数0.49元以下舍去；费额尾数0.50~0.99元进整为1元。

③计重收费办法。按照《黑龙江省高速公路计重收费实施办法（试行）》执行。

（4）各收费单位要按规定到当地价格主管部门办理《收费许可证》，持证收费。要严格执行明码标价的有关规定，在收费站显著位置公示收费依据、收费项目、收费标准、"12358"价格举报电话等，接受社会监督。

（5）车辆通行费标准试行1年。到期前3个月，政府还贷公路由省交通运输厅会同省物价监督管理局、省财政厅审核后，报省政府审查批准；经营性公路由省交通运输厅会同省物价监督管理局审核后，报省政府审查批准。

第三节　高速公路养护管理

黑龙江省地处祖国最东北端，属中温带至寒温带大陆性季风气候，年平均气温-5~5℃，气温由东南向西北逐渐降低，气温最低的一月份平均温度为-30.9℃，最北部的漠河低温极值为-52℃，夏季高温极值达41.6℃。全年降水的60%集中在6至8月份，年平均降雪30场左右。全省主要由山地、台地、平原和水面构成，山地及丘陵约占总面积的

60%，平原占全省总面积的37%。气候地理特点决定了全省高速公路养护施工时间短、除雪保通任务重、水毁灾害及冰冻灾害多的特点。另外，由于省内地处边境、经济欠发达、收费额少，养护投入能力有限等原因，加之除雪保通和水毁灾害处置的公益性属性，日常养护、除雪保通尚不具备市场化条件，日常养护、除雪保通、小修工程需由管理部门自行实施。

一、高速公路养护规范化建设

黑龙江省高速公路养护持续强化制度建设，制定完善日常养护管理巡查制度、养护工程管理制度、养护工程招投标制度、高速公路养护作业区管理制度、除雪防滑操作指南、应急抢险工程管理制度、养护检查办法等一系列制度措施，为养护工作科学、有效开展奠定了良好基础。

（一）日常养护管理巡查制度

1. 巡查与检查

（1）日常巡查工作由养护工区承担。巡查人员为工区外业技术员；巡查频率为每天2次，巡查时间一般为8:30~11:30及13:30~16:30；巡查方式为乘车巡查，巡查车沿路侧顺向行驶，车速在每小时30~50km之间；巡查主要内容为路面障碍物、路面污损、坑槽、伸缩缝、交通安全设施等。

桥涵及路基易发病害（如冲刷、淤塞等）部位宜停车检查，发现有疑似病害的部位应停车检查。

每月上旬对标线、标志等的反光技术性能进行1次夜间巡查。

（2）经常性检查是对构造物及其附属设施的技术状况进行的一般性检查，以定性判定为主，检查时采用目测方法并配以简单的工具进行测量。

桥梁、隧道、涵洞的经常性检查由管理处负责管理和监督，由养护工区负责具体实施。检查频率为：桥梁每月1次、涵洞每月2次、隧道每周1次，在汛期应根据路段的汛情加大检查的频率。

桥梁及隧道的经常性检查按照《公路养护技术规范》（JTG H10）中的表E-2及表F-2规定的项目进行检查，涵洞的经常性检查按定期检查规定的项目进行检查。

（3）工作巡查及经常性检查按规定的格式现场填写巡查及检查记录，特殊情况及时向上一级主管部门报告。

（4）管养单位根据巡查及检查情况，采取相应的养护对策，在规定时限内及时进行养护维修。

2. 病害调查

（1）病害调查由省高管局各管理处组织实施，每年进行 2 次，调查时间为 4 月 1 日～4 月 30 日和 9 月 15 日～10 月 15 日，调查方式为徒步调查。

（2）调查过程中详细统计病害及破损数量，填写损坏调查表，摄录音像资料，作为公路技术状况评定及编制养护计划的基础。

3. 定期检查

（1）定期检查是按规定的周期对公路的基本技术状况进行全面检查，由省高管局、管理处分别组织实施。根据省内的特殊气候特点，定期检查每年进行 1 次，可与秋季病害调查同步进行。按照《公路技术状况评定标准》（JTG H20）的规定对路面、路基、桥隧构造物及沿线设施进行调查和指标检测。

（2）路基定期检查由省高管局的专业养护工程师对管理处秋季病害调查发现的问题进行检查确认，并确定处置方案。

路面定期检查每年 1 次，由省高管局委托满足资质要求的专业检测机构采用自动化的快速检测设备进行检测，检测主要内容包括破损状况、平整度、车辙、抗滑性能、结构强度 5 项指标。

桥梁定期检查由管理处组织有关桥梁工程师完成。在经常性检查中发现重要部（构）件缺损明显达到三、四、五类技术状况时，应立即进行特殊检查并由省高管局桥梁工程师进行现场复核。新建桥梁交付使用 1 年后，应进行第一次定期检查。

（3）检查结束后进行技术状况评定，技术状况评定宜采用公路路面管理系统和公路桥梁管理系统进行，也可按照现行《公路技术状况评定标准》（JTG H20）进行评定，形成完整的检查评定报告，为制订养护对策和养护计划提供依据。

4. 特殊检查

特殊检查是为应对自然灾害和异常情况而进行的专项检查，特殊检查应根据具体情况确定检查内容和频率。特殊检查由省高管局委托具有相应资质和能力的单位承担。

（1）以下情况需进行特殊检查：特大桥梁、全部隧道；加筋土路段；路基沉陷、滑移、坍塌；路面大面积、长段落破损；伸缩缝集中损坏；定期检查中难以判明损坏原因及程度的桥梁；桥梁技术状况为四、五类者；拟通过加固手段提高荷载等级的桥梁；特殊重要的桥梁在正常使用期间进行的周期荷载试验。

（2）特大桥梁、隧道、加筋土路段每年进行一次特殊检查。其他项目的特殊检查根据需要确定。

（3）桥梁遭受洪水、流冰、滑坡、地震、风灾、漂流物或船舶撞击，因超重车辆通过或其他异常情况影响造成损害时，应进行应急检查。

(4)检查时应携带通信设备和安全标志,便于沟通情况,采取应急措施,检查结束后应提交专题报告。

(二)养护工程管理制度

1. 小修保养

小修保养是公路养护中非常重要的基础性工作,是公路养护精细化管理和预防性养护的重要组成部分,要按照"有缝必灌、有坑必补、有跳必修、有物必清"的原则,全面做好小修保养工作。凡《养护工区标准化建设应用手册》未提及的内容按养护规范要求执行。

(1)清扫保洁

①清扫保洁由养护工区负责组织实施。

②清扫保洁的内容为:路面污染的清理;中央分隔带及行车道、超车道、紧急停靠带的清扫;护栏、标志牌、里程牌、百米牌、轮廓标等的清洗、擦拭;隔离栅、护栏及路基边坡处散落物和悬挂物的清理;边沟、排水沟、截水沟杂物的清除等。

③清扫保洁采用人工与专用机械配合的方式进行。人工主要承担设备无法实施的清扫保洁内容。中央分隔带的杂物清除,防眩板、缆索护栏托架、波形梁护栏防阻块、轮廓标、百米牌、里程牌等的清擦,隔离栅范围以内悬挂物的摘除,桥梁伸缩缝的清理等由人工承担;路面清扫,标志牌、波形梁护栏清洗等由专用设备承担。

人工配备标准:高速公路及一级公路一般路段2km/1人,哈尔滨绕城高速公路、互通区及服务区前后各2km路段1km/1人,互通区匝道1.5km/15人。

专用设备配备标准:清扫车(真空吸力或风机吹力)50km左右/1台,清洗车(附带波形板、标志牌、栏杆扶手等多种清洗装置)100km左右/1台。

④除雨、雪天气外,路面每天机械清扫一次(全幅);中央分隔带杂物随时清理;边沟、排水沟、截水沟杂物每周清理1次;隔离栅范围内的杂物、悬挂物等每天随时清除;桥梁伸缩缝的清理每2天1次;交通安全设施每月清洗或擦拭1次(冬季采用干抹布或酒精擦拭)。

⑤清扫保洁标准为:隔离栅范围内无悬挂物,路面、中央分隔带、排水防护设施无明显的散落物及杂物,路面行车无明显的灰尘,桥梁伸缩缝、泄水孔内无沉积物,交通安全设施无明显的灰尘、污染物。所有散落物及垃圾杂物存留时间不得超过24h。

⑥人工路上行走及作业方向为逆车流方向,设备行驶及作业方向为顺车流方向。作业人员应穿着安全标志服,作业车辆应安装安全警示设施,并开启应急警示灯具。

(2)绿化扶植

①绿化扶植包括浇水、施肥、灭虫、打草、中央分隔带绿化植物修剪、路树剪枝、路树刷白、缺损绿化植物的补植等,由养护工区负责实施。

②浇水。根据各地区气候变化特点,每年的4月初前后及10月末前后要对路内绿化区域浇返青水和封冻水,满足绿化植物返青及越冬需要。对补植的绿化植物要根据需要及时浇水。边坡采取大面积喷洒方式,要注意避免高压水枪直接喷射坡面,中央分隔带采用常压集中浇灌的方式,要注意避免将泥土冲刷到路面上。

③施肥。根据需要对绿化植物施根部及叶面肥。

④灭虫。如发生病虫害应及时在专家的指导下采取药物灭虫的手段保护绿化植物。

⑤打草。打草采用人工及小型机具配合的方式。作业内容为对互通区绿化带、中央分隔带、路肩、碎落台、边坡、坡脚等处的种植草或野草进行修剪整形。质量标准为草高保持在5~15cm之间,行车感官齐平,且非绿化中央分隔带及边沟、排水沟、截水沟、挡土墙、满铺砌石防护边坡等缝隙无杂草。每年6月至10月每月至少集中进行1次清理,预制块及砌石工程缝隙间的杂草每周清除1次(可喷洒除草剂)。

⑥中央分隔带修剪。中央分隔带绿化兼具绿化和防眩双重功能,对中央分隔带的修剪要在满足防眩需要的前提下兼具绿化美化功能。按照"乔木修形、灌木剪平"的原则进行修剪,乔木的树冠根据不同的品种剪成塔形、伞形等形状,高度根据具体情况确定,并在里程牌前后20m范围内将高度顺畅过渡到里程牌下边缘以下;灌木要尽量保持顶部、侧面齐平,剪成矩形绿篱或球形,高度控制在1.5~1.8m之间。乔木采取人工修剪,灌木采取机械修剪。修剪次数每年2次,时间为6月中旬和9月中旬前后。

⑦路树剪枝。路树修剪是为保证行车安全同时兼顾美化要求对路树进行的修剪整形。路树修剪以保证行车视距和不遮挡交通标志为前提,同时尽可能美化,修剪形状视周边环境确定,尽量做到与周边环境协调。路树修剪可采用机械或人工修剪,修剪次数为每年2次,时间为6月中旬和9月中旬前后。

⑧路树刷白。每年春秋两季进行2次乔木刷白,宜在乔木树干距地面1.5m左右高度范围内涂刷白色防腐溶液,涂刷上缘应保持线形平顺。

⑨缺损绿化植物的补植。在每年春季绿化季节(3~5月份)对枯死、损毁的绿化植物按照复原的原则进行补植。补植要注意坑深、换土、施肥、浇水及后期抚育等环节,保证成活率不低于90%。

(3)路面裂缝灌注

①路面裂缝灌注按照"有缝必灌"的原则进行。根据不同的路面类型采用不同的灌缝材料及灌缝工艺,采取春季集中灌缝和非冰冻季节随时补灌的方式确保路面裂缝的及时灌注,春季集中灌缝应在5月15日前完成。灌缝的主要工序为封闭交通(预留一条通行车道)、开槽扩缝(如需要)、清缝、压入泡沫棒(如需要)、注入灌缝料、养护、施工自检、开放交通。灌缝采用专用灌缝设备,由管理处委托专业施工队伍或由养护中心组织实施。

②沥青路面灌缝。沥青路面灌缝根据缝宽分别采用改性沥青及灌缝胶两种材料。缝

宽在5mm以内采用改性沥青灌注,超过5mm采用灌缝胶灌注。

改性沥青采用专用灌缝设备加热,采用尖嘴式出料口。灌缝前首先用高压气泵对缝隙内的杂物进行清理,并保持缝隙干燥。灌缝过程中要控制好加热温度、出料速度和出料口的移动速度等指标,保证灌缝枪经过后灌缝料与路面齐平或略低于路面,以避免裂缝收缩后灌缝材料被挤出污染路面。在开放交通前要沿灌注裂缝撒布石屑、矿粉或机制砂等(颜色与路面接近),并用手推式轻型压路机碾压。

采用灌缝胶灌注时,应首先用开槽设备进行裂缝开槽,开槽宽度在6~12mm之间(根据缝宽尽量缩小开槽宽度),开槽深度为20mm±2mm。注入灌封胶前要向裂缝中填充闭孔聚乙烯泡沫棒,泡沫棒的直径不小于缝宽的1.25倍。注入灌缝胶时要均匀、连续、饱满,灌缝胶最小厚度不小于6mm,并且要低于路面1~3mm。

③水泥路面灌缝。水泥路面采用性能优良的胶体材料进行灌缝,集中灌缝间隔时间为3年。主要施工步骤为:第一步,对断板裂缝、横缝(缩缝、胀缝)、纵缝(工作缝)等进行开槽,根据通车年限及缝宽,开槽宽度为4~10mm,深度为10~25mm;第二步,采用高压气泵清除缝隙内的杂物及灰尘,保持缝隙干燥;第三步,压入闭孔聚乙烯泡沫棒,泡沫棒的直径要不小于缝宽的1.25倍;第四步,注入灌缝胶,灌缝胶净厚度不小于6mm,并且低于路面1~3mm。

④在非冰冻期发生灌注材料脱落或新出现裂缝时,按照前述方式进行及时补灌。

⑤路面裂缝大于10mm可进行两次开槽;路面裂缝大于20mm或裂缝交叉处出现路面材料松散时,采用坑槽修补方式处理。

(4)坑槽修补

①坑槽修补由区域养护抢险救援中心负责实施。

②坑槽要按照"及时快速、修旧如新"的原则进行养护维修。自巡查发现或接到有坑槽报告之时起,要在24h内完成坑槽的修复。

③坑槽修补按照封闭交通、确定边缘线、切缝、开槽、清槽、打油(沥青路面)、填料、压实(振捣)、养生(水泥路面)、开放交通的步骤进行。遵循"圆坑方补、斜坑正补"的原则,病害部位切边挖除的轮廓线应大于病害部位边缘10~15cm,边缘线与路中心线水平或垂直。坑槽的处理深度不小于原坑的最大深度,当深度超过7cm时,应分2层或3层压实(夯实)。

④沥青路面坑槽。采用热墙式综合养护设备进行"无痕"维修,并配备不小于3t的双钢轮振动压路机。

⑤水泥路面坑槽。水泥路面坑槽采用人工配小型机具进行维修。新交工通车的路面在气温允许情况下必须采用水泥混凝土维修,即当年11月至次年的4月采用冷补沥青混合料作为填充材料;5~10月采用C30以上的快凝水泥混凝土作为填充材料,并对冬季出

现的坑槽全部采用水泥混凝土集中翻修;交工通车10年以上的路面视坑槽数量和保通需要可以采用冷补沥青混合料进行维修。

⑥采用冷补沥青混合料及热沥青混凝土维修坑槽时,夯实或压实过程中必须用手锤沿边缘线进行连续击实,以保证边部的密实。

⑦水泥路面坑槽养生期间应尽量封闭坑槽所在的整个板块的交通。

(5)排水系统疏通

①排水系统疏通包括疏通边沟、涵管、桥下渡槽、桥梁泄水孔等。由养护工区组织实施。

②排水系统疏通应做到及时,根据日常巡查的结果做到随阻随清,保证排水系统畅通,全面检查疏通每月不少于1次。

③疏通排水的质量标准应是"沟见底、孔通畅",保证排水系统畅通。

(6)桥隧保养

①桥隧保养由养护工区负责实施。

②桥梁支座的保养包括支座部位的清洁、滚动支座的涂油、钢支座螺栓的紧固与防腐和防尘罩的维护。支座保养的周期与保养内容有关,支座部位的清洁和防尘罩的维护一般每月1次;滚动支座涂油和钢支座的防腐一般每年1次。

③桥面系相关设施的维修是对伸缩缝、泄水孔、栏杆、人行道和防撞墙等局部破损部件的维修,以恢复受损的功能和外观。维修内容包括混凝土局部破损的维修,个别损坏构件的更换或修复。维修标准是功能完善、安装牢固、外观一致,符合相关验收标准的要求。

④隧道内渗漏水的处置应贯彻"预防为主,防、排、截、堵相结合"的综合治理原则。对防水层,纵、横、竖向渗沟,明暗边沟、截水沟、排水横坡、泄水孔等应及时维修,保持排水畅通。

(7)砌石防护工程保养维修

①包括路肩预制块、中央分隔带预制块、边沟、排水沟、截水沟、挡墙、锥坡、急流槽(泄水槽)、河底铺砌、边坡砌石防护等的保养维修,由养护工区负责实施。

②对砌石防护工程的勾缝要经常检查,并采用强度等级不低于C10的砂浆及时修补脱落的勾缝、填充缝隙孔洞。

③对损坏的边沟、排水沟、截水沟等压盖、沟底砂浆抹面等应在病害发生当年的9月末前完成修复。

④发生坍塌、勾缝全部脱落、压盖、沟底抹面大面积破损的砌石工程应进行全部或局部的重新翻砌,所有翻砌的砌石工程要采取浆砌并且勾凹缝的工艺。

⑤石砌工程维修的质量标准应满足结构功能的需要,并符合设计和施工规范要求。

(8)路基边坡的保养维修

①由养护工区负责实施。对养护巡查发现的边坡冲沟、缺口、碎落、侧滑、坍塌等病害,要在病害发生12h内开始组织修复。

②边坡修补的工艺及方法应视具体情况而定,一般采取与原路基相同材料修复,滑坡和易塌方路段可视情况打桩,面积较大的补土应采用夯实设备夯实,有防护的应恢复防护。

③边坡修复的质量标准是保证边坡平顺、坚实,不低于设计压实度指标。

(9)交通安全设施维修保养

①交通安全设施维修保养由养护工区负责实施。

②对锈蚀的护栏板及立柱、桥梁栏杆扶手、标志牌立柱等应每年涂刷1次银粉或油漆,涂刷时间为每年的5月。

③对丢失、损坏的百米牌、里程牌、标志牌等要在15日内恢复原样,对丢失、损坏的护栏、隔离栅构件及轮廓标、防眩板等要在24h内完成补充。

④护栏的修复。对因交通事故或其他原因损坏的护栏应在损坏发生72h内完成修复。修复应采用与原设计规格相同并符合规范要求的材料。

冰冻季节(当年11月~次年4月)将受损立柱周边的预制块及砂土清除至地表下20cm左右,在地表10cm以下位置水平切割损坏立柱,并保持切割面平整。计算切割面至立柱顶面的高度,将更换的立柱切割成同样的高度,保持立柱竖直后对接缝进行全截面焊接,最后挂板并恢复立柱根部地表。

非冰冻季节(5~10月)采用拔桩机将损坏立柱拔除,将新的立柱按原位置打入,挂板并恢复立柱根部地表。

⑤隔离栅的修复。冰冻季节(11月~次年4月)挖冻坑临时埋植立柱,补充缺损的刺钢丝;非冰冻季节(5~10月)用水泥混凝土浇筑立柱基坑,初凝后补充缺损的刺钢丝,并对冰冻季节临时维修的隔离栅按标准要求进行翻修。

2. 大中修工程

(1)工作目标。公路大中修工程应积极采用现代化管理手段和先进养护技术,注重预防性养护,积极开发和推广应用新技术、新材料、新工艺和新设备,以提高工程质量,降低工程造价,保护环境,节约资源。

(2)计划管理。管理处根据公路技术状况评定结果于每年8月末前申报下年大中修工程建议项目;经省高管局现场逐项确认后委托设计单位进行施工图设计,编制施工图预算;省高管局对施工图设计及预算进行初审后报省交通运输厅,由省交通运输厅组织专家对施工图设计及预算进行审查,通过审批的项目列入大中修工程建议计划报省发改委审批。

(3)招标管理。工程项目招标人为管理处或省高管局(按项目计划下达确定),监理招标的招标人为省高管局。投资在100万元及以上的公路养护大中修工程项目,应委托具有相应资质的招标代理机构进行公开招标,具体按《黑龙江省公路工程施工招标投标管理暂行办法》执行。投资在100万元以下的项目以及应急抢险工程由区域养护应急救援中心承担。

(4)资金管理。大中修工程实行计量支付,按完成的清单工程量按月进行计量支付。

(5)工程实施过程中,应按规定对原材料、半成品进行检验,做好配合比设计、标准试验及技术方案审查等工作,加强工程的中间检查,确保工程质量,项目完成后及时组织验收,不合格的坚决整改。

(6)工程验收。参照《公路工程交(竣)工验收办法》的有关规定,采取交(竣)工一次验收的办法。验收由省交通运输厅组织,建设、质量监督、造价、监理等单位参加组成小组。

(7)缺陷责任。自通过验收之日起,缺陷责任期为1年。缺陷责任保留金为合同总金额的5%,缺陷责任期终结后,如无质量缺陷或完成缺陷修复,无息退还施工单位的保留金。

3. 除雪防滑制度

(1)除雪防滑是冬季养护工作的重点,遵循"以人为本,安全通畅"的原则做好相关工作。省高管局管理处是除雪防滑工作的责任主体,负责相关工作的组织、领导、监督、检查,养护工区负责除雪防滑工作的组织实施。

(2)除雪组织。各管养单位建立《除雪防滑工作方案》和《除雪保通应急预案》,成立除雪防滑工作领导小组,负责除雪防滑工作的组织实施和调度工作。划分除雪作业区,明确除雪责任人;建立24h值班制度,遇有雪情或路面结冰影响交通安全时,能够及时处治并通报相关信息。

(3)准备工作。各单位在每年的10月中旬前做好除雪防滑的相关准备工作:完成除雪设备的检查、保养、维修;按需采购足够的融雪剂、铲刃、设备易损配件;在平纵曲线半径较小及养护工区储备防滑材料;落实除雪人工及应急抢险设备;落实油料供应渠道等。

在除雪前进行除雪培训,重点讲解作业规程、作业安全和注意事项,培训人员范围为管理人员、设备操作手、养路工。未经过培训的人员不得进行除雪作业。

(4)除雪防滑应以雪为令,随降随除,小雪24h内清除,中雪48h内清除,大雪72h内清除,特大雪48h内保通。

(5)除雪防滑以机械为主、人工为辅。采用机械吹除、清刮、抛出等方式清除中央分隔带及路面积雪,由人工清除、推平机械无法作业的中央分隔带、路侧护栏及路肩上的积雪及雪墙。

(6)除雪按照超车道、行车道、紧急停靠带的顺序进行,采用多机联合作业的方式,由吹雪车先吹除中央分隔带积雪,用除雪汽车前铲快速清除路面非压实雪,用平地机和除雪汽车腰铲刮除路面压实雪,采用人工或抛雪车清除路侧雪墙。

(7)除雪必须按《公路养护作业安全规程》(JTG H30)的要求,安装警示标志、警示灯具及无线对讲设备、GPS定位系统等安全和监控设备。所有上路参加除雪作业的人员,必须穿着有反光标志的作业服。降雪过程中能见度低,易引发事故时,禁止人工除雪作业。

(8)在桥梁伸缩缝、护轮带、拦水埂等部位要设立明显的反光标记,以提醒操作人员注意避让,避免对设备和设施造成损坏。

(9)对于没有绿化的中央分隔带,必须将积雪全部清除;对于有绿化的中央分隔带,严禁向绿化带内堆积残雪。

(10)雪阻发生后,立即采取应急措施,优先保证路段的通行。

(11)当因雨雪后气温下降导致路面结冰时,对可能引起事故的急弯、陡坡、桥面、站场等路段撒布融雪剂或防滑料,并注意巡视,避免事故发生。

融雪剂撒布时间视气温及路面情况而定,结合雪后几天的温度、降雪情况适时撒布。宜在10时前撒布,并在冰雪松动的情况下于16时前将融化物清除路外。

(12)水泥混凝土路面严禁撒融雪剂。桥面等混凝土构造物附近,收费站场区范围内尽量不撒或少撒。禁止将含盐的冰雪混合物堆积在桥梁防撞墙、拦水埂(或路缘石)等混凝土构造物和绿化树木附近。

4. 灾害预防与突发事件处置

(1)灾害预防和突发事件处置的主要任务是为防洪、水毁抢修、防冰、除雪,以及应对各类突发事件而采取的有效措施。

(2)管养单位应本着"预防为主,防治结合"的方针,根据当地的气候和地理特点,建立公路防灾和重大突发事件处置预案。

(3)加强预警体系建设,健全组织领导体系,建立应急抢险队伍,做好人、财、物及资金的保障,完善信息发布制度,制订临时交通组织方案、抢险工程措施等。

(4)每3~6年对公路、桥涵进行抗洪能力的评定,遇洪水年份应结合水毁调查进行抗洪能力评定。公路可根据结构和地理条件相同的原则分段评定,桥涵以工程为单元评定,根据评定的结果采取相应的预防性养护措施。

(5)根据气候和季节特点及水文地理条件定期检查,如汛前检查、凌汛检查和洪水观测。汛前检查的重点:防排水系统、边坡和路基稳定性、结构物稳定性和桥涵的泄洪能力。洪水观测的内容:水位观测、流速观测、河床横断面和冲刷深度观测以及流向观测,重点是水位观测。凌汛检查内容:构造物上游河道的解冻情况,有无行洪障碍物,重点部位的水位观测。

(6)对公路塌方、滑坡的防治措施:

①设置截水、排水沟,防止地表水、地下水流入坍滑体;

②设置构造物,维持土体平衡;

③根据具体情况采取相应措施稳定边坡。

(7)泥石流防治措施:

①高发及重灾路段宜改线;

②布设构造物疏导;

③泥石流形成控制水土流失和滑坍,流通区设拦挡坝群或停淤场;

④大面积泥石流宜进行工程和生物水土保持的综合治理。

(8)沿河路基水毁防治可采取设置丁坝、浸水挡土墙、抛石等防治措施。

(9)桥梁水毁防治可依据河岸条件、河床地貌以及桥孔位置、基础埋深等修建调治构造物和基础防护构造物。

(10)公路防冰的主要措施:

①发生低温降水时,在降水后半段撒融雪剂,防止雨水结冰;

②对可能出现河水漫路的路段进行拦截、引流;

③采取机械或人工清除路面积冰;

④在路面结冰路段及时撒防滑料。

(11)对涎流冰的防治措施:

①在涎流冰段设置明显标志;

②及时阻拦涎流冰路段继续向路面流水;

③及时清除涎流冰,不能及时清除时撒防滑料或融雪剂使之软化并铲除。

(12)河流解冻的流冰防治:

①解冻前,调查上游5km的冰层厚度;

②解冻临近时,在下游挖冰池或在桥台、墩、破冰体周围挖纵横冰沟;

③流冰临近时,应清除上游冰层。

5.安全管理

(1)公路养护作业必须制订保障养护人员和设备以及过往车辆安全的保障方案。

(2)公路养护作业单位应建立安全管理制度,加强安全培训和教育,遵守公路养护安全作业规程和各项安全技术操作规程。

(3)各级公路管理机构应按照国家有关规定加强对养护作业的安全监督检查:

①高速公路在收费站入口和电子可变情报板发布养护作业信息,内容应包括段落、维修内容等;

②按《公路养护安全作业规程》(JTG H30)中作业控制区标准设置交通标志和交通安全设施,必要时设专人负责维持交通;

③养护作业和管理人员穿着有反光标志的橘红色工作服,并参加人身意外伤害保险;

④桥隧等养护现场除设置交通标志外,必须设置有效的安全防护设施,隧道养护作业应遵守相关规定,重点做好照明、通风和防火工作;

⑤严禁在能见度差(夜间无照明或大雾等)的条件下进行人工清扫;

⑥绿化浇水、清洗交通安全设施和道路检测等作业,按移动养护作业控制区布置或在设备尾部安装发光可变标志。

(4)养护作业安全设施的布置与撤除应遵守:顺车流方向布置交通标志和安全设施,逆车流方向撤除。

(5)特殊条件养护作业的安全要求:

①大雾天不宜进行养护作业,必须进行抢修时应封闭交通,并设置黄色施工警示灯等安全设施;

②遇暴雨天气应停止作业,并做好防洪、防泥石流、防坍塌等工作;

③除雪作业应加强交通管制,并对作业人员和设备加强防滑措施;能见度差的条件下禁止人工除雪,并对通行车辆做好提示和警示工作;

④山区养护作业视距条件较差或坡度较大时,应设专人指挥,增加急弯、陡坡、反向弯路和连续弯路标志等设施,人员需佩戴安全帽。

6. 设备管理

(1)按照经济、适用、高效的原则,根据实际需要合理配置、调配、使用养护机械设备,提高利用率,保持完好率,为养护生产提供保障和服务。

(2)各管理单位建立设备的购置、使用、维护到报废的全过程动态管理制度,按"一机一档"建立档案,分类编号,专人负责,及时掌握机械设备使用状况。

(3)购置设备必须根据技术先进、性能优良、价格合理、高效适用的原则,慎重选型,对于大型和进口设备还应进行技术经济论证。

(4)养护机械设备编号管理应按省高管局统一下发的规则进行编排。

(5)建立机械设备技术台账,做到账物相符,新购置设备须及时列入固定资产。

(6)养护机械设备和车辆必须贯彻"保修并重,预防为主"的方针,根据作业环境和保养周期,强制性保养。

(7)养护作业机械外观颜色喷涂橘黄色,安装警示灯,尾部悬挂安全标志、示牌,车门位置喷涂内部统一编号。

(8)机械操作人员须持证上岗,并严格按《公路养护安全作业规程》(JTG H30)和机械设备操作要求正确使用,确保机械设备安全运行。

(9)各单位应结合设备管理的职责范围和生产实际的需要,相应地制定维修、操作人员的技术培训和考核制度,考核不合格者不得上岗。并提倡一专多能,既懂操作又懂修理。

7.养护管理考评

(1)由省高管局负责对所属养护管理单位进行养护管理考评。

(2)考评采取平时随机检查和定期考核相结合的方式,通过量化的评分客观反映养护管理的真实水平。

(3)考评的内容为小修保养、大中修工程、养护内业、养护设备、养护安全等方面的规范化管理与工作实绩。

(4)按照相关规定,根据考评结果对有关单位和人员进行奖惩。

二、高速公路养护标准化建设

在局、处、工区三级养护管理模式下,研究制定高速公路《养护工区标准化建设应用手册》,并编制《标准化养护工区考核标准》,扎实推进高速公路养护工区机构设置、制度建设、形象建设、内业整理、作业现场标识、设备库房、物资储备、设施配备、管理流程标准化。至2015年,省内已建成66个高速公路标准化养护工区,较好地承担起高速公路养护任务。

(一)基本情况

按照省交通运输厅确定的局、处、工区三级养护管理机构设置原则,2011年7月26日厅党组第13次会议确定收费公路管理系统共设66个养护工区。在设立的66个养护工区中,利用原有收费站或养护用房独立办公的工区25个,与收费站合署办公的工区36个,隶属于管理所的工区5个。

(二)工区标准化建设开展情况

2012年年初开始广泛征集收费公路标识设计,经充分讨论并报省交通运输厅通过,于8月初正式确定了收费公路标识图案;委托形象设计单位设计了收费公路《养护工区标准化建设应用手册》,并编制了《收费公路管理局标准化养护工区考核标准》,于8月下旬将手册及标准下发至管理处及养护工区。2013—2014年,各管理处按照厅、局总体要求,结合标准图册完善养护工区硬件设施,进行工区标准化建设。

(三)工作完成情况

省高管局工区标准化建设工作取得了丰硕成果。一是管理处和工区管养界牌的设置,共设置管理处界牌41块,养护工区界牌138块;二是制作带收费公路标识的养护旗帜一方面;三是发放管理人员服装540套、机械操作手服装689套、养护工夏装3976套、养护工冬装1896套;经过几年的努力,各管理处工区机构设置、制度建设、形象建设、内业整理、作业现场标准化建设已全部达标,办公设施、设备库房、物资储备、设施配备、标识建设、驻地标准化建设基本达标。管理标准、流程的标准化建设稳步推进。

养护工区是高速公路最基层养护单位,通过开展养护工区标准化建设,建立健全各项规章制度,明确工作标准,规范工作程序,对于提升养护工区整体素质和形象,加强队伍建设,造就一支办事规范、工作高效的养管队伍具有重要意义。

三、高速公路养护科学化建设

高速公路养护科学化建设中树立全寿命周期养护成本理念,制定适合全省的预防性养护指导政策、技术标准,探索形成一系列预防性养护技术,每年都投入一定专项资金,推进预防性养护实施。

(一)技术管理工作内容

(1)本着服务及保畅的原则,建立健全公路养护内业管理制度,逐步建立公路养护信息管理化平台,大力推进技术创新和制度创新,不断提高管养水平。

(2)公路养护技术管理具体内容包括:公路养护信息化管理、养护工程管理、公路检查和内业档案管理。

(3)公路养护的信息化管理是在公路数据库的基础平台上,根据需要建立起地理信息系统、路面管理系统、桥梁管理系统、隧道管理系统等应用系统,通过对数据的及时更新,动态分析病害的产生原因及变化规律,科学预测路况发展规律,为养护工程决策提供依据。

(4)公路数据库的内容包括基本数据、路面状况数据和交通事故数据。

(5)公路基本数据内容包括公路几何数据、路面结构数据、养护历史数据、交通量和轴载数据、桥涵及路基防护构造物数据、安保设施数据、绿化数据、路域环境数据等,数据的采集以竣工文件为依据结合现场调查进行,大修或改建后及时更新数据。

(6)路面状况数据包括路面结构强度、路面破损率、平整度和抗滑系数等,路面状况数据应现场采集,并尽量采用高效检测仪器进行。

(7)数据采集的形式包括:文字信息、数字信息和图片信息,路域环境信息除文字和数字信息外,宜每百米拍摄全景数码照片或连续录像信息存入数据库,采集和整理以路段为单位(一般为1km)。

(8)养护工程技术管理贯穿养护管理全过程,包括定期组织路况调查、养护对策制订、组织实施和工程检查验收等各个方面。

(9)公路管理机构定期组织路况调查,科学制订养护对策和养护计划,严格执行项目报批和审查制度,技术难度较大的工程项目应由省级主管部门组织专家论证。

（10）交工项目接养时保证竣工文件、档案资料齐全。

（11）内业档案管理遵循"统一管理、分级负责"的原则,省级公路管理机构应负责所辖公路的全部基础档案资料。

（12）内业档案管理贯彻执行国家档案法和相应管理办法及交通档案管理办法的规定,结合全省实际情况宜按以下类别归档管理:

①制度、方案类别:包括各类管理制度、办法、预案等;

②基础资料:包括公路及桥隧构造物的设计文件、竣工资料和基础数据;

③检查与评定:包括日常巡查、桥隧构造物经常性检查、定期检查及特殊检查的记录及评定资料,防灾检查与评定资料;

④综合管理类别:包括各类计划、统计报表,机械设备管理资料（基本管理档案、维修保养记录、使用记录）,养护费用管理资料等;

⑤养护工程类别:包括小修保养、中修工程、大修工程和改建工程。立卷格式及内容按《公路养护技术规范》（JTG H10）条文说明中第12.5.1条规定执行,但小修保养只归档日常作业检查资料、中间检查记录和验收资料。

（13）技术档案每年按照档案要求分类整理,装订成册,编好目录,分类归档。

（14）档案资料应进行科学组卷,每单位工程为一卷,卷内文件排序为封面、目录、文字材料部分。

（15）按照"统一管理、分级负责"的原则和档案管理的规定做好档案的保存与使用。

（二）技术管理工作重心的三个转变

1. 单一养护向全面养护转变

突出以路面养护为中心,着力在路肩、边坡、边沟、绿化、沿线设施养护水平全面提升上下功夫。修订完善中修工程招标管理办法,强化监督检查考核,提高养护工作效率。扭转过去只注重路面的清扫、修补的单一养护,实现既注重路面养护,又注重路基、桥涵、绿化、沿线设施等全面养护。

2. 矫正性养护向预防性养护转变

针对传统的矫正性养护错失公路设施维护的最佳时机,又造成了养护成本加大的现象,在全路网全面实施预防性养护,实现养护全寿命周期成本最小化,推动养护管理工作科学化进程。

3. 简约型养护向精细化养护转变

改变责任不清、细节意识欠佳的简约型养护管理模式,实现从简约管理到精细化管理的转变,构建系统化、科学化的管理体系,做到"精在事前,细在过程",使公路养护管理在细节上做到尽善尽美,将全省高速公路养护质量纳入良性循环、健康发展的轨道。

(三)技术管理取得良好成效

1. 立足科学养护、提高路况质量

省高管局注重科技兴路,着力增强高速公路发展新优势,为公众出行提供安全舒适的服务。认真制订养护管理发展规划,并上升到政府经济社会发展规划的层面,强化养好路是重中之重的理念,推进"标准系统化、实施流程化、监管经常化、评价定量化、工作程序化"管理,实现"接缝无渗水、路面无坑槽、路肩无裸露、边沟无积水、路基无缺口、设施无缺损、施工路段无弃养"的日常养护目标。

提高养护决策的科学性和可操作性,完善公路养护管理技术规范体系,形成巡查、督查、检查、考核、激励的长效机制。加强预防性养护,加强工程管理,加强桥隧维护管理,完善局、处、工区三级养护管理体制。努力提高清扫保洁、路面病害处置、公路设施维修、桥梁维修加固、绿化养护、中修养护工程等养护机械化水平。以信息采集、资源整合为重点加强网络层建设,以有效利用为重点加强应用层建设,有效推进管理信息化,抓好新技术、新工艺、新材料、新设备的推广应用。

2. 创新工作理念、提升为民服务能力

省高管局用发展的眼光审视高速公路养护与管理工作,牢固树立"建设是发展,养护也是发展,而且是可持续的发展"的理念,坚持"管养并重",准确把握公路养护与管理工作的规律性,不断强化公路养护与管理工作的基础性地位,做到有路必管、管必到位,切实保护公路建设成果,延长公路使用寿命。

同时,省高管局坚持与时俱进,不断创新和提升发展理念,相继提出"打造国内一流的高速公路""打造'畅、洁、绿、美、安'的高速公路"等工作理念,为全省高速公路养护与管理工作指明了新方向,确保养护与管理工作始终在科学、高效、健康的轨道上运行。

第四节　高速公路路政管理

2011年11月4日,为进一步加强全省高速公路路政管理,切实保护公路建设"三年决战"成果,经黑龙江省交通运输厅党组研究决定,将全省高速公路路政管理工作职能划转回省收费公路管理局(2013年更名为省高速公路管理局,简称高管局),同时,将2010年12月划转至省公路路政管理局的有关路政管理工作的车辆、办公设施、办公场所一并划转回省高管局。

一、2011年路政工作

按照省交通运输厅党组的决定,收费公路管理局党委落实五个方面的部署,积极开展高速公路路政职能划转相关工作:一是制订落实方案,根据省交通运输厅工作要求,迅速在路政管理职责、机构设置、管理方式、人员安排和业务开展等方面作出了详细安排;二是加强沟通,在第一时间与省公路路政管理局进行了充分沟通,得到其大力支持,为顺利完成业务、人员等方面事宜的交接奠定了坚实基础;三是开展工作,下发了路政管理工作安排和相关要求,召开全系统路政管理工作电视电话会议,正式全面开展路政管理和治超工作;四是取得成果,截至2011年12月底,共处置路产损坏案件341起,完成路产赔(补)偿款187.33万元,破案率和结案率均达到100%;治超工作成效非常显著,共拦截劝返超限车辆6100余台次、处理超限车辆1466台次、卸载货物3410t,收取罚金166.62万元,确保了路产路权得到有效保护和工作职能划转的平稳过渡。

二、2012年路政工作

(一)积极落实厅党组会议精神,完成路政人员接收任务

按照《省收费公路管理局路政人员接收方案》要求,顺利完成878名路政人员的接收任务,并进行妥善安置,维护了路政队伍的稳定。在人员接收的同时,路政管理和巡查工作同步开展。一是恢复路政管理机构,对公路基本情况开展摸排调查并做好路产档案工作,为路政业务全面、顺利地开展打好基础。截至年底共排查公路桥梁危险隐患66个,拆除违法设立的非公路标志42个,封闭高速公路开口756个;二是全面开展路政巡查,有效维护路产路权。全年处置路产损坏案件2119件,完成路产索赔1270万元,破案率和结案率达到100%。

(二)制定路政工作制度,不断完善路政管理

为深入贯彻落实省交通运输厅关于加强路政管理和文明执法的工作要求,省高管局严格执行《路政文明执法管理工作规范》及省交通运输厅关于《黑龙江省交通运输厅治理车辆超限工作责任追究暂行办法》,并结合路政管理的实际情况,逐步完善内部监督机制,制定、修改、补充、完善各项规章制度,对每一名路政执法人员从仪表、着装、佩戴执法证件、使用执法手势、使用文明用语到每一个执法环节,都进行严格的要求和监督,切实做到了规范执法、文明执法,树立良好的交通执法形象。

(三)协调省路政局,进一步落实路政工作

随着路政管理职能再次发生转变,省高管局按照《省交通运输厅加强公路路政管理

暂行规定》及省路政局相关制度要求,加强路政工作职能建设,协调省路政局申领、发放2012年路政赔补偿票据、罚没票据;申办、审验、考核交通行政执法证;领取、发放路政执法人员服装;做好涉及占用公路用地、设置平交道口的路政许可的整理、核报工作;统一全局系统内公路路政综合管理信息系统的使用和升级;做好超限运输车辆通行证的审核等各项工作。

(四)开展治超工作,严厉打击违法超限超载车辆

一是全面开展春融期治超。按照省政府及省交通运输厅有关工作部署,根据高速公路联网的实际情况和主要货源地的分部情况,制订专项实施方案,确定治超工作基本原则,实行全天候全路网治超。即,在高速公路收费站入口拦截劝返超限超载车辆,把住入口关;在收费站出口处罚经计重检测属于超载的车辆,把住出口关;为独立的治超检测站配齐人员,24小时不间断地对重点区域开展重点治理,把住节点关。二是将治超工作转入常态化管理。按照厅党组"持续保持对超限车辆的高压态势,将春融期治超工作推向常态治超"要求,指导局直属各管理处狠抓车辆治超工作,通过加大治超力度,采取源头堵截、盲区布控、路面监管等措施,继续实行全天候全路网治超,恶意超限超载行为得到了有效控制,社会满意度不断提升。三是采取多单位联动治超。针对部分车主受利益的驱使而冲闯治超检测站、围攻执法人员等恶劣违法行为,积极应对,协调公安、运管等相关单位和部门,有力支持各管理处多次开展专项打击活动。期间,通过在五常管理处周家站开展为期一个月的专项治理行动,严肃查处佳木斯管理处工作人员与不法车主内外勾结的违纪行为,进一步对违法车辆形成高压打击态势和威慑作用,取得明显效果。

截至年底,实现车辆超限超载率控制在3%以内工作目标,共检测车辆500余万台,劝返超限车辆40164台,处理超限车辆1.6万台,卸载705.15t,收缴罚款2001.82万元,确保了公路设施完好和公路交通安全。

(五)积极配合收费工作,维护良好收费秩序

由于高速公路联网里程的大幅增加,以及一段时期内路政业务隶属关系变化,不法车主偷逃通行费情况日益猖獗,严重扰乱了正常的收费秩序,造成费额流失。省高管局恢复路政管理职能后,立即与收费站、交警、公安等部门开展协调联动,对倒卡、闯岗、垫称等各类逃费行为进行了严厉打击。依托省交通运输厅"打逃"专项治理行动,对哈尔滨管理处、方正管理处、尚志管理处、五常管理处等所辖高速公路开展夜查72次,组织局直各管理处路政大队统一行动86次,各处也通过加派路政巡查人员,增加巡查频次,对违法分子予以重拳出击,有效地遏制了各种逃费行为。"十一"黄金周期间,国家首次对7座以下小型客车免收通行费,导致黑龙江省各高速公路车流量大幅增加,各收费站和服务区的接

待压力也相应加大。省高管局带领直属大队奋战在各条高速公路,哪里有拥堵、哪里有事故,他们就奔赴哪里。"十一"期间共出动路政人员4115人次、路政巡查车辆768台次,协助各管理处疏导车辆6000余万台次,处理路政案件94起,有效维护了收费秩序,实现了通行顺畅,保证了高速公路的安全与畅通。

三、2013年路政工作

(一)全面开展路政巡查工作

为有效保护路产路权,局直各单位完善路政巡查制度,切实加强巡查工作,在坚持时间、范围、频率"三到位"的基础上,根据工作实际,科学合理地安排和调整巡查时段,有效地促进路政巡查效率的提高。各管理处路政中队依托收费站、养护工区、治超检测站,对辖区高速公路开展路政巡查,及时发现和处置损坏路产行为和非法侵占公路、公路用地和公路控制区等违法行为。采取与地方行政管理部门紧密配合和联系,加大打击控制区内违章建筑和违法设立非公路标志案件的整治力度。同时将整治路网开口作为路政管理的一项重要工作,采取分段、划片、"定路线、定人员、定职责、定目标"的办法,确保了路网开口巡查工作不留死角。

截至2013年年底,全局处置路产损坏案件3112件,完成路产索赔1495.24万元,破案率和结案率达到100%;排查公路桥梁危险隐患40个,拆除违法设立非公路标志32个,封闭路网开口289处。

(二)治理超限超载工作

一是开展春融期超限治理工作。为贯彻落实全省车辆超限超载治理工作电视电话会议精神,在全省高速公路范围内全面开展春融期治理车辆超限超载专项行动,将车辆超限超载率控制在1.5%。

二是建立超限常态治理长效机制。积极总结以往治理超限超载工作经验的同时,及时发现整理治理工作中的新情况、新问题,不断探索解决问题的思路和举措,使车辆超限超载现象得到长效遏制,坚持全天候、全路网的治理,继续保持治理工作的高压态势。

截至2013年年底,全局系统共出动16364人次,检测车辆438.77万台次,检测出超限车辆49684台,劝返超限车辆31349台,处罚车辆18345台,卸载货物2056.55t,共处罚金1822.73万元,超限率控制在1.5%以内。

(三)制定完善路政管理制度

逐步完善内部监督机制,对原有的工作职责、路政巡查办法、办案程序、工作纪律、职业道德等方面的制度进行梳理、修改和完善,并重新制定和建立相关规章制度。修改和完善了《黑龙江省高速公路管理局路政人员文明执法行为规范》《黑龙江省高速公路管理局路政巡查制度》《黑龙江省高速公路管理局行政执法队伍管理办法(试行)》《黑龙江省高速公路管理局路政执法车辆管理制度》《黑龙江省高速公路管理局治理车辆超限工作责任追究暂行办法》《黑龙江省高速公路管理局车辆超限超载工作考评办法实施细则》等规章制度,进一步完善了路政管理机制。

(四)组织联勤联动打击各种违法行为

按照关于加强区域联动、部门联动、强化联动机制的工作部署,积极协调收费、公安、交警、地方路政、运管等相关单位和部门,密切配合、联合行动,严厉打击恶意超限超载、闯岗、破网逃费等行为。齐齐哈尔管理处与齐齐哈尔市高速公路管控大队、各辖区的公安派出所、交警队联勤联动,建立了联合执法的长效治理机制,有效打击超限运输违法行为。绥化管理处与辖区交通局、路政处、交警支队、高速公路巡警等部门密切配合,多次开展对车辆超限超载、闯岗逃费等违法行为进行专项治理的联合行动,取得了良好的治理效果。

(五)有序开展执法监督

采取定期和不定期相结合、明查和暗访相结合、普查与抽检相结合的方法,对各直属单位路政执法人员的工作纪律、执法资格、执法程序、执法规范性等方面督查检查。同时,对各治超站、收费站和货运车辆集散地进行多次暗访,实地了解和掌握大量准确信息和违法违纪事实,为有效打击违法行为和清除路政队伍中的害群之马提供有力证据。全年共稽查、检查145次,暗访46次,处理违纪人员5人。

(六)面向社会选聘路政行风政风义务监督员

由人大代表、政协委员、宣传媒体、大型运输企业、大型和重型机械产品生产企业及个体运输业主等组成的70名路政行风政风义务监督员,对全局系统路政人员执法工作进行监督。同时反映人民群众特别是广大车主、驾驶员对路政工作的意见和建议,反映路政执法人员在工作和服务过程中的违法违纪行为,行使社会监督的权利,增加了路政执法的透明度。

四、2014年路政工作

(一)主要工作措施

一是严格履行路政巡查工作相关制度,合理调配执法人员和巡查车辆,落实资金保障,开展公路道口、标志标牌、护栏及公路安全设施等方面安全隐患的专项排查和梳理工作,抓好涉路施工路段及重特大桥梁的安全运行监管工作;确保巡查区域不留死角,巡查频次只多不少,切实有效开展路政巡查工作;二是重要节假日期间小型客车免费通行、恶劣天气等非常规情况下,各级路政执法机构启动应急预案,在加大巡查密度的同时,对重点区域、重点路段严密布控、全力疏导、死看死守,确保通行安全、顺畅;三是下大力气打击高速公路违法停车、乘降客等行为。采取发放传单、设立警示牌、张贴标语等方式,对乘客、车主、司乘人员进行政策、法规宣传;在重点村屯及随意停车、乘降客多发地段死看死守;协调养护部门采取及时修复被破坏的公路网栅、增设波形板等办法加大路网保护;利用执法记录仪、照相机、摄像机等先进手段,及时准确锁定违法车辆的违法证据,在完善自身管理手段和执法程序的同时,将相关证据通报省道路运输管理局做进一步处罚。截至2014年12月19日,全局处置路产损坏案件2694件,破案数2694件,结案数2683件、破案率100%、结案率99%,封闭路网开口165处,共收缴赔补偿款1500余万元。

(二)全面开展2014年秸秆禁烧专项整治活动

为贯彻落实《黑龙江省2014年禁止野外焚烧秸秆改善大气环境质量实施方案》的工作要求,有效防止秸秆焚烧造成高速公路两侧5km范围内空气污染,扎实开展好禁止高速公路两侧秸秆焚烧整治工作,切实改善高速公路两侧空气质量,省高管局层层抓落实,责任到人,严防死守,细化了责任分工;通过利用收费站、路政中队、养护工区设立宣传点、深入沿线村屯大力宣传、采取与乡村负责人召开联席会议等方式,营造了舆论宣传氛围;各管理处的路政、养护人员加大了对公路两侧的巡查力度,针对巡查中发现的问题,及时劝阻和制止,同时通报当地环保部门。全路网发现野外焚烧秸秆案情570起,向当地环保部门报告570起,及时控制和制止403起。

(三)开展治超工作

全局147个依托收费站的治超点及11个固定治超检测站坚持定点查处与流动治超相结合的工作机制,建立和完善区域联动和高速公路出入口联动的超限执法网络,实现高速公路全覆盖,进一步遏制超限超载运输的势头,确保公路路面和桥梁的安全、畅通。持续保持治理工作的高压态势,坚持治理决心不动摇,治理工作不放松,治理标准不降低的原则,坚持全天候、全路网的治理,严把"三关",使车辆超限超载现象得到长效遏制,截至年末,共检测车辆3798338台、检测出超限车辆35623台、劝返车辆31053台、卸载车辆1282台、卸载货物3223.47t、处罚车辆4570台、共收取罚没款502.78万元。超限超载率控制在1.2%以内。高速公路非法超限超载运输现象进一步减少,因超限超载引发的交通事故率明显下降,道路通行秩序得到好转;公路、桥梁得到有效保护,人民群众的出行拥有了更为安全、畅通、舒适的交通条件,完成了对超载超限车辆治理的工作目标。

(四)完善救援服务工作

为全面提升高速公路救援服务管理水平,省高管局制定并出台了《黑龙江省高速公路车辆救援服务管理办法(试行)》,报省交通运输厅备案并发至各管理处,并逐步有序推进相应管理工作。截至年底完成了哈尔处、方正处等 14 个管理处所辖路段的救援企业备案工作,并按要求将备案企业合理分配至所辖路段,在明确公路管理机构为管理主体的前提下,黑龙江省高速公路管理机构实行以五大救援中心为主、社会救援力量为补充的管理模式,积极应对重大自然灾害、重特大事故、恶劣天气、故障车辆维修与拖运等应急救援保障工作。为提高应急保障能力,管理单位除利用现有的人员和设备外,对社会救援力量采取申报、审核、入围、备案、考核、制定管理办法等一系列措施,将全省 73 家信誉好、实力雄厚的社会救援企业纳入到高速公路救援服务体系中来,本着"就近安全、快速准确、合理高效、有偿服务"的原则,将社会救援企业合理分布在高速公路网内所辖路段参与应急救援工作,提高应急保障能力和水平。为加强对社会救援企业管理,实行年度培训考核制度,对合格企业采取统一车辆标识、统一救援人员服装、统一发放救援服务卡、签订安全生产协议书等形式,规范救援企业服务行为,按照省物价监督管理局和省交通运输厅联合下发的救援服务收费标准,为社会提供优质的救援服务。

五、2015 年路政工作

(一)继续加强公路路政巡查工作

及时发现、制止、纠正和依法查处各类损坏、侵占、污染等侵害高速公路路产路权的违法行为,有效控制各类涉路案件的发生。截至 2015 年 12 月底,共发生路政赔补偿案件 3328 件,破案 3328 件、结案 3328 件,破案率、结案率均 100%,共收缴赔补偿款 14837911.09 元。

(二)全力开展治理车辆超限超载专项行动

共检测货运车辆 2079080 台次,其中检测出超限车辆 20958 台次,超限率为 1.01%,卸载车辆 1102 台次,卸载货物 3137.29t,劝返车辆 16624 台,处罚车辆 4334 台,共收缴罚没款 3830894 元。

六、2016 年路政工作

(一)继续开展全路网巡查工作

局直属各单位继续以保护路产维护路权为主要工作目标,全力开展高速公路路网巡查工作,一是及时发现、制止、纠正和依法查处各类损坏、侵占、污染等侵害高速公路路产路权的违法行为,有效控制各类涉路案件的发生;二是积极沟通配合航运公安部门,加大对以逃缴通行费为目的的恶意破坏、损毁公路及公路附属设施等案件的侦破力度,配合养护部门尽快完成对破损路产的恢复工作;三是协调省路政局及局属单位开展对公路控制区内违法建筑物的清理整顿工作;四是完成部分收费改造期间和中秋节期间各主要收费站和重点路段的保通工作。

截至2016年10月30日,共发生路政赔补案件2119起,破案2119起,结案2117起,结案率99.9%,共计收缴赔补偿款金额9059374.21元。

(二)深入持久推进治超工作,确保公路完好、畅通、有序

始终保持对违法超限车辆的高压态势,最大限度地阻止恶意超限运输车辆行驶高速公路,减少超限车辆对公路造成的损害。全年共出动路政执法人员242921人次,公安人员41337人次,检测货运车辆115.36万台,检测出超限车辆11915台,劝返8818台,卸载617台,卸载货物1595.06t,处罚车辆3087台,收缴罚款261165万元,超限率控制在1.03%以内。

第五节 高速公路管理科技成果的应用

黑龙江省高速公路运营管理过程中注重应用最新高速公路养护技术及机械成果、综合运输技术成果、高速公路信息化建设技术成果、交通安全保障技术成果,取得46项科技成果(见本章附表5A),将科技成果与高速公路运营管理结合,获得较好的社会效益。

一、高速公路养护技术及机械成果

通过公路养护关键技术研发,取得了一批具有自主知识产权的先进科研成果,极大地支撑交通基础设施建设和运营公路的养护维修。黑龙江省气候条件下沥青路面结构设计、材料性能优化、施工质量监控等方面的研究,提出了高等级白色路面损坏维修成套技术、桥梁结构监测、修复与加固新技术等一系列道路桥梁维修养护技术,研发了水泥混凝土路面灌缝料、SX-1型水泥混凝土表面修复材料等维修养护新材料,研究了筑路机械液压系统故障检测与维护,并对高级公路生态恢复进行了监测系统研究,有效改善了公路桥涵车辙、冻害、裂缝等病害,显著提升了黑龙江省公路交通整体施工质量和使用耐久性。对于改善公路使用性能、节约维修养护费用具有重要的实用价值。

二、高速公路综合运输技术成果

以交通运输一体化为努力方向,以运输体系的合理布局和管理措施的完善与创新为突破,提高了全省交通运输网络功能和运输效益。初步搭建了各种运输方式在现代经济条件下共同组成的合理布局,充分发挥各种运输方式的整体优势和组合效率。建立了汽车客运站服务质量评价体系,实现了道路旅客运输与旅客满意程度的良性互动发展,提高了省内汽车客运站的整体服务水平;搭建了符合省内道路货运市场实际需要的公共信息平台,提高了货运的运输效率和组织化水平。道路运输安全保障技术与措施不断完善,密切结合全省道路运输生产实际,制定了道路运输企业、汽车客运站和汽车维修企业安全质量标准,对提高道路运输安全管理水平,主动预防事故的发生起到了重要作用。黑龙江省道路运输基础设施建设投资体制改革及资产管理研究、公路运输量统计实用关键技术及示范应用研究、中心城市综合客运枢纽管理关键技术研究等决策支持技术的研究成果,为交通运输业可持续协调发展、提升市场竞争力、提高运输效益等政府宏观管理决策提供了有效的技术支持。

三、高速公路信息化建设技术成果

黑龙江省高速公路信息化建设实现了从无到有的跨越式发展。基本建设完成交通基础通信骨干网,基础支撑条件明显改善;建成省交通运输厅公路交通应急指挥调度系统,完善公路视频监控网络,运行监测能力有所提高;开发了公路养护管理系统、桥梁与隧道管理系统、公路路政管理系统、农村公路管理系统,实现与气象部门信息共享与交换,定时与广播电台进行路况信息共享,提高了公路管理养护、安全保畅和公共服务能力等。IPV4/IPV6统合组网技术研究、基于光纤光栅称重限高系统研究、交通信息可视化动态发布系统研究、基于视频图像的车型识别与交通信息基站研制等一批科研成果有效地解决了信息化建设中遇到的技术瓶颈,提高了交通信息化建设的速度,有一部分还形成了知识产权。

四、交通安全保障技术成果

黑龙江高速公路交通管理研究人员坚持以"安全第一,预防为主,综合治理"为原则,努力探索建立政府、交通运输主管部门、安全监管机构和企业的安全责任链,在技术手段和技术措施上寻求突破,并利用现代信息与网络技术实现安全预警、事故应急的快速化、信息化。通过研发山区公路事故多发段的安全改善技术,雨、雪、雾特殊天气条件下公路通行开放标准与安全保障技术,除冰雪组织系统与配套技术,运行速度与安全保障措施等,针对省内交通实际提出了高速公路、山区公路开放标准,对公路安全运营和科学管理具有较好的指导作用。

五、具有代表性科技成果

(一)寒区水泥混凝土路面灌缝料的研制

1. 立项背景

水泥混凝土路面是一种刚度大、扩散荷载能力强、耐久性好的路面结构,设计使用年限 30 年,在高等级重交通道路的建设中被广泛应用。在公路运营过程中,由于传统灌缝材料自身性能不足引起的水泥路面接缝的破损已成为具有广泛性的质量通病,尤其在省内这样大温差的气候环境下,对路面的损坏程度更加剧烈,较大程度缩短了省内水泥路面的使用寿命。因此,开发适用于寒区水泥路面新型灌缝材料,有效延长接缝的防水功效,成为一项刻不容缓的重要工作内容。

2. 主要研究内容

(1)推荐出适用于寒冷地区、常温型、灰色系、柔性灌缝材料。

(2)开发出配套的灌缝机具,施工操作快捷方便,使完工后的路面接缝能长久保持其密封防水性能,达到长效、美观、经济的目的,提高车辆行驶的安全性和舒适性,同时提高路面的完好率。

3. 主要研究成果

(1)GLP 单组分常温型路用嵌缝胶。

(2)一种水泥路面常温嵌缝胶灌缝机(已获专利)。

(3)一种水泥路面接缝压条机(已获专利)。

4. 创新点

(1)单组分无溶剂配方,不需要现场配制,开封即用,无有害挥发物,使用安全,质量恒定。

(2)常温使用,有配套的机具,施工快捷、方便。

(3)突出的低温柔性,-45℃时还具有良好的延展性。

(4)产品为浅灰色黏稠状可流动的液体,具有自流平性,接缝灌注后饱满、密实、美观,与路面板颜色协调性好。

(5)具有较强的黏结能力,与路面板缝壁黏结紧密。

(6)属长效型防水材料,固化后可在本省气候条件下保持性态 8 年以上,不腐烂、不变质。

5. 社会经济效益

黑龙江省水泥路面最常用的嵌缝材料以往主要是热沥青和聚氯乙烯胶泥,维护周期1~2年。聚氯乙烯胶泥因其污染环境,影响人体健康和技术落后等原因,2003年12月已被国家产业政策列为"限制使用建材",并明确指定为"落后产品",在很多发达城市如北京、广州等地已被禁用。GLP单组分常温型路用嵌缝胶的推广应用,在省内高等级公路水泥路面建设工程中具有里程碑意义,应用里程已经达到5000多公里且已被列入寒区路面灌缝设计,这标志着寒区路面设计理念正随着新产品的广泛应用而更新和进步,技术的进步引领着路面灌缝进入高效、节能、环保的新时代。

高速公路(北黑高速公路、绥满高速公路、鹤大公路)、二级路(依饶公路、鸡讷公路等)、三级公路(加漠公路、雪乡公路、龙甘公路等),共计已推广应用5000多公里,范围涉及黑龙江省的大兴安岭及黑河地区,都是以寒冷著称的地区,效果达到预期,受到使用单位好评(图5-5-1)。

目前,该产品已经形成产业化多年,为全省道路建设提供长效、安全的合格产品,近年来,又开发了系列产品,如水泥路面裂缝密封胶、水泥路面表面快速修补剂等产品,收获了预期的经济收益和良好的社会效益。

a)

b)

c)

d)

图 5-5-1

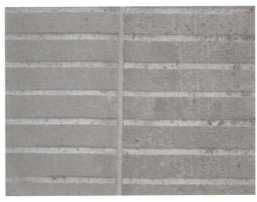

e) f)

图 5-5-1 寒区水泥混凝土路面灌缝料的应用

该项目研究成果获得黑龙江省科技进步三等奖。

(二)公路工程建设项目质量管控技术研究

1. 立项背景

公路工程是一种涉及面广、建设周期长、影响因素多的特殊产品。由于其自身具备的群体性、固定性、单一性、协作性、预约性、复合性和露天性等特点,决定了公路工程质量受到很多因素的制约,诸如:项目可行性研究、工程设计、建设准备、建设施工和竣工验收各环节等。同时由于公路工程建设主要以露天为主,受气候、地质等自然因素影响,加上人员和设备的流动性,易造成质量的波动。而且设计计算错误、施工方法不当、机械故障、材料质量伪劣、仪器仪表失灵等都会留下质量隐患。公路建设中也有大量隐蔽工程部位,其后道工序将覆盖前道工序,若不及时进行工序交接间的质量管理与控制,有可能将前道工序的不合格误判为合格。

2. 主要研究内容

该项目从面向公路项目建设期质量管控实际问题的角度,以"体系构建→基础理论研究→技术方案制订→信息平台与软件系统开发"为研究思路,从体系、理论、技术及系统4个层次进行深入研究,旨在开发出公路工程建设项目质量管控成套技术。主要内容包括:

(1)公路工程建设项目质量管控体系研究。

(2)公路工程建设项目质量管控基础理论研究。

(3)公路工程建设项目质量管控信息平台及业务软件系统开发。

(4)北黑高速公路工程建设项目质量管控技术示范工程。

3. 主要研究成果

（1）建立一整套北黑公路建设项目质量管控体系。

在针对北黑公路实际业务调研和需求分析的基础上，建立服务于北黑公路建设多阶段（设计、施工准备、施工、验收）、多部门（厅公路建设管理部门、指挥部、监理单位、施工企业等）的一体化质量管控体系，提高北黑公路建设过程中的质量管控效率。

（2）建立一整套北黑公路建设项目质量管控理论与技术体系。

在充分考察北黑公路建设质量管控具体实务的基础上，深入探索公路建设质量管控的理论和方法，凝练出一套高效、操作性强的理论和技术体系，提升北黑公路建设过程中的质量管控科技含量。

（3）建立一整套北黑公路建设项目质量管控平台与业务系统。

在实践过程中，逐渐建立起北黑公路建设项目质量管控业务 OA 系统、质量信息采集系统、质量分析报告自动生成系统和公路工程质量分析与诊断专家系统，并在北黑公路建设项目实施过程中得到了验证与改进，从而形成一整套基于公路建设项目的质量管控技术的质量管控信息平台。

4. 创新点

（1）全面、规范的信息化公路工程质量管控体系。根据黑龙江省公路工程建设项目质量管理的实际需要，建立一套涵盖多阶段、多部门的高效质量管控体系，并采用先进的信息化手段，将公路项目质量管理与控制纳入到完全信息化的管理流程和模式当中。

（2）在深入研究公路工程质量管控理论的基础上，构建从事前控制到事中控制再到事后控制的全过程、一体化质量管理与控制技术方案。

（3）高度可视化的质量管控信息系统开发模式。采用 WEBGIS 的信息系统开发模式，可以将公路工程的质量信息、管控信息充分与地理信息元素相结合，具有高度可视化特点，便于各类用户的查看、分析和汇报工作。

（4）公路工程质量分析与诊断专家系统的开发，提高了公路质量管控的信息化层次。项目以专家系统的开发为目标，在提供质量信息管理功能的前提下，更注重实现为指挥部门提供质量分析报告（质量统计分析、质量成因分析等）和专家建议等功能。

5. 社会经济效益

提高北黑公路建设过程中的质量管控效率和质量管控科技含量，并形成一整套基于公路建设项目的质量管控技术的质量管控信息平台。

紧密依托北黑公路的建设实际，并将质量管控理论与技术的研究和质量管控信息平台开发的成果，直接应用于工程建设质量管控的实际。

从根本上提升公路建设传统质量管理的水平和技术层次，可以为公路建设质量管理提供新的体系、理论、技术和系统,并可节省工程建设质量管理成本约20%,同时对于避免因质量管控不到位而带来的一系列问题,具有重要的实践意义。

(三)寒区高等级公路生态恢复和监测系统研究

1. 研究背景

近几十年来,人口急剧增长、社会经济发展和资源的高强度开发等引起的人为干扰生态环境已经成为一个全球性的问题,直接或间接导致了生态系统的退化,其造成的后果已严重威胁着人类的发展。减缓和防止自然生态系统的退化、恢复重建受损的生态系统,越来越受到全社会的广泛关注。道路交通工程建设是对生态环境破坏最为严重的一种人为干扰,往往导致道路施工区植被退化至原生阶段。而随着社会经济的发展,公路运输在国民经济发展和提高人民生活水平中发挥着越来越重要的作用,近年来国家加快了公路及其他交通设施的建设,到200年年底,全国通车总里程达到357.3万km。大规模的公路交通建设势必导致很多生态原本脆弱的地区生态环境进一步恶化,因此,科学合理地开展道路交通工程破坏后的生态恢复重建成为一项迫切的任务。

寒区温度低,有多年或季节冻土,降雨量少且集中,种子发芽难度大,植物生长季短,生物多样性和生态系统脆弱,公路路域生态恢复技术难度大、涉及学科多。因此,如何尽快恢复寒区公路路域生态系统已成为一项重要而紧迫的课题。

公路修建对生态环境造成了严重的破坏和深远的影响,寒区自然环境条件恶劣,生态恢复难度大。公路生态恢复的关键是恢复与重建植被,而公路边坡植被的恢复是公路路域生态恢复的重点和难点。特别是岩石坡面植被恢复难度更大。因此,开展寒区公路路域生态恢复技术的研究具有重要的理论和实践指导意义。本研究通过对黑龙江省寒区景观本底不同的公路边坡植物种类、组成结构、演替规律,进行大量野外调查、室内试验以及小区试验,筛选出适宜寒区公路边坡绿化的植物种类,提出针对性强、操作简便、经济适用的寒区公路路域植被建植技术,并进一步对公路抗重金属污染林带的建设规模、树种配置模式、抗污染树种进行研究,为寒区公路的生态恢复提供可借鉴的成果和理论依据。

2. 主要研究内容

(1)生态恢复技术研究

①寒区高等级公路生态恢复现状调查;

②依托路段生态恢复模式研究;

③寒区高等级公路路域野生动物保护技术研究;

④寒区高等级公路生态恢复模式及植物选择推荐。

(2)寒区高等级公路景观评价与规划设计研究

①寒区高等级公路景观构成要素调查与研究；

②以依托工程为例进行景观评价；

③寒区高等级公路景观与生态恢复融合设计方法研究：

a.寒区高等级公路景观规划设计方法研究；

b.寒区高等级公路生态恢复与景观融合的设计方法研究；

c.依托工程试验路段景观设计及三维虚拟演示研究。

（3）生态监测系统研究

①利用卫星遥感以及地面物理化学方法获取监测数据；

②寒区高等级公路生态监测系统指标体系研究与构建；

③采用 ArcGIS Engine 地理信息平台，设计、开发生态监测系统。

3. 主要研究成果

（1）混凝土预制空心砖植草、铺植草砖、轮胎植草和浆砌片石骨架是寒区公路土质边坡植被恢复的适宜技术。石质边坡可采用边坡挂网藤本植物绿化、鱼鳞坑客土绿化和水平沟客土绿化。

（2）马蔺、月见草、麦瓶草、草地早熟禾、野苜蓿、平车前、冰草、飞蓬、紫花地丁、无芒雀麦和野火球共11种植物是适宜黑龙江及气候类型相同的寒区高等级公路边坡植被恢复的草本植物种类。

（3）藤本植物赤飑、南蛇藤和山葡萄是适合岩石边坡挂网藤蔓植物绿化的植物种类；落叶灌木珍珠梅、胡枝子、兴安杜鹃以及常绿乔木樟子松是适合岩石边坡鱼鳞坑客土绿化的植物种类。

（4）解决了公路防污染林带建设的规模、模式、树种选择的问题。在公路两侧建设防治重金属污染林带，在配置方式上，要乔木、灌木、草本有机搭配。在建设规模上，根据重金属浓度的分布情况，结合地方实情，复层结构林带的宽度至少应达到20m，有条件的地区宽度不应小于60m。树种选择上优先考虑旱柳、春榆、蒙古栎、银中杨、白桦、臭松、裂叶榆、毛赤杨、东北山梅花、珍珠梅和金银忍冬等树种。

（5）通过研究筛选出适合寒区高等级公路生态恢复的乔木、灌木和草本植物种类共计66种。增加各类公路绿化物种23种，其中乔木增加5种，分别为旱柳、榆树、蒙古栎、银中杨和白桦；灌木增加3种，分别为珍珠梅、胡枝子和兴安杜鹃；草本增加11种，分别为马蔺、月见草、麦瓶草、草地早熟禾、野苜蓿、平车前、冰草、飞蓬、紫花地丁、无芒雀麦和野火球；藤本增加3种，分别为赤飑、南蛇藤和山葡萄；增加抗公路污染植物3种，分别为蒙古栎、白桦和臭松。

（6）研究了高速公路建设对沿线主要野生动物的迁徙及其种群的影响，提出了野生动物防护主要措施：阻隔工程措施、在野生动物常活动的路域设置减速带降低车辆行驶速度以及设置野生动物通道。

（7）通过调查分析、结合课题研究成果提出了公路生态监测指标体系。

（8）利用地理信息技术,集成计算机技术、数据库技术、网络技术、多媒体技术、信息管理等多种技术为一体,开发了寒区高等级公路生态监测系统。

（9）建立了寒区高等级公路景观评价指标体系。

（10）应用层次分析法与GIS技术分析法相结合,对依托工程进行了景观评价。

研究出可以进行推广的适合寒区高等级公路景观恢复设计的优化方案:植草砖植草护坡。

在三维场景中采用了动态查询关键技术,为实时空间查询奠定了基础。基于openGL的对象选定技术,实现了道路地形三维场景中地物属性信息的动态查询。

寒区高等级公路生态环境的改善直接增加游客量和以生态环境为依托的投资比例,带动各方面的经济发展,包括交通、住宿、餐饮、娱乐和消费等各个方面,全方位带动了黑龙江区域经济的发展,而且直接增加景区收入。在一定程度上可以提高公路的运营能力,增强行车安全,拉动旅游产业,产生巨大的社会效益。

本章附表

高速公路管理技术成果统计表

附表 5A

序号	项目名称	项目来源	依托工程	主持单位	起止时间（年）	投资（万元）	成果水平	获奖情况	项目负责人
1	高等级公路沥青路面车辙成因分析及维修成套技术研究	黑龙江省交通运输厅	哈伊高速公路绥化段（右幅）；哈同高速公路哈尔滨段（左幅）；鹤大公路鹤岗南出口公路木斯段	黑龙江省交通科学研究所	2012—2014	32	国内领先	—	于立群
2	雨、雪、雾天气条件下公路通行开放标准与安全保障技术	黑龙江省交通运输厅	哈同高速公路哈尔滨至佳木斯段	黑龙江省集贤至同江段高速公路建设指挥部,黑龙江省交通科学研究所,交通运输部公路科学研究所	2010—2013	30	国内先进	—	唐国富 李文波
3	西部公路运输量统计实用关键技术及示范应用的研究	交通部	对省内多条高速公路运输量进行了调查	黑龙江省交通科学研究所、黑龙江省道路运输管理局,长安大学,黑龙江工程学院,哈尔滨商业大学,吉林大学	2007—2010	300	国内领先	2013年黑龙江省公路学会科学技术奖三等奖	王力强
4	收费公路收费系统数据的分析与挖掘技术及应用研究	黑龙江省交通运输厅	应用于黑龙江省高速公路联网收费系统	黑龙江省交通信息中心,黑龙江省交通科学研究所	2006—2007	15	国内领先	2010年黑龙江省公路学会科学技术奖三等奖	孙立明
5	黑龙江省公路除冰雪组织系统与配套技术的研究	黑龙江省交通运输厅	鹤大高速公路修筑试验段	黑龙江省交通科学研究所	2005—2007	24	国内领先	2011年黑龙江省公路学会科学技术奖三等奖	李文波
6	寒区高等级白色路面修复成套技术研究	交通部	哈大公路哈尔滨至肇东段200m试验段	黑龙江省交通科学研究所,黑龙江省公路局	2000—2003	64	国内领先	—	孙巍

续上表

序号	项目名称	项目来源	依托工程	主持单位	起止时间（年）	投资（万元）	成果水平	获奖情况	项目负责人
7	黑龙江省高等级公路网交通安全评价体系及对策的研究	黑龙江省交通厅	—	黑龙江省交通科学研究所	2004—2006	22	国内先进	—	李文波
8	SX-I型水泥混凝土表面修复材料的研究与应用	黑龙江省交通厅	佳七高速公路500m试验路段	黑龙江省高速公路建设局，黑龙江省交通科学研究所	2003—2005	22.5	国内先进	2006年中国公路学会科学技术奖三等奖	王力强
9	寒区水泥混凝土路面灌缝料的研制	黑龙江省交通厅	哈同公路滨州至佳木斯段，鹤大公路佳七段应用	黑龙江省交通科学研究所，黑龙江高速公路建设局	2002—2003	18.5	国际先进	2005年省科技进步三等奖	黄哲
10	通航河流上的桥梁安全风险分析研究	黑龙江省交通厅	在"四方台哈尔滨公路大桥"进行了船撞桥的风险评估	黑龙江省交通科学研究所	2002—2004	20	国内领先	2004年黑龙江省科技进步三等奖	戴彤宇 孙巍
11	中心城市综合客运枢纽管理关键技术研究	黑龙江省交通运输厅	—	黑龙江工程学院	2010—2010	15	国内领先	—	袁纲
12	基于现代物流业发展需求的黑龙江省综合运输体系研究	黑龙江省交通运输厅	—	黑龙江工程学院	2010—2010	15	国内领先	—	王力强
13	黑龙江省道路运输基础设施建设投资体制改革及资产管理研究	黑龙江省交通厅	—	黑龙江工程学院	2006—2007	15	国内领先	—	边永健

续上表

序号	项目名称	项目来源	依托工程	主持单位	起止时间（年）	投资（万元）	成果水平	获奖情况	项目负责人
14	制定《黑龙江省地方标准机动车维修业开业条件》的研究	黑龙江省交通厅	—	黑龙江省汽车维修与检测行业协会	2008—2008	10	国内领先	—	刘革
15	黑龙江省道路运输安全质量标准化的研究	黑龙江省交通厅	—	黑龙江省道路运输管理局	2007—2007	10	国内领先	—	梁旭
16	国道鹤大公路鸡西至牡丹江段运行速度与安全保障措施的研究	黑龙江省交通厅	鹤大公路鸡西至牡丹江段	黑龙江省公路勘察设计院、交通运输部公路科学研究所	2007—2008	40	国内领先	—	贾树贤
17	黑龙江省等级公路速度管理技术及工程应用指南	黑龙江省交通厅	同三高速公路	黑龙江省公路勘察设计院	2008—2009	23	验收	—	贾树贤
18	国道111线齐齐哈尔至讷河段运行速度与安全保障措施研究	黑龙江省交通厅	国道111线齐齐哈尔至讷河段	黑龙江省公路勘察设计院	2007—2007	50	国内先进	—	贾树贤
19	寒区高级公路生态恢复监测系统研究	交通部	绥满公路海林至亚布力段	东北林业大学	2004—2008	257	国际先进	—	曹军 何东坡 信冶 刘振鹏
20	西部地区沥青路面应用 TiO_2 治理机动车尾气 NOx 技术研究	交通运输部	哈尔滨市哈南开发区（三环路至双城段、东北林业大学校园道路）	东北林业大学、交通运输部公路科学研究所	2009—2013	150	—	—	何东坡 易振国

续上表

序号	项目名称	项目来源	依托工程	主持单位	起止时间（年）	投资（万元）	成果水平	获奖情况	项目负责人
21	筑路机械液压系统故障检测与维护专家系统	黑龙江省交通厅	—	黑龙江工程学院，哈尔滨工业大学科技开发公司	1998—2000	10	国内领先	2002年荣获省高校科技三等奖	苏群 李福义
22	拖式撒盐（砂）机	黑龙江省交通厅	—	黑龙江工程学院	1999—2000	10	国内领先	—	王东胜
23	微波在沥青混凝土加热与沥青混凝土路面养护上的技术应用研究	黑龙江省交通厅	—	黑龙江工程学院	2000—2004	26	国内领先	—	王东胜 李维智 康维新
24	桥梁结构监测修复与加固更新技术研究	黑龙江省交通厅	黑龙江省呼兰河大桥	黑龙江工程学院，哈尔滨工业大学	2001—2002	41	国内领先	2005年荣获黑龙江省高校科学技术三等奖	莫淑华 张博明
25	高速公路限速系统的研制	黑龙江省交通厅	绥满高速交通工程	黑龙江工程学院	2002—2004	14	国内领先	2008年荣获黑龙江省科学技术三等奖	康维新
26	基于多种通讯形式的公路交通智能监控系统	黑龙江省交通厅	—	黑龙江省交通信息通信中心	2006—2007	25	国内先进	—	齐晓杰 崔宏耀
27	黑龙江省交通IPV4/V6综合组网技术研究	黑龙江省交通厅	—	黑龙江省交通信息通信中心，黑龙江工程学院哈尔滨工程大学	2006—2007	25	国内先进	—	任宏伟 杨健 张茹

续上表

序号	项目名称	项目来源	依托工程	主持单位	起止时间(年)	投资(万元)	成果水平	获奖情况	项目负责人
28	黑龙江省交通信息可视化动态发布系统	黑龙江省交通厅	—	黑龙江省交通信息通信中心、黑龙江工程学院	2008—2009	20	国内领先	—	任宏伟 王延亮
29	公路工程建设项目质量管控技术研究	黑龙江省交通厅	北黑高速公路	黑龙江省北安至黑河工程建设指挥部、哈尔滨工业大学	2010—2011	40	国内领先	—	安实
30	北黑高速公路接缝水泥混凝土路面(JPCP)使用性能评价及长期观测	黑龙江省交通运输厅	北黑高速公路工程北安至黑河6个观测路段共6000m	哈尔滨工业大学、北黑高速公路建设指挥部	2012—2014	48	—	—	冯德成 江文智 陶洁瑛
31	基于无线传感器的公路路面病害检测技术研究	黑龙江省交通运输厅	哈双高速公路哈尔滨至拉林河段、哈环城高速公路黎明湖大桥四方台大桥段	黑龙江省交通信息通信中心、哈尔滨工业大学	2012—2013	26	国内领先	—	张文玉 侯相琛
32	高速公路施工建设中的交通控制与安全保障技术研究	黑龙江省交通运输厅	黑龙江省前嫩高速公路	黑龙江省前嫩高速公路建设指挥部、哈尔滨工业大学	2011—2012	30	国内领先	—	孟祥海 么晖
33	黑龙江网络与旅游公路网资源整合技术研究	黑龙江省交通运输厅	前嫩高速公路	前嫩公路建设指挥部、哈尔滨工业大学	2011—2012	43	国内领先	黑龙江省第十六届社会科学优秀成果佳作奖	王健
34	黑龙江省高等级公路建设社会经济综合影响评价研究	黑龙江省交通运输厅	齐泰高速公路	黑龙江齐泰公路建设指挥部、哈尔滨工业大学	2010—2012	50	国内领先	—	安实

第五章 高速公路运营管理

续上表

序号	项目名称	项目来源	依托工程	主持单位	起止时间（年）	投资（万元）	成果水平	获奖情况	项目负责人
35	黑龙江省高速公路交通安全保障关键技术研究	黑龙江省交通运输厅	哈牡高速公路	黑龙江省高速公路管理局,哈尔滨工业大学交通学院	2012—2014	22.5	—	—	王健
36	基于无线传感器的公路路面病害检测技术研究	黑龙江省交通运输厅	哈双高速公路哈尔滨至拉林河段,哈环城高速公路黎明湖大桥至四方台大桥段	黑龙江省交通信息通信中心,哈尔滨工业大学	2012—2013	26	国内领先	—	张文玉 侯相琛
37	国道G111公路生态防护植物筛选与应用技术研究	黑龙江省交通运输厅	鹤大高速公路宁安至复兴（黑吉界）段65m试验路	大连海事大学,哈尔滨工业大学	2010—2012	43	国内领先	—	张树和 周纯秀 侯继文
38	黑龙江省交通数字档案馆软件管理系统的研究	黑龙江省交通运输厅	牡哈公路大修工程	省高建局,省计算机中心	2012—2014	47	—	—	—
39	基于光纤光栅称重限高系统的研究	黑龙江省交通运输厅	哈绥高速公路兴隆出口6km处试验路段	黑龙江省高速公路管理局	2007—2010	40	国内领先	黑龙江省公路学会二等奖	刘玉生
40	高速公路交通信息远程长期实时监控系统研究	黑龙江省交通运输厅	哈伊高速公路	黑龙江省高速公路管理局	2007—2011	20	国内领先	黑龙江省公路学会二等奖	姜蔚鹰

续上表

序号	项目名称	项目来源	依托工程	主持单位	起止时间(年)	投资(万元)	成果水平	获奖情况	项目负责人
41	提高沥青路面养护工艺及材料设计水平技术措施	黑龙江省交通运输厅	—	黑龙江省高速公路管理局	2007—2011	50	国内领先	—	刘玉生
42	黑龙江省公路桥梁数字化养护管理系统研究	黑龙江省交通运输厅	哈同、哈双、鹤大公路桥梁	黑龙江省高速公路管理局	2008—2012	20	国内先进	—	田晓明
43	黑龙江省高速公路养护工程安全保障技术研究	黑龙江省交通运输厅	—	黑龙江省高速公路管理局	2009—2012	25	国内领先	—	刘玉生
44	基于视频图像识别的车型识别与交通信息基站研制	黑龙江省交通运输厅	哈双公路全程路段	黑龙江省高速公路管理局	2009—2013	40	国内先进	—	刘绍云
45	冰雪灾害情况下干线公路网交通量预控技术研究	黑龙江省交通运输厅	哈同公路K28+3处	黑龙江省高速公路管理局	2009—2015	25	国内领先	—	张兴
46	基于公路网和流媒体技术的无线av系统	黑龙江省交通运输厅	哈尔滨环城高速公路路段	黑龙江省高速公路管理局	2010—2015	25	国内先进	—	刘绍云

第六章
高速公路文化建设

黑龙江省委十届十八次全会明确提出大力弘扬龙江交通精神,使其成为黑龙江文化建设的重要内涵。黑龙江省人大把交通作为加快发展、赶超跨越的榜样,将"四个特别"的龙江交通精神制成锦旗授予交通运输厅,作出"总结交通经验、弘扬交通精神"的决定。

多年来,以交通精神为核心的高速公路文化在高速公路建设、管理过程中不断丰富、不断提升,推进了龙江高速公路的建管养运全面发展,让龙江高速公路更好地为经济社会发展提供优质高效的交通保障,更好地为广大人民群众提供舒适便捷的出行服务。

第一节 高速公路建设诠释交通精神内涵

2008年5月,黑龙江省委省政府作出了利用3年多时间,投资1100亿元,建设高速公路3042km,一、二级公路3355km,农村公路60799km的重大决策。黑龙江省交通人在省委省政府的坚强领导下,在各部门有力地配合下,在全省人民积极地支持下,克服了各种难以想象的困难,开展了气势恢宏的三年大会战,取得了辉煌的战果。在黑龙江省46万平方公里的大地上,一个以银色和黑色飘带编织成的四通八达的现代化交通网已经形成。这是一个伟大的事业,是黑龙江省交通建设史上前所未有,在全国也没有先例的奇迹。伟大的事业产生伟大的精神。"三年决战"产生了气壮山河的龙江交通精神,而龙江交通精神也成为"三年决战"获胜的不竭动力。

2010年5月17日,时任全国人大常委会副委员长、原黑龙江省委书记吉炳轩同志为黑龙江交通精神题词,把龙江交通精神概括为"特别能承重,特别能吃苦,特别能战斗,特别能奉献"。这是对龙江交通精神内涵的科学界定,也是对黑龙江交通人英雄品格的最高礼赞。

一、交通精神产生的时代背景

(一)黑龙江省委省政府决战三年的战略决策为新时期龙江交通精神的产生创造了条件

黑龙江经济曾有过辉煌时期,20世纪50年代作为国家老工业基地,经济总量位于全国前列。即使改革开放前的1978年,经济总量仍位于全国前10位。改革开放之后,虽然与自身相比,黑龙江经济有了长足发展,但与东南沿海等改革开放之先的地域相比,经济发展明显滞后。滞后的原因是多方面的,如国家发展战略支持的重点转移,体制机制以及相应的观念滞后等,但交通发展的滞后已明显成为制约经济发展的瓶颈。"交通兴,则龙江兴"这是一个颠扑不破的真理。

国家统计局的资料显示,1978年黑龙江省生产总值174.8亿元,全国排名第八位。广东省生产总值185.85亿元,全国排名第六位,广东比黑龙江仅多出11.05亿元。到了2008年,黑龙江省生产总值达到8314.37亿元,国内排名第十六位,30年增长了48倍;而广东省则达到了36796.7亿元,国内排名第一位,30年增长了198倍。黑龙江省经济总量仅为广东省的22.6%,差距非常明显。而交通发达与否,与一个地区经济的发展呈正相关。因为交通是经济发展的先行官,特别是高速公路的多少成为一个地区经济发展的指示器。高速公路多了,意味着一个地区物流、人流、信息流、资金流的活跃,意味着经济要素的流动和积聚,也意味着经济的发达。2008年,经济发达的广东省,高速公路达3520km,全国排名第四位,而黑龙江省高速公路1044km,全国排名第二十一位。截至2007年年末,全省13个市(地)还有7个不通高速公路;二级以上高等级公路仅占公路总里程的7.1%,在全国排第29位。公路交通的滞后,严重制约了黑龙江经济社会的发展。

黑龙江省委省政府作出"举全省之力,决战三年,彻底打破交通瓶颈"的战略决策,是适应黑龙江经济社会发展的必然要求,为黑龙江省未来的快发展、大发展、好发展铺就坦途,也为新时期龙江交通精神的产生创造了条件。

(二)"八大经济区""十大工程"建设为新时期龙江交通精神的产生奠定了基础

黑龙江省面临新一轮经济发展的机遇,即建设"八大经济区""十大工程"。建设"八大经济区"必须搞好基础设施建设,交通建设首当其冲。三年公路会战,必将为"八大经济区"建设插上腾飞的翅膀,也必将生发出独具特色的龙江交通精神。

"三年决战"规划的每一个项目,都服务于"八大经济区"建设;服务于哈大齐工业走廊建设区的6个高速公路项目,共843km;服务于东部煤电化基地建设区的8个高速公路项目,共964km;服务于东北亚经济贸易开发区的5个高速公路项目,共855km;服务于大小兴安岭生态功能保护区的4个高速公路项目,共895km。服务两大平原农业综合开发试验区的9个高速公路项目,共1341km;直接服务4A级以上风景区的9个高速公路项目,共1347km;服务于哈牡绥东对俄贸易加工区的牡丹江至绥芬河高速公路项目156km;服务于高新科技产业集中开发区的4个高速公路项目,共537km。三年公路会战必将使黑龙江"八大经济区"实现跨越式发展。

从历史上看,投资对黑龙江的发展极为重要,也是黑龙江发展的一个特点。清末民初,中东铁路的兴起,各方资本的汇聚,促进了经济的发展,使20世纪前二十年黑龙江出现了一个经济繁荣的时期。新中国成立初期,黑龙江省成为国家工业的重点投资建设地区。"一五"期间全省投产大中型工业项目43个,其中国家重点建设的156个项目22个布局于黑龙江省,这些项目奠定了黑龙江作为国家装备工业基地的地位,使"一五"时期成为黑龙江省经济发展的辉煌时期。黑龙江省"八大经济区"以及为其开路的公路"三年决战",是黑龙江省经济一个前所未有的发展机遇期。以国家、省、地(市)多方投资为支撑,公路建设"三年决战"稳步推进,经济效应与社会效应逐步显现。黑龙江经济社会发展更为辉煌的时期很快就会到来。三年公路会战结出的灿烂思想之花——新时期龙江交通精神,不仅成为龙江交通人的精神财富,也成为全体龙江人的精神财富。

(三)应对金融危机挑战,扩大内需为新时期龙江交通精神的产生提供了机遇

2008年,受国际金融危机影响,国外需求锐减,国内企业尤其生产出口产品的企业受到打击,经营困难。由于国内消费需求不振,一些诸如钢材、水泥、沥青、石材、五金等建筑材料需求疲软。公路"三年决战",以1100亿元的巨额投入来打造现代化的公路交通网络。这为提振黑龙江地方经济发展提供了机遇。

公路建设对建筑材料的需求是多方面,省政府提出优先选用省内物料的原则,使很多钢材、建材行业从濒于危机中走出来,获得了新的发展,如黑龙江建龙钢铁有限公司、西林钢铁集团把闲置的生产线启动起来,为公路会战生产钢材。仅黑龙江建龙集团自2009年就为公路会战提供钢材10万多吨,用于8条高速公路建设工程,累计预付货款4.3亿元,救活了企业。三年公路会战解决了大量人员就业问题,仅筑路大军就有15万人之多,其中有许多务工人员,如果算上与公路建设配套以及相关联的产业,就业人数就更多了,这意味着收入的提高。收入的提高,相应提高了人们的消费水平。消费水平提高了,人们就会购买更多的消费品,从而刺激了企业的生产,从整体上促进了经济的发展,间接也为国家增加了各种税收。

应对企业危机,扩大内需与公路"三年决战"是紧密相连的。从一定意义上说,公路会战就是扩大内需的过程,在这一过程中人们不但创造了物质财富,也造就出发人向上的龙江交通精神。

(四)全省人民对公路建设的渴望与企盼为新时期龙江交通精神的产生提供支撑

路,意味着交流、开放、开化、开明。"想要富,要修路",路修到哪里,哪里就会大变。把路修成发展路、致富路、风景路、旅游路、生态路、环保路、便民路、勤民路、廉政路,是龙江人的渴望与企盼。这是三年公路会战的民意基础,也是龙江交通精神生长的肥壤沃土。

人民企盼出行便捷。绥滨县城与富锦市隔松花江相望,虽然相隔只有15km,但因为没有桥,人民到达对岸或者靠摆渡过江,或绕行400km。由于绥滨县三面环水,一面为陆

地,呈半岛形版图,出行极为困难,人们盼望修桥筑路,打开通往外界的通道。三年公路会战,修筑了富绥大桥,一桥飞架南北,天堑变通途。圆了绥滨几代人筑路架桥的梦。还有泰来嫩江特大桥的修建,改变了齐齐哈尔市与泰来县之间,依靠摆渡、浮桥通行的困境,极大改变了两地之间的通行状况,受到齐齐哈尔市、嫩江县人民的热烈欢迎。

二、龙江交通精神的内涵

人民企盼发展致富。"货畅其流",由于缺乏道路,黑龙江省许多地方富足的资源、产品难以及时运出,许多急需的产品、材料不能及时输入。许多地方由于缺乏高等级公路引不进外资。高速公路的修建,使一条条银色或黑色的飘带,把黑龙江各地区紧密联系起来,把黑龙江与全国、世界联系起来,使黑龙江离世界更近了。物流、人流、资本流、信息流在龙江汇聚,使黑龙江走上了发展致富路。"三年决战"圆了黑龙江人发展致富梦。

(一)特别能承重的精神

"特别能承重"是"龙江交通精神"之魂,充分体现了广大交通建设者在各种压力面前,胸怀全局、敢于担当、自我加压、负重前行的坚定意志。

广大交通建设者在"三年决战"伟大实践中,一切从大局出发,把改变黑龙江交通落后面貌作为最崇高的使命,把推动黑龙江经济社会发展作为最神圣的职责,把打赢公路建设"三年决战"作为最迫切的任务,共分发展之忧,共筑发展之基,共践发展之行。他们紧紧围绕"八大经济区"和"十大工程"建设,来规划公路"三年决战",来推进工程项目建设,以交通事业的先行发展服务和促进全省更好更快更大发展。"三年决战"规划建设的每一个公路项目,都与"八大经济区"建设息息相关,"八大经济区"布局到哪里,公路建设就服务保障到哪里,以一流公路设施为全省经济社会加速发展奠定基石。

广大交通建设者在"三年决战"伟大实践中,本着对历史负责、对现实负责、对未来负责的精神,以巨大的政治勇气和胆识气魄,自觉肩负起省委、省政府和全省3800多万人民的重托。"三年决战"施工范围之广,工程规模之大,投资数量之多,时间安排之紧,质量要求之高,任何一个方面都是担值千钧、重责压顶。总指挥部、专项推进组、战区指挥部、项目指挥部以及全体参战人员,个个是冲锋陷阵的勇士,敢于亮剑、勇挑重担。齐泰高速公路建设是公路"三年决战"的第一场战役,能否胜利竣工对于整个决战影响重大。年轻的项目指挥田林担当起这一重任,立志在全省交通建设"三年决战"中发挥排头兵作用。为确保项目尽早开工建设,他带领干部职工全力推进前期工作,短短一个月取得项目初步设计批复,获得交通运输部资金支持,土地审批一次性通过国土部9个司局评审。面对项目建设工期紧张、交叉点多、制约难题多的实际,他们坚持勇于创新、敢为人先理念,打破常规推进,着力破解水中筑岛、粉砂土施工、钻孔桩地质层变化等难题,保证项目建设进度和质量,仅用两年时间完成主线主体工程,仅用17个月实现嫩江特大桥全桥合龙,比计划工期提前一年,打通黑龙江省最后一条国道"断头路",创造了黑龙江省乃至全国高纬度寒冷地区高速公路和特大桥施工速度最快的纪录,书写了"一路通三省,天堑变通途"的壮丽诗篇。

广大交通建设者在"三年决战"伟大实践中,以更高的站位、更高的标准,挑战自我、超越自我,打造了一支永远压不垮的钢铁之师。公路"三年决战"高速公路规划,从2207km到2840km再到3042km,看上去是简单的数字变化,体现的却是勇于自我加压、敢于担当重任的高尚品格。他们还新增黑瞎子岛乌苏大桥及引导工程、加格达奇至漠河、亚布力至雪乡、北安至黑河等旅游名镇公路13项578km,哈尔滨平房至拉林一级公路51km,漠大石油管线伴行二级公路420km,以及省道鸡图公路八面通至马桥河段、绥满高速公路东宁口岸连接线等项目93km,合计新增投资90多亿元。为加快推进三江平原农业综合开发试验区和千亿斤粮食产能巩固提高工程建设,畅通三江平原粮食运输大通道,他们在建设工期最短、地质条件最差的情况下,顶住巨大压力,全力以赴推进,筑起设计理念最优、工程造价最低、生态保护最好、全长200多公里的三江高速公路,成为确保国家粮食安全的战略大道,成为现代化大农业的观光大道,成为引领北大荒、扬名世界的希望大道。为促进沿边地区开放开发,他们着力改善沿边公路等级低的状况,建设沿边公路631km,由原来的砂石路面成为现在的二级公路,为龙江走向世界铺设了一条条平坦大道。广大交通建设者为了黑龙江能加快发展,甘担重责,追求一流,无怨无悔,经受住新增项目带来的勘察设计、规划报批、组织施工、工程监理等重大考验。

广大交通建设者在"三年决战"伟大实践中,始终坚持只能成功、不能失败,既要质量、又要速度,肩负起难以想象的资金量、工程量、机械量、技术量、劳动量、组织量的压力之重。公路"三年决战"决策之初,社会各界不同的声音不绝于耳,这么大的工程,这么多的资金,这么短的时间,资金从哪里来,队伍从哪里来,物资从哪里来,事该怎样去办,广大交通建设者以实际行动给出了答案。他们勇于承担资金筹集之重,1100多亿元的巨额资金,通过争取国家补贴、地方投资、企业投资、银行贷款等多种途径,全部得到及时落实,足额拨付工程一线,平均每天完成投资1亿元,有力保障了工程建设顺利进行。他们勇于承担项目报批之重,"三年决战"报批重点工程28项,每个项目要落实62个环节的报批任务,涉及10个国家部委、45个司局、近百个处室,最后土地手续还要到国务院审批,总计1643个审批环节。他们勇于承担征地拆迁之重,在有效施工期只有500多天时间里,完成任务路面3.4亿m^2,桥涵2039座,拆迁房屋19.6万m^2,迁坟1.6万座,迁移电力铁塔1050座,迁移电力线杆1.03万座,迁移光缆5043km,建设通信管道7500km,解决高速公路3600km的封闭难题,这些数字无一不凝聚着交通人的心血。

(二)特别能吃苦的精神

"特别能吃苦"是"龙江交通精神"之基,充分体现了广大交通建设者在各种困难面前,不畏险阻、不怕疲劳、以苦为荣、艰苦奋斗的顽强作风。

广大交通建设者在"三年决战"伟大实践中,始终坚信没有过不去的"火焰山",历尽千辛、吃尽万苦,克服不可想象的困难,承受难以预料的危险,取得一个又一个胜利。黑龙江地域广阔,处于高寒纬度地区,冬季漫长,天寒地冻,路面温度最低达零下50多度,有效施工期短短数月。草原、湿地、深山、密林、江河、湖泊等地形地质复杂,夏季蚊虻漫天飞舞,蛇虫四处乱窜,路面温度最高达40多度,这些都给筑路大军带来极大困难。他们不惧冰天雪地的寒威,不怕烈日当空的炙烤,不畏蚊蚁蛇虫的叮咬,穿山越岭,筑路架桥,战天斗地,超越极限。富绥大桥、齐甘特大桥、乌苏大桥都是在零下二十几度的严寒中坚持低温施工,经受住了寒风凛冽、河水刺骨的考验,确保在春汛到来之前,把桥墩抢出水面,为后续大桥顺利施工奠定了坚实基础。2011年4月,正在施工的富绥大桥遭遇了罕见的冰排突袭,指挥部迅速组成破冰抢险突击队,全员投入抗凌抢险战斗,冒着生命危险,进入流冰现场,炸破冰排,成功破冰,使大桥安然度汛。在中国最北的地方北极村,漠北高速公路勘察设计人员冒着零下40多度的严寒,坚持进行野外勘察,脚下是1m多深的皑皑白雪,前面是一望无际的茫茫林海,还要肩扛定位仪,手拿测量尺,一步一陷,林中跋涉,午饭是冰冷的烧饼就一口白雪,就是在这样的艰苦环境下,以惊人的毅力和不屈的性格拿出了高水准的规划设计,在突破高寒禁区的大兴安岭人曾经战斗过的地方,重演了战严寒、破禁区、开拓进取的拼搏场景。北黑项目沿线地质复杂,加之遭遇30年一遇的连续阴雨天气,使路基施工难度增大、危险程度增加,他们临危不惧,冒雨施工,不仅抢回工期把损失降到最低点,而且无一例安全事故发生。

广大交通建设者在"三年决战"伟大实践中,与时间赛跑,与体力较劲,夜以继日、通宵达旦的打好每一场战役。公路"三年决战"以来,不论是交通运输厅、公路勘察设计院,还是总指挥部、战区指挥部、项目指挥部,乃至标段工棚,经常是灯光彻夜明亮,人头如影穿梭,或是冥思苦想,或是奋笔疾书,或是聚集热议,攻克着规划设计、项目报批、资金筹集、征地拆迁、工程招标、科技创新、质量监理等一个又一个难题。勘察设计是公路建设的灵魂,是"三年决战"的前提,外业勘察设计队员冒严寒,斗酷暑,攀山越岭,穿河过涧,风餐露宿,终日在荒野里穿梭、在泥水中跋涉;内业项目设计人员封闭在江北,吃住在办公室,整整熬了100天、拼了100天。一年365天,他们只休息了大年三十和初一两天,整整干了363天,累计完成地形图测绘4050km²,地质钻孔8230个、总进尺21万延米,物探排列16763组,土工试验55360组,旧桥检测608座,旧路检测2000km,比较方案设计1614km、辅道设计1523km,出版工程图纸270万张,用不到一年的时间,完成了两三年才能完成的工作任务,创造了全国公路勘察设计的奇迹。加嫩指挥部副指挥朱万平在2010年圣诞节前夜,冒着零下50多度的严寒,在天冷路滑、翻山越岭极其危险情况下,连夜驱车往返海拉尔和莫旗1300多公里办理报批手续,为上报国家审批赢得了时间,为修建黑蒙友谊路、民族连心桥、促进两省区经济腾飞作出了贡献。

广大交通建设者在"三年决战"伟大实践中,无论冬季冰天雪地,还是夏季林深草密,都没有丝毫的胆怯和畏缩,敢于吃苦,虽苦尤乐,始终奋战在工作一线。头顶烈日、脚踏热浪他们不叫苦,爬冰卧雪、低温施工他们不叫苦,挑灯夜战、彻夜不眠他们不叫苦,与时间赛跑、与病痛抗争他们更不叫苦。为了勘察设计,为了项目报批,为了筹措资金,他们不知跑了多少腿、说了多少话、办了多少文、报了多少资料、熬了多少不眠之夜,这里面承载着责任,更充满着艰辛。为征地拆迁、为抢抓进度、为工程质量,他们不怕疲劳、连续作战、日日夜夜、无怨无悔,黑白相间的三千里长路是最有力的见证。交通建设者把"三年决战"当作实现人生理想抱负、追求人生价值最广阔的舞台、最珍贵的记忆。三年来,广大交通建设者把"苦不苦,想想红军长征二万五"常挂在嘴边,相互激励,欣然慰藉。梅花香自苦寒来,一分耕耘、一分收获;一份辛苦、一份甘甜,当一张张图纸如期完成,当一个个项目拿到批件,当一笔笔资金得到落实,当一段段工程胜利竣工,他们眼中流下了激动的泪水,脸上洋溢着幸福的荣光。

广大交通建设者在"三年决战"伟大实践中,白加黑、五加二地干,吃三睡五干十六地搏,24小时歇人不歇机地赶,一刻也没停止,一时也未耽搁。公路"三年决战",每年都是上百公里的高速公路、上千公里的等级公路、上万公里的农村公路建设任务,按部就班干不好工程,早八晚五建不成公路,必须超常速、超常量、超常人。2009年春天,征地拆迁捷报频传,前期工作顺利进展,重点工程4月26日全线启动,全体参战人员摩拳擦掌、热血沸腾,恰恰天公不作美,连绵不断阴雨天气给施工带来严重影响,致使夏季有效施工期还不足60天,但他们采取超常举措,硬是抢回工期、赢得进度、首战告捷,交工高速公路815km,一级公路78km,二级公路898km,农村公路2.13万km。2010年,一场50年未遇的暴风骤雪袭击龙江,使春天的脚步姗姗来迟,但交通人却早动员、早启动、早开工,步调更齐、步履更急、步伐更劲,交工高速公路134km、一级公路28km、二级公路439km、农村公路1.27万km。2011年,三年攻坚迎来冲刺阶段、决胜阶段,他们咬紧牙关,一鼓作气(完成任务),交工高速公路1818km、二级公路522km、农村公路4000km。漠北项目生活条件异常艰苦,由于沿线降雨频繁,空气潮湿,施工驻地内的被褥甚至可以拧出水来,不少施工人员因水土不服出现身体不适甚至病倒,计划员王晶把出生仅四个月的孩子带到工地,让孩子吃住在潮湿阴冷的板房中,忍受蚊虫叮咬,自己全身心投入到工作之中。漠北项目总监办主任霍洪波带病坚持连续工作,病逝在工作岗位上。这些可敬可爱的交通建设者,在公路大决战中演绎着一幕幕催人泪下的感人场景。

(三)特别能战斗的精神

"特别能战斗"是"龙江交通精神"之要,充分体现了广大交通建设者在各种挑战面前,科学组织、勇于创新、攻坚克难、众志成城的英雄气概。

广大交通建设者在"三年决战"伟大实践中,统筹规划、精心部署、有序推进、分步实施,为公路建设"三年决战"决胜提供了有力保障。"三年决战"任务之巨、战线之长、攻坚之难前所未有,不科学安排、周密组织,就难以取得决战决胜。省交通运输厅党组坚持一切以公路建设为重、一切为公路建设服务,科学组织实施项目报批、征地拆迁、资金筹措、工程建设、质量监督等各项工作。他们注重科学决策,对涉及公路建设的重大决策事项,都坚持会前统筹谋划、科学论证,会上认真研究、制订方法,会后抓好落实、督促检查。他们制订科学规划,既注重连通省内各大城市,又全面打通出省通道;既突出高速公路,又充分考虑一、二级公路,沿边口岸公路和农村公路,绘就了"三年决战"宏伟蓝图。他们构建科学体制,按照战时需要,整合全系统力量,打破部门界限,成立以厅重点工程建设领导小组为总指挥部、5个专项工作推进组、3个战区指挥部、24个项目指挥部垂直管理的"战时"新体制;二级公路和农村公路项目由省公路局牵头成立总指挥部,派出推进组,自上而下建立一整套责任体系。他们强化科学保障,各级交通部门、各直属单位主动找准位置,自觉服从和服务于"三年决战",形成了责任明晰、运转高效的指挥管理体系。他们健全科学制度,制定下发《"三年决战"实施纲要》《加强公路重点工程施工管理的若干意见》等文件,在勘察设计、项目实施、工程监理、综合管理等方面提出一系列新理念,对公路建设各项工作进行系统规范,成为推进决战科学有序、高效实施的作战指南。他们组织科学施工,针对季节特点合理安排工期,春季抢抓现场准备、人员设备进场和组织开工,夏秋两季集中会战,实行24小时机械不停等超常规施工,冬季培训人员、检修设备、储备材料、谋划下年工作;科学制订施工顺序,实施平行、流水和交叉作业,优先安排桥涵等控制性工程开工。前嫩公路项目指挥刘剑峰创新工程管理和组织方式,抓重点、攻难点、树亮点,精心组织、科学安排、严细管理,抢抓春秋两季早开工、晚收工,抓紧有利天气大干快干,保障了工程项目的顺利实施。

广大交通建设者在"三年决战"伟大实践中,始终坚持解放思想、与时俱进、改革创新,以科学的态度、创新的思维、求实的精神,创造了一个又一个奇迹。"三年决战"从设计报批到征地拆迁、从工程施工到项目管理,每个环节、每个工序、每个阶段都贯穿着创新、体现着创新、得益于创新,三年公路建设的历史就是一部波澜壮阔的创新史。他们大力推进科技创新,实施部省联合行动,引进国内外一流技术,推广应用新技术、新材料、新设备、新工艺76项,重点围绕季冻区高含水率黏土、粉砂土、沼泽地区路基填筑、岛状冻土和古滑坡体治理等方面,开展科技攻关和先进适用技术推广应用,解决了冻土施工、道路翻浆、桥头跳车等一系列重大技术难题，有些甚至是世界性技术难题，大大提高了工程科技含量。乌苏大桥采用大挑臂钢箱组合梁独塔单索面斜拉桥结构，为世界首创。富绥松花江特大桥是黑龙江省历史上最长的公路桥梁，全长3482m，连续箱梁单孔跨径150m，国内也不多见。他们大力推进设计创新，着力打造"一路一景观""一路一风格"，充分体现龙江的大森林、大冰雪、大界江、大湖泊、大湿地、大熔岩、大油田、大农场、大工厂、大矿藏，极大展示北国特色风光，打造出一条条风景路、观光路、利民路。伊绥高速公路以建设中国林都生态旅游高速公路为目标，采用分离式路基、隐形边沟、生态防护、建设景观服务区等办法，展现"车在林中行、人在画中游"。平原微丘区改变"一条路两行树"绿化方式，采取乔灌木相交叉、挡透相结合，行驶在宽阔的大路上，就能领略龙江的美丽风光。三江高速公路结合大农田特点，路基两侧采用敞开式路基断面形式，充分体现通透性，万亩良田尽收眼底，现代农业魅力尽显。他们大力推进管理创新，坚持靠制度管人、用制度管事、以制度管钱，制定《招投标管理暂行办法》《资金拨付管理暂行办法》《材料物资管理暂行办法》等20多项，对大宗物料推行统一采购，既保证质量和供应，又降低价格，得到企业一致好评。

广大交通建设者在"三年决战"伟大实践中，迎难而上、知难而进，披荆斩棘、破浪前行，以战胜一切挑战的勇气和智慧、不畏一切挫折的意志和气概，攻克了一个又一个难关。如果将三年规划项目6.3亿m^3的土石方砌成1m见方的土墙，足足可绕地球16圈；桥梁累计全长约230km，相当于哈尔滨到长春的距离；建设3000多公里高速公路，里程相当于哈尔滨到厦门。完成这样一组组数字，曾有人预言，那只是一个神话。但交通建设者秉承的是"困难面前有我们，我们面前没困难"，再多的困难、再大的压力，也阻挡不了他们前进的脚步。高速公路项目从立项到开工，环节多、程序多、周期长，报批手续十分复杂，关口一个接一个，他们积极争取省直部门支持，创造了全国报批速度的新纪录。征地拆迁是工程进入实质性实施阶段一大难关，他们创造性提出省管公路重点工程实行省交通运输厅和当地政府"双业主制"，1.69万公顷征地任务仅用四个月时间就基本完成，并保持了社会稳定。为把住工程招标关，把真正有实力的企业引入黑龙江省，他们从全国抽调评审专家，严格履行程序，中交、中铁等"中字头"企业占中标企业总数的近50%，205个施工标段、110个监理标段的招投标实现"零投诉"，国内一流队伍群集龙江，为"三年决战"重点工程建设提供了施工技术能力保障。

广大交通建设者在"三年决战"伟大实践中，紧紧依靠各级党委、政府，紧紧依靠各相关部门、单位，紧紧依靠沿线人民群众，主动协调，充分沟通，互相配合，形成了公路建设的强大合力，真正实现了从部门行为向政府行为、从行业行为向社会行为的历史性转变。中央领导同志多次视察指导黑龙江省公路建设，对取得的巨大成就给予充分肯定，提出殷切期望，极大地鼓舞了广大交通建设者。省委、省政府把交通建设作为"八大经济区"建设的引擎工程,作为扩内需、促增长、保稳定的重要措施,召开省委全会、省委经济工作会、省委常委会、省政府常务会、交通建设专项会等各种会议研究解决问题、安排部署工作,举全省之力、集全社会之力推进交通建设,充分体现了社会主义制度集中力量办大事的优越性。地方各级党委政府和农垦、森工总局坚决落实省委省政府决策,全力支持交通建设,主动承担重任,搞好组织协调,为"三年决战"作出了突出贡献。纪检监察和审计部门对公路建设全程监督,高标准、严要求,形成了干净干事的良好氛围。新闻媒体开辟专栏专题,大力度宣传"三年决战"。省交通运输厅把舆论宣传作为硬措施、硬任务,设置宣传标语口号4300余处,创办《黑龙江交通报》,大力宣传"三年决战"重大意义、规划措施、典型人物和先进事迹,展示交通建设者决战决胜信心,赢得全社会对公路建设的高度认同。

（四）特别能奉献的精神

"特别能奉献"是"龙江交通精神"之本,充分体现了广大交通建设者在各种利益面前爱岗敬业、埋头实干、不计得失、大爱无疆的高尚情怀。

广大交通建设者在"三年决战"伟大实践中,怀着对党的无限忠诚、对交通事业的无限热爱,大力弘扬"三老四严"精神,忠于职守,尽职尽责,全力以赴做好本职工作,在平凡的岗位上作出了不平凡的业绩。项目指挥岗位责任重大,他们天天坚守在岗位、奋战在一线,有的指挥人员身患顽疾却把自身困难当作挑战,有的指挥人员手术后第二天就回到建设工地,有的指挥人员上有老下有小却照顾不上,这样的感人事迹不胜枚举,体现了忘我的敬业精神。勘察设计时间紧、任务重,有的设计人员家里老人得了癌症,有的刚刚结婚,有的身患重病,为了保证任务如期完成,他们始终战斗在工作岗位上。质监岗位十分关键,他们牢固树立"质量是天、质量是生命"的思想,全面加强质量管控,建立"政府监督、业主监控、社会监理、企业自检"四级质量保证体系,做到思想认识到位、保障措施到位、监督检查到位、纪律惩处到位、组织领导到位,切实打造放心工程、优质工程、精品工程。"三年决战"以来,投入从业监理人员4450名,试验检测人员2353名,检测设备12450台（套）,施工企业自检1285万点（组）、监理单位抽检428万点（组）,省质监站对路基、路面、桥梁等25项主要指标监督抽检100万点（组）,一次合格率95%以上,高于全国质量督查平均水平1.2个百分点,工程质量创历史最高水平。

广大交通建设者在"三年决战"伟大实践中,以公路建设为己任,兢兢业业,任劳任怨,一个一个环节抓落实,一个一个工程抓推进,确保"三年决战"顺利进行。他们全面推行一线工作法,大力倡导干部在一线工作、决策在一线落实、问题在一线解决、创新在一线体现、成效在一线检验,全力推进工程建设。全体公路建设者不分严寒酷暑,不分白天黑夜,抢晴天、战雨季,始终坚守在一线。

广大交通建设者在"三年决战"伟大实践中,以路为业、以桥为家,舍小家顾大家,化小爱为大爱,把一腔热血和无悔青春甚至宝贵生命奉献给了交通事业。富绥大桥指挥人员王牧把精力全部投入到大桥建设中,女儿失踪40多天也没有亲自去寻找,把父爱深深地埋在心底。他说:"富绥大桥作为松花江上里程最长、跨径最大的桥梁,每一个环节都不能松懈,责任重于泰山!大桥也是我的孩子。等女儿回来了,大桥建成了,我会带她来这儿看看,这里是爸爸的事业,一个光荣的事业。"齐泰高速公路第三驻地监理办主任毛丽,作为全线唯一女驻地办主任,与男同志一道奋战在第一线,父亲过世她没有告诉任何人,悄悄回家处理完后事又重新投入战斗,把思念和伤痛默默留在心中。龙建六处项目经理曲德春一心扑在工程建设上,爱人和孩子同时因病住院却没有回去照顾。在公路建设一线还有许许多多这样的建设者,朝出两脚露,晚归一身霞,以大山为伴,与公路为伍,用实际行动甚至用生命,展现了什么是无私奉献,什么是大爱无疆,在龙江大地上奏响了一曲曲感天动地、气壮山河、可歌可泣的奉献之歌。

三、高速公路建设产生的龙江交通精神具有重大意义

（一）新时期龙江交通精神为黑龙江发展提供了新的精神支撑

"龙江交通精神"是以"闯关东精神""北大荒精神""大庆精神"和"铁人精神"为代表的龙江优秀精神在新时期的继承和发扬,广大交通建设者就是靠这种精神激发了凝聚力和战斗力,形成了势不可挡的强大力量,创造了公路建设的巨大成就。新的历史条件下,大力弘扬"龙江交通精神",生发出无穷的精神力量,发挥出更大的推动作用,加快了龙江社会主义现代化建设步伐。龙江交通精神所体现的理想追求、意志品格、志气情怀、价值观念、行为模式作为一种观念形态的无形产品,对整个龙江社会的影响是深远的,并长期发挥作用,成为塑造一代新人的无形力量。龙江交通人,作为一个英雄集体,它形成的氛围、风气作为一所大学校,一座大熔炉,培育了成千上万个龙江交通精神的传人。他们聚起一团火,散开满天星,把龙江交通精神传遍龙江大地,使龙江交通精神成为鼓舞全社会向上的力量。

（二）新时期龙江交通精神为黑龙江优秀精神资源增添了新的内涵

黑龙江人民在革命和建设年代形成和积累了丰厚的优秀精神资源,如"大庆精神""铁人精神""北大荒精神""大兴安岭精神""闯关东精神""东北抗联精神""哈尔滨城市精神""东北小延安精神""马恒昌小组精神""马永顺精神",成为黑龙江省的十大优势之一。今天在黑龙江优秀精神资源中,又增添了新时期龙江交通精神,使黑龙江优秀精神更加丰富,更富有魅力。

龙江交通精神把"大庆精神""北大荒精神""大兴安岭精神"所包含的"战时体制"

"会战传统""政治动员"发挥到了极致,保证了"三年决战"的胜利,体现了社会主义集中力量办大事的优越性。同时龙江交通精神在改革开放与市场经济条件下,吸纳了许多富有时代特点的精神要素,如把集体主义的崇高与个人的自主性、独立性、选择性及责任意识结合起来。把集体与个人两个主体的潜能最大限度地发挥出来。龙江交通精神鼓励交通人特别是青年人要有强烈成就需求意识,并为他们提供了展现自我才干的舞台。龙江交通精神还特别突出了科学理性与以人为本,体现了鲜明的时代特点。

（三）新时期龙江交通精神的直接成果为黑龙江经济社会发展提供新的原动力

龙江交通精神的结晶——公路建设"三年决战"全面胜利,已经为龙江大地铺就高速公路、国省干线公路、农村公路"三大路网",构建起横贯东西、纵穿南北、覆盖全省、连接周边的现代化高速公路网。黑龙江 64 个县中有 34 个县通了高速公路。公路总里程达到 15.9 万 km,农村公路 14.3 万 km,行政村通畅率和通达率分别达到 99.6% 和 99.9%。

纵横交错现代化的公路网络,为促进黑龙江经济发展提供了保障。公路建设创造了巨大经济效益和社会效益。"三年决战"工程建设直接拉动全省生产总值增长 1260 亿元,直接贡献率 3.37% ,拉动产出累计 4140 亿元,直接、间接提供就业机会 400 余万个,对有效应对国际金融危机、扩大内需保增长起到极大促进作用。"三年决战"打通了龙江大地血脉,拉近了与全国、与世界的距离,扩大了对外交流合作,汇聚了物流、人流、资金流、信息流,加快了"八大经济区"和"十大工程"建设步伐。"三年决战"共增设辅道、支线和连接线 1800 多公里,分离式立交、天桥 1700 余座,农村公路实现镇镇通、村村通,更好地满足了农民群众出行和生产生活需求,推动了城乡融合互动发展。"三年决战"构建的纵横交错、四通八达的现代化公路网,使龙江壮美秀丽景色、现代农业风光得以充分展示,龙江旅游资源在全国乃至全世界树起品牌,特别是加格达奇至漠河、抚远至黑瞎子岛、建三江至抚远等重点旅游区公路项目建设,大大增强了龙江旅游业吸引力和竞争力。在伟大"龙江交通精神"的激励鼓舞下,广大交通建设者建成了一条条发展路、致富路、利民路、观光路、环保路、勤政路,必将有力推动龙江经济社会更好更快更大发展。

第二节　高速公路建设"决战路上党旗红"

一、高速公路建设一线党建工作

黑龙江省交通运输厅高度重视基层党建,坚持哪里有党员,党组织就延伸到哪里,建设号角、和谐的旋律就传播到哪里。坚持以服务保障"五大规划"和"十大重点产业"建设,推进全省经济社会又好又快发展为重点,健全完善了厅直系统党的制度,形成了较为完备的制度体系,构建了"一个支部一堡垒、一名党员一面旗帜、一个干部一个标杆"工作格局。

(一)组织开展了"创建学习型指挥部"活动

找寻特色,力求实效,不断创新学习方式、学习内容、学习载体、学习机制,把集中学习、岗位培训、学习调研和在职自学进行有机衔接,合理布局,有力地推进了学习型党组织建设活动的规范化、经常化。特别是每月组织一次理论学习大讲堂活动,贴近干部职工思想实际,内容丰富实用,有效提升了公路建设一线党员干部的素质和能力。

(二)精心设计"决战路上党旗红"等一线党建活动

在重点项目标段建立了374个基层党组织,吸纳农民工党员参加,实现基层党组织全覆盖,精心设计了"决战路上党旗红"和"我为党旗添光彩"等富有实践性、群众性和实效性的载体,把党建工作延伸到建设现场,把党旗插到了生产一线。

(三)注重培养树立一线党员和群体,发挥典型引领的作用

自2008年以来,省交通厅把公路建设一线作为主战场,各级领导干部带头下基层,实行一线工作法,用"三年决战"中涌现出来的先进人物和事迹教育和感染广大干部职工,使党员干部党性修养进一步增强,广大干部职工干事创业的积极性更加高涨。辛勤付出,赢得诸多殊荣。2009年,省高建局荣获"新中国成立以来感动龙江英才团队";2010年,伊绥指挥部荣获"2010感动龙江年度群体";省公路勘察设计院等6个先进集体和15名先进个人被国家人力资源和社会保障部、交通运输部共同表彰。这些荣誉进一步鼓舞一线党员,发挥先锋模范带头作用,让"龙江交通精神"在龙江大地上熠熠生辉。

二、高速公路建设党风廉政工作

全省交通基础设施建设"三年决战"以来,黑龙江省交通厅党组始终坚持把抓好党风廉政建设作为确保决战决胜的基石,在省委、省政府和省纪委的正确领导下,牢牢把握质量、安全、廉政三条"生命线",把廉政建设与工程建设摆到同一高度,做到同布置、同检查、同落实,通过抓表率、抓教育、抓制度、抓重点、抓监督、抓惩处,筑牢筑靠思想政治和制度防线,圆满实现了"工程优质,干部廉洁"的建设目标,有力地促进了全省交通基础设施建设"三年决战"和交通事业的健康发展,得到了省委、省政府和省纪委领导的充分肯定。

(一)领导率先垂范,形成干净干事的正确导向

"三年决战"期间,厅党组高度重视领导班子和领导干部的导向示范作用,厅党组主要领导带头严格遵守《廉政准则》和党内各项纪律规定,要求班子成员做到的,自己首先

做到,要求班子成员不做的,自己坚决不做。带头模范执行"四个不插手"制度(不插手建设工程招标投标、不插手建设物资设备、不插手材料采购、不插手企业的正常经营活动)。主动接受全系统和社会各界的监督,重大决策全部集体研究决定,坚决杜绝在工程立项、工程招标、资金拨付等重大事项上个人或少数人说了算。在厅党组成员的示范和带动下,全体参战一线人员和各级领导干部在廉政建设上标准高、要求严、措施实、效果好,切实做到了"四个管住"(管住自己的头不乱想、管住自己的手不乱伸、管住自己的嘴不乱吃、管住自己的人不乱来),初步形成了干净干事的良好氛围。"三年决战"以来没有发现一起领导干部利用工程项目为家属、子女和特定关系人谋取私利的案件。

(二)开展宣传教育,筑牢思想道德防线

深入开展反腐倡廉教育是建设廉洁工程的基础,"三年决战"以来,在每年年初召开全系统廉政工作会议的同时,连续三年组织各项目指挥部和施工、监理单位召开廉政工作座谈会,围绕年度重点工作,针对腐败问题易发多发的重点部位、关键环节强化思想认识,提出整改措施,落实工作责任。同时,针对公路工程项目建设实际,切实加强和改进廉政教育工作,营造"以廉为荣,以腐为耻"的环境氛围,不断增强廉洁自律意识。一是组织开展了"创建学习型指挥部"活动。将廉政教育作为创建活动的重要内容,教育干部职工时刻警钟长鸣,防微杜渐,先后组织专题廉政集中培训54次,培训人员2700余人(次)。二是组织开展了"廉政教育进工地"活动。在公路沿线、项目工地,统一设置廉政宣传标语口号1000余条,做到施工现场抬头可见,置身其中借以自警。三是组织开展了廉政自主教育活动。以党员领导干部、工程管理人员为重点,兼顾不同层面人员的特点,专门组织编印了《交通系统干部廉政教育读本》,努力使广大工程建设者充分认识到工程腐败给个人和事业带来的严重危害和后果;四是组织开展了先进典型宣传活动。协调新闻媒体,大力宣传公路建设中涌现出来的先进集体和个人,树立导向,扩大影响,弘扬正气。

(三)强化制度约束,规范权力运行

"三年决战"期间,我们把制度建设作为反腐倡廉建设的根本,牢牢抓在手上。结合项目建设规模大、资金投入多、涉及领域广的特点,从严把"管钱、管人、管事、管物"关入手,制定了《招投标管理办法》《资金拨付管理办法》《设计变更管理办法》等20多项制度,并采取有效措施强化制度执行力。一是强化各级领导干部和工程管理人员的制度意识。一切按制度办事。对于每一项重要决定都要求形成完整的行权轨迹和原始资料,将制度建设贯穿于工程建设的每一个环节,最大限度地减少体制障碍和制度漏洞,努力做到制度面前人人平等,执行制度没有例外。二是大力推行阳光审批、公开透明。对项目材差调整、设计变更等严格按制度规定逐级把关、逐级审批,切实增强制度的刚性作用。三是严格责任追究。及时发现和纠正违反制度的行为,严格责任追究,严肃查处有令不行、有禁不止、随意变通、恶意规避等严重破坏制度的行为,消除隐患,堵塞漏洞,坚决维护制度的权威性和严肃性,切实做到了令行禁止,违者必究,初步形成了"靠制度抓廉政,靠防范保廉洁"的工程建设新局面。

(四)围绕工作重心,实施全程监督

结合全省公路建设"三年决战"的实际,以实现"工程优质,干部廉洁",确保"三年之内不出事,三年之后不怕查"为目标,省交通运输厅紧紧抓住项目招投标、资金使用、物资采购、设计变更、质量验收等五个关键环节,围绕重点部位、关键岗位和关键人员,对全部重点工程实施了全程监督。一是自觉接受上级监督。主动接受省重点工程监督检查组的监督,自觉做到贯彻落实监督组的要求不走样、不变通、不应付,凡涉及工程建设的重要会议、重大决策,全部邀请监督检查组参与;制订实施相关政策措施,全部提请监督检查组把关。在"三年决战"中,以宿振凯同志为组长的省重点工程监督检查组发挥了十分重要的指导、监督和协调作用,对"三年决战"的圆满结束作出了重要贡献。二是主动开展联合监督。突出项目建设的廉政风险点,围绕确保项目资金安全,专门邀请省审计厅共同对项目资金使用进行全程跟踪审计;围绕实现未雨绸缪,防微杜渐,专门邀请省检察院联合开展预防性监督,各重点项目指挥部与地方检察院反贪局建立了项目廉政建设共建机制。三是派驻纪检监督组监督。组建了5个重点工程纪检监督组,采取分片负责、定期巡查的办法,派驻重点建设工程,实行靠前监督、现场监督、跟踪监督。"三年决战"以来,5个纪检监督组共组织开展纪检巡查260余次,落实整改问题及建议129条。

(五)突出关键环节,扎实开展专项治理

按照交通运输部和省专项治理办的统一部署,厅党组坚持一手抓工程建设,一手抓专项治理,围绕交通运输部明确的5个环节和33项排查重点,及时制订了问题排查和整改阶段工作方案。2010年专项治理工作开展以来,省交通运输厅共组成5个检查组,分三次集中近两个月时间对全部30多个指挥部进行了专项检查,共听取汇报39次,谈话450人次,召开座谈会45场,现场询问195余人(次),查阅资料2150余份,实地勘察、抽检材料检测中心、料场67个,对检查中发现的问题集中时间、集中人员,进行认真整改,做到全面排查不留死角,重点抽查不走过场。通过一年来的专项治理工作,交通工程建设领域个别环节存在的基本建设程序不够完善、内业管理不够规范等问题得到了有效解决,专项治理工作取得了明显成效,受到了省委、省政府和交通运输部的充分肯定,在黑龙江省治理工程建设领域突出问题工作领导小组扩大会议上,省交通厅作为唯一的省直单位在大会上做了典型经验交流。

（六）严格落实责任,加大惩治腐败力度

坚持标本兼治,有效发挥案件查处在反腐倡廉中的治本作用,大力推行政务公开,利用网络、公示牌、监督举报电话等形式,扩大信息来源,认真对待群众来信来访,及时受理领导交办、上级转办的信访举报案件。同时,坚持"抓住问题不放松、处理问题不手软、整改问题不松劲"的指导原则,加大了案件查办力度,先后严肃查处了铁通项目指挥部管理不善、哈五项目安全生产责任事故两起典型案件,有7名相关责任人分别受到了党纪、政纪处分,在全系统起到了很好的教育、警示和震慑作用。

第三节　高速公路建设文明创建与新闻宣传

一、文明创建在工地

黑龙江省交通运输厅出台《全省公路重点工程建设领域农民工文明宿舍文明食堂评比活动实施方案》,通过这项活动的开展,参与工程建设农民工的生活环境与以前相比发生了很大的变化,这项活动得到了广大农民工的广泛赞誉。

农民工生活条件得到了改善。省厅活动方案下发后公路局和高建局结合本单位的实际也制订了方案,对所属指挥部提出了具体要求,各指挥部和参建企业按照有关要求根据自身实际投入了大量的人力物力,为开展好这项活动奠定了基础,农民工的合法权益得到了有效保障。具体体现在以下几个方面:一是宿舍舒适安全。农民工宿舍选址都符合安全要求,用的都是具有隔热保暖的活动板房,水电配备齐全,使用的是单层或两层床,人均空间都在 2.5m^2 以上,地面都经过硬化处理,大部分宿舍配备了行李柜,都安装了纱窗,有的有吊扇、电视等电器,室内摆放整齐干净。二是伙食保障到位。每个农民工每天的伙食标准在 10~15 元之间,部分食堂中午能达到两种主食,3~4 种炒菜,荤素搭配合理。三是饮食安全得到高度重视。给农民工做饭的炊事人员都有健康证、工作服,日常用水均有当地有关部门所出示的水质检验报告,每个单位都有冰箱,部分单位配备了消毒柜。四是卫生条件得到了加强。农民工驻地有 90% 以上的单位有淋浴室(离城镇较近的住宿人员到附近公共浴池洗浴),都建了封闭性较为良好的厕所,生活垃圾处理得当,洗漱设施较为完备。

关心农民工的工作得到了高度重视。黑龙江省公路建设"三年决战"战略部署实施以来,每年约 10 万农民工奋战在工程建设的第一线,成为公路建设的生力军,省委省政府及厅党组也高度重视关心农民工的工作,各单位结合自身实际也做了一些工作,但离省

委省政府及厅党组的要求还有一定的差距。自农民工文明宿舍、文明食堂评比活动开展以来,关心农民工的工作得到了进一步巩固和发展。一是能够把关心农民工的工作与工程建设同部署、同检查。各单位在召开生产安全例会、工作布置会议时,主动把农民工的安全、食宿、教育、培训等工作融入其他各项工作的方方面面,使关心农民工的工作得到了较好的保障。二是参建单位重视程度得到了前所未有的提高。各施工单位为改善农民工生活环境投入了较大的一笔资金。据施工企业反映,一栋能住30~35人的活动板房加上配套设施一般需要投入7万~10万元。三是社会的大背景和企业的小环境为保障农民工权益创造了条件。中铁和龙建是参与黑龙江省公路重点工程建设的两家骨干企业,有较好的施工管理经验和社会责任感,他们能够把培养一支相对稳定、有经验、懂技术的农民工队伍和承担共建和谐社会、关心弱势群众的社会责任有机地结合起来,用实际行动保障了农民工的权益。四是关心农民工的相关组织机构得到了加强。高建局、公路局,各项目指挥部,参建企业都成立了相应的组织机构,形成了三级联动的管理体系。

农民工及用工单位在活动中都得到了实惠。文明宿舍、文明食堂评比活动开展以来,各指挥部、施工单位高度重视这项工作,投入了大量的资金,大大改善了农民工生活环境,从而融洽了农民工与用工单位的关系,鼓舞了士气、树立了形象,为"三年决战"提供了强有力的支撑和保障。

施工单位能够为农民工提供"四项保障"(劳动保障:工作服、反光服、安全帽、靴子、手套、防尘口罩、消毒面具;防暑降温保障:绿豆、白糖、矿泉水、茶叶、藿香正气水、风油精;伙食保障:定期改善伙食、节假日加餐、节日组织慰问活动;工资保障:农民工工资保证金),保护了农民工的切身利益,通过对农民工进行《中华人民共和国劳动法》《中华人民共和国安全生产法》等法律、法规的学习,提高了农民工的法纪意识,通过加工焊接、路基封层、模板安装、生产安全等专业技能培训实现了部分农民工从单一的、普通的力工转变成一名懂技术甚至会管理的技术人才,为施工企业培养了一支知法、懂法、守法,专业技术成熟的施工队伍,为企业自身提高效率、降低成本奠定了基础。部分项目经理部实行与农民工"三同"(同吃一样的饭、同住一样的房、同干一样的活)制度,拉近了与农民工之间的距离,增强了相互间的信赖和依存度,减少了矛盾点,为建设和谐交通提供了保障。

二、标语口号营造工地宣传氛围

厅党组把标语口号宣传作为加强宣传工作力度的一项重要手段。按照厅党组的要求,宣传办6次下发文件,整理和规范了全省交通运输系统宣传标语口号100余条,这项工作得到了厅直各单位,特别是收费局各管理处、各项目指挥部的重视和支持,据不完全统计,竖立和悬挂的宣传标语达6000余条,做到了凡是有交通职工的地方,都有标语口号。这些宣传标语制作大气,悬挂醒目,使社会各界和广大人民群众都知道省委省政府实施"三年决战"加快公路建设的目标、任务和决心。宣传标语口号为"三年决战"营造了良好的社会氛围,获得了多方赞扬,这些各具特色的标语,成为"三年决战"宣传最鲜明、最具气势的鲜艳旗帜。

三、打造行业内部立体宣传格局,引领行业文化

"三年决战"涉及面广,环境复杂,必须营造强有力的舆论氛围。按照厅党组的要求,宣传工作以"三年决战"攻坚年公路建设为重点,以交通运输全面发展为主线,通过全方位、多形式、大规模的宣传活动,形成宣传强势,营造良好的舆论氛围,从而体现全社会共同建设公路的大好形势,创造各方面重视和支持交通运输的良好环境,为公路建设"三年决战"提供精神动力和舆论支持。

2008年7月1日厅党组创办《黑龙江交通报》。这张报纸从策划到创刊仅有一周的时间。交通报每周一期,印数最高达15000多份,一直发到最前线的工人手中,成为建设者必读的一张报纸。这张报纸记录了"三年决战"这段激情燃烧的岁月,承载了省委省政府的殷殷嘱托,诠释了"四个特别"的龙江交通精神,挖掘出平凡建设者身上不平凡的闪光点,在全系统掀起了向一线学习的热潮。这张报纸与《交通视点》、黑龙江交通网站、黑龙江交通信息构成了行业内部立体宣传格局,引领行业文化。

四、充分发挥主流媒体作用,为高速公路建设创造良好舆论环境

"三年决战"期间,宣传工作者始终坚持深入一线,全身心地投入到这场造福龙江大地、造福龙江人民的战役当中,用亲身体验去记录了"三年决战"的如歌岁月,用真实感受去报道了攻坚克难的感人篇章,真正发挥宣传工作统一思想、鼓劲加油、提振士气的积极作用。

"三年决战"以来,宣传工作者的足迹遍及"三年决战"的全部重点工程项目。冬天,他们顶风冒雪,在-40℃的北极村寻访公路勘察设计者的脚步;初春,他们和建设者一道奋战在冰雪尚未消融的大地上;炎炎夏日,他们奔赴全省在建项目,吃住在工地,及时报道来自一线最鲜活、最有生命力的建设者风采;收获的季节,他们到地市县采访,用一组组公路建设拉动地方经济、服务"八大经济区"建设的真实数字,用一个个公路建设服务百姓民生、改善人民生活的真实事例,把"三年决战"的成果展现给全社会。

正是由于这种坚持不懈的一线工作,才让他们的宣传工作焕发了前所未有的生机和活力,取得了实实在在的效果。他们发现并报道了王牧、王纪滨、李奇、霍洪波等建设者的感人事迹,挖掘出平凡的建设者身上不平凡的闪光点,在全系统掀起了向一线学习的热潮。公路建设"三年决战"期间,在省委宣传部支持下,积极协调各大主流媒体,为他们提

供大量生动翔实的新闻素材,组织省电视台、省报、省广播电台、东北网等主流媒体21次集体采访。三年来在《黑龙江日报》发稿近400篇,其中头版140篇;省电视台新闻联播播出260余条,其中公路建设进行时特别报道130条;省广播电台播出280条;东北网发布400余条;《中国交通报》280余篇。打造电视、广播、报纸、网络全方位宣传攻势,为统一思想、凝聚力量、鼓舞士气、创造环境发挥了不可替代的作用。

这些来自一线的翔实报道,用事实证明,在省委省政府的坚强领导下,在各地各部门的大力支持下,交通人能够攻坚克难,夺取胜利;用实践证明,省委省政府推进公路建设的重大决策为龙江交通发展"补足功课",将实现路网升级的三年"赶超",公路建设成果为龙江经济插上了腾飞的翅膀,省委省政府的决策已经造福于龙江大地,造福于3800万龙江人民。

第四节　高速公路品牌文化

文化是一个国家、一个民族和一个行业的灵魂和精神,积淀着国家、民族和行业最深层次的精神追求和行为准则。龙江高速公路,从管理到服务,文化始终发挥着无以替代的重要作用。龙江高速公路的发展历程,实质上就是一个继承和弘扬龙江交通人自强不息、厚德载物的人文精神,不断挑战自我、完善自我、超越自我的文化创新和文明创造的过程。

多年来,黑龙江省高速公路管理局坚持弘扬和传承高速公路建设时期创造的宝贵精神财富和丰富文化资源,把全面加强行业文化建设作为推动行业发展的重大战略部署,提到重要议事日程,系统谋划,扎实推进。从2012年开始,全面启动了行业文化建设系统工程,在全系统各管理单位文化建设的基础上,经过充分调研、精心提炼和反复论证,初步建立了龙江高速公路行业文化的体系架构,从多个层面对龙江高速公路行业文化建设进行了合理的定位,凝练形成了以"路至同畅、心至同行"的核心价值观,为行业文化建设的深入推进奠定了扎实的基础。

一、推进高速公路稳步发展的需求

随着黑龙江高速公路里程突破4000km,省高管局肩负的使命更重大、任务更艰巨,在这个继往开来、加速发展的关键时期,建设行业核心价值体系成为历史交付省高管局的又一重大使命。在2013年年初的全系统工作会议上的工作报告中指出:全年工作思路是全面贯彻落实党的十八大和全省交通运输工作会议精神,以科学发展观为统领,以"管理争第一,服务创一流"为总目标,以全面提升管理为出发点,以建设"服务至上"的核心价值体系为落脚点,以"行业品牌文化建设年"为载体,统筹"收费、养护、路政、经营、服务"五个重点,促进各项工作全面协调发展,为建设文明、和谐、幸福的大美龙江提供更安全、更便捷、更畅通、更高效的公路通行服务。

党的十八大以来,省高管局领导班子更加重视行业文化建设工作,紧跟时代发展要求,积极创新文化发展理念,确立了文化引领发展、助推发展、聚力发展的指导思想,大力实施"文化强局"战略,在积极践行全国交通运输行业核心价值体系的基础上,以"行业品牌文化建设年"为契机,提出了向着国内一流的高水平现代化高速公路管理目标迈进,全面启动了文化品牌建设(文明收费站创建活动、十佳品牌收费站创建活动、行业品牌文化建设年系列活动)"三大工程",立足做好"三个服务",将为公众提供优质高效服务作为每项工作的出发点和落脚点,不断创新服务理念,开放了"五个通道",完成重大活动行政指令放行1000余次,推行"六项服务",努力构建文明、高效、安全、和谐的收费服务体系,文化建设成效日益明显,全省高速公路文明程度不断提高,基础管理不断优化,服务质量不断升级,行业管理水平得到全面提升,安全、便捷、畅通、高效、温馨"五大形象"惠及百姓、深入人心,社会满意度不断提升,赢得了社会的广泛赞誉。龙江高速公路正在沿着"路至同畅、心至同行"行业文化品牌的目标不断前行。

二、科学建设行业核心价值体系

核心价值体系是行业文化的灵魂和精髓。在行业文化建设中,坚持以科学构建富有龙江高速公路行业特色的核心价值体系为基础,在加强和深化行业文化建设方面进行了积极的探索和实践,为提升行业凝聚力、创造力和管理服务能力,促进行业科学发展提供了良好的文化支撑。2013年的主要工作之一就是以"行业品牌文化建设年"为载体,以建设"服务至上"的核心价值体系为落脚点,在为龙江高速公路好发展、快发展提供强大精神动力上实现新突破,明确了做好服务是完成全年目标任务的核心要义和主旨。

为公众出行提供"安全、畅通、便捷、高效"的高速公路服务。"安全、畅通、便捷、高效"体现了高速公路的基本功能和服务特性,紧扣高速公路交通大通道的特点,是实现向着国内一流的高水平现代化高速公路管理目标迈进的高度凝练。省局始终坚持"安全第一"的工作方针,努力保障高速公路的行车安全,最大限度地减少人员伤亡和财产损失;最大限度地提高高速公路的覆盖率、通达度;牢固树立"服务至上"的服务理念,不断优化管理方式、提高工作效能、强化服务功能、延伸服务链条,为社会提供更方便、更及时、更有效的服务。

立足从社会、行业、职工三个层面构建行业核心价值观,积极打造"安全、便捷、畅通、高效、温馨"的龙江高速公路服务品牌,形成统一协调、上下顺畅、高效灵活的体制机制,积极建设环境优美、持续发展,为大美龙江增辉添色的行业品牌,为打造国内一流现代化高速公路奠定良好基础。

准确定位品牌文化内涵。行业品牌文化,是行业文化建设成果的亮点和经典,是行业核心价值体系的直观体现。高度重视文化品牌的建设,坚持走品牌发展之路,把品牌建设作为文化建设的着力点和制高点,以品牌建设引领文化建设,以文化建设保证品牌铸造,凝练形成了"路至同畅、心至同行"行业品牌文化。

"服务至上"是龙江高速公路行业文化的灵魂和核心组成部分,是行业改革和发展的根本任务和全体职工的共同追求。以行业品牌文化建设年为载体,构筑"路至同畅、心至同行"的行业文化理念,全力打造龙江高速公路文化品牌。

"路至同畅"表现了龙江高速公路在管理和提供服务方面的不懈追求。"路至"包括两层含义:既指高速公路畅通达到的地方,又指省局以更加完善的路网功能、更加便捷的出行服务,不断满足人民群众多样化、舒适性、经济性的出行需求,努力推进本行业向现代服务行业转型。

"心至同行"则充分体现了龙江高速公路的服务定位和特性。寓意全系统各级干部职工以高度的事业心,把为民、利民、便民贯穿到工作的各个环节,全心全力投入高速公路管理事业之中,坚持以路为家、爱岗敬业,以强烈的责任感,为做好"三个服务"尽心竭力,为"更好地为公众服务"不懈努力。

"路至同畅、心至同行",勾勒出了一幅"身在旅途温暖如家"的美好景象,预示着龙江高速公路将努力弘扬龙江交通精神,以精细的管理、优质的服务、完善的设施,让过往驾乘人员感受如家般的温暖,使龙江高速公路品牌形象深入人心。

三、大力实施文化建设"四大工程"

在全系统开展龙江高速公路核心价值体系建设系列活动,丰富活动载体,扩大活动影响力,为行业文化建设的深入推进奠定坚实基础。

推进物质文化建设。优化龙江高速公路公众形象,统一标志、旗帜、歌曲、徽章、色彩等标识。经十数位专家级学者认可的龙江高速公路形象Ⅵ正式发布,浓缩省局行业精神、发展理念和行业文化建设目标的局歌在全系统内广为流传。这一系列举措使省局行业文化建设得以平稳有序推进。

加强精神文化建设。在文化品牌建设中,结合龙江高速公路路网构架,突出重点,精选载体,以建设"服务至上"的核心价值体系为落脚点,积极组织开展"文明收费窗口"创建活动。自活动开展以来,各收费站以科学发展观为统领,以改革创新、弘扬新时期龙江交通精神为动力,以完善制度、强化执行为保障,结合"三创"和"星级收费员、收费站评比""收费形象大使评选"等活动,创新服务理念,增强服务意识,提高服务本领,构建文明、高效、安全、和谐的收费服务体系,全面推进收费站管理和服务水平实现新的飞跃。

增强文化影响力建设。通过继续开展"形象大使选拔赛""青年文明号"等活动,营造文化氛围,增强文化影响力。为加强行业文化建设,提高收费窗口文明服务水平,省局成功举办了"黑龙江省高速公路形象大使"选拔赛,通过活动,展示了收费系统一线职工的风采,促进了行业文化建设的深入发展,发挥先进典型作用,带动收费队伍素质和文明服务水平不断提升。

打造品牌形象建设。积极深入开展"十佳品牌收费站""十佳服务区"创建活动,以收费站"窗口"文化建设为抓手,把龙江高速公路的行业文化建设形象"窗口"树立起来,进一步培育文化建设新亮点,提升窗口服务力,扩大窗口影响力,全面打造和展示龙江高速公路的品牌形象。

四、全面构建龙江高速公路品牌文化

创建龙江高速公路品牌文化是一项长期而系统的工程,贯穿着高速公路养护、收费、路政等服务的全过程,为打造行业品牌文化提供坚强有力的保障。围绕"路至同畅、心至同行",打造出具有鲜明时代特征、符合行业实际,充满生机和活力的龙江高速公路品牌文化,并用先进的文化引领、服务和保证事业的发展,构筑现代公路交通体系,为社会经济发展提供更加优质的服务,树立更加良好的行业形象。

巩固提升制度执行力度。突出文化建设对制度执行的推动作用,对以往各类管理制度、标准修订完善,探索新的管理模式,建立健全符合行业特点、符合科学管理要求、符合以人为本理念的规章制度,实现管理水平的时代性提升。

巩固提升科学养护水平。认真做到精细化养护,突出预防性养护,继续全面实施打造四个示范路段工程,确保路况好路率提高,桥梁设施无隐患、公路绿化形成景观,精心打造管理规范、服务文明的"畅、安、舒、美、优"公路通行环境。

巩固提升文明创建活动。以实现达到国内一流高速公路水平为目标,全面加强文明收费站创建活动的基础管理,不断完善组织领导、标准规范、社会监督、成果展示,给创建活动增添动力。

巩固提升职工素质建设。以打造国内一流的高水平现代化高速公路为目标,充分发挥先进文化的引领作用,巩固提升职工素质,形成职工积极参加培训、自学深造、苦练技艺、岗位成才、建功立业的良好氛围,打造一支具有先进理念、现代思想、科学文化、博学多才、高效执行的职工队伍。进一步加强执法队伍培训和考核工作,严格规范执法行为,对执法政策、程序、标准实施政务公开,虚心接受社会和群众监督,杜绝"公路三乱"的发生。

巩固提升品牌建设效应。品牌靠文化传播,文化靠品牌支撑。要按照高定位、高起点、高品位的战略思路,把树立品牌作为行业的无形资产,把创建品牌的过程作为不断提高和树立良好行业形象的过程。要树立精品意识,提高品牌品位和档次,抓好宣传定位,深入挖掘典型的、鲜活的事迹,采取各种宣传手段,紧扣发展脉搏,不断发挥典型的带动和示范作用。

五、龙江高速公路品牌文化展示

（一）长江路站——阳光之旅

（1）品牌定位：龙江高速公路服务，温暖千家万户。

（2）品牌诠释："一路阳光"是哈尔滨高速公路管理处服务文化的中心内涵。阳光是温暖的，阳光是无私的，正因为有了阳光，生活中又多了一份惬意。

（3）品牌内涵：微笑，热情，舒心，顺畅。

（4）品牌箴言：阳光心态塑造阳光使者，阳光使者成就阳光服务。

（5）女子收费班名称：紫丁香女子收费班。

（二）杏山站——龙江牡丹，畅享高路

（1）品牌内涵："龙江牡丹，畅享高路"服务品牌。

（2）服务宗旨：发展高路，造福民众。

（3）服务理念：以人为本，发展为民。

（4）核心价值理念：为民；便民；惠民；乐民。

（5）创建愿景：通过一年的创建活动，基本实现"经站畅达无碍，车辆畅通无阻，职工畅快无比，环境优美无瑕疵，交通成果畅享无穷"的奋斗目标。

（三）冯屯站——齐心同德，齐力同行

品牌内涵：

齐心：随着高速公路时代的到来，我们要统一思想，为助推旅游业、牵动老工业基地发展作贡献，在三个文明取得长足进步的同时，发挥集体智慧，同举干事之师、同谋成事良策。

同行：一心为百姓着想，为车主提供畅达服务，让过往驾乘人员感受到整个团体发自内心的关爱与他们一路相伴；员工用心服务，在事业的征途上，共同实现人生价值和工作目标。

齐力：一个人的力量是有限的，能量的聚合会发挥出无穷力量。依靠车主自觉、积极正面引导两者并重，促进车主文明驾驶；承载高路卫士、生命守护者的神圣使命，护卫驾乘人员安全顺利抵达目的地。

同德：与服务对象同一信念、同一目的，共同营造和谐的高路通行环境，铸就特色鲜明的公路文化，员工用文明服务打造形象品牌，车主凭尊贵体验快乐之旅。

（四）伊春站——松涛毓秀

（1）品牌内涵：松涛毓秀是指林都伊春秀美山川、人杰地灵，好地方出好人才。作为全国开发最早的老国有林区，虽然只有短短六十多年的开发建设历史，却先后孕育出北大荒文化、黑土地文化和红松精神，成为盛开在祖国神州文化之林的一朵奇葩。同时寓意着我们在服务新林区发展过程中，将深深扎根于兴安沃土，在传承和吸纳的基础上，培育具有林区特色的高速公路文化，建造一流的高速公路队伍，打造林都伊春"西大门"优质形象，为伊春的经济发展做好先行服务。

（2）成立一支男子"红松"班。红松，傲然屹立，宁折不弯，永葆翠绿，一片丹心，心系祖国，无私奉献，是伊春站品牌松涛毓秀的真实展现。

（3）"三站式服务"。三站即：信息站、服务站、救助站。打造具有林区特色的服务理念，倾力打造林都伊春高速公路"最美收费窗口"，在林都伊春旅游方面做文章，扩大收费窗口服务地方经济的影响力。

（五）五大连池景区站——火山情，欢乐行

（1）创建主题：打造火山旅游服务品牌，建设和谐秀美连池高速公路。

（2）品牌定位：用心服务，建设旅游观光品牌路，打造服务车主的大窗口。

（3）品牌价值：真诚热情的文明服务，自然生态的旅游环境。

（4）品牌箴言：畅行高速路，微笑连池行。

（5）品牌内涵：活力，热情，奉献。

（6）设立党员先锋模范岗，认真贯彻"四情"标准，即服务要热情、工作要激情、交往要真情、生活要尽情。

（7）品牌服务承诺。

①公开收费和处罚标准，公开投诉电话，设置投诉箱。

②保证按照政策收费，差一赔十，保证工作效率，唱收唱付，群众投述案件处理率100%。

③着装整齐，挂牌上岗，坚持微笑服务、手势服务，使用文明用语，有求必应、有问必答。

④为驾乘人员准备饮用水，备有车辆加水桶，应急修理工具，常用的急救药品。

⑤提供公路及周边地区导向服务。

（六）齐齐哈尔站——鹤乡油城，一路畅行

（1）鹤乡：鹤乡指丹顶鹤的故乡——齐齐哈尔市。齐齐哈尔收费站作为齐齐哈尔市重要交通枢纽之地,齐齐哈尔市东出入口,地理位置十分重要,因此齐齐哈尔收费站亦是鹤乡的一张名片。

(2)油城:指石油重要生产地大庆市。鹤乡油城:指连接两座重要城市的大齐高速公路。

(3)一路畅行:一路,指在龙江四通八达、环境优美的高速公路上行驶。畅行,既指高速公路所提供的社会服务使人心情舒畅,又指现代信息社会。我们都是交通的参与者,都是行者,都要在人生路上不断前行,前行时,要始终保持良好的心态,愉悦的心情,不断提高能力,做事游刃有余,努力实现自我,达到理想实现的过程也是我们畅享人生的过程。

一路畅行,即通过我们的服务,达到人、车、路的和谐顺畅,理想、行动、人生的完美统一。

(七)万兴站——畅祥万兴

(1)品牌内涵:畅是指畅行龙江高速路,乐享快捷服务站;祥是指祥和伴您左右,和谐你我共享;万是指万众一心兴我交通,万民同乐享盛世;兴是指兴路富民架彩虹,路通人和万事兴。概括起来就是:公路通畅,公众祥和,万事皆兴,兴我交通。

(2)服务理念:至佳和谐,至诚微笑,至路通畅,至站如归。

(3)至佳和谐:营造和谐、温馨的收费环境。

(4)至诚微笑:以最真诚的微笑,最贴心的服务面对驾乘人员。

(5)至路通畅:道路通畅,行车顺畅,心情舒畅。

(6)至站如归:到万兴站可以感受回家般的温暖。

(7)服务内容:建立"4+1"服务体系,服务是指四项面对驾乘人员的承诺服务、救助服务、微笑服务、手势服务,一项面对职工开展情绪疏导。

(8)服务主体:收费站窗口服务从业人员。

(八)绥棱站——陶艺之乡园林景,风采绥棱驿路情

(1)品牌内涵:由于绥棱县坐落在小兴安岭脚下,依山傍水,又是非物质文化遗产"黑陶"之乡。所以,我们凭借绥棱特有的绿色园林景观及黑陶文化艺术,把绥棱收费站打造成滨北第一个花园式收费站。并通过这条文明驿路把高路人的靓丽风采传递出去,向着"路至同畅,心至同行"的管理目标迈进!

(2)创建理念:以人为本、服务至上、关注细节、追求卓越。

(3)服务理念:人和路畅、心悦途安。

(九)哈东站——情满哈东,畅行高速

(1)品牌诠释:核心是把服务放于首位,推行"情感服务",将"深情""热情""真情"

"激情"贯穿于强化管理服务驾乘人员的各个环节,达到道路宽畅、通行顺畅、心情舒畅。

(2)团队精神:雁阵精神。诠释:目标,奉献,坚韧,合作。

(3)管理理念:四到位。

责任落实到位——责任是基础;

规范制度到位——规范是关键;

服务标准到位——服务是宗旨;

执行指令到位——执行是保障。

(4)服务理念:$100-1=0$。

(5)风情驿站:实行"7S"管理规范,打造全省最美欧式风情站区,形成靓丽风景线。

(6)最暖真情服务:推行"三米距离,温馨手势,迎进来;一米距离,贴心微笑,翘起来;半米距离,暖心问候,说出来"服务。

最新主题活动("一二三"):推出一个"雷锋班组",打造两个"示范岗",开展"三项活动"。

(十)哈尔滨站——尚美和谐,志存高远

(1)品牌内涵:崇尚大美大爱,打造哈牡高速公路风景线、旅游路,建设和谐交通、人文交通。在内部文化建设上、尊重公平的前提下,保障职工发展机会平等,管理文明、制度文明、形成合理和谐的人际关系,这是我们一切工作的出发点和落脚点。树立远大理想,在和谐发展的环境中,团结和带领全站干部职工以省局"路至同畅、心至同行"为理念,以语言美、手势美、行为美、环境美、风景美为工作重点并不断提高发展,力争创建一流品牌收费站。

(2)特色品牌:创建党员模范班组。抽调素质高、业务能力强的青年党员,补充到哈尔滨收费站,同时在哈尔滨收费站发展一些积极要求进步,业务素质过硬的青年为积极分子,打造具有哈尔滨收费站特色和品牌的服务亮点,创建党员模范班组。

(十一)周家收费站——周道如砥,家殷站兴,人和路畅,心悦途安

(1)周家公路服务品牌:"稻花香"青年收费班。

(2)周家精神:周道如砥,家殷站兴,人和路畅,心悦途安。

周道如砥形容公路的平坦,畅通无阻。出自《诗经·大雅·大东》:"周道如砥,其直如矢。"原意是用来形容周朝的政治清明,平均如一。大道("周道""王道")平坦似磨石。周王朝在国都镐京和东都洛邑之间,修建了一条特别宽广平坦的大道,号称"周道",又称为"王道"。西周时,朝廷特别重视修整道路,《诗经·小雅·大东》上有"周道如砥,其直如矢"的形容,即是说,大道平坦似磨石,笔直像箭杆。

(3)周家愿景:争创科学管理样板路,建设优质服务品牌路,打造绿色出行生态路。

(4)周家使命:厚德载物,求实创新,自强弘毅,追求卓越。

①厚德载物:指道德高尚者能承担重大任务。

②求实创新:指脚踏实地的创新,含义为实事求是,与时俱进,追求新高。"求实"是态度,"创新"是方法和手段。

③自强弘毅:意思是自强不息,抱负远大,意志坚定。

④追求卓越:追求卓越就是追求行业顶尖水平。

核心价值观:有限距离,无限服务,精细管理,坚行正道。

第七章
高速公路地方性项目管理法规

高速公路是国民经济重要基础设施,对经济和社会发展发挥着重要的支撑作用。黑龙江省通过地方立法使高速公路管理有章可循、有法可依,从而保障了高速公路完好、安全和畅通,促进全省经济社会发展。

目前,黑龙江省高速公路地方性项目管理法规共55部,主要包括省级相关法规制度、建设市场管理相关法规、项目管理相关法规制度3大类。其中,黑龙江省政府、省人大颁布实施的省级相关管理法规11部,省交通运输厅颁布实施的建设市场管理相关法规12部,项目管理相关法规制度32部。

这些黑龙江省高速公路省级相关法规制度、建设市场管理相关法规、项目管理相关法规制度与《中华人民共和国公路法》《中华人民共和国道路交通安全法》《中华人民共和国道路运输条例》等国家出台的相关法规全面建构了黑龙江省高速公路的管理法规体系,成为黑龙江省高速公路管理制度体系中的重要组成部分。

第一节　省级相关法规制度

自20世纪90年代至今,黑龙江省共出台与高速公路建设相关的省级地方性项目管理法规11部,分别是《黑龙江省公路条例》《黑龙江省高速公路管理条例》《黑龙江省安全生产条例》《黑龙江省档案管理条例》《黑龙江省耕地保护条例》《黑龙江省环境保护条例》《黑龙江省森林管理条例》《黑龙江省湿地保护条例》《黑龙江省土地管理条例》《黑龙江省文物管理条例》《黑龙江省人民政府关于进一步加快公路建设的意见》。

一、《黑龙江省公路条例》

《黑龙江省公路条例》(以下简称《条例》)由1999年4月15日黑龙江省第九届人民代表大会常务委员会第九次会议通过,1999年7月1日起正式施行。根据2015年4月17日黑龙江省第十二届人民代表大会常务委员会第十九次会议《关于废止和修改〈黑龙江省文化市场管理条例〉等五十部地方性法规的决定》修正。

《条例》是为加快公路事业发展,适应经济建设和人民生活需要,根据《中华人民共和国公路法》及有关法律、法规,结合全省实际所制定。适用于黑龙江省行政区域内所从事的公路规划、建设、养护、经营、使用和管理。

《条例》内容包括总则、公路规划、公路建设、公路养护、路政管理、收费公路、法律责任、附则共8章、48条。

二、《黑龙江省高速公路管理条例》

《黑龙江省高速公路管理条例》(以下简称《条例》)由2013年10月18日黑龙江省第十二届人民代表大会常务委员会第六次会议通过,2014年1月1日起正式施行。

《条例》是为了加强黑龙江省高速公路管理,促进高速公路事业发展,保障高速公路完好、安全和畅通,根据《中华人民共和国公路法》和其他有关法律、行政法规,结合全省实际而制定的条例。适用于黑龙江省行政区域内高速公路的管理、养护、收费、服务、经营和使用。《条例》提出高速公路管理应当坚持依法管理、统一规范、安全畅通、高效便民的原则,省交通运输行政主管部门负责全省高速公路的管理,并组织实施这一条例,省、市交通运输行政主管部门高速公路管理机构依法履行高速公路行政管理的具体工作职责。

《条例》内容包括总则、养护、收费、服务、路政、交通安全、法律责任、附则共8章、54条。

三、其他省级相关法规制度

除《黑龙江省公路条例》《黑龙江省高速公路管理条例》两部重要的黑龙江省高速公路省级地方性法规外,其他省级地方法规共9部。简述如下:

《黑龙江省安全生产条例》由2014年12月17日黑龙江省第十二届人民代表大会常务委员会第十六次会议通过。

《黑龙江省档案管理条例》由1999年8月11日黑龙江省第九届人民代表大会常务委员会第十一次会议通过,根据2005年6月24日黑龙江省第十届人民代表大会常务委员会第十五次会议《关于修改〈黑龙江省档案管理条例〉的决定》修正。

《黑龙江省耕地保护条例》由2016年4月21日黑龙江省第十二届人民代表大会常务委员会第二十五次会议通过。

《黑龙江省环境保护条例》由1994年12月3日黑龙江省第八届人民代表大会常务委员会第十二次会议通过,根据2015年4月17日黑龙江省第十二届人民代表大会常务委员会第十九次会议《关于废止和修改〈黑龙江省文化市场管理条例〉等五十部地方性法规的决定》修正。

《黑龙江省森林管理条例》由1995年8月23日黑龙江省第八届人民代表大会常务委员会第十七次会议通过,根据2015年4月17日黑龙江省第十二届人民代表大会常务委员会第十九次会议《关于废止和修改〈黑龙江省文化市场管理条例〉等五十部地方性法规的决定》第四次修正。

《黑龙江省湿地保护条例》由 2015 年 10 月 22 日黑龙江省第十二届人民代表大会常务委员会第二十二次会议通过。

《黑龙江省土地管理条例》由 1999 年 12 月 18 日黑龙江省第九届人民代表大会常务委员会第十三次会议通过,根据 2015 年 4 月 17 日黑龙江省第十二届人民代表大会常务委员会第十九次会议《关于废止和修改〈黑龙江省文化市场管理条例〉等五十部地方性法规的决定》第二次修正。

《黑龙江省文物管理条例》由 1986 年 1 月 21 日黑龙江省第六届人民代表大会常务委员会第十九次会议通过,根据 2015 年 4 月 17 日黑龙江省第十二届人民代表大会常务委员会第十九次会议《关于废止和修改〈黑龙江省文化市场管理条例〉等五十部地方性法规的决定》第二次修正。

《黑龙江省人民政府关于进一步加快公路建设的意见》由 2008 年 6 月 4 日黑龙江省政府(黑政发〔2008〕39 号)发布。

这些与高速公路相关的不同方面的条例、意见与《黑龙江省公路条例》《黑龙江省高速公路管理条例》共同构成黑龙江省高速公路的省级法规制度体系。

第二节 建设市场管理相关法规

从 1998 年至 2012 年,黑龙江省交通运输厅颁布实施建设市场管理相关法规 12 部。省交通运输厅颁布实施的建设市场管理相关法规统筹规划、条块结合,既有国家交通运输部层面的《公路水运工程监理信用评价办法(试行)》,也有黑龙江省层面《黑龙江省公路建设市场管理实施细则》等相关法规,涵盖公路工程试验检测机构资质管理、公路工程工地试验室管理、公路工程监理单位管理,基础设施建设从业单位资质(资格)核准管理、信用信息征集发布和使用管理、建设行政许可(备案)事项,公路建设项目经营股份制管理、监理人员上岗证管理,公路水运工程施工企业办理安全生产许可证、重点工程施工依法分包指导意见等多个方面,在公路工程试验、施工企业资格、监理机制、人员管理等方面有效地保证了高速公路建设项目的质量。

一、《黑龙江省公路建设市场管理实施细则》

《黑龙江省公路建设市场管理实施细则》)(黑交发〔1999〕150 号)(以下简称《细则》)是为加强黑龙江省公路建设市场管理,严格执行基本建设程序,规范公路建设市场行为,建立"统一、开放、竞争、有序"的公路建设市场体系,根据有关法律法规,结合黑龙江省的具体情况和公路工程建设的特点而制订的实施细则。适用于全省境内的公路工程建设管理和建设单位与勘察设计、施工、监理、咨询单位之间的各种经营活动。

《细则》内容包括总则、管理与职责、项目报建及资信登记、招投标管理、合同签订与履行、项目实施管理、法律责任、附则共 8 章、42 条。1999 年 7 月施行。

二、《黑龙江省公路建设项目经营股份制管理(试行)办法》

《黑龙江省公路建设项目经营股份制管理(试行)办法》(黑交发〔2000〕184 号)[以下简称《(试行)办法》]是为加快黑龙江省公路建设,落实《中华人民共和国国民经济和社会发展"九五"计划和 2010 年远景目标纲要》确立的公路建设"国家投资、地方筹资、社会配资、利用外资的建设投融资体制"的精神,依法保护股东的权益,根据《中华人民共和国公路法》《中华人民共和国公司法》及《黑龙江省公路条例》的有关规定,结合全省公路建设实际情况而制定的(试行)办法。适用于采取股份制形式新建、扩建、改建,并符合收费公路条件的国道、省道、县道及独立大型桥梁、隧道等公路基础设施。

《(试行)办法》内容包括总则,股份制公路公司的审批和管理,项目的立项、审批,公路经营权与职责,附则共 5 章、23 条。2000 年 7 月施行。

三、《黑龙江省公路工程试验检测机构资质管理暂行实施细则》与《黑龙江省公路工程工地试验室管理办法(试行)》

《黑龙江省公路工程试验检测机构资质管理暂行实施细则》(黑交发〔1998〕131 号)(以下简称《实施细则》)包括总则、资质等级条件与职责、资质的申报与审批、资质管理、附则共 5 章、26 条。施行于 1998 年 6 月。2008 年 6 月 1 日,《黑龙江省公路工程工地试验室管理办法(试行)》施行后,《实施细则》废止。

《黑龙江省公路工程工地试验室管理办法(试行)》(黑交发〔2008〕229 号)[以下简称《办法(试行)》]是为加强黑龙江省公路工程工地试验室管理,规范工地试验检测活动,根据《公路水运工程试验检测管理办法》(交通部令 2005 第 12 号)有关规定,结合省内实际而制定的办法。其中,公路工程工地试验室是指施工单位、监理单位和建设单位在工程现场为质量控制和检验工作需要而设立的临时试验室。黑龙江省公路工程质量监督站负责全省公路工程建设项目工地试验室的监督管理工作,并对省站所监督工程的工地试验室及检测行为实施具体监督管理。

《办法(试行)》内容包括总则、工地试验室的设立和评定、试验检测活动、监督管理、附则共 5 章、33 条。2008 年 6 月 1 日起施行。

四、《黑龙江省交通厅关于印发黑龙江省基础设施建设从业单位资质(资格)核准管理办法的通知》

《黑龙江省交通厅关于印发黑龙江省基础设施建设从业单位资质(资格)核准管理办法的通知》(黑交发〔2008〕242号)是为下达《黑龙江省基础设施建设从业单位资质(资格)核准管理办法》所发的通知。

《黑龙江省基础设施建设从业单位资质(资格)核准管理办法》(以下简称《办法》)是为加强黑龙江省交通基础设施建设市场监管,强化行业从业单位资质(资格)审查,规范资质(资格)核准行为,把好市场准入关,依据《行政许可法》、国务院《建设工程质量管理条例》和交通运输部《公路建设市场管理办法》等相关规定而制定的办法。全省交通基础设施建设从业单位资质(资格)申报、核准工作,都应当按本办法执行。《办法》中的从业单位是指在黑龙江省注册从事交通基础设施建设的项目法人(建设单位)、勘察、设计、施工、监理和试验检测机构。

《办法》内容共22条。2008年7月1日起施行。

五、《黑龙江省交通基础设施建设从业单位信用信息征集发布和使用管理办法(试行)》

《黑龙江省交通基础设施建设从业单位信用信息征集发布和使用管理办法(试行)》(黑交发〔2009〕10号)[以下简称《管理办法(试行)》]是为推进黑龙江省交通行业信用体系建设,进一步规范全省交通基础设施建设市场,促进从业单位诚信履约,依据国家和黑龙江省相关法律、法规和规章而制定管理办法。

《管理办法(试行)》内容包括总则,信息征集内容、程序和方法,信息更新、发布,信息查询、使用,法律责任,附则共6章、34条。2009年1月1日起施行。

六、《黑龙江省公路重点工程施工依法分包指导意见》

《黑龙江省交通运输厅关于印发黑龙江省公路重点工程施工依法分包指导意见的通知》(黑交发〔2009〕123号)(以下简称《指导意见》)下发于2009年4月24日。《指导意见》是为了加强公路建设市场管理,规范公路施工分包行为,确保施工力量满足工程建设需要,推进公路建设"三年决战"顺利进行而制定的。《指导意见》根据《中华人民共和国公路法》、交通运输部《公路建设市场管理办法》等法律、法规和规章规定,结合黑龙江省公路重点工程建设实际,内容包括分包条件、分包内容、分包程序、分包管理、分包责任、转包、违法分包及处罚和附则。对公路重点工程施工分包做出了详细规定,具有较强的指导性和可操作性。特别是在分包条件中明确了"禁止被交通运输部、省交通运输厅通报的不良信誉公路施工企业从事公路工程施工分包;禁止近3年内出现过重大施工质量事故或安全事故的企业从事公路工程施工分包",是对之前省交通运输厅在公路建设当中始终坚持对施工企业实行质量信誉考核做法的进一步完善和补充,提高了企业参与黑龙江省公路建设市场行为的监管门槛。

《指导意见》还突出对现行施工分包行为有效管理。在转包、违法分包及处罚章节中明确规定:对于具有转包或违法分包行为的承包人,省交通运输厅将其列入公路建设市场黑名单并取消其1至3年参与黑龙江省交通基础设施建设的投标资格,同时上报交通运输部,在全国范围内进行通报。

七、《黑龙江省交通运输厅关于进一步规范交通基础设施建设行政许可（备案）事项的通知》

《黑龙江省交通运输厅关于进一步规范交通基础设施建设行政许可（备案）事项的通知》（黑交发〔2012〕223号）（以下简称《通知》）是为进一步规范行政许可（备案）行为,建立健全行政审批监督检查档案,根据《中华人民共和国行政许可法》《交通行政许可实施程序规定》（交通部令2004年第10号）、《黑龙江省人民政府关于保留和取消行政审批(许可)事项的决定》(黑龙江省人民政府令2010年第1号)和《黑龙江省机构编制委员会关于印发黑龙江省交通运输厅主要职责内设机构和人员编制规定的通知》的相关规定,对交通基础设施建设行政许可（备案）事项实行统一受理,跟踪督办,限时审批的通知。

《通知》内容包括受理范围、受理方式、审批（审查）、程序有关要求四个部分,受理范围、受理方式、审批（审查）中分别包括行政许可及审核事项、备案事项两部分。通知下发于2012年6月18日。

八、其他建设市场管理相关法规

此外,与黑龙江省高速公路相关的其他建设市场管理法规还有《黑龙江省公路建设项目监理人员上岗证管理办法》（黑交发〔2001〕407号）、《黑龙江省公路工程监理单位管理办法（试行）》（黑交发〔2001〕408号）、《黑龙江省交通厅关于公路水运工程施工企业办理安全生产许可证的通知》（黑交发〔2005〕112号）、《公路水运工程监理信用评价办法（试行）》（黑交发〔2009〕147号）等。

第三节　项目管理相关法规制度

黑龙江省具有高度完备的高速公路项目管理相关法规,建成了科学合理、行之有效的全方位制度体系。至今已经出台并实施32部相关管理办法和规定,形成涵盖高速公路建设项目前期管理、设计管理、招投标管理、施工管理、质量管理、安全管理、综合管理、资金管理 8 个方面的法规细则和管理制度。

一、项目前期管理规定 4 部

(一)《黑龙江省公路工程建设项目前期工作管理办法》

《黑龙江省公路工程建设项目前期工作管理办法》(黑交发〔2000〕203 号)包括总则、公路建设项目前期建设程序、前期工作计划的管理、可行性研究、勘察设计、前期工作的审批程序、勘察设计质量要求及质量责任、勘察设计奖罚、勘察设计合同、财务拨款、编制年度基本建设计划、附则共 12 章、40 条。施行于 2000 年 8 月 1 日。

(二)《黑龙江省交通运输厅重点公路基建投资项目前期经费管理暂行办法》

《黑龙江省交通运输厅重点公路基建投资项目前期经费管理暂行办法》(黑交发〔2015〕126 号)(以下简称《暂行办法》)共 17 条,施行于 2015 年。

《暂行办法》第 6 条中明确指出:前期费用的使用范围包括:①勘察费;②设计费;③研究试验费;④可行性研究费;⑤前期工作的标底编制及招标管理费;⑥概算审查费;⑦用地预审、环保、水土保持、地质灾害、压矿、文物等方案的编制费;⑧咨询评审费;⑨与项目有关的技术图书资料费、差旅交通费、业务招待等管理费用;⑩经省级财政部门批准的与前期工作相关的其他费用。

(三)《公路建设项目双业主责任状》

《公路建设项目双业主责任状》为黑龙江省人民政府与所辖省内地市级政府所签的公路建设责任状,包括责任期限、责任目标、责任划分、责任义务、监督考核等部分。其中,地市级政府及所辖县区对辖区内的高速公路、一级公路建设承担的义务有:①按照省政府确定的征地拆迁实施补偿标准、办法,负责组织实施征地拆迁工作并承担费用,按国家有关规定办理相关手续。对由于征地拆迁工作不及时,造成项目延误和损失,以及由于征地拆迁引起的纠纷负全责。②负责将项目所缴税费地方所得部分,以地方投入形式即征即投,用于项目征地拆迁工作。③负责在合理运距范围内,提供工程所需的合格石料、砂砾、中粗砂、土料等地产材料料源。④负责在施工期间加强当地建材市场管理,确保筑路材料价格稳定,不高于省内行业同期价格。⑤负责协调有关部门免征公路建设所涉及的行政事业性收费。⑥负责为工程提供良好的建设环境。

(四)《"双业主制"建设协议》

《"双业主制"建设协议》为省交通运输厅与省内县区级政府为辖区内的高速公路、一级公路建设项目而签订的协议。甲方为省交通运输厅,乙方为省内县区级政府。

甲方负责组建项目工程建设指挥部,省高速公路建设局负责工程项目管理工作,工程指挥部组织项目的具体实施,负责工程质量、进度、造价、安全、廉政等工作,并与地方政府协调工程建设过程中的有关事宜等。

乙方按照省政府确定的征地拆迁实施补偿标准、办法,负责组织实施征地拆迁工作并承担征地拆迁费用,按国家有关规定办理相关手续;成立征地拆迁协调机构,组织各部门开展征地拆迁补偿协议的签订、补偿资金发放及对征地拆迁补偿资金使用进行监督,确保补偿费使用安全;负责办理土地、林业、草原等手续报批;提供施工便道、拌和站、预制场及施工驻地等占用的临时用地,负责处理因征地拆迁引起的纠纷上访等事件等,以创造良好的建设环境。

二、项目设计管理规定2部

(一)《关于黑龙江省高速公路机电工程联合设计工作指导意见(试行)》

《关于黑龙江省高速公路机电工程联合设计工作指导意见(试行)》(黑交发〔2011〕90号)是为加强黑龙江省高速公路机电工程建设管理,保证工程质量,规范联合设计工作而制定。内容包括联合设计目的和意义、联合设计依据、联合设计文件遵循的主要原则、联合设计内容、联合设计文件的编写流程、联合设计的审批等,施行于2011年。

(二)《黑龙江省公路重点工程设计变更管理暂行办法》

《黑龙江省公路重点工程设计变更管理暂行办法》(黑交发〔2008〕464号)(以下简称《办法》)下发于2008年12月25日,是为加强黑龙江省公路建设"三年决战"期间公路重点工程设计变更管理,规范设计变更行为,严格控制工程造价,确保工程质量根据有关规定而制定。

《办法》适用于黑龙江省交通运输厅对省内公路重点工程设计变更管理,内容包括总则、设计变更的条件和分类、设计变更程序及费用管理、监督检查与责任处理、附则共5章、27条,自2009年1月1日起施行。

三、项目招投标管理规定2部

(一)《黑龙江省公路工程施工招投标管理暂行办法》

《黑龙江省公路工程施工招投标管理暂行办法》(黑交发〔2013〕230号)(以下简称《暂行办法》)是为规范省内公路工程施工招标投标活动,维护公平竞争的市场环境,保证工程质量,提高投资效益,维护招标投标活动各方当事人的合法权益,根据国家和黑龙江省有关规定而制定,适用于省内新建、改(扩)建公路工程的施工招标投标活动,以及大、中修工程、水毁恢复等项目。

《暂行办法》包括总则,招标,投标,开标、评标和中标,履约监管和责任处理,附则共6章、70条。2013年施行后,《黑龙江省公路工程施工招标投标管理暂行办法》(黑交发〔2008〕464号)废止。

(二)《黑龙江省公路工程材料设备招标投标管理暂行规定》

《黑龙江省公路工程材料设备招标投标管理暂行规定》(黑交发〔2000〕79号)(以下简称《暂行规定》)是为加强公路建设市场管理,合理、有效地控制工程造价,充分发挥投资效益,规范建设单位和施工企业的采购行为,加强采购的监督管理,防止国有资产流失,依据《中华人民共和国招标投标法》《中华人民共和国公路法》等法规而制定。适用于省内公路工程建设管理过程中建设单位和施工企业的采购行为。

《暂行规定》内容包括总则,招标,投标,开标、评标定标,合同管理,违纪处理,附则共7章、41条,自2000年5月1日起试行。

四、项目施工管理规定6部

(一)《黑龙江省公路建设项目施工许可实施细则》

《黑龙江省公路建设项目施工许可实施细则》(黑交发〔2005〕341号)是为加强省内公路建设市场管理,维护公路建设市场秩序,保证公路建设项目的质量和安全而制定,共12条。内容包括施工许可条件、施工许可申请材料、施工许可申请表格、施工许可程序、施工许可的办理期限等,自2005年10月1日起施行。

(二)《关于加强公路重点工程施工管理的若干意见》

《关于加强公路重点工程施工管理的若干意见》(黑交发〔2011〕146号)(以下简称《意见》)是为进一步加强全省公路重点工程施工管理,规范现场施工秩序,全面提升工程建设质量和水平而制定。内容包括节点控制、施工顺序、进度达标要求、施工过程中易出现的问题、施工管理要点和质量控制点共5方面99条。

《意见》中,施工管理要点和质量控制点具体包括施工管理,路基施工,基层施工,沥青混凝土面层施工,水泥混凝土路面,透层、黏层和封层,桥面铺装(包括搭板)、房建工程、交通工程、机电工程、绿化工程等。

(三)《黑龙江省交通运输厅关于进一步加强省公路重点工程施工监理工作的通知》

《黑龙江省交通运输厅关于进一步加强省公路重点工程施工监理工作的通知》(黑交发〔2010〕100号)(以下简称《通知》)下达于2010年4月8日,是为进一步加强公路重点工程施工监理工作,整顿、规范监理市场秩序,促进监理市场健康发展,充分发挥监理作用,全面提升黑龙江省公路重点工程监理工作水平,努力实现"四个转变",保证公路建设"三年决战"决胜而提出的意见。

《通知》内容包括:①明确监理工作职责,规范监理工作行为。②科学合理调整监理力量。③加强工地监理机构标准化建设。④省公路工程质量监督站要对监理企业和建设单位上述三项工作进行指导、服务、督办、检查,及时制定出台统一规范的监理职责、规章、办法和制度。⑤开展监理市场专项督查。⑥继续深入开展监理行业新风建设活动。⑦各公路重点工程建设指挥部要支持监理企业和监理人员按照法定职责和合同约定开展监理工作,使监理职权落实到位,保证监理独立、公正、有效发挥作用。⑧建立监理信用信息征集制度,完善监理信用评价工作。⑨建立监理执业信息管理系统。

(四)《黑龙江省交通运输厅关于加强高速公路工程交工验收管理的通知》

《黑龙江省交通运输厅关于加强高速公路工程交工验收管理的通知》(黑交发〔2010〕375号)下发于2010年12月10日,是省交通运输厅为加强高速公路工程交工验收的管理,确保高速公路工程交工验收程序规范,进一步明确建设、施工、监理和接管养护单位的责任而下达的通知。内容包括交工验收管理、交工验收组织、工程交接程序、试运营期职责、路政管理单位职责、项目法人等方面的要求。

(五)《黑龙江省公路工程造价管理办法》

《黑龙江省公路工程造价管理办法》(黑交发〔1998〕262号)是为加强全省公路建设工程造价的监督和管理,提高公路工程建设质量,合理确定有效控制公路工程造价而制定的办法。内容包括总则,机构与人员,职责,工程造价的计价、定价与控制,附则共5章、29条。施行于1998年。

(六)《黑龙江省交通运输厅关于黑龙江省重点公路建设项目主要建筑材料差价调整的指导意见》

《黑龙江省交通运输厅关于黑龙江省重点公路建设项目主要建筑材料差价调整的指导意见》(黑交发〔2011〕26号)是为确保全省公路建设"三年决战"全面胜利,按照"公平、公正、合理"的原则,针对省内公路建设市场材料价格波动的实际,就重点公路建设项目主要建筑材料差价调整提出的指导意见。内容包括调价原则、调价范围、调价方式等。

五、项目质量管理规定2部

(一)《黑龙江省公路工程质量鉴定办法(试行)》

《黑龙江省公路工程质量鉴定办法(试行)》(黑交发〔2001〕406号)是为加强全省公

路工程质量鉴定工作,结合省内实际而制定的办法,适用于省内三级及三级以上公路的新建和改、扩建工程。内容包括总则、交工工程质量评定、竣工工程质量鉴定、司法和行政委托的工程质量鉴定、附则共5章22条,施行于2002年1月1日。

(二)《黑龙江省公路工程质量监督实施细则》

《黑龙江省公路工程质量监督实施细则》(黑交发〔2013〕386号)(以下简称《实施细则》)是为加强全省公路工程质量监督,保证公路工程质量,根据国家交通运输部《公路工程质量监督规定》(2005年第4号令),结合全省公路建设实际情况而制定的细则,凡在黑龙江省内从事公路工程建设活动、对公路工程质量实施监督都应遵守。

《实施细则》内容包括总则、机构与职责、监督工作内容与程序、监督工作管理、附则共5章、32条,2013年施行后,《黑龙江省公路工程质量监督暂行办法》(黑交发〔1998〕130号)废止。

六、项目安全管理规定2部

(一)《黑龙江省交通运输基础建设工程安全生产监督管理实施细则》

《黑龙江省交通运输基础建设工程安全生产监督管理实施细则》(黑交发〔2014〕429号)(以下简称《实施细则》)是为加强全省交通运输基础建设工程安全生产监督,保障人身及财产安全,根据《中华人民共和国安全生产法》《建设工程安全生产管理条例》和《公路水运工程安全生产监督管理办法》等有关法律规定,结合省内公路建设行业实际制定的细则。

《实施细则》内容包括总则,建设单位的安全责任,勘察、设计、咨询单位的安全责任,施工单位的安全责任,监理单位及其他相关单位的安全责任,安全生产费用管理,监督管理,附则共8章、82条,自2015年1月1日起施行。《实施细则》施行后,黑龙江省交通运输厅此前发布的有关规定与其不符的不再执行。

(二)《黑龙江省交通厅交通建设工程生产安全事故应急预案》

《黑龙江省交通厅交通建设工程生产安全事故应急预案》(黑交发〔2008〕137号)内容包括总则、组织机构及职责、预防预警、应急响应、后期处置、保障措施、附则。《应急预案》编制目的是:规范交通建设工程生产安全事故的应急处置和应急响应程序,预防各类生产安全事故,及时有效地实施应急救援工作,最大限度地减少人员伤亡、财产损失,保障人民群众的生命安全,维护社会稳定。工作原则是政府领导、统一指挥,预防为主、以人为本,团结协作、灵敏高效。

七、项目综合管理规定 10 部

(一)《黑龙江省重点公路工程建设项目管理若干问题暂行规定》

《黑龙江省重点公路工程建设项目管理若干问题暂行规定》(黑交发〔2006〕300号)(以下简称《暂行规定》)是为深化全省公路建设管理体制改革,规范建设项目管理行为,提高投资效益和管理水平,遵循提升决策层、强化管理层、精干实施层的原则,依据国家有关基础设施和公路建设管理的法律、法规和规章,结合省内重点公路建设实际而制定的规定。重点公路工程建设项目是指列入省交通厅建设计划并纳入省高速公路建设局管理的国、省干线公路项目。

《暂行规定》内容包括总则、职能管理、勘察设计管理、项目建设管理、试验研究和科研课题管理、工程造价管理共 6 章、39 条,2006 年施行。

(二)《黑龙江省交通厅关于印发黑龙江省公路重点工程推进方案的通知》

《黑龙江省交通厅关于印发黑龙江省公路重点工程推进方案的通知》(黑交发〔2008〕278号)下发于 2008 年 9 月 2 日,是为加快推进全省公路重点工程建设,确保"三年决战"决胜,省交通运输厅决定成立黑龙江省公路重点工程推进组及 3 个小组、明确工作职责和方法的通知。

(三)《黑龙江省公路建设"三年决战"实施纲要》

《黑龙江省公路建设"三年决战"实施纲要》(以下简称《纲要》)是为贯彻落实黑龙江省委、省政府加快公路建设的重大战略决策部署,推进公路建设"三年决战"科学、有序、高效实施,确保完成各项建设任务,实现决战决胜目标而制定的实施纲要。

《纲要》从指导思想、建设原则、组织领导、目标任务、勘察设计、项目实施、工程监理、廉政建设、综合管理、管养经营共 10 个方面规划了黑龙江省公路建设"三年决战"的宏伟蓝图,是黑龙江省公路建设"三年决战"重要的纲领性文件,共 100 条。覆盖面广、设置详细,具体包括:

(1) 指导思想:推动发展、服务龙江、五路并举、决战决胜。

(2) 建设原则:政府负责、全员参与、统筹规划、科技支撑、规范运作、质量优先、节约资源、保护环境。

(3) 组织领导:公路建设综合管理办公室、资金管理办公室、工程管理办公室、征地拆迁办公室、材料采购办公室、质量管理办公室、专家咨询办公室、舆论宣传办公室、机械管理办公室、变更核查办公室。

(4)目标任务:主要目标、建设任务、建设责任。

(5)勘察设计:设计理念、设计原则、路线设计、路基设计、路面设计、桥涵设计、交叉工程、辅道支线、房建工程、交通设施、工程设备、工程造价、审查落实、图纸审批、组织设计、咨询审批、打造精品、后期服务。

(6)项目实施:项目法人、履职尽责、职责要求、服务协调、制度建设、资金管理、项目公示、信息公开、资格审查、工程招标、标段划分、工程清单、招标标底、工程合同、造价核定、造价目标、施工许可、工程开工、人员考核、设备供需、队伍进场、材料使用、保护生态、施工管理、确保工期、控制滞后、工程变更、阶段监控、同质管理、质量控制、违约赔付、工程检验、管理创新、安全生产、交工养护、竣工验收、资产管理、审计监督、警示信息。

(7)工程监理:资源共享、优化模式、全程监理。

(8)廉政建设:建立组织、加强教育、执行制度、强化监督、责任追究。

(9)综合管理:勇于创新、体现服务、精细管理、科技应用、考核机制、宣传报道。

(10)管养经营:需求前置、废旧利用、统筹推进、实现"十精"。"十精"即工程规划精致科学、工程设计精准优化、工程造价精打细算、工程质量精益求精、工程建设精心组织、工程管理精细规范、工程监理精确诚信、工程验收精密严格、工程指挥精明强干、工程廉政精诚透明。

(四)《黑龙江省交通厅重点工程建设指挥部指挥任用工作暂行办法》

《黑龙江省交通厅重点工程建设指挥部指挥任用工作暂行办法》(以下简称《暂行办法》)是为加强干部选拔任用工作科学化、民主化、制度化建设,规范交通重点工程建设管理人员选拔任用工作程序,建立促进优秀干部脱颖而出的激励机制,依据《党政领导干部选拔任用工作条例》等有关文件,结合公路建设"三年决战"实际制定的办法。

《暂行办法》内容包括指导思想、基本原则、适用范围、工程项目考核评价、提拔任用条件和任职资格、提拔任用的办法和程序、有关要求、附则共8个方面,坚持了干部队伍革命化、年轻化、知识化、专业化基本方针,凭政绩看德才、凭德才用干部,为黑龙江交通事业又好又快发展提供了有力的组织保证和人才支撑。

(五)《公路建设"三年决战"项目指挥部指挥办公会议议事规则》

《公路建设"三年决战"项目指挥部指挥办公会议议事规则》(以下简称《规划》)是为保证黑龙江省公路建设"三年决战"时期项目指挥部议事行为民主化、规范化、科学化,进一步规范权力运行程序,严格议事制度,实现"资金安全、工程优质、干部廉洁"的目标而制定的规则。

《规则》规定了议事的人员、议事的范围、议题的确定、会议的召开、议事和决定、决定的执行与反馈等方面的具体要求。

（六）《黑龙江省交通运输厅关于进一步加强公路重点工程项目管理的若干意见》

《黑龙江省交通运输厅关于进一步加强公路重点工程项目管理的若干意见》（黑交发〔2011〕25号）（以下简称《意见》）是省交通运输厅为进一步加强全省公路重点工程建设管理,确保取得"三年决战"的全面胜利,在已出台的相关管理制度的基础上结合工作重点、难点及薄弱、关键环节,以加强工程项目管理和指挥部自身建设为重点,对厅直有关单位、各公路重点工程建设指挥部在公路重点工程项目管理中提出的意见。

《意见》提出了明确岗位职责,规范决策行为,严密建设程序,注重关键环节,强化管理措施,严格责任追究共6个方面的要求。在强化管理措施方面,确定了招投标、基本建设程序、合同管理、建设资金、造价与变更、工程内业、材料与设备、环境保护、征地拆迁、固定资产等事项的具体要求。

（七）《黑龙江省交通厅关于公路工程建设指挥部机构设置和干部管理的暂行办法》

《黑龙江省交通厅关于公路工程建设指挥部机构设置和干部管理的暂行办法》（黑交发〔2006〕186号）（以下简称《暂行办法》）是为加强和规范全省公路工程建设指挥部的机构设置和干部管理,根据中央、省委关于干部管理的规定而制定的办法。适用于省高速公路建设局所管辖建设项目的公路工程建设指挥部,厅直其他部门组建的指挥部可参照执行。

《暂行办法》内容包括总则、机构的设置、干部管理、考核、工资及劳动保险、职称管理及在职培训、机构撤销及人员安排、附则共8章、16条,2006年起施行。

（八）《黑龙江省公路重点工程交工项目指挥部后期工作管理方案》

《黑龙江省公路重点工程交工项目指挥部后期工作管理方案》（黑交发〔2009〕310号）是为规范公路重点工程项目后期管理,整合管理资源,降低管理成本,完善公路使用功能,确保交工项目及时、顺利通过竣工验收所制定的方案。内容包括指导思想、适用范围、组织机构、工作原则、工作职责、有关要求共6个方面。

（九）《黑龙江省交通运输厅公路建设项目文件材料立卷归档实施细则》

《黑龙江省交通运输厅公路建设项目文件材料立卷归档实施细则》（黑交发〔2011〕134号）（以下简称《实施细则》）是为进一步规范全省公路建设项目文件材料立卷归档工作,提高项目管理水平而制定的实施细则。适用于新建、改建、扩建公路建设项目文件材料立卷归档管理工作,大中修工程项目可参照执行。

《实施细则》内容包括总则、组织与职责、文件材料收集与归档范围、文件材料归档整理与组卷、档案汇总整理与移交、附则共 6 章、33 条,2011 年施行后,《黑龙江省交通厅公路工程交工竣工文件材料立卷归档管理实施细则》(黑交发〔2001〕347 号)同时废止。

(十)《黑龙江省交通厅关于印发黑龙江省公路工程内业表格汇编的通知》

《黑龙江省交通厅关于印发黑龙江省公路工程内业表格汇编的通知》(黑交发〔2009〕80 号)是省交通运输厅为加强工程内业管理,推动公路工程内业资料编制工作的规范化、科学化、系统化,组织编写《黑龙江省公路工程内业表格汇编》后印发的通知,下发于 2009 年 4 月 2 日,共 4 条。

八、项目资金管理规定 3 部

(一)《黑龙江省公路建设项目工程决算编制实施细则》

《黑龙江省公路建设项目工程决算编制实施细则》(黑交发〔2007〕55 号)(以下简称《实施细则》)指出:公路建设项目工程决算是建设项目完成后从工程投资角度形成的成果,是工程估、概、预、决算管理的重要一环,也是建设项目竣工验收工作的重要组成部分。工程决算应全面反映公路建设各阶段造价控制的过程和结果,满足不同管理部门对工程造价管理信息的需求。

《实施细则》是为加强全省公路建设项目的投资管理,严格控制各阶段工程造价,规范省内公路建设项目工程决算的编制工作而制定的实施细则。政府或国有经济组织投资新建、改建、大修的公路工程建设项目应严格执行这一实施细则,非国有投资的项目,公路养护大、中修工程参照执行。

《实施细则》共 10 条,施行于 2006 年省内开工和续建的公路建设项目,相关办法由黑龙江省公路工程造价管理总站负责解释。

(二)《黑龙江省交通厅资金管理内控制度》

《黑龙江省交通厅资金管理内控制度》(黑交发〔2009〕99 号)(以下简称《制度》)是为加强资金管理,完善制度,明确职责,保证资金安全,提高使用效益,根据现行有关规定结合实际而制定的制度,适用于省交通运输厅本级。

《制度》内容包括总则、预算(计划)的审核与下达、资金申请及拨款审批、决算的编报及批复、监督检查、附则共 6 章、24 条,2009 年起施行。

(三)《黑龙江省公路重点工程建设资金拨付管理暂行办法》

《黑龙江省公路重点工程建设资金拨付管理暂行办法》(以下简称《暂行办法》)是为

加强黑龙江省公路建设"三年决战"期间公路重点工程建设资金管理,规范建设资金拨付程序,确保建设资金的合理使用和安全运行,根据国家和省有关规定而制定的办法,适用于省交通运输厅对公路重点工程建设资金的拨付管理。

《暂行办法》内容包括总则、资金申请及拨付审批、监督内容及要求、纪律监督、附则共5章、25条,自2009年1月1日起施行。

第八章
高速公路建设项目

第一节　G1京哈高速公路黑龙江段、G1001绕城高速公路南段

京哈高速公路哈尔滨至拉林河段及哈尔滨绕城高速公路南段

G1京哈高速公路哈尔滨至拉林河段、G1001绕城高速公路南段（东风至瓦盆窑）是国家"九五"期间黑龙江省重点公路建设项目之一，是国家规划的"两纵两横"国道主干线中同江至三亚公路在黑龙江省境内的组成部分。交通部在初步设计阶段批复的项目名称是"同三公路哈尔滨至拉林河段高速公路"（简称哈双高速公路），通车运营后划分了G1京哈高速公路（哈尔滨至拉林河）及G1001哈尔滨绕城高速公路南段（东风至瓦盆窑）。路线全长100.94km，沿线途经瓦盆窑村、新兴镇、双城市、兰陵镇，止于黑、吉两省界拉林河。路线于1998年9月8日破土动工，2001年10月通车，由黑龙江省哈尔滨高速公路管理处负责运营管理养护，运营里程桩号K1137+000～K1208+662，设计速度120km/h，双向四车道，路基宽度28.0m。

哈尔滨绕城高速公路南段，运营里程桩号K71+892～K9+235，设计速度120km/h，双向四车道，路基宽度28.0m，通过5个互通区与京哈高速公路、哈阿高速公路、长江路、哈成路、哈平路相连。

（一）工程概况

1. 基本情况

（1）功能定位

本项目是黑龙江省一次性建成且投资规模最大的高速公路项目。它的建设对实施国道主干线，完善黑龙江省内公路网布局，落实黑龙江省"南联北开、全方位开放"发展方针，振兴龙江经济与促进边境贸易发展，缓解哈尔滨市内交通状况，提高过境车速与运输经济效益，发挥哈尔滨市公路主枢纽功能和彻底解决原有公路不适应经济发展需要等问题都起到了积极的作用。

(2)技术标准

本项目按高速公路平原微丘区标准设计,其主要技术指标如下:

设计速度:120km/h;

路基宽度:28m;

行车道宽度:2×7.5m;

中央分隔带宽度:3m;

最小平曲线半径:2000m;

最大纵坡:2.8%;

竖曲线最小坡长:300m;

路基桥涵设计洪水频率:$P=1/100$;

特大桥设计洪水频率:$P=1/300$;

车辆荷载标准:汽车—超20级、挂车—120。

京哈高速公路(哈尔滨至拉林河)、哈尔滨绕城高速公路南段路面结构见表8-1-1。

京哈高速公路(哈尔滨至拉林河)、哈尔滨绕城高速公路南段路面结构表　　表8-1-1

路面形式	起点里程	讫点里程	长度(m)	路 面 类 型
柔性路面	K71+892	K8+650	100940	沥青路面(4cm AC-16 I 改性沥青混凝土 +5cm AC-25 I 沥青混凝土 +6cm AC-25 I 粗粒式沥青混凝土 + 乳化沥青封层 +18cm 二灰碎石 +30cm 水稳砂砾 +20cm 天然砂砾)
	K1137+000	K1208+662		

(3)建设规模

本项目建设里程长100.94km,全线土石方总量为1315.781万 m^3;沥青混凝土路面196.55万 m^2;大、中桥2737m/11座(其中京哈二级路改线中桥1座);小桥125m/6座;箱涵54道;互通式立体交叉6处;分离式立体交叉46座;通道56道;养护工区2处;服务区2处;收费站8处。

(4)主要控制点

起于哈尔滨市东风镇,接同江至哈尔滨公路,经成高子、柳树林、瓦盆窑、双城、兰陵,止于黑、吉两省交界处的拉林河南岸,接拉林河至长春公路。

(5)地形地貌

项目地处黑龙江省东南部松嫩平原,松花江中游地带,途经哈尔滨市东南边缘郊区,地理位置在东经126°49′~126°37′,北纬45°47′~45°38′,公路自然区划Ⅱ$_2$区,全线占用土地主要为农业用地,大部分为旱田,其余为菜田及部分水田、鱼池、林地和荒地。

(6)投资规模

概算总投资为36.03亿元人民币。

(7)开工及通车、竣工时间

1998年9月开工,2001年10月交工通车,2003年10月21日、22日竣工验收。

2. 参建单位主要情况

(1) 建设单位

本项目建设单位是哈双高速公路项目指挥部。

(2) 设计单位

黑龙江省交通厅于1997年委托黑龙江省公路勘察设计院,作为本高速公路项目设计单位,承担了土建施工设计工作。中国对外建筑总公司设计研究所、中国公路工程咨询监理总公司、黑龙江省园林设计所、黑龙江省哈双高速公路公司和贵州桥梁总公司分别承担了房建工程、交通工程、绿化工程、机电工程的设计工作。

(3) 施工单位

通过招投标,本项目由辽宁省路桥建设公司、黑龙江省公路桥梁建设集团公司、铁道部第十三工程局等24个施工单位参与土建、房建、机电、交安设施、绿化等工程建设。

(4) 施工监理单位

通过招投标,本项目由黑龙江省公路工程监理咨询公司、北京育才交通工程监理咨询公司、东北林业大学工程监理部等8个监理公司中标,负责全线土建工程、房建工程、机电工程监理工作。

(二) 建设情况

1. 项目准备阶段

(1) 项目审批

该项目严格执行了交通基本建设程序,从预可行性研究、工程可行性研究、初步设计、施工图设计、工程施工、监理招投标及工程开工报告的审批,各个环节手续齐全,具体如下:

①国家发展计划委员会《印发国家发展计划委员会关于审批同江至三亚国道主干线哈尔滨至拉林河高速公路项目建议书的请示的通知》(计交能〔1997〕2618号)。

②国家发展计划委员会《印发国家发展计划委员会关于审批同江至三亚国道主干线哈尔滨至拉林河高速公路可行性研究报告的请示的通知》(计基础〔1998〕1493号)。

③交通部《关于哈尔滨至拉林河高速公路初步设计的批复》(交公路发〔1998〕664号)。

④国家环保总局《关于同江至三亚公路哈尔滨东出口至省界(拉林河段)高速公路环境影响报告书审批意见的复函》(环发〔1998〕97号)。

⑤黑龙江省人民政府《转发〈关于哈尔滨至拉林河高速公路(双城境段)建设用地的批复〉》《转发〈关于哈尔滨至拉林河高速公路(哈尔滨境段)建设用地的批复〉》(黑政土〔2001〕1号、〔2001〕9号)。

⑥交通部2002年7月29日《同三公路哈尔滨至拉林河段高速公路工程开工报告》。

(2) 资金筹措

本项目概算总投资 36.03 亿元,其中国家专项资金 5.7 亿元,地方自筹资金 11.3 亿元,亚洲开发银行贷款 14.4 亿元、地方银行贷款 3.9 亿元。竣工决算为 33.764 亿元,投资节约 2.266 亿元,平均每公里造价 3345.00 万元。

(3) 合同段划分(表 8-1-2)

根据各专业的工程内容划分标段如下。

①设计标段划分:土建工程设计 1 个标段,房建工程设计 1 个标段,绿化工程设计 1 个标段,机电工程设计 1 个标段。

②施工标段划分:根据工程内容的不同,土建工程 10 个标段,机电工程 1 个标段,房建工程 8 个标段,绿化工程 10 标段,交通安全设施 6 个标段。

③施工监理标段划分:根据工程内容设 10 个土建工程驻地监理标段,3 个房建工程监理标段,1 个机电工程监理标段。

(4) 招投标

本项目对土建施工、监理单位等对外服务项目全面采用公开招标的方法进行选聘,择优选定队伍参与本项目高速公路建设。

①招标代理的选定

本项目高速公路项目大部分土建工程采用国际招标,招标代理公司的招标选聘工作于 1997 年 11 月 21 日开始,中机国际招标公司、中交工程建设招标有限公司、中技国际招标公司三家单位递交了代理申请书。按照《世界银行和亚洲开发银行贷款项目国际代理机构委托指南》,通过对三家公司整体实力、经验、业绩、收费标准、拟投入人员等方面进行综合评定,中交工程建设招标有限公司以最高分被选为本项目高速公路项目土建工程国际招标代理单位。

②土建工程招标

本项目高速公路筹建之初,由于申请亚行贷款程序复杂、周期较长,为完成国家及省交通厅下达的公路建设计划,在项目评估阶段,征得亚洲开发银行同意,将控制工期的大桥、特大桥单独划分中 3 个国内标段(即 A 种标段)先期招标施工。国内招标公告于 1998 年 5 月 4 日在《黑龙江日报》刊出,截至 1998 年 5 月 9 日,共有 40 家施工单位递交了投标申请。辽宁省路桥建设总公司、黑龙江省水利水电工程总公司和黑龙江省路桥建设集团总公司 3 家施工单位中标。

本项目高速公路土建工程国际招标(即 B 种标段)分两步进行:一是资格预审。1998 年 8 月 31 日,亚洲开发银行批准了哈双高速公路项目资格预审文件,1998 年 9 月 8 日资

京哈高速公路（哈尔滨至拉林河）、哈尔滨绕城高速公路南段合同段划分一览表

表 8-1-2

序号	参建单位	类型	参建单位名称	合同段编号及起止桩号	主要负责人	备注
1	管理单位		哈双高速公路项目指挥部	全线	王守恒	
2	勘察设计单位	土建工程设计	黑龙江省公路勘察设计院	全线	温和哲	
3		房建工程设计	中国对外建筑总公司设计研究所	全线	天书力	
4		交通工程设计	中国公路工程咨询监理总公司	全线	李民	
5		绿化工程设计	黑龙江省园林设计所	全线	高天宏	
6		机电工程设计	黑龙江省哈哈双高速公路公司、贵州桥梁总公司	全线	曹宇	
7	施工单位	土建工程	辽宁省路桥建设公司	K0+000~K0+750、K89+529~K91+242	高声伟	
8			黑龙江省水利水电工程总公司	K1206+212~K1208+662	张勤龙	
9			黑龙江省公路桥梁建设集团总公司	K1137+000~K1142+400	姜德忠	
10			黑龙江省公路桥梁建设集团总公司	K71+892~K89+529	王新安	
11			铁道部第十三工程局	K0+750~K8+650	姜永军	
12			黑龙江省公路桥梁建设集团总公司	K1193+162~K1206+212	武建南	
13			黑龙江省公路桥梁建设集团总公司	K1181+112~K1193+162	田玉龙	
14			北京市城市建设道桥工程公司	K1169+120~K1181+112	冯春生	
15			哈尔滨市公路工程处	K1156+120~K1169+120	杨兴双	
16			哈尔滨市公路工程处	K1142+400~K1156+120	杨兴双	
17		机电工程	贵州桥梁工程总公司	J01	曹宇	
18		房建工程	哈尔滨电力建筑装饰工程有限公司	F01	龚鹏程	
19			黑龙江省农垦第四建筑工程公司	F02	岳明海	

第八章 高速公路建设项目

续上表

序号	参建单位	类型	参建单位名称	合同段编号及起止桩号	主要负责人	备注
20	施工单位	房建工程	哈尔滨市瑞祥建筑安装总公司	F03	吴林银	
21			中建一局二公司	F04	石玉强	
22			哈尔滨铁路工程总公司	F05	万鹤鸣	
23			黑龙江省黑建五建筑工程有限公司	F06	赵万玉	
24			黑龙江飞龙建设开发有限公司	F07	佟强	
25			中煤国际经济技术合作总公司	F08	孟昔程	
26		绿化工程	哈尔滨博士绿园林绿化有限公司	K0+000~K0+750、K89+529~K91+242	匡东	
27			哈市三川园艺有限公司	K1206+212~K1208+662	金希堂	
28			哈市雷特绿野园林绿化有限公司	K1137+000~K1142+400	孙达伟	
29			哈尔滨达丽园林工程有限公司	K71+892~K89+529	李玉生	
30			长春市宏达园林苗木绿化工程有限公司	K0+750~K8+650	王辰	
31			黑龙江省美环绿化工程有限责任公司	K1193+162~K1206+212	陈岳峰	
32			哈尔滨市哈宏绿化有限公司	K1181+112~K1193+162	陈岳峰	
33			哈尔滨市北方园林种苗绿化有限责任公司	K1169+120~K1181+112	谭正平	
34			牡丹江风景绿化有限公司	K1156+120~K1169+120	李悦山	
35			哈尔滨市第三苗圃	K1142+400~K1156+120	李兰	
36		交通安全设施工程	沈阳交通工程有限公司	K0+000~K8+650、K71+892~K91+242	周广军	
37			北京深华科交通工程有限公司	K1169+112~K1208+662	李可心	
38			哈尔滨交研交通工程有限公司	K1137+000~K1169+112	付宏博	

续上表

序号	参建单位	类型	参建单位名称	合同段编号及起止桩号	主要负责人	备注
39	施工单位	交通安全设施工程	哈尔滨滨岛公路设施工程安装有限责任公司	K0+000~K8+650,K71+892~K91+242	刘德军	
40			北京市高速公路交通工程有限公司	K1137+000~K1208+662	廉军	
41			北京汉威达交通运输设备有限公司	全线	梁静	
42	监理单位	土建工程监理	黑龙江省公路工程监理咨询有限责任公司	K0+000~K0+750,K89+529~K91+242	王吉军	
43			黑龙江省远升公路工程监理咨询有限责任公司	K1206+212~K1208+662	王宏书	
44			北京育才交通工程监理咨询有限公司	K1137+000~K1142+400	张勇	
45			黑龙江省公路工程监理咨询有限责任公司	K71+892~K89+529	王吉军	
46			东北林业大学工程监理部	K0+750~K8+650	张明和	
47			黑龙江省远升公路工程监理咨询有限责任公司	K1193+162~K1206+212	吴柱林	
48			黑龙江省远升公路工程监理咨询有限责任公司	K1181+112~K1193+162	吴柱林	
49			黑龙江华龙公路工程咨询监理有限公司	K1169+120~K1181+112	陈玉	
50			黑龙江华龙公路工程咨询监理有限公司	K1156+120~K1169+120	陈玉	
51			中国公路工程监理咨询有限公司	K1142+400~K1156+120	吴旻	
52		房建工程监理	黑龙江正信建设工程监理有限公司	房建1	董殿江	
53			黑龙江省远升公路工程监理咨询有限责任公司	房建2	王宏书	
54			黑龙江省远升公路工程监理咨询有限责任公司	房建3	吴柱林	
55		机电工程监理	北京泰克公路科技技术研究所	全线	刘善平	

格预审通告分别刊登在《中国交通报》《中国日报》、亚行《商业机遇》及联合国的《发展论坛》上,51家投标人购买了资格预审文件,其中35家投标人递交了76份资格预审申请文件。经审查,并经交通部及亚行批复,共有17家单位通过资格审查。二是工程招标。经亚行批复的招标文件于1999年2月5日发售。1999年4月6~15日进行了封闭评标,17人组成的评标小组查阅了汇总资料、招标文件、澄清文件以及有关投标人的资格审查等文件,对具有竞争性的投标书进行了综合分析与评价。经评标委员会评审,交通部及亚行批复,黑龙江省路桥建设集团总公司、铁道部十三工程局、北京市城市建设道桥工程公司、哈尔滨市公路工程处4家施工单位分中7个土建工程国际标段。

③房建工程招标

2000年8月7日,本项目高速公路沿线房建工程招标公告在《黑龙江日报》刊出。32家投标人购买了8个标段56套标书,其中29家投标人递交了8个标段的投标书50份。2000年8月18日房建工程开标仪式举行,经评标委员会评审,中建二局等8家施工单位中标。

④交通安全设施工程招标

2000年2月15日,在《中国日报》、《中国交通报》、亚洲银行《商业机遇》及中国采购招标网刊登交通安全设施工程招标通告。共有25家单位购买了招标文件,截至有效时间,23家投标人递交了36份投标书,哈尔滨交通科研所等6家单位中标。

⑤绿化工程招标

2001年3月26日,黑龙江省哈双高速公路绿化工程招标公告在《黑龙江日报》刊出,截至3月28日标书发售截止时间,共有29家施工单位购买了10个标段的标书86套。开标仪式上对各单位的名称、标价、修正报价及投标保函提交情况进行了公开宣读并当众排序显示。

⑥机电工程国际招标

项目机电工程国际招标通告于2001年2月15日和2月17日分别在亚行《商业机遇》联合国《发展论坛》及《中国交通报》《中国日报》上刊登。截至2001年4月17日上午10时招标文件发售截止时间,共有15家投标人购买了招标文件,有7家投标人递交了文件。各投标单位的名称、投标报价、折扣及投标保函提交情况在开标仪式上当众宣读。

⑦监理单位招标及选择情况

本项目采用了亚行积极赞同的"国内竞争性招标"方式选聘监理单位。自行编制了详尽的《监理招标文件》,通过向交通部监理总站等国家权威监理部门咨询和多渠道收集信息,于1998年5月,对省内外6家监理单位发出了投标邀请书,截至有效投标时间,6家监理单位递交了技术建议书42套。由黑龙江省交通厅及本项目高速公路公司相关人员组成的评标机构(评审委员会和评审小组)共计16人,对投标书进行评审,最终确定了黑龙江省工程监理公司、黑龙江省远升工程监理公司等6家单位中标。

上述招投标过程均由黑龙江省公证处现场公证。

(5)征地拆迁(表8-1-3)

京哈高速公路(哈尔滨至拉林河)、哈尔滨绕城高速公路南段征地拆迁统计表　表8-1-3

高速公路编码	项 目 名 称	征地拆迁安置起止时间	征用土地(亩)	拆迁房屋(m^2)	拆迁占地费(万元)	备注
G1、G1001	京哈高速公路哈尔滨至拉林河及绕城高速公路南段	1998.12~2001.9	16318.6155	14663.34	2326	

①工作及范围

本项目高速公路起自哈尔滨市东风镇,终于黑吉两省交界处的拉林河。沿线共经过哈尔滨市的5个区和双城市的9个乡镇。征地拆迁工作于1998年12月启动。累计征地总量1087.91hm^2,其中永久性占地689.19hm^2,临时性占地398.72hm^2,拆迁房屋14663.34m^2,通信线路56处,电力线路75处。

本项目高速公路建设工程用地的征用以及地上地下附属物的动迁工作依据《中华人民共和国土地法》、《黑龙江省土地管理实施条例》、黑龙江省人民政府黑政函〔1999〕46号《关于哈双高速公路建设工程征地及动迁补偿标准问题的通知》和省国土资源厅、省林业厅、省物价局、省财政厅的有关文件及哈尔滨市人民政府〔1999〕47号协调会议纪要进行。本着政府负责、政策倾斜、特事特办,统一征迁和依法、求实、下限、减免缓的原则,在对被征地域内的移民安置及关系到人民生产生活利益的问题上,严格执行国家的有关政策法规,履行征地拆迁的协议书,重点研究和解决了因公路的建设、施工的设计、工程的施工等诸多因素给当地的生产生活条件所带来的问题,使被征迁区域居民的生产生活得到了有效保障。

②建设环境保护情况

本项目高速公路建设环境影响因子主要包括以下7项:破坏地表植被,拆迁、迁移居民,填、挖处的水土流失,噪声与振动,施工期粉尘污染,运营期生活服务区污水影响,公路的阻隔。本项目高速公路建设过程中的环境保护工作紧紧围绕对周边环境产生不利影响的7项因子及其表现展开的。通过对交通噪声、汽车尾气排放的控制与治理,通过合理安置移民,补偿征地拆迁损失,并辅以必要的减缓措施来实现对沿线生态环境的保护。

2.项目实施阶段

(1)主线土建工程于1998年9月8日开工,2001年9月25日完工。

(2)房建工程于2000年8月18日开工,2001年9月25日完工。

(3)交通安全设施工程于2000年2月15日开工,2001年9月25日完工。

(4)黑龙江省公路工程质量监督站于2001年9月22日对项目进行竣工质量评定,评分为97.01分,单项工程优良率为100%。

(5) 由省交通厅组织于 2001 年 9 月 25 日对该项目进行工程质量综合评分为 97.26 分,质量等级为优良工程。

(6) 2003 年 10 月 21~22 日,交通部公路司与省交通厅组织成立项目竣工验收委员会,对该项目进行竣工验收,建设管理综合评分为 97.70 分,等级为优良。

京哈高速公路(哈尔滨至拉林河)、哈尔滨绕城高速公路南段生产要素见表 8-1-4。

京哈高速公路(哈尔滨至拉林河)、哈尔滨绕城高速公路南段生产要素统计表　表 8-1-4

路线编号	建设时间	钢材(t)	沥青(t)	水泥(t)	砂石料(m³)
G1、G1001	1998.8~2001.10	33360	56100	322400	900610

(三)运营养护管理

1. 服务设施

全线设置拉林河服务区、运粮河服务区 2 处服务区(表 8-1-5)。

京哈高速公路(哈尔滨至拉林河)、哈尔滨绕城高速公路南段服务场区一览表　表 8-1-5

高速公路编码	服务区名称	桩　号	所在区域	占地(m²)	建筑面积(m²)
G1	拉林河服务区	K1139+700	双城市金城乡	5000	2032.00
	运粮河服务区	K1193+158	双城市五家镇	21560	5896.36

2. 收费设施

本项目共设置收费站 8 座(表 8-1-6),其中在 G1001 绕城高速公路南段设置 3 个收费站分别为:长江路、成高子、朝阳收费站,在 G1 京哈高速公路设置 5 个收费站分别为:拉林河、石家、双城、新兴、瓦盆窑收费站。匝道出入口数量共计 56 条,其中 ETC 车道 11 条。

京哈高速公路(哈尔滨至拉林河)、哈尔滨绕城高速公路南段收费设施一览表　表 8-1-6

收费站名称	桩　号	入口车道数		出口车道数		收费方式
		总车道	ETC 车道	总车道	ETC 车道	
拉林河收费站	K1139+700			9	1	
石家收费站	K1142+794	2		2		
双城收费站	K1174+024	2		4		
新兴收费站	K1189+500	3	1	3	1	MTC+ETC
瓦盆窑收费站	K1208+125	4	1	7	1	
朝阳收费站	K6+300	3	1	5	1	
成高子收费站	K79+800	2	1	2	1	
长江路收费站	K75+000	3	1	5	1	

3. 养护管理

本项目养护里程 100.94km,设置柳树林、双城 2 处养护工区,分别负责 29.278km 和

71.662km（表8-1-7）。

京哈高速公路（哈尔滨至拉林河）、哈尔滨绕城高速公路南段养护工区设施一览表　表8-1-7

养护工区名称	桩　　号	路段长度（km）
柳树林养护工区	K0+000~K8+650、K71+892~K91+242	29.278
双城养护工区	K1137+000~K1208+662	71.662

4. 监控设施

本项目设置哈尔滨高速公路管理处监控中心，负责京哈高速公路和绕城高速公路南段的运营监管（表8-1-8）。

京哈高速公路（哈尔滨至拉林河）、哈尔滨绕城高速公路南段监控设施一览表　表8-1-8

监控设施名称	占地面积（m²）	建筑面积（m²）
哈尔滨高速公路管理处监控中心	3000	2300

5. 交通流量

G1京哈高速公路（哈尔滨至拉林河段）、G1001绕城高速公路南段（东风至瓦盆窑）交通流量是根据各站进出口车辆数量统计，统计时间从2005年1月1日开始，统计结果见表8-1-9、图8-1-1。其中团结站2010年底撤站，长江路站2010年11月1日开通。朝阳站2012年1月1日至同年8月31日因站区扩建封站，成高子站2015年7月31日因站区扩建封站。

京哈高速公路（哈尔滨至拉林河）、哈尔滨绕城高速公路南段
交通流量发展状况表（单位：辆）　表8-1-9

年份	2005年	2006年	2007年	2008年	2009年	2010年	2011年	2012年	2013年	2014年	2015年
团结站	351628	431434	465003	511569	633876	914755	撤站	撤站	撤站	撤站	撤站
长江路站	未建站	未建站	未建站	未建站	未建站	18296	1294195	963594	1415444	1552383	1563782
成高子站	137313	164119	222737	185582	229632	367967	470823	260300	326136	321446	156176
朝阳站	288091	319708	441488	371040	510061	851598	498442	128294	1096434	784278	755816
瓦盆窑站	779138	787164	849081	1038408	935789	1263845	1915214	1909363	1765381	1937053	2114218
新兴站	未建站	未建站	未建站	未建站	未建站	未建站	未建站	未建站	128566	162170	161048
双城站	290838	326007	418016	440197	425377	567754	678473	584000	778037	991002	1087806
石家站	70323	72804	64052	78688	84133	99264	106596	85778	124852	124379	132584
拉林河站	1275471	1301303	1412432	1480383	1367540	1575531	1690901	1414063	1720169	1810128	1764291
全线平均	3197392	3402539	3872809	4105867	4186408	5659010	6654884	5345392	7355019	59193050	7735721
全线平均日	8760	9322	10610	11249	11470	15504	18232	14645	20150	16217	21194

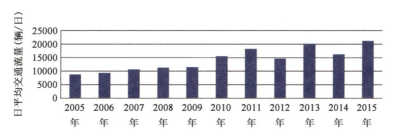

图 8-1-1　京哈高速公路(哈尔滨至拉林河)、哈尔滨绕城高速公路南段交通流量增长柱状图

第二节　G10 绥满高速公路黑龙江省段

G10 绥芬河至满洲里高速公路是国家高速公路网中处于最北端的一条东西横线,路线跨黑龙江、内蒙古两省(份),始于黑龙江省绥芬河市,沿线经过牡丹江市、海林市、尚志市、哈尔滨市、肇东市、安达市、大庆市、林甸县、齐齐哈尔市、甘南县、内蒙古自治区阿荣旗、牙克石市、呼伦贝尔市,终于满洲里市。黑龙江省境内路长 886.4km,高速公路里程 867.3km。路线跨越黑龙江、内蒙古两省(份),东起黑龙江省最大的两座国家一级对俄陆路口岸——绥芬河、东宁口岸,西至内蒙古自治区的满洲里口岸,是我国开展对俄经贸、科技合作的重要运输通道。绥满高速公路对完善地区公路通道网络,实现沿线公路网络循环起到重要的保障作用;对发挥地区资源优势、促进沿线资源开发、实现资源产业带动起到重要的支撑作用;对国家实施东北老工业基地振兴战略、加强与东北地区经济往来和产业部署将起到积极的推动作用;对拓展东部省市内引外联密集通道,进一步扩大口岸的开放辐射范围,增强口岸的联通聚集效能,进一步繁荣口岸经济和国际贸易将起到重要的带动作用。

绥满高速公路(图 8-2-1)在黑龙江省境内分别按绥芬河至牡丹江段、海林至亚布力段、亚布力至尚志段、尚志至阿城(刘秀屯)段、哈尔滨至大庆段、大庆(卧里屯)至黄牛场段、大庆(黄牛场)至齐齐哈尔(宛屯)段、齐齐哈尔至甘南(黑蒙界)段 8 个建设专题介绍。

图 8-2-1　绥满高速公路一角

一、绥满高速公路绥芬河至牡丹江段

(一)工程概况

1.基本情况

(1)功能定位

绥满高速公路牡丹江至绥芬河段是《黑龙江省高速公路网规划纲要》中"两环、七射、六联"网中的射线五(哈尔滨至绥芬河)的组成部分。该项目由国家发改委批准立项,起于绥芬河(海关)入口,经绥芬河市、东宁县、绥阳镇、穆棱市、牡丹江市、海林市海南乡,终点位于海南互通立交桥处,接已建成的牡丹江至海林高速公路。

(2)技术标准

采用双向四车道,设计速度80km/h;路基宽度24.5m。行车道宽2×7.5m;硬路肩宽2×2.5m;土路肩宽2×0.75m;中央分隔带宽2.0m。桥涵设计荷载:公路—Ⅰ级;设计洪水频率1/100;平曲线最小半径采用400m,最大纵坡采用6%。最小坡长120m;竖曲线最小半径:凸形1700m,凹形2000m。

绥满高速公路绥芬河至牡丹江段公路路面结构见表8-2-1。

绥满高速公路绥芬河至牡丹江段路面结构表　　表8-2-1

路面形式	起点里程	讫点里程	长度(m)	路面类型
柔性路面	K1+171	K90+511.078	89340.078	沥青路面[5cm AC-16中粒式沥青混凝土(改性),6cm AC-20中粒式沥青混凝土(改性),7cm AC-25粗粒式沥青混凝土]
	K88+700	K125+000	36230.000	沥青路面[5cm AC-16中粒式沥青混凝土(改性),6cm AC-20中粒式沥青混凝土(改性),7cm AC-25粗粒式沥青混凝土]
	K125+000	K160+217.236	35217.236	沥青路面[SMA-13细粒式沥青玛蹄脂碎石4cm(改性),6cm AC-20中粒式改性沥青混凝土,ATB-25粗粒式沥青碎石8cm]
	K159+000	K167+424.161	8424.161	沥青路面[5cm AC-16中粒式改性沥青混凝土,7cm AC-25粗粒式沥青混凝土(改性)]

(3)建设规模

本项目建设里程长169.25km,其中利用现有公路扩建75.8km,新建93.45km。大桥5190.89m/17座;中桥952.2m/15座;小桥659.94m/23座;涵洞282道。全线在绥阳、永安、下城子(新丰)、兴源、穆棱镇、磨刀石、三道、大莫等8处设置互通式立交,另建设穆棱镇连接线8.334km。

(4)主要控制点

绥芬河市、绥芬河市开发区、东宁县、绥阳镇、马桥河镇、下城子镇、绥穆经济合作园区、兴源镇、穆棱镇、磨刀石镇、四道镇、牡丹江市、海南乡。

（5）地形地貌

项目线位带状区自东向西伸展，沿途所跨越的地貌单元主要为山前冲洪积谷地、山前坡冲洪积斜地、低山丘陵、低山区。线路区内中间大部分为绥芬河流域、穆棱河流域、铁岭河流域、牡丹江流域、海浪河流域。本段公路自然区划为II_1区，即东北东部山前湿润季冻区。

（6）投资规模

总概算金额为55.099亿元，竣工决算金额为53.078亿元。

（7）开工及通车、竣工时间

2009年5月开工建设，2011年9月交工通车，2015年1月23日通过竣工验收。

2. 前期决策情况

（1）前期决策背景

绥满高速公路绥芬河至牡丹江段的建设对于完善国家、东北地区和黑龙江省高速公路网，改善区域交通条件，加快东北老工业基地振兴，促进中俄经贸和区域经济社会发展、资源开发都具有十分重要的作用。特别是对于牡丹江地区打造集散能力最强的国际贸易与国际物流路海联运大通道，建设绥芬河综合保税区，形成牡丹江市区域交通"1小时"经济圈，构建四通八达的黑龙江现代公路交通网络都会起到积极的推动作用。

（2）前期决策过程

① 准备工作阶段

a. 草拟工作大纲，并与委托单位、公路管理部门及地方交通、规划等相关单位洽谈，了解项目有关情况。

b. 收集现有旧路的设计文件和相关资料，调查旧路的使用状况，研究旧路利用的可能性和可行性。

c. 收集项目所在区域自然环境、经济发展状况、综合运输状况、公路网规划、沿线城镇规划等资料，开展交通量OD调查和交通量观测，为经济社会和交通量发展预测提供依据。

d. 由工程技术人员进行现场初步踏勘，重点踏勘路线起、终点、隧道、大桥桥位，铁路跨线桥桥位等重点工程地段，形成初勘路线走廊及初步布设方案。

e. 开展工程地质调查，对隧道、大桥等重点工程路段进行物探调查，收集项目沿线已建、在建项目工程地质、水文地质、环境和灾害地质等相关资料，同时收集牡丹江地区地层、岩体构造、地震构造及沿线筑路材料的产地、运输条件等资料。

f. 组织专家对初勘拟定的路线走廊方案、互通式立交位置、重点工程地段工程方案进行现场踏勘、核对，并对初勘方案进行相应调整。

g. 汇总整理外调资料及初步研究方案，形成初步报告（征求意见稿），向省交通厅及地方政府汇报,广泛征求意见,对路线及工程方案进行修补、调整、并转入详细研究工作阶段。

②详细研究阶段

根据初步研究成果,进一步深化研究内容。完成交通量预测工作,并根据预测结果进行通行能力和服务水平分析,论证项目技术标准;有针对性地进行补充调查,完成路线方案平、纵面线形布设;展开各专业组工作,完成各项工程数量估算;编制投资估算,进行国民经济评价和财务分析,于2006年6月完成项目工程可行性研究报告的编制工作。

3. 参建单位主要情况

(1) 建设单位

项目管理机构:2008年9月2日成立绥牡公路建设指挥部。

(2) 设计单位

设计单位包括:①土建、机电、管道、交通安全设施设计单位为黑龙江省公路勘察设计院;②绿化设计单位为山东光合园林设计事务所有限公司、黑龙江博润景观规划设计有限公司;③房建设计单位为哈尔滨工业大学建筑设计研究院、北京森磊源建筑规划设计有限公司。

(3) 施工单位

通过招投标,本项目由72个施工单位参与建设,其中:①土建标35个,由龙建路桥股份有限公司、中交第四公路工程局有限公司、中铁十三局集团有限公司等中标单位参与建设;②房建工程8个,由黑龙江恒德建筑安装工程有限责任、哈尔滨市第十建筑工程有限责任公司等中标单位参与建设;③机电工程4个,由北京云星宇交通工程有限公司、哈尔滨交研交通工程有限责任公司等中标单位参与建设;④交通安全设施工程9个,由哈尔滨交研交通工程有限责任公司、北京汉威达交通运输设备有限公司等中标单位参与建设;⑤绿化工程13个,由黑龙江庆泰风景园林工程有限公司、哈尔滨三川园艺有限公司等中标单位参与建设;⑥通信管道工程4个,由湖南天弘交通建设工程有限公司、吉林省科维交通工程有限公司等中标单位参与建设。

(4) 施工监理单位

本项目设置1个总监办公室,由北京泰克华诚技术信息咨询有限公司中标负责全线施工监理工作。设置17个驻地监理办公室,由黑龙江省公路工程监理咨询公司、东北林业大学工程监理部、牡丹江市公路工程监理有限公司、黑龙江省轻工建设监理有限公司、黑龙江清宇建设工程监理有限责任公司、北京泰克华诚技术信息咨询有限公司中标负责各项工程施工监理工作。

(二)建设情况

1. 项目准备阶段

(1)项目审批

该项目严格执行了交通基本建设程序,从预可行性研究、工程可行性研究、初步设计、施工图设计、工程施工、监理招投标及工程开工报告的审批,各个环节手续齐全,具体如下:

①工程可行性研究报告

《国家发展改革委关于黑龙江省绥芬河至牡丹江公路可行性研究报告的批复》(发改基础〔2009〕300号)。

②工程初步设计文件

交通运输部《关于绥芬河至牡丹江公路初步设计的批复》(交公路发〔2009〕70号)。

③施工图设计文件

《黑龙江省交通厅关于绥芬河至牡丹江公路施工图设计的批复》(黑交发〔2009〕383号)。

④招标文件及合同文本

a. 主体工程施工和监理招标文件

黑龙江省交通厅《关于绥满高速公路绥芬河至牡丹江段土建工程施工及监理招标文件备案的报告》(黑交发〔2009〕55号)。

b. 附属工程施工和监理招标文件

黑龙江省交通厅重点工程建设推进组《关于绥满公路绥芬河至牡丹江段高速公路建设项目交通安全设施、通信管道施工及施工监理招标方案的批复》《关于绥满公路绥芬河至牡丹江段高速公路建设项目房建、机电、绿化工程施工及施工监理招标方案的批复》。

⑤行政主管部门的有关批复和指示文件

a. 建设用地:国土资源部《关于绥芬河至牡丹江公路建设用地预审文件的复函》(国土资预审字〔2008〕292号)。

b. 开工前审计:黑龙江省交通厅审计办公室签署的关于建设资金的审计意见。

c. 质量监督:《公路工程质量监督通知书》(编号2010-001)。

d. 施工许可:交通运输部于2010年4月16日批复施工许可。

(2)资金筹措

总概算金额为55.099亿元,中央专项资金8.65亿元,地方配套2.77亿元,开发银行贷款35.69亿元,省财政配套7.989亿元,竣工决算金额为53.078亿元。

(3)合同段划分(表8-2-2)

绥满高速公路绥芬河至牡丹江段合同段划分一览表

表 8-2-2

序号	参建单位	类型	参建单位名称	合同段编号及起止桩号	主要负责人	备注
1	建设单位		黑龙江省绥芬河至牡丹江高速公路工程建设指挥部	K1+171~K167+424	董令三	
2	勘察设计单位	土建工程设计	黑龙江省公路勘察设计院	K1+171~K167+424	王守恒	
3		房建工程设计	北京森磊源建筑规划设计有限公司	房建（FJ1~FJ3）		
4			哈尔滨工业大学建筑设计研究院	房建（FJ4~FJ7）		
5		交通工程设计	黑龙江省公路勘察设计院	K1+171~K167+424	王守恒	
6		绿化工程设计	山东合同林设计事务所有限公司	绿化 LS1		
7			黑龙江博润景观规划设计有限公司	绿化 LS2		
8		机电工程设计	黑龙江省公路勘察设计院		王守恒	
9	施工单位	土建工程	龙建路桥股份有限公司	A1 K1+171~K21+940	任怀军	
10			龙建路桥股份有限公司	A2 K21+940~K45+300	周广东	
11			中交第四公路工程局有限公司	A3 K45+300~K66+400	孙祥	
12			中铁十三局集团有限公司	A4 K66+400~K90+527	张世强	
13			山东省路桥集团有限公司	A5 K90+527~K104+800	蔺高才	
14			龙建路桥股份有限公司	A6 K104+800~K125+000	洪永年	
15			吉林省长城路桥建工程有限责任公司	A7 K125+000~K141+000	李立新	
16			贵州省公路工程集团总公司	A8 K141+000~K159+000	隋东	
17			中铁十三局集团第四工程有限公司	B1 K1+171~K21+940	张世强	
18			青岛路桥建设集团有限公司	B2 K21+940~K30+800	李茂政	
19			中交第一航务工程局有限公司	B3 K30+800~K47+340	赵继文	
20			新疆兴达公路工程工程部	B4 K47+340~K64+940	任全虎	
21			青岛路桥建设集团有限公司	B5 K64+940~K71+190	李茂政	
22			中铁十三局集团第四工程有限公司	B6 K71+190~K81+170	周庆文	
23			中交第二航务工程第二工程有限公司	B7 K81+170~K90+527	袁锡全	

第八章 高速公路建设项目

续上表

序号	参建单位	类型	参建单位名称	合同段编号及起止桩号	主要负责人	备注
24	施工单位	土建工程	中铁二十二局集团有限公司	B8 K90+527～K112+470	王军	
25			中铁十四局集团第四工程有限公司	B9 K112+470～K128+640	王京营	
26			中铁十局集团有限公司	B10 K128+640～K142+100	单出才	
27			中铁十三局集团第四工程有限公司	B11 K142+100～K146+900	韩照军	
28			青岛公路建设集团股份有限公司	B12 K146+900～K159+000	马晓庆	
29			龙建路桥股份有限公司	B13 K159+000～K167+424	李玉国	
30			黑龙江广运建设工程有限公司	D1 K0+000～K9+700	王玮	
31			哈尔滨市第二市政工程有限公司	D2 K9+700～K24+000	董国祥	
32			哈尔滨市第一市政工程有限公司	D3 K24+000～K33+000	曹学鹏	
33			黑龙江省建工程达建设工程集团有限公司	D4 K33+000～K42+000	易红义	
34			黑龙江省建安公路建设工程有限公司	D5 K42+000～K51+000	黄志权	
35			黑龙江广运建设工程有限公司	D6 K51+700～K60+000	于志民	
36			黑龙江吉隆建设工程有限公司	D7 K60+000～K68+965	王世忠	
37			黑龙江省龙建路桥第四工程有限公司	D8 K0+000～K11+000	冯振国	
38			江西际洲建设工程有限公司	D9 K11+000～K21+771	赵树国	
39			黑龙江广运建设工程有限公司	D10 K21+771～K30+375	贾福昌	
40			黑龙江省联宇道桥建筑工程有限责任公司	D11 小莫村至牡宁收费站,磨刀石支线	张宇翔	
41			牡丹江市大东建筑总公司	D12 穆棱镇支线	牟根柱	
42			中铁十三局集团第四工程有限公司	D13 K0～K68+965	张世强	
43			黑龙江省龙建路桥第一工程有限公司	D14 K0～K30+375 磨刀石段	周庆文	
44		机电工程	北京云星宇交通工程有限公司	JD1 K1+171～K167+424	董顺利	
45			哈尔滨交研交通工程有限责任公司	JD2 0 K1+171～K167+424	赵满仓	
46			亿阳信通股份有限公司	JD3 1 K1+171～K167+424	孟凡武	
47			哈尔滨交研交通工程有限责任公司	JD4 K1+171～K167+424	赵满仓	

续上表

序号	参建单位	类型	参建单位名称	合同段编号及起止桩号	主要负责人	备注
48	施工单位	房建工程	黑龙江恒德建筑安装工程有限责任公司	FJ1 绥芬河主线收费站 K13+700/绥阳收费站 K30+107 处绥阳互通 AK0+270/永安收费站 K64+800 处永安互通 CK0+275	杨志民	
49			哈尔滨市第十建筑工程有限责任公司	FJ2 下城子收费站 K81+200 处下城子互通 CK0+075 2140.60,兴源服务区（左侧）K83+150	王朋利	
50			黑龙江宇林建筑工程有限责任公司	FJ3 兴源收费站 K89+060 处兴源互通 AK0+150 1066.30,兴源服务区（右侧）K94+265	迟刚	
51			黑龙江正业建设有限公司	FJ4 穆棱收费站 K103 AK0+080 1506.20,磨刀石收费站 K132+380 处磨刀石互通 DK0+191	赵举	
52			黑龙江省正创建筑工程有限责任公司	FJ5 磨刀石服务区 K141+350（双侧）	王端业	
53			黑龙江省牡丹江林业工程有限公司	FJ6 小荒停车区（养护工区库房）K162+770,管理处办公楼市区原牡丹江管理处	乌宝成	
54			黑龙江省七建建筑工程有限责任公司	FJ7 牡丹江监控分中心,倒班宿舍	杨彦忠	
55			黑龙江广运建设工程有限公司	FJ10 牡丹江监控分中心	万传祥	
56		绿化工程	黑龙江庆泰风景园林工程有限公司	LH1 K1+171～K65+000	李培英	
57			哈尔滨三川园艺有限公司	LH2 K65+000～K91+000	夏伟臣	
58			黑龙江高路园林绿化有限公司	LH3 K91+000～K103+000	杨洪波	
59			哈尔滨天意园林绿化有限公司	LH4 K103+000～K142+000	李玉生	
60			黑龙江高路园林绿化有限公司	LH5 K142+000～K167+424	杨明凯	
61			黑龙江宇顺园林绿化工程有限责任公司	LH6 K1+171～K40+000	常虹	
62			黑龙江宇顺园林绿化工程有限公司	LH7 K40+000～K70+000	常虹	
63			哈尔滨盛世伟业园林绿化工程有限公司	LH8 K70+000～K100+000	左大勇	
64			哈尔滨国润园林工程有限公司	LH9 K100+000～K130+000	沈杰	

续上表

序号	参建单位	类型	参建单位名称	合同段编号及起止桩号	主要负责人	备注
65	施工单位	绿化工程	哈尔滨国润园林工程有限公司	LH10 K130+000~K167+424	李亚彬	
66			黑龙江省人达环境艺术工程有限公司	LH11 K1+171~K167+424	杨树国	
67			黑龙江省博艺诚信园林绿化有限责任公司	LH12 K1+171~K167+424	隋玉斌	
68			北京华旭佳音环保科技有限公司	LH13 K1+171~K167+424	贾本军	
69			哈尔滨交研交通工程有限公司	JT1 K1+171~K13+100, K159+000~K167+424	李玉洁	
70		交通安全设施工程	北京汉威达交通运输设备有限公司	JT2 K13+100~K58+000	白恩河	
71			河北科力交通设施工程有限公司	JT3 K58+000~K90+511	吕思忠	
72			海南中咨泰克交通工程有限公司	JT4 K88+700~K128+000	陈晓东	
73			哈尔滨滨岛公路设施施工工程安装有限公司	JT5 K128+000~K159+000	高飞	
74			哈尔滨弘亿公路设施施工工程安装有限公司	JT6 K13+100~K90+511	董滨	
75			哈尔滨滨岛公路设施施工工程安装有限公司	JT7 K88+700~K159+000	高飞	
76			北京汉威达交通运输设备有限公司	JT8 K13+100~K90+511	王林庆	
77			黑龙江省北龙交通工程有限公司	JT9 K88+700~K159+000	张宏武	
78		通信管道工程	湖南天弘交通建设工程有限公司	GD1 K13+100~K52+000	张钜钢	
79			吉林省科维科交通工程有限公司	GD2 K52+000~K90+511	艾东	
80			哈尔滨交研交通工程有限公司	GD3 K88+700~K128+000	于立群	
81			北京华纬交通工程有限公司	GD4 K128+000~K167+424	张涛	
82	监理单位	主体工程	北京泰克华诚信息技术咨询有限公司	总监办 K1+171~K167+424	夏岩昆	
83			东北林业大学工程监理部	第一驻地办 A1,A2 K1+171~K45+300	杨晓林	
84			东北林业大学工程监理部	第二驻地办 A3,A4 K45+300~K90+527	尹玉锋	
85			东北林业大学工程监理部	第三驻地办 B1,B2,B3 K1+171~K47+340	商纪文	
86			东北林业大学工程监理部	第四驻地办 B4,B5,B6,B7 K47+340~K90+527	马业昌	

续上表

序号	参建单位	类型	参建单位名称	合同段编号及起止桩号	主要负责人	备注
87	监理单位	主体工程	黑龙江省公路工程监理咨询公司	第五驻地办 A5,A6 K88+700(K90+527)短链~K125+000	张鹏	
88		主体工程	黑龙江省公路工程监理咨询公司	第六驻地办 A7,A8 K125+000~K159+000	王文双	
89		主体工程	黑龙江省公路工程监理咨询公司	第七驻地办 B8,B9 K88+700(K90+527)短链~K128+640	张庆华	
90		主体工程	黑龙江省公路工程监理咨询公司	第八驻地办 B10,B11,B12,B13 K128+640~K167+424	高明辉	
91		辅道工程	牡丹江市公路工程监理有限公司	第九驻地办 K0+000~K68+965	陈茂利	
92		辅道工程	北京泰克华诚技术信息咨询有限公司	第十驻地办 K42+000~K68+965	姚忠	
93		辅道工程	北京泰克华诚技术信息咨询有限公司	第十一驻地办 K30+375 小莫村至牡丹宁收费站,磨刀石支线,穆棱镇支线	李国久	
94		交安、通信管道	北京泰克华诚技术信息咨询有限公司	第十二驻地办 JT2,JT3,JT6,JT8,GD2	刘晓涛	
95		交安、通信管道	黑龙江省公路工程监理咨询公司	第十三驻地办 JT1,JT4,JT5,JT7,JT9,GD3,GD4	刘晓涛	
96		房建、机电、绿化	黑龙江省轻工建设工程监理有限公司	第十四驻地办 K1+171~K90+511	王效勤	
97		房建、机电、绿化	黑龙江清宇建设工程监理有限责任公司	第十五驻地办 K90+511~K167+424	王祖海	
98		房建、机电、绿化	黑龙江省公路工程监理咨询公司	第十六驻地办 K1+171~K167+424	刘晓涛	
99		房建、机电、绿化	东北林业大学工程监理部	第十七驻地办 K1+171~K167+424	商纪文	

根据各专业的工程内容划分标段如下：

总共划分72个施工合同段,18个监理合同段。通过公开招标,龙建路桥股份有限公司、黑龙江省监理咨询公司等企业中标,中标单位均为公路建设一级资质企业,监理单位均为公路甲级企业。

（4）招投标

按照国家颁布的《招投标法》和交通部颁布的《公路工程施工招标投标管理办法》《公路工程施工招标资格预审办法》《公路工程施工招标评标办法》的要求,由项目法人单位组织招标工作。

①2009年4月8日有63家土建工程施工单位通过资格预审,参加本项目主线土建工程21个合同段的投标。2009年4月8日采用无标底投标,合理低价中标方式。由评标委员会评审出21家中标单位。

②2010年3月23日有6家房建工程施工单位通过资格预审,参加本项目房建工程2个合同的投标。2010年3月25日评标委员会采用无标底投标,合理低价中标方式,确定了2家中标单位。

③2010年8月28日有12家机电工程施工单位通过资格预审,参加本项目机电工程4个标段投标。2010年8月30日评标委员会采用无标底投标,合理低价中标方式,确定了4家中标单位。

④2010年6月8日有27家交通安全设施工程施工单位通过资格预审,参加交通安全设施9个合同段的投标。2010年6月10日评标委员会采用无标底投标,合理低价中标方式,确定了9家中标单位。

⑤2010年8月28日有46家绿化工程单位通过资格预审,参加绿化工程13个合同的投标。2010年8月30日评标委员会采用无标底投标,合理低价中标方式,确定了13家中标单位。

（5）征地拆迁（表8-2-3）

根据省委、省政府的决定,"三年决战"期间公路建设实行"双业主制",即工程建设由项目法人,工程建设指挥部负责；征地拆迁工作和资金由地方政府负责。为此,在征地拆迁工作方面,指挥部的主要任务是负责为地方政府提供征地拆迁的位置、数据、界限和用地及拆迁的时间等工作,由地方政府负责按时间及时完成拆迁提供建设用地。征地沿线经过海林市、尚志市。

绥满高速公路绥芬河至牡丹江段征地拆迁统计表　　表8-2-3

高速公路编码	项 目 名 称	征地拆迁安置起止时间	征用土地（亩）	备注
G10	绥满高速公路绥芬河至牡丹江段	2010.9~2011.9	12181.9785	

2. 项目实施阶段

（1）实施过程

①主线土建工程于 2009 年 5 月开工，2011 年 7 月完工。

②房建工程于 2010 年 9 月开工，2011 年 10 月完工。

③机电工程于 2010 年 9 月开工，2011 年 10 月完工。

④交通安全设施工程于 2010 年 6 月开工，2011 年 10 月完工。

⑤绿化工程于 2010 年 9 月开工，2011 年 10 月完工。

绥满高速公路绥芬河至牡丹江段建设生产要素见表 8-2-4。图 8-2-2 为建成后的绥牡高速公路一角。

绥满高速公路绥芬河至牡丹江段建设生产要素统计表　　　　表 8-2-4

路 线 编 号	建 设 时 间	钢材(t)	沥青(t)	水泥(t)
G10	2009.5～2011.9	396000	84000	56000

图 8-2-2　建成后的绥牡高速公路一角

2011 年 9 月 18 日，根据《公路工程竣(交)工验收办法》等有关规定，建设单位组织相关单位对绥芬河至牡丹江公路工程进行了交工验收，交工验收工程质量评分为 98.2 分，工程质量等级评定为合格。

2013 年 8 月，黑龙江省公路工程质量监督站根据《公路工程质量鉴定办法》等有关规定，对该项目进行了竣工质量鉴定，质量鉴定评分为 94.25 分，工程质量鉴定等级为优良。

根据《公路工程竣(交)工验收办法》和交通运输部办公厅《关于 2013 年度公路建设项目竣工验收工作补充安排暨报送 2014 年竣工验收计划的通知》（厅公路字〔2013〕305号）等有关规定，黑龙江省交通运输厅于 2015 年 1 月 22 日至 23 日，成立绥芬河至牡丹江公路工程竣工验收委员会，对该项目进行竣工验收。竣工验收委员会依据《公路工程竣

(交)工验收办法实施细则》等有关规定,对该项目进行了工程质量评定。竣工验收工程质量评分为94.71分,工程质量等级评定为优良。

(2)各项活动(项目法人或执行机构开展的与质量、进度等有关的活动)

①在全线开展"比安全、比预防措施、比施工便道、比驻地和施工现场卫生、比质量、比生产进度"的"六比"活动。

②广泛开展向许振超同志学习的活动。

(三)科技创新

绥牡高速公路建设项目针对整个项目建设特点,积极推广采用新工艺、新技术、新设备、新材料,以提高工程质量、加快施工进度、降低工程造价、有利保护环境、解决建设中关键技术和难题为目的,紧紧依托科技创新,2010年共引入"四新"技术13项,取得了显著的经济效益和社会效益,为实现建设"人文绥牡,绿色绥牡,科技绥牡"的目标提供了有力的技术支撑。

1. 钢管桩防护技术

在旧路帮宽升坡段施工中,社会车辆保通与施工安全最为关键,而钢管桩防护技术的应用,对于升坡段施工,不仅起到支撑填筑路基的一侧边坡土压力的作用,而且能有效控制行车荷载的应力均匀分布,保证了路基稳定,确保行车安全。因此采用钢管桩防护技术为社会运营安全和施工安全提供了基础保障。

2. 高填方、陡坡路基及桥涵头路基采用强夯的施工方法

全线采取大吨位重力式夯锤对桥涵头、高填方和陡坡路基等沉降量大或沉降不均匀处,进行强夯,加速路基工后沉降,确保路基施工质量。经冲击压实设备处理后的路基能够获得更大的沉降,差异沉降和工后沉降显著减小,路基填料密实程度提高,从而可以提高路基的整体强度和刚度,提高路基的均匀稳定性,延长其使用寿命。

3. 路面施工新技术应用

在基层施工中采用陕西中大防离析全幅摊铺机,有效提高路面摊铺平整度,保证了单幅路面为一个单向坡,提高机械工作效率。

面层施工中采取"石料场与沥青混凝土拌和站筛孔统一""沥青路面下封层采用同步碎石车施工""应用机制砂以替代天然砂""福格勒2100-2型摊铺机的应用"等技术,提高了路面质量,延长了使用寿命,节约成本。

4. 蓝派冲击压实技术在水泥混凝土旧路改造中的应用

蓝派冲击式压实机用于水泥混凝土旧路改造,能集破碎、稳固于一身,消除水泥混凝土板块底部的脱空现象,将碎块稳固。除此之外,还能进一步压实板下基层和土路基,提

高承载能力,为在上面加铺罩面层提供了一个无应力状态的稳定下基层。

5. 桥面水泥混凝土铺装层喷砂凿毛技术(抛丸)

本项目在所有桥面铺装及明涵顶面均采用了抛丸技术,使桥面铺装及明涵顶面混凝土表面的浮浆清除干净彻底,达到100%"创面",并使其表面均匀粗糙,提高了防水层和混凝土铺装层的黏结强度,在施工过程中,还能充分暴露混凝土的裂纹等病害。

6. 预应力管道真空辅助压浆

本项目在B11标段K144+757三道互通立交桥和B12标段K159+043大漠互通立交桥预应力现浇箱梁施工中,采用了预应力管道真空辅助压浆技术,很好地解决了后张法预应力管道压浆不饱满、不密实的质量通病,从而提高了浆体对预应力钢绞线的防护功能,达到了提高预应力构件耐久性及安全性的目的。

7. 模板漆应用

模板漆起到了良好的隔离性能,并且易拆模,拆模后可保持表面光滑平整,棱角完整无损,可有效减少模板周转时间,提高工作效率,节约成本,并且在施工过程中能进一步提升混凝土外观质量。

8. 钢筋直螺纹连接技术

在B5标段K68+216处红南山1号桥及K69+070处红南山2号桥高墩施工中采用了钢筋直螺纹连接技术。

钢筋直螺纹连接是先将两根待接钢筋端部镦粗并加工成柱形直螺纹,再通过事先加工好的两端带有相同规格螺纹的钢制套筒把两根带丝头的钢筋旋合,使之连成一个整体的一种新型钢筋连接工艺。此项技术的应用利于实现机械化、程序化,具有较为明显的接头强度高、连接速度快、应用范围广、适应性强、经济成本低等优点。

(四)运营养护管理

1. 服务设施

全线设置小莫停车区,兴源、磨刀石服务区(表8-2-5)。

绥满高速公路绥芬河至牡丹江段服务场区一览表　　　　表8-2-5

高速公路编码	服务区名称	桩号	所在区域	占地(m²)	建筑面积(m²)
G10	兴源服务区	K96+000 上	穆棱市兴源镇	10800	1833.4
		K83+300 下		18400	2685
	磨刀石服务区	K143+050 上	牡丹江市磨刀镇	19751.12	2098.88
		K143+050 下		20976.86	1053.15
	小莫停靠站	K166+30000	牡丹江市	10000	523

2. 收费设施

本项目共设置收费站7座（表8-2-6）。

绥满高速公路绥芬河至牡丹江段收费设施一览表　　　表8-2-6

收费站名称	桩　　号	入口车道数		出口车道数		收 费 方 式
		总车道	ETC车道	总车道	ETC车道	
绥芬河收费站	K13+600	3	1	5	1	MTC+ETC
绥阳收费站	K30+200	2		2		
永安收费站	K65+000	2		2		
下城子收费站	K81+241	2		2		
兴源收费站	K89+103	2		2		
穆棱收费站	K105+365	2		2		
磨刀石收费站	K134+400	2		2		

3. 养护管理

本项目养护里程166.53km，由黑龙江省牡丹江高速公路管理处负责管养。设置绥芬河、兴源、磨刀石、小莫4处养护工区，负责养护里程分别为51.53km、46.6km、47.7km、20.7km（表8-2-7）。

绥满高速公路绥芬河至牡丹江段养护设施一览表　　　表8-2-7

养护工区名称	桩　　号	路段长度（km）	占地面积（m²）	建筑面积（m²）
绥芬河养护工区	K13+600	51.53	12150	2878
兴源养护工区	K83+300	46.6	8500	1148
磨刀石养护工区	K134+400	47.7	8260	2106
小莫养护工区	K166+300	20.7	10000	1893.32

4. 监控设施

本项目由牡丹江高速公路管理处监控中心负责G10绥芬河至牡丹江区域的运营监管（表8-2-8）。

绥满高速公路绥芬河至牡丹江段监控设施一览表　　　表8-2-8

监控设施名称	桩号	占地面积（m²）	建筑面积（m²）
牡丹江高速公路管理处监控中心	市区	15667.3	5872

5. 交通流量

本项目交通流量预测情况见表8-2-9。

绥满高速公路绥芬河至牡丹江段交通流量预测表　　　表8-2-9

年　　份	2011年	2020年	2030年
交通量（辆/日）	14525	20463	25065
增长率（%）		10.9	7.0

二、绥满高速公路海林至亚布力段

(一)项目概况

1. 基本情况

(1)功能定位

绥满高速公路海林至亚布力段是黑龙江省"三射、四横、六纵"公路网的重要组成部分。该段分别由在1995—1997年修建的牡丹江至横道和在2005—2007年修建的海林至亚布力公路改扩建组成。黑龙江境内起自牡丹江市牡丹江收费站,起点桩号K166+700,终于尚志市亚布力镇,终点桩号K264+664,路线全长97.964km。本段公路扩建,对提高黑龙江省公路主骨架的整体功能,完善以哈尔滨为中心的"一环五射"高速公路体系,带动牡丹江、海林、尚志的经济发展,开发东部地区的旅游资源,促进对俄贸易具有重要的意义。

(2)技术标准

采用双向四车道,设计速度80km/h,路基宽度24.5m。平曲线最小半径50m,最大纵坡采用4.145%。

绥满高速公路海林至亚布力段路面结构见表8-2-10。

绥满高速公路海林至亚布力段路面结构表 表8-2-10

路面形式	起点里程	终点里程	长度(m)	路面类型
刚性路面	K166+700	K264+664	97964	水泥混凝土路面[水泥混凝土26cm+6%水泥稳定、75%砂砾、25%碎石20cm+5%水泥稳定砂砾20cm(干燥段)、30cm(中湿段),挖方路段土质为岩石的路段不设底基层]

(3)建设规模

本路段建设里程长97.964km(含牡丹江至海林高速公路10.33km),其中高架桥1185.00m/3座;雾凇岭隧道上下行1091m;大型过水桥梁418.82m/3座;中桥980.54m/16座;小桥367.48m/16座;涵洞176道;互通式立交2处;分离式立交15处;主线收费站1处,匝道收费站3处;横道河子服务区1处、养护工区3处及2处互通区收费站的房建。

(4)主要控制点

主线起点于海林,接牡丹江至海林高速公路,利用旧路左侧加宽至苗岭,然后跨越旧路,利用旧路右侧加宽至威虎山影视城再跨回旧路,开辟新线,绕越横道河子镇后,采用隧道方式穿越雾凇岭,绕过虎峰林场后接旧路,利用旧路右侧帮宽,经开道村、筒子沟村后于兴安村跨越旧路,利用旧路加宽,经过鱼池乡、明新站,止于亚布力。

(5) 地形地貌

路线地处张广才岭北部延伸地带,地形为沟谷交错,起伏连绵,相对高差较大,平均海拔高度在 500m 左右。路线所经地区,地质条件较好,沿线土质大部分为新生代第四纪沉积岩和残积岩,表层有 20～40cm 种植土或腐殖土,下层为低液限亚黏土、砂砾层或花岗岩等。

(6) 投资规模

项目概算投资 17.94 亿元,竣工决算投资 17.677 亿元。

(7) 开工及通车、竣工时间

2005 年 4 月开工建设,2007 年 9 月交工通车,2009 年 11 月完成竣工验收。

2. 参建单位主要情况

(1) 建设单位

黑龙江省绥满公路建设指挥部。

(2) 设计单位

黑龙江省公路勘察设计院。

(3) 施工单位

通过招投标,本项目由吉林长城路桥建工有限责任公司、龙建路桥股份有限公司、中铁十三局集团有限公司、南通路桥工程有限公司、黑龙江省北龙交通工程有限公司、黑龙江路雅园林绿化工程有限公司等单位参与建设。

(4) 施工监理单位

通过招投标,本项目由黑龙江省公路工程监理咨询公司、东北林业大学工程监理部、北京兴通交通工程监理有限责任公司负责施工监理。

(二) 建设情况

1. 项目准备阶段

(1) 项目审批

该项目严格执行了交通基本建设程序,从工程可行性研究、初步设计、施工图设计、工程施工、监理招投标及工程开工报告的审批,各个环节手续齐全,具体如下:

①2002 年 5 月 29 日,黑龙江省交通厅批准组建黑龙江省绥满公路建设指挥部。

②2003 年 8 月 20 日,交通部印发了《关于绥满国道主干线海林至亚布力公路改扩建工程可行性研究报告的批复》(交规划发〔2003〕334 号)。

③2003 年 12 月 23 日,黑龙江省环保局印发了《关于国道主干线绥满公路牡丹江至亚布力段改扩建工程环境影响报告书审批意见的复函》(黑环函〔2003〕155 号)。

④2004年9月22日,交通部印发了《关于绥满国道主干线海林至亚布力公路改扩建工程初步设计的批复》(交公路发〔2004〕532号)。

⑤2004年10月21日,黑龙江省高速公路建设局转发了《黑龙江省交通厅关于国道主干线绥满公路海林至亚布力公路工程施工招标工作的批复》(黑高建〔2004〕104号)。

⑥2004年12月28日,黑龙江省交通厅印发了《关于绥满国道主干线海林至亚布力公路改扩建工程施工图设计的批复》(黑交发〔2004〕472号)。

⑦2005年5月,交通部批准施工许可。

⑧2005年4月28日,国土资源部印发了《关于绥满国道主干线海林至亚布力公路改扩建工程用地的批复》(国土资函〔2005〕246号)。

⑨2006年10月18日,黑龙江省水利厅印发了《黑龙江省水利厅关于绥满公路海林至亚布力段改扩建工程施工图设计的批复》(黑水发〔2006〕404号)。

(2)资金筹措

本项目概算总投资17.941亿元,交通部补助资金2.6亿元,其余银行贷款。竣工决算为17.677亿元,投资节约0.264亿元。

(3)合同段划分(表8-2-11)

根据各专业的工程内容划分标段如下:

①主线路基标8个,桥梁标4个,路面标4个;辅道路基标5个,路面标2个;附属工程中房建工程4个标段,通信管道工程3个标段,安全设施工程3个标段,机电工程2个标段,绿化工程3个标段、旧路维修1标段。

②1个总监办公室,负责全线施工监理工作;5个路基工程监理办公室,负责监理区段内路基工程;4个桥梁工程监理办公室,负责监理区段内桥梁工程;2个路面工程监理办公室,负责监理区段内路面工程、1个房建监理办、1个通信管道监理办、1个安全设施监理办、1个机电监理办、1个绿化监理办、1个旧路维修监理办。

(4)招标

按照《中华人民共和国招标投标法》和交通部颁布的《公路工程施工招标投标管理办法》《公路工程施工招标资格预审办法》《公路工程施工招标评标办法》的要求,由项目法人单位组织招标工作。

项目招投标委托黑龙江省信诚招标公司,评标采用综合评分法。

(5)征地拆迁(表8-2-12)

①工作及范围

沿线经过海林市、尚志市。

②主要内容

a.签订协议、界定征地界限、办理永久性占地报批手续。

第八章 高速公路建设项目

绥满高速公路海林至亚布力段合同段划分一览表

表 8-2-11

序号	参建单位	参建单位名称	合同段编号及起止桩号	主要负责人	备注
1	项目管理单位	黑龙江省绥满公路建设指挥部	K179+726～K264+645	庞威、刘振东	
2	勘察设计单位	黑龙江省公路勘察设计院	K179+726～K264+645	陈重	
3		吉林长城路桥建工程有限责任公司	A16标段 K179+726～K197+000 路基	胡庆珍	
4		龙建路桥股份有限公司	A17标段 K197+000～K212+000 路基	周军	
5		龙建路桥股份有限公司	A18标段 K212+000～K221+000 路基	陈殿文	
6		湖南省永州公路桥梁建设有限公司	A19标段 K221+000～K226+600 路基、隧道	柏红翔	
7		龙建路桥股份有限公司	A20标段 K225+000～K230+000 路基、隧道	张鹏	
8		龙建路桥股份有限公司	A21标段 K230+000～K235+000 路基	柴万国	
9		龙建路桥股份有限公司	A22标段 K235+000～K251+000 路基	张国强	
10		中铁十三局集团有限公司	A23标段 K251+000～K264+645 路基	戴文革	
11		龙建路桥股份有限公司	B8标段 桥梁	马义春	
12		龙建路桥股份有限公司	B9标段 桥梁	梁之斌	
13	施工单位	中铁十三局集团有限公司	B10标段 桥梁、涵洞	刘少石	
14		中铁十二局集团第三工程有限公司	B11标段 桥梁、涵洞	袁振洪	
15		龙建路桥股份有限公司	C10标段 K179+726～K205+000 路面	李树丰	
16		龙建路桥股份有限公司	C11标段 K205+000～K223+000 路面	洪有年	
17		龙建路桥股份有限公司	C12标段 K223+000～K239+000 路面	梁庆志	
18		龙建路桥股份有限公司	C13标段 K239+000～K264+645 路面	梁世杰	
19		龙建路桥股份有限公司	C14标段 K17+876～K52+152 辅线路面	陈殿文	
20		内蒙古自治区公路工程局	C15标段 K65+500～K111+558 辅线路面	李树海	
21		哈尔滨市公路工程处	D9标段 K17+876～K52+152 辅线路基	闫立	
22		黑龙江北芩海路桥工程有限公司	D10标段 K65+500～K85+000 辅线路基	张国华	
23		哈尔滨市公路工程处	D11标段 K85+000～K93+000 辅线路基	时国柱	
24		朝阳建设集团有限公司	D12标段 K93+000～K103+000 辅线路基	郝彦斌	

续上表

序号	参建单位	参建单位名称	合同段	合同段编号及起止桩号	主要负责人	备注
25	施工单位	南通路桥工程有限公司	D13标段	K103+000～K111+558 辅线路基	顾华	
26		黑龙江省七建建筑工程有限责任公司	E12标段	牡丹江监控收费通信所牡丹江主线站K179+726	寇向华	
27		黑龙江正业建设有限公司	E13标段	横道河子服务区K180+010	杜振宇	
28		黑龙江化工建设总公司	E14标段	横道河子收费站及养护工区K179+726	徐红宇	
29		哈尔滨大东集团股份有限公司	E15标段	筒子沟停车区工程K243+730	杨建伟	
30		黑龙江正业建设有限公司	E16标段	明新收费站及养护工区K209+000	王景贵	
31		黑龙江省北龙交通工程有限责任公司	F6标段	通信设施 K170+000～K184+900;K179+726～K197+000	楚国君	
32		哈尔滨交研交通工程有限责任公司	F7标段	K197+000～K228+000	赵满仓	
33		上海文技发展股份有限公司	F8标段	K228+000～K264+644	李宁	
34		黑龙江省北龙交通工程有限责任公司	G8标段	K179+726～K226+000	王金发	
35		哈尔滨交研交通工程有限责任公司	G9标段	安全设施 K226+000～K264+644	杨猛	
36		黑龙江省北龙交通工程有限责任公司	G10标段	K226+000～K264+644	张春秋	
37		哈尔滨交研交通工程有限责任公司	H6标段	K197+000～K228+000	赵满仓	
38		哈尔滨路雅园林绿化工程有限公司	I6标段	K179+726～K210+914	王丙升	
39		黑龙江路雅园林绿化工程有限公司	I7标段	K210+914～K236+450	关红军	
40		哈尔滨路雅园林绿化工程有限公司	I8标段	K236+450～K263+500	王丙升	
41	监理单位	黑龙江省公路工程监理咨询公司	第一合同段	K179+726～K264+645	娄颜江	
42		黑龙江省公路工程监理咨询公司	第二合同段	K179+726～K264+645	武殿军	
43		黑龙江省公路工程监理咨询公司	第三合同段	K179+726～K264+645	高力武	
44		东北林业大学工程监理部	第四合同段	K179+726～K264+645	王玉斌	
45		东北林业大学工程监理部	第五监理合同段	K179+726～K264+645	姜利	
46		北京兴路交通工程监理有限公司	机电工程监理合同段	K179+726～K264+645	郭俊善	
47	设计咨询单位	黑龙江省公路勘察设计院		K179+726～K264+645	陈重	

b. 永久占地界内房屋等各种构造物的搬迁。

c. 永久占地内附着物的拆除。

d. 各种管线的迁移、改建,既有通信管线的改建、加高、迁移,还有电力线路的改建、加高、迁移。

e. 临时及借土占地的征用。

③遵循的政策法规

a.《中华人民共和国土地管理法》。

b.《黑龙江省土地管理条例》。

c.《黑龙江省人民政府文件》(黑政函〔2005〕96号)。

d.《国土资源部关于绥满国道主干线海林至亚布力公路改扩建工程用地的批复》(国土资函〔2005〕246号)。

④主要做法

a. 拆迁过程中,采取首先由评估单位进行资产评估,然后依据具体的法律法规进行补偿,做到合理公正。

b. 指挥部按照先面后点、先易后难的步骤,采取以说服教育为主、强制执行为辅的办法,妥善处理了各方面的关系,较好地处理了施工环境与工程施工的矛盾。

绥满高速公路海林至亚布力段征地拆迁统计表　　　　表8-2-12

高速公路编码	项目名称	征地拆迁安置起止时间	征用土地（亩）	拆迁占地费（万元）	备注
G10	绥芬河至满洲里国道主干线黑龙江省海林至亚布力段	2005.4~2007.9	2976431	13322.6	

2. 项目实施阶段

(1)实施过程

①2005年4月开工建设,2007年9月交工通车。

②2007年9月15日至20日,黑龙江省绥满公路建设指挥部邀请黑龙江省交通厅、黑龙江省高速公路建设局等单位组成验收组对高速公路进行了交工验收。

③2007年11月,黑龙江省公路工程质量监督站根据《公路工程质量鉴定办法》,对项目进行了竣工质量鉴定,评分为93.9分,等级为优良。

④2009年11月,该项目进行竣工验收。

(2)重大变更

①雾凇岭隧道(表8-2-13)变更设计

根据省交通厅"保证质量,安全第一"的指示要求,按隧道新奥法施工原理,在施工过

程中根据实际情况,对原施工图设计进行了两项比较大的调整:

a. 根据西南大学在隧道掘进过程中对围岩等级的判定,调整围岩实际等级,并根据实际围岩等级调整了对应的支护参数。

b. 根据西南交通大学对隧道的结构计算结果,将原设计中间距75cm的I14型工字钢拱架调整为间距50cm采用I20型工字钢拱架。

省交通厅和省高速公路建设局对变更设计进行了批复,省公路勘察设计院于2009年5月完成该项变更设计。

绥满高速公路海林至亚布力段雾凇岭隧道情况表　　　表8-2-13

规模	隧道名称	起点桩号	止点桩号	隧道全长左(m)	隧道全长右(m)	隧道净宽(m)	隧道分类					洞门形式				备注
							按地质条件		按所在区域			左线		右线		
							土质隧道	石质隧道	山岭隧道	水底隧道	城市隧道	进口	出口	进口	出口	
中隧道	雾凇岭隧道	ZK225+821	ZK226+411	590		10.25		√	√			削竹式	削竹式	削竹式	削竹式	
	雾凇岭隧道	YK225+900	YK226+401		501	10.25		√	√			削竹式	削竹式	削竹式	削竹式	

②旧路挖台阶土方利用率

由于雨季施工地表土含水率大,为保证路基工程质量,经省公路勘察设计院研究,同意项目指挥部提出的关于旧路帮宽挖台阶的土方利用率由原设计的80%利用、20%弃,变为30%利用、70%弃的特殊路基处理设计变更方案。省公路勘察设计院于2005年6月完成该项目的变更设计。

③局部路段的特殊路基处理

在施工管理过程中,项目指挥部结合实际情况为进一步提高工程质量,对原设计进行一定的技术变更,经省公路勘察设计院研究,同意项目指挥部提出的关于挖方段槽底由原设计的1.0m范围变为0.8m范围换填天然沙砾的特殊路基处理设计变更方案。

（三）运营养护管理

G10绥满高速公路海林至亚布力段(运营里程桩号K166+700～K264+664)分别由黑龙江省牡丹江高速公路管理处(K166+700～K229+000牡丹江至虎峰)和黑龙江省尚志高速公路管理处(K229+000～K264+664虎峰至尚志)负责运营管理养护。

1.服务设施

全线设置横道河子1处服务区、筒子沟1处停车区(表8-2-14)。

第八章 高速公路建设项目

绥满高速公路海林至亚布力段服务场区一览表　　表8-2-14

高速公路编码	服务区名称	桩号	所在区域	占地(m^2)	建筑面积(m^2)
G10	横道河子服务区	K210+850	海林市横道河子镇	39000	5255
	筒子沟停车区	K243+730	尚志市亚布力镇	7480	

2. 收费设施

本项目共设置收费站4座,其中在牡丹江市北设置双向主线收费站1座,在海林、横道河子、明新设置匝道收费站3座。匝道出入口数量截至2015年年底共计22条,其中ETC车道2条(表8-2-15)。

绥满高速公路海林至亚布力段收费设施一览表　　表8-2-15

收费站名称	桩号	入口车道数		出口车道数		收费方式
		总车道	ETC车道	总车道	ETC车道	
牡丹江主线收费站	K166+700	4	1	8	1	MTC+ETC
海林收费站	K179+700	3	0	5	0	
横道河子收费站	K213+660	2	0	2	0	
明新收费站	K259+525	2	0	2	0	

3. 养护管理

本项目养护里程97.964km,设置小莫、横道河子、亚布力3处养护工区(表8-2-16),负责养护里程分别为13.304km、49km和35.66km。本项目自通车以来为恢复沿线设施的使用功能及原有的技术标准,在2009年对K208+520三股线高架桥左侧旧桥进行加固维修;在2012年对全线进行了水泥混凝土路面加铺沥青混凝土改造工程,全线的波形板防护栏进行升级改建,并对牡丹江主线收费站站区及办公楼等重新建设。

绥满高速公路海林至亚布力段养护设施一览表　　表8-2-16

养护工区名称	桩号	路段长度(km)	备注
小莫养护工区	K166+300	13.304	
横道河子养护工区	K210+850	49	
亚布力养护工区	K269+560	35.66	

4. 监控设施

本项目设置牡丹江监控中心、尚志监控中心,负责牡丹江市区域和尚志市区域的运营监管(表8-2-17)。

绥满高速公路海林至亚布力段监控设施一览表　　表8-2-17

监控设施名称	桩号	占地面积(m^2)	建筑面积(m^2)	备注
牡丹江监控中心		15667.3	5872	监控牡丹江至虎峰段
尚志监控中心	K464+782	325	240	尚志处监控办公室面积

三、绥满高速公路亚布力至尚志段

(一)项目概况

1. 基本情况

(1)功能定位

绥满高速公路亚布力至尚志段扩建工程起点公路里程桩号为 K263+400,途经亚布力、苇河、万山、一面坡等主要乡镇,终于尚志市收费站处,与尚志至刘秀段起点相接,旧路里程为 K339+10,建设里程长 75.7km。本段公路扩建为提高全省"OK"形主骨架公路系统的整体功能,完善以哈尔滨为中心的"一环五射"高速公路体系,带动牡丹江、海林、尚志的经济发展,开发东部地区的旅游资源,促进对俄贸易具有重要的意义。

(2)技术标准

采用双向四车道,设计速度 80km/h,路基宽度 24.5m。平曲线最小半径采用 50m,最大纵坡采用 5%。

绥满高速公路亚布力至尚志段路面结构见表 8-2-18。

绥满高速公路亚布力至尚志段路面结构表 表 8-2-18

路面形式	起点里程	讫点里程	长度(m)	路面类型
柔性路面	K263+500	K338+993	75493(上行)	沥青路面(4cm AC-13I 改性沥青混凝土+6cm AC-20I 改性沥青混凝土+SBR 改性乳化沥青+6cm AC-25I 粗粒式沥青混凝土+乳化沥青封层+18cm 水泥稳定级配碎石+18cm 石灰、粉煤灰稳定级配碎石+18cm 石灰、粉煤灰稳定土)
柔性路面	K271+000	K270+000	1000(下行)	沥青路面(4cm AC-13I 改性沥青混凝土+6cm AC-20I 改性沥青混凝土+SBR 改性乳化沥青+6cm AC-25I 粗粒式沥青混凝土+乳化沥青封层+18cm 水泥稳定级配碎石+18cm 石灰、粉煤灰稳定级配碎石+18cm 石灰、粉煤灰稳定土)
刚性路面	K338+993	K271+000	67993(下行)	水泥混凝土路面[水泥混凝土 26cm+6% 水泥稳定 75% 砂砾 25% 碎石 20cm+5% 水泥稳定砂砾 20cm(干燥段)、30cm(中湿段),挖方路段土质为岩石的路段不设底基层]
刚性路面	K270+000	K263+500	6500(下行)	水泥混凝土路面[水泥混凝土 26cm+6% 水泥稳定 75% 砂砾 25% 碎石 20cm+5% 水泥稳定砂砾 20cm(干燥段)、30cm(中湿段),挖方路段土质为岩石的路段不设底基层]

(3)建设规模

本路段建设里程长 75.7km,其中大桥 411.4m/2 座,中桥 482.02m/8 座,小桥 272.50m/11 座,分离式立交桥 5689.91m/19 座;涵洞 203 道。互通式立交 2 处;匝道收费站2处;养护工区2处。

(4)地形地貌

该段路线位于黑龙江省张广才岭西北部余脉,地理位置位于东经127°00′~127°56′,北纬45°11′~45°32′之间,自然区划为Ⅱ2区,属东北中部山前平原重冻区,地貌形态为沟谷交错,起伏连绵,相对高差较大,属山岭重丘区。海拔高度在190~340m。地表植被以耕地和林地为主,林地以人工林和次生灌木林为主,沟谷湿地长有喜水性植物。

(5)投资规模

项目概算投资13.97亿元,竣工决算投资13.35亿元。

(6)开工及通车、竣工时间

2003年10月开工建设,2004年10月交工通车,2006年11月完成竣工验收。

2. 前期决策情况

(1)前期决策背景

黑龙江省30年路网规划确定了以哈尔滨市为轴心的"一环五射"高速公路体系,其中绥满公路牡丹江至哈尔滨段为其中"一射",规划为高速公路。本项目亚布力至尚志段为其中一段,为二级公路,自投入运营以来,区间汽车平均运营速度有了较大提高,同时新路的交通量增长也十分迅速。而现有的二级公路为混合交通,平面交叉道口达75处,平均每公里1处。一方面交通量在快速增长,一方面公路平交道口多、混合交通干扰大,致使本段公路服务水平下降,交通事故增多,不仅造成了巨大的经济损失,也给人民群众生命安全带来极大的威胁,给社会带来了不良的影响。同时,由于本段公路无封闭设施,部分农用机动车、人、畜力以及行人混杂其中,对公路交通干扰极大,不但易引发交通事故,亦造成车速下降,运输效益下降。现有的公路标准已与绥满大道在黑龙江省经济发展中所处的极其重要的地位不相匹配,必将制约沿线经济及交通的发展。因此,尽早实施项目,可大幅度提高绥满国道主干线的通行能力,充分发挥其公路大道的作用,同时促进铁通等相关公路的建设,进一步带动区域经济的发展。

(2)前期决策过程

本项目工程可行性研究工作计划下达后,黑龙江省公路勘察设计院于2001年初组织报告编制参与人员进行了现场勘察,收集了现有二级公路的各阶段设计文件,并进行了社会经济和交通资料的补充调查、收集工作,初步确定项目的建设规模及技术标准,2001年9月份完成项目工程可行性研究报告的初稿,10月份省交通厅组织专家对本报告进行内部评审,提出了应在土豆沟增加隧道方案比选一级苇河段比较线推荐全幅新建方案,据此委托哈尔滨科龙地质工程勘察院对隧道方案进行小区域地质调查、线位处钻探及物探。绥满国道主干线亚布力至尚志公路扩建工程经交通部交工路发[2003]152号文件批准,列入2003年黑龙江省基本建设计划。

3. 参建单位主要情况

(1) 建设单位

黑龙江省绥满公路建设指挥部。

(2) 设计单位

黑龙江省公路勘察设计院。

(3) 施工单位

通过招投标,本项目由龙建路桥股份有限公司、哈尔滨市公路工程处、中铁十一局(集团)第四工程有限公司等41个单位参与施工建设。

(4) 施工监理单位

通过招投标,本项目由黑龙江省公路工程监理咨询公司、东北林业大学工程监理部、哈尔滨市华龙公路工程咨询监理公司负责监理工作。

(二) 建设情况

1. 项目准备阶段

(1) 项目审批

该项目严格执行了交通基本建设程序,从工程可行性研究、初步设计、施工图设计、工程施工、监理招投标及工程开工报告的审批,各个环节手续齐全,具体如下:

①2001年5月29日,黑龙江省交通厅批准组建黑龙江省绥满公路建设指挥部。

②2002年4月20日,交通部印发了《关于绥满国道主干线亚布力—尚志公路改扩建工程可行性研究报告的批复》(交规划发〔2002〕174号)。

③2002年12月23日,黑龙江省环保局印发了《关于国道主干线绥满公路亚布力至尚志改扩建工程环境影响报告书审批意见的复函》(黑环函〔2002〕155号)。

④2002年9月22日,交通部印发了《关于绥满国道主干线亚布力—尚志公路改扩建工程初步设计的批复》(交公路发〔2002〕578号)。

⑤2003年4月26日,交通部印发了《关于绥满国道主干线亚布力—尚志公路改扩建工程初步设计的批复》(交公路发〔2003〕168号)。

⑥2002年10月21日,黑龙江省交通运输厅印发了《关于国道主干线绥满公路亚布力—尚志扩建工程项目招标文件的批复》(黑交发〔2002〕269号)。

⑦2002年11月12日,黑龙江省交通运输厅印发了《关于国道主干线绥满公路亚布力—尚志扩建工程土建工程招标评标结果的批复》(黑交发〔2002〕324号)。

⑧2002年4月28日,国土资源厅印发了《关于绥满国道主干亚布力—尚志公路改扩建工程控制工期的单体工程先行用地的函》(国土资函〔2002〕286号)。

(2)资金筹措

本项目概算总投资 13.97 亿元,交通部补助资金 1.85 亿元,自筹资金 3.12 亿元,银行贷款 9.0 亿元,竣工决算投资 13.35 亿元。

(3)合同段划分(表 8-2-19)

根据各专业的工程内容划分标段如下:

①通过招投标本项目有 41 个施工单位参与建设,其中主线路基标 7 个标段,桥梁标 4 个标段,路面标 5 个标段,辅线路基标 5 个标段,房建工程 5 个标段,通信管道工程 3 个标段,交通安全设施工程 3 个标段,机电工程 4 标段,绿化工程 3 个标段,旧路维修工程 2 个标段。

②1 个总监办公室,负责全线施工监理工作;5 个路基工程监理办公室,负责监理区段内路基工程;3 个桥梁工程监理办公室,负责监理区段内桥梁工程;3 个路面工程监理办公室,负责监理区段内路面工程;1 个房建监理办、1 个通信管道监理办、1 个安全设施监理办、1 个机电监理办、1 个绿化监理办、1 个旧路维修监理办。

(4)招投标

按照《中华人民共和国招标投标法》和交通部颁布的《公路工程施工招标投标管理办法》《公路工程施工招标资格预审办法》《公路工程施工招标评标办法》的要求,由项目法人单位组织招标工作。

项目招投标委托黑龙江省信诚招标有限公司,评标采用综合评分法。

(5)征地拆迁(表 8-2-20)

①工作及范围

沿线经过尚志市。

②主要内容

a.签订协议、界定征地界限、办理永久性占地报批手续。

b.永久占地界内房屋等各种构造物的搬迁。

c.永久占地内附着物的拆除。

d.各种管线的迁移、改建,既有通信管线的改建、加高、迁移,还有电力线路的改建、加高、迁移。

e.临时及借土占地的征用。

③遵循的政策法规

a.《中华人民共和国土地管理法》。

b.《黑龙江省土地管理条例》。

c.黑龙江省人民政府文件。

d.国土资源厅印发《关于绥满国道主干亚布力—尚志公路改扩建工程控制工期的单体工程先行用地的函》(国土资函〔2002〕354 号)。

绥满高速公路亚布力至尚志段合同段划分一览表

表 8-2-19

序号	参建单位	类型	参建单位名称	合同段编号及起止桩号	主要负责人	备注
1	项目管理单位		黑龙江省绥满公路建设指挥部	全线	庞威	
2	勘察设计单位	工程设计	黑龙江省公路勘察设计院	全线	信岩	
3	施工单位	路基工程	哈尔滨市公路工程处	A9标段 K263+500～K272+200 路基	刘国	
4			朝阳建设集团有限公司	A10标段 K272+200～K282+000 路基	李俊远	
5			龙建路桥股份有限公司	A11标段 K282+000～K287+000 路基	牟明利	
6			哈尔滨市公路工程处	A12标段 K287+000～K300+000 路基	杨松林	
7			龙建路桥股份有限公司	A13标段 K300+000～K312+000 路基	王德武	
8			哈尔滨市公路工程处	A14标段 K312+000～K327+000 路基	时国柱	
9			秦皇岛路桥建设开发有限公司	A15标段 K327+000～K338+993 路基	孙兆亮	
10		桥梁工程	中铁十一局(集团)第四工程有限公司	B4标段 K263+500～K282+000 桥梁	张斌	
11			龙建路桥股份有限公司	B5标段 K282+000～K300+000 桥梁	张洪存	
12			中铁十三局集团有限公司	B6标段 K300+000～K327+000 桥梁	李有德	
13			龙建路桥股份有限公司	B7标段 K327+000～K338+993 桥梁	孙其雷	
14		路面工程	龙建路桥股份有限公司	C5标段 K263+500～K282+000 路面	何立东	
15			龙建路桥股份有限公司	C6标段 K282+000～K300+000 路面	周兴国	
16			龙建路桥股份有限公司	C7标段 K300+000～K318+900 路面	王德武	
17			龙建路桥股份有限公司	C8标段 K318+900～K338+993 路面	姜英杰	
18		辅线路基	黑龙江北琴海路桥工程集团有限公司	C9标段 K0+000～K79+384 辅线路面	高思明	
19			龙建路桥股份有限公司	D4标段 K0+000～K20+000 辅线路基	卢立军	
20			中铁十三局集团有限公司	D5标段 K20+000～K40+000 辅线路基	戴文革	
21			龙建路桥股份有限公司	D6标段 K40+000～K59+000 辅线路基	李立昌	
22			中铁十一局(集团)第二工程有限公司	D7标段 K59+000～K79+384 辅线路基	王永贵	
23			鞍山市市政工程公司	D8标段,高速连接线,尚志凭行线 K336+000	徐洪祝	
24		房建工程	黑龙江省龙顺建筑安装有限公司	E7标段 K249+300 房建工程	王盛海	
25			黑龙江正业建设有限公司	E8标段 K270+000 房建工程	王景贵	
26			哈尔滨市大东建筑工程有限公司	E9标段 K289+000 房建工程	王志财	
27			哈尔滨市大东建筑工程有限公司	E10标段 K309+500 房建工程	赵盛敏	
28			黑龙江省龙顺建筑安装有限公司	E11标段 K338+993 房建工程	王效勤	

第八章 高速公路建设项目

续上表

序号	参建单位	类型	参建单位名称	合同段编号及起止桩号	主要负责人	备注
29	施工单位	通信管道工程	北京市飞达交通工程公司	F1标段 K263+500～K338+993 通信管道	张利忠	
30			黑龙江省北龙交通工程有限公司	F4标段 K263+500～K338+993 通信管道	强春晖	
31			上海交技发展股份有限公司	F5标段 K263+500～K338+993 通信管道	王金发	
32		机电工程	中国公路工程咨询监理总公司	H1标段 K263+500～K338+993 机电工程	彭锐	
33			上海交技发展股份有限公司	H3标段 K263+500～K338+993 机电工程	李宁	
34			甘肃紫光智能交通与控制技术有限公司	H4标段 K263+500～K338+993 机电工程	成彪	
35			哈尔滨交研交通工程有限责任公司	H7标段 K263+500～K338+993 机电工程	关红军	
36		绿化工程	黑龙江高路园林绿化有限公司	I3标段 K263+500～K338+993 绿化工程	王丙升	
37			黑龙江露雅园林绿化有限公司	I4标段 K263+500～K338+993 绿化工程	关红军	
38			哈尔滨高路园林绿化工程有限责任公司	I5标段 K263+500～K338+993 绿化工程	王力强	
39		交通工程	北京市高速公路交通工程有限公司	G5标段 K263+500～K338+993 交通工程	王会明	
40			哈尔滨交研交通工程有限责任公司	G6标段 K263+500～K338+993 交通工程	楚文明	
41			龙建路桥股份有限公司	G7标段 K263+500～K338+993 交通工程	孙利明	
42		旧路维修	中国建筑第六工程局	J2标段 K263+500～K338+993 旧路维修	高云峰	
43				J3标段 K263+500～K338+993 旧路维修		
44	监理单位	总监办	黑龙江省公路工程监理咨询公司	总监	杨春魏	
45		路基工程	黑龙江省公路工程监理咨询公司	A9、A10、A11、A12、A13、A14、A15	杨春魏	
46		桥梁工程	东北林业大学工程监理部	B4、B5、B6、B7	王宗升	
47		路面工程	黑龙江省公路工程监理咨询公司	C5、C6、C7、C8、C9	杨春魏	
48		辅线路基	哈尔滨市龙公路工程咨询监理部	D4、D5、D6、D7、D8	许健明	
49		房建工程	东北林业大学工程监理部	E7、E8、E9、E10、E11	王宗升	
50		通信管道	哈尔滨市华龙公路工程咨询监理公司	F1、F4、F5	赵书成	
51		交通工程	哈尔滨市华龙公路工程咨询监理公司	G5、G6、G7	王宗升	
52		机电工程	哈尔滨市华龙公路工程咨询监理公司	H1、H3、H4、H7	赵书成	
53		绿化工程	黑龙江省公路工程监理咨询公司	I3、I4、I5	夏岩昆	
54		旧路维修	黑龙江省公路工程监理咨询公司	J2、J3	夏岩昆	

绥满高速公路亚布力至尚志段征地拆迁统计表　　　　表 8-2-20

高速公路编码	项 目 名 称	征地拆迁安置起止时间	征用土地（亩）	备注
G10	绥芬河至满洲里国道主干线 黑龙江省亚布力至尚志	2003.10~2004.10	1690	

④主要做法

a. 拆迁过程中，首先由评估单位进行资产评估，然后依据具体的法律法规进行补偿，做到合理公正。

b. 指挥部按照先面后点、先易后难的步骤，采取以说服教育为主、强制执行为辅的办法，妥善处理了各方面的关系，较好地处理了施工环境与工程施工的矛盾。

2. 项目实施阶段

（1）2003年10月开工，2004年10月交工通车。

（2）2004年9月15日至20日，黑龙江省绥满公路建设指挥部邀请省交通厅、省高速公路建设局等单位组成验收组对本段进行了交工验收。

（3）2004年11月，由黑龙江省公路工程质量监督站根据《公路工程质量鉴定办法》，对项目进行了竣工质量鉴定，评分为93.9分，等级为优良。

（4）2007年11月，该项目竣工验收。

（三）运营养护管理

G10亚布力至尚志段由黑龙江省尚志高速公路管理处负责运营管理养护。

1. 服务设施

全线设置亚布力一处服务区（表8-2-21）。

绥满高速公路亚布力至尚志段服务场区一览表　　　　表 8-2-21

高速公路编码	服务区名称	桩号	所在区域	占地（m²）	建筑面积（m²）
G10	亚布力服务区	K269+560	尚志市亚布力镇	35000	5225

2. 收费设施

本项目共设置收费站4座（表8-2-22），其中项目路段设亚布力、苇河、一面坡、尚志收费站4座。匝道出入口数量截至2015年底共计20条，其中ETC收费路口4条。

绥满高速公路亚布力至尚志段收费设施一览表　　　　表 8-2-22

收费站名称	桩　号	入口车道数		出口车道数		收 费 方 式
		总车道	ETC车道	总车道	ETC车道	
苇河收费站	K289+000	2	0	2	0	MTC
一面坡收费站	K323+000	2	0	2	0	MTC
尚志收费站	K337+830	4	1	2	1	MTC+ETC
亚布力收费站	K269+560	4	1	2	1	MTC+ETC

3. 养护管理

本项目养护里程74.493km，K263+500～K338+993设置尚志、亚布力2处养护工区（表8-2-23），负责养护里程分别为25.5km和49.993km。

绥满高速公路亚布力至尚志段养护设施一览表　　　表8-2-23

养护工区名称	桩　　号	路段长度(km)	占地面积(m²)	建筑面积(m²)
尚志养护工区	K341+000	25.5	6875	1450
亚布力养护工区	K384+000	49.993	9867	2456

4. 监控设施

本项目设置尚志监控中心（表8-2-24），负责全线区域的运营监管。

绥满高速公路亚布力至尚志段监控设施一览表　　　表8-2-24

监控设施名称	桩　　号	占地面积(m²)	建筑面积(m²)	备　　注
尚志高速监控中心	K464+782	325	240	尚志处监控办公室面积

5. 交通流量

本项目交通流量发展状况见表8-2-25。

绥满高速公路亚布力至尚志段交通流量发展状况表（单位:辆）　　　表8-2-25

年份	2006年	2007年	2008年	2009年	2010年	2011年	2012年	2013年	2014年	2015年
苇河收费站							178981	226303	256341	271955
一面坡收费站							193701	273816	354448	380046
尚志收费站	252408	297444	442585	502554	477428	631815	566661	703165	851320	804103

四、绥满高速公路尚志至阿城（刘秀屯）段

（一）项目概况

1. 基本情况

（1）功能定位

绥满国道主干线海林至阿城公路是绥芬河至满洲里公路中的一段，是黑龙江省"三射、四横、六纵"公路网的重要组成部分。该段公路共分三期进行建设，一期尚志至阿城段、二期亚布力至尚志段、三期海林至亚布力段。该公路通车后，牡丹江至哈尔滨300km全部变成高速公路，行车时间将缩短一小时以上，安全系数明显提高，整体服务水平极大

改善,对提高黑龙江省公路主骨架的整体功能,完善以哈尔滨为中心的"一环五射"高速公路体系,带动牡丹江、尚志、阿城、海林的经济发展,开发东部地区的旅游资源,促进对俄贸易具有重要的意义。

(2)技术标准

采用双向四车道,设计速度80km/h,路基宽度24.5m。平曲线最小半径采用50m,最大纵坡采用4.145%。绥满高速公路尚志至阿城(刘秀屯)段路面结构见表8-2-26。

绥满高速公路尚志至阿城(刘秀屯)段路面结构表　　　　表8-2-26

路面形式	起点里程	讫点里程	长度(m)	路面类型
柔性路面	K338+933	K432+123	93.19	沥青路面(4cm AC-13I改性沥青混凝土+6cm AC-20I改性沥青混凝土+SBR改性乳化沥青+6cm AC-25I粗粒式沥青混凝土+乳化沥青封层+18cm水泥稳定级配碎石+18cm石灰、粉煤灰稳定级配碎石+18cm石灰、粉煤灰稳定土)
柔性路面	K432+123	K400+000	32.123	沥青路面(4cm AC-13I改性沥青混凝土+6cm AC-20I改性沥青混凝土+SBR改性乳化沥青+6cm AC-25I粗粒式沥青混凝土+乳化沥青封层+18cm水泥稳定级配碎石+18cm石灰、粉煤灰稳定级配碎石+18cm石灰、粉煤灰稳定土)
刚性路面	K400+000	K338+933	61.067	水泥混凝土路面[水泥混凝土26cm+6%水泥稳定75%砂砾25%碎石20cm+5%水泥稳定砂砾20cm(干燥段)、30cm(中湿段),挖方段土质为岩石的路段不设底基层]

(3)建设规模

本路段建设里程长93.273km,其中大桥833.62m/5座,中桥462.12m/8座,小桥830.56m/23座,涵洞288道;互通式立交7处;分离式立交桥1049.2m/13座;匝道收费站8处;平山服务区南北2处;养护工区2处。

(4)主要控制点

主线起于尚志,路线线位主要由铁路、乡镇、高压线、局部山地地形等因素控制。沿线老路均已由乡镇内改移到乡镇外通过。受山区地形条件限制路线经过大小13处垭口。

(5)地形地貌

该段路线位于黑龙江省张广才岭西北部余脉,地理位置位于东经127°00′~127°56′,北纬45°11′~45°32′,自然区划为Ⅱ$_2$区,属东北中部山前平原重冻区,地貌形态为沟谷交错,起伏连绵,相对高差较大,属山岭重丘区。海拔高度在190~340m。地表植被以耕地和林地为主,林地以人工林和次生灌木林为主,沟谷湿地长有喜水性植物。K85+000以后至终点为平原地带,地势较为平坦。

(6)投资规模

项目概算投资13.35亿元,竣工决算投资12.73亿元。

(7)开工及通车、竣工时间

2002年5月开工建设,2004年10月交工通车,2006年11月完成竣工验收。

2. 前期决策情况

由于绥满公路东段(绥芬河至哈尔滨段)已全部达到二级公路以上标准,其中牡丹江至海林、阿城(刘秀屯)至哈尔滨为高速公路。尚志至阿城(刘秀屯)段与1995年建成通车,其中尚志至小岭段60.2km为一般二级公路,小岭至阿城段(刘秀屯)段32.9km为二级汽车专用公路。绥满公路建成通车后交通量迅猛增长,取得了显著的社会经济效益。但是由于原设计对道路建成后交通量增长不足,加之受资金限制,致使尚志至阿城(刘秀屯)段暂按二级汽车专用公路标准修建。预测到2004年该路段的交通量即达到饱和状态。由于该路段交通拥挤,事故经常发生,已为绥满公路的"卡脖子"路段,影响全线效益的发挥。为此,省交通厅决定扩建尚志至阿城(刘秀屯)段的公路。

3. 参建单位主要情况

(1)建设单位

项目法人单位是黑龙江省绥满公路建设指挥部。

(2)设计单位

黑龙江省公路勘察设计院。

(3)施工单位

通过招投标,本项目由黑龙江省公路桥梁建设集团有限公司、哈尔滨市公路工程处、中铁十一局第二工程处等36个施工单位参与建设。

(4)施工监理单位

通过招投标,本项目由黑龙江省公路工程监理咨询公司、黑龙江省远升公路工程咨询监理有限责任公司、东北林业大学工程监理部、黑龙江省天恒工程咨询有限公司、北京兴通交通工程监理有限责任公司负责监理施工工作。

(二)建设情况

1. 项目准备阶段

(1)项目审批

该项目严格执行了交通基本建设程序,从工程可行性研究、初步设计、施工图设计、工程施工、监理招投标及工程开工报告的审批,各个环节手续齐全,具体如下:

①2001年5月29日,黑龙江省交通厅批准组建黑龙江省绥满公路建设指挥部。

②2001年4月20日,交通部印发了《关于绥满国道主干线尚志至阿城(刘秀屯)公路

改扩建工程可行性研究报告的批复》(交规划发[2001]174号)。

③2001年12月23日,黑龙江省环保局印发了《关于国道主干线绥满公路尚志至哈尔滨段改扩建工程环境影响报告书审批意见的复函》(黑环函[2001]155号)。

④2001年9月22日,交通部印发了《关于绥满国道主干线尚志至阿城(刘秀屯)公路改扩建工程初步设计的批复》(交公路发[2001]578号)。

⑤2002年4月26日,交通部印发了《关于绥满国道主干线尚志至阿城(刘秀屯)公路改扩建工程初步设计的批复》(交公路发[2002]168号)。

⑥2001年10月21日,黑龙江省交通厅印发了《关于国道主干线绥满公路尚志至阿城(刘秀屯)扩建工程项目招标文件的批复》(黑交发[2001]269号)。

⑦2001年11月12日,黑龙江省交通厅印发了《关于国道主干线绥满公路尚志至阿城(刘秀屯)扩建工程土建工程招标评标结果的批复》(黑交发[2001]324号)。

⑧2002年4月28日,国土资源厅印发了《关于绥满国道主干尚志至阿城(刘秀屯)公路改扩建工程控制工期的单体工程先行用地的函》(国土资函[2002]286号)。

(2)资金筹措

概算批复为13.355亿元,其中交通部补贴为2.35亿元,开发银行贷款为8.50亿元,自筹2.505亿元。工程投资12.606亿元(含收尾工程0.011亿元),累计完成投资12.595亿元,其中建安投资10.513亿元,节余投资0.749亿元。累计到位资金12.73亿元(其中交通部专项资金2.35亿元、开行贷款8.5亿元、交通厅自筹资金1.88亿元)。

(3)合同段划分(表8-2-27)

根据各专业的工程内容划分标段如下:

①主线路基标11个标段,桥梁标3个标段,路面标4个标段;房建工程7个标段,通信管道工程3个标段,安全设施工程4个标段,机电工程2标段,绿化工程2个标段。

②1个总监办公室,负责全线施工监理工作;2个路基工程监理办公室,负责监理区段内路基工程、1个桥梁工程监理办公室,负责监理区段内桥梁工程、2个路面工程监理办公室,负责监理区段内路面工程、1个房建监理办、1个通信管道监理办、1个安全设施监理办、1个机电监理办、1个绿化监理办。

(4)招投标

按照《中华人民共和国招标投标法》和交通部颁布的《公路工程施工招标投标管理办法》《公路工程施工招标资格预审办法》《公路工程施工招标评标办法》的要求,由项目法人单位组织招标工作。项目招投标委托黑龙江省信诚招标公司,评标采用综合评分法。

(5)征地拆迁(表8-2-28)

①工作及范围

第八章 高速公路建设项目

绥满高速公路尚志至阿城（刘秀屯）段合同段划分一览表

表 8-2-27

序号	参建单位	类型	参建单位名称	合同段编号及起止桩号	负责人	备注
1	项目管理单位		黑龙江省绥满公路建设指挥部		庞威	
2	勘察设计单位	工程设计	黑龙江省公路勘察设计院		陈重	
3			鞍山市市政工程公司	A1:K0+000~K9+300	龄春年	
4			黑龙江省公路桥梁建设集团有限公司	A2:K9+300~K24+000	卢立军	
5			黑龙江省公路桥梁建设集团有限公司	A3:K24+000~K31+500	乔春雨	
6		路基工程	黑龙江省公路桥梁建设集团有限公司	A4:K31+500~K40+000	刘继林	
7			黑龙江省公路桥梁建设集团有限公司	A5:K40+000~K56+000	荣雪峰	
8			黑龙江省公路桥梁建设集团有限公司	A6:K56+000~K71+000	张春秋	
9			哈尔滨市公路工程处	A7:K71+000~K77+000	王文跃	
10			中铁十一局第二工程处	A8:K77+000~K93+273	张斌	
11			黑龙江省公路桥梁建设集团四公司	D1:尚志—小九	盛春波	辅线工程
12	施工单位		黑龙江省公路桥梁建设集团三公司	D2:小九—老山	牟名利	辅线工程
13			黑龙江省公路桥梁建设集团五公司	D3:老山—玉泉	张鹏	辅线工程
14			中铁十三局集团有限公司	B1:桥梁工程	苏宝玲	
15		桥梁工程	黑龙江省公路桥梁建设集团有限公司	B2:桥梁工程	孙其雷	
16			黑龙江省公路桥梁建设集团有限公司	B3:桥梁工程	张鹏	
17			龙建路桥股份有限公司	C1:K0+000~K31+500	冯勇	
18		路面工程	龙建路桥股份有限公司	C2:K31+500~K56+000	盛春波	
19			龙建路桥股份有限公司	C3:K56+000~K93+273	王德武	
20			龙建路桥股份有限公司	C4:尚志—玉泉	张开贤	辅线工程
21			黑龙江省七建筑工程有限责任公司	E1:尚志服务区	李富国	
22		房建工程	绥化市第二建筑工程有限公司	E2:乌吉密收费站	范旭刚	
23			黑龙江省龙飞建设开发有限公司	E3:帽儿山收费站	彤强	
24			黑龙江省龙飞建设开发有限公司	E4:平山服务区	王官宝	

续上表

序号	参建单位	类型	参建单位名称	合同段编号及起止桩号	负责人	备注
25	施工单位	房建工程	哈尔滨市大东建筑工程公司	E5：玉泉收费站	符江	
26		房建工程	哈尔滨市大东建筑工程公司	E6：亚沟收费站	符江	
27		房建工程	黑龙江省龙顺建筑安装公司	E7：亚布力收费站		
28		通信管道工程	北京市飞达交通工程公司	F1：哈尔滨至阿城段		
29		通信管道工程	北京华景交通新技术开发公司	F2：K0+000～K50+000	刘小源	
30		通信管道工程	上海交技发展股份有限公司	F3：K50+000～K93+273	罗文海	
31		安全设施工程	黑龙江省北龙交通工程有限责任公司	G1：K0+000～K30+000	孟庆助	W板、标线
32		安全设施工程	哈尔滨交研交通工程有限公司	G2：K30+000～K58+000	王力强	W板、标线
33		安全设施工程	黑龙江省北龙交通工程有限责任公司	G3：K58+000～K93+273	蒋骏山	W板、标线
34		机电工程	黑龙江省北龙交通工程有限责任公司	C4：K0+000～K93+273	楚国君	标志牌
35		机电工程	中国公路工程咨询监理总公司	H1：哈尔滨至阿城段	付宏博	
36		绿化工程	哈尔滨交研交通工程有限公司	H2：K0+000～K93+273	高文革	
37		绿化工程	黑龙江省高路园林绿化工程有限公司	I1：K0+000～K60+000	王丙升	
38		绿化工程	黑龙江省路雅园林绿化工程有限公司	I2：K60+000～K93+273		
39	监理单位	总监办	黑龙江省公路工程咨询监理有限责任公司	总监	陈柯	
40		路基工程	黑龙江省远升公路工程咨询监理有限责任公司	A1，A2，A3，A4，A5，A6，A7，A8	王振东	
41		桥梁工程	东北林业大学工程监理部	D1，D2，D3	王春发	
42		路面工程	黑龙江省公路工程咨询监理有限责任公司	B1，B2，B3	邢恩泰	
43		房建工程	黑龙江省远升公路工程咨询监理有限责任公司	C1，C2，C3	王振东	
44		通信管道	黑龙江省公路工程天佑工程咨询监理有限公司	C4		
45		安全设施	黑龙江省远升公路工程咨询监理有限责任公司	E1，E2，E3，E4，E5，E6，E7	李强	
46		机电工程	北京兴雅交通工程咨询监理有限公司	F1，F2，F3	王振东	
47		绿化工程	黑龙江省公路工程咨询监理有限责任公司	G1，G2，G3，G4	邢恩泰	
48				H1，H2		
49				I1，I2		

沿线经过海林市、尚志市。

②主要内容

a. 签订协议、界定征地界限、办理永久性占地报批手续。

b. 永久占地界内房屋等各种构造物的搬迁。

c. 永久占地内附着物的拆除。

d. 各种管线的迁移、改建,既有通信管线的改建、加高、迁移,还有电力线路的改建、加高、迁移。

e. 临时及借土占地的征用。

③遵循的政策法规

a.《中华人民共和国土地管理法》。

b.《黑龙江省土地管理条例》。

c. 黑龙江省人民政府文件。

d.《省国土资源厅关于绥满国道主干尚志至阿城(刘秀屯)公路改扩建工程控制工期的单体工程先行用地的函》(国土资函〔2002〕286号)。

④主要做法

a. 拆迁过程中,首先由评估单位进行资产评估,然后依据具体的法律法规进行补偿,做到合理公正。

b. 指挥部按照先面后点、先易后难的步骤,采取以说服教育为主、强制执行为辅的办法,妥善处理了各方面的关系,较好地处理了施工环境与工程施工的矛盾。

绥满高速公路尚志至阿城(刘秀屯)段征地拆迁统计表 表8-2-28

高速公路编码	项目名称	征地拆迁安置起止时间	征用土地(亩)	拆迁占地费(万元)	备注
G10	绥芬河至满洲里国道主干线黑龙江省尚志至阿城(刘秀屯)段	2002.5～2004.10	4269.8	7315.3	

2. 项目实施阶段

(1)2002年5月开工,2004年10月交工通车(图8-2-3)。

(2)2004年9月15日至20日,黑龙江省绥满公路建设指挥部邀请省交通厅、省高速公路建设局等单位组成验收组对高速公路进行了交工验收。

(3)2004年11月,黑龙江省公路工程质量监督站根据《公路工程质量鉴定办法》,对项目进行了竣工质量鉴定,评分为93.9分,等级为优良。

(4)2007年11月,该项目进行竣工验收。

(三)运营养护管理

G10尚志至阿城(刘秀屯)段由黑龙江省尚志高速公路管理处负责运营管理养护,运营里程桩号 K338+933~K432+123,全长 93.273km。

图 8-2-3 扩建后的尚志至阿城(刘秀屯)段

1. 服务设施

全线设置横道河子 1 处服务区、筒子沟 1 处停车区(表 8-2-29)。

绥满高速公路尚志至阿城(刘秀屯)段服务场区一览表　　表 8-2-29

高速公路编码	服务区名称	桩 号	所在区域	占地(m²)	建筑面积(m²)
G10	尚志服务区	K339+850	尚志市	18000	4527
	平山服务区	K394+000	阿城区平山镇	39000	6978

2. 收费设施

本项目共设置收费站 7 座,其中项目路段内设乌吉密、帽儿山、平山、小岭、玉泉、花果山、亚沟设置匝道收费站 8 座。匝道出入口数量截至 2015 年底共计 32 条。无 ETC 车道(表 8-2-30)。

绥满高速公路尚志至阿城(刘秀屯)段收费设施一览表　　表 8-2-30

收费站名称	桩 号	入口车道数		出口车道数		收费方式
		总车道	ETC 车道	总车道	ETC 车道	
乌吉密收费站	K349+000	2	0	2	0	MTC
帽儿山收费站	K384+000	2	0	2	0	MTC
平山收费站	K393+500	2	0	2	0	MTC
小岭收费站	K400+000	4	0	4	0	MTC
玉泉收费站	K415+000	2	0	2	0	MTC
花果山收费站	K418+200	2	0	2	0	MTC
亚沟收费站	K432+123	2	0	2	0	MTC

3. 养护管理

本项目养护里程 93.273km,设置尚志、玉泉、哈尔滨 3 处养护工区(表 8-2-31)。

绥满高速公路尚志至阿城(刘秀屯)段养护设施一览表　　　表8-2-31

养护工区名称	桩　号	路段长度(km)	占地面积(m²)	建筑面积(m²)
尚志养护工区	K341+000	9.067	6875	1450
玉泉养护工区	K384+000	66	4664	1500
哈尔滨养护工区	K464+782	17.123	5556	2560

4. 监控设施

本项目设置尚志监控中心(表8-2-32),负责全线区域的运营监管。

绥满高速公路尚志至阿城(刘秀屯)段监控设施一览表　　　表8-2-32

监控设施名称	桩　号	占地面积(m²)	建筑面积(m²)	备　注
尚志高速监控中心	K464+782	325	240	尚志处监控办公室面积

5. 交通流量

本项目交通流量发展状况见表8-2-33。

绥满高速公路尚志至阿城(刘秀屯)段交通流量发展状况表(单位:辆)　　　表8-2-33

年份	2006年	2007年	2008年	2009年	2010年	2011年	2012年	2013年	2014年	2015年
尚志收费站	252408	297444	442585	502554	477428	631815	566661	703165	851320	804103
乌吉密收费站	71124	75374	110851	87950	62435	78226	71372	80330	68822	102405
帽儿山收费站	127313	120993	229449	274285	135540	147742	199564	167919	171193	170877
平山收费站				32075	140747	94534	96446	88474	91566	84557
小岭收费站	176622	204277	205311	177738	244107	176188	172396	167714	175821	144842
玉泉收费站	229360	170502	77465	80040	150772	163508	135689	130486	102014	78118
花果山收费站	44856	48925	44888	50056	51678	56295	56380	65747	70831	78118
亚沟收费站	205352	192049	147270	150119	233157	451957	211670	234446	262596	181000

五、绥满高速公路哈尔滨至大庆段

(一)项目概况

1. 基本情况

(1)功能定位

绥芬河至满洲里公路(G10线)哈尔滨至大庆段是绥满公路黑龙江西段的一部分。黑龙江境内起于哈尔滨市大耿家,与拟建的哈尔滨市外环路相接,设计起点桩号K0+000,终至大庆(卧里屯),终点桩号K132+861,按高速公路标准在已建的哈尔滨至大庆二级汽车专用公路左侧扩建。

（2）技术标准

采用双向四车道，设计速度100km/h，路基宽度24.5m。平曲线最小半径采用700m，最大纵坡4%。

绥满高速公路哈尔滨至大庆段路面结构见表8-2-34。

绥满高速公路哈尔滨至大庆段路面结构表　　　　　表8-2-34

路面形式	起点里程	讫点里程	长度(m)	路面类型
柔性路面	K0+000	K5+168	5168	沥青路面（中粒式沥青混凝土4cm、粗粒式沥青混凝土5cm、沥青碎石6cm、6%水泥稳定砂砾基层18cm、3%水泥5%石灰稳定土底基层19cm、天然砂砾垫层18cm）
	K5+168	K15+214	10046	沥青路面（中粒式沥青混凝土4cm、粗粒式沥青混凝土5cm、沥青碎石6cm、6%水泥稳定砂砾基层18cm、3%水泥5%石灰稳定土底基层32cm）
刚性路面	K15+214	K20+863	5649	水泥混凝土路面（水泥混凝土路面24cm、5%水泥稳定砂砾基层18cm、3%水泥5%石灰稳定土底基层15cm、天然砂砾垫层18cm）
	K20+863	K25+062	4199	水泥混凝土路面（水泥混凝土路面24cm、5%水泥稳定砂砾基层16cm、10%石灰稳定土底基层30cm）
	K25+062	K30+061	4999	水泥混凝土路面（水泥混凝土路面24cm、5%水泥稳定砂砾基层16cm、3%水泥5%石灰稳定土底基层15cm、天然砂砾垫层18cm）
	K30+061	K39+940	9879	水泥混凝土路面（水泥混凝土路面24cm、5%水泥稳定砂砾基层16cm、10%石灰稳定土底基层30cm）
	K39+940	K46+755	6815	水泥混凝土路面（水泥混凝土路面24cm、5%水泥稳定砂砾基层18cm、3%水泥5%石灰稳定土底基层15cm、天然砂砾垫层18cm）
	K46+755	K50+906	4151	水泥混凝土路面（水泥混凝土路面24cm、5%水泥稳定砂砾基层16cm、10%石灰稳定土底基层30cm）
	K50+906	K75+098	24192	水泥混凝土路面（水泥混凝土路面24cm、5%水泥稳定砂砾基层18cm、3%水泥5%石灰稳定土底基层18cm、天然砂砾垫层25cm）
	K75+098	K80+194	5096	水泥混凝土路面（水泥混凝土路面24cm、5%水泥稳定砂砾基层16cm、3%水泥5%石灰稳定土底基层15cm、10%石灰稳定土底基层15cm）
	K80+194	K85+550	5356	水泥混凝土路面（水泥混凝土路面24cm、5%水泥稳定砂砾基层18cm、3%水泥5%石灰稳定土底基层18cm、天然砂砾垫层25cm）
	K85+550	K90+545	4995	水泥混凝土路面（水泥混凝土路面24cm、5%水泥稳定砂砾基层18cm、3%水泥5%石灰稳定土底基层15cm、天然砂砾垫层18cm）

续上表

路面形式	起点里程	讫点里程	长度(m)	路 面 类 型
刚性路面	K90+545	K95+695	5150	水泥混凝土路面(水泥混凝土路面24cm、5%水泥稳定砂砾基层16cm、3%水泥5%石灰稳定土底基层15cm、10%石灰稳定土底基层15cm)
	K95+695	K100+246	4551	水泥混凝土路面(水泥混凝土路面24cm、5%水泥稳定砂砾基层18cm、3%水泥5%石灰稳定土底基层15cm、天然砂砾垫层18cm)
	K100+246	K105+450	5204	水泥混凝土路面(水泥混凝土路面24cm、5%水泥稳定砂砾基层16cm、3%水泥5%石灰稳定土底基层30cm)
	K105+450	K113+440	7990	水泥混凝土路面(水泥混凝土路面24cm、5%水泥稳定砂砾基层16cm、3%水泥5%石灰稳定土底基层15cm、10%石灰稳定土底基层15cm)
	K113+440	K120+491	7051	水泥混凝土路面(水泥混凝土路面24cm、5%水泥稳定砂砾基层18cm、3%水泥5%石灰稳定土底基层18cm、天然砂砾垫层20cm)
	K120+491	K132+751	12260	水泥混凝土路面(水泥混凝土路面24cm、5%水泥稳定砂砾基层18cm、9%石灰35%粉煤灰稳定土底基层18cm、天然砂砾垫层20cm)

(3)建设规模

本项目建设里程132.861km,其中大桥1049.63m/3道;分离式立交桥502.21m/7处;中小桥15道;箱涵87道;安全及管理设施129.5km,服务设施132.86km。新扩建公路利用肇东、承平、安达三处互通式立交,新建宋站互通式立交一处(缓建)。

(4)主要控制点

沿线途经安达市、宋站镇、尚家镇、肇东市、姜家、李木店、对青山7个城镇。

(5)地形地貌

哈尔滨至大庆段公路位于黑龙江省西部松嫩平原,为无砂石地区,地势平坦,海拔高度一般在120~165m,多草原和湿地,有少量沼泽和鱼塘,地表土壤多为粉质中液限黏土和中液限黏土,并兼有盐碱土交错分布,沿线无自然河流,地表水分别汇集在境内自然水泡中,丰水季节地下水距地表1~2m,枯水季节地下水距2~6m。

沿线属于北温带大陆性气候,多风干旱,最高气温为37℃,最低气温为-36.2℃,年降水量在420~530mm,地面最大解冻深度2.07m,最大积雪厚度为15cm。

(6)投资规模

项目概算投资119709万元,竣工决算投资118932万元。

(7)开工及通车时间、竣工时间

1996年5月开始建设,于1997年10月交工通车,1999年10月通过竣工验收。

2. 前期决策情况

根据交通部关于建设公路主骨架的总体规划和省委省政府关于到 2010 年将建成一个省会城市哈尔滨为中心,通往三城(齐齐哈尔、牡丹江、佳木斯)四岸(绥芬河、黑河、同江、东宁)以连接区域中心城市的"OK"形主骨架公路网和"一环五射"(哈大、哈绥、哈佳、哈牡、哈京、哈环城高速公路)的高速公路网架的战略部署,经交通部、黑龙江省人民政府的批准,扩建哈大段另一幅使大耿家至卧里屯段成为双向四车道高速公路(简称哈大高速公路)。扩建后的哈大高速公路能够满足交通量急骤增长需要,并发挥其高效、快速、安全的服务功能,对黑龙江省西部地区经济、沿线各市县的振兴和社会发展起到促进作用。

3. 参建单位主要情况

(1)建设单位

哈大高速公路建设指挥部由黑龙江省交通厅以黑交发〔1995〕45 号文件批准成立。

(2)设计单位

黑龙江省公路勘察设计院。

(3)施工单位

工程共划分 9 个标段,哈大高速公路建设指挥部通过招(议)标形式,确定了黑龙江省公路桥梁建设总公司等 6 个施工单位。

(4)施工监理单位

本工程建设项目委托 3 家具备监理资格的施工监理单位,即黑龙江省公路工程监理咨询公司、黑龙江省远升公路工程监理咨询公司、黑龙江省华龙公路工程监理咨询公司。

(二)建设情况

1. 项目准备阶段

(1)项目审批

该项目严格执行了交通基本建设程序,从预可行研究、工程可行性研究、初步设计、施工图设计、工程施工、监理招投标及工程开工报告的审批,各个环节手续齐全,具体如下:

①1988 年 6 月 28 日,交通部印发《关于国道 301 线阿城至齐齐哈尔段建设计划任务书报告批复》(交计发〔1988〕428 号)批准立项。

②1988 年 11 月 29 日,交通部印发《关于阿城至齐齐哈尔公路哈尔滨至大庆段初步设计文件的批复》(交公路发 679 号)。

③1996 年 6 月 13 日,交通部印发《关于哈尔滨(大耿家)至林甸县公路可行性研究报告的批复》(交计发〔1996〕561 号)。

④交通部印发《关于哈尔滨(大耿家)至林甸县公路初步设计的批复》(交公路发〔1996〕

765号)。

⑤黑龙江省交通厅印发《关于申请绥满公路哈尔滨至大庆段(扩建项目)开工的请示》(黑交发〔1996〕236号),经交通部公路管理局司批准同意。

⑥1994年12月10日,黑龙江省计划委员会印发《关于建设绥满公路哈尔滨至大庆段另一幅公路工程项目立项的批复》(黑计交字〔1994〕881号)。

⑦1996年4月5日,黑龙江省计划委员会印发《关于同意绥满公路哈尔滨大耿家至林甸县界段工程开展施工前准备工作的函》(黑计便函〔1996〕40号)。

⑧1996年4月16日,黑龙江省机构编制委员会印发《关于成立黑龙江省高等级公路建设总指挥部的通知》(黑编〔1996〕80号)。

⑨1995年11月15日,黑龙江省交通厅印发《中共黑龙江省交通厅党组关于成立哈大高速公路建设指挥部的通知》(黑交发〔1995〕45号)。

(2)资金筹措

项目概算金额为11.97亿元,其资金来源为交通部补贴3.43亿元,省交通厅自筹资金8.54亿元。竣工决算投资11.89亿元,其中,交通部补贴3.43亿元,省交通厅养路费拨款0.57亿元,贷款2.97亿元,哈大指挥部中长期贷款5亿元。实际节约投资776.8万元,占概算投资0.7%,平均每公里造价895.16万元。

(3)合同段划分

工程划分为9个标段,具体情况见表8-2-35。

(4)征地拆迁

哈大高速公路扩建工程的征地拆迁工作于1996年4月8日开始至1997年7月结束。全线共征地4067.89亩,其中路线占地2207.14亩,取土场占地1860.75亩,扩建工程共动迁电力通信线路4处,拆迁房屋3处,拆迁水井5口,平坟29座,伐树112783株,拆迁大棚2栋,扩建工程共支付征地拆迁资金2500万元,比计划节省53.7%。

2. 项目实施阶段

(1)实施过程

①指导思想及工作方针

1996年4月指挥部组建并出台了《哈大高速公路扩建工程实施方案》,方案明确提出哈大高速公路建设的指导思想是精心设计、精心施工、精心组织、精心管理,高标准、高质量建设哈大高速公路,使哈大高速公路有组织、有目标、按计划、有秩序地平衡进行。在建设中提出白色路面平整度按3mm控制(4m直尺),合格率达95%,按2mm控制(3m直尺),合格率达90%,完工的项目工程质量优良品率达100%,并要解决桥头跳车、断板、纵向裂纹等质量通病。

②管理模式

绥满高速公路哈尔滨至大庆段合同段划分一览表

表 8-2-35

序号	参建单位	类型	参建单位名称	合同段编号及起止桩号	主要内容	主要负责人	备注
1	管理单位		哈大高速公路建设指挥部	K0+000~K132+861	全线建设	王茂	
2	勘察设计单位	土建工程设计	黑龙江省公路勘察设计院		路基、桥涵、路面	雷文锋	
3	施工单位	土建工程	黑龙江省公路桥梁建设总公司四处	一标:K0+000~K15+300	路基、桥涵、路面	李永佰	
4			哈尔滨公路桥梁工程处	二标:K15+300~K35+300	路基、桥涵、路面	张振勤	
5			黑龙江省公路桥梁建设总公司三处	三标:K35+300~K54+260.65	路基、桥涵、路面	王山元	
6			黑龙江省公路桥梁建设总公司二处	四标:K54+000~K79+000	路基、桥涵、路面	李万仁	
7			大庆石油管理局公路工程公司	五标:79+000~K100+226.85	路基、桥涵、路面	董立祥	
8			哈尔滨铁路局工程总承包公司	六标:K100+350~K103+048.41	路基、桥涵、路面	桑树森	
9			黑龙江远东道桥工程有限公司	七标:K103+048~K115+000	路基、桥涵、路面	李志刚	
10			大庆建筑安装集团公司	八标:K115+000~K129+600 K131+400~K132+723.29	路基、桥涵、路面	穆德贵	
11			黑龙江省公路桥梁建设总公司五处	九标:K129+600~K131+400	桥梁、涵洞		
12	监理单位		黑龙江省公路工程监理咨询公司	1~3标			
13			黑龙江省远升公路工程监理咨询公司	4~5标			
14			黑龙江省华龙公路工程监理咨询公司	6~9标			

推行两元与三元相结合的管理模式,即项目法人与项目总监合署一体,共同实施项目的组织领导,业主、监理工程师、施工单位三方驻地代表相互配合、制约。

③总体组织安排

在施工过程中,经过指挥部两次自检和省交通厅组织的工程质量检查,认为哈大高速公路全线施工进度快、质量好,特别是路基工程能够按照施工规范和行业标准施工,是在建工程中最好的。鉴于路基土方和涵洞主体已完,省政府、省交通厅及时提出三年工期两年完的奋斗目标。哈大指挥部根据省交通厅的指示精神,调整了施工安排,加大了施工设备和队伍的投入。调整后的工期如下:

建设工期:1996年9月~1997年10月。

具体工期:1996年5月~1996年年底,完成涵洞、中小桥主体工程、大桥、特大桥下部工程,路基土方80%,路基达到全线贯通。

1997年5~8月末,完成全线主体工程,即路基、路面、桥涵剩余工程;9月20日前完成沿线设施,即W板、标志牌、标线、收费、养护管理设施、绿化工程、交通工程的光纤设施。

1997年10月完成初验,10月8日通车交付使用。前幅硬路肩改造及防护设施于1998年施工。

(2)重大设计变更和补充设计

为将我省的第一条高速公路建成精品工程,针对一期工程存在问题和其他高速公路建设经验,本着精益求精保证工程质量,工程中作出如下重大变更:

为了保证路面底基层的施工质量,Ⅰ~Ⅶ合同段底基层(除Ⅶ标二灰土)将3%水泥+5%石灰综合稳定土改良为4.5%的水泥稳定砂砾;且将Ⅰ合同段上基层改为与一期相同(6%水泥稳定砂砾)的结构。Ⅱ~Ⅶ合同段上基层5%水泥稳定砂砾提高水泥剂量0.5%。

为提高新旧结合部位强度,结合部位采用4%水泥+4%石灰进行处理。

①为了减少新旧路面不均匀沉陷产生裂缝,对哈尔滨收费站、卧里屯收费站的混凝土面层进行钢筋网补强和增加厚度设计。

②由于承平互通立交区新、旧两段路面错台,对其混凝土面层进行钢筋网补强和增加厚度设计。

③全线取消了小桥伸缩缝,桥面预留2cm缝填聚氨酯胶泥。大中桥伸缩缝采用国内先进的xfⅡ-80、xfⅡ-160(仿毛勒)伸缩缝。

④中央分隔带波形板由单柱双面式变更为双柱单面式。

⑤路肩拦水梗变更为流水槽。

⑥挖槽2.0m中央分隔带,采用防雨布涂沥青做防水处理,种草、植树绿化。

⑦为使哈大高速公路(图8-2-4)哈尔滨收费站避开加油站,拆除原收费站易地改建。

⑧将全线的标志牌、标线均按高速公路标准重新设计。

图 8-2-4 哈大高速公路一角

（三）复杂技术工程

复杂技术工程主要为黏性路基填筑。

哈尔滨至大庆高速公路位于我省西部松嫩平原，为无砂石地区，地势平坦，海拔高度一般在 120～165m 之间，多草原和湿地，有少量沼泽和鱼塘，地表土壤多为粉质中液限黏土和中液限黏土，并间有盐碱土交错分布，沿线无自然河流，地表水分别汇积在境内自然沼泽和天然水泡之中，丰水季节地下水距地表 1～2m，枯水季节地下水距地表 2～6m。

受地理环境影响，在土方施工中，施工单位主要采取了分层上土、划段作业、挂线施工、群机碾压、小段成型的施工方法，全线土方施工分别用黏性土、粉煤灰填筑路堤。

(1) 黏性土填筑路堤施工

主要采取两种方法：一是含水率大的利用方或借方，现场掺生石灰闷土 24h 后拌和两遍，达到基本均匀后，再运至施工路段整平、碾压。二是现场薄层上土，翻松晾晒之后含水率合适时再整平、碾压。在黏性土施工中，施工单位实施了土的含水率通知单制和压实度通知单制，做到含水率不达到最佳水率时不碾压、不整型刮平不碾压，每层松土厚度超过 30cm 不碾压，下一层压实度不合格不上土。

(2) 粉煤灰填筑路堤施工

粉煤灰路基施工方法与土方路基基本相同，但粉煤灰其最佳含水率为 33%，施工时需水量很大。在具体施工时，在路基旁安设了水管线，保证了随时随地洒水，保证了其表面经常湿润。

（四）新技术、新设备、新工艺、新材料

哈大高速公路在大中型桥梁施工中率先采用了先进的德国毛勒伸缩缝技术，消除了原来的橡胶伸缩缝易损坏的弊病，极大地提高了行车的舒适感和安全感。这项技术的推

广必将使今后我省桥梁建设进入一个新的领域。设备上,哈大高速公路在我省高等级公路混凝土面层施工中首次全面采用美国产自行驱动滚轴式水泥混凝土摊铺整平机(图8-2-5)进行施工,完全取消了人工摊铺,路面平整度比人工摊铺提高5%~8%,一个摊铺水泥路面的作业面减少20多人,进度由人工每天200m提高到550m;引进的英国沥青混凝土拌和站和德国的德马克GE140CS型沥青混凝土摊铺机。两者作为全省最先进的配套设备。质量可靠,效率提高4倍,而且10.50m宽的路面一次摊铺成型。从美国引进的软切缝机,解决了因水泥板收缩而造成断板问题。此外,橡胶压条的采用,成功地解决了养护难度大、污染路面的问题。为突出哈大高速公路作为高速公路的特点和优势,配备了国内领先、国际先进的交通工程设施,即收费系统采用非接触式IC卡收费,监控系统设置可变情报板、可变限速板,通信系统每2km安装1对SOS紧急电话。

图8-2-5 从美国引进的前后自动驱动滚轴式水泥混凝土摊铺整平机施工

哈大高速公路大修工程中,旧路处理主要采用蓝派冲击压实解决板下脱空、延缓反射裂缝产生等技术。另外,在我省率先引进了高聚物注浆和多锤头碎石化两种新技术,在加铺沥青面层中采用了应力吸收层与Superpave等新技术,并根据黑龙江特点计划进行酸性集料的试验性应用。

1. 高聚物注浆技术

本项目对板底脱空部分采用高聚物注浆技术进行处理,高聚物注浆技术由河南大学从加拿大引进,是通过注浆机,将高聚物材料迅速注射到路面结构层下,通过高聚物材料在固化过程中迅速膨胀,有效排除路面结构层空洞和积水,起到修复和加固路基的作用。在实际应用中不用大面积破损路面,注浆15min即可恢复通行正常使用,具有注浆过程快捷、交通干扰小、注浆孔小等优点,是一种快速维修新技术。

与传统维修方法相比,该技术具有如下优越性:

(1)根治病害。应用FWD、GPR无损检测技术对路段进行快速检测,全面分析路基路面质量状况,科学诊断病害成因,在此基础上采用高聚物注浆技术进行针对性维修,达到根治病害的目的。

(2)节省造价。与开挖或加铺等方案相比,显著节省工程造价。

(3)施工快捷。高聚物注浆施工效率高,而且不需要养生,从而大幅度节省工期,减少了交通干扰。

(4)环境保护。采用高聚物注浆技术,充分利用了现有资源,有利于环境保护。

2. 多锤头碎石化技术(MHB)

本项目采用多锤头式破碎机对旧水泥混凝土路面碎石化,用作半柔性基层。该技术由交通部公路科学研究院提供技术支持,具有以下优越性:

(1)采用该技术破碎水泥混凝土面板后对旧基层几乎无影响。

(2)破碎后的旧水泥路变成一个半柔性基层,彻底消除了板底脱空和反射裂缝的产生。

(3)该方法是当今旧水泥路改造且加铺沥青路面后,号称永久性路面的最好解决办法。

3. Superpave 技术

Superpave(高性能沥青路面)为 SHRP 沥青课题研究的最终成果,由沥青结合料规范、混合料设计与分析系统 3 个部分组成。其特点在于开发了一套全新的试验设备和方法,并建立了沥青结合料与混合料规范的新体系,从根本上改变了现行试验方法和规范的纯经验性质,从而避免了由此带来的局限性。

4. 应力吸收层技术

防反射裂缝应力吸收层是一种高弹性、不渗透的高等级的聚合物改性沥青混合料,具有很高的应力吸收能力。同时,有较高抵抗疲劳裂缝和抗塑性变形的能力,是专为减少和缓解旧水泥混凝土上加铺沥青面层反射裂缝而设计。反射裂缝应力吸收层可以用传统的摊铺机和压路机直接摊铺在水泥混凝土上。其与旧混凝土具有很强的黏结性,同时由于其具有不透水性,可以在加铺层和旧水泥混凝土之间形成防水层,可以防止路面下渗水进入旧混凝土基层,避免使基层顶面软化。

5. 酸性料

近年来,黑龙江省的高等级公路建设和养护发展速度很快,对于集料的需求量非常大,就地取材,降低造价是一个必然的选择。然而黑龙江省很多地区没有规范要求的中型或偏碱性石料,因此储量丰富、抗压强度高、耐磨的酸性石料(如花岗岩等)成为高等级沥青路面的石料来源是未来发展的必然选择。由于沥青呈弱酸性,和酸性石料之间的黏结能力较差,不经过处理措施酸性石料和沥青的黏附性一般为二级或三级。在重交通量的条件下,经过车轮的反复碾压、雨水浸泡和反复冲刷,水分进入沥青与石料间的结合界面,使两者之间容易产生滑移和剥离,导致表层沥青混凝土在早期(1~3年内)即出现松散、坑槽,甚至露出大部分矿料的本色,降低了路面质量和使用寿命。

本项目拟选择合适的酸性料进行室内试验与试验路研究。从级配、集料、沥青和抗剥落剂的选择角度入手,综合解决酸性料在沥青路面中的应用问题,并通过工程实践,总结酸性料在工程中应用的经验,这对于降低工程造价,提高使用酸性集料路面的使用寿命有着重要的现实意义和社会意义。

(五)运营养护管理

1. 服务设施

全线设置肇东服务区1处;并设有停车区(两侧设置)。在2015年,根据交通流量的增长情况,新增安达服务区及停车区1处(两侧设置)(表8-2-36)。全线服务区平均间距为50km。

绥满高速公路哈尔滨至大庆段服务场区一览表　　　　　表8-2-36

高速公路编码	服务区名称	桩号	所在区域	占地(m²)	建筑面积(m²)
G10	肇东服务区	K0	肇东市太平乡	27261	2352.00
	安达服务区	K106	安达市青肯泡乡	100000	5200.00

2. 收费设施

本项目共设置收费站6座,其中在哈尔滨至大庆界设置单向主线收费站2座,在肇东、承平、安达东、安达西设置匝道收费站4座。匝道出入口数量截至2014年年底共计38条,其中ETC车道16条(表8-2-37)。

绥满高速公路哈尔滨至大庆段收费设施一览表　　　　　表8-2-37

收费站名称	桩号	入口车道数		出口车道数		收费方式
		总车道	ETC车道	总车道	ETC车道	
大耿家主线收费站	K0+800	4	2	6	2	MTC+ETC
肇东收费站	K50+500	2	1	4	1	
承平收费站	K97+000	2	1	2	1	
安达东收费站	K118+900	2	1	2	1	
安达西收费站	K118+900	2	1	2	1	
大庆收费站	K131+000	4	2	6	2	

3. 养护管理

本项目养护里程132.861km,1991—2011年设置哈尔滨、肇东及安达3处养护工区

（表8-2-38）。在2011年7月原哈大路养护管理由黑龙江交通股份有限公司接管,并成立养护分公司。下设2个工区,分别是哈尔滨和安达工区。养护里程分别为66km和66.67km（表8-2-39）。在2011年对K629+436卧里屯大桥主桥墩柱及板梁进行了加固。2011—2015年期间,每年都对路面及桥梁病害进行综合整治,并对沿线设施进行改善。

绥满高速公路哈尔滨至大庆段养护设施一览表（2011年前）   表8-2-38

养护工区名称	桩 号	路段长度（km）	占地面积（m²）	建筑面积（m²）
哈尔滨养护工区	K42+000	42	8000	2930.2
肇东养护工区	K87+000	45	8000	2814.7
安达养护工区	K132+000	45	8000	2980.5

绥满高速公路哈尔滨至大庆段养护设施一览表（2011年后）   表8-2-39

养护工区名称	桩 号	路段长度（km）	占地面积（m²）	建筑面积（m²）
哈尔滨养护工区	K66+000	66	8000	2930.2
安达养护工区	K132+667	66.67	8000	2980.5

4. 监控设施

本项目设置一个总监控中心,负责哈尔滨至大庆区域的运营监管（表8-2-40）。

绥满高速公路哈尔滨至大庆段监控设施一览表   表8-2-40

监控设施名称	桩 号	占地面积（m²）	建筑面积（m²）
监控中心	K0+700	800	624

5. 交通流量

绥满高速公路哈尔滨至大庆段自2006年至2014年,交通量从4122辆小客车/日,增长至13364辆小客车/日,年平均增长率达到17.14%;从车型构成上来看,主要以中小客车和特大型车为主,分别占到总量的80.98%和6.13%;从断面交通流量分析,安达至大庆段的交通流量较大,达到21938辆小客车/日,大耿家至肇东段交通流量较小,为7022辆小客车/日（表8-2-41、图8-2-6、图8-2-7）。

绥满高速公路哈尔滨至大庆段交通流量发展状况表（单位:辆小客车/日）   表8-2-41

年份	2006年	2007年	2008年	2009年	2010年	2011年	2012年	2013年	2014年
大耿家—肇东互通	3173	2858	3479	4111	4177	5430	6196	6780	7022
肇东—承平互通	4295	3868	4710	5577	7639	9508	10750	12988	12670
承平—安达互通	3697	3329	4054	5421	4193	7666	7646	9241	11826
安达—大庆互通	5323	4793	5836	7063	9325	16620	16478	21713	21938
全线平均	4122	3712	4520	5543	6334	9806	10268	12680	13364

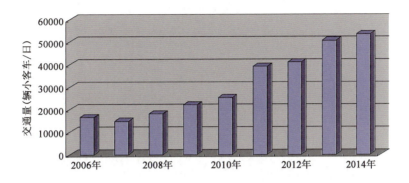

图 8-2-6　绥满高速公路哈尔滨至大庆段交通量增长柱状图

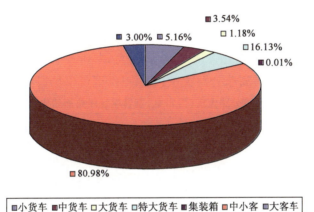

图 8-2-7　绥满高速公路哈尔滨至大庆段车型构成比例图

六、绥满高速公路大庆(卧里屯)至黄牛场段

(一)项目概况

1. 基本情况

(1)功能定位

绥满公路大庆(卧里屯)至黄牛场段扩建项目是国家"71118"国家高速公路网重要组成部分,项目起点与哈大高速公路相接,途中与大广高速公路相交,终点与大齐高速公路(图 8-2-8)相连,是我省"八大经济区"的交通要道。该段公路的扩建将为完善国家高速公路网建设规划和我省西部地区的公路网布局,充分发挥公路网络优势和规模效益,改善区域交通条件,加快我省西部地区工业基地、能源基地和粮食基地的改造、振兴步伐,均具有重要的意义。

图 8-2-8 大齐高速公路

(2)技术标准

采用双向四车道,设计速度 100km/h,路基宽度 24.0m,平曲线一般最小半径 2500m/1 处;最大纵坡 2.02%。绥满高速公路大庆(卧里屯)至黄牛场段路面结构见表 8-2-42。

绥满高速公路大庆(卧里屯)至黄牛场段路面结构表 表 8-2-42

路面形式	起点里程	讫点里程	长度(m)	路 面 类 型
柔性路面	K627+560	K670+494	42934.00	沥青路面(5cmAC-16 改性沥青混凝土 + 5cmAC 20 沥青混凝土 + 7cmAC 25 混凝土 + 乳化沥青封层 + 20cm 水泥稳定级配碎石 + 30cm 水泥稳定级配碎石)

(3)建设规模

本项目建设里程 42.934km,起点于原一级路过安萨分离桥的白家窑附近 K627+560 处,终点于林甸县黄牛场 K679+494 处。主要工程量为:11 处分离立交桥,2 处互通立交,3 处收费站,1 处服务区,管理、养护、服务、监控房屋建筑面积 8933.4m²。

(4)主要控制点

大庆市滨州牧场、王家围子、春雷牧场。

(5)地形地貌

本项目位于松嫩平原西部,大庆市区边缘,路线处于微起伏平原地带,海拔低,高差小,坡降缓,东北部略高,向西南部缓降,平缓漫岗、碟形洼地相间,地形开阔,起伏变化不大。

(6)投资规模

项目概算投资 3.2 亿元,竣工决算投资 3.19 亿元,平均每公里造价 743 万元。

(7)开工及通车、竣工时间

2008 年 6 月开工建设,2009 年 10 月交工通车,2012 年 8 月完成竣工验收。

2. 前期决策情况

(1)前期决策背景

绥满公路大庆(卧里屯)至黄牛场段扩建工程,是在原有绥满公路大庆绕行线一级公路基础上,扩建成全封闭、全立交的四车道高速公路,是哈大高速公路的延伸,项目终点与绥满高速公路大庆(黄牛场)至齐齐哈尔段起点相接。根据黑龙江省交通厅干线公路网建设的总体规划要求,黑龙江省交通厅在2006年启动大庆(卧里屯)至黄牛场段的建设工作。

(2)前期决策过程

2006年初,黑龙江省交通厅委托黑龙江省公路勘察设计院进行本项目勘察设计工作。同年6月,完成该项目的工程可行性研究报告。

3. 参建单位主要情况

(1)建设单位

本项目建设单位是黑龙江省绥满公路大齐高速公路扩建工程指挥部。

(2)设计单位

①土建、绿化、机电、交通工程设计单位:黑龙江省公路勘察设计院。

②房建工程设计单位:大庆市规划建筑设计研究院、东北林业大学土木工程勘察设计院。

(3)施工单位

通过招投标,本项目由华通路桥集团有限公司、内蒙古自治区公路工程局、龙建路桥股份有限公司等13个施工单位参与建设。

(4)施工监理单位

通过招投标,本项目由黑龙江省远升公路工程咨询监理有限责任公司、黑龙江省公路工程监理咨询公司负责施工监理工作。

(二)建设情况

1. 项目准备阶段

(1)项目审批

该项目严格执行了交通基本建设程序,从工程可行性研究、初步设计、施工图设计、工程施工、监理招投标及工程开工报告的审批,各个环节手续齐全,具体如下:

①2006年11月28日,黑龙江省发展和改革委员会印发了《关于绥芬河至满洲里公路大庆(卧里屯)至黄牛场段工程初步设计的批复》(黑发改建字〔2006〕969号)。

②2008年1月25日,黑龙江省发展和改革委员会印发了《关于绥满公路大庆(卧里屯)至黄牛场扩建工程招标方案核准的通知》(黑发改建字〔2008〕46号)。

③2008年3月19日,黑龙江省环境保护局印发了《关于绥芬河至满洲里高速公路卧里屯至黄牛场段环境影响报告表的批复》(黑环建审〔2008〕35号)。

④2008年4月20日,黑龙江省交通厅印发了《关于绥满公路大庆(卧里屯)至黄牛场段高速公路扩建工程两阶段施工图设计的批复》(黑交发〔2008〕121号)。

⑤2008年5月28日,黑龙江省人民政府印发了《关于绥满公路大庆(卧里屯)至黄牛场段高速公路工程建设用地的批复》(黑政土〔2008〕45号)。

⑥2008年6月16日,黑龙江省交通厅同意绥满公路大庆(卧里屯)至黄牛场段公路开工。

(2)资金筹措

本项目概算总投资3.2亿元,项目资本金0.29亿元,由黑龙江省交通厅自筹,申请交通部投资0.83亿元,其余2.08亿元申请银行贷款。

(3)合同段划分(表8-2-43)

根据各专业的工程内容划分标段如下:

①土建工程设计标段划分1个标段,房建工程设计1个标段,机电工程设计1个标段。

②施工标段划分:根据工程内容的不同,土建工程5个标段,机电工程3个标段,房建工程2个标段,交通安全设施3个标段。

③施工监理标段划分:根据工程内容2个土建工程驻地监理标段,1个房建工程监理标段,1个机电工程监理标段,1个安全设施监理标段。

(4)招投标

按照《中华人民共和国招投标法》和交通部颁布的《公路工程施工招标投标管理办法》《公路工程施工招标资格预审办法》《公路工程施工招标评标办法》的要求,由项目法人单位组织招标工作。

①2008年2月有30家土建工程施工单位通过资格预审,参加本项目主线土建工程5个合同段的投标。2008年4月7日在哈尔滨公开开标,采用设定最高限价,合理低价中标方式。从黑龙江省交通厅公路工程评标专家库中随机抽取评标专家及招标人代表组成评标委员会评审出5家中标单位。

②2008年8月5日有19家交通安全设施工程施工单位的49份资格预审申请文件通过资格预审,参加交通安全设施3个合同段的投标。2008年9月16日在哈尔滨公开开标,确定了3家中标单位。

③2009年3月有15家机电工程施工单位的28份资格预审申请文件通过资格预审,参加本项目机电工程的投标。2009年4月24日在哈尔滨公开开标,采用设定最高限价,合理低价中标方式,确定3家中标单位。

④2009年3月有6家房建工程施工单位的12份资格预审申请文件通过资格预审,参加本项目房建工程2个合同的投标。2009年4月24日在哈尔滨公开开标,采用设定最高限价,合理低价中标方式,确定了2家中标单位。

第八章 高速公路建设项目

绥满高速公路大庆(卧里屯)至黄牛场段合同段划分一览表

表8-2-43

序号	参建单位	类型	参建单位名称	合同段编号及起止桩号	主要内容	主要负责人	备注
1	项目管理单位		黑龙江省绥满公路大齐高速公路扩建工程指挥部	全线	全线建设管理	陈跃	
2	勘察设计单位	土建工程设计	黑龙江省公路勘察设计院		主线土建工程	李晓新	
3		房建工程设计	大庆市规划建筑设计研究院		洪湖服务区施工图设计	董福栢	
4		交通工程设计	东北林业大学土木工程勘察设计院		3个收费站施工图设计	谷云峰	
5		交通工程设计	黑龙江省公路勘察设计院		全线交通安全设施	周喜斌	
6		机电工程设计	黑龙江省公路勘察设计院		全线机电设计		
7	施工单位	土建工程	华通路桥集团有限公司	A1:K627+560~K652+000	路基工程	王宝华	
8			内蒙古自治区公路工程局	A2:K652+000~K670+494	路基工程	马树青	
9			龙建路桥股份有限公司	B1:K627+560~K652+000	桥涵工程	田世伟	
10			龙建路桥股份有限公司	B2:K652+000~K670+494	桥涵工程	宋勋	
11			朝阳建设集团有限公司	C1:K652+000~K670+494	路面工程	于忠庆	
12		机电工程	先锋软件股份有限公司	H1	机电工程	于世光	
13			哈尔滨交研交通工程有限责任公司	H2	机电工程	赵满仓	
14		房建工程	黑龙江省北安交通工程有限公司	H2	机电工程	李德才	
15			中城建第五工程有限公司	E1	卧里屯收费站,黄牛场收费站,城北路收费站	李富国	
16			黑龙江省北安交通实业总公司	E2	洪湖服务区	徐成明	
17		交通安全设施工程	北京汉威达交通运输设备有限公司	G1	护栏	王孝臣	
18			黑龙江省北安交通工程有限公司	G2	标志,标线	张洪武	
19			黑龙江省七建交通工程有限责任公司	G3	隔离栅	尹树航	
20	监理单位	土建工程	黑龙江省远升公路工程咨询监理有限公司	驻1	路基,路面工程	柏松奎	
21			黑龙江省公路工程监理公司	驻2	桥梁工程	苗延军	
22		安全设施	黑龙江省公路工程监理公司	驻3	安全设施	王雷	
23		房建工程	黑龙江省轻工建设监理有限公司	驻4	房建工程	周强	
24		机电工程	黑龙江省公路工程监理咨询有限公司	驻5	机电工程	职大庆	

（5）征地拆迁（表8-2-44）

绥满高速公路大庆（卧里屯）至黄牛场段征地拆迁统计表 表8-2-44

高速公路编码	项目名称	征地拆迁安置起止时间	征用土地（亩）	拆迁占地费（万元）	备注
G10	绥满公路大庆（卧里屯）至黄牛场段	2008.5~2008.6	581.28	2510	

① 工作及范围

项目位于大庆市，于大庆市高新技术开发区东侧边缘通过，经王家围子，跨引嫩干渠，经史地房子、春雷牧场，终点为黄牛场村。

② 主要内容

a. 签订协议、界定征地界限、办理永久性占地报批手续。

b. 永久占地界内房屋等各种构造物的搬迁。

c. 永久占地内附着物的拆除。

d. 各种管线的迁移、改建，既有通信管线的改建、加高、迁移，还有电力线路的改建、加高、迁移。

e. 临时及借土占地的征用。

③ 遵循的政策法规

a.《中华人民共和国土地管理法》。

b.《黑龙江省土地管理条例》。

④ 主要做法

a. 设立专门组织机构

按三级管理体系设置安置办公室，加强各级政府对征地工作的领导和监督，形成完善的拆迁工作体系，使征地拆迁工作层层有人管、层层有人抓。

b. 落实承包责任制

征地拆迁工作实行群众参与，各级政府层层签订责任书，采取"四到位""四现场"的做法，即县、乡、村、户四方到场，现场丈量、现场清点、现场签字、现场盖章。

2008年5月上旬，指挥部组织有关人员对沿线地上附着物进行了清点、登记造册、签字确认，2008年6月初与大庆市签订征地、拆迁合同协议。

2. 项目实施阶段

（1）主线土建工程于2008年6月开工，2009年10月完工。

（2）交通安全设施工程于2008年10月开工，2009年10月完工。

（3）机电工程于2009年4月开工，2009年10月完工。

（4）房建工程于2009年4月开工，2009年10月完工。

(5)2009年10月,黑龙江省交通厅组织专家对大庆(卧里屯)至黄牛场段公路进行了交工验收,工程质量评分为96.86分,项目评定为合格工程。

(6)2011年9月,黑龙江省公路工程质量安全监督站,根据《公路工程质量鉴定办法》,对项目进行了工程质量鉴定,评分为93.88分,工程质量鉴定等级为优良。

(7)2012年8月14通过竣工验收。

绥满高速公路大庆(卧里屯)至黄牛场段生产要素见表8-2-45。

绥满高速公路大庆(卧里屯)至黄牛场段生产要素统计表 表8-2-45

高速公路编码	建设时间	钢材(t)	改性沥青(t)	石油沥青(t)	42.5水泥(t)	32.5水泥(t)
G10	2008.6~2009.10	1533	359	1277	3182	3558

(三)科技创新

指挥部把依靠科技进步作为提高工程质量的根本措施。通过开展科技攻关和推广应用新设备、新技术、新工艺、新材料,解决了一些影响质量的关键技术,如桥头跳车、桥梁伸缩缝处理、混凝土外观质量粗糙等。桥梁工程采取预制梁集中预制,工厂化施工,加快进度,保证质量;采用大块钢模板、罐车运输、泵车输送、分层浇筑、薄膜养生等措施,消除桥梁混凝土表面不平整、颜色不一致、蜂窝、麻面等病症;采用二次压浆法,掺加UEA膨胀剂,解决孔道压浆不密实问题;规范梁体凿毛和预埋绞缝筋位置,使桥面连接更加紧密,避免出现梁体单板受力的质量隐患。路基工程把桥头引道作为管理的重中之重,采取换填透水性粗颗粒材料,采用重型压实设备和土方预压等措施,重点防治桥头跳车质量通病。

(四)运营养护管理

绥满高速公路大庆(卧里屯)至黄牛场段由大庆管理处负责运营养护管理。

1.服务设施

全线设置红湖1处服务区,全线服务区平均间距100km(表8-2-46)。

绥满高速公路大庆(卧里屯)至黄牛场段服务场区一览表 表8-2-46

高速公路编码	服务区名称	桩号	所在区域	占地(m²)	建筑面积(m²)
G10	红湖服务区	K634+044	大庆萨尔图区	40000	4361.67

2.收费设施

本项目在大庆卧里屯设庆东主线收费站1座,城北路、机场路、庆北设3座匝道收费站。截至2015年年底共设收费车道16条(表8-2-47)。

绥满高速公路大庆(卧里屯)至黄牛场段收费设施一览表　　表8-2-47

收费站名称	桩　　号	入口车道数		出口车道数		收费方式
		总车道	ETC车道	总车道	ETC车道	
庆东站	K624+000	2		2		MTC
城北站	K644+362	2		2		
机场路站	K652+000	2		2		
庆北站	K668+200	2		2		

3. 养护管理

本项目设置外环1处养护工区,负责养护里程为47.321km(表8-2-48)。

绥满高速大庆(卧里屯)至黄牛场段养护设施一览表　　表8-2-48

养护工区名称	桩　号	路段长度(km)	占地面积(m²)	建筑面积(m²)
外环养护工区	K644+350	47.321	12500	2503.55

4. 监控设施

本项目设置大齐监控中心,负责大庆外环、大庆林甸县域和齐齐哈尔市铁锋区域的运营监管(表8-2-49)。

绥满高速公路大庆(卧里屯)至黄牛场段监控设施一览表　　表8-2-49

监控设施名称	桩　号	占地面积(m²)	建筑面积(m²)
管理处监控中心	K644+362	12500	2503.55

5. 交通流量

本段公路自2011年高速公路开通运营以来,交通量逐年增加,从12332台次/日增长至17334台次/日,年平均增长率达到10.14%;从车辆构成上来看,主要以小型车和载重货车为主,分别占到总量的47.39%和43.12%(表8-2-50、图8-2-9)。

绥满高速公路大庆(卧里屯)至至黄牛场段交通流量发展状况表(单位:台次/日)　表8-2-50

年份	2012年	2013年	2014年	2015年
庆东站	1191	1307	1424	1665
城北站	2659	2864	3098	3770
机场路站	3545	4031	4718	5101
庆北站	4937	5665	6480	6798
全线合计	12332	13867	15720	17334

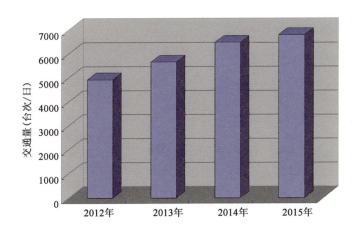

图8-2-9　绥满高速公路大庆(卧里屯)至黄牛场段庆北站交通量增长柱状图

七、绥满高速公路大庆(黄牛场)至齐齐哈尔(宛屯)段

(一)项目概况

1. 基本情况

(1)功能定位

绥满高速公路大庆(黄牛场)至齐齐哈尔(宛屯)段起于我国最大的石油工业基地和重要的石化生产基地大庆市,路线起点位于 K670+483.07 处,与绥满高速公路卧里屯至黄牛场段终点相接,经林甸县、经花园乡、林甸镇、林甸县、三合乡、扎龙自然保护区边缘、齐齐哈尔种畜场,路线终点于我国重要的老工业基地、我省西部区域中心城市和交通枢纽"鹤城"齐齐哈尔市互通。本项目是国家高速公路网、东北区域骨架公路以及黑龙江省骨架公路网的重要一段。为充分发挥骨架公路的整体功能,提高高速公路网络整体效益,推动东北亚国际合作和交流,促进东北三者、内蒙古间的经济交流与发展,本项目将原一级公路改扩建成高速公路势在必行,对东北老工业基地的振兴、黑龙江省经济社会发展和实现全面建设小康社会的发展目标也起着举足轻重的作用。

(2)技术标准

采用双向四车道,设计速度 100km/h,路基宽度 24.0m。平曲线最小半径采用 800m,最大纵坡采用 0.919%。绥满高速公路大庆(黄牛场)至齐齐哈尔(宛屯)段路面结构见表 8-2-51。

绥满高速公路大庆(黄牛场)至齐齐哈尔(宛屯)段路面结构表　　　表8-2-51

路面形式	起点里程	讫点里程	长度(m)	路面类型
柔性路面	K682+000	K687+700	5700	沥青路面(5cm AC-16改性沥青混凝土+6cm AC-20改性沥青混凝土+8cm ATB-25沥青碎石+36cm水泥稳定碎石+20cm水泥稳定砂砾碎石)
			全线	沥青路面(旧路补强段：①车辙小于1.5cm段落，铣刨车辙突起深度后，加铺一层5cm中粒式改性沥青混凝土AC-16。②车辙深度大于1.5cm小于2.5cm段落，铣刨车辙突起深度后，铺筑6cm中粒式改性沥青混凝土AC-20。再加铺一层5cm中粒式改性沥青混凝土AC-16。③车辙深度大于2.5cm段落，铣刨旧路面5cm上面层，铺筑5cm普通混凝土AC-20补平，加铺6cm中粒式改性沥青混凝土AC-20+5cm中粒式改性沥青混凝土AC-16。④齐齐哈尔至大庆方向，沥青混凝土中要掺加聚酯纤维，加铺两层段落，聚酯纤维掺入中面层。加铺一层段落，聚酯纤维掺入上面层。⑤对坑槽、隆起等结构性病害，将原有旧路面层全部推除，加铺两层AC-20中粒式普通沥青混凝土)

(3)建设规模

本项目路线全长100.847km，是在原有一级公路基础上封闭扩建成高速公路，主线原有一级公路上主线共设中桥6座，全长397.24m；小桥11座，全长271.94m；涵洞38道，其中箱涵15道，圆管涵23道，对原有桥梁涵洞进行验算后，可以满足公路现行荷载标准要求。

全线共设置互通式立体交叉4处，其中新建互通式立体交叉3处(花园互通、林甸互通、胜利互通)。齐齐哈尔互通已列入嫩江至泰来高速公路项目当中，本次设计利用齐齐哈尔互通。

全线共设置分离式立交桥11座，其中新建10座，利用原林肇路分离式立交桥330m/1座(K708+010.00)，均为主线下穿分离式立交桥；设置天桥36座，全部新建；设置人行天桥3座。

设置主线收费站1处，匝道收费站3处，服务区1处。管理、养护、服务、监控房屋建筑面积10242m²。

(4)主要控制点

花园乡、东风村、林甸镇、林甸县、三合乡、扎龙自然保护区、齐齐哈尔种畜场。

(5)地形地貌

本项目位于松嫩平原西部，路线穿越嫩江流域的乌裕尔河、双阳河，由河漫滩和一级阶地组成的微起伏平原地带,海拔低,高差小,坡降缓;东北部略高,向西南部缓降,平缓漫岗、碟形洼地相间,地形开阔,起伏变化不大。西部为乌裕尔河与双阳河下游汇流的漫滩,地势低洼,形成大片沼泽,常年积水,芦苇丛生,为著名的扎龙自然保护区。大齐高速公路通过湿地公园如图 8-2-10 所示。

图 8-2-10　大齐高速公路通过湿地公园

（6）投资规模

项目概算投资 13.25 亿元,竣工决算投资 13.03 亿元,平均每公里造价 1292 万元。

（7）开工及通车、竣工时间

2009 年 5 月开工建设,2010 年 9 月交工通车,2012 年 8 月完成竣工验收。

2. 前期决策情况

绥满公路大庆(卧里屯)至黄牛场段扩建项目是国家"71118"国家高速公路网重要组成部分。该段公路的扩建将为完善国家高速公路网建设规划和我省西部地区的公路网布局,充分发挥公路网络优势和规模效益,改善区域交通条件,加快我省西部地区工业基地、能源基地和粮食基地的改造、振兴步伐,均具有重要的意义。根据黑龙江省交通厅干线公路网建设的总体规划要求,黑龙江省交通厅在 2007 年启动大庆(黄牛场)至齐齐哈尔(宛屯)段的建设工作。

3. 参建单位主要情况

（1）建设单位

本项目建设单位是黑龙江省绥满公路大齐高速公路扩建工程指挥部。

（2）设计单位

①土建、绿化、机电、交通工程设计单位:黑龙江省公路勘察设计院。

②房建工程设计单位:哈尔滨永大建筑工程设计院。

(3) 施工单位

通过招投标,本项目由龙建路桥股份有限公司、河南省平顶山中亚路桥建设工程有限公司、大连四方公路工程有限公司等32个施工单位参与建设。

(4) 施工监理单位

通过招投标,本项目由黑龙江省公路监理咨询公司、黑龙江华龙公路工程监理咨询公司、牡丹江市公路工程监理有限公司、黑龙江省远升公路工程监理公司、黑龙江省中正工程建设监理有限公司负责施工监理。

(二) 建设情况

1. 项目准备阶段

(1) 项目审批

该项目严格执行了交通基本建设程序,从工程可行性研究、初步设计、施工图设计、工程施工、监理招投标及工程开工报告的审批,各个环节手续齐全,具体如下:

①2007年9月29日,国家环保总局下达了《关于绥满公路黄牛场至齐齐哈尔段工程环境影响报告书的批复》(环审〔2007〕403号)。

②2008年11月14日,交通运输部下达了《关于大庆(黄牛场)至齐齐哈尔(宛屯)公路初步设计的批复》(交公路发〔2008〕462号)。

③2009年2月23日,国家水利部下达了《关于绥芬河至满洲里高速公路黄牛场至齐齐哈尔段工程水土保持方案的复函》(水保函〔2009〕47号)。

④2009年3月14日,国土资源部下达了《关于大庆(黄牛场)至齐齐哈尔(宛屯)公路建设用地的批复》(国土资函〔2009〕395号)。

⑤2009年12月31日,黑龙江省交通厅下达了《关于大庆(黄牛场)至齐齐哈尔(宛屯)公路施工图设计的批复》(黑交发〔2009〕290号)。

⑥2009年5月,大庆(黄牛场)至齐齐哈尔(宛屯)公路开工建设。

(2) 资金筹措

本项目概算总投资13.25亿元,省财政补贴1.5亿元,交通部补贴1.7亿元,地方配套0.96亿元,国债0.5亿元,其余7.59亿元申请银行贷款。

(3) 合同段划分(表8-2-52)

根据各专业的工程内容划分标段如下:

①本项目设计标段划分1个标段。

②施工标段划分:根据工程内容的不同,土建工程13个标段,机电工程5个标段,房建工程5个标段,绿化工程2个标段,交通安全设施7个标段。

③施工监理标段划分:根据工程内容本项目设置1个总监办公室,负责全线施工监理

第八章 高速公路建设项目

绥满高速公路大庆(黄牛场)至齐齐哈尔(宛屯)段合同段划分一览表

表 8-2-52

序号	参建单位	类型	参建单位名称	合同段编号及起止桩号	主要内容	主要负责人	备注
1	项目管理单位		黑龙江省绥满公路大齐高速公路扩建工程指挥部	K670+483～K772+085	全线建设管理	陈跃	
2	勘察设计单位	土建工程	黑龙江省公路勘察设计院		主线土建工程	初为光	
3		房建工程	哈尔滨永大建筑设计院		房建工程施工图设计	纪云成	
4		交通工程	黑龙江省公路勘察设计院		全线交通安全设施	谷云峰	
5		绿化工程	黑龙江省公路勘察设计院		全线绿化设计	初为光	
6		机电工程	黑龙江省公路勘察设计院		全线机电设计	周喜斌	
7	施工单位	土建工程	龙建路桥股份有限公司	A3：K670+483～K694+000	路基工程	王希军	
8			河南省平顶山中亚路桥建工程有限公司	A4：K694+000～K728+000	路基工程	王伟	
9			龙建路桥股份有限公司	A5：K728+000～K771+826	路基工程	王宝华	
10			龙建路桥股份有限公司	B3：K670+483～K711+000	桥梁工程	宋勋	
11			龙建路桥股份有限公司	B4：K711+000～K771+826	桥梁工程	田世伟	
12			龙建路桥股份有限公司	B5：K670+483～K700+500	桥梁工程	宋勋	
13			龙建路桥股份有限公司	B6：K700+500～K728+000	桥梁工程	郑孝功	
14			龙建路桥股份有限公司	B7：K728+000～K771+826	桥梁工程	郑孝功	
15			大连四方公路工程有限公司	C2：K670+483～K702+000	路面工程	仙宝文	
16			龙建路桥股份有限公司	C3：K702+000～K734+000	路面工程	陈殿文	
17			吉林省松江路桥建筑有限责任公司	C4：K734+000～K771+826	路面工程	王东升	
18			龙建路桥股份有限公司第一工程有限公司	C5：全线	桥梁工程	刘文生	
19			黑龙江省龙建路桥第一工程有限公司	F1：K740+000～K750+270	桥梁工程	王国刚	
20		机电工程	南京凌云科技发展	H4：K670+483～K700+000	花园收费站机电系统	刘中华	
21			亿阳信通股份有限公司	H5：K700+000～K730+000	林甸收费站机电系统	杨阳	
22			南京好望哈筑工程有限公司	H6：K730+000～K771+330	胜利、齐齐哈尔收费站机电系统	吴野崎	
23			辽宁省交通工程公司	H7：K670+483～K720+000	管道工程	潘家良	

续上表

序号	参建单位	类型	参建单位名称	合同段编号及起止桩号	主要内容	主要负责人	备注
24	施工单位	机电工程	黑龙江省北交通工程有限公司	H8:K720+000~K771+330	管道工程	卢彦林	
25		房建工程	黑龙江垦区龙垦建设工程总公司	E3	花园收费站	李国和	
26			哈尔滨大东集团股份有限公司	E4	林甸收费站	张勇	
27			哈尔滨市滨兰建筑工程有限公司	E5	胜利收费站、齐齐哈尔收费站	郭保民	
28			绥化市第八建筑工程有限公司	E6	扎龙服务区（左）	范旭刚	
29			双城市宏兴建筑安装工程有限公司	E8	扎龙服务区（右）	刘伟东	
30		绿化工程	黑龙江省高路园林绿化有限责任公司	L1	林甸互通立交、改线段	杨明凯	
31			黑龙江省高路园林绿化有限责任公司	L2	林甸、胜利互通	杨明凯	
32		交通安全设施工程	黑龙江省北龙交通工程有限公司	C4:K670+483~K696+000	波形护栏、防眩板	张洪武	
33			黑龙江交通实业总公司	C5:K696+000~K732+000	波形护栏、防眩板	范振江	
34			中交一公局交通工程有限公司	C6:K732+000~K771+300	波形护栏、防眩板	马伟斌	
35			北京汉威达交通运输设备有限公司	C7:K670+483~K721+000	隔离栅	刘江	
36			北京汉威达交通运输设备有限公司	C8:K712+000~K771+330	隔离栅	甄明学	
37			黑龙江省北龙交通工程安装有限公司	C9:K670+483~K720+000	标志、标线	张洪武	
38			哈尔滨弘忆公路设计有限公司	C10:K720+000~K771+330	标志、标线	张诚	
39	监理单位	总监办	黑龙江公路工程监理咨询有限公司	总1		苗延军	
40		土建工程	黑龙江华龙公路工程监理咨询有限公司	驻6	路基工程监理	李亚峰	
41			牡丹江市公路工程监理咨询有限公司	驻7	桥梁工程监理	申哲奎	
42			黑龙江省公路工程监理咨询有限公司	驻8	路面工程监理	王雷	
43			黑龙江省远升公路工程监理咨询有限公司	驻9	路面工程监理		
44		安全设施	黑龙江省公路工程监理咨询有限公司	驻10	安全设施施工工程监理		
45		房建工程	黑龙江省中正工程建设监理有限公司	驻12	房建工程监理	陈俭	
46		机电工程	黑龙江公路工程监理咨询有限公司	驻11	机电工程监理	刘凯	

工作;4个土建工程监理办公室,负责监理区段内路基、路面、桥梁工程、绿化工程的施工监理工作;1个房建工程监理办公室,负责全线5个标段的房建工程施工监理;1个机电工程监理办公室,负责全线的机电工程施工监理;1个安全设施监理办公室,负责全线安全设施施工监理。

(4)招投标

按照《中华人民共和国招投标法》和交通部颁布的《公路工程施工招标投标管理办法》《公路工程施工招标资格预审办法》《公路工程施工招标评标办法》的要求,由项目法人单位组织招标工作。

①2008年12月有40家土建工程施工单位114份资格预审申请文件通过资格预审,参加本项目主线土建工程13个合同段的投标。2009年1月19日在哈尔滨公开开标,采用设定最高限价,合理低价中标方式。从黑龙江省交通厅公路工程评标专家库中随机抽取评标专家及招标人代表组成评标委员会评审出13家中标单位,合同段见表8-2-52。

②机电工程施工招标采用资格后审方式。2009年6月22日在哈尔滨公开开标,有24家投标人递交了本项目5个合同段共37份投标文件。从黑龙江省交通厅公路工程评标专家库中随机抽取评标专家及招标人代表组成评标委员会评审出5家中标单位。

③安全设施工程施工招标采用资格后审方式。2009年6月22日在哈尔滨公开开标,有20家投标人递交了本项目7个合同段共47份投标文件。从黑龙江省交通厅公路工程评标专家库中随机抽取评标专家及招标人代表组成评标委员会评审出7家中标单位。

④绿化工程施工招标采用资格后审方式。2010年5月29日在哈尔滨公开开标,有6家投标人递交了本项目2个合同段共6份投标文件。从黑龙江省交通厅公路工程评标专家库中随机抽取评标专家及招标人代表组成评标委员会评审出2家中标单位。

(5)征地拆迁

①工作范围

工程位于大庆市林甸县和农垦总局齐齐哈尔分局境内。

②主要做法

为保证工程施工的顺利进行和沿线群众的利益不受侵害,指挥部严格按照《中华人民共和国土地法》和相关拆迁法规开展工作。根据省政府公路建设实行"双业主制"的精神,地方政府是征地拆迁的责任主体,负责组织征地拆迁及支付补偿费用,指挥部负责电子拆迁便道的建设。在拆迁过程中,与地方政府紧密配合,按照先面后点、先易后难的步骤,采取以沟通协调为主、强制执行为辅的办法,妥善处理了各方面的关系,较好地处理了施工环境与工程施工的矛盾,全线共征用土地203.6hm^2,拆迁电力电信设施214处。

2. 项目实施阶段

（1）主线土建工程于2008年6月开工，2009年10月完工。

（2）交通安全设施工程于2008年10月开工，2009年10月完工。

（3）机电工程于2009年4月开工，2009年10月完工。

（4）房建工程于2009年4月开工，2009年10月完工。

（5）2009年9月25日，黑龙江省交通厅组织专家对大庆（黄牛场）至齐齐哈尔段公路进行了交工验收。黑龙江省公路工程质量安全监督站，根据《公路工程质量鉴定办法》，对项目进行了交工质量鉴定，评分为97.7分，工程质量等级评定为合格。

（6）2012年8月14通过竣工验收。

绥满高速公路大庆（黄牛场）至齐齐哈尔（宛屯）段生产要素见表8-2-53。

绥满高速公路大庆（黄牛场）至齐齐哈尔（宛屯）段生产要素统计表   表8-2-53

高速公路编码	项 目 名 称	建设时间	钢材（t）	沥青（t）	水泥（t）
G10	绥满公路大庆（黄牛场）至齐齐哈尔（宛屯）段	2008.6~2009.10	10800	19700	146300

（三）运营养护管理

绥满公路大庆（黄牛场）至齐齐哈尔（宛屯）段由大庆管理处负责运营养护管理。

1. 服务设施

全线设置扎龙一处服务区，全线服务区平均间距100km（表8-2-54）。

绥满高速公路大庆（黄牛场）至齐齐哈尔（宛屯）段服务场区一览表   表8-2-54

高速公路编码	服务区名称	桩 号	所在区域	占地（m²）	建筑面积（m²）
G10	扎龙服务区（北）	K734+500	林甸县三合乡	14007	2145.41
	扎龙服务区（南）	K740+050	林甸县三合乡	112400	4650

2. 收费设施

本项目分为绥满高速大庆（黄牛场）至齐齐哈尔（宛屯）段设齐齐哈尔主线收费站1座，花园、林甸和胜利3座匝道收费站。截至2015年年底共设收费车道38条，其中ETC车道4条（表8-2-55）。

绥满高速公路大庆（黄牛场）至齐齐哈尔（宛屯）段收费设施一览表   表8-2-55

收费站名称	桩 号	入口车道数		出口车道数		收费方式
		总车道	ETC车道	总车道	ETC车道	
花园站	K683+390	2		2		MTC+ETC
林甸站	K704+667	2	1	4	1	
胜利站	K736+520	2		2		
齐齐哈尔站	K771+826	3	1	5	1	

3. 养护管理

本项目养护里程 100.847km,设置花园、三合养护工区,负责养护里程为 100.847km(表 8-2-56)。

绥满高速公路大庆(黄牛场)至齐齐哈尔(宛屯)段养护设施一览表　　表 8-2-56

养护工区名称	桩　号	路段长度(km)	占地面积(m²)	建筑面积(m²)
花园养护工区	K688+500	56.017	13080	1372.30
三合养护工区	K726+500	44.83	13080	1312.60

4. 监控设施

本项目设置大齐监控中心,负责大庆外环、大庆林甸县域和齐齐哈尔市铁锋区域的运营监管(表 8-2-57)。

绥满高速公路大庆(黄牛场)至齐齐哈尔(宛屯)段监控设施一览表　　表 8-2-57

监控设施名称	桩　号	占地面积(m²)	建筑面积(m²)
管理处监控中心	K644+362	12500	2503.55

5. 交通流量

绥满公路大庆(黄牛场)至齐齐哈尔(宛屯)段公路自 2011 年高速公路开通运营以来,交通量逐年增加,从 17467 台次/日增长至 24833 台次/日,年平均增长率达到 10.54%(表 8-2-58、图 8-2-11);从车辆构成上来看,主要以小型车和载重货车为主,分别占到总量的 47.82% 和 43.22%。

绥满高速公路大庆(黄牛场)至齐齐哈尔(宛屯)段
交通流量发展状况表(单位:台次/日)　　表 8-2-58

年份	2012 年	2013 年	2014 年	2015 年
花园站	5367	6258	6567	7426
林甸站	4923	5869	6029	6976
胜利站	4662	5575	5812	6813
齐齐哈尔站	2515	2916	3077	3618
全线合计	17467	20618	21485	24833

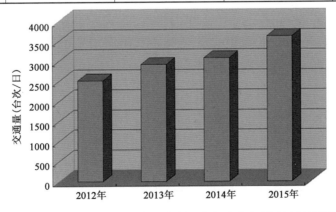

图 8-2-11　绥满高速公路大庆(黄牛场)至齐齐哈尔(宛屯)段齐齐哈尔站交通量增长柱状图

八、绥满高速公路齐齐哈尔至甘南(黑蒙界)段

(一)项目概况

1. 基本情况

(1)功能定位

齐齐哈尔至甘南(黑蒙界)段工程建设项目是绥满公路黑龙江省境内的最后一段。路线起自齐齐哈尔东侧枢纽互通立交,接大庆至齐齐哈尔高速公路和齐齐哈尔至泰来高速公路,绥满公路旧路里程桩号为K772+500,经北大营、奈门沁、共和乡、巨宝山、长山乡、甘南县,止于金界壕(黑蒙界)经博客图至牙克石高速公路,终点桩号K874+014.9。

(2)技术标准

采用双向四车道,设计速度100km/h,路基宽度根据路线穿越地点不同有24.5m、25.5m、26m三种形式,圆曲线最小半径采用250m,最大纵坡5%,桥涵设计荷载采用公路—Ⅰ级。绥满高速公路齐齐哈尔至甘南(黑蒙界)段路面结构见表8-2-59。

绥满高速公路齐齐哈尔至甘南(黑蒙界)段路面结构表　　表8-2-59

路面形式	起点里程	讫点里程	长度(m)	路面类型	备注
柔性路面	K722+500	K875+574	81401	沥青路面	
	补强		42545		
刚性路面	K3+750	K6+400	1036.25	水泥混凝土路面	富拉尔基连接线
	K872+260	K872+650	390		

(3)建设规模

本项目建设里程长101.7km,其中利用一级路直接封闭段8.33km,利用二级路帮宽封闭42.35km,旧路利用率为49.92%,新建路段50.85km。新建特大桥1366.12m/座,大桥1579.3m/3座,中桥43.54m/1座,小桥88.1m/3座;单侧帮宽利用中桥43.54m/1座,直接利用小桥67m/2座,帮宽利用小桥50.06m/2座;直接利用涵洞12道,接长利用涵洞67道,其中4道盖板涵接长利用,其余新建和接长涵洞均采用钢筋混凝土箱涵。主线共设置分离式立交桥22座,其中新建主线上跨分离立交桥195.58m/4座,新建主线下穿分离立交桥788.9m/17座,利用原公铁立交桥101.4m/1座;设置车行天桥2345.36m/31座;设置人行天桥79.72m/2座。设置通道桥344.9m/10座,通道箱涵23道。新建互通式立交6座。设计辅道全长82.66km,采用三级公路标准。连接线二级公路长20.27km。全线共设匝道收费站5处,主线收费站1处,服务区2处,管理中心1处,停车场1处。

(4)主要控制点

齐齐哈尔市、北大营、奈门沁、共和镇、巨宝山村、长山乡、甘南县、黑蒙省界金界壕。

(5)地形地貌

项目位于黑龙江松嫩平原西部,嫩江中游,属平原微丘区,路线范围内地势平坦开阔,高差起伏小,地形条件简单。

(6)投资规模

项目概算投资31.46亿元,竣工决算投资30.56亿元,平均每公里造价2624万元。

(7)开工及通车、竣工时间

2009年5月开工建设,2011年9月交工通车。2014年11月21日通过竣工验收。

2. 前期决策情况

绥满高速公路是国家高速公路网规划中的横一线,也是东北区域骨架公路网及黑龙江省高速公路网的重要组成部分。根据省委、省政府指导意见,结合交通部关于开展"十一五"规划中期评估与调整工作的要求,为应对新时期交通行业所面临的新形式、新任务、新要求和新动力,省交通厅对全省"十一五"公路发展规划进行了重新调整,确定了2008—2011年全省公路建设规划,并经省政府第5次常务会议和省委十届31次常务会议专题讨论通过。绥满高速齐齐哈尔至甘南段改扩建工程作为重点公路建设项目被纳入其中。

黑龙江省交通厅授权,黑龙江省公路勘察设计院2008年6月完成该项目工程可行性研究报告的编制工作。2008年7月29日,黑龙江省工程咨询评审中心做出了关于《绥芬河至满洲里国家高速公路齐齐哈尔至甘南(黑蒙界)段扩建工程可行性研究报告》的预评估报告。2008年8月6日,黑龙江省发改委以《绥芬河至满洲里国家高速公路齐齐哈尔至甘南(黑蒙界)段扩建工程可行性研究报告的请示》(黑发改交通〔2008〕811号)上报国家发改委。2009年7月1日,国家发展改革委以《关于黑龙江省齐齐哈尔至甘南(黑蒙界)公路可行性研究报告的批复》(发改基础〔2009〕1745号)批复工可研。

3. 参建单位主要情况

(1)建设单位

本项目建设单位是黑龙江省交通厅,管理单位为黑龙江省绥满高速齐齐哈尔至甘南(黑蒙界)段工程建设指挥部。

(2)设计单位

黑龙江省公路勘察设计院。

(3)施工单位

通过招投标,本项目由龙建路桥股份有限公司、中铁十三局集团第四工程有限公司、哈尔滨市公路工程处、鞍山市市政工程有限责任公司等38个施工单位参与建设。

(4)施工监理单位

通过招投标,本项目由黑龙江省公路工程监理咨询公司、牡丹江市公路工程经理有限公司、黑龙江省远升公路工程咨询监理有限责任公司、黑龙江华正交通工程监理有限责任公司、黑龙江省轻工建设监理有限公司、黑龙江省中信通信建设监理有限公司负责施工监理。

(二)建设情况

1. 项目准备阶段

(1)项目审批

该项目严格执行了交通基本建设程序,从工程可行性研究、初步设计、施工图设计、工程施工、监理招投标及工程开工报告的审批,各个环节手续齐全,具体如下:

①2009年1月12日,中华人民共和国国土资源部印发了《关于绥芬河至满洲里高速公路齐齐哈尔至甘南段扩建工程建设用地预审意见的复函》(国土资预审字〔2009〕4号)。

②2009年2月5日,中华人民共和国环境保护部印发了《关于绥芬河至满洲里高速公路齐齐哈尔至甘南段扩建工程环境影响报告书的批复》(环审〔2009〕68号)。

③2009年4月3日,中华人民共和国水利部印发了《关于绥满高速公路齐齐哈尔至甘南(黑蒙界)段扩建工程水土保持方案的复函》(水保函〔2009〕118号)。

④2009年9月11日,中华人民共和国交通运输部印发了《关于齐齐哈尔至甘南公路初步设计的批复》(交公路发〔2009〕473号)。

⑤2009年9月15日,黑龙江省文化厅基建考古办印发了《关于齐甘高速已经落实文物保护措施的函》(黑文考函〔2009〕91号)。

⑥2009年12月31日,黑龙江省交通运输厅印发了《黑龙江省交通运输厅关于齐齐哈尔至甘南公路施工图设计的批复》(黑交发〔2009〕391号)。

⑦2009年12月31日,黑龙江省公路学会印发了《绥满高速公路齐齐哈尔至甘南(黑蒙界)段两阶段施工图设计咨询审查意见》(黑公学咨字〔2009〕18号)。

⑧2010年1月9日,黑龙江省地震安全性评定委员会印发了《关于绥满高速公路齐齐哈尔至甘南(黑蒙界)段嫩江特大桥工程场地地震安全性评价报告的评审意见》(黑震安评〔2010〕6号)。

(2)资金筹措

本项目概算总投资31.46亿元,省自筹11.03亿元作为项目资本金、申请银行贷款20.43亿元。

(3)合同段划分(表8-2-60)

根据各专业的工程内容划分标段如下:

①工程设计全部由黑龙江省公路勘察设计院负责。

②施工标段划分:根据工程内容的不同,土建工程21标段,通信工程4个标段,房建工程5个标段,绿化工程4个标段,标志标线工程4个标段。

第八章
高速公路建设项目

绥满高速公路齐哈尔至甘南(黑蒙界)段合同段划分一览表

表 8-2-60

序号	参建单位	类型	参建单位名称	合同段编号及起止桩号	主要内容	主要负责人	备注
1	项目管理单位		黑龙江省齐甘高速公路指挥部	K772+500~K874+014.9	全线建设管理	王立国	
2	勘察设计单位	工程设计	黑龙江省勘察设计院		工程设计	孙伟	
3			龙建路桥股份有限公司	A1:K772+500~K785+100	路基、桥涵、路面工程	吴建东	
4			中铁十三局集团第四工程有限公司	A2:K785+100~K796+000	路基、桥涵、路面工程	许峰	
5			哈尔滨市公路工程处	A3:K796+000~K805+000	路基、桥涵、路面工程	王鹏涛	
6			中铁十三局集团有限公司	A4:K805+000~K814+000	路基、桥涵、路面工程	张来顺	
7			鞍山市市政工程有限责任公司	A5:K814+000~K824+000	路基、桥涵、路面工程	徐晓东	
8			龙建路桥股份有限公司	A6:K824+000~K834+00	路基、桥涵、路面工程	周安华	
9			龙建路桥股份有限公司	A7:K834+000~K854+000	路基、桥涵、路面工程	孙立鹏	
10		土建工程	大庆建筑安装集团有限责任公司	A8:K844+000~K854+000	路基、桥涵、路面工程	王洪珊	
11			中交第四公路工程局有限公司	A9:K854+000~K864+000	路基、桥涵、路面工程	赵宗学	
12	施工单位		中铁十三局集团第四工程有限公司	A10:K854+000~K874+014.9	路基、桥涵、路面工程	黄广涛	
13			龙建路桥股份有限公司	B1:K785+100 嫩江东江桥左岸1~30孔	嫩江大桥	麻登科	
14			龙建路桥股份有限公司	B2:K785+100 嫩江东江桥右岸31~60孔	嫩江大桥	陈亚光	
15			龙建路桥股份有限公司	B3:K789+416 嫩江西江桥左岸引桥1~52孔	嫩江大桥	刘德福	
16			中铁十三局集团第四工程有限公司	B4:K789+416 嫩江西江桥主桥及右岸引桥53~61孔	嫩江大桥	冉东	
17			龙建路桥股份有限公司	FD1:K0+000~K14+575	路基、桥涵、路面工程	宁芳海	
18			黑龙江省建安公路工程有限公司	FD2:K14+575~K24+000	路基、桥涵、路面工程	张格亮	
19			黑龙江省程达建设工程有限公司	FD3:K24+000~K35+000	路基、桥涵、路面工程	李学军	
20		辅道工程	佳木斯宏兴建设工程有限责任公司	FD4:K35+000~K48+975.036	路基、桥涵、路面工程	宫润恒	
21			齐齐哈尔城建工程有限公司	FD5:K48+975.036~K59+00	路基、桥涵、路面工程	张秀芹	
22			大庆建筑安装集团有限公司	FD6:K59+000~K68+000	路基、桥涵、路面工程	高峰	
23			黑龙江省建安公路工程有限公司	FD7:K68+000~K77+300	路基、桥涵、路面工程	吴明文	
24			黑翔建工集团大宇建筑工程有限公司	E1	齐齐哈尔服务区A、D区	邓跃华	
25		房建工程	齐齐哈尔市林建筑工程有限公司	E2	齐齐哈尔服务区A、D区	孙德军	
26			黑龙江农垦建工有限公司	E3	北大营、奈门沁门收费站	张跃环	

黑龙江

续上表

序号	参建单位	类型	参建单位名称	合同段编号及起止桩号	主要内容	主要负责人	备注
27		房建工程	黑龙江建安公路工程有限公司	E4	共和、长山收费站	刘富春	
28			黑龙江农垦建工有限公司	E5	甘南、黑蒙界收费站	张弘岐	
29		机电工程	哈尔滨交研交通工程有限公司	H1:K772+500~K826+000	通信工程	于立群	
30			黑龙江省北龙交通工程有限公司	H2:K826+000~K874+014.9	通信工程	周景新	
31			黑龙江省应用电子有限公司	H3:K772+500~K825+000	通信工程	王延军	
32			成都曙光光纤网络有限公司	H4:K825+000~K874+014.9	通信工程	季凡	
33		绿化工程	哈尔滨宏艺园林花草发展有限公司	G1:K772+500~K778+600	中央分隔带及互通立交绿化	杨广乐	
34			黑龙江森源绿化工程有限公司	G2:K778+600~K808+000	中央分隔带及互通立交绿化	孟鸿	
35			哈尔滨锦程园林建设工程有限公司	G5:K808+000~K840+150	中央分隔带及互通立交绿化	张晓龙	
36	施工单位		哈尔滨鸿蕴绿化建设工程有限公司	G7:K840+150~K874+014.9	中央分隔带及互通立交绿化	李彪	
37		交通安全设施工程	黑龙江省北龙交通工程有限公司	F1:K772+500~K802+000	标志标线	张春秋	
38			哈尔滨交研交通工程有限责任公司	F2:K802+000~K831+000	标志标线	卜晓新	
39			哈尔滨加北交通工程有限责任公司	F3:K831+000~K853+000	标志标线	赵满仓	
40			黑龙江省北龙交通工程有限公司	F4:K853+000~K874+014.9	标志标线	王金发	
41		总监办	黑龙江省公路工程监理咨询有限公司	总监办:K772+500-874+015		冯兵辰	
42		土建工程	黑龙江华正交通工程监理有限责任公司	J1:K772+500~K796+000	A1-A2、G1	田永合	
43			黑龙江省远升公路工程监理有限责任公司	J2:K785+100~K789+416	B1-B4	陈任务	
44			牡丹江市公路工程经理有限公司	J3:K796+000~K814+000	A3-A4、G2、F1	鱼功耀	
45	监理单位		黑龙江省远升公路工程咨询监理有限责任公司	J4:K814+000~K834+000	A5-A6、G5、F2	金太学	
46			黑龙江华正交通工程监理有限责任公司	J5:K824+000~K854+000	A7-A8、F3	佟成功	
47			黑龙江省远升公路工程咨询监理有限公司	J6:K854+000~K874+015	A9-A10、G7、F4	祝寿海	
48			黑龙江省公路工程监理咨询有限公司	J7:K772+500~K874+015	H1-H4	韦世堂	
49			黑龙江省轻工建设工程监理有限公司	J8:K800+390、K867+700	E1-E2	朱绍安	
50			黑龙江省中信通信建设监理有限公司	J9:AK0+170、AK0+315、AK0+730、AK0+130、	E3-E5	蔡长青	
51			黑龙江省公路工程监理咨询有限公司	FJ1:K0+000~K35+000	FD1-FD3	张冠杰	
52			黑龙江省公路工程监理咨询有限公司	FJ2:K35+000~K77+300	FD4-FD7	吕端臣	

③施工监理标段划分:根据工程内容设 1 个总监办公室,9 个工程驻地监理标段,2 个房建工程监理标段。

(4)招投标

按照国家颁布的《中华人民共和国招投标法》和交通部颁布的《公路工程施工招标投标管理办法》《公路工程施工招标资格预审办法》,以及省交通厅《黑龙江省公路工程施工招标投标管理暂行办法》等文件的规定,结合本项目实际,拟定了绥满高速公路齐甘段工程招标工作方案。

①2009 年 3 月 19 日,即资格预审文件购买截止时间,共有 113 家资格预审申请单位购买了本项目土建工程施工招标 10 个合同段共 286 份资格预审文件。截至 3 月 27 日中午 11 时,共收到主体工程 10 个标段 79 家单位的 186 份资格预审申请文件。本次评审由招标人从省交通厅评标专家库随机抽取评审专家,在省交通厅招标中心于封闭的情况下进行评审工作,2009 年 3 月 27~29 日经过专家评审,共有 36 家单位的 57 份资格预审申请文件通过了资格审查。

②2009 年 4 月 13 日,即招标文件购买截止时间,共有 36 家资格预审通过单位购买了本项目土建工程施工招标 10 个合同段的 57 份招标文件;共有 8 家单位购买了本项目土建工程施工监理招标 7 个合同段的 37 份招标文件,文件递交截止时间为 2009 年 5 月 4 日上午 10 时,其中 35 家投标人递交了本项目 10 个合同段共 53 份投标文件,经评标委员会评审,推荐中标候选人,公开开标,采用合理低价法确定了 10 家土建工程中标单位,确定了 7 家监理中标单位。

③2009 年 6 月 22 日~7 月 29 日在省交通厅招标中心公开开标,采用合理低价法中标方式,由评标委员会评审出特大桥工程施工的 4 家中标单位。

④2010 年 1~4 月在省交通厅招标中心公开开标,采用合理低价法中标方式,由评标委员会评审出附属工程施工及辅道工程施工的 19 中标单位和附属监理 5 家单位。

⑤2010 年 7 月 26~27 日在省交通厅招标中心公开开标,采用合理低价法中标方式,由评标委员会评审出绿化工程施工的 4 家中标单位。

(5)征地拆迁(表 8-2-61)

征地拆迁采取"双业主制",由地方政府负责组织征地拆迁及支付补偿费用。该项目占地总面积 431.0418hm^2,其中占用齐齐哈尔市土地 233.8078hm^2,占用农垦齐齐哈尔分局土地 1.6916hm^2,占用甘南县土地 195.5424hm^2,在拟征用 431.0418 土地中,农用地占 286.1801hm^2,建设用地 85.8848hm^2,未利用地 58.9769hm^2,对其中占用耕地依据《中华人民共和国土地管理办法》和《黑龙江省土地管理条例》对其进行补充的规定,用地单位采取自行开垦的办法补充耕地,达到占补平衡,补充耕地资金已列入工程投资。

绥满高速公路齐齐哈尔至甘南(黑蒙界)段征地拆迁统计表   表 8-2-61

高速公路编码	项 目 名 称	征地拆迁安置起止时间	征用土地（hm²）	拆迁占地费（万元）	备注
G10	绥满高速公路齐齐哈尔至甘南段	2008.11~2009.3	431.0418	9773	

2. 项目实施阶段

(1) 实施过程

①主线土建工程于 2009 年 5 月 18 日开工,2011 年 9 月 30 日完工。

②房建工程于 2010 年 8 月开工,2011 年 8 月完工。

③交通安全设施工程于 2010 年 5 月开工,2011 年 7 月完工。

④绿化工程于 2010 年 8 月开工,2011 年 8 月完工。

⑤2011 年 9 月,黑龙江省质量监督站联合黑龙江省交通运输厅,依据《公路工程竣工验收办法》和《公路工程质量检验评定标准》对工程进行质量评定,工程质量评定为 98.03 分,项目评定为合格工程。

⑥受交通运输部的委托,2014 年 11 月 20~21 日省交通运输厅组织开展了齐齐哈尔至甘南(黑蒙界)公路工程竣工验收工作。经竣工委员会检查和评议,同意齐齐哈尔至甘南(黑蒙界)公路工程通过竣工验收,工程质量等级评定为优良。

(2) 各项活动

①在全线开展"比安全、比预防措施、比施工便道、比驻地和施工现场卫生、比质量、比生产进度"的活动。

②学习党章党规,强化廉政建设。

(三)复杂技术工程

复杂技术工程主要为特大桥两座——嫩江东大桥和嫩江西大桥(图 8-2-12)。

图 8-2-12　嫩江大桥

1. 工程概况

(1)K785+100 嫩江东江桥:桥梁全长为1807.16m;桥跨布置为 15×(4×30)m 预应力混凝土简支转连续箱梁;下部结构为双柱式桥墩,肋板式桥台,钻孔桩基础;桥面宽度为 2×[0.75m 防撞护栏(内侧)+净 11.5m+0.5m 防撞护栏(外侧)]+0.5m,全宽 26m;桥面铺装为 8cm 厚 C50 防水混凝土,10cm 厚沥青聚酯纤维混凝土,防水混凝土与沥青混凝土层间设置防水层。

(2)K789+401.25 嫩江西江桥:桥梁全长为 2168.3m,齐齐哈尔侧引桥 1563.9m、主桥 400m、甘南侧引桥 204.56m;齐齐哈尔侧引桥桥跨布置为 13×(4×30)m 预应力混凝土简支转连续箱梁,主桥桥跨布置为 75m+2×125m+75m 三向预应力混凝土连续箱梁,甘南侧引桥桥跨布置为 5×40m 预应力混凝土简支转连续箱梁;下部结构主墩及过渡墩桥墩为混凝土实体墩,引桥桥墩为柱式墩身,肋板式桥台,钻孔桩基础;桥面宽度为 2×[0.75m 防撞护栏(内侧)+净 11.5m+0.5m 防撞护栏(外侧)]+0.5m,全宽 26m;桥面铺装为 8cm 厚 C50 防水混凝土,10cm 厚沥青聚酯纤维混凝土,层间设置防水层。

2. 技术特征及难点

大跨度预应力混凝土连续梁桥顶板纵向开裂、腹板沿下束开裂、底版纵向裂缝产生的原因,提出在设计防止病害的措施。在设计中适当加强横向普通钢筋,并将横向束与纵向束同步张拉或先张拉横向束,加大横向预应力,防止顶板纵向开裂,适当加密底板横向筋,将后浇节段接缝处 200cm 范围内底板上、下缘所有横向筋间距采用 8cm,其余采用 12.5cm,防止底版纵向裂缝;为防止腹板下弯束产生沿预应力钢束方向的裂缝,除采取可靠的施工工艺保证竖向预应力束的有效压应力外,对腹板的普通钢筋进行局部加强(图 8-2-13)。

图 8-2-13 特大桥悬浇梁施工

（四）科技创新

根据"部省联合科技支撑黑龙江省公路建设行动计划"的总体安排,针对我省公路建设"三年决战"的技术需求,为解决公路工程建设中的技术问题,经前期调研及与省公路勘察设计院、重点公路工程建设指挥部对接,项目共推广科研项目6项:

(1)沥青玛蹄脂碎石混合料(SMA)在季冻区的推广应用。

(2)寒区大跨径连续箱梁温度均匀分布及温度裂缝控制措施的研究。

(3)寒冷地区简支梁桥桥面连续构造的研究。

(4)黑龙江省高等级公路对社会经济综合影响评价研究。

(5)寒区高等级公路纤维水泥稳定碎石基层的研究。

(6)悬臂施工预应力混凝土桥梁节段间接缝形式的研究。

（五）运营养护管理

绥满高速公路齐齐哈尔至甘南(黑蒙界)段由齐齐哈尔高速公路管理处负责运营管养。

1.服务设施

全线设置齐齐哈尔、甘南2处服务区(表8-2-62)。

绥满高速公路齐齐哈尔至甘南(黑蒙界)段服务场区一览表　　表8-2-62

高速公路编码	服务区名称	桩号	所在区域	占地(m²)	建筑面积(m²)
G10	齐齐哈尔服务区	K800+500	梅里斯区东风村	2633.00	3941.00
	甘南服务区	K867+800	甘南县兴旺村	2504.00	3812.00

2.收费设施

绥芬河至满洲里高速公路齐齐哈尔至甘南(黑蒙界)段共设互通立体交叉6处,服务区2处,收费站7处,停车区1处,匝道出入口数量共计28条,其中ETC车道4条(表8-2-63)。

绥满高速公路齐齐哈尔至甘南(黑蒙界)段收费设施一览表　　表8-2-63

收费站名称	桩号	入口车道数		出口车道数		收费方式
		总车道	ETC车道	总车道	ETC车道	
建华收费站	K779+200	2		3		MTC+ETC
卜奎收费站	K783+628	4	1	6	1	
奈门沁收费站	K792+425	2		3		
共和收费站	K807+324	2		2		
长山收费站	K846+256	2		2		
甘南收费站	K856+540	2		2		
黑蒙界收费站	K872+425	4	1	8	1	

3. 养护管理

本项目养护里程 103.4km,设置梅里斯、甘南 2 处养护工区(表 8-2-64),自通车以来为恢复沿线设施的使用功能及原有的技术标准,在 2013 年对路面病害、桥面病害进行综合整治及沿线设施进行改善。

绥满高速公路齐齐哈尔至甘南(黑蒙界)段养护设施一览表　　　表 8-2-64

养护工区名称	桩　号	路段长度(km)	占地面积(m^2)	建筑面积(m^2)
梅里斯养护工区	K808+000	36.2	7788.69	2401.4
甘南养护工区	K856+540	67.2	10000	2401.4

4. 交通流量

齐甘高速公路自 2011 年至 2015 年,交通量从 14226 辆小客车/日,增长至 32170 辆小客车/日,年平均增长率达到 9.49%;从车辆构成上来看,主要以中小客车和特大型车为主,分别占到总量的 43.41% 和 38.18%(表 8-2-65)。

绥满高速公路齐齐哈尔至甘南(黑蒙界)段交通流量发展状况表(单位:辆小客车/日)表 8-2-65

年份	2011 年	2012 年	2013 年	2014 年	2015 年
建华互通		2479	3077	2894	2058
卜奎互通					3374
奈门沁互通	767	1164	1286	1717	2058
共和互通	375	566	718	818	988
长山互通	122	203	218	170	180
甘南互通	580	759	815	867	911

第三节　联络线 G1001 哈尔滨绕行线

国道主干线哈尔滨绕城高速公路在国家高速公路路网的编号为 G1001,由南段(东风至瓦盆窑)、西段(瓦盆窑至秦家)和东北段(秦家至东风)三部分期建成,路线起止于绥满互通(K0+000~K91+242),全长 91.242km。建设标准为双向四车道、全封闭、全立交高速公路,设计行车速度为 120km/h。建有收费站 7 个,互通 11 个,服务区 2 个,养护工区划分为隧道工区和柳树林工区。作为哈尔滨市乃至黑龙江省公路的中心枢纽,哈尔滨绕城高速公路以哈尔滨为轴心,包括环城过境高速公路以及长春、牡丹江、佳木斯、绥化、大庆五个方向辐射的"一环五射"高速公路体系已完全形成。实现过境车辆全环路通行,不必进入哈尔滨市区,每天可从市区疏导出近 3 万台车辆,彻底解决哈尔滨松花江两岸交通不畅现状,对拉动黑龙江省经济发展、建立新型高效的物流系统起到至关重要的作用。

哈尔滨绕城高速公路先后按南段、西段、东北段分三段建设：

哈尔滨绕城高速南段(东风至瓦盆窑)与G1京哈高速黑龙江省段同时建设，1998年9月开工，2001年9月通车。路线全长29.14km，设计速度120km/h，双向四车道，路基宽度28.0m，通过5个互通区与京哈高速、哈阿高速、长江路、哈成路、哈平路相连(详见第八章第一节)。

哈尔滨绕城高速公路西段(瓦盆窑至秦家)，全长36.814km，2001年7月开工建设，2004年9月交工通车。通过4个互通区与机场高速公路、哈大高速公路、哈伊高速公路、世贸大道相连。

哈尔滨绕城公路东北段(秦家至东风)路线起点于秦家，接绕城高速公路西段，里程K65+400，终点于东风镇，与绕城高速公路东南段和同三国道主干线相连，里程K91+242.60，路线全长25.843km。建设工期3年，2007年4月开工，2009年10月交工验收后投入试运营。

一、哈尔滨绕城高速西段(瓦盆窑至秦家)

(一)项目概况

1. 基本情况

(1)功能定位

哈尔滨绕城高速公路西段(瓦盆窑至秦家)项目是国道主干线同江至三亚(GZ10)和绥芬河至满洲里(GZ15)在哈尔滨市的过境公路，是黑龙江省"十五"期间重点公路建设项目。该项目的实施将逐步完善我省"OK"形主骨架公路网，实现以哈尔滨市为轴心的"一环五射"高速公路系统，并使同三、绥满两条国道主干线有机连接，对实施哈尔滨城市建设发展规划、解决松花江两岸交通不畅、分流过境车辆、环节市区主要干道交通压力、促进哈尔滨及周边城市经济发展提供有力保证。

(2)设计标准

采用双向四车道，设计速度120km/h，路基宽度28.0m。设计荷载：汽车—超20级、挂车—120。G1001绕城高速公路西段(瓦盆窑至秦家)路面结构见表8-3-1。

G1001绕城高速公路西段(瓦盆窑至秦家)路面结构表　　　表8-3-1

路面形式	起点里程	讫点里程	长度(m)	路面类型
柔性路面	K9+235	K46+049	36814.00	沥青路面(上面层4cm中粒式沥青混凝土+中面层6cm中粒式沥青混凝土+SBR改性乳化沥青+下面层7cm粗粒式沥青混凝土+SBR改性乳化沥青+乳化沥青封层+20cm 6%水稳砂砾+33cm 5%水稳砂砾+33cm天然砂砾垫层)

(3) 建设规模

本项目建设里程长 36.814km,其中:特大桥 1268.86m/1 座;大桥 769.1m/1 座;中桥 85.00m/1 座;涵洞 15 道;互通式立交 4 处全部为枢纽型互通;全线设置分离式立体交叉 24 处,其中公路与铁路交叉 3 处,公路与公路交叉 21 处。全线设置养护工区 1 处,收费站 2 处,服务区 2 处。

(4) 地形地貌

路线位于松嫩平原松花江中游地带,地势相对平坦,海拔高度在 116~180m 之间,相对高差为 64m 左右。地表植被多旱田、菜地,兼有部分水田;松花江河滩地大部分为荒地或草地,局部有少量临时开垦的旱田。

(5) 投资规模

项目概算总投资 21.89 亿元。

(6) 开工、交工时间

2001 年 7 月开工建设,2004 年 9 月交工通车。

2. 参建单位主要情况

(1) 建设单位与项目法人责任制

①项目法人。哈双高速公路有限责任公司作为项目法人全权负责项目的筹资、建设、还贷、管理等工作。

②组织机构。2001 年初,省交通厅成立哈尔滨绕城高速公路工程建设指挥部,负责项目建设期间全面管理工作。

(2) 设计单位

勘察设计单位:黑龙江省公路勘察设计院。

(3) 施工单位

通过招投标,本项目主要参建单位有黑龙江省公路桥梁建设集团有限公司、哈尔滨市公路工程处、黑龙江省北龙交通有限公司等有 36 个施工单位。

(4) 施工监理单位

本项目由黑龙江省公路工程监理咨询公司、北京泰克华诚技术信息咨询有限公司、黑龙江省正信监理公司、东北林业大学工程监理部 4 家单位参与工程监理工作。

(二) 建设情况

1. 项目准备阶段

(1) 项目审批

项目在执行过程中,严格履行基本建设程序,各项审批文件手续齐全:

①2000年12月7日省环境保护局印发《关于国道主干线同三公路(GZ10)哈尔滨市环城过境公路瓦盆窑至秦家段环境影响报告书的批复》(黑环监发〔2000〕27号),批复了项目的环境影响报告书。

②2001年2月5日交通部印发《关于国道主干线哈尔滨绕城公路西段(瓦盆窑至秦家)可行性研究报告的批复》(交规划发〔2001〕39号),批复了项目的工程可行性研究报告。

③2001年6月4日交通部印发《关于国道主干线哈尔滨绕城公路西段(瓦盆窑至秦家)初步设计的批复》(交公路发〔2001〕283号),批复了项目的工程初步设计。

④2001年8月24日省公路工程质量监督站印发《公路工程质量监督通知书》(编号2001-03),对项目工程质量实施政府监督。

⑤2002年1月10日国土资源部印发《关于哈尔滨绕城公路(西段)工程建设用地的批复》(国土资函〔2002〕12号),同意征用建设用地。

⑥2003年2月18日黑龙江交通厅印发《关于哈尔滨绕城高速公路西段(瓦盆窑至秦家)施工图设计批复》(黑交发〔2003〕43号),批复了项目的施工图设计。

⑦2003年3月4日交通部公路批复了项目的开工报告。

(2)资金筹措

项目概算总投资21.89亿元,资金来源为交通部补贴2.39亿元,开行贷款13.9亿元,省内自筹5.6亿元。

(3)合同段划(表8-3-2)

根据各专业的工程内容划分标段如下:

①土建工程设计标段划分2个标段,房建工程设计2个标段,绿化工程设计1个标段,机电工程设计1个标段。

②施工标段划分:根据工程内容的不同,36个施工单位参与建设,其中土建标18个,房建工程4个,机电工程2个,交通安全设施6个,绿化工程4个,通信管线工程2个。

③施工监理标段划分:根据工程内容设1个总监办公室,22个土建工程驻地监理标段,4个房建工程监理标段,2个机电工程监理标段。

(4)征地拆迁

哈尔滨绕城高速公路途经哈市城郊富裕地区,征地拆迁工作面临时间紧、任务重、政策性强的复杂情况,指挥部紧密配合哈尔滨绕城高速公路西段征地拆迁办公室,本着"依靠政府、妥善安排、经济补偿、化解矛盾、减少上访"的基本原则,制定征地拆迁工作实施方案。哈尔滨绕城高速公路西段途径哈市动力区、南岗区、道里区、道外区及呼兰县,全线征用永久性用地247万 m^2,动迁房屋4700m^2,迁移电线电缆48条共8500m,自来水管线3条,工企事业单位18家。其中:哈尔滨市区征用土地187.75万 m^2、林地面积为16.3万 m^2;呼兰县征用土地55.54万 m^2、林地面积为4.18万 m^2。

第八章 高速公路建设项目

G1001 绕城高速公路西段（瓦盆窑至秦家）施工标段划分表

表 8-3-2

标段代号	起讫桩号	建设内容	施工单位	监理单位	备注
1	K28+278～K35+796.36	路基工程	黑龙江省公路桥梁建设集团有限公司	黑龙江省公路工程监理咨询公司	
2	K35+796～K43+553	路基工程	中国煤炭国际经济技术合作公司	黑龙江省公路工程监理咨询公司	
3	K43+553～K44+911	路基工程	黑龙江省公路桥梁建设集团有限公司	黑龙江省公路工程监理咨询公司	
4	K45+557～K50+248	路基工程	黑龙江省公路桥梁建设集团有限公司	黑龙江省公路工程监理咨询公司	
5	K51+511～K53+396	路基工程	大庆建筑安装工程集团公司	黑龙江省公路工程监理咨询公司	
6	K54+163～K61+100	路基工程	哈尔滨市公路工程处	黑龙江省公路工程监理咨询公司	
7	K61+100～K63+522	路基工程	黑龙江省公路桥梁建设集团有限公司	黑龙江省公路工程监理咨询公司	
8	K63+844～K66+092	路基工程	黑龙江省公路桥梁建设集团有限公司	黑龙江省公路工程监理咨询公司	
9	K37+441、K63+683 公铁桥	桥梁工程	哈尔滨铁路局工程总承包公司	西安方舟监理咨询公司	
10	K32+270、K36+020、K40+750 三座高架桥	桥梁工程	黑龙江省公路桥梁建设集团有限公司	黑龙江省公路工程监理咨询公司	
11	K45+237 高架桥	桥梁工程	黑龙江省公路桥梁建设集团有限公司	黑龙江省公路工程监理咨询公司	
12	K50+880 斜拉桥	桥梁工程	中铁第十三工程局	黑龙江省公路工程监理咨询公司	
13	K53+780 汉河桥	桥梁工程	黑龙江省公路桥梁建设集团有限公司	黑龙江省公路工程监理咨询公司	
14	K29+920、K31+450、K34+757、K36+661 分离桥	桥梁工程	哈尔滨市公路工程处	黑龙江省公路工程监理咨询公司	
15	K41+468、K41+981.22、K48+800 三座大中桥	桥梁工程	哈尔滨市公路工程处	黑龙江省公路工程监理咨询公司	
M1	K29+278～K40+629	路面工程	龙建路桥股份有限公司	黑龙江省公路工程监理咨询公司	
M2	K40+629～K51+512	路面工程	龙建路桥股份有限公司	黑龙江省公路工程监理咨询公司	
M3	K51+512～K66+092	路面工程	龙建路桥股份有限公司	黑龙江省公路工程监理咨询公司	
T1	K29+278～K50+235	管线工程	北京飞达交通工程公司	北京泰克华诚技术信息咨询有限公司	

445

续上表

标段代号	起讫桩号	建设内容	施 工 单 位	监 理 单 位	备注
T2	K50+235~66+092	管线工程	哈尔滨交研交通工程有限责任公司	北京泰克华诚技术信息咨询有限公司	
F1	收费雨棚	收费雨棚	常州东方金属有限公司	黑龙江省正信监理公司	
F2	机场路收费站	房建工程	黑龙江省龙飞建设开发有限公司	黑龙江省正信监理公司	
F3	秦家收费站	房建工程	绥化第二建筑工程有限公司	黑龙江省正信监理公司	
F4	养护工区	房建工程	哈尔滨市东方建筑工程有限公司	黑龙江省正信监理公司	
D1	机电工程	收费系统	哈尔滨交研交通工程有限责任公司	北京泰克华诚技术信息咨询有限公司	
D2	机电工程	通信监控系统	中铁电气化局集团有限公司	北京泰克华诚技术信息咨询有限公司	
J1	K29+278~K50+22	安全设施	黑龙江省北龙交通有限公司	北京泰克华诚技术信息咨询有限公司	
J2	K57+508~K66+091	安全设施	黑龙江省北龙交通有限公司	北京泰克华诚技术信息咨询有限公司	
J3	K29+278~K66+091	安全设施	黑龙江省北龙交通有限公司	北京泰克华诚技术信息咨询有限公司	
J4	K29+27~8K50+252	安全设施	哈尔滨交研交通工程有限公司	北京泰克华诚技术信息咨询有限公司	
J5	K51+508~K66+091	安全设施	黑龙江省北龙交通工程有限公司	北京泰克华诚技术信息咨询有限公司	
J6	K29+278~K66+091	绿化工程	大连园林绿化工程有限公司	北京泰克华诚技术信息咨询有限公司	
L2	K29+278~K40+629	绿化工程	黑龙江省美环园林绿化工程有限公司	东北林业大学工程监理部	
L3	K40+629~K51+512	绿化工程	东北林业大学工程监理部	东北林业大学工程监理部	
L4	K61+100~K62+600	绿化工程	东北林业大学工程监理部	东北林业大学工程监理部	
L5	K51+512~K66+092	绿化工程	黑龙江省美环园林绿化工程有限公司	东北林业大学工程监理部	

2.项目实施阶段

(1)实施过程

项目于2001年7月开工,2004年9月交工,2005年9月竣工。总体施工进度见表8-3-3。

G1001绕城高速公路西段(瓦盆窑至秦家)总体施工进度表　　　　表8-3-3

工程项目	计划完成（累计）			
	2001年	2002年	2003年	2004年
路基土方	50%	100%		
路基下处理	100%			
小桥涵	100%			
大、中桥	下部	100%		
特大桥	下部60%	主体工程	100%	
四方台大桥	基础	下部100%(含主桥塔)	上部合龙	100%
路面工程		垫层及下基层的40%	基层及中下面层	上面层
房建工程			主体工程	100%
交通工程			基础工程	100%

(2)完成工程量

①土建工程

全线路基土方717万 m^3,沥青混凝土路面91万 m^2,特大桥1座,大桥1座,中桥1座,公铁立交桥3座,分离立交桥21座,互通式立体交叉4处,涵洞47道。

②交通工程及沿线设施

a.交通工程:标志牌439块;轮廓标10216块;标线61421m^2;波形梁护栏149490m;防眩设施11634m;隔离栅78413m;里程碑74块;公路界碑957块。

b.沿线设施:全线共设收费站2处,养护工区1处,建筑总面积4622.8m^2。

c.绿化、环保、水利工程

绿化工程措施:全线包括公路沿线、取弃土场、庭院共种植草坪217803m^2,草花172762株,乔木20854株,灌木5542108株。

综合排水防护工程措施:全线排水防护工程31.15万 m^3。

桥涵河道整治措施:桥涵施工结束后,已将河道彻底进行了疏通。

建设期绿化环保措施:全线按环保标准要求设置生产设备、设施。施工单位驻地、料场种花、种草、栽植树木。为保持工地清洁、控制扬尘、杜绝漏洒材料、防止对施工现场旁的农作物扬尘污染,采取清扫、洒水、覆盖苫布等措施,减少污染。沥青拌和站布置在远离居民区、学校等环境敏感点300m以外的下风向处。施工及生活生产的废弃物,每日堆放在一起,统一运至环保部门同意的指定地点,规范堆放处置。取弃土场处理达到植树绿化要求。

G1001绕城高速公路西段(瓦盆窑至秦家)建设生产要素见表8-3-4。

G1001绕城高速公路西段(瓦盆窑至秦家)建设生产要素统计表 表8-3-4

高速公路编号	建设时间	钢材(t)	沥青(t)	水泥(t)	中砂(m³)	砂砾(m³)	砂石料(m³)	木材(m³)	柴油(t)	汽油(t)
G1001	2001.7~2004.9	35551	19503	194905	21729	144701	568090	5951	23288	106

(三)复杂技术工程

复杂技术工程主要为四方台斜拉桥(图8-3-1)。

图8-3-1 四方台斜拉桥

1. 工程概况

四方台公路大桥位于黑龙江省哈尔滨市西郊四方台高地以西1.2km处的松花江江段上,连接哈尔滨市江南与江北,是哈尔滨环城过境公路西段上一座重要的大桥。上游距双口面铁路桥3.5km,下游距松花江公路大桥11km。桥梁横向布置:主桥全宽33.2m,双向共四车道。桥面横向布置为:2.6m(布索道)+0.75m(防撞护栏)+11.75m(行车道)+3m+11.75m(行车道)+0.75m(防撞护栏)+2.6m(布索道)。引桥全宽28m,双向共四车道。桥面横向布置为:0.75m(防撞护栏)+11.75m(行车道)+3m(中央分隔带)+11.75m(行车道)+0.75m(防撞护栏)。本桥主桥采用双塔双索面半漂浮体系结合梁斜拉桥,引桥采用预应力混凝土连续箱梁结构,桥梁全长1268.86m,主桥长696m,引桥长572.86m。

桥跨布置:6×40m(南引桥)+44m(过度跨)+136m(边跨)+336m(主跨)+136m(边跨)+44m(过度跨)+8×40m(北引桥)。

2. 技术特征及难点

(1)主桥索塔

索塔为门式塔,设置上下两道横梁。桥面以下设一道下横梁,桥面以上设一道上横梁,两道横梁将桥塔分为上、中、下塔柱三部分。南塔高110.80m,北塔高106.10m(塔座以上),桥面以上高度均为88.56m,其与主跨径之比为0.264。索塔截面形式为单室类六边形,顺桥向长7.0m,横桥向宽5.0m。在索塔处主梁两侧不设置人行道悬臂梁,人行观光道在塔外绕行而过。

（2）主桥桥塔基础

南、北塔墩基础均为整体式承台下设群桩基础,钢筋混凝土承台尺寸15m×54.5m×5m,其中含8×8.3m横系梁,两基础均设26根ϕ2.0m钻孔灌注桩,桩长均为70m。

（3）主桥边墩

两边墩均为方柱式墩身,墩身截面尺寸为2m×2.5m,承台为分离式,承台尺寸3.2m×8.4m×2m,每个分离承台下分设2根ϕ2.0m钻孔灌注桩,桩长为45m。

（4）主桥过渡墩

主、引桥过渡墩为预应力凸形盖梁。内设13根5m长ϕ15.24mm钢绞线,异形墩身,下端截面尺寸3m×3.5m,上端截面尺寸3m×3.5m,整体式承台,承台尺寸8.4m×20.1m×2m,下设6根ϕ2.0m钻孔灌注桩,梅花形布设,桩长均为53m。

（5）主桥主梁

主梁截面以两工字钢边梁肋,横梁及中间小纵梁,与混凝土桥面板结合形成组合截面,两工字钢边梁肋间距为29.2m,主梁在布索道处梁高为2.2m,桥梁中心线处梁高为2.47m,主梁高度与主跨径比为1:136,截面高宽比为1:13.4。

（6）钢主梁、横梁及小纵梁

工字钢边肋根据受力的需要采用两种不同的截面形式。标准段工字钢边梁肋上翼缘钢板宽度为900mm,厚度为45mm;下翼缘钢板宽度为900mm,厚度为60mm;腹板厚度为28mm。过渡跨工字钢边梁上翼缘钢板宽度为900mm,厚度为60mm;下翼缘钢板宽度为900mm,厚度为80mm;腹板厚度为28mm,为提高其整体和局部稳定性,设置一定数量的水平、竖向加劲肋。

横梁除过渡墩顶的横梁采用箱形截面为,其余的横梁均采用工字形截面。标准段横梁上翼缘钢板宽度为600mm,厚度为25mm;下翼缘钢板宽度为600mm,厚度为35mm;腹板厚度为20mm,过度跨横梁上翼缘钢板宽度为800mm,厚度为40mm;下翼缘钢板宽度为800mm,厚度为50mm;腹板厚度为20mm。横梁间距为4.0m,中间小纵梁高300mm,下翼缘钢板宽度为240mm,上翼缘钢板宽度为400mm,腹板高度为280mm,厚度均为10mm。

主梁与主梁、主梁与横梁、横梁与小纵梁间均采用摩擦型高强度螺栓连接。

（7）混凝土桥面板

桥面板为矩形混凝土实心板,板厚0.25m,分为预制及现浇两种,预制桥面板板宽13.9m,并于顺桥向设置剪力槽。在钢梁支撑处设置5cm宽、1cm厚的橡胶垫片,防止现浇混凝土浆外溢及水浸入锈蚀钢梁。

根据受力情况,边跨及主跨部分桥面板设置纵向预应力钢束,边跨设置每束9根ϕ15.24mm钢绞线22束(半桥);主跨设置每束7根ϕ15.24mm钢绞线14束(半桥);并分别设置预留管道。

(8)剪力钉

桥面板通过布置在钢主梁及钢横梁项的剪力钉于钢梁结合,剪力钉采用ϕ22mm圆头焊钉,16m钢材,剪力钉在钢主梁上的排列以不与桥面板普通钢筋相冲突为准。

(9)斜拉索

本桥采用热挤聚乙烯平行斜拉索,拉索采用ϕ7mm低松弛预应力镀锌高强钢丝。同心同向2°~4°,外包PE防护材料。全桥共计52对拉索,其丝数为163~367丝。设计索力3940~8870kN。

拉索索面为空间扇形,自下至上向桥外侧倾斜;塔内拉索虚焦点间竖向距离为2.0m,最上线索距塔顶面4.92m;梁上拉索锚点水平间距12.0m,1号索锚点距顺桥向塔中心水平距离约15.2m。

(10)斜拉索锚固

钢主梁上斜拉索的锚固形式,与钢主梁内侧设置钢锚箱,钢锚箱以焊接的形式与钢主梁上下翼缘板和腹板相连接,锚板后侧设可开启的钢遮板,以便于日后检查。

塔内斜拉索的锚固采用锚固钢横梁的锚固形式,锚固钢横梁与劲性骨架连接为一体,并在索塔锚固区布置环向预应力钢束。

(11)主桥支座

过渡墩盖上设置10个单向滑动支座。边墩上设置滑动支座,桥塔下横梁设置2个滑动支座。相应桥塔内侧与钢主梁间设置横向限位支座。

(12)主桥桥面系

行车道铺设8cm厚沥青混凝土。两侧设置人行道,外设金属栏杆,内设防撞护栏。桥塔处人行道板单独设置,绕外塔壁,并与塔壁固接。护栏底座内侧设泄水管,并纵向连接,集中排放。

(13)伸缩装置

主、引桥过渡墩主桥侧处设1道毛勒D560型伸缩装置。

(14)引桥结构形式及特点

①引桥上部为预应力混凝土等高度连续箱梁,南北各一联,箱梁横断面采用两个单箱单室截面,行车道2.0%横坡由箱梁项板形式。单箱宽14m,高度为2m(行车道板中心处高度)。桥面铺装为8m防水混凝土,8m沥青混凝土。

②箱梁预应力钢束采用270级ϕ15.24mm钢绞线,纵向腹板内钢束每束17根,底板

内正弯矩钢束每束5根,边跨底板内正弯矩加强钢束每束4根,锚具采用群锚张拉锚固体系,顶板内负弯矩钢束每束5根。锚具采用扁锚张拉锚固体系。

③箱梁行车道板及横隔板按普通钢筋混凝土结构设计。

④引桥共设4道伸缩装置,桥台设置毛勒D240型,6号、11号墩处设置毛勒D160型。

⑤4号、13号墩设固定支座,其余各墩台均设滑动支座。

(四)科技创新

在工程建设中,加大科技创新力度,积极推广"四新"成果,并取得了较好的效果。四大方台大桥主塔钻孔桩基础采用新型钻机,2个月时间内全部完成,在我省公路桥梁施工史上还是第一次;混凝土预制梁施工采用与科研单位联合开发的新型钢片式振捣器,消除了混凝土表面蜂窝麻面和气泡的质量通病,该产品已经通过了省技术监督局鉴定并获得了专利证书;大桥主塔承台施工采用了井点降水工艺,降水面积3000多平方米,降水深度近10m,降水面积及降水深度属我省之最;主塔承台大体积混凝土冬季施工,采用"内降外保"施工工艺,使混凝土内外温差控制在25℃以内,未产生温度裂缝,各项指标均到达了规范要求(图8-3-2);松花江江堤内路基施工采用吹砂填筑的新工艺(图8-3-3),工作效率大大提高,节约了占地,实现了环保工程;在松花江南侧1km软土地基下处理中采取用塑料排水板新材料,具有竖向排水快、加速固结的特点,不仅降低了工程造价,还保证了工程质量;在四方台大桥主塔施工中采用附着式自升塔吊和人货两用电梯,采用爬模和爬架相互辅助的施工工艺,通过加大爬架高度、增加模板节数的措施,全天24小时不间断作业,大大加快了施工进度;在主塔混凝土养护中采用与主塔外形相似的环向喷水管,可以随着主塔爬架的提升而升高,随时将水均匀地喷洒在混凝土表面,这种新型养生工艺和较好的主塔混凝土外观质量受到广泛好评。

图8-3-2 斜拉桥主塔混凝土养护

图8-3-3 吹砂填筑路基的应用

(五)运营养护管理

本项目路段由哈尔滨高速公路管理处负责运营养护管理。

1. 服务设施

全线设置松花江服务区1处(表8-3-5)。

G1001绕城高速公路西段(瓦盆窑至秦家)服务区一览表　　表8-3-5

高速公路编码	服务区名称	桩号	所在区域	占地(m^2)	建筑面积(m^2)
G1001	松花江服务区	K38+000	绕城高速公路西环	30500	2032

2. 收费设施

本项目共设置收费站2座,分别为群力、松北收费站。匝道出入口数量共计15条,其中ETC车道4条(表8-3-6)。

G1001绕城高速公路西段(瓦盆窑至秦家)收费设施一览表　　表8-3-6

收费站名称	桩　号	入口车道数		出口车道数		收费方式
		总车道	ETC车道	总车道	ETC车道	
群力收费站	K24+540	3	1	5	1	MTC+ETC
松北收费站	K36+250	3	1	4	1	

3. 养护管理

本项目养护里程36.814km,设置柳树林、哈肇2处养护工区(表8-3-7)。自通车以来为恢复沿线设施的使用功能及原有的技术标准,在2010年对通往哈尔滨王岗镇的上跨分离桥进行加固维修,并对全线的病害进行治理;在2011年对松花江服务区路面进行维修,并对全线的病害进行治理;在2012年对部分路段进行溶剂型沥青封层处理,并对全线的病害进行治理;在2013年对K35+806分离桥桥面进行维修,并对全线的病害进行治理;在2014年对全线的病害进行治理;在2015年对全线的病害进行治理。

G1001绕城高速公路西段(瓦盆窑至秦家)养护工区设施一览表　　表8-3-7

养护工区名称	桩　号	路段长度(km)
柳树林养护工区	K9+235~K25+000	15.765
哈肇养护工区	K25+000~K46+049	21.049

4. 监控设施

本项目路段设置哈尔滨高速公路管理处监控中心,负责京哈高速公路和绕城高速公路区域的运营监管(表8-3-8)。

G1001 绕城高速公路西段(瓦盆窑至秦家)监控设施一览表　　表 8-3-8

监控设施名称	占地面积(m^2)	建筑面积(m^2)
哈尔滨高速公路管理处监控中心	3000	2300

5. 交通流量

绕城高速公路西段(瓦盆窑至秦家)段自 2005 年至 2015 年,交通量从 331 辆小客车/日,增长至 3481 辆小客车/日,年平均增长率达到 8.23%；从断面交通流量分析,瓦盆窑至群力段的交通流量较大,达到 3090 辆小客车/日,群力至松北段交通流量较小,为 390 辆小客车/日(表 8-3-9、图 8-3-4)。

G1001 绕城高速西段段交通流量发展状况表(机场路松北站)(单位:辆小客车)　　表 8-3-9

年份	2005 年	2006 年	2007 年	2008 年	2009 年	2010 年	2011 年	2012 年	2013 年	2014 年	2015 年
群力站	295547	410813	554600	707748	816443	1325271	1748041	1171574	1152638	1076287	1128079
松北站	未建站	未建站	未建站	未建站	未建站	424503	848992	861914	241155	195819	161283	142348
全线平均	295547	410813	554600	707748	620423	1087125	1304978	706365	674229	618785	635214
全线平均日交通量	810	1126	1519	1939	3400	5957	7151	3870	3694	3390	3481

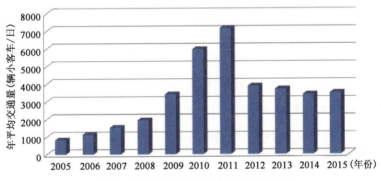

图 8-3-4　G1001 绕城高速西段段年平均日通量

二、哈尔滨绕城公路东北段(秦家至东风)

(一)项目概况

1. 基本情况

(1)功能定位

本项目是黑龙江省"OK"形公路主骨架和以哈尔滨为轴心"一环五射"高速公路的枢纽工程。哈尔滨市是全国 45 个公路运输主枢纽之一,客货运量占全省的 30% 以上,交通流发生及集中的覆盖面包括全省各地区之间及其出入省境车辆,其中哈尔滨于松花江北岸绥化、大庆之间的运量占全市运量的47%。环城公路将哈尔滨市区周边的卫星城镇相互连接,使哈尔滨市的10个出口路段形成网络,项目建成后,环路上交通流将由城市交通、过境交通、出入境交通三部分共同组成。项目的经济影响区为黑龙江全省,其中主要是哈尔滨市、绥化市、大庆市3个地区。

(2)技术标准

全线采用四车道高速公路标准建设,设计速度120km/h,路基宽度28m。桥涵设计汽车荷载等级为公路Ⅰ级。设计洪水频率:特大桥为300年一遇,大、中、小桥涵为100年一遇。G1001绕城高速公路东北段路面信息见表8-3-10。

G1001绕城高速公路东北段(秦家至东风)路面信息汇总表 表8-3-10

路面形式	起点里程	讫点里程	长度(m)	路面类型
柔性路面	K65+400	K91+242.6	25843	沥青路面

(3)建设规模

路线全长路线全长25.774km,全线设松花江特大桥1座;超过500m以上大桥4座,分离式立交13座;双洞分离式隧道1座;互通立交3处;钢筋混凝土涵洞及通道37道;停车服务区1处;桥梁隧道管理所1处;养护工区1处;通信监控所1处;收费站2处。路基土方343万m^3;桥梁7365m(其中:松花江大桥2324.92m,分离式立体交叉3125.26m,互通主线及匝道桥1915.03m);隧道单洞3350m(上行线全长1660m,下行线全长1690m);路面工程68万m^2。

(4)主要控制点

项目起于绕城公路西段终点秦家屯,设分离立交跨越黑大公路后向东延伸,经马家沟南与规划的景阳街隧道延伸线交叉后,于宋佳屯东跨滨州、滨北铁路连接线,与省道哈尔滨至肇兴公路相交,穿越松浦苗圃后跨滨北铁路、战备渡口公路,与大庆至哈市炼油厂原油输油管线交叉后向东延伸,跨江南中环路后,跨越水渠及东风至民主乡道,经高玉环屯南,与东风至巨宝乡道交叉后至天恒山山脚,采用隧道方案通过,而后跨越东风镇恒星村后跨国道同哈公路,终点与同三公路交叉的东风互通(东南段起点)。

(5)地形地貌

项目位于哈尔滨市建成区边缘地理位置于东经126°36′45″~126°48′27″,北纬45°38′17″~45°52′15″之间,行政区属于哈尔滨市区。

(6)投资规模

项目概算投资19.24亿元。

(7)开工及通车、竣工时间

2007年4月开工,2009年10月交工验收后投入试运营。2012年11月24日通过竣工验收。

2. 前期决策情况

哈尔滨绕城高速公路东北段(秦家至东风)工程项目为国道主干线同三公路和绥满公路在哈尔滨市的过境公路;黑龙江省"OK"形公路网主骨架的重要组成部分;黑龙江省"十一五"公路交通发展中建设以哈尔滨为中心的"一环十射"高速公路系统的中心内容。

2004年4月26日,黑龙江省交通厅下达了《关于国道主干线哈尔滨绕城高速公路东北环工程可行性研究报告的请示》(黑交公字〔2004〕141号),黑龙江省交通规划设计院于2004年3月完成项目预可行性研究报告的编制工作。

2004年8月6日,交通部下达了《关于国道主干线哈尔滨绕城公路东北段(秦家至东风)可行性研究报告的批复》(交规划〔2004〕433号)。

3. 参建单位主要情况

(1) 建设单位

哈尔滨远达绕城高速公路有限责任公司成立哈尔滨绕城公路东北段工程建设指挥部负责组织实施。

(2) 设计单位

黑龙江省公路勘察设计院。

(3) 施工单位

通过招投标,本项目由中铁十三局集团第一工程有限公司、中铁十三局集团第三工程有限公司、中铁十三局集团第四工程有限公司、哈尔滨市公路工程处、龙建路桥股份有限公司等13家单位参与施工建设。

(4) 施工监理单位

通过招投标,本项目监理由东北林业大学工程监理部、黑龙江省公路工程监理咨询公司、甘肃铁一院工程建设监理公司、北京兴通交通工程监理有限责任公司承担。

(二) 建设情况

1. 项目准备阶段

(1) 项目审批

该项目严格执行了交通基本建设程序,各个环节手续齐全,具体如下:

①2004年7月26日,黑龙江省交通厅批复了《关于国道主干线哈尔滨绕城公路东北段(秦家至东风)勘察设计招标问题》(黑交发〔2004〕283号)。

②2004年5月31日,黑龙江省高速公路建设局批复了《关于国道主干线哈尔滨绕城公路东北段项目设计招标工作方案》(黑高建发〔2004〕55号)。

③2005年1月14日,黑龙江省地震安全性评定委员会批复了《关于国道主干线哈尔

滨绕城公路东北段松花江公路大桥工程场地地震安全评价报告》(〔2005〕01号)。

④2005年3月25日,中华人民共和国交通部批复了《关于国道主干线哈尔滨绕城公路东北段(秦家至东风)初步设计》(交公路发〔2005〕127号)。

⑤2005年8月2日,黑龙江省交通厅批复了《关于国道主干线哈尔滨绕城公路东北段(秦家至东风)工程施工招标方案》(黑交发〔2005〕262号)。

⑥2005年9月6日,黑龙江省交通厅批复了《关于国道主干线哈尔滨绕城公路东北段(秦家至东风)土建工程招标资格预审评审结果》(黑交发〔2005〕300号)。

⑦2005年9月6日,黑龙江省交通厅批复了《关于国道主干线哈尔滨绕城公路东北段(秦家至东风)土建工程和监理招标文件》(黑交发〔2005〕301号)。

⑧2006年10月10日,国土资源厅批复了《关于国道主干线哈尔滨绕城公路东北段(秦家至东风)工程建设用地》(国土资函〔2006〕515号)。

⑨2007年3月12日,黑龙江省交通厅批复了《关于国道主干线哈尔滨绕城公路东北段(秦家至东风)施工图设计》(黑交发〔2007〕67号)。

⑩2007年11月5日,黑龙江省交通厅批复了《关于国道主干线哈尔滨绕城公路东北东风互通E、H匝道设计方案变更》(黑交发〔2007〕346号)。

⑪2007年11月13日,黑龙江省高速公路建设局批复了《国道主干线哈尔滨绕城公路东北段附属工程招标方案》(黑高建发〔2007〕219号)。

(2)资金筹措

概算总投资19.24亿元,项目资金来源主要是银行贷款12.5亿元、交通部补贴2.57亿元、企业自筹资本金4.17亿元。竣工决算为25.72亿元,平均每公里造价9952.40万元。

(3)合同段划分(表8-3-11)

根据各专业的工程内容划分标段如下:

①本项目共划分21个施工标段,土建施工标段13个,其中A1~A7为路基施工标段,B1~B4为桥梁施工标段,C1为路面施工标段,D1为隧道桥梁综合标段。交通附属施工标段8个,其中E1为房建施工标段,F1、F2为绿化施工标段,H1、H2为机电工程施工标段,G1~G3为交通安全设施施工标段。

②本项目设置3个土建工程监理办公室,负责监理区段内路基路面工程、交通安全设施工程的施工监理工作;1个房建工程监理办公室,负责全线房建工程施工监理;1个绿化工程办公室,负责全线绿化工程监理;1个机电工程监理办公室,负责全线的机电工程施工监理。

(4)招投标

按照《中华人民共和国招投标法》和交通部颁布的《公路工程施工招标投标管理办法》《公路工程施工招标资格预审办法》《公路工程施工招标评标办法》的要求,由项目法人单位组织招标工作。

第八章 高速公路建设项目

G1001 绕城高速公路东北段（秦家至东风）合同段划分一览表

表 8-3-11

序号	参建单位	参建单位名称	合同段编号及起止桩号	主要负责人	主要内容	备注
1	项目管理单位	哈尔滨绕城东北段工程建设指挥部	K65+400~K91+242.6	戴文革	全线建设	
2	勘察设计单位	黑龙江省公路勘察设计院	K65+400~K91+242.6	杨立伟	工程设计	
3	施工单位	中铁十三局集团第一工程有限公司	A1:K65+400~K68+934	韩兆军,蔡树忠	路基工程	
4		哈尔滨市公路工程处	A2:K69+690~K71+300	肖凤国,刘刚	路基工程	
5		哈尔滨市公路工程处	A3:K71+300~K73+503.32	赵休昌	路基工程	
6		龙建路桥股份有限公司	A4:K74+128.68~K77+704.72	冯振国,杨晓光	路基工程	
7		龙建路桥股份有限公司	A5:K80+029.64~K82+800	崔喜友	路基工程	
8		龙建路桥股份有限公司	A6:K82+800~K83+956.67	王立军,张学兵	路基工程	
9		哈尔滨市公路工程处	A7:K84+386.33~SK87+872.52	韩光明,王伟	路基工程	
10		中铁十三局集团第一工程有限公司	B1:K68+934~K69+690	蔡兆明,王开明	桥梁工程	
11		中铁十三局集团第三工程有限公司	B2:K73+503.32~K74+128.68	白杰,王彦斌	桥梁工程	
12		中铁十三局集团第四工程有限公司	B3:K77+704.72~K80+029.64	谢伟东,唐晓军	桥梁工程	
13		龙建路桥股份有限公司	B4:K83+956.67~K84+386.33	徐国山	桥梁工程	
14		中铁十三局集团第三工程有限公司	C1:K65+400~K91+242.6	于运双,王伟	路面工程	
15		中铁十三局集团第四工程有限公司	D1:SK87+872.52~K91+242.60	池春生,姜子良	隧道桥梁工程	
16		中铁十三局集团第四工程有限公司	E1	许镇镇,刘爱民	房建工程	
17		哈尔滨新时代环境艺术有限责任公司	F1	丁庆来	绿化工程	
18		哈尔滨绿丰园林绿化工程有限公司	F2	于志强	绿化工程	
19		哈尔滨弘亿公路设施工程咨询有限公司	G1	刘春楠	标识标线	
20		黑龙江省华龙建设实业总公司	G2	李贵范	安全设施	
21		紫光捷通科技股份有限公司	G3	王林	隔离栅	
22		中铁十三局集团电务工程有限公司	H1	周迅	机电工程	
23		中铁十三局集团电务工程有限公司	H2	陈丕刚	机电工程(隧道)	
24	监理单位	东北林业大学工程监理部	第一监理办	王宗生		K65+400~K77+704 及路面 C1标 K65+400~K80+029
25		黑龙江省公路工程监理咨询公司	第二监理办	王文双		K68+934~K69+690K73+503~K74+128K77+704~K80+029K83+956~K84+386
26		甘肃铁一院工程建设监理责任公司	第三监理办	李俊华		K80+029~K91+242 及路面 C1标 K80+029~K91+242
27		北京兴major交通工程监理有限责任公司	交附第一监理办	陈振明	机电工程	
28		黑龙江省公路工程监理咨询公司	交附第二监理办	王文双	绿化工程	
29		东北林业大学工程监理部	交附第三监理办	王禹	房建工程	

①2005年8月24日有19家土建工程施工单位通过资格预审,参加本项目主线土建工程14个合同段的投标。2005年10月14日在哈尔滨市公开开标,采用无标底投标,合理低价中标方式,由黑龙江省信诚工程招标有限公司评审出14家中标单位。

②2008年5月16日有3家房建工程施工单位通过资格预审,参加本项目房建工程1个合同的投标。2008年5月19日在哈尔滨市公开开标,采用无标底投标,合理低价中标方式,确定了1家中标单位。

③2008年5月16日有6家机电工程施工单位通过资格预审,参加本项目机电工程的投标。2008年5月19日在哈尔滨市公开开标,由评标委员会进行评审,确定2家中标单位。

④2008年5月8日有9家交通安全设施工程施工单位通过资格预审,参加交通安全设施22个合同段的投标。2008年5月19日在哈尔滨市公开开标,确定了3家中标单位。

⑤2009年8月7日有6家绿化工程单位通过资格预审,参加绿化工程2个合同的投标。2009年8月12日在哈尔滨市公开开标,确定了2家中标单位。

(5)征地拆迁

①工作及范围

哈尔滨市松浦镇、民主乡、团结镇、呼兰区利民街道办事处共13个村的集体土地。

②主要内容

a. 签订协议、界定征地界限、办理永久性占地报批手续。

b. 永久占地界内房屋等各种构造物的搬迁。

c. 永久占地内附着物的拆除。

d. 各种管线的迁移、改建,既有通信管线的改建、加高、迁移,还有电力线路的改建、加高、迁移。

e. 临时及借土占地的征用。

③遵循的政策法规

a.《中华人民共和国土地管理法》。

b.《黑龙江省土地管理条例》。

④主要做法

a. 设立专门组织机构

本项目征地拆迁工作由哈尔滨市政府负责。组成专门机构,加强领导,做深入细致的组织、动员工作,切实安排好群众的生产、生活,保持社会稳定。征地及拆迁补偿标准等问题,原则上仍执行省政府《关于哈双高速公路建设工程征地及动迁补偿标准问题的通知》(黑政函〔1999〕46号)和《黑龙江省人民政府关于哈尔滨环城高速公路建设工程征地及动迁补偿标准问题的批复》(黑政函〔2001〕58号)的有关规定。林地和林木综合补偿标准比照土地补偿标准执行。

b. 工作原则

按照"从实际出发、有情操作"的工作要求,在工作中始终坚持"严格程序、公开透明、公平公正,接受监督、清正廉洁"的工作原则。

c. 征地拆迁工程量:永久征地 148 万 m^2,房屋征拆 6.9 万 m^2,电信拆迁 217 万元,电力拆迁 1196 万元,征地拆迁共补偿 25454 万元。

2. 项目实施阶段

(1)主线土建工程于 2006 年 10 月 10 日开工,2009 年 9 月 25 日完工。

(2)房建工程于 2008 年 7 月开工,2009 年 9 月完工。

(3)机电工程于 2008 年 10 月开工,2009 年 10 月完工。

(4)交通安全设施工程于 2009 年 6 月开工,2009 年 9 月完工。

(5)绿化工程于 2008 年 8 月开工,2010 年 4 月完工。

(6)2009 年 10 月,黑龙江省公路局工程质量监督站根据《公路工程竣(交)工验收办法》《公路工程质量鉴定办法》,对项目进行了竣工质量鉴定,工程质量评分为 93.90 分,等级为优良。

(7)2011 年 9 月,黑龙江省公路工程质量监督站对该项目进行竣工验收,工程质量评分为 91.42 分,等级为优良。

(8)2012 年 11 月 24 日,省交通运输厅组织有关单位对哈尔滨绕城公路东北段工程进行了竣工验收。经竣工验收委员会检查和评议,工程质量评定为优良等级,同意通过竣工验收。

(三)复杂技术工程

复杂技术工程主要为松花江特大桥、天恒山隧道。

1. 松花江大桥

松花江大桥全长 2324.92m,其中主桥长 595m,引桥长 1729.92m。桥梁桥跨布置为 $2\times40m+3\times40m+4\times40m$(南引桥)$+90.5m+3\times138m+90.5m$(主桥)$+4\times40m+10\times(3\times40m)$(北引桥)。主桥采用大跨度预应力混凝土连续梁结构,引桥采用预应力混凝土简支 T 梁结构,全桥位于直线段上。

引桥采用 40m 预应力混凝土简支 T 梁结构,桥面连续,一般情况下 3 孔一联。两联之间及桥台处设 D-160 型伸缩装置,北引桥桥长 1365.28m,南引桥桥长 364.64m。

引桥桥墩(半幅)在墩高小于 11m 时采用 $\phi1.60m$ 钢筋混凝土双柱式墩身,$\phi1.80m$ 钢筋混凝土钻孔灌注桩基础;在墩高大于 11m 时采用 $\phi1.80m$ 钢筋混凝土双柱式墩身(图

8-3-5),φ2.0m 钢筋混凝土钻孔灌注桩基础。桥台均为钢筋混凝土肋板式桥台,φ1.2m 钢筋混凝土钻孔灌注桩基础。

图 8-3-5　松花江大桥钢筋混凝土双柱式墩身

2. 天恒山隧道

天恒山隧道(表 8-3-12)平面布置采用分离式隧道方案。

天恒山隧道情况表　　　　表 8-3-12

隧道名称		起讫里程桩号	隧道长度(m)	隧道分类	备　注
天恒山隧道	上行线隧道	K88+320～K89+980	1660	长隧道	分离式
	下行线隧道	K88+325～K90+015	1690		

寒冷地区的隧道常在春融期出现渗漏,渗漏会引发各种冻害,影响行车,威胁结构稳定和安全。出现该问题源于冻融循环导致隧道防水工程受到破坏,解决该问题的办法是对隧道实施保温工程。

天恒山隧道保温工程采用"复合防水板+隔热保温层+复合防水板"保温方案,具体如下:

(1)电缆槽(检修道)顶面以下保温工程(图 8-3-6)

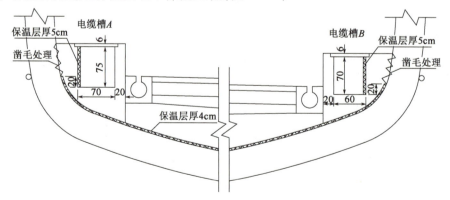

图 8-3-6　电缆槽(检修道)顶面以下保温工程断面图(尺寸单位:cm)

仰拱顶面设置4cm厚保温板；电缆槽内靠近二次衬砌侧采用膨胀螺栓外挂5cm厚的保温板，保温板外挂铁丝网后涂抹1cm厚的防火水泥砂浆。

（2）电缆槽（检修道）顶面以上保温工程

保温板设置在二次衬砌表面，保温板厚度5cm，保温板采用轻钢龙骨框架拼装，保温板表面设置硅酸钙防火板饰面，防火板（图8-3-7）表面喷涂防火涂料。

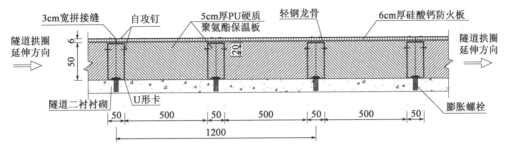

图8-3-7　PU硬质聚氨酯保温板及硅酸钙防火板安装断面图（尺寸单位：cm）

（3）洞门及明洞外表面部分的保温层的设置

天恒山隧道洞门及明洞顶部的回填土的最小厚度为2.0m，而这一位置的冻结深度为内、外两个方向的冻结深度总和。为了保证洞门及明洞部分衬砌结构的使用性能和行车的安全性，避免洞门及明洞部分出现冻害，故在洞门及明洞部分衬砌结构除内部设置一层保温层外，在外表面也设置一层5cm厚的保温层。

洞门及明洞部分衬砌结构的外保温层粘贴在洞门及明洞部分衬砌结构外表面的防水板上，保温板之间的接缝采用硬质聚氨酯稀料填充密实，在保温板的外表面再铺设一层防水板，起到保护保温层的作用。

（4）饰面工程

保温层表面设置的硅酸钙防火板（图8-3-8）在喷涂防火涂料后同时起到装饰的作用。

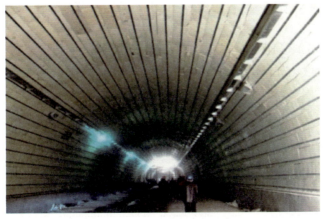

图8-3-8　天恒山隧道硅酸钙防火板

(四)运营养护管理

本项目路段由哈尔滨高速公路管理处负责运营养护管理。

1. 服务设施

全线设置松北服务区1处(表8-3-13)。

G1001绕城高速公路东北段服务区一览表　　表8-3-13

高速公路编码	服务区名称	桩号	所在区域	占地(m²)
G1001	松北服务区	K48+750	绕城高速东北段	21500

2. 收费设施

本项目共设置收费站2座,分别为哈肇、五星收费站。匝道出入口数量截共计10条(表8-3-14)。

G1001绕城高速公路东北段收费设施一览表　　表8-3-14

收费站名称	桩号	入口车道数		出口车道数		收费方式
		总车道	ETC车道	总车道	ETC车道	
哈肇收费站	K51+150	2		4		MTC+ETC
五星收费站	K64+750	2		2		

3. 养护管理

本项目养护里程25.843km,设置哈肇养护工区,负责养护里程分别为25.843km。本项目自通车以来为恢复沿线设施的使用功能及原有的技术标准,加强日常养护及小修工程,对公路各类病害及时进行维修处置。

4. 监控设施

本项目设置哈尔滨高速公路管理处监控中心,负责京哈高速公路和绕城高速公路区域的运营监管(表8-3-15)。

G1001绕城高速公路东北段监控设施一览表　　表8-3-15

监控设施名称	占地面积(m²)	建筑面积(m²)
哈尔滨高速公路管理处监控中心	3000	2300

5. 交通流量

G1001绕城高速北段交通流量发展状况见表8-3-16、图8-3-9。

第八章 高速公路建设项目

G1001 绕城高速北段交通流量发展状况表（哈肇、五星）（单位：辆）　　表 8-3-16

年份	2005年	2006年	2007年	2008年	2009年	2010年	2011年	2012年	2013年	2014年	2015年
隧道站	未建站	未建站	未建站	未建站	43272	504549	封站	封站	封站	封站	封站
五星站	未建站	未建站	未建站	未建站	31334	291820	418644	316874	331778	369623	336218
哈肇站	未建站	未建站	未建站	未建站	53379	363276	282611	494763	681997	794369	879627
全线平均					42662	386548	233752	270546	337925	387997	405282
全线平均日交通量					351	3177	1921	2224	2777	3189	3331

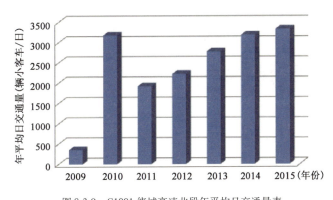

图 8-3-9　G1001 绕城高速北段年平均日交通量表

第四节　G1011 哈尔滨至同江高速公路

G1011 哈尔滨至同江高速公路是我国"五纵七横"国道主干线横一线绥满高速公路的联络线，是我省"十一五"公路重点建设项目之一，是连接我省东部工业重镇佳木斯市和煤炭工业基地双鸭山市的重要通道。起自哈尔滨市，起点桩号 K0+000，终止同江市，终点桩号 K571+800，全长 571.8km。沿线途经佳木斯市、集贤县、双鸭山市、富锦市、同江市。

哈同高速公路分别由哈尔滨至方正、方正至佳木斯、佳木斯至双鸭山（集贤）、双鸭山（集贤）至同江段建成。其中哈尔滨至佳木斯段，路线长 328km，为双向四车道高速公路，先后分成哈尔滨至方正段、方正至佳木斯段于 2004 年 9 月和 2005 年 9 月建成通车，由黑龙江省方正高速公路管理处负责运营管理养护。佳木斯至双鸭山段，路线长 77km，为双向四车道高速公路，于 2009 年建成通车；双鸭山至同江段，路线长 167.731km，于 2011 年 9 月 20 日建成通车，由黑龙江省佳木斯高速公路管理处负责运营管理养护，运营里程桩号 K404+130～K571+861。哈尔滨东收费站见图 8-4-1。

图 8-4-1　哈同高速公路哈尔滨东收费站

一、哈同高速公路哈尔滨至方正段

(一)项目概况

1.基本情况

(1)功能定位

哈同高速公路哈尔滨至方正段(图 8-4-2)是交通部规划的"五纵七横"国道主干线之一哈同高速公路在黑龙江省的重要区段,也是黑龙江省"OK"形公路主骨架和以省会哈尔滨市为中心的"一环五射"高速公路网架的重要组成部分,也是连接三江经济区和省城的公路运输大通道。

图 8-4-2　建成后哈同高速公路哈方段一角

(2)技术标准

该项目是在于 1997 年 8 月建成的同江至哈尔滨公路(佳木斯至哈尔滨段)二级汽车

专用公路的基础上经扩建而成的高速公路。采用双向四车道,设计速度80km/h,路基宽度24.5m。平曲线最小半径采用694.76m,最大纵坡采用4.83%。哈同高速公路哈尔滨至方正段路面结构见表8-4-1。

哈同高速哈尔滨至方正段路面结构表　　　　表8-4-1

路面形式	起点里程	讫点里程	长度(m)	路 面 类 型
柔性路面	K0+000	K166+172	166172	沥青路面[上面层5cmAC-16Ⅰ型中粒式沥青混凝土+中面层5cmAC-20Ⅰ型中粒式沥青混凝土+下面层7cmAC-25Ⅰ型粗粒式沥青混凝土+上基层20cm6%水泥稳定砂砾(砂砾70%,碎石30%)+底基层30cm(36cm中湿段)5%水泥稳定砂砾(砂砾70%,碎石30%)+潮湿路段20cm砂砾垫层]

(3)建设规模

建设里程长167.182km(其中1.01km划为专用公路),完成路基土石方10380283m³,沥青混凝土路面1970681m²,水泥混凝土路面18779m²;平面交叉7处,互通式立交5处;分离式立交47座,通道99道;收费站4处,养护工区2座,服务区1座,停车区2座。该路段经二级汽车专用公路及本扩建工程项目后,现有大桥1601.60m/7座,中桥4147.56m/60座,小桥902m/37座,涵洞397道。

(4)主要控制点

哈尔滨市(道外区、宾县、方正县),共计1个市、3个县(区)、11个乡镇。

(5)地形地貌

路线走向由东向西基本平行于松花江,相对高差较大,山岭重丘与平原微丘相互交错。地表植被以耕地和林地为主。

(6)投资规模

概算投资21.56亿元,竣工决算投资20.00亿元。

(7)开工及通车、竣工时间

2002年8月开工建设,2004年9月交工通车,2008年7月通过竣工验收。

2.前期决策情况

为拉动省内经济发展,以振兴老东北工业基地为契机,黑龙江省交通厅在1999年启动哈尔滨至方正段扩建工程建设项目,被省政府列为2002年"百项重点工程"。该扩建工程将极大提高哈同公路的服务水平和使用功能,进一步促进黑龙江省东部三江经济区的可持续发展,实现以快速大通道连接东、西部经济区,促进哈尔滨市、佳木斯市、富锦市、同江市、抚远县五大边贸口岸经济贸易的发展。

3.参建单位主要情况

(1)建设单位

建设单位是黑龙江省哈同公路公司,执行机构为黑龙江省佳哈高速公路扩建工程指挥部。

（2）设计单位

黑龙江省公路勘察设计院。

（3）施工单位

通过招投标，本项目由中铁十三局集团有限公司、龙建路桥股份有限公司第五工程处、龙建路桥股份有限公司第四工程处、龙建路桥股份有限公司第六工程处、辽宁省路桥建设总公司等26个施工单位参与建设。

（4）施工监理单位

通过招投标，本项目由黑龙江省公路工程监理咨询公司、东北林业大学工程监理部、北京泰克华诚技术信息咨询有限公司、鸡西市龙建建设监理有限公司设置8个高级监理办公室，负责全线施工监理工作。

（二）建设情况

1. 项目准备阶段

（1）项目审批

该项目严格执行了交通基本建设程序，各个环节手续齐全，具体如下：

①2001年3月20日，中华人民共和国交通部印发了《关于哈同国道主干线方正至哈尔滨公路扩建工程可行性研究报告的批复》（交规划发〔2001〕126号）。

②2001年5月15日，黑龙江省环保局印发了《关于国道主干线同江至三亚公路佳木斯至哈尔滨段扩建工程环境影响报告书审批意见的复函》（黑环函〔2001〕38号）。

③2002年3月6日，中华人民共和国交通部印发了《关于国道主干线方正至哈尔滨段公路扩建工程初步设计的批复》（〔2002〕65号）。

④2002年4月4日，国土资源部印发了《关于哈同国道主干线佳木斯至哈尔滨段公路扩建工程控制工期的单体工程现行用地的复函》（国土资厅函〔2002〕81号）。

⑤2002年8月1日，黑龙江省交通厅印发了《黑龙江省交通厅关于哈同国道主干线方正至哈尔滨段扩建工程施工图设计的批复》（黑交发〔2002〕255号）。

⑥2002年8月7日，交通部公路司批准哈同国道主干线方正至哈尔滨段扩建工程开工报告。

⑦2003年9月23日，国家发改委交通司印发了《关于哈同国道主干线黑龙江佳木斯至哈尔滨段公路项目有效性问题的意见的函》（交改司交运函〔2003〕013号）。

⑧2003年10月9日，国土资源部印发了《哈同国道主干线佳木斯至哈尔滨段公路扩建工程建设用地的批复》（国土资函〔2003〕383号）。

(2)资金筹措

本项目概算总投资 21.56 亿元,交通部补贴 4.2 亿元,国家开发银行贷款 15.78 亿元。竣工决算为 20.00 亿元,投资节约 1.56 亿元,平均每公里造价 1196.30 万元。

(3)合同段划分(表 8-4-2)

根据各专业的工程内容划分标段如下:

①施工标段:根据工程内容的不同,划分 42 个标段。其中,土建工程 18 个标段,房建工程 7 个标段,护栏工程 6 个标段,标线工程 3 个标段,标志工程 3 个标段,管道工程 5 个标段。

②施工监理标段:划分 8 个监理办公室,其中 3 个路基工程高级监理办公室,负责全线 12 个标段路基工程施工监理;3 个路面工程高级监理办公室,负责全线 6 个标段路面工程施工监理;1 个房建工程高级监理办公室,负责全线 7 个标段的房建工程施工监理;1 个护栏工程高级监理办公室,负责全线 6 个标段护栏施工监理;1 个标线工程高级监理办公室,负责全线 3 个标段标线施工监理;1 个标志工程高级监理办公室,负责全线 3 个标段标志施工监理;1 个管道工程高级监理办公室,负责全线 5 个标段的管道工程施工监理。

(4)招投标

按照《中华人民共和国招投标法》和交通部颁布的《公路工程施工招标投标管理办法》《公路工程施工招标资格预审办法》《公路工程施工招标评标办法》的要求,由项目法人单位组织招标工作。

①2002 年 3 月 25 日,有 43 家施工单位通过资格预审,参加主线路基、桥涵工程 12 个合同段的投标。2002 年 5 月 13 日至 5 月 15 日在哈尔滨公开开标,采用综合评分法的方式。由评标委员会评审出 12 家中标单位,开标全过程由黑龙江省监察厅相关人员监督。

②2003 年 1 月 17 日,有 25 家施工单位通过资格预审,参加本项目主线路面工程 6 个合同段的投标。2003 年 4 月 7~9 日在哈尔滨公开开标,采用综合评分法的方式。由评标委员会评审出 6 家中标单位,开标全过程由黑龙江省监察厅相关人员监督。

③2003 年 10 月 10 日房建工程投标在哈尔滨公开开标,确定了 7 家中标单位。

④2003 年 7 月 25 日通信管道工程投标在哈尔滨公开开标,确定了 3 家中标单位(其中 2 家施工单位各承担 2 个标段)。

⑤2004 年 3 月 31 日安全设施工程投标在哈尔滨公开开标,确定了 6 家护栏工程、2 家标志工程(其中 1 家单位承担 2 个标段)、3 家标线工程中标单位。

(5)征地拆迁

①工作及范围

哈尔滨市(道外区、宾县、方正县),共计 1 个市、3 个县(区)、11 个乡镇。

黑龙江
高速公路建设实录

G1011 哈同高速公路哈尔滨至方正段合同段划分一览表

表 8-4-2

序号	参建单位	参建单位名称	合同段编号及起止桩号	主要负责人	主要内容	备注
1	项目管理单位	黑龙江省佳哈高速公路扩建指挥部	K0+000~K166+172	范永德	全线建设	
2	勘察设计单位	黑龙江省公路勘察设计院	K0+000~K166+172	刘国峰	工程设计	
3	施工单位	中铁十三局集团有限公司	TSFH-A01:K156+822~K166+172	项目经理杨泽,总工迟毓才	路基工程	
4		龙建路桥股份有限公司第五工程处	TSFH-A02:K153+222~K156+822	项目经理梁之兵,总工谭宾	路基工程	
5		龙建路桥股份有限公司第四工程处	TSFH-A03:K138+822~K153+222	项目经理李军,总工王海峰	路基工程	
6		龙建路桥股份有限公司第六工程处	TSFH-A04:K122+822~K138+822	项目经理栾庆志,总工张允胜	路基工程	
7		辽宁省路桥建设总公司	TSFH-A05:K106+822~K122+822	项目经理杜艳,总工李保全	路基工程	
8		中铁二局集团股份有限公司	TSFH-A06:K92+822~K106+822	项目经理杨文海,总工能慧中	路基工程	
9		沈阳高等级公路建设总公司	TSFH-A07:K78+802~K92+822	项目经理未峰,总工王玉山	路基工程	
10		龙建路桥股份有限公司第三工程处	TSFH-A08:K56+047~K78+802	项目经理魏振喜,总工邹新思	路基工程	
11		中铁十三局集团有限公司第三工程处	TSFH-A09:K36+702~K56+047	项目经理米新海,总工吴明军	路基工程	
12		龙建路桥股份有限公司第二工程处	TSFH-A10:K19+702~K36+702	项目经理辛疆,总工叶青国	路基工程	
13		中国路桥(集团)总公司	TSFH-A11:K1+602~K19+702	项目经理张臣,总工李剑锋	路基工程	
14		中铁十三局集团有限公司	TSFH-A12:K0+000~K1+602	项目经理刘彦涛,总工王正湖	路基工程	
15		哈尔滨市公路工程处	TSFH-B01:K134+822~K166+172	项目经理袁雪航,总工张玉成	路面工程	
16		龙建路桥股份有限公司第四工程处	TSFH-B02:K102+822~K134+822	项目经理李军,总工周华	路面工程	
17		龙建路桥股份有限公司第三工程处	TSFH-B03:K78+802~K102+822	项目经理才运波,总工黄永明	路面工程	
18		黑龙江嘉昌路桥建筑有限责任公司	TSFH-B04:K56+047~K78+802	项目经理陈威,总工徐洪军	路面工程	
19		龙建路桥股份有限公司第二工程处	TSFH-B05:K28+202~K56+047	项目经理辛疆,总工叶青国	路面工程	

续上表

序号	参建单位	参建单位名称	合同段编号及起止桩号	主要负责人	主要内容	备注
20		中铁十三局集团有限公司	TSFH-B06:K0+000~K28+202	项目经理于志双,总工贾卫杰	路面工程	
21		中国公路工程咨询监理总公司	TSFH-HL1:K134+822~K166+172	项目经理朴鸿泽,总工白金洲	护栏工程	
22		中国公路工程咨询监理总公司海南	TSFH-HL2:K102+822~K134+822	项目经理陆晓东,总工程向国	护栏工程	
23		山东富博交通设施有限公司	TSFH-HL3:K78+802~K102+822	项目经理王野,总工郑文君	护栏工程	
24		北京市高速公路交通工程有限公司	TSFH-HL4:K56+047~K78+802	项目经理闫连元,总工周文顺	护栏工程	
25		沈阳天久信息技术工程有限公司	TSFH-HL5:K28+202~K56+047	项目经理袁立山,总工王平	护栏工程	
26		黑龙江省北龙交通工程有限公司	TSFH-HL6:K0+000~K28+202	项目经理张明伟,总工赵鲁林	护栏工程	
27		黑龙江省北龙交通工程有限公司	TSFH-BZ1:K102+822~K166+172	项目经理王军,总工赵德荣	标志工程	
28	施工单位	沈阳天久信息技术工程有限公司	TSFH-BZ2:K56+167~K102+822	项目经理王君,总工刘振荣	标志工程	
29		黑龙江天久信息技术工程有限公司	TSFH-BZ3:K0+000~K56+167	项目经理张明伟,总工刘振荣	标志工程	
30		沈阳天久信息技术工程有限公司	TSFH-BX1:K102+822~K166+172	项目经理王君,总工刘振荣	标线工程	
31		北京路达交通工程有限责任公司	TSFH-BX2:K56+167~K102+822	项目经理王彦军,总工梁庆忠	标线工程	
32		哈尔滨交研交通工程有限责任公司	TSFH-BX3:K0+000~K56+167	项目经理朴晓新	标线工程	
33		佳木斯宏兴建筑工程有限责任公司	TSFH-FJ1:会发停车区	项目经理崔守彬	房建工程	
34		哈尔滨佰威建筑工程有限公司	TSFH-FJ2:摆渡养护收费站	项目经理刘荣坤	房建工程	
35		黑龙江新龙基建筑安装有限公司	TSFH-FJ3:摆渡停车区	项目经理靳占起	房建工程	
36		中铁十三局集团有限公司	TSFH-FJ4:常安收费站	项目经理崔继侠	房建工程	
37		黑龙江省清腾建筑工程有限公司	TSFH-FJ5:宾洲服务区	项目经理王建忠	房建工程	
38		牡丹江市大东建筑总公司	TSFH-FJ6:金豪养护工区	项目经理吴连君	房建工程	

续上表

序号	参建单位	参建单位名称	合同段编号及起止桩号	主要负责人	主要内容	备注
39	施工单位	哈尔滨京恒威建筑工程有限责任公司	TSFH-FJ7:东风收费站	项目经理于字志	房建工程	
40		上海交技发展股份有限公司	TSFH-F1:K136+172~K166+172	项目经理苗万龙,总工谢丽梅	通信管道工程	
41		四川京川公路工程(集团)有限公司	TSFH-F2:K106+172~K136+172	项目经理王家新,总工何龙	通信管道工程	
42		四川京川公路工程(集团)有限公司	TSFH-F3:K76+172~K106+172	项目经理李洪波,总工何卫	通信管道工程	
43		北京兴兴交通通信工程技术公司	TSFH-F4:K46+172~K76+172	项目经理赵路	通信管道工程	
44		北京兴兴交通通信工程技术公司	TSFH-F5:K0+000~K46+172	项目经理李智	通信管道工程	
45	监理单位	黑龙江省公路工程监理咨询公司	TSFH-JLA:K102+822~K166+172	总监曹继民,一驻地办张鹏,二驻地办杨恩来高凤蓁	路基工程	
46		黑龙江省公路工程监理咨询公司	TSFH-JLB:K56+047~K102+822	总监刘喜斌,一驻地办康巍,二驻地办李俊峰冯照宇,三驻地办李俊峰	路基工程	
47		东北林业大学工程监理部	TSFH-JLC:K000+000~K56+047	总监王平,一驻地办郝永胜,二驻地办卢育俊,三驻地办李俊峰	路基工程	
48		黑龙江省公路工程监理咨询公司	TSFH-JLD:K102+822~K166+172	总监刘喜斌,一驻地办张鹏,二驻地办倪道元	路面工程	
49		黑龙江省公路工程监理咨询公司	TSFH-JLE:K56+047~K102+822	总监王平,一驻地办张学田,二驻地办冯照宇	路面工程	
50		东北林业大学工程监理部	TSFH-JLF:K000+000~K56+047	总监李亚伟	路面工程	
51		北京泰克华诚技术信息咨询有限公司	TSFH-JLJT:K0+000~K166+172	总监李素英,一驻地办齐菱馨,二驻地办郭绮正,第三驻地办村山原,第四驻地办王友庆,第五驻地办任冶衡,第六驻地办万贵元	标志、标线、通信管道	
52		鸡西市龙建设监理有限公司	TSFH-JLFJ:K0+000~K166+172	总监吴秀琴	房建工程	

②主要内容

a. 签订协议、界定征地界限、办理永久性占地报批手续。

b. 永久占地界内房屋等各种构造物的搬迁。

c. 永久占地内附着物的拆除。

d. 各种管线的迁移、改建,既有通信管线的改建、加高、迁移,又有电力线路的改建、加高、迁移。

e. 临时及借土占地的征用。

③遵循的政策法规

a.《中华人民共和国土地管理法》。

b.《黑龙江省人民政府关于哈同公路佳木斯至哈尔滨段、绥满公路尚志至刘秀屯段扩建工程征地及动迁补偿标准的通知》(黑政函〔2002〕64号)。

2. 项目实施阶段

(1)主线土建工程于2002年8月7日开工,2004年9月20日完工。

(2)房建工程于2003年11月开工,2004年8月完工。

(3)通信管道工程于2003年8月开工,2004年8月完工。

(4)交通安全设施工程于2004年5月开工,2004年9月完工。

(5)2004年9月22日至24日,黑龙江省交通厅组织对哈同国道主干线方正至哈尔滨段扩建工程进行了交工验收,分部工程合格率100%,工程质量评定95.52分,项目评定为优良。

(6)2007年11月,交通部公路质量监督总站联合黑龙江省公路工程质量监督站,根据《公路工程质量鉴定办法》,对项目进行了竣工质量鉴定,评分为94.22分,等级为优良。

(7)2008年7月13日,交通运输部组织成立哈同国道主干线方正至哈尔滨段扩建工程竣工验收委员会,对该项目进行竣工验收,工程质量评分为94.57分,等级为优良。

哈同高速哈尔滨至方正段建设生产要素统计见表8-4-3。

哈同高速公路哈尔滨至方正段建设生产要素统计表　　表8-4-3

高速公路编号	建设时间	钢材(t)	沥青(t)	水泥(t)	砂石料(m³)	柴油(t)	汽油(t)
G1011	2002.8~2004.9	18771	39859	256380	2467714	21878	152

(三)复杂技术工程

本路段技术较为复杂的是蚂蚁河1号、2号、3号大桥。

1. 工程概况

蚂蚁河 1 号、2 号、3 号大桥,设计中心桩号为 K412+555.8、K413+105.6、K414+105.9,桥梁布孔分别为 8×25m、14×25m、14×25m,桥长分别为 204.4m、354.24m、354.24m。

(1) 上部结构

主跨结构均为 25m 装配式部分预应力箱梁,3 座桥共有预应力箱梁 288 片。

(2) 下部结构

主桥桥墩采用双柱式桥墩,基础采用钻孔灌注桩,桩径采用 1.50m。

桥台采用肋板台,钻孔灌注桩基础,桩径采用 1.20m。

2. 技术特征及难点

(1) 上部结构

为保证施工质量,主要是控制箱梁混凝土浇筑、预应力钢束的张拉及预应力孔道压浆的工作。

①箱梁混凝土分两次浇筑,第一次浇筑底板,第二次浇筑箱梁腹板和顶板。采用混凝土搅拌运输车运输,吊车配合浇筑,插入式振捣器振捣。通过严格控制混凝土配合比和坍落度,加强振捣,来保证混凝土的浇筑质量。

②当箱梁混凝土强度达到设计要求后,进行预应力张拉。用无齿锯将钢丝切好,并成束,穿入预应力孔道内。张拉前检查张拉设备是否完好并对张拉千斤顶进行标定。张拉时,一片箱梁两个腹板对应的钢束同时张拉。张拉过程中使每根钢束受力均匀,在达到初应力时作伸长记录,在达到 δ_k 时,测量实际伸长量。

③压浆采用水泥浆,掺加 0.01% 的铝粉,管道压浆先下层后上层,压浆时缓慢均匀的进行。压浆孔道另一端饱满出浆,排气孔排出与压进稠度相同的泥浆为止。

(2) 下部结构

①由于蚂蚁河 2 号桥桥墩处于主河道中,水深较大、流速较大。施工中采用草袋围堰。草袋围堰外边坡为 1∶1,内边坡为 1∶0.5,水中的草袋均达到上、下层和内外层交错,堆码密实,砂岛填实平整。蚂蚁河 1 号、3 号桥水中桥墩也采用草袋围堰,边墩地面高程在常水位以上,进行简单场地平整后即可。

②灌注桩成孔后,采用直升导管法灌注水下混凝土。控制成孔孔底沉淀层厚度,控制混凝土导管的埋入深度,保证混凝土的连续浇筑。

(四) 科技创新

本路段施工中采用了冲击压实、强夯、挤密桩加固等技术措施,提高了路基工程的质量。同时在充分论证的基础上,采用同步顶升技术对二级公路建设期间建成的上跨桥顶升 0.5m,保证了桥下的通行净空,节约了资金,缩短了单项工程建设时间。

(五)运营养护管理

本项目路段由方正管理处负责运营养护管理。

1. 服务设施

哈同高速公路哈尔滨至方正段设置宾州南、宾州北两处服务区和摆渡、会发两处停车区(表8-4-4)。

哈同高速哈尔滨至方正段服务场区一览表 表8-4-4

高速公路编码	服务区名称	桩号	所在区域	占地(m²)	建筑面积(m²)
G1011	宾州北服务区	K51+965	宾县宾州镇	6816	1307.31
	宾州南服务区	K54+995	宾县宾州镇	15000	847.48
	摆渡停车区	K98+152	宾县摆渡镇	6609	876.56
	会发停车区	K624+521	方正县会发镇	6071	811.8

2. 收费设施

哈同高速公路哈尔滨至方正段设置收费站8座,其中在哈尔滨东风镇设哈尔滨东主线收费站1座,在宾西、宾州、常安、摆渡、会发、方通、方正设置匝道收费站7座。出入口车道数量截至2016年6月共计49条,其中ETC车道2条(表8-4-5)。

哈同高速哈尔滨至方正段收费设施一览表 表8-4-5

收费站名称	桩号	入口车道数		出口车道数		收费方式
		总车道	ETC车道	总车道	ETC车道	
哈尔滨东主线收费站	K466+764	5	1	11	1	MTC+ETC
宾西收费站	K28+175	4		4		
宾州收费站	K52+240	2		3		
常安收费站	K83+168	2		2		
摆渡收费站	K102+960	2		2		
会发收费站	K149+572	2		2		
方通收费站	K160+600	2		2		
方正收费站	K165+910	2		2		

3. 养护管理

本路段养护里程167.578km,设置金家、宾州、方正3处养护工区(表8-4-6)。本路段通车以后为恢复一期二级汽车专用公路(1997年建成通车的半幅)使用功能及原有的技术标准,在2005年对旧路半幅进行罩面大修;在2010年对哈尔滨东收费站站区进行扩建;2011年至2015年陆续对部分桥面进行了维修改造、增设速度监控设备等。

哈同高速哈尔滨至方正段养护工区一览表   表 8-4-6

养护工区名称	桩号	路段长度(km)	占地面积(m²)	建筑面积(m²)
金家养护工区	K8+240	53.786	14000.00	3305.00
宾州养护工区	K52+240	66.354	20000.00	2909.00
方正养护工区	K165+200	47.438	23560.00	918.98

4. 监控设施

本路段设置金家监控中心,负责运营监管(表 8-4-7)。

哈同高速公路哈尔滨至方正段监控设施一览表   图 8-4-7

监控设施名称	桩号	占地面积(m²)	建筑面积(m²)
金家监控中心	K8+240	监控中心与金家工区共用	

5. 交通流量

哈同高速哈尔滨至方正段自 2006 年至 2015 年,交通量从 1895 辆小客车/日,增长至 4919 辆小客车/日,年平均增长率达到 12.67%;从车型构成上来看,主要以中小客车和特大型车为主,分别占到总量的 48.83% 和 20.05%;从断面交通流量分析,哈尔滨至宾州段的交通流量较大,达到 10368 辆小客车/日(表 8-4-8、图 8-4-3、图 8-4-4)。

哈同高速公路哈尔滨至方正段交通流量发展状况表(单位:辆小客车/日)   表 8-4-8

年份	2006年	2007年	2008年	2009年	2010年	2011年	2012年	2013年	2014年	2015年
哈尔滨东收费站	6457	6974	7392	7762	12419	19001	18628	19478	20912	18760
宾西收费站	2508	2633	3313	3089	5344	8305	7790	8517	10800	7529
宾州收费站	1736	1823	2195	2181	3408	5550	4966	6212	7994	4814
常安收费站	307	322	413	445	605	655	905	928	1062	944
摆渡收费站	381	400	635	481	451	518	551	713	772	738
会发收费站	483	508	648	674	743	701	854	952	1013	1639
方通收费站					1245	1864	2223	2413	2600	2944
方正收费站	1389	1459	1744	1838	1451	1913	1872	1983	2025	1987
全线平均	1895	2017	2334	2353	3208	4814	4724	5150	5897	4919

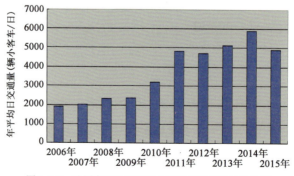

图 8-4-3 哈同高速哈尔滨至方正段交通量增长柱状图

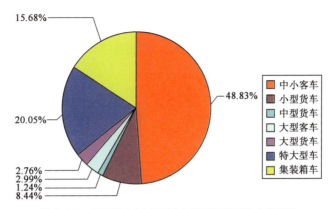

图 8-4-4　哈同高速哈尔滨至方正段交通车型构成比例图

二、哈同高速公路佳木斯至方正段

哈同高速公路佳木斯至方正段地理位置如图 8-4-6 所示。

（一）项目概况

1. 基本情况

（1）功能定位

同三高速公路哈尔滨至方正段是交通部规划的"五纵七横"国道主干线之一同三公路在黑龙江省的重要区段，也是黑龙江省"OK"形公路主骨架和以省会哈尔滨市为中心的"一环五射"高速公路网架的重要组成部分，也是连接三江经济区和省城的公路运输大通道。哈尔滨至方正高速公路建设工程是黑龙江省抓住国家加快基础设施建设这一良好机遇，为拉动省内经济发展，以振兴老东北工业基地为契机，被省政府列为 2002 年"百项重点工程"。该扩建工程将极大地提高哈同公路的服务水平和使用功能，将进一步促进黑龙江省东部三江经济区的可持续发展，实现以快速大通道连接东、西部经济区，促进哈尔滨市、佳木斯市、富锦市、同江市、抚远县五大边贸口岸经济贸易的发展。

（2）技术标准

采用双向四车道，设计速度 80km/h，路基宽度 24.5m。平曲线最小半径采用 400m，最大纵坡采用 5%。哈同高速公路佳木斯至方正段路面结构见表 8-4-9。

哈同高速佳木斯至方正段路面结构表　　表 8-4-9

路面形式	起点里程	讫点里程	长度（m）	路 面 类 型
柔性路面	K166+172	K326+492	160320	沥青路面[上面层 5cmAC-16 Ⅰ型中粒式沥青混凝土＋中面层 5cmAC-20 Ⅰ型中粒式沥青混凝土＋下面层 7cmAC-25 Ⅰ型粗粒式沥青混凝土＋上基层 20cm6% 水泥稳定砂砾（砂砾 70%，碎石 30%）＋底基层 30cm（36cm 中湿段）5% 水泥稳定砂砾（砂砾 70%，碎石 30%）＋潮湿路段 20cm 砂砾垫层]

(3)建设规模

本项目建设里程长167.32km,完成路基土石方7431735m³,沥青混凝土路面1815704m²,水泥混凝土路面4185m²;互通式立交3处;分离式立交33座,通道25道;收费站1处,养护工区2座,服务区1座。该路段经二级汽车专用公路及本扩建项目修建,现有大桥1565.77m/7座,中桥4246.88m/61座,小桥605.81m/24座,涵洞375道。

(4)主要控制点

哈尔滨市(依兰县、方正县),佳木斯市,共计2个市、2个县、11个乡镇。

(5)地形地貌

路线走向由东向西基本平行于松花江,相对高差较大,山岭重丘与平原微丘相互交错。地表植被以耕地和林地为主。

(6)投资规模

概算投资18.05亿元,竣工决算投资17.11亿元。

(7)开工及通车、竣工时间

2003年7月开工建设,2005年9月交工通车,2008年7月完成竣工验收。建成后的哈同高速公路佳方段见图8-4-5。

图8-4-5　建成后哈同高速公路佳方段一角

2.参建单位主要情况

(1)建设单位

建设单位是黑龙江省哈同公路公司,项目执行机构为黑龙江省佳哈高速公路扩建工程指挥部。

(2)设计单位

黑龙江省公路勘察设计院。

(3)施工单位

通过招投标本项目由中铁十三局集团有限公司、中铁十九局集团公司、哈尔滨市公路工程处、龙建路桥股份有限公司等26个施工单位参与建设。

（4）施工监理单位

通过招投标本项目由黑龙江省公路工程监理咨询公司、黑龙江省远升公路工程监理咨询有限公司、北京泰克华诚技术信息咨询有限公司、鸡西市龙建建设监理有限公司负责工程施工监理。

（二）建设情况

1. 项目准备阶段

（1）项目审批

该项目严格执行了交通基本建设程序，从预可行性研究、工程可行性研究、初步设计、施工图设计、工程施工、监理招投标及工程开工报告的审批，各个环节手续齐全，具体如下：

①2001年4月23日，中华人民共和国交通部印发了《关于同三国道主干线佳木斯至方正公路扩建工程可行性研究报告的批复》（交规划发〔2001〕188号）。

②2001年5月15日，黑龙江省环保局印发了《关于国道主干线同江至三亚公路佳木斯至哈尔滨段扩建工程环境影响报告书审批意见的复函》（黑环函〔2001〕38号）。

③2002年3月6日，中华人民共和国交通部印发了《关于国道主干线佳木斯至方正公路扩建工程初步设计的批复》（交规划发〔2002〕64号文）。

④2002年4月4日，国土资源部印发了《关于同三国道主干线佳木斯至哈尔滨段公路扩建工程控制工期的单体工程现行用地的复函》（国土资厅函〔2002〕81号）。

⑤2003年4月3日，黑龙江省交通厅印发了《黑龙江省交通厅关于同三国道主干线佳木斯至方正段扩建工程施工图设计的批复》（黑交发〔2003〕114号）。

⑥2003年7月24日，交通部公路司批准同三国道主干线佳木斯至方正段扩建工程开工报告。

⑦2003年9月23日，国家发改委交通司印发了《关于同三国道主干线黑龙江佳木斯至哈尔滨段公路项目有效性问题的意见的函》（交改司交运函〔2003〕013号）。

⑧2003年10月9日，国土资源部印发了《同三国道主干线佳木斯至哈尔滨段公路扩建工程建设用地的批复》（国土资函〔2003〕383号）。

（2）资金筹措

本项目概算总投资18.05亿元，交通部补贴4.0亿元，国家开发银行贷款13.11亿元。竣工决算为17.11亿元，投资节约0.94亿元，平均每公里造价1067.24万元。

（3）合同段划分（表8-4-10）

根据各专业的工程内容划分标段如下：

哈同高速公路佳木斯至方正段合同段划分一览表

表 8-4-10

序号	参建单位	参建单位名称	合同段编号及起止桩号	主要负责人	主要内容	备注
1	项目管理单位	黑龙江省佳哈高速公路扩建指挥部	K166+172～K326+492	范永德	全线建设	
2	勘察设计单位	黑龙江省公路勘察设计院	K166+172～K326+492	刘国峰	工程设计	
3	施工单位	中铁十三局集团有限公司	TSJF-A01：K312+737～K326+492	项目经理于志双，总工尚福忠	路基、路面工程	
4		中铁十九局集团有限公司	TSJF-A02：K298+737～K312+737	项目经理朱新海，总工马小光	路基、路面工程	
5		中铁十三局集团有限公司	TSJF-A03：K283+800～K298+737	项目经理于志双，张秀坤	路基、路面工程	
6		中铁十九局集团有限公司	TSJF-A04：K269+800～K283+800	项目经理朱新海，总工马小光	路基、路面工程	
7		哈尔滨市公路工程处	TSJF-A05：K255+900～K269+800	项目经理王德福，总工李治	路基、路面工程	
8		龙建路桥股份有限公司第五工程处	TSJF-A06：K251+623～K255+900	项目经理刘德福，总工孟繁军	路基、路面工程	
9		龙建路桥股份有限公司第一工程处	TSJF-A07：K250+320～K251+623	项目经理魏，总工朱勋	路基、路面工程	
10		中铁十三局集团有限公司	TSJF-A08：K237+800～K250+320	项目经理杨泽，总工迟毓才	路基、路面工程	
11		龙建路桥股份有限公司第三工程处	TSJF-A09：K225+197～K237+800	项目经理张立翰，总工朱沛辉	路基、路面工程	
12		中铁二局集团股份有限公司	TSJF-A10：K211+800～K225+197	项目经理刘诚实	路基、路面工程	
13		抚顺公路建设有限公司	TSJF-A11：K198+300～K211+800	项目经理王素刚，总工徐振文	路基、路面工程	
14		龙建路桥股份有限公司第二工程处	TSJF-A12：K184+069～K198+300	项目经理张立民，总工黄宝景	路基、路面工程	
15		龙建路桥股份有限公司第三工程处	TSJF-A13：K166+172～K184+069	项目经理刘永强	路基、路面工程	
16		河南现代交通工程有限公司	TSJF-H1.1：K298+737～K326+492	项目经理马洪江，总工王立东	护栏工程	
17		黑龙江省北龙交通工程有限公司	TSJF-H1.2：K269+737～K298+737	项目经理王军，总工张立忠	护栏工程	
18		北京路达交通设施有限责任公司	TSJF-H1.3：K250+2572～K269+737	项目经理王彦民，总工梁庆忠	护栏工程	
19		哈尔滨溪岛公路设施工程安装有限责任公司	TSJF-H1.4：K225+134～K250+257	项目经理周彦，总工韩松滨	护栏工程	
20		黑龙江省北龙交通工程有限公司	TSJF-H1.5：K198+237～K225+134	项目经理王金发，总工张立忠	护栏工程	
21		吉林亨通公路建设集团有限责任公司	TSJF-H1.6：K166+172～K198+237	项目经理张瑞刚，总工张立忠	护栏工程	
22		北京颐和安迅交通技术有限公司	TSJF-BZ1：K269+737～K326+497	项目经理刁国强，总工王海霞	标志工程	
23		吉林亨通公路建设集团有限责任公司	TSJF-BZ2：K225+134～K269+737	项目经理张瑞刚	标志工程	

第八章 高速公路建设项目

续上表

序号	参建单位	参建单位名称	合同段编号及起止桩号	主要负责人	主要内容	备注
24	施工单位	黑龙江省北龙交通工程有限公司	TSJF-BZ3：K166+172～K225+134	项目经理袁立山	标志工程	
25		哈尔滨交研交通工程有限责任公司	TSJF-BX1：K269+737～K326+492	项目经理王力强	标线工程	
26		哈尔滨交研交通工程有限责任公司	TSJF-BX2：K225+134～K269+737	项目经理王力强	标线工程	
27		沈阳天久信息技术工程有限公司	TSJF-BX3：K166+172～K225+134	项目经理王军	标线工程	
28		北京云星宇交通工程有限公司	TSJF-GD1：K298+737～K326+492	项目经理王家新，总工肖勇	通信管道	
29		中国公路工程咨询监理总公司	TSJF-GD2：K269+737～K298+737	项目经理朴鸿泽，总工白金洲	通信管道	
30		北京兴兴交通通信工程技术有限公司	TSJF-GD3：K250+2372～K269+737	项目经理张耀桢，总工常麦香	通信管道	
31		四川京川京路工程工程（集团）有限公司	TSJF-GD4：K225+072～K250+237	项目经理李洪波，总工何卫	通信管道	
32		北京兴兴交通通信工程有限公司	TSJF-GD5：K197+799～K225+072	项目经理赵璐，总工孔祥斌	通信管道	
33		黑龙江省北龙交通工程有限责任公司	TSJF-GD6：K166+172～K197+799	项目经理张利伟，总工李德才	通信管道	
34		佳木斯第一建筑工程有限责任公司	TSJF-FJ1：宏克力收费站，依兰养护工区	项目经理张广东	房建工程	
35		黑龙江国际工程技术合作公司	TSJF-FJ2：高棱养护工区	项目经理唐清林	房建工程	
36		黑龙江省第一建筑工程公司	TSJF-FJ3：得莫利服务区	项目经理李国富	房建工程	
37		北京泰克公路科学技术研究所	TSJF-JD1：K225+072～K250+237		机电工程	
38		中铁十三局集团电务工程有限公司	TSJF-JD2：K166+172～K230+057		机电工程	
39	监理单位	黑龙江省公路工程监理咨询有限公司	TSJF-JLG：K225+197～K326+492	总监李强，一驻地办康蒙，二驻地办胡宇，三驻地办张庆华	路基、路面工程	
40		黑龙江省远升公路工程监理咨询有限公司	TSJF-JLH：K225+197～K326+492	总监尚云飞，一驻地办禾海涛，二驻地办学文，三驻地办李英杰	路基、路面工程	
41		黑龙江省公路工程监理咨询有限公司	TSJF-JLI：K166+172～K225+197	总监杨大勇，一驻地办亢丹枫，二驻地办李晶炎，三驻地办王增	路基、路面工程	
42		北京泰克华城技术信息咨询有限公司	TSJF-JLJT：K166+172～K326+492	总监孙晓东	护栏，标志，标线和通信管道	
43		鸡西市龙建建设监理有限公司	TSJF-JLFJ：K166+172～K326+492	总监林峰，一驻地办斯善合，何守原，二驻地办孙超，三驻地办徐和冲	房建工程	

479

①施工标段划分:根据工程内容的不同,路基、路面工程 13 个标段,房建工程 3 个标段,护栏工程 6 个标段,标线工程 3 个标段,标志工程 3 个标段,管道工程 6 个标段,机电工程 2 个标段。

②施工监理标段划分:本项目设置 3 个路基、路面工程高级监理办公室,负责全线 13 个标段路基、路面工程施工监理;1 个房建工程高级监理办公室,负责全线 3 个标段的房建工程施工监理;1 个护栏工程高级监理办公室,负责全线 6 个标段护栏施工监理;1 个标线工程高级监理办公室,负责全线 3 个标段标线施工监理;1 个标志工程高级监理办公室,负责全线 3 个标段的标志施工监理;1 个管道工程高级监理办公室,负责全线 6 个标段的管道工程施工监理;1 个机电工程高级监理办公室,负责全线 2 个标段的机电工程施工监理。

(4)招投标

按照《中华人民共和国招标投标法》和交通部颁布的《公路工程施工招标投标管理办法》《公路工程施工招标资格预审办法》《公路工程施工招标评标办法》的要求,由项目法人单位组织招标工作。

①2003 年 2 月 10 日,有 116 家土建工程施工单位通过资格预审,参加本项目主线土建工程 13 个合同段的投标。2003 年 4 月 12 日至 4 月 14 日在哈尔滨公开开标,采用综合评分法的方式。由黑龙江省交通厅、黑龙江省公路勘察设计院等单位组成评标委员会评审出 13 家中标单位,开标全过程由黑龙江省监察厅相关人员监督。

②2005 年 3 月 24 日房建工程投标在哈尔滨公开开标,确定了 3 家中标单位。

③2004 年 3 月 31 日安全设施、通信管道工程投标在哈尔滨公开开标,确定了 5 家护栏工程(其中 1 家单位承担 2 个标段)、3 家标志工程、2 家标线工程(其中 1 家单位承担 2 个标段)、5 家通信管道工程(其中 1 家单位承担 2 个标段)中标单位。

④2005 年 3 月 24 日机电工程投标在哈尔滨公开开标,确定了 2 家中标单位。

(5)征地拆迁

①工作及范围

哈尔滨市(依兰县、方正县),佳木斯市,共计 2 个市、2 个县、11 个乡镇。

②主要内容

a. 签订协议、界定征地界限、办理永久性占地报批手续。

b. 永久占地界内房屋等各种构造物的搬迁。

c. 永久占地内附着物的拆除。

d. 各种管线的迁移、改建,既有通信管线的改建、加高、迁移,还有电力线路的改建、加高、迁移。

e. 临时及借土占地的征用。

③遵循的政策法规

a.《中华人民共和国土地管理法》。

b.《黑龙江省人民政府关于同三公路佳木斯至哈尔滨段、绥满公路尚志至刘秀屯段扩建工程征地及动迁补偿标准的通知》(黑政函〔2002〕64号)。

2. 项目实施阶段

(1)主线土建工程于2003年7月24日开工,2005年9月10日完工。

(2)房建工程于2005年5月开工,2005年9月完工。

(3)通信管道工程于2004年5月开工,2005年9月完工。

(4)交通安全设施工程于2004年6月开工,2005年9月完工。

(5)2005年9月8日至10日,黑龙江省交通厅组织对同三国道主干线佳木斯至方正段扩建工程进行了交工验收,分部工程合格率100%,工程质量评定95.77分,项目评定为优良。

(6)2007年11月,交通部公路质量监督总站联合黑龙江省公路工程质量监督站,根据《公路工程质量鉴定办法》,对项目进行了竣工质量鉴定,评分为94.58分,等级为优良。

(7)2008年7月13日,交通运输部组织成立同三国道主干线佳木斯至方正段扩建工程竣工验收委员会,对项目进行竣工验收,工程质量评分为94.42分,等级为优良。

哈同高速公路佳木斯至方正段建设生产要素统计见表8-4-11。

哈同高速公路佳木斯至方正段建设生产要素统计表　　表8-4-11

路线编号	建设时间	钢材(t)	沥青(t)	水泥(t)	砂石料(m³)	柴油(t)	汽油(t)
G1011	2003.7~2005.9	10559	31908	85887	1973016	17058	146

(三)复杂技术工程

复杂技术工程主要为依兰牡丹江大桥。

1. 工程概况

依兰牡丹江大桥设计中心桩号为K318+070.19,桥梁布孔分别为$4\times58m$(净)$+4\times48m$上承式钢筋混凝土箱型拱$+3\times8m$(空心板),桥长为507.03m。

(1)上部结构

主跨结构均$4\times58m$(净)$+4\times48m$上承式钢筋混凝土箱型拱。

(2)下部结构

1~8号桥墩为重力式墩,9号、10号墩为柱式墩。哈侧桥台采用肋板台,佳侧桥台为U形桥台。全桥基础均为天然扩大基础。

2. 技术特征及难点

(1)上部结构

①1号孔由于跨越牡丹江江堤,为保证河堤不被破坏,采取了现浇施工的方式。拱胎

以混合砂砾铺底,边坡码袋护坡,经预压成型后浇筑混凝土垫层,在其上铺木方搭设底模。在其上进行赶紧绑扎和混凝土浇筑。

②2~4号孔拱肋采用跨墩门架进行安装。关键控制节点是4~8号拱肋受到汛期的限制需要进行冬季施工。根据现场情况搭建了一座锅炉房,并将混凝土拌和设备设置在保温暖棚内。混凝土拌和前对砂石料进行加热,温度控制在15℃以上,拌和用水温度控制在50~80℃。混凝土水灰比控制在0.41,并掺加UEA膨胀剂,控制混凝土出罐温度在13~25℃,入模温度在10℃以上。在进行拱肋湿接段施工时,通过搭设暖棚保温。首先对两侧接头进行预热,并在拱肋的箱中用苯板进行隔温。混凝土浇筑后采用蒸汽进行养护,温度控制在20~40℃,派人随时观测暖棚内的温度,保持棚内温度的恒定,避免温度骤然升降。湿接缝混凝土养护期为7d,待同体混凝土试块强度达到85%后开始降温,降温速度不大于5℃/h。

(2)下部结构

基础施工时采用草袋加彩条布的方式进行围堰,人工配合机械的方式进行基坑开挖,水泵进行明排作业。

哈同高速公路牡丹江依兰大桥如图8-4-6所示。

图8-4-6　哈同高速公路牡丹江依兰大桥

(四)科技创新

本路段施工中采用了冲击压实、强夯、挤密桩加固等技术措施,提高了路基工程的质量。同时在充分论证的基础上,采用同步顶升技术对二级公路建设期间建成的上跨桥顶升0.5m,保证了桥下的通行净空,节约了资金,缩短了单项工程建设时间。

(五)运营养护管理

本项目路段由方正管理处负责运营养护管理。

1. 服务设施

哈同高速公路佳木斯至方正段设置得莫利服务区和依兰停车区,见表 8-4-12。

哈同高速公路佳木斯至方正段服务场区一览表　　　表 8-4-12

高速公路编码	服务区名称	桩号	所在区域	占地(m²)	建筑面积(m²)
G1011	得莫利服务区	K180+351	方正县伊汉通乡得莫利村	173385.6	19620.50
	依兰停车区	K249+894	依兰县	10089.0	2820.00

2. 收费设施

哈同高速公路佳木斯至方正段设置 5 座匝道收费站,分别是高楞、达连河、依兰、宏克力、佳木斯西收费站。出入口车道数量截至 2016 年 6 月共计 29 条,其中 ETC 车道 2 条,见表 8-4-13。

哈同高速公路佳木斯至方正段收费设施一览表　　　表 8-4-13

收费站名称	桩号	入口车道数		出口车道数		收费方式
		总车道	ETC 车道	总车道	ETC 车道	
高楞收费站	K200+284	2		2		MTC+ETC
达连河收费站	K229+638	2		2		
依兰收费站	K251+855	4		4		
宏克力收费站	K291+950	4		4		
佳木斯西收费站	K327+070	2	1	3	1	

3. 养护管理

本路段养护里程 161.333km,设置方正、高楞、依兰、宏克力 4 处养护工区,负责养护里程分别为 11.733km、46.521km、49.079 和 54.000km。本路段通车以后为恢复一期二级汽车专用公路(1997 年建成通车的半幅)使用功能及原有的技术标准,在 2005 年对旧路半幅进行罩面大修;在 2010 年对哈尔滨东收费站站区进行扩建;2011 年至 2015 年陆续对部分桥面进行了维修改造、增设速度监控设备等,见表 8-4-14。

哈同高速公路佳木斯至方正段养护设施一览表　　　表 8-4-14

养护工区名称	桩号	路段长度(km)	占地面积(m²)	建筑面积(m²)
方正养护工区	K165+200	11.733	23560.00	918.98
高楞养护工区	K200+284	46.521	3500.00	268.25
依兰养护工区	K251+855	49.079	18982.90	4069.00
宏克力工区	K327+070	54.00	4023.44	968.44

4. 监控设施

本路段设置金家监控中心,负责运营监管,见表 8-4-15。

哈同高速公路哈尔滨至方正段监控设施一览表　　　表 8-4-15

监控设施名称	桩号	占地面积(m²)	建筑面积(m²)
金家监控中心	K8+240	监控中心与金家工区共用	

5. 交通流量

哈同高速公路佳木斯至方正段自2006年至2015年，交通量从1327辆小客车/日，增长至2910辆小客车/日，年平均增长率达到10.31%；从车辆构成上来看，主要以中小客车和特大型车为主，分别占到总量的47.12%和24.20%；从断面交通流量分析，依兰收费站的交通流量较大，达到5394辆小客车/日，见表8-4-16、图8-4-7、图8-4-8。

哈同高速公路佳木斯至方正段交通流量发展状况表（单位：辆小客车/日） 表8-4-16

年份	2006年	2007年	2008年	2009年	2010年	2011年	2012年	2013年	2014年	2015年
高楞收费站	689	724	817	1031	1864	2827	2476	2646	2788	3051
达连河收费站	1314	1380	1969	2037	3251	3366	2187	3153	2749	2374
依兰收费站	2949	3096	4341	4785	6263	6806	4203	5171	5417	5394
宏克力收费站	207	217	234	368	451	588	541	573	642	734
佳西收费站	1477	1551	1921	2210	2344	2934	3131	3322	2849	2997
全线平均	1327	1394	1856	2086	2834	3304	2508	2972	2889	2910

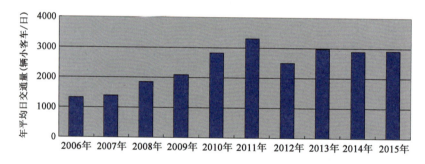

图 8-4-7 哈同高速公路佳木斯至方正段交通量增长柱状图

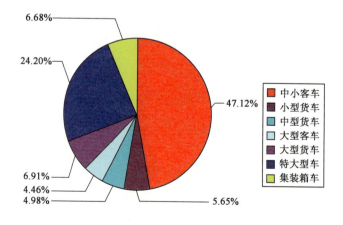

图 8-4-8 哈同高速公路佳木斯至方正段车型构成比例图

三、哈同高速公路佳木斯至双鸭山(集贤)段

(一)项目概况

1. 基本情况

(1)功能定位

佳木斯至双鸭山(集贤)段是哈同高速公路的一部分,路线跨越集贤县、桦川县、佳木斯市三个行政区,沿佳木斯至双鸭山(集贤)段一期工程左侧。沿途经笔架山农场、太平镇、四马架乡、长发镇、松江乡、西格木乡等。佳木斯段至双鸭山(集贤)段公路扩建工程是黑龙江省"十一五"期间公路建设的重点项目,是连接黑龙江省东部工业重镇佳木斯市和煤炭工业基地双鸭山市的重要通道。该项目的实施将进一步完善黑龙江省高速公路路网结构,促进黑龙江省东部三江经济区的持续发展,对开发黑龙江省东部地区矿产、旅游资源和促进哈尔滨市、佳木斯市、富锦市、同江市、抚远县五大边贸口岸经济贸易的发展具有重大意义。

(2)技术标准

主线按照双向四车道高速公路标准建设,在原高速公路半幅(路基全宽14.0m)的基础上,左侧加宽成全封闭、全立交的四车道高速公路;四马架连接线采用三级公路标准建设。

哈同高速公路佳木斯至双鸭山(集贤)段路面结构见表8-4-17。

哈同高速公路佳木斯至双鸭山(集贤)段路面结构表　　表8-4-17

路面形式	起点里程	讫点里程	长度(m)	路面类型
柔性路面	上行 K327+500	K401+000	73500	沥青路面
	下行 K327+500	K328+774	1274	
	下行 K328+826	K341+152	12326	
	下行 K342+308	K378+157	35849	
	下行 K378+311	K396+203	17892	
	下行 K396+567	K401+000	4433	
刚性路面	下行 K328+774	K328+826	52	水泥混凝土路面
	下行 K341+152	K342+308	1156	
	下行 K378+157	K378+311	154	
	下行 K396+203	K396+567	364	

(3)建设规模

双佳高速公路起于集贤县北、安邦河东岸约2km的哈同公路上,终于佳木斯市以西黑通村南3km的哈同公路上,接佳哈段起点,全长77.926km。全线路基土石方306万 m^3,沥青混凝土面层(三层)439万 m^2,特大桥1154.95m/1座,大桥889.7m/4座,中桥

736.62m/13座,小桥173m/8座;互通式立体交叉6处,其中,新建3处,利用3处;主线上跨式分离桥13座;主线下穿分离桥18座;涵洞52道,通道涵31道。

(4) 地形地貌

路线处于松花江下游的三江平原地带,为平原微丘区,地势变化平缓。地表植被以耕地和林地为主。

(5) 投资规模

概算投资13.22亿元。其中,中央专项基金2.26亿元,新增中央预算内投资计划1.5亿元,开行贷款9.46亿元。

(6) 开工及通车时间

2007年8月开工建设,2009年10月交工通车。

2. 参建单位主要情况

(1) 建设单位

建设单位是黑龙江省交通运输厅,项目执行机构双佳高速公路扩建工程建设指挥部。

(2) 设计单位

黑龙江省公路勘察设计院。

(3) 施工单位

通过招投标本项目由中交第四公路工程局有限公司、辽宁五洲公路工程有限责任公司、内蒙古联手路桥有限责任公司、黑龙江省广通公路工程有限公司等19个施工单位参与建设,划分为28个标段。

(4) 施工监理单位

通过招投标,本项目由黑龙江省公路工程监理咨询公司、中国公路工程咨询集团有限公司等8家单位参与施工监理。

(二)建设情况

1. 项目准备阶段

(1) 项目审批

该项目严格执行了交通基本建设程序,从工程可行性研究、初步设计、施工图设计、工程施工、监理招投标及工程开工报告的审批,各个环节手续齐全,具体如下:

①2006年1月9日,黑龙江省国土资源厅出具《关于哈尔滨至同江高速公路双鸭山(集贤)至佳木斯段扩建工程建设占地压覆矿产资源储量情况证明的函》(黑国土资函〔2006〕7号)。

②2006年1月11日,黑龙江省第六地质勘察院出具《哈尔滨至同江高速公路双鸭山(集贤)至佳木斯段扩建工程地质灾害危险性评估报告》评审意见书。

③2006年6月22日,国家环境保护总局出具《关于哈尔滨至同江高速公路双鸭山(集贤)至佳木斯段扩建工程环境影响报告书的批复》(环审〔2006〕291号)。

④2006年6月22日,中华人民共和国水利部出具《关于哈同高速公路双鸭山至佳木斯段扩建工程水土保持方案的复函》(水保函〔2006〕316号)。

⑤2006年8月6日,黑龙江省文化厅基建考古办公室出具《关于双鸭山至佳木斯高速公路扩建工程用地进行文物调查勘探的批复》(黑文考函〔2006〕29号)。

⑥2006年8月28日,国家发展和改革委员会出具《国家发展和改革委员会关于黑龙江省双鸭山(集贤)至佳木斯公路扩建工程可行性研究报告的批复》(发改交运〔2006〕1746号)。

⑦2006年10月16日,交通部出具《关于双鸭山(集贤)至佳木斯公路扩建工程初步设计的批复》(交公路发〔2006〕557号)。

⑧2006年12月15日,黑龙江省林业厅出具《使用林地审核同意书》(黑林地许准〔2006〕177号)。

⑨2007年4月28日,中华人民共和国国土资源部出具《关于双鸭山(集贤)至佳木斯高速公路扩建工程建设用地的批复》(国土资函〔2007〕350号)。

⑩2007年12月13日,交通部批准《哈尔滨至同江高速公路双鸭山(集贤)至佳木斯段扩建工程施工许可申请书》。

(2)合同段划分(表8-4-18)

根据各专业的工程内容划分标段如下:

①施工标段划分:共划分28个施工标段,其中土建标18个、房建工程4个、机电工程1个、交通安全设施2个、绿化工程3个。

②监理标段划分:本项目设置1个总监办公室,负责全线施工监理工作;5个土建工程监理办公室,负责监理区段内路基路面工程、交通安全设施工程、绿化工程的施工监理工作;2个房建工程监理办公室,负责全线4个标段的房建工程施工监理;1个机电工程监理办公室,负责全线的机电工程施工监理。

(3)招投标

根据交通部《公路工程施工招标投标管理办法》及省交通厅《黑龙江省公路工程施工招标投标实施细则》等文件的规定,项目土建工程招标评标办法首次采用提前公布控制价上限、取消标底的方式。监理招标一改以往费率报价的模式,采取清单式报价,投标人按拟投入人员、设备、设施分别进行报价,并在施工过程中按季度进行计量支付,这种报价方式的采用在黑龙江省施工监理招标中尚属首次。

通过择优确定施工、监理单位和材料供应商。业主与中标各施工、监理单位签订了"三个合同",即工程承包合同、廉政合同、质量终身责任状。

黑龙江
高速公路建设实录

哈同高速公路佳木斯至双鸭山(集贤)合同段划分一览表

表 8-4-18

序号	参建单位	参建单位名称	合同段编号及起止桩号	主要负责人	主要建设内容	备注
1	项目管理单位	双佳高速公路扩建工程建设指挥部	K163+900～K241+826	杨大水	全线建设管理	
2	勘察设计单位	黑龙江公路勘察设计院	K163+900～K241+826	郭伟	土建、房建、绿化、机电、交通	
3	施工单位	中交第四公路工程局有限公司	A1:K163+900～K165+500	经理:郭鑫明;总工:肖雪曼	A1 路基工程	
4		辽宁五洲公路工程有限责任公司	A2:K165+500～K170+500	经理:王守连;总工:嵩振海	A2 路基工程	
5		内蒙古联手路桥有限责任公司	A3:K170+000～K182+000	经理:张文宝;总工:赵金鹏	A3 路基工程	
6		黑龙江省广通公路工程有限公司	A4:K182+000～K193+800	经理:张中祥;总工:单佳宏	A4 路基工程	
7		龙建路桥股份有限公司	A5:K193+800～K203+800	经理:张国强;总工:刘喜新	A5 路基工程	
8		核工业华南建设工程集团公司	A6:K203+800～K208+000	经理:朱东生;总工:田春野	A6 路基工程	
9		中交一公局第六工程有限公司	A7:K208+000～K219+000	经理:崔喜臣;总工:潘桢	A7 路基工程	
10		甘肃路桥建设集团有限公司	A8:K219+000～K230+000	经理:朱平;总工:姜敏	A8 路基工程	
11		甘肃路桥建设集团有限公司	A9:K230+00～K241+826,4	经理:陶亚平;总工:任文安	A9 路基工程	
12		龙建路桥股份有限公司	B1:K163+900～K182+000	经理:刘贵禄;总工:李佑明	B1 桥梁工程	
13		中铁十三局集团有限公司	B2:K182+000～K203+800	经理:白杰;总工:李韵志	B2 桥梁工程	
14		辽宁省路桥建设总公司	B3:K203+800～K219+000	经理:马从胜;总工:吴加涛	B3 桥梁工程	
15		龙建路桥股份有限公司	B4:K219+000～K241+826,4	经理:张洪存;总工:姜英民	B4 桥梁工程	
16		龙建路桥股份有限公司	C1:K163+900～K182+000	经理:张文宝;总工:赵中元	C1 路面工程	
17		黑龙江省农垦建工集团有限公司	C2:K182+000～K203+800	经理:高建国;总工:祖显威	C2 路面工程	
18		中铁十三局集团第四工程有限公司	C3:K203+800～K219+000	经理:孙建平;总工:孙海波	C3 路面工程	
19		中铁十三局集团第四工程有限公司	C4:K219+000～K241+826,4	经理:廖福兴;总工:李东	C4 路面工程	
20		黑龙江省北龙交通工程有限公司	D1:K163+900～K241+826,4	经理:王军;耿英杰	D1 护栏工程	

第八章 高速公路建设项目

续上表

序号	参建单位	参建单位名称	合同段编号及起止桩号	主要负责人	主要内容	备注
21	施工单位	黑龙江交通实业总公司	D2:K163+900~K241+826.4	经理:刘福生	D2标志标线工程	
22		黑龙江省七建建筑工程有限责任公司	Y1:AK0+885 四马架收费站	经理:惠海军	Y1房建工程	
23		黑龙江龙垦建设工程总公司	Y2:K200+199 太平停车区	经理:包静伟;总工:李木丰	Y2房建工程	
24		哈尔滨交研交通工程有限责任公司	H1:K163+900~K241+826.4	经理:林海	H1机电工程	
25		齐齐哈尔市绿都园林绿化工程有限公司	LH1:四马架互通区	经理:张永海	LH1绿化工程	
26		哈尔滨万通园林绿化工程有限公司	LH2:集贤互通区	经理:马涛	LH2绿化工程	
27		哈尔滨万通园林绿化工程有限公司	LH3:双鸭山互通区	经理:马涛	LH3绿化工程	
28		黑龙江坡景建筑工程有限公司	FA1:佳木斯区域高速公路综合管理中心房建	经理:李权太;总工:张智明	FA1房建工程	
29		黑龙江国光建筑装饰工程有限公司	FA2:佳木斯区域高速公路综合管理中心房建装饰	经理:薛广祥;总工:翟越海	FA2房建工程	
30		龙建路桥股份有限公司	FB1:佳木斯区域高速公路综合管理中心场区路面及附属	经理:孙雪峰;总工:张雪松	FB1路面工程	
31	监理单位	黑龙江省公路工程监理咨询公司	K163+900~K165+500	总监:刘喜斌;驻地:刘英辉	A1路基工程	
32		黑龙江省公路工程监理咨询公司	K165+500~K170+000	驻地:刘英辉	A2路基工程	
33		黑龙江省公路工程监理咨询公司	K170+000~K182+000	驻地:刘英辉	A3路基工程	
34		中国公路工程咨询集团有限公司	K182+000~K193+800	驻地:胡鑫	A4路基工程	
35		中国公路工程咨询集团有限公司	K193+800~K203+800	总监:高林海;驻地:胡鑫	A5路基工程	
36		黑龙江建通公路工程监理咨询有限责任公司	K203+800~K208+000	驻地监理:窦占忠	A6路基工程	
37		黑龙江建通公路工程监理咨询有限责任公司	K208+000~K219+000	驻地监理:窦占忠	A7路基工程	

续上表

序号	参建单位	参建单位名称	合同段编号及起止桩号	主要负责人	主要内容	备注
38		黑龙江省公路工程监理咨询公司	K219+000～K230+000	驻地监理：候金怀	A8 路基工程	
39		黑龙江省公路工程监理咨询公司	K230+00～K241+826.4	驻地监理：候金怀	A9 路基工程	
40		黑龙江省公路工程监理咨询公司	K163+900～K182+000	驻地监理：刘英辉	B1 桥梁工程	
41		黑龙江省公路工程监理咨询公司	K182+000～K203+800	驻地监理：刘英辉	B2 桥梁工程	
42		中国公路工程咨询集团有限公司	K203+800～K219+000	驻地监理：胡鑫	B3 桥梁工程	
43		黑龙江省公路工程监理咨询公司	K219+000～K241+826.4	驻地监理：候金怀	B4 桥梁工程	
44		中国公路工程咨询集团有限公司	K163+900～K182+000	总监：马振生；驻地：朱晓静	C1 路面工程	
45		中国公路工程咨询集团有限公司	K182+000～K203+800	驻地监理：胡鑫	C2 路面工程	
46		黑龙江建通公路工程监理咨询有限责任公司	K203+800～K219+000	总监：马振生；驻地监理：窦占忠	C3 路面工程	
47	监理单位	黑龙江省公路工程监理咨询公司	K219+000～K241+826.4	驻地监理：候金怀	C4 路面工程	
48		黑龙江华龙公路工程咨询监理有限公司	K163+900～K241+826.4	驻地监理：陈波	D1 护栏工程	
49		北京兴通交通工程咨询监理有限公司	K163+900～K241+826.4	驻地监理：陈波	D2 标志标线工程	
50		东北林业大学工程监理部	AK0+885 四马架收费站	驻地监理：张琳鹏	Y1 房建工程	
51		鸡西市伟业工程项目管理有限公司	K200+199 太平停车区	驻地监理：张琳鹏	Y2 房建工程	
52		鸡西市伟业工程项目管理有限公司	K163+900～K241+826.4	驻地监理：魏宏伟	H1 机电工程	
53		东北林业大学工程监理部	四马架互通区	驻地监理：王禾祥	LH1 绿化工程	
54		东北林业大学工程监理部	集贤互通区	驻地监理：王禾祥	LH2 绿化工程	
55		东北林业大学工程监理部	双鸭山互通区	驻地监理：王禾祥	LH3 绿化工程	
56		黑龙江省轻工建设工程监理咨询有限公司	佳木斯区域高速公路综合管理中心房建	监理：姚清波	FA1 房建工程	
57		黑龙江省轻工建设工程监理咨询有限公司	佳木斯区域高速公路综合管理中心房建装饰	监理：姚清波	FA2 房建工程	
58		黑龙江省公路工程监理咨询公司	佳木斯区域高速公路综合管理中心场区路面及附属	监理：刘欣凯	FB1 路items工程	

(4) 征地拆迁

征地拆迁工作依据国家、省有关土地管理条例规定的标准,对土地、林木、电力、电信等进行补偿,确保了扩建工程的开工建设。

2. 项目实施阶段

(1) 主线土建工程于 2007 年 8 月开工,2009 年 10 月完工。

(2) 房建工程于 2008 年 8 月开工,2009 年 10 月完工。

(3) 机电工程于 2008 年 9 月开工,2009 年 10 月完工。

(4) 交通安全设施工程于 2008 年 5 月开工,2009 年 10 月完工。

(5) 绿化工程于 2009 年 6 月开工,2009 年 10 月完工。

(6) 2009 年 10 月,黑龙江省交通厅组织专家对双鸭山(集贤)至佳木斯高速公路进行了交工验收。

(7) 2012 年 10 月,黑龙江省公路工程质量监督站,根据《公路工程质量鉴定办法》,对项目进行了竣工质量鉴定,评分为 96.83 分,等级为优良。

(三) 科技创新

(1) 使用了 GPS 测量技术,可以在短时间内迅速而又准确地获取空间三维定位数据,它具有测站间不受通视条件影响、操作简便、测程远、精度高、速度快、节省人力等优点,能快速完成公路测区内的高级控制测量,为线位、桥位测量提供可靠的基础数据。本项目导线控制测量和外业放线工作全部采用 GPS 测量技术完成。

(2) 文件编制全部采用计算机绘图、制表。

(3) 在混凝土路面和其他混凝土构件中,采用了引气减水剂,桥面采用钢纤维、聚酯纤维等,较大提高了混凝土的耐久性及抗冻盐剥蚀能力。

(4) 桥梁上部结构采用预应力结构、简支转连续结构,对被交叉公路上跨的分离立交桥采用四跨或多跨的简支梁或钢筋混凝土连续梁结构,桥型轻巧,简单明快,墩台形式多样。

(5) 为防止高路堤纵向开裂,对高填方路基设置了两层复合钢塑土工格栅。

(6) 为防止新旧路基不均匀沉降,新旧路衔接处路基挖台阶,并铺设两层复合钢塑土工格栅。

(7) 旧路补强时,打裂旧路面板,消除旧路混凝土板下脱空问题,并铺设应力吸收层,减小反射裂缝的影响。

(8) 左幅新建沥青路面上面层、右幅旧路大修上、下面层均采用 SBS 改性沥青混凝土,提高路面的高温、低温稳定性及路面的抗车辙能力,延长路面的使用寿命。

(9) 新建半幅基层上铺设同步碎石封层,透层使用高渗透乳化沥青,黏层使用改性乳化沥青,提高路面和基层之间的黏结性。

(四)运营养护管理

本项目路段由佳木斯管理处负责运营养护管理。

1. 服务设施

全线设置四丰山服务区、太平服务区,见表8-4-19。

哈同高速公路佳木斯至双鸭山(集贤)段服务场区一览表　　表8-4-19

高速公路编码	服务区名称	桩号	所在区域	占地(m²)	建筑面积(m²)
G1011	四丰山服务区	K342+750	佳木斯市四丰乡	37833	2221
	太平服务区(下行)	K367+800	太平镇	24900	782

2. 收费设施

本项目共设置收费站3个,安庆互通、集贤互通和双鸭山互通各设3个匝道收费站。其中ETC车道1条,见表8-4-20。

哈同高速公路佳木斯至双鸭山(集贤)段收费设施一览表　　表8-4-20

收费站名称	桩号	入口车道数		出口车道数		收费方式
		总车道	ETC车道	总车道	ETC车道	
佳南收费站	K347+240	2		2		MTC+ETC
集贤收费站	K401+500	2		4		
双鸭山收费站	K403+320	2	1	4	1	

3. 养护管理

本项目养护里程77.926km,设置四丰山、集贤养护工区,见表8-4-21。自通车以来为恢复沿线设施的使用功能及原有的技术标准,每年进行路面的灌缝修补,每年根据日常养护需要对全线的路面病害进行治理。

哈同高速公路佳木斯至双鸭山(集贤)段养护设施一览表　　表8-4-21

养护工区名称	桩号	路段长度(km)	占地面积(m²)	建筑面积(m²)
四丰山养护工区	K342+700	73.5	10000	1200
集贤养护工区	K401+200	54	4984	1154

4. 监控设施

本项目设置佳木斯高速公路管理处监控中心,负责全线的监控工作,见表8-4-22。

哈同高速公路佳木斯至双鸭山(集贤)段监控设施一览表　　表8-4-22

监控设施名称	桩号	占地面积(m²)	建筑面积(m²)
监控中心	K342+700	设在佳木斯高速公路管理处	

5. 交通流量

自2011年至2014年,佳集段交通量从2186辆小客车/日,增长至4429辆小客车/日,年平均增长率达到32.1%;从车辆构成上来看,主要以小客车为主,占到总量的77.58%;从断面交通流量分析,佳南站车流相对较多,为 1114 辆小客车/日;集贤站少,为 932 辆小客车/日,见表 8-4-23。

哈同高速公路佳木斯至双鸭山(集贤)段交通流量发展状况表(单位:台次)　　表 8-4-23

年份	2011 年	2012 年	2013 年	2014 年
佳南收费站		610695	553167	598395
集贤收费站	35631	451259	394224	452215
双鸭山收费站	21202	441045	529329	565959
全线平均	28417	500999	492240	538856

以上均为出口车流量(2011 年 12 月 1 日通车收费),2011 年年平均日日流量 2186 台次/日;2012 年年平均日流量 4127 台次/日;2013 年年平均日流量 4046 台次/日;2014 年年平均日流量 4429 台次/日(图 8-4-9)。

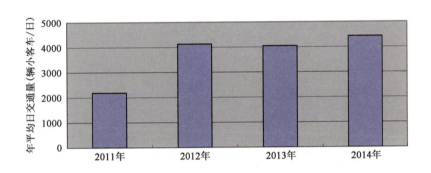

图 8-4-9　哈同高速公路佳木斯至双鸭山(集贤)段交通量增长柱状图

车型分类:一型车(客一、货一)、二型车(客二、货二)、三型车(客三、货三)、四型车(客四、货四)五型车(五货)

历年车流占总流量百分比:一型车占总流量的 77.58%;二型车占总流量的 5.19%;三型车占总流量的 5.32%;四型车占总流量的 4.10%;五型车占总流量的 7.81%(图 8-4-10)。

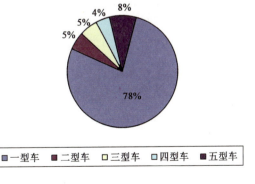

图 8-4-10　哈同高速公路佳木斯至双鸭山(集贤)段车型构成比例图

四、哈同高速公路双鸭山(集贤)至同江段

(一)项目概况

1. 基本情况

(1)功能定位

哈尔滨至同江高速公路是国家高速公路网规划"71118 网"中横一线绥芬河至满洲里高速公路联络线的东北端路段;也是原国家高速公路网(中华人民共和国交通部于"八五"计划期间提出的公路建设发展方针和长远目标规划)的重要组成部分,即"五纵七横"国道主干线"纵一线"同三公路(G010)的最北段;是黑龙江省"十一五"公路重点建设项目之一,是连接黑龙江省东部工业重镇佳木斯市和煤炭工业基地双鸭山市的重要通道。该项目为集贤、富锦、同江三个县市之间提供一条重要的高速公路通道,对加强黑龙江东部地区的各项交流,促进经济、社会发展具有重要意义。

(2)技术标准

采用双向四车道,设计速度80km/h,路基宽度24.5m;桥涵设计荷载公路—Ⅰ级,设计洪水频率1/100;平曲线最小半径采用400m,最大纵坡5%。哈同高速公路双鸭山(集贤)至同江段路面结构表见表8-4-24。

哈同高速公路双鸭山(集贤)至同江段路面结构表　　　表8-4-24

路面形式	起点里程	讫点里程	长度(m)	路 面 类 型
柔性路面	K404+130	K571+861	167731	沥青路面。①全幅新线及帮宽新建侧路面结构:5cm 中粒式改性沥青混凝土上面层(AC-16)+6cm 中粒式改性沥青混凝土中面层(AC-20)+7cm 粗粒式沥青混凝土下面层(AC-25)+热沥青碎石封层+乳化沥青透层+36cm 水泥(4.5%)稳定级配碎石基层 +20cm(5%)水泥稳定砂掺碎石(60%)底基层,各沥青层间设置黏层,黏层采用改性乳化沥青,路面结构层总厚度为74cm。中湿路段及黏土填筑路基路段设置砂砾垫层,路面结构层总厚度为94cm;②旧路加铺路面结构:5cm 中粒式改性沥青混凝土上面层(AC-16)+7cm 粗粒式沥青混凝土下面层(AC-25)+7cm 沥青稳定碎石 ATB-25 找平层,各沥青层间设置黏层,黏层采用改性乳化沥青。

(3)建设规模

本项目主线建设里程长167.731km,其中:大桥210.52m/2 座,中桥422.48m/7 座,小桥487.86m/17 座,互通桥325.3m/4 座,主线上跨305.16m/6 座,主线下穿1777.78m/23 座,公铁立交桥923.08m/7 座,天桥1869.04m/24 座,通道桥222.4m/10 座,涵洞3428.92m/153 道。桥隧比14.12%。全线设主线收费站1 处;匝道收费站7 处;服务区4 处,管理分中心1 处;管理、养护、服务、监控房屋建筑面积36192.8m²。同步建设辅道164.902km。

(4)主要控制点

双鸭山市(集贤县)、佳木斯市(富锦市)、同江市。共计3 个市、2 个县(市)、1 个农

场、2个乡镇。

(5)地形地貌

路线所处区域为三江平原腹地,地势低平,具有典型的沼泽化低湿平原的地貌景观。地貌主要有分布于别拉音山、乌尔古力山、二龙山等完达山余脉低山残丘漫岗,海拔高度为 80~150m;分布于二龙山至乌尔古力山至别拉音山一线以南的低平原,地势低洼,遍布碟形洼地和线形洼地,海拔在 54~58m,地表为 3~17m 的黏土层覆盖,大部为草甸土;分布在沿江一带的二级阶地和波状起伏的漫岗上的平原区,海拔为 60~65m,呈不规则带状分布;分布在松花江的沿江一带河漫滩与江中岛屿的沿江泛滥地,地势低平,沟塘相间分布,海拔 55~59m。地表植被多为水田、旱地及湿地。

(6)投资规模

概算投资总额 40.57 亿元,竣工决算投资为 40.51 亿元,平均每公里造价 2415.17 万元。

(7)开工及通车、竣工时间

2009 年 5 月开工建设,2011 年 9 月交工通工,2015 年 2 月完成竣工验收。

2. 前期决策情况

黑龙江省交通厅于 2008 年 5 月委托黑龙江省公路勘察设计院编制《哈尔滨至同江高速公路双鸭山(集贤)至同江段扩建工程可行性研究报告》,黑龙江省公路勘察设计院于 2008 年 7 月完成该项目工程可行性研究报告。

(1)2008 年 8 月 12 日,黑龙江省发展改革委以《关于报批哈尔滨至同江高速公路双鸭山(集贤)至同江段工程可行性研究报告的请示》(黑发改交通〔2008〕840 号),向国家发展改革委送交该项目工程可行性研究报告请示文件。

(2)2008 年 11 月 25 日,中交公路第一公路勘察设计研究院有限公司以《关于报送〈哈尔滨至同江高速公路双鸭山(集贤)至同江段工程可行性研究报告审核意见〉的函》(公设审函〔2008〕27 号),向交通运输部综合规划司送交该项目工程可行性研究审核意见。

(3)2009 年 1 月 24 日,交通运输部以《关于双鸭山(集贤)至同江公路可行性研究报的审查意见》(交函规划〔2009〕18 号),向国家发展和改革委送交该项目可行性研究报告的审查意见。

(4)2009 年 3 月 24 日,国家发展和改革委员会以《国家发展改革委关于黑龙江省双鸭山(集贤)至同江公路可行性研究报告的批复》(发改基础〔2009〕780 号),对该项目的工程可行性研究报告进行了批复。

(5)2009 年 1 月 23 日,国土资源部下发了《关于哈尔滨至同江高速公路双鸭山(集贤)至同江段扩建工程建设用地预审意见的复函》(国土资预审字〔2009〕60 号)。

3. 参建单位主要情况

(1) 建设单位

黑龙江省同江至集贤高速公路工程建设指挥部。

(2) 设计单位

①土建工程、机电工程、交通工程设计单位：黑龙江省公路勘察设计院。

②绿化工程、房建工程设计单位：黑龙江省东方建筑设计有限公司。

③收费站栅门工程设计单位：哈尔滨工业大学空间钢结构幕墙有限公司。

(3) 施工单位

通过招标，龙建路桥股份有限公司、中铁十三局集团有限公司、北京城建三建设集团有限公司等施工单位划分48个标段参与本项目建设。

(4) 施工监理单位

本项目设置2个总监办公室，分别负责80km、87km的施工监理工作；11个土建工程监理办公室，负责监理区段内路基路面工程的监理工作；2个交安工程监理办公室（与2个土建工程监理办公室合并）；1个机电工程监理办公室；3个房建工程监理办公室；1个绿化工程监理办公室；1个栅门工程监理办公室。

(二) 建设情况

1. 项目准备阶段

(1) 项目审批

该项目严格执行了交通基本建设程序，从预可行性研究、工程可行性研究、初步设计、施工图设计、工程施工、监理招投标及工程开工报告的审批，各个环节手续齐全，具体如下：

①2009年7月9日，交通部批复了《关于双鸭山（集贤）至同江公路初步设计的批复》（交公路发〔2009〕340号）。

②2009年4月2日，黑龙江省同江至集贤高速公路工程建设指挥部向黑龙江省交通厅上报《关于核备哈尔滨至同江高速公路双鸭山（集贤）至同江段改（扩）建工程施工招标资格预审报告的请示》（黑同集指发〔2009〕340号）。

③2009年5月7日，黑龙江省同江至集贤高速公路工程建设指挥部向黑龙江省交通运输厅上报《关于核备哈尔滨至同江高速公路双鸭山（集贤）至同江段改（扩）建工程施工及施工监理招标评标报告的请示》（黑同集指发〔2009〕17号）。

④2003年4月8日，国土资源部向黑龙江省国土厅及黑龙江省同江至集贤高速公路工程建设指挥部《关于哈尔滨至同江高速公路双鸭山（集贤）至同江段扩建工程建设用地预审意见的复函》（国土资预审字〔2009〕60号）。

⑤2009年12月31日,黑龙江省交通厅印发《黑龙江省交通厅关于双鸭山(集贤)至同江公路施工图设计的批复》(黑交发〔2009〕382号)。

⑥2008年12月18日,环境保护部向黑龙江省同江至集贤高速公路工程建设指挥部印发《关于哈尔滨至同江高速公路双鸭山(集贤)至同江段扩建工程环境影响报告书的批复》(环审〔2008〕543号)。

⑦2011年9月9日,交通运输部印发《黑龙江省双鸭山(集贤)至同江公路工程建设项目施工许可申请》(交公路施工许可〔2011〕29号)。

⑧2011年11月7日,黑龙江省交通运输厅印发《黑龙江省交通运输厅关于双鸭山(集贤)至同江公路房建工程施工图设计的批复》(黑交发〔2011〕521号)。

⑨2011年6月24日,黑龙江省交通运输厅印发《黑龙江省交通运输厅关于双鸭山(集贤)至同江公路辅道工程施工图设计的批复》(黑交发〔2011〕230号)。

⑩2010年3月30日,国家林业局批复项目《使用林地审核同意书》(林资许准〔2010〕070号)。

⑪2011年7月24日,国土资源部印发《国土资源部关于哈尔滨至同江高速公路双鸭山(集贤)至同江段扩建工程建设用地的批复》(国土资函〔2011〕416号)。

(2)资金筹措

概算总投资40.57亿元,其中交通部安排专项资金8.14亿元,黑龙江省政府配套资金7.83亿元,银行贷款24.6亿元。竣工决算为40.51亿元,投资节约0.06亿元,平均每公里造价2 415.17万元。

(3)合同段划分(表8-4-25)

根据各专业的工程内容划分标段如下:

①土建工程、机电工程、交安工程设计3个标段,房建及绿化工程设计1个标段,收费站栅门设计1个标段。

②施工标段划分:根据工程内容的不同,土建工程26个标段,机电工程3个标段,房建工程6个标段,绿化工程5个标段,交通安全设施4个标段,收费站栅门工程3个,房建装饰工程1个。

③施工监理标段划分:根据工程内容设2个总监办公室,11个土建工程驻地监理标段,3个房建工程监理标段,1个机电工程监理标段,1个绿化工程监理标段,1个收费站栅门工程监理标段。

(4)招投标

按照《中华人民共和国招标投标法》和交通部颁布的《公路工程施工招标投标管理办法》《公路工程施工招标资格预审办法》《公路工程施工招标评标办法》的要求,由项目法人单位组织招标工作。

哈同高速公路双鸭山(集贤)至同江段合同段划分一览表

表 8-4-25

序号	参建单位	类型	参建单位名称	合同段编号及起止桩号	主要内容	主要负责人	备注
1	项目管理单位		黑龙江省同江至集贤高速公路工程建设指挥部		全线	王纪滨	
2	勘察设计单位	土建工程	黑龙江省公路勘察设计院	01,02,03	主线、辅道土建工程	王守恒	
3		房建工程	黑龙江省东方建筑设计有限公司	GF—2000—0209	房建工程施工图设计	田健、关伟	
4		房建工程	黑龙江省东方建筑设计有限公司		房建工程室内装饰设计	田健、关伟	
5		交通工程	黑龙江省公路勘察设计院	01,02,03	全线交通安全设施	王守恒	
6		绿化工程	黑龙江省东方建筑设计有限公司		全线绿化设计	田健、关伟	
7		机电工程	黑龙江省公路勘察设计院		全线机电设计	王守恒	
8		棚门工程	哈尔滨工业大学空间钢结构幕墙有限公司		收费站棚门设计	于长喜	
9	施工单位	主线土建工程	龙建路桥股份有限公司	A1:K0+000～K22+500	路基、路面、排水防护、涵洞	张文宝	
10			中铁十三局集团有限公司	A2:K22+500～K44+000		徐俊赋	
11			中铁十三局集团有限公司	A3:K44+000～K65+000		王民	
12			北京城建三建设集团有限公司	A4:K65+000～K84+000		贾自清	
13			大庆建筑安装集团有限责任公司	A5:K84+000～K104+000		陈殿富	
14			龙建路桥股份有限公司	A6:K104+000～K125+000		韩德刚	
15			中铁十三局集团有限公司	A7:K125+000～K146+000		崔延臣	
16			龙建路桥股份有限公司	A8:K146+000～K167+000		王伟	
17			龙建路桥股份有限公司	B1:K0+000～K167+700	桥梁、涵洞	刘贵禄	
18			中铁十三局集团第四工程有限公司	B2:K0+000～K6+000		白杰	
19		辅道土建工程	大庆市丰富建安工程有限责任公司	FD1:K0+000～K6+000	路基、路面、排水防护、桥涵	尹晓光	
20			佳木斯宏兴建筑工程有限责任公司	FD2:K6+000～K16+000		刘树才	
21			黑龙江省龙建路桥第四工程有限公司	FD3:K16+000～K22+000		单佳宏	
22			牡丹江公路建设桥梁建设有限公司	FD4:K22+000～K28+000		张永山	

第八章 高速公路建设项目

续上表

序号	参建单位	类型		参建单位名称	合同段编号及起止桩号	主要内容	主要负责人	备注
23	施工单位	土建工程	辅道工程	黑龙江远东道桥工程有限公司	FD5:K28+000~K34+000	路基、路面、排水防护、桥涵	高峰	
24				龙建路桥股份有限公司	FD6:K34+000~K40+647		袁树成	
25				中铁十三局集团第四工程有限公司	FD7:K40+662~K45+000		白凤山	
26				佳木斯宏兴建筑工程有限责任公司	FD8:K45+000~K51+000		姜树栋	
27				黑龙江省龙建路桥第六工程有限公司	FD9:K51+000~K56+500		刘喜新	
28				龙建路桥股份有限公司	FD01:K56+500~K72+565		史新春	
29				富锦市天路路桥建筑有限责任公司	FD11:K72+565~K78+214		刘玉林	
30				黑龙江省龙建路桥第二工程有限公司	FD12:K78+214~K107+715		潘金磊	
31				富锦市天路路桥建筑有限公司	FD13:K107+715~K119+474.901		齐再国	
32				黑龙江省大东建筑工程有限公司	FD14:K119+474.901~K136+000		李岩红	
33				黑龙江省龙建路桥第二工程有限公司	FD15:K136+000~K144+102		孙志诚	
34				黑龙江省程建设工集团有限公司	FD16:K144+102~K164+902		王剑鸣	
35		机电工程		黑龙江省应用电子有限责任公司	JD1:K0+000~K151+385	通信系统	高振围	
36				中铁十三局集团电务工程有限公司	JD2:K0+000~K151+385	收费系统	康仕恒	
37				哈尔滨交研交通工程有限公司	JD3:K0+000~K167+300	监控系统	付峰	
38		房建工程		黑龙江省正创建筑工程有限公司	FJ1:集贤收费站、双鸭山收费站、集贤服务区	建筑结构主体、给排水、采暖、消防安全、电气照明、弱电、装饰、管网	李立民	
39				黑龙江省正创港航工程有限公司	FJ2:二九一收费站、锦山服务区		凌震声	
40				中城第五工程有限公司	FJ3:二龙山服务区		高建林	
41				牡丹江市第三建筑工程有限公司	FJ4:锦山收费站、富锦收费站		王智	
42				黑龙江宇林建筑工程第六有限公司	FJ5:同江服务区		沈智平	
43				中铁二十二局集团第六工程有限公司	FJ6:二龙山收费站、同汇收费站		张岩	
44				哈尔滨维纳斯树装饰工程有限公司	共11处房建工程	房建工程二次精装修	韩旸	

续上表

序号	参建单位	类型	参建单位名称	合同段编号及起止桩号	主要内容	主要负责人	备注
45	施工单位	绿化工程	黑龙江省人达环境艺术工程有限公司	LH1：K0+000～K34+100		刘玉坤	
46			佳木斯鸿华园林绿化工程有限公司	LH2：K34+100～K65+000		张振华	
47			佳木斯鸿华园林绿化工程有限公司	LH3：K65+100～K99+783		张振华	
48			哈尔滨市乾达园林绿化有限公司	LH4：K99+783～K131+822.7	主线、服务区、收费站、互通区绿化	张威	
49			黑龙江省艺诚信园林绿化有限责任公司	LH5：K131+822.7～K167+730		潘林	
50		栅门工程	常州东方金属结构有限公司	集贤收费站、双鸭山收费站		郝凤伟	
51			常州东方金属结构有限公司	二九一收费站、桦山收费站、富锦收费站	收费栅门	郝凤伟	
52			常州东方金属结构有限公司	二龙山收费站、同江收费站		郝凤伟	
53		交通安全设施工程	河北科力交通设施建设有限公司	JT1：K0+000～K44+000	波形梁护栏、隔离栅	米继军	
54			哈尔滨交研交通工程有限责任公司	JT2：K44+000～K84+000	波形梁护栏、隔离栅	徐光辉	
55			黑龙江省北龙交通工程有限公司	JT3：K84+000～K125+000	波形梁护栏、隔离栅	马长青	
56			吉林省松江路桥建筑有限公司	JT4：K0+000～K167+730	综合标段（含波形梁护栏、防眩板、标线、标志、里程碑、界碑、隔离栅、轮廓标等）	姜春华	
57	监理单位	总监办	黑龙江省公路工程监理咨询有限公司	ZJ1：K0+000～K84+000	路基、路面、桥涵、交安，包括B1、B2合同段	王鑫	
58			东北林业大学工程监理部	ZJ2：k84+000～K167+731	路基、路面、桥涵、交安，包括B2合同段	安超	
59		土建工程	黑龙江省远升公路工程咨询监理有限责任公司	J1：K0+000～K22+500	路基、路面、涵洞	金锡敏	
60			北京路桥通国际工程咨询有限公司	J2：K22+500～K44+000	路基、路面、涵洞	王军	
61			东北林业大学工程监理部	J3：K44+000～K65+000（A3） K0+000～K167+731（B1）	路基、路面、涵洞、桥梁	于浩然	

第八章 高速公路建设项目

续上表

序号	参建单位	类型	参建单位名称	合同段编号及起止桩号	主要内容	主要负责人	备注
62		土建工程	北京四方工程建设监理有限责任公司	J4:K65+000~K84+000	路基、路面、涵洞	刘继彦	
63			河南省交通试验检测监理技术咨询有限公司	J5:K84+000~K104+000	路基、路面、涵洞	李晓峰	
64			黑龙江华龙公路工程咨询监理公司	J6:K104+000~K125+000	路基、路面、涵洞、交安	陈波	
65			东北林业大学工程监理部	J7:K125+000~K146+000(A7) K0+000~K167+731(B2)	路基、路面、涵洞、B2桥梁	闫继会	
66			东北林业大学工程监理部	J8:K146+000~K167+731	路基、路面、涵洞	曹立鹤	
67		辅道工程	黑龙江省公路工程监理咨询公司	FDJ1:K0+000~K40+647	路基、路面、涵、包括FD1、FD2、FD3、FD4、D13	王鑫	
68	监理单位		黑龙江华龙公路工程咨询监理有限公司	FDJ2:K40+662~K78+214	路基、路面、包括FD5、FD6、FD7、FD14	赵守平	
69			河南省中原公路工程监理有限公司	FDJ3:K78+214~K104+902	路基、路面、桥涵包括FD8、FD9、FD10、FD11、FD12	李晓龙	
70		机电工程	黑龙江省公路工程监理咨询公司	JJ1:K0+000~K167+731	通信、收费、监控系统	王鑫	
71			黑龙江省轻工建工程监理有限公司		集贤收费站、双鸭山收费站、集贤服务区、九一收费站、锦山服务区	陈永发	
72		房建工程	哈尔滨亿汇建设项目管理有限公司		二龙山服务区、锦山收费站、富锦收费站	郑昫	
73			哈尔滨亿汇建设项目管理有限公司		同江服务区、二龙山收费站、同江收费站	郑昫	
74		收费站棚门	黑河市宏信建设监理有限责任公司	K0+000~K167+731	收费棚门	张发奎	
75		绿化工程	大庆开发区宏伟工程监理有限公司	K0+000~K167+731	绿化工程	刘柏权	

①2009年3月有24家土建工程施工单位通过资格预审,参加本项目主线土建工程10个合同段的投标。2009年5月6日在黑龙江省交通厅招标中心公开开标,采用无标底投标,合理低价中标方式。由招标人代表1人及交通运输部公路工程评标专家库随机抽取的评标专家4人共5人组成评标委员会,评审出10家中标单位。

②2010年4月,有56家土建工程施工单位通过资格预审,参加本项目辅道土建工程16个合同段的投标。2010年5月25日在黑龙江省交通厅招标中心公开开标,采用无标底投标,合理低价中标方式。由招标人代表2人及黑龙江省交通运输厅公路工程评标专家库随机抽取的评标专家5人共7人组成评标委员会,评审出16家中标单位。

③2009年7月13日,有18家房建工程施工单位,参加本项目6个合同的投标,本次招标在黑龙江省交通厅招标中心公开开标,采用无标底投标、二次开标中标方式,由招标人代表1人及黑龙江省交通厅公路工程评标专家库随机抽取的评标专家4人共5人组成评标委员会,确定了6家中标单位。

④2010年3月31日,有11家机电工程施工单位通过资格预审,参加本项目机电工程的投标。2010年7月8日在黑龙江省交通厅招标中心公开开标,由评标委员会进行评审,确定3家中标单位。

⑤2010年3月31日有17家交通安全设施工程施工单位通过资格预审,参加交通安全设施4个合同段的投标。2010年7月8日在黑龙江省交通厅招标中心公开开标,确定了4家中标单位。

⑥2011年1月19日,有17家绿化工程单位参加5个合同的投标。本次招标在黑龙江省交通厅招标中心公开开标,采用无标底投标、二次开标中标方式,由招标人代表1人及评标专家库随机抽取的评标专家4人共5人组成评标委员会,确定了5家中标单位。

⑦2011年1月19日,有6家栅门工程单位参加3个合同的投标。本次招标在黑龙江省交通厅招标中心公开开标,采用无标底投标、二次开标中标方式,由招标人代表1人及评标专家库随机抽取的评标专家4人共5人组成评标委员会,确定了3家中标单位。

⑧2011年7月19日,有4家装饰工程单位参加1个合同的投标。本次招标在黑龙江省交通厅招标中心公开开标,采用无标底投标、二次开标中标方式,由招标人代表1人及评标专家库随机抽取的评标专家4人共5人组成评标委员会,确定了1家中标单位。

(5)征地拆迁

①工作及范围

沿线经过双鸭山市(集贤县共1个县市)、佳木斯市(富锦市共1个县市)、同江市共计3个市、2个县(市)、1个农场、2个乡镇。

②主要内容

a.签订协议、界定征地界限、办理永久性占地报批手续。

b. 永久占地界内房屋等各种构造物的搬迁。

c. 永久占地内附着物的拆除。

d. 各种管线的迁移、改建,既有通信管线的改建、加高、迁移,还有电力线路的改建、加高、迁移。

e. 临时及借土占地的征用。

③遵循的政策法规

a.《中华人民共和国土地管理法》。

b.《黑龙江省土地管理条例》。

哈同高速公路双鸭山(集贤)至同江段征地拆迁统计见表8-4-26。

哈同高速公路双鸭山(集贤)至同江段征地拆迁统计表　　表8-4-26

高速公路编码	项目名称	征地拆迁安置起止时间	征用土地(亩)	拆迁占地费(万元)	备注
G1011	哈同高速公路双鸭山(集贤)至同江段	2008.10~2011.9	11423.5	27676	

2. 项目实施阶段

(1)主线土建工程于2009年5月16日开工,2011年9月20日完工。

(2)房建工程于2009年8月开工,2010年9月完工。

(3)机电工程于2010年8月开工,2011年8月完工。

(4)交通安全设施工程于2010年8月开工,2011年8月完工。

(5)绿化工程于2011年2月开工,2011年9月完工。

(6)2011年9月20日,黑龙江省同江至集贤高速公路工程建设指挥部组织专家对哈同高速公路双鸭山(集贤)至同江段改(扩)建工程进行了交工验收。

(7)2013年8月,黑龙江省公路工程质量监督站根据《公路工程质量鉴定办法》,对项目进行了竣工质量鉴定,评分为95.08分,等级为优良。

(8)2015年2月3日、4日,黑龙江省交通运输厅组织成立双鸭山(集贤)至同江公路工程建设项目竣工验收委员会,对该项目进行竣工验收,工程质量评分为95.75分,等级为优良。

哈同高速公路双鸭山(集贤)至同江段建设生产要素统计,见表8-4-27。

哈同高速公路双鸭山(集贤)至同江段建设生产要素统计表　　表8-4-27

高速公路编码	建设时间	钢材(t)	沥青(t)	水泥(t)	砂石料(m³)	柴油(t)	汽油(t)
G1011	2009.5~2011.9	42341	85675	452282	6562525	706601	575977

(三)科技创新

1. 科研课题

项目以提高工程质量、加快施工进度、降低工程造价、有利保护环境、破解技术难题为目标,积极配合科研课题研究。项目共设立7个课题,均为"部省联合科技支撑黑龙江省公路建设行动计划"的科研项目,主要研究单位为省黑龙江省交通科学研究所、哈尔滨工业大学、哈尔滨工程大学、东北林业大学、黑龙江省公路勘察设计院等单位。其中,"高等级公路路基小帮宽条件下控制不均匀沉降的理论及实验研究",探索寒冷地区旧路小帮加宽条件下不均匀沉降的影响机理,结合集贤至同江高速公路加宽建设中的具体实验数据,建立小帮加宽的不均匀沉降的影响因素及变化规律,为小帮加宽工程实际提供技术和理论支持。"公路旧路加宽工程路面加铺工艺及施工技术研究",研究和改善材料品质提出结构和材料设计的理论和方法,按照结构功能要求,提出满足防反射裂缝和抗车辙变形的 ATB-25 的设计,验证材料的长期使用性能,研究异型体造成施工非稳态变异的主要因素,研究复杂施工工艺下的非稳态施工条件的表征、不确定性因素及其影响水平,分析在最小和最大施工厚度条件下的路面厚度变异性,研究施工机具对不同厚度条件下的碾压效果,提出合理的碾压工艺;提出质量均匀性的控制标准和控制指标。

2. 四新技术应用

项目针对整个项目建设特点,积极推广采用新工艺、新技术、新设备、新材料,以提高工程质量、加快施工进度、降低工程造价、有利保护环境、解决建设中关键技术和难题为目的,在工程建设过程中紧紧依托科技创新,共引入"四新"技术 11 项,取得了显著的经济效益和社会效益。

(1) 强夯补压

针对帮宽路基靠近旧路一侧正常压实设备难以靠近的压实盲区,采取强夯进行补压,总计约 170km,有效避免纵向裂缝的出现。

(2) 冲击碾压

全线约有 70% 的路基均采用蓝派冲击碾压设备加强压实,加速填筑土方工后沉降,尤其对于帮宽段路基,有效避免了纵向裂缝的出现。

(3) 梁板凿毛工艺

全线所有空心板铰缝部位采用 100% 凿毛,将水泥浆皮彻底凿尽,在浇筑混凝土前用水冲洗,增强铰缝浇筑的混凝土与梁板的结合,提高新旧混凝土的结合,避免单板受力。

(4) 桥涵头预压工艺

全线所有桥涵均采用了桥涵头预压,有效加速台背回填土方的工后沉降,减缓桥头跳车的出现。采用沙砾或碎石土预压,具体尺寸为:长度超出台背回填长度 2m,宽度为台背回填宽度、高度为 2m。

(5) 旧路加宽施工技术

积极借鉴《升级改建工程路基加宽设计与施工技术》科研成果,结合项目情况确定加宽方案,切台阶的位置尽可能选在中央分隔带上,加强新旧的拼接,采用强夯、冲击碾压技术,加速路基工后和土基的沉降,避免纵裂的发生。切台阶的尺寸坚持挖大台阶的原则。

(6)设置钯钉

对贫混凝土与旧水泥混凝土路面拼接缝、旧路裂缝以及修补缝处增设钯钉,使之更好地形成整体,减缓或避免因新旧路路基不均匀沉降形成的新旧路结合部开裂。

(7)设置聚酯布

旧路路面加铺施工中,在应力吸收层上对应新旧路拼接缝处增设宽3.8m的聚酯布,有效延缓新旧路不均匀沉降形成的开裂向路面面层发展,避免路面早期损坏,提高路面使用寿命。

(8)碎石整形机新设备

采用瑞典进口山特维克碎石整形机对路面所用碎石进行整形,使碎石呈圆棱角状,有效降低针片状含量,提高结构层的强度。

(9)大功率全幅抗离析沥青混凝土摊铺机

在中上沥青混凝土面层采用大功率全幅抗离析摊铺机进行施工,避免多机摊铺形成的纵向接缝(图8-4-11)。

图8-4-11 沥青混凝土摊铺机摊铺

(10)预裹覆工艺

在同步碎石施工工艺中,增加碎石通过拌和楼进行烘干、除尘并掺拌0.25%沥青的工艺,提高碎石与洒布热沥青的黏结。

(11)应用财务软件、计量支付软件以及内业软件。通过应用软件,实现网上办公,克服了"项目建设里程长,内业管理难度大"的问题,有效提高了工作效率。

（四）运营养护管理

本项目路段由黑龙江省佳木斯高速公路管理处负责运营管理养护，运营里程桩号 K404+130~K571+861。

1. 服务设施

全线设置集贤、锦山、向阳川、同江四处服务区，见表8-4-28。

哈同高速公路双鸭山（集贤）至同江段服务场区一览表 表8-4-28

高速公路编码	服务区名称	桩号	所在区域	占地（m²）	建筑面积（m²）
G1011	集贤服务区	K406+620	集贤县	50466	6756
	锦山服务区	K458+620	富锦市锦山镇	40376	3628
	向阳川服务区	K513+520	富锦市向阳川乡	40376	5329
	同江服务区	K554+560	同江市乐业镇	50465	5649

2. 服务设施

本项目共设置收费站6个，同江为主线收费站，其他5个收费站均互通区匝道收费站，其中ETC车道1条，见表8-4-29。

哈同高速公路双鸭山（集贤）至同江段收费设施一览表 表8-4-29

收费站名称	桩号	入口车道数		出口车道数		收费方式
		总车道	ETC车道	总车道	ETC车道	
二九一收费站	K429+400	2	0	2	0	MTC+ETC
锦山收费站	K462+820	2	0	2	0	
富锦收费站	K486+720	2	0	4	0	
富锦东收费站	K503+200	2	0	4	0	
二龙山收费站	K532+045	2	0	4	0	
同江收费站	K555+700	3	1	5	1	

3. 养护管理

本项目养护里程167.3km，设置集贤、富锦、同江3处养护工区，负责养护里程分别为167.3km，见表8-4-30。本项目自通车以来为恢复沿线设施的使用功能及原有的技术标准，每年进行路面的灌缝修补；每年根据日常养护需要对全线的路面病害进行治理。

4. 监控设施

项目设置佳木斯高速公路管理处监控中心，桩号K342+700，负责全线的监控工作。

哈同高速公路双鸭山(集贤)至同江段养护设施一览表　　表8-4-30

养护工区名称	桩　　号	路段长度(km)	占地面积(m²)	建筑面积(m²)
集贤养护工区	K401+200	57	4984	1154
富锦养护工区	K486+700	55	14833	3788
同江养护工区	K554+560	58.8	20188	850

5.交通流量

集同段自2011年至2014年,交通量从2865辆小客车/日,增长至2 585辆小客车/日,年平均增长率达到5.60%;从车辆构成上来看,主要以小客车为主,占到总量的78.26%;从断面交通流量分析,富锦站的交通流量较大,达到822辆小客车/日,锦山交通流量较小,为110辆小客车/日,见表8-4-31。

哈同高速双鸭山(集贤)至同江段交通流量发展状况表(单位:辆)　　表8-4-31

年份	2011年	2012年	2013年	2014年
二九一收费站	12261	155692	180163	202224
锦山收费站	2991	43592	53170	56665
富锦收费站	25160	329330	371818	447711
二龙山收费站	24423	228256	265688	300848
同江收费站	10397	140273	150890	198281
全线平均	15046	179429	204346	241146

以上均为出口车流量(2011年12月1日通车收费),2011年年平均日流量2 894台次;2012年年平均日流量2 458台次;2013年年平均日流量2 799台次;2014年年平均日流量3303台次(图8-4-12)。

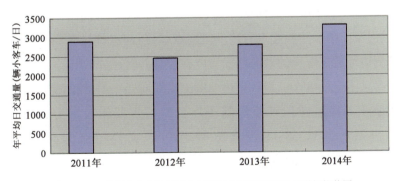

图8-4-12　哈同高速双公路鸭山(集贤)至同江段交通量增长柱状图

车型分类:一型车(客一、货一)、二型车(客二、货二)、三型车(客三、货三)、四型车(客四、货四)、五型车(五货)。历年车流占总流量百分比:一型车占总流量的78.26%;二型车占总流量的4.99%;三型车占总流量的3.10%;四型车占总流量的5.96%;五型车占总流量的7.68%(图8-4-13)。

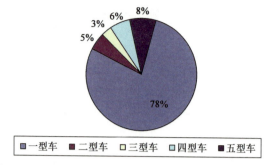

图 8-4-13 哈同高速双公路鸭山(集贤)至同江段车型构成比例图

第五节 G1012 建三江至抚远(黑瞎子岛)高速公路

G1012 建三江至抚远(黑瞎子岛)高速公路,由省骨架公路网中"横二线"前嫩公路(S303)前锋农场至建三江段和"纵一线"饶抚公路(S210)抚远至前锋农场段共同组成。建黑高速公路处中俄边境地区,全长约 260km,连接了建三江农垦分局局直及其所辖七星、创业等七个耕地面积大农业机械化程度高的国营农场群,是黑龙江省重要的商品粮生产运输通道,也是黑龙江省重要的国际贸易运输、旅游运输和国防通道。

建黑高速公路由建三江至前哨段和前哨至黑瞎子岛段两段组成。

建三江至前哨段(简称建前段)分成建三江至洪河段和洪河至前哨段。其中,建洪段于 2015 年 10 月建成通车,路线起点位于建三江管理局南侧,建虎高速公路 K22+277.916 处,以 Y 形枢纽互通与建虎高速公路相接,起点桩号 K0+000,终点与建三江至抚远(黑瞎子岛)高速公路洪河至前哨段起点顺接,终点桩号 K93+000,路线全长 91.017km(短链 1.983km)。设计速度 80km/h,双向四车道,路基宽度 24.5m;洪河至前哨段于 2015 年 10 月建成通车,洪河至前哨段路线起点与建洪段终点顺接,起点桩号 K93+000,终点位于前哨农场规划区南侧边缘通往海青的寒海路前,并与建黑高速公路前哨至黑瞎子岛段顺接,终点桩号 K168+485,全长 75.485km,设计速度 80km/h,双向四车道,路基宽度 24.5m。

前哨至黑瞎子岛段是建三江至黑瞎子岛公路的重要组成部分,起点桩号:K168+485,终点桩号:K217+905.38,主线全长 49.420km,公路等级为高速公路,设计速度 80km/h,沥青混凝土路面,路面宽度 24.5m,行车为四车道;浓桥连接线全长 7.657km,一级公路,行车四车道。

前哨至黑瞎子岛段是建三江至黑瞎子岛公路的重要组成部分,起点桩号:K168+485,终点桩号:K217+905.38,主线全长 49.420km,公路等级为高速公路,设计速度 80km/h,沥青混凝土路面,路面宽度 24.5m,行车四车道;浓桥连接线全长 7.657km,一级公路,行车四车道。

一、建黑高速公路建三江至前哨段

(一)项目概况

1. 基本情况

(1)功能定位

建三江至抚远(黑瞎子岛)高速公路,由省骨架公路网中"横二线"前嫩公路(S303)前锋农场至建三江段和"纵一线"饶抚公路(S210)抚远至前锋农场段共同组成,是我国北疆国防交通网络中一条重要的物资供给线,对发展黑龙江省国际贸易运输、旅游运输和巩固国防具有重要作用。

(2)技术标准

建洪段采用双向四车道,设计速度80km/h,路基宽度24.5m。平曲线最小半径采用5500m,最大纵坡采用1.568%。洪前段采用双向四车道,设计速度80km/h,路基宽度24.5m。平曲线最小半径采用5500m,最大纵坡采用2.34%。

建三江至前哨段路面结构见表8-5-1。

建三江至前哨段路面结构表　　　　　表8-5-1

路面形式	起点里程	讫点里程	长度(m)	路面类型
柔性路面	K0+000	K93+000	91017.00	沥青路面(5cm AC-16 中粒式改性沥青混凝土 + 改性乳化沥青黏层 + 7cm AC-20 中粒式改性沥青混凝土 + 碎石热沥青封层 + 乳化沥青 PC-2 透层 + 36cm 4.5% 水泥稳定级配碎石 + 20cm 5% 水泥稳定级配碎石)
	K93+000	K168+485	75485.00	

(3)建设规模

建三江至洪河段全长91.017km,三条连接线长8.808km(创业连接线1.899km、前进连接线4.722km、洪河连接线2.187km)。全线路基土石方1127万m²(包括下处理、台背回填及锥坡)。沥青混凝土面层418.43万m²,水泥混凝土面层18.08万m²。各类桥梁4848.926m/50座,大桥812.116m/7座,中桥454.84m/6座,互通立交桥1122.5m/6座,分离立交1204.47m/16座,其中主线上跨8座,主线下穿8座,天桥1255m/15座,钢筋混凝土箱涵4242.9m/145道。附属工程波形梁护栏303242m,隔离栅197249m,防眩板91017m,标志牌315块,公路标线105713m²,轮廓标9708块。全线新建匝道收费站4处,设置前进服务区1处,机电工程共有收费设施4处。

洪河至前哨段全长75.485km,一条连接线长5.296km。全线路基土石方1003.27万m³(包括下处理、台背回填及锥坡)。沥青混凝土面层336.65万m²,水泥混凝土面层5.25万m²。各类桥梁4699.62m/48座(大桥222.84m/2座,中桥513.36m/8座,小桥34.24m/1座,互通立交桥291m/3座,分离立交1579.32m/10座,其中主线上跨5座,主线下穿4座,分离引道中桥1座,天桥2015.32m/23座,通道桥43.54m/1座),钢筋混凝土箱涵

5432.55m/170 道。附属工程波形梁护栏 257491m,隔离栅 162918m,防眩板 75485m,标志牌 201 块,公路标线 79487m²,轮廓标 7548 块。全线新建匝道收费站 2 处,设置前锋服务区 1 处,机电工程共有收费设施 2 处。

（4）主要控制点

建洪段:七星农场、创业农场、前进农场、洪河农场。

洪前段:洪河农场、前锋农场、二道河农场、前哨农场。

（5）地形地貌

本项目属平原地貌,多为黏性土和砂砾组成,地势平坦。

（6）投资规模

建洪段项目概算投资 34.613 亿元,洪前段项目概算投资 26.830 亿元。

（7）开工及通车、竣工时间

2012 年 9 月开工建设,2015 年 10 月交工通车。

2. 前期决策情况

建抚高速公路建三江至前哨段纳入省"十二五"重点工程规划,本段是黑龙江省"十二五"规划的主骨架公路,根据黑龙江省交通厅"十二五"期间干线公路网建设的总体规划要求,2012 年启动建三江至前哨段的建设工作。

3. 参建单位主要情况

（1）建设单位

本项目建设单位是黑龙江省农垦总局,项目执行机构是建抚高速公路建三江至前哨段工程建设指挥部。

（2）设计单位

①土建工程设计单位:黑龙江省公路勘察设计院。

②房建工程设计单位:哈尔滨工业大学建筑设计研究院。

③交通安全设施工程设计单位:黑龙江省公路勘察设计院。

④绿化工程设计单位:浙江尼塔园林景观发展有限公司。

⑤机电工程设计单位:黑龙江省公路勘察设计院。

（3）施工单位

通过招投标,本项目由黑龙江农垦建工路桥有限公司、黑龙江省龙建路桥第一工程有限公司、中交路桥南方工程有限公司等施工单位参与建设。建洪段有 28 个合同段,其中土建工程 9 个、房建工程 6 个、机电工程 5 个、交通安全设施工程 7 个、绿化工程 1 个。洪前段有个 21 合同段,其中土建工程 7 个、房建工程 4 个、机电工程 3 个、交通安全设施工程 6 个、绿化工程 1 个。

（4）施工监理单位

通过招投标，本项目由黑龙江省公路工程监理咨询公司、黑龙江省远升公路工程咨询监理有限责任公司、上海高科工程咨询监理有限公司等单位负责施工监理。

（二）建设情况

1. 项目准备阶段

（1）项目审批

建洪段项目严格执行了交通基本建设程序，从预可行性研究、工程可行性研究、初步设计、施工图设计、工程施工、监理招投标及工程开工报告的审批，各个环节手续齐全，具体如下：

①2011年4月13日，黑龙江省环境保护厅印发《关于建三江至抚远（黑瞎子岛）高速公路建三江至前哨段环境影响报告书的批复》（黑环审〔2011〕68号）。

②2011年5月3日，黑龙江省发改委印发《关于建三江至抚远（黑瞎子岛）高速公路建三江至洪河段工程可行性研究报告的批复》（黑发改交通〔2011〕652号）和《关于建三江至抚远（黑瞎子岛）高速公路洪河至前哨段工程可行性研究报告的批复》（黑发改交通〔2011〕653号）。

③2011年5月4日，黑龙江省水利厅印发《关于建三江至抚远（黑瞎子岛）高速公路洪河至前哨段工程水土保持方案的批复》（黑水发〔2011〕171号）和《关于建三江至抚远（黑瞎子岛）高速公路建三江至洪河段工程水土保持方案的批复》（黑水发〔2011〕172号）。

④2011年5月10日，黑龙江省国土资源厅印发《关于建三江至抚远（黑瞎子岛）高速公路洪河至前哨段工程建设用地预审意见的复函》（黑国土资预审字〔2011〕73号）和《关于建三江至抚远（黑瞎子岛）高速公路建三江至洪河段工程建设用地预审意见的复函》（黑国土资预审字〔2011〕74号）。

⑤2011年6月14日，黑龙江省国土资源厅印发《关于建三江至抚远高速公路建三江至前哨段工程建设项目压覆矿产资源储量情况证明的函》（黑国土储压覆字〔2011〕159号）。

⑥2011年1月30日，黑龙江省国土资源厅印发《建三江至抚远高速公路建三江至前哨段工程建设项目地质灾害危险性评估报告评审意见书》（黑地灾评备字〔2011〕18号）。

⑦洪水影响评价报告于2011年6月16日取得总局水务局批复。

⑧2011年3月11日，黑龙江省文化厅基建考古办公室印发《关于建三江至抚远高速公路建三江至前哨段工程项目进行文物调查勘探的批复》（黑文考函〔2011〕15号）。

⑨2011年3月7日，哈尔滨铁路局印发《关于黑龙江省农垦总局建三江至抚远高速公路与前抚铁路交叉事宜的复函》（哈铁总函〔2011〕156号）。

⑩2011年8月16日,黑龙江省交通运输厅印发《关于调整建三江至抚远(黑瞎子岛)高速公路建三江至洪河段两阶段初步设计的批复》(黑交发〔2011〕350号)和《关于调整建三江至抚远(黑瞎子岛)高速公路洪河至前哨段两阶段初步设计的批复》(黑交发〔2011〕351号)。

⑪2011年12月26日,黑龙江省林业厅印发《关于批准建三江至抚远(黑瞎子岛)高速公路建三江至洪河段工程临时占用林地的行政许可决定》(黑林地许准〔2011〕250号)和《关于批准建三江至抚远(黑瞎子岛)高速公路洪河至前哨段临时占用林地的行政许可决定》(黑林地许准〔2011〕251号)。

⑫2012年12月26日,黑龙江省交通运输厅印发《关于建三江至抚远(黑瞎子岛)高速公路建三江至洪河施工图设计的批复》(黑交发〔2012〕570号)和《关于建三江至抚远(黑瞎子岛)高速公路洪河至前哨段施工图设计的批复》(黑交发〔2012〕571号)。

⑬建三江至抚远(黑瞎子岛)高速公路建三江至洪河段工程建设项目施工许可申请书于2013年5月6日批复;建三江至抚远(黑瞎子岛)高速公路洪河至前哨段工程建设项目施工许可申请书于2013年5月6日批复。

(2)资金筹措

建洪段项目概算总投资34.613亿元,项目资本金11.613亿元,其中:中央车购税资金7.28亿元,黑龙江省农垦总局自筹资金4.333亿元,其余23亿元申请国家开发银行贷款。

洪前段项目概算总投资26.830亿元,项目资本金9.13亿元,其中:中央车购税资金6.02亿元,黑龙江省农垦总局自筹资金3.11亿元,其余17.7亿元申请国家开发银行贷款。

(3)合同段划分(表8-5-2)

建洪段根据各专业的工程内容划分标段如下。

①设计标段划分:土建和交安机电工程设计标段划分1个标段,房建工程设计1个标段,绿化工程设计1个标段。

②施工标段划分:根据工程内容的不同,土建工程9个标段,机电工程5个标段,房建工程6个标段,绿化工程1个标段,交通安全设施工程7个标段。

③施工监理标段划分:根据工程内容设1个总监办公室,1个中心试验室,4个土建工程驻地监理标段,1个房建工程监理标段,1个机电工程监理标段,1个绿化工程监理标段。

洪前段根据各专业的工程内容划分标段如下:

①设计标段划分:土建工程设计标段划分1个标段,房建工程设计1个标段,绿化工程设计1个标段,机电工程设计1个标段,交通安全设施工程设计1个标段。

第八章 高速公路建设项目

建三江至前哨段合同段划分一览表

表 8-5-2

序号	参建单位	类型	参建单位名称	合同段编号及起止桩号	主要内容	主要负责人	备注
1	管理单位		建抚高速公路建三江至前哨段工程建设指挥部	K0+000～K168+485	项目管理	于雷、郭友	
2	勘察设计单位	土建工程	黑龙江省公路勘察设计院	A1A2,B1－B9,C1－C3:K0～K168+485	主线土建工程	毛景斌	
3		房建工程	哈尔滨工业大学建筑设计研究院	FJ1－FJ8,YP1,YP2:K0～K168+485	房建工程施工图设计	杨君	
4		交通安全设施工程	黑龙江省公路勘察设计院	JT1－JT13:K0～K168+485	全线交通安全设施	王铁军	
5		绿化工程	浙江尼塔园林景观发展有限公司	LH1,LH2:K0～K168+485	全线绿化设计	刘莹莹	
6		机电工程	黑龙江省公路勘察设计院	JD1－J6,GD1,GD2:K0～K168+485	全线机电设计	要锡全	
7	施工单位	土建工程	黑龙江农垦建工路桥有限公司	A1A2:K0～K168+485	路基工程	于凤河	
8			黑龙江省龙建路桥第一工程有限公司	B1:K0+000～K22+765	桥梁工程	张文志	
9			中交路桥南方工程有限公司	B2:K22+765～K47+000	桥梁工程	范保印	
10			中铁十三局集团有限公司	B3:K47+000～K71+000	桥梁工程	张世强	
11			中交四公局第一工程有限公司	B4:K71+000～K93+000	桥梁工程	沈国锋	
12			龙建路桥股份有限公司	B5:K93+000～K118+600	桥梁工程	郑华	
13			中铁十三局集团第四工程有限公司	B6:K118+600～K143+100	桥梁工程	刘阳	
14			中交路桥南方工程有限公司	B7:K143+100～K168+485	桥梁工程	房长青	
15			黑龙江省龙建路桥第一工程有限公司	B8:K0+000～K93+000	预制梁	陈亚光	
16			中交路桥北方工程有限公司	B9:K93+000～K168+485	预制梁	荣学锋	
17			黑龙江宏兴建筑有限公司	L1:K0+000～K93+000	连接线	刘学田	
18			中国第四冶金建设有限责任公司	L2 K93+000～K168+485	连接线	王洪财	
19			黑龙江农垦建工路桥有限公司	C1－C3:K0～K168+485	路面工程	于凤河	
20		机电工程	哈尔滨交研交通工程有限责任公司	JD1:K0+000～K24+000	机电工程	郑秀伟	

续上表

参建单位	类型	参建单位名称	合同段编号及起止桩号	主要内容	主要负责人	备注
序号						
21	机电工程	黑龙江省北龙交通工程有限公司	JD2:K24+000~K47+000	机电工程	马德军	
22		黑龙江省北龙交通工程有限公司	JD3:K47+000~K70+000	机电工程	周景新	
23		中铁十三局集团电务工程有限公司	JD4:K70+000~K93+000	机电工程	于士伟	
24		山西欣奥特自动化工程有限公司	JD5:K93+000~K130+742	机电工程	杨常华	
25		山东博安智能科技有限公司	JD6:K130+742~K168+485	机电工程	储德金	
26		黑龙江佰应用电子有限责任公司	GD1:K0+000~K93+000	通信管道	杨继楠	
27		吉林省联兴科技信息工程有限责任公司	GD2:K93+000~K168+485	通信管道	卢喜忠	
28	房建工程	黑龙江恒业建筑工程有限公司	FJ1	房建工程	王国成	
29		绥化市第八建筑安装工程有限公司	FJ2	房建工程	蒋双喜	
30		黑龙江农垦隆盛建筑工程有限公司	FJ3	房建工程	高柏	
31		黑龙江国涛建设工程有限公司	FJ4	房建工程	曹文国	
32		黑龙江安装工程有限公司	FJ5	房建工程	王志超	
33		黑龙江农垦秦盛建筑工程有限公司	FJ6	房建工程	肖文国	
34		黑龙江北琴海路桥工程集团有限公司	FJ7	房建工程	佟彬	
35		黑龙江农垦佳目建筑安装工程有限责任公司	FJ8	房建工程	孙海洋	
36		长春众天建筑安装工程有限公司	YP1	收费站雨棚工程	王辉	
37		福建省泉发建设工程有限公司	YP2	收费站雨棚工程	宫海峰	
38	绿化工程	大庆市洲达园林绿化工程有限公司	LH1:K0+000~K93+000	中央分隔带及互通立交绿化	林彦霞	
39		江西际洲建设工程集团有限公司	LH2:K93+000~K168+485	中央分隔带及互通立交绿化	赵媛	

施工单位

第八章 高速公路建设项目

续上表

序号	参建单位	类型	参建单位名称	合同段编号及起止桩号	主要内容	主要负责人	备注
40	施工单位	交通安全设施工程	黑龙江省应用电子有限责任公司	JT1	安全护栏	裴辉	
41			河北远征交通设施建设有限公司	JT2	安全护栏	王志坚	
42			淄博顺达交通设施工程有限公司	JT3	安全护栏	李尧	
43			黑龙江省北龙交通工程有限公司	JT4	安全护栏	周景新	
44			黑龙江省北龙交通工程有限公司	JT5	安全护栏	马德军	
45			江西省现代路桥工程集团有限公司	JT6	安全护栏	童准	
46			北京华凯交通科技有限责任公司	JT7	标线	陈志超	
47			吉林省吉长交通发展建设有限责任公司	JT8	标线	张晓东	
48			广东立乔交通工程有限公司	JT9	隔离栅、标志牌、轮廓标	朱旭华	
49			内蒙古通安特交通工程科技有限责任公司	JT10	隔离栅、标志牌、轮廓标	朱文卫	
50			德州市公路工程总公司	JT11		任圣军	
51			云南康迪科技有限公司	JT12	防眩板	汪丽刚	
52			黑龙江省应用电子有限责任公司	JT13	防眩板	杨继楠	
53	监理单位	中心试验室	黑龙江省工程质量道桥检测中心有限公司	S1:K0+000~K93+000	试验检测	祝国林	
54			黑龙江省工程质量道桥检测中心有限公司	S2:K93+000~K168+485	试验检测	徐金城	
55		总监办	黑龙江省公路工程监理咨询有限公司	Z1:K0+000~K93+000	路基路面桥梁工程	王鑫	
56			黑龙江省远升公路工程咨询监理有限责任公司	Z2:K93+000~K168+485	路基路面桥梁工程	李晖	
57		土建工程	上海高科工程咨询监理有限公司	J1:K0+000~K22+765	路基路面桥梁工程	薛德新	
58			北京御正营工程监理有限公司	J2:K22+765~K47+000	路基路面桥梁工程	隋海龙	

续上表

序号	参建单位		参建单位名称	合同段编号及起止桩号	主要内容	主要负责人	备注
		类型					
59		土建单位	中国公路工程咨询集团有限公司	J3:K47+000~K71+000	路基路面桥梁工程	胡鑫	
60			黑龙江远征路桥工程监理咨询有限公司	J4:K71+000~K93+000	路基路面桥梁工程	任庆云	
61			内蒙古华讯工程咨询监理有限责任公司	J5:K93+000~K118+600	路基路面桥梁工程	王峰	
62			黑龙江省公路工程监理咨询有限公司	J6:K118+600~K143+100	路基路面桥梁工程	高明辉	
63			东北林业大学工程咨询设计研究院有限公司	J7:K143+100~K168+485	路基路面桥梁工程	于浩然	
64	监理单位	房建单位	佳木斯市三江建设监理有限责任公司	J8:K0+000~K93+000	房建工程监理	王会琴	
65			哈尔滨飞达建设监理有限责任公司	J9:K93+000~K168+485	房建工程监理	赵斌	
66		机电工程	北京泰克华诚技术信息咨询有限公司	J10:K0+000~K93+000	机电工程监理	郑辉	
67			黑龙江省公路工程监理咨询有限公司	J11:K93+000~K168+485	机电工程监理	王禹	
68		交通安全	中公交通监理咨询河南有限公司	J12:K0+000~K93+000	交通安全设施监理	薛桂刚	
69			东北林业大学工程咨询设计研究院有限公司	J13:K93-000~K168+485	交通安全设施监理	李龙滨	
70		绿化监理	黑龙江省公路工程监理咨询有限公司	K0+000~K93+000	绿化监理	王鑫	
71			黑龙江省远升公路工程咨询监理有限责任公司	K93+000~K168+485	绿化监理	李晖	
72	设计咨询单位		中国公路工程咨询集团有限公司	K0+000~K168+485	设计咨询	王国锋	

②施工标段划分:根据工程内容的不同,土建工程 7 个标段,机电工程 3 个标段,房建工程 4 个标段,绿化工程 1 个标段,交通安全设施工程 6 个标段。

③施工监理标段划分:根据工程内容设 1 个总监办公室,1 个中心试验室,3 个土建工程驻地监理标段,1 个房建工程监理标段,1 个机电工程监理标段,1 个绿化工程监理标段。

(4)招投标

按照国家颁布的《招投标法》和交通部颁布的《公路工程施工招标投标管理办法》《公路工程施工招标资格预审办法》《公路工程施工招标评标办法》的要求,由项目法人单位组织招标工作。

①2012 年 7 月 12 日,进行路基、桥梁、互通连接线工程资格预审。2012 年 8 月 14 日在哈尔滨公开开标,确定了 13 家中标单位。

②2012 年 11 月 23 日,进行路面工程资格预审。2012 年 12 月 27 日,在哈尔滨公开开标,确定了 3 家中标单位。

③2014 年 2 月 27 日进行房建及收费雨棚工程资格预审。2014 年 3 月 27 日在哈尔滨公开开标,确定了 10 家中标单位。

④2014 年 4 月 4 日进行机电、通信管道工程资格预审。2014 年 5 月 5 日在哈尔滨公开开标,确定了 8 家中标单位。

⑤2014 年 4 月 25 日进行绿化景观工程资格预审。2014 年 5 月 23 日在哈尔滨公开开标,确定了 2 家中标单位。

⑥2015 年 5 月 5 日进行交通安全设施工程资格预审。2015 年 6 月 4 日在哈尔滨公开开标,确定了 13 家中标单位。

(5)征地拆迁

①工作及范围

沿线经过七星、创业、前进、洪河、前锋、二道河、前哨七个农场。

②主要内容

a. 签订协议、界定征地界限、办理永久性占地报批手续。

b. 永久占地界内房屋等各种构造物的搬迁。

c. 永久占地内附着物的拆除。

d. 各种管线的迁移、改建,既有通信管线的改建、加高、迁移,还有电力线路的改建、加高、迁移。

e. 临时及借土占地的征用。

③遵循的政策法规

a.《中华人民共和国土地管理法》。

b.《黑龙江省土地管理条例》。

④主要做法

a. 设立专门组织机构

按农垦总局、建抚指挥部、建三江管理局三级管理体系设置协调办公室,加强各级政府对征地工作的领导和监督,形成完善的拆迁工作体系,使征地拆迁工作层层有人管、层层有人抓。各农场成立了相应机构,负责辖区的征迁及建设环境协调,形成了管理局领导下的专门负责征地拆迁工作的领导体系和专门机构,为落实政策、落实地方工作、落实人口安置、落实征地拆迁提供了组织保证。

b. 积极跑办取土用地

据统计,建洪段共解决施工用土1127万 m^3(自然方),征用永久性占地5873150m^2,拆迁占地费用(包括征地各税费)共6955.44万元;洪前段共解决施工用土10032700m^3,征用永久性占地4792818m^2,拆迁占地费用(包括征地各税费)共5212.87万元。

2. 项目实施阶段

(1)实施过程

①主线土建工程于2012年9月25日开工,2015年9月20日完工。

②房建工程于2014年5月开工,2015年10月完工。

③机电工程于2014年5月开工,2015年10月完工。

④交通安全设施工程于2015年7月开工,2015年10月完工。

⑤绿化工程于2015年4月开工,2015年10月完工。

⑥2015年10月21日,建抚高速指挥部组织专家对建前段工程进行了交工验收。

建三江至前哨段建设生产要素统计见表8-5-3。

建三江至前哨段建设生产要素统计表　　　　表8-5-3

路线编号	项目名称	建设时间	钢材(t)	沥青(t)	水泥(t)	砂石料(m^3)	机械工(工日)	机械(台班)
G1012	建三江至洪河段	2012.9~2015.12	17886	36502	206468	541908	2790645	226531
	洪河至前哨段		16701	28127	167646	608066	2610821	219580

(2)各项活动(项目法人或执行机构开展的与质量、进度等有关的活动)

①全线开展"质量安全提升月活动"。

②全线开展"历史教育、愿景教育和情感教育活动"。

③全线召开"主线桥梁施工现场会活动"。

④全线召开"路面基层施工现场会活动"。

⑤全线召开"防护工程施工现场会活动"。

⑥全线召开"路面面层施工现场会活动"。

2013年6月26日,时任交通运输部质量监督总局局长李彦武一行考察建抚高速公路建设项目(图8-5-1)。

图8-5-1 李彦武局长考察建抚高速公路

(三)科技创新

1. 桥梁梁板预制新工艺和质量控制新举措在全省起到率先垂范作用,并在全省高速项目上全面推广

本项目桥梁工程预制梁板采用预制梁板智能张拉技术和预应力管道智能循环压浆技术,全面提高了桥梁的耐久性和安全性,且为黑龙江省内首次引进。

全线共划分为2个预制梁场标段,建三江至洪河段和洪河至前哨段各1个标段集中预制梁板。梁场采用以下措施保证预制梁板施工质量:第一,采用预制梁板智能张拉技术,精确控制张拉力值大小,精确测量预应力筋伸长量,准确控制两端张拉应力的同时同步施加;第二,采用预应力管道智能循环压浆技术,真正做到管道压浆饱满、密实;第三,采用数控钢筋弯箍机进行钢筋加工,精确地加工出各种规格、角度、尺寸的钢筋,既保证了钢筋加工质量,又充分节省了时间和人力;第四,采用钢筋骨架整体吊装工艺,根据施工图制作箱梁底板、肋板和顶板钢筋绑扎胎具,施工时将底板、肋板和顶板钢筋在胎具上绑扎成型后,将底板、肋板和顶板预应力管道按坐标安放就位,实现钢筋整体吊装作业,在保证钢筋绑扎质量的同时,最大限度地节省了钢筋在箱梁梁底的加工时间;第五,采用混凝土垫块作钢筋保护层垫块,根据不同部位采用不同规格、形状的混凝土垫块,在预制梁底板采取加密垫块的措施,特别是在预制梁肋板采取圆形垫块的措施极大地提高了钢筋保护层厚度合格率;第六,采用水计量装置,通过水体积及计量的方式精确地控制混凝土搅拌用水量;第七,采用沉淀池处理混凝土拌和站污水,既净化了水源,又避免了污染环境;第八,采用气动凿毛机,将混凝土外层浮浆全部去除,大大地提高了梁板凿毛质量,直到做到"去皮露骨",更有利梁板之间混凝土的结合;第九,采用地喷式洒水养生系统,及时对梁板进行洒水养生;第十,设置验梁检查墩,每一片梁预制完成后存梁前,将梁放置验梁检查墩上进行底板和泄水孔检查,确保每片梁泄水孔通畅,严防冻害发生。

2.路基工程采用水田直填施工工艺降低工程造价

本项目沿线水田、沼泽湿地多、淤泥、腐殖土、草炭土分布广、覆盖层厚、承载力低,全线不良地质路段累计129.3km,占路线总长的78%,其中115.6km不良地质路段采用水田直填施工工艺,占路线总长的69%。水田段路基处理改变了以往下挖处理措施,采用路基直填加土工格栅的施工工艺,减少了由于路基下处理而增加的土方量,既降低了工程造价、节约了土地资源,又保证了工程建设质量。

3.采取路基边沟加深加宽办法,化解了三江平原区排水困难问题

本项目所处的三江平原具有典型的沼泽化低湿平原地貌特征,全线地势坡度非常小,几乎为零,排水非常困难。指挥部积极与设计部门沟通,将原设计的边沟加深、加宽,除有利于排水外,也具有一定的蒸发池功能,能够增强路基稳定性。

(四)运营养护管理

本项目路段由黑龙江省抚远高速公路管理处负责运营养护管理。

1.服务设施

本项目建三江至洪河段设置前进服务区一处;洪河至前哨段设置前锋服务区一处;全线服务区间距45.5km,见表8-5-4。

建三江至前哨段服务区一览表　　　　表8-5-4

高速公路编码	服务区名称	桩　号	所在区域	占地面积(m²)	建筑面积(m²)	备　注
G1012	前进服务区	K68+000	前进农场	29997	3296.21	建三江至洪河段
	前锋服务区	K113+500	前锋农场	39999	4155.98	洪河至前哨段

2.收费设施

本项目共设收费站5座,其中建三江至洪河段3座,洪河至前哨段2座。匝道出入口数量为22条,其中ETC车道10条,见表8-5-5。

建三江至前哨段收费站设施一览表　　　　表8-5-5

收费站名称	桩　号	入口车道数		出口车道数		收费方式	备　注
		总车道	ETC车道	总车道	ETC车道		
米都收费站	建虎K28+860	2	1	2	1	MTC+ETC	建三江至洪河段
创业收费站	K38+225	2	1	2	1		
前进收费站	K58+217	2	1	2	1		
洪河收费站	K86+577	2	1	2	1		
前锋收费站	K107+517	3	1	3	1		洪河至前哨段
前哨收费站	K160+867	2	1	2	1		

3. 养护管理

本项目建三江至前哨段养护里程166.502km。设置创业、前锋2处养护工区,负责养护里程91.017km和75.485km(表8-5-6)。

建三江至前哨段养护设施一览表　　表8-5-6

养护工区名称	桩　号	路段长度(km)	占地面积(m²)	建筑面积(m²)	备　注
创业养护工区	K38+225	91.017	7771.11	1707.92	建三江至洪河段
前锋养护工区	K113+500	75.485	7771.11	1761.25	洪河至前哨段

4. 监控设施

本项目建三江至黑瞎子岛段设置前进监控中心1处,负责建三江至黑瞎子岛高速公路的运营监管。

二、建黑高速公路前哨至黑瞎子岛段

(一)项目概况

1. 基本情况

(1)功能定位

本项目处中俄边境地区,是我国北疆国防交通网络中一条重要的物资供给线,对发展黑龙江省国际贸易运输、旅游运输和巩固国防具有重要作用。本项目连接了建三江农垦分局局直及其所辖七星、创业等7个耕地面积大农业机械化程度高的国营农场群,是黑龙江省重要的商品粮生产运输通道。

(2)技术标准

采用双向两车道,设计速度80km/h,路基宽度24.5m。平曲线最小半径采用3000m,最大纵坡采用2.13%。

建黑高速公路前哨至黑瞎子岛段路面结构见表8-5-7。

建黑高速公路前哨至黑瞎子岛段路面结构表　　表8-5-7

路面形式	起点里程	讫点里程	长度(m)	路面类型
柔性路面	K168+485	K217+905.38	49420	沥青路面[5cm AC-16中粒式沥青混凝土+7cm AC-20中粒式沥青混凝土+SBR改性乳化沥青+36cm 4.5%水泥稳定级配碎石+20cm 5%水泥稳定(45%砂砾+55%碎石)+20cm砂砾垫层]
刚性路面	K202+305	K202+435	130	水泥混凝土路面[26cm钢筋混凝土+20cm 4.5%水泥稳定级配碎石+20cm 5%水泥稳定(45%砂砾+55%碎石)+20cm砂砾垫层]

(3) 建设规模

本项目建设里程长 49.42km，全线路基土石方 655 万 m³；路面基层 128 万 m²；路面面层 116 万 m²；各类桥梁 4428.74m/38 座（大桥 1838.8m/5 座、中桥 513.82m/8 座、小桥 205.44m/6 座、分离立交桥 370.88m/5 座、车行天桥 1020.76m/11 座、浓桥互通分离桥 107.04m/1 座浓桥连接线工铁立交桥 337.76m/1 座、通道桥 34.24m/1 座）。钢筋混凝土箱涵 111 道；波纹钢管涵 48 道。附属工程波形梁护栏 158740m、刺钢丝隔离栅 65240m、焊接网隔离栅 7374m、标志 82 块、标线 54996.9m²、防眩板 55874m。建设主线收费站 1 处、匝道收费站 1 处、服务区及配套汽车宾馆 1 处、东极高速公路端点标志工程（东极宝塔）1 处。

(4) 主要控制点

前海公路、建抚高速公路、抚乌路、乌苏大桥引道、浓桥镇、乌苏镇、新兴村、建设村、朝阳村。

(5) 地形地貌

路线所处区域为三江平原腹地，地势低平，为沼泽化低湿平原地貌，地表植被多为水田及湿地，地形起伏不大。

(6) 投资规模

项目概算投资 25.12 亿元。

(7) 开工及通车时间

2013 年 6 月开工建设，2015 年 9 月交工通车。

2. 前期决策情况

(1) 前期决策背景

为加快推进黑瞎子岛后方公路通道的贯通，省交通运输厅将建黑高速公路列入"十二五"重点公路建设规划，并在 2010 年启动建黑高速公路的建设工作。

(2) 前期决策过程

黑龙江省公路勘察设计院于 2011 年 8 月完成该项目预可行性研究报告的编制工作。

①2011 年 9 月 14 日，黑龙江省交通运输厅印发《建三江至黑瞎子岛高速公路前哨至黑瞎子岛段工程可行性研究报告的请示》（黑交发〔2011〕431 号）。

②2012 年 3 月 26 日，黑龙江省发展和改革委员会印发《建三江至黑瞎子岛高速公路前哨至黑瞎子岛段工程可行性研究报告的批复》（黑发改交通〔2012〕264 号）。

③2012 年 02 月 10 日，黑龙江省国土资源厅印发《关于建三江至黑瞎子岛高速公路（前哨至黑瞎子岛段）工程建设用地预审意见的复函》（〔2011〕314 号）。

3. 参建单位主要情况

(1) 建设单位

本项目建设单位是建黑公路前哨至黑瞎子岛段公路工程建设分指挥部。

(2)设计单位

①土建工程设计单位:黑龙江省公路勘察设计研究院。

②房建工程设计单位:哈尔滨工业大学建筑设计院。

③交通安全设施工程设计单位:黑龙江省公路勘察设计研究院。

④绿化工程设计单位:黑龙江省公路勘察设计研究院。

⑤机电工程设计单位:黑龙江省公路勘察设计研究院。

(3)施工单位

通过招投标,本项目由黑龙江省农垦建工路桥有限公司、黑龙江省长力建设有限公司、龙建路桥第二工程有限公司等13家施工单位参与建设。

(4)施工监理单位

通过招投标,本项目由黑龙江省公路工程监理咨询公司、黑龙江华正交通工程监理有限责任公司、黑龙江省远升公路工程咨询监理有限责任公司负责施工监理工作。

(二)建设情况

1.项目准备阶段

(1)项目审批

该项目严格执行了交通基本建设程序,预可行性研究、工程可行性研究、初步设计、施工图设计、工程施工、监理招投标及工程开工报告的审批,各个环节手续齐全,具体如下:

①2011年12月15日,黑龙江省环保厅以(黑环审〔2011〕339号)文件,批复了《关于建三江至黑瞎子岛高速公路前哨至黑瞎子岛段工程环境影响报告书》。

②2012年5月5日,黑龙江省交通运输厅以(黑交发〔2012〕166号)文件,批复了《建三江至黑瞎子岛高速公路前哨至黑瞎子岛段初步设计》。

③2013年1月25日,黑龙江省交通运输厅以(黑交发〔2013〕47号)文件,批复了《建黑高速前哨至黑瞎子岛土建施工及监理中心试验室招标方案》。

④2013年9月23日,黑龙江省交通运输厅黑交发〔2013〕345号文件,批复了《建三江至黑瞎子岛高速公路前哨至黑瞎子岛段施工图设计》。

(2)资金筹措

本项目概算总投资25.12亿元,交通运输部投资29800万元,省财政安排43609万元,省交通运输厅投资32798.03万元,国内银行贷款145000万元。

(3)合同段划分(表8-5-8)

根据各专业的工程内容划分标段如下。

①设计标段划分:土建工程设计标段划分1个标段,房建工程设计1个标段。

黑龙江高速公路建设实录

建黑高速公路前哨至黑瞎子岛段合同段划分一览表

表 8-5-8

序号	参建单位	类型	参建单位名称	合同段编号及起止桩号	主要内容	主要负责人	备注
1	管理单位		建黑公路前哨至黑瞎子岛段公路工程建设分指挥部	K168+485~K217+905.38	全线建设	高建铧	
2	勘察设计单位	土建工程	黑龙江省公路勘察设计院		主线土建工程	秦岭、刘劲草	
3		房建工程	哈尔滨工业大学建筑设计研究院		房建工程施工图设计		
4	施工单位	土建工程	黑龙江省农垦建工路桥有限公司	A1合同段：K168+485~K178+600（路基）；K168+485~K183+500（路面）	路基、桥涵、路面	姜男、孙小明	
5			黑龙江省长力建设有限公司	A2合同段：K178+600~K187+300（路基）	路基	孙权、关志勇	
6			龙建路桥第二工程有限公司	A3合同段：K187+300~K188+500（路基）浓桥互通、浓桥支线；K183+500~K188+500（路面），浓桥互通、浓桥支线	路基、桥涵、路面	李长林、陈立波	
7			中铁十三局集团有限公司	A4合同段：K188+500~K198+000（路基）	路基	李佑明、姚洪涛	
8			中铁十三局集团第四工程有限公司	A5合同段：K198+000~K208+000（路基）；K188+500~K203+000（路面）	路基、路面	王伟、刘刚	
9			龙建路桥第四工程有限公司	A6合同段：K208+000~K217+905.38（路基）；K203+000~K217+905.38（路面）	路基、桥涵、路面	张文宝、魏国峰	

续上表

序号	参建单位	类型	参建单位名称	合同段编号及起止桩号	主要内容	主要负责人	备注
10	施工单位	桥涵	龙建路桥第一工程有限公司	B1合同段:K211+180~K216+918	桥涵	刘贵禄、史伟健	
11		机电工程	中铁十三局集团电务工程有限公司	K168+485~K189+250	收费设施、照明设施、监控设施	田晶晶	
12			哈尔滨交研交通工程有限公司	K189+250~K0+500		李军	
13		交通安全设施工程	黑龙江省八达路桥建设有限公司	K168+485~K188+500	交通标线、护栏、隔离栅	曾凭义	
14			黑龙江交通实业总公司	K188+500~K217+905.38	收费站及旅馆	周延	
15		房建工程	绥化市第八建筑有限公司	K168+485~K217+905.38		张春林	
16		绿化工程	黑龙江森鑫园绿化工程有限公司	K168+485~K217+905.38	植草		
17	监理单位	总监理办	黑龙江省公路工程监理咨询有限公司	ZJ1合同段:K168+485~K217+905.38		王文双、林杨	
18		驻地监理办	黑龙江省公路工程监理咨询有限公司	ZD1合同段:K168+485~K187+300	路基、路面、桥梁、涵洞、绿化	冯兆宇	
19			黑龙江华正交通工程监理有限责任公司	ZD2合同段:K187+300~K198+000		谷万鹏	
20			黑龙江省远升公路工程咨询监理有限责任公司	ZD3合同段:K198+000~K217+905.38		任杰	

②施工标段划分：根据工程内容的不同，土建工程7个标段，机电工程2个标段，房建工程1个标段，绿化工程1个标段，交通安全设施工程2个标段。

③施工监理标段划分：根据工程内容设1个总监办公室，3个土建工程驻地监理标段，1个房建工程监理标段。

(4) 招投标

按照国家颁布的《招投标法》和交通部颁布的《公路工程施工招标投标管理办法》《公路工程施工招标资格预审办法》《公路工程施工招标评标办法》的要求，由项目法人单位组织招标工作。

①2013年3月，有27家土建工程施工单位通过资格预审，参加本项目主线土建工程7个合同段的投标。2013年4月27日在哈尔滨公开开标，采用无标底投标，合理低价法中标方式。由哈尔滨市道路桥梁工程处、黑大公路管理处、哈尔滨市公路管理处等单位组成评标委员会评审出7家中标单位。

②2014年2月7日，有5家房建工程施工单位通过资格预审，参加本项目房建工程15个合同的投标。2014年4月21日在哈尔滨公开开标，采用无标底投标，合理低价中标方式，确定了1家中标单位。

③2014年2月7日，有25家机电工程施工单位通过资格预审，参加本项目机电工程2个合同段的投标。2014年3月14日在哈尔滨公开开标，由评标委员会进行评审，确定2家中标单位。

④2014年2月7日，有23家交通安全设施工程施工单位通过资格预审，参加交通安全设施工程2个合同段的投标。2014年3月14日在哈尔滨公开开标，确定了2家中标单位。

⑤2016年4月11日，有5家绿化工程单位通过资格预审，参加绿化工程131个合同的投标。2016年5月4日在哈尔滨公开开标，确定了1家中标单位。

(5) 征地拆迁

①工作及范围

沿线经过建三江前哨农场、抚远县(寒葱沟镇、浓桥镇、浓江乡、通江乡、抓吉镇)共计1个农场，1个县(市)、5个乡镇。

②主要内容

a. 签订协议、界定征地界限、办理永久性占地报批手续。

b. 永久占地界内房屋等各种构造物的搬迁。

c. 永久占地内附着物的拆除。

d. 各种管线的迁移、改建，既有通信管线的改建、加高、迁移，还有电力线路的改建、加高、迁移。

e. 临时及借土占地的征用。

③遵循的政策法规

a.《中华人民共和国土地管理法》。

b.《黑龙江省土地管理条例》。

④主要做法

a. 实行"双业主制"

指挥部负责征地拆迁款的筹措,资金到位后,将款项拨付给地方政府,由地方政府负责线路内的具体征迁实施工作。

b. 地方落实承包责任制

征地拆迁工作实行群众参与,各级政府层层签订责任书,采取"四到位""四现场"的做法,即县、乡、村、户四方到场,现场丈量、现场清点、现场签字、现场盖章。

建黑高速公路前哨至黑瞎子段工程征地拆迁统计见表8-5-9。

建黑高速公路前哨至黑瞎子段工程征地拆迁统计表 表8-5-9

高速公路编码	项目名称	征地拆迁安置起止时间	征用土地（公顷）	拆迁房屋（m²）	拆迁占地费（万元）	备注
G1012	建黑高速公路前哨至黑瞎子段工程	2012.10～2013.5	298.6960	360	12329.3726	

2. 项目实施阶段

(1)主线土建工程于2013年6月开工,2015年9月完工。

(2)房建工程于2014年7月开工,2015年9月完工。

(3)机电工程于2014年10月开工,2015年9月完工。

(4)交通安全设施工程于2015年3月开工,2015年9月完工。

(5)绿化工程于2016年6月开工,2016年9月交工。

(6)2015年9月,建黑指挥部组织专家对建黑高速公路(图8-5-2)进行了交工验收。

图8-5-2 建成后的建黑高速

(三)运营养护管理

本项目路段由黑龙江省抚远高速公路管理处负责运营养护管理。

1.服务设施

全线设置黑瞎子岛一处服务区,见表8-5-10。

建黑高速公路前哨至黑瞎子段服务场区一览表　　表8-5-10

高速公路编码	服务区名称	桩号	所在区域	占地(m²)	建筑面积(m²)
G1012	黑瞎子岛服务区	K1+200	抚远市通江乡	27991	1317.81

2.收费设施

本项目共设置收费站2座,其中黑瞎子岛主线收费站1座,浓桥匝道收费站1座,见表8-5-11。

建黑高速公路前哨至黑瞎子段收费设施一览表　　表8-5-11

收费站名称	桩号	入口车道数		出口车道数		收费方式
		总车道	ETC车道	总车道	ETC车道	
浓桥收费站	K188+000	4	1	2	1	MTC+ETC
黑瞎子岛收费站	K202+500	2	1	2	1	

3.养护管理

本项目养护里程49.42km,设置乌苏大桥1处养护工区,负责养护里程49.42km,见表8-5-12。

建黑高速公路前哨至黑瞎子段养护设施一览表　　表8-5-12

养护工区名称	桩号	路段长度(km)	占地面积(m³)	建筑面积(m³)
乌苏大桥养护工区	K2+500	49.42	7800	1333

第六节　G11鹤岗至大连高速公路黑龙江段

G11鹤岗至大连高速公路(简称鹤大高速公路)是国家高速公路网"71118"中的"纵一",是国家高速公路"71118"网中的11条南北纵线中的第一纵,也是吉林省高速公路网规划的组成部分,是由国务院批准的《东北地区振兴规划》中确定重点建设的六大通道之一。起于黑龙江省的鹤岗市,止于辽宁省的大连市,纵贯黑龙江、吉林、辽宁三省,主要承担区域间、省际以及大中城市间的中长距离运输,是区域内外联系的主动脉。它的建成将开辟黑龙江和吉林两省进关达海的一条南北快速通道,扩大丹东港、大连港的影响区域,同时也是东部边疆地区国防建设的重要通道。

鹤大高速公路黑龙江境内路段起于鹤岗市,起点桩号:K0+000,终于牡丹江市的复兴(小沟岭)(黑吉界),终点桩号:K506+750,全长506.75km。沿线途经佳木斯市、桦南县、七台河市、鸡西市、林口县、牡丹江市、宁安市至黑吉交界,辐射吉祥、密山、绥芬河、东宁4个国家一级对俄边境口岸。鹤大高速公路的建成,对服务黑龙江省"八大经济区",加快东部鹤岗、七台河、鸡西、双鸭山四大煤炭基地建设步伐,打通萝北、同江、抚远、饶河、虎林、密山、绥芬河、东宁8个对俄一类口岸对外经济贸易的快捷通道,开发黑龙江省东部湖泊观光旅游带和自然历史旅游带旅游资源,加快黑龙江省老工业基地调整、改造步伐,振兴黑龙江经济起到巨大的推动作用。

一、鹤大高速公路鹤岗至佳木斯段

(一)项目概况

1. 基本情况

(1)功能定位

鹤大高速公路鹤岗至佳木斯段是交通部规划的"五纵七横"国道主干线之一,也是黑龙江省"十五"公路网建设发展规划确定的"OK"形主骨架中的一部分,是鹤大高速公路的起点段。本项目的建设对完善国家路网,加快沿线地区的社会经济发展;缓解当前的交通压力,增强交通运输枢纽功能;对分流G201国道的交通量具有重要意义。

(2)技术标准

采用双向四车道,设计速度120km/h,路基宽度24.0m。平曲线最小半径采用5500m,最大纵坡采用2.31%。

鹤大高速鹤岗至佳木斯段路面结构见表8-6-1。

鹤大高速鹤岗至佳木斯段路面结构表　　　　表8-6-1

路面形式	起点里程	讫点里程	长度(m)	路 面 类 型
刚性路面	K0+000	K34+560	34560.00	水泥混凝土路面(左幅24cm C25 水泥混凝土+20cm 6%水泥稳定砂砾+20cm 5%水泥稳定砂砾,右幅26cm C25 水泥混凝土+20cm 6%水泥稳定砂砾+20cm 5%水泥稳定砂砾)

(3)建设规模

本项目建设里程长34.56km,其中:大桥500.44m/4座;中桥702.45m/11座;小桥143.84m/6座;涵洞94道;桥梁长度占路线总长度的5.03%;互通式立交1处(其中服务型互通1处);分离式立交5座,通道5道;主线收费站2处,匝道收费站1处;管理、养护、服务、监控房屋建筑面积1575.38m²。

（4）主要控制点

鹤岗市（东山区）、佳木斯市（汤原县鹤立镇、佳木斯市郊区莲江口镇）。共计 2 个市、1 个县、2 个乡镇。

（5）地形地貌

项目属平原地貌，多为亚砂土、亚黏土、粉砂亚砂土，地势北高南低。

（6）投资规模

项目概算投资 2.838 亿元，竣工决算投资 2.856 亿元，平均每公里造价 837.80 万元。

（7）开工及通车时间

1998 年 10 月开工建设，2001 年 10 月交工通车。

2. 前期决策背景

鹤大高速公路是国家规划的"五纵七横"十二条国道主干线的重要组成部分，本段是黑龙江省十五规划的主骨架公路，根据黑龙江省交通厅"十五"期间干线公路网建设的总体规划要求，黑龙江省交通厅在 1997 年启动鹤岗至佳木斯段的建设工作。

3. 参建单位主要情况

（1）建设单位

本项目建设单位是鹤岗市矿务局鹤佳公路扩建工程项目办公室（现已合并为鹤佳高速公路有限公司，隶属于黑龙江省高速公路管理局）。

（2）设计单位

土建工程设计单位：黑龙江省公路勘察设计研究院，总体设计负责单位为黑龙江省公路勘察设计研究院。

（3）施工单位

通过招投标本项目有 1 家施工单位参与建设，为鹤岗矿务局建筑工程有限公司。

（4）施工监理单位

本项目设置 1 个总监办公室，由黑龙江省公路工程监理咨询有限公司负责全线施工监理工作。

（二）建设情况

1. 项目准备阶段

（1）项目审批

该项目严格执行了交通基本建设程序，从预可行性研究、工程可行性研究、初步设计、施工图设计、工程施工、监理招投标及工程开工报告的审批，各个环节手续齐全。

（2）招投标

按照国家颁布的《招投标法》和交通部颁布的《公路工程施工招标投标管理办法》《公路工程施工招标资格预审办法》《公路工程施工招标评标办法》要求，由项目法人单位组织招标工作。

（3）征地拆迁

①工作及范围

沿线经过鹤岗市（东山区、新华镇）、汤原县鹤立镇、佳木斯市郊区莲江口镇。共计2个市、1个县（市）、3个乡镇。

②主要内容

a. 签订协议、界定征地界限、办理永久性占地报批手续。

b. 永久占地内附着物的拆除。

c. 各种管线的迁移、改建，既有通信管线的改建、加高、迁移，还有电力线路的改建、加高、迁移。

d. 临时及借土占地的征用。

③遵循的政策法规

a.《中华人民共和国土地管理法》。

b.《黑龙江省土地管理条例》。

④主要做法

a. 设立专门组织机构

按三级管理体系设置安置办公室，加强各级政府对征地工作的领导和监督，形成完善的拆迁工作体系，使征地拆迁工作层层有人管、层层有人抓。

b. 落实承包责任制

征地拆迁工作实行群众参与，各级政府层层签订责任书，采取"四到位、四现场"的做法，即县、乡、村、户四方到场，现场丈量、现场清点、现场签字、现场盖章。

2. 项目实施阶段

工程于1998年10月1日开工，2001年10月1日完工。

（三）运营养护管理

本路段由黑龙江省佳木斯高速公路管理处负责运营管理养护，运营里程桩号K0+000~K34+560，无服务设施。

1. 收费设施

本项目共设置收费站3个，包括鹤岗站、鹤立站、江口站，匝道收费站1个。其中ETC

车道2条,但因未联网,暂时未开通,见表8-6-2。

鹤大高速公路鹤岗至佳木斯段收费设施一览表 表8-6-2

收费站名称	桩 号	入口车道数		出口车道数		收费方式
		总车道	ETC车道	总车道	ETC车道	
鹤岗收费站	K1+200	3	1	5	1	MTC（ETC未使用）
鹤立收费站	K13+344	2	0	0	0	
江口收费站	K34+089	3	1	5	1	

2. 养护管理

本项目养护里程34.56km,设置鹤佳1处养护工区,负责养护里程分别为34.56km（表8-6-3）。本项目自通车以来为恢复沿线设施的使用功能及原有的技术标准,每年进行路面的坑槽修补;每年根据日常养护需要对全线的路面病害进行治理。

鹤大高速公路鹤岗至佳木斯段养护设施一览表 表8-6-3

养护工区名称	桩 号	路段长度(km)	占地面积(m²)	建筑面积(m²)
鹤佳养护工区	K13+344	34.56	8970.31	867.31

3. 监控设施

本项目设置佳木斯高速公路管理处监控中心,桩号K342+700,负责全线的监控工作。

4. 交通流量

鹤岗至佳木斯段自2006年至2014年,交通量从2272辆小客车/日,增长至4358辆小客车/日,年平均增长率达到9.15%;从车辆构成上来看,主要以小客车为主,占到总量的70.35%;从断面交通流量分析,江口站的交通流量较大,达到1776辆小客车/日,鹤立站交通流量较小,为593辆小客车/日,见表8-6-4。

鹤大高速公路鹤岗至佳木斯段交通流量发展状况表（单位:辆小客车） 表8-6-4

年份	2006年	2007年	2008年	2009年	2010年	2011年	2012年	2013年	2014年
鹤岗收费站	476357	499091	500073	584812	688017	809613	848524	766866	803027
鹤立收费站	154675	211637	192347	246406	283234	398022	397685	314546	373986
江口收费站	599246	662403	676973	820522	924786	1160452	1155638	1007396	1083664
全线平均	392867	457710	456464	550580	632012	789362	800616	696214	753559

2006年年平均日交通量是3229台次/日、2007年年平均日交通量是3762台次/日、2008年年平均日交通量是3752台次/日、2009年年平均日交通量是4525台次/日、2010年年平均日交通量是5195台次/日、2011年年平均日交通量是6488台次/日、2012年年平均日交通量是6580台次/日、2013年年平均日交通量是5722台次/日、2014年年平均日交通量是6194台次/日(图8-6-1)。

第八章 高速公路建设项目

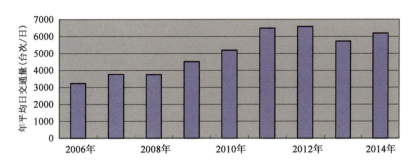

图 8-6-1　鹤大高速公路鹤岗至佳木斯段年平均日交通量增长柱状图

车型分类：一型车（客一、货一）、二型车（客二、货二）、三型车（客三、货三）、四型车（客四、货四）、五型车（五货）。

历年车流占总流量百分比：一型车占总流量的 70.35%；二型车占总流量的 8.97%；三型车占总流量的 3.38%；四型车占总流量的 5.29%；五型车占总流量的 12.01%（图 8-6-2）。

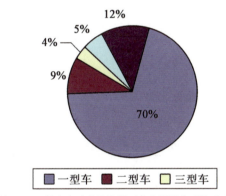

图 8-6-2　鹤大高速公路鹤岗至佳木斯段车型构成比例图

二、鹤大高速公路佳木斯至牡丹江段

（一）项目概况

1. 基本情况

（1）功能定位

G11 鹤大高速公路佳木斯至牡丹江段改（扩）建工程（不含七台河至鸡西段）是经国家发改委批准立项、交通运输部批复建设的"十一五"期间重点公路工程建设项目，项目建设正处在黑龙江省公路建设"三年决战"期。本项目建设总里程 266.236km，分为佳木斯至七台河段和鸡西至牡丹江段。佳木斯至七台河段起点自佳木斯市哈同高速公路万兴互通，止于七台河市新民，接七台河至鸡西高速公路，全长 126.556km；鸡西至牡丹江段起自鸡西市沈家沟，止于牡丹江三道，接牡丹江至宁安高速公路，全长 139.680km。

（2）技术标准

①主线

技术标准：

采用高速公路标准改扩建，分两期进行。一期工程主要对既有一级公路进行封闭改造。

  a. 公路等级：高速公路。

  b. 设计速度：60km/h。

  c. 路基宽度：一般路段 20m，互通区范围 26m。

  d. 设计荷载：原桥利用汽车超—20 级，挂车—120 级（原标准），新建公路—Ⅰ级。

  e. 安全设施 A 级。

  f. 设计洪水频率百年一遇。

  g. 地震峰值加速度 $0.05g$。

主要指标：

  a. 平曲线最小半径，500m。

  b. 最大纵坡：5%。

  c. 最小坡长：210m。

  d. 竖曲线最小半径：凸形 3350m，凹形 3400m。

鹤大高速公路佳木斯至牡丹江段路面结构见表 8-6-5。

鹤大高速公路佳木斯至牡丹江段路面结构表　　表 8-6-5

路面形式	起点里程	讫点里程	长度(m)	路面类型	备注
刚性路面	K104+427.945	K105+797.778	3941.044	水泥混凝土路面	包括匝道
	K259+660	K314+680	630	水泥混凝土路面	紧急停车道
	K74+600	K173+921.92	94282.707	水泥混凝土路面	
	K0+000	K98+500	77391	水泥混凝土路面	
	K129+913	K133+687	3774	水泥混凝土路面	
	K102+191	K120+970	18714.2	纤维混凝土	
柔性路面	K254+900	K324+000	65530	沥青路面	
	K324+000	K389+500	124000	沥青路面	
	K123+438	K129+913	6449	沥青路面	
	K116+175	K119+295	3120	沥青路面	
	K127+890	K128+085	195	沥青路面	

②辅道

采用三级公路标准，设计速度为 40km/h，路基宽度 8.5m，路面宽度 6m。汽车荷载等级为公路—Ⅱ级，大中桥设计洪水频率 1/50，小桥、路基设计洪水频率 1/25。

③辅道连接线

其中二级公路2条共9.445km,设计速度为60km/小时,路基宽12m,路面宽9m,汽车荷载等级为公路—Ⅱ级,设计洪水频率1/100;四级公路23条共长144.394km,设计速度20km/小时,路基宽度6.5m,汽车荷载等级为公路—Ⅱ级,大中桥设计洪水频率1/50,小桥涵、路基洪水频率为1/25。

鹤大高速公路佳木斯至牡丹江段辅道连接线明细见表8-6-6。

鹤大高速公路佳木斯至牡丹江段辅道连接线明细表（25条） 表8-6-6

序号	连接线名称	连接线里程（km）	技术等级	所属行政区	备注
1	佳木斯西出口连接线	4.340	二级	佳木斯	胜利路连接主线
2	佳木斯郊区农场连接线	3.543	四级	佳木斯	主线封闭连接辅道
3	佳木斯郊区农场至丰富村连接线	2.246	四级	佳木斯	丰富村连接辅道
4	依饶公路连接线	5.105	二级	桦南	辅道占用改移依饶公路
5	新民连接线	1.345	四级	桦南	主线封闭连接至辅道
6	新立村连接线	6.980	四级	鸡西	主线封闭连接至辅道
7	永台村连接线	11.141	四级	鸡西	主线封闭连接至辅道
8	永胜村连接线	9.307	四级	鸡西	主线封闭连接至辅道
9	五龙村连接线	5.641	四级	鸡西	主线封闭连接至辅道
10	青龙村连接线	1.214	四级	鸡西	主线封闭连接至辅道
11	土顶子村连接线	5.213	四级	鸡西	连接至麻梨公路
12	龙山村连接线	1.083	四级	鸡西	连接西麻山支线
13	石墨村连接线	6.391	四级	鸡西	连接西麻山至辅道
14	中合村连接线	0.410	四级	林口	连接至鹤大分离桥处
15	中合村至滑雪场连接线	5.755	四级	林口	连接至林口互通处
16	长丰村连接线	2.16	四级	林口	连接至鹤大分离桥处
17	长征村至滑雪场连接线	6.101	四级	林口	连接至鹤大分离桥处
18	保安村连接线	7.879	四级	林口	主线封闭连接至辅道
19	宝山村至宝林村连接线	7.917	四级	林口	主线封闭连接至辅道
20	柳树镇至奋斗村连接线	4.723	四级	林口	主线封闭连接至辅道
21	岭前村至奋斗村连接线	9.887	四级	林口	主线封闭连接至辅道
22	嘎库村连接线	4.048	四级	林口	连接到柳树乡
23	朱家镇至孔家村连接线	4.929	四级	林口	主线封闭连接至辅道
24	五林镇至金场五队连接线	12.562	四级	牡丹江	五林镇连接金场五队
25	五星村至杏树村连接线	23.919	四级	牡丹江	主线封闭连接至辅道

(3)建设规模

①主线工程

本项目建设总里程266.236km,分为佳木斯至七台河和鸡西至牡丹江两段。佳木斯至七台河段起点位于佳木斯万兴村西侧与哈同高速公路交叉的万兴互通C匝道起始处,终点位于鹤大公路与依宝公路交叉点前2.27km处,与七台河至鸡西段高速公路起点对接,全长126.556km,均为利用原有一级路进行改建;鸡西至牡丹江段起点位于鹤大公路鸡西收费站,与七台河至鸡西高速公路段终点对接,终点与绥满高速公路三道互通连接,路段全长139.680km,其中利用原有一级路改建135.691km,新建3.989km。

建设性质:在原一级公路基础上改扩建为四车道高速公路工程。

②辅道工程

佳木斯至牡丹江段辅道全长305.362km。沿线经过的主要城镇有佳木斯、七台河、鸡西市、林口县、牡丹江市。辅道设计共分三段。其中佳木斯至三合段,起点为佳木斯市老鹤大公路与友谊路交叉处,起点桩号为K3+028,终于三合乡北与主线交叉处,全长71.577km。三合至七台河段,起点为桦南县三合村北,跨鹤大高速公路,终点接七台河至鸡西段高速公路辅道,全长100.009km。鸡西至牡丹江段,起点位于华山村东侧林口与鸡西交界处,终点位于牡丹江铁岭河镇北,路线全长133.686km。

建设性质:在原老鹤大公路基础上改造成三级公路标准,水泥混凝土路面。

③辅道连接线工程

鹤大公路佳木斯至牡丹江段辅道连接线工程全长153.839km,包括牡丹江连接线2.891km,桦南连接线2.638km,其他辅道连线总计25条(其中二级公路2条共9.445km;四级公路23条共长144.394km)。

建设性质:连接线为保证沿线各乡镇村屯出行以及连接辅道的等级公路,大部分为四级公路标准。

(4)主要工程数量

①主线及立体交叉工程

全线分别在明义、曙光、桦南、西长发、麻山、林口、柳树、柴河、铁岭,共设置9处新建互通式立体交叉;新建分离式立体交叉38处,分离式立体交叉桥引桥1座,车行天桥53处,车行天桥引桥2座,新建通道35道,通道桥7座。

佳七段全线共设互通5处,利用已建1处,新建互通4处;上跨分离天桥58处、通道12道;港湾式停车带27个;其中新建主线下穿式分离桥1838.98m/24座,利用4座已建分离(其中K65+516.6分离桥由于净空不足,采取整体顶升措施以满足净高要求);车行天桥2500.9m/34座;通道16道,新建通道12道,利用已建通道4道。

鸡牡段全线共设互通5处;上跨分离天桥39处、通道24道;港湾式停车带72个;其中新建主线下穿式分离桥 1380.73m/14 座;车行天桥 1952.66m/25 座;通道 24 道。

主要工程量为:主线及互通区路基挖方 149.04 万 m^3,填方 605.49 万 m^3;路面基层 105.86 万 m^2;水泥混凝土面层 46.98 万 m^2;沥青混凝土面层 2297.22 万 m^2。

②辅道工程

全线辅道工程量为:土方 228 万 m^3,石方 16.8 万 m^3,水泥混凝土路面 159 万 m^2,沥青路面 2 万 m^2,新建大桥 1 座,中桥 7 座,小桥 22 座,涵洞 401 道,平面交叉 451 处。

③辅道连接线工程

辅道连接线工程量为:土方 143 万 m^3,石方 6.4 万 m^3,水泥混凝土路面 77 万 m^2,设中桥 6 座,小桥 8 座,涵洞 336 道,平面交叉 136 处。

④管理、养护及服务设施

全线共设 4 处服务区,2 处停车区,9 处匝道收费站,1 处主线收费站。全线管理、养护及服务设施房屋建筑面积 44488m^2,占地 510 亩。

(5)主要控制点

佳木斯至七台河段沿线主要控制点为:西格木乡、明义乡、三合乡、曙光农场进入桦南县,由桦南镇与桦南县城之间穿越,跨牡佳铁路、经小湖南营、太平村、鄂家村、种马场、龙头村、跨勃利至七台河铁路,进入七台河市小五站镇。

鸡西至牡丹江段沿线主要控制点为:鸡西市滴道区的西山畜牧场、麻山区、林口县境内奎山乡、龙爪镇、柳树镇、太平村、北甸子、南城子、青梅,终点确定于三道与绥满高速公路交叉枢纽互通。

沿线经过的主要城镇有佳木斯市、七台河市、鸡西市、林口县、牡丹江市。

(6)地形地貌

路线所处区域公路自然区划为Ⅲ区,即东北东部山地润湿冻区,路线位于张广才岭与老爷岭间的牡丹江谷地,沿线地形以丘陵为主,地表植被主要为耕地、林地,部分段落有少量荒地。

(7)投资规模

根据交通运输部《关于佳木斯至牡丹江公路初步设计的批复》(交公路发〔2010〕780号),一期工程概算总金额为 31.732 亿元。

(8)开工及通车、竣工时间

项目建设工期为三年,2009 年 5 月开工建设,2011 年 9 月交工并投入试运营。2015年 4 月 3 日通过竣工验收。

2. 前期决策情况

(1)前期决策背景

鹤大高速公路作为黑龙江省东部地区重要的纵向干线和出省通道,纳入了全省

2008—2011年公路建设目标,规划于2008—2011年除佳木斯过境段外全部建成高速公路。本项目佳木斯至牡丹江段是鹤大高速公路的组成段落,其中七台河至鸡西段已于2007年3月完成高速公路扩建项目的工程可行性研究(待批复),佳木斯至七台河段及鸡西至牡丹江段均为一级路标准,以上3个路段规划于2008—2010年在现有工程基础上,按全封闭、全立交的高速公路标准进行建设。

(2)前期决策过程

①2009年10月19日,国家发改委印发《关于黑龙江省佳木斯至牡丹江公路可行性研究报告的批复》(发改基础〔2009〕2511号),对项目可行性研究报告进行了批复。

②国家发改委印发《关于黑龙江省佳木斯至牡丹江公路建设方案调整的批复》(发改基础〔2010〕2573号)。

③国家环境保护部印发《关于鹤大国家高速公路佳木斯至牡丹江段扩建工程环境影响报告书的批复》(环审〔2008〕392号)。

④国土资源部印发《关于鹤大高速公路佳木斯至牡丹江段扩建工程建设用地的批复》(国土资函〔2011〕194号)。

⑤国家开发银行印发《关于黑龙江省鹤大高速公路佳木斯至牡丹江段项目贷款承诺的函》(开行函〔2008〕291号)。

3. 参建单位主要情况

(1)建设单位

本项目建设单位是黑龙江省鹤大高速公路工程建设指挥部,质量监督单位是黑龙江省公路工程质量监督站,造价核查单位是黑龙江省公路工程造价管理总站。

(2)设计单位

鹤大高速公路佳木斯至牡丹江段设计单位见表8-6-7。

鹤大高速公路佳木斯至牡丹江段设计单位一览表 表8-6-7

序号	设计内容	设计单位名称
1	总体工程	黑龙江省公路勘察设计院
2	路线、路基、路面、桥梁工程	黑龙江省公路勘察设计院
3	交通安全设施工程	黑龙江省公路勘察设计院
4	辅道、连接线、田间道	黑龙江省公路勘察设计院
5	机电工程	黑龙江省公路勘察设计院
6	房建工程	哈尔滨工业大学建筑设计研究院
7	绿化工程	东北林业大学工程勘察设计院

(3)施工单位

通过招投标,本项目由龙建路桥股份有限公司、中铁十六局集团有限公司、大庆建筑安装集团有限责任公司等施工单位参与建设。

(4)施工监理单位

通过招投标,本项目由黑龙江清宇建设工程监理有限责任公司、黑龙江省轻工建设监理有限公司、黑龙江省公路工程监理咨询公司等单位参与施工监理工作。

(二)建设情况

1. 项目准备阶段

(1)项目审批

2010年12月29日,交通运输部《关于佳木斯至牡丹江公路初步设计的批复》(交公路发〔2010〕780号)。

2011年6月24日,黑龙江省交通运输厅《关于佳木斯至牡丹江公路施工图设计的批复》(黑交发〔2011〕236号)。

2011年8月1日,交通运输部《关于佳牡项目施工许可的批复》(交公路施工许可〔2011〕22号)。

(2)资金筹措

根据交通运输部《关于佳木斯至牡丹江公路初步设计的批复》(交公路发〔2010〕780号),批复一期工程概算总金额为31.732亿元,资金来源中央专项基金(车购税)4.11亿元,省自筹10.932亿元,国内银行贷款16.69亿元。竣工决算投资30.08亿元。

(3)合同段划分(表8-6-8)

根据各专业的工程内容划分标段如下。

①施工标段划分:根据工程内容的不同,道路主线工程46个,土建工程10个标段,机电工程9个标段,房建工程13个标段,绿化工程4个标段,交通安全设施工程10个标段;辅道工程共49个,其中佳木斯分指挥部3个标段,桦南分指挥部12个标段,勃利分指挥部4个标段,鸡西分指挥部8个标段,林口分指挥部13个标段,牡丹江分指挥部9个标段。

②施工监理标段划分:根据工程内容设2个总监办公室,6个主线土建工程驻地监理标段,10个房建工程监理标段,9个辅道工程监理标段,2个试验检测机构。

(4)招投标

①设计单位招标

总体规划设计及主线、辅道和连接线的路基路面桥涵、机电等工程的设计采取公开招标,黑龙江省公路勘察设计院中标。

鹤大高速公路佳木斯至牡丹江段合同段划分一览表

表 8-6-8

序号	参建单位	类型	参建单位名称	合同段编号及起止桩号	主要负责人	主要内容	备注
1	项目管理单位		鹤大高速公路佳木斯至牡丹江段工程建设项目指挥部	K63+400~K392+430	张喜军	全线工程建设	
2	勘察设计单位	总体工程	黑龙江省公路勘察设计院	K63+400~K392+431	曹立智	总体工程设计	
3		房建工程	哈尔滨工业大学建筑设计研究院		张毅	房建工程设计	
4		绿化工程	东北林业大学工程勘察设计院		刘非	绿化工程设计	
5	施工单位	主线土建工程	龙建路桥股份有限公司	A1:K63+800~K190+000	高航	路基、路面及涵洞工程	
6			龙建路桥股份有限公司	A2:K255+700~K392+430	孙立民	牡丹江连接线、绥满连接线的路基、路面及涵洞	
7			龙建路桥股份有限公司	B1:K67+330~K105+818	孙德军		
8			中铁十六局集团有限公司	B2:K107+326~K144+087	唐武斌	分离式立交桥、天桥的引道工程、田间连接道工程及其他工程	
9			大庆建筑安装集团有限公司	B3:K146+380~K188+769	丛立东		
10			中铁十三局集团第四工程有限公司	B4:K254+444~K295+870	肖凤国		
11			中交四航局第一工程有限公司	B5:K296+873~K343+900	林尚燕		
12			龙建路桥股份有限公司	B6:K345+593~K390+992	刘振		
13			中铁十三局集团第四工程有限公司	C1:K254+440~K324+000	徐志亮	路面工程	
14			龙建路桥股份有限公司	C2:K324+000~K392+100	苗海龙	路面工程	
15		交通安全设施工程	黑龙江盛世嘉业交通施工工程有限公司	AS1:K63+800~K190+000	杨德青	标志、界碑、百米桩、防撞桶	
16			哈尔滨泓亿公路设施安装工程有限公司	AS2:K254+220~K392+430	郭义胜		
17			哈尔滨泓亿公路设施安装工程有限公司	AS3:K63+800~K190+000	隋景臣	道路标线	
18			黑龙江交通实业总公司	AS4:K254+220~K392+430	沈文军	道路标线	
19			黑龙江交通实业总公司	AS5:K63+800~K106+000	范振江		
20			黑龙江交通实业总公司	AS6:K106+000~K146+000	徐树臣	包括波形梁防栏、移动护栏、轮廓标、防眩板	
21			黑龙江省应用电子有限责任公司	AS7:K146+000~K190+000	徐发廷		
22			哈尔滨交研交通工程有限公司	AS8:K254+220~K296+000	郭义胜		

第八章 高速公路建设项目

续上表

序号	参建单位	类型	参建单位名称	合同段编号及起止桩号	主要负责人	主要内容	备注
23	施工单位	交通安全设施工程	黑龙江省北奥交通工程有限公司	AS9:K296+000~K344+000	王金发		
24			北京汉威达交通运输设备有限公司	AS10:K344+000~K392+430	徐秋江		
25			黑龙江省安装工程公司	FS01:万兴收费站	张宇	土方工程,结构工程,屋面工程,内外装修装饰工程,场区工程等	
26			黑龙江省广建工程建设有限责任公司	FS02:曙光匝道收费站,草帽停车区	于国锋		
27			黑龙江省三建工程建设有限责任公司	FS03:共河服务区	李建阳		
28			齐翔建工集团有限公司	FS04:桦南,西长发,明义收费站	邵会夫		
29		房建工程	吉林东奥工程有限公司	FS05:罗泉服务区	魏忠付		
30			黑龙江垦区龙垦建设工程总公司	FS06:麻山收费站	李杰		
31			黑龙江莱滨建筑安装工程有限公司	FS07:鸡西停车区	徐洪林		
32			哈尔滨中兴建筑工程股份有限公司	FS08:林口服务区,林口收费站	付炳喆		
33			黑龙江莱滨建筑安装工程有限公司	FS09:柳树收费站	张怀玉		
34			黑龙江宇林建筑工程有限责任公司	FS10:柴河收费站	邓慧华		
35			牡丹江市大东建筑总公司	FS11:铁岭河收费站	潘志强		
36			东北金城建设股份有限公司	FS12:柴河服务区	安延辉		
37			大庆建筑安装集团有限责任公司	FS13:柴河,共和,罗泉服务区人行天桥	高峰	K109+772共和服务区、K159+800罗泉服务区、K370+40柴河服务区人行天桥	
38			南京好望系统工程有限公司	D1:K63+400~K83+700万兴站,含草帽停车区,西格木养护工区	邵泳挺	所辖桩号内监控系统、收费系统、通信系统、供电照明系统及收费雨棚等	
39		机电工程	中咨泰克交通工程有限公司	D2:K83+700~K126+200明义站,含共和服务区,共和养护站	刘国彤		
40			成都曙光光纤网络有限责任公司	D3:K126+200~K162+200桦南站,含七虎力养护工区,罗泉服务区	季凡		

541

续上表

序号	参建单位		参建单位名称	合同段编号及起止桩号	主要负责人	主要内容	备注
		类型					
41	施工单位	机电工程	黑龙江省应用电子有限责任公司	D4：K162+200～K190+000 西长发站,含西长发养护工区	徐发延		
42			沈阳天久信息技术工程有限公司	D5：K254+220～K290+400 麻山站,含鸡西养护工区,鸡西服务区	张可春		
43			中铁十三局集团电务工程有限公司	D6：K290+400～K320+800 林口站,含林口养护工区,林口服务区	张学亮	所辖桩号内监控系统、收费系统、通信系统、供电照明系统及收费雨棚等	
44			中铁电气化局集团有限公司	D7：K320+800～K359+000 柳树站,含柳树养护工区	张晓东		
45			紫光捷通科技股份有限公司	D8：K359+000～K383+500 柴河站,含柴河服务区	王果		
46			江苏长天智远交通科技有限公司	D9：K383+500～K394+328.656 铁岭河站,含青梅养护工区	王登才		
47		绿化工程	哈尔滨鸿蕴绿化建设工程有限公司	L1：K63+770～K116+600	周利勋	万兴互通区、万兴收费站、草帽停车区、明义互通区、明义收费站、共和服务区	
48			大庆市绿化工程有限公司	L2：K116+600～K190+000	曲殿林	曙光互通区、曙光收费站、桦南互通区、桦南收费站、明罗泉服务区、西长发互通区、西长发收费站	
49			大庆市坤元环境艺术工程有限责任公司	L3：K254+000～K322+500	吴洪刚	鸡西停车区、麻山收费站、麻山互通区、林口收费站、林口互通区、林口服务区	

第八章 高速公路建设项目

续上表

序号	参建单位	类型	参建单位名称	合同段编号及起止桩号	主要负责人	主要内容	备注
50		绿化工程	哈尔滨鸿蕴绿化建设工程有限公司	L4:K322+500～K393+899	刘丝桃	柳树互通区、柳树收费站、柴河服务区、柴河互通区、柴河收费站、铁岭河互通区、铁岭河收费站	
51			佳木斯恒远建设工程有限责任公司	JF1:K3+100～K20+120	岳彩军	路基、路面、桥梁涵洞、交安设施	
52			佳木斯宏兴建筑工程有限责任公司	JF2:K20+120～K31+000	李云龙		
53			佳木斯市路桥工程有限公司	JF3:K31+000～K42+050	王超杰		
54			哈尔滨市第一市政工程有限公司	HF1:K42+050～K48+550	石伟		
55			黑龙江宏升道路桥梁有限责任公司	HF2:K48+550～K53+612	孟凡宇		
56			佳木斯宏兴建筑工程有限责任公司	HF3:K53+612～K63+399	曲远东		
57			黑龙江广运建设工程有限公司	HF4:K63+399～K71+600	柴义		
58	施工单位		中国煤炭国际经济技术合作总公司	HF5:K71+600～K77+987	程志有		
59			河南华安建设有限公司	HF6:K77+987～K90+050	于江	路基、路面、涵洞、交安设施等	
60			黑龙江冠华路桥建设有限公司	HF7:K90+050～K93+958;桦南支线,依饶改线	袁昌德		
61		辅道工程	佳木斯恒远建设集团有限公司	HF8:K93+958～K106+530	孙志涛		
62			黑龙江省宏林建筑工程有限公司	HF9:K106+530～K114+530	张锡武		
63			富裕县宏盛路桥工程有限责任公司	HF10:K114+530～K122+530	姜玉生		
64			佳木斯恒远建设集团有限公司	HF11:K122+530～K130+450	宋金峰		
65			黑龙江省水利四处工程有限公司	HF12:桥梁工程共12座	刘新禄	桥梁	
66			七台河市公路桥梁工程有限公司	BF1:K130+450～K146+092	李征证		
67			黑龙江广运建设工程有限公司	BF2:K146+092～K162+935	王克双	路基、路面、涵洞、交安设施等	
68			河南林豫建筑工程有限公司	BF3:K162+935～K173+922	徐立波		
69			牡丹江市通达路桥有限责任公司	XF1:K170+691跨铁路立交桥	赵斌		

续上表

序号	参建单位		参建单位名称	合同段编号及起止桩号	主要负责人	主要内容	备注
		类型					
70	参建单位	辅道工程	黑龙江省程达建设工程集团有限公司	XF1:K0+000~K6+000 永台村辅道连接线	王学高		
71			龙建路桥股份有限公司	XF2:K6+000~K12+591 永合村辅道连接线	王磊		
72			哈尔滨华龙道桥建筑工程有限责任公司	XF3:K0+000~K8+627 新立村辅道连接线	范广辉		
73			鸡西市路桥建设总公司	XF4:K0+000~K4+500 永胜村辅道连接线	田守新		
74			黑龙江宏升道路桥梁有限责任公司	XF5:K4+500~K9+307 永胜村辅道连接线	党春辉		
75			黑龙江省华龙建设有限公司	XF6:K0+000~K6+100 五龙村辅道连接线	郑跃臣		
76			哈尔滨市道路桥梁工程处	XF7:K0+000~K6+391 石墨屯辅道连接线;K0+000~K1+083 龙山村辅道连接线	迟卫平		
77			中铁十三局集团第四工程有限公司	XF8:K0+000~K5+656 土顶子村辅道连接线;K0+000~K1+214 青龙村辅道连接线	牟科立	路基、路面、涵洞、安安设施等	
78	施工单位		黑龙江远东道桥工程有限公司	LF1:K0+000~K10+000	王兆彬		
79			黑龙江吉隆建设工程有限公司	LF2:K10+000~K36+812	张振方		
80			牡丹江市安装工程有限公司	LF3:K36+812~K47+000	贾保武		
81			黑龙江省建安公路工程有限责任公司	LF4:保安村连接线 K0+000~K7+879.124	田明皓		
82			牡丹江宏升道路桥梁建设有限公司	LF5:K47+000~K57+000	王少龙		
83			牡丹江市东北市政工程有限公司	LF6:K57+000~K67+400	杨泽安		
84			黑龙江省程达建设工程集团有限公司	LF7:宝林至宝山连接线 K0+000~K7+920	李莱福		
85			江西宏鹰工程有限公司	LF8:K57+400~K77+800	刘长海		
86			山西吕梁路桥有限公司	LF9:岭前至备斗连接线 K4+100~K9+887,K0+000~K4+723,K0+000~K5+388	陈立国		
87			哈尔滨军辉铁军路建建设有限公司	LF10:K77+800~K88+000	张涛		
88			黑龙江省牡丹江林业工程有限公司	LF11:K88+000~K98+500;朱家至孔家连接线 K0+000~K4+929.07	赵吉华		

第八章 高速公路建设项目

续上表

序号	参建单位	类型	参建单位名称	合同段编号及起止桩号	主要负责人	主要内容	备注
89	施工单位	辅道工程	北安市屹峰建筑工程有限责任公司	LF17:中和村连接线,长丰村连接线 K0+000~K8+975,K0+000~K5+755、K0+000~K2+160	李军	路基、路面、涵洞、交安设施等	
90			牡丹江市大东建筑总公司	LF18:滑雪场连接线 K0+000~K4+048	范广清		
91			大庆建筑安装集团有限责任公司	LF12:K98+500~K108+500	董少非		
92			黑龙江省港航工程有限公司	LF13:五林连接线 K103+525	郭文亮		
93			黑龙江省大东建筑工程有限公司	LF14:K108+500~K117+025	孟庆君		
94			牡丹江市大东建筑总公司	LF15:五星至杏树连接线 K0+000~K13+000	张振云		
95			牡丹江市大成路桥有限责任公司	LF16:五星至杏树连接线 K13+000~K23+919	姚德鑫	路基、路面及构造物	
96			黑龙江省水利四处工程有限公司	MF1:K0+000~K3+773.672	陈兆文		
97			黑龙江省联宇道桥建筑工程有限公司	MF2:K116+900~K121+837.744	万吉顺		
98			黑龙江省联宇道桥建筑工程有限公司	MF3:K121+837.744~K126+000	侯铁军		
99			黑龙江省建安公路工程有限公司	MF4:K126+000~K129+897.74	李景国		
100	监理单位	总监办	黑龙江省公路工程监理咨询公司	ZJ1:K63+800~K188+769	金太学	佳七总监办	
101			黑龙江省公路工程监理咨询公司	ZJ2:K254+200~K390+992	杨恩来	鸡牡总监办	
102		主建土建工程	黑龙江省公路工程监理咨询公司	ZD1:K67+330~K105+818	姜会义	A1、B1	
103			黑龙江省公路工程监理咨询公司	ZD2:K107+326~K144+087	胡宇	A1、B2	
104			黑龙江省公路工程监理咨询公司	ZD3:K146+380~K188+769	尚兰水	A1、B3	
105			黑龙江省公路工程监理咨询公司	ZD4:K254+444~K295+870	李晶炎	A2、B4、C1	
106			黑龙江省公路工程监理咨询公司	ZD5:K296+873~K343+900	王立峰	A2、B5、C1、C2	
107			丹东诚达公路工程监理咨询有限公司	ZD6:K345+593~K390+992	乔富贵	A2、B6、C2	

续上表

序号	参建单位	类型	参建单位名称	合同段编号及起止桩号	主要负责人	主要内容	备注
108		房建工程	齐齐哈尔市广颂建设工程师事务所有限公司	FSJ1	孙士平	FS1-FS3	
109			齐齐哈尔市广颂建设工程师事务所有限公司	FSJ2	孙士平	FS4-FS5	
110			齐齐哈尔市广颂建设工程师事务所有限公司	FSJ3	孙士平	FS13	
111			黑龙江清宇建设工程监理有限责任公司	FSJ4	王祖海	FS6-FS7	
112			黑龙江清宇建设工程监理有限责任公司	FSJ5	王祖海	FS8-FS9	
113			黑龙江清宇建设工程监理有限责任公司	FSJ6	王祖海	FS10-FS11	
114			黑龙江省轻工建设监理有限公司	FSJ7	王立军	FS12	
115		机电工程	黑龙江省公路工程监理咨询有限公司	DJ1	金大学	D1,D2,D3,D4	
116			黑龙江省公路工程监理咨询有限公司	DJ2	金大学	D5,D6,D7,D8,D9	
117		绿化工程	黑龙江省公路工程监理咨询有限公司	LJ1	曹士哈	L1,L2,L3,L4	
118	监理单位	辅道工程	牡丹江市公路工程监理有限责任公司	JJ1: K3+100～K42+050	闫晓东	佳木斯辅道	
119			牡丹江宏信公路工程监理有限责任公司	HJ1: K42+050～K81+072	赵学东	桦南辅道	
120			黑龙江华正交通工程监理有限责任公司	HJ2: K81+072～K130+450	苟水彪	桦南辅道	
121			东北林业大学监理部	BJ1: K130+450～K173+922	姜显国	勃利辅道	121
122			牡丹江中铁建设工程监理有限公司	BJ2: K170+691	朱凤莞	勃利辅道	122
123			黑龙江远征路桥工程监理咨询有限责任公司	XFJ1: K106+530～K114+530	孙志鹏	鸡西辅道施工监理	123
124			牡丹江市公路工程监理有限责任公司	LJ1; LF1～LF7, LF17	冯玉国	林口辅道施工监理	124
125			牡丹江宏信公路工程监理有限责任公司	LJ2: LF8-LF11, LF18（林口分指），LF12-LF14（牡丹江分指）	李海岩	林口,牡丹江辅道	125
126			牡丹江宏信公路工程监理有限责任公司	MJ1: MF1-MF5	李立明	牡丹江辅道	126
127	检测技术服务单位		黑龙江省龙督工程检测有限公司	佳七检测机构		主体工程质量及原材料	127
128			黑龙江省龙督工程检测有限公司	鸡牡检测机构		主体工程质量及原材料	128
129			江苏省交通科学研究院股份有限公司			沥青路面施工技术服务	
130			黑龙江天一工程质量检测有限公司			桩基检测	130

房建工程设计工作采取公开招标,2009年7月20日由鹤大高速公路工程建设指挥部委托黑龙江省信诚工程招标有限公司代理招标工作。当年7月24日招标文件出售截止,8月16日10时开标。8月24日发中标通知书。

②施工单位招标

鹤大高速公路佳木斯至牡丹江段施工单位招标分土建工程、房建工程交通安全设施工程、绿化工程、机电工程5个专业,根据工程进展情况分别招标。

a. 土建工程招标

土建工程招标工作由鹤大高速公路工程建设指挥部委托黑龙江省信诚工程招标有限公司代理招标工作。主要内容为路基、路面、桥涵工程。共划分10个合同段。

2009年4月8日,在"中国采购与招标网""黑龙江交通"网站发布了本项目的资格预审公告,4月14日为截止购买招标文件日期,4月30日为投标截止日期,当日14时在黑龙江省交通厅招标中心开标。5月初进行评标定标工作,5月末确定中标人。6月15日向各中标单位发中标通知书。

b. 房建工程招标

房建工程招标工作由鹤大高速公路工程建设指挥部委托黑龙江省信诚工程招标有限公司代理招标工作。主要内容为服务区、停车区、收费站房屋建筑及场区、人行天桥工程。共划分13个合同段。

2010年5月4日在"中国采购与招标网""黑龙江交通"网站发布了本项目的招标公告,5月10日为截止购买招标文件日期,5月28日为投标截止日期,当日10时开标。5月初进行评标定标工作,5月末确定中标人。6月6日向各中标单位发中标通知书。

c. 交通安全设施工程招标

交通安全设施工程招标工作由鹤大高速公路工程建设指挥部委托黑龙江省信诚工程招标有限公司代理招标工作。主要内容为护栏、标志、标线等工程。共划分10个合同段。

2009年7月20日在"中国采购与招标网""黑龙江交通"网站发布了本项目的招标公告,7月24日为截止购买招标文件日期,8月16日为投标截止日期,当日10时开标。8月17日开始进行评标定标工作,8月24日确定中标人。8月25日向各中标单位发中标通知书。

d. 绿化工程招标

绿化工程招标工作由鹤大高速公路工程建设指挥部委托黑龙江省信诚工程招标有限公司代理招标工作。本主要内容为互通区、收费站、停车区、服务区景观绿化工程。共划分4个合同段。

2011年1月10日在"中国采购与招标网""黑龙江交通"网站发布了本项目的招标公告,1月14日为截止购买招标文件日期,3月9日为投标截止日期,当日10时开标。3月10日开始进行评标定标工作,3月17日确定中标人。3月18日向各中标单位发中标通知书。

e. 机电工程招标

机电工程招标工作由鹤大高速公路工程建设指挥部委托黑龙江省信诚工程招标有限公司代理招标工作。主要内容为本项目的监控系统、收费系统、通信系统、供电照明系统工程及所辖桩号内的管道、光缆工程、收费雨棚等。共划分9个合同段。

2011年1月10日在"中国采购与招标网""黑龙江交通"网站发布了本项目的招标公告,1月14日为截止购买招标文件日期,3月9日为投标截止日期,当日10时开标。3月10日开始进行评标定标工作,3月17日确定中标人。3月18日向各中标单位发中标通知书。

由于D5标所有投标文件没有符合要求的,因此于2011年3月14日进行了第二次招标。3月18日止发售了5份招标文件,4月6日上午9时开标,经过评标,13日确定中标人,于4月14日发中标通知书。

f. 辅道工程招标

辅道工程招标工作是由省交通厅和鹤大总指挥部组织,由地方分指挥部负责招标的。辅道招标工作根据各分指挥部准备情况分期招标的。其招标情况如下:

佳木斯分指挥部,共划分3个标段;桦南县分指挥部,共划分12个标段;勃利县分指挥部,共划分4个标段;林口县分指挥部,共划分16个标段。以上四个分指挥部在总指挥部统一组织下进行了招标工作。由哈尔滨市路成招标代理公司代理,2009年7月27日在"中国采购与招标网""黑龙江交通"网站上发布了招标公告。7月31日为招标文件出售截止时间,开标地点在黑龙江省交通运输厅招标中心举行,第一次开标于8月24日在,参加单位有佳木斯、桦南、勃利辅道的投标单位;第二次开标于8月26日,参加单位主要有林口辅道的投标单位。8月24日开始一周时间为评标时间,确定中标人后在网上进行了公示,截止时间为9月2日。9月2日向各中标单位发售中标通知书。

鸡西分指挥部,共划分8个标段。由哈尔滨成通工程招标代理公司办理招标事宜,2009年8月24日发布招标公告,2009年8月28日为购买标书截止时间,2009年9月20日为投标截止时间,2009年9月20~22日为评标时间,2009年9月30日中标单位确定发售中标通知书。

林口分指挥部,共划分2个标段。由黑龙江省路成工程招标代理有限公司代理,2011年1月24日在"中国采购与招标网""黑龙江交通网"上发布鹤岗至大连高速公路佳木斯至牡丹江段林口县境内辅道工程(补充)施工招标公告。2011年1月24日至2011年1月28日为出售招标文件时间,2011年2月28日上午9:00时,在黑龙江省交通运输厅招标中心开标,经过评标,一周后确定中标单位,向中标单位发中标通知书。

牡丹江分指挥部,共划分4个标段。2011年3月份通过招标确定中标单位。

③监理单位和检测机构招标

a. 土建工程监理和检测机构招标

土建工程监理单位招标工作由鹤大高速公路工程建设指挥部委托黑龙江省信诚工程招标有限公司代理招标工作。对应土建工程各施工标段。共划分6个驻地监理办和2个总监办,2个试验检测机构。

2009年4月8日在"中国采购与招标网""黑龙江交通"网站发布了本项目的资格预审公告,4月14日为截止购买招标文件日期,5月5日为投标截止日期,当日14时在黑龙江省交通厅招标中心开标。5月初进行评标定标工作,5月末确定中标人。6月15日向各中标单位发中标通知书。

b. 房建工程监理单位招标

房建工程监理单位招标工作由鹤大高速公路工程建设指挥部委托黑龙江省信诚工程招标有限公司代理招标工作。房建工程设一级监理机构,共划分7个监理合同段。

2010年5月4日在"中国采购与招标网""黑龙江交通"网站发布了本项目的资格预审公告,5月10日为截止购买招标文件日期,5月28日为投标截止日期,当日10时在黑龙江省交通厅招标中心开标。5月初进行评标定标工作,5月末确定中标人。6月6日向各中标单位发中标通知书。

c. 绿化工程监理单位招标

绿化工程监理委托省公路监理咨询公司监理

d. 机电工程监理单位招标

采取公开招标,由黑龙江省公路监理咨询公司中标。

e. 辅道工程监理单位招标

辅道工程监理招标工作是由省交通厅和鹤大总指挥部组织,由地方分指挥部负责招标。辅道招标工作根据各分指挥部准备情况分期招标。其招标情况如下:

佳木斯分指挥部,共划分1个标段;桦南县分指挥部,共划分2个标段;勃利县分指挥部,共划分1个标段;林口县分指挥部,共划分2个标段。以上四个分指挥部在总指挥部统一组织下进行了招标工作。由哈尔滨市路成招标代理公司代理,于2009年7月27日在"中国采购与招标网""黑龙交通网"上发布了招标公告。7月31日为招标文件出售截止时间,开标地点在黑龙江省交通厅招标中心举行,第一次开标于8月24日在,参加单位有佳木斯、桦南、勃利辅道的投标单位;第二次开标于8月26日,参加单位主要有林口辅道的投标单位。8月24日开始一周时间为评标时间,确定中标人后在网上进行了公示,截止时间为9月2日。9月2日向各中标单位发售中标通知书。

鸡西分指挥部,共划分1个标段,由哈尔滨成通工程招标代理公司办理招标事宜,2009年8月24日发布招标公告,2009年8月28日为购买标书截止时间,2009年9月20日为投标截止时间,2011年9月20~22日为评标时间,2009年9月30日中标单位确定发售中标通知书。

牡丹江分指挥部,共划分1个标段。2011年3月招标确定中标单位。

(5)征地拆迁

根据省委、省政府的决定,"三年决战"期间公路建设实行"双业主制",即工程建设由项目法人,即工程建设指挥部负责,征地拆迁工作由地方政府负责。指挥部的主要任务是负责为地方政府提供征地拆迁的位置、数据、界限和用地及拆迁的时间等工作,由地方政府负责按时间及时完成拆迁提供建设用地。在拆迁过程中,由地方交通运输局牵头,与地方政府及土地等相关部门紧密配合,按照先面后点、先易后难得步骤,采取以沟通协调为主,强制执行为辅的方法,妥善处理了各方面的关系,较好地处理了施工环境与工程施工的矛盾。全线共征用土地689.18公顷,拆迁电力电信设施215处,封闭平交道口458个,其中:封闭加油站道口9处。

鹤大高速公路佳木斯至牡丹江段征地拆迁工作涉及4个地级市、4个县,协调工作量较大,且本工程项目占地多数为分离立交、车行天桥引道和互通立交匝道占地。工程初步设计完成到招标结束前,现场的地界桩已经多数被破坏,为此在工程建设开工前,特委托施工单位提前进场进行划占地界沟的工作,为地方政府办理用地手续提供占地依据。对于鹤大高速公路项目来说,道路封闭是重点,是难点也是关键点。在推进封闭环节上,充分发挥了"双业主制"的作用,重点解决了由征地拆迁、补偿争议、连接线、田间道而引发的矛盾。认真对待和解决沿线各级政府提出的合理化建议和意见,积极与设计单位对接,与有关部门沟通,拿出具体的、有效的措施去解决问题。依靠地方政府、交通局、路政处等部门的力量,通过分片包干、设立包保奖金等措施,加快封闭推进。

2. 项目实施阶段

(1)实施过程

①主线土建工程于2009年5月开工,2011年9月完工。

②房建工程于2010年6月开工,2011年8月完工。

③机电工程于2011年4月开工,2011年9月完工。

④交通安全设施工程于2009年9月开工,2011年8月完工。

⑤绿化工程于2011年4月开工,2011年8月完工。

⑥辅道工程于2009年10月开工,2011年10月完工。

⑦2011年9月22日项目交工验收。依据交通部《公路工程竣(交)工验收办法》,交工验收分部工程合格率100%,单位工程优良率100%,工程质量评分97.7分,项目评定为合格。

(2)验收工作

①2013年1月,交通运输部档案馆组成的验收组通过项目档案专项验收,并出具《关于印发佳木斯至牡丹江公路项目档案专项验收意见的函》。

②2014年6月，水利部验收组通过项目水土保持专项验收，并出具《水利部办公厅关于印发国家高速公路佳木斯至牡丹江段工程水土保持设施验收鉴定书的函》。

③2014年11月，环保部东北环境保护督查中心对项目进行环评专项验收，环保部于2015年1月出具《关于鹤岗至大连高速公路佳木斯至牡丹江段竣工环境保护验收合格的函》。

④2013年3月，省审计厅通过项目竣工决算审计，并出具《鹤大高速公路佳木斯至牡丹江段扩建工程建设项目审计报告》。

⑤受交通运输部委托，省交通运输厅于2015年4月2~3日组织了佳木斯至牡丹江公路竣工验收工作。经竣工验收委员会检查和评议，同意佳木斯至牡丹江公路通过竣工验收，工程质量等级评定为优良。

(3) 重大变更

在设计变更管理上严格执行《黑龙江省交通厅设计变更管理办法》和《黑龙江省高速公路建设局公路重点工程变更管理实施细则》的规定，对施工单位上报的变更，首先上报到驻地监理办、总监办。经监理认可，最后经过指挥部派驻的工地业主代表和设计单位的设计代表审核及现场核实，设计单位出具设计变更图纸，经监理单位、设计单位、指挥部审核同意，对工程量和单价进行审核，经省交通厅重点工程建设推进组变更核查小组审核确定。10万元以上变更项目由指挥部呈报省交通厅审批，10万元以下变更报省交通厅核备。

三年的建设中，主体工程共发生10万元以上变更项目为48项，金额为742.6万元，占建安工程总价的0.68%；发生10万元以下变更35项，核定金额为155.4万元，占建安工程总价0.14%。具体变更的工程内容如下：

路基工程共29项，主要变更内容为特殊路基处理，增加挡墙、盲沟、截水沟、边沟、排水沟等；路面工程共13项，主要变更内容为基层结构调整、路面加宽植筋、分离桥引道加长而产生引道基层面层工程量的增加，原图纸涵面没有防水层及沥青面层，施工中增加沥青涵面、林口收费站A匝道原设计渐变段不等宽，施工中按等宽施工等项目；桥涵工程共41项，主要变更内容为桥梁施工过程中由于地质原因把钻孔桩改成扩大基础，增加涵洞，因桥涵基础施工时$\phi22$钢筋短缺而采用$\phi25$钢筋替代，增加小桥涵洞，桥梁帮宽等项目。

在设计变更项目中，根据实际情况取消了部分不合理的项目，发生了许多负变更项目。

(三) 科研和新技术应用

鹤大高速公路工程建设项目依托科技创新，引入"四新技术"，不断提高了工程建设科技含量。

1. 新设备

一是采用全液压、可调振频振幅YZ32大吨位压路机压实，在确保施工质量的同时，有效缩短了施工工期;二是使用气动凿毛机和进口抛丸机对梁板顶面进行处理,并对桥面水泥混凝土进行全桥铣刨,解决了桥面铺装层与箱梁顶板以及桥面铺装层与沥青混凝土面层的层间黏结问题。

2. 新工艺

一是采用全自动智能摊铺机摊铺,路面的压实度、平整度、高程得到了有效控制(图8-6-3);二是提前统一石料场与沥青混凝土拌和站筛孔孔径,确保级配的精确性,提高沥青混合料的品质;三是采用桥头搭板下路面结构层下移、延长等措施,提高桥头承载力,有效控制桥头跳车问题;四是采用大吨位压路机对分离桥引道土方进行补压、分离桥锥坡袋装砂土预压的方式,确保匝道、分离桥引道施工质量;五是采用同步碎石进行下封层施工,沥青和石料洒(撒)布用量精准、分布均匀,确保了层间黏结。

图8-6-3　鹤大项目沥青路面施工

3. 新材料

一是在沥青面层施工中组织施工单位自行加工机制砂以替代天然砂,提高路面工程质量;二是采用复合矿粉替代普通矿粉,加强了石料与沥青的黏附性。

4. 新课题

为了满足社会通行车辆的实际要求,组织交通运输部专家对"鹤大高速公路安全评价技术研究""鹤大高速公路速度管理与限速技术研究""鹤大高速公路匝道区土壤—植被系统恢复与景观建设研究""鹤大公路升级改造横断面设计技术研究""软土条件下钻孔桩施工技术研究"5个课题进行了专题研究,通过设置必要的标志、标线等安全设施,使佳牡项目由设计速度的60km/h,提高到70km/h、80km/h的运行速度。

(四)运营养护管理

鹤大高速公路佳牡木期至牡丹江段运营养护管理工作分为两段:佳木斯至桦南段由佳木斯高速公路管理处负责管养,桦南至牡丹江段由鸡西高速公路管理处负责管养。

第八章 高速公路建设项目

1. 服务设施

（1）佳木斯至桦南段设置草帽停车区、共和服务区（表8-6-9）。

（2）桦南至牡丹江段设置驿马山服务区、林口服务区、柴河服务区3个服务区和鸡西停车区1个停车区（表8-6-9）。

鹤大佳牡段服务场区一览表　　　　　　　　　　　　表8-6-9

高速公路编码	服务区名称	桩号	所在区域	占地面积（m²）	建筑面积（m²）
G11	草帽停车区（上行）	K112+200	佳木斯市西格木乡	11000	235
	草帽停车区（下行）	K110+200	佳木斯市西格木乡	26500	772
	共和服务区（上行）	K151+400	桦南县明义乡	34809	3366
	共和服务区（下行）	K151+400	桦南县明义乡	31000	1131
	驿马山服务区	K201+360	罗泉乡	46600	4272.1
	鸡西停车区	K295+900	鸡西市滴道区	24000	870
	林口服务区	K344+350	林口县	47000	3900
	柴河服务区	K412+500	柴河镇	48200	4307

2. 收费设施

（1）佳木斯至桦南段共设置收费站3个：万兴主线、明义互通、曙光互通各设2个匝道收费站、1个主线收费站，其中ETC车道1条，见表8-6-10。

鹤大佳牡段（佳木斯至桦南）收费设施一览表（佳木斯管理处）　　表8-6-10

收费站名称	桩　号	入口车道数		出口车道数		收费方式
		总车道	ETC车道	总车道	ETC车道	
万兴收费站	K105+208	3	1	5	1	MTC+ETC
明义收费站	K146+653	2		2		
曙光收费站	K165+030	2		2		

（2）桦南至牡丹江段设置收费站7座，其中ETC车道1条，见表8-6-11。

鹤大佳牡段（桦南至牡丹江）收费站一览表（鸡西管理处）　　表8-6-11

收费站名称	桩　号	入口车道数		出口车道数		收费方式
		总车道	ETC车道	总车道	ETC车道	
桦南收费站	K172+940	2		2		MTC+ETC
西长发收费站	K212+190	2		2		
麻山收费站	K323+384	2		2		
林口收费站	K340+660	2		2		
柳树收费站	K384+080	2		2		
柴河收费站	K417+500	2		2		
铁岭河收费站	K431+590	3	1	3	1	

3. 养护管理

(1) 佳木斯至桦南段养护里程72.945km,设置共和养护工区,见表8-6-12。本项目自通车以来,为恢复沿线设施的使用功能及原有的技术标准,每年进行路面的坑槽修补;每年根据日常养护需要对全线的路面病害进行治理。

鹤大佳牡段(佳木斯至桦南)养护设施一览表(佳木斯管理处)　　　表8-6-12

养护工区名称	桩　　号	路段长度(km)	占地面积(m²)	建筑面积(m²)
共和养护工区	K151+450	72.945	19392	2106.02

(2) 桦南至牡丹江段养护里程198.902km,因七鸡项目和桦牡项目由鸡西处管养,且七鸡项目是桦牡项目中的一段,所以2个项目共成立4个养护工区(表8-6-13)。本项目自通车以来,为恢复沿线设施的使用功能及原有的技术标准,每年春季进行沥青路面灌缝处理,并对全线的路面坑槽等病害进行及时治理,每年对桦南至七台河段水泥混凝土路面破碎板进行维修。

鹤大佳牡段(桦南至牡丹江)养护设施一览表(鸡西管理处)　　　表8-6-13

养护工区名称	桩　　号	路段长度(km)	占地面积(m²)	建筑面积(m²)
七台河养护工区	K212+300	62.63	8800	320.5
鸡西养护工区	K295+900	67.07	20000	982
林口养护工区	K344+300	68.00	20000	971
牡丹江养护工区	K425+300	65.376	19000	889

4. 监控设施

佳木斯至桦南段设置在佳木斯高速公路管理处监控中心,桩号K342+700,负责佳桦段的监控工作;桦南至牡丹江段设置在鸡西高速公路监控中心,桩号K268+000,建筑面积360m²,负责该段高速公路的监控工作。

5. 交通流量

(1) 佳木斯至桦南段自2012—2014年,交通量从2178辆小客车/日,增长至3015辆小客车/日,年平均增长率达到17.36%;从车型构成上来看,主要以小客车为主,占到总量的73.46%;从断面交通流量分析,万兴站车流相对较多,为1565辆小客车/日,明义站少,为116辆小客车/日。具体见表8-6-14、图8-6-4。

鹤大高速公路佳木斯至曙光(佳桦)段交通流量发展状况表(单位:辆小客车)　表8-6-14

年份	2012年	2013年	2014年
万兴收费站	674016	725960	939008
明义收费站	35466	51076	65697
曙光收费站	96234	81579	95613
全线平均	268572	286205	366773

第八章
高速公路建设项目

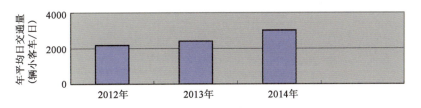

图 8-6-4　鹤大高速公路佳木斯至曙光(佳桦)段交通量增长柱状图

从车型分类上看,一型车(客一、货一)、二型车(客二、货二)、三型车(客三、货三)、四型车(客四、货四)、五型车(五货)历年车流占总流量百分比分别为:一型车占总流量的 73.46%,二型车占总流量的 6.99%,三型车占总流量的 3.82%,四型车占总流量的 4.70%,五型车占总流量的 11.03%,见图 8-6-5。

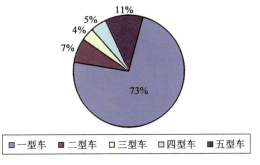

图 8-6-5　鹤大高速佳木斯至曙光(佳桦)段车型构成图

(2)鹤大高速公路桦南至牡丹江段交通流量根据各站进出口车辆数量统计,统计时间为 2005—2011 年(表 8-6-15)。2012—2015 年车流量是根据联网收费后各站出口车流量统计,见表 8-6-16。

鹤大高速公路桦南至牡丹江段交通流量发展状况表(2005—2011 年)(单位:辆)　表 8-6-15

年份	2005 年	2006 年	2007 年	2008 年	2009 年	2010 年	2011 年
西格木收费站	521173	593286	676256	537153	691520	783636	838832
明义收费站	446991	486320	533748	600920	544652	6416041	712292
七虎力收费站	299847	319533	443088	452532	478756	650240	601408
西长发收费站	297456	265361	396948	405576	422468	524448	553488
鸡西收费站	550331	496331	527612	681904	714128	829168	879623
林口收费站	521663	596211	631100	714348	736524	871816	861253
柳树收费站	498331	579664	597996	736320	754980	875836	863836
青梅收费站	298563	398820	398820	716656	764736	830512	845521
全线平均	429294	466940	525696	605676	638470	1472712	769531
全线平均日交通量	9409	10234	11522	13275	13993	32278	16866

鹤大高速公路桦南至牡丹江段交通流量发展状况表（2012—2015年）（单位：辆）　　表8-6-16

年份	2012年	2013年	2014年	2015年
桦南收费站	384729	411481	464899	510773
西长发收费站	162225	197481	204367	226057
麻山收费站	84739	96361	100011	104259
林口收费站	278798	281229	310806	334758
柳树收费站	50837	57387	59466	66752
柴河收费站	416424	272764	317689	290753
铁岭河收费站	1088339	1033768	1123459	1070626
全线平均	352298	335781	368671	371997
全线平均日交通量	6756	6440	7070	7134

三、鹤大高速公路七台河至鸡西段

(一)项目概况

1.基本情况

（1）功能定位

鹤大高速公路七台河至鸡西段项目建设处在黑龙江省加快公路基础设施建设良好机遇的"三年决战"期。工程建设位置北接鹤大高速公路佳木斯至七台河段,南接鸡西至牡丹江段,起点位于七台河新民,终点位于鸡西市沈家沟。该扩建工程将极大提高此路段道路服务水平和使用功能,进一步促进黑龙江省东部地区经济的持续发展,对实现黑龙江省东部经济区以快速发展,促进七台河市、鸡西市沿线经济的发展起着重要作用(图8-6-6)。

（2）技术标准

主线采用四车道高速公路标准建设。其中兴农至滴道段去18.5km,路基宽度维持现有22.5m,设计速度80km/h,并增设港湾式紧急停车带;其余路段去45.667km,路基宽度24.5m,设计速度80km/h。新建桥涵设计汽车荷载等级为公路—Ⅰ级,利用桥涵暂用原有标准,其余技术指标按《公路工程技术标准》(JTG B01—2003)执行。

鸡西连接线与经省发改委批准的建三江至鸡西高速公路共线,采用高速公路标准建设;兴农互通连接线采用三级公路标准建设,路基宽度8.5m,设计速度60km/h;辅道全线采用三级公路标准建设,路基宽8.5m,设计速度40km/h,其他连接线按四级公路标准建设,路基宽度6.5m,设计速度20km/h。

图 8-6-6 通车后的鹤大高速七台河至鸡西段一角

①公路等级:采用四车道高速公路标准。

②路基宽度:24.5m,其中兴农至滴道段 18.5km,路基宽度维持现有 22.5m,并增设港湾式紧急停车带。

③设计速度:80km/h。

④设计荷载:新建桥涵设计汽车荷载等级为公路—Ⅰ级,利用桥涵暂用原有标准汽车—超 20 级、挂车—120 级,其余技术指标按《公路工程技术标准》(JTG B01—2003)执行。

主要指标:

①平曲线最小半径:300m。

②最小坡长:150m。

③最大坡长:1958m。

④竖曲线最小半径:凸形 4000m,凹形 5000m。

路面结构见表 8-6-17。

鹤大高速公路七台河至鸡西段路面结构表　　表 8-6-17

路面形式	起点里程	讫点里程	长度(m)	路面类型
刚性路面	K193+000	K246+000	52900	水泥混凝土路面
	K0+000	K75+415.82	51126.64(辅道)	水泥混凝土路面
柔性路面	K190+000	K254+173.774	86104.08	沥青路面

(3)建设规模

鹤大高速公路七台河至鸡西段扩建工程是由原七台河至鸡西段的一级、二级公路改扩建为四车道高速公路,全长 64.167km。全线主线共设大桥 578m/4 座,其中全部利用 235.52m/2 座,帮宽 343.3m/2 座;中桥 331.82m/5 座,其中帮宽 137.32m/2 座,新建 194.50m/3 座;小桥 298.44m/8 座,其中全部利用 96m/3 座,维修帮宽 202.44m/5 座;涵洞84道,其中全幅新建7道,帮宽56道,其余为维修后完全利用。

全线共设置互通式立体交叉2处,分别为兴农互通(K226+683)、鸡西互通(K247+112.518);分离式立体交叉7处,其中完全利用2处,维修利用1处,新建4处;车行天桥6处,均为新建;通道9道,其中利用原涵加宽2道,新建7道;管线交叉1道。

该项目设兴农服务区(K224+145);连接线设鸡西支线8.575km,兴农互通连接线2.185km,其他连接线总长75.416km。

(4)主要控制点

主要控制点经兴农、团山、滴道,止于鸡西市沈家沟。

(5)投资规模

根据交通运输部《关于七台河至鸡西公路初步设计的批复》(交公路发〔2009〕294号),概算总金额为168689万元,竣工决算为15.96亿元。

(6)开工及通车、竣工时间

项目建设工期为3年,2009年7月开工建设,2011年9月交工并投入试运营。2015年4月3日通过竣工验收。

2. 前期决策情况

(1)前期决策背景

鹤大高速公路是我国东北部地区一条纵向国道,也是黑龙江省公路主骨架的一部分。七台河至鸡西段扩建工程是经国家发改委批准立项,交通运输部批复建设的"十一五"期间重点公路工程建设项目,项目建设正处在黑龙江省公路建设"三年决战"时期,对拉动省内经济发展,振兴东北老工业基地起着重要作用。

(2)前期决策过程

①2009年2月26日,国家发改委印发《关于黑龙江省七台河至鸡西公路可行性研究报告的批复》(发改基础〔2009〕789号)。

②国家环境保护部印发《关于鹤岗至大连高速公路七台河至鸡西段环境影响报告书的批复》(环审〔2008〕416号)。

③国土资源部印发《关于黑龙江省鹤大高速公路七台河至鸡西段扩建工程建设用地预审意见的复函》(国土资预审字〔2008〕436号)。

④国家开发银行印发《关于黑龙江省鹤大高速公路七台河至鸡西段项目贷款承诺的函》(开行函〔2008〕295号)。

3. 参建单位主要情况

(1)建设单位

本项目建设单位是黑龙江省鹤大高速公路工程建设指挥部。

(2) 设计单位

本项目设计单位具体情况见表 8-6-18。

鹤大高速公路七台河至鸡西段设计单位一览表　　　　　　表 8-6-18

序号	设 计 内 容	设计单位名称
1	总体工程	黑龙江省公路勘察设计院
2	路线、路基、路面、桥梁工程	黑龙江省公路勘察设计院
3	交通安全设施工程	黑龙江省公路勘察设计院
4	辅道、连接线、田间道	黑龙江省公路勘察设计院
5	机电工程	黑龙江省公路勘察设计院
6	房建工程	哈尔滨工业大学建筑设计研究院
7	绿化工程	东北林业大学工程勘察设计院

(3) 施工单位

通过招投标，本项目由龙建路桥股份有限公司、大庆建筑安装集团有限责任公司、中铁十六局集团有限公司等单位参与建设。

(4) 施工监理单位

通过招投标，本项目由黑龙江远升公路工程咨询监理有限责任公司、北京泰克华诚技术信息咨询有限公司、黑龙江省公路工程监理咨询公司等负责施工监理工作。

(二) 建设情况

1. 项目准备阶段

(1) 项目审批

该项目严格执行交通基本建设程序，各个环节手续齐全，具体如下：

①2009 年 6 月 18 日，交通运输部印发《关于七台河至鸡西公路初步设计的批复》(交公路发〔2009〕294 号)。

②2009 年 12 月 31 日，黑龙江省交通运输厅印发《关于七台河至鸡西公路施工图设计的批复》(黑交发〔2009〕384 号)。

③2010 年 4 月 16 日，交通运输部印发《关于七台河至鸡西公路施工图设计的批复》(交公路施工许可〔2010〕9 号)。

(2) 资金筹措

根据交通运输部批复，概算总金额为 168689 万元，资金来源为中央专项基金(车购税)18100 万元，省自筹 40000 万元，国内银行贷款 106900 万元，其他 3689 万元。

(3) 合同段划分(表 8-6-19)

根据各专业的工程内容划分标段如下。

黑龙江

鹤大高速公路七台河至鸡西段合同段划分一览表

表 8-6-19

序号	参建单位	类型	参建单位名称	合同段编号及起止桩号	主要负责人	主要内容	备注
1	项目管理单位		鹤大高速公路七台河至鸡西工程建设项目指挥部	K190+000～K254+173.774	张喜军	全线工程建设	
2	勘察设计单位	总体工程	黑龙江省公路勘察设计院	K190+000～K254+173.774	杨利伟	总体工程设计；路线，路基、路面，桥梁工程；交通安全设施；辅道，连接线，田间道；机电工程设计	
3		房建工程	哈尔滨工业大学建筑设计研究院	D1：兴农服务区	刘非	房建工程设计	
4		绿化工程	东北林业大学工程勘察设计院	C1：K190+000～K254+174	刘永强	绿化工程设计	
5	施工单位	主线土建工程	龙建路桥股份有限公司	A1：K190+000～K225+100	杜维松	路基工程及涵洞工程	
6			龙建路桥股份有限公司	A2：K190+000～K225+100	赵宗斌	路面工程	
7			大庆建筑安装集团有限责任公司	A3：K225+100～K254+174	王天生	路基、路面、桥涵工程	
8			龙建路桥股份有限公司	B1：K190+000～K225+100	唐武斌	分离式立体交叉桥，天桥的引道工程，田间连接道工程及其他工程	
9			中铁十六局集团有限公司	B2：K225+100～K254+174	隋本壮	分离式立体交叉桥，天桥的引道工程，田间连接道工程及其他工程	
10		交通安全设施工程	黑龙江盛世嘉业交通设施工程有限公司	C1：K190+000～K254+174 兴农互通、鸡西互通	吴开才	安全设施标线（不包括鸡西支线）	
11			深圳市中业交通工程有限公司	C2：K190+000～K254+174 兴农互通、鸡西互通	王良	安全设施标线（不包括鸡西支线）	
12			唐山利安高速公路设施有限公司	C3：K190+000～K254+174 兴农互通、鸡西互通		防护设施隔离栅（不包括鸡西支线）	

第八章 高速公路建设项目

续上表

参建单位	序号	类型	参建单位名称	合同段编号及起止桩号	主要负责人	主要内容	备注
施工单位	13	交通安全设施工程	黑龙江省八达路桥建设有限公司	C4:K190+000~K225+100	徐富国	安全设施护栏	
	14		哈尔滨滨岛公路设施施工程安装有限责任公司	C5:K225+100-K254+174兴农互通,鸡西互通	王继东	安全设施护栏（不包括鸡西支线）	
	15	房建工程	黑龙江省正创建筑工程有限责任公司	D1:兴农服务区	孙克志	兴农服务区地基土方工程,结构工程,屋面工程,内外装修装饰工程及场区工程等。	
	16	机电工程	哈尔滨交研交通工程有限责任公司	E1:K190+000~K254+174	赵满仓	所辖桩号内全部监控系统、收费系统、通信系统、供电系统及收费雨棚等工程	
	17		成都曙光光纤网络有限责任公司	GD1:K190+000~K254+174	季凡	所辖桩号内管道铺设、人、手井铺砌及其他附属工程等	
	18	绿化工程	哈尔滨市秀水绿化工程有限公司	G1:K190+000~K254+174	刘非	互通区及服务区绿化	
	19	轨道工程	德州市公路工程总公司	QBF1:K0+000~K9+000	黄子玉	辅道路基、路面、桥涵工程	
	20		黑龙江广运建设工程有限公司	QBF2:K9+000~K18+060	李志国	辅道路基、路面、桥涵工程	
	21		七台河市公路桥梁工程有限责任公司	QBF3:K0+000~K7+318,小五站至东风林场,K0+000~K3+123,东风林场至大六站	任合军	辅道路基、路面、桥涵工程	
	22		黑龙江省三江桥工程有限公司	QJF1:K18+060~K24+000	丛利	辅道路基、路面、桥涵工程	
	23		黑龙江北琴海路桥工程集团有限公司	QJF2:K24+000~K32+300	李家辉	辅道路基、路面、桥涵工程	
	24		哈尔滨金阴公路工程有限公司	QJF3:K32+300~K42+000,K0+000~K0+470	贡军	辅道路基、路面、桥涵工程	
	25		佳木斯宏兴建筑工程有限责任公司	QJF4:K42+000~K48+000	王玉亮	辅道路基、路面、桥涵工程	
	26		河南林豫建工集团有限公司	QJF5:K48+000~K55+903	张鹏	辅道路基、路面、桥涵工程	
	27		黑龙江省峰密山路桥工程有限公司	QJF6:K55+903~K75+145	李进超	辅道路基、路面、桥涵工程	
	28		哈尔滨华龙道桥建筑工程有限公司	QJF7:K0+000~K8+013,团山路连接线	金虎山	辅道路基、路面、桥涵工程	

续上表

序号	参建单位	类型	参建单位名称	合同段编号及起止桩号	主要负责人	主要内容	备注
30	施工单位	辅道工程	山西吕梁路桥有限公司	QJF8:K0+000~K3+500,沈家沟连接线	张良珍	辅道路基、路面、桥涵工程	
31		总监办	黑龙江远升公路工程咨询监理有限责任公司	K190+000~K254+174	宋春涛	K190+000~K254+174,监理全线及交通安全设施C1-C5标	
32			黑龙江远升公路工程咨询监理有限责任公司	ZD1:K190+000~K225+100	商国安	K190+000~K225+100,监理主线A1标	
33			黑龙江远升公路工程咨询监理有限责任公司	ZD2:K190+000~K225+100	徐世杰	K190+000~K225+100,监理主线A2标	
34		土建工程	北京泰克华诚技术信息咨询有限公司	ZD3:K225+100~K254+174	柴兴林	K225+100~K254+174,(K0+000~K10+081鸡连),监理主线A3标	
35			黑龙江远升公路工程咨询监理有限责任公司	ZD4:K190+000~K225+100	张松涛	K193+091~K225+727.921,监理主线B1标	
36	监理单位		北京泰克华诚技术信息咨询有限公司	ZD5:K225+100~K254+174	李显亭	K225+727.921~K254+174,监理主线B2标	
37		房建工程	黑龙江清宁建设工程咨询有限责任公司	DJ1:兴农服务区	班显发	D1标房建施工监理	
38		机电工程	北京中交路通交通工程监理有限公司	EJ1:K190+000~K254+174	张凤柏	E1标和GD1标机电监理	
39		绿化工程	东北林业大学工程监理部	LJ1:K190+000~K254+174	曹士哈	G1绿化监理	
40		辅道工程	黑龙江远征路桥工程监理咨询有限责任公司	QBF1:K0+000~K9+000	张锦生	QBF1-QBF3标段,勃利辅道监理	
41			东北林业大学工程监理部	QBF2:K9+000~K18+060	王凯	QJF1-QJF8标段,鸡西辅道监理	
42	检测技术服务单位		江苏省交通科学研究院股份有限公司		张凤柏	主体工程质量及原材料	
43			黑龙江省交通科学研究院股份有限公司(七鸡项目检测机构)			沥青路面施工技术服务	
44			黑龙江省公路工程质量监督站检测试验室			桩基检测	

①施工标段划分:根据工程内容的不同,土建工程分5个标段,机电工程分2个标段,房建工程分1个标段,绿化工程分1个标段,交通安全设施工程分5个标段,辅道工程分11个标段。

②施工监理标段划分:根据工程内容设1个总监办公室,5个土建工程驻地监理标段,1个房建工程监理标段,1个机电工程监理标段,1个绿化监理标段,2个辅道监理标段。

(4)招投标

按照《中华人民共和国招投标法》和交通运输部颁布的《公路工程施工招标投标管理办法》《公路工程施工招标资格预审办法》《公路工程施工招标评标办法》的要求,由项目法人单位组织招标工作。

①设计单位招标

总体规划设计及主线、辅道和连接线的路基路面桥涵等工程的设计及机电工程的设计招标采取公开招标,由黑龙江省公路勘察设计院中标。

房建工程设计招标采取公开招标方式。2010年5月4日发招标公告,2010年5月28日为投标截止日期,2010年5月28日10时,开标仪式在黑龙江省交通运输厅招标中心一楼举行。6月6日确定中标单位,向中标单位发中标通知书。

②施工单位招标

鹤大高速公路七台河至鸡西段施工单位招标分土建工程、交通工程及安全设施、房建工程、机电工程(管道工程单独招标)、环保(即绿化工程)五个专业,根据工程进展情况分别招标。鹤大高速公路工程建设指挥部委托黑龙江省信诚工程招标有限公司办理招标工作。

a. 土建工程招标

主要内容为路基、路面、桥涵工程。共划分5个合同段。2009年3月12日在"中国采购与招标网""黑龙江交通"网站发布了本项目的资格预审公告,4月10日为截止购买招标文件日期,4月30日为投标截止日期,当日在黑龙江省交通厅招标中心开标。5月初进行评标定标工作,5月末确定中标人。6月15日向各中标单位发中标通知书。

b. 房建工程招标

主要内容为兴农服务区地基土方工程、结构工程、屋面工程、内外装修装饰工程,上下水、供暖、电器、卫生洁具、防雷等安装工程及场区工程,共划分1个合同段。2010年8月23日在"中国采购与招标网""黑龙江交通"网站发布了本项目的资格预审公告,8月27日为截止购买招标文件日期,9月15日为投标截止日期,当日14时在黑龙江省交通运输厅招标中心开标,进行一周的评标定标工作,于9月24日向各中标单位发中标通知书。

c. 交通安全设施工程招标

主要内容为包括所辖桩号内的主线、互通、分离桥引道的标志、百米牌、里程碑、界碑、黄闪灯、标线、波形梁护栏、防撞桶、防眩板、轮廓标、活动护栏等交通安全设施。共划分5个合同段。2010年8月23日在"中国采购与招标网""黑龙江交通"网站发布了本项目的资格预审公告,8月27日为截止购买招标文件日期,9月15日为投标截止日期,当日在黑龙江省交通运输厅招标中心开标,进行一周的评标定标工作。于9月24日向各中标单位发中标通知书。

d. 绿化工程招标

主要内容为所辖范围内公路沿线及兴农互通区、兴农服务区、鸡西互通区景观绿化工程,共划分1个合同段。2011年1月10日在"中国采购与招标网""黑龙江交通"网站发布了本项目的资格预审公告,1月14日为截止购买招标文件日期,3月9日为投标截止日期,当日在黑龙江省交通运输厅招标中心开标,进行一周的评标定标工作。于3月18日向各中标单位发中标通知书。

e. 机电工程招标

主要内容为所辖桩号内全部监控系统、收费系统、供电系统、通信系统工程,共划分1个合同段。2011年1月10日在"中国采购与招标网""黑龙江交通"网站发布了本项目的资格预审公告,1月14日为截止购买招标文件日期,3月9日为投标截止日期,当日在黑龙江省交通运输厅招标中心开标,进行一周的评标定标工作。于3月18日向各中标单位发中标通知书。管道工程单独进行了招标。

f. 辅道工程招标

辅道工程招标工作是由地方分指挥部负责招标的。其招标情况如下:勃利县分指挥部,共划分3个标段,鸡西分指挥部,共划分8个标段,由哈尔滨成通工程招标代理公司办理招标事宜,2011年1月24日发布招标公告,2011年1月28日为购买标书截止时间,2011年2月26日为投标截止时间,2011年2月26~27日为评标时间,2011年3月7日中标单位确定,发售中标通知书。

③监理单位和检测机构招标

监理单位和检测机构招标工作,鹤大高速公路工程建设指挥部委托黑龙江省信诚工程招标有限公司代理招标工作。

a. 土建工程监理和检测机构招标

对应土建工程,各施工标段共划分5个驻地监理办和1个总监办,1个试验检测机构。2009年4月3日在"中国采购与招标网""黑龙江交通"网站发布了本项目的资格预审公告,4月10日为截止购买招标文件日期,4月30日为投标截止日期,当日10时在黑龙江省交通厅招标中心开标。5月初进行评标定标工作,5月末确定中标人。6月15日向各中标单位发中标通知书。

b. 房建工程监理单位招标

主要内容为兴农服务区地基土方工程、结构工程、屋面工程、内外装修装饰工程,上下水、供暖、电器、卫生洁具、防雷等安装工程及场区工程,共划分1个合同段。

2010年8月23日在"中国采购与招标网""黑龙江交通"网站发布了本项目的资格预审公告,8月27日为截止购买招标文件日期,9月15日为投标截止日期,当日14时在黑龙江省交通运输厅招标中心开标,进行一周的评标定标工作。9月24日向各中标单位发中标通知书。

c. 环保工程(绿化)监理单位招标

主要内容为所辖范围内公路沿线及兴农互通区、兴农服务区、鸡西互通区景观绿化工程,共划分1个合同段。2011年1月10日在"中国采购与招标网""黑龙江交通"网站发布了本项目的资格预审公告,1月14日为截止购买招标文件日期,3月9日为投标截止日期,当日在黑龙江省交通运输厅招标中心开标,进行一周的评标定标工作。3月18日向各中标单位发中标通知书。

d. 机电工程监理单位招标

主要内容为所辖桩号内全部监控系统、收费系统、供电系统、通信系统工程,共划分1个合同段。2011年1月10日在"中国采购与招标网""黑龙江交通"网站发布了本项目的资格预审公告,1月14日为截止购买招标文件日期,3月9日为投标截止日期,当日10时在黑龙江省交通运输厅招标中心开标,进行一周的评标定标工作。3月18日向各中标单位发中标通知书。

(5)征地拆迁

根据省委省政府的决定,"三年决战"期间公路建设实行"双业主制",即工程建设由项目法人(工程建设指挥部)负责,征地拆迁工作由地方政府负责。指挥部的主要任务是负责为地方政府提供征地拆迁的位置、数据、界限和用地及拆迁的时限等工作。由地方政府负责按时间及时完成拆迁提供建设用地。在拆迁过程中,与地方政府紧密配合,按照先面后点、先易后难的步骤,采取以沟通协调为主,强制执行为辅的方法,妥善处理了各方面的关系,较好地处理了施工环境与工程施工的矛盾。全线共征用土地251.56hm^2,拆迁电力电信设施70处,封闭平交道口97个,其中:封闭加油站道口2处。

鹤大高速公路七台河至鸡西段征地拆迁工作涉及两个地级市、两个县、两个林业局,协调工作量较大。而本工程项目占地多数为分离立交、车行天桥引道和互通立交匝道占地。工程初步设计完成到招标结束前,现场的地界桩已经多数被破坏。为此,在工程建设开工前,特委托施工单位提前进场进行划占地界沟的工作,为地方政府办理用地手续提供占地依据。对于鹤大项目来说,道路封闭是重点,是难点,也是关键点。在推进封闭环节上,充分发挥了"双业主制"的作用。重点解决由征地拆迁、补偿争议、连接线、田间道而引发的矛盾,认真对待和解决沿线各级政府提出的合理化建议和意见,积极与设计单位对接,与有关部门沟通,拿出具体的、有效的措施去解决问题。依靠地方政府、交通局、路政处等部门的力量,通过分片包干、设立包保奖金等措施,加快封闭的推进。

2. 项目实施阶段

(1)实施过程

①主线土建工程于2009年6月开工,2011年9月完工。

②房建工程于2010年6月开工,2011年8月完工。

③机电工程于2011年4月开工,2011年9月完工。

④交通安全设施工程于2010年10月开工,2011年9月完工。

⑤绿化工程于2011年4月开工,2011年8月完工。

⑥辅道工程于2011年3月开工,2011年9月完工。

(2)项目验收

①依据交通运输部《公路工程竣(交)工验收办法》,2011年9月22日项目交工验收。交工验收分部工程合格率100%,单位工程优良率100%,工程质量评分97.8分,项目评定为合格。

②2013年1月,交通运输部档案馆组成验收组通过项目档案专项验收,并出具《关于印发七台河至鸡西公路项目档案专项验收意见的函》。

③2014年6月,水利部验收组通过项目水土保持专项验收,并出具《水利部办公厅关于印发鹤岗至大连高速公路七台河至鸡西段工程水土保持设施验收鉴定书的函》。

④2014年11月,环保部东北环境保护督查中心对项目进行环评专项验收,环保部于2015年1月出具《关于鹤岗至大连高速公路七台河至鸡西段竣工环境保护验收合格的函》。

⑤2013年12月,省审计厅通过项目竣工决算审计,并出具《鹤大高速公路七台河至鸡西段扩建工程建设项目审计报告》。

⑥受交通运输部委托,省交通运输厅于2015年4月2~3日组织了七台河至鸡西公路竣工验收工作。经竣工验收委员会检查和评议,同意七台河至鸡西公路通过竣工验收,工程质量等级评定为优良。

(3)重大变更

在设计变更管理上严格执行《黑龙江省交通厅设计变更管理办法》和《黑龙江省高速公路建设局公路重点工程变更管理实施细则》的规定,对施工单位上报的变更,首先上报到驻地监理办、总监办。经监理认可,最后经过指挥部派驻的工地业主代表和设计单位的设计代表审核及现场核实,设计单位出具设计变更图纸,经监理单位、设计单位、指挥部审核同意,对工程量和单价进行审核,经省交通运输厅重点工程建设推进组变更核查小组审核确定。10万元以上变更项目由指挥部呈报省交通运输厅审批,10万元以下变更报省交通运输厅核备。

三年的建设中主体工程共发生10万元以上变更项目为89项,金额为5716.78万元,占建安工程总价的4.6%;发生10万元以下变更35项,核定金额为148.26万元,占建安工程总价0.1%。变更的主要内容有:太平岭长大纵坡的防推移采取原水泥混凝土路面铣刨后,采用掺入聚酯纤维和抗车辙剂的改性沥青混凝土铺筑,原设计的多处普通沥青面层和下面层改为改性沥青面层。其他项多为满足路基基础稳定的软基处理,增设地下排水设施(盲沟等),由于地质原因修改桥梁基础结构形式,为保证新建路面面层质量按实际修改处理原路面破碎基层数量等以及地方政府提出的满足地方出行需要的道路、排水及其他设施等。

在设计变更项目中,根据实际情况取消了部分不合理的项目,发生了许多负变更项目。

(三)科技创新

鹤大高速公路工程建设依托科技创新,引入"四新技术",不断提高了工程建设科技含量。

1. 新设备

一是采用全液压、可调振频振幅YZ32大吨位压路机压实,在确保施工质量的同时,有效缩短了施工工期;二是使用气动凿毛机和进口抛丸机对梁板顶面进行处理,并对桥面水泥混凝土进行全桥铣刨,解决了桥面铺装层与箱梁顶板以及桥面铺装层与沥青混凝土面层的层间黏结问题。

2. 新工艺

一是采用全自动智能摊铺机摊铺,路面的压实度、平整度、高程得到了有效控制;二是提前统一石料场与沥青混凝土拌和站筛孔孔径,确保级配的精确性,提高沥青混合料的品质;三是在七鸡段主线布设盲沟,着重解决路面结构层层间排水问题;四是采用桥头搭板下路面结构层下移、延长等措施,提高桥头承载力,有效控制桥头跳车问题;五是采用大吨位压路机对分离桥引道土方进行补压、分离桥锥坡袋装砂土预压的方式,确保匝道、分离桥引道施工质量;六是采用同步碎石进行下封层施工,沥青和石料洒(撒)布用量精准、分布均匀,确保了层间黏结。

3. 新技术

一是在七鸡段的"白加黑"路面施工中运用了应力层吸收技术,妥善解决了反射裂缝过早出现的现象;二是在攻克长大纵坡"易出车辙、易推移、易滑动"的施工技术难题上,指挥部邀请专家多次对太平岭长达6km的长大纵坡进行反复研讨和论证,最终确定采用加深铣刨深度、铺设应力吸收膜、添加抗车辙剂和聚酯纤维的施工方案。该方案的应用有效解决了长大纵坡易出现的质量通病。

4. 新材料

一是在沥青面层施工中组织施工单位自行加工机制砂以替代天然砂,提高路面工程质量;二是采用复合矿粉替代普通矿粉,加强了石料与沥青的黏附性。

5. 新课题

为了满足社会通行车辆的实际要求,组织交通运输部专家对"鹤大公路重载长大纵坡路段沥青路面抗车辙技术研究""路侧安全宽容设计应用技术研究"等4个课题进行了专题研究。

(四)运营养护管理

本项目路段由鸡西管理处负责运营养护管理。

1. 服务设施

全线设置1个服务区,即兴农服务区(表8-6-20)。

鹤大高速公路七台河至鸡西段服务场区一览表　　表8-6-20

高速公路编码	服务区名称	桩号	所在区域	占地(m²)	建筑面积(m²)
G11	兴农服务区	K265+700	鸡东县兴农镇	49000	4700

2. 收费设施

本项目共设置1座收费站,即兴农收费站(表8-6-21)。

鹤大高速公路七台河至鸡西段收费站一览表　　表8-6-21

收费站名称	桩号	入口车道数		出口车道数		收费方式
		总车道	ETC车道	总车道	ETC车道	
兴农收费站	K265+700	2		2		

3. 养护管理

本项目养护里程64.174km。因七鸡路段和桦牡路段由鸡西处管养,且七鸡项目是桦牡项目中的一段,所以2个项目共成立4个养护工区(表8-6-22),负责养护里程分别为62.63km、67.07km、68.00km、65.376km。七鸡项目主要由鸡西养护工区管养。本项目自通车以来为恢复沿线设施的使用功能及原有的技术标准,每年春季进行沥青路面灌缝处理,并对全线的路面坑槽等病害进行及时治理。

鹤大高速公路七台河至鸡西段养护设施一览表　　表8-6-22

养护工区名称	桩　　号	路段长度(km)	占地面积(m²)	建筑面积(m²)
七台河养护工区	K212+300	62.63	8800	320.5
鸡西养护工区	K295+900	67.07	20000	982
林口养护工区	K344+300	68.00	20000	971
牡丹江养护工区	K425+300	65.376	19000	889

4.监控设施

本项目设置鸡西高速公路监控中心(表8-6-23),负责鹤大高速公路七鸡段的运营监管。

鹤大高速路七台河至鸡西段监控设施一览表　　表8-6-23

监控设施名称	桩　　号	占地面积(m²)	建筑面积(m²)
鸡西高速公路管理处监控中心	K268	与鸡西管理处合建	360

5.交通流量

鹤大高速公路七台河至鸡西段,交通流量根据各站进出口车辆数量统计,统计时间为2005年~2011年12月,2012—2015年的车流量是根据联网收费后各站出口车流量进行统计的(表8-6-24)。

G11鹤大高速公路七台河至鸡西段交通流量发展状况表(单位:辆)　　表8-6-24

年份	2005年	2006年	2007年	2008年	2009年	2010年	2011年	2012年	2013年	2014年	2015年
东风收费站	556698	586368	447060	523460	603608	撤站	撤站	撤站	撤站	撤站	撤站
兴农收费站	663221	702116	715440	66265	897344	撤站		155761	161939	120714	110180
全线平均	609959	644242	581250	294862	750476	撤站		155761	161939	120714	110180
全线平均日交通量	3342	3530	3184	1615	4112	撤站	撤站	427	444	331	302

四、鹤大高速公路牡丹江至宁安段

(一)项目概况

1.基本情况

(1)功能定位

鹤大高速公路牡丹江至宁安段是鹤大公路中的一部分,是黑龙江省公路"三年决战"的重要工程项目之一。该项目利用已建路段右幅帮宽扩建成全封闭、全立交高速公路,对"八大经济区"中的东北亚经济贸易开发区、哈牡绥东对俄贸易加工区、东部煤电化基地建设区、高新技术产业集中开发区和北国风光特色旅游开发区具有重要的促进作用。

(2)技术标准

采用双向四车道,设计速度100km/h,路基宽度26.0m。平曲线最小半径采用700m,最大纵坡采用4%。其路面结构见表8-6-25。

鹤大高速公路牡丹江至宁安段路面结构表　　　　表8-6-25

路面形式	起点里程	讫点里程	路 面 类 型
刚性路面	K500+390	K522+444	水泥混凝土路面[主线路面面层采用26cm水泥混凝土路面,基层采用6%水泥稳定(70%砂砾+30%碎石),底基层采用5%水泥稳定(75%砂砾+25%碎石)]

(3)建设规模

利用已建路段右幅帮宽扩建成全封闭、全立交高速公路,里程22.054km。全线共有大桥270.06m/1座(已建全幅),中桥235.76m/4座,涵洞403.11m/27道,互通式立交2处(已建一处)、分离式立交7处(已建3处需顶升)、通道17道(已建4道)、平面交叉1处。全线土石方累计127.57万m^3,水泥混凝土路面25.2万m^2。

(4)主要控制点

路线起于牡丹江果酒厂东、鹤大公路大莫互通末端,经下崴子村、黑山村、敖东新村、温春镇、利民村、红城村,终点为宁安市西南与县道宁安到线星公路交叉处。

(5)地形地貌

项目属于平原微丘地带类型,地表土壤多为低液限黏土,个别地带为风化砂砾或碎石土,下层为花岗岩或玄武岩类基岩。

(6)投资规模

项目概算金额28609万元。

(7)开工及通车时间

2007年8月开工建设,2009年9月交工通车。

2.前期决策情况

鹤大公路是国家高速公路网规划的组成部分,是黑龙江省"OK"形主骨架的重要组成部分,也是我省东部地区唯一一条纵贯南北的运输大通道。除牡丹江至省界,大部分路段已经达到一级公路以上标准,受资金限制,牡丹江至宁安现有路段于1996年按高速公路半幅标准修建,于1998年建成通车,交通量迅猛增长,取得了显著的社会经济效益。随着黑龙江省经济的飞速发展、牡丹江镜泊湖旅游资源的进一步开发,现有公路的服务水平和使用功能已经不能满足经济发展及交通量增长的需要。因此决定利用已建路段帮宽扩建成全封闭、全立交高速公路。

3. 参建单位主要情况

(1)建设单位

黑龙江牡宁高速公路建设有限责任公司。

(2)设计单位

黑龙江省公路勘察设计院。

(3)施工单位

通过招投标,本项目由山东琴通路桥集团有限公司、中铁十局集团第二工程有限公司、牡丹江公路桥梁建设有限公司3家施工单位参与建设。

(4)施工监理单位

黑龙江省公路工程监理咨询公司。

(二)建设情况

1. 项目准备阶段

(1)项目审批

①黑龙江省发改委印发《关于国道鹤大公路牡丹江至宁安段扩建工程可行性研究报告的批复》(黑发改通〔2004〕980号)。

②黑龙江省发改委印发《关于国道鹤大公路牡丹江至宁安段扩建工程初步设计的批复》(黑发改建字〔2005〕837号)。

③国土资源部印发《关于国道鹤大公路牡丹江至宁安段扩建工程建设用地的批复》(国土资函〔2007〕24号)。

④黑龙江省国土资源厅印发《关于转发〈关于国道鹤大公路牡丹江至宁安段扩建工程建设用地的批复〉的通知》(黑政土〔2007〕第7号)。

⑤黑龙江省交通厅印发《黑龙江省交通厅关于国道鹤大公路牡丹江至宁安段扩建工程施工图设计批复》(黑交发〔2007〕327号)。

(2)资金筹措

本项目概算总投资28609万元,主要来源于企业自筹3109万元,车购税交通补贴6600万元,国内银行贷款18900万元。

(3)合同段划分(表8-6-26)

根据工程内容的不同,施工标段划分土建工程5个标段,机电工程1个标段,环境保

鹤大高速公路牡丹江至宁安段合同段划分一览表

表 8-6-26

序号	参建单位	类型	参建单位名称	合同段编号及起止桩号	主要内容	主要负责人	备注
1	项目管理单位		黑龙江牡宁公路扩建工程建设指挥部			孙铁志	
2	勘察设计单位		黑龙江省公路勘察设计院		设计	陈少华	
3		土建工程	山东琴通路桥集团有限公司	A:K500+390~K522+443.695	路面	于长营	
4			山东琴通路桥集团有限公司	B1:K500+390~K511+280	路基桥涵	张永山	
5			中铁十局集团第二工程有限公司	B2:K511+280~K520+000	路基桥涵	孙清华	
6			中铁十局集团第二工程有限公司	B3:K520+00~K522+443.695	互通路基桥涵	刘怀英	
7	施工单位		牡丹江公路桥梁建设有限公司	C:K2+700~K21+708	辅道	勾文彬	
8		机电工程	哈尔滨交研交通工程有限责任公司	E:K500+390~K522+443.695	机电	赵满仓	
9		绿化工程	牡丹江千源环境艺术工程有限公司	F:K500+390~K522+443.695	绿化	赵满仓	
10		交通安全设施工程	哈尔滨交研工程有限责任公司	D:K500+390~K522+443.695	交安	郑秀伟	
11	监理单位		黑龙江公路工程监理咨询公司			崔纯才	

护和绿化工程1个标段,交通安全设施1个标段。

(4)招投标

①设计单位招标情况

鹤大公路牡丹江至宁安段扩建工程委托黑龙江省公路勘察设计院完成全部勘察设计任务。

②施工单位招标情况

2006年7月24日,本项目公路工程资格预审公告在国家发改委指定媒体"中国采购与招标网"上发布,共有14家资审申请人购买了本项目公路工程施工招标资格预审文件48份。经评审委员会评审,12家单位所递交的32份投标申请文件均通过资格预审。

2006年8月23日,即招标文件购买截止时间,共11家次审通过单位购买了本项目5个合同段的29份招标文件。

截至2006年9月14日上午10时(投标文件递交截止时间),8家投标人递交了本项目施工招标5个合同段共18份投标文件。经过全国范围内公开招标,确定3家中标单位。

本项目交通安全设施工程和机电工程采取邀请招标方式,对投标人资格实行资格后审。招标人于2009年6月8日向3家具备本项目施工资质、信誉良好的施工单位分别发出了投标邀请。依据国家、部和省有关招投标办法、规定和细则等,经过出售招标文件、发补遗书、递交投标文件开标、评标等全过程,最终确定2家中标单位。

③监理单位招标情况

2006年8月17日,本项目公路工程资格预审公告在国家发改委指定媒体"中国采购与招标网"上发布。

2006年8月23日下午3时,即招标文件购买截止时间,共有5家监理单位购买了本项目施工监理招标文件。

截至2006年9月14日上午10时(投标文件递交截止时间),4家监理投标单位递交了本项目施工监理招标合同段投标文件。经过全国范围内公开招标,招标结果为1家单位中标。

(5)征地拆迁

国道鹤大公路牡丹江至宁安段总占地面积33.1455km^2,其中牡丹江段9.3878hm^2,宁安段23.7577hm^2。2007年1月28日,国土资源部以国土资函〔2007〕24号文批复该项目建设用地,2007年4月28日,省政府下发《关于转发〈关于国道鹤大公路牡丹江至宁安段公路扩建工程建设用地的批复〉的通知》(黑政土〔2007〕第7号)。

为了及时做好公路用地范围的耕地、房屋、电力、电信及通信光缆等征地拆迁物的丈量、清点、补偿工作,协调好同各方的关系,维护征迁群众的利益,保障公路建设的外部环境,指挥部积极与当地人民政府及相关主管部门协商,确定了土地征用协议,并与之成立了联合协调小组,及时解决公路建设中遇到的各种问题,保障了工程建设中有一个良好的外部环境,从而保证了工程建设的顺利进行。征地拆迁情况见表8-6-27。

鹤大高速公路牡丹江至宁安段征地拆迁统计表　　　　表8-6-27

高速公路编码	项目名称	征地拆迁安置起止时间	征用土地（亩）	拆迁占地费（万元）	备注
G11	鹤岗至大连国道主干线黑龙江省牡丹江至宁安段	2007.1～2007.6	497.18265	2205.0541	

2. 项目实施阶段

(1) 主线土建工程于2007年8月16日开工,2009年9月30日完工。

(2) 机电工程于2009年5月开工,2009年8月完工;2010年8月开工,2010年10月完工。

(3) 交通安全设施工程于2009年4月1日开工,2009年9月30日完工。

(4) 绿化工程于2010年4月20日开工,2010年5月30日完工。

(5) 2009年10月,鹤大公路牡丹江至宁安段扩建公路工程建设指挥部组织鹤大公路牡丹江至宁安段扩建公路工程各项交工验收,建设项目鉴定得分87.67分。

(6) 2009年10月31日,由黑龙江省公路工程质量安全监督站,依据交通部〔2004〕第3号令《公路工程竣(交)工验收办法》的要求,按照《公路工程质量鉴定办法》中规定的实测项目、检测频率及检测方法,对项目进行了竣工质量鉴定。

(三) 运营养护管理

黑龙江省牡丹江高速公路管理处负责运营管理养护。

1. 收费设施

本项目共设置收费站3座,分别在温村、宁安和牡丹江各设收费站1座(表8-6-28)。匝道出入口数量截至2016年底共计18条,其中ETC车道2条。

2. 养护管理

本项目养护里程22.054km,设置小莫、东京城2处养护工区(表8-6-29),负责养护里程分别为16.171km和5.883km。本项目自通车以来为恢复沿线设施的使用功能及原有的技术标准,养护工区按要求对其进行日常养护、小修维修及绿化。

鹤大高速公路牡丹江至宁安段收费设施一览表　　表8-6-28

收费站名称	桩　号	入口车道数		出口车道数		收费方式
		总车道	ETC车道	总车道	ETC车道	
牡丹江南收费站	K449+500	3	1	5	1	MTC+ETC
温春收费站	K460+900	2		2		
宁安收费站	K472+000	2		4		

鹤大高速公路牡丹江至宁安段养护设施一览表　　表8-6-29

养护工区名称	桩　号	路段长度(km)	占地面积(m^2)	建筑面积(m^2)
小莫养护工区	K166+300	40.88	10000	1893.32
东京城养护工区	K507+500	49.5	9295	2374

3. 监控设施

本项目由牡丹江管理处监控中心负责监管,监理设施占地面积15667.3m^2,建筑面积5872m^2。

4. 交通流量

本项目2012—2015年交通流量发展状况见表8-6-30。

鹤大高速公路牡丹江至宁安段交通流量发展状况表(单位:辆)　　表8-6-30

年份	2012年	2013年	2014年	2015年
牡丹江南收费站	2631848	3228047	3450387	3514052
温春收费站	512160	839588	1077249	1215980
宁安收费站	1861556	1934438	2017464	1910621
全线平均	1668521	2000691	2181700	2213551

五、鹤大高速公路宁安至复兴(黑吉界)段

(一)项目概况

1. 基本情况

(1)功能定位

鹤大高速公路宁安至复兴(黑吉界)段是国家"五纵七横"高速公路网中的纵一线中的一段,是黑龙江省东南部地区通往吉林省、辽宁省重要公路运输通道。本项目的修建,是为适应加快东北地区等老工业基地振兴的需要,为黑、吉、辽三省实现跨区域合作提供连接顺捷、畅通快速的交通条件,拉近三省的时空距离,以交通条件改善带动区位优势的

提升,促进三省间经济的互动与交流,加快地区间产业链接和资源整合,促进区域经济协调发展。路线起于宁安市,终点至宁安市复兴村东牡丹江南岸黑、吉两省交界处,分为宁安至杏山段和杏山至复兴段。

(2)技术标准

采用双向四车道,设计速度80km/h,路基宽度24.5m。平曲线最小半径采用400m,最大纵坡采用5%。

(3)建设规模

建设里程长93.76km。其中:全线设特大桥1370.44m/1座,大桥1430.56m/3座,中桥193.16m/3座,小桥124.70m/5座,涵洞75道;桥梁长度占路线总长度的6.21%;互通式立交3处(服务型互通),分离式立交5座,通道19道,天桥21座;主线收费站1处,匝道收费站3处,服务区2处;管理、养护、服务、监控房屋建筑面积12770.10m^2。其路面结构见表8-6-31。

鹤大高速公路宁安至复兴(黑吉界)段路面结构表　　　表8-6-31

路面形式	起点里程	讫点里程	长度(m)	路面类型
刚性路面	K472+949	K516+483	43.534	水泥混凝土路面[26cm普通水泥混凝土+乳化沥青封层+20cm4.5%水泥稳定碎石+20cm5.0%水泥稳定(85%砂砾+15%碎石)+20cm天然砂砾垫层]
	K516+483	K566+749	50.226	

(4)主要控制点

宁安市、东京城林业局。

(5)地形地貌

项目属山岭重丘区,多为黏土、风化砂砾、风化碎石等,地势南高北低。

(6)投资规模

项目概算投资16.040亿元,竣工决算投资15.487亿元,平均每公里造价1651.77万元。

(7)开工及通车、竣工时间

2009年6月开工建设,2011年9月交工通车,2016年8月完成竣工验收。

2.前期决策情况

(1)前期决策背景

鹤大公路是国家"五纵七横"高速公路网中的纵一线,是东北地区高速公路网的重要组成部分。为完善国家和黑龙江省高速公路网,黑龙江省"十一五"期间根据国家高速公路网总体规划和黑龙江省公路网布局确定改扩建宁安至复兴(黑吉界)段,黑龙江省交通厅在2008年启动建设工作。

(2)前期决策过程

①黑龙江省公路勘察设计院于2009年4月完成该项目预可行性研究报告的编制工作。

②2009年8月15日,经国务院批准,国家发展和改革委员会以发改基础〔2009〕2204号文件,批复《黑龙江省宁安至复兴(黑吉界)公路可行性研究报告》。

③2009年1月12日,国土资源部印发了《关于鹤岗至大连高速公路宁安至复兴(黑吉界)段建设用地预审意见的复函》(国土资预审字〔2009〕5号)。

3. 参建单位主要情况

(1)建设单位

本项目建设单位是黑龙江省交通运输厅,项目执行机构是黑龙江省鹤大高速公路宁安至复兴(黑吉界)段公路工程建设指挥部。

(2)设计单位

①土建工程设计单位:黑龙江省公路勘察设计院。

②房建工程设计单位:哈尔滨工业大学建筑设计研究院、黑龙江省公路勘察设计院交通工程设计分公司。

③交通安全设施工程设计单位:黑龙江省公路勘察设计院。

④绿化工程设计单位:黑龙江省园林设计所。

⑤机电工程设计单位:黑龙江省公路勘察设计院。

(3)施工单位

通过招投标,本项目由中铁十三局集团第四工程有限公司、沈阳高等级公路建设总公司、龙建路桥股份有限公司等施工单位参与建设。共划分34个标段,其中土建标14个,房建工程6个,机电工程6个,交通安全设施6个,绿化工程2个。

(4)施工监理单位

通过招投标,本项目山东省交通工程监理咨询公司、牡丹江宏信公路工程监理有限责任公司、黑龙江省华龙公路工程咨询监理公司、河北三元建监理有限责任公司负责施工监理工作。

黑龙江路运工程检测有限公司负责全线土建工程、交通安全设施工程试验检测工作。

(二)建设情况

1. 项目准备阶段

(1)项目审批

该项目严格执行交通基本建设程序,各个环节手续齐全,具体如下:

①2009年11月11日,交通运输部印发《关于宁安至复兴(黑吉界)公路初步设计的批复》(交公路发〔2009〕675号)。

②2009年4月28日,黑龙江省交通运输厅公路重点工程建设推进组印发《关于鹤岗

至大连高速公路宁安至复兴（黑吉界）段工程招标工作方案的批复》（黑交推〔2009〕26号）。

③2010年4月8日，黑龙江省交通运输厅公路重点工程建设推进组印发《关于鹤大公路宁复段辅道工程宁安境内辅道施工及施工监理招标方案的批复》（黑交推〔2010〕29号）。

④2010年8月24日，黑龙江省交通运输厅公路重点工程建设推进组印发《关于鹤大高速公路宁安至复兴（黑吉界）段工程建设项目房建工程施工及施工监理招标方案的批复》（黑交推〔2010〕105号）。

⑤2010年12月24日，黑龙江省交通运输厅公路重点工程建设推进组印发《关于鹤大公路宁安至复兴（黑吉界）段工程建设项目交安等附属工程施工及监理招标方案的批复》（黑交推〔2010〕120号）。

⑥2009年2月4日，国家环境保护总局复函黑龙江省环保厅《关于鹤大国家高速公路宁安至复兴（黑吉界）段扩建工程环境影响报告书的批复》（环审〔2009〕69号）。

⑦2009年2月25日，水利部复函交通运输厅《关于关于鹤大国家高速公路宁安至复兴（黑吉界）段扩建工程水土保持方案的复函》（水保函〔2009〕61号）。

⑧2009年11月18日，国家林业局印发《黑龙江省宁安至复兴（黑吉界）公路项目使用林地审核同意书》（林资准许〔2009〕359号）。

⑨2010年9月25日，国土资源部印发《关于宁安至复兴（黑吉界）公路工程建设用地》（国土资函〔2010〕761号）。

⑩2009年12月31日，黑龙江省交通运输厅印发《关于宁安至复兴（黑吉界）公路施工图设计的批复》（黑交发〔2009〕385号）。

⑪2011年1月14日，交通运输部以交公路施工许可〔2011〕2号文件，批复了鹤大高速公路宁安至复兴（黑吉界）段施工许可的申请。

⑫2011年6月24日，黑龙江省交通运输厅印发《关于鹤大国家高速公路宁安至复兴（黑吉界）段辅道工程施工图设计的批复》（黑交发〔2011〕233号）。

⑬2011年7月11日，黑龙江省交通运输厅印发《关于宁安至复兴（黑吉界）公路机电工程施工图设计的批复》（黑交发〔2011〕265号）。

（2）资金筹措

本项目概算总投资16.04亿元，项目资本金5.65亿元，由国家安排中央专项基金3.15亿元，黑龙江省人民政府安排公路建设资金2.5亿元，其余10.39亿元申请银行贷款。竣工决算为15.487亿元，投资节约0.553亿元，平均每公里造价1651.77万元。

（3）合同段划分（表8-6-32）

根据各专业的工程内容划分标段如下。

第八章 高速公路建设项目

鹤大高速公路宁安至复兴（黑吉界）段合同段划分一览表

表 8-6-32

序号	参建单位	类型	参建单位名称	合同段编号及起止桩号	主要内容	主要负责人	备注
1	管理单位		鹤大高速公路宁安至复兴（黑吉界）段公路工程建设指挥部		全线建设	王俊杰 张树和	
2	勘察设计单位	土建工程	黑龙江省公路勘察设计院	K0+000～K50+239.772, K22+067.06～K65+779.086	主线土建工程	窦大尧 李鹏亮	
3		房建工程	哈尔滨工业大学建筑设计研究院		房建工程施工图设计	郝乃刚	
4			黑龙江省公路勘察设计院交通工程设计分公司		房建工程庭院场地设计	孙彦良	
5		交通安全设施工程	黑龙江省公路勘察设计院		全线交通安全设施	窦大尧 李鹏亮	
6		绿化工程	黑龙江省园林设计所		全线绿化设计	范淼	
7		机电工程	黑龙江省公路勘察设计院		全线机电设计	孙彦良	
8	施工单位	土建工程	中铁十三局集团第四工程有限公司	Z1: K0+000～K50+149	宁安至杏山段主线路基、桥涵、路面	常亮	
9			沈阳高等级公路建设总公司	Z2: K22+067～K48+750		肇冶	
10			龙建路桥股份有限公司	Z3: K48+750～K65+779		金毅	
11			黑龙江吉隆建设工程有限公司	NF1: K0+000～K5+000		郝荣彦	
12			黑龙江广运建设工程有限公司	NF2: K5+000～K7+624, EK0+000～EK4+546		薛凡成	
13			吉林省华兴工程建设集团有限公司	NF3: K0+000～K7+500）	宁安境内辅道路基、桥涵、路面	王天龙	
14			黑龙江省牡丹江林业工程有限公司	NF4: K7+500～K9+607		王勇	
15			穆棱市建发路桥建筑有限公司	NF5: K0+000～K5+000, AK0+000～AK0+129BK0+000～BK0+318		杨作玉	
16			牡丹江公路桥梁建设有限责任公司	NF6: K5+000～K8+000, CK0+000～CK1+091		王宏伟	
17			黑龙江省联宁道桥建筑工程有限责任公司	NF7: K28+000～K35+171, DK0+000～DK1+583		陈洪新	

续上表

序号	参建单位	类型	参建单位名称	合同段编号及起止桩号	主要内容	主要负责人	备注
18	施工单位	土建工程	黑龙江宏升道路桥梁有限责任公司	NF8:K39+010~K44+010	宁安境内辅道路基、桥涵、路面	王勇	
19			牡丹江市安装工程有限公司	NF9:K44+010~K52+950		于涛	
20			穆棱市建发路桥建筑有限公司	DF1:K8+000~K18+000	东京城林业局境内辅道路基、桥涵、路面	杨春林	
21			大庆市丰富建安工程有限公司	DF2:K18+000~K28+000		王志平	
22		机电工程	陕西汉唐计算机有限责任公司	GD1:K22+067~K65+779	宁安至杏山段管道工程	许来斌	
23			陕西汉唐交通工程有限责任公司	GD2:K0+000~K50+149	杏山至复兴段管道工程	高玉林	
24			哈尔滨交研交通工程有限公司	JD1:K22+067~K57+600	宁安至杏山段机电工程	赵满仓	
25			哈尔滨交研交通工程有限公司	JD2:K57+600~K65+779	宁安至杏山段机电工程	王雪梅	
26			中咨泰克交通工程有限公司	JD3:K0+000~K34+000	杏山至复兴段机电工程	徐华峰	
27			中通建设股份有限公司	JD4:K34+000~K50+226	杏山至复兴段机电工程	孙刚	
28		房建工程	安达市联众建筑工程有限公司	FJ1	渤海服务区	冉永鹏	
29			黑龙江省广建工程建设有限公司	FJ2	镜泊服务区	马凤林	
30			河南省中广建设集团有限公司	FJ3	东京城收费站	张涛	
31			黑龙江宇林建筑安装工程有限责任公司	FJ4	杏山收费站	李会庆	
32			海林市东方建筑安装工程有限公司	FJ5	镜泊收费站	李国军	
33			黑龙江宇林建筑工程有限责任公司	SM1	东京城收费站、杏山收费站、镜泊收费站复兴收费棚门	李会庆	
34		绿化工程	黑龙江森鑫园绿化工程有限公司	LH1:K22+067~K65+779	宁安至杏山段中央分隔带及互通立交绿化	勾振新	
35			哈尔滨市昆仑园林绿化有限责任公司	LH2:K0+000~K50+149	杏山至复兴段中央分隔带及互通立交绿化	郭中良	

第八章 高速公路建设项目

续上表

序号	参建单位	类型	参建单位名称	合同段编号及起止桩号	主要内容	主要负责人	备注
36	施工单位	交通安全设施工程	黑龙江省北龙交通工程有限公司	AS1：K22+067～K48+750	宁安至杏山段标志标线、防撞护栏、隔离栅	张树辰	
37			黑龙江省北龙交通工程有限公司	AS2：K48+750～K65+779	宁安至杏山段标志标线、防撞护栏、隔离栅	邢杰	
38			黑龙江交通实业总公司	AS3：K0+000～K30+000	杏山至复兴段防撞护栏	陈英江	
39			河北省荣昌交通实业有限公司	AS4：K30+000～K50+226	杏山至复兴段防撞护栏	于庆华	
40			黑龙江交通实业总公司	AS5：K0+000～K50+226	杏山至复兴段隔离栅	郝建普	
41			河北省荣昌交通实业有限公司	AS6：K0+000～K50+226	杏山至复兴段标志标线、轮廓标	李红兵	
42	监理单位	总监办	山东省交通工程监理咨询公司	总1	主线全线监理	张朝峰	
43			牡丹江宏信公路工程监理有限责任公司	总2	辅道全线监理	邓洪吉	
44			山东省交通工程监理咨询公司	驻1：K22+067～K65+779	宁安至杏山段监理	张海福	
45			山东省交通工程监理咨询公司	驻2：K0+000～K50+149	杏山至复兴段监理	高新学	
46			山东省交通工程监理咨询公司	驻3	全线通信管道	高新学	
47			黑龙江省华龙公路工程咨询监理公司	驻4	全线机电工程	崔巍	
48		房建工程	河北省三元建设监理有限责任公司	驻5	全线房建工程	刘万春	
49		绿化工程	山东省交通工程监理咨询公司	驻6	全线通信管道	高新学	
50		试验检测中心	黑龙江路运工程检测有限公司		全线土建工程、交通安全设施工程试验检测	赵艳玲	
51	设计咨询单位		交通部公路科学研究院		初步设计咨询	周荣贵	
52			中铁第五勘察设计集团有限公司东北分院		施工图设计咨询	王宇重	

①土建工程设计标段划分 2 个标段,房建工程设计 2 个标段,绿化工程设计 1 个标段。

②施工标段划分:根据工程内容的不同,土建工程分 14 个标段,机电工程分 6 个标段,房建工程分 6 个标段,绿化工程分 2 个标段,交通安全设施工程分 6 个标段。

③施工监理标段划分:根据工程内容设 2 个总监办公室,3 个土建工程驻地监理标段,1 个房建工程监理标段,2 个机电工程监理标段,1 个试验检测中心。

(4)招投标

按照《中华人民共和国招标投标法》和交通运输部颁布的《公路工程施工招标投标管理办法》《公路工程施工招标资格预审办法》《公路工程施工招标评标办法》的要求,由项目法人单位组织招标工作。

①2009 年 4 月 23 日发布土建工程招标资格预审公告,23 家资格预审申请人递交了本项目 3 个合同段的共 43 份资格预审文件。经过评审,9 家单位的 15 份申请文件通过了资格预审评审,参加本项目主线土建工程 3 个合同段的投标。2009 年 6 月 25 日在黑龙江省交通运输厅招标中心公开开标,采用双信封合理低价法中标方式,由交通运输部公路工程评标专家库随机抽取 4 人和招标代表 1 人组成评标委员会评审出 3 家中标单位。

②辅道工程于 2010 年 6 月 11 日在黑龙江省交通运输厅招标中心公开开标,有 25 家施工单位参加 11 个合同段的投标,采用双信封合理低价法中标方式,确定了 10 家中标单位。

③交通安全设施工程分别于 2010 年 7 月 1 日、2011 年 1 月 20 日在黑龙江省交通运输厅招标中心公开开标,有 7 家施工单位参加交通安全设施 6 个合同段的投标,采用双信封合理低价法中标方式,确定了 3 家中标单位。

④机电工程分别于 2010 年 7 月 1 日、2011 年 1 月 20 日由 11 家施工单位参加机电工程 6 个合同的投标,采用双信封合理低价法中标方式,确定了 4 家中标单位。

⑤房建工程于 2010 年 9 月 27 日在黑龙江省交通运输厅招标中心公开开标,16 家施工单位参加房建工程 6 个合同的投标,采用双信封合理低价法中标方式,确定了 5 家中标单位。

⑥绿化工程于 2011 年 1 月 20 日在黑龙江省交通运输厅招标中心公开开标,5 家施工单位参加绿化工程 2 个合同的投标,采用双信封合理低价法中标方式,确定了 2 家中标单位。

(5)征地拆迁

①工作及范围

沿线经过宁安市(宁安镇、江南乡、兰岗乡、石岩镇、三陵镇、东京城镇、渤海镇、镜泊乡,共 8 个乡镇)、东京城林业局(湖北林场、苇子沟林场、江山娇林场、向阳红林场,共 4 个林场)。共计8个乡镇、4个林场。

②主要内容

a. 签订协议、界定征地界限、办理永久性占地报批手续。

b. 永久占地界内房屋等各种构造物的搬迁。

c. 永久占地内附着物的拆除。

d. 各种管线的迁移、改建,既有通信管线的改建、加高、迁移,还有电力线路的改建、加高、迁移。

e. 临时及借土占地的征用。

③遵循的政策法规

a.《中华人民共和国土地管理法》。

b.《黑龙江省土地管理条例》。

c.《中华人民共和国森林法》及其实施条例。

d. 国土资源部2001年11月16日发布的《关于切实做好征地补偿安置工作的通知》(国土资发〔2001〕358号)。

e. 黑龙江省国土资源厅关于印发《黑龙江省征地区片综合地价实施办法》的通知(2009年1月1日实施)。

f. 黑龙江省人民政府办公厅2008年1月27日《关于印发〈黑龙江省征地补偿安置争议处理办法〉的通知》(黑政办发〔2008〕4号)。

g. 黑龙江省物价监督管理局、财政厅《关于我省征收、占用和临时使用林地补偿费等标准的批复》(黑价联字〔2009〕27号)。

④主要做法

a. 设立专门组织机构

根据黑龙江省公路"三年决战"高速公路建设里程长、路段多、地方问题复杂的特点,省政府成立了"黑龙江省高速公路建设领导小组",主管省长为组长,小组办公室设在省交通运输厅,积极推进"双业主制"。各市、县成立了相应机构,负责本市、县段的征迁及建设环境协调。形成了在省政府领导下的专门负责征地拆迁工作的领导体系和专门机构,为落实政策、落实地方工作、落实人口安置、落实征地拆迁提供了组织保证。

b. 落实承包责任制

征地拆迁工作实行群众参与,各级政府层层签订责任书,采取"四到位""四现场"的做法,即县、乡、村、户四方到场,现场丈量、现场清点、现场签字、现场盖章。

2009年4月上旬,指挥部组织有关人员分三组对沿线8个乡镇、4个林场地上附着物进行了清点、登记造册、签字确认。

c. 积极跑办取土用地

各施工单位按施工进度上报当年每月取土用地计划,根据该计划,每位同志负责一个合同段,做到"吃住在工地,解决问题在现场",及时为施工单位解决土源,做到"当年取土,当年退耕,当年耕种"。据统计,全线共解决施工用土 26497886m³(自然方),征用永久性占地 334.14hm²,拆迁房屋 12531.1m²,拆迁占地费用(包括征地各税费)共 12871 万元。

2. 项目实施阶段

(1)主线土建工程于 2009 年 6 月 30 日开工,宁安至杏山段于 2010 年 11 月 16 日完工,杏山至复兴段于 2011 年 9 月 27 日完工。

(2)房建工程于 2010 年 10 月开工,2011 年 9 月完工。

(3)机电工程于 2010 年 7 月开工,2011 年 9 月完工。

(4)交通安全设施工程于 2010 年 7 月开工,2011 年 9 月完工。

(5)绿化工程于 2011 年 4 月开工,2011 年 9 月完工。

(6)2010 年 11 月 16 日,鹤大高速公路宁安至复兴(黑吉界)段公路工程建设指挥部组织专家对宁复高速公路宁安至杏山段进行了交工验收;2011 年 9 月 27 日,对宁复高速公路杏山至复兴段进行了交工验收。

(7)2013 年 8 月,黑龙江省质量公路工程监督站根据《公路工程质量鉴定办法》,对项目进行了竣工质量鉴定,评分为 91.46 分,等级为优良。

(三)复杂技术工程

复杂技术工程主要为西湖岫特大桥、红岭高架桥。

1. 西湖岫子特大桥

(1)工程概况

西湖岫子特大桥(图 8-6-7)位于镜泊湖南湖头西湖岫大坝的下游约 50m 处,跨越国家 5A 级自然风景保护区——镜泊湖,路线位置镜泊湖水面宽近 1200m,湖底为淤泥,最大淤泥厚度 24m,属大孔径淤泥质钻孔桩施工。西湖岫子特大桥中心桩号为 K34+862,桥梁全长 1374.44m,全宽 24.50m,为黑龙江省最大跨湖特大桥,施工采取了完善的环保措施,并做好生态景观恢复工作。

①上部结构

上部构造为 34 孔 40m 预应力混凝土(后张)简支转连续箱梁,先简支后连续。

②下部结构

下部构造为柱式墩台,钻孔桩基础(最大孔径 2.2m)。

(2)技术特征及难点

①上部结构

图 8-6-7 西湖岫子特大桥

本桥平面分别位于圆曲线(起始桩号 K34+176.78,终止桩号 K34+510.92,半径 3000m,右偏)和直线(起始桩号 K34+510.92,终止桩号 K35+547.22)上,桥面横坡为双向 2%,纵断面位于 $R=70$ km 的竖曲线上,墩台等角度径向布置。

全桥共七联:$(4\times40\text{m}+40.04\text{m})+(40.04\text{m}+3\times40\text{m}+40.04\text{m})+(40.04\text{m}+3\times40\text{m}+40.04\text{m})+(40.04\text{m}+2\times40\text{m}+40.04\text{m})+(40.04\text{m}+3\times40\text{m}+40.04\text{m})+(40.04\text{m}+3\times40\text{m}+40.04\text{m})+(40.04\text{m}+4\times40\text{m})$。

左幅采用预制梁长不变、调整现浇连续段宽度过渡成曲线,右幅采用现浇连续段宽度不变、调整预制梁长过渡成曲线。桥面铺装采用 15cm 厚 C50 防渗抗冻聚丙烯纤维混凝土。

②下部结构

2010 年春夏,该地区遭遇了百年难遇的春季融雪性洪水和夏季特大洪水,造成了较大的灾害,镜泊湖水位暴涨 8m,使该桥施工现场淹没在一片汪洋之中,施工被迫停止。2010 年 11 月下旬,随着水位缓慢下降,该桥施工现场被水淹没了 7 个月后渐渐露出水面,然而,时间已进入了寒冬季节。为抢回失去的工期,确保该项目按期、顺利交工,经上级主管部门批准,进行冬季施工。2011 年 4 月 7 日 12 时,随着最后一罐混凝土的浇筑完毕,正式宣告了鹤大公路宁复段 Z1 合同段西湖岫子特大桥下部工程全部完工,提前 13 天实现了既定目标。

2. 红岭高架桥

(1)工程概况

红岭高架桥(图 8-6-8)位于宁安市镜泊湖南湖红岭,处于老爷岭余脉,地形条件为山岭重丘区,此桥位于两山夹一沟的复杂地形处,海拔高度在 500~600m 之间。红岭高架桥中心桩号为 K18+354.58,全长 555.12m,宽 12.25m,谷底为碎石土,本桥为新建左幅,原右幅桥利用,桥面与谷底最大高差为 52.41m。

图 8-6-8 红岭高架桥施工侧影

① 上部结构

上部构造为 $25m + 2 \times 40m + (5 \times 40m) + 6 \times 40m$ 预应力混凝土后张简支转连续 T 形梁。

② 下部结构

下部构造为柱式桥墩,实体薄壁墩身,柱式桥台,基础采用钻孔桩。

(2)技术特征及难点

① 上部结构

本桥分别位于直线($K18+096.94 \sim K18+612.203$)和缓和曲线($K18+612.203 \sim K18+652.06$)上,桥面横坡为单向 2%,纵断位于直线内墩台径向布置,全桥共三联:($25m + 40m + 40.04m$) + ($40.04m + 3 \times 40m + 40.04m$) + ($40.04m + 5 \times 40m$)。

② 下部结构为柱式桥墩,最高墩柱 47.71m。

(四)科技创新

1. 科研项目

本项目开展有 5 个课题,分别是"高分辨率遥感影像支持下的公路改扩建工程环境监理技术研究""基于气候与结构响应特性的混凝土桥面铺装技术研究""玄武岩纤维筋在水泥混凝土路面中的应用研究""一级公路高速化后线形适应性评价及改善措施研究""短工期条件下寒区路桥过渡段差异沉降优化处理技术研究"。课题于 2015 年 8 月鉴定完毕。

2. 新技术应用情况

为保证工程质量,积极采用先进的施工工艺和技术,同时使用了新材料和新设备。如采取钻孔灌注桩坍孔处理新工艺对地层进行钻小孔注水泥浆加固,克服了漏浆、坍孔现象;用钢塑土工隔栅解决路基不均匀沉降问题;路基高填方增加蓝派冲击压路机压实遍数,确保路基填筑质量。

(五)运营养护管理

1. 服务设施

全线设置渤海、镜泊两处服务区(表8-6-33),全线服务区平均间距50km。

鹤大高速公路宁安至复兴(黑吉界)段服务场区一览表　　　　表8-6-33

高速公路编码	服务区名称	桩　　号	所在区域	占地(m²)	建筑面积(m²)
G11	渤海服务区	K512+300	渤海镇	26459	3070.00
G11	镜泊服务区	K553++900	镜泊乡	26425	3070.00

2. 收费设施

本项目共设置收费站4座,其中在黑吉界设置复兴主线收费站1座,在东京城、杏山村、镜泊乡设置匝道收费站3座(表8-6-34)。收费站出入口数量截至2015年底共计26条,其中ETC车道4条。

鹤大高速公路宁安至复兴(黑吉界)段收费设施一览表　　　　表8-6-34

收费站名称	桩　　号	入口车道数		出口车道数		收费方式
		总车道	ETC车道	总车道	ETC车道	
复兴主线收费站	K554+450	2	1	5	1	MTC+ETC
东京城收费站	K507+500	2		3		
杏山收费站	K515+850	2	1	4	1	
镜泊收费站	K550+100	2		2		

3. 养护管理

本项目养护里程93.76km,设置东京城、镜泊2处养护工区(表8-6-35)。

鹤大高速公路宁安至复兴(黑吉界)段养护设施一览表　　　　表8-6-35

养护工区名称	桩　　号	路段长度(km)	占地面积(m²)	建筑面积(m²)
东京城养护工区	K507+500	42.011	8791	2013
镜泊养护工区	K550+100	51.749	14500	2722

4. 监控设施

本项目监控设施与牡宁高速共用牡丹江监控中心,不在本项目建设范围内。

5. 交通流量

鹤大公路宁安至黑吉界段自2012年至2015年,交通量从2689辆小客车/日,增长至3714辆小客车/日,年平均增长率达到12.71%;从车型构成上来看,主要以中小客车和小货车为主,分别占到总量的61.8%和16.3%;从断面交通流量分析,宁安界至东京城段的交通流量较大,达到6483辆小客车/日,杏山至镜泊段交通流量较小,为1063辆小客车/日,见表8-6-36、图8-6-9、图8-6-10。

鹤大高速公路宁安至复兴(黑吉界)段交通流量发展状况表(单位:辆小客车/日)

表8-6-36

年份	2012年	2013年	2014年	2015年
宁安界—东京城互通	4541	5510	6229	6483
东京城互通—杏山互通	2686	2991	3346	3601
杏山互通—镜泊互通	839	905	984	1063
镜泊互通—复兴黑吉界	2691	3015	3505	3710
全线平均	2689	3105	3516	3714

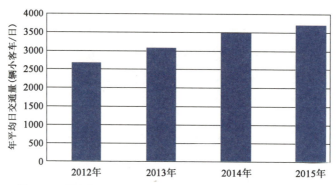

图8-6-9　鹤大高速公路宁安至复兴(黑吉界)段交通量增长柱状图

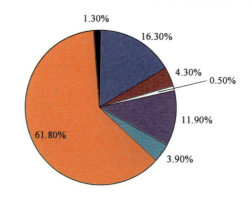

图8-6-10　鹤大高速公路宁安至复兴(黑吉界)段车型构成比例图

第七节　G1111 鹤岗至哈尔滨高速公路

鹤岗至哈尔滨高速公路(以下简称鹤哈高速公路)是《国家高速公路网规划》("71118网")中纵一线(鹤岗至大连高速公路)的联络线1,简称鹤哈高速公路,编号G1111,起自鹤岗市,经伊春市、绥化市,终点为哈尔滨市,是黑龙江省中部地区中心城市之间便捷的高速公路运输通道。鹤哈高速公路的实施对完善国家、东北地区和黑龙江省高速公路网,改善区域交通条件,加速东北老工业基地振兴,促进沿线资源开发和区域经济社会协调发展都具有十分重要的作用。目前鹤岗至伊春段规划在建,伊春至哈尔滨段已通车,建设分为伊春市至绥化市(伊绥段)和绥化至哈尔滨两段。

伊春至绥化段为"鹤哈高速公路"的中间段落,是东北区域骨架公路网中的纵二线(嘉荫至大连)、黑龙江省高速公路网中的射三线(伊春至哈尔滨)的重要组成部分。路线起点于伊春市区青山路西端,经过翠峦区、铁力市、庆安县,终点在绥化南与绥北高速公路相接,路线全长235.78km。设计速度80km/h,路基宽度24.5m,汽车荷载为公路—I级。公路等级:双向四车道高速公路。全线于2009年5月20日开工建设,于2011年9月20日完工,工期为三年。2011年10月建成通车后,K0+000~K139+680段由鹤伊公路管理处接养,2013年2月,经省编委批复,正式更名为黑龙江省伊春高速公路管理处。

绥化至哈尔滨段黑龙江省境内七条国道干线公路之一,是黑龙江省三十年公路网规划中"OK"形主骨架系统和哈市"一环五射"高速公路系统的重要组成部分,是"九五"期间全省公路建设重点项目。该段公路起于绥化开发区K368+089处,止于哈尔滨秦家K456+390(环城高速公路通往该路段K1+100)处,途经哈市松北区、呼兰区、巴彦、绥化等市县,全长88.301km。其中,呼绥段79.138km,于2000年9月28日建成通车;秦赵段9.163km,于2004年9月30日通车。公路等级:双向四车道高速公路;设计标准:路基宽度28m;设计速度:120km/h;行车道宽度:4×3.75m;设计荷载:汽车—超20级、挂车—120;设计洪水频率:桥涵$p=1/100$,路基$p=1/100$。绥化至哈尔滨段K139+680~K202+608、绥化东南环线和绥北高速公路连接线段,现为绥化处管养路段的一部分。

一、鹤哈高速公路伊春至绥化段

(一)项目概况

1.基本情况

(1)功能定位

鹤哈高速公路伊春至绥化段为鹤哈高速的中间路段。伊春至绥化公路是《东北区域骨架公路网布局方案》中的纵二线(嘉荫至大连)、《黑龙江省骨架公路网规划》中的射三线(嘉荫至哈尔滨)和《黑龙江省高速公路网规划纲要》中的射三线(伊春至哈尔滨)的重要组成部分。本项目的建设对加快国家高速公路网的建设,完善黑龙江省公路主骨架布局,加强区域森林、矿产、旅游等资源的综合开发,振兴黑龙江老工业基地,发展沿线地区经济,优化产业结构,发展旅游业,促进社会进步等,都具有重要的意义。

(2) 技术标准

设计速度80km/h,路基宽度24.5m,汽车荷载为公路—Ⅰ级,。公路等级:双向四车道高速公路。

(3) 建设规模

本项目建设里程长235.78km。全线路基土石方2346万 m^3;路面土石方549万 m^2;设大桥3720.52m/16座,中桥1618.76m/29座,小桥905.12m/28座,互通式交叉1483.66m/14座,分离立交3503.59m/28座,通道桥958.68m/32座,天桥6076.6m/74座,涵洞415道,互通式立体交叉8处;设一级公路连接线2条,二级公路连接线3条,三、四级辅道3条。全线共设伊春、二股、庆安、绥化4个服务区,收费站8处。路面结构见表8-7-1。

鹤哈高速公路伊绥段路面结构表　　　表8-7-1

路面形式	起讫里程	长度(m)	路面类型
柔性路面	K0+000~K202+608H2K0+598.656~H2K20+526.897H1K0+000~H1K11+202.012	235780	沥青路面

(4) 主要控制点

鹤哈高速公路伊春至铁力段路线起点位于伊春市区青山路(一级公路,也是现在的鹤伊公路伊春过境线)西端,沿线所经过的主要控制点有:伊春市伊春区、翠峦区、幺河经营所、解放经营所、马永顺林场(二股)、联合村、新曙光、西北河林经所、建设林经所、北关村、五花村、北斗村、铁力市、工农乡、王杨乡、双丰镇、李万屯、庆安县、元宝乡、欢胜乡,于胡家店镇、利民镇、津河镇、兴福乡,至绥化市东。路线全长204.675km。

环线设计起点桩号为H2K0+000,建设起点桩号为H2K0+598.656。环线自起点辟新线,于民权村西H2K1+442.75处设分离桥跨越绥佳铁路,而后路线从佟家窝棚村西经过,在张家油坊北H2K6+423处设分离桥跨越滨北铁路,在谷家屯北H2K10+908处设分离桥跨越绥化至巴彦三级公路,再前行路线从太平岗和长发元两屯之间经过,于路家岗村西设枢纽互通接现有哈绥高速公路(现哈绥高速公路里程为K231+400)。终点桩号为H2K20+526.897,绥化南环过境线设计里程20.501km,建设里程19.903km。

绥化至北安高速公路联络线(绥化西环),简称绥北高速联络线,连接鹤哈高速公路与绥北高速公路(绥北高速公路与本建设项目同期实施)。该联络线起点接绥化东南环过境线终点(绥化南互通处),按绥化城市规划的要求布线。路线于太平庄东北1km处跨老哈伊路,然后在纸房屯和霍家屯之间、范家屯和张明达屯之间经过,于H1K6+500处穿过房身岗村,于薛家窝棚西跨绥肇公路,终点在绥化新华乡腰长发村南,终点桩号H1K11+202.012接绥北高速公路起点K0+000。联络线全长11.202km,设计标准同主线。

(5) 地形地貌

本项目位于松嫩平原与小兴安岭山脉衔接处,从黑龙江省东北部延伸至中部,地理位置在东经 126°58′~128°55′、北纬 46°37′~47°45′。行政区划属伊春地区和绥化地区。本项目自然区划为 II_1、II_2、I_2 区。伊春至联合位于 I_2 区边缘,即北部岛状多年冻土区;联合至铁力为 II_1 区,即东北东部山地湿润冻区;铁力至绥化为 II_2 区,即东北中部山前平原重冻区。

伊春至五花段为小兴安岭主脉,境内山地、丘陵起伏,整个地势南低北高,平均海拔约 600m,地表植被主要为次生林。五花至铁力段位于松嫩平原与小兴安岭山脉衔接处,地貌单元主要包括低山丘陵、高平原、河流一级阶地及漫滩,沿线总体地形较开阔,高差起伏不大。总体地形较平缓,地势为东北部略高,向西南部缓降。路线经过地带地面高程一般在 188~290m 之间。铁力至绥化段地处松嫩平原东部,地形平坦,地势开阔。同时,由于人为活动的影响,沿线各路段微地貌较发育,沿线地貌类型有缓倾斜高平原、岗阜高平原、低缓倾平原三种。五花至绥化段地表主要为耕地,作物以玉米、水稻为主。

(6) 投资规模

概算金额为 678030 万元,竣工决算投资 677989 万元,平均每公里造价 2876.00 万元。

(7) 开工及通车、竣工时间

2009 年 5 月开工建设,2011 年 10 月交工通车,2015 年 2 月完成竣工验收。

2. 前期决策情况

(1) 前期决策背景

鹤哈高速公路的鹤岗至伊春段原为二级公路,计划"十二五"以后建设高速公路,绥化至哈尔滨段已于 2000 年建成高速公路。鹤哈高速公路伊春至绥化段规划在"十一五"期间建设完成。根据黑龙江省交通厅"十二五"期间干线公路网建设的总体规划要求,黑龙江省交通厅在 2008 年启动伊春至绥化段的建设工作。

(2) 前期决策过程

为推进本项目的实施,黑龙江省交通厅委托省公路勘察设计院于 2008 年 5 月编制完成了《鹤岗至哈尔滨高速公路伊春至绥化段工程可行性研究报告》;国家发改委于 2008 年 8 月 14~15 日,委托交通运输部规划设计院在北京市主持召开了本项目的可行性研究报告咨询评估会,形成咨询意见。交通运输部于 2008 年 8 月 25~27 日在西安主持召开了本项目的工程可行性研究报告咨询审核会,形成了审核意见。2009 年 1 月 24 日国家发改委以《国家发展改革委关于黑龙江伊春至绥化公路可行性研究报告的批复》(发改基础[2009]779 号)批准立项。

3. 参建单位主要情况

（1）建设单位

本项目建设单位是黑龙江省交通运输厅，项目执行机构是伊绥高速公路工程建设指挥部。

（2）设计单位

①土建、交通安全设施、机电工程设计单位：黑龙江省公路勘察设计院。

②房建工程设计单位：哈尔滨工业大学建筑设计研究院、北京龙安华诚建筑设计有限公司。

③绿化工程设计单位：辽宁北四达景观园林工程设计建设有限公司。

（3）施工单位

通过招投标，本项目中标单位由大庆建筑安装集团有限责任公司、中交第一公路工程局有限公司、中铁十九局集团第三工程有限公司等施工单位参与建设。

（4）施工监理单位

通过招投标，本项目由北京泰克华诚技术信息咨询有限公司、黑龙江省公路工程监理咨询公司、黑龙江省远升公路工程咨询监理有限责任公司等单位施工监理。

（二）建设情况

1. 项目准备阶段

（1）项目审批

该项目严格执行交通基本建设程序，各个环节手续齐全，具体情况如下：

①文物调查批复情况

2008年7月1日，黑龙江省文化厅基建考古办公室印发《关于鹤岗至哈尔滨高速公路伊春至绥化段工程建设进行文物调查勘探的批复》（黑文考函〔2008〕28号）。

2008年12月3日，黑龙江省文化厅基建考古办公室批复《关于鹤岗至哈尔滨高速公路伊春至绥化段工程用地文物调查勘探竣工函》（黑文考函〔2008〕79号）。

②地评批复情况

2008年9月6日，黑龙江省国土资源厅通过《鹤岗至哈尔滨高速公路伊春至绥化段建设项目地质灾害危险性评估报告的评审意见书》。

③建设资金落实情况

2008年10月16日，国家开发银行印发《国家开发银行关于黑龙江省鹤哈高速伊春至绥化段项目贷款承诺的函》（开行函〔2008〕293号）。

④环评批复情况

2008年10月29日,环境保护部印发《关于鹤岗至哈尔滨高速公路伊春至绥化段工程环境影响报告书的批复》(环审〔2008〕393号)。

⑤可行性研究报告批复情况

2009年1月24日,国家发展和改革委员会印发《国家发展改革委关于黑龙江伊春至绥化公路可行性研究报告的批复》(发改基础〔2009〕779号)。

⑥水保批复情况

2009年2月17日,水利部印发《关于鹤岗至哈尔滨高速公路伊春至绥化段工程水土保持方案的复函》(水保函〔2009〕58号)。

⑦初步设计批复情况

2009年7月13日,交通运输部印发《关于伊春至绥化公路初步设计的批复》(交公路发〔2009〕361号)。

⑧施工图设计批复情况

2009年12月31日,黑龙江省交通运输厅印发《黑龙江省交通厅关于伊春至绥化公路施工图设计的批复》(黑交发〔2009〕395号)。

⑨压矿批复情况

2010年6月25日,黑龙江省国土资源厅印发《关于鹤岗至哈尔滨高速公路伊春至绥化段建设项目压覆矿产资源储量情况证明的函》(黑国土储压覆字〔2010〕158号)。

⑩建设用地批复情况

2009年1月23日,国土资源部印发《关于鹤岗至哈尔滨高速公路伊春至绥化段建设用地预审意见的复函》(国土资预审字〔2009〕59号)。

2009年9月4日,国家林业局印发《使用林地审核同意书》(林资许准〔2009〕260号)。

2009年9月4日,国家林业局印发《国家林业局关于批准黑龙江省伊春至绥化公路项目临时占用林地的行政许可决定》(林资许准〔2009〕261号)。

2010年3月30日,国家林业局印发《使用林地审核同意书》(林资许准〔2010〕068号)。

2010年3月30日,国家林业局印发《国家林业局关于批准黑龙江省伊春至绥化公路项目临时占用林地的行政许可决定》(林资许准〔2010〕069号)。

(2)资金筹措

概算金额为678030万元,项目资金来源:中央专项基金(车购税)124700万元,省级地方配套145130万元,国内银行贷款408200万元。竣工决算投资677989万元,平均每公里造价2876.00万元。

(3)合同段划分(表8-7-2)

鹤哈高速公路伊绥段合同段划分一览表

表 8-7-2

序号	参建单位	单位名称	合同段编号	起止桩号	主要负责人	备注
1	项目管理单位	伊绥高速公路工程建设指挥部		全线	李中伟	
2	勘察设计单位	黑龙江省公路勘察设计院	01标段	K0+000~K116+109.467	谢雄	
3		黑龙江省公路勘察设计院	02标段	K113+500~K200+000，H2K0+598.656~H2K15+000，K200+000~K202+608，绥化南环 H2 线：H2K15+000~H2K20+526.897，绥北高速联络线 H1 线：K0+000~H1K11+202.012	合殿福	
4		黑龙江省公路勘察设计院	03标段	机电工程	谢雄	
5		哈尔滨工业大学建筑设计研究院	FJSH-01	房建服务区	纪云成	
6		北京龙安华城建筑设计有限公司	FJSH-02	房建收费站	孙柏辉	
7		辽宁北四达景观园林工程设计建设有限公司	JGSH-01	绿化工程	郭德军	
8	施工单位	大庆建筑安装集团有限公司	主线A1	K0+000~K30+350	张永发	
9		中交第一公路工程局有限公司	主线A2	K30+350~K47+500	祝清峰	
10		中交第一公路工程局有限公司	主线A3	K47+500~K72+400	祝清峰	
11		中铁十九局集团第三工程有限公司	主线A4	K72+400~K96+000	程显春	
12		中铁十九局集团第三工程有限公司	主线A5	K96+000~K116+109.467	宋新海	
13		中铁十一局集团有限公司	主线A6	K113+500~K140+000	陈瑞杰	
14		浙江省交通工程建设集团有限公司	主线A7	K140+000~K165+200	杨震	
15		黑龙江农垦建工路桥有限公司	主线A8	K165+200~K200+000	于凤和	
16		中交一公局第六工程有限公司	主线A9	H2K0+598.656~H2K15+000，K200+000~K202+608	刘占龙	
17		龙建路桥股份有限公司	主线A10	绥化南环 H2 线：H2K15+000~H2K20+526.897，绥北高速联络线 H1 线：H1K0+000~H1K11+202.012	岳波	
18		龙建路桥股份有限公司	主线C1	K0+000~K30+350	郭爱彬	
19		中铁二十局集团第一工程有限公司	主线C2	K165+200~K200+000	唐左斌	

第八章 高速公路建设项目

续上表

参建单位	序号	单位名称	合同段编号	起止桩号	主要负责人	备注
施工单位	20	大庆公路工程有限公司	辅道 F1	K0+138~K10+450	易东旭	
	21	黑龙江天林路桥工程有限公司	辅道 F2	K13+275~K18+100	冯有	
	22	黑龙江省牡丹江林业工程公司	辅道 F3	K18+100~K23+700	汤士祥	
	23	江西宏鹰工程有限公司	辅道 F4	K28+410~K35+168.17	丛海江	
	24	河南乾坤路桥工程有限公司	辅道 F5	K35+168.17~K42+000	赵洪博	
	25	黑龙江省程达建设工程集团有限公司	辅道 F6	K42+000~K47+000	葛雷	
	26	江西际洲建设集团有限公司	辅道 F7	K47+000~K52+000	柴玉良	
	27	黑龙江省建安公路工程有限公司	辅道 F8	K52+000~K57+000	梁铁华	
	28	哈尔滨金阳公路工程有限公司	辅道 F9	K57+000~K61+956.03	李海波	
	29	佳木斯宏兴建筑工程有限公司	辅道 F10	K0+000~K6+000	王成亮	
	30	佳木斯宏兴建筑工程有限公司	辅道 F11	K6+000~K13+416	王玉波	
	31	黑龙江省大东建筑工程有限公司	辅道 F12	K13+435~K18+000	陈阳东	
	32	黑龙江省大东升道桥有限公司	辅道 F13	K18+000~K24+100	李乃才	
	33	黑龙江省大东升道桥有限公司	辅道 F14	K24+100~K30+000	王树臣	
	34	绥化市裕丰水利工程有限公司	辅道 F15	K30+000~K36+000	董树海	
	35	黑龙江华通道桥工程有限公司	辅道 F16	K36+000~K41+094.9	焦志伟	
	36	黑龙江宏升道桥有限公司	辅道 F17	K0+000~K8+900	李永民	
	37	绥化市北通市政工程有限公司	辅道 F18	K8+900~K16+523	王殿玉	
	38	黑龙江省博艺诚信园林绿化有限公司	LH1	K000+000~K47+420	梁峰	
	39	黑龙江晶艺环境工程有限公司	LH2	K47+420~K96+000	左振平	

续上表

序号	参建单位	单位名称	合同段编号	起止桩号	主要负责人	备注
40	施工单位	黑龙江晶艺环境工程有限公司	LH3	K96+000～K139+651	顾颜文	
41		哈尔滨林源园林绿化开发有限公司	LH4	K139+651～K200+000	李凯	
42		哈尔滨林源园林绿化开发有限公司	LH5	K200+000～K202+608，H2K0+000～H2K20+526.897，H1K0+000～H1K11+202.012	李蒙	
43		黑龙江省博艺诚信园林绿化有限责任公司	LH6	K0+000～K202+608，H2K0+000～H2K20+526.897，H1K0+000～H1K11+202.012	吕凤	
44		广州海特天高信息系统工程有限公司	JD1	伊春收费站K0+450、翠峦收费站K18+760	王许雄	
45		南京好望系统工程有限公司	JD2	二股收费站K81+200、铁力收费站K115+097	邵泳挺	
46		黑龙江省北龙交通工程有限公司	JD3	双丰收费站K135+050、庆安收费站K161+300	王金发	
47		中咨泰克交通工程有限公司	JD4	东富收费站K202+443、绥化西收费站H1K9+519.55	王濂	
48		江苏长天智远交通科技有限公司	JD5	K000+000～K116+109.467	王应才	
49		江苏长天智远交通科技有限公司	JD6	K113+500～K202+608，H2K0+000～H2K20+526.897，H1K0+000～H1K11+202.012	夏波	
50		黑龙江省北龙交通工程有限公司	JA1	K0+000～K30+350	张春秋	
51		黑龙江省北龙交通工程有限公司	JA2	K30+350～K72+400	董丽艳	
52		天津市环路公路设施有限责任公司	JA3	K72+400～K116+109.467	韩嘉成	
53		黑龙江交通实业总公司	JA4	K113+500～K165+200	吕其平	
54		黑龙江省应用电子有限公司	JA5	K165+200～K200+000	徐发廷	
55		四川京川公路工程(集团)有限公司	JA6	K200+000～K202+608，H2K0+000～H2K20+526.897，H1K0+000～H1K11+202.012	雷志彬	
56		北京汉威达交通运输设备有限公司	JA7	伊春收费站、翠峦收费站、伊春服务区	徐秋江	
57		黑龙江省二建筑工程有限责任公司	FJ1		杨跃彬	

第八章 高速公路建设项目

续上表

序号	参建单位	单位名称	合同段编号	起止桩号	主要负责人	备注
58	施工单位	黑龙江星海建设工程发展有限公司	FJ2	二股收费站 K81+200,二股服务区 K81+200	武国丰	
59		吉林东奥工程有限公司	FJ3	铁力收费站,双丰收费站,庆安服务区,庆安收费站,绥化服务区,东富收费站,化西收费站	王英	
60		常州市东方金属结构有限公司	FJ4	伊春收费站,翠峦收费站,二股收费站,铁力收费站	周以利	
61		黑龙江宇林建筑工程有限责任公司	FJ5	双丰收费站,庆安收费站,东富收费站,绥化西收费站	惠海军	
62		北京泰克华诚技术信息咨询有限公司	B1	K0+000～K116+109.467	罗代松	
63		黑龙江省公路工程监理咨询有限公司	B2	K113+500～K200+000,H2K0+598.656～H2K15+000,K200+000～K202+608,绥化南环 H2 线,绥北高速联络线 H1 线	李强	
64	监理单位	黑龙江省公路工程监理咨询有限公司	J1	K0+000～K30+350	鲍德智	
65		黑龙江省远升公路工程咨询监理有限责任公司	J2	K30+350～K72+400	刘玉滨	
66		洛阳市路星公路工程监理有限责任公司	J3	K72+400～K116+109.467	朱甲祥	
67		黑龙江华正交通工程监理有限责任公司	J4	K113+500～K165+200	齐光远	
68		东北林业大学工程监理部	J5	K165+200～K200+000	杨宝利	
69		黑龙江省公路工程监理咨询有限公司	J6	H2K0+598.656～H2K15+000,K200+000～K202+608,绥化南环 H2 线,绥北高速联络线 H1 线	张远航	
70		牡丹江宏信公路工程监理有限责任公司	J7	K0+138～K61+956.03	李孟永	
71		牡丹江宏信公路工程监理有限责任公司	J8	K0+000～K41+094.9,K0+000～K16+523	贺宏亮	
72		北京天智恒业科技发展有限公司	J9	机电施工	李建军	
73		黑龙江省清宇建业工程监理有限责任公司	J10	房建施工	王祖海	

根据各专业的工程内容划分标段如下。

①设计标段划分：土建工程设计2个标段，房建工程设计2个标段，绿化工程设计1个标段，机电工程设计1个标段。

②施工标段划分：根据工程内容的不同，土建工程分12个标段，辅道工程分18个标段，房建工程分5个标段，机电工程分6个标段，交通安全设施工程分7个标段，绿化工程分6个标段。

③施工监理标段划分：根据工程内容，设2个总监办公室，8个土建工程驻地监理标段，1个房建工程监理标段，1个机电工程监理标段。

（4）招投标

按照《中华人民共和国招投标法》和交通运输部颁布的《公路工程施工招标投标管理办法》《公路工程施工招标资格预审办法》《公路工程施工招标评标办法》的要求，由项目法人单位组织招标工作。

①土建工程施工及施工监理为公开招标，其中施工采用双信封评标法，监理招标采用综合评标法。2009年4月6日，即投标文件递交截止时间，共有56家投标单位递交了本项目土建工程施工招标12个合同段共109份投标文件，共有10家投标单位递交了本项目施工监理招标8个合同段共27份投标文件。评标委员会评审出12家中标单位，评标结束后，指挥部于2009年4月11日以《伊绥高速公路工程项目关于土建工程施工、监理招标评标结果申请核备的报告》（伊绥指呈〔2009〕18号）将评标结果按要求进行了核备，并按要求进行了公示。

②辅道工程施工、施工监理为公开招标，施工招标采用合理低价法，监理招标采用综合评标法。施工为资格预审，监理招标为资格后审。2010年4月8日，评审委员会对各申请人递交的申请文件进行了认真评审，通过初审及详细评审后，共有42家单位的86份投标文件通过了资格预审评审。2010年7月29日，即投标文件递交截止时间，共有41家投标单位递交了本项目辅道工程施工招标18个合同段共79份投标文件，共有3家投标单位递交了本项目施工监理招标2个合同段共6份投标文件。评标委员会评审出18家施工中标单位，2家监理中标单位。

③景观（绿化）施工为公开招标，采用资格预审的合理低价法。2010年9月10日，评审委员会对各申请人递交的申请文件进行了认真评审，通过初步评审及详细评审后，共有9家单位的18份投标文件通过了资格预审评审。2010年10月15日，即投标文件递交截止时间，共有9家投标单位递交了本项目绿化工程施工招标6个合同段共18份投标文件。评标委员会评审出6家施工中标单位。

④交通安全设施工程、机电工程施工及机电工程施工监理为公开招标；施工为资格预审，采用合理低价法；监理为资格后审，采用综合评标法。2010年9月10日，共有18家单

位的34份投标文件通过了交通安全设施工程资格预审评审,共有17家单位的33份投标文件通过了机电工程资格预审评审。2010年10月15日,共有18家投标单位递交了本项目交通安全设施工程施工招标7个合同段共32份投标文件,共有6家投标单位递交了本项目机电管道工程施工招标2个合同段共12份投标文件。共有3家投标单位递交了本项目机电监理工程施工招标1个合同段的3份投标文件。2010年12月14日,即投标文件递交截止时间,共有9家投标单位递交了本项目机电工程(JD1~JD4)施工招标4个合同段共15份投标文件。

评标委员会评审出7家交安施工中标单位,6家机电管道施工中标单位,1家机电监理中标单位。

⑤房建工程施工及房建工程施工监理为公开招标,施工为资格候审,采用合理低价法,监理为资格后审,采用综合评标法。2010年12月17日9时,即投标文件递交截止时间,共有16家投标单位递交了本项目房建施工招标5个合同段共20份投标文件,共有3家投标单位递交了本项目房建监理工程施工招标1个合同段的3份投标文件。评标委员会评审出5家房建施工中标单位,1家房建监理中标单位。

(5)征地拆迁

①工作及范围

沿线经过伊春市伊春区、翠峦区、幺河经营所、解放经营所、马永顺林场(二股)、铁力市、铁力农场、工农乡、王杨乡、双丰镇、庆安县、元宝乡、欢胜乡、胡家店镇、利民镇、津河镇、兴福乡,至绥化市东。涉及3个市,1个县,1个农垦分局。

②主要内容

a.签订协议、界定征地界限、办理永久性占地报批手续。

b.永久占地界内房屋等各种构造物的搬迁。

c.永久占地内附着物的拆除。

d.各种管线的迁移、改建,既有通信管线的改建、加高、迁移,还有电力线路的改建、加高、迁移。

e.临时及借土占地的征用。

③遵循的政策法规

a.《中华人民共和国土地管理法》。

b.《黑龙江省土地管理条例》。

④主要做法

a.设立专门组织机构

按照黑龙江省公路"三年决战"的实际情况,省政府制定了"双业主"制,即由交通运输厅成立指挥部主管工程建设,地方政府作为实施主体对征地拆迁事宜进行解决和实施,费用从项目概算中的征地拆迁补偿费中列支,由指挥部支付给地方政府。

各市、县成立了相应机构,负责本市、县段的征迁及建设环境协调,形成了在政府领导下的专门负责征地拆迁工作的领导体系和专门机构,为落实政策、落实地方工作、落实人口安置、落实征地拆迁提供了组织保证。

b. 落实承包责任制

征地拆迁工作实行群众参与,各级政府层层签订责任书,采取"四到位""四现场"的做法,即县、乡、村、户四方到场,现场丈量、现场清点、现场签字、现场盖章。征地拆迁统计见表8-7-3。

鹤哈高速公路伊绥段征地拆迁统计表　　表8-7-3

高速公路编码	项目名称	征地拆迁安置起止时间	征用土地（亩）	拆迁房屋（m²）	拆迁占地费（万元）	备注
G1111	鹤哈高速公路伊春至绥化公路	2008.10~2009.5	30189.5	26870	50581.4	

2. 项目实施阶段

（1）实施过程

①主线土建工程于2009年5月20日开工,2011年9月20日完工。

②交通安全设施、绿化、机电工程于2010年11月开工,2011年9月完工。

③房建工程于2011年1月开工,2011年9月完工。

④2011年11月11日,伊绥高速公路工程建设指挥部组织专家对伊绥高速公路进行了交工验收。

⑤2015年2月,省交通运输厅组织成立的伊春至绥化公路工程建设项目竣工验收委员会,根据《公路工程竣(交)工验收办法》及《公路工程竣(交)工验收办法实施细则》的有关规定,对项目进行了竣工质量鉴定,评分为94.36分,等级为优良。

（2）各项活动

①2009年6月15日,伊绥项目开展"土建工程施工30天会战"劳动竞赛。

②2010年9月,进行全线9月份综合大检查,确保按计划完成生产建设任务。

（三）运营养护管理

1. 服务设施

G1111鹤哈高速公路伊绥段共设4处服务区(表8-7-4),其中伊春至伊春与绥化交界段设置伊春、日月峡(图8-7-1)2处服务区,服务区平均间距50km;绥化至庆安铁力界段设置绥化、庆安2处服务区。

鹤哈高速公路伊春绥化段服务场区一览表　　　　　　表8-7-4

高速公路编码	服务区名称	桩号	所在区域	占地(m²)	建筑面积(m²)
G1111	伊春服务区	K176+800	翠峦区	39631	3393.99
	日月峡服务区	K231+300	铁力市	83645.58	11122.47
	绥化服务区	K347+080	绥化市兴福乡	41225.7	3345.49
	庆安服务区	K303+457	庆安县丰收乡	48272.7	3325.2

图8-7-1　日月峡服务区一景

2. 收费设施

本项目共设置收费站7座(表8-7-5)。伊春至伊春与绥化交界段5座,其中在伊春设置单向主线收费站1座,在么河经营所、二股林场、铁力市、双丰林业局设置匝道收费站4座;绥化至庆安铁力界段设置收费站2座,其中在绥化市东富乡设置主线收费站1座,在绥化市庆安县设置匝道收费站1座;匝道出入口数量截至2016年6月共计14条,其中ETC车道2条。

鹤哈高速伊春绥化段收费设施一览表　　　　　　表8-7-5

收费站名称	桩号	入口车道数		出口车道数		收费方式
		总车道	ETC车道	总车道	ETC车道	
伊春收费站	K157+300	2	1	4	1	MTC+ETC
翠峦收费站	K169+060	2		3		MTC
日月峡收费站	K231+300	2		4		MTC
铁力收费站	K265+397	2		4		MTC
双丰收费站	K286+160	2		2		MTC
绥化东收费站	K353+000	3	1	5	1	MTC+ETC
庆安收费站	K313+400	2		4		MTC

3. 养护管理

本项目由黑龙江省伊春高速公路管理处和绥化高速公路管理处共同养护。伊春管理处负责鹤哈高速公路伊春至伊春与绥化交界段,桩号 K154+466~K291+501,养护里程 137.035km,设置翠峦、铁力 2 处养护工区(表 8-1-175),负责养护里程分别为 67km、70km。本项目自通车以来为恢复沿线设施的使用功能及原有的技术标准,每年开春季节组织对路面横纵缝进行灌缝处理。

绥化管理处负责绥化至庆安铁力界段养护里程 81.499km,设置绥化、庆安 2 处养护工区(表 8-7-6),负责养护里程分别为 18.7km 和 62.799km。自通车以来为恢复沿线设施的使用功能及原有的技术标准,2011 年开始对全线的路基、路面、桥涵、绿化、交通设施等病害进行养护和治理。

鹤哈高速伊春至绥化段养护设施一览表　　表 8-7-6

养护工区名称	桩　号	路段长度(km)	占地面积(m²)
翠峦养护工区	K169+060	67	与收费站合建
铁力养护工区	K265+397	70	与收费站合建
绥化养护工区	K353+000	18.7	与绥化东站合建
庆安养护工区	K313+400	62.799	与庆安站合建

4. 监控设施

本项目设置监控中心 3 座(表 8-7-7),伊春监控中心负责鹤哈高速公路伊春至伊春与绥化交界段运营监管。绥化东收费站监控室、庆安收费站监控室,负责绥化至庆安铁力界段的运营监管。

鹤哈高速伊春至绥化段监控设施一览表　　表 8-7-7

监控设施名称	桩　号	占地面积
伊春监控中心	伊春市	与伊春高速公路管理处合建
绥化东站监控室	K353+000	监控室与绥化东站合建
监控室与庆安合建	庆安站监控室	K313+400

5. 交通流量

鹤哈高速公路伊春至伊春与绥化交界段自 2011 年高速公路开通运营以来,交通量从 1423 辆小客车/日,增长至 1956 辆小客车/日,年平均增长率达到 10.40%(表 8-7-8);从车型构成(图 8-7-2)上来看,主要以中小客车为主,分别占到总量的 65.62% 和 9.06%。

鹤哈高速公路绥化至庆安铁力界段高速公路自 2011 年至 2015 年,交通量从 1788 辆小客车/日,增长至 2606 辆小客车/日,年平均增长率达到 8.75%,见表 8-7-9、图 8-7-3。

第八章 高速公路建设项目

鹤哈高速公路伊春至伊春与绥化交界处交通流量发展状况表（单位：辆小客车） 表8-7-8

年份	2011年	2012年	2013年	2014年	2015年	2016年
伊春收费站	15436	278027	320048	354538	401608	184721
翠峦收费站	5419	91772	102035	101281	93841	43937
日月峡收费站	2499	53560	58622	66144	69187	23896
铁力收费站	14273	232123	269553	289731	334665	170594
双丰收费站	3639	60383	70942	64450	62533	36643
全线平均	8253	14317	164240	175229	192367	91958

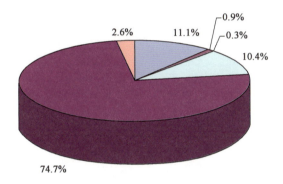

图8-7-2 伊春至伊春与绥化交界段车型构成比例图

鹤哈高速公路绥化至庆安铁力界段交通流量发展状况表（单位：辆小客车/日） 表8-7-9

年份	2011年	2012年	2013年	2014年	2015年
绥化东收费站	1131	868	991	1035	1215
庆安收费站	657	1015	1168	1250	1391
全线平均	894	942	1080	1143	1303

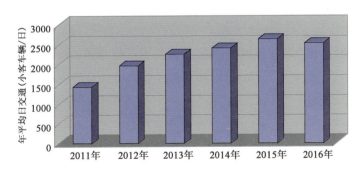

图8-7-3 绥化至庆安铁力界段交通量增长柱状图

二、鹤哈高速公路绥化至哈尔滨段

(一)项目概况

1. 基本情况

(1)功能定位

国道鹤哈高速公路绥化至哈尔滨段是黑龙江省境内七条国道干线公路之一,编号为G1111线,是黑龙江省三十年公路网规划中"OK"形主骨架系统和哈市"一环五射"高速公路系统的重要组成部分,是"九五"期间全省公路建设重点项目。

(2)技术标准

公路等级:双向四车道高速公路;

设计速度:120km/h;

路基宽度:28m;

行车道宽度:4×3.75m;

设计荷载:汽车—超20级、挂车—120;

设计洪水频率:桥涵 $p=1/100$,路基 $p=1/100$。

(3)建设规模

全长88.301km,全线大桥936.88m/3座,中、小桥691.72mm/17座,分离立交桥2186.27m/29座,涵洞111道,互通区5处,收费站5处,服务区1处。路面结构见表8-7-10。

鹤哈高速绥化至哈尔滨段路面结构表　　　　表8-7-10

路面形式	起讫里程	长度(m)	路面类型
柔性路面	K368+089~K456+390	88301	沥青路面

(4)主要控制点

该段公路起于绥化开发区K368+089处,止于哈尔滨秦家K456+390(环城高速公路通往该路段K1+100)处,途经哈市松北区、呼兰区、巴彦、绥化等市县,全长88.301km。

(5)地形地貌

项目位于黑龙江省中部,地处松嫩平原松花江中游地带,地势相对平坦。公路自然区划为东北平原重冻区,属大陆季风性气候,为北寒带气候条件,年平均气温为5.7℃,最高气温极值达39.1℃,最低气温极值-41.4℃,年平均降水量523mm,最大冻深2.18m。

(6)投资规模

该项目总投资24.78亿元,竣工决算23.32亿元。

(7)开工及通车、竣工时间

呼绥段于1998年10月5日开工,2000年9月20日竣工,2000年9月28日通车。秦赵段于2002年9月5日开工,2004年9月24日竣工,2004年9月28日通车。

2.参建单位主要情况

(1)建设单位

本项目建设单位是由黑龙江省交通厅组织,哈绥高速公路建设指挥部负责具体实施。

(2)设计单位

设计单位为黑龙江省公路勘察设计院。

(3)施工单位

通过招投标,呼绥段公路项目划分了9个标段,由省路桥建设集团权属子公司负责承建。秦赵段公路工程项目主线划分了7个标段,由龙建路桥股份公司第一至第六工程处负责承建;交通工程由省路桥集团北龙交通工程公司承建;通信、监控、收费工程由省交研交通工程公司承建;房建工程由省路桥集团广建工程建设有限公司承建。由黑龙江省路桥集团股份有限公司总承包。

(4)施工监理单位

监理单位为黑龙江省公路工程监理咨询公司。呼绥段项目由1个高监办、4驻地监理办组成;秦赵段项目由1个高监办、1个驻地监理办组成。

(二)建设情况

1.项目准备阶段

(1)项目审批

①呼绥段

黑龙江省交通厅根据我省三十年公路网规划的要求,于1998年4月以黑交发〔1998〕10号文件向省计委呈报了哈尔滨至庆安段公路工程项目建议书。同年5月,省计委以黑计交字〔1998〕357~363号文件对该项目建议书进行了批复。据此,省交通厅委托省公路勘察设计院编制了可研报告,经省计委审查,以黑计交字〔1998〕946~952号文件给予批复,明确了项目总体方案、工程建设标准和投资规模,并于同年8月以黑计建字〔1998〕539号文件批准将哈尔滨至庆安段列为1998年省重点建设项目。初步设计完成后,省计委以黑计建字〔1998〕993号文件对哈绥高速公路初步设计进行了批复。黑龙江省环保局以国环评甲字第0292号《环境影响报告书》和黑环建审〔1998〕23号文件对该项目环境影响进行了评估和批复。黑龙江省审计厅以黑审投资〔1999〕1号文件下发了项目开工前审计意见。黑龙江省计委以黑计投资〔1998〕956号文件下达了项目开工通知。

②秦赵段

黑龙江省交通厅根据我省三十年公路网规划的要求,于1998年4月以黑交发〔1998〕10号文件向省计委呈报了哈尔滨至庆安段公路工程项目建议书。同年5月,省计委以黑计交字〔1998〕357~363号文件对该项目建议书进行了批复。据此,省交通厅委托省公路勘察设计院编制了可研报告,经省计委审查,以黑计交字〔1998〕946~952号文件给予批复,明确了项目总体方案、工程建设标准和投资规模,并于同年8月以黑计建字〔1998〕539号文件批准将哈尔滨至庆安段列为1998年省重点建设项目。初步设计完成后,省计委以黑计建字〔2002〕438号文件对秦赵项目初步设计进行了批复;省交通厅以黑交发〔2003〕254号文件对施工图设计进行了批复。黑龙江省环保局以国环评甲字第0292号《环境影响报告书》对该项目环境影响进行了评估;以黑环监发〔1998〕40号文件对环境影响报告书进行了审批。黑龙江省审计厅以黑审投资〔1999〕1号文件下发了项目开工前审计意见。国土资源部以国土资函〔2003〕250号文件对秦赵项目建设用地进行了审批。黑龙江省公路工程质量监督站以〔2002〕03号文件下发了公路工程质量监督通知书。省计委以黑计投资〔2003〕334号文件对开工报告进行了批准。

(2)资金筹措

该项目总投资24.78亿元,竣工决算23.32亿元。分别来自银行贷款、中央投资、企业投资和地方专项资金。

(3)合同段划分(8-7-11)

呼绥段公路项目划分了9个标段,秦赵段公路工程项目主线划分了7个标段;交通安全设施工程由省路桥集团北龙交通工程公司承建;通信、监控、收费工程由省交研交通工程公司承建;房建工程由省路桥集团广建工程建设有限公司承建。

(4)招投标

①施工单位招标工作

呼绥段:本项目采取股份制建设方式。经省交通厅同意,采用议标方式,在省路桥建设集团公司内选择技术力量强、设备先进、业绩突出的队伍承担施工任务。

秦赵段:本项目经省计委同意,采取邀请招标方式进行招标,中标单位为龙建路桥股份公司第一至第六工程处等单位。

②监理招标工作

指挥部对监理采用邀请招标方式进行确定,经初审确定了3家监理公司,通过对投票文件和资质、业绩的评审,最终确定黑龙江省监理咨询公司承担本项目监理任务。

(5)征地拆迁

①呼绥段:哈绥高速公路沿线需征用大量的公路、取土场、砂石料场用地,同时要拆迁大量的建筑物、电力电信设施。为此,指挥部成立了专门工作机构。首先,得到省政府及有关部门、沿线政府及有关部门的支持和帮助,各市(县)均出台了相应的优惠政策;其次,在各分指挥部的配合下完成了征地拆迁的调查摸底工作;最后,从1998年6月开始,经过大量艰苦细致的工作,于同年10月5日完成了征地拆迁工作。全线征用公路用地6953822m^2,拆迁电力、电信设施75处,伐树71595棵,保证了工程的顺利开展。

第八章 高速公路建设项目

鹤哈高速公路绥化至哈尔滨段合同段划分表

表 8-7-11

序号	参建单位	单位名称	合同段编号及起止桩号	主要负责人	备注
1	项目管理单位	哈绥高速公路建设指挥部	K0+000~K77+801	刘玉生	
2		秦家至赵家段高速公路建设指挥部	K0+000~K11+100	顾铭恩	
3	勘察设计单位	黑龙江省公路勘察设计院		孔令海	
4		黑龙江省龙建路桥集团一公司	一标段:K0+000~K5+000	刘继林	
5		黑龙江省龙建路桥集团四公司	二标段:K5+000~K23+000	张乃军	
6		黑龙江省龙建路桥集团六公司	三标段:K23+000~K28+000	李贵青	
7		黑龙江省龙建路桥集团三公司	四标段:K28+000~K46+000	周军	
8		伊哈公司	五标段:K46+000~K51+000	徐世国	
9		建设集团公司	六标段:K51+000~K56+000	卢立军	
10		黑龙江省龙建路桥集团二公司	七标段:K56+000~K73+000	王柄章	
11		绥化路桥公司	八标段:K73+000~K77+801	张立新	
12	施工单位	黑龙江省龙建路桥集团六公司	秦赵一标段:K1+000~K7+000 路基、路面、排水防护工程	周立国	
13		黑龙江省龙建路桥集团四公司	秦赵二标段:K7+000~K10+231.24~K11+000 路基工程、路面基层	张乃军	
14			秦赵三标段:K10+231.24~K11+000 路工程（互通区 B、C、D、E、F、P、Y、L 匝道）、排水防护工程	赵羽利	
15		黑龙江省龙建路桥集团三公司	秦赵四标段:K10+291~LK0+286.88 桥梁工程（互通区 M、N、K、L 匝道）	杨林	
16		黑龙江省龙建路桥集团五公司	秦赵五标段:K10+291~LK0+286.88 桥梁工程（2 座）	王新贵	
17		黑龙江省龙建路桥集团一公司	秦赵六标段:K1+000~K11+000 桥梁工程（9 座）	杨明	
18		黑龙江省龙北交通工程公司	秦赵七标段:K1+000~K11+000 交通工程	马长青	
19	监理单位	黑龙江省公路工程监理咨询公司	K0+000~K77+801, K0+000~K11+100	王岩	

②秦赵段:哈伊公路秦家至赵家段公路工程项目沿线需征用大量公路用地、取土场、砂石料场占地,同时要拆迁大量的建筑物、电力电信设施,而这项工作是保证工程顺利进行、为承包人创造良好施工环境所必须进行且极其重要的一项工作。为此,成立了专门机构负责协调此事。争取到省政府及有关部门、沿线政府及有关部门的支持和帮助,出台了相应的优惠政策,在地方政府的配合下完成了征地拆迁的调查摸底工作。经过大量艰苦细致的工作,于开工前完成了征地拆迁及施工环境协调工作,保证了工程建设顺利进展。

2. 项目建设完成情况

(1) 土建工程

呼绥段:1998年完成路基土石方15.8%,涵洞29道,通道10道,桥梁基础97%,下部50%;1999年完成路基土石方82.2%,涵洞39道,桥梁主体100%,上基层33.3%,下基层53%,面层13.3%;2000年完成路基土石方2%、小桥涵洞和大中桥的桥面系工程及剩余路面工程。全线总计完成路基土石方760.2万 m^3,特大桥1座,大桥2座,中、小桥11座,涵洞及通道82道,互通区3处,分离立交桥25座,路面基层201.33万 m^3;路面面层200.88 km^2。

秦赵段:2002年完成路基土石方45%,涵洞14道,通道4道,桥梁基础100%,下部70%;2003年完成路基土石方100%,涵洞11道,桥梁主体100%,上基层5%,下基层20%;2004年完成中小桥、涵洞桥面系工程100%及剩余的路面工程。截至交工,全线总计完成路基土石方154万 m^3;中桥2座、小桥4座,涵洞及通道29道,互通区1处,分享立交桥3座,路基基层28.95万 m^2,面层28.95万 m^2。

(2) 交通工程及沿线设施

①交通工程

呼绥段:全线收费系统共安装车道设备23套,收费站中心设备6套,CCTV系统6套。监控系统安装监控中心设备1套,防雷设施3套,可变情报板2套,气象探测器1套。通信系统安装光纤数字通信系统、光纤图像系统、程控数字用户交换系统各1套,照明系统共安装高杆灯12套、中杆灯32套。

秦赵段:收费、监控、通信、照明系统全部安装完毕。全线收费系统共安装车道设备4道,车辆检测器1套,可变情报板1块,紧急电话10对。通信系统中光纤数字通信系统、光纤图像系统、程控数字用户交换系统与呼兰至绥化段高速公路同用;照明系统安装中杆灯2套。

②沿线设施

呼绥段:沿线波形板梁247569m,标志牌330块,标线32503.4 m^2,隔离栅166276m。所有工程经验收均达到了部颁公路工程优良标准。

秦赵段:沿线设施共完成波形板梁49481m,活动护栏175m,标志牌110块,标线

14406m²，隔离栅22562m。

（3）房建工程

呼绥段：沿线共设收费站5处、服务区1处，业务用房、车库、加油站、汽车维修房等，共16022m²，广场和道路54000m²，收费亭27个、栅门5座。站区建设工程通过议标确定由黑龙江省公路桥梁建设集团有限公司广建公司承建。

秦赵段：按照全省高速公路收费一卡通总体设计，将原呼兰至绥化段高速公路赵家收费站移至秦赵项目哈黑路互通匝道上建设。

（4）绿化工程

呼绥段：根据沿线和工程特点，本着绿化、美化和生物防护相结合的原则，全线共种植边坡、中央分隔带草坪38.9万m²，种植各种树木59676棵，各种花卉19106株。

秦赵段：全线共种植边坡、中央分隔带草坪20.14万m²，种植各种树木131336棵，各种花卉68942株。

（三）运营养护管理

1. 服务设施

绥化至哈尔滨段设置康金服务区1处（表8-7-12）。

鹤哈高速公路绥化至哈尔滨段服务场区一览表　　表8-7-12

高速公路编码	服务区名称	桩号	所在区域	占地（m²）	建筑面积（m²）
G1111	康金服务区	K416+500	呼兰区康金镇	56457	4979.6

2. 收费设施

绥化至哈尔滨段设置收费站5座（表8-7-13），其中在绥化市北林区设置主线收费站1座，在哈尔滨市松北区赵家屯、哈尔滨市呼兰区、哈尔滨市呼兰区康金井镇、哈尔滨市巴彦县兴隆镇红光乡设置匝道收费站4座。

鹤哈高速公路绥化至哈尔滨段收费设施一览表　　表8-7-13

收费站名称	桩号	入口车道数		出口车道数		收费方式
		总车道	ETC车道	总车道	ETC车道	
绥化主线收费站	K368+100	5	1	3	1	MTC+ETC
兴隆收费站	K385+051	2		2		
康金收费站	K415+574	2		2		
呼兰收费站	K437+481	5	1	3	1	
赵家收费站	K447+242	2		2		

3. 养护管理

绥化至哈尔滨段养护里程88.301km，设置康金、绥化2处养护工区（表8-7-14），负责养护里程分别为72.39km和15.911km。本项目自通车以来为恢复沿线设施的使用功能及原有的技术标准,2000年开始对全线的路基、路面、桥涵、绿化、交通设施等病害进行养护和治理,2008年开始进行路面车辙、桥涵病害等中修工程,2009年对5个收费站收费车道、监控系统进行升级改造,2013年对5个收费站及处监控中心、绥化站监控室机电设备进行升级改造,2015年对交通量较大的绥化收费站进行栅门、广场路面改造。

鹤哈高速公路绥化至哈尔滨段养护设施一览表　　　　表8-7-14

养护工区名称	桩　　号	路段长度(km)	占地面积(m²)	建筑面积(m²)
康金养护工区	K437+481	72.39	与呼兰站合建	
绥化养护工区	K353+000	15.911	与绥化东站合建	

4.监控设施

本项目设置绥化高速公路管理处监控中心、绥化收费站监控室(表8-7-15),负责绥化至哈尔滨段的运营监管。

鹤哈高速公路绥化至哈尔滨段监控设施一览表　　　　表8-7-15

监控设施名称	桩　　号	占地面积(m²)	建筑面积(m²)
绥化处监控中心	K447+242	与管理处合建	
绥化站监控室	K368+100	与绥化收费站合建	

5.交通流量

鹤哈高速公路绥化至哈尔滨段高速公路自2000年至2015年,交通量从1423辆小客车/日,增长至6895辆小客车/日,年平均增长率达到9.8%;从断面交通流量分析,赵家收费站、绥化收费站交通流量较大,平均达到2100辆小客车/日,呼兰收费站、康金收费站、兴隆收费站交通流量较小,平均为800辆小客车/日。见表8-7-16。

鹤哈高速公路绥化至哈尔滨段交通流量发展状况表(单位:辆小客车/日)　　　　表8-7-16

年份	2000年	2001年	2002年	2003年	2004年	2005年	2006年	2007年	2008年	2009年	2010年	2011年	2012年	2013年	2014年	2015年
绥化收费站	569	733	819	891	1018	1170	1228	1208	1900	2133	2459	2771	2112	2152	2279	2086
兴隆收费站	118	137	152	174	187	203	234	267	293	324	486	497	589	900	882	901
康金收费站	48	56	68	79	84	93	106	113	118	152	221	254	366	467	516	669
呼兰收费站	181	211	225	238	259	275	356	411	635	389	552	623	734	1211	943	1001
赵家收费站	508	634	726	799	906	964	1112	1144	1435	1419	1502	1800	1651	2020	2069	2237
全线平均	285	354	398	436	491	541	607	628	876	883	1044	1189	1090	1350	1338	1379

第八节　G12珲乌高速公路联络线G1211吉黑高速公路黑龙江段

G1211吉林至黑河高速公路(以下简称吉黑高速公路)是国家高速公路规划重要干线"珲乌高速(G12)"的联络线。规划路线由原国家重点公路黑河至通化线黑河至吉林段组成。自吉林经舒兰、哈尔滨至黑河,经过黑龙江、吉林两省,规划里程906km。黑龙江省段吉黑界至北安规划在建,北安至黑河已通。

吉黑高速公路黑龙江省段北安至黑河段(图8-8-1)是国家高速公路网和黑龙江省高速公路网的重要组成部分,是黑龙江省开展陆海联运和对俄贸易运输主要通道的关键路段。同时也是黑龙江省北部边境地区通往省域腹地最重要的快速运输通道,具有国防干线公路的重要功能。路线起点位于北安市区西北侧建华枢纽互通,接绥化至北安高速公路终点,途经北安市、五大连池市、孙吴县、瑷珲区等4个县(市、区)和5个国营农场,终点位于黑河市爱辉区二环路(现黑大公路起点)。建设里程242.63km,采用高速公路标准。其中,起点至二井子13.01km为全幅新建路段,二井子至西岗子194.885km为二级路帮宽路段,西岗子至黑河34.826km为一级改高速路段。批复概算资金42.64亿元,建设工期三年,于2009年6月开工,2011年9月交工通车。项目建成后,对加速区域路网形成,促进对俄经贸科技合作战略升级,为"八大经济区"建设起到至关重要的作用。

图8-8-1 蜿蜒穿行在林中的北黑高速公路

吉黑高速公路北安至黑河段

(一)项目概况

1. 基本情况

(1)功能定位

北安至黑河高速公路(图8-8-2)是珲春至乌兰浩特国家高速公路吉林至黑河联络线的最北段,是国家高速公路网和黑龙江省高速公路网的重要组成部分,是黑龙江省开展陆海联运和对俄贸易运输主要通道的关键路段,同时也是黑龙江省北部边境地区通往省域腹地最重要的快速运输通道。具有国防干线公路的重要功能,对龙江经济、社会发展具有重要意义,是黑龙江省公路建设"三年决战"的重点工程项目之一。

图 8-8-2　北黑高速公路一角

（2）技术标准

①技术等级：高速公路。

②设计速度：一级公路封闭路段 100km/h，其余二级公路扩建及新建路段 80km/h。

③荷载等级：公路—Ⅰ级。

④设计洪水频率：1/100。

⑤路基宽度：一级公路封闭路段 25.5m，其余二级公路扩建及新建路段 24.5m。

⑥行车道宽度：4×3.75m。

⑦最大纵坡：5%。

⑧最小平曲线半径：500m。

⑨黑河至呼玛连接线采用二级公路标准建设，设计速度 80km/h，路基宽度 12m。

⑩辅道采用三级公路标准建设，设计速度 40km/h，路基宽度 8.5m。

路面结构信息见表 8-8-1。

吉黑高速公路北安至黑河段路面结构信息汇总表　　表 8-8-1

路面形式	起讫里程	长度（m）	路面类型
刚性路面	K13+010～K153+890	140.88	水泥混凝土路面
	K184+815～K242+630	57.815	水泥混凝土路面
柔性路面	K0+000～K13+010	13.01	沥青路面
	K153+890～K184+815	30.925	沥青路面

（3）建设规模

全长 242.630km，其中起点至二井子路段 13.010km 为全幅新建，二井子至西岗子利用现有二级路帮宽路段 194.885km 为改扩建工程，西岗子至黑河利用原有一级公路封闭路段 34.826km。新建黑河至呼玛公路连接线 11.161km。辅道全长 219.393km，新建路段累计 34km，旧路利用路段累计 185.393km。

主线工程:路基土方 1289.8 万 m³,沥青混凝土路面 102.1 万 m²,水泥混凝土路面 227.8 万 m²;大桥 2217m/10 座,中、小桥 826m/23 座;分离式立体交叉 27 处,天桥 45 座,通道 17 座,互通立交 7 处,U 形转弯 1 处,服务区 4 处。

黑河至呼玛连接线工程:路基土方 32.8 万 m³,沥青混凝土路面 12.7 万 m²;大桥 165.1m/1 座,中、小桥 65.1m/1 座。

辅道工程:路基土方 227.3 万 m³,水泥混凝土路面 132.9 万 m²;大桥 252.2m/2 座,中、小桥 228.7m/8 座。

(4) 主要控制点

起点位于北安市区西北侧建华枢纽互通,接绥化至北安高速公路终点,经沾河、龙门、辰清、孙吴、西岗子镇,止于黑河(原国道 202 线与拟建黑河至布拉戈维申斯克黑龙江大桥引道交叉处)。路线所经主要控制点有北安市、二井子镇、二龙山农场、讷谟尔、沾河林业局、龙镇、龙门农场、辰清镇、孙吴县、西岗子镇、黑河市。

(5) 地形地貌

路线所处地理位置介于东经 126°25′~127°30′,北纬 48°05′~50°13′之间,位于黑龙江省北部小兴安岭山地地区。该区域属大陆性季风气候,气候寒冷而湿润,冬季寒冷漫长,夏季温和短促,年平均气温为 -1.3~0.4℃,极端最高气温 35.2℃,极端最低气温 -48.1℃。

年平均降水量在 491~540mm 之间,多集中于夏季 6~8 月,占全年总降水量的 61%~67%,积雪留存时间长。

(6) 投资规模

项目概算投资 42.64 亿元,竣工决算投资 41.79 亿元,平均每公里造价 1715.4 万元。

(7) 开工及通车、竣工时间

2009 年 6 月 8 日开工,2011 年 9 月 26 日交工验收后投入试运营,2014 年 12 月竣工。

2. 参建单位主要情况

(1) 建设单位

吉黑高速公路北安至黑河段工程建设指挥部负责组织实施。

(2) 设计单位

设计单位为黑龙江省公路勘察设计院设计。

(3) 施工单位

本项目共分为 60 个施工合同段,通过招投标由中交一公局桥隧工程有限公司、龙建路桥股份有限公司、中铁十三局集团有限公司等单位参与施工建设。

(4) 施工监理单位

本项目施工监理共分为 22 个合同段,通过招投标由黑龙江省公路工程监理咨询公司、黑龙江省远升公路工程咨询监理有限责任公司、河北华达公路工程咨询监理有限公司等单位进行施工监理工作。

(二)建设情况

1. 项目准备阶段

(1)项目审批

该项目严格执行交通基本建设程序,各个环节手续齐全,具体如下:

①2009年4月29日,国家发改委印发《关于黑龙江省北安至黑河公路工程可行性研究报告》(发改基础发〔2009〕1141号)。

②2009年1月15日,印发《关于用地进行文物勘察》(黑文考函以〔2009〕01号)。

③2008年12月26日,印发《环境影响报告书》(环审发〔2008〕603号)。

④水利部印发《关于吉林至黑河高速公路北安至黑河段工程水土保持方案的复函》。

⑤2009年6月17日,交通运输部印发《关于北安至黑河公路初步设计的批复》(交公路发〔2009〕295号)。

⑥省交通运输厅印发《关于北安至黑河公路施工设计的批复》(黑交发〔2009〕394号)。

⑦2010年9月25日,国土资源部印发《关于北安至黑河公路建设用地的批复》(国土资涵〔2010〕756号)。

⑧2010年8月11日,省交通运输厅推进组批复《吉黑高速公路安全设施、机电、绿化工程施工招标方案》(黑交推〔2010〕96号)。

⑨2010年4月6日,省交通运输厅推进组〔2010〕26号、27号文件批复《吉黑高速公路辅导、连接线招标方案》和《吉黑高速公路附属工程招标方案》。

⑩交通运输部印发《吉黑高速公路北安至黑河段工程许可批复》(交公路施工许可〔2010〕22号)。

(2)合同段划分(表8-8-2)

项目工程施工共分为60个合同段,其中主体土建工程10个合同段,包括路基、路面、涵洞工程8个合同段,桥梁工程2个合同段;辅道及连接线工程8个合同段,房建工程11个合同段,交通安全设施工程9个合同段,机电工程6个合同段,管道工程5个合同段,收费栅门3个合同段,绿化工程8个合同段。施工监理共分为22个合同段。

(3)招投标

按照《中华人民共和国招标投标法》和交通运输部颁布的《公路工程施工招标投标管理办法》《公路工程施工招标资格预审办法》《公路工程施工招标评标办法》的要求,由项目法人单位组织招标工作。

第八章 高速公路建设项目

吉黑高速公路北安至黑河段合同段划分一览表

表8-8-2

序号	参建单位	类型	参建单位名称	合同段编号及起止桩号	主要负责人	主要内容	备注
1	项目管理单位		吉黑高速公路北安至黑河段工程建设指挥部	K0+000~K242+630	张涛、尚云飞	全线工程建设	
2	勘察设计单位	工程设计	黑龙江省公路勘察设计院设计	K0+000~K242+630	刘贵君、张劲松	全线设计	
3	施工单位	土建工程	中交一公局桥隧工程有限公司	A1合同段：K0+000~K13+010	刘朔华、李强	主线路基、路面工程	
4			龙建路桥股份有限公司	A2合同段：K13+010~K41+000	梁旭源、卢立军	主线路基、路面工程	
5			中铁十三局集团有限公司	A3合同段：K41+000~K70+000	林海东、叶朝阳	主线路基、路面工程	
6			中铁一局集团有限公司	A4合同段：K70+000~K98+000	崔孝谦、文信军	主线路基、路面工程	
7			龙建路桥股份有限公司	A5合同段：K98+000~K126+000	王继东、宋彦光	主线路基、路面工程	
8			中铁十三局集团有限公司	A6合同段：K126+000~K153+824	孟庆勋、赵勇	主线路基、路面工程	
9			龙建路桥股份有限公司	A7合同段：K153+824~K184+739	崔云财、孙志利	主线路基、路面工程	
10			中交第一公路工程集团有限公司	A8合同段：K184+739~K207+803	夏志忠、谢广兴	主线路基、路面工程	
11		桥梁工程	中铁十三局集团有限公司第四工程有限公司	B1合同段：K0+000~K70+000	汉运河、徐文栋	主线桥梁工程	
12			龙建路桥股份有限公司	B2合同段：K70+000~K242+493	单志民、姜英民	主线桥梁工程	
13		连接线工程	黑河市公路工程处	L1合同段：K0+000~K11+161	王铁良、陈继先	连接线工程	
14		辅道土建工程	哈尔滨市公路工程处	FD1合同段：K0+000~K33+500	秦铭文、曲新强	辅道路基、路面工程	
15			黑龙江省龙建路第四工程有限公司	FD2合同段：K33+500~K70+100	王伟、王莹	辅道路基、路面工程	
16			佳木斯市路桥股份有限公司	FD3合同段：K70+100~K109+000	单海滨、刘龙	辅道路基、路面工程	
17			龙建路桥股份有限公司	FD4合同段：K109+000~K145+100	孔祥东、张允胜	辅道路基、路面工程	
18			黑龙江省长力建设有限公司	FD5合同段：K145+100~K182+000	梁成武、孙权	辅道路基、路面工程	
19			黑龙江省建路桥第二工程有限公司	FD6合同段：K182+000~K219+532	张立军、卢立军	辅道路基、路面工程	
20		辅道、连接线桥梁工程	龙建路桥股份有限公司	B3合同段： 辅道 K0+000~K219+532 连接线 K0+000~K11+161	姜宏波、陈彦军	辅道、连接线桥梁工程	
21		交通安全设施工程	黑龙江省北龙交通工程有限公司	SH1合同段：K0+000~K041+000	马长青、王金发	交通安全设施工程	
22			黑龙江交通实业总公司	SH2合同段：K41+000~K98+000	赵阳、苏玉林	交通安全设施工程	
23			哈尔滨交研交通工程有限责任公司	SH3合同段：K98+000~K153+824	李文波、毛欣	交通安全设施工程	
24			哈尔滨滨岛公路交通工程安装有限公司	SH4合同段：K153+824~K184+815	刘德军、王杰东	交通安全设施工程	
25			天津安弘公路交通工程安装有限公司	SH5合同段：K184+815~K207+803 LK0+000~LK11+160.7	林桂发、王丹	交通安全设施工程	
26			哈尔滨弘亿公路设施工程安装有限公司	SH6合同段：K0+000~K70+000	刘春楠、刘亚峰	交通安全设施工程	

续上表

序号	参建单位	类型	参建单位名称	合同段编号及起止桩号	主要负责人	主要内容	备注
27	施工单位	交通安全设施工程	北京汉威达交通运输设备有限公司	SH7合同段:K70+000~K153+824	陈晶、葛卫民	交通安全设施工程	
28			哈尔滨润潮交通设施有限公司	SH8合同段:K153+824~K207+803,LK0+000~LK11+161	王万新、高家堡	交通安全设施工程	
29			海南中咨泰克交通工程有限公司	SH9合同段:K0+000~K219+532，辅道	马啸良、陆晓东	交通安全设施工程	
30		房建工程	黑龙江垦区建设工程有限公司	FJ1合同段	包静伟、李木丰	龙镇服务区	
31			黑龙江百佳建筑安装工程有限公司	FJ2合同段	陈思远、迟大伟	沾河收费站	
32			黑龙江鹏程建筑有限责任公司	FJ3合同段	赵晓光、张东阳	龙门收费站	
33			黑龙江宇林建筑工程有限责任公司	FJ4合同段	邓楚平、迟刚	小兴安服务区	
34			哈尔滨市第二建筑工程公司	FJ5合同段	鲍毅强、奚思明	辰清收费站	
35			东北金城建设股份有限公司	FJ6合同段	王生、李树淼	孙吴服务区	
36			哈尔滨大东集团股份有限公司	FJ7合同段	王雅君、陈国权	孙吴收费站	
37			黑龙江国际工程技术合作公司	FJ8合同段区	刘斌先、李春阳	曹集电信服务区	
38		棚门工程	黑龙江省三建建筑工程有限公司	FJ9合同段	李盛伟、张万义	西阜子收费站	
39			中城建筑第五建筑工程有限公司	FJ10合同段	肖红梅、候小波	暧晖收费站	
40			中城建第五工程有限公司	FJ11合同段	孙红嵩、柏军成	黑河收费站	
41			南京市第六建筑安装工程有限公司	SM3合同段	仇华峰、黄涛	沾河互通、龙门互通、西岗子互通、辰清互通、爱辉互通收费站天棚	
42			黑龙江金大东建筑安装工程有限公司	SM2合同段	程永保、李孝军	孙吴互通、龙门互通收费站天棚	
43			中诚建筑第五工程有限公司	SM1	孙红嵩、柏军成	黑河主线收费站天棚	
44			南京市第五建筑安装工程有限公司	SM1	仇华峰、黄涛	合同段:沾河互通、沾河互通、龙门互通、龙门站天棚	
45		机电工程	中咨泰克交通工程有限公司	JD1合同段:K0+000~K126+000	刘国彤、吕文明	收费系统	
46			紫光捷通科技股份有限公司	JD2合同段:K0+000~K126+000	周迅、李文	监控系统	
47			黑龙江省应用电子工程有限公司	JD3合同段:K0+000~K125+000	徐俊延、张翰	通信系统、供配电及照明系统	
48			哈尔滨交研交通工程有限公司	JD4合同段:K126+000~K242+493	王雪梅、李俊基	收费系统	
49			中铁十三局集团电务工程有限公司	JD5合同段:K126+000~K242+493	陈陪刚、赵国栋	监控系统	
50			亿阳信通股份有限公司	JD6合同段:K126+000~K242+493	海海义、陈坤	通信系统、供配电及照明系统	
51		通信管道工程	南京好望系统工程有限公司	GD1合同段:K0+000~K44+000	邵泳斑、魏建军	通信管道工程	
52			北京华纬交通工程有限公司	GD2合同段:K44+000~K90+000	王景春、肖劲东	通信管道工程	
53			北京华纬交通工程有限公司	GD3合同段:K90+000~K136+200	藏卫国、姜凯	通信管道工程	
54			黑龙江省应用电子交通工程有限公司	GD4合同段:K136+200~K181+000	裴辉、沈丹	通信管道工程	
55			哈尔滨交研交通工程有限公司	GD5合同段:K181+000~K228+300	李文波、毛欣	通信管道工程	

续上表

序号	参建单位	类型	参建单位名称	合同段编号及起止桩号	主要负责人	主要内容	备注
56	施工单位	绿化工程	黑龙江省高路园林绿化公司	LH1 合同段：建华互通区	王洪成，张杰	绿化工程	
57			黑龙江省博艺园林绿化公司	LH2 合同段：K0+000~K13+010	刘锋，孙克平	绿化工程	
58			黑龙江省高路园林绿化公司	LH3 合同段：K13+010~K70+010	关红军，李德水	绿化工程	
59			哈尔滨市佰升园林绿化公司	LH4 合同段：K70+000~K98+000	冀军，晋安	绿化工程	
60			哈尔滨市金田园林绿化公司	LH5 合同段：K98+000~K126+000	刘海权，吴炯单	绿化工程	
61			哈尔滨市洪仁园林绿化公司	LH6 合同段：K126+000~K153+824	杜兴臣，孙克俭	绿化工程	
62			大庆市园林绿化公司	LH7 合同段：K153+824~K184+739	焦兴启，王杰东	绿化工程	
63			黑龙江省庆泰园林风景绿化公司	LH8 合同段：K184+739~K242+493	杨明凯，李稻	绿化工程	
64	监理单位	总监办	黑龙江华龙公路工程咨询监理公司	Z1 总监办：K0+000~K98+000	崔巍	路基、路面、桥涵、交安设施工程监理工作（包括A1~A4、B1、B2、SH1、SH2、SH6、SH710个合同段），下辖J1~J4驻地办	
65			黑龙江省远升公路工程咨询监理有限责任公司	Z2 总监办：K98+000~K242+630	方明	路基、路面、桥涵、交安设施工程监理工作（包括A5~A8、B2、SH3、SH4、SH7、SH8、SH89个合同段），下辖J5~J8驻地办	
66		主体工程及交安设施、绿化工程	黑龙江省公路工程咨询监理公司	J1 监理办：K0+000~K13+010	张学文	A1 路基路面工程、排水防护、绿化工程，B1桥梁工程，SH1、SH6交安设施工程监理工作	
67			河北华达公路工程技术有限公司	J2 监理办：K13+010~K41+000	冯照宇	A2 路基路面工程、排水防护、绿化工程，B1桥梁工程，SH1、SH6交安设施工程监理工作	
68			山东格瑞特监理有限公司	J3 监理办：K41+000~K70+000	刘玉刚	A3 路基路面工程、排水防护、绿化工程，B1桥梁工程，SH2、SH6交安设施工程监理工作	
69			黑龙江华正交通工程监理有限责任公司	J4 监理办：K70+000~K98+000	刘兴元	A4 路基路面工程、排水防护、绿化工程，B2桥梁工程，SH2、SH7交安设施工程监理工作	
70			中交国通公路工程咨询有限公司	J5 监理办：K98+000~K126+000	郝洪涛	A5 路基路面工程、排水防护、绿化工程，B2桥梁工程，SH3、SH7交安设施工程监理工作	
71			中交国通公路工程技术有限公司	J6 监理办：K126+000~K153+824	吴建超	A6 路基路面工程、排水防护、绿化工程，B2桥梁工程，SH3、SH7交安设施工程监理工作	
72			东北林业大学工程监理部	J7 监理办：K153+824~K184+739	王丕祥	A7 路基路面工程、排水防护、绿化工程，B2桥梁工程，SH4、SH8交安设施工程监理工作	
73			黑龙江省远升公路工程咨询监理有限责任公司	J8 监理办：K184+739~K207+803	薛德新	A8 路基路面工程、排水防护、绿化工程，B2桥梁工程，SH5、SH8交安设施工程监理工作	

续上表

序号	参建单位		参建单位名称	合同段编号及起止桩号	主要负责人	主要内容	备注
		类型					
74	监理单位	连接线工程	黑龙江省公路工程监理咨询公司	LZ1 总监办:K0+000~K11+161	张松涛	L1 路基路面工程,排水防护绿化工程,SH5、SH8 交安设施工程监理工作	
75		辅道工程	黑龙江远征路桥工程监理咨询有限责任公司	FZ1 总监办:K0+000~K70+100	刘文忠	FD1、FD2 路基路面工程,排水,防护工程监理工作	
76			黑龙江华正交通有限责任公司	FZ2 总监办:K70+100~K145+100	任秋勇	FD3、FD4 路基路面工程,排水,防护工程,SH9 交通工程监理工作	
77			牡丹江宏信公路工程监理有限公司	FZ3 总监办:K145+100~K219+532	王东伟	FD5、FD6 路基路面工程,排水,防护工程监理工作	
78		附属工程	黑龙江省公路工程监理咨询公司	Z3 总监办:K0+000~K144+000	王工峰	沾河互通,龙门互通,辰清互通收费系统;沾河互通,龙门互通收费站天棚	
79			黑龙江省公路工程监理咨询公司	Z4 总监办:K144+000~K207+803	李洪志	孙吴互通,西岗子互通,爱辉互通收费系统;孙吴互通,西岗子互通,爱辉互通收费站天棚黑河主线收费站天棚	
80			黑龙江省公路工程监理咨询公司	Z7 总监办:K0+000~K207+803	方明	横向管道顶推,预埋,中分带管道铺设,中分带人井,边坡人井,玻璃钢管箱安装及托架安装	
81		房建工程	黑龙江江龙建设监理所	Z5 总监办:K0+000~K144+000	李文涛	建筑结构主体,给排水,采暖,消防安全,电气照明,弱电,装饰,管网	
82			黑龙江轻工建设监理有限公司	Z6 总监办:K144+000~K207+803	杜雁	建筑结构主体,给排水,采暖,消防安全,电气照明,弱电,装饰,管网	
83	检测中心试验室	试验检测	哈尔滨工业大学	YS1 检测中心:K0+000~K207+803	陈剑	全线试验检验抽查;中心试验室直接接受指挥部指令,对指挥部负责	
84			黑龙江省交通科学研究所	ZS1 总监办试验室:K0+000~K144+000	王志萍	负责 J1~J4,A1~A4 及所辖 B 标段标准试验,验证试验,工艺试验,抽检试验,验收试验等工作;接受 Z1 总监办指令,对 Z1 总监办负责	
85			黑龙江省龙昝公路工程检测有限公司	ZS2 总监办试验室:K144+000~K207+803	徐金成	负责 J5~J8,A5~A8 及所辖 B 标段标准试验,验证试验,工艺试验,抽检试验,验收试验等工作;接受 Z2 总监办指令,对 Z2 总监办负责	
86	设计咨询单位		黑龙江省公路勘察设计院	K0+000~K242+630	刘贵君,张劲松	全线	

①2009年3月31日,有51家土建工程施工单位通过资格预审,参加本项目主线土建工程10个合同段的投标。2009年5月5日在哈尔滨市公开开标,采用无标底投标,合理低价中标方式,由中技国际招标公司评审出10家中标单位。

②2010年3月1日,有3家房建工程施工单位通过资格预审,参加本项目房建工程1个合同的投标。2010年3月1日在哈尔滨市公开开标,采用无标底投标,合理低价中标方式,确定了1家中标单位。

③2010年11月5日,有13家机电工程施工单位通过资格预审,参加本项目机电工程6个标段的投标。2010年11月5日在哈尔滨市公开开标,由评标委员会进行评审,确定6家中标单位。

④2010年11月5日,有20家交通安全设施工程施工单位通过资格预审,参加交通安全设施工程9个合同段的投标。2011年11月5日在哈尔滨市公开开标,确定了9家中标单位。

⑤2010年11月5日,有4家绿化工程单位通过资格预审,参加绿化工程2个合同的投标。2010年11月5日在哈尔滨市公开开标,确定了2家中标单位。

⑥2010年3月1日,有3家房建工程施工单位通过资格预审,参加本项目房环保及景观工程2个合同的投标。2010年3月1日在哈尔滨市公开开标,采用无标底投标,合理低价中标方式,确定了2家中标单位。

(4)征地拆迁

①工作及范围

二井子镇城郊乡、龙镇、孙吴镇、西兴乡、辰清镇、江旗乡、卧牛河乡、清溪乡、西嘉子乡、坤河乡、爱辉镇、西岗子镇及49个村。

②主要内容

a.签订协议、界定征地界限、办理永久性占地报批手续。

b.永久占地界内房屋等各种构造物的搬迁。

c.永久占地内附着物的拆除。

d.各种管线的迁移、改建,既有通信管线的改建、加高、迁移,还有电力线路的改建、加高、迁移。

e.临时及借土占地的征用。

③遵循的政策法规

a.《中华人民共和国土地管理法》。

b.《黑龙江省土地管理条例》。

④主要做法

a.设立专门组织机构。

实行"双业主"负责制,地方政府负责征地拆迁工作。为了切实保护被征地单位的合法权益,本着公开、公平、公正的原则,2008年12月19日发布了《预征地公告》,经拟征地的面积、权属及补偿标准等有关事宜予以公告,张贴到征地涉及的村。由土地部门、勘测部门、村代表对征地范围的权属、地类、面积、现状进行核实,予以确认。

b. 工作原则。

按照"从实际出发、有情操作"的工作要求,在工作中始终坚持"严格程序、公开透明、公平公正,接受监督、清正廉洁"的工作原则。

征地拆迁统计见表8-8-3。

吉黑高速公路北安至黑河段工程建设项目征地拆迁统计表　　表8-8-3

高速公路编码	项 目 名 称	征用土地(m^2)	拆迁房屋(m^2)	拆迁占地费(万元)	备注
G1211	吉黑高速公路北安至黑河段工程建设项目	6579121	79540	133685765.88	

2. 项目实施阶段

(1)主线土建工程于2009年6月8日开工,2010年9月15日完工。

(2)房建工程于2010年7月开工,2011年9月完工。

(3)机电工程于2011年4月开工,2011年9月完工。

(4)交通安全设施工程于2011年4月开工,2011年9月完工。

(5)绿化工程于2011年4月开工,2011年9月完工。

(6)2011年9月26日,黑龙江省公路局工程质量监督站根据《公路工程竣(交)工验收办法》等有关规定,由建设单位组织相关单位对吉黑高速公路北安至黑河段工程进行交工验收,交工验收工程质量评分为98.32分,工程质量等级评定为合格。

(7)2013年9月,由黑龙江省公路工程质量监督站根据《公路工程质量鉴定办法》等有关规定,对该项目进行竣工质量鉴定,工程质量评分为92.28分,等级为优良。

(8)2014年12月8～9日,受交通运输部公路局委托,省交通运输厅组织竣工验收工作,经竣工验收委员会检查和评议,同意该工程通过竣工验收,工程质量评分为94.21分,工程质量等级评定为优良。

项目建设生产要素统计见表8-8-4。

吉黑高速公路北安至黑河段工程建设生产要素统计表　　表8-8-4

项 目 名 称	建 设 时 间	钢材(t)	沥青(t)	水泥(t)
吉黑高速公路北安至黑河段	2009.6～2011.9	51000	25000	543000

(三)科技创新

1. 思路、管理创新

(1)思路创新,主要内容:精神即理念,精神即形象,精神即旗帜。研究交通精神,研究其内容实质。

（2）质量管理创新,主要内容:本项目从面向公路项目建设期质量管控实际问题的角度,以"体系构建→基础理论研究→技术方案制订→信息平台与软件系统开发"为研究思路,从体系、理论、技术平台及系统四个层次进行深入研究,旨在开发公路工程建设项目质量管控成套技术。

2. 技术创新

（1）接缝水泥混凝土路面（JPCP）使用性能评价及长期观测

专题一:水泥路面的板间传荷能力的检测及 DBI 施工技术对板间传荷能力影响分析。

专题二:水泥路面错台和平整度的检测与评估。

专题三:水泥路面结构承载能力检测与评估。

（2）冻土融化和山体滑坡路段高速公路加宽扩建工程路基稳定性技术研究

①冻土融化固结过程水分迁移机理研究。

②冻土地区上体滑舌形成机制于滑带变化研究。

③碎石桩融化冻土于加固路基机理研究。

④冻土山体与边坡水分疏导与加固技术研究。

⑤基于 D-InSAR 与 GPS 技术的地面变形监测遥测技术研究。

⑥土、水、温三场耦合条件下冻土基地固结机制研究。

⑦冻土路堑边坡滑坡及涎流冰形成机制防控技术研究。

（3）防阻雪公路护栏的研究

①护栏阻雪的调研及防阻护栏的需求分析。

②常见护栏的阻雪特点分析研究。

③防阻雪护栏的方案研究。

④防阻雪护栏的结构优化研究。

⑤防阻雪护栏的安全性能评价。

⑥防阻雪护栏的施工图设计。

⑦工程使用。

（4）寒区水泥混凝土桥面铺装技术

①依据前期研究基础的,适用于寒区简支转连续结构、连续结构等公路桥梁的水泥混凝土桥面铺装方案及其分析理论。

②桥面聚丙烯纤维增强水泥混凝土配合比设计方法。

③桥面聚丙烯纤维增强水泥混凝土施工技术。

（5）引气混凝土路面施工技术

①利用地产原材料进行引气混凝土的配合比设计。

②抗冻融施工技术指南的修订。

③施工过程技术指导。

④引气混凝土施工技术指南的修订。

⑤引气混凝土与本地区其他普通混凝土路面的性能对比。

⑥引气混凝土长期性能观测。

(四)运营养护管理

1.服务设施

全线设置龙镇、小兴安、孙吴、曹集屯4处服务区,全线服务区平均间距60km(表8-8-5)。

吉黑高速公路北安至黑河段服务场区一览表　　　　表8-8-5

高速公路编码	服务区名称	桩　号	所在区域	占地(m^2)	建筑面积(m^2)
G1211	龙镇服务区	K687+900	龙镇农场	39986	5400
	小兴安服务区	K743+400	龙门农场	39926	2000
	孙吴服务区	K806+490	孙吴县	40000	3700
	曹集屯服务区	K867+175	西岗子镇	40000	2000

2.收费设施

本项目共设置收费站7座(表8-8-6),其中在黑河设置主线收费站1座(图8-8-3),在沾河、龙门、辰清、孙吴、西岗子、瑷珲设置匝道收费站6座。

吉黑高速公路北安至黑河段收费设施一览表　　　　表8-8-6

收费站名称	桩　号	入口车道数		出口车道数		收费方式
		总车道	ETC车道	总车道	ETC车道	
沾河收费站	K698+850	2		4		MTC+ETC
龙门收费站	K734+500	2		2		
辰清收费站	K780+000	2		2		
孙吴收费站	K809+000	2		4		
西岗子收费站	K868+800	2		2		
瑷珲收费站	K875+900	2		2		
黑河收费站	K889+000	4	1	6	1	

3.养护管理

本项目由黑龙江省北安高速公路管理处管养,养护里程245km,设置讷谟尔、小兴安、孙吴、黑河4处养护工区(表8-8-7),负责养护里程分别为63km、61km、61km和60km。本项目自通车以来为恢复沿线设施的使用功能及原有的技术标准,在2009年进行扩建工程,2011年年底交付使用。

第八章
高速公路建设项目

图 8-8-3 黑河收费站

吉黑高速公路北安至黑河段养护设施一览表　　　表 8-8-7

养护工区名称	桩　号	路段长度(km)	占地面积(m²)	建筑面积(m²)
讷谟尔养护工区	K691+200	63	20000	2500
小兴安养护工区	K753+000	61	8030	1418.72
孙吴养护工区	K809+500	61	20000	2531.23
黑河养护工区	K898+600	60	26690	3127

4. 监控设施

本项目设置北安监控中心，负责全线的运营监管（表 8-8-8）。

吉黑高速公路北安至黑河段监控设施一览表　　　表 8-8-8

监控设施名称	桩　号	占地面积(m²)	建筑面积(m²)
北安监控中心	K661+000	300	300

5. 交通流量

吉黑高速公路北安至黑河段自 2012 年至 2015 年，交通量从 269 万台次递增到 332 万台次（表 8-8-9），增长率为 23%；从车型构成上来看，主要以客车和货车为主，分别占到总量的 71.5% 和 28.5%。

吉黑高速公路北安至黑河段交通流量发展状况表（单位：台次）　　　表 8-8-9

年份	2012 年	2013 年	2014 年	2015 年
沾河收费站	416411	495660	569046	667192
龙门收费站	398714	415656	463532	548143
辰清收费站	392909	410966	472129	553024
孙吴收费站	358903	377842	419290	487985
西岗子收费站	363395	342683	419290	487985
瑷珲收费站	428426	359549	360603	431690
黑河收费站	225734	187999	185580	221995
全线平均	369213	370051	412781	485431

第九节 G45 大广高速公路黑龙江省段

G45 大庆至广州高速公路(以下简称大广高速公路)连接东北、华北、华中及华南,是东北与华北地区联系的重要通道,也是京港澳国家高速公路的辅助通道。大广高速公路大庆至肇源(黑吉界)段是大广高速公路的起始路段,是大广高速公路和黑龙江省高速公路网的组成部分,也是交通部制定的《振兴东北老工业基地公路水路交通发展规划纲要》中"五纵、八横、两环、十联"东北区域骨架公路网"纵四"线(黑河—明水—大庆—松原—双辽—阜新—朝阳—承德公路)的一段。起点在大庆接已建的绥芬河至满洲里国家高速公路哈尔滨至大庆段和拟建大庆至齐齐哈尔段,向南延伸至松原市接珲春至乌兰浩特国家高速公路;在终点肇源接大广高速公路吉林境段。本项目与相关公路共同构成纵贯东北地区西部和内蒙古东部地区的省际重要运输通道,在国家和区域路网中占有重要地位。

大广高速公路大庆市鸟瞰图如图 8-9-1 所示。

图 8-9-1　大广高速公路大庆市鸟瞰图

大广高速公路大庆至肇源段

(一)项目概况

1. 基本情况

(1)功能定位

大庆至广州高速公路连接东北、华北、华中及华南,是东北与华北地区联系的重要通道,也是京港澳国家高速公路的辅助通道。大广高速公路大庆至肇源段是大庆至广州国家高速公路和黑龙江省高速公路网的组成部分,也是交通部制定的《振兴东北老工业基地公路水路交通发展规划纲要》"五纵、八横、两环、十联"东北区域骨架公路网"纵四"线

(黑河—明水—大庆—松原—双辽—阜新—朝阳—承德公路)的一段。本项目与相关公路共同构成纵贯东北地区西部和内蒙古东部地区的省际重要运输通道,在国家和区域路网中占有重要地位。

(2)技术标准

采用双向四车道,设计速度 100km/h,路基宽度为 26.0m。

大广高速公路大庆至肇源(黑吉界)段技术标准及指标见表 8-9-1。

大广高速公路大庆至肇源(黑吉界)段技术标准及指标表　　　　　　表 8-9-1

技 术 标 准	单 位	指 标
设计速度	km/h	100
路基宽度	m	26(25.5)
行车道宽度	m	4×3.75
硬路肩宽度	m	2×3.0
中央分隔带宽度	m	2.0
路缘带宽度	m	2×0.75(2×0.5)
土路肩宽度	m	2×0.75
圆曲线最小半径	m	700
最大纵坡	%	4
最小坡长	m	300
竖曲线一般最小半径	m	凸形-10000,凹形-4500
公路建筑限界	m	净宽 11.5,净高 5.0
桥涵设计安全等级		一级
设计洪水频率		1/100
汽车荷载等级		公路—Ⅰ级
交通工程及沿线设施等级		A 级

注:表中括号内数字为一级公路扩建高速公路段数值。

(3)建设规模

本项目建设里程全长 147.492km,采用高速公路建设标准。其中:新建 138.018km;利用敏字至肇源(省界)已建成一级公路,扩建高速公路 9.474km。全线共设大桥 4 座,中桥 3 座,小桥 2 座;设互通立交 8 处,设分离立交桥 40 座,通道桥 6 座,天桥 40 座;设连接线 3 条,其中一级路 11.929km,二级路 3.5km。

大广高速公路大庆至肇源(黑吉界)段路面结构见表 8-9-2。

大广高速公路大庆至肇源(黑吉界)段路面结构表　　　　　　表 8-9-2

路面形式	起讫里程	长度(m)	路面类型
刚性路面	K32+700～K33+090	390	水泥混凝土路面
	K142+905～K143+295	390	
柔性路面	K0+000～K32+700	32700	沥青路面
	K33+090～K142+905	111433	
	K143+295～K145+874	2579	

(4) 主要控制点

本项目地理位置在东经 124°58′~125°02′和北纬 45°34′~46°48′,路线基本走向是由北向南,行政区划均属大庆市。

主要城镇:大同区、永乐镇、肇源县。

主要河流:安肇新河、南引泄水干渠。

主要公路:油 23、油 27、大肇路、林肇路、明沈公路。

路线起于大庆萨尔图机场,路线终于肇源松花江大桥(6×40m T 形梁 +75m 连续刚构 +5×120m 连续刚构 +75m 连续刚构 +42×40m T 形梁,全长 2678m)黑龙江岸桥头。

(5) 地形地貌

本项目位于松嫩平原西部,自然区划属 II_3 区。路线大部分位于大庆市内,地势平坦宽阔、低洼,总体呈北高南低之势,自然坡度在 0.014% 左右,地表高程一般在 124.0~149.0m,海拔高差 4.5~25.0m。地貌属冰渍湖积低平原类型,无天然河流,只有人工河渠,泡沼众多,地表以旱田、草原及盐渍化的碱草甸子为主。根据《黑龙江省区域地质志》及相关资料,沿线地貌类型可进一步划分为一级阶地、河(湖)高漫滩及河(湖)低漫滩。

(6) 投资规模

项目概算投资 42.89 亿元,竣工决算投资 42.88 亿元,平均每公里造价 2907 万元。

(7) 开工及通车时间

2009 年 6 月开工建设,2011 年 9 月交工通车。

2. 参建单位主要情况

(1) 建设单位

本项目建设单位是大广高速公路大庆段工程建设指挥部。

(2) 设计单位

本项目设计单位是黑龙江省公路勘察设计院。

(3) 施工单位

通过招投标,本项目有 25 家施工单位中标,主要由大庆油田路桥工程有限责任公司、山西省机械施工公司、大庆建筑安装集团有限责任公司等单位参与施工建设。

(4) 施工监理单位

通过招投标,本项目由山东恒建工程监理咨询有限公司、山东东泰工程咨询有限公司、吉林省公路工程监理有限责任公司负责全线施工监理工作。

(二) 建设情况

1. 项目准备阶段

(1) 项目审批

①2008 年 8 月 28 日,交通运输部以交函规划〔2008〕162 号文件形成对工程可行性研

究报告的审查意见,补贴资金为 8.36 亿元。

②2009 年 1 月 24 日,国家发改委以发改基础〔2009〕296 号文件对项目可行性研究报告予以批复。

③2008 年 8 月 29 日,国土资源部以国土资预审字〔2008〕293 号文件对大庆至广州高速公路大庆至肇源段建设用地预审予以正式批复。

④2008 年 5 月 21 日,国家环保部以环审〔2008〕132 号文件对大广高速大庆至肇源(省界)段环境影响报告书予以正式批复。

⑤2008 年 10 月 20 日,国家水利部以水保函〔2008〕302 号文件对大广高速公路大庆至肇源(省界)段工程水土保持方案予以批复。

⑥2009 年 1 月 24 日,国家发改委以发改基础〔2009〕296 号文件对大庆至肇源(黑吉界)高速公路可行性研究报告予以批复。

⑦2009 年 4 月 1 日,交通运输部以交公路发〔2009〕69 号文件对项目初步设计予以批复。

(2)资金筹措

本项目概算总投资 42.89 亿元,国家补贴 8.79 亿元,地方自筹 13.1 亿元,银行贷款 20 亿元。竣工决算为 42.88 亿元,平均每公里造价 2 907.00 万元。

(3)合同段划分(表 8-9-3)

根据各专业的工程内容划分标段如下:

①施工标段划分为 12 个标段,房建工程 2 个标段,绿化工程 4 个标段,机电工程 2 个标段,交通安全设施工程 5 个标段。

②施工监理标段划分:根据工程内容设 3 个总监办分别管理各项工程施工。

(4)招投标

按照国家颁布的《中华人民共和国招标投标法》和交通部颁布的《公路工程施工招标投标管理办法》《公路工程施工招标资格预审办法》《公路工程施工招标评标办法》的要求,由项目招标代理单位黑龙江省信诚工程招标有限责任公司组织招标工作。

2. 项目实施阶段

(1)主线土建工程于 2009 年 6 月开工,2011 年 9 月 20 日完工。

(2)房建工程于 2010 年 5 月开工,2011 年 9 月完工。

(3)机电工程于 2010 年 5 月开工,2011 年 9 月完工。

(4)交通安全设施工程于 2010 年 4 月开工,2011 年 9 月完工。

(5)绿化工程于 2010 年 4 月开工,2011 年 9 月完工。

大广高速公路大庆至肇源（黑吉省界）段合同段划分一览表

表 8-9-3

序号	参建单位	类型	参建单位名称	合同段编号及起止桩号	主要内容	主要负责人	备注
1	管理单位		大广高速公路大庆段工程建设指挥部	K0+000～K145+874	全线建设管理	吴晓亭	
2	勘察设计单位		黑龙江省公路勘察设计院	K0+000～K145+874	全线设计	闫昌江,黄玉洁	
3	施工单位	土建工程	大庆油田路桥工程有限责任公司	A1,K17+825～K84+045	路基、涵洞工程	李书元,岳效宁	
4			山西省机械施工公司	A2,K81+750～K98+000	路基、涵洞工程	于鹏,董军	
5			大庆建筑安装集团有限责任公司	A3,K98+000～K115+250	路基、涵洞工程	王世权,陈淑芬	
6			中交第四公路工程局有限公司	A4,K115+250～K126+300	路基、涵洞工程	徐晓东,齐玉明	
7			鞍山市市政工程有限公司	A5,K126+300～K145+874	路基、涵洞工程	侯武,付国坤	
8			大庆油田路桥工程有限责任公司	B1,K17+825～K84+045	桥梁工程	谢红山,刘效永	
9			中铁二十二局集团有限公司	B2,K81+750～K115+250	桥梁工程	张付普,方怀选	
10			华通路桥集团有限公司	B3,K115+250～K145+874	桥梁工程	霍金凯,毛占青	
11			大庆油田路桥工程有限责任公司	C1,K17+825～K84+045	路面工程	赵宏生,包万忠	
12			大庆建筑安装集团有限公司	C2,K81+750～K102+000	路面工程	于建民,张众	
13			龙建路桥二公司	C3,K102+000～K122+000	路面工程	侯玉伟,周兴权	
14			中铁十三局集团有限公司	C4,K122+000～K145+874	路面工程	李书元,岳效宁	
15			承德路桥建设总公司	13:K625+569～K640+955	路面工程	于鹏,董军	
16		房建工程	大庆金磊建筑安装集团有限公司	FJ1,K17+825～K76+700		蔡连军,王科利	

第八章 高速公路建设项目

续上表

序号	参建单位	类型	参建单位名称	合同段编号及起止桩号	主要内容	主要负责人	备注
17	施工单位	房建工程	大庆建筑安装集团有限责任公司	FJ2, K81+200~K145+874		汝名,关广军	
18	施工单位	机电工程	山西四和交通工程有限责任公司	JD1, K17+825~K84+045		李士平,孙守伟	
19	施工单位	机电工程	成都曙光纤网有限责任公司	JD2, K81+750~K145+874		季凡,雷国君	
20	施工单位	绿化工程	大庆金磊园林景观有限公司	LH1, K18+120~K39+000	中央分隔带及互通立交绿化	郝连勇,李俊东	
21	施工单位	绿化工程	哈尔滨市乾达园林绿化有限责任公司	LH2, K39+000~K72+000	中央分隔带及互通立交绿化	张彦良,高忠	
22	施工单位	绿化工程	哈尔滨市宏光园林花木有限责任公司	LH3, K72+000~K105+000	中央分隔带及互通立交绿化	王海成,王鹏	
23	施工单位	绿化工程	哈尔滨市宏光园林花木有限责任公司	LH4, K105+000~K145+875	中央分隔带及互通立交绿化	王佰成,白明霞	
24	施工单位	交通安全设施工程	北京路桥方舟交通科技发展有限公司	JT1, K18+120~K60+000	标志及交安设施	刘连海,杨铁军	
25	施工单位	交通安全设施工程	河北省荣昌交通实业总公司	JT2, K60+000~K98+000	标志及交安设施	张海波,范俞	
26	施工单位	交通安全设施工程	黑龙江交通实业总公司	JT3, K98+000~K145+874	标志及交安设施	徐树臣,常奇	
27	施工单位	交通安全设施工程	哈尔滨弘亿公路施工工程安装有限公司	JT4, K17+825~K84+045	标志标线	王学龙,刘亚峰	
28	施工单位	交通安全设施工程	哈尔滨弘亿公路施工工程安装有限公司	JT5, K81+750~K145+874	标线涂料	王学龙,丁晓红	
29	监理单位	总监办	山东恒建工程监理咨询有限公司	K17+825~K84+045		冯兵辰	
30	监理单位	总监办	山东东秦工程咨询有限公司	K81+750~K115+250		田永合	
31	监理单位	总监办	吉林省公路工程监理有限责任公司	K115+250~K145+874		韦世堂	

(三)科技创新

1. 路面摊铺采用陕西中大公司 DT1600 型摊铺机

基层和面层摊铺采用陕西中大公司生产的大厚度、大宽度、高压实度、防离析 DT1600 摊铺机,输送混合料均匀,二次搅拌充分,能够有效克服卸料时摊铺机收斗引起的离析,改善了离析和中缝处离析。

2. 路缘石采用全自动路沿机滑模工艺

全自动路沿靠引线工作,具有自动找平自动沿引线找方向、定高度等功能,可在路基 ±25mm 不平的路基上铺设路沿,铺成的路沿具有线形好、表面光滑美观、整体性好等特点。该设备 1 个工作日可铺设路沿 700~1000m,生产效率高,可降低成本 30% 左右。

3. 收费广场路灯采用风光互补能源照明

全永磁悬浮风光互补能源照明系统完全利用风和太阳光能为灯具供电(无须外接电网)。该系统兼具风能和太阳能产品的双重优点,由风、光能协同发电,电能储于蓄电池中,开关智能控制,自动感应外界光线变化,无须人工操作,免除挖电缆槽沟和铺线等工程,能够避免停电影响道路照明,且施工简单,工期短。同时,还具有零电费、零排放、节能减排、绿色环保等优点,是未来照明发展的重要方向之一,如图 8-9-2 所示。

图 8-9-2　收费广场照明系统

4. 房建工程采用水源热泵系统进行供热和供冷

水源热泵是利用了地球水体所储藏的太阳能资源作为冷热源,进行能量转换的供暖空调系统。该系统以地表水为冷热源,向其放出热量或吸收热量,不消耗水资源,不会对其造成污染;省去了锅炉房及附属煤场、储油房、冷却塔等设施,水源热泵机组供热时省去了燃煤、燃气、燃油等锅炉房系统,无燃烧过程,避免了排烟、排污等污染;供冷时省去了冷却水塔,避免了冷却塔的噪声、霉菌污染及水耗。

5. 弯道、窝雪路段采用"蓄盐路面"技术

路面积雪结冰一直是冬季北方地区影响行车安全的主要因素，通常都是使用融雪剂进行除雪，但绝大多数的盐类融雪剂产品都存在腐蚀性，易腐蚀破坏道路结构和机动车辆，还会对土壤、水体和大气等造成污染，破坏生态环境。"蓄盐路面"技术，其以粉状氯化物代替矿石粉，或将氯化物颗粒表面裹附油脂替换细集料，也可用水泥和氯化物造粒做成坚固的粗集料、细集料置换碎石。混合料中的化学物质通过渗透压力和毛细管现象溶出，或因路面磨耗露出，以达到路面防冻和覆冰剥落的效果。

(四)运营养护管理

1. 服务设施

全线设置大同服务区1处，设有加油站、修理厂、餐厅、宾馆和超市等，全线服务区平均间距75km。

2. 收费设施

本项目共设置收费站8座，其中在大庆龙凤区和肇源前永利设主线收费站2座，在红岗、五厂、大同、永乐、英歌、肇源设置匝道收费站6座，车道出入口数量共计51条，其中预留ETC车道16条。

3. 养护管理

本项目由大庆市交通局大广高速管理处负责管养，养护里程147.492km，设置大同、永乐2处养护工区，负责养护里程分别为82km和65.49km。本项目自2011年9月开始通车，到目前为止没有进行过中修改造，一直都处于小修保养状态。

4. 监控设施

本项目设置1个监控中心、8处监控分中心，负责大庆至肇源（黑吉界）区域的运营监管（表8-9-4）。

大广高速公路大庆管理处路段监控设施一览表　　　　表8-9-4

监控设施名称	桩　号	占地面积(m^2)	建筑面积(m^2)
大广高速公路大庆管理处监控中心	K32+875	278	278
龙凤收费站监控分中心	K32+825	20	
红岗收费站监控分中心	K39+500	20	
五厂收费站监控分中心	K59+550	20	
大同收费站监控分中心	K75+200	20	
永乐收费站监控分中心	K118+350	20	
英歌收费站监控分中心	K127+800	20	
肇源收费站监控分中心	K137+350	20	
永利收费站监控分中心	K145+700	20	

5.交通流量

大广高速公路黑吉界至大庆段2011—2016年交通量发展状况见表8-9-5;从车辆构成上来看,主要以中小客车和特大型车为主,分别占总量的43.41%和38.18%。

大广高速公路肇源县(黑吉界)至大庆段交通流量发展状况表(单位:台次)　表8-9-5

年份	2011年	2012年	2013年	2014年	2015年	2016年
龙凤收费站	94311	1113036	1432819	1276767	1171439	708667
红岗收费站	33927	442014	586320	395396	288361	163885
五厂收费站	20264	243130	326776	277935	50103	135548
大同收费站	23169	194542	233370	282833	270810	176040
永乐收费站	11155	131554	166774	166488	166492	106662
英歌收费站	26380	234974	275585	341400	418600	298536
肇源收费站	31954	585563	355661	299569	13095	263846
永利收费站	66364	615263	701708	831865	909246	528147
全线	307524	3560076	4079013	3872253	3288146	2381331

第十节　S16依兰至兴凯湖高速公路

依兰至兴凯湖高速公路密山至兴凯湖段

(一)项目概况

1.基本情况

(1)功能定位

密山至兴凯湖高速公路工程项目,是依兰至兴凯湖高速公路的终点路段,是兴凯湖风景区对外交通的重要通道,对于完善黑龙江省骨架公路网布局、推动区域旅游产业发展、促进沿边开发具有重要意义。

(2)技术标准

采用双向四车道,设计速度80km/h,路基宽度24.5m。平曲线最小半径采用400m,最大纵坡采用5%。

S16密山至兴凯湖段路面结构见表8-10-1。

S16 密山至兴凯湖段路面结构表　　　　表 8-10-1

路面形式	起点里程	讫点里程	长度(m)	路面类型	备　注
刚性路面	K39+555	K39+925	370	水泥混凝土路面	
	MK0+075	MK0+377.396	260	水泥混凝土路面	新路互通 M 匝道
	17 座天桥桥面		9511	水泥混凝土路面	
	合计		10141		
柔性路面	K0+900	K40+375	37472	沥青路面	
	新路互通 A、B、C、D、E、F、G、H、J、M 匝道及鸡虎高速主线左右两侧		7519	沥青路面	
	SK0+000	SK2+609	2577	沥青路面	密山连接线
	LK0+05	LK2+150	1695	沥青路面	白当连接线
	合计		49263		

(3) 建设规模

本项目主线采用高速公路标准建设,密山连接线采用一级公路标准建设,白当公路连接线采用二级公路标准建设。建设总里程为 46.257km,其中高速公路 41.438km,密山连接线一级公路 2.621km,白当公路连接线二级公路 2.198km(含湿地桥 4050m/1 座)。

(4) 主要控制点

新路村、企林村、新民村、兴凯湖小镇。

(5) 地形地貌

本项目起于河谷冲积平原,地势平坦,终点位于湖前冲积平原,地势较缓略有起伏,地表植被大部分为水田、旱田、湿地。

(6) 投资规模

概算总投资 18.78 亿元。

(7) 开工及通车、竣工时间

2014 年 7 月开工建设,2016 年 6 月交工通车。

密兴高速公路建成后,有力地促进了当地旅游业的发展(图 8-10-1)。

2. 前期决策情况

(1) 前期决策背景

本项目是省道网布局中依兰—七台河—兴凯湖高速公路的终点段落,连接密山市、兴凯湖旅游度假区及建鸡高速公路。该高速公路的主要功能是提高区域高速公路网的网络化水平,强化主要区域间的横向联系,实现腹地城市与旅游景区的快速连接。

图 8-10-1　密兴高速公路与环湖路建成后的兴凯湖

（2）前期决策过程

①2013年3月19日，黑龙江省交通运输厅召开《研究密山至兴凯湖高速公路工程有关建设方案》的专家会议。

②黑龙江省发展和改革委员会于2013年5月3日，以黑发改交通函〔2013〕157号文，反馈了《关于同意密山至兴凯湖高速公路项目开展前期工作的批复》的意见。

③2013年6月5日，黑龙江省工程咨询评审中心召开关于《密山至兴凯湖高速公路工程可行性研究报告》的现场评审会。

④2014年4月21日，黑龙江省发展和改革委员会以黑发改交通函〔2014〕46号文，批复《关于密山至兴凯湖高速公路工程可行性研究报告的批复》。

3. 参建单位主要情况

（1）建设单位

本项目建设单位是黑龙江省高速公路建设局，项目执行机构是密山至兴凯湖高速公路工程建设指挥部。

（2）设计单位

本项目设计单位是黑龙江省高速公路勘察设计院。

（3）施工单位

通过招投标，本项目有龙建路桥股份有限公司、黑龙江省龙建路桥第四工程有限公司、中国铁建大桥工程局集团有限公司等12家施工单位参与建设。

（4）监理单位

通过招投标，本项目由黑龙江省公路工程监理咨询公司负责施工监理。

试验检测机构为黑龙江省工程质量道桥检测中心有限公司、黑龙江省龙丰公路工程检测有限责任公司。

(二)建设情况

1. 项目准备阶段

(1)该项目执行交通基本建设程序,从预可行性研究、工程可行性研究、初步设计、施工图设计、工程施工、监理招投标到工程开工报告的审批,各个环节手续齐全,具体如下:

①2013年6月14日,黑龙江省林业厅印发《黑龙江省林业厅关于密山至兴凯湖高速公路工程连接线路段通过兴凯湖国家级自然保护区实验区的批复》(黑林函〔2013〕216号)。

②2013年7月11日,黑龙江省文化厅基建考古办公室印发《关于密山至兴凯湖高速公路项目文物调查勘探的竣工证明》(黑文考函〔2013〕58号)。

③2013年7月23日,黑龙江省国土资源厅印发《密山至兴凯湖高速公路建设项目压覆矿产资源储量情况证明的函》(黑国土储压覆字〔2013〕139号)。

④2013年7月23日,黑龙江环境保护厅印发《关于密山至兴凯湖高速公路工程环境影响报告书的批复》(黑国土储压覆字〔2013〕139号)。

⑤2013年9月18日,黑龙江水利厅印发《黑龙江省水利厅关于密山至兴凯湖高速公路工程水土保持方案的批复》(黑水发〔2013〕631号)。

⑥2014年4月21日,黑龙江省发展和改革委委员会印发《关于密山至兴凯湖高速公路工程可行性研究报告的批复》(黑发改交通函〔2014〕46号)。

⑦2014年4月22日,密山市城乡规划处颁发《建设用地规划许可证》(地字第2013-20号)。

⑧2014年4月29日,黑龙江省交通运输厅印发《黑龙江省交通运输厅关于密山至兴凯湖高速公路工程初步设计的批复》(黑交公发〔2014〕152号)。

⑨2014年8月1日,国家林业局印发《使用林地审核同意书》(林资许准〔2014〕301号)。

⑩2014年8月1日,国家林业局印发《国家林业局关于批准密山兴凯湖高速公路项目临时占用林地的行政许可决定》(林资许准〔2014〕302号)。

⑪2015年5月23日,国土资源部印发《国土资源部关于密山至兴凯湖高速公路工程建设用地的批复》(国土资函〔2015〕318号)。

⑫2015年9月2日,黑龙江省交通运输厅印发《黑龙江省交通运输厅关于密山至兴凯湖高速公路工程施工图设计的批复》(黑交发〔2015〕261号)。

(2)资金筹措

概算总投资18.78亿元。资金来源为:交通运输部补贴资金17404万元,省投资金48395万元,开行贷款122000万元。平均每公里造价4 532.43万元。

(3)合同段划分(表8-10-2)

黑龙江 高速公路建设实录

S16 密山至兴凯湖段合同段划分一览表

表 8-10-2

序号	参建单位	类型	参建单位名称	合同段编号及起止桩号	主要内容	主要负责人	备注
1	项目管理单位		密山至兴凯湖高速公路工程建设指挥部	主线 K0+900~K40+429.196，密山连接线、白当连接线	全线建设	杨洪伟	
2	勘察设计单位		黑龙江省公路勘察设计院	主线 K0+900~K40+429.196，密山连接线、白当连接	全线设计	徐岡	
3	施工单位	土建工程	龙建路桥股份有限公司	A1 合同段：密山连接线 SK0+000~SK2+620.64 及新路互通左半幅（以鸡虎高速为界）	路基路面工程	陈少毅、梅长辉	
4			黑龙江省建路桥第四工程有限公司	A2 合同段：新路互通区右半幅（以鸡虎高速为界）及 K0+900~K2+000	路基路面工程	王沈军、王心智	
5			中国铁建大桥工程局集团第四工程有限公司	A3 合同段：K2+000~K8+000	路基路面工程	刘阳、朱洪波	
6			龙建路桥股份有限公司	A4 合同段：K8+000~K14+000	路基路面工程	李立歆、李冰	
7			中铁建大桥工程局集团第四工程有限公司	A5 合同段：K14+000~K20+000	路基路面工程	孔祥平、王乃坤	
8			龙建路桥股份有限公司	A6 合同段：K20+000~K29+000	路基路面工程	林树丰、刘振鹏	
9			黑龙江农垦建工路桥有限公司	A7 合同段：K29+000~K34+000	路基路面工程	李贺华、李栋梁	
10			黑龙江农垦建工路桥有限公司	A8 合同段：K34+000~K40+437.793 及白当公路连接线 LK0+000~LK2+198.393	路基路面工程	秦绪海、王海峰	
11		桥涵工程	黑龙江省建路桥第一工程有限公司	B1 合同段：密山连接线、互通区及主线 K0+900~K3+000 路段	桥梁、涵洞	唐鹏、杨洪波	
12			黑龙江农垦建工路桥第五工程有限公司	B2 合同段：K3+000~K40+437.793 路段、白当连接线	桥梁、涵洞	陈彦君、张大力	
13		交通安全设施工程	黑龙江交通实业总公司	JA1 合同段：主线 K0+900~K20+180、密山连接线、新路互通	交通安全设施工程	范振江	
14			哈尔滨交研交通工程有限责任公司	JA2 合同段：主线 K20+180~K40+428、白当连接线	交通安全设施工程	卜晓新	

续上表

序号	参建单位	类型	参建单位名称	合同段编号及起止桩号	主要内容	主要负责人	备注
15	施工单位	机电工程	哈尔滨交研交通工程有限责任公司	JD1 合同段	新路收费站、兴凯湖收费站、兴凯湖服务区	郑秀伟	
16		房建工程	黑龙江省广建工程建设有限责任公司	FJ1 合同段	新路收费站 K0+240	于国峰	
17			黑龙江省盛鑫建工集团有限公司	FJ2 合同段	兴凯湖收费站及服务区 K39+740	刘发	
18	监理单位	总监办	黑龙江省公路工程监理咨询公司	ZJ1 合同段	密山连接线、互通区，K1+500～K40+437.793	方明	
19		驻地监理办	黑龙江省公路工程监理咨询公司	ZD1 合同段	密山连接线及 K1+500～K20+000（A1、A2、A3、A4、A5）	姜永峰	
20			黑龙江省公路工程监理咨询公司	ZD2 合同段	K20+000～K40+437.793 及白当连接线（A6、A7、A8）	李冰	
21			黑龙江省公路工程监理咨询公司	ZD3 合同段	密山连接线、互通区，K0+900～K40+437.793、白当连接线（B1-B2）	张远航	
22		试验检测	黑龙江省工程质量道桥检测中心有限公司	SJ1 合同段	A 标：密山连接线、互通区及 K0+900～K20+000；B 标：B1 标（ZD1 所辖标段、B1 标）	王俊岩	
23			黑龙江省尧丰公路工程检测有限责任公司	SJ2 合同段	K20+000～K40+437.793 及白当公路连接线；B 标：B2 标（ZD2 所辖标段、B2 标）	毛昌伟	

根据各专业的工程内容划分标段如下：

①土建施工设 10 个标段，其中桥梁标段 2 个，路基、路面标段 7 个，路基标段 1 个；房建工程 2 个，机电工程 1 个，交安设施 2 个。

②监理设 1 个总监办、3 个驻地办、2 个中心试验室。

（4）招投标

按照国家颁布的《中华人民共和国招标投标法》和交通部颁布的《公路工程施工招标投标管理办法》《公路工程施工招标资格预审办法》《公路工程施工招标评标办法》的要求，组织招标工作。

①2014 年 5 月，有 33 家土建工程施工单位通过资格预审，参加本项目主线土建工程 10 个合同段的投标。2014 年 6 月 25 日，在黑龙江省交通运输厅招标中心 1 楼公开开标，采用合理低价法中标方式。由黑龙江省纪委驻交通运输厅纪检组、黑龙江省交通运输厅建设管理处、黑龙江省高速公路建设局、黑龙江省综合评标专家库的专家等组成评标监督组、评标委员会评审出 10 家中标单位。

②2014 年 6 月 25 日，5 家监理单位递交了 4 个监理合同段的 17 份投标文件，5 家投标单位递交了 2 个土建工程中心试验室合同段的 7 份投标文件。在黑龙江省交通运输厅招标中心 1 楼公开开标，由黑龙江省纪委驻交通运输厅纪检组、黑龙江省交通运输厅建设管理处、黑龙江省高速公路建设局、黑龙江省综合评标专家库中的专家等组成评标监督组、评标委员会评审出 1 家单位中标监理合同段，2 家单位中标中心试验室合同段。

③2015 年 4 月 8 日，有 32 家交通安全设施工程施工单位递交了 2 个交通安全设施工程合同段的 61 份投标文件，22 家机电工程施工单位递交了 1 个机电工程合同段的 22 份投标文件。2015 年 4 月 9 日，在黑龙江省交通运输厅招标中心 1 楼公开开标，采用双信封中标方式由黑龙江省纪委驻交通运输厅纪检组、黑龙江省交通运输厅建设管理处、黑龙江省高速公路建设局、黑龙江省综合评标专家库中的专家等组成评标监督组、评标委员会评审出 2 家单位中标交通安全设施工程合同段，1 家单位中标机电工程合同段。

④2015 年 9 月 1 日，有 7 家房建施工单位递交了 2 个房建工程合同段的 14 份投标文件，在黑龙江省交通运输厅招标中心 1 楼公开开标，采用双信封中标方式，由黑龙江省纪委驻交通运输厅纪检组、黑龙江省交通运输厅建设管理处、黑龙江省高速公路建设局、黑龙江省综合评标专家库中的专家等组成评标监督组、评标委员会评审出 2 家单位中标房建工程合同段。

（5）征地拆迁

①工作及范围

沿线经过密山市密山镇、和平乡、知一镇、柳毛乡、兴凯湖乡共计 5 个乡镇，13 个村。

②主要内容

a.签订征地补偿协议,界定征地界限和范围,办理永久性占地报批手续。

b.永久占地界内房屋、大棚等各类构造物的拆迁。

c.永久占地界内附着物的拆除。

d.各种电力线路、通信线路的改建、加高和迁移,各种管线的改建和迁移。

e.临时占地的征用及手续报批。

③遵循的政策法规

a.《中华人民共和国土地管理法》。

b.《黑龙江省土地管理条例》。

c.《黑龙江省人民政府关于调整征地区片综合地价的批复》(黑政函〔2010〕140号)。

d.《鸡西市人民政府关于公布实施调整后鸡西市征地区片综合地价的通知》(鸡政发〔2010〕46号)。

e.黑龙江省人民政府2011年7月18日颁布的《黑龙江省征地区片综合地价实施办法》(黑政发〔2011〕51号)。

④主要做法

a.设立专门协调、征拆工作组织机构

按三级管理体系设置密山至兴凯湖高速公路地方协调办公室,设置主任1名、副主任2名,加强各级政府对征地工作的领导和监督,形成完善的拆迁工作体系,使征地拆迁工作层层有人抓、层层有人管。各乡镇成立了相应机构,由乡镇副职牵头,专职负责本乡镇征迁及建设条件协调工作,为落实政策、落实地方工作、落实人口安置,落实征地拆迁等工作提供了组织保障。

b.征拆工作落实情况

征地拆迁工作实行群众参与,各级政府层层签订责任状,采取"四到位""四现场"的做法,即县、乡、村、户四方到场,现场丈量、现场清点、现场签字、现场盖章。

2014年3~6月,密山至兴凯湖高速公路地方协调办公室组织有关人员对沿线5个乡镇、13个村地上附着物进行了清点,登记造册,签字确认,并同时与各级政府、国有单位、集体个人签订征地拆迁合同、协议。据统计,全线共解决施工用土4191600m^3,征占永久性用地2598189m^2,征地补偿费用11099.5万元,拆迁地面附着物7658.61万元(包括征地各项税费),共计18758.11万元。

2.项目实施阶段

(1)实施过程

①主线土建工程于2014年6月30日开工,2015年8月6日完工。

②房建工程于2015年10月开工,2016年5月30日完工。

③机电工程于2015年10月开工,2016年5月30日完工。

④交通安全设施工程于2014年7月开工,2016年10月22日交工。

S16密山至兴凯湖高速公路工程建设生产要素统计见表8-10-3。

S16密山至兴凯湖高速公路工程建设生产要素统计表 表8-10-3

建设时间	钢材(t)	沥青(t)	水泥(t)	砂石料(m³)	机械工(工日)	机械(台班)
2014.6~2016.5	31318	16502	164692	2195722	2446739	275942

(2)各项活动

在全线开展"比安全、比质量、比进度、比文明施工"的"四比"活动。

(三)复杂技术工程

复杂技术工程主要为MK0+939主线现浇箱梁和装配式桥涵。

1. MK0+939主线现浇箱梁

(1)工程概况

MK0+939主线桥为密兴高速公路横跨鸡虎高速互通立交工程主线工程,荷载等级:公路—Ⅰ级;桥面宽度:0.5m防撞墙+净10.75~22.5m+0.75m防撞护栏。左幅共8联;右幅共7联,桥梁全长550.48m。

①上部结构

第5联采用预应力混凝土连续箱梁,其余各联均采用普通钢筋混凝土连续箱梁。

②下部结构

桥台采用肋板台,桥墩采用柱式墩,墩台采用桩基础。结构桥台采用肋板台,桥墩采用柱式墩,墩台采用桩基础。

(2)技术特征及难点

①施工顺序

现浇混凝土连续箱梁施工顺序:支架施工→铺设底模→绑扎底板及腹板钢筋→支立腹板模板→浇筑底板及腹板混凝土→支立顶板模板→绑扎顶板钢筋→浇筑顶板混凝土→混凝土养生→预应力张拉→支架拆除。

②支架施工

MK0+939主线桥上部结构为现浇箱梁,主线桥桥位处地质层为软土地基,现浇支架基础换填难度大。现浇支架基础采用钢管桩基础,钢护筒及管架作为立柱支撑的施工方法。此施工方法安全、速度快、沉降量小、周转时间短。

③箱梁混凝土浇筑

箱梁混凝土采用一次浇筑完成,混凝土浇筑按分层法进行现场浇筑,同一浇筑时从跨中向墩顶方向浇筑,最后浇筑墩顶两侧各3m左右或纵向施工缝3m左右范围内梁段及横隔梁,防止在浇筑过程中墩顶位置及施工缝位置出现竖向裂缝。输送泵的布料管由专人负责,控制布料地点并稳定布料管。在分段浇筑时,采用赶浆压面的浇筑方式,斜向分段、水平分层,在下一层混凝土初凝前浇筑上一层混凝土。第一层浇筑到约高出底板的位置,待底板混凝土稳定后,浇筑腹板混凝土;腹板混凝土分两层浇筑,第四层浇筑顶板和翼缘板混凝土。混凝土施工时,在箱内振捣箱梁底板混凝土,避免混凝土出现漏振情况。

2. 装配式桥涵(以装配式箱涵为主,桥梁与之相近)

(1)工程概况

装配式钢筋混凝土箱涵设计荷载:公路—Ⅰ级,结构轴线与路基线沿线夹角为0°;结构型号:XH-3.0×2.0,见表8-10-4;填土高度1.3~4.0m(顶板以上填土高度)。

S16密山至兴凯湖高速公路箱涵结构型号表　　表8-10-4

结构型号	标准宽 B_K(m)	标准高 H_K(m)	净面积 S_j(m²)	备 注
XH-3.0×2.0	3.0	2.0	6.0	整体预制,过水

节段结构由2.5m标准节段,2.5m洞口非标准节段、翼墙节段组成。每隔6~9m设置1道沉降缝,沉降缝采用弹性不透水性材料填塞。

箱涵防水采用接缝填塞遇水膨胀橡胶条的方式,内侧接缝填塞橡胶条后采用M10水泥砂浆填塞,外侧接缝采用M10水泥砂浆填塞后,沿接缝先涂一层25cm宽的911聚氨酯防水涂料,再粘贴20cm宽的SBS改性沥青防水卷材止水带。

(2)箱涵预制施工

①预制施工场地

预制施工场地清除表土后换填砂砾60cm,然后浇筑20cm厚的C30混凝土进行硬化。该场地设钢筋数字化加工场1处、预制区和箱涵存储区,预制底座6座。

②钢筋加工制作大棚

钢筋加工制作大棚采用两个移动彩钢瓦大棚,采用移动式主要考虑设备的吊装安放和钢筋母材的吊放方便。大棚内安放WG120D-2数控钢筋弯箍机及TJK-XQ120数控钢筋剪切线、立式数控钢筋弯曲中心等钢筋加工设备,以确保满足箱涵设计图纸中各种钢筋的加工精度,便于更好地控制钢筋加工质量。

③预制箱涵底座

箱涵预制可以有两种方式,一种为立式预制,另一种为卧式预制。立式预制的优点在于能确保构件的外观质量,缺点是预制后安装时需将构件翻转90°。卧式预制的优点是构件预制后不需要翻转,可直接安装,缺点是构件外观不易控制,尤其是顶面外观质量。综合考虑比较,最后采用立式预制方式。

④预制箱涵模板

考虑到装配式箱涵的预制构件精度要求较高,如果按常规的模板制作选用6mm钢板作面板,8号槽钢作背肋,则混凝土构件表面平整度不易控制。因此选择了10mm厚钢板作面板,14号槽钢作背肋,同时减小了背肋的纵横间距,通过提高模板刚度来保证混凝土表面的平整度。

⑤钢筋的加工制作

预制构件的钢筋骨架全部采用先制模后批量的加工方法,根据图纸给出的尺寸焊接拼装出钢筋骨架的胎模,骨架半成品的加工直接在胎模上完成,骨架纵横筋、箍筋、架立筋之间的连接采用二氯化碳气体保护焊点焊连接,预制构件钢筋骨架胎模采用[12号槽钢和钢板进行焊接,按照设计图纸给出的钢筋位置进行定位组装。

⑥混凝土的搅拌、运输、浇筑及养护

混凝土在拌和之前,对拌和站及各种计量设备进行调试及标定,以确保计量准确;检测粗、细集料含水率,调整施工配合比;保证混凝土有足够的拌和时间,确保混凝土拌和物的和易性及工作性,不得有离析和泌水现象;混凝土采用混凝土运输车进行运输,运输能力适应混凝土的凝结速度和浇筑速度的需要,混凝土运送到预制现场后由龙门吊将储料斗吊起放料。

混凝土浇筑前检查混凝土的和易性和坍落度等性能指标;采取措施,保证混凝土由高处倾倒时,混凝土不发生离析现象;按30cm厚分层浇筑,混凝土应连续浇筑,其间断时间小于前层混凝土的初凝时间;混凝土振捣采用插入式振捣。

⑦成品构件的堆放与养生

成品构件由龙门吊吊运至构件存储区,构件采用一层堆放,构件水平间距1.0m,成品构件在存储区采用人工洒水养生,保证每个构件有不少于7d的养生时间。

⑧装配式箱涵的运输

标准节段一节重25t左右,非标准洞口段一节重28t左右,采用大型平板拖车进行运输,一辆拖车一次运输两节箱涵节段。

预制节段运输前,详细查看运输道路。对于坡度较大路段采取填筑土方,放缓坡度;对于承载力不足的路段采取换填碎石土的方式,确保运输道路有足够的承载力;对于宽度不足路段采取加宽处理,保证运输安全。

⑨装配式箱涵的安装

装配式箱涵安装是该种施工方法中重要环节。箱涵节段安装前,按照设计要求将遇水膨胀橡胶止水条粘贴好,箱涵节段初步安装就位后,采用手拉葫芦配合汽车起重机进行微调,使两节箱涵企口缝对准拖拉就位,两节箱涵连接螺栓能互相对位,对接完成后,及时安装LSB-M25螺栓并拧紧。

箱涵预制施工图如图 8-10-2 ~ 图 8-10-5 所示。

图 8-10-2　装配式箱涵节安装

图 8-10-3　装配式箱涵钢筋安装

图 8-10-4　装配式箱涵节段运输

图 8-10-5　背贴式橡胶止水带安装

(四)科技创新

在项目管理创新、技术创新、技术推广上实现了新的突破,共计有 6 项成果。

1. 季冻区土质路堑边坡冻融稳定性研究

借鉴以往的研究成果,以应用研究为重点,突出设计的内容,形成设计指南。在对我省土质路堑边坡病害调查的基础上,针对不同区域和气候条件、地质地貌、水文与工程地质条件的土质路堑边坡进行试验观测和研究。通过对省内高等级公路的 4 ~ 5 种土质路堑边坡设计方案进行调查观测和分析对比,提出适合季冻区不同土质路堑边坡的坡率和防护措施,从而预防土质边坡坡面冲刷和剥落、坡体冻融失稳滑塌等病害的发生,实现尽量减少公路占地,达到保护公路周边的生态环境的目的。此外,通过截排地表水和疏排地下水,防止发生路基冻胀,边坡的季冻层出现冻融滑塌、涎流冰等病害的发生。

2. 低成本合成树脂交通标志板的推广应用

通过对大尺寸(2m × 2m)合成树脂交通标志板的应用研究,完善此类标志板的原材料技术标准、加工生产工艺、现场安装工艺及其他通过推广应用发现需要补充、完善的环节，最终形成完备的可适合于各种标志类型的合成树脂交通标志板生产、施工工艺，并编制《合成树脂交通标志板生产加工及施工技术指南》。

3. AH-70沥青在寒冷地区适用性能的研究

通过引进先进试验技术（美国SHRP沥青结合料试验），比较AH-70号与我省常用AH-90号沥青高温性能、低温性能和抗老化性能，评价AH-70号沥青的路用特点；同时通过AH-70号沥青混合料试验和试验路修筑，总结并提出AH-70号沥青混合料在寒冷地区高速公路施工中的技术要求。

4. 多孔连拱体系桥梁施工风险评估

针对兴凯湖27孔变孔径多孔连拱体系桥受力复杂的特点，面向拱桥施工风险设计的核心就是在施工组织设计中，以风险的思想作为出发点，采用风险评估方法对施工中的方法、工艺、施工机具、施工管理进行分析，保证施工顺利进行，减少经济损失，实现优化决策管理。

5. 寒区条件下装配式箱涵应用技术研究

预制拼装技术因其快速化、通用性和经济性等特点，在国内外的很多建设领域都取得了巨大成功，已广泛应用于桥涵工程、抢险救灾、工程辅助设施等领域。与现浇式结构相比，装配式结构具有构件质量好、施工效率高、便于拆装和运输、有效发挥其工厂化生产、机械化快速装配等优势，能够系统控制和提高施工质量，加快施工进度，发挥其装配式技术的优越性，节约工期，对促进整个项目的建设意义重大。

6. 预制拼装桥墩设计和施工关键技术研究

针对黑龙江省桥梁预制拼装成套技术研究的不足，解决桥墩预制拼装设计和施工的关键技术，推进预制拼装桥梁设计施工技术在黑龙江省的发展。

首先解决寒冷地区预制拼装桥墩、盖梁连接构造选择以及预制拼装桥墩接缝力学行为研究。在此基础上开展寒冷地区预制拼装桥墩、盖梁设计方法研究；再进一步开展预制拼装相关制备施工工艺研究，形成从设计到施工一整套工艺技术，并推动研究成果在省道示范工程中推广应用。

（五）运营养护管理

1. 服务设施

全线设置兴凯湖养护工区1处（养护工区与服务区合建），见表8-10-5。

S16 密山至兴凯湖高速公路服务场区一览表　　　　表8-10-5

高速公路编码	服务区名称	桩号	所在区域	占地(m²)	建筑面积(m²)
S16	兴凯湖服务区	K40+165	兴凯湖小镇	47096	1173

2. 收费设施

本项目公路采用"封闭式收费"。本次共设 2 个主线收费站,每个收费站 3 条入口车道、5 条出口车道(表 8-10-6)。本路采用以非接触 IC 卡为通行券的"半自动收费方式,人工判别车型、人工收费、检测器校核、闭路电视系统监视、计算机统计管理",并实施"计重收费"。

S16 密山至兴凯湖高速公路收费设施一览表 表 8-10-6

收费站名称	桩号	入口车道数		出口车道数		收费方式
		总车道	ETC 车道	总车道	ETC 车道	
新路收费站	K0+240	3	1	5	1	MTC+ETC
兴凯湖收费站	K39+740	3	1	5	1	

收费系统计算机管理分为两级:路段收费分中心计算机系统、收费站计算机系统。路段收费分中心计算机系统、收费站计算机系统采用计算机网络技术,各级计算机网络之间通过通信系统实现数据传输。

3. 养护管理

本项目养护里程 41.429km,设置兴凯湖养护工区 1 处(养护工区与服务区合建),见表 8-10-7。负责本路段的道路巡查、日常保洁、小修保养、设施维修等养护工作,中修工程实行招投标制度。

S16 密山至兴凯湖高速公路养护设施一览表 表 8-10-7

养护工区名称	桩 号	路段长度(km)	占地面积(m^2)	建筑面积(m^2)
兴凯湖工区	K40+165	41.429	47096	1173

4. 监控设施

本监控系统采用路段监控分中心两级管理体制:鸡西管理处(路段监控中心)负责全路数据、信息汇总及本管理区域的交通日常管理。外场设备按全线布设,包括微波车辆检测器、监控摄像机、可变信息标志、气象检测仪等设备。

第十一节 S19 嫩江至泰来高速公路

S19 嫩江至泰来高速公路(简称嫩泰高速公路)是纵贯黑龙江省西部地区的重要干线公路,是东北区域骨架公路网和黑龙江省骨架公路网的重要组成部分,是连接黑龙江、内蒙古、吉林三省区的重要组成部分。嫩泰高速公路建设位置分为齐齐哈尔至泰来和齐齐哈尔至嫩江两段建设。

齐齐哈尔至泰来段是嫩泰高速公路南段,起点位于齐齐哈尔东出口齐市互通,与绥满高速公路衔接,途经铁锋区扎龙乡、昂昂溪区水师镇、榆树屯镇和泰来县 8 个乡镇,主线向南,终点位于东明村南黑吉省界处,与吉林省规划线位对接,是第一条打通黑龙江省西部南下公路的大通道,进京里程缩短200多公里;向西通过37km塔子城连接线与内蒙古扎赉特旗相通,使内蒙古、黑龙江两省区紧紧相连;向北与已建成的G111国道和绥满公路相接,与我省西部路网有机结合。路线全长138.2km,总投资40.6亿元。全线有特大桥1座、大桥5座、互通式立交6处、分离式立交61处。原设计为一级公路,2008年在建设期扩建为高速公路,2010年10月交工通车,管养单位为黑龙江省齐齐哈尔高速公路管理处。

齐齐哈尔至嫩江段从南向北纵穿黑龙江省西部的齐齐哈尔和黑河两个地(市)区,南接内蒙古自治区的东南部和吉林省西部地区,北通大兴安岭地区行政公署所在地加格达奇,周边沟通省内十县(市)和内蒙古自治区四旗,是我国东北部和黑龙江省西部地区的主要经济干线,也是我省西部地区与南方各省连接的又一条公路运输大通道,在政治、经济和国防等方面,都具有十分重要的意义。嫩泰高速公路齐齐哈尔至嫩江段扩建工程是"三年决战"的重点公路建设项目。该段高速公路是我省西北部的交通主动脉,路线经过齐齐哈尔市、富裕县、讷河市、农垦九三分局,终点为黑河市嫩江县,全长233km。由黑龙江省嫩江高等级公路管理处和黑龙江省齐齐哈尔高速公路管理处共同管养。

嫩江至泰来高速公路齐齐哈尔至街基段已于2010年9月末建成并已正式通车。因考虑到与吉林坦保高速公路的对接问题,黑龙江省在修建嫩江至泰来高速公路齐齐哈尔至泰来段时预留街基至省界段未修建。2011年8月吉林省方面已经对坦保高速公路与黑龙江省齐泰高速公路的衔接位置进行了确认,本着力争与吉林省同时完工通车的目的,我省决定2014—2015年修建本项目。路线起点与已建齐泰高速公路齐齐哈尔至街基段终点顺接,终点位于黑吉两省交界处,起讫桩号为K372+850～K378+877.240,路线全长6.02km。公路等级为高速公路;齐杜路互通,位于齐齐哈尔市昂昂溪区水师镇,中心桩号位于嫩泰高速公路K251+538.199处,为B形单喇叭互通,共5条匝道,全长3.241km。设收费站1处。

一、嫩泰高速公路齐齐哈尔至泰来段

(一)项目概况

1. 基本情况

(1)功能定位

嫩江至泰来高速公路是纵贯我省西部地区的重要干线公路,是东北区域骨架公路网和我省骨架公路网的重要组成部分,是连接黑龙江、内蒙古、吉林三省区的重要经济干线。齐齐哈尔至泰来段现有公路设计等级和通行能力较低,已无法满足当地经济发展对交通运输的需求。为完善东北区域及我省高速公路网,改善沿线交通环境,加强区域内经济联系,促进当地经济社会发展,嫩泰高速公路齐齐哈尔至泰来段的建设有着重要意义。

（2）技术标准

设计速度100km/h，路基宽度24.5m，行车道宽度4×3.75m，桥面净宽2×10.5m，设计荷载公路—Ⅰ级，最大纵坡4%，停车视距160m，设计洪水频率1/100。

嫩泰高速公路齐泰段路面结构如表8-11-1所示。

嫩泰高速公路齐泰段路面结构表　　　　　表8-11-1

路面形式	起点里程	讫点里程	长度（m）	沥青路面
柔性路面	L0+000	K143+608.66	143609	沥青路面
	LK1+525.203	LK37+993.36	36950	

（3）建设规模

该项目建设里程全长138.218km，采用高等级公路建设标准；全线路基土方1049.26万m³；沥青混凝土路面308.70万m²；水泥混凝土路面49.09万m²；特大桥1432.52m/1座；大桥1574m/6座；中桥304.2m/5座；小桥150.1m/5座；涵洞96道；互通式立体交叉6处；分离式立体交叉61处；通道涵42道。全线共设服务区3处，收费站6座。另建设三级公路连接道3.4km，四级公路连接道13.9km，采用三级公路标准建设。全线设互通6处（含1处扩建），分离立交25处，车行天桥51座，通道涵4道。

（4）路线走向及主要控制点

该项目起自绥满高速公路K772+815处，经果园村查罕诺、三岱屯、三间房编组站、大兴镇、五桥新村、于现铁路嫩江大桥下游1300m处跨越嫩江，再经江桥镇、白其吐村、前泰山村、东泰湖风景区、哈拉千吐屯、丰田村，终点于街基村。主要控制点：齐齐哈尔市、水市森林公园、汤池镇、大兴镇、嫩江大桥、江桥镇、平洋镇、克利镇、泰来镇、街基村。

（5）地形地貌

项目处于松嫩平远北部，属平原区地形，平均海拔高度在144~159m之间，地势起伏不大，无山，地表多为农田及湿地，间有部分沙丘。

（6）投资规模

项目概算总投资405517.65万元。

（7）开工及通车、竣工时间

2008年4月开工建设，2010年10月交工通车。2013年4月27日通过竣工验收。

2.前期决策情况

（1）前期决策背景

嫩江至泰来高速公路是纵贯我省西部地区的一条重要干线公路，本项目齐齐哈尔至泰来段是嫩泰高速公路南段，是黑龙江省"十一五"重点公路建设项目之一，也是"2736"交通基础设施建设规划的重要组成部分，在东北地区和黑龙江省公路网中占有很重要的位置。2004年9月，为配合东北老工业基地调整改造振兴，由黑龙江、吉林、辽宁三省联合组成综合课题组，对东北地区公路、水路交通进行了科学、全面的规划，并编制完成《振兴东北老工业基地公路、水路发展规划纲要》,将东北区域骨架公路网归纳为"五纵、八横、两环、十联"的总体布局,规划的纵五线为嫩江至丹东公路,本项目是该纵线的组成段落。

(2)前期决策过程

在国家实施"振兴东北老工业基地"战略的有利环境下,为适应黑龙江省"十一五"及今后经济社会发展的需要,优化全省骨架公路布局,改善路网结构,提高公路建设决策的科学性和交通资源的利用效率,黑龙江省交通厅于2006年1月编制完成《黑龙江省骨架公路网规划(2006—2020年)》和《黑龙江省高速公路网规划纲要》,黑龙江省发改委以黑发改交通〔2007〕45号文件批复予以实施。嫩江至泰来高速公路作为我省西部地区的重要南北通道规划其中,本项目齐齐哈尔至泰来段是嫩泰高速公路的南段,按照黑龙江省公路水路交通十一五规划安排,于2007—2009年实施一级公路建设。

黑龙江省公路勘察设计院于2005年12月完成《齐白公路齐齐哈尔至泰来段工程可行性研究报告》,2006年7月根据黑龙江省交通厅初审意见进行了修编。2006年9月完成初步设计,黑龙江省发改委以黑发改建字〔2006〕90号文件对该项目初步设计进行了批复,同意按照设计速度100km/h的一级路标准实施建设。黑龙江省公路勘察设计院根据省发改委的批复和省交通厅对初步设计的专家评审意见,于2007年7月完成施工图设计。项目于2008年4月正式开工建设。

3. 参建单位主要情况

(1)建设单位

本项目建设单位是黑龙江省齐泰公路工程建设指挥部。

(2)设计单位

本项目勘察设计单位是黑龙江省公路勘察设计院、佳木斯公路勘察设计院。

(3)施工单位

通过招投标,本项目主要施工单位有龙建路桥股份有限公司、中铁十三局等。

(4)施工监理单位

通过招投标,本项目主要监理单位有黑龙江省公路工程监理咨询公司、黑龙江省远升公路工程咨询监理有限责任公司等。

(二)建设情况

1. 项目准备阶段

(1)项目审批

该项目严格执行交通基本建设程序,从预可行性研究、工程可行性研究、初步设计、施工图设计、工程施工、监理招投标及工程开工报告的审批,各个环节手续齐全,具体如下:

①2007年2月8日,黑龙江省交通厅印发《黑龙江省交通厅关于成立黑龙江省齐泰公路工程建设指挥部的通知》(黑交发〔2007〕48号)。

②2007年4月26日,黑龙江省国土资源厅复函《关于齐白公路齐齐哈尔至泰来(省界)段公路工程建设项目用地预审意见》(黑国土资预审字〔2007〕20号)。

③2007年11月27日,中共黑龙江省高速公路建设局委员会印发《中共黑龙江省高速公路建设局委员会关于同意齐泰公路工程建设指挥部成立当总支部的批复》(黑高建党发〔2007〕21号)。

④2008年10月28日,黑龙江省国土资源厅复函《关于嫩江至泰来高速公路齐齐哈尔至泰来段工程建设用地预审意见》(黑国土资预审字〔2008〕10号)。

⑤2007年6月12日,黑龙江省文化厅基建考古办公室回复《关于齐白公路齐齐哈尔至泰来(省界)段建设工程文物调查勘探重新批复有关事宜的函》(黑文考函〔2007〕5号)。

⑥2008年8月8日,黑龙江省发展和改革委员会印发《关于嫩江至泰来高速公路齐齐哈尔至泰来段工程可行性研究报告的批复》(黑发改交通〔2008〕768号)。

⑦2009年12月31日,黑龙江省交通运输厅印发《黑龙江省交通厅关于嫩江至泰来高速公路齐齐哈尔至泰来段工程施工图设计的批复》(黑交发〔2009〕386号)。

⑧2009年7月8日,黑龙江省公路学会印发《嫩泰高速齐齐哈尔至泰来段扩建工程施工图设计咨询审查意见》(黑公学咨字〔2009〕5号)。

⑨2011年7月11日,黑龙江省交通运输厅印发《关于嫩泰高速齐齐哈尔至泰来段机电工程施工图设计的批复》(黑交发〔2011〕268号)。

⑩2011年7月11日,黑龙江省交通运输厅印发《关于嫩泰高速齐齐哈尔至泰来段房建工程施工图设计的批复》(黑交发〔2011〕511号)。

⑪2012年4月25日,黑龙江省交通运输厅印发《关于嫩泰高速齐齐哈尔至泰来段联通大道互通新增绿化工程的批复》(黑交发〔2012〕132号)。

⑫2006年11月28日,黑龙江省发展和改革委员会印发《关于齐白公路齐齐哈尔至泰来(省界)段工程初步设计的批复》(黑发改交通〔2006〕970号)。

⑬2008年10月30日,黑龙江省发展和改革委员会印发《关于嫩泰高速齐齐哈尔至泰来段工程初步设计的批复》(黑发改交通〔2008〕919号)。

⑭2008年9月18日,黑龙江省高速公路建设局印发《黑龙江省高速公路建设局关于齐白公路齐齐哈尔至泰来(省界)段工程施工图的批复》(黑高建发〔2008〕215号)。

(2)资金筹措

项目概算总投资405517.65万元,资金来源包括交通部车购税资金、省补贴资金、国家开发银行贷款和地方配套资金。竣工决算363006.46万元。

(3)合同段划分(表8-11-2)

根据各专业的工程内容划分标段如下:

嫩泰高速公路齐泰段合同段划分一览表

表 8-11-2

序号	参建单位	类型	单位名称	合同段编号及起止桩号	主要负责人	主要内容	备注
1	项目管理单位		黑龙江省嫩江至泰来高速公路齐泰来至泰来段工程建设项目指挥部	K0+000～K143+608.666	田林	全线建设	
2	勘察设计单位		黑龙江省公路勘察设计院	K0+000～K143+608.666	雷明臣	全线设计	
3	施工单位	路基工程	龙建路桥股份有限公司	A1 合同段 K0+000～K7+000	许冬	路基工程	
4			大庆建筑安装集团有限责任公司	A2 合同段 K7+000～K14+000	李军	路基工程	
5			中铁十三局集团有限公司	A3 合同段 K14+000～K22+000	叶朝阳	路基工程	
6			辽宁交通建设集团有限公司	A4 合同段 K22+000～K29+000	刘永强	路基工程	
7			湖南郴州路桥有限公司	A5 合同段 K29+000～K36+500	修旭东	路基工程	
8			龙建路桥股份有限公司	A6 合同段 K36+500～K47+400	曲德春	路基工程	
9			绥化市公路桥梁工程有限公司	A7 合同段 K47+400～K58+000	比荣昌	路基工程	
10			龙建路桥股份有限公司	A8 合同段 K58+000～K69+249.24	李立歆	路基工程	
11			中铁二十四局集团有限公司	A9 合同段 K69+850.76～K72+385.97	王海波	路基工程	
12			深圳市市政工程总公司	A10 合同段 K73+813.89～K80+200	李志秋	路基工程	
13			龙建路桥股份有限公司	A11 合同段 K80+200～K88+500	孙雪峰	路基工程	
14			中交隧道工程局有限公司	A12 合同段 K88+500～K98+500	蒋帅	路基工程	
15			龙建路桥股份有限公司	A13 合同段 K98+500～K109+000	梁旭谦	路基工程	
16			中铁十三局集团有限公司	A14 合同段 K109+000～K120+000	于立谦	路基工程	
17			内蒙古自治区公路工程局	A15 合同段 K120+000～K129+800	吕振国	路基工程	
18			佳木斯市路桥工程有限公司	A16 合同段 K129+800～K143+608.666	赵宗宇	路基工程	
19			中铁十三局集团第四工程有限公司	A17 合同段 K0+000～K22+000	叶朝阳	路基工程	
20			龙建路桥股份有限公司	A1 合同段 K22+000～K47+000	修旭东	路基工程	
21			龙建路桥股份有限公司	A19 合同段 K47+400～K73+813.89	张兰涛	路基工程	
22			黑龙江农垦建工路桥	A20 合同段 K73+813.89～K98+500	袁斌	路基工程	
23			北京城建三公司	A21 合同段 K98+500～K120+000	周玉虎	路基工程	
24			哈尔滨市公路工程处	A22 合同段 K120+000～K143+608.666	王文跃	路基工程	

续上表

序号	参建单位	类型	单位名称	合同段编号及起止桩号	主要负责人	主要内容	备注
25	施工单位	桥涵工程	中铁十三局集团有限公司	B1合同段桥、涵工程施工	张世强	桥、涵工程	
26			中铁十三局集团有限公司	B2合同段桥、涵工程施工	蔡兆明	桥、涵工程	
27			龙建路桥股份有限公司	B3合同段桥、涵工程施工	尹文臣	桥、涵工程	
28			中铁十三局集团有限公司	B4合同段桥、涵工程施工	黄广涛	桥、涵工程	
29			江西井冈路桥(集团)有限公司	B5合同段桥、涵工程施工	孔繁华	桥、涵工程	
30			中铁十三局集团第四工程有限公司	B6合同段桥、涵工程施工	蔡兆明	桥、涵工程	
31			龙建路桥股份有限公司	B7合同段桥、涵工程施工	王伟波	桥、涵工程	
32			龙建路桥股份有限公司	B8合同段桥、涵工程施工	何吉刚	桥、涵工程	
33			龙建路桥股份有限公司	B9合同段桥、涵工程施工	陈亚光	桥、涵工程	
34			中国水电建设集团路桥工程有限公司	B10合同段桥、涵工程施工	何竞学	桥、涵工程	
35			龙建路桥股份有限公司	B11合同段桥、涵工程施工	安玉超	桥、涵工程	
36		支线工程	中铁十三局集团有限公司	C1合同段 ZK0+000~ZK8+234	刘长安	支线土建工程	
37			龙建路桥股份有限公司	C2合同段 LK1+525.203~LK11+000	路魏	支线土建工程	
38			龙建路桥股份有限公司	C3合同段 LK11+000~LK20+000	包国斌	支线土建工程	
39			龙建路桥股份有限公司	C4合同段 LK20+000~LK29+000	徐忠臣	支线土建工程	
40			鸡西市路桥建设总公司	C5合同段 LK29+000~LK37+993.362	李艳军	支线土建工程	
41			大连四方公路工程有限公司	C6合同段 LK1+525.203~LK20+000	沈广军	支线土建工程	
42			大连四方公路工程有限公司	C7合同段 LK20+000~LK37+993.362	刘景泉	支线土建工程	
43		路面工程	温州交通建设集团有限公司	D1合同段 K0+000~K22+000	肖剑	路面工程	
44			龙建路桥股份有限公司	D2合同段 K22+000~K47+000	曲德春	路面工程	
45			龙建路桥股份有限公司	D3合同段 K47+400~K73+813.89	李金杰	路面工程	
46			龙建路桥股份有限公司	D4合同段 K73+813.89~K98+500	魏学海	路面工程	
47			大庆建筑安装集团有限责任公司	D5合同段 K98+500~K120+000	张永发	路面工程	
48			龙建路桥股份有限公司	D6合同段 K120+000~K143+608.666	孙祥柱	路面工程	

续上表

序号	参建单位	类型	单位名称	合同段编号及起止桩号	主要负责人	主要内容	备注
49		机电工程	紫光捷通科技股份有限公司	E1 合同段	周迅	全线机电工程	
50			陕西大成电力科技有限责任公司	E2 合同段	龚兆德	全线机电工程	
51			中城建第五工程局有限公司	F1 合同段	孙宏嵩	江桥服务区、江桥收费站	
52			齐翔建工集团有限公司	F2 合同段	刘树元	塔子城收费站	
53			黑龙江垦区龙垦建筑工程总公司	F3 合同段	迟晓春	泰来服务区、泰来收费站	
54			黑龙江宇林建筑工程有限公司	F4 合同段	韩鹏	街基收费站	
55			北京市朝阳田华建设集团有限公司	F5 合同段	周存文	昂昂溪服务区	
56		房建工程	北京城建三建设集团有限公司	F6 合同	邱正清	昂昂溪收费站	
57	施工单位		哈尔滨市第一建筑工程公司	F7 合同段	刘兵	大兴收费站	
58			黑龙江省安装工程公司	F8 合同段	程永保	昂昂溪收费站、大兴收费站收费天棚	
59			江苏鑫鹏钢结构工程有限公司	F9 合同段	张胜果	江桥收费站、塔子城收费站收费天棚	
60			黑龙江农垦建工有限公司	F10 合同段	王新顺	街基收费站收费天棚	
61			黑龙江省北龙交通工程有限公司	J1 合同段 K0+000～K32+252	周景新	昂昂溪支线	
62			哈尔滨交研交通工程有限责任公司	J2 合同段 K32+252～K72+384	赵满仓		
63		交通安全设施工程	黑龙江交通实业总公司	J3 合同段 K72+384～K98+500	许景春		
64			天津华安公路交通工程有限公司	J4 合同段 K98+500～K143+608.66	于庆华	塔子连接线、泰来支线、主线二级路	

第八章 高速公路建设项目

续上表

序号	参建单位	类型	单位名称	合同段编号及起止桩号	主要负责人	主要内容	备注
65	施工单位	交通安全设施工程	黑龙江省北龙交通工程有限公司	J5合同段 K0+000～K72+384	周景新	昂昂溪支线、大兴支线	
66			北京汉威达交通运输设备有限公司	J6合同段 K72+384～K143+608.66	李兵	江桥支线、塔子城连接线、泰来支线、主线二级路	
67			海南中咨泰克交通工程有限公司	J7合同段 K0+000～K72+384	陈晓东	昂昂溪支线、大兴支线	
68			哈尔滨交研交通工程有限责任公司	J8合同段 K72+384～K143+608.66	于立群	江桥支线、塔子城连接线、泰来支线、主线二级路	
69			北京汉威达交通运输设备有限公司	J9合同段 K0+000～K143+608.666	徐秋江	昂昂溪服务区	
70		绿化工程	黑龙江省桐嘉园林绿化有限责任公司	L1合同段 K0+000～K22+000	吕薇	昂昂溪收费站及支线	
71			哈尔滨市秀水绿化工程有限责任公司	L2合同段 K22+000～K47+000	宋传祥	昂昂溪收费站及支线	
72			哈尔滨市东方园林绿化工程有限公司	L3合同段 K47+400～K73+813.89	郭玉昌	大兴收费站及支线	
73			齐齐哈尔市绿都园林绿化工程有限责任公司	L4合同段 K73+813.89～K98+500	董广林	江桥服务区、收费站及支线	
74			黑龙江省海天园林工程有限公司	L5合同段 K98+500～K120+000	刘立军	塔子城收费站及支线	
75			大庆市坤元环境艺术工程有限公司	L6合同段 K120+000～K143+608.666	关卫东	泰来服务区、收费站及支线	
76			格林生态工程有限公司	L7合同段	李焕强	齐齐哈尔互通、昂昂溪互通	
77			黑龙江格林生态环境艺术工程有限公司	L8合同段	李焕强	大兴互通区、江桥互通区、塔子城互通区、泰来互通区	
78		管道工程	黑龙江省北龙交通工程有限公司	T1合同段	李德才	昂昂溪服务区	
79			哈尔滨交研交通工程有限公司	T2合同段	毛欣志	昂昂溪收费站	
80			中国公路工程咨询集团有限公司	T3合同段	夏士臣	大兴收费站	

续上表

序号	参建单位	类型	单位名称	合同段编号及起止桩号	主要负责人	主要内容	备注
81		桥梁工程	黑龙江省公路工程建理咨询有限责任公司	第一监理办 K0+000~K22+000	高维军	A1、A2、A3、A17、B1、D1合同段	
82			黑龙江省远升公路工程咨询监理有限公司	第二监理办 K22+000~K47+400	李晖	A4、A5、A6、A18、B5、C1、D2合同段	
83			黑龙江省公路工程咨询监理公司	第三监理办 K47+400~K72+358.97	康巍	A7、A8、A9、A19、B2、D3合同段	
84			黑龙江省远升公路工程咨询监理有限责任公司	第四监理办 K73+813.89~K98+500	卞冠军	A10、A11、A12、A20、B3、D4合同段	
85	监理单位		黑龙江华龙公路工程咨询监理公司	第五监理办	毛丽	A13、A14、A21、B4、D5合同段	
86			东北林业大学工程监理部	第六监理办 K120+000~K143+608.666	于长发	A15、A16、A22、B4、D6合同段	
87			黑龙江省公路工程监理咨询公司	第七监理办 K73+235~K76+705	李昶	B3、B4合同段	
88			黑龙江省公路工程建理监理公司	第八监理办 K4+700~K37+993.363	崔巍	C2、C3、C4、C5、C6、C7合同段	
89			黑龙江省公路工程咨询监理公司	第九监理办 K1+791~K67+535	李洪志	B6、B7、B8合同段	
90			黑龙江省远升公路工程咨询监理有限责任公司	第十监理办 K77+615.78~K135+125	刘玉彬	B9、B10、B11合同段	
91		机电工程	北京泰克华诚技术信息咨询有限公司	机电一监办 K0+000~K136+924.927	王玉林	全线机电工程	
92			北京兴通交通工程监理有限责任公司	机电二监办 K0+000~K136+924.927	马达	全线机电工程	
93		房建工程	齐齐哈尔市鑫城建设工程监理有限公司	房建一监办	何士刚	F1、F2、F3、F8合同段	
94			黑龙江清宇建设工程监理有限责任公司	房建二监办	李巍	F4、F5、F6、F7合同段	
95		交通安全设施	黑龙江华正交通监理有限公司	交通监理办	张轩	J1、J2、J3、J4、J5、J6、J7、J8、J9合同段	
96		绿化工程	黑龙江清宇建设工程监理有限责任公司	绿化一监办	胡少国		
97			黑龙江华正交通监理有限公司	绿化二监办	徐斌		
98		管道工程	黑龙江省中信通信建设工程监理有限责任公司	管道监理办	集隆祥	通信管理工程	
99		防洪工程	黑龙江省水利四处工程有限公司	S01	华福明		
100		机电工程	紫光捷通科技股份有限公司	E3	龚兆德		

①项目主体共设 46 个土建工程施工合同段,其中路基合同段 22 个、路面合同段 6 个、桥梁合同段 11 个、支线合同段 7 个;附属工程共设 34 个施工合同段,其中通信管道合同段 3 个、房建合同段 10 个、绿化合同段 8 个、交通安全设施合同段 9 个、机电合同段 3 个、防洪合同段 1 个。

②项目主体共设 10 个施工监理合同段、2 个试验检测合同段;共设 8 个附属工程监理合同段。

(4)招投标

按照国家颁布的《中华人民共和国招标投标法》和交通部颁布的《公路工程施工招标投标管理办法》《公路工程施工招标资格预审办法》《公路工程施工招标评标办法》的要求,由项目法人单位组织招标工作。

①2007 年 9 月 18 日有 166 家资格预审申请人递交了本项目 26 个合同段的共 632 份资格预审申请文件,最终 149 家单位的 477 份文件通过了资格预审评审。由黑龙江省交通科学研究所、黑龙江省公路工程造价管理总站、黑龙江省公路收费管理局、黑龙江省交通实业总公司、黑龙江省齐泰公路工程建设指挥部等单位组成评标委员会。

②2007 年 10 月 26 日确定了 A3、A4、A9、B3、B4 五家中标单位。

③2008 年 1 月 29 日确定了 A1、A2、A5 ~ A8、A10 ~ A16、B1、B2、B5、C1 ~ C5 二十一家中标单位。

④2008 年 8 月 22 日确定了 D1 ~ D6、C6、C7 八家中标单位。

⑤2009 年 1 月 19 日确定了 A17 ~ A22、B6 ~ B11 十二家中标单位。

⑥2009 年 5 月 11 日确定了 T1 ~ T3 三家中标单位

⑦2009 年 9 月 9 日确定了 F1 ~ F7 七家中标单位。

⑧2009 年 10 月 19 日确定了 E1、E2 二家中标单位。

⑨2009 年 9 月 10 日确定了 J1 ~ J9 九级中标单位。

⑩2009 年 9 月 7 日确定了两家房建工程监理中标单位。

⑪2009 年 10 月 17 日确定了两家机电工程监理中标单位。

⑫2009 年 9 月 7 日确定了两家机电工程监理中标单位。

⑬2009 年 10 月 19 日确定了 L1 ~ L8 八家中标单位

⑭2009 年 10 月 17 日确定了两家绿化工程监理中标单位。

⑮2010 年 4 月 29 日确定了两家服务区绿化中标单位。

⑯2010 年 4 月 29 日确定了 F8 ~ F10 三级中标单位。

(5)征地拆迁

①工作及范围

该项目起自绥满公路 K772 + 815 处,经果园村查罕诺、三岱屯、三间房编组站、大兴镇、五桥新村、于现铁路嫩江大桥下游1300m处跨越嫩江,再经江桥镇、白其吐村、前泰山村、东泰湖风景区、哈拉千吐屯、丰田村,终点位于街基村。主要控制点:齐齐哈尔市、水市森林公园、汤池镇、大兴镇、嫩江大桥、江桥镇、平洋镇、克利镇、泰来镇、街基村。

②主要内容

a.签订协议、界定征地界限、办理永久性占地报批手续。

b.永久占地界内房屋等各种构造物的搬迁。

c.永久占地内附着物的拆除。

d.各种管线的迁移、改建,既有通信管线的改建、加高、迁移,还有电力线路的改建、加高、迁移。

e.临时及借土占地的征用。

③遵循的政策法规

a.《中华人民共和国土地管理法》。

b.《黑龙江省土地管理条例》。

c.《中华人民共和国城市房地产管理法》。

d.《中华人民共和国房地产估价规范》。

e.《哈尔市城市房屋拆迁评估技术规范》。

f.《齐齐哈尔市房屋重置价格标准》。

g.《房屋拆迁许可证》。

h.《关于更新市区城镇国有土地使用权基准地价的通知》(齐政发〔2003〕53号)。

④主要做法

a.设立专门组织机构

按三级管理体系设置安置办公室,加强各级政府对征地工作的领导和监督,形成完善的拆迁工作体系,使征地拆迁工作层层有人管、层层有人抓。

省政府成立了"黑龙江省高速公路建设领导小组"。各市、县成立了相应机构,负责本市、县段的征迁及建设环境协调。形成了在省政府领导下的专门负责征地拆迁工作的领导体系和专门机构。为落实政策、落实地方工作、落实人口安置、落实征地拆迁提供了组织保证。

b.落实承包责任制

征地拆迁工作实行群众参与,各级政府层层签订责任书,采取"四到位""四现场"的做法,即县、乡、村、户四方到场,现场丈量、现场清点、现场签字、现场盖章。

指挥部组织有关人员对沿线地上附着物进行了清点、登记造册、签字确认。2008年6月18日与齐齐哈尔市新天房地产估价咨询有限公司签订了房地产拆迁估价委托协议书,与齐齐哈尔市鹤城房屋拆迁承办有限责任公司签订了齐泰公路建设房屋动迁安置委托承办协议书。

c. 积极跑办取土用地

及时为施工单位解决土源;做到"当年取土,当年退耕,当年耕种"。据统计,全线路基土方 1049.26 万 m^3,征地总面积 186.276hm^2,其中农用地 166.6881hm^2,林地 55.2357hm^2,建设用地 6.2889hm^2,未利用地 13.299hm^2;拆迁电力设施 70 处,电信设施 53 处,坟地 7800m^2。

嫩泰高速公路齐齐哈尔至泰来(省界)段征地拆迁统计见表 8-11-3。

嫩泰高速公路齐齐哈尔至泰来(省界)段征地拆迁统计表　　表 8-11-3

高速公路编码	项目名称	征地拆迁安置起止时间	征用土地(亩)	拆迁房屋(m^2)	拆迁占地费(万元)	备注
S19	嫩泰高速公路齐齐哈尔至泰来(省界)段工程建设项目	2008.6~2008.12	2511.58	8977	2519	

2. 项目实施阶段

(1)实施过程

①主线土建工程于 2008 年 5 月开工,2010 年 9 月完工。

②房建工程于 2008 年 10 月开工,2005 年 11 月完工。

③机电工程于 2009 年 10 月开工,2010 年 9 月完工。

④交通安全设施工程于 2009 年 9 月开工,2010 年 9 月完工。

⑤绿化工程于 2010 年 5 月开工,2010 年 7 月完工。

⑥2010 年 9 月,黑龙江省公路工程质量监督站对该项目的主体工程和交通安全设施工程进行了交工质量检测,出具了《交工验收质量检测报告》。齐泰公路工程建设指挥部依据《公路工程竣(交)工验收办法》(交通部令 2004 年第 3 号)和《公路工程质量检验评定标准》(JTG F80—2004)的规定,组织参建的设计单位、施工单位和监理单位进行了交工验收,评定工程质量得分 98.10 分,评定工程质量合格。

⑦2012 年 10 月,依据《公路工程质量鉴定办法》,黑龙江省公路工程质量监督站对该项目进行了工程质量鉴定,出具了《公路工程质量鉴定报告》,工程质量鉴定得分 94.71 分,评定工程质量为优良等级。

⑧2013 年 4 月,竣工验收委员会根据交工验收结论和质量监督机构所做的竣工验收质量鉴定报告,按照《公路工程竣(交)工验收办法》(交通部令 2004 第 3 号)和《公路工程竣(交)工验收办法实施细则》(交公路发〔2010〕65 号)的规定,对工程质量进行了评议。评定工程质量得分 95.47 分,工程质量等级为优良。

嫩泰高速公路齐泰段建设生产要素统计见表 8-11-4。

嫩泰高速公路齐泰段建设生产要素统计表　　表 8-11-4

路线编号	建设时间	钢材(t)	沥青(t)	水泥(t)	路基土石方(m^3)
S19	2008.4~2010.9	13000	50000	217000	1049000

(2)各项活动(项目法人或执行机构开展的与质量、进度等有关的活动)

①在全线开展"比安全、比预防措施、比施工便道、比驻地和施工现场卫生、比质量、比生产进度"的"六比"活动。

②广泛开展向许振超同志学习的活动。

(三)复杂技术工程

复杂技术工程主要为嫩江特大桥。

1. 工程概况

坐落在嫩江下游的嫩江公路大桥连接齐齐哈尔和白城,是黑龙江西部高速公路主干道。嫩江特大桥主桥采用预应力混凝土连续梁方案,自北向南由齐齐哈尔岸至泰来岸跨径组合为 $2\times(5\times30)m+4\times30m+5\times30m$ 预应力混凝土简支转连续箱梁 $+(85+3\times128+85)m$ 预应力混凝土连续箱梁 $+5\times30m+5\times30m$ 预应力混凝土简支转连续箱梁,北引桥长 574.33m,南引桥长 304.19m,桥梁全长 1432.52m。

主桥结构为预应力混凝土连续箱梁,跨径布置为 $85m+3\times128m+85m$,全长 554m。主桥总体布置满足Ⅳ级航道单孔双向的通航要求,并留有备用通航孔。

引桥主要结构为钻孔桩基础,肋板式桥台,圆柱式桥墩,30m 预应力混凝土现浇转连续箱梁;主桥主要结构形式为钻孔桩基础,重力式墩身,预应力混凝土连续箱梁。

混凝土总用量为 38288.86m³,钢筋总用量为 4198.26t。

桥梁横向全宽 26m,双向四车道。桥面横向布置为:0.5m(防撞护栏)+11.5m(车行道与路缘带)+0.75m(防撞护栏)+0.5+0.75m(防撞护栏)+11.5m(车行道与路缘带)+0.5m(防撞护栏),车行道横坡2.0%。连续梁边跨与主跨的跨径之比为0.66。

主墩、过渡墩采用实体墩墩身,桩基础,设三角形破冰体。

主桥桥面铺装采用 10cm 防水混凝土、防水层、9cm 沥青纤维混凝土。内、外侧设型钢护栏,护栏底座外侧宽度为 50cm,内侧宽度为 75cm。

2. 设计标准

(1)技术等级:一级公路,设计速度 100km/h。

(2)汽车荷载等级:公路—Ⅰ级。

(3)桥梁横向布置:嫩江大桥全宽 26m,双向四车道。桥面横向布置为:$2\times[0.5m($外侧防撞护栏$)+11.5m($行车道$)+0.75m($内侧防撞护栏$)]+0.5m($中央分隔带$)$。

(4)设计洪水频率:$p=1/300$。

(5)地震作用:地震动峰值加速度系数为 $0.087g$,按 $0.1g$ 设防。

(6)桥面纵坡与竖曲线:桥面纵坡 1.5%、-2.45%。曲线要素为 $R=16000m$,$T=$

316.00m, $E=3.12$m。

(7)桥面横坡:行车道双向2.0%。

(8)设计基准期:100年。

(9)设计安全等级:一级。

(10)环境类别:Ⅱ类。

3. 施工特点

桥位处水文情况复杂,汛期时间较长,下部钻孔桩孔深较长、孔径小,基础埋置较深,下部施工难度大。

4. 施工重点

主墩围堰筑岛施工及主桥连续梁挂篮悬浇施工方案的确定。

5. 施工难点

主墩钻孔桩施工,挂篮悬浇施工,合龙段施工。

嫩江特大桥全景图如图8-11-1所示。

图8-11-1 嫩江特大桥全景图

(四)科技创新

齐泰项目以提高工程质量、加快施工进度、降低工程造价、有利保护环境、破解技术难题为目标,积极配合科研院所搞好科研课题研究,推动科研课题成果转化,为确保实现工程建设目标提供有力的技术支持,为黑龙江省公路施工技术积累丰富经验。主要科研课题如下:

1. 寒冷地区沥青混凝土桥面铺装材料与技术研究

当前北方地区公路工程沥青路面的开裂破坏依然十分严重,在地处我国北方的黑龙江省这一问题显得尤为重要。通过寒冷地区沥青混凝土桥面铺装材料与技术研究,在科学、客观的试验方法基础上,明确适用于黑龙江省典型地区与公路的灌缝材料,并通过合理的施工技术保证其灌缝效果、耐久性,对于保证沥青路面耐久性、乘车舒适性及经济性具有重要的工程实际意义。

2. 季冻区粉砂土路基应用技术的研究

齐泰公路工程建设项目路线处于松嫩平原北部,沿线所经地区的土质,表层1~10m一般为粉砂土,针对当地沙石材料短缺的情况设计就地取材,用粉砂土填筑路基,以缓解筑路材料缺乏的局面。该项目的研究不仅可以降低公路的工程造价,缩短工期,还有很大的推广前景。我国现有沙漠面积168.9万km^2,占国土面积的17.6%,因此研究沙土填筑路基技术具有重要意义。

3. 寒冷地区大跨径预应力混凝土连续梁桥裂缝与变形控制研究

黑龙江省有一部分已建或在建的大跨径桥梁出现了一些缺陷和病害,主要表现在主梁施工和运营阶段出现裂缝、变形控制不准确,桥梁后期变形过大等。这些缺陷严重影响了结构的安全性和耐久性,给桥梁使用带来了不利影响。项目针对上述问题开展研究,通过研究解决大跨径预应力混凝土连续梁桥裂缝与变形过大的核心问题,保证施工质量和桥梁的使用安全,提高桥梁耐久性,延长桥梁使用寿命,另外也为黑龙江省其他同类桥梁建设积累经验,提供向导,避免在公路建设上产生同类质量问题,从技术上保证工程进度和工程质量。

4. 粉砂土路基边坡生态防护技术研究

本项目在陆域范围内土壤结构特性及养分状况研究的基础上,通过植物护坡能力综合测定、监测、分析与评价,构建典型的地段路域边坡生态防护技术试验示范区,提出特殊土质条件下土路基边坡生态防护技术模式,为黑龙江省西部特殊土质条件下的高等级公路生态恢复提供科学依据和可广泛应用的技术模式,有效解决特殊土壤条件下公路建设的生态恢复技术难题,对改善寒区高等级公路生态环境、提高公路运营质量促进我国寒区高等级公路建设与发展具有重要意义。

(五)运营养护管理

1. 服务设施

本项目设置昂昂溪、江桥、泰来3处服务区,见表8-11-5。

嫩泰高速公路齐泰段服务场区一览表　　　表8-11-5

高速公路编码	服务区名称	桩　　号	所在区域	占地(m^2)	建筑面积(m^2)
S19	昂昂溪服务区	K250+000	昂昂溪区	10500	3587
S19	江桥服务区	K318+000	江桥镇	14400	2635
S19	泰来服务区	K358+300	泰来县	19200	3125

2. 收费设施

本项目共设置收费站 7 座,匝道出入口数量共计 28 条,其中 ETC 车道 4 条,见表 8-11-6。

嫩泰高速公路齐泰段收费设施一览表　　表 8-11-6

收费站名称	桩号	入口车道数		出口车道数		收费方式
		总车道	ETC 车道	总车道	ETC 车道	
昂昂溪收费站	K261+000	2		4		MTC+ETC
水师营收费站	K539+337	2	1	4	1	
大兴收费站	K296+000	2		2		
江桥收费站	K313+300	2		2		
塔子城收费站	K347+000	2		3		
泰来收费站	K356+000	2		4		
街基收费站	K370+000	2	1	5	1	

3. 养护管理

本项目养护里程 138.3km,设置昂昂溪、泰来 2 处养护工区,见表 8-11-7。

嫩泰高速公路齐泰段养护设施一览表　　表 8-11-7

养护工区名称	桩　号	路段长度(km)	占地面积(m^2)	建筑面积(m^2)
昂昂溪养护工区	K261+000	68.5	2255	980
泰来养护工区	K313+300	69.8	2255	1025

4. 交通流量

嫩泰高速公路2010—2015 年交通量从 14226 辆小客车/日,增长至 32170 辆小客车/日,年平均增长率达到 9.49%;从车辆构成上来看,主要以中小客车和特大型车为主,分别占到总量的 43.41% 和 38.18%(表 8-11-8)。

嫩泰高速公路齐泰段交通流量发展状况表(单位:辆小客车/日)　　表 8-11-8

年份	2011 年	2012 年	2013 年	2014 年	2015 年
昂昂溪收费站	216	232	280	305	351
水师营收费站	0	0	0	0	146
大兴收费站	520	546	572	650	734
江桥收费站	511	586	622	693	814
塔子城收费站	134	172	190	311	285
泰来收费站	314	402	490	596	631
全线平均	476	798	801	879	911

二、嫩泰高速公路齐齐哈尔至嫩江段

(一)项目概况

1. 基本情况

(1)功能定位

项目路线起点位于齐齐哈尔种畜场嫩泰高速公路与绥满高速公路枢纽互通北端,经塔哈镇、富裕县、二道湾镇、团结乡、拉哈乡、讷河市、老莱镇、伊拉哈镇、双山镇、鹤山农场、前进镇,终点位于嫩江县良种场东侧与鹤嫩公路相接。齐齐哈尔市是国家重型装备制造业基地,目前沿线各市综合经济存在产业结构不合理、经济发展不平衡等问题,交通基础设施落后是制约经济快速发展的因素之一,该项目的建设,将形成连接各市的交通大动脉,可缩短时空距离,为区域工业及农、牧业基地的建设、资源开发及扩大对外开放提供良好的交通环境。

(2)技术标准

采用双向四车道,设计速度100km/h,路基宽度根据路线穿越地点不同有24m、24.5m、25.5m三种形式,圆曲线最小半径采用700m,最大纵坡4%,桥涵设计荷载采用公路—Ⅰ级。

嫩泰高速公路齐齐哈尔至嫩江段路面结构见表8-11-9。

嫩泰高速公路齐齐哈尔至嫩江段路面结构表　　　表8-11-9

路面形式	起点里程	讫点里程	长度(m)	路面类型
柔性路面	K4+468	K212+133	227435.38	沥青路面
刚性路面	K201+670	K201+890	220	水泥混凝土路面

(3)建设规模

该项目利用现有一级公路和在建二级公路按照高速公路标准进行扩建。路线全长230.67km,其中,利用现有一级公路141.637km,在建一级公路4.2km,利用在建二级公路帮宽扩建84.833km。按照三级公路标准新建辅道17.137km,改造辅道181.248km,全线共设置互通式立体交叉7处,分离式立体交叉30处,通道25道,天桥59座,管线交叉1道,主线过水兼通道桥5道。

(4)主要控制点

齐齐哈尔市、富裕县、讷河市、老莱镇、农垦九三分局、前进镇、嫩江县。

(5)地形地貌

项目位于黑龙江松嫩平原西部,嫩江中游,属平原微丘区,路线范围内地势平坦开阔,高差起伏小,地形条件简单。

(6)投资规模

项目概算投资24.33亿元,竣工决算投资21.89亿元,平均每公里造价949万元。

(7)开工及通车、竣工时间

2008年4月开工建设,2010年8月交工通车。2012年11月24日通过竣工验收。

2. 前期决策情况

为促进跨区域经济协调发展,国务院于2007年批准了《东北地区振兴规划》,将东北三省及内蒙古东部三市两盟统一划为东北地区振兴、经济合作区域,要求将这一地区建成综合经济发展水平较高的经济增长区。嫩泰高速公路的建设将为黑龙江、吉林西部与内蒙古东地区实现跨区域合作提供通畅、快速、便捷的交通条件,促进区域间的经济互动与交流,为实现东北地区振兴战略提供交通保障。为确保省第十次党代会提出的黑龙江省今后五年发展目标,省委省政府提出"经济发展需要交通先行,黑龙江发展交通是第一位的,必须以战略眼光加快交通发展步伐"的指导意见,并作出了"统一思想,举全省之力,进一步加快公路建设"的总体部署。嫩泰高速公路作为黑龙江省西部地区重要的纵向干线和出省通道,纳入了全省公路三年建设目标,规划于2008—2010年全面建设高速公路,本项目齐齐哈尔至嫩江段是嫩泰高速公路的北段。经黑龙江省交通厅授权,黑龙江省公路勘察设计院2008年6月完成该项目工程可行性研究报告的编制工作。

3. 参建单位主要情况

(1)建设单位

本项目建设单位是国道G111线工程建设指挥部。

(2)设计单位

本项目设计单位是黑龙江省公路勘察设计院。

(3)施工单位

通过招投标,本项目由龙建路桥股份有限公司、新疆北新路桥建设股份有限公司、吉林省中盛路桥工程有限公司40家施工单位参与建设。

(4)施工监理单位

本项目由黑龙江省公路工程监理咨询公司、东北林业大学工程监理部、黑龙江省远升公路工程咨询监理有限责任公司、大庆市龙凤区工程建设监理有限公司、黑龙江省轻工建设监理有限公司、北京泰克华诚技术信息咨询有限公司负责施工监理。

(二)建设情况

1. 项目准备阶段

(1)项目审批

该项目严格执行交通基本建设程序,各个环节手续齐全,具体如下:

①2008年8月5日,黑龙江省发改委印发《关于嫩江至泰来高速公路齐齐哈尔至嫩江段工程可行性研究报告的批复》(黑发改交通〔2008〕769号)。

②2008年7月12日,黑龙江省工程咨询评审中心印发《关于嫩江至泰来高速公路齐齐哈尔至嫩江段工程可行性研究报告评估报告》(黑工咨能字〔2008〕98号)(含会议纪要)。

③2008年10月17日,黑龙江省文化厅基建考古办印发《关于G111齐齐哈尔至嫩江段公路扩建工程已经文物调查勘探竣工函》(黑文考函〔2008〕61号)。

④2009年4月16日,黑龙江省水利厅印发《嫩江至泰来高速公路齐齐哈尔至嫩江段工程水土保持方案准予水行政许可决定书》(黑水保许可〔2009〕24号)。

⑤2008年11月12日,黑龙江省环境保护厅印发《关于嫩江至泰来高速公路齐齐哈尔至嫩江段工程环境影响报告书的批复》(黑环函〔2008〕318号)。

⑥2008年10月28日,黑龙江省国土资源厅印发《关于嫩江至泰来高速公路齐齐哈尔至嫩江段工程建设用地预审意见的复函》(黑国土资预审字〔2008〕102号)。

⑦2009年5月27日,中华人民共和国国土资源部印发《关于嫩江至泰来高速公路齐齐哈尔至嫩江段工程建设用地的批复》(国土资函〔2009〕737号)。

⑧2008年10月29日,黑龙江省发改委印发《关于嫩江至泰来高速公路齐齐哈尔至嫩江段初步设计的批复》(黑发改建字〔2008〕920号)。

⑨2009年12月31日,黑龙江省交通运输厅印发《关于嫩江至泰来高速公路齐齐哈尔至嫩江段工程施工图设计的批复》(黑交发〔2009〕387号)。

⑩2009年7月20日,黑龙江省公路学会印发《嫩泰高速齐齐哈尔至嫩江段扩建工程施工图设计咨询审查意见》(黑公学咨字〔2009〕7号)。

(2)资金筹措

本项目概算总投资24.33亿元,交通运输部补贴5.2亿元,省自筹3.32亿元,共计8.52亿元作为项目资本金,申请银行贷款15.81亿元。

(3)合同段划分(表8-11-10)

根据各专业的工程内容划分标段如下:

①工程设计全部由黑龙江省公路勘察设计院负责。

②施工标段划分:根据工程内容的不同,土建工程23个标段,房建工程6个标段,交通安全设施工程3个标段,机电工程4个标段,绿化工程4个标段。

③施工监理标段划分:设置2个总监办公室,负责全线施工监理工作;8个土建工程驻地监理办,负责监理区段内路基路面工程及桥涵工程;1个驻地监理办负责交通安全设施、绿化工程的施工监理工作;1个驻地监理办负责机电工程的施工监理工作;2个房建工程驻地监理办负责全线的房建工程施工监理。

第八章 高速公路建设项目

嫩泰高速公路齐齐哈尔至嫩江段合同段划分一览表

表 8-11-10

序号	参建单位	类型	参建单位名称	合同段编号及起止桩号	主要内容	主要负责人	备注
1	项目管理单位		国道 G111 线工程建设指挥部	K4+468～K212+133	全线建设	刘德海	
2	勘察设计单位	工程设计	黑龙江省工程勘察设计院	K4+468～K212+133	工程设计	白义松	
3			龙建路桥股份有限公司	KA1,K4+678～K25+000	路基路面	郑立君 熊立京	
4			龙建路桥股份有限公司	KA2,K25+000～K55+000	路基路面	周晓峰 王凤阳	
5			龙建路桥股份有限公司	KA3,K55+000～K70+000	路基路面	宁芳海 张凯之	
6			龙建路桥股份有限公司	KA4,K70+000～K102+000	路基路面	冯延春 刘淼	
7			新疆北新路桥建设股份有限公司	KA5,K102+000～K119+000	路基路面	杨蕙峥 王庆军	
8			吉林省中盛路桥工程有限公司	KA6,K119+000～K142+500	路基路面	李平 赵立芳	
9			龙建路桥股份有限公司	KA7,K127+300～K144+000	路基路面	张国强 刘洪涛	
10			龙建路桥股份有限公司	KA8,K144+000～K168+000	路基路面	唐向前 孙永山	
11			龙建路桥股份有限公司	KA9,K168+000～K190+000	路基路面	杨琳 张雪松	
12	施工单位	土建工程	龙建路桥股份有限公司	KA10,K190+000～K212+133	路基路面	衣永承 顾茏彬	
13			龙建路桥股份有限公司	KB1,K4+678～K24+496.5	桥梁涵洞	陆学东 李佑明	
14			龙建路桥股份有限公司	KB2,K26+550～K54+661	桥梁涵洞	王占强 姜志刚	
15			华通路桥集团有限公司	KB3,K55+080～K69+290	桥梁涵洞	张公禄 李伟	
16			龙建路桥股份有限公司	KB4,K72+385～K101+504	桥梁涵洞	高洪刚 邓十生	
17			龙建路桥股份有限公司	KB5,K103+608～K118+935	桥梁涵洞	王薪宁 刘涛	
18			龙建路桥股份有限公司	KB6,K122+027.4～K142+500	桥梁涵洞	孔繁华 张春生	
19			龙建路桥股份有限公司	KB7,K4+678～K83+000	桥梁涵洞	宋景波 喻学武	
20			龙建路桥股份有限公司	KB8,K83+000～K142+500	桥梁涵洞	杨洪波 杨铁锋	
21			龙建路桥股份有限公司	KB9,K125+060～K142+894	桥梁涵洞	高永志 赫荣久	
22			龙建路桥股份有限公司	KB10,K144+178～K160+831	桥梁涵洞	韩业辉 张传辉	
23			中铁二十三局集团第二工程有限公司	KB11,K161+662.5～K178+978.5	桥梁涵洞	丁延彬 姜洪波	
24			中铁十三局集团第四工程有限公司	KB12,K179+957.8～K202+893	桥梁涵洞	樊洪波 赵月亭	
25				KB13,K203+350～K212+108	桥梁涵洞	李林 李朝智	
26		交通安全设施施工	黑龙江省北龙交通工程有限公司	KF1,K4+678～K143+150	交通工程	张春秋 王金发	
27			黑龙江省北龙交通工程有限公司	KF2,K123+150～K169+700	交通工程	杨静 刘先进	
28			黑龙江交通实业总公司	KF3,K169+700～K212+133	交通工程	范振江 许剑明	

续上表

序号	参建单位	类型	参建单位名称	合同段编号及起止桩号	主要内容	主要负责人	备注
29	参建单位	机电工程	哈尔滨交研交通工程有限责任公司	KH1,K4+678~K143+150	通信工程	于立群 王银涛	
30			哈尔滨交研交通工程有限责任公司	KH2,K123+150~K212+133	通信工程	赵满仓 郭又胜	
31			哈尔滨交研交通工程有限责任公司	KH3,K4+678~K143+150	通信工程	王雪梅 毛欣	
32			北京云星宇交通工程有限公司	KH4,K123+150~K212+133	通信工程	王占军 陈日强	
33		绿化工程	黑龙江高路园林绿化有限责任公司	KG1,K4+678~K143+150	绿化	关红军 江明	
34			黑龙江庆泰风景园林工程有限公司	KG2,K123+150~K155+600	绿化	李培樱 张志相	
35			黑龙江高路园林绿化有限责任公司	KG3,K155+600~K183+900	绿化	杨明凯 付滨生	
36			哈尔滨市洪仁园林绿化有限公司	KG4,K183+900~K212+133	绿化	杜兴臣 何志君	
37		房建工程	黑龙江农垦区龙垦建工有限公司	KE1,K20+750,K55+080,K32+900	房建	张弘煖 张守宁	
38			牡丹江市大东建设工程总公司	KE2,K61+000,K106+450	房建	王辉 刘大伟	
39			黑龙江省黑建一建筑工程有限责任公司	KE3,K125+550,K142+500	房建	张新忠 朱彬	
40			黑龙江宇林建筑工程有限责任公司	KE4,K144+000,K146+450	房建	曹振宝 丛德文	
41			黑龙江国际工程技术合作公司	KE5,K174+414,K191+300	房建	赵丽军 迟刚	
42				KE6,K201+780,K211+330	房建	汤国权 王恒礼	
43	监理单位	总监办	黑龙江省公路工程监理咨询公司	总监办(讷嫩段) KA7~KA10,KB9~KB13		李宏基	
44				第一驻地办 KA7,KB9		景成乾	
45			黑龙江省公路工程监理部			罗新民	
46			黑龙江省远升公路工程咨询监理有限责任公司	第二驻地办 KA8,KB10,KB11		冯俊友	
47			黑龙江省远升公路工程咨询监理有限责任公司	第三驻地办 KA9,KB12		姜飞	
48		驻地监理办		第四驻地办(齐讷段) KA1~KA6,KB1~KB8		赵凯	
49			黑龙江省公路工程监理咨询公司	总监办(齐讷段) KA1~KA6,KB1~KB8		邓洪吉	
50			黑龙江省公路工程监理咨询公司	第五驻地办 KA1,KA2,KB1,KB2		姚景奎	
51			黑龙江省公路工程监理咨询公司	第六驻地办 KA3,KB3,KB7		赵飞	
52			黑龙江省公路工程监理咨询公司	第七驻地办 KA4,KA5,KB5		刘冲	
53			黑龙江省公路工程监理咨询公司	第八驻地办 KA6,KB6,KB8		韩德路	
54			大庆市龙凤区工程建设监理有限公司	第九驻地办 KE1~KE3		王孝琴	
55			黑龙江省轻工建设监理有限公司	第十驻地办 KE4~KE6		胡鑫	
56			北京泰克华信息技术咨询有限公司	第十一驻地办 H1~H4		胡鑫	
			北京泰克华信息技术咨询有限公司	第十二驻地办 F1-F3,KG1~KG4			

(4)招投标

按照国家颁布的《中华人民共和国招标投标法》和交通部颁布的《公路工程施工招标投标管理办法》《公路工程施工招标资格预审办法》《黑龙江省公路工程施工招标投标管理暂行办法》等文件的规定,结合本项目实际,拟定了嫩泰高速公路齐齐哈尔至嫩江段工程施工招标工作方案。

①2008年12月9日下午3时,共收到主体工程23个标段79家单位的228份资格预审申请文件。本次评审由招标人从省交通厅评标专家库总随机抽取评审专家,在省交通厅招标中心于封闭的情况下进行评审工作,2008年12月9~11日经过专家评审,共有58家单位的143份资格预审申请文件通过了资格审查。

②2009年1月16日,即招标文件购买截止时间,共有52家资格预审通过单位购买了本项目土建工程施工招标23个合同段的121份招标文件;文件递交截止时间为2009年2月18日上午10时。47家投标人递交了本项目23个合同段共105份投标文件,经评标委员会评审,推荐中标候选人,公开开标,采用合理低价法确定了23家土建工程中标单位。

③2009年1月16日,即招标文件购买截止时间,共有3家监理单位购买了本项目土建工程施工监理招标10个合同段的30份招标文件,文件递交截止时间为2009年2月18日上午10时。3家投标人递交了本项目10个合同段共30份投标文件,经评标委员会评审,推荐中标候选人,公开开标,采用合理低价法确定了10家监理中标单位。

④2009年6月8日,即招标文件购买截止时间,共有17家单位购买了本项目机电工程施工招标4个合同段的22份招标文件,文件递交截止时间为2009年7月23日上午10时。15家投标人递交了本项目4个合同段共21投标文件,经评标委员会评审,推荐中标候选人,公开开标,采用合理低价法确定了4家机电工程中标单位。

⑤2009年6月8日,即招标文件购买截止时间,共有25家单位购买了本项目房建工程施工招标6个合同段的25份招标文件,文件递交截止时间为2009年7月23日上午10时。25家投标人递交了本项目6个合同段共25投标文件,经评标委员会评审,推荐中标候选人,公开开标,采用合理低价法确定了6家房建工程中标单位。

⑥2009年6月8日,即招标文件购买截止时间,共有9家单位购买了本项目交通安全设施工程施工招标3个合同段的18份招标文件,文件递交截止时间为2009年7月23日上午10时。9家投标人递交了本项目3个合同段共18投标文件,经评标委员会评审,推荐中标候选人,公开开标,采用合理低价法确定了3家交通安全设施中标单位。

⑦2009年6月8日,即招标文件购买截止时间,共有6家单位购买了本项目绿化工程施工招标4个合同段的12份招标文件,递交截止时间为2009年7月23日上午10时。6家投标人递交了本项目4个合同段共12投标文件,经评标委员会评审,推荐中标候选人,

公开开标,采用合理低价法确定了4家绿化工程中标单位。

⑧2009年6月12日,即招标文件购买截止时间,共有10家监理单位购买了本项目附属工程施工监理招标4个合同段的12份招标文件,文件递交截止时间为2009年7月23日上午10时。10家投标人递交了本项目4个合同段共12投标文件,经评标委员会评审,推荐中标候选人,公开开标,采用合理低价法确定了4家附属工程中标单位。

(5)征地拆迁

①工作及范围

沿线主要经过齐齐哈尔市、富裕县、讷河市、老莱镇、农垦九三分局、前进镇、嫩江县。

②主要内容

a. 签订协议、界定征地界限、办理永久性占地报批手续。

b. 永久占地界内房屋等各种构造物的搬迁。

c. 永久占地内附着物的拆除。

d. 各种管线的迁移、改建,既有通信管线的改建、加高、迁移,还有电力线路的改建、加高、迁移。

e. 临时占地的征用。

③主要做法

在初步设计阶段,按国家有关规定设计标准优化设计方案,严格控制建设用地规模,节约、集约利用土地。前期准备阶段,指挥部按照《中华人民共和国土地管理办法》和《黑龙江省土地管理条例》等有关规定,对土地、林木、草原、电信等认真做好征地补偿安置等各项资金的落实工作,切实维护被征地农民的合法权益,依法办理建设用地审批手续。积极与齐齐哈尔市交通局及齐齐哈尔市两区一县地方政府主要领导建立密切联系,赢得地方的理解和支持,在两区一县分别成立了地方协调办公室,为项目征地拆迁工作创造良好的外部环境,为项目顺利进行提供保障。

该项目占地总面积467.213hm^2,其中占农用地385.544hm^2(耕地291.366hm^2,基本农田191.367hm^2),建设用地62.631hm^2,未利用地19.038hm^2。

2. 项目实施阶段

(1)实施过程

①主线土建工程于2009年4月25日开工,2010年8月15日完工。

②房建工程于2009年5月开工,2010年8月完工。

③交通安全设施工程于2010年5月开工,2010年8月完工。

④绿化工程于2009年8月开工,2010年8月完工。

⑤2010年9月,黑龙江省质量监督站联合黑龙江省交通运输厅,依据《公路工程竣工

验收办法》和《公路工程质量检验评定标准》对工程进行质量评定,工程质量评定为97.87分,项目评定为合格工程。

⑥2012年11月24日,省交通运输厅组织有关单位对嫩江至泰来高速齐齐哈尔至嫩江段工程进行了竣工验收。经竣工验收委员会检查和评议,工程质量评定为优良等级,同意通过竣工验收。

建成的齐嫩高速公路讷河互通如图8-11-2所示。

图8-11-2 建成的齐嫩高速公路讷河互通

(2)各项活动

施工进度,在全线开展"比安全、比预防措施、比施工便道、比驻地和施工现场卫生、比质量、比生产进度"的"六比"活动。

(三)科技创新

(1)基于抗冻融破坏的季冻区沥青路面结构与材料研究。

(2)高速公路沥青路面长期性能研究。通过该试验路的修建与观测拟得到如下数据与规律:

①研究黑龙江省不同材料、结构形式的高速公路沥青路面长期路用性能,进而提出适合黑龙江省的高速公路沥青路面典型结构。

②进一步验证不同材料、不同沥青层厚度对沥青路面开裂的影响。

③实测黑龙江省黏性土路基在冰冻作用下的冻胀与融沉规律以及温度与湿度的耦合规律。

④实测和测算黑龙江省黏性土路基春融期 E_0 值的合理取值,为设计提供依据。

⑤实测黑龙江省高速公路通行车辆的轴载谱一级路面结构的温度场,为沥青路面抗车辙设计提供依据。

(四)运营养护管理

1.服务设施

全线设置太和、富裕、老莱、嫩江4处服务区,见表8-11-11。

嫩泰齐嫩段高速公路服务场区一览表　　　　表8-11-11

高速公路编码	服务区名称	桩号	所在区域	占地(m²)	建筑面积(m²)
S19	太和服务区	K106+900	拉哈镇	31800	2569
S19	富裕服务区	K177+300	富裕县	28000	3214
S19	老莱服务区	K66+133	老莱镇	24073.6	3725
S19	嫩江服务区	K16+500	嫩江县	27174	3325.36

2.收费设施

本项目共设置收费站7座,匝道出入口数量共计28条,其中ETC车道0条,见表8-11-12。

嫩泰高速公路齐嫩段收费设施一览表　　　　表8-11-12

收费站名称	桩号	入口车道数		出口车道数		收费方式
		总车道	ETC车道	总车道	ETC车道	
拉哈收费站	K125+625	2		2		MTC
富裕收费站	K177+040	2		3		
冯屯收费站	K211+948	2		3		
讷河收费站	K89+624	2		3		
老莱收费站	K66+133	2		2		
农垦九三收费站	K33+500	2		2		
嫩江收费站	K9+900	3		3		

3.养护管理

本项目养护里程230.7km,分别由黑龙江省嫩江高等级公路管理处和黑龙江省齐齐哈尔高速公路管理处共同管养。其中,齐齐哈尔至讷河段养护里程130.7km,由齐齐哈尔管理处管养,桩号为K100+000~K230+700;嫩江至讷河段桩号为K0+000~K100+000,里程为100km,由黑龙江省嫩江高等级公路管理处管养。全线共设置拉哈、富裕、讷河、嫩江4处养护工区,负责养护里程分别为65km、65.7km、50km、50km。

嫩泰高速公路齐嫩段养护设施见表8-11-13。

嫩泰高速公路齐嫩段养护设施一览表　　　　表8-11-13

养护工区名称	桩号	路段长度(km)	占地面积(m²)	建筑面积(m²)
拉哈养护工区	K136+000	65	28710	3455
富裕养护工区	K190+800	65.7	8415	2520.78
讷河养护工区	K66+133	50	24073.6	3725
嫩江养护工区	K16+500	50	27174	3325.36

4. 交通流量

嫩泰高速公路2010—2015年交通量从14226辆小客车/日，增长至32170辆小客车/日，年平均增长率达到9.49%（表8-11-14）；从车辆构成上来看，主要以中小客车和特大型车为主，分别占到总量的43.41%和38.18%。

嫩泰高速公路齐嫩段交通流量发展状况表（单位：台次/日）　　　表8-11-14

年份	2011年	2012年	2013年	2014年	2015年
拉哈收费站	424	506	518	703	749
富裕收费站	748	766	814	839	1060
冯屯收费站	1361	1446	1487	1521	1641
嫩江收费站		622	793	891	1005
全线平均	476	835	903	988	1113

三、嫩泰高速公路齐泰段新增街基至省界段及齐杜路互通工程

（一）项目概况

1. 基本情况

（1）功能定位

①街基至省界段：嫩泰高速公路齐齐哈尔至街基段已于2010年9月末建成并已正式通车。因考虑到与吉林坦保高速公路对接问题，黑龙江省在修建嫩江至泰来高速公路齐齐哈尔至泰来段时，预留街基至省界段未修建。2011年8月，吉林省方面已经对坦保高速与黑龙江省齐泰高速的衔接位置进行了确认，本着力争与吉林省同时完工通车的目的，黑龙江省决定2014—2015年修建本项目。

②齐杜路互通：齐杜路互通的修建不仅促进了南部城区的经济发展，解决了嫩泰高速公路和齐杜路相衔接问题，同时也使齐齐哈尔、富拉尔基和梅里斯区能够快速进入齐泰高速公路，大大减轻了齐市互通和昂昂溪互通的交通压力。

（2）技术标准

沿用嫩江至泰来高速公路齐齐哈尔至泰来段技术指标，主线设计速度100km/h，路基宽度24.5m，汽车荷载等级为公路—Ⅰ级；齐杜路互通采用单喇叭互通立交的形式。嫩泰高速公路齐泰段新增街基至省界段及齐杜路互通工程路面信息见表8-11-15。

（3）建设规模

街基至省界段，路线起点与已建齐泰高速齐齐哈尔至街基段终点顺接，终点位于黑吉两省交界处，起讫桩号为K372+850～K378+877.240，路线全长6.02km。公路等级为高

速公路;齐杜路互通,位于齐齐哈尔市昂昂溪区水师镇,中心桩号位于嫩泰高速公路K251+538.199处,为B形单喇叭互通,共5条匝道,全长3.241km。设收费站1处。

嫩泰高速公路齐泰段新增街基至省界段及齐杜路互通工程路面信息表　表8-11-15

路面形式	起讫里程	长度(m)	路面类型
刚性路面	齐杜路互通A匝道AK0+360~AK0+710	350	水泥混凝土路面
柔性路面	街基至省界段K372+850~K378+877.240	6027	沥青路面
	齐杜路互通匝道	2891	沥青路面

(4)主要控制点

齐齐哈尔市泰来县街基乡全胜村、齐齐哈尔市昂昂溪区水师镇。

(5)地形地貌

项目属平原区地形,街基至省界段表层多为砂土,齐杜路互通地表主要为旱田、湿地,下层为黏性土。

(6)投资规模

项目概算投资为2.74亿元。

(7)开工及通车时间

2014年9月开工建设,2015年10月交工通车。

2. 前期决策情况

(1)前期决策背景

嫩泰高速公路齐齐哈尔至街基段已于2010年9月末建成并已正式通车。因考虑到与吉林坦保高速公路对接问题,黑龙江省在修建嫩泰高速公路齐齐哈尔至泰来段时,预留街基至省界段未修建。2011年8月吉林省方面已经对坦保高速公路与黑龙江省齐泰高速公路的衔接位置进行了确认,本着力争与吉林省同时完工通车的目的,黑龙江省决定2014—2015年修建本项目。

(2)前期决策过程

2013年1月30日,黑龙江省发展和改革委员会印发《关于同意编制嫩江至泰来高速公路齐齐哈尔至泰来段工程可行性研究报告补充报告的函》(黑发改函字〔2013〕16号)。

2014年1月30日,黑龙江省发展和改革委员会印发《关于调整嫩江至泰来高速公路齐齐哈尔至泰来段工程建设内容的函》(黑发改交通函〔2014〕23号)。

3. 参建单位主要情况

(1)建设单位

本项目建设单位是黑龙江省交通运输厅齐白公路齐泰段工程建设指挥部。

(2)设计单位

①土建、交安设施、机电工程设计单位:黑龙江省公路勘察设计院。

②房建工程设计单位：哈尔滨工业大学建筑设计研究院。

（3）施工单位

通过招投标，本项目由大庆建筑安装集团有限责任公司、黑龙江省长力建设有限公司、黑龙江交通实业总公司等5家施工单位参与建设。

（4）施工监理单位

通过招投标，本项目由黑龙江省远升公路工程咨询监理有限责任公司负责施工监理。

（二）建设情况

1. 项目准备阶段

（1）项目审批

该项目严格执行交通基本建设程序，从预可行性研究、工程可行性研究、初步设计、施工图设计、工程施工、监理招投标及工程开工报告的审批，各个环节手续齐全，具体如下：

①2013年3月5日，黑龙江省文化厅基建考古办公室印发《关于齐泰高速街基至省界段及齐杜路互通工程进行文物调查勘探的批复》（黑文考函〔2013〕19号）。

②2013年3月8日，黑龙江省国土资源厅以黑地灾评备字〔2013〕20号文件，对项目地质灾害危险性评估报告进行了备案。

③2013年3月26日，黑龙江省国土资源厅印发《齐齐哈尔至泰来高速公路（街基至省界段及齐杜路互通）压覆矿产资源储量情况证明的函》（黑国土储压覆字〔2013〕39号）。

④2013年4月9日，齐齐哈尔市城乡规划局印发《关于齐齐哈尔至泰来高速公路（街基至省界段及齐杜路互通）工程规划选址意见的函》（齐规函字〔2013〕17号）。

⑤2013年4月23日，黑龙江省环境保护厅印发《关于齐齐哈尔至泰来高速公路（街基至省界段及齐杜路互通）工程环境影响报告书》（黑环审〔2013〕152号）。

⑥2013年8月26日，黑龙江省国土资源厅印发《关于齐齐哈尔至泰来段高速公路（街基至省界段及齐杜路互通）工程建设用地预审意见的复函》（黑国土资预审字〔2013〕105号）。

⑦2014年4月30日，黑龙江省交通运输厅印发《关于嫩江至泰来高速公路齐齐哈尔至泰来段工程新增街基至省界段及齐杜路互通初步设计》（黑交发〔2014〕147号）。

⑧2014年6月6日，黑龙江省高速公路建设局印发《关于嫩江至泰来高速公路齐齐哈尔至泰来段工程新增街基至省界段及齐杜路互通工程施工及施工监理招标方案》（黑高建发〔2014〕94号）。

⑨2014年6月25日，齐白公路齐泰段工程建设指挥部核备《关于上报嫩江至泰来高速公路齐齐哈尔至泰来段工程新增街基至省界段及齐杜路互通工程施工招标资格预审审查结果核备的报告》（齐泰指呈〔2014〕7号）。

⑩2014年7月2日,齐白公路齐泰段工程建设指挥部核备《关于核备嫩江至泰来高速公路齐齐哈尔至泰来段工程新增街基至省界段及齐杜路互通工程施工及施工监理招标文件的报告》(齐泰指呈〔2014〕9号)。

⑪2014年7月30日,齐白公路齐泰段工程建设指挥部核备《关于上报嫩江至泰来高速公路齐齐哈尔至泰来段工程新增街基至省界段及齐杜路互通工程施工及监理招标评标结果核备的报告》(齐泰指呈〔2014〕11号)。

⑫2014年12月27日,国土资源部印发《关于嫩江至泰来高速公路齐齐哈尔至泰来段新增街基至省界段及齐杜路互通工程建设用地》(国土资函〔2014〕733号)。

⑬2015年4月13日,黑龙江省交通运输厅印发《关于嫩江至泰来高速公路齐齐哈尔至泰来段工程新增街基至省界段及齐杜路互通施工图设计》(黑交发〔2015〕86号)。

(2)资金筹措

本项目概算总投资27359万元。资金来源包括:中央车购税4800万元,地方配套3469万元,国内银行贷款19090万元。

(3)招投标

本项目土建招标执行公开招标,严格执行《中华人民共和国招标投标法》《工程建设项目施工招标投标办法》《公路工程施工招标投标管理办法》《黑龙江省公路工程施工招标投标实施细则》,从2014年6月11日发布招标公告开始,至2014年8月11日土建、机电、房建、交通工程商务谈判、签订合同为止,完成了招标的全部工作。在招标过程中采用了合理低价法,现场公布标底、计算复合标底、投标价排名,充分体现了"阳光操作"。

(4)合同段划分(表8-11-16)

根据各专业的工程内容划分标段如下:

①施工标段5个,其中土建标2个,房建工程1个,机电工程1个,交通安全设施工程1个。

②监理标段设置1个总监办公室,负责全线路基路面工程、交通安全设施工程、房建工程的施工监理工作;1个机电工程监理办公室,负责全线的机电工程施工监理。

(5)征地拆迁

①工作及范围

沿线经过齐齐哈尔市泰来县街基乡全胜村、齐齐哈尔市昂昂溪区水师镇。

②主要内容

a.签订协议、界定征地界限、办理永久性占地报批手续。

b.永久占地界内房屋等各种构造物的搬迁。

c.永久占地内附着物的拆除。

d. 各种管线的迁移、改建,既有通信管线的改建、加高、迁移,以及电力线路的改建、加高、迁移。

e. 临时占地的征用。

嫩泰高速公路齐泰段新增街基至省界段及齐杜路互通工程标段划分表　　　表 8-11-16

序号	参建单位	参建单位名称	合同段编号及起止桩号	主要负责人	备注
1	项目管理单位	黑龙江省交通运输厅齐白公路齐泰段工程建设指挥部	(1)街基至省界段 K372+850~K378+877.240;(2)齐杜路互通工程	李鹏飞	
2	勘察设计单位	黑龙江省公路勘察设计院	勘察设计 A1 标段:(1)街基至省界段 K372+850~K378+877.240;(2)齐杜路互通	刘士远	路基、路面、桥涵、机电工程
3		哈尔滨工业大学建筑设计研究院	齐杜路互通工程房建	张毅	房建工程
4	施工单位	大庆建筑安装集团有限责任公司	A1 合同段:齐杜路互通	张永发	路基、路面、桥涵等土建工程
5		黑龙江省长力建设有限公司	A2 合同段街基至省界段 K372+850~K378+877.240	姚辉国	路基、路面、桥涵等土建工程
6		黑龙江交通实业总公司	D1 合同段:(1)街基至省界段 K372+850~K378+877.240;(2)齐杜路互通	范振江	交通安全设施工程
7		哈尔滨交研交通工程有限责任公司	E1 合同段:(1)街基至省界段 K372+850~K378+877.240;(2)齐杜路互通	赵满仓	机电工程
8		绥化市第八建筑工程有限责任公司	F1 合同段:齐杜路互通工程收费站 AK0+535	张建富	房建、栅门工程
9	监理单位	黑龙江省远升公路工程咨询监理有限责任公司	Z1 监理合同段:(1)街基至省界段 K372+850~K378+877.240;(2)齐杜路互通	徐世杰	路基、路面、桥涵、房建工程

③主要做法

齐齐哈尔市政府成立了专项协调领导小组,科学分工落责,与指挥部并肩作战,全力协调开展土地,有关部门从大局出发,正确处理局部与全局的关系,沿线广大人民群众"献良田、迁祖坟、砍果园、拆新房",舍小家,为项目。泰来县委、县政府更是将项目建设作为工作的重中之重,顶住压力,帮助项目仅用 2 个月基本完成了沿线房屋拆迁、林木砍伐、永久性征地工作。

2. 项目实施阶段

(1)实施过程

①主线土建工程于 2014 年 9 月开工,2015 年 10 月完工。

②房建工程于 2014 年 10 月 20 日开工,2015 年 9 月 30 日完工。

③机电工程于2015年6月1日开工,2015年10月10日完工。

④交通安全设施工程于2015年8月1日开工,2015年10月10日完工。

⑤2015年10月28日,黑龙江省交通运输厅齐白公路齐泰段工程建设指挥部组织专家对项目进行了交工验收。

(2)各项活动

在全线开展"比安全、比预防措施、比施工便道、比驻地和施工现场卫生、比质量、比生产进度"的"六比"活动。

(三)主要经验做法

(1)采用"施工自检、监理专检、指挥部联检和政府监督"四级保证体系(图8-11-3),层层严把质量关。坚持未经批准分项工程不准开工、施工工艺不准实施、材料不准进场,上道工序未经监理抽检认可不得进行下道施工。

图8-11-3 施工自检、监理专检、指挥部联检

(2)四新技术,聘请专家解决技术难题。基层按骨架-密实型结构采用4.5%水泥稳定级配碎石进行配合比设计,具有良好的抗裂性;面层经过3个油石比,经马歇尔试验检验确定最佳配比,并通过高温稳定性车辙试验验证可靠性。底基层采用陕西中大DT1800型抗离析摊铺机(图8-11-4),配合陕西中大大吨位压路机,实现大厚度一次性全幅摊铺;路面运用德国福格勒2100-2型摊铺机(图8-11-5)整幅摊铺,保证工期和质量。配合信息化技术,业主全天巡视、监理全程旁站,重要部位、关键工序、隐蔽工程、材料试验均实现了24h全过程管控。

(3)施工管理贯彻"粗活细做、细活精做、精益求精"的理念,每个环节、每道工序均按照现有规范、标准进行施工和操作。

粉砂土是项目主要填筑材料,为克服粉砂土松散、黏结力差、不宜压实的弊端,指挥部要求施工单位在路基施工中严格按"三必须一禁止"和"三宜一不宜"工法施工。"三必须一禁止"即上土前必须洒水复压、作业面前必须用推土机和压路机平整车辙、包边土必须留临时泄水槽、禁止在路基范围内修施工运输便道。"三宜一不宜"即运输设备宜采用吨位较小的车辆、碾压设备宜采用双驱振动压路机、施工碾压含水率宜稍大于试验室最佳含水率、不宜夜间施工。

图 8-11-4　陕西中大 DT1800 型抗离析摊铺机

图 8-11-5　德国福格勒 2100-2 型摊铺机整幅摊铺

(四)运营养护管理

1. 收费设施

本项目共设置收费站 1 座,采用封闭式制式,包括 3 入口车道,5 出口车道,共 8 车道,其中 2 条 MTC 入口车道,4 条 MTC 出口车道,1 条 ETC 入口车道,1 条 ETC 出口车道,见表 8-11-17。

嫩泰高速公路齐泰段新增街基至省界段及齐杜路互通工程收费设施一览表　表 8-11-17

收费站名称	桩号	入口车道数		出口车道数		收费方式
		总车道	ETC 车道	总车道	ETC 车道	
水师营收费站	AK0+535	3	1	5	1	MTC+ETC

2. 交通流量

水师营收费站 2015 年 12 月～2016 年 6 月交通流量(入口及出口)为:2015 年 12 月为 7854 辆/月,2016 年 1 月为 15028 辆/月,2 月为 12868 辆/月,3 月为 18912 辆/月,4 月为 24125 辆/月,5 月为 22185 辆/月,6 月为 21372 辆/月(表 8-11-18)。从数据上看 2015 年 12 月交通流量较小,2016 年 1～4 月平均交通流量有所递增,2016 年 5～6 月交通流量稍有递减但基本保持一致。

水师营收费站交通流量发展状况表(单位:辆/月)　表 8-11-18

日期	2015 年 12 月	2016 年 1 月	2016 年 2 月	2016 年 3 月	2016 年 4 月	2016 年 5 月	2016 年 6 月
齐杜路收费站	7854	15028	12868	18912	24125	22185	21372

第十二节　S401 绥化至北安高速公路

(一)项目概况

1. 基本情况

(1)功能定位

绥化至北安高速公路是国家高速公路"71118"网中横二线珲春至乌兰浩特高速公路的联络线之一,是黑龙江省腹地南北向的交通中轴,在区域路网中发挥重要沟通、衔接功能的骨架公路,同时也是区域内经济发展的重要依托工程。本项目建设对实施振兴东北老工业基地战略,促进区域资源开发,完善路网,带动社会经济发展具有重要意义。

绥化至北安高速公路项目起于绥化市西绥安公路南侧,经望奎县、海伦市,止于北安拟建的建华互通区起点。在绥化通过环城高速公路与鹤哈高速公路、规划的绥化至大庆高速公路相连,与哈绥高速公路、吉黑高速公路北黑段形成一条贯通黑龙江省中部南北向运输的大通道;项目在终点处与前嫩高速公路北五段、前嫩高速公路伊北段、北黑高速公路、齐北高速公路相连,构成地区路网骨架。

(2)技术标准

采用双向四车道,绥化至长发乡(沿江地)段长105.340km,设计速度100km/h,路基宽度26.0m;海南至长发乡(沿江地)段长103.218km,设计速度80km/h,路基宽度24.5m。平曲线最小半径采用4000m。绥化至北安高速公路路面信息见表8-12-1。

绥化至北安高速公路路面信息汇总表　　　　表8-12-1

路面形式	起讫里程	长度(m)	路面类型
柔性路面	K0+000～K207+550	208046	沥青路面

(3)建设规模

该项目采用双向四车道全封闭高速公路标准建设,该项目路主线路全长208.55km,其中新建路段116.63km,利用原有二级公路扩建91.92km。全段设大桥1693.74m/8座,中桥607.64m/9座,小桥21座,互通式立交交叉9处(绥化互通预留),分离立交桥34座(含公、铁分离桥3座),车行天桥60座,人行天桥2座,通道48道,过水桥兼通道4座。辅道(三级路)112.839km。

全段设管理中心1处,养护工区4处(其中四方台、海南、赵光三处与收费站合建)。服务区3处(四方台、海伦、赵光),停车区3处,匝道收费站8处。总建筑面积57770.04m^2,占地面积306168m^2。

(4)主要控制点

绥化市(北林区、望奎县、海伦市)、黑河市(北安市),共计2个市、4个县(市)、区。

(5)地形地貌

本项目位于松嫩平原与大小兴安岭的过渡地带,地形条件较为简单,地势起伏不大,均为漫岗及鸡爪岗地形,且无较大天然河流,具有选用路线线形顺适,较高平、纵面技术指标的条件。属平原地貌,多为亚砂土、亚黏土、粉砂亚砂土,地势西高东低。

(6)投资规模

项目概算投资61.26亿元。

(7)开工及通车时间

2009年5月开工建设,2011年10月交工通车。

2.前期决策情况

(1)前期决策背景

为适应黑龙江省"十一五"及今后经济社会发展的需要,优化全省骨架公路布局,改善路网结构,黑龙江省交通厅于2006年1月编制完成了《黑龙江省骨架公路网规划》,作为今后一段时期全省骨架公路和高速公路建设的指导性文件。其中《黑龙江省高速公路网规划纲要》中明确黑龙江省高速公路网是在"7918"网省内规划线路的基础上,补充部分重要线路共同形成,可归纳为"两环、七射、六联",简称"276"网。贯穿项目影响区域内的S202线绥化至北安高速公路在省骨架公路网中列为支线,2008年省交通厅调整省域内高速公路网布局,将本项目按高速公路进行规划,以增强路网整体功能。

(2)前期决策过程

2008年6月26日,经黑龙江省交通厅与交通运输部进行沟通,初步形成了一个意向性意见,该意见的主要内容是"黑龙江省属于边缘省份,高速公路建设应结合省内的具体情况,可以利用二级公路改建高速公路,局部路段设计标准可以有所突破,并原则同意吉黑高速公路黑龙江省境内段控制点由明水改为海伦"。虽然交通运输部原则同意将吉黑高速公路的控制点由明水改为海伦,但是目前并没有取得国务院的批准,因此本项目在研究过程中暂时还是将明水作为吉黑高速公路的控制点,海伦作为本项目的控制点进行论述,在北安与吉黑高速公路北安至黑河段衔接时,统筹考虑无论明水还是海伦作为吉黑高速公路控制点时吉黑高速公路通道的连续性、完整性和可操纵性。为贯彻实施以上规划,尽快实现"十一五"期间地市以高速公路相通的目标,加快项目前期工作和审批进程,确保全面完成黑龙江省"十一五"重点公路建设规划,黑龙江省交通厅于2008年4月委托黑龙江省公路勘察设计院开展该项目的工程可行性研究工作。

3. 参建单位主要情况

(1)建设单位

本项目建设单位是黑龙江省交通厅,项目执行机构是黑龙江省绥北高速公路指挥部。

(2)设计单位

①土建工程设计单位:黑龙江省公路勘察设计院北京分院,总体设计负责单位为黑龙江省公路勘察设计院。

②房建工程设计单位:沈阳华西设计院、哈尔滨利民经济技术开发区建筑设计室、中国华西工程设计建设有限公司。

③交通工程设计单位:黑龙江省公路勘察设计院。

④绿化工程设计单位:辽宁北四达景观园林工程设计建设有限公司。

⑤机电工程设计单位:黑龙江省公路勘察设计院。

⑥北安管养中心单位:黑龙江省林业设计研究院哈尔滨分院、北京森磊源建筑规划设计有限公司、浙江尼塔园林景观发展有限公司。

(3)施工单位

通过招投标,本项目有106家施工单位参与建设,主要有黑龙江农垦建工路桥有限公司、大庆建筑安装集团有限责任公司、中国水电建设集团十五工程局有限公司、中交隧道工程局有限公司等。

(4)施工监理单位

本项目设置19家监理单位,主要由黑龙江省公路工程监理咨询公司、北京泰克华诚技术信息咨询有限公司、山东东泰工程咨询有限公司、黑龙江省远升公路工程咨询监理有限责任公司等单位负责施工监理。

(二)建设情况

1. 项目准备阶段

(1)项目审批

①2008年8月5日,黑龙江省发改委以黑发改交通〔2008〕810号文件,批复《关于绥化至北安高速公路工程可行性研究报告》。

②2009年4月22日,黑龙江省发改委以黑发改建字〔2009〕511号文件,批复《关于绥化至北安高速公路工程初步设计》。

③2009年4月22日,黑龙江省交通厅以黑交发〔2009〕392号文件,批复《关于绥化至北安高速公路工程施工图设计》。

④2010年3月10日,国家林业局以林资许准〔2010〕046号文件,批复《关于绥化至北安高速公路工程使用林的请示》。

⑤2010年12月30日,黑龙江省政府以黑政土〔2010〕429函,转发国土资源部《关于绥化至北安高速公路工程建设用地的批复》(国土资函〔2010〕765号)。

⑥2010年8月30日,黑交推〔2010〕106号文件,批复《辅道工程施工及施工监理招标方案》。

⑦2010年9月21日,黑交推〔2010〕110号文件,批复《通信管道工程施工及施工监理招标方案》。

(2)资金筹措

本项目概算总投资61.26亿元。省地自筹建设资金203508万元,占总投资的35%;国内银行贷款379300万元,占总投资的65%。

(3)合同段划分(表8-12-2)

根据各专业的工程内容划分标段如下:

①通过招投标本项目有106家施工单位参与建设,其中土建工程标35个,房建工程22个,机电工程10个,交通安全设施工程13个,绿化工程7个。

②本项目设置19家监理单位,负责监理区段内路基路面工程、交通安全设施工程、绿化工程、房建工程、机电工程的施工监理。

S401 绥化至北安高速公路工程合同段划分一览表

表 8-12-2

序号	参建单位	类型	参建单位名称	合同段编号及起止桩号	主要内容	主要负责人	备注
1	项目管理单位		黑龙江省绥北高速公路建设指挥部	K0+000～K207+550	全线建设	喻明铮	
2	勘察设计单位	主线、辅道	黑龙江省公路勘察设计院	A1～A9、B1～B8；FA1～FA15、FB1～FB2、FJA；F5（场区部分）	土建	李刚	
3		机电工程	黑龙江省公路勘察设计院	JD1～JD10	机电	李刚	
4		交通安全设施工程	黑龙江省公路勘察设计院	JA1～JA13	交通安全设施	李刚	
5		绿化工程	辽宁北四达景观园林工程设计建设有限公司	LH1～LH7	绿化	郭德军	
6		房建工程	哈尔滨利民经济技术开发区建筑设计室	FJ1	房建	李刚	
7			中国华西工程设计建设有限公司	FJ2～FJ15		邹曙东	
8		北安管养中心	黑龙江省林业设计研究院哈尔滨分院	F1、F2、F3		梁军	
9			北京森磊源建筑规划发展有限公司	F4、F5	绿化	刘玉伟	
10			浙江尼塔园林景观发展有限公司	F6		黄贞蓉	
11	施工单位	主线工程	黑龙江农垦建工路桥有限公司	A1：K0+000～K21+500	路基、路面	李玉春	
12			大庆建筑安装集团有限责任公司	A2：K21+500～K43+500	路基、路面	张占义	
13			大庆建筑安装集团有限责任公司	A3：K43+500～K65+500	路基、路面	韩殿东	
14			中国水电建设集团十五局工程有限公司	A4：K65+500～K85+500	路基、路面	马振峰	
15			中交隧道工程局有限公司	A5：K85+500～K106+200	路基、路面	李雪东	
16			山西省机械施工公司	A6：K106+200～K128+500	路基、路面	李书元	
17			中交第一公路工程局有限公司	A7：K128+500～K153+600	路基、路面	赵成升	
18			中交第二公路工程第六工程局有限公司	A8：K153+600～K182+700	路基、路面	邹会安	
19			中交第三公路工程局有限公司	A9：K182+700～K207+550	路基、路面	王合江	
20			中铁十三局集团第四工程有限公司	B1：K0+000～K21+500	桥梁工程	尹德智	
21			中铁十三局集团第四工程有限公司	B2：K21+500～K65+500	桥梁工程	韩光明	
22			江苏润扬交通工程集团有限公司	B3：K65+500～K106+200	桥梁工程	李强	
23			北京市公路桥梁建设集团有限公司	B4：K106+200～K128+500	桥梁工程	李小春	

续上表

序号	参建单位	类型	参建单位名称	合同段编号及起止桩号	主要内容	主要负责人	备注
24	施工单位	主线工程	中交第一公路工程局有限公司	B5:K128+500~K182+700	桥梁工程	蒋昭汉	
25			山东省路桥集团有限公司	B6:K182+700~K207+550	桥梁工程	董波	
26			江苏润扬交通工程集团有限公司	B7:桥梁工程	桥梁工程	王小明	
27			江苏润扬交通工程集团有限公司	B8:天桥工程	桥梁工程	陈开荣	
28			黑龙江省三江路桥工程有限公司	FA1:K0+000~K7+000	路基、路面	王树臣	
29			黑龙江省大东建筑工程有限公司	FA2:K7+000~K14+000	辅道	陈阳东	
30			绥化市裕丰水利工程有限公司	FA3:K14+000~K20+923	路基、路面	杨广、张洪军	
31			齐齐哈尔鑫海路桥(集团)有限公司	FA4:K20+923~K25+910	路基、路面	王禹	
32			齐齐哈尔鑫海路桥(集团)有限公司	FA5:K25+910~K35+000	路基、路面	史广瑞	
33			大庆市丰富建安工程有限公司	FA6:K35+000~K41+000	路基、路面	魏国启、孙广良	
34			黑河阿穆尔市政工程有限公司	FA7:K41+000~K47+000	路基、路面	安营民	
35		辅道工程	黑龙江天林路桥工程有限公司	FA8:K47+000~K53+000	路基、路面	洪仁河	
36			黑龙江省八达路桥建设有限公司	FA9:K53+000~K59+000	路基、路面	范国文、张磊	
37			大庆建筑安装集团有限责任公司	FA10:K59+000~K66+853	路基、路面	车仁泉	
38			大庆公路工程有限公司	FA11:K78+510~K84+477	路基、路面	齐家顺	
39			黑龙江亚泰路桥工程有限公司	FA12:K84+477~K91+000	路基、路面	谭辉	
40			牡丹江市通达路桥有限公司	FA13:K91+000~K98+742	路基、路面	王利、孙宝顺	
41			黑河阿穆尔市政工程有限公司	FA14:K98+742~K105+000	路基、路面	贾飞	
42			黑龙江省华通道路桥工程有限公司	FA15:K105+000~K112+039.733	路基、路面	李方利	
43			黑龙江省龙建路桥第一工程有限公司	FB1:K0+000~K25+910	桥梁工程	徐国山	
44			黑龙江省龙建路桥第一工程有限公司	FB2:K25+910~K112+039.733	桥梁工程	李强	
45			东营市公路工程机械服务中心	FJA:K0+000~K112+039.733	交通安全设施	郭升	
46		机电工程	河北中岗公路通信工程有限公司	JD1:K0+000~K50+000	机电工程	孟玉文	
47			河北中岗公路通讯工程有限公司	JD2:K50+000~K100+000	机电工程	赵国卫	

续上表

序号	参建单位	类型	参建单位名称	合同段编号及起止桩号	主要内容	主要负责人	备注
48		机电工程	南京铁电通信工程有限公司	JD3:K100+000~K160+000	机电工程	陈湘灵	
49			南京好望系统工程有限公司	JD4:K160+000~K207+550	机电工程	邵泳挺	
50			哈尔滨交研交通工程有限公司	JD5:K0+000~K34+000	机电工程	郑秀伟	
51			北京华纬交通工程有限公司	JD6:K34+000~K94+000	机电工程	吴虎	
52			辽宁金洋科技发展集团有限公司	JD7:K94+000~K135+000	机电工程	崔玉松	
53			先锋软件股份有限公司	JD8:K135+000~K190+000	机电工程	徐永超	
54			中咨泰克交通工程有限公司	JD9:K190+000~K207+550	机电工程	王谦	
55			黑龙江省应用电子工程有限公司	JD10:北安管养中心	机电工程	裴辉	
56	施工单位	交通安全设施工程	河北龙威交通工程有限公司	JA1:K0+000~K21+500	交通安全设施	张云爽	
57			黑龙江省北龙交通工程有限公司	JA2:K21+500~K43+500	交通安全设施	董丽艳	
58			河北龙威交通工程有限公司	JA3:K43+500~K65+500	交通安全设施	王树为	
59			东营市公路工程机械服务中心	JA4:K65+500~K85+500	交通安全设施	梁新海	
60			黑龙江省北龙交通工程有限公司	JA5:K85+500~K106+200	交通安全设施	张春秋	
61			黑龙江省北龙交通工程有限公司	JA6:K106+200~K128+500	交通安全设施	王金发	
62			衢州市交通设施有限公司	JA7:K128+500~K153+600	交通安全设施	周万龙	
63			海南中咨泰克交通工程有限公司	JA8:K153+600~K182+700	交通安全设施	朱东升	
64			黑龙江交通实业总公司	JA9:K182+700~K207+550	交通安全设施	张志强	
65			黑龙江交通实业总公司	JA10:K0+000~K83+000	交通安全设施	徐发廷	
66			黑龙江省应用电子交通工程有限公司	JA11:K83+000~K147+000	交通安全设施	陆晓来	
67			东营市公路工程机械服务中心	JA12:K147+000~K207+550	交通安全设施	牟宗山	
68			江苏东方交通工程有限公司	JA13:彩色防滑路面	交通安全设施	王继和	
69		绿化工程	黑龙江鸿达园林绿化工程有限公司	LH1:K0+000~K29+000	绿化工程	秦妍	
70			大庆市绿化工程有限责任公司	LH2:K29+000~K52+000	绿化工程	程绪栋	
71			黑龙江省弘博园林绿化工程有限公司	LH3:K52+000~K78+000	绿化工程	徐莉	

第八章 高速公路建设项目

续上表

序号	参建单位	类型	参建单位名称	合同段编号及起止桩号	主要内容	主要负责人	备注
72	施工单位	绿化工程	黑龙江森鑫园绿化工程有限公司	LH4:K78+000～K106+200	绿化工程	蒲英林	
73			黑龙江森鑫园绿化工程有限公司	LH5:K106+200～K143+000	绿化工程	蒲英林	
74			黑龙江省博艺诚信园林绿化有限公司	LH6:K143+000～K179+000	绿化工程	刘锋	
75			黑龙江省博艺诚信园林绿化有限公司	LH7:K179+000～K207+550	绿化工程	陈宪武	
76		房建工程	中城建第五工程局	FJ1:海伦管养工区房建	房建工程	孙洪松	
77			绥化市第八建筑工程有限公司	FJ2:四方台互通	房建工程	范旭刚	
78			黑龙江省二建建筑工程有限责任公司	FJ3:海南互通	房建工程	盛茂庆	
79			黑龙江宇林建筑工程有限责任公司	FJ4:海伦互通	房建工程	惠海军	
80			江苏邗建集团有限公司	FJ5:海北互通、通北互通	房建工程	王翔	
81			黑龙江天林路桥工程有限公司	FJ6:赵光互通	房建工程	李铁胜	
82			大庆市丰富建安工程有限公司	FJ7:胜利互通、胜利停车区	房建工程	田国军	
83			黑龙江宏兴建筑工程有限责任公司	FJ8:北兴互通	房建工程	刘贵东	
84			黑龙江省广建工程建设有限公司	FJ9:四方台服务区	房建工程	王辉	
85			江苏邗建集团有限公司	FJ10:海伦服务区	房建工程	汤宽军	
86			扬州市裕元建筑工程有限公司	FJ11:赵光服务区	房建工程	陈忠良	
87			常州市东方金属结构工程有限公司	FJ12:四方台互通、海南互通	房建工程	王晔	
88			黑龙江省丰富建筑工程股份有限公司	FJ13:海伦互通、海北互通	房建工程	邓慧华	
89			黑龙江宇林建筑工程有限责任公司	FJ14:通北互通、赵光互通	房建工程	邓慧华	
90			常州市东方金属结构工程有限公司	FJ15:胜利互通、北兴互通	房建工程	王晔	
91		北安管养中心工程	中城建第五工程局有限公司	F1	房建工程	孙洪松	
92			黑龙江农垦建工有限公司	F2	房建工程	张鹏	
93			金马建设开发集团有限公司	F3	房建工程	王亮	
94			中城建第五工程局有限公司	F4	房建工程	孙洪松	
95			黑龙江邑金路桥有限公司	F5	房建工程	黄跃先	
96			哈尔滨盛业绿化工程有限公司	F6	绿化工程	戴宇晨	
97			哈尔滨市永达电梯工程有限公司	F7	电梯工程	刘栋梁	

续上表

序号	参建单位	类型	参建单位名称	合同段编号及起止桩号	主要内容	主要负责人	备注
98			黑龙江省公路工程监理咨询公司	ZJ1	A1-A5、B1-B3	孙晓东	
99			北京泰克华诚技术信息咨询有限公司	ZJ2	A6-A9、B4-B6	于伟	
100		主线工程	北京泰克华诚技术信息咨询有限公司	J1	A1-A3、B1、B2	高清波	
101			山东泰东工程咨询有限公司	J2	A4、A5、B3	马秦宝	
102			黑龙江省远升公路工程咨询监理有限公司	J3	A6、B4	张立东	
103			牡丹江市公路工程监理有限公司	J4	A7-A9、B5、B6	孙传带	
104			牡丹江市公路工程监理有限公司	J13	B7、B8	孙传带	
105		辅道工程	黑龙江远征路桥工程监理有限责任公司	J5	FA1-FA7、FB1、FB2(部分)	魏克霞	
106			黑龙江远征路桥工程监理有限责任公司	J6	FA8-FA15、FB2、FJA	田春河	
107	监理单位	机电工程	北京天智科业科技发展有限公司	J7	JD1、JD2、JD5、JD6、JD7	杨光	
108			北京天智科业科技发展有限公司	J8	JD3、JD4、JD8、JD9、JD10	李建军	
109		交安设施、绿化工程	黑龙江建通公路工程监理咨询有限公司	J9	JA1-JA5、JA10、JA11、JA13、LH1-LH4	牟松	
110			黑龙江省公路工程监理咨询有限公司	J10	JA6-JA9、JA12、LH5-LH7	王立峰	
111		房建工程	哈尔滨飞达建设监理有限公司	J14	FJ1	杜雁	
112			黑龙江省轻工建设工程监理有限责任公司	J11	FJ2、FJ3、FJ4、FJ9、FJ10、FJ12、FJ13	王祖海	
113			黑龙江清宇建设工程监理有限公司	J12	FJ5、FJ6、FJ7、FJ8、FJ11、FJ14、FJ15	王立明	
114		北安管养中心工程	黑龙江国利建设监理有限公司	EJ1	F1-F3、F7	王景云	
115			黑龙江建通公路工程监理咨询有限责任公司	EJ2	F4	薛亮	
116			黑龙江建通公路工程监理咨询有限责任公司	EJ3	F5、F6	孙广义	
117	设计咨询单位	设计咨询	黑龙江省公路学会			姜作志	
118			吉林省公路勘察设计院			胡珊	
119			黑龙江省工程咨询评审中心			任卫东	
120			哈尔滨市筑友施工图审查咨询有限责任公司			冯大南	

(4)招投标

按照国家颁布的《中华人民共和国招标投标法》和交通部颁布的《公路工程施工招标投标管理办法》《公路工程施工招标资格预审办法》《公路工程施工招标评标办法》的要求,由项目法人单位组织招标工作。

①2009年3月5日和10日,公开发售主线施工和监理招标文件,共有120家施工及监理单位参加投标,通过资格预审。4月2日,本着公平、公正、公开的原则,来自国内9家综合实力较强的筑路企业中得土建工程施工标,6家国内监理企业分别中得2个总监办和4个驻地办施工监理标。

②2009年4月,北安管养中心有3家施工单位通过公开招投标中标本项目工程。

③2010年12月22日,施工单位通过资格预审,12月30日公开开标,有13家施工单位以合理低价中标方式,中标本项目交安设施工程施工。

④2010年10月22日,施工单位通过资格预审,11月1日公开开标,有18家施工单位以合理低价中标方式,中标本项目辅道工程施工。

⑤2011年2月16日,机电工程施工单位通过资格预审,参加本项目机电工程的投标。2月24日,在哈尔滨公开开标,共有10家机电工程施工单位中标本项目工程施工。

⑥2011年4月7日,绿化工程施工单位通过资格预审,参加绿化工程7个合同段的投标。4月18日,通过公开开标,共有7家中标单位参与本项目绿化工程施工。

⑦2011年5月20日至7月7日,施工单位通过资格预审和公开开标,先后有15家房建工程施工单位中标本项目房建工程施工。

(5)征地拆迁

①工作及范围

沿线经过绥化市(北林区、望奎县、海伦市共3个县市区)、黑河市(北安市共1个县市)。共计2个市、4个县(市)。

②主要内容

a.签订协议、界定征地界限、办理永久性占地报批手续。

b.永久占地界内房屋等各种构造物的搬迁。

c.永久占地界内附着物的拆除。

d.各种管线的迁移、改建,既有通信管线的改建、加高、迁移,还有电力线路的改建、加高、迁移。

e.临时及借土占地的征用。

③遵循的政策法规

a.《中华人民共和国土地管理法》。

b.《黑龙江省土地管理条例》。

c. 黑龙江省人民政府颁布的《公路建设征地、拆迁补偿安置的暂行规定》。

④主要做法

a. 按照黑龙江省公路建设"三年决战"总体安排和部署,公路建设实行"双业主制"原则,各级地方政府负责征地拆迁及相关遗留问题,交通部门负责公路工程施工建设工作。省政府成立了公路"三年决战"领导机构,负责推进全省公路建设工作。各级地方政府成立了公路建设领导小组,项目执行机构成立协调职能部门,负责与各级地方政府公路建设领导小组办公室沟通协调解决工程建设用地相关工作,确保项目施工有序进行。

b. 2008年12月起,项目指挥部组织有关人员赴各地市,配合各地市推进征地拆迁工作,2009年3月黑龙江省交通厅与绥化市和黑河市签订征地、拆迁合同协议。

c. 积极跑办取土用地。项目指挥部根据"双业主制"的工作原则,积极协调各地市所属县市区推进征地拆迁工作,确保项目施工按时交地。

绥化至北安高速公路工程征地拆迁统计见表 8-12-3。

绥化至北安高速公路工程征地拆迁统计表　　表 8-12-3

高速公路编码	项目名称	征地拆迁安置起止时间	征用土地(亩)	备注
S401	绥化至北安高速公路工程	2008.12~2011.10	17027.4	

2. 项目实施阶段

(1)实施过程

①主线工程于 2009 年 5 月 1 日开工,2011 年 10 月完工。

②房建工程于 2011 年 4 月开工,2011 年 10 月完工。

③机电工程于 2011 年 4 月开工,2011 年 10 月完工。

④交通安全设施工程于 2011 年 4 月开工,2011 年 10 月完工。

⑤绿化工程于 2011 年 4 月开工,2011 年 10 月完工。

⑥辅道工程于 2011 年 3 月开工,2011 年 10 月完工。

建成后的绥化南互通如图 8-12-1 所示。

(2)各项活动

①在全线开展了"路基施工百天大会战""路面施工百天大会战""平安工地建设"以及"文明工地、文明食堂、文明宿舍""进度质量奋战月"等建设活动。

②广泛开展向陈刚毅同志学习的活动。

(三)科技创新

1. 季冻区高含水率黏性土路基的长期性能与填筑技术

本项目着重研究冻融作用下高含水率黏性土路基的强度、变形等路用特性的变化规律及其影响因素,研究季冻区高含水率黏性土路基的长期性能,分析考虑汽车动荷载作用下黏性土路基与路面结构层的相互作用,提出适合黑龙江省气候、填料和道路特点的季冻区高含水率黏性土路基处治技术,将研究成果应用于依托工程,确保和提高黑龙江省公路建设质量,提升公路建设技术水平。

图 8-12-1　建成后的绥化南互通

(1)高含水率黏性土工程特性

主要进行高含水率黏性土的物理特性、压实特性、强度特性、渗透特性、变形特性、冻融特性、干湿特性方面的试验。

(2)高含水率黏性土路基工程处治技术

在明确黏性土路用性能的基础上,重点开展高含水率黏性土的处治技术试验,通过掺加石灰、水泥、粉煤灰和其他固化材料试验,提出技术可靠、经济合理的处治技术,以实现降低路基含水率、提高路基强度、防止路基冻胀翻浆的目的。

(3)冻融、干湿循环作用下黏性土路基的强度衰减规律及其影响因素

国内的多个工程表明,石灰等处治土在冻融、干湿循环作用下其路用性能将会发生明显地改变,通过埋设含水率传感器和地温计等对处治土路基进行监测,同时配合轻便触探等现场仪器检测路基强度,以分析其变化规律。

(4)考虑汽车荷载作用的黏性土路基与路面结构层间的相互作用研究

通过数值计算分析路基性能衰减对路面结构层附加应力的影响,并进而分析路面的使用寿命。

(5)编制《季冻区高含水率黏性土路基填筑技术指南》

通过对相关研究成果的总结,编制《季冻区高含水率黏性土路基填筑技术指南》,以方便成果的推广应用。

2.寒区水泥稳定碎石基层抗裂技术研究

(1)国内外研究现状及黑龙江裂缝病害调查总结

全面调查了国内外水泥稳定类材料的应用状况,了解各方面的研究成果与经验并跟踪最新研究进展,掌握各种抗裂措施的原理及适用性,为本项目的开展奠定基础,确定研究思路和方向。调查黑龙江地区的自然环境和交通量情况,收集黑龙江地区半刚性基层,尤其是水泥稳定碎石基层的各类应用与研究情况,总结比较半刚性材料组成设计方法及其相应的控制指标,特别是水泥稳定碎石中集料特性的影响,掌握针对半刚性基层各种抗裂措施的原理及适用性。

(2)抗裂型水泥稳定碎石基层配合比设计方法研究

研究振动成型方式的水泥稳定碎石基层配合比设计方法,包括成型的振动时间、次数、频率,以及水泥剂量的选定,形成成套的抗裂型水泥稳定碎石基层配合比设计方法。

(3)抗裂型水泥稳定碎石施工工艺研究

通过绥北抗裂型水泥稳定碎石基层试验段,总结归纳了抗裂嵌挤型水泥稳定碎石施工工艺。

3.季冻区沥青路面施工质量控制技术的应用

(1)根据当地原材料实际情况,在保证路面质量的前提下,本着因地制宜的原则,提出了适合龙江季冻区沥青路面原材料质量控制的标准。

(2)提出了适合龙江季冻区沥青混合料拌和、运输、摊铺、碾压的施工质量控制方法。

(3)从混合料的级配、含水率控制,水泥剂量的变异性分析以及水泥剂量与强度的关系,提出适合龙江季冻区水稳基层施工质量控制方法。

(四)运营养护管理

1.服务设施

全线设置望奎、海伦、赵光3处服务区,见表8-12-4。

绥化至北安高速公路工程服务场区一览表　　　　表8-12-4

高速公路编码	服务区名称	桩　　号	所在区域	占地(m^2)	建筑面积(m^2)
S401	望奎服务区	K45+500	望奎县四方台镇	40000	4987.50
	海伦服务区	K96+780	海伦市长发乡	40000	6072.23
	赵光服务区	K142+770	北安市赵光镇	40000	5844.61

2.收费设施

本项目共设置收费站8座,分别是在望奎、绥棱、海伦、海北、通北、赵光、北安北、北安东,见表8-12-5。

绥化至北安高速公路工程收费设施一览表

表 8-12-5

收费站名称	桩号	入口车道数		出口车道数		收费方式
		总车道	ETC车道	总车道	ETC车道	
望奎收费站	K31+680	2	1	2		MTC+ETC
绥棱收费站	K68+660	2	1	2		
海伦收费站	K92+550	2	1	2		
海北收费站	K116+735	2	1	2		
通北收费站	K698+850	2	1	2		
赵光收费站	K734+500	2	1	2		
北安东收费站	K780+000	2	1	2		
北安北收费站	K809+000	2	1	2		

3. 养护管理

S401绥化至北安高速公路养护里程为208km，分别由黑龙江省绥化高速公路管理处和北安高速公路管理处运营养护。

绥化管理处绥北高速公路管养路段为绥化至北安界通垦河段，管养里程为128.5km。路线起自绥化西收费站（K10+628），经望奎、绥棱、海伦、海北4个收费管理站；管理处还下设海伦、望奎等2个服务区，2个养护工区划分为望奎养护工区、绥棱养护工区，负责养护里程分别为70km和69.5km。

北安管理处绥北高速公路管养路段为绥北高速通北至北安，养护里程为80.5km，设置通北、赵光、北安东、北安北匝道收费站4座，1个服务区赵光服务区，赵光、北安北2处养护工区，负责养护里程分别为43.5km和38km，见表8-12-6。

绥化至北安高速公路养护设施一览表

表 8-12-6

养护工区名称	桩 号	路段长度(km)	占地面积(m²)	建筑面积(m²)
望奎养护工区	K57+810	70	望奎养护工区与望奎站合建	
绥棱养护工区	K109+108	69.5	绥棱养护工区与绥棱站合建	
赵光养护工区	K178+027	43.5	1200	600
北安北养护工区	K216+000	38	1500	800

4. 监控设施

本项目设置绥化西收费站监控室、望奎收费站监控室、绥棱收费站监控室、海伦收费站监控室、海北收费站监控室（以上由绥化处负责）、北安监控中心（北安处负责），负责全线的运营监管，见表8-12-7。

绥化至北安高速公路监控设施一览表 表 8-12-7

监控设施名称	桩　号	占地面积（m²）	建筑面积（m²）
绥化西站监控室	K10+700	监控室与绥化西站合建	
望奎站监控室	K43+640	监控室与望奎站合建	
绥棱站监控室	K80+800	监控室与绥棱站合建	
海伦站监控室	K104+900	监控室与海伦站合建	
海北站监控室	K129+100	监控室与海北站合建	
北安监控中心	K216+000	300	300

5. 交通流量

绥北高速公路绥化至北安界通垦河段高速公路 2011—2015 年交通量从 1761 辆小客车/日，增长至 5509 辆小客车/日，年平均增长率达到 24%（表 8-12-8）。绥北高速公路通北至北安段 2012—2015 年，交通量从 216 万台次递增到 420 万台次，增长率 94%（表 8-12-9）；从车辆构成上来看，主要以客车和货车为主，分别占到总量的 70% 和 30%。

绥北高速公路绥化至北安界通垦河段交通流量发展状况表（单位：辆小客车/日）　表 8-12-8

年份	2011 年	2012 年	2013 年	2014 年	2015 年
绥化西收费站	575	689	891	1025	1816
望奎收费站	71	160	333	607	865
绥棱收费站	321	656	663	793	967
海伦收费站	637	1235	1188	1312	1596
海北收费站	157	150	304	265	265
全线平均	352	578	676	800	1102

绥北高速公路通北至北安段交通流量展状况表（单位：台次）　表 8-12-9

年份	2012 年	2013 年	2014 年	2015 年
通北收费站	808432	1005733	1202908	1418582
赵光收费站	595212	841857	973907	1132188
北安东收费站	385518	607386	706254	867802
北安北收费站	379779	501889	598585	782293
全线平均	309849	422409	497379	600124

第十三节　S402 建三江至鸡西段高速公路

S402 建三江至鸡西段高速公路（简称建鸡高速公路），是黑龙江省公路网的重要组成部分。由建三江至虎林和虎林至鸡西两段组成。

S402 建三江至虎林段高速公路（简称建虎高速公路）位于我省东部地区，是我省公路网的重要组成部分。起点位于富锦市二龙山镇西侧、哈同高速公路（G1011）设计里程 K123+897 处，并以枢纽互通与哈同高速公路相连接，起点桩号 K0+000，终止于虎林市西北联义村,与鸡虎高速公路顺接,终点桩号 K204+026.11,全长 204.331km。沿线途经富锦市、宝清县、虎林市三个重要产粮大县和垦区七星、大兴、红旗岭、八五三、八五二、八五四 6 个大型现代化国有农场。建三江至虎林段高速公路的建设加速了我省经济社会发展,加强了区域内经济联系,推动了当地经济社会、旅游产业的快速发展。

建三江至虎林段高速公路于 2011 年 9 月建成通车,由黑龙江省农垦总局建虎高速公路管理处负责运营管理养护,运营里程桩号 K0+000~K204+026.11,全长 204.331km,设计速度 120km/h,双向四车道,路基宽度 24.5m。

S402 建鸡高速公路虎林至鸡西段(以下简称鸡虎高速公路)位于黑龙江省东部三江平原腹地,起于富锦市二龙山镇,经建三江分局、大兴农场、八五三农场、八五二农场、八五四农场、虎林市、宝东镇、八五〇农场、杨岗镇、兴凯镇(八五一一农场)、裴德镇(农垦牡丹江分局)、密山市、连珠山镇(密山市经济技术开发区)、黑台镇、永安镇、八五一〇农场、兴凯湖机场、鸡西市。本项目为虎林至鸡西段,起点接建三江至虎林高速公路,终点与鹤大高速公路相接。起点里程桩号 K2+500,终点里程桩号 K183+282.5,实际里程为 181.222km,设计速度 120km/h,双向四车道,路基宽度 24.5m;虎林至鸡西段于 2012 年 9 月 26 日建成通车,由鸡虎高速公路管理处负责运营管理养护。

一、建鸡高速公路建三江至虎林段

(一)项目概况

1. 基本情况

(1)功能定位

建三江至虎林高速公路是为加快构建全省八大经济区,打造千亿斤粮食产能工程,全面贯通我省东部地区粮食运输大通道的重大战略决策。本项目的建设对加快我省经济社会发展,加强区域内经济联系,推动当地经济社会、旅游产业的快速发展具有十分重要的意义。

(2)技术标准

采用双向四车道,设计速度 120km/h,路基宽度 24.5m。平曲线最小半径采用 2000m,最大纵坡采用 3.079%。建三江至虎林段高速公路路面结构见表 8-13-1。

建三江至虎林段高速公路路面结构表　　　　表 8-13-1

路面形式	起点里程	讫点里程	长度(m)	路 面 类 型
柔性路面	K0+000	K204+331	204331	沥青路面[5cm 中粒式沥青混凝土 AC-16(改性)+7cm 中粒式沥青混凝土 AC-20(改性)+36cm4.5% 水泥稳定级配碎石+20cm 5% 水泥稳定(45% 中粗砂+55% 碎石)]

(3)建设规模

本项目建设里程长 204.331km,其中:大桥 2662.32m/14 座;中桥 2179.3m/35 座;小

桥 102.72m/3 座;涵洞 507 道;桥梁长度占路线总长度的 2.42%;互通式立交 8 处(其中服务型互通 7 处,枢纽型互通 1 处);分离式立交 20 座;天桥 47 座;连接线桥 5 座;匝道收费站 7 处;服务区 3 处;管理、养护、服务、监控房屋建筑面积 20715.19m²。

（4）主要控制点

佳木斯市(富锦市二龙山镇)、建三江农垦管理局(七星农场、大兴农场)、红兴隆农垦管理局(红旗岭农场、八五三农场、八五二农场)、牡丹江农垦管理局(八五四农场)、虎林市。

（5）地形地貌

项目属沼泽化低湿平原地貌,完达山段为微丘区,地形起伏不大,沟谷切割深度小,地表坡度较缓。地表植被多为水田、旱地,兼有林地和沼泽。地貌主要有:低山残丘漫岗区;低平原区;漫岗上的平原区;低山平原区。

（6）投资规模

项目概算投资 52.51 亿元,竣工决算投资 51.39 亿元,平均每公里造价 2515.19 万元。

（7）开工及通车时间

2009 年 8 月开工建设,2011 年 9 月交工通车。

2. 前期决策情况

（1）前期决策背景

建三江至虎林段高速公路建设是全面贯通我省东部地区粮食运输大通道的重大战略决策。为加快构建全省八大经济区,打造千亿斤粮食产能工程,完善我省东部地区公路网布局,加强区域内经济联系,根据黑龙江省公路网建设的总体规划要求,2009 年启动建三江至虎林段高速公路建设工作。

（2）前期决策过程

2008 年 12 月 29 日,省发改委签发《关于建三江至虎林高速公路工程可行性研究报告的批复》(黑发改交通〔2008〕1774 号)文件,通过了项目的可研批复。

2009 年 3 月 5 日,省国土资源厅签发《关于建三江至虎林高速公路工程建设用地预审意见的复函》(黑国土资预审字〔2009〕50 号)文件,通过了项目的用地预审报告。

3. 参建单位主要情况

（1）建设单位

本项目建设单位是黑龙江省农垦总局,项目执行机构是黑龙江省建三江至虎林段高速公路工程建设指挥部。

（2）设计单位

①土建工程设计单位:黑龙江省公路勘察设计院。

②房建工程设计单位:中国华西工程设计建设有限公司。
③交通安全设施工程设计单位:黑龙江省公路勘察设计院。
④绿化工程设计单位:辽宁北四达景观园林工程设计建设有限公司。
⑤机电工程设计单位:黑龙江省公路勘察设计院。

(3)施工单位

通过招投标,本项目有43家施工单位参与建设,主要为黑龙江农垦建工路桥有限公司、中交第四公路工程局有限公司、龙建路桥股份有限公司等。

(4)施工监理单位

通过招投标本项目由中国公路工程咨询集团有限公司、黑龙江省公路工程监理咨询公司等单位负责施工监理,由北京华杰工程咨询有限公司负责设计咨询。

(二)建设情况

1. 项目准备阶段

(1)项目审批

该项目严格执行交通基本建设程序,从工程可行性研究、初步设计、施工图设计、工程施工、监理招投标及工程开工报告的审批,各个环节手续齐全,具体如下:

①2009年7月17日,黑龙江省发展和改革委员会印发《关于建三江至虎林高速公路工程初步设计》(黑发改建字〔2009〕896号)。

②2009年8月19日,黑龙江省交通运输厅同意建三江至虎林段高速公路开工。

③2009年9月24日,国土资源部办公厅以国土资厅函〔2009〕878号文件复函黑龙江省国土厅《关于建三江至虎林段高速公路控制工期的单体工程先行用地》。

④2009年10月31日,黑龙江省环境保护厅以黑环审〔2009〕334号文件复函建虎高速公路指挥部《关于建三江至虎林高速公路环境影响报告书》。

⑤2010年4月16日,黑龙江省交通运输厅印发《关于建三江至虎林高速公路工程施工图设计》(黑交发〔2010〕107号)。

⑥2010年9月25日,国土资源部印发《关于建三江至虎林高速公路工程建设用地》(国土资函〔2010〕763号)。

⑦2011年7月11日,黑龙江省交通运输厅印发《关于建三江至虎林高速公路机电工程施工图设计》(黑交发〔2011〕291号)。

(2)资金筹措

本项目概算总投资52.5116亿元,其中交通运输部补贴10.2亿元,农垦总局自筹项目资本金8.3亿元,其余34亿元向中行及邮储行贷款解决。竣工决算为51.3931亿元,投资节约1.1185亿元,平均每公里造价2515.19万元。

(3)合同段划分(表8-13-2)

根据各专业的工程内容划分标段如下。

①设计标段划分：土建、绿化、机电工程设计标段划分1个标段，房建工程设计1个标段。

②施工标段划分：根据工程内容的不同，土建工程15个标段，机电工程6个标段，房建工程7个标段，绿化工程3个标段，交通安全设施工程12个标段。

③施工监理标段划分：根据工程内容本项目设置2个总监办公室，负责全线施工监理工作；6个土建工程监理办公室，负责监理区段内路基、路面、桥梁工程的施工监理工作；3个交通安全设施工程监理办公室，负责监理区段内交通安全设施工程的施工监理工作；1个绿化工程监理办公室，负责监理区段内绿化工程的施工监理工作；2个房建工程监理办公室，负责全线7个房建标段的房建工程施工监理；2个机电工程监理办公室，负责全线6个机电标段的机电工程施工监理。

(4)招投标

按照国家颁布的《中华人民共和国招标投标法》和交通部颁布的《公路工程施工招标投标管理办法》《公路工程施工招标资格预审办法》《公路工程施工招标评标办法》的要求，由项目法人单位组织招标工作。

①2009年8月9日，桥梁工程在哈尔滨公开开标，确定6家中标单位。

②2009年8月11日，路基工程在哈尔滨公开开标，确定1家中标单位。

③2009年10月21日，路面工程在哈尔滨公开开标，确定8家中标单位。

④2010年11月3日，机电工程在哈尔滨公开开标，确定6家中标单位。

⑤2010年11月3日，安全设施工程在哈尔滨公开开标，确定了12家中标单位。

⑥2011年3月10日，房建及收费雨棚工程在哈尔滨公开开标，确定了7家中标单位。

⑦2011年4月26日，绿化景观工程在哈尔滨公开开标，确定了3家中标单位。

(5)征地拆迁

①工作及范围

沿线经过富锦市、七星农场、大兴农场、红旗岭农场、八五三农场、八五二农场、八五四农场(迎春镇)、虎林市。共计2个县(市)、6个农场。

②主要内容

a.签订协议、界定征地界限、办理永久性占地报批手续。

b.永久占地界内房屋等各种构造物的搬迁。

c.永久占地内附着物的拆除。

d.各种管线的迁移、改建，既有通信管线的改建、加高、迁移，还有电力线路的改建、加高、迁移。

建三江至虎林段高速公路工程合同段划分表

表 8-13-2

序号	参建单位	类型	参建单位名称	合同段编号及起止桩号	主要内容	主要负责人	备注
1	项目管理单位		黑龙江省建三江至虎林高速公路工程建设指挥部			王有国	
2	勘察设计单位	土建工程	黑龙江省公路勘察设计院	A1、B1-B6、C1-C8	主线路基、路面、桥梁工程	吴风、李殿松	
3		房建工程	中国华西工程设计建设有限公司	FJ1~FJ5、YP1~YP2	全线房建工程	吴风、李殿松	
4		交通安全设施工程	黑龙江省公路勘察设计院	JT1~JT12	全线交通安全设施	孙彦良	
5		绿化工程	辽宁北四园林景观工程设计建设有限公司	LH1~LH3	全线绿化	祝晓航	
6		机电工程	黑龙江省公路勘察设计院	JD1~JD6	全线机电设计	孙彦良	
7	施工单位	土建工程	黑龙江农垦建工路桥有限公司	A1：K0+000~K204+033	路基土石方、涵洞；连接线路基、路面	孙立阳	
8			中交第四公路工程局有限公司	B1：K0+000~K27+000	梁桥工程	林贵安	
9			龙建路桥股份有限公司	B2：K27+000~K54+000	梁桥工程	张文志	
10			中铁十三局集团有限公司	B3：K54+000~K106+000	梁桥工程	崔兴	
11			中国建筑第六工程局有限公司	B4：K106+000~K154+000	梁桥工程	何瑜	
12			沈阳市政集团有限公司	B5：K154+000~K180+000	梁桥工程	满金义	
13			中铁十三局集团第四工程有限公司	B6：K180+000~K204+331	梁桥工程	刘阳	
14			大庆建安安装集团有限公司	C1：K0+000~K27+000	路面工程	袁成斌	
15			温州交通建设集团有限公司	C2：K27+000~K54+000	路面工程	崔利民	
16			黑龙江农垦建工路桥有限公司	C3：K54+000~K80+000	路面工程	高建国	
17			黑龙江农垦建工路桥有限公司	C4：K80+000~K106+000	路面工程	齐秀顺	
18			大庆油田路桥工程有限公司	C5：K106+000~K130+000	路面工程	李德兴	
19			大庆建筑安装集团有限责任公司	C6：K130+000~K154+000	路面工程	贺旭龙	
20			中铁十三局集团有限公司	C7：K154+000~K180+000	路面工程	黄至燥	
21			中铁十三局集团第四工程有限公司	C8：K180+000~K204+331	路面工程	孟庆冬	
22		机电工程	南京凌云科技发展有限公司	JD1：K0+000~K50+150	机电工程	侯俊明	

续上表

序号	参建单位	类型	参建单位名称	合同段编号及起止桩号	主要内容	主要负责人	备注
23		机电工程	黑龙江省北龙交通工程有限公司	JD2：K50+150～K115+150	机电工程	任峰	
24			陕西高速交通工贸有限公司	JD3：K115+150～K146+150	机电工程	吉子亭	
25			北京路安交通科技发展有限公司	JD4：K146+150～K204+026.11	机电工程	范俊松	
26			江西路通科技有限公司	JD5：K0+000～K115+150	管道工程	胡智	
27			中国公路工程咨询集团有限公司	JD6：K115+150～K204+026.11	管道工程	肖劲东	
28			黑龙江农垦建工有限公司	FJ1	建三江收费站、大兴收费站	许强	
29			佳木斯恒远建设集团有限公司	FJ2	大兴服务区A、B区，五星湖收费站	张伟才	
30	施工单位		哈尔滨市第三建筑工程公司	FJ3	八五三服务区A、B区，八五三收费站	夏永强	
31		房建工程	黑龙江宝厦建设有限公司	FJ4	八五二收费站、八五三服务区A，B区	罗岩	
32			中国煤炭国际经济技术合作总公司	FJ5	迎春收费站、虎林收费站	李广宁	
33			盐城市大鹏交通电力有限公司	YP1	建三江、大兴、五星湖、八五三收费站雨棚	吉中民	
34			黑龙江威正恒钢结构工程有限公司	YP2	八五二、迎春、虎林收费站雨棚	顾立新	
35		绿化工程	江西际洲建设工程有限公司	LH1：K0+000～K70+000	中央分隔带及互通立交绿化	谢建国	
36			哈尔滨林源园林绿化开发有限公司	LH2：K70+000～K151+000	中央分隔带及互通立交绿化	李莹	
37			黑龙江省博艺诚信园林绿化有限责任公司	LH3：K151+000～K204+331	中央分隔带及互通立交绿化	刘锋	
38		交通安全设施工程	黑龙江省北龙交通工程有限公司	JT1：K0+000～K54+000	防撞护栏、防眩板	张春秋	
39			北京路桥方舟交通科技发展有限公司	JT2：K54+000～K106+000	防撞护栏、防眩板	于俊东	

续上表

序号	参建单位	类型	参建单位名称	合同段编号及起止桩号	主要内容	主要负责人	备注
40	施工单位	交通安全设施工程	山东康桥交通科技有限公司	JT3:K106+000～K154+300	防撞护栏,防眩板	王法军	
41			河北龙威交通工程有限公司	JT4:K154+300～K204+331	防撞护栏,防眩板	张云爽	
42			北京路桥方舟交通科技发展有限公司	JT5:K0+000～K54+000	标线	张荣华	
43			江苏东方交通工程有限公司	JT6:K54+000～K106+000	标线	赵君善	
44			河北龙威交通科技有限公司	JT7:K106+000～K154+300	标线	张云爽	
45			山东康桥交通科技有限公司	JT8:K154+300～K204+331	标线	王法军	
46			浙江交通设施有限公司	JT9:K0+000～K54+000	标志,隔离栅	代忠	
47			北京深华科交通工程有限公司	JT10:K54+000～K106+000	标志,隔离栅	李飞	
48			黑龙江省北龙交通工程有限公司	JT11:K106+000～K154+300	标志,隔离栅	董丽艳	
49				JT12:K154+300～K204+331			
50	监理单位	总监办	中国公路工程咨询集团有限公司	Z1	A1-B3,C1-C4	杜增辉	
51			黑龙江省公路工程监理咨询有限公司	Z2	A1、B4-B6、C5-C6	刘春斌	
52		土建工程	黑龙江省远升公路工程咨询监理有限责任公司	J1	A1-1、B1	刘春晓	
53			黑龙江华龙公路工程咨询监理有限公司	J2	A1-2、B2	曲九禾	
54			黑龙江华龙公路工程咨询监理有限公司	J3	A1-3、A1-4、B3	袁坤	
55			东北林业大学工程监理部	J4	A1-5、A1-6、B4	李俊石	
56			黑龙江华正交通工程咨询监理有限公司	J5	A1-7、B5	张化杰	
57			北京正立监理咨询有限公司	J6	A1-8、B6	李龙斌	
58		房建工程	青岛信达工程管理有限公司	J7	FJ1-FJ2,YP1	丁万胜	
59			黑龙江省轻工建设监理有限公司	J8	FJ3-FJ5,YP2	杨玉石	
60		交通安全设施	黑龙江省公路工程监理咨询有限公司	J9	JT1,JT2,JT5,JT6,JT9,JT10	项义龙	
61			黑龙江省公路工程监理咨询有限公司	J10	JT3,JT7,JT11	郭会	
62			东北林业大学工程监理部	J11	JT4,JT8,JT12	陈荣斌	
63		机电工程	北京泰克华成信息技术咨询有限公司	J12	JD1,JD2,JD5	孙建国	
64			黑龙江省公路工程监理咨询有限公司	J13	JD3,JD4,JD6	牛春燕	
65		绿化工程		J14	LH1-LH3	郭志平	
66	设计咨询单位		北京华杰工程咨询有限公司	K0+000～K204+331			

e. 临时及借土占地的征用。

③遵循的政策法规

《中华人民共和国土地管理法》等。

④主要做法

设立专门组织机构。省政府制定了征地拆迁"双业主制",形成了在省政府领导下的专门负责征地拆迁工作的领导体系和专门机构。为落实政策、落实地方工作、落实人口安置、落实征地拆迁提供了组织保证。按三级管理体系设置安置办公室,加强各级政府对征地工作的领导和监督,形成完善的拆迁工作体系,使征地拆迁工作层层有人管、层层有人抓。

建三江至虎林段高速公路征地拆迁统计见表8-13-3。

建三江至虎林段高速公路征地拆迁统计表　　　　表8-13-3

高速公路编码	项目名称	征地拆迁安置起止时间	征用土地（亩）	拆迁房屋（m²）	拆迁占地费（万元）	备注
S402	建三江至虎林段高速公路	2009.8~2010.5	16574.1	7780	18911.82	

2. 项目实施阶段

（1）实施过程

①主线土建工程于2009年8月19日开工(图8-13-1),2011年8月30日完工。

②房建工程于2011年3月开工,2011年11月完工。

③机电工程于2010年11月开工,2011年12月完工。

④交通安全设施工程于2011年4月开工,2011年10月完工。

⑤绿化工程于2011年5月开工,2011年12月完工。

⑥2011年9月25日,黑龙江省交通运输厅组织专家对建三江至虎林段高速公路进行了交工验收(图8-13-2)。

图8-13-1　建三江至虎林段高速公路开工典礼

图8-13-2　三江高速公路通车暨建抚高速公路开工庆典仪式

(2)各项活动

①2009年9月20日,在全线开展"喜迎国庆60年,攻坚会战60天,全面完成建虎高速公路2009年建设任务"活动。

②2010年5月25日,在全线开展"五比一看"劳动竞赛活动。

③2010年9月5日,在全线开展"30天路面结构层施工竞赛活动"。

④2011年4月30日,在全线开展"攻坚会战60天"活动。

建三江至虎林高速公路建设生产要素见表8-13-4。

建三江至虎林段高速公路建设生产要素统计表　　　表8-13-4

路线编号	建设时间	钢材(t)	沥青(t)	水泥(t)	砂石料(m³)
S402	2009.8~2011.9	47000	75000	582000	7318000

(三)运营养护管理

1.服务设施

全线设置大兴、八五三、八五二共3处服务区,全线服务区平均间距51km。大兴服务区设在大兴农场,桩号K57+110,八五三、八五二服务区设在红兴隆管局,桩号分别为K107+150、K153+800。

2.收费设施

本项目共设置收费站7座,其中在虎林界设置主线收费站1座,在建三江、大兴、五星湖、八五三、八五二、八五四设置匝道收费站6座(表8-13-5)。匝道出入口数量截至2016年年底共计27条。

建三江至虎林段收费设施一览表　　　表8-13-5

收费站名称	桩号	入口车道数		出口车道数		收费方式
		总车道	ETC车道	总车道	ETC车道	
建三江收费站	K18+243	2		3		MTC
大兴收费站	K47+913	2		2		
五星湖收费站	K76+929	2		2		
八五三收费站	K113+600	2		2		
八五二收费站	K144+800	2		2		
八五四收费站	K172+685	2		4		

3.养护管理

本项目养护里程229.849km,设置建三江、大兴、五星湖、八五三、八五二、八五四6处养护工区(表8-13-6),负责养护里程(包括匝道、连接线)分别为35.952km、36.708km、38.315km、37.608km、39.476km、41.790km。

建三江至虎林段养护设施一览表　　　　　表 8-13-6

养护工区名称	桩　　号	路段长度(km)	建筑面积(m²)
建三江养护工区	K18+243	29.380	693017.7
大兴养护工区	K47+913	34.32	748962
五星湖养护工区	K76+929	35.61	771816
八五三养护工区	K113+600	35.12	763790.4
八五二养护工区	K144+800	35.55	791068.4
八五四养护工区	K172+685	34.351	799545

4. 监控设施

本项目设置建虎高速公路监控中心,负责建虎高速公路全程的运营监管(表8-13-7)。

建三江至虎林段监控设施一览表　　　　　表 8-13-7

监控设施名称	桩　　号	占地面积(m²)	建筑面积(m²)
建虎高速公路监控中心	K144+8	建虎高速公路监控中心与八五二收费站合建	

5. 交通流量

黑龙江省建虎高速公路自2011年至2016年,交通量从1058辆/日增长至2618辆/日,年平均增幅比达到147.44%(图8-13-3);从车型构成上来看,主要以一型车为主,占到总量的87.78%(图8-13-4);从断面交通流量分析,八五四至虎林段的交通流量较大,达到668辆/日,五星湖至八五三段交通流量较小,为82辆/日(表8-13-8)。

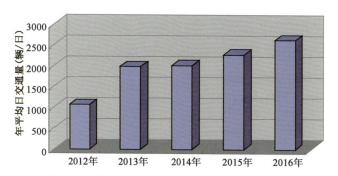

图 8-13-3　建三江至虎林段年平均日交通量增长柱状图

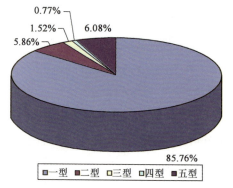

图 8-13-4　建三江至虎林段车型构成比例图

建三江至虎林段交通流量发展状况表（单位：辆）　　　表8-13-8

年份	2012年	2013年	2014年	2015年	2016年
哈同高速公路至建三江互通	73481	94780	100253	136495	100674
建三江互通至大兴互通	47931	70832	58697	73491	44876
大兴互通至五星湖互通	48968	68718	75698	95097	42714
五星湖互通至八五三互通	27619	29143	29013	34270	15304
八五三互通至八五二互通	39623	51940	56629	60820	26028
八五二互通至八五四互通	55553	123292	122769	12574	52603
八五四互通至虎林互通	94704	284138	291575	305653	109310

二、建鸡高速公路虎林至鸡西段

（一）项目概况

1. 基本情况

（1）功能定位

虎林至鸡西段高速公路是结合公路建设"三年决战"的战略思想，调整省域内高速公路网布局，以增强路网整体功能，新增了5条高速公路。本项目即为新增的高速公路中的一条建三江经虎林至鸡西高速公路，项目的建设让鸡西有了贯穿境内的大通道，构成了黑龙江省东部的环形公路主体骨架的重要组成部分，是一条粮食运输、旅游运输、煤电化运输、国际运输大通道，为促进鸡西至黑龙江的经济社会发展，打开一扇具有战略意义的大门。

（2）技术标准

采用双向四车道，设计速度120km/h，路基宽度24.5m。平曲线最小半径采用5000m，最大纵坡采用3.9%。建鸡高速公路虎林至鸡西段路面结构表见表8-13-9。

建鸡高速公路虎林至鸡西段路面结构表　　　表8-13-9

路面形式	起点里程	讫点里程	长度(m)	路面类型	备注
柔性路面	K0+000	K181+222	181222	沥青路面	

（3）建设规模

建鸡高速公路虎林至鸡西段建设项目全长181.222km，路线起点位于虎林市，与建虎高速公路互通相接，终点位于鸡西市滴道区，与鹤大高速公路互通相接。路基土石方2156.3万m^3，基层357.5万m^2，底基层348万m^2，沥青混凝土面层329.6万m^2，大桥1927m/9座，中桥1541.58m/28座，小桥171.14m/5座，涵洞463道，互通10处，分离式立交 32 处,养护中心 1 处,服务区 3 处,匝道收费站 10 座。建设工期为三年,2010 年 5 月开工,2012 年 10 月交工。

(4)主要控制点

虎林市、八五〇农场、杨岗镇、兴凯镇、裴德镇、密山市、当壁镇、连珠山镇、黑台镇、永安镇、8510 农场、鸡西兴凯湖机场、鸡东县、鸡西市。

(5)地形地貌

本项目位于黑龙江省东部,地理位置在东经 130°50′33″~132°57′00″和北纬 45°18′12″~45°16′48″之间,行政区属鸡西市。路线所处区域为穆棱—兴凯平原,地势低平,具有典型的沼泽化低湿平原的地貌景观。地表植被多为水田、旱地及湿地。分布在穆棱河两侧的低山平原,海拔 65~180m。地表植被多为林地、水田、旱地及湿地。

路线所处区域公路自然区划为 II_{1a} 区和 II_1 区,即三江平原副区和东北前湿润冻区。公路工程地质分区位于完达山分区及东部三江平原区。沿线河滩谷地表植被多为水田及湿地,靠近河套处分布有较多的鱼池,漫岗上多为旱地及少量的人工林带。

(6)投资规模

工程概算总投资 55.13 亿元,国家车购税补贴 14.54 亿元,银团贷款 39.04 亿元,地方配套资金 1.55 亿元。

(7)开工及通车、竣工时间

2010 年 5 月开工建设,2012 年 9 月交工通车。

建成后的鸡西高速公路密山段如图 8-13-5 所示。

图 8-13-5　建成后的鸡虎高速公路密山段

2. 前期决策情况

(1)前期决策背景

2008 年 6 月 6 日,黑龙江省委、省政府召开了全省加快公路建设工作会议,提出"适当超前建设高速公路,将是推进振兴黑龙江经济发展战略的必备条件"的指示精神,同时做出了"决战三年,建设高速公路2840km"的重大战略决策。S402虎林至鸡西段高速公路是结合公路建设"三年决战"的战略思想,调整省域内高速公路网布局,增强路网整体功能,新增的5条高速公路之一。

(2)前期决策过程

①2009年4月14日,鸡西市人民政府致省交通运输厅《鸡西市人民政府关于报批建三江至鸡西高速公路虎林至鸡西段工程可行性研究报告的函》。

②2009年4月21日,黑龙江省交通运输厅致省发展改革委《关于报批建三江至鸡西高速公路虎林至鸡西段工程可行性研究报告的请示》。

③2009年7月3日,黑龙江省工程咨询评审中心在哈尔滨召开《建三江至鸡西高速公路虎林至鸡西段工程可行性研究报告》专家评估会议。

④2009年7月17日,黑龙江省工程咨询评审中心致省发改委《关于〈建三江至鸡西高速公路虎林至鸡西段工程可行性研究报告〉的评估报告》。

⑤2009年7月21日,黑龙江省发展和改革委员会致省交通运输厅《关于建三江至鸡西高速公路虎林至鸡西段工程可行性研究报告的批复》。

3. 参建单位主要情况

(1)建设单位

本项目建设单位是建鸡高速公路虎林至鸡西段建设指挥部,项目执行机构是鸡西市交通运输局。2009年7月鸡虎高速公路建设指挥部成立。下设4个分指挥部:机场路分指挥部、鸡东分指挥部、密山分指挥部、虎林分指挥部。

(2)设计单位

①土建工程设计单位:黑龙江省公路勘察设计院。

②房建工程设计单位:黑龙江省公路勘察设计院、哈尔滨工业大学建筑设计院。

③交通安全设施工程设计单位:黑龙江省公路勘察设计院。

④绿化工程设计单位:黑龙江博润景观规划设计有限公司。

⑤机电工程设计单位:黑龙江省公路勘察设计院。

(3)施工单位

通过招投标本项目有76个施工单位参与建设,主要为哈尔滨市公路工程处、龙建路桥股份有限公司、山东省路通工程集团有限公司等。

(4)施工监理、检测单位

本项目主要由天津市国腾公路咨询监理有限公司、黑龙江省公路工程监理咨询公司、黑龙江省远升公路工程咨询监理有限责任公司等单位负责施工监理,黑龙江省龙华工程实验检测有限公司、国家林业局工程质量监督管理总站检测中心负责试验检测,设计咨询单位为黑龙江省公路勘察设计院。

(二)建设情况

1. 项目准备阶段

(1)项目审批

该项目严格执行交通基本建设程序,从预可行性研究、工程可行性研究、初步设计、施工图设计、工程施工、监理招投标及工程开工报告的审批,各个环节手续齐全,具体如下:

①2009年7月20日,黑龙江省环境保护厅印发《关于建三江至鸡西高速公路虎林至鸡西段环境影响报告书的批复》(黑环审〔2009〕243号)。

②2009年11月9日,黑龙江省交通厅印发《黑龙江省交通厅关于建三江至鸡西高速公路虎林至鸡西段工程初步设计批复》(黑交发〔2009〕313号)。

③2010年2月2日,国土资源部复函《国土资源部办公厅关于建三江至鸡西高速公路虎林至鸡西段控制性单体工程先行用地》(国土资厅函〔2010〕119号)。

④2010年2月26日,黑龙江省交通厅公路重点工程建设推进组印发《关于建三江至鸡西高速公路虎林至鸡西段土建工程招标方案的批复》(黑交推〔2010〕7号文)。

⑤2010年5月16日,黑龙江省交通厅公路重点工程建设推进组印发《关于建三江至鸡西高速公路虎林至鸡西段(K156+400~K183+282机场段)土建工程及施工监理招标方案的批复》(黑交推〔2010〕56号)。

⑥2011年12月31日,黑龙江省交通运输厅印发《黑龙江省交通运输厅关于建三江至鸡西高速公路虎林至鸡西段施工图设计的批复》(黑交发〔2011〕621号)。

⑦2011年9月10日,国土资源部印发《国土资源部关于建三江至鸡西高速公路虎林至鸡西段工程建设用地的批复》(国土资函正〔2011〕631号)。

⑧2012年8月15日,建鸡高速公路虎林至鸡西段建设指挥部印发《关于建鸡高速公路虎林至鸡西段机电工程施工图联合设计文件的批复》(建鸡发〔2012〕28号)。

(2)资金筹措

该项目资金构成:工程概算总投资55.13亿元,国家车购税补贴14.54亿元,银团贷款39.04亿元,地方配套资金1.55亿元。

(3)合同段划分(表8-13-10)

①主线施工标段划分:路基标段22个,路面标段7个,桥梁标段6个。

②附属标段划分:机电标段10个,绿化标段5个,交通安全设施标段16个(含1个雨棚标段),房建标段6个,通信管道标段4个。

③施工监理标段划分:主线7个总监办公室,机电2个,绿化1个,交通安全设施3个,房建2个,通信1个,试验检测中心3个。

第八章 高速公路建设项目

建鸡高速公路虎林至鸡西段合同段划分一览表

表 8-13-10

序号	参建单位	类型	参建单位名称	合同段编号及起止桩号	主要内容	主要负责人	备注
1	项目管理单位		建鸡高速公路虎林至鸡西段建设指挥部	K0+000～K181+222	全线建设	鞠大忠	
2	勘察设计单位		黑龙江省公路勘察设计院	K0+000～K181+222	全线设计	王守恒	
3			哈尔滨市公路工程处	A1标段：K181+222～K172+722	路基路面工程、桥涵工程	赵体昌	
4			龙建路桥股份有限公司	A2标段：K172+722～K162+722	路基路面工程、桥涵工程	陆秀东	
5			山东省公路工程集团有限公司	A3标段：K162+722～K152+722	路基路面工程、桥涵工程	谢财	
6			天津市政公路通发展股份有限公司	A4标段：K152+722～K144+722	路基路面工程、桥涵工程	董建民	
7			中城北方交通建设工程有限公司	A5标段：K144+722～K134+522	路基路面工程、桥涵工程	姜志兴	
8			黑龙江农垦建工路桥有限公司	A6标段：K134+522～K124+522	路基路面工程、桥涵工程	邓煜辉	
9			江西际洲建设工程有限公司	A7标段：K124+522～K114+522	路基路面工程、桥涵工程	陈国旗	
10		土建工程	江西色工程有限公司	A8标段：K114+522～K107+522	路基路面工程、桥涵工程	雷盛延	
11			龙建路桥股份有限公司	A9标段：107+522～K100+022	路基路面工程、桥涵工程	朱东生	
12	施工单位		大庆建建筑安装集团有限责任公司	A10标段：K100+022～K90+022	路基路面工程、桥涵工程	王希军	
13			龙建路桥股份有限公司	A11标段：K90+022～K81+022	路基路面工程、桥涵工程	尹宝军	
14			龙建路桥股份有限公司	A12标段：K81+022～K70+022	路基路面工程、桥涵工程	丛树良	
15			龙建路桥股份有限公司	A13标段：K70+022～K61+022	路基路面工程、桥涵工程	李玉生	
16			浙江人咏公路工程有限公司	A14标段：K61+022～K51+022	路基路面工程、桥涵工程	康军	
17			鞍山市市政工程有限责任公司	A15标段：K51+022～K44+190	路基路面工程、桥涵工程	姜涛	
18			中国煤炭国际经济技术合作总公司	A16标段：K44+190～K35+190	路基路面工程、桥涵工程	林冬梅	
19			黑龙江省龙建路桥第四工程有限公司	A17标段：K35+190～K26+070	路基路面工程、桥涵工程	王沈军	
20			山西吕梁路桥工程有限公司	A20标段：K26+070～K16+215	路基路面工程、桥涵工程	刘文学	
21			河南乾坤路桥工程有限公司	A21标段：K16+215～K8+466	路基路面工程、桥涵工程	李文忠	
22			大庆建建筑安装集团有限责任公司	A22标段：K8+466～K0+000	路基路面工程、桥涵工程	赵忠斌	
23			中铁十三局集团第四工程有限公司	B1标段：（K2+500～K59+000）	预制（K2+500～K59+000）段梁长20m及20m以下的预制梁	肖凤国	

续上表

序号	参建单位	类型	参建单位名称	合同段编号及起止桩号	主要内容	主要负责人	备注
24	施工单位	土建工程	龙建路桥股份有限公司	B2标段：(K59+000～K91+000)	预制(K59+000～K91+000)段梁长20m及20m以下的预制梁	刘树国	
25			龙建路桥股份有限公司	B3标段：(K91+000～K130+000)	预制(K91+000～K130+000)段梁长20m及20m以下的预制梁	姜洪波	
26			龙建路桥股份有限公司	B4标段：(K130+000～K156+116.567)	预制(K130+000～K156+116.567)段梁长20m及20m以下的预制梁	宋勋	
27			辽宁省路桥建设集团有限公司	B5标段(山河通道,分离桥)	桥梁工程	李胜	
28			龙建路桥股份有限公司	B6(穆棱河大桥)	桥梁工程	王皎	
29			中铁十三局集团有限公司	C1标段：K181+222～K152+722	路面工程	李喜双	
30			中铁十三局集团有限公司	C2标段：K152+722～K124+582	路面工程	张国成	
31			浙江利越路桥建设集团有限公司	C3标段：K124+582～K100+082	路面工程	王遵山	
32			江西井冈路桥(集团)有限公司	C4标段：K100+082～K78+087	路面工程	关жем军	
33			哈尔滨市公路工程处	C5标段：K78+087～K53+087	路面工程	王海峰	
34			黑龙江省龙建路桥第四工程有限公司	C6标段：K53+087～K26+970	路面工程	刘永强	
35			大庆建筑安装集团有限责任公司	C7标段：K26+970～K9+278	路面工程	刘伟	
36			大庆建筑安装集团有限责任公司	A22标段：K9+278～K0+000	路面工程	赵忠斌	
37		机电工程	中咨泰克交通工程集团有限公司	JD1：K2+500～K36+800(包括K7+280虎林停车区,八五〇收费站)	监控系统、收费系统、通信系统、供电照明系统工程及所辖桩号内的光缆工程	王谦	
38			江苏好望系统工程有限公司	JD2：K36+800～K75+700(包括K59+300兴凯服务区,K69+520兴凯收费站)	监控系统、收费系统、通信系统、供电照明系统工程及所辖桩号内的光缆工程	邵泳挺	
39			中铁十三局集团电务工程有限公司	JD3：K75+700～K85+300(包括K81+100裴德收费站)	监控系统、收费系统、通信系统、供电照明系统工程及所辖桩号内的光缆工程	张学光	
40			黑龙江省应用电子有限责任公司	JD4：K85+300～K94+500(包括K89+300兴光收费站)	监控系统、收费系统、通信系统、供电照明系统工程及所辖桩号内的光缆工程	杨正茂	

第八章 高速公路建设项目

续上表

序号	参建单位	类型	参建单位名称	合同段编号及起止桩号	主要内容	主要负责人	备注
41	施工单位	机电工程	江苏铁电交通科技集团有限公司	JD5:K94+500～K109+500（包括K99+500新河收费站）	监控系统、收费系统、通信系统、供电照明系统工程及所辖桩号内的光缆工程	熊彦明	
42			广州海特天高信息系统工程有限公司	JD6:K109+500～K126+190（包括K110+400密山服务区,K118+397黑台收费区）	监控系统、收费系统、通信系统、供电照明系统工程及所辖桩号内的光缆工程	杨俊	
43			陕西汉唐计算机有限责任公司	JD7:K126+190～K145+400（包括K135+400永安收费站）	监控系统、收费系统、通信系统、供电照明系统工程及所辖桩号内的光缆工程	李细元	
44			江苏智运科技发展有限公司	JD8:K145+400～K163+800（包括K156+900机场收费站,K161+550鸡东服务区）	监控系统、收费系统、通信系统、供电照明系统工程及所辖桩号内的光缆工程	孙陶	
45			山西四和交通工程有限责任公司	JD9:K163+800～K175+700（包括K170+960城子河收费站）	监控系统、收费系统、通信系统、供电照明系统工程及所辖桩号内的光缆工程	帅亮红	
46			哈尔滨交文研交通工程有限责任公司	JD10:K176+700～K183+282.5（包括K182+386.2团结收费站、鸡虎高速管理处）	监控系统、收费系统、通信系统、供电照明系统工程及所辖桩号内的光缆工程	赵满仓	
47		绿化工程	哈尔滨鑫鼎典园林市政工程发展有限公司	LH1:K2+500～K59+000	绿化	白金波	
48			呼和浩特市绿华园林绿化工程有限公司	LH2:K59+000～K91+000	绿化	贡文俊	
49			成都市广泽景观建设有限公司	LH3:K91+000～K130+000	绿化	贡文俊	
50			黑龙江省博艺诚信园林绿化有限责任公司	LH4:K130+000～K183+282	绿化	刘锋	
51			黑龙江省博艺诚信园林绿化有限责任公司	LH5:城子河互通区、收费站、机场互通区、收费站,团结互通区、收费站绿化工程	绿化	刘锋	
52		雨棚工程	黑龙江宏兴建筑工程有限公司	YP标段:850收费站、兴凯收费站、裴德收费站、兴光收费站、新河收费站、永安收费站、黑台收费站、机场收费站、城子河收费站、团结收费站	雨棚	董晓波	

续上表

序号	参建单位		参建单位名称	合同段编号及起止桩号	主要内容	主要负责人	备注
		类型					
53	施工单位	交通安全设施工程	哈尔滨弘亿公路设施施工安装有限公司	JT1:K2+500~K30+000	波形钢板护栏、防眩板、活动护栏、移动护栏、防撞桶、柱式轮廓标、附着式轮廓标	刘深远	
54			河北特利特交通设施有限公司	JT2:K30+000~K58+700	波形钢护栏、防眩板、活动护栏、移动护栏、防撞桶、柱式轮廓标、附着式轮廓标	朱学良	
55			石家庄路安交通工程有限公司	JT3:K58+700~K91+495	波形钢护栏、防眩板、活动护栏、移动护栏、防撞桶、柱式轮廓标、附着式轮廓标	刘桂兰	
56			北京天鸿利交通设施工程有限公司	JT4:K91+000~K130+000	波形钢板护栏、防眩板、活动护栏、移动护栏、防撞桶、柱式轮廓标、附着式轮廓标	韩书印	
57			哈尔滨交研交通工程有限责任公司	JT5:K130+000~K156+400	波形钢板护栏、防眩板、活动护栏、移动护栏、防撞桶、柱式轮廓标、附着式轮廓标	郑秀伟	
58			黑龙江省北龙交通工程有限公司	JT6:K156+400~K183+282	波形钢板护栏、防眩板、活动护栏、移动护栏、防撞桶、柱式轮廓标、附着式轮廓标	孙明刚	
59		隔离工程	浙江中港数码信息工程有限公司	GL1:K2+500~K30+000	隔离栅	任延照	
60			浙江中港数码信息工程有限公司	GL2:K30+000~K58+700	隔离栅	赵波	
61			北京天鸿利交通设施施工有限公司	GL3:K58+700~K91+495		孟图力格尔	
62			石家庄路安交通工程有限公司	GL4:K91+000~K130+000	隔离栅	崔晟东	
63			黑龙江交通实业总公司	GL5:K130+000~K156+400	隔离栅	范振江	
64			黑龙江省北龙交通工程有限公司	GL6:K156+400~K183+282	隔离栅	周景新	

第八章 高速公路建设项目

续上表

序号	参建单位		参建单位名称	合同段编号及起止桩号	主要内容	主要负责人	备注
		类型					
65	施工单位	附属工程	黑龙江省八达路桥建设有限责任公司	HBK2+500~K183+282	声屏障	霍忠友	
66			哈尔滨交研交通工程有限责任公司	BXK2+500~K183+282	公路标线	卜晓新	
67			哈尔滨交研交通工程有限责任公司	BZK2+500~K183+282	公路标线	于立群	
68		房建工程	黑龙江恒久建设工程有限责任公司	FJ1标段：虎林停车区（两侧）；兴凯服务区（两侧）；鸡东服务区（两侧）	综合楼土建、外装饰、给排水、采暖、消防安全、电气照明、弱电、装饰、管网、场区工程及其他附属工程的施工	刘恒坤	
69			黑龙江农垦建工有限公司	FJ2标段：850收费站、兴凯收费站	综合楼土建、外装饰、给排水、采暖、消防安全、电气照明、弱电、装饰、管网、场区工程及其他附属工程的施工	王新顺	
70			黑龙江龙煤矿山建设有限公司	FJ3标段：裴德收费站、兴光收费站	综合楼土建、外装饰、给排水、采暖、消防安全、电气照明、弱电、装饰、管网、场区工程及其他附属工程的施工	候广平	
71			鸡西矿务局建筑公司	FJ4标段：新河收费站、黑台收费站	综合楼土建、外装饰、给排水、采暖、消防安全、电气照明、弱电、装饰、管网、场区工程及其他附属工程的施工	于家财	
72			中国煤炭国际经济技术合作总公司	FJ5标段：机场收费站	综合楼土建、外装饰、给排水、采暖、消防安全、电气照明、弱电、装饰、管网、场区工程及其他附属工程的施工	李明	
73			黑龙江恒久建设工程有限责任公司	FJ1标段：虎林停车区（两侧）；兴凯服务区（两侧）；鸡东服务区（两侧）	综合楼土建、外装饰、给排水、采暖、消防安全、电气照明、弱电、装饰、管网、场区工程及其他附属工程的施工	刘恒坤	
74		管道	山西欣奥特自动化工程有限公司	GD1标段：K2+500~K46+650	通信管道工程	张国华	
75			山东博安智能科技有限公司	GD2标段：K46+650~K92+500	通信管道工程	张新立	
76			山东博安智能科技有限公司	GD3标段：K92+500~K137+400	通信管道工程	张宇翔	
77			山东博安智能科技有限公司	GD4标段：K137+400~K183+283	通信管道工程	王来印	

续上表

序号	参建单位	类型	参建单位名称	合同段编号及起止桩号	主要内容	主要负责人	备注
78	监理单位	总监办	天津市国腾公路咨询监理有限公司	ZJ1 合同段：K181+222～K152+722	A1、A2、A3、C1、A18	李登中	
79			黑龙江省公路工程监理咨询公司	ZJ2 合同段：K152+722～K124+582	A4、A5、A6、C2、B1	李峻峰	
80			黑龙江省远升公路工程咨询监理有限责任公司	ZJ3 合同段：K124+582～K78+087	A7、A8、A9、A10、C3、C4、B2	李晖	
81			黑龙江省公路工程监理咨询公司	ZJ4 合同段：K78+087～K53+087	A11、A12、A13、A14、C5、B3	张自平	
82			黑龙江华龙公路工程咨询监理有限公司	ZJ5 合同段：K53+087～K26+970	A15、A16、A17、A19、C6、B4	申东秀	
83			黑龙江华龙公路工程咨询监理有限公司	ZJ6 合同段：K26+970～K8+466	A20、A21、B5、C6	闫良	
84			黑龙江省远升公路工程咨询监理有限责任公司	ZJ7 合同段：K8+466～K0+000	A22、B6	宋春涛	
85			天津市国腾公路咨询监理有限公司	DJ1：K2+500～K109+500	JD1～JD5 标段所有工程内容，含交通安全设施施工程材料、设备检测	王树敏	
86			黑龙江省公路工程监理咨询公司	DJ2：K109+500～K183+282	JD6～JD10 标段所有工程内容，含交通安全设施施工程材料、设备检测	陈柯	
87			北京泰克华诚技术信息咨询有限公司	LJ1：K2+500～K183+282	绿化工程	李明华	
88			黑龙江省公路工程监理咨询公司	JTJ1：K2+500～K91+495	波形钢板护栏、防眩板、活动护栏、移动护栏、防撞桶、柱式轮廓标、附着式轮廓标、全线10处收费雨棚	陈柯	
89			黑龙江省公路工程监理咨询公司	JTJ2：K91+495～K183+282	移动护栏、防眩板、活动护栏、防撞桶、柱式轮廓标、附着式轮廓标	朱光耀	
90			北京泰克华诚技术信息咨询有限公司	JTJ3：K2+500～K183+282	隔离栅、标志、标线、声屏障	李明华	
91			鸡西市神龙建设监理有限公司	FJJ1：虎林停车区、兴凯服务区、密山服务区、鸡东服务区、850收费站、兴凯收费站	地基土方工程、结构工程、屋面工程等房屋建筑和内外装修、装饰工程、上下水、供暖、电气照明、弱电工程、卫生洁具、防雷、消防安全等安装工程及场区工程，其他附属工程施工及缺陷修复期的监理服务工作	赵东劲	

第八章 高速公路建设项目

续上表

序号	参建单位	类型	参建单位名称	合同段编号及起止桩号	主要内容	主要负责人	备注
92			鸡西市神龙建设监理有限公司	FJJ2:裴德收费站、兴光收费站、新河收费站、黑台收费站、机场收费站、永安收费站、城子河收费站、团结收费站、鸡西管理处	地基土方工程、结构工程、屋面工程等房屋建筑和室内外装修、装饰工程、上下水、供暖、电气照明、弱电、管网、卫生洁具、防雷、消防安全等安装工程及场区工程,其他附属工程施工及缺陷修复期的监理服务工作	李景辉	
93	监理单位	总监办	北京兴通交通工程监理有限责任公司	GJ1:1.通信管道GD1合同段:K2+500～K46+650通信管道工程;2.通信管道GD2合同段:K46+650～K92+500通信管道工程;3.通信管道GD3合同段:K92+500～K137+400通信管道工程;4.通信管道GD4合同段:K137+400～K183+282;5.通信管道工程	通信管道工程	顾新民	
94		试验检测	黑龙江省龙华工程实验检测有限公司	JC1:K2+500～K156+116.57	A1-A19、C1-C6、B1-B4主线及支线的试验检测的仲裁工作	狄智	
95			黑龙江省龙华工程实验检测有限公司	JC2:K156+400～K174+004	A20、A21、C7、B5主线及支线的试验检测的仲裁工作	狄智	
96			国家林业局工程质量监督管理总站检测中心	JC3:K174+004～K1183+282	A22、B6主线及支线的试验检测的仲裁工作	单炜	
97	设计咨询单位		黑龙江省公路勘察设计院	K0+000～K181+222		王守恒	

(4)招投标

按照国家颁布的《中华人民共和国招标投标法》和交通部颁布的《公路工程施工招标投标管理办法》《公路工程施工招标评标办法》的要求,由项目法人单位组织招标工作。

①2010年3月,有139家工程施工单位参加本项目主线土建工程29个合同段的投标。2010年4月11日在黑龙江省交通厅招标中心公开开标,采用合理低价中标方式,由评标委员会评审出29家中标单位。

②2010年5月,有31家工程施工单位参加本项目机场段土建工程6个合同段的投标。2010年6月24日在黑龙江省交通厅招标中心公开开标,采用合理低价中标方式,由评标委员会评审出6家中标单位。

③2011年5月,有3家工程施工单位参加本项目管道工程4个合同段的投标。2011年6月24日在黑龙江省交通运输厅招标中心公开开标,采用合理低价中标方式,由评标委员会评审出4家中标单位。

④2011年5月,有7家工程施工单位参加本项目连接线土建工程1个合同段的投标。2011年6月21日在黑龙江省交通运输厅招标中心公开开标,采用合理低价中标方式,由评标委员会评审出1家中标单位。

⑤2011年7月,有14家工程施工单位参加本项目房建工程6个合同段的投标。2011年8月31日在黑龙江省交通运输厅招标中心公开开标,采用合理低价中标方式,由评标委员会评审出6家中标单位。

⑥2011年10月,有24家工程施工单位参加本项目交通安全设施工程15个合同段的投标。2011年11月7日在黑龙江省交通运输厅招标中心公开开标,采用合理低价中标方式,由评标委员会评审出15家中标单位。

⑦2011年10月,有10家工程施工单位参加本项目绿化工程5个合同段的投标。2011年11月7日在黑龙江省交通运输厅招标中心公开开标,采用合理低价中标方式,由评标委员会评审出5家中标单位。

⑧2011年10月,有10家工程施工单位参加本项目收费雨棚工程1个合同段的投标。2011年11月7日在黑龙江省交通运输厅招标中心公开开标,采用合理低价中标方式,由评标委员会评审出1家中标单位。

⑨2011年12月,有30家工程施工单位参加本项目机电工程10个合同段的投标。2012年1月13日在黑龙江省交通运输厅招标中心公开开标,采用合理低价中标方式,由评标委员会评审出10家中标单位。

⑩2013年7月,有9家工程施工单位参加本项目连接线土建工程2个合同段的投标。2013年7月23日在黑龙江省交通运输厅招标中心公开开标,采用合理低价中标方式,由评标委员会评审出2家中标单位。

(5)征地拆迁

①工作及范围

沿线经过虎林市、密山市、鸡东县、城子河区、鸡冠区、滴道区,共计 6 个县(市)区,17 个乡镇。

②主要内容

a.签订协议、界定征地界限、办理永久性占地报批手续。

b.永久占地界内房屋等各种构造物的搬迁。

c.永久占地内附着物的拆除。

d.各种管线的迁移、改建,既有通信管线的改建、加高、迁移,还有电力线路的改建、加高、迁移。

e.临时及借土占地的征用。

③遵循的政策法规

a.《中华人民共和国土地管理法》。

b.黑龙江省交通厅公路重点工程建设推进组《关于进一步做好征地拆迁工作的通知》(黑交推〔2009〕48 号)。

c.鸡西市人民政府办公室《建三江至鸡西高速公路虎林至鸡西段建设管理实施方案的通知》(鸡政办发〔2009〕96 号)。

d.黑龙江省财政厅、黑龙江省交通厅《关于公路建设用地耕地占用税依法征收以及公路建设"三年决战"配套资金投入等有关问题的通知》(联发〔2010〕32 号)。

e.黑龙江省交通运输厅《关于尽快与相关地方国土资源局签订补充耕地协议的通知》(2011.3.23)。

④主要做法

a.设立专门组织机构

鸡西市政府成立了市公路建设领导小组,市长为组长,主管副市长为副组长,领导小组办公室设在市交通局,交通局局长任办公室主任。领导小组下设总指挥部,主管副市长任总指挥,交通局局长任常务副总指挥。各县(市)区成立分指挥部,负责辖区内的征地拆迁及资金的筹措工作。

b.落实征地拆迁主体责任

各级政府层层签订责任状,细划分解责任任务,明确时限,倒排征地拆迁工期,攻坚克难,迅速落实辖区内征地拆迁主体责任,实行了"四包干",即县(市)区领导包干到乡镇,乡镇干部包干到村组,村组干部包干到拆迁户,保证了工程建设的有序进行。

建鸡高速公路虎林至鸡西段征地拆迁统计见表 8-13-11。

建鸡高速公路虎林至鸡西段征地拆迁统计表 表8-13-11

高速公路编码	项目名称	征地拆迁安置起止时间	征用土地（hm）	拆迁占地费（万元）	备注
S402	建鸡高速公路虎林至鸡西段	2009.09～2012.09	1063.1386	56077	

2. 项目实施阶段

（1）主线工程于2010年5月开工，2012年9月完工。

（2）房建工程于2011年8月开工，2012年9月完工。

（3）机电工程于2011年10月开工，2005年11月完工。

（4）交通安全设施工程于2012年5月开工，2012年9月完工。

（5）绿化工程于2011年8月开工，2012年9月完工。

（6）2012年9月中旬，黑龙江省交通运输厅组织专家对鸡虎高速公路进行了交工验收。

建鸡高速公路虎林至鸡西段建设生产要素统计见表8-13-12。

建鸡高速公路虎林至鸡西段建设生产要素统计表 表8-13-12

路线编号	建设时间	钢材(t)	沥青(t)	水泥(t)
S402	2010.5～2012.9	39255	62462	477880

（三）运营养护管理

1. 服务设施

全线设置机场服务区、密山服务区、兴凯服务区、虎林停车区（表8-13-13），2015年根据交通流量的增长情况，全线服务区平均间距50km。

建鸡高速公路虎林至鸡西段服务场区一览表 表8-13-13

高速公路编码	服务区名称	桩号	所在区域	占地(m²)	建筑面积(m²)
S402	机场服务区	K161+550	鸡东县	48488	2000
	密山服务区	K110+400	密山镇	47476	3700
	兴凯服务区	K59+300	兴凯镇	47468	3700
	虎林停车区	K7+300	虎林市	36474	1000

2. 收费设施

本项目共设置收费站10座，具体情况见表8-13-14。

第八章 高速公路建设项目

S402 建鸡高速公路虎林至鸡西段收费设施一览表 表 8-13-14

收费站名称	桩号	入口车道数		出口车道数		收费方式
		总车道	ETC车道	总车道	ETC车道	
团结收费站	K182+450	3		5		MTC
城子河收费站	K171+500	3		5		
机场收费站	K156+900	3		5		
永安收费站	K135+400	2		2		
黑台收费站	K118+400	2		2		
新河收费站	K99+500	2		4		
兴光收费站	K89+300	2		4		
裴德收费站	K81+700	2		2		
兴凯收费站	K69+500	2		2		
八五〇收费站	K32+200	2		2		

3.养护管理

本项目养护里程 181.222km，机场、新河、兴凯 3 处养护工区（表 8-13-15），负责养护里程平均为 60km。

建鸡高速公路虎林至鸡西段养护设施一览表 表 8-13-15

养护工区名称	桩号	路段长度（km）	占地面积（m²）	建筑面积（m²）
机场养护工区（机场收费站）	K156+900	60	48488	2000
新河养护工区（新河收费站）	K99+500	60	47476	3700
兴凯养护工区（兴凯收费站）	K69+500	61	47468	3700

4.监控设施

本项目设置鸡虎高速公路管理处监管，其监控设施见表 8-13-16。

建鸡高速公路虎林至鸡西段监控设施一览表 表 8-13-16

监控设施名称	桩号	占地面积（m²）	建筑面积（m²）
鸡虎高速公路监控中心	LK0+105	27759	2000

5.交通流量

建鸡高速公路虎林至鸡西段自 2006 年至 2014 年，交通量从 14226 辆小客车/日增长至 32170 辆小客车/日，年平均增长率达到 9.49%（表 8-13-17、图 8-13-6）；从车型构成上来看，主要以中小客车和特大型车为主，分别占到总量的 43.41% 和 38.18%（图 8-13-7）。

建鸡高速公路虎林至鸡西段交通流量发展状况表（单位：辆小客车） 表 8-13-17

年份	2012 年	2013 年	2014 年	2015 年
团结收费站	122602	1064080		
城子河收费站	72595	968658	1811203.00	1820803.00
机场收费站	25170	340745	446492.00	388614.00
永安收费站	11006	104771	125381.00	110803.00

续上表

年份	2012 年	2013 年	2014 年	2015 年
黑台收费站	8640	116393	139714.00	154518.00
新河收费站	21323	257854	291804.00	329041.00
兴光收费站	17694	237284	285084.00	295866.00
裴德收费站	15620	173411	168168.00	173872.00
兴凯收费站	8199	113349	127594.00	139575.00
八五〇收费站	13204	220387	226749.00	244470.00
全线平均	31605.30	359693.20	362218.90	365756.20

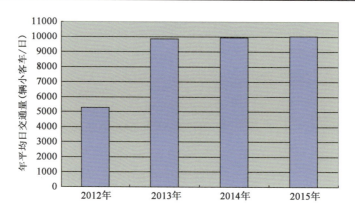

图 8-13-6　建鸡高速公路虎林至鸡西段年平均日交通流量增长柱状图

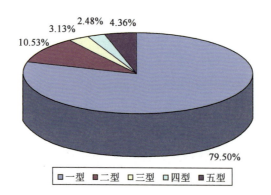

图 8-13-7　建鸡高速公路虎林至鸡西段车型构成比例图

第十四节　S403 依兰至宝清公路

省道（原 S308）依兰至宝清公路（简称依宝公路），西起依兰县，东至宝清县，途经勃利、七台河等市县，终点至宝清县，路线全长 271.774km。S403 依兰至七台河（大个岭）段是省道依宝公路的西段，是依宝公路交通较为繁忙和重要的路段，处于同三高速公路（佳哈段)和鹤大公路的中间区域,是省高速公路网中的联二线,在黑龙江省东部地区公路网中起着重要组成部分的作用。起点桩号 K0+000,终点桩号 K118+314,全长 118.314km。沿线途经依兰县道台桥镇、三道岗镇,再经勃利县恒太乡、双河镇、大四站镇,终点与七台河新城区连接线起点相接。路线跨越主要河流为白达沟、头道河、二道河、双兴河、吉兴河、小连珠河、碾子河等。本项目的建设对完善黑龙江省东部地区的公路网布局,实现黑龙江省高速公路系统的"联网贯通",充分发挥依兰至七台河公路在路网中的网络效应,加快黑龙江省东部煤炭能源基地的振兴步伐具有重要意义。本项目于 2008 年 5 月开工建设,于 2011 年 10 月建成通车,由七台河市依七高速公路管理处负责运营管理养护,运营里程桩号 K0+000～K118+314,全长 118.314km,设计速度 100km/h,双向四车道,路基宽度 24.5m。大个岭互通如图 8-14-1 所示。

图 8-14-1　大个岭互通

依宝公路依兰至七台河(大个岭)段

(一)项目概况

1. 基本情况

(1)功能定位

依兰至七台河(大个岭)段是省道依宝公路的西段,是依宝公路交通较为繁忙和重要的路段,是省高速公路网"二环、七射、六联"中的重要组成部分,在黑龙江省东部地区公路网中起着重要组成部分的作用。

(2)技术标准

采用双向四车道,设计速度 100km/h,路基宽度 24.5m。平曲线最小半径采用 1600m,最大纵坡采用 4%。监控房屋建筑面积 3333m²。依宝公路依兰至七台河(大个岭)段路面结构见表 8-14-1。

依宝公路依兰至七台河（大个岭）段路面结构表　　　　表 8-14-1

路面形式	起点里程	讫点里程	长度(m)	路 面 类 型
柔性路面	K0+000	K118+314	118314	沥青路面[5cm AC-16 中粒式改性沥青混凝土＋6cm AC-20 中粒式改性沥青混凝土＋7cm AC-25 粗粒式沥青混凝土＋30cmI 粗粒式沥青混凝土＋乳化沥青封层＋上行 30cm 4.5％水泥稳定级配碎石；下行 40cm 4.5％水泥稳定级配碎石＋20cm 5％水泥稳定(75％砂砾＋25％碎石)]

（3）建设规模

本项目建设里程 118.314km，其中：大桥 2264.142m/14 座；中桥 6014.01m/82 座；小桥 565.86m/21 座；涵洞 270 道；桥梁长度占路线总长度的 7.48％；互通式立交 7 处（其中服务型互通 5 处，枢纽型互通 2 处）；主线上跨分离式立交 15 座，主线下穿分离式立交 48 座，通道 55 道；主线收费站 1 处，匝道收费站 5 处；服务区 2 处。

（4）主要控制点

依兰县、道台桥镇、三道岗镇、勃利县双河镇、大四站镇、勃利镇。

（5）地形地貌

项目路线所经地形属山前区冲积平原，多为低液限黏土、碎石土、风化砂等，覆盖层厚度 5～10m，基岩为玄武岩、砂岩等。地势较平坦，相对高差较小。

（6）投资规模

项目概算投资 35.222 亿元，竣工决算投资 35.0 亿元，平均每公里造价 2958.00 万元。

（7）开工及通车、竣工时间

2009 年 8 月开工建设，2011 年 10 月交工通车，2013 年 10 月完成竣工验收。

2．参建单位主要情况

（1）建设单位

依宝公路依兰至七台河（大个岭）段高速公路建设指挥部。

（2）设计单位

黑龙江省公路勘察设计院。

（3）施工单位

通过招投标，本项目由中国建筑第六工程局有限公司、中国建筑第七工程局有限公司等 18 家单位参与施工建设。

（4）施工监理单位

本项目由黑龙江省公路工程监理咨询公司、黑龙江华龙公路工程咨询监理公司、东北林业大学工程监理部负责施工监理工作。

(二)建设情况

1. 项目准备阶段

(1)项目审批

该项目严格执行交通基本建设程序,各个环节手续齐全,具体如下:

①可行性研究报告

2006年8月31日批复,批复机关:黑龙江省发展和改革委员会;文号:黑发改交通〔2006〕787号。

②初步设计

2006年11月28日批复,批复机关:黑龙江省发展和改革委员会;文号:黑发改建字〔2006〕971号。

③建设用地

2008年6月24日批复,批复机关:国土资源部;文号:国土资函〔2008〕367号文。

④施工图设计

施工图设计于2009年12月31日批复,批复机关:黑龙江省交通厅;文号:黑交发〔2009〕396号。

⑤质量监督申请

黑龙江省公路工程质量监督站于2010年4月6日下发质量监督通知书,编号:质监书字2010002。

⑥施工许可

2010年5月17日,黑龙江省交通厅对本项目施工许可进行了批复。

(2)资金筹措

本项目概算总投资35.222亿元,省交通厅补贴资金5.26亿元,地方配套资金7.072亿元(包括省龙煤集团匹配2亿元资金),银团贷款22.89亿元。竣工决算为35.00亿元,投资节约0.22亿元,平均每公里造价2958.00万元。

(3)合同段划分(表8-14-2)

根据各专业的工程内容划分标段如下。

依宝公路依兰至七台河(大个岭)段高速公路合同段划分一览表　　表8-14-2

序号	标段	中标单位	桩号	主要工作内容	备注
1	A1	中国建筑第六工程局有限公司	K0+000~K64+941	路基、路面工程	
2	A2	中国建筑第七工程局有限公司	K66+000~K118+510	路基、路面工程	
3	JD1	山东博安智能科技有限公司	K0+000~K118+510	监控系统、收费系统	
4	JD2	山东博安智能科技有限公司	K0+000~118+510	通信系统、收费广场、收费网架	

续上表

序号	标段	中标单位	桩号	主要工作内容	备注
5	FJ1	黑龙江省建安公路工程有限公司		房建	
6	FJ2	黑龙江新陆建筑工程集团有限公司		房建	
7	FJ3	林州市二建建筑工程有限公司七台河分公司		房建	
8	FJ4	林州市二建建筑工程有限公司七台河分公司		房建	
9	TG1	黑龙江省北龙交通工程有限公司	K0+000~K118+510	通信管道	
10	JA1	黑龙江省八达路桥建设有限公司	K0+000~K31+100	交通安全设施	
11	JA2	黑龙江省北龙交通工程有限公司	K31+100~K60+300	交通安全设施	
12	JA3	黑龙江交通实业总公司	K60+300~K90+300	交通安全设施	
13	JA4	哈尔滨交研交通工程有限责任公司	K90+300~K118+509	交通安全设施	
14	LH1	佳木斯鸿华园林绿化工程有限公司	K0+000~K16+000	绿化工程	
15	LH2	黑龙江省博艺诚信园林绿化有限责任公司	K16+000~K32+000	绿化工程	
16	LH3	七台河丰源园林绿化工程有限公司	K32+000~K48+000	绿化工程	
17	LH4	鸡西市东方园林绿化有限公司	K48+000~K64+941	绿化工程	
18	LH5	哈尔滨市乾达园林绿化有限公司	K66+000~K91+000	绿化工程	
19	LH6	佳木斯市园林绿化工程处	K91+000~K116+000	绿化工程	
20	LH7	牡丹江千源环境艺术工程有限公司	K116+000~K118+510	绿化工程	
21	LH8	佳木斯鸿华园林绿化工程有限公司	K13+900左侧	绿化工程	
22	J1	黑龙江省公路工程监理咨询公司	K0+000~K32+000	监理工作	
23	J2	黑龙江华龙公路工程咨询监理公司	K32+000~K64+941	监理工作	
24	J3	东北林业大学工程监理部	K66+000~K96+000	监理工作	
25	J4	东北林业大学工程监理部	K96+000~K118+510	监理工作	

①土建工程设计标段划分2个标段，房建工程设计2个标段，绿化工程设计1个标段，机电工程设计1个标段。

②施工标段划分：根据工程内容的不同，划分土建工程2个标段，交通安全设施4个标段，绿化8个标段，通信管道1个标段，机电2个标段，房建工程4个标段。

③施工监理标段划分：根据工程内容设4个监理标段。

（4）招投标

在招投标方面，严格按照国家颁布的《中华人民共和国招标投标法》和交通部颁布的《公路工程施工招标投标管理办法》《公路工程施工招标资格预审办法》《公路工程施工招标评标办法》的要求，规范执行招投标管理制度，按照"公开、公平、公正"的原则，与招标代理公司真诚合作，由项目法人单位组织依法进行项目的招标工作。

项目从2009年6月22日开始出售主线土建工程招标文件，至2011年7月15日绿化工程招标结束，完成全部路基路面、桥梁、房建、机电、交安设施、绿化等招投标工作，进展顺利,招标过程中采用"双信封法",提前公布限价、计算复合标底、投标价排名,充分体现了阳光操作,没有出现一次上访事件。

通过公开招标、网上公示,中国建筑第六工程局有限公司、黑龙江嘉昌路桥建筑有限责任公司、中国建筑第七工程局有限公司、黑龙江省建安公路工程有限公司、黑龙江省公路工程监理咨询公司的施工监理企业中标。招标结果获得上级主管部门、投标单位及社会的认可和好评。

(5)征地拆迁

依据中华人民共和国国土资源部办公厅国土资函〔2008〕367号《国土资源部关于依宝公路依兰至七台河(大个岭)段高速公路工程建设用地的批复》等文件精神及国家和地方的相关法律法规政策,对征用的土地、林地、电力电讯设施、房屋等进行合法征地拆迁补偿,使工程得以顺利实施。

S403依宝公路依兰至七台河(大个岭)段征地拆迁统计见表8-14-3。

S403依宝公路依兰至七台河(大个岭)段征地拆迁统计表　　表8-14-3

高速公路编码	项目名称	征地拆迁安置起止时间	征用土地(亩)	拆迁占地费(万元)	备注
S403	依宝公路依兰至七台河(大个岭)段	2009.5~2010.5	10601.6	16528	

2.项目实施阶段

(1)实施过程

①主线土建工程于2009年7月30日开工,2011年9月28日完工。

②房建工程于2010年9月开工,2011年8月完工。

③机电工程于2010年9月开工,2011年8月完工。

④交通安全设施工程于2011年4月开工,2011年9月完工。

⑤绿化工程于2011年10月开工,2012年6月完工。

⑥2011年9月,黑龙江省公路工程质量监督总站,根据《公路工程质量鉴定办法》,对项目进行了交工质量鉴定,评为合格工程。

依宝公路依兰至七台河(大个岭)段建设生产要素统计表,见表8-14-4

依宝公路依兰至七台河(大个岭)段建设生产要素统计表　　表8-14-4

路线编号	建设时间	钢材(t)	沥青(t)	水泥(t)	砂石料(m^3)
S403	2009.5~2011.10	33500	70500	327780	294323

3.各项活动

在全线开展"比安全、比预防措施、比施工便道、比驻地和施工现场卫生、比质量、比生产进度"的"六比"活动。

(三)科技创新

(1)采用冲击压实、加铺土工格栅等技术措施提高路基工程质量;桥梁施工中梁板采用凿毛机凿毛,基层施工采用振动压实成型机成型。

(2)委托东北林业大学和哈尔滨工业大学开展"寒冷地区沥青路面变异性控制技术的研究"和"大温差地区气候条件下重载沥青路面结构及材料技术研究"等课题研究,成立专项课题组。对工程质量、施工工艺、材料的控制提供技术保障。路基处理等工程发生的填方、挖方,与路基断面土方统一计算,有利于统一调配,合理利用土方资源、节约用土、节约取弃土用地。

(3)路基填土均采用大型取土场集中取土。为节约用地,利于环保,防止水土流失,严禁乱掘乱挖,规划取土方式,取土时应先将取土场表层30cm腐殖土剥离暂存,待取土结束后再将表土均铺在修整后的取土坑内,采取$4m^2/1$株的植树绿化方式恢复植被,以保护环境。

(四)运营养护管理

1. 服务设施

全线设置依兰、勃利2处服务区,间距65km(表8-14-5)。

依宝公路依兰至七台河(大个岭)段服务场区一览表　　　　表8-14-5

高速公路编码	服务区名称	桩号	所在区域	占地(m²)	建筑面积(m²)
S403	依兰服务区	K30+500	依兰县道台桥镇	31193	3270.98
	勃利服务区	K95+500	勃利县城西镇	39376	4092.54

2. 收费设施

本项目共设置收费站6座(表8-14-6),其中在七台河大个岭设置单向主线收费站1座,在道台桥、三道岗、双河、大四站、勃设置匝道收费站5座,匝道出入口数量29条。

依宝公路依兰至七台河(大个岭)段收费设施一览表　　　　表8-14-6

收费站名称	桩号	入口车道数		出口车道数		收费方式
		总车道	ETC车道	总车道	ETC车道	
大个岭主线收费站	K118+314	3		5		MTC
勃利收费站	K100+550	2		3		
大四站收费站	K85+915	2		2		
双河收费站	K64+400	2		2		
三道岗收费站	K45+441	2		2		
道台桥收费站	K22+150	2		2		

3. 养护管理

本项目养护里程118.314km,设置依兰、勃利2处养护工区(表8-14-7),负责养护里程分别为 64km 和 54.314km。

依宝公路依兰至七台河(大个岭)段养护设施一览表　　　表 8-14-7

养护工区名称	桩　　号	路段长度(km)	占地面积(m²)	建筑面积(m²)
依兰养护工区	K30+500	64	6479	1490.79
勃利养护工区	K95+500	54.314	6667	1995.91

4. 监控设施

本项目设置监控中心 6 个，分别为大个岭站监控中心，桩号 K118+314；勃利站监控中心，桩号 K100+500；大四站监控中心，桩号 K85+915；双河站监控中心，桩号 K64+400；三道岗站监控中心，桩号 K45+441；道台桥站监控中心，桩号 K22+150，负责本区域的运营监管。

5. 交通流量

七台河市依七高速公路自 2011 年至 2016 年，交通量从 2958 辆/日增长至 5258 辆/日，年平均增幅比达到 177.76%（图 8-14-2）；从车型构成上来看，主要以一型车为主，占到总量的 69.0%（图 8-14-3）；从断面交通流量分析，勃利互通至大个岭互通段的交通流量较大，达到 2769 辆/日（表 8-14-8）。

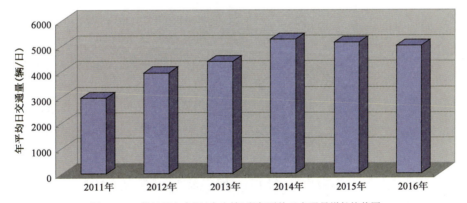

图 8-14-2　依兰至七台河(大个岭)段年平均日交通量增长柱状图

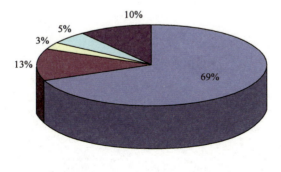

图 8-14-3　依兰至七台河(大个岭)段车型构成比例图

依宝公路依兰至七台河(大个岭)段交通流量发展状况表(单位:辆)　　表 8-14-8

年份	2011 年	2012 年	2013 年	2014 年	2015 年	2016 年
哈同高速公路至道台桥互通	18489	74440	79385	100814	76075	46948
道台桥互通至三道岗互通	1329	80288	84054	91655	66943	37416
三道岗互通至双河互通	1644	58172	60245	83015	60906	30269
双河互通至大四站互通	986	94574	123561	128754	125375	50253
大四站互通至勃利互通	8048	243594	312856	437495	418214	209095
勃利互通至大个岭互通	61228	889020	937540	1077363	1119260	539601
全线平均	15287	240014	266274	319849	311129	152264

第十五节　S405 伊齐高速公路伊春至北安段、S303 北安至五大连池景区段

前锋农场至嫩江公路伊春至五大连池景区段

(一)项目概况

1. 基本情况

(1)功能定位

S405 伊齐高速公路伊春至北安段、S303 北安至五大连池景区段即前锋农场至嫩江公路伊春至五大连池景区段(图 8-15-1)是黑龙江省重要的东西向公路大通道,是黑龙江省骨架公路网"两环、七射、六纵、三横"中横二线的重要组成部分。它的建设对完善黑龙江省干线公路网,实施东北地区骨架公路建设,促进沿线地区经济发展,带动贫困地区早日脱贫致富,促进黑龙江省北部城市群之间的横向联系,意义重大。本项目起于黑龙江省中

图 8-15-1　建成后的前嫩公路

北部伊春市翠峦区昆仑气林场,终于五大连池风景区,连接了伊春、绥棱、北安、五大连池市、五大连池风景区等县(市),同时还连接了翠峦林业局、绥棱林业局、通北林业局、农垦北安分局等地区。本项目的建设为黑龙江省"八大经济区"中的松嫩、三江两大平原农业综合开发实验区、北国风光特色旅游开发区提供坚实的交通保障。

(2)技术标准

采用双向四车道,设计速度80km/h,路基宽度24.5m。平曲线最小半径采用5500m,最大纵坡采用5%。路面结构见表8-15-1。

S405(伊春至北安段)、S303(北安至五大连池景区段)路面结构表　　表8-15-1

路面形式	起点里程	讫点里程	长度(m)	路面类型
柔性路面	K0+000	K163+023	163417.00	沥青路面[5cm AC-16改性沥青混凝土+7cm AC-20改性沥青混凝土+乳化沥青封层+36cm 4.5%水泥稳定级配碎石+20cm 5%水稳(80%砂砾+20%碎石)]
	K192+048	K234+529	42480.00	

(3)建设规模

前锋农场至嫩江公路伊春至五大连池风景区段路线建设里程205.897km,其中:S405伊春至北安(赵光)段长163.417km,为新建高速公路。

S303北安至五大连池景区段长42.48km,其中新建高速公路30.431km,改扩建一级公路12.049km。

(4)主要控制点

S405伊春至北安(赵光)段主要控制点:伊春市(翠峦区)、绥化市绥棱县、绥棱林业局、通北林业局、北安市、农垦红星农场、农垦赵光农场,共涉及3个地级市、7个县(市、农场)。

S303北安至五大连池景区段主要控制点:北安、五大连池市、五大连池风景区。

(5)地形地貌

S303项目属平原地貌区,多为低液限黏土、亚黏土,地势西低东高。

S405项目属山岭重丘区,多为低液限黏土、风化砂、碎石土,地势西低东高。

(6)投资规模

前嫩项目批复总概算67.18亿元,其中伊春至五大连池景区段概算金额为54.3亿元。省交通运输厅和地方自筹19亿元,占总投资的35%,作为项目资本金,申请亚洲开发银行贷款1.6亿美元(约合人民币10.88亿元),其余24.42亿元利用国内银行贷款。

(7)开工及通车时间

S405伊春至北安段,2010年5月开工建设,2012年10月交工通车。

S303北安至五大连池景区段,2009年5月开工建设,2011年9月交工通车。

2.前期决策情况

前锋农场至嫩江公路是黑龙江省骨架公路网(2763网)中的横二线,全长824km,是一条贯通我省北部地区东西向的经济干线。本项目的建设对完善黑龙江省干线公路网,实施东北地区骨架公路建设,促进沿线地区经济发展,带动贫困地区早日脱贫致富,促进黑龙江省北部城市群之间的横向联系,意义重大。同时,本项目的建设将为我省"八大经济区"中松嫩、三江两大平原农业综合开发试验区,北国风光特色旅游开发区提供坚实的交通保障。

3. 参建单位主要情况

(1) 建设单位

黑龙江省前嫩公路工程建设指挥部。

(2) 设计单位

①土建工程设计单位:黑龙江省公路勘察设计院。

②房建工程设计单位:北京森磊源建筑规划设计有限公司。

③交通工程设计单位:黑龙江省公路勘察设计院。

④绿化工程设计单位:黑龙江省博润景观规划设计有限公司。

⑤机电工程设计单位:黑龙江省公路勘察设计院。

(3) 施工单位

通过招投标,本项目主要由龙建路桥股份有限公司(四处)、成都华川公路建设(集团)有限公司等施工单位参与建设,共划分61个标段。

(4) 施工监理单位

本项目由黑龙江省公路工程监理咨询公司、黑龙江省远升公路工程咨询监理有限责任公司等5家单位中标负责施工监理工作。

(二) 建设情况

1. 项目准备阶段

(1) 项目审批

该项目严格执行交通基本建设程序,各个环节手续齐全,具体如下:

①2008年9月5日,黑龙江省发展和改革委员会批复本项目《工程可行性研究招告》(黑发改交通〔2008〕964号)。

②2008年10月22日,黑龙江省文化厅批复本项目《建设用地文物调查报告》(黑文考函〔2008〕77号)。

③2008年11月20日,由黑龙江省水文地质工程地质勘察院编制的本项目《地质灾害危险性评估报告》通过评审并备案(黑地灾评备字〔2008〕131号)。

④2009年1月20日,黑龙江省水利厅批复本项目《水土保持方案报告书》(黑水保许可〔2009〕5、6、7号)。

⑤2009年1月22日,黑龙江省环境保护厅批复本项目《环境影响报告书》(黑环函

〔2009〕63号）。

⑥2009年5月13日，黑龙江省环境保护厅对改线后修改的《环境评估报告》以黑环审〔2009〕128号文件批复。

⑦2009年6月12日，黑龙江省发展和改革委员会批复重新编制的《前锋农场至嫩江公路伊春至嫩江（省界）段工可研补充报告》（黑发改交通〔2009〕686号）。

⑧2009年6月16日，黑龙江省文化厅基建考古办公室以《关于前锋农场至嫩江公路伊春至嫩江（省界）段公路改线路段用地文物调查勘探竣工函》（黑文考函〔2009〕54号）对本项目予以复函。

⑨2009年7月20日，黑龙江省水利厅对改线后修改的《水土保持方案补充报告书》以黑水保许可〔2009〕50号文件批复。

⑩2009年6月17日，指挥部邀请厅有关专家召开嫩江大桥基桩静载试验评审会，会议同意嫩江大桥试桩。

⑪2009年8月7日~10日，省发改委聘请省内外13名专家，组织召开"前嫩公路伊春—嫩江（省界）段初步设计评审会"。

（2）资金筹措

本项目概算总投资67.18亿元，其中伊春至五大连池景区段概算金额为54.3亿元。省交通运输厅和地方自筹19亿元，占总投资的35%，作为项目资本金，申请亚洲开发银行贷款1.6亿美元（约合人民币10.88亿元），其余24.42亿元利用国内银行贷款。竣工决算为53.698亿元，投资节约0.602亿元，平均每公里造价2608.00万元。

（3）合同段划分（表8-15-2）

根据各专业的工程内容划分标段如下。

①土建工程设计标段划分4个标段，房建工程设计2个标段，绿化工程设计1个标段，机电工程设计1个标段。

②施工标段划分：根据工程内容的不同，土建工程18个标段，机电工程4个标段，房建工程9个标段，绿化工程12个标段，交通安全设施工程11个标段。

③施工监理标段划分：根据工程内容设置5个总监办公室，负责全线土建施工监理工作，14个土建工程监理办公室，负责监理区段内路基、路面、桥梁工程；3个交通安全设施工程监理办公室；2个绿化工程监理办公室；3个房建工程监理办公室；2个机电工程监理办公室。

（4）招投标

按照国家颁布的《中华人民共和国招标投标法》和交通部颁布的《公路工程施工招标投标管理办法》《公路工程施工招标资格预审办法》《公路工程施工招标评标办法》的要求，由项目法人单位组织招标工作。

S405 伊春至北安段、S303 北安至五大连池景区段合同段划分一览表

表 8-15-2

序号	参建单位	类型	参建单位名称	合同段编号及起止桩号	主要内容	主要负责人	备注
1	项目管理单位		黑龙江省前嫩公路工程建设指挥部	K0+000～K163+023、K192+048.838～K234+529.024		刘剑峰	
2	勘察设计单位	土建工程	黑龙江省公路勘察设计院	K0+000～K163+023、K192+048.838～K234+529.024	主线土建工程	刘国峰	
3		房建工程	北京森磊源建筑规划设计有限公司	K0+000～K163+023	房建工程施工图设计	帅曙东	S405
4			黑龙江建工建筑工程设计研究院有限公司	K192+048.838～K234+529.024	房建工程施工图设计	许猛	S303
5		交通安全设施工程	黑龙江博润景观规划设计有限公司	K0+000～K163+023、K192+048.838～K234+529.024	全线交通安全设施	孙延良	
6		绿化工程	黑龙江博润景观规划设计有限公司	K0+000～K163+023、K192+048.838～K234+529.024	全线绿化设计	刘鲁良	
7		机电工程	黑龙江省公路勘察设计院	K0+000～K163+023、K192+048.838～K234+529.024	全线机电设计	刘晓东	
8	施工单位	土建工程	龙建路桥股份有限公司	A1:K0+000～K26+000	路基、路面工程	张中洋	
9			成都华川公路建设(集团)有限公司	A2:K26+000～K43+000	路基、路面工程	袁雪龙	S405
10			中铁十三局集团有限公司(四公司)	A3:K43+000～K60+000	路基、路面工程	刘长安	S405
11			中铁十三局集团有限公司(四公司)	A4:K60+000～K82+000	路基、路面工程	王伟	S405
12			龙建路桥股份有限公司(四处)	A5:K82+000～K103+841	路基、路面工程	崔云财	S405
13			龙建路桥股份有限公司(三处)	A6:K103+841～K129+000	路基、路面工程	孙雪峰	S405
14			大庆建筑安装集团有限责任公司	A7:K129+000～K147+000	路基、路面工程	王洪珊	S405
15			龙建路桥股份有限公司(六处)	A8:K147+000～K163+023	路基、路面工程	赵兴会	S405
16			中交第四公路工程局有限公司	B1:K0+000～K30+000	桥涵工程	房长青	S405
17			中铁十三局集团第四工程有限公司	B2:K30+000～K60+000	桥涵工程	李林	S405
18			龙建路桥股份有限公司(一处)	B3:K60+000～K115+000	桥涵工程	郑孝功	S405
19			龙建路桥股份有限公司(一处)	B4:K115+000～K163+023	桥涵工程	高阳	S405

第八章 高速公路建设项目

续上表

参建单位	类型	参建单位名称	合同段编号及起止桩号	主要内容	主要负责人	备注
序号						
20	土建工程	龙建路桥股份有限公司(一处)	B6:K11+930	桥涵工程	刘贯爽	S405
21		龙建路桥股份有限公司	A15:K192+048~K202+000	路基,路面工程	李志武	S303
22		中铁十三局集团有限公司	A16:K202+000~K212+000	路基,路面工程	王海泉	S303
23		中铁十三局集团有限公司	A17:K212+000~K222+600	路基,路面工程	许志亮	S303
24		龙建路桥股份有限公司	A18:K222+600~K234+529	路基,路面工程	王海波	S303
25		龙建路桥股份有限公司	B5:K192+048~K234+529	桥涵工程	孙德军	S405
26	管道工程	哈尔滨交研交通工程有限公司	D1:K0+000~K43+000	管道工程	毛欣	S405
27		辽宁金洋科技发展集团有限公司	D2:K43+000~K82+000	管道工程	李大良	S405
28		上海交技发展股份有限公司	D3:K82+000~K129+000	管道工程	徐博	S405
29		上海交技发展股份有限公司	D4:K129+000~K163+023	管道工程	徐博	S303
30		哈尔滨交研交通工程有限公司	D5:K192+048~K234+529	管道工程	毛欣	S405
31	机电工程	紫光捷通科技股份有限公司	F1:K0+000~K163+023	机电工程	陈哲	S405
32		上海交技发展股份有限公司	F2:K0+000~K163+023	机电工程	徐博	S405
33		哈尔滨交研交通工程有限公司	F3:K0+000~K163+023	机电工程	高敏龙	S303
34		浙江浙大中控信息技术有限公司	F4:K192+048~K234+529	机电工程	王磊	S405
35	房建工程	黑龙江省二建建筑工程有限公司	房建C1	昆仑气服务区	张密	S405
36		黑龙江农垦建工集团	房建C2	建兴收费站	李富国	S405
37		佳木斯第一建筑工程有限公司	房建C3	建兴服务区	周富国	S405
38		牡丹江市安装工程有限公司	房建C4	前进收费站	赵阳	S405
39		哈尔滨市第四建筑工程有限公司	房建C5	红星服务区	王祖海	S405
40		哈尔滨市第二建筑工程有限公司	房建C6	红星收费站	石大伟	S303
41		黑龙辽宇林建筑工程有限公司	房建C7	五大连池服务区	赵立军	S405
42		哈尔滨大东集团股份有限公司	房建C8	五大连池收费站	李国和	S303
43		黑龙江省七建建筑工程集团有限责任公司	房建C9	永丰收费站	王明磊	S303

731

续上表

序号	参建单位	类型	参建单位名称	合同段编号及起止桩号	主要内容	主要负责人	备注
44		绿化工程	黑龙江高路园林有限责任公司	G1：K192+048～K212+000	绿化工程	杨明凯	S303
45			哈尔滨市乾达园林绿化有限公司	G2：K212+000～K234+529	绿化工程	何彪	S303
46			哈尔滨盛业绿化工程有限公司	G3：K0+000～K15+000	绿化工程	周宇鹏	S405
47			黑龙江高路园林有限公司	G4：K15+000～K30+000	绿化工程	杨明凯	S405
48			哈尔滨国润园林工程有限公司	G5：K30+000～K45+000	绿化工程	沈杰	S405
49			哈尔滨国润园林工程有限公司	G6：K45+000～K60+000	绿化工程	沈杰	S405
50	施工单位		哈尔滨林源园林绿化开发有限公司	G7：K60+000～K80+000	绿化工程	唐闻周	S405
51			黑龙江龙达园林绿化有限公司	G8：K80+000～K100+000	绿化工程	王立冬	S405
52			哈尔滨市瀛川园林绿化工程有限责任公司	G9：K100+000～K120+000	绿化工程	刘超业	S405
53			黑龙江鸿达园林绿化工程有限责任公司	G10：K120+000～K140+000	绿化工程	李文静	S405
54			黑龙江省人达环境艺术工程有限公司	G11：K140+000～K150+000	绿化工程	李文辉	S405
55			哈尔滨市乾达园林绿化有限公司	G12：K150+000～K163+023	绿化工程	苏春生	S405
56		交通安全设施工程	盛世国际路桥建设有限公司	E1：K0+000～K43+000	交通安全设施工程	孙秀云	S405
57			黑龙江省北龙交通工程有限公司	E2：K43+000～K82+000	交通安全设施工程	白恩河	S405
58			哈尔滨交研交通工程有限公司	E3：K82+000～K124+000	交通安全设施工程	程鹏	S405
59			黑龙江省北龙交通工程有限公司	E4：K124+000～K163+023	交通安全设施工程	杨静	S405
60			黑龙江省北龙交通工程有限公司	E5：K0+000～K60+000	交通安全设施工程	杨静	S405
61			哈尔滨汉威达交通运输设备有限公司	E6：K60+000～K103+841	交通安全设施工程	姜文斌	S405
62			哈尔滨滨岛公路设施工程安装有限责任公司	E9：K103+841～K163+023	交通安全设施工程	杨铁冰	S405
63			哈尔滨交研交通工程有限公司	E7：K192+048～K234+529	交通安全设施工程	沈峰	S303
64			哈尔滨交研交通工程有限公司	E8：K192+048～K234+529	交通安全设施工程	赵满仓	S303

第八章 高速公路建设项目

续上表

序号	参建单位	类型	参建单位名称	合同段编号及起止桩号	主要内容	主要负责人	备注
65		土建第一总监办	黑龙江省公路工程监理咨询公司	K0+000~K60+000	A1、A2、A3、B1、B2	王瑛瑜	S405
66		土建第二总监办	黑龙江省公路工程监理咨询公司	K60+000~K128+000	A4、A5、A6、B3	朱晓静	S405
67		土建第三总监办	黑龙江省公路工程监理咨询公司	K128+000~K163+023	A7、A8、B4	康魏	S405
68		土建第四总监办	黑龙江省远升公路工程咨询监理有限责任公司	K192+048~K234+529	A15、A16、A17、A18、B5	李国峰	S303
69		土建第五总监办	黑龙江省公路工程监理咨询有限公司	K11+930冻土大桥	B6	张庆华	S405
70	监理单位	房建监理	黑龙江省轻工建设监理有限公司	FJ1:K192+048~K234+529	C7、C8、C9	陈检	S303
71		房建监理	黑龙江省轻工建设监理有限公司	FJ2:C1、C2、C3房建工程	C1、C2、C3	杨玉石	S405
72		房建监理	黑龙江正昌工程监理有限公司	FJ3:C4、C5、C6房建工程	C4、C5、C6	刘万春	S405
73		交通安全设施监理	黑龙江省公路工程监理咨询公司	AQ1:K192+048~K234+529	E7、E8	陈荣彬	S303
74		交通安全设施监理	中交国际工程咨询有限公司	AQ2:K0+000~K82+000	E1、E2、E5	张轩	S405
75		交通安全设施监理	黑龙江省公路工程监理咨询公司	AQ3:K82+000~K163+023	E3、E4、E6、E9	袁坤	S405
76		机电管道监理	黑龙江省公路工程监理咨询公司	JD1:K192+048~K234+529	F4、D5	王立峰	S303
77		机电管道监理	黑龙江省公路工程监理咨询公司	JD2:K0+000~K163+023	F1-F3、D1-D4	王立峰	S405
78		绿化监理	黑龙江省公路工程监理咨询公司	HJ1:K192+048~K234+529	绿化监理	王寒夫	S303
79		绿化监理	黑龙江省公路工程监理咨询公司	HJ2:K0+000~K163+023	绿化监理	刘晓涛	S405

①2009年8月,有27家土建工程施工单位参加本项目S303北安至五大连池景区段主线土建工程5个合同段的投标。采用单阶段双信封投标,亚洲开发银行通用的最低评标价中标方式。2009年9月10日技术建议书评审结束,2009年12月1日财务建议书评审结束,确定5家中标单位。

2009年11月,有74家土建工程施工单位参加本项目S405伊春至北安主线土建工程13个合同段的投标。采用单阶段双信封投标,亚洲开发银行通用的最低评标价中标方式。2010年1月9日技术建议书评审结束,2010年6月23日财务建议书评审结束,确定13家中标单位。

②2010年9月,6家投标人参加本项目S303北安至五大连池景区段房建工程3个合同段的投标。本项目招标采用双信封评标法,开标分两次进行,2010年9月16日,确定了3家中标单位。

2011年1月,14家投标人参加本项目S405伊春至北安段房建工程6个合同段的投标。本项目招标采用双信封评标法,开标分两次进行,2011年1月29日,确定了6家中标单位。

③2010年8月,7家投标人参加了本项目S303北安至五大连池景区段管道工程1个合同段的投标。本项目招标采用双信封评标法,开标分两次进行,2010年8月17日,确定1家中标单位。

2011年4月,12家投标人参加了本项目S405伊春至北安段管道工程4个合同段的投标。本项目招标采用双信封评标法,开标分两次进行,2011年4月12日,确定4家中标单位。

④2010年8月,15家投标人参加了本项目S303北安至五大连池景区段机电工程1个合同段的投标。本项目招标采用双信封评标法,开标分两次进行,2010年8月17日,确定1家中标单位。

2011年4月,25家投标人参加了本项目S405伊春至北安段机电工程3个合同段的投标。本项目招标采用双信封评标法,开标分两次进行,2011年4月13日,确定3家中标单位。

⑤2010年8月,5家投标人参加本项目S303北安至五大连池景区段交通安全设施工程2个合同段的投标。本项目招标采用双信封评标法,开标分两次进行,2010年8月18日,确定了2家中标单位。

2011年4月,18家投标人参加了本项目S405伊春至北安段交通安全设施工程7个合同段的投标。本项目招标采用双信封评标法,开标分两次进行,2011年4月13日,确定7家中标单位。

⑥2011年1月,7家投标人参加本项目S303北安至五大连池景区段绿化工程2个合

同段的投标。本项目招标采用双信封评标法,开标分两次进行,2011年1月27日,确定了2家中标单位。

2011年4月,38家投标人参加本项目S405伊春至北安段绿化工程10个合同段的投标。本项目招标采用双信封评标法,开标分两次进行,2011年4月13日,确定了10家中标单位。

(5)征地拆迁

①工作及范围

沿线经过伊春市翠峦林业局(昆仑气林场)、绥棱林业局(跃进林场、五一经营所、七一经营所、建兴经营所、义气松林场)、通北林业局(卫东林场、前锋林场、前进林场、碧水林场)、农垦北安分局(赵光农场、红星农场)、北安市(赵光镇、二井子镇)、五大连池市(青山镇、兴隆乡)、五大连池风景名胜自然保护区、65711部队北安农副业基地、黑龙江省军分区农副业基地、省凤凰山农场有限公司、永丰农场有限公司、花园农场有限公司。

②主要内容

a.签订协议、界定征地界限、办理永久性占地报批手续。

b.永久占地界内房屋等各种构造物的搬迁。

c.永久占地内附着物的拆除。

d.各种管线的迁移、改建,既有通信管线的改建、加高、迁移,还有电力线路的改建、加高、迁移。

e.临时及借土占地的征用。

③遵循的政策法规

a.《中华人民共和国土地管理法》。

b.《黑龙江省土地管理条例》。

c.黑龙江省人民政府2009年6月3日发布的《黑龙江省人民政府专题会议纪要》。

d.黑龙江省财政厅、交通运输厅《关于公路建设用地耕地占用税依法征收以及公路建设"三年决战"配套资金投入等有关问题的通知》(黑财农村〔2010〕32号)。

④主要做法

a.设立专门组织机构

按三级管理体系设置安置办公室,加强各级政府对征地工作的领导和监督,形成完善的拆迁工作体系,使征地拆迁工作层层有人管、层层有人抓。

省政府成立了"黑龙江省高速公路建设领导小组",各市、县成立了相应机构,负责本市、县段的征迁及建设环境协调,形成了在省政府领导下的专门负责征地拆迁工作的领导体系和专门机构,为落实政策、落实地方工作、落实人口安置、落实征地拆迁提供了组织保证。

b. 落实承包责任制

征地拆迁工作实行群众参与,各级政府层层签订责任书,采取"四到位""四现场"的做法,即县、乡、村、户四方到场,现场丈量、现场清点、现场签字、现场盖章。S405 伊春至北安段、S303 北安至五大连池段征地拆迁统计见表 8-15-3。

S405 伊春至北安段、S303 北安至五大连池段征地拆迁统计表　　表 8-15-3

高速公路编码	项目名称	征地拆迁安置起止时间	征用土地（亩）	拆迁房屋（m²）	拆迁占地费（万元）	备注
S405	伊春至北安段	2009.6~2012.10	8359	310	13814	
S303	北安至五大连池景区段	2009.3~2011.10	2287		4525	

2. 项目实施阶段

(1) 实施过程

①主线土建工程于 2010 年 5 月 1 日开工,2012 年 9 月 28 日完工。

②房建工程于 2010 年 8 月开工,2012 年 9 月完工。

③机电工程于 2011 年 5 月开工,2012 年 9 月完工。

④交通安全设施工程于 2011 年 5 月开工,2012 年 9 月完工。

⑤绿化工程于 2011 年 4 月开工,2012 年 9 月完工。

⑥2011 年 10 月,前嫩公路工程建设指挥部组织专家对 S303 北安至五大连池景区段公路进行了交工验收。

2012 年 9 月,前嫩公路工程建设指挥部组织专家对 S405 伊春至嫩江段公路进行了交工验收。

(2) 各项活动

①根据省委、省政府和交通运输厅"三年决战"的总体部署,在项目各合同段实行"比、学、赶、超"活动。

②开展"工程建设管理年"活动,切实提高工程建设管理水平。

S405 伊春至北安段、S303 北安至五大连池段建设生产要素统计见表 8-15-4。

S405 伊春至北安段、S303 北安至五大连池段建设生产要素统计表　　表 8-15-4

路线编号	建设时间	钢材(t)	沥青(t)	水泥(t)	砂石料(m³)	机械工(工日)	机械(台班)
S405	2010.9~2012.9	43532	64074	438728	3850262	908166	735164
S303	2010.5~2011.10	8456	17256	104603	1001068	236123	191143

(三) 复杂技术工程

复杂技术工程主要为多年岛状冻土路段处理。

1. 岛状冻土简述

S405 伊春至北安东段(简称"伊北段")位于黑龙江省中部腹地,沿线自东向西穿越小兴安岭及嫩江平原北部。K0+000~K120+000路线范围位于小兴安岭的多年岛状冻土带中,多年岛状冻土分布在林地的山间沟谷等低洼处的塔头湿地中,草炭土、泥炭土较厚,地表植被情况为长有塔头草等,树木以桦树为主,但树木高度仅为5m左右,胸径不足5cm。冻土在路线范围内纵、横向分布极其复杂。经现场勘查,多年冻土一般厚3~5m,最大达22m,冻土类型有少冰冻土、多冰冻土、富冰冻土、饱冰冻土、含土冰层。

伊北段具备进场条件后,针对沿线可能存在的多年冻土路段采用雷达和高密度电法进行了物探详勘。同时结合补充钻探显示,多年冻土的总长度和严重程度比初步设计有显著的增加。

通过采用野外地质勘察、物探、钻探等不同方法的探查,设计施工阶段发现多年岛状冻土合计96段,长度为12498m(双幅),占伊北段路线总长度的7.63%,其中:少冰冻土1189m;多冰冻土1290m;富冰冻土3507m;饱冰冻土5656m,含土冰层856m。

冻土处理是世界性难题,前嫩公路建设中冻土处理得到了黑龙江省交通运输厅的高度关注,中交第一公路勘察设计研究院、东北林业大学、黑龙江省公路勘察设计院、黑龙江省交通科学研究所等单位分别就冻土范围和类别确定、沉降变形和深层温度变化、冻土路基处理措施等事项给予了大力支持,提升了项目的科技含量。虽然现阶段仍无法杜绝冻土融沉对路基变形的影响,但通过一系列的勘察、观测和课题研究,前嫩公路初步总结了适合我省的岛状多年冻土的处理方法,对今后同一冻土带的项目有极大的借鉴作用。

2.多年岛状冻土处理原则及方案

(1)多年岛状冻土的处理原则

①对冻土类型以少冰冻土、多冰冻土为主的路段,按一般不良路段处理,仅挖除上层草炭土、淤泥,换填砂砾。

②对冻土下限小于3m,冻土类型以富冰冻土、饱冰冻土、含土冰层为主的路段,全部挖除冻土层,换填砂砾。持力层埋深不超过4m的路段可处理到砂砾、碎石土等持力层上。

③对冻土下限在3~5m,冻土类型以富冰冻土、饱冰冻土为主的路段,设置复合地基,富冰冻土路段采用碎石桩;饱冰冻土路段采用水稳砂砾桩。

④对冻土下限大于5m,冻土类型以饱冰冻土、含土冰层埋藏较深的路段,采取以桥代路的处理方式。

(2)多年岛状冻土的处理方案

①清除冻土换填砂砾方案

冻土下限在3m以内,采用挖除冻土至砂砾层,换填天然砂砾,并高出地面0.2m,挖除的淤泥及冻土堆放在路基两侧做护坡道。

优点是冻土处理较为彻底,工后沉降少,工程造价相对较低。缺点是施工基坑积水,清除冻土施工较困难,泥土对环境有一定的污染。

处理方案:清基换填 71 段,长度 6590m;清表回填段落 1 段,长度 45m。

②复合地基方案

a. 挤密碎石桩

碎石桩为柔性桩,排水性能好,融沉变化复合性能好。先清除地表有机质土层,回填砂砾,在其上完成碎石桩成孔挤密工作。通过施工期加速多年冻土的融化,最大限度减少工后沉降。对于融沉的富冰冻土路段,融沉较小,采用碎石桩,碎石桩可打设到砂砾层上。

处理方案:挤密碎石桩 8 段,长度 1503m,合计桩长 135062m。

b. 水泥稳定砂砾桩

水泥稳定砂砾桩为刚性桩,有一定的支撑作用。对于强融沉的饱冰冻土路段采用水泥稳定砂砾桩,但灌注工艺相对复杂一些,特别在孔内积水的情况下灌注质量不易保障。成孔后的水泥稳定砂砾挤密桩抗压强度控制较困难,与水稳砂砾的拌和质量、分层填筑、压实质量有关。水泥稳定砂砾桩的水泥掺配剂量为 8%。

处理方案:水稳砂砾桩 8 段,长度 1570m,合计桩长 163117m。

③以桥代路方案(冻土桥)

饱冰冻土及含土冰层下限超过 5m 的冻土,采用复合地基难以确保公路的长期稳定,因此采用桥梁跨越的方案,彻底解决冻土段路基工后不均匀沉降的问题。本项目地基持力层较浅、承载力较高,具备建设桥梁的基础条件。考虑桩基成孔的难度,桩径不宜过大。为解决桩基成孔侧壁容易坍塌问题,需将护筒埋深至冻土下限。另外桩基混凝土需要添加抗冻剂,保证冻土层内混凝土的强度满足设计要求。

处理方案:以桥代路 7 段,设冻土桥 7 座,长度 2620m。

④XPS 板(挤塑聚苯乙烯泡沫塑料板)+ 热棒方案(图 8-15-2)

图 8-15-2　XPS 板(挤塑聚苯乙烯泡沫塑料板)+ 热棒方案

XPS板+热棒的冻土处理方案原理是:在冬季通过热棒中液态氨,将冷空气导入路基下面的冻土层,使其温度更低;夏季通过XPS板起到隔热作用,减少外部热量的传入,从而达到保护多年冻土的目的。

处理方案:苯板热棒段1段,长170m。

3.冻土观测情况

为全面掌握全线冻土的变化规律,项目选取了各种类型共27个典型断面进行冻土施工观测(图8-15-3)。施工观测的主要项目涉及路基分层沉降观测、路基深层水平位移观测、路基分层温度观测、路基表面沉降观测等方面。

图8-15-3 冻地观察

冻土区路基工程施工自2011年全面开展,地基处理(包括复合地基)当年已基本完成,并进行了路基填筑工作。测试先后布置监测了27个断面的路基变形,取得路基深层变形和深层温度变化数据。

(四)科技创新

前嫩公路建设指挥部在项目管理创新、技术创新、技术推广上实现了新的突破。

1.管理创新

(1)将土建工程、房建工程、机电工程、监控工程、绿化工程、联网收费工程等同时统一统筹建设、同时交付使用。

(2)前嫩项目全面实行精细化管理和路面施工动态技术质量管理。在重点桥梁工程现场设置远程视频监控系统。在沥青混凝土拌和机上安装数据传输系统,将实时数据通过网络传到指挥部管理终端,做到配合比数据实时监控。

2.技术创新

(1)为解决桥头跳车这一质量通病,率先采用冲碎石桩和砂桩方法处理原地面,结合落锤夯击处理台后路基等新工艺、新材料,效果良好,行车舒适。

(2)对多年岛状冻土路基处理,第一次在高速公路项目使用热棒+苯板的措施。依托项目能开展的"高纬度岛状多年冻土区高速公路路基经济与施工技术研究"课题,获中国公路学会科技进步一等奖。

(五)运营养护管理

S405伊春(昆仑气)至北安(赵光)段长163.417km,公路等级为高速公路。运营里程桩号 K0+000~K163+023,由黑龙江省伊春高速公路管理处负责运营管理养护。

S303北安(赵光)至五大连池景区段长42.48km,其中北安(赵光)至五大连池市为高速公路30.319km,五大连池市至五大连池风景区为一级公路12.161km。运营里程桩号 K192+048~K234+529,由黑龙江省北安高速公路管理处负责运营管理养护。

1.服务设施

全线设置跃进、卫东、东风停车区3处,服务区4处(表8-15-5),全线服务区平均间距50km。

S405伊春至北安段、S303北安至五大连池景区段服务场区一览表　　表8-15-5

高速公路编码	服务区名称	桩号	所在区域	占地(m²)	建筑面积(m²)
S405	昆仑气服务区	K15+450	伊春市翠峦区	52024	3200.00
S405	建兴服务区	K61+685	绥棱林业局建兴所	48552	3750.00
S405	红星服务区	K127+900	北安市红星农场	53812	3750.00
S303	五大连池服务区	K209+300	五大连池市兴隆乡	43416	5500.00

2.收费设施

本项目共设置收费站5座(表8-15-6),其中在五大连池景区设置单向主线收费站1座,在建兴林业经营所、前进林场、红星农场、五大连池市设置匝道收费站4座。出入口数量共计22条。

S405伊春至北安段、S303北安至五大连池景区段收费设施一览表　　表8-15-6

收费站名称	桩号	入口车道数		出口车道数		收费方式
		总车道	ETC车道	总车道	ETC车道	
建兴收费站	K55+560	2		2		
前进收费站	K113+051	2		2		
红星收费站	K142+613	2		2		MTC
五大连池收费站	K215+523	2		3		
五大连池景区收费站	K222+362	2		3		

3.养护管理

本项目养护里程205.897km,设置昆仑气、建兴、红星、五大连池4处养护工区

（表 8-15-7），分别由黑龙江伊春高速公路管理处和黑龙江省北安高速公路管理处共同管养。其中北安管理处养护里程 43.5km，里程桩号为 K191+000～K234+500，由北安管理处五大连池养护工区管养。伊春管理处负责管养 163.417km，起于昆仑气 K0+000，经跃进林场、腰店、红星农场，止于北安市赵光农场 K163+417；有收费站 3 个，互通 5 个，服务区 3 个；养护工区划分为昆仑气养护工区、建兴养护工区、红星养护工区。昆仑气养护工区管养里程 56.560km，建兴养护工区管养里程 56.492km，红星养护工区管养里程 50.365km。

S405 伊春至北安段、S303 北安至五大连池景区段养护设施一览表　　表 8-15-7

养护工区名称	桩 号	路段长度（km）	占地面积（m²）	建筑面积（m²）
昆仑气养护工区	K15+450	56.560	与服务区合建	
建兴养护工区	K55+560	56.492	与收费站合建	
红星养护工区	K142+613	50.365	与收费站合建	
五大连池养护工区	K215+600	43.5	10000	1100

项目自通车以来为恢复沿线设施的使用功能及原有的技术标准，在 2013—2015 年对冻土融沉路段进行路面罩面处理；并对全线的排水防护进行维修和完善。每年开春季节组织对路面横纵缝进行灌缝处理。

4. 监控设施

设置北安监控中心、伊春监控中心（表 8-15-8），负责北安至五大连池景区段和伊春至北安段的运营监管。

S405 伊春至北安段、S303 北安至五大连池景区段监控设施一览表　　表 8-15-8

监控设施名称	占地面积（m²）	建筑面积（m²）
北安监控中心	与北安高速公路管理处合建	
伊春监控中心	与伊春高速公路管理处合建	

5. 交通流量

伊北高速公路北安管理处管养路段于 2011 年 12 月 3 日通车收费，自 2012 年至 2015 年，交通量从 566 辆小客车/日，增长至 1481 辆小客车/日，年平均增长率达到 53%；从车型构成上来看，主要以小客车和大货车为主，分别占到总量的 69% 和 31%（表 8-15-9）。

S405 伊北高速公路北安管理处管养路段交通流量发展状况表（单位：辆小客车）　　表 8-15-9

年份	2012 年	2013 年	2014 年	2015 年
五大连池互通	157914	349720	374002	404527
五大连池风景区	48799	170912	150507	136316

伊北高速公路伊春管理处管养路段自 2012 年高速公路开通运营以来，交通流量从 39 辆/日，增长至 233 辆/日，年平均增长率达到 5.34%（表 8-15-10、图 8-15-4）；从车型构

成上来看,主要以中小客车为主,分别占到总量的 61.5% 和 9.47%。

S405 伊北高速公路伊春管理处管养路段交通流量发展状况表(单位:辆小客车)

表 8-15-10

年份	2012 年	2013 年	2014 年	2015 年	2016 年
建兴收费站	2000	9961	8828	9389	4310
前进收费站	2528	14800	12906	15978	5028
红星收费站	9647	60277	48196	49512	24102
全线平均	4725	28346	2310	24960	11147

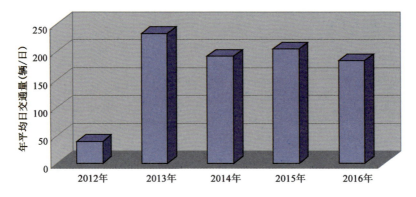

图 8-15-4　S405 伊北高速公路伊春管理处管养路段年平均日交通流量增长柱状图

附录一

黑龙江省高速公路建设项目基本信息表

黑龙江省高速公路建设项目基本信息表见附表1-1。

黑龙江省高速公路建设项目基本信息表

附表1-1

序号	路线编码	项目名称	规模(km)				建设性质(新、改扩建)	设计速度(km/h)	路基宽度(m)	投资情况(亿元)		建设时间(开工~通车)	4A级以上主要景区名称	备注
			合计	六车道	八车道及以上	四车道				投资	资金来源			
1	G1 G1001	京哈高速公路哈尔滨东出口至省界(拉林河)段	100.94			100.94	新建	120	28	33.764	国家专项资金、银行贷款、地方自筹	1998.9~2001.9		
2		绥满高速公路绥芬河至牡丹江段	168.064		6.25	161.812	扩建	80	24.5	53.078	中央专项资金、地方配套、省财政配套、银行贷款	2009.5~2011.9		
3		绥满高速公路林海至亚布力段	97.964			97.964	改扩建	80	24.5	17.677	交通部补助、银行贷款、地方自筹	2005.4~2007.9	亚布力、威虎山、牡丹峰	
4	G10	绥满高速公路亚布力至尚志段	75.8			75.8	改扩建	80	24.5	13.97	交通部补助、银行贷款、地方自筹	2003.10~2004.10		
5		绥满高速公路尚志至阿城(刘秀屯)段	93.273			93.273	改扩建	80	24.5	12.73	交通部补助、银行贷款、地方自筹	2002.5~2004.10		
6		绥满高速公路哈尔滨至大庆段	132.861			132.861	扩建	100	24.5	11.89	交通部补助、银行贷款、地方自筹	1996.5~1997.10		

续上表

序号	路线编码	项目名称	规模（km）			建设性质（新、改、扩建）	设计速度（km/h）	路基宽度（m）	投资情况（亿元）		建设时间（开工~通车）	4A级以上主要景区名称	备注
			合计	六车道	四车道 八车道及以上				投资	资金来源			
7		绥满高速公路大庆（卧里屯）至黄牛场段	42.934		42.934	改扩建	100	24	3.19	银行贷款、地方自筹	2008.6~2009.10		
8	G10	绥满高速公路大庆（黄牛场）至齐哈尔（宛屯）段	100.847		100.847	改扩建	100	24	13.03	中央补助、银行贷款、地方自筹	2009.5~2010.9	扎龙保护区	
9		绥满高速公路齐哈尔至甘南（黑蒙界）段	101.514		101.514	扩建新建	100	24.5 25.5 26	30.56	交通部补贴、银行贷款、地方自筹	2009.5~2011.9		
10		哈尔滨绕城高速公路西段	36.814		36.814	新建	120	28	21.89	交通部补助、国家开发银行贷款、自筹	2001.7~2004.9		
11	G1001	哈尔滨绕城高速公路东北段	25.843		25.843	新建	120	28	25.72	交通部补贴、银行贷款、地方自筹	2007.4~2009.10		
12		哈同高速公路方正至哈尔滨段	167.182		167.182	扩建	80	24.5	20	交通部补贴、国家车购税、省内贷款	2002.8~2004.9		
13		哈同高速公路佳木斯至方正段	167.32		167.32	扩建	80	24.5	17.11	交通部补贴、银行开发银行贷款	2003.7~2005.9		
14	G1011	哈同高速公路佳木斯至双鸭山（集贤）段	77.926		77.926	扩建	120	26	13.22	中央专项基金、银行贷款	2007.8~2009.10		
15		哈同高速公路双鸭山（集贤）至同江段	167.731		167.731	扩建	80	24.5	40.51	交通部补贴、省补贴、银行贷款、地方自筹	2009.5~2011.9		

附录一

黑龙江省高速公路建设项目基本信息表

续上表

序号	路线编码	项目名称	规模(km) 合计	规模(km) 六车道	规模(km) 八车道及以上	规模(km) 四车道	建设性质(新、改、扩建)	设计速度(km/h)	路基宽度(m)	投资情况(亿元) 投资	投资情况(亿元) 资金来源	建设时间(开工~通车)	4A级以上主要景区名称	备注
16	G1012	建黑高速公路建三江至洪河段	91.017			91.017	新建	80	24.5	34.61	交通部补助、银行贷款、地方自筹	2012.9~2015.10		
17		建黑高速公路洪河至前哨段	75.485			75.485	新建	80	24.5	26.83	交通部补助、银行贷款、地方自筹	2012.9~2015.10		
18		建黑高速公路前哨至黑瞎子岛段	49.42			49.42	新建	80	24.5	25.12	交通部补助、银行贷款、地方自筹	2013.6~2015.9	黑瞎子岛	
19		鹤大高速公路鹤岗至佳木斯段	34.56			34.56	扩建	120	24	2.856	银行贷款	1998.10~2001.10		
20	G11	鹤大高速公路佳木斯至牡丹江段	266.236			266.236	改扩建	60	26	30.08	中央专项资金、地方自筹、银行贷款	2009.5~2011.9		
21		鹤大高速公路七台河至鸡西段	64.167			64.167	扩建	80	18.5~24.5	15.96	中央补贴、地方自筹、银行贷款	2009.7~2011.9		
22		鹤大高速公路牡丹江至宁安段	22.054			22.054	扩建	100	26	2.86	企业自筹、车购税交通部补贴及国内银行贷款	2007.8.16~2009.9		
23		鹤大高速公路宁安至复兴(黑吉界)段	93.76			93.76	改扩建	80	24.5	15.48	中央补贴、地方自筹、银行贷款	2009.6~2011.9	镜泊湖	
24	G1111	鹤哈高速公路伊春至绥化段	235.78			235.78	新建	80	28	67.799	国内银行贷款、交通部补贴、地方自筹	2009.5~2011.11		
		鹤哈高速公路绥化至哈尔滨段	77.8			77.8	新建	120	28	19.93	银行贷款、中央投资、企业投资、地方专项资金	1998.10~2000.9		呼绥段
			11.1			11.1	新建	120	28	3.39		2002.9~2004.9		秦越段

续上表

序号	路线编码	项目名称	规模（km）				建设性质（新改扩建）	设计速度（km/h）	路基宽度（m）	投资情况（亿元）		建设时间（开工~通车）	4A级以上主要景区名称	备注
			合计	六车道	八车道及以上	四车道				投资	资金来源			
25	G1211	吉黑高速公路北安至黑河段	246			246	改扩建	80	24.5/25.5	41.79	中央补贴、地方自筹、银行贷款	2009.6~2011.9		
26	G45	大广高速公路大庆至肇源（黑吉界）段	147.49			147.49	新建	100	26	42.88	国家补贴、地方自筹、银行贷款	2009.6~2011.9		
27	S16	依兰至兴凯湖高速公路密山至兴凯湖段	41.438			41.34	扩建	80	24.5	18.78	省财政配套、车购税补贴、银行贷款	2014.6~2016.5		
28		嫩泰高速公路齐齐哈尔至泰来段	138.218			138.218	新建	120	24.5	36.301	交通部补贴、银行贷款、地方自筹	2008.4~2010.10		
29	S19	嫩泰高速公路齐齐哈尔滨至嫩江段	230.67			232.12	扩建/新建	100	24/24.5/25.5	21.89	交通部补贴、银行贷款、地方自筹	2008.4~2010.8		
30		嫩泰高速公路齐齐哈尔新增街基至省界及齐杜路互通工程	9.268			6.027	新建/扩建	100/40	24.5/15.5	2.74	中央车购税、银行贷款、地方配套	2014.9~2015.1		含互通3.241km
31	S401	绥化至北安高速公路	208.046			208.046	新建	100/80	26	61.26	省财政配套、车购税、银行贷款	2009.5~2011.10		
32	S402	建鸡高速公路建三江至虎林段	204.331			204.331	新建	120	24.5	51.39	交通运输部补助、银行贷款、地方自筹	2009.8~2011.9		
33		建鸡高速公路鸡西至虎林段	181.22			183	新建	80	24.5	55.13	中央补贴、地方自筹、银行贷款	2009.8~2011.9		
34	S403	依宝依兰至七台河（大个岭）段	118.314			118.314	新建	100	24.5	35	银行贷款、地方自筹	2008.5~2011.10		
35	S405	伊齐高速公路伊春至北安段	163.417			163.417	新建	80	24.5	43.286	交通运输部补助、银行贷款、地方自筹	2010.9~2012.9		
	S303	北安至五大连池景区段	42.48			42.48	新建	80	24.5	10.412	交通运输部补助、银行贷款、地方自筹	2010.5~2011.10	五大连池风景区	

附录二

黑龙江省高速公路建设大事记

1985—2007 年

1985 年,黑龙江省公路工程项目试行招标投标办法。

1986 年 5 月,《黑龙江公路条例》正式实施。《条例》提出各级公路建设资金来源,可采取贷款、合资、集资及其他部门投资等方式,我省公路建设投资开始由单轨制转为多轨制,极大地扩大了公路建设资金来源,为高速公路建设提供了政策支撑和保障。

1987 年,根据 1985 年交通部《公路工程施工招标投标试行办法》,黑龙江省计委、建委下发了《黑龙江省建设工程施工招标投标管理办法》,全省公路建设打破了过去由公路交通直属企业独家垄断控制工程项目的局面,面向社会实行工程招标投标制。

1987 年至 1989 年 7 月,省管 11 个较大的公路工程项目采取邀请省内公路施工企业招投标方式,择优选择施工企业。

1988 年,省交通厅编制《黑龙江省公路交通土地利用规划》。按《公路工程技术标准》规定,公路直接占地计算公路宽度分别为:高速公路 85m、一级公路 80m、二级公路 50m、三级公路 25m、四级公路 16m、等外公路 10m。

1989 年 8 月,全面贯彻落实交通部《公路工程施工招标投标管理办法》,开始打破行业垄断,在省内公路施工企业和市政施工企业范围内实行邀请招标。

1991 年,省交通厅下发《关于在部分省重点公路工程建设项目试行工程监理制度的通知》,全省重点公路工程实行工程监理制。

1995 年 5 月,我省对同三公路佳木斯至哈尔滨段进行重点建设,其中佳木斯至宾县段为二级汽车专用公路,宾县至哈尔滨段为高速公路(半幅),1997 年 8 月交工通车。

同月,开工建设的同三公路佳木斯至哈尔滨段建设项目,按照国际通用的菲迪克条款(FIDIC),首次全面推进公开招标制。

1996 年 5 月,在二级汽车专用公路基础上,开始将绥满公路哈尔滨至大庆段扩建成省内第一条高速公路,1997 年 10 月交工通车。

1997 年 4 月,开始改建鹤大公路牡丹江至宁安段为高速公路(半幅),1998 年 9 月交工通车。

1997年5月,在阿城至哈尔滨全省第一条汽车专用公路基础上,将绥满公路阿城至哈尔滨段扩建成高速公路,1998年9月交工通车。

1997年10月,绥满公路哈尔滨至大庆段高速公路交工通车。

1998年9月,开工建设同三公路哈尔滨至拉林河段高速公路,2001年9月交工通车。

1998年10月,开工建设哈伊公路哈尔滨至绥化高速公路。

1999年4月,开工建设哈尔滨至太平国际机场高速公路,路面采用改性沥青及SMA(沥青玛蹄脂碎石混合料)结构。

1999年9月,开始将鹤大公路鹤岗至佳木斯段扩建成高速公路,采用水泥混凝土路面。

2000年3月,黑龙江省高等级公路管理局(建设单位)委托交通部公路科学研究所,编制了黑龙江省首份公路建设项目评价报告《哈尔滨至大庆高速公路后评价报告》。2002年6月,受交通部委托,交通部规划研究院在哈尔滨主持召开了该报告的审查会议。

2000年9月,哈伊公路哈尔滨至绥化高速公路交工通车。

2000年10月,哈尔滨至太平国际机场高速公路交工通车。

2001年6月,开工建设哈尔滨绕城高速公路瓦盆窑至秦家段,采用沥青混凝土路面。

2001年9月,鹤大公路鹤岗至佳木斯段高速公路交工通车。

2002年5月,绥满公路海林至阿城(刘秀屯)段分三期工程开始全面扩建为高速公路。其中一期扩建工程尚志至阿城(刘秀屯)段2002年5月开工,二期扩建工程亚布力至尚志段2003年7月开工,三期扩建工程海林至亚布力段2005年5月开工。

同月,开工建设哈伊公路秦家至赵家段高速公路。该路段为哈伊公路呼兰至绥化段高速公路与哈尔滨绕城高速公路的连接线。

8月,同三公路佳木斯至哈尔滨段开始改建成高速公路。其中方正至哈尔滨段高速公路2002年8月开工,佳木斯至方正段高速公路2003年7月开工。

2003年7月,开工建设绥满公路海林至阿城(刘秀屯)段高速公路二期扩建工程亚布力至尚志段。

2004年9月,哈伊公路秦家至赵家段高速公路交工通车。

同月,绥满公路尚志至阿城(刘秀屯)段高速公路交工通车。

2004年10月,同三公路方正至哈尔滨段高速公路交工通车。

同月,哈尔滨绕城高速公路瓦盆窑至秦家段交工通车。

2005年5月,开工建设绥满公路海林至阿城(刘秀屯)段高速公路三期扩建工程海林至亚布力段。

2005年9月,同三公路佳木斯至方正段高速公路交工通车。

附录二
黑龙江省高速公路建设大事记

同月,绥满公路亚布力至尚志段高速公路交工通车。

2005年11月,省交通厅编制了《黑龙江省公路第十一个五年规划》《黑龙江省高速公路网规划(2006—2020年)》。

2007年,绥满公路海林至亚布力段高速公路交工通车。

2008年

4月12日,省委书记吉炳轩到基层调研时指出,黑龙江公路建设落后了,要用三年时间改变这一局面。

5月7日~8日,省交通厅先后在省政府常务会议和省委十届第31次常委会议上汇报2008—2011年全省公路建设规划情况。

6月4日,黑龙江省人民政府印发《黑龙江省人民政府关于进一步加快公路建设的意见》,决定至2011年,全省公路建设计划投资900亿元,建设高速公路2207km,一、二级公路3983km,农村公路60799km。

6月6日,省委、省政府召开黑龙江省加快公路建设工作会议,省委书记、省人大常委会主任吉炳轩出席会议并作重要讲话,省委副书记、省长栗战书主持会议并讲话。会议做出举全省之力加快公路建设的决议。

6月15日,省交通厅领导班子到省公路勘察设计院现场办公,召开"三年决战"推进会。公路勘察设计打响"三年决战"第一仗。

6月21日,省政府公路建设领导小组33家成员单位责任任务分解工作落实完毕,"三年公路"建设决战步入"快车道"。

7月8日,省交通厅党组召开厅党组理论中心组学习(扩大)会议。会议传达学习了省委、省政府关于加快公路建设的决策精神,提出要坚定不移,确保"三年决战"决胜。会上印发了《黑龙江省公路建设"三年决战"实施纲要(审议稿)》。

7月16日~21日,交通运输部公路工程质量安全督查组对我省公路工程质量与安全监管情况,对在建项目哈尔滨绕城高速公路东北段、双鸭山至佳木斯高速公路扩建工程等项目进行了督查。

7月22日,省政府与13个市(地)及农垦、森工总局签订了《2008—2011年公路建设责任状》,公路建设实施分级负责制。

7月25日~29日,交通厅厅长高志杰带领厅领导、厅机关及厅直属单位负责人赴重点工程建设现场办公。先后检查了哈大高速公路大修工程、齐泰高速公路、大齐高速公路、牡宁高速公路等工程建设项目,与8个地市交换意见。

8月5日,省委书记吉炳轩视察双鸭山至佳木斯高速公路在建项目。

8月8日,哈大高速公路大修工程大庆至哈尔滨方向单幅交工通车。

8月30日,哈尔滨绕城高速公路东北段松花江大桥合龙。

9月5日,省交通厅召开公路重点工程建设推进会议,进一步明确工作目标,完善"三年决战"组织领导体制,整合厅相关处室和直属单位力量,构建以厅重点工程建设领导小组为载体,以项目报批、工程建设、技术管理和资金筹集四个推进组为依托,以各重点工程建设指挥部为支撑,同时充分发挥派驻纪检监督组作用的重点工程建设管理新体制。

9月16日,交通运输部副部长高宏峰来我厅听取交通建设相关情况汇报,并就交通体制改革、加快交通建设等问题与我厅交换了意见,对我省公路建设"三年决战"提出了中肯的建议。

10月24日,全省公路建设领导小组第二次会议在哈尔滨市召开,会议要求各部门、各地市继续举全省之力加快公路建设。

11月4日,哈尔滨绕城高速公路东北段天恒山隧道全部贯通。天恒山隧道为上下行分离式,上行线长1660m、下行线长1690m,是我国及黑龙江省高寒地区第一条公路长大软塑和硬塑黏土隧道。

11月10日~12日,加快公路建设视察组成员、省政协主席王巨禄率领省政协委员先后视察了哈尔滨绕城高速公路东北段、拉林至五常一级公路、大齐高速公路、齐泰高速公路等项目建设现场。

11月18日,省政府召开专题会议,决定按照省委第43次常委会议部署要求,对我省原定三年公路建设规划进行部分调整补充,"三年决战"的高速公路里程从2207km增加到2480km,总投资从900亿元增加到1000亿元。

12月8日,省交通厅印发《黑龙江省公路重点工程项目2009年春季全面开工实施方案》。

12月23日,省长栗战书带领中、省直有关部门单位主要负责同志来到省交通厅,听取全省公路建设进展情况,研究解决工作推进中遇到的问题,部署公路建设工作。

12月25日,省交通长栗战书与参加全省经济工作会议的各市地和省直有关部门主要负责同志共同研究加快推进我省公路建设工作,要求坚决完成公路建设征地拆迁任务。

2009年

1月1日,省交通厅出台实施《黑龙江省公路工程施工招标投标管理暂行办法》《黑龙江省公路重点工程建设资金拨付管理暂行办法》《黑龙江省公路重点工程项目材料物资管理暂行办法》《黑龙江省公路重点工程设计变更管理暂行办法》。

1月13日,省厅召开高速公路运营养护服务设施设计使用部门对接会,对"三年决战"涉及公路建设项目中有关收费站、收费亭、管养中心、养护工区、服务区、机电及路政服务等工作的设计建设问题做出部署。

附录二
黑龙江省高速公路建设大事记

1月21日,交通运输部科教司和省交通厅共同启动"部省联合科技支撑黑龙江公路建设"行动计划。

3月3日~5日,省交通厅召开公路重点工程建设汇报会,听取24个项目指挥部、项目协调推进组落实《黑龙江省公路重点工程项目春季全面开工实施方案》情况汇报。

3月17日,省政府在黑河市召开全省公路重点工程征地拆迁工作座谈会。

4月1日,省委、省政府召开会议,听取省交通厅关于公路和水运交通建设有关情况汇报。

4月16日,省委书记吉炳轩同志视察明沈一级公路任民至肇州段施工现场。

4月26日,省政府举行全省公路重点工程开工仪式,省长栗战书参加开工奠基仪式并视察伊绥高速公路建设现场。

5月14日~16日,交通运输部部长李盛霖一行来我省检查指导工作,视察调研黑河市、齐齐哈尔市重点工程和农村公路建设。

5月21日,北黑高速公路北安至黑河段工程全面开工。

5月27日,加嫩公路加格达奇至白桦段工程全线开工。

6月9日,大广高速公路大庆至肇源(黑吉界)段正式开工。

6月11日,富绥大桥项目开工。

12月29日,建鸡高速公路虎林至鸡西段建设动员大会在鸡西召开,标示着该段高速公路建设全面启动实施。该项目建设实行"双业主双责制",在鸡西市政府的统一领导下,由建设指挥部统一管理,指挥部、政府各相关部门分工合作、共同建设。

2010年

1月7日~8日,省交通运输厅召开全省公路重点工程建设汇报会。会议听取18个重点工程建设指挥部、6个项目协调组以及材料设备组、附属工程推进组的工作汇报,对2010年公路建设和目标任务进行动员部署。

1月26日,由省公路勘察设计院1982年设计的哈尔滨松花江公路大桥被中国公路勘察设计协会评为新中国成立60周年公路交通勘察设计经典工程。

2月26日,省交通运输厅召开全省公路重点工程建设推进会议,听取公路重点工程建设项目工作安排情况汇报。

2月27日,省委、省政府听取全省交通建设情况汇报。省委书记吉炳轩主持汇报会并作重要讲话,省领导栗战书、杜宇新、杜家毫、刘国中、王玉普、张秋阳出席会议并发表了意见,省交通运输厅汇报了2009年全省公路建设进展情况和2010年计划安排。

3月11日,省委常委、省委组织部部长徐泽洲一行到省交通运输厅调研。徐泽洲充分肯定省交通运输厅领导班子并要求交通干部职工珍惜机遇、勇担责任,圆满完成"三年决战"宏伟目标。

3月16日,亚洲开发银行、财政部、黑龙江省政府三方代表共同草签前嫩项目贷款协议。

4月7日,省交通运输厅召开年度公路重点工程建设第二次推进会议,拉开重点工程"五一"全面开工序幕。

4月8日,省交通运输厅召开公路重点工程建设廉政工作会议。

4月25日,省交通运输厅在齐甘高速公路项目建设现场召开现场管理工作会议,总结推广齐甘项目现场管理经验。

5月7日~14日,省委书记吉炳轩在省直有关部门负责同志陪同下,先后深入绥北高速公路、伊绥高速公路、富绥大桥、同集高速公路、三江高速公路项目施工现场调研,对交通工作充分肯定,赞扬龙江交通精神就是大庆精神、北大荒精神在新时代的发扬光大。

5月26日,省委书记吉炳轩到牡绥高速公路建设现场调研。

6月8日,中共中央政治局常委李长春同志在省委书记吉炳轩的陪同下,视察了哈同高速公路双鸭山(集贤)至同江段A4标段建设情况。李长春对黑龙江交通建设给予肯定,并指出百年大计、质量第一,加快高速公路建设,让黑龙江紧紧融入国家经济大循环。

6月29日,省交通运输厅召开全省公路重点工程建设第四次会议。

7月13日,省委常委、常务副省长杜家毫与省军区副司令员傅慧军共同启动中俄边境黑瞎子岛登岛大桥主塔钻机,并宣布大桥开工建设。

7月14日~16日,省交通运输厅厅长高志杰带领人员检查了绥北、前嫩、北黑、伊绥高速公路建设项目建设情况。

7月16日,鸡西至虎林高速公路建设指挥部举行揭牌仪式,正式成立。

7月20日,省重点工程监督组组长宿振凯到绥牡高速公路项目,对项目招投标及资金管理情况进行专项检查。

7月30日,省交通运输厅召开全省交通建设质量推进工作电视电话会议。

8月3日,省交通运输厅厅长高志杰带领厅总工全线检查大广高速公路项目。

8月25日,哈阿高速公路大修工程通过交工验收。

8月24日~30日,交通运输部公路局副局长成平带领部公路建设市场督查组来我省检查指导工作,全线督查了双鸭山(集贤)至同江高速公路、建三江至虎林高速公路建设项目。

9月6日,交通运输部质量监督总站站长李彦武一行对齐甘高速公路建设现场调研。

同日,中共中央政治局常委、中央纪委书记贺国强到黑瞎子岛大桥建设现场考察。

9月10日,省政府召开全省公路建设工作电视电话会议,对全省公路建设进行再部署、再动员、再要求。副省长杜家毫作重要讲话。

9月14日,省交通运输厅组织召开年度第6次全省公路重点工程建设项目推进会。

9月15日,代省长王宪魁到鹤大高速公路建设现场调研慰问。

9月19日,省委书记吉炳轩一行到绥北高速公路建设项目现场进行调研。

9月17日,黑大公路平房至拉林段扩建项目工可研报告通过省发改委批复。

9月29日,大庆至齐齐哈尔、齐齐哈尔至泰来、齐齐哈尔至嫩江三条高速公路全线通过交工验收。

10月1日~7日,省委书记吉炳轩在厅党组书记、厅长高志杰陪同下,先后到大广、大齐、齐泰、齐甘、北黑等高速公路项目调研。

10月9日~10日,省交通运输厅组织对绥满高速公路海林至亚布力段公路扩建工程建设项目和亚雪公路G015线至滑雪场段扩建工程进行了竣工验收。

11月11日~12日,省交通运输厅召开年度第7次全省公路重点工程建设项目推进会。

11月30日,哈尔滨绕城高速公路东北段长江路收费站开通运行。

12月9日,省交通运输厅召开年度第8次全省公路重点工程建设项目推进会。

12月29日,伊绥高速公路建设指挥部荣获2010"感动龙江"年度群体。

2011年

1月18日,全省交通运输工作会议上,省交通运输厅表彰奖励了2010年公路重点工程建设交工项目3个模范单位和11名劳动模范。

2月16日,省委书记吉炳轩、省长王宪魁、省政协主席杜宇新等省领导听取我厅关于公路建设2011年度安排的汇报。

2月23日~25日,省交通运输厅党组主持召开年度公路重点工程建设第一次推进会暨施工组织方案评审会。

2月16日,全省公路重点工程冬季培训启动,为期一周,培训内容涉及工程管理、造价、计量、监理、党建、财务等17项内容,全省重点工程建设一线指挥、副指挥、总工、各部门部长、总监、驻地办主任、项目经理、副经理、项目总工共1252人参加培训。

3月31日,省委、省政府听取全省现代化交通网络建设工程推进情况汇报。省交通运输厅厅长高志杰作关于公路建设"三年决战"推进情况汇报,省委书记吉炳轩充分肯定了公路建设取得的成绩。

4月11日,全省公路重点工程廉政工作座谈会召开。

4月18日~25日,省交通运输厅厅长高志杰率队组成调研组先后到伊绥高速公路、鸡虎高速公路、建抚高速公路等17个项目一线现场办公,召开市县协调对接会9次,全面推进公路重点工程顺利复工。

5月1日,省交通运输厅决定从5月1日至9月30日,开展决战150天活动,确保公路重点工程建设安全稳定。

5月2日~6日,省委书记吉炳轩先后到大广高速公路、齐甘高速公路建设现场调研,听取汇报、了解情况、现场指导,慰问一线建设者。

5月11日~12日,省委副书记、常务副省长杜家毫到黑瞎子岛调研交通设施建设情况。

5月17日,省交通运输厅正式下发《关于加强公路重点工程施工管理的若干意见》99条,并将其作为2011年公路重点工程建设管理的"作战指令",贯彻到交工项目和续建项目管理的每一个环节。

5月25日,全省最大沥青混合料拌和站(路虹LB-6000型)在依七高速公路项目投入使用。

6月10日,省交通运输厅党组召开年度公路重点工程第3次推进会议。会议听取了三个战区工作组、质监站片区监督组、沥青路面施工技术指导服务组等负责同志汇报。

6月18日,全省公路建设工作座谈会在五大连池召开,省委书记吉炳轩主持会议并作重要讲话。省委副书记、常务副省长杜家毫,副省长吕维峰出席会议并讲话。会议听取了省交通运输厅11位同志的汇报。会前,省委、省政府领导亲切接见公路建设者并合影留念。

6月27日,省长王宪魁调研黑瞎子岛大桥施工现场。

6月27日~30日,交通运输部副部长冯正霖、部公路局局长李华、部质量监督局局长李彦武一行到我省齐甘、齐泰、大齐、大广、哈大高速公路调研检查,了解我省公路建设"三年决战"成果,充分肯定我省公路建设。

7月3日,省委学习考察团赴大齐高速公路红湖服务区参观公路建设大型展板,现场感受我省公路建设"三年决战"盛况和取得的巨大成绩。

7月7日,中央政治局委员、全国人大常委会副委员长王兆国同志来我省调研,在齐嫩高速公路富裕服务区参观了我省公路建设"三年决战"成果图展,高度评价了我省公路建设。

7月12日~13日,省级离退休老领导分别视察大齐、齐甘、齐泰高速公路项目建设现场,高度评价全省公路建设取得的成效。

7月15日,齐甘高速公路项目嫩江特大桥合龙。

7月25日,省交通运输厅召开年度重点工程第4次推进会,全面听取年度交工的14个项目和沥青混凝土路面施工技术服务组、质量监督站、附属工程推进组、公路重点工程联网建设等专题工作汇报。

7月27日,在我省工作的两院院士、知名专家一行8人来到大齐高速公路红湖服务区,共同感受龙江公路建设带来的发展变化,并赞扬我省公路建设。

8月6日,省委书记吉炳轩同志到三江、建虎高速公路建设现场调研。

8月8日,省委书记吉炳轩同志到黑瞎子岛公路建设现场调研,在乌苏大桥现场,要求一定要高质量、高标准建设标志性工程。

8月10日,省委书记吉炳轩慰问同集高速公路和富绥大桥建设项目一线建设者,并寄语公路质监人员,要当好"包公",把好质量最后一关。

8月12日,富绥大桥主桥合龙。

8月13日~15日,交通运输部副部长翁孟勇一行来我省调研指导工作。

8月22日,省交通运输厅召开年度重点工程第5次推进会议,听取公路重点工程交工项目情况汇报。这是"三年决战"以来的第26次重点工程推进会议,是在"三年决战"临近全面胜利之际对重点工程收尾工作的再部署、再推进。

8月30日~9月2日,省委统战系统学习考察哈大高速公路、齐嫩高速公路、前嫩高速公路北五段、绥北高速公路等项目建设。

9月1日,经过全体建设者的昼夜奋战,公路建设"三年决战"项目伊春至绥化高速公路、绥化至北安高速公路、建三江至虎林高速公路(三江高速公路)合计648km路面全线贯通。

9月18日,绥满公路绥芬河至牡丹江段高速公路建设项目通过交工验收。

9月20日,大庆至广州高速公路大庆至肇源(省界)段交工通车,标志着我省南下又多了一条重要通道,也为大庆地区打造1小时经济圈奠定了坚实的基础。

9月21日,我省公路重点工程交工通车暨"三年决战"取得全面胜利新闻通报会召开。2011年全省交工高速公路项目13项,交工里程1818km。

9月23日,哈尔滨至同江高速公路集贤至同江段交工通车,标志着哈同高速公路全线贯通。

9月25日,吉林至黑河高速公路北安至黑河段交工通车。黑河市从此告别了没有高速公路的历史。同日,绥芬河至满洲里高速公路绥芬河至牡丹江段交工通车。

9月26日,中国最北的高速公路——省道加漠公路漠河机场至北极村高速公路交工通车。

9月27日,依兰至七台河高速公路交工通车,标志着资源型城市七台河结束了不通高速公路的历史。

9月28日,绥芬河至满洲里高速公路齐齐哈尔至甘南交工通车。

同日,鹤大高速公路佳木斯至牡丹江段交工通车。

同日,前锋农场至嫩江公路北安至五大连池段交工通车。

同日,富锦至绥滨松花江大桥交工通车。

9月29日,鹤岗至大连高速公路宁安至复兴省界段交工通车。该路段是我省连接重要出海港口丹东和大连的快捷通道。

9月30日,绥化至北安高速公路交工通车。

同日,举行三江高速公路通车庆典暨建抚高速公路奠基仪式,省委书记吉炳轩、省长王宪魁、省政协主席杜宇新,省委副书记杜家毫、省人大常委会副主任刘东辉出席,省委常委、副省长刘国中主持仪式。

同日,建三江至鸡西高速公路建三江至虎林段交工通车。三江高速公路是以省农垦总局为主体建设的高速公路。

同日,建三江至抚远(黑瞎子岛)高速公路正式开工建设。

10月11日,省交通运输厅召开年度重点工程建设第6次推进会,会议部署了《"三年决战"重点工程2011年交工项目交工后续有关工作意见》。

10月18日,黑大公路平房至拉林段一级公路项目交付使用,打造了哈尔滨南拓半小时经济圈。

12月1日,鹤岗至哈尔滨高速公路伊春至绥化段交工通车,结束了林都伊春不通高速公路的历史。

12月2日,省委书记吉炳轩调研牡绥高速公路建设现场。

12月12日,交通运输部副部长徐祖远一行来到省交通运输厅检查指导工作,高度赞扬我省公路建设成就。

12月31日,截至2011年12月31日12时,我省共有12条高速公路77处收费站并入现有联网收费系统,至此我省联网收费总里程已达3530km。

2012年

1月16日,省委书记吉炳轩同志亲切慰问省厅桥梁专家。

1月16日,省交通运输厅表彰奖励14个2011年公路重点建设交工项目模范单位和60名劳动模范。

2月10日,黑龙江省委、省政府召开全省公路建设"三年决战"总结表彰大会,省委书记吉炳轩作重要讲话,省长王宪魁主持会议。

3月12日,绥满高速公路牡丹江至哈尔滨段大修工程在亚布力举行揭牌仪式,标志着工程进入开工状态。

3月15日,全省公路水运工程建设推进电视电话会议召开。

3月26日~27日,省委书记吉炳轩同志到公路建设和养护管理一线调研。

5月4日,省委副书记杜家毫同志率领省直机关和抚远县政府等人员调研黑瞎子岛交通工程建设情况。

5月25日,省长王宪魁到乌苏大桥工程项目调研。

6月1日,省委书记吉炳轩同志到鸡虎高速公路建设现场调研。

5月29日,省交通运输厅党组召开全省公路重点工程建设会议。

8月10日,省委书记吉炳轩同志调研乌苏大桥合龙及主路施工情况。

9月25日,加嫩公路建设项目交工通车。

9月26日,鸡虎高速公路建设项目交工通车。

9月27日,乌苏大桥建设项目交工通车。

9月28日,前嫩公路建设项目交工通车。

10月25日~26日,省长王宪魁调研兴凯湖景观桥和密山至兴凯湖高速公路准备情况。

2013年

1月9~10日,绥满高速公路齐齐哈尔至甘南段工程建设项目、绥满公路绥芬河至牡丹江高速公路建设项目、鹤大高速公路佳木斯至牡丹江段改(扩)建工程建设项目、鹤大高速公路七台河至鸡西工程建设项目顺利通过交通运输部档案馆组织的档案专项验收。

4月12日,省高建局召开全省公路"三年决战"重点工程收尾工作部署会。

4月26日~27日,省交通运输厅组织对嫩江至泰来高速公路齐齐哈尔至泰来段进行竣工验收。

6月26日,由省公路工程造价管理总站承担的《黑龙江省公路工程标准清单及计量规范》正式通过专家委员会鉴定。

同日,交通运输部工程质量监督局局长李彦武到建抚高速公路桥梁B8标段预制梁场,实地考察预应力智能张拉与智能压浆施工。

7月5日,中共中央政治局委员、国家副主席李源潮同志在省委书记王宪魁陪同下调研东极宝塔建设项目。

7月30日~8月2日,以交通运输部公路局副局长成平为组长的公路建设市场督查组到建抚高速公路进行检查。

9月12日,绥满高速公路大庆(黄牛场)至齐齐哈尔(宛屯)公路扩建工程建设项目正式通过国家竣工验收。

11月1日,牡丹江至海林、海林至长汀公路项目正式开工建设。

2014年

4月17日~18日,省委书记王宪魁到密山至兴凯湖高速公路项目调研,省交通运输厅党组书记于飞、总工程师王立冬赴兴凯湖参加。

6月30日,密山至兴凯湖高速公路项目主线开工建设。

8月15日~18日,中国公路学会专家组调研密兴、建黑高速公路建设情况。

8月24日,省交通运输厅领导调研检查建三江至前哨、前哨至黑瞎子岛高速公路项目及抚远交通基础设施建设情况。

9月,嫩泰高速公路齐泰段新增街基至省界段及齐杜路互通工程项目主线土建工程开工建设。

10月7日,省委书记王宪魁调研伊牡公路海林至牡丹江项目建设情况并慰问一线职工。

11月21日,绥满高速公路齐齐哈尔至甘南段建设项目通过竣工验收。

12月8日~9日,吉黑高速公路北安至黑河段建设项目通过竣工验收。

2015年

1月7日,省交通运输厅王立冬总工参加"十三五"交通运输发展规划座谈会。

1月23日,绥满高速公路绥芬河至牡丹江段建设项目通过竣工验收。

2月4日,哈同高速公路双鸭山(集贤)至同江段建设项目通过竣工验收。

2月4日~9日,省交通运输厅张志权副厅长赴黑河参加中俄双方推进黑河—布市黑龙江(阿穆尔河)大桥建设工作会议,赴佳木斯、抚远参加农民工工资支付督查。

2月5日,鹤哈高速公路伊春至绥化段建设项目通过竣工验收。

2月22日,省委书记王宪魁在于飞厅长陪同下到哈牡高速公路检查除雪保通情况。

3月25日,省交通运输厅于飞厅长、张志权副厅长参加黑河大桥项目会谈,参加索道项目会谈。

3月26日,省交通运输厅于飞厅长、张志权副厅长参加与俄方代表团会谈、参加大桥项目贷款专项会谈。

4月3日,鹤大高速公路佳牡段、七鸡段建设项目通过竣工验收。

5月9日~12日,省交通运输厅于飞厅长、王立冬总工对全省部分在建工程进展情况进行调研。

5月10日,省交通运输厅于飞厅长陪同省委王宪魁书记赴抚远交通建设项目调研。

同日,省交通运输厅于飞厅长在黑瞎子岛指挥部主持召开2015年第3次厅长办公会议。

5月11日,省交通运输厅于飞厅长在密兴指挥部主持召开2015年第9次专题会议。

5月12日,省交通运输厅于飞厅长在海牡指挥部主持召开2015年第10次专题会议。

7月22日,省交通运输厅于飞厅长、张志权副厅长、王立冬总工参加黑大高速公路及北黑高速公路征地拆迁工作推进会议。

8月5日~7日,省交通运输厅于飞厅长、王立冬总工赴绥化、黑河、齐齐哈尔高速公路建设项目调研。

8月21日,建三江至抚远(黑瞎子岛)高速公路建三江至前哨段正式通车运营。

9月25日,建黑高速公路前哨至黑瞎子岛段项目交工通车。

10月5日,省委书记王宪魁,省委常委、副省长郝会龙到亚雪公路、牡海公路大桥调研。

10月21日,建抚高速公路建三江至前哨段工程通过交工验收。

10月28日,嫩泰高速公路齐泰段新增街基至省界段及齐杜路互通工程项目通过交工验收,正式通车。

11月20日,省交通运输厅王立冬总工主持召开高速建设项目设计变更专题会议。

12月13日~16日,省交通运输厅于飞厅长赴俄罗斯布拉维戈申斯克,就黑龙江大桥和跨境索道项目推进事宜与俄方会谈。